VOYAGE

DANS LA

TURQUIE D'EUROPE

DESCRIPTION PHYSIQUE ET GÉOLOGIQUE

DE LA THRACE

TOME SECOND

PARIS. — IMPRIMERIE DE E. MARTINET, RUE MIGNON, 2.

AVIS

Messieurs les Souscripteurs à l'ouvrage : *Voyage dans la Turquie d'Europe*, ont appris, par les journaux, la mort de l'auteur, M. Auguste VIQUESNEL, décédé à Paris le 8 février dernier.

La neuvième livraison a été publiée par lui. La dixième devait comprendre, sous le titre de *Parallèle entre les peuples Slaves et les Moscovites*, quelques pages résumant des faits déjà exposés dans la livraison précédente ; ces pages ne paraîtront pas. D'ailleurs, le coup d'œil sur quelques points de l'histoire générale des peuples Slaves et de leurs voisins les Turcs et les Finnois, est complet sans elles.

Mais M. VIQUESNEL travaillait en même temps à toutes les parties de son œuvre, malgré sa santé profondément altérée.

Les parties météorologique, géologique et paléontologique pourront donc être publiées, ainsi que le texte des itinéraires et les matériaux qui ont servi à dresser la carte de la Thrace.

En atteignant son terme, l'ouvrage nécessitera deux ou trois livraisons au delà de celles fixées dans le prospectus ; l'impression va en être poussée avec la plus grande activité.

Paris, le 20 mars 1867.

Paris. -- Imprimerie de E. MARTINET, rue Mignon, 2.

AVIS

La 10e livraison, adressée à MM. les Souscripteurs il y a quelques mois, comprend les observations météorologiques faites à Constantinople et aux environs depuis 1847 jusqu'au mois d'août 1860 inclusivement. Il restait à publier les quatre derniers mois de cette dernière année, qui auraient clos le chapitre Ier de la MÉTÉOROLOGIE; mais le manuscrit renferme un si grand nombre de lacunes, que les interpolations auraient été trop nombreuses pour pouvoir offrir quelque garantie; il a été en conséquence jugé inutile de les imprimer.

Paris, octobre, 1867.

Paris. — Imprimerie de E. MARTINET, rue Mignon, 2.

VOYAGE

DANS LA

TURQUIE D'EUROPE

DESCRIPTION PHYSIQUE ET GÉOLOGIQUE

DE LA THRACE

PAR

A. VIQUESNEL

OUVRAGE PUBLIÉ SOUS LES AUSPICES
DE M. LE MINISTRE DE L'INSTRUCTION PUBLIQUE

TOME SECOND

PARIS

ARTHUS BERTRAND, ÉDITEUR,

LIBRAIRIE MARITIME ET SCIENTIFIQUE,

LIBRAIRE DE LA SOCIÉTÉ DE GÉOGRAPHIE,

RUE HAUTEFEUILLE, 21.

1868

VOYAGE

DANS LA

TURQUIE D'EUROPE

DESCRIPTION PHYSIQUE ET GÉOLOGIQUE

DE LA THRACE.

SECONDE PARTIE.

MÉTÉOROLOGIE.

CHAPITRE PREMIER.

TABLEAUX DES OBSERVATIONS MÉTÉOROLOGIQUES FAITES DANS LE BASSIN DU BOSPHORE.

Discussion des éléments des observations. — Moyennes des observations *thermométriques* faites antérieurement à l'année 1847. — Observations (*baromètre, thermomètre, hygromètre de Saussure*) faites à Péra, en 1847, par M. Noë. — Observations (*baromètre, thermomètre, état du ciel*) faites à Bébek, pendant six années consécutives (1848-1853), par M. l'abbé Régnier. — Observations, comprenant l'*ensemble complet des phénomènes météorologiques*, faites à Gallipoli et à Constantinople, du mois d'août 1854 au mois de mars 1856, par M. le docteur Grellois. — Observations (*baromètre, thermomètre, hauteurs du niveau du Bosphore, température de l'eau du Bosphore à la surface du courant*) faites à Kourou Tchezmé, en 1857 et 1858, par M. Ritter, et complétées par des observations (*direction et force du vent, état du ciel, quantités de pluie tombées, éclairs et orages*) recueillies à Péra par M. le docteur Verrollot.

La ville de Constantinople, avec ses faubourgs, comprend, ainsi que nous l'avons dit (tome I, p. 57), les deux rives du Bosphore, depuis l'entrée de la mer Noire jusqu'à celle de Marmara, c'est-à-dire depuis les îles Cyanées jusqu'aux îles des Princes d'un côté, et jusqu'au château des Sept-Tours de l'autre côté. C'est par suite de cette définition que nous réunissons ici les observations qui ont été recueillies, non pas dans l'enceinte proprement dite des Sept-Collines, mais à Péra, Galata, Bébek et Kourou

Tchezmé, localités situées au nord de cette enceinte, le long de la Corne-d'Or et du Bosphore, et dont la position indiquée sur la figure 2 de la planche 20 de notre Atlas est comme suit :

Position astronomique des stations météorologiques. — Selon la *Connaissance des temps*, la latitude de la mosquée de Sainte-Sophie, construite dans l'enceinte des Sept-Collines, est 41°0′16″ N., et sa longitude 26°38′50″ E. (du méridien de Paris).

Péra, séparé de Constantinople par le port de la Corne-d'Or, couronne le sommet d'une colline à une minute et demie au nord de ladite mosquée.

Galata, un peu moins éloigné de la mosquée que Péra, s'étend au pied et sur le versant méridional de la même colline.

Kourou Tchezmé, assis sur le rivage européen du Bosphore, au N.-E. de la mosquée, diffère en latitude avec cette dernière d'environ 3 minutes et demie.

Bébek est un village situé dans un vallon qui débouche dans le Bosphore, environ une minute plus au nord que Kourou-Tchezmé.

En nombres ronds, la latitude de Galata, station la plus méridionale, est 41° 1′; celle de Bébek, station la plus septentrionale, est 41° 4′ 1/2.

Les observations faites de loin en loin par des voyageurs isolés, antérieurement à l'année 1847, ont commencé à jeter quelque jour sur le climat de Constantinople, ou, si l'on préfère, sur la partie méridionale du canal du Bosphore, qui comprend les quatre stations météorologiques ci-dessus énumérées. Malheureusement elles n'ont pas été publiées, ou, du moins, nous ne connaissons que les résumés sur la marche du thermomètre qui se trouvent disséminés dans les journaux (1), et sont compris dans un mémoire de M. Dove (2).

De 1847 à 1858 inclusivement, les observations faites à Constantinople ou dans les environs forment une série beaucoup moins incomplète et comprenant un plus grand nombre de phénomènes météorologiques, ainsi que le prouve l'énumération suivante : 1° Déjà notre ami, M. P. de Tchihatcheff, a publié les tableaux météorologiques des années 1847 et 1848, dont les éléments (baromètre, thermomètre, direction des vents, état du ciel) ont été recueillis sous sa direction par le docteur en pharmacie, M. Noë (3). 2° On doit à M. l'abbé Régnier, professeur de physique au collége des Lazaristes français à Bébek, des observations pendant six années consécutives (1848-1853) sur la marche du baromètre, du thermomètre et sur l'état du ciel. 3° M. le docteur Grellois, qui, à l'époque de la guerre de Crimée, exerçait les fonctions de médecin-major de première classe aux hôpitaux militaires français de l'armée d'Orient, a étudié, du mois d'août 1854 au mois de mars 1856, l'ensemble des phénomènes météorologiques dont il fut témoin d'abord à Gallipoli, ensuite à Constantinople. 4° En 1857 et 1858, notre compatriote, M. Ritter, ingénieur des ponts et chaussées, envoyé en Turquie sur la demande du gouvernement ottoman, a observé à Kourou Tchezmé

(1) Voyez notamment *American Journal of sciences and arts*, 2ᵉ série, n° 4, July, 1846.

(2) *Mémoires de l'Académie de Berlin*, années 1845 et 1846.

(3) Voyez l'*Annuaire météorologique de France* pour l'année 1851.

la hauteur du niveau du Bosphore, la hauteur de la colonne barométrique au-dessus du niveau moyen du même canal, la température de l'eau à la surface du courant et la température de l'air à 2 mètres au-dessus du Bosphore. Pour compléter ces observations aussi intéressantes que nouvelles, M. le docteur Verrollot a étudié, à Péra, la direction et la force du vent, l'état du ciel, les quantités de pluie tombées, les éclairs et les orages.

Hâtons-nous de déclarer que les matériaux ci-dessus énumérés ne peuvent pas être acceptés indistinctement sans discussion préalable. Nous avons toute confiance dans les soins minutieux de tout genre dont MM. Grellois, Ritter et Verrollot ont l'habitude de s'entourer pour obtenir d'excellents résultats; nous ne pouvons pas en dire autant de quelques-uns de leurs prédécesseurs, qui n'ont pas toujours fait usage d'instruments irréprochables. Aussi croyons-nous devoir placer tout de suite sous les yeux du lecteur les tableaux des observations et en discuter la valeur, afin qu'il puisse juger lui-même s'il doit accepter ou modifier les conclusions que nous en avons tirées dans le cours de la seconde partie de cet ouvrage.

Résumé des observations thermométriques antérieures à l'année 1847.

Des observations thermométriques ont été faites : 1° pendant deux années et neuf mois (1), à *Constantinople* (très probablement dans le faubourg de *Galata?*), par un observateur dont le nom n'est pas indiqué (2); 2° de décembre 1839 à juin 1841, à *Péra*, par le révérend Dwight, missionnaire américain; 3° de janvier 1844 à juin 1845, à *Bébek*, par le révérend Hamelin, missionnaire américain. Nous donnerons dans un seul tableau les moyennes mensuelles obtenues par les missionnaires américains (3), ainsi que les moyennes générales déduites des trois séries d'observations ci-dessus énumérées (4). La latitude de ces trois stations a déjà été indiquée (voy. page 2); il reste à parler de leur altitude et des heures d'observations.

Altitude des stations. — 1° Faute de données exactes sur la position de la station

(1) Cette série de deux années et trois quarts a précédé les deux suivantes; elle concerne donc des années antérieures à 1840. Mahlmann l'a comprise dans ses tables (voyez *Asie centrale*, par H. de Humboldt, t. III), et M. Dove l'a reproduite dans son travail (voyez *Mémoires de l'Académie royale de Berlin*, année 1845, p. 294, et année 1846, p. 190).

(2) M. le docteur Verrollot nous a écrit que, avant son arrivée à Constantinople (1841), le père Dalmas, missionnaire lazariste, avait fait une série d'observations dont la copie avait été adressée à l'Académie des sciences de Paris. Il pense, sans oser l'affirmer positivement, que ce savant physicien français est l'auteur anonyme en question, et qu'il avait établi sa station météorologique à Galata, dans l'établissement de Saint-Benoît, appartenant aux Lazaristes.

(3) M. Dove donne ces moyennes mensuelles en degrés Fahrenheit; nous les avons transformées en degrés centigrades.

(4) M. Dove donne les moyennes générales des trois séries en degrés Réaumur. Après les avoir réduites en degrés centigrades, nous nous sommes aperçu qu'elles présentaient de légères différences avec les résultats déduits des moyennes mensuelles. En recherchant la cause de ces différences, nous avons reconnu qu'elle provenait de plusieurs erreurs de calcul que nous avons dû rectifier.

du révérend Dwight, à Péra, on peut admettre que sa hauteur absolue est environ de 70 mètres. 2° S'il était positivement prouvé que l'auteur anonyme des observations faites à Constantinople (Galata?) n'est autre que le savant lazariste cité dans la note (2) de la page 3, on connaîtrait approximativement l'altitude de sa station (environ 15 mètres). 3° Le révérend Hamelin avait établi sa station dans l'intérieur du collége américain de Bébek, à 55 mètres environ au-dessus du Bosphore.

Heures des observations.—Les moyennes mensuelles résultent de trois observations quotidiennes, savoir :

1° Observations du révérend Dwight, à Péra : huit heures du matin, deux heures et dix heures du soir.

2° Observations de l'observateur anonyme, à Constantinople (Galata?) : les heures ne sont pas indiquées.

3° Observations du révérend Hamelin, à Bébek : lever du soleil (sans autres indications), deux heures et neuf heures du soir.

ÉPOQUES.	MOYENNES MENSUELLES DE DEUX SÉRIES.					MOYENNES DE CHACUNE DES TROIS SÉRIES.			MOYENNES DES TROIS SÉRIES.
	PÉRA.			BÉBEK.		CONSTANTINOPLE (Galata?)	PÉRA.	BÉBEK.	
	1839.	1840.	1841.	1844.	1845.	2 ann. $\frac{3}{4}$.	1 ann. $\frac{1}{2}$.	1 ann. $\frac{1}{2}$.	
Janvier	»	4.27	6.59	4.48	6.30	5.10	5.43	5.39	5.31
Février	»	3.83	4.21	9.11	5.56	4.00	4.02	7.33	5.11
Mars	»	4.31	4.90	8.58	10.29	7.70	4.62	9.44	7.25
Avril	»	7.68	10.65	8.75	14.18	11.00	9.16	11.47	10.54
Mai	»	16.63	15.46	14.19	18.79	16.30	16.05	16.49	16.28
Juin	»	18.97	21.27	21.29	21.09	19.80	20.12	21.19	20.37
Juillet	»	24.51	»	24.65	»	23.40	24.51	24.65	24.19
Août	»	22.73	»	24.60	»	22.40	22.73	24.60	23.24
Septembre	»	20.30	»	21.07	»	18.60	20.30	21.07	19.99
Octobre	»	15.71	»	17.24	»	18.60	15.71	17.24	17.18
Novembre	»	12.57	»	14.24	»	10.40	12.57	14.24	12.40
Décembre	6.94	3.67	»	5.20	»	5.80	5.31	5.20	5.44
Année	»	12.93	»	14.45	»	13.59	13.37	14.86	13.94
Saisons... Hiver	»	3.92	»	6.26	»	4.96	4.92	5.97	5.28
Saisons... Printemps	»	9.55	»	10.51	»	11.66	9.94	12.47	11.36
Saisons... Été	»	22.07	»	23.51	»	21.86	22.45	23.48	22.60
Saisons... Automne	»	16.19	»	17.52	»	15.86	16.19	17.51	16.52
Différence entre le mois le plus chaud et le mois le plus froid.	»	20.84	»	20.17	»	19.40	20.49	19.45	19.78
Différence entre l'été et l'hiver.	»	18.15	»	17.25	»	16.90	17.53	17.51	17.31

L'examen du tableau ci-dessus donne lieu à plusieurs réflexions : 1° Les trois observations quotidiennes dont les moyennes sont déduites n'ont pas été faites rigoureusement aux mêmes heures dans les trois stations (voy. ci-dessus, même page), et ne peuvent conduire à des résultats exactement comparables. 2° Les trois stations subissaient l'influence de circonstances locales différentes qu'il ne nous est pas possible d'apprécier à leur juste valeur. 3° La moyenne de Bébek est plus élevée que celle de Péra, et cependant la température moyenne de la première localité est en réalité plus basse que celle de la seconde, ainsi qu'on le verra plus loin. Par conséquent, le tableau ci-dessus ne peut donner qu'une mesure approximative de la température de Constantinople.

M. le docteur Verrollot a essayé de ramener les moyennes mensuelles déduites des trois observations à la valeur qu'elles auraient eue si elles étaient déduites des vingt-quatre heures. Remarquant que, parmi les villes où l'on fait des observations en Europe, Padoue se trouve placée sous l'influence de phénomènes météorologiques qui offrent le plus d'analogie avec ceux de Constantinople, il a pris pour base de ses corrections la marche du thermomètre à Padoue. Les moyennes mensuelles obtenues par ce procédé seront comprises plus loin dans un tableau général (1); pour le moment, contentons-nous de donner les moyennes annuelles :

1837-1839.	Galata? à l'altitude de 15 m.?	Moyenne annuelle	13°.70
1840. . . .	Péra	70 m.?	13°.04
1841. . . .	Péra	70 m.?	13°.78
1844. . . .	Bébek.	55 m.?	14°.47
1845. . . .	Bébek.	55 m.?	15°.18

Observations faites à Péra, en 1847, par M. Noë (2).

A l'époque de notre séjour à Constantinople, nous ignorions que M. Noë eût entrepris deux séries d'observations quotidiennes : l'une faite avec ses propres instruments, l'autre (à partir de mai 1847) avec ceux de M. P. de Tchihatcheff. Cette ignorance explique pourquoi nous n'avons pas comparé nos instruments à ceux que M. Noë avait à sa disposition. Nous le regrettons d'autant plus, qu'un de ces incendies, si fréquents à Constantinople, détruisit ces derniers instruments en 1849, et rendit impossible toute comparaison ultérieure. Plus tard, notre ami, M. Verrollot, sachant le prix que nous attachions à des observations correspondantes à celles que nous avons faites pendant notre voyage en Turquie, obtint de M. Noë la permission de prendre copie de son journal et de nous en donner communication.

M. le commandant Delcros, toujours empressé à rendre service aux voyageurs, eut la bonté de nous guider dans la recherche des moyens propres à tirer parti de ces

(1) Voyez le tableau de la *Température observée à Constantinople pendant dix-neuf ans.* Nous indiquerons en même temps le procédé suivi dans ses calculs par M. le docteur Verrollot.

(2) M. Noë (Guillaume), né à Spandau, près Berlin, en 1796, a été reçu docteur en philosophie à l'université de Erlangen (Bavière), et docteur en pharmacie. Il a fait de nombreux voyages en Europe et en Asie ; il a parcouru principalement l'Allemagne, les Alpes de la Suisse, du Tyrol et de l'Esclavonie, le royaume de Naples et la Sicile, la Roumélie, l'Anatolie, le Kurdistan, la Perse et la Mésopotamie. Il a rapporté de tous ces voyages des matériaux précieux au triple point de vue de la zoologie, de la botanique et de la météorologie. Il resta attaché pendant quelque temps à l'école de médecine de Galata Saraï, en qualité de naturaliste, conservateur du musée d'histoire naturelle et directeur du jardin botanique de cette école. Privé de ces fonctions, par suite de l'incendie qui dévora cet établissement public en 1848, M. Noë prit le parti, en 1849, d'exécuter ses longs voyages en Asie ; il ne revint à Constantinople qu'en 1853, après quatre années d'absence. M. le docteur Verrollot représente ce hardi voyageur comme un homme modeste, laborieux et aimant la science.

observations. Lorsque les bases du travail furent arrêtées, notre ami, M. Parès, voulut bien vérifier l'exactitude de nos calculs, dont nous allons exposer les résultats.

Description des instruments. — M. Noë faisait usage des instruments ci-après :

1° Un baromètre à siphon, construit par Chevalier, opticien à Paris, divisé en pouces français, et muni d'un vernier qui permettait de lire les 120es de pouce; il avait une monture de bois, sur laquelle était gravée la division, et qui portait deux thermomètres, l'un Réaumur, l'autre centigrade. Comme tous les instruments ordinaires de ce genre, ce baromètre n'était pourvu que d'une seule échelle indiquant la hauteur du mercure dans la branche la plus longue, dont le diamètre extérieur était de 8 à 9 millimètres.

2° Un thermomètre, destiné à prendre la température de l'air extérieur, était fixé au nord, à 5 ou 6 centimètres du mur. Selon les informations qui nous ont été communiquées, ce thermomètre portait deux divisions, l'une en degrés Fahrenheit, l'autre en degrés Réaumur. M. Noë notait les degrés de cette dernière échelle. Mais les comparaisons que nous avons faites, et dont nous parlerons plus bas, nous ont démontré que l'instrument devait subir une correction préalable.

3° Un hygromètre à cheveu de Saussure.

4° De plus, M. Noë enregistrait l'état du ciel et la direction du vent. Malheureusement ces deux éléments météorologiques étaient écrits en allemand, et, faute de savoir cette langue, M. le docteur Verrollot n'a pas pu les transcrire.

N'ayant pas d'hygromètre à cheveu, mais seulement un hygromètre d'August, nous n'avons à comparer ici que les observations barométriques et thermométriques avec celles que nous avons recueillies à Péra, du 9 mars au 20 mai 1847 (1). Disons d'abord un mot sur ces instruments.

Notre baromètre, construit par Ernst, d'après le système Fortin modifié par le commandant Delcros (2), a été comparé, avant le départ, au baromètre de l'Observatoire de Paris. Il marquait 0mm,27 de moins, et le thermomètre de cet instrument donnait des températures trop faibles de 0°,7. Nous avons tenu compte de ces corrections dans la réduction à zéro.

Nous possédions plusieurs thermomètres exécutés par Danger, et destinés, les uns à prendre la température de l'air ambiant, les autres la température des eaux thermales. Chacun de ces instruments portait gravé sur son tube la division centigrade, et avait été soigneusement comparé à Paris.

Comparaison des observations thermométriques. — La rigueur de la saison, à l'époque de notre arrivée à Péra, nous avait engagé à nous loger dans une chambre dont les deux fenêtres, exposées au midi, donnaient sur une terrasse qui recouvrait la cuisine de l'*hôtel Josépina* (actuellement hôtel de France), et se trouvaient abritées contre la violence des vents par les maisons voisines (voy. la position de cette station sur la

(1) M. Noë observait également l'hygromètre d'August. M. P. de Tchihatcheff a publié le résultat de ces observations, dans le tome II de son ouvrage intitulé : *Asie Mineure* (Paris, 1856).

(2) Voyez l'*Annuaire météorologique de France*, pour les années 1849 et 1850.

figure 5 de la planche 27 de notre Atlas). Le thermomètre que nous suspendîmes à la barre d'appui de l'une des fenêtres était protégé, pendant une partie de la journée, par la persienne contre les rayons du soleil ; puis, pour étudier l'influence d'une position aussi défavorable, nous avons installé un second thermomètre dans une petite cour intérieure où le soleil ne pouvait pas pénétrer ; enfin nous allions, en cas de besoin, consulter le thermomètre que notre jeune ami, Hommaire de Hell, logé dans le même hôtel que nous, au troisième étage, avait établi en dehors de ses fenêtres percées au nord, dans la façade opposée à celle de notre chambre, et d'où la vue s'étendait sur le petit champ des morts.

Les influences locales, en mars et avril, de ces deux stations si différemment exposées, peuvent se résumer de la manière suivante :

La station de Hommaire de Hell recevait obliquement l'influence du soleil levant ; la nôtre ne commençait à la subir, en mars et avril, que vers onze heures. Rarement les deux stations donnaient les mêmes indications. Nos températures du matin étaient généralement plus basses que celles de Hommaire de Hell : entre sept et huit heures, les écarts étaient souvent de 1° à 1°,5 en mars ; ils montaient quelquefois de 3° à 5° en avril. Dans ces cas, la température des deux stations devenait égale le plus généralement entre dix et onze heures, et restait plus élevée jusqu'au soir dans la station méridionale. Suivant que le ciel était plus ou moins couvert ou plus ou moins clair, on obtenait des différences faciles à concevoir.

Cette première comparaison nous a servi de point de départ pour apprécier la double série d'observations thermométriques faites par M. Noë.

La série exécutée avec les instruments de M. P. de Tchihatcheff a été commencée par ce voyageur au premier étage de la maison Romano, actuellement occupée par les presses et les bureaux du *Journal de Constantinople* (voy. la position de cette station sur la figure 5 de la planche 27 de notre Atlas). Mais atteint d'une maladie grave qui mit ses jours en danger, M. P. de Tchihatcheff fut obligé de laisser le soin des observations à une personne complétement étrangère à ce genre d'étude, jusqu'au moment de son départ en mai 1847, époque où il confia ses instruments à M. Noë. Les observations faites en mars et avril au domicile de M. P. de Tchihatcheff, les seules que nous puissions comparer avec les nôtres et celles de Hommaire de Hell, ne peuvent donc pas inspirer une grande confiance. Quel qu'en soit le mérite, elles présentent, comparativement aux nôtres, des différences qu'il est facile d'expliquer par des influences dont la connaissance des localités nous a permis d'apprécier la nature, mais qu'il est inutile d'exposer ici. Passons tout de suite à la série exécutée par M. Noë avec ses propres instruments.

Parmi nos observations thermométriques en mars, avril et mai, nous en avons trouvé 84 qui ont été faites aux mêmes heures que celles de M. Noë. En les comparant, on reconnaît d'une manière évidente que le thermomètre Réaumur de M. Noë donnait des indications trop élevées, et que ses observations thermométriques doivent subir une correction préalable avant d'être employées. En effet, si l'on augmente d'un quart les chiffres de M. Noë pour transformer les degrés Réaumur en degrés centigrades, on obtient le tableau comparatif suivant :

6 heures du matin (51 observations)..	Notre thermomètre... = 10°.85 Thermomètre Noë... = 12°.67	Différence + 1°.82
2 heures du soir (11 observations). ...	Notre thermomètre.. = 13°.30 Thermomètre Noë... = 15°.68	Différence + 2°.38
10 heures du soir (22 observations) ..	Notre thermomètre... = 10°.85 Thermomètre Noë... = 13°.15	Différence + 2°.30
Moyennes des 84 observations.......	Notre thermomètre... = 11°.17 Thermomètre Noë... = 13°.19	Différence + 2°.02

Si l'on se contente d'augmenter les chiffres de M. Noë de 1/20e (au lieu de 1/4, conformément au rapport qui existe entre la division Réaumur et la division centigrade), on obtient des résultats beaucoup plus rapprochés, ainsi que le démontre le tableau suivant que nous présentons avec plus de détail :

MOIS.	6 HEURES DU MATIN.					2 HEURES DU SOIR.					10 HEURES DU SOIR.				
	NOMBRE des observations.	Notre thermomètre.	Thermomètre Noë.	BALANCE des différences. +	BALANCE des différences. —	NOMBRE des observations.	Notre thermomètre.	Thermomètre Noë.	BALANCE des différences. +	BALANCE des différences. —	NOMBRE des observations.	Notre thermomètre.	Thermomètre Noë.	BALANCE des différences. +	BALANCE des différences. —
Mars ...	10	6°.17	6°.03	»	0°.14	4	5°.75	6°.67	0°,92	»	7	6°.40	6°.74	0°.34	»
Avril ...	23	10.77	10.59	»	0.18	2	12.55	11.55	»	1°00	9	11.26	11.94	0.68	»
Mai. ...	18	13.56	13.27	»	0.29	5	19.66	19.02	»	0.64	6	15.43	14.73	»	0°70
Moyennes.	51	10.85	10.64	»	0.21	11	13.30	13.18	»	0.12	22	10.85	11.05	0.20	»
Moyennes des 84 observations.......	Notre thermomètre... = 11°.17 Thermomètre Noë... = 11°.08								Différence. — 0°.09						

Sur nos 84 observations, il en est 5 seulement, celles du mois de mai à deux heures, pour lesquelles nous avons pris les températures dans la petite cour de l'hôtel où le soleil ne pénètre jamais ; les 79 autres, ayant été faites à notre station méridionale, devraient donner des résultats plus forts que celles de M. Noë, qui avait placé son thermomètre au nord. On voit que le contraire s'est produit non-seulement dans les 4 observations de mars à deux heures du soir, mais encore dans les 16 observations de mars et avril à dix heures du soir. Par conséquent, l'augmentation de 1/20e que nous venons de faire subir au thermomètre Noë ne fournit que des résultats approximativement comparables, ainsi que nous l'avons annoncé ; et il ne peut pas en être autrement, car le coefficient, quel qu'il soit, qu'on voudra substituer au précédent, devra toujours se composer de trois éléments dont nous ne pouvons apprécier la valeur, savoir : 1° correction réelle du thermomètre ; 2° différence des influences locales ; 3° différence des heures d'observations dans une ville privée des moyens de mesurer le temps avec exactitude. La preuve de cette assertion se trouve dans la comparaison qu'on peut établir entre les deux séries d'observations faites par M. Noë.

Les instruments de M. P. de Tchihatcheff ont été remis à M. Noë dans le courant du mois de mai 1847. Pour diminuer les chances d'erreur, contentons-nous de comparer les observations des sept derniers mois de l'année, à deux heures et à dix heures du soir seulement, celles du matin ayant été faites à des heures différentes. Si l'on augmente de 1/8e les indications du thermomètre Noë, on obtient des résultats assez rapprochés, comme on peut le voir dans le tableau suivant :

Moyennes comparatives des sept derniers mois de l'année 1847.

ÉPOQUES.	2 HEURES DU SOIR.				10 HEURES DU SOIR.			
	THERMOMÈTRES.		BALANCE des différences.		THERMOMÈTRES.		BALANCE des différences.	
	Tchih.	Noë.	+	—	Tchih.	Noë.	+	—
Juin	24°.6	25°.2	0°.6	»	20°.2	19°.4	»	0°.8
Juillet	26.0	26.5	0.5	»	21.6	21.2	»	0.4
Août	27.9	28.0	0.1	»	23.6	22.1	»	1.5
Septembre	23.7	24.1	0.4	»	20.1	19.8	»	0.3
Octobre	16.5	16.2	»	0.3	13.3	13.2	»	0.1
Novembre	11.9	12.2	0.3	»	9.6	9.2	»	0.4
Décembre	7.1	6.8	»	0.3	5.2	4.9	»	0.3
Moyennes	19.67	19.85	0.18	»	16.23	15.68	»	0.55

Moyennes de 2 heures et de 10 heures du soir réunies. { Thermomètre Tchihatcheff..... = 17°.95 ; Thermomètre Noë........... = 17.77 } Différence... — 0°.18

Si l'on examine les observations partielles dont se composent les moyennes mensuelles ci-dessus, on reconnaît quelquefois dans la marche des deux instruments des écarts si considérables qu'il paraît impossible de les expliquer, à moins de les attribuer à des erreurs de lecture ou de copistes. Il nous suffira de citer un seul exemple :

		2 HEURES DU SOIR.	10 HEURES DU SOIR.
Thermomètre Noë	Le 5 juin	20°.3	15°.0
	Le 6 juin	24.5	16.5
	Différences	+ 4.2	+ 1.5
Thermomètre Tchihatcheff	Le 5 juin	22.6	17.3
	Le 6 juin	23.3	20.3
	Différences	+ 0.7	+ 3.0

On peut encore comparer les moyennes annuelles obtenues avec les deux instruments :

Le thermomètre Tchihatcheff, observé à 10 heures du matin, 2 heures et 10 heures du soir, donne. 14°.77

Le thermomètre Noë, observé à 6 heures du matin, 2 heures et 10 heures du soir, donne........ 12°.66

Ramenées aux moyennes des vingt-quatre heures, elles deviennent :

Thermomètre Tchihatcheff............ 13°.69 ; Thermomètre Noë.................. 12°.67 } Différence...... 1°.02

Cette différence représente, comme on le voit, un douzième à 0°,03 près.

Ainsi la comparaison des deux séries exécutées par un seul et même observateur est insuffisante pour trouver la correction réelle du thermomètre Noë. Tout ce qu'il est permis d'affirmer, c'est, en premier lieu, que le zéro de la division de cet instrument était trop élevé; en second lieu, que, pour transformer ses indications *dites* Réaumur en degrés centigrades, et obtenir des résultats voisins de la réalité, il faut laisser de côté le rapport naturel entre les deux divisions, et augmenter les chiffres de M. Noë d'une quantité bien inférieure à un quart.

La comparaison entre la moyenne thermométrique de l'année 1847 et les moyennes d'années antérieures obtenues à Galata et à Péra va nous fournir un quatrième moyen de contrôle *approximatif* qui vient confirmer ces dernières conclusions. Nous avons vu (pages 4 et 5) que les moyennes des trois heures d'observations relatives à ces deux localités (abstraction faite de celles de Bébek) sont 13°,37 et 13°,59, et que, ramenées aux moyennes des vingt-quatre heures, elles sont de 13°,70, 13°,04, 13°,78. La moyenne annuelle de M. Noë pour 1847 est 12°,6; ramenée à la moyenne des vingt-quatre heures, elle ne subit qu'une augmentation de 0°,07, soit 12°,67; elle deviendrait 15°,84 si l'on y ajoutait un quart en sus. Or, le baromètre a été plus haut à Péra en 1847 qu'il ne l'est ordinairement, ainsi qu'on le verra plus loin. Il est donc hors de toute probabilité que le thermomètre ait dépassé de deux degrés, pendant la même année, les moyennes des années précédentes. Pour obtenir des chiffres voisins de ceux de Galata et de Péra, il faudrait augmenter d'un quinzième la moyenne de 1847, laquelle deviendrait 13°,45.

En résumé, il nous paraît démontré que, pour transformer les chiffres de M. Noë en degrés centigrades, il suffit de les augmenter d'une quantité comprise entre un vingtième et un douzième, soit en moyenne un quinzième.

Comparaison des observations barométriques. — Comparons d'abord les observations que nous avons faites à celles de Hommaire de Hell, et qui s'élèvent au nombre de 96.

Le baromètre de Hommaire de Hell, portant le nº 424, était à siphon, protégé par une monture de cuivre, et sortait des ateliers de Bunten; il n'a pas été comparé à Paris, mais il l'a été à Turin, ainsi que l'annonce la mention suivante, écrite de la main du voyageur, et que nous avons lue sur la couverture d'un de ses recueils de notes : « Le baromètre nº 424 se maintient à un millimètre *au-dessous* du niveau de celui de l'observatoire de Turin. » Cette mention, qui n'est accompagnée d'aucun chiffre à l'appui, nous a beaucoup surpris; car pour obtenir des résultats à peu près semblables aux nôtres, il faudrait faire subir à cet instrument une correction en sens inverse, c'est-à-dire retrancher près d'un millimètre. En effet, la moyenne de nos 96 observations est de. 756mm,43

Celle de Hommaire de Hell, réduite à zéro sans autre correction, est de 756mm,40; à quoi il faut ajouter, pour différence de niveau entre les deux stations, environ 0mm,70, soit en tout. 757mm,10

Différence en plus. . . . . + 0mm,67

S'il faut encore ajouter 1 millimètre pour la correction de l'instrument, on aurait une différence de + 1^{mm},67 ; tandis que si l'on devait déduire la correction, on obtiendrait une différence de — 0^{mm},33. D'après ce résultat, il nous paraît probable que la mention précitée est erronée, et qu'en réalité le n° 424 se maintenait à 1 millimètre *au-dessus* et non *au-dessous* du baromètre de Turin.

Les différences en plus ou en moins entre les observations *non corrigées* de Hommaire de Hell et les nôtres sont généralement fort légères; elles vont cependant quelquefois de 0^{mm},50 à 1 millimètre. Nous les attribuons, soit à la différence des heures dites correspondantes (voy. précédemment, page 8), soit surtout à l'inégalité de température de la pièce dans laquelle Hommaire de Hell avait placé son baromètre. Quoique chauffée avec un poêle, cette pièce était à peine habitable pendant les jours où le vent soufflait avec violence (notamment en mars); on y était transi par les courants d'air s'introduisant à travers les nombreuses fissures des fenêtres. Dans ces circonstances, le thermomètre intérieur subissait des variations de température qui ne pouvaient pas se reproduire avec la même rapidité dans la colonne barométrique ; aussi n'indiquait-il pas la température réelle de cette dernière. Notre chambre, au contraire, étant abritée contre les vents, conservait une température généralement égale. Nous notons ce fait, parce qu'il explique d'une manière satisfaisante les différences qui existent entre des observations faites sous le même toit, mais dans des conditions particulières. De plus, il nous a mis en garde contre les conséquences qu'on peut tirer des différences qui existent entre nos observations et celles des deux séries de M. Noë.

Les observations faites par M. Noë avec son propre baromètre, et notées en pouces et 120es de pouce, ont été converties en millimètres, puis réduites à zéro, en employant le coefficient de la dilatation du mercure seul = 1/5550, à cause de la monture de bois. Les 84 observations correspondantes, recueillies en mars, avril et mai (1), donnent en moyenne les résultats comparatifs suivants :

	mm
Notre baromètre corrigé et réduit à zéro	755.67
Baromètre Noë non corrigé, mais réduit à zéro	754.17
Différence moyenne	— 1,50

Cette moyenne générale se décompose ainsi :

		Notre baromètre	Baromètre Noë.	Différences en moins.
		mm	mm	mm
Mars	Moyennes de 21 observations	755.80	744.49	1.31
Avril	Moyennes de 34 observations	753.61	751.88	1.73
Mai	Moyennes de 29 observations	756.27	755.04	1.23

Il est à remarquer que les différences partielles dont se compose la moyenne de 1^{mm},50 sont toutes dans le même sens et varient de 0^{mm},22 à 3^{mm},03, ce qui fait un écart maximum de 2^{mm},81 ; mais ces deux extrêmes sont purement exceptionnels, les autres différences partielles sont beaucoup moindres. Si on les réunit successivement

(1) Ces 84 observations barométriques ont été faites aux mêmes heures que les 84 observations thermométriques dont nous avons donné la comparaison à la page 8.

deux à deux (la plus faible avec la plus forte), on obtient des écarts qui vont en s'amoindrissant, et finissent par se réduire à zéro.

Guidé par les précédentes comparaisons, nous avons cru pouvoir tirer de cette dernière les conclusions suivantes :

1° La différence moyenne de 1^{mm},50 se compose de quatre éléments distincts, savoir : *a*, correction du baromètre de M. Noë; — *b*, différence causée par les influences locales; — *c*, différence provenant des heures réelles d'observations et inévitable dans une ville privée des moyens de mesurer le temps ; — *d*, correction pour la différence de niveau entre les deux stations. Ce dernier élément est le seul dont nous ayons pu connaître plus tard la valeur, comme on le verra tout à l'heure.

2° En augmentant de 1^{mm},50 les chiffres partiels de M. Noë, on obtient des nombres généralement très rapprochés des nôtres; mais quelquefois les écarts partiels sont assez forts et s'élèvent exceptionnellement à —1^{mm},28 et à + 1^{mm},53 ; par conséquent, l'écart maximum entre ces deux extrêmes est de 2^{mm},81. Telle était, à notre avis, la plus grande erreur qu'on pût commettre, en prenant les observations de M. Noë comme correspondantes pour calculer les mesures hypsométriques relevées en 1847 dans la Turquie d'Europe. Or, 2^{mm},81 représentent une hauteur verticale de moins de 30 mètres, soit, en moyenne, 15 mètres.

3° Dans l'incertitude où nous étions sur l'altitude de la station de M. Noë, nous avons cru devoir mettre à profit cette dernière considération. Nous avons ajouté à chacune des observations partielles de M. Noë la différence moyenne de 1^{mm},50. Nous voulions, en premier lieu, les ramener par ce moyen aux nombres approximatifs qu'elles auraient atteints, si elles avaient été faites à l'altitude déterminée de notre station (68 mètres); en second lieu, nous espérions qu'ainsi modifiées, elles nous serviraient à calculer avec plus de facilité les altitudes de nos différentes stations hypsométriques dans l'intérieur de la Turquie.

Telles étaient nos idées pendant le cours du long voyage de M. Noë en Asie. A son retour à Constantinople, elles ont été modifiées par suite d'un renseignement qui nous a été transmis de sa part par M. le docteur Verrollot. Nous avions admis que M. Noë avait accompli dans la même maison sa double série d'observations météorologiques; c'était une erreur : de janvier à mai 1847, il logeait près de Kalioundji Koulouk, du côté du palais de l'ambassade anglaise, et non dans la grande rue de Péra ; il a également occupé, dans le même endroit, une autre maison voisine de la dernière, et y a séjourné jusqu'à la fin de 1848. M. Noë avait consigné la date précise de son déménagement sur son journal, qui fut détruit par un incendie. Privé de ce document, il ne peut pas dire si son changement de domicile a eu lieu au commencement ou à la fin de mai 1847. Ces faits étant établis, notre excellent ami, M. le docteur Verrollot, voulut bien entreprendre, à notre prière, un nivellement destiné à fixer les différences de niveau qui existent entre notre station et les deux stations successives de M. Noë. Il résulte de ce travail, exécuté avec autant de patience que de sagacité, que dans les deux cas le baromètre du voyageur allemand était placé plus bas que le nôtre ; que la différence est de 2^{m},40 pour la première maison, et de 4^{m},80 pour la seconde; enfin que la station de M. P. de Tchihatcheff, dans la maison Romano (en mars et avril 1847), était plus élevée de 5 mètres environ (voy. la position de ces diverses stations sur la fig. 5 de la pl. 27 de notre Atlas) (1).

Pour épuiser ce sujet, il nous reste encore à comparer entre elles les deux séries barométriques exécutées par M. Noë.

Nous avons déjà vu (page 7) qu'une maladie grave avait forcé M. de Tchihatcheff à abandonner, pendant les premiers mois de l'année 1847, le soin de ses observations météorologiques à une personne complétement étrangère à ce genre d'étude. Aussi la comparaison entre les observations barométriques faites en mars et avril par ce suppléant, d'une part, et de l'autre, celles de la même époque par Hommaire de Hell et par nous, ne conduit-elle à aucun résultat satisfaisant. Il est donc à regretter que les circonstances n'aient pas permis à M. P. de Tchihatcheff de faire lui-même ses observations, et nous ait privé du concours d'un savant dont l'expérience nous aurait été si utile pour nous guider dans la solution de la question qui nous occupe en ce moment. Les instruments ayant été remis à M. Noë dans le courant de mai, nous ne comprendrons dans le tableau suivant que les observations des sept derniers mois de l'année, et comme les baromètres étaient placés dans le même local, nous avons employé les indications du baromètre Noë, réduites à zéro, sans les augmenter de la différence de 1^{mm},50, dont il a été question pages 11 et 12. En effet, cette différence se compose de quatre éléments dont trois se trouvent écartés; il n'y a plus à tenir compte que de la correction du baromètre Noë, qui est une constante dont nous ignorons la valeur.

(1) Voici les chiffres trouvés par M. le docteur Verrollot :

Le nivellement de la grande rue de Péra, exécuté en 1857 sous la direction de M. Ritter, a établi que le seuil de la porte (sur cette rue) de la maison habitée par M. le docteur Verrollot est à une hauteur absolue de 68^{m},73. Son bureau au-dessus du seuil est placé 4^{m},49 plus haut; soit, en tout. 73.22

Cette altitude concorde, à quelques fractions près, avec celle qu'il a déduite d'une série d'observations barométriques. Elle lui a servi de point de repère pour déterminer les hauteurs absolues des stations suivantes :

Station de M. Noë, première maison de Kalioundji Koulouk, au second étage.	65.60
— deuxième maison de Kalioundji Koulouk, au premier étage	63.20
Station de M. P. de Tchihatcheff, dans la maison Romano, au premier étage	73.20
Notre station dans l'hôtel Josépina, au premier étage.	67.00
Nos propres observations nous ont donné, pour cette dernière station	67.80
Différence en plus.	0.80

Ainsi notre station à Péra, en 1847, avait une hauteur absolue comprise entre 67 et 68 mètres; c'est ce dernier chiffre que nous avons adopté.

MOIS.	2 HEURES DU SOIR.				10 HEURES DU SOIR.			
	BAROMÈTRES.		DIFFÉRENCES.		BAROMÈTRES.		DIFFÉRENCES.	
	Tchih.	Noë.	+	—	Tchih.	Noë.	+	—
	mm	mm	mm	mm	mm	mm	mm	mm
Juin	755.00	750.81	»	4.19	755.20	750.73	»	4.47
Juillet	755.20	755.44	0.24	»	755.60	755.29	»	0.31
Août	754.80	754.81	0.01	»	754.60	754.83	0.23	»
Septembre	757.10	756.72	»	0.38	757.20	756.81	»	0.39
Octobre	762.60	760.71	»	1.89	762.50	760.68	»	1.82
Novembre	763 90	764.40	0.50	»	764.10	764.70	0.60	»
Décembre	760.70	762.99	2.29	»	760.80	762.94	2.14	»
Moyennes des sept mois	758.47	757.98	»	0.49	758.56	757.99	»	0.57

Si l'on compare les observations partielles dont se composent les moyennes mensuelles ci-dessus, on remarque quelquefois des écarts considérables entre les deux baromètres, ou bien on voit l'un des deux instruments monter au moment où l'autre subit une dépression. En voici un exemple :

		2 HEURES DU SOIR.	10 HEURES DU SOIR.
		mm	mm
Baromètre Noë	Le 5 juin	748.25	748.92
	Le 6 juin	749.95	750.94
	Différences	+ 1.70	+ 2.02
Baromètre Tchihatcheff.	Le 5 juin	752.50	756.60
	Le 6 juin	754.90	755.20
	Différences	+ 2.40	— 1.40

La marche du baromètre Noë, comparée à celle de notre baromètre, n'offre pas de telles anomalies; aussi croyons-nous devoir accorder plus de confiance à la série d'observations que M. Noë a faites avec son propre instrument qu'à la seconde, exécutée avec celui de M. P. de Tchihatcheff. D'ailleurs nous avons tout lieu de craindre que ce dernier baromètre n'ait subi de graves avaries, pendant son transport à l'un des trois domiciles où il a été mis en observation. En conséquence, nous donnerons ici les observations quotidiennes faites par M. Noë avec ses propres instruments ; le lecteur pourra les comparer avec celles qui ont été publiées par M. P. de Tchihatcheff dans l'*Annuaire météorologique de France*, année 1851.

Conclusions.

Avant de présenter les tableaux mensuels de ces observations, nous allons résumer les considérations ci-dessus exposées, qu'il est bon de ne pas oublier, si l'on veut avoir une idée nette du degré de confiance qu'on peut accorder aux résultats obtenus.

1° *Corrections du thermomètre Noë.* — L'instrument employé par M. Noë était divisé en degrés Réaumur ; mais son zéro était trop élevé d'une quantité telle, que les lectures obtenues seraient plus près de la vérité si on les considérait comme ayant été faites sur un thermomètre centigrade. C'est pour ce motif que nous reproduisons les chiffres sans y apporter aucun changement. Pour leur donner la valeur des degrés centigrades, il faut les augmenter environ d'un quinzième.

2° *Corrections du baromètre Noë.* — Le baromètre de M. Noë se tenait en moyenne 1^{mm},50 plus bas que le nôtre, dont la station était à 68 mètres au-dessus du Bosphore. Nous avons augmenté de cette quantité (1^{mm},50) les observations partielles et quotidiennes de M. Noë, afin de leur donner la valeur qu'elles auraient eue si elles avaient été notées à une altitude de 68 mètres. Le rapport ci-dessus résulte de la comparaison d'observations exécutées à une époque où la station de M. Noë était inférieure à la nôtre de 2^{m},40. De juin à décembre 1847, la seconde station de M. Noë était 2^{m},40 plus basse que sa première; il faut donc retrancher des chiffres des sept derniers mois de l'année (compris dans le tableau suivant) 0^{mm},22, représentant cette différence d'altitude de 2^{m},40, afin que toutes les observations de 1847 soient ramenées à la hauteur absolue de 68 mètres.

3° *Interpolations.* — M. Noë n'a laissé en blanc qu'un très petit nombre d'observations (trois ou quatre jours en novembre et deux ou trois jours en décembre) pendant le cours de l'année 1847. Nous avons rempli ces lacunes par des interpolations faites suivant le procédé ordinaire, et signalées à l'attention par le signe * qui les précède.

JOURS DU MOIS.	BAROMÈTRE A ZÉRO.			THERMOMÈT. EXTÉR.			HYGROMÈTRE DE SAUSSURE.		
	6 h. m.	2 h. s.	10 h. s.	6 h. m.	2 h. s.	10 h. s	6 h. mat.	2 h. soir.	10 h. soir.
Janvier.									
	mm.	mm.	mm.	°	°	°	°	°	°
1	774.28	769.49	767.69	3.0	8.0	6.0	68	62	64
2	64.77	62.59	62.52	3.0	9.0	9.0	66	70	69
3	63.72	65.30	66.65	7.5	8.5	7.0	72	72	71
4	67.01	67.34	67.91	6.0	8.0	8.0	72	70	70
5	68.36	69.35	69.94	6.0	8.0	6.0	70	62	65
6	70.45	70.33	71.06	4.0	4.0	5.0	68	65	67
7	70.68	70.56	71.06	3.0	4.0	5.0	68	64	65
8	71.34	67.10	67.15	0.0	4.0	4.0	66	62	65
9	66.66	65.07	67.04	1.0	7.0	5.0	65	62	65
10	68.06	69.04	69.49	4.0	3.0	5.0	65	70	68
11	69.91	64.99	68.72	3.0	4.0	3.0	70	65	68
12	67.66	67.52	68.10	2.0	3.0	2.0	70	68	67
13	66.89	66.76	67.51	2.0	4.0	4.0	70	68	70
14	67.52	68.72	68.36	4.0	5.0	5.0	71	68	69
15	67.96	68.13	68.50	3.0	8.0	4.0	72	66	68
16	68.24	67.38	67.14	3.0	5.0	4.0	70	65	65
17	66.31	65.13	64.68	3.0	8.0	5.0	70	65	68
18	65.27	65.27	65.05	4.0	5.0	5.0	70	65	65
19	64.82	63.15	64.82	3.5	4.0	3.0	70	70	70
20	62.70	62.73	63.32	3.0	3.0	3.0	70	70	70
21	61.35	61.62	61.84	1.5	3.0	3.0	72	71	72
22	62.48	64.23	63.86	2.5	6.5	4.0	75	69	69
23	64.28	64.31	64.54	2.5	7.5	3.0	71	68	65
24	64.96	65.27	66.79	2.0	5.0	4.0	75	59	61
25	65.41	65.63	64.14	2.0	4.0	2.0	61	66	66
26	62.12	61.22	63.02	3.0	4.5	2.0	67	68	65
27	61.04	61.70	62.60	2.5	7.0	3.5	66	55	63
28	61.58	61.87	60.33	1.5	6.5	3.0	64	52	65
29	59.99	60.29	60.18	1.5	8.5	4.0	64	56	63
30	60.54	60.06	59.48	4.0	11.0	9.0	64	58	67
31	58.77	56.50	55.34	9.0	12.5	10.0	64	54	55
Moyenn.									
Mois.....	765.65	765.15	765.47	3.2	6.1	4.7	68	65	66
1er au 10	768.53	767.71	768.14	3.7	6.3	6.0	68	64	67
11 au 20	766.73	765.98	766.62	3.0	4.9	3.8	70	67	68
21 au 31	762.05	762.06	762.01	2.9	6.9	4.3	68	61	64
Février.									
1	755.39	757.10	756.92	9.3	11.0	8.5	64	61	63
2	56.61	54.93	55.98	9.0	14.0	9.2	61	64	63
3	57.38	58.31	59.07	8.5	12.0	9.5	66	53	62
4	59.24	55.75	55.43	9.0	12.0	9.2	62	53	54
5	57.37	60.45	61.21	8.0	8.0	5.5	62	66	65
6	58.62	55.71	52.58	5.5	11.0	9.3	70	72	65
7	42.43	44.41	47.02	10.3	12.0	9.0	52	60	62
8	50.76	49.14	48.91	9.5	13.0	10.5	66	53	60
9	49.25	51.25	52.50	7.5	13.0	11.0	65	56	60
10	52.95	50.67	48.24	9.0	14.0	10.0	62	55	58
11	46.93	48.46	47.00	8.0	12.0	10.5	69	53	55
12	52.18	55.26	55.39	4.0	9.0	4.5	70	53	66
13	51.61	48.82	47.69	5.0	11.0	11.0	64	58	60
14	57.13	61.12	59.81	5.5	5.5	1.5	65	65	60
15	59.54	56.56	51.30	1.5	5.0	1.0	62	58	61
16	53.09	48.96	48.55	1.0	11.0	7.5	65	58	64
17	55.69	50.26	49.23	5.5	6.0	5.0	69	70	68
18	55.21	56.97	58.85	3.5	8.0	4.0	68	55	65
19	61.98	64.85	65.44	3.5	7.5	4.0	65	55	60
20	62.35	60.63	57.78	1.0	8.0	7.0	66	68	62
21	60.26	61.03	60.74	4.0	9.0	4.0	62	56	66
22	62.57	60.20	57.78	1.5	8.0	6.5	65	53	60
23	56.57	54.99	53.26	7.5	8.5	7.5	64	62	66
24	51.97	51.33	52.02	4.0	3.0	1.5	69	71	73
25	51.92	51.43	57.84	1.0	4.0	1.5	71	73	73
26	60.13	59.09	59.23	1.5	7.0	3.5	66	64	70
27	51.88	42.76	45.98	3.0	10.0	7.5	69	71	75
28	54.49	59.71	62.71	2.0	5.5	1.0	74	65	70
Moyenn.									
Mois.....	755.20	754.69	754.59	5.3	9.2	6.4	66	61	64
1er au 10	754.00	753.77	753.79	8.6	12.0	9.2	63	59	61
11 au 20	755.57	755.19	754.10	3.8	8.3	5.6	66	59	62
21 au 28	756.22	755.07	756.19	3.1	6.9	4.1	67	64	69

JOURS DU MOIS.	BAROMÈTRE A ZÉRO.			THERMOMÈT. EXTÉR.			HYGROMÈTRE DE SAUSSURE.		
	6 h. m.	2 h. s.	10 h. s.	6 h. m.	2 h. s.	10 h. s	6 h. mat.	2 h. soir.	10 h. soir.
Mars.									
	mm.	mm.	mm.	°	°	°	°	°	°
1	761.49	758.19	754.58	—1.0	8.0	5.0	71	68	71
2	54.13	56.83	57.00	6.0	8.5	4.0	76	78	71
3	56.15	56.83	60.81	3.0	8.5	3.0	74	71	72
4	62.47	66.07	65.09	3.0	8.0	3.0	74	68	71
5	64.72	65.49	60.84	3.0	8.0	4.0	71	65	76
6	56.32	52.50	48.75	5.0	9.0	7.5	73	68	72
7	47.18	49.89	55.15	9.0	10.0	4.5	78	78	73
8	55.42	49.07	45.84	3.5	11.5	10.0	72	70	76
9	45.93	51.47	49.89	10.0	6.0	6.5	77	72	76
10	49.13	49.67	52.81	7.0	9.0	5.5	78	79	74
11	54.16	53.14	55.53	6.0	14.0	7.0	73	70	77
12	58.13	61.89	65.40	3.5	3.5	1.5	78	79	76
13	66.07	64.82	64.50	2.5	8.0	3.0	71	65	73
14	63.37	61.44	61.13	3.0	7.0	5.0	73	64	69
15	60.53	62.02	64.95	3.5	4.5	3.0	79	79	77
16	64.59	65.18	66.07	4.5	6.0	4.5	74	65	70
17	66.39	64.85	61.97	5.0	9.0	4.5	67	60	67
18	60.25	57.31	56.02	5.0	5.0	4.0	78	79	79
19	57.37	57.37	58.58	4.0	8.0	5.0	71	71	70
20	60.02	61.21	61.15	6.0	6.0	5.5	72	70	74
21	62.05	59.94	58.50	5.5	9.0	5.5	73	66	76
22	55.66	52.95	52.64	6.0	10.5	6.5	71	62	75
23	52.28	53.18	54.39	7.0	8.5	7.0	72	64	71
24	55.15	55.66	55.88	6.5	8.5	6.0	75	71	75
25	56.11	56.44	56.19	6.5	7.0	5.5	74	74	77
26	56.55	57.41	58.10	5.0	6.0	5.0	78	76	76
27	58.50	58.44	57.67	4.5	10.0	4.0	75	62	72
28	58.13	57.53	57.08	3.0	11.0	8.3	73	61	67
29	57.23	56.90	56.78	7.0	15.0	6.0	72	50	56
30	55.55	55.34	55.19	8.0	17.5	13.0	70	40	56
31	56.46	57.17	56.96	11.5	18.0	13.0	60	40	41
Moyenn.									
Mois.....	757.66	757.60	757.59	5.2	9.0	5.6	73	67	71
1er au 10	755.29	755.60	755.07	4.8	8.6	5.3	74	71	73
11 au 20	761.08	760.92	761.53	4.3	7.1	4.3	73	70	73
21 au 31	756.69	756.39	756.30	6.4	11.0	7.2	72	60	67
Avril.									
1	757.72	755.03	755.04	13.0	18.0	15.0	52	32	37
2	54.47	55.34	54.03	15.0	21.0	16.5	32	22	30
3	52.74	54.03	51.63	15.0	21.0	16.0	35	21	31
4	50.73	51.09	53.13	16.0	21.5	15.0	25	20	53
5	56.12	55.08	53.40	11.5	15.0	12.0	59	35	45
6	58.27	56.55	53.24	8.0	20.0	11.0	75	42	40
7	52.87	38.37	41.89	10.0	13.0	9.0	59	74	77
8	46.05	47.90	49.09	8.0	11.0	7.5	70	73	70
9	49.16	51.55	50.57	7.0	13.0	8.0	78	68	72
10	49.99	50.98	50.76	10.0	11.0	12.0	68	59	78
11	51.19	52.03	53.00	10.0	11.0	9.5	77	76	80
12	51.27	51.78	53.05	8.5	8.0	7.0	80	80	78
13	52.46	53.54	54.79	7.5	11.0	6.5	74	70	70
14	55.24	56.43	55.92	5.5	15.0	7.5	72	62	68
15	55.84	55.23	54.88	8.0	16.5	10.0	71	45	51
16	55.02	54.92	55.06	9.0	21.0	13.0	63	41	42
17	53.80	51.64	50.16	11.5	21.0	15.2	62	36	43
18	50.05	49.76	50.38	10.3	23.4	13.2	68	40	62
19	50.84	50.97	49.63	10.2	14.0	8.1	70	65	72
20	48.93	50.01	49.15	9.7	12.8	9.6	71	68	76
21	48.60	48.62	48.78	11.8	15.0	10.3	76	64	71
22	51.62	51.88	51.51	10.0	20.0	12.0	78	66	65
23	51.49	51.25	51.78	10.8	19.0	15.2	77	57	69
24	51.41	51.31	51.64	11.3	18.2	12.3	78	54	68
25	53.22	54.22	55.60	11.4	13.5	10.4	78	60	72
26	55.99	57.27	56.91	9.0	12.8	9.1	76	56	79
27	56.99	57.27	56.89	9.4	15.8	12.6	77	58	75
28	57.72	58.85	59.28	12.0	13.6	11.4	78	78	76
29	58.25	58.27	57.48	11.0	14.0	10.5	78	74	78
30	56.09	55.62	54.78	9.8	12.0	10.4	79	77	78
Moyenn.									
Mois.....	753.14	752.80	752.78	10.3	15.7	11.2	68	56	64
1er au 10	752.81	751.59	751.27	11.3	16.4	12.2	55	45	53
11 au 20	752.47	752.63	752.60	9.0	15.3	10.0	71	58	65
21 au 30	754.14	754.45	754.46	10.6	15.4	11.4	77	64	73

JOURS DU MOIS.	BAROMÈTRE A ZÉRO.			THERMOMÈT. EXTÉR.			HYGROMÈTRE DE SAUSSURE.		
	6 h. m.	2 h. s.	10 h. s.	6 h. m.	2 h. s.	10 h. s.	6 h. mat.	2 h. soir.	10 h. soir.
				Mai.					
	mm.	mm.	mm.	o	o	o	o	o	o
1	754.33	753.30	752.94	10.2	16.2	10.8	80	62	75
2	53.37	53.90	55.20	11.4	18.0	13.8	72	47	56
3	55.43	55.58	56.45	11.8	21.0	13.8	71	39	54
4	58.08	59.17	57.93	10.8	20.8	14.4	70	48	58
5	56.12	53.22	53.25	12.2	17.0	12.6	60	58	78
6	53.27	53.05	53.13	12.2	14.4	13.0	71	57	79
7	55.73	55.37	55.47	12.5	20.0	14.0	80	54	60
8	55.71	56.31	56.26	12.0	16.0	13.1	72	65	79
9	55.79	56.24	55.87	13.6	11.8	12.3	80	68	79
10	54.88	54.90	54.51	13.0	17.4	11.8	80	64	68
11	55.20	55.71	56.05	9.4	19.8	13.0	74	59	65
12	56.71	56.18	55.26	11.5	20.0	13.2	76	52	61
13	54.97	56.52	56.28	13.2	23.2	15.8	72	38	58
14	56.12	56.76	57.56	16.2	23.0	17.0	68	52	70
15	59.89	60.01	56.77	15.0	21.4	15.0	74	53	68
16	54.79	55.86	57.10	14.8	21.0	17.8	80	65	70
17	58.71	58.03	56.23	13.5	21.0	14.8	76	55	68
18	57.39	59.39	59.55	13.8	19.8	14.2	77	62	78
19	60.95	61.20	60.64	14.8	21.0	14.3	79	53	72
20	59.63	58.46	56.73	12.8	23.0	11.1	76	42	53
21	54.43	52.29	52.42	15.4	22.9	17.8	72	53	50
22	57.29	57.63	58.12	14.7	19.0	13.2	80	55	70
23	59.25	59.12	57.03	13.2	18.2	13.0	77	55	72
24	56.80	56.09	54.97	12.6	20.9	16.2	78	41	58
25	54.73	57.49	57.46	16.4	17.6	12.4	75	54	64
26	58.32	57.61	57.21	10.5	20.2	14.8	71	35	50
27	57.63	59.02	59.88	15.0	21.0	14.2	56	43	75
28	59.55	59.20	57.58	15.4	19.0	13.0	72	55	70
29	55.40	54.75	54.55	14.1	18.0	13.0	68	47	70
30	54.13	53.45	53.57	13.0	19.1	13.1	67	42	84
31	56.54	56.66	56.35	12.0	18.6	12.9	81	40	53
Moyenn.									
Mois......	756.49	756.53	756.23	13.1	19.4	13.8	74	52	67
1er au 10	755.27	755.11	755.10	12.0	17.3	12.9	74	56	69
11 au 20	757.44	757.81	757.21	13.5	21.3	14.6	75	53	67
21 au 31	756.73	756.66	756.37	13.8	19.5	13.9	72	47	65
				Juin.					
1	755.73	754.22	752.80	10.3	21.0	14.8	63	30	42
2	52.35	52.80	53.44	15.0	20.8	14.5	55	46	67
3	53.40	53.67	54.04	14.5	19.2	14.0	68	64	69
4	53.38	54.13	52.48	13.2	20.8	16.9	91	62	65
5	51.51	49.75	50.42	16.4	20.3	15.0	71	55	79
6	50.26	51.45	52.44	14.6	24.5	16.5	75	45	55
7	50.67	48.84	49.92	15.2	19.5	17.5	62	44	80
8	50.24	51.02	51.14	16.8	22.8	17.2	80	50	60
9	51.92	51.67	48.30	14.9	17.0	16.0	83	79	82
10	49.77	48.72	45.23	17.5	23.0	18.0	85	54	55
11	44.02	42.36	42.97	17.0	22.8	18.0	84	45	65
12	43.72	45.37	46.66	15.2	20.8	16.0	82	43	58
13	48.69	50.74	50.92	14.8	23.8	16.2	77	35	50
14	50.83	50.77	50.72	15.4	22.0	15.8	71	42	67
15	51.95	52.11	52.32	17.1	21.0	16.0	70	41	70
16	53.13	53.93	54.24	14.8	19.5	16.0	79	60	60
17	54.98	54.52	53.77	14.8	24.5	18.2	72	44	52
18	53.81	53.13	51.50	16.4	25.6	18.3	68	29	45
19	52.46	52.36	52.85	16.7	24.0	19.1	74	48	42
20	52.87	53.87	52.64	17.2	22.3	16.2	72	52	62
21	52.54	51.37	48.99	17.0	29.0	23.0	65	23	42
22	46.32	48.22	50.82	20.0	20.0	17.5	79	62	69
23	51.26	50.74	51.41	15.0	22.0	17.5	77	55	69
24	52.04	54.74	57.93	14.0	24.0	18.8	78	40	57
25	58.99	59.27	59.33	17.0	26.0	19.0	62	42	55
26	60.56	61.10	59.74	17.5	24.6	19.0	82	39	67
27	59.01	57.30	55.73	18.2	23.0	18.0	77	59	75
28	54.46	53.58	54.46	18.2	22.0	18.4	76	57	79
29	53.35	54.40	54.72	18.5	21.0	18.6	79	56	58
30	54.75	53.06	55.18	18.6	26.8	18.0	80	39	70
Moyenn.									
Mois......	752.30	752.31	752.23	16.1	22.4	17.3	74	48	62
1er au 10	751.92	751.63	751.02	14.8	20.9	16.0	73	53	65
11 au 20	750.65	750.92	750.86	15.9	22.6	17.0	75	44	57
21 au 30	754.33	754.38	754.83	17.4	23.8	18.8	76	47	64

JOURS DU MOIS.	BAROMÈTRE A ZÉRO.			THERMOMÈT. EXTÉR.			HYGROMÈTRE DE SAUSSURE.		
	6 h. m.	2 h. s.	10 h. s.	6 h. m.	2 h. s.	10 h. s.	6 h. mat.	2 h. soir.	10 h. soir.
				Juillet.					
	mm.	mm.	mm.	o	o	o	o	o	o
1	755.36	755.57	754.67	16.2	23.0	18.7	81	50	53
2	55.76	55.17	54.17	19.7	25.0	21.0	68	39	54
3	52.14	52.10	54.11	19.3	26.8	21.0	60	30	60
4	53.88	53.79	54.29	20.5	24.0	19.3	60	40	72
5	54.52	54.91	55.75	15.5	18.5	15.2	100	70	90
6	56.32	55.94	56.90	15.0	19.5	16.0	94	75	80
7	59.02	60.18	61.21	16.0	21.0	17.4	82	72	81
8	60.67	62.52	62.28	17.5	22.2	18.4	80	64	81
9	61.49	61.55	60.31	18.6	23.2	17.0	79	61	85
10	59.00	57.75	55.95	19.2	24.0	18.2	82	48	82
11	56.63	57.97	58.78	19.5	23.4	17.8	86	50	79
12	59.19	59.16	59.12	18.5	22.0	18.0	90	60	79
13	59.06	59.15	58.98	17.0	24.0	18.5	84	40	55
14	58.88	57.26	55.79	17.2	24.8	22.0	70	42	62
15	56.72	56.80	57.06	18.2	24.3	19.0	84	55	80
16	57.40	58.93	58.61	18.6	24.1	18.0	82	35	58
17	58.92	58.34	58.06	17.0	23.7	18.2	69	38	53
18	57.87	56.80	58.12	16.0	22.5	18.0	71	37	70
19	58.09	58.90	59.29	16.8	24.8	16.2	79	40	69
20	59.20	59.52	59.06	16.2	25.5	18.2	69	39	62
21	59.48	59.84	59.70	17.5	26.4	20.0	80	50	70
22	58.80	56.08	54.03	17.0	27.8	21.0	87	38	60
23	56.49	53.84	54.38	20.5	20.0	17.0	70	80	81
24	54.21	54.86	55.41	18.0	22.5	18.0	82	60	75
25	55.94	55.95	56.12	18.4	22.5	21.5	78	44	70
26	56.39	56.33	56.53	18.0	23.0	22.1	81	50	71
27	56.82	56.29	55.85	18.0	24.0	19.0	80	51	73
28	56.27	56.00	54.91	19.4	24.5	19.7	81	56	81
29	54.34	53.02	51.78	20.2	25.8	18.8	80	51	79
30	53.43	54.05	54.92	19.8	24.6	19.4	84	55	78
31	56.56	56.72	54.35	18.0	23.2	23.2	75	32	72
Moyenn.									
Mois......	757.06	756.94	756.79	18.0	23.6	18.9	79	50	71
1er au 10	756.82	756.95	756.96	17.8	22.7	18.2	79	55	74
11 au 20	758.20	758.28	758.29	17.5	23.9	18.4	78	44	67
21 au 31	756.25	755.73	755.27	18.6	24.0	20.0	80	51	74
				Août.					
1	756.82	755.90	755.73	16.0	25.2	18.8	61	38	50
2	55.28	54.87	54.08	17.5	24.5	19.0	65	55	65
3	55.24	54.29	54.19	17.0	26.0	20.0	77	42	65
4	54.62	54.48	54.23	20.6	25.8	20.0	74	51	70
5	55.28	54.67	54.30	19.4	24.4	19.2	80	39	67
6	55.05	54.44	53.97	16.0	27.0	21.0	81	20	61
7	54.48	53.78	53.03	19.0	31.2	23.0	72	19	35
8	52.59	49.47	49.77	16.0	30.0	22.0	74	27	55
9	51.78	53.21	53.41	19.0	23.0	17.4	88	50	75
10	54.52	54.77	53.84	20.0	22.8	19.7	75	60	80
11	54.50	53.71	55.53	19.0	25.4	18.5	80	60	81
12	55.50	54.96	56.63	19.6	23.2	18.0	91	68	78
13	56.99	56.52	56.18	18.5	21.6	18.0	90	66	76
14	56.90	56.45	56.81	17.5	25.0	18.8	78	48	52
15	56.82	56.90	57.99	18.5	24.0	19.0	73	60	78
16	58.29	58.65	58.98	19.8	24.6	19.0	83	50	74
17	59.07	58.88	58.98	20.0	24.5	19.6	78	58	80
18	58.47	57.30	56.88	20.5	24.6	19.8	84	52	77
19	56.13	56.45	56.49	19.2	23.6	19.5	85	60	80
20	56.55	56.94	56.94	19.5	21.8	18.6	69	50	76
21	57.22	57.79	58.06	16.8	23.7	19.6	70	35	55
22	57.08	56.62	57.32	18.4	21.3	20.0	72	40	63
23	57.50	58.12	57.69	18.3	26.0	21.4	70	37	45
24	59.15	59.46	58.46	20.2	27.6	22.6	60	35	53
25	59.68	59.13	60.49	22.4	24.0	20.5	70	65	90
26	60.68	60.21	61.08	20.4	26.5	21.0	88	35	52
27	60.31	59.62	58.96	21.0	25.8	19.8	87	52	80
28	58.36	57.48	57.90	19.5	26.0	19.0	82	60	82
29	57.29	57.89	56.88	19.2	24.0	19.2	84	60	84
30	57.79	56.71	56.08	19.6	25.1	19.0	85	55	78
31	55.63	55.84	55.41	17.8	25.1	10.5	80	54	75
Moyenn.									
Mois......	756.63	756.31	756.33	18.9	24.9	19.7	78	49	69
1er au 10	754.57	753.99	753.66	18.1	26.0	20.0	75	41	62
11 au 20	756.92	756.68	757.14	19.2	23.8	18.9	81	57	75
21 au 31	758.24	758.08	758.03	19.4	25.0	20.1	77	48	69

JOURS DU MOIS.	BAROMÈTRE A ZÉRO. 6 h. m.	2 h. s.	10 h. s	THERMOMÈT. EXTÉR. 6h.m.	2 h. s.	10 h.s.	HYGROMÈTRE DE SAUSSURE. 6 h. mat.	2 h. soir.	10 h. soir.
Septembre.									
	mm.	mm.	mm.	°	°	°	°	°	°
1	756.52	756.16	755.61	18.0	24.0	19.4	85	50	70
2	56.84	56.45	56.16	18.0	24.8	19.8	80	45	70
3	55.45	56.22	56.67	20.0	24.8	21.0	78	38	68
4	58.88	59.14	59.15	17.8	22.0	18.0	70	60	80
5	59.30	58.97	59.38	20.5	21.8	18.8	77	60	75
6	59.68	59.75	59.60	18.5	22.0	21.5	82	50	78
7	59.34	58.84	58.32	17.2	22.0	19.0	80	55	76
8	53.81	56.35	58.28	16.8	25.8	21.0	84	52	72
9	59.80	60.81	60.49	17.8	22.6	19.8	86	56	78
10	60.79	61.08	61.30	20.0	22.0	18.5	84	68	83
11	60.99	60.94	60.76	20.0	25.0	19.0	81	60	85
12	60.23	59.88	60.37	19.0	22.6	17.0	82	62	80
13	60.85	58.71	58.16	18.8	24.6	18.0	73	60	80
14	56.58	56.50	56.39	18.6	24.2	19.0	75	62	73
15	55.58	53.76	53.79	19.5	24.0	18.8	74	60	72
16	53.35	52.76	52.42	19.0	23.0	19.0	75	61	70
17	53.85	53.83	54.91	18.5	24.0	19.0	78	60	70
18	56.99	58.96	59.68	17.5	22.0	19.2	80	62	74
19	60.75	60.48	60.37	16.0	22.5	18.8	80	50	73
20	60.81	60.63	59.15	15.0	23.0	18.8	75	48	71
21	55.24	57.42	57.48	17.4	22.0	19.0	78	47	70
22	56.08	56.49	56.76	17.5	18.5	16.5	80	82	81
23	59.03	60.15	60.67	14.0	14.5	13.0	89	75	75
24	59.84	59.51	59.43	13.0	15.0	13.0	84	80	80
25	59.12	59.80	60.03	11.5	13.2	13.0	70	55	72
26	60.02	59.25	58.94	11.8	19.8	14.0	75	60	68
27	58.50	58.51	58.03	13.0	19.5	14.0	76	65	66
28	58.40	58.21	58.62	16.0	21.4	14.8	78	60	80
29	57.81	57.52	58.62	15.5	15.4	14.6	82	80	83
30	56.86	59.42	59.93	14.5	15.0	13.0	82	82	82
Moyenn.									
Mois......	758.04	758.22	758.31	17.0	21.4	17.6	79	60	75
1ᵉʳ au 10	758.05	758.38	758.50	18.5	23.2	19.7	80	53	75
11 au 20	758.00	757.65	757.60	18.2	23.5	18.7	77	59	75
21 au 30	758.09	758.63	758.85	14.4	17.4	14.5	79	69	76
Octobre.									
1	761.45	761.79	761.40	13.0	15.5	14.2	84	62	75
2	60.52	58.21	54.83	12.8	19.5	16.4	80	65	70
3	54.66	55.12	57.54	16.0	17.6	11.0	86	75	94
4	62.32	64.30	66.00	8.0	14.0	11.4	82	72	85
5	65.92	66.31	65.56	11.2	14.2	12.0	80	55	65
6	64.11	61.79	60.12	9.8	15.0	14.0	75	53	70
7	59.57	59.53	59.08	14.0	18.5	16.2	76	63	70
8	60.86	62.21	63.34	14.0	15.5	16.8	80	80	79
9	62.89	61.35	58.17	13.5	17.5	14.5	76	70	76
10	55.20	56.32	56.69	11.5	9.0	10.6	83	85	82
11	57.84	60.08	61.78	8.5	10.0	9.8	75	83	80
12	62.51	63.99	64.49	9.5	10.6	8.2	82	79	80
13	64.63	63.85	62.14	5.0	11.2	7.0	81	65	74
14	58.17	56.50	54.85	8.5	13.0	13.0	75	65	75
15	56.91	59.98	64.03	11.0	13.0	8.0	82	55	71
16	64.66	65.37	66.34	8.0	11.0	7.9	75	59	70
17	67.91	67.58	67.54	8.5	11.0	7.8	70	50	65
18	67.51	68.19	67.85	5.0	12.2	8.0	75	53	63
19	67.15	66.24	65.48	6.0	14.5	10.4	74	63	71
20	64.79	66.03	66.30	9.0	14.5	10.8	80	58	70
21	66.20	64.63	63.17	10.0	16.0	12.2	78	71	75
22	61.81	61.14	61.06	10.5	15.5	11.0	83	72	80
23	61.96	63.40	64.22	12.2	14.5	11.0	81	75	81
24	64.30	63.74	63.84	10.8	14.5	10.6	82	60	79
25	62.37	61.30	58.99	9.5	15.5	13.5	79	71	75
26	55.73	55.21	54.56	13.0	15.0	13.8	75	74	75
27	54.56	56.28	57.93	14.0	15.0	13.6	76	75	79
28	59.21	60.02	61.98	12.6	16.0	13.6	82	72	76
29	63.07	64.47	65.50	10.5	17.0	13.8	82	70	74
30	66.20	66.33	66.69	12.0	15.8	13.2	78	71	73
31	66.60	67.33	66.31	12.0	15.2	11.0	76	73	74
Moyenn.									
Mois......	761.99	762.21	762.18	10.6	14.4	11.8	79	67	75
1ᵉʳ au 10	760.75	760.69	760.27	12.4	15.6	13.7	80	68	77
11 au 20	763.21	763.78	764.08	7.9	12.1	9.1	77	63	72
21 au 31	762.00	762.17	762.20	11.0	15.4	12.5	79	71	76

JOURS DU MOIS.	BAROMÈTRE A ZÉRO. 6 h. m.	2 h. s.	10 h. s.	THERMOMÈT. EXTÉR. 6h.m.	2 h. s.	10h.s.	HYGROMÈTRE DE SAUSSURE. 6 h. mat.	2 h. soir.	10 h. soir.
Novembre.									
	mm.	mm.	mm.	°	°	°	°	°	°
1	767.67	767.30	765.64	12.0	15.5	11.5	73	76	84
2	65.25	63.99	64.99	9.2	10.0	5.4	88	87	85
3	64.91	62.00	60.43	4.0	10.0	8.0	87	83	82
4	57.45	61.06	61.95	10.5	9.4	8.8	83	84	80
5	64.85	65.56	67.27	8.4	14.0	6.2	81	82	86
6	67.85	67.27	68.41	7.5	9.5	7.8	81	72	80
7	68.44	66.05	65.30	7.0	8.4	6.0	78	74	83
8	64.17	63.50	64.48	6.0	7.2	5.6	82	83	82
9	64.80	65.30	66.50	8.0	9.0	8.5	82	80	81
10	66.95	68.17	71.97	9.0	10.6	9.0	81	74	77
11	73.76	71.90	71.79	5.0	9.0	6.0	80	78	76
12	*69.40	*68.50	*68.70	7.9	11.5	10.0	*78	*79	*78
13	*67.50	*68.70	*69.50	8.4	12.0	11.4	*78	*70	*76
14	*70.30	69.02	70.40	8.6	12.0	9.4	*76	*77	*79
15	70.20	70.15	70.70	8.0	11.0	9.0	81	76	80
16	71.07	*69.00	*67.10	* 8.0	*10.9	* 9.6	*79	*80	*78
17	*66.00	64.17	62.53	* 6.5	8.0	7.0	*79	79	79
18	62.12	61.57	61.94	8.0	*11.0	* 9.0	75	71	78
19	*63.25	65.36	66.28	9.0	12.6	10.0	*72	64	68
20	68.33	68.33	67.78	7.0	11.0	8.0	82	73	76
21	67.29	65.92	65.14	10.0	11.0	8.0	81	78	*78
22	64.65	64.30	64.80	9.5	12.0	10.0	82	71	76
23	65.14	66.58	66.92	8.0	10.0	9.8	82	80	81
24	67.54	67.99	68.67	8.0	10.0	8.0	82	77	80
25	69.42	69.24	69.57	8.0	9.8	7.8	77	76	80
26	69.49	68.01	68.51	7.6	9.0	6.8	81	79	81
27	63.13	60.39	57.58	8.0	12.2	8.0	81	73	76
28	56.67	58.27	61.06	8.0	11.0	7.0	81	83	81
29	62.48	63.90	64.85	9.0	10.0	7.0	81	83	81
30	66.26	65.48	65.47	5.0	11.0	* 7.5	81	74	80
Moyenn.									
Mois......	766.21	765.90	766.20	7.9	10.6	8.2	80	77	79
1ᵉʳ au 10	765.23	765.01	765.69	8.2	10.4	7.7	82	80	82
11 au 20	768.20	767.67	767.67	7.6	10.9	8.9	78	75	77
21 au 30	765.21	765.00	765.26	8.1	10.6	8.0	81	77	79
Décembre.									
1	766.33	*765.15	*764.10	5.8	* 7.2	* 6.8	*81	*80	*82
2	*62.80	*61.00	*59.25	*6.5	* 8.0	* 7.5	*83	*81	*82
3	*57.85	57.55	57.23	*6.4	7.4	6.0	*84	84	84
4	55.07	56.02	56.92	4.0	4.8	5.0	86	84	86
5	56.68	57.91	60.17	6.0	6.2	5.5	90	85	82
6	60.49	60.08	60.62	9.4	10.0	5.0	81	79	84
7	60.17	58.27	56.28	4.8	9.0	5.4	82	80	82
8	57.68	58.21	60.08	7.6	11.0	8.8	85	85	84
9	62.32	64.98	65.91	8.5	10.0	8.0	79	84	85
10	65.30	64.71	62.90	7.5	9.0	7.0	85	78	82
11	62.03	61.69	63.12	7.5	9.5	7.4	77	79	78
12	65.21	67.23	69.04	5.5	6.5	6.4	80	77	78
13	71.34	71.12	71.10	4.5	2.5	1.4	76	70	80
14	70.47	69.91	69.53	1.2	3.0	1.2	78	79	79
15	69.07	68.72	68.24	1.0	3.2	1.0	78	77	80
16	71.52	70.05	70.05	1.0	1.0	1.2	73	79	75
17	70.80	70.19	69.51	—0.6	1.6	0.2	73	70	73
18	68.61	67.86	66.96	—0.5	2.5	1.5	76	80	80
19	64.08	63.09	62.01	1.5	3.8	2.8	82	76	80
20	63.40	62.86	62.46	—1.2	2.4	1.8	82	80	82
21	63.49	62.67	60.72	3.8	9.0	6.8	83	74	74
22	58.75	58.15	58.62	6.0	8.0	8.0	82	80	78
23	60.66	62.45	64.99	6.4	9.0	6.0	80	74	73
24	67.37	66.33	65.44	5.4	7.0	5.6	76	74	73
25	62.82	63.50	64.99	4.0	9.0	6.0	80	82	78
26	67.34	67.68	68.27	5.0	8.0	4.8	78	72	74
27	70.67	70.02	69.46	*1.5	4.0	1.2	73	72	74
28	68.80	68.71	68.17	1.6	4.0	2.0	80	70	80
29	68.88	68.33	68.10	1.8	4.0	2.4	80	74	75
30	68.13	69.23	69.07	2.2	3.0	2.0	80	78	78
31	68.08	65.66	63.53	0.0	4.5	0.0	78	71	74
Moyenn.									
Mois......	764.75	764.49	764.44	4.0	6.1	4.4	80	78	79
1ᵉʳ au 10	760.47	760.39	760.35	6.7	8.3	6.5	84	82	83
11 au 20	767.74	767.27	767.29	2.0	3.6	2.5	77	78	78
21 au 31	765.91	765.70	765.58	3.4	6.3	4.1	79	75	76

Résumé des observations météorologiques non corrigées, faites à Péra pendant l'année 1847.

MOIS.	BAROMÈTRE A 0° 6 h. m.	BAROMÈTRE A 0° 2 h. s.	BAROMÈTRE A 0° 10 h. s.	MOYENNES des trois heures.	THERMOMÈTRE extérieur. 6 h. m.	THERMOMÈTRE extérieur. 2 h. s.	THERMOMÈTRE extérieur. 10 h. s.	MOYENNES des trois heures.	HYGROMÈTRE de Saussure. 6 h. m.	HYGROMÈTRE de Saussure. 2 h. s.	HYGROMÈTRE de Saussure. 10 h. s.	MOYENNES des trois heures.	MOYENNES DES TROIS HEURES. SAISONS.	Baromètre à 0°.	Thermomètre extérieur.	Hygromètre de Saussure.
	mm.	mm.	mm.	mm.	°	°	°	°	°	°	°	°		mm.	°	°
Janvier..	765.63	765.15	765.47	765.42	3.2	6.1	4.7	4.7	68	65	66	66	Hiver.....	761.60	5.5	69
Février .	755.20	754.65	754.59	754.81	5.3	9.2	6.4	7.0	66	61	64	63	Printemps.	755.66	11.5	65
Mars....	757.66	757.60	757.59	757.62	5.2	9.0	5.6	6.6	73	67	71	70	Eté.......	755.21	20.0	64
Avril....	753.14	752.89	752.78	752.93	10.3	15.7	11.2	12.4	68	56	64	62	Automne..	762.14	13.3	75
Mai......	756.49	756.53	756.23	756.42	13.1	19.4	13.8	15.4	74	52	67	64	Différence			
Juin.....	752.30	752.31	752.23	752.28	16.1	22.4	17.3	18.6	74	43	62	61	entre le mois			
Juillet...	757.06	756.94	756.79	756.93	18.0	23.6	18.9	20.1	79	50	71	67	le plus fort			
Août....	756.63	756.31	756.33	756.42	18.9	24.9	19.7	21.2	78	49	69	65	et le mois le			
Septemb	758.04	758.22	758.31	758.19	17.0	21.4	17.6	18.7	79	60	75	71	plus faible..	13.82	16.5	18
Octobre.	761.99	762.21	762.18	762.13	10.6	14.4	11.8	12.3	79	67	75	74	Différence			
Novemb.	766.21	765.90	766.20	766.10	7.9	10.6	8.2	8.9	80	77	79	79	entre l'été			
Décemb.	764.75	764.49	764.44	764.56	4.0	6.1	4.4	4.8	80	78	79	79	et l'hiver...	6.39	14.5	5
Moyenn.	758.76	758.60	758.59	758.65	10.8	15.2	11.7	12.6	74	61	70	68				

Nous avons vu (pages 14 et 15) que les observations barométriques et thermométriques ci-dessus exigent certaines corrections avant d'être employées. En premier lieu, le baromètre doit être diminué de 0^{mm},22 pour les observations des sept derniers mois de l'année; en second lieu, le thermomètre doit être augmenté environ d'un quinzième pour les observations de l'année entière. En tenant compte de ces deux corrections, on obtient le tableau suivant :

MOYENNES *CORRIGÉES* DES TROIS HEURES.

ANNÉE 1847.	THERMOMÈTRE.	BAROMÈTRE.	SAISONS.	THERMOMÈTRE.	BAROMÈTRE.
	°	mm		°	mm.
Janvier.......	5.0	765.42	Hiver........................	5.8	761.52
Février.......	7.4	754.81	Printemps....................	12.1	755.66
Mars.........	7.0	757.62	Été..........................	21.2	754.99
Avril.........	13.2	752.93	Automne......................	14.1	761.92
Mai..........	16.4	756.42			
Juin.........	19.8	752.06	Différence entre le mois le plus fort		
Juillet.......	21.4	756.71	et le mois le plus faible.......	17.6	13.82
Août.........	22.6	756.20	Différence entre l'hiver et l'été....	15.4	6.53
Septembre....	19.9	757.97			
Octobre......	13.1	761.91			
Novembre.....	9.5	765.88			
Décembre.....	5.1	764.34			
Année.....	13.4	758.52			

A Padoue, les moyennes des trois heures (six heures du matin, deux heures et six heures du soir), comparées à celles des vingt-quatre heures, sont : pour le *thermo-*

mètre, + 0°,07, et, par conséquent, insignifiantes; pour le *baromètre*, elles sont exactement les mêmes. Les moyennes *corrigées* ci-dessus représentent donc, à peu de chose près, celles des vingt-quatre heures.

Les observations barométriques ayant été ramenées à une altitude de 68 mètres, il faudrait, pour obtenir les moyennes réduites au niveau du Bosphore, augmenter ces moyennes de 6mm,18; ce qui donnerait :

Moyenne annuelle réduite au niveau du Bosphore..... 764mm.70.

Nous n'avons pas soumis la moyenne thermométrique annuelle à un calcul du même genre, parce que des observations directes ont démontré, ainsi qu'on le verra plus loin, que cette moyenne est plus élevée à Péra qu'au niveau du Bosphore.

En résumé, les observations faites en 1847 par M. Noë nous ont fourni un des nombreux éléments qui ont servi à M. Parès pour calculer les altitudes de nos stations hypsométriques dans la Turquie d'Europe. C'est pour ce motif que nous avons discuté avec tant de détail la valeur de ces observations.

Observations faites à Bébek, pendant les six années consécutives de 1848 à 1853, par M. l'abbé Régnier.

Les observations commencées en 1848 par M. l'abbé Régnier ont été interrompues, en 1854, par suite de la guerre d'Orient qui le détourna de ses occupations sédentaires, et le transporta dans les camps, au milieu de nos soldats malades ou blessés. Cet ecclésiastique, versé dans la physique et dans les mathématiques, a su se concilier l'estime générale par l'honorabilité de son caractère, et par son exactitude dans l'accomplissement de ses devoirs. La série d'observations météorologiques exécutée par un savant aussi consciencieux ne laisserait rien à désirer, si le baromètre Gay-Lussac du collége de Bébek avait toujours été dans un excellent état de conservation. Cet instrument, construit par Fontana-Spinelli, opticien à Marseille, fut brisé en juillet 1848, six mois après sa mise en expérience. Sa réparation à Marseille, par M. Santi, opticien de cette ville, entraîna une interruption d'une année dans les observations, qui ne furent reprises qu'en juillet 1849. M. l'abbé Régnier réduisit à zéro les indications recueillies par lui-même, sans tenir compte d'aucune autre correction. En examinant la copie de ce travail qui lui fut livrée par ce dernier, M. le docteur Verrollot jugea nécessaire d'en soumettre les résultats à un contrôle sévère. Ce savant, doué d'une persévérance et d'une sagacité peu communes, a étudié pendant plus d'un an la marche comparative de cet instrument et celle du baromètre apporté de France par M. le docteur Grellois, et il est parvenu à déterminer la nature et la valeur des erreurs qu'on pourrait commettre en employant sans corrections préalables les chiffres contenus dans les tableaux qui ont été dressés par M. l'abbé Régnier, et que nous transcrivons plus loin. Notre excellent ami nous a envoyé sur ce sujet un long mémoire dont nous allons donner une analyse courte, mais suffisante pour mettre le lecteur en état de juger par lui-même s'il doit admettre avec nous, que les conclusions reposent sur des bases solides.

Les corrections reconnues nécessaires par M. Verrollot sont très diverses :

1° *Omission des fractions dans la réduction à zéro.* — M. l'abbé Régnier notait sur son journal les dixièmes de millimètre, et les comprenait dans le calcul de réduction à zéro ; le résultat une fois obtenu, il en supprimait les fractions, et ne portait dans son tableau que les millimètres. Cette omission volontaire donne lieu à une correction positive qui, se trouvant comprise entre $0^{mm},0$ et $0^{mm},9$, est en moyenne de $+ 0^{mm},45$. Nous reviendrons plus loin sur ce sujet (voy. page 25).

2° *Erreur du thermomètre fixé au baromètre, négligée en réduisant à zéro.* — Le zéro du thermomètre est placé 0°,3 trop haut ; de là résulte une correction de $+ 0^{mm},03$.

3° *Erreur du zéro de l'échelle, négligée en réduisant à zéro.* — Le zéro de l'échelle barométrique est placé $0^{mm},10$ trop haut, d'où résulte une correction en sens inverse de la précédente, c'est-à-dire $- 0^{mm},10$.

4° *Erreur provenant de l'oxydation du mercure.* — La surface du mercure contenu dans la courte branche offrait, en 1849, l'éclat métallique dans toute sa pureté. Elle se ternit peu à peu, et la présence de l'oxyde de mercure, déjà très sensible à la fin de 1853, déprimait, au commencement de 1857, le ménisque de la courte branche d'une quantité qu'une série d'expériences a fixée à $0^{mm},27$; or, comme le mercure qui se trouve en moins de ce côté doit se trouver en plus dans la longue branche, il en résulte que les deux *index* de l'échelle marquaient chacun un excès de $0^{mm},27$, soit ensemble $0^{mm},54$. Considérant que l'accroissement de cette crasse mercurielle s'est opéré progressivement, M. le docteur Verrollot admet qu'il a dû, selon toute probabilité, causer sur le ménisque des deux branches une dépression totale, savoir :

	mm	
Année 1849.....	0.00	
Année 1850.....	0.06	Correction moyenne des quatre années $= + 0^{mm}.15$.
Année 1851.....	0.12	
Année 1852.....	0.18	
Année 1853.....	0.24	

Dans le calcul des corrections relatives aux quatre années 1850-1853, M. le docteur Verrollot a cru devoir employer la moyenne de $+ 0^{mm},15$.

Nous verrons plus loin (page 25) que l'influence de la crasse mercurielle sur la hauteur de la colonne barométrique a fourni à notre ami un élément nouveau dans ses calculs de vérifications.

5° *Différence entre la moyenne des trois heures d'observations et celle des vingt-quatre heures.* — M. l'abbé Régnier observait ses instruments à quatre heures et demie du matin, une heure et huit heures du soir. La moyenne déduite de ces trois heures n'est pas exactement la même que celle des vingt-quatre heures. D'après les tables de Padoue, la correction serait $+ 0^{mm},06$; en raison de sa faible importance, on peut l'appliquer aux observations de chacune des trois heures, afin d'obtenir directement, de leur somme divisée par 3, la moyenne réelle des vingt-quatre heures.

Ces cinq corrections forment une première série dont la récapitulation donne une moyenne positive de $0^{mm},29$; savoir :

1° Pour l'omission des fractions, en réduisant à zéro	$+ 0^{mm}.45$	$+ 0^{mm}.54$
2° Pour l'erreur du thermomètre, négligée en réduisant à zéro	$+ 0^{mm}.03$	
3° Pour la différence entre la moyenne des heures d'observations et celle des vingt-quatre heures	$+ 0^{mm}.06$	
4° Pour l'erreur du zéro de l'échelle	$- 0^{mm}.10$	$- 0^{mm}.25$
5° Pour l'action de la crasse mercurielle sur le ménisque	$- 0^{mm}.15$	
Correction moyenne pour les quatre années 1850-1853		$+ 0^{mm}.29$

La correction moyenne à faire aux moyennes mensuelles de 1849 est $+ 0^{mm},44$; car à cette époque le ménisque n'éprouvait aucune déformation.

Il nous reste à parler d'une dernière correction, la plus importante de toutes. M. le docteur Verrollot s'est aperçu, en 1856, qu'une bulle d'air était logée dans la chambre de la grande branche. Ne sachant pas précisément à quelle époque remontait l'introduction de cette bulle, il a admis, non sans probabilité, qu'elle avait eu lieu en une seule fois, en 1850, et qu'elle entachait d'erreur toute la série de 1850-1853 (1). Cette conviction l'a déterminé à entreprendre les longues recherches dont les résultats permettent d'utiliser les observations de M. l'abbé Régnier. Voici le résumé de ce travail :

Correction de la bulle d'air.

Le baromètre Régnier a été comparé avec soin au baromètre Grellois, d'abord lorsqu'il contenait la bulle d'air, ensuite lorsqu'il en fut purgé. De là deux séries de comparaisons nombreuses qui ont servi de point de départ.

a. — Recherche du volume de la bulle d'air et de son influence sur la colonne mercurielle. — Lorsque le baromètre Régnier, *privé de sa bulle d'air*, marque 760^{mm} (toutes corrections faites), la hauteur de la chambre réduite à un même diamètre dans toute son étendue est de $52^{mm},7$; lorsqu'il contenait la bulle d'air, il marquait (toutes corrections faites moins celles de la bulle) $762^{mm},67$, et son thermomètre corrigé indiquait $19^{\circ},6$. Comparé au baromètre Grellois, il offrait une différence de $-1^{mm},48$. Ainsi, à $762^{mm},67$ la hauteur de la chambre sera $52^{mm},7 - \frac{(762,67 - 760)}{2} = 51^{mm},365$. On a donc :

1° Le baromètre Régnier, réduit à zéro avec la bulle d'air	$762^{mm}.67$
2° La température de la bulle d'air	$19^{\circ}.6$
3° La dépression de la colonne de mercure produite par la bulle d'air	$1^{mm}.48$
4° La hauteur de la chambre réduite au même diamètre	$51^{mm}.365$

Avec ces quatre éléments, on obtient les deux formules suivantes, qui permettent de trouver la hauteur de la chambre, à quelque pression et à quelque température

(1) M. le docteur Verrollot croit que la bulle d'air a été introduite pendant le cours d'un nivellement fait en 1850 par M. l'abbé Régnier, opération qui nécessita le renversement fréquent de l'instrument.

que ce soit, et en même temps la quantité dont la colonne barométrique est déplacée par la tension de la bulle d'air :

$$V = 51.365 + (762.67 - P \times 0.5)$$

$$x = \frac{51.365 \times 1.48}{V \times 1 + (19.6 - t)\ 0.00366}$$

V = le volume, ou, pour plus de facilité, sa valeur corrélative, la hauteur de la chambre du baromètre réduite à un même diamètre dans toute son étendue, pour une observation quelconque faite avec le baromètre Régnier ayant sa bulle d'air, à la température t et à la pression P donnée par le même baromètre.

x = la quantité dont la bulle d'air déprime la colonne mercurielle, c'est-à-dire la correction à ajouter à la hauteur P du baromètre Régnier, pour avoir la véritable hauteur correspondante.

0,5 = la quantité dont la chambre varie pour un millimètre de variation dans la pression atmosphérique.

0,00366 = le coefficient de la dilatation de l'air pour un degré du thermomètre centigrade.

Au moyen de ces formules, M. le docteur Verrollot a déterminé la valeur de x pour chacune des hauteurs barométriques comprises entre 770 et 750 millimètres, la température de la bulle d'air étant réduite à la même température de 0° (1).

Après avoir trouvé la valeur de la bulle d'air correspondante aux différentes pressions, il a fallu rechercher l'influence que la température exerçait sur la tension plus ou moins grande de la bulle. Les résultats obtenus au moyen des mêmes formules ont

(1) Voici quelques exemples qui montrent la manière dont M. le docteur Verrollot a opéré :

(Colonnes : Valeur de la bulle. — Hauteur barométrique. — Tempér. de la bulle.)

1er EXEMPLE.

$$V = 51.365 - (762.67 - 770 \times 0.5) = 51.365 - 3.665 = 47.7$$

$$x = \frac{51.365 \times 1.48}{47.7 \times 1 + (19.6 - 0)\ 0.00366} = \frac{76.02}{47.7 \times 1.0717} = \frac{76.02}{51.12} = \overset{mm}{1.487} \text{ pour } \overset{mm}{770} \text{ et } 0^\circ$$

2^e EXEMPLE.

$$V = 51.365 + (762.67 - 760 \times 0.5) = 51.365 + 1.335 = 52.7$$

$$x = \frac{51.365 \times 1.48}{52.7 \times 1 + (19.6 - 0)\ 0.00366} = \frac{76.02}{52.7 \times 1.0717} = \frac{76.02}{56.48} = 1.346 \text{ pour } 760 \text{ et } 0^\circ$$

3^e EXEMPLE.

$$V = 51.365 + (762.67 - 760 \times 0.5) = \ldots\ldots\ldots = 52.7$$

$$x = \frac{51.365 \times 1.48}{52.7 \times 1 - (19.6 - 30)\ 0.00366} = \frac{76.02}{52.7 \times 0.962} = \frac{76.02}{50.697} = 1.499 \text{ pour } 760 \text{ et } 30^\circ$$

4^e EXEMPLE.

$$V = 51.365 + (762.67 - 750 \times 0.5) = 51.365 + 6.335 = 57.7$$

$$x = \frac{51.365 \times 1.48}{57.7 \times 1 + (19.6 - 0)\ 0.00366} = \frac{76.02}{57.7 \times 1.0717} = \frac{76.02}{61.837} = 1.229 \text{ pour } 750 \text{ et } 0^\circ$$

Ainsi, la valeur de la bulle d'air correspondante aux trois pressions ci-dessus, et à la température de zéro, sera :

A 770^{mm}... + 1^{mm}.487 } Différence.... 0^{mm}.141 } Différence moyenne.... 0^{mm}.129
A 760 ..... + 1^{mm}.346
A 750 ..... + 1^{mm}.229 } Différence..... 0^{mm}.117 }

Par conséquent, pour 1 millimètre de pression, la valeur de la bulle varie de 0^{mm},014 à 0^{mm},012, soit, en moyenne, 0^{mm},013.

été consignés dans une table (1), ainsi que les précédents, de sorte que M. le docteur Verrollot a pu calculer facilement, à l'aide de ces deux tables, les corrections que devaient subir les moyennes mensuelles des années 1850-1853 (2).

En résumé, d'après les deux tables de M. le docteur Verrollot, *la plus forte correction* que la bulle d'air contenue dans le baromètre Régnier puisse faire subir aux moyennes quotidiennes des années 1850-1853, se compose des deux éléments ci-après : 1° pour la pression, + 1^{mm},48 ; 2° pour la température de la bulle, + 0^{mm},17 ; soit, en tout, + 1^{mm},65. — *La plus faible correction* se compose de : 1° pour la pression, + 1^{mm},23 ; 2° pour la température de la bulle, + 0^{mm},06 ; soit, en tout, + 1^{mm},29. — Différence entre ces deux corrections extrêmes = 0^{mm},36.

Cet écart maximum de 0^{mm},36, donné par les tables, se produirait à peu de chose près dans le calcul de quelques-unes des observations quotidiennes ; mais il ne s'est jamais présenté dans la correction des moyennes mensuelles effectuées par M. le docteur Verrollot. D'après ses calculs, que nous avons sous les yeux, la plus forte correction est + 1^{mm},420 en 1850 ; la plus faible, + 1^{mm},307 en 1853 ; les écarts maxima sont 0^{mm},094 en 1850 ; 0^{mm},080 en 1851 ; 0^{mm},079 en 1852 ; 0^{mm},107 en 1853.

Le procédé propre à déterminer la valeur des corrections étant trouvé, il restait à connaître la température de la bulle d'air, ou en d'autres termes celle du baromètre aux différentes heures d'observations. Cette dernière question a été traitée dans la seconde partie du mémoire dont nous présentons l'analyse.

b. — Recherche de la température de la bulle d'air. — N'ayant pas pu se procurer le journal des observations faites par M. l'abbé Régnier, ni par conséquent connaître la température intérieure qui avait servi à réduire le baromètre à zéro, M. le docteur Verrollot fut obligé, pour remplir cette dernière lacune, de recourir à un moyen indirect. Il avait prié M. l'abbé Régnier en 1851, dans un but particulier, de faire quatre observations par jour sur la marche comparative de la température à l'intérieur et à l'extérieur. Ce sont les minutes de ces observations, continuées pendant cinq mois

(1) Nous nous contenterons de donner ici un résumé de cette table :

Baromètre à 0°.	Température de la bulle.	Valeur de la bulle.	Différence pour 30°.	Différence pour 1°.	
770^{mm}	0°	1^{mm}.487	0^{mm}.169	0^{mm}.00563	
770	30°	1^{mm}.656			
760	0°	1^{mm}.346	0^{mm}.153	0^{mm}.00510	Toutes les hauteurs mensuelles, moins une, étant inférieures à 760 millimètres, M. le docteur Verrollot a adopté la moyenne de 0^{mm},00488.
760	30°	1^{mm}.499			
750	0°	1^{mm}.229	0^{mm}.140	0^{mm}.00466	
750	30°	1^{mm}.369			

La plus forte erreur que le coefficient de 0^{mm},00488 pour 1° du thermomètre puisse causer entre les hauteurs 760 et 750, est de 0^{mm},006.

(2) Exemple du calcul :

Hauteur corrigée du baromètre à 0° avec sa bulle d'air à la température de 15°,5. . . . 756^{mm}.080

1re table : 756^{mm}.1 = 1^{mm}.298 }
2e table : 15°.5 = 0^{mm}.075 } . . . . + 1^{mm}.373

Hauteur vraie du baromètre à l'altitude du collége. . . . . = 757^{mm}.453

Le calcul fait avec les formules donne la même correction à 0^{mm},003 près (1,370).

(mars à juillet), et dont il est resté en possession, qui lui ont fait connaître le rapport existant entre la température extérieure et celle de la chambre où le baromètre était suspendu. Cette chambre était la bibliothèque du collége de Bébek, grande pièce exposée au nord, dont les fenêtres restaient constamment fermées, et où l'on n'entrait pour y prendre des livres qu'à de rares intervalles ; aussi l'équilibre de la température entre cette pièce et l'air extérieur se faisait-il lentement et d'une manière régulière ; condition essentielle dans la question. Le rapport moyen des cinq mois prouve que *le thermomètre intérieur, comparé au thermomètre extérieur, marquait* + 1°,2 = moyenne des trois heures d'observations (1).

L'emploi de ce rapport appliqué aux cinq mois d'observations a démontré qu'il donne la température intérieure réelle à 0°,7 près, ce qui représente une différence barométrique de 0^{mm},08 à 0^{mm},09. Cette chance d'erreur, inférieure à un dixième de millimètre, est si faible, qu'on peut sans inconvénient appliquer le rapport ci-dessus aux températures moyennes des années où le baromètre a été vicié par l'introduction d'une bulle d'air, et construire un tableau donnant la température intérieure de l'instrument, c'est-à-dire de la bulle d'air. Ledit tableau a fourni à M. le docteur Verrollot l'élément indispensable qui lui manquait pour calculer la valeur de la correction relative à la bulle d'air.

Les minutes des observations relatives aux températures intérieures et extérieures ont eu un autre avantage ; elles ont donné la preuve que M. l'abbé Régnier négligeait les fractions, non pas dans la lecture des hauteurs barométriques, mais dans la réduction de ces hauteurs à la température de zéro. En refaisant les calculs, M. le docteur Verrollot a trouvé que cette suppression équivalait pour les cinq mois de 1851 à + 0^{mm},50.

Non content d'une preuve aussi convaincante, il eut l'idée fort ingénieuse de mettre à profit la crasse d'oxyde de mercure déposée sur les parois de la courte branche du tube barométrique, pour déterminer la valeur moyenne de l'erreur commise par l'omission des fractions en réduisant à zéro.

Cette crasse occupe la partie comprise entre les divisions de l'échelle 151^{mm},4 — 153^{mm},8 ; son point le plus obscur et moyen doit certainement coïncider avec la hauteur moyenne du mercure dans la petite branche, à l'altitude et à la température

(1) Voici les chiffres :

	Extérieur.	Intérieur.	Différences.
4 heures 1/2 du matin.	12°.7	15°.4	+ 2°.7
2 heures du soir.	21°.5	20°.2	— 1°.3
9 heures du soir.	15°.3	17°.7	+ 2°.4
Moyennes des trois heures . .	16°.5	17°.7	+ 1°.2

Les observations de 1848-1853 n'ont pas été faites précisément aux heures ci-dessus ; on devrait donc, à la rigueur, faire subir aux rapports une correction. Or, d'après la table des températures horaires à Padoue, la différence entre les heures d'observations et les heures sus-mentionnées offre peu d'importance ; et comme les variations du thermomètre intérieur sont beaucoup plus lentes et beaucoup moins prononcées que celles du thermomètre extérieur, on peut sans inconvénient négliger la correction en question.

moyennes annuelles de l'instrument. Or, le point le plus obscur de la crasse correspond à la division. . . . . $152^{mm}.60$

Une série d'observations a montré que, dans ce cas, la colonne mercurielle dans la grande branche s'élève à. . . . . $605^{mm}.75$

La hauteur totale de la colonne barométrique est donc. . . . . . . $758^{mm}.35$

La température moyenne de l'air extérieur à Bébek est de 14°,3. Si l'on y ajoute 1°,2, on aura très approximativement la température moyenne du baromètre, soit 15°,5, et en corrigeant l'erreur + 0°,3 dont le thermomètre intérieur est affecté, on aurait en définitive 15°,8. La réduction à zéro avec ces deux éléments donne :

Hauteur de la colonne mercurielle.	$758^{mm}.35$
Pour la température 15°,8	$-1^{mm}.93$
Baromètre réduit à zéro	$756^{mm}.42$
Réduction à zéro, faite par M. l'abbé Régnier	$755^{mm}.92$
Différence due à l'omission des fractions.	$0^{mm}.50$

Or, le rapport de température + 1°,2 n'est exacte qu'à 0°,7 près ; il se peut donc que la température moyenne du baromètre soit en réalité de 16°,2 au lieu de 15,°8. Dans ce cas, la différence entre la réduction à zéro de M. le docteur Verrollot et celle de M. l'abbé Régnier serait de $0^{mm},45$, qui est la moyenne mathématique entre $0^{mm},0$ et $0^{mm},9$ et que nous avons adoptée (voyez page 21).

L'existence de la crasse mercurielle dans le tube barométrique peut servir également à trouver la hauteur moyenne absolue du baromètre à l'altitude du collége de Bébek, ainsi qu'au niveau moyen du Bosphore, *en ce point du canal*. Voici comment opère notre savant ami :

Hauteur moyenne du baromètre Régnier, donnée, comme on vient de le voir, par la crasse du tube.		$758^{mm}.35$
Pour la température de 15°,5		$-1^{mm}.90$
Baromètre réduit à zéro.		$756^{mm}.45$
Correction du ménisque (moyenne de 1850-1856).	$-0^{mm}.27$	$-0^{mm}.37$
Correction du zéro de l'échelle.	$-0^{mm}.10$	
Il reste.		$756^{mm}.08$
Correction de la bulle d'air, calculée par les formules à la pression de $756^{mm},08$ et à la température de 15°,5		$+1^{mm}.37$
Hauteur vraie du baromètre à l'altitude du Collége de Bébek (39 mètres)		$757^{mm}.45$
Pour réduire au niveau moyen du Bosphore.		$+3^{mm}.53$
Hauteur absolue du baromètre au niveau moyen du Bosphore à Bébek		$760^{mm}.98$

Tel est le résumé de l'excellent mémoire de M. le docteur Verrollot. Ses longues et patientes recherches sur un travail dont les éléments ont été recueillis par un autre dénotent assez son amour profond et désintéressé pour la science, et son désir de rendre utile aux météorologistes la longue série d'observations faites par M. l'abbé Régnier avec des instruments imparfaits.

Conclusions.

Les observations météorologiques faites à Bébek de 1848 à 1853, et placées ci-après, sont la reproduction textuelle des tableaux dressés par M. l'abbé Régnier. Le thermomètre et le baromètre n'ont subi aucune correction, si ce n'est que le dernier instrument a été purement et simplement réduit à zéro. Le résumé des mêmes observations vient à la suite des tableaux.

Un second résumé, dressé par M. le docteur Verrollot, tient compte des corrections suivantes :

Altitude de la station de Bébek. — Le baromètre a été installé dans la bibliothèque du collége des missionnaires lazaristes, grande pièce exposée au nord. L'altitude de la cuvette de l'instrument a été déterminée avec le plus grand soin, d'abord par M. l'abbé Régnier, et ensuite par M. le docteur Verrollot, à l'aide de plusieurs procédés qui ont servi à contrôler l'exactitude des premiers résultats. Cette altitude est de 39 mètres *au-dessus du niveau moyen du Bosphore à Bébek.* Elle représente une hauteur barométrique de $+ 3^{mm},53$.

Correction du thermomètre extérieur. — Le thermomètre est à mercure, fixé sur une monture de bois qui porte la division centigrade, et placé en dehors d'une fenêtre au nord. Son échelle marque $0^{\circ},4$ de trop; ainsi toutes les températures observées par M. l'abbé Régnier doivent subir une correction de $-0^{\circ},4$.

Corrections du baromètre. — Les corrections du baromètre ne sont pas les mêmes pour les six années dont se compose la série.

a et *b*. Année 1848-1849. — Après six mois de mise en expérience, le *baromètre Gay-Lussac* du collége de Bébek fut brisé, et ne revint réparé qu'à la fin de juin 1849. *On a réuni en une seule année* le premier semestre de 1848 et le second semestre de l'année suivante.

a. — Les moyennes mensuelles du premier semestre de 1848 doivent subir une correction moyenne de $+0^{mm},54$, savoir : $+ 0^{mm},45$ pour l'omission des fractions en réduisant à zéro ; $+ 0^{mm},06$ pour différence entre la moyenne des trois heures d'observations et celle des vingt-quatre heures ; $+ 0^{mm},03$ pour l'erreur du thermomètre fixé au baromètre. A cette correction moyenne de $+0^{mm},54$, M. le docteur Verrollot en a ajouté une seconde de $+ 3^{mm},53$ pour l'altitude de l'instrument ; de sorte que son résumé donne les hauteurs barométriques réduites au niveau moyen du Bosphore à Bébek; soit en tout, $4^{mm},07$.

b. — Pour les observations du second semestre de 1849, la correction totale n'est que $3^{mm},97$, au lieu de $4^{mm},07$. La différence $-0^{mm},10$ entre ces deux chiffres provient de l'erreur de l'échelle qui n'existait pas dans le baromètre, avant qu'il fût réparé.

c. Années 1850-1853. — La correction moyenne de $+0^{mm},54$ adoptée pour 1848 doit être diminuée, en premier lieu, de $-0^{mm},10$ pour l'erreur de l'échelle ; en second lieu, de $-0^{mm},15$ pour la dépression du ménisque due à la présence de l'oxyde de mercure dans la courte branche du baromètre. La correction moyenne des cinq causes d'erreurs détaillées à la page 22 est donc de $+ 0^{mm},29$. Si l'on y ajoute $+ 3^{mm},53$, comme ci-dessus, pour réduire les moyennes au niveau du Bosphore à Bébek, on aura $+ 3^{mm},82$.

En outre, il faut tenir compte de l'influence de la bulle d'air qui s'est introduite dans le baromètre en 1850, et qui vicie les observations de la série des quatre années 1850-1853. La correction due à cette cause d'erreur varie avec la pression barométrique et la température intérieure; appliquée aux moyennes mensuelles des quatre années, elle est comprise entre $+ 1^{mm},420$ et $+ 1^{mm},307$. Les formules ou les tables qui en sont déduites ont servi à calculer la valeur variable de cette correction (voyez page 23).

Enfin les moyennes de 1853 sont très probablement affectées d'une erreur positive qu'on peut évaluer à $+ 0^{mm},60$. Déjà, à cette époque, l'oxyde de mercure était assez sensible, et devait jeter quelque indécision sur la hauteur parfaitement exacte du ménisque dans la courte branche; en second lieu, l'instrument n'a pas été suffisamment secoué avant l'observation pour rompre la résistance de cette crasse. Ainsi, on peut ajouter aux moyennes barométriques de 1853 cette nouvelle correction de $+ 0^{mm},60$, signalée en note par M. le docteur Verrollot, mais dont il n'a pas tenu compte dans ses résumés.

Abréviations. — Les tableaux de M. l'abbé Régnier renferment l'*état du ciel* aux trois heures d'observations. Nous avons substitué aux indications en toutes lettres les abréviations suivantes :

Brouillard	Bd.	Cirrus	Cir.	Très beau	T. B.
Pluvieux	Plx.	Cirro-stratus	Ci. s.	Orageux	Orx.
Pluie	Pl.	Cirro-cumulus	Ci. c.	Orage	Or.
Nimbus	Nim.	Nuageux	Nua.	Tonnerre	Tre.
Brumus (1)	Bru.	Nébuleux	Néb.	Grêle	Gr.
Stratus	St.	Couvert	Cou.	Neigeux	Neix.
Cumulus	Cum.	Clair	Cl.	Neige	Nei.
Cumulo-stratus	Cu. s.	Beau	B.		

Ces abréviations sont souvent remplacées dans les tableaux par des guillemets qui n'indiquent pas des lacunes, mais signifient *idem*, et remplacent l'abréviation immédiatement au-dessus. Les observations de l'*état du ciel* n'ont pas été résumées.

A défaut de girouette, M. l'abbé Régnier notait les vents régnants d'après la direction des nuages, ou d'après l'orientation des navires qui sillonnaient le canal du Bosphore. Ce procédé a fourni une série d'observations utiles surtout aux navigateurs; nous nous sommes contenté d'en donner les résumés.

(1) M. le docteur Verrollot donne le nom de *brumus* à des nuages qui se montrent très fréquemment au-dessus du Bosphore, et constituent un des caractères de son climat. Ces nuages, de couleur grisâtre, ont des formes vaporeuses et mal définies, et ressemblent à des brouillards plus ou moins épais qui se seraient élevés dans l'atmosphère.

JOURS DU MOIS.	BAROMÈTRE.			THERMOMÈTRE.			CIEL.		
	4 h. 30 mat.	1 h. soir.	8 h. soir.	4 h. 30 mat.	1 h. soir.	8 h. soir.	4.30 mat.	1 h. soir.	8 h. soir.
				Janvier 1848.					
	mm.	mm.	mm.	o	o	o			
1	767.0	764.0	752.0	4.0	4.5	5.0	Pl.	Pl.	Pl.
2	53.0	54.0	60.0	6.6	8.0	7.0	»	»	Nua.
3	63.0	63.0	62.0	6.0	6.6	6.0	Nua.	Nua.	»
4	62.0	62.0	62.0	2.0	2.2	0.5	Pl.	Pl.	Pl.
5	61.0	62.0	62.0	2.0	3.5	3.2	»	»	»
6	62.0	62.0	62.0	2.0	7.0	4.0	B.	B.	B.
7	62.0	60.0	58.0	2.0	7.0	6.2	»	Nua.	Nua.
8	54.0	51.0	49.0	6.0	8.0	7.5	Nua.	Pl.	»
9	49.0	50.0	54.0	7.5	11.3	6.0	Pl.	Nua.	Pl.
10	60.0	60.0	60.0	3.5	5.0	5.5	»	»	»
11	60.0	64.0	64.0	5.0	4.3	4.0	Nua.	»	Nua.
12	64.0	64.0	62.0	4.0	5.5	5.0	Pl.	»	»
13	52.0	47.0	44.0	5.0	6.2	7.0	Nua.	»	»
14	44.0	47.0	48.0	7.3	4.1	4.5	»	Bd.	»
15	47.0	46.0	46.0	5.2	9.0	7.2	»	Nua.	Pl.
16	46.0	49.0	52.0	4.0	1.9	—0.5	Pl.	Nei.	Nua.
17	56.0	57.0	57.0	—1.0	0.3	0.2	Nei.	Nua.	»
18	55.0	52.0	52.0	2.1	5.0	3.0	Nua.	»	Nei.
19	52.0	56.0	56.0	1.0	3.0	3.1	»	»	Nua.
20	52.0	51.0	51.0	4.5	10.7	8.0	»	B.	»
21	54.0	57.0	50.0	5.2	12.0	10.5	B.	»	B.
22	59.0	59.0	57.0	8.5	13.0	10.3	Nua.	Nua.	Nua.
23	53.0	48.0	47.0	7.0	11.5	9.1	»	»	»
24	46.0	46.0	51.0	7.3	6.5	0.9	Pl.	Pl.	Nei.
25	55.0	58.0	58.0	—1.5	—1.7	—0.4	Nua.	Nua.	Nua.
26	59.0	59.0	60.0	0.7	1.7	0.0	Nei.	Nei.	Nei.
27	62.0	64.0	64.0	—1.5	1.0	—0.6	»	»	»
28	66.0	68.0	70.0	—0.9	—0.4	—0.9	»	»	»
29	70.0	70.0	69.0	0.2	2.6	0.8	»	»	»
30	70.0	70.0	70.0	0.2	4.1	1.2	»	»	»
31	70.0	70.0	67.0	0.8	4.2	1.0	»	»	»
Moyenn.									
Mois.	757.58	757.74	757.58	3.38	5.41	4.01			
1er au 10	759.30	758.80	758.10	4.16	6.31	5.09			
11 au 20	752.80	753.30	753.20	3.71	5.00	4.15			
21 au 31	760.36	760.82	761.09	2.36	4.95	2.90			
				Février.					
1	765.0	762.0	761.0	0.0	5.3	3.0	Nua.	Nua.	Nua.
2	58.0	57.0	57.0	4.5	7.3	7.2	»	»	»
3	57.0	60.0	65.0	6.7	4.5	2.0	»	Pl.	»
4	70.0	73.0	74.0	0.8	3.0	0.2	»	Nua.	»
5	74.0	73.0	73.0	—0.2	4.0	1.1	»	B.	B.
6	67.0	63.0	64.0	0.6	5.1	1.5	B.	»	»
7	59.0	59.0	58.0	—0.5	6.1	2.5	»	»	»
8	57.0	58.0	57.0	1.0	6.5	4.0	»	»	»
9	57.0	58.0	58.0	3.0	6.0	5.0	»	»	Nua.
10	58.0	58.0	58.0	6.0	8.5	7.1	Nua.	Nua.	»
11	58.0	57.0	58.0	8.9	13.0	11.5	B.	Pl.	Pl.
12	60.0	61.0	64.0	11.9	15.1	13.5	Nua.	Nua.	Nua.
13	64.0	64.0	64.0	9.1	15.3	11.8	Pl.	B.	B.
14	64.0	64.0	65.0	7.5	7.2	6.7	B.	»	Nua.
15	62.0	63.0	61.0	5.2	8.1	5.5	Nua.	Nua.	»
16	60.0	60.0	61.0	5.6	8.0	6.3	»	»	»
17	61.0	63.0	63.0	6.1	8.5	6.2	»	»	»
18	63.0	63.0	63.0	6.5	9.0	5.5	»	B.	B.
19	57.0	55.0	55.0	3.8	12.0	8.0	Nua.	Pl.	Nua.
20	55.0	55.0	55.0	7.2	10.0	5.5	B.	B.	B.
21	55.0	56.0	56.0	5.0	9.9	8.7	»	»	»
22	56.0	55.0	52.0	5.3	12.6	10.5	Nua.	Pl.	Pl.
23	49.0	45.0	42.0	10.0	12.0	11.0	Pl.	Nua.	Nua.
24	45.0	46.0	50.0	6.5	10.0	7.0	Nua.	»	B.
25	55.0	56.0	57.0	4.8	9.0	6.1	B.	B.	»
26	57.0	57.0	57.0	5.2	12.7	9.0	»	»	»
27	53.0	53.0	55.0	11.0	11.3	11.2	Nua.	Or.	Nua.
28	56.0	56.0	55.0	5.9	14.1	11.2	B.	B.	B.
29	55.0	55.0	55.0	8.0	16.2	12.3	B.	B.	B.
Moyenn.									
Mois.	758.86	758.79	759.07	5.36	9.32	6.93			
1er au 10	762.20	762.10	762.50	2.19	5.63	3.36			
11 au 20	760.40	760.50	760.90	7.18	10.62	8.05			
21 au 29	753.44	753.22	753.22	6.85	11.98	9.66			

JOURS DU MOIS.	BAROMÈTRE.			THERMOMÈTRE.			CIEL.		
	4 h. 30 mat.	1 h. soir.	8 h. soir.	4 h. 30 mat.	1 h. soir.	8 h. soir.	4.30 mat.	1 h. soir.	8 h. soir.
				Mars 1848.					
	mm.	mm.	mm.	o	o	o			
1	753.0	751.0	752.0	10.0	17.1	12.5	Pl.	Pl.	Pl.
2	52.0	52.0	52.0	14.0	17.2	13.1	B.	B.	B.
3	55.0	55.0	56.0	11.2	18.4	14.5	Nua.	B.	Nua.
4	56.0	58.0	59.0	10.1	19.7	14.8	Nua.	B.	B.
5	55.0	55.0	55.0	7.6	22.0	16.0	B.	B.	B.
6	51.0	49.0	49.0	9.0	11.0	10.0	B.	Nua.	Nua.
7	53.0	55.0	56.0	8.0	11.0	7.6	Nua.	»	»
8	56.0	56.0	55.0	4.2	10.0	8.5	»	B.	Pl.
9	55.0	58.0	59.0	5.4	4.1	4.1	Pl.	Pl.	Nua.
10	59.0	57.0	57.0	2.2	6.6	3.1	Nua.	Pl.	B.
11	57.0	58.0	58.0	2.0	10.0	4.5	B.	Nua.	B.
12	54.0	54.0	54.0	1.3	15.0	7.4	Nua.	»	Nua.
13	53.0	56.0	56.0	5.4	17.2	11.7	B.	B.	»
14	54.0	57.0	57.0	9.0	18.0	14.5	Nua.	Nua.	»
15	57.0	56.0	54.0	8.0	11.2	10.0	Bd.	B.	Bd.
16	52.0	52.0	52.0	7.6	11.5	9.0	Nua.	Nua.	Pl.
17	50.0	52.0	52.0	8.0	8.5	7.2	Pl.	»	Nua.
18	52.0	54.0	54.0	6.9	10.5	5.8	Nua.	»	»
19	54.0	54.0	54.0	3.3	12.0	8.0	B.	B.	B.
20	54.0	56.0	56.0	5.0	15.8	12.0	B.	B.	B.
21	54.0	49.0	49.0	9.0	20.6	15.1	B.	B.	B.
22	48.0	50.0	50.0	11.9	13.0	9.9	Nua.	Pl.	Nua.
23	52.0	52.0	54.0	9.3	14.5	12.0	Pl.	Nua.	»
24	54.0	56.0	56.0	8.3	9.6	8.0	Pl.	»	»
25	56.0	56.0	56.0	7.0	8.6	7.3	Pl.	»	»
26	56.0	59.0	61.0	7.4	8.0	4.6	Nua.	»	»
27	63.0	67.0	68.0	3.5	4.5	2.0	»	»	»
28	68.0	69.0	69.0	1.5	3.9	1.1	Nei.	Nei.	Nei.
29	69.0	69.0	69.0	0.0	2.0	1.5	Nua.	Nei.	Nua.
30	69.0	69.0	68.0	0.0	7.5	2.5	B.	B.	B.
31	66.0	65.0	65.0	0.5	9.3	6.6	Pl.	Nua.	Nua.
Moyenn.									
Mois.	756.03	756.64	756.84	6.34	11.88	8.54			
1er au 10	754.50	754.60	755.00	8.17	13.71	10.42			
11 au 20	753.70	754.90	754.70	5.65	12.07	9.01			
21 au 31	759.55	760.09	760.45	5.31	9.23	6.42			
				Avril.					
1	765.0	765.0	765.0	4.0	10.0	5.6	Nua.	Nua.	Nua.
2	65.0	65.0	65.0	3.0	9.0	4.0	B.	B.	B.
3	65.0	66.0	66.0	0.1	10.6	6.0	B.	B.	B.
4	66.0	66.0	64.0	2.2	16.2	9.0	B.	B.	B.
5	60.0	59.0	59.0	6.0	17.5	12.4	B.	B.	B.
6	58.0	56.0	56.0	9.9	20.5	15.2	Nua.	B.	Nua.
7	56.0	60.0	60.0	10.0	21.4	16.3	»	B.	B.
8	62.0	62.0	62.0	11.1	22.3	18.1	B.	B.	B.
9	60.0	61.0	58.0	15.0	23.4	19.3	Nua.	B.	B.
10	57.0	57.0	55.0	14.0	20.7	18.3	»	Nua.	Nua.
11	52.0	52.0	52.0	15.5	25.5	17.5	»	»	B.
12	51.0	51.0	52.0	12.3	12.0	12.0	»	Pl.	Pl.
13	58.0	59.0	59.0	9.0	18.0	13.1	B.	Nua.	B.
14	56.0	54.0	54.0	8.7	17.0	12.1	Nua.	Nua.	Nua.
15	53.0	53.0	53.0	9.2	18.2	14.5	»	»	»
16	52.0	52.0	52.0	12.4	14.5	11.4	Pl.	Pl.	Pl.
17	50.0	52.0	53.0	11.3	14.3	12.0	Nua.	Pl.	Nua.
18	53.0	55.0	55.0	10.5	15.3	11.0	»	Nua.	Bd.
19	55.0	55.0	55.0	10.0	15.3	10.5	»	»	Nua.
20	55.0	56.0	55.0	9.4	18.4	12.3	»	»	»
21	55.0	56.0	56.0	10.2	20.6	14.5	»	B.	B.
22	55.0	54.0	52.0	13.0	25.5	19.2	»	Nua.	Nua.
23	50.0	50.0	50.0	18.0	19.5	13.4	B.	B.	Pl.
24	52.0	55.0	57.0	18.2	20.5	19.6	B.	B.	B.
25	53.0	54.0	54.0	11.3	24.7	11.1	Nua.	Nua.	Nua.
26	52.0	50.0	50.0	15.0	27.2	17.1	»	»	B.
27	50.0	50.0	53.0	17.5	23.0	15.5	B.	B.	B.
28	53.0	57.0	57.0	11.5	20.0	13.3	B.	Pl.	B.
29	56.0	56.0	56.0	9.1	20.7	14.0	B.	B.	Nua.
30	56.0	56.0	57.0	13.0	16.5	12.0	Nua.	Nua.	Nua.
Moyenn.									
Mois.	756.03	756.47	756.40	10.68	18.61	13.34			
1er au 10	761.40	761.70	761.00	7.53	17.16	12.42			
11 au 20	753.50	753.90	754.00	10.83	16.85	12.64			
21 au 30	753.20	753.80	754.20	13.68	21.82	14.07			

Mai 1848.

JOURS DU MOIS.	BAROMÈTRE.			THERMOMÈTRE.			CIEL.		
	4 h. 30 mat.	1 h. soir.	8 h. soir.	4 h. 30 mat.	1 h. soir.	8 h. soir.	4.30 mat.	1 h. soir.	8 h. soir.
	mm.	mm.	mm.	°	°	°			
1	757.0	757.0	761.0	11.2	16.0	11.2	Nua.	Nua.	B.
2	60.0	59.0	60.0	9.0	17.8	12.0	»	B.	B.
3	60.0	60.0	56.0	9.0	19.0	15.5	B.	B.	Nua.
4	56.0	55.0	54.0	12.0	23.3	14.0	Nua.	B.	B.
5	54.0	53.0	54.0	13.2	17.3	13.2	B.	B.	Nua.
6	54.0	54.0	54.0	13.0	15.0	13.1	Nua.	Nua.	»
7	54.0	54.0	57.0	13.1	15.1	12.1	»	»	Pl.
8	57.0	57.0	58.0	11.5	9.8	10.1	»	»	Nua.
9	57.0	58.0	59.0	10.0	12.0	12.0	»	»	»
10	57.0	56.0	61.0	11.0	17.0	12.0	»	»	B.
11	61.0	60.0	57.0	10.0	18.0	11.5	B.	B.	Nua.
12	55.0	55.0	56.0	10.5	15.5	12.0	Nua.	Nua.	»
13	56.0	56.0	56.0	8.5	16.0	12.3	»	»	»
14	56.0	56.0	55.0	12.5	18.0	13.6	»	»	B.
15	55.0	57.0	57.0	9.0	19.6	14.5	»	P.	B.
16	57.0	57.0	57.0	8.5	21.3	14.6	B.	B.	B.
17	56.0	56.0	57.0	11.5	17.0	14.6	Nua.	Nua.	Nua.
18	57.0	57.0	57.0	12.0	22.0	15.0	»	B.	B.
19	57.0	58.0	58.0	14.0	26.0	22.2	Nua.	Nua.	Nua.
20	56.0	56.0	54.0	16.2	25.1	19.1	»	»	»
21	55.0	53.0	53.0	14.1	23.2	15.0	»	B.	»
22	53.0	54.0	54.0	13.1	26.0	21.4	B.	B.	B.
23	55.0	54.0	54.0	12.4	27.0	20.8	B.	Nua.	Nua.
24	54.0	53.0	54.0	16.0	26.5	20.0	»	»	»
25	53.0	53.0	53.0	16.5	25.0	21.0	Nua.	»	»
26	55.0	53.0	53.0	15.0	10.8	16.1	»	»	»
27	56.0	56.0	56.0	15.1	10.8	16.0	B.	B.	B.
28	56.0	59.0	59.0	10.8	24.1	18.0	B.	B.	B.
29	60.0	60.0	60.0	12.8	20.3	18.0	B.	B.	B.
30	60.0	60.0	60.0	13.3	24.0	18.6	B.	B.	B.
31	59.0	58.0	58.0	13.0	26.9	22.0	B.	Pl.	Nua.
Moyenn.									
Mois.	756.39	756.26	755.52	12.18	20.11	15.53			
1er au 10	756.60	756.30	757.40	11.30	16.23	12.52			
11 au 20	756.60	756.80	756.40	11.27	19.85	14.94			
21 au 31	756.00	755.73	755.82	13.83	23.87	18.80			

Juin.

JOURS DU MOIS.	BAROMÈTRE.			THERMOMÈTRE.			CIEL.		
	4 h. 30 mat.	1 h. soir.	8 h. soir.	4 h. 30 mat.	1 h. soir.	8 h. soir.	4.30 mat.	1 h. soir.	8 h. soir.
1	757.0	756.0	756.0	18.0	29.5	23.0	Nua.	B.	Nua.
2	55.0	54.0	56.0	19.2	27.5	27.5	»	B.	B.
3	56.0	56.0	56.0	17.0	27.0	23.0	»	B.	B.
4	56.0	56.0	57.0	18.6	28.5	27.1	B.	B.	B.
5	56.0	55.0	56.0	15.8	27.0	22.0	B.	B.	B.
6	57.0	57.0	59.0	17.3	24.0	21.4	Nua.	B.	B.
7	59.0	59.0	60.0	19.0	26.9	22.1	»	B.	B.
8	60.0	59.0	59.0	19.0	24.4	22.0	»	B.	B.
9	56.0	55.0	56.0	18.4	28.8	27.0	B.	B.	B.
10	56.0	56.0	56.0	18.6	26.2	23.0	Nua.	B.	B.
11	56.0	55.0	55.0	21.1	25.4	22.0	»	Nua.	Nua.
12	55.0	55.0	55.0	21.0	26.0	22.0	»	»	»
13	55.0	55.0	55.0	21.0	26.5	23.4	»	»	B.
14	55.0	55.0	55.0	20.1	26.1	22.0	»	B.	B.
15	55.0	54.0	58.0	17.5	28.0	24.0	Bd.	B.	Nua.
16	56.0	59.0	58.0	18.5	30.2	23.4	Nua.	Nua.	»
17	58.0	58.0	59.0	18.9	30.6	24.5	Bd.	B.	B.
18	59.0	58.0	59.0	19.0	30.0	25.6	B.	B.	B.
19	61.0	62.0	63.0	20.4	26.3	22.2	B.	Nua.	B.
20	63.0	63.0	63.0	15.0	25.3	21.0	B.	B.	B.
21	63.0	62.0	62.0	18.0	27.5	23.1	B.	B.	B.
22	54.0	54.0	54.0	18.6	29.5	23.5	B.	B.	B.
23	54.0	55.0	55.0	23.0	29.4	26.0	Nua.	B.	Nua.
24	56.0	54.0	55.0	23.3	26.0	22.0	»	B.	B.
25	55.0	55.0	55.0	18.0	27.5	22.1	B.	B.	B.
26	55.0	54.0	54.0	17.4	32.0	28.0	Nua.	B.	B.
27	54.0	53.0	54.0	23.0	25.0	21.5	B.	B.	B.
28	55.0	55.0	54.0	20.0	26.0	21.0	B.	B.	B.
29	54.0	54.0	54.0	18.0	25.0	21.0	B.	B.	B.
30	54.0	54.0	55.0	15.4	29.0	25.0	B.	B.	B.
Moyenn.									
Mois.	756.50	756.23	756.77	18.94	27.37	23.31			
1er au 10	756.80	756.30	757.10	18.09	26.98	23.81			
11 au 20	757.30	757.40	758.00	19.25	27.44	22.81			
21 au 30	755.40	755.00	755.20	19.47	27.69	23.32			

Juillet 1843.

JOURS DU MOIS.	BAROMÈTRE.			THERMOMÈTRE.			CIEL.		
	4 h. 30 mat.	1 h. soir.	8 h. soir.	4 h. 30 mat.	1 h. soir.	8 h. soir.	4.30 mat.	1 h. soir.	8 h. soir.
	mm.	mm.	mm.	°	°	°			
1	755.0	750.0	751.0	19.0	33.0	26.8	B.	B.	B.
2	55.0	52.0	52.0	20.5	34.5	18.9	B.	B.	B.
3	51.0	49.0	48.0	21.0	29.5	34.2	Nua.	Nua.	Or.
4	48.0	48.0	62.0	18.0	26.0	21.6	»	»	Pl.
5	63.0	63.0	57.0	16.0	26.0	23.1	»	»	B.
6	58.0	56.0	56.0	18.1	26.0	21.2	»	B.	Nua.
7	57.0	57.0	57.0	20.0	24.0	20.0	»	B.	B.
8	58.0	59.0	59.0	15.7	24.8	21.0	»	Nua.	Nua.
9	60.0	60.0	60.0	18.9	25.0	22.0	»	»	»
10	60.0	57.0	57.0	20.1	25.5	22.3	»	»	»
11	55.0	55.0	55.0	20.0	26.0	22.9	»	»	»
12	55.0	58.0	58.0	19.9	29.0	24.5	»	»	»
13	57.0	57.0	57.0	19.5	30.0	24.5	Bd.	B.	B.
14	57.0	57.0	56.0	20.5	27.0	23.5	B.	B.	Nua.
15	56.0	55.0	54.0	22.0	28.2	25.5	Nua.	B.	B.
16	52.0	52.0	52.0	25.1	29.0	24.8	»	B.	B.
17	53.0	52.0	52.0	22.0	28.0	24.5	B.	Nua.	B.
18	52.0	54.0	55.0	22.0	25.2	22.0	Nua.	B.	B.
19	55.0	58.0	58.0	16.2	26.2	22.2	B.	B.	B.
20	58.0	58.0	58.0	20.4	26.0	23.0	B.	B.	B.
21	58.0	56.0	56.0	21.8	26.3	23.3	B.	B.	B.
22	56.0	56.0	56.0	21.6	26.2	24.0	B.	B.	B.
23	56.0	56.0	56.0	21.5	27.3	23.5	B.	B.	B.
24	56.0	»	»	21.9	29.9	24.3	Bd.	B.	B.
25	Le baromètre a été cassé.			20.0	30.0	24.5	B.	B.	B.
26	»	»	»	22.6	29.4	24.4	B.	B.	B.
27	»	»	»	22.1	27.3	24.6	B.	B.	B.
28	»	»	»	23.0	29.8	25.0	B.	B.	Nua.
29	»	»	»	27.6	28.6	25.0	B.	Nua.	»
30	»	»	»	29.0	30.0	24.5	Nua.	»	»
31	»	»	»	23.0	29.0	25.8	»	»	»
Moyenn.	»	»	»						
Mois.	»	»	»	21.00	27.83	23.79			
1er au 10	756.50	755.10	755.90	18.93	27.43	23.11			
11 au 20	755.00	755.60	755.50	20.76	27.46	23.74			
21 au 31	»	»	»	23.10	28.53	24.44			

Août.

JOURS DU MOIS.	BAROMÈTRE.			THERMOMÈTRE.			CIEL.		
	4 h. 30 mat.	1 h. soir.	8 h. soir.	4 h. 30 mat.	1 h. soir.	8 h. soir.	4.30 mat.	1 h. soir.	8 h. soir.
1	»	»	»	23.5	29.5	24.0	B.	B.	B.
2	»	»	»	20.9	27.4	24.2	»	»	»
3	»	»	»	23.0	31.3	24.8	»	»	»
4	»	»	»	19.0	28.8	25.0	»	»	»
5	»	»	»	24.5	27.5	23.5	»	»	»
6	»	»	»	20.8	28.5	24.5	»	»	»
7	»	»	»	21.0	29.5	24.6	»	»	»
8	»	»	»	21.0	28.8	24.5	»	»	»
9	»	»	»	23.6	29.5	24.5	»	»	»
10	»	»	»	24.3	30.0	24.5	»	»	»
11	»	»	»	23.5	28.5	24.2	»	»	»
12	»	»	»	20.5	28.0	24.0	»	»	»
13	»	»	»	20.5	29.5	23.3	»	»	»
14	»	»	»	22.2	28.5	24.0	»	»	»
15	»	»	»	23.5	29.0	24.0	»	»	»
16	»	»	»	23.9	28.5	24.2	»	»	»
17	»	»	»	23.0	29.0	24.2	»	»	»
18	»	»	»	22.7	29.0	24.5	»	»	»
19	»	»	»	24.0	29.0	24.0	»	»	»
20	»	»	»	23.0	28.0	24.0	B.	Pl.	Pl.
21	»	»	»	23.0	28.5	24.0	Nua.	B.	B.
22	»	»	»	21.8	27.0	21.8	B.	B.	B.
23	»	»	»	18.0	26.5	21.8	B.	B.	B.
24	»	»	»	18.0	27.0	22.4	B.	B.	B.
25	»	»	»	21.5	28.4	24.1	Nua.	B.	B.
26	»	»	»	23.0	28.0	24.1	»	Nua.	Nua.
27	»	»	»	24.0	26.0	22.0	»	»	»
28	»	»	»	21.6	24.0	20.3	»	»	»
29	»	»	»	19.1	25.2	21.0	»	»	»
30	»	»	»	19.7	25.3	22.0	B.	B.	B.
31	»	»	»	21.2	27.5	22.2	B.	B.	B.
Moyenn.									
Mois.	»	»	»	21.91	28.10	23.55			
1er au 10	»	»	»	22.16	29.08	24.41			
11 au 20	»	»	»	22.68	28.70	24.04			
21 au 31	»	»	»	21.00	26.70	22.34			

Septembre 1848.

JOURS DU MOIS.	BAROMÈTRE. 4 h. 30 mat.	1 h. soir.	8 h. soir.	THERMOMÈTRE. 4 h. 30 mat.	1 h. soir.	8 h. soir.	CIEL. 4.30 mat.	1 h. soir.	8 h. soir.
	mm.	mm.	mm.	°	°	°			
1	»	»	»	18.2	27.1	22.0	B.	B.	B.
2	»	»	»	18.0	27.3	22.0	»	»	»
3	»	»	»	18.2	22.9	15.0	Nua.	Nua.	»
4	»	»	»	18.0	24.2	20.5	B.	B.	»
5	»	»	»	18.0	24.5	20.2	»	»	»
6	»	»	»	16.5	25.2	21.1	»	»	»
7	»	»	»	20.0	25.0	20.3	»	»	»
8	»	»	»	19.8	23.6	25.0	»	Nua.	Nua.
9	»	»	»	19.6	24.0	20.3	Nua.	»	»
10	»	»	»	20.0	25.5	20.5	»	»	»
11	»	»	»	20.8	25.3	20.3	B.	B.	B.
12	»	»	»	14.4	27.2	21.3	»	»	»
13	»	»	»	20.3	26.3	21.5	»	»	»
14	»	»	»	19.5	27.5	22.5	Nua.	Nua.	Nua.
15	»	»	»	18.1	21.4	18.5	Or.	»	Pl.
16	»	»	»	20.0	17.6	17.0	Pl.	Pl.	Pl.
17	»	»	»	13.5	17.0	15.3	Pl.	Nua.	Nua.
18	»	»	»	13.7	17.8	15.8	Pl.	»	»
19	»	»	»	13.0	20.5	16.8	Nua.	»	»
20	»	»	»	15.0	22.0	17.9	Pl.	»	Pl.
21	»	»	»	15.0	17.0	19.6	Nua.	Pl.	Nua.
22	»	»	»	12.4	17.0	13.1	Pl.	Nua.	»
23	»	»	»	7.3	18.5	13.5	B.	B.	B.
24	»	»	»	9.3	22.2	15.2	B.	B.	B.
25	»	»	»	14.5	22.5	17.3	B.	B.	B.
26	»	»	»	12.5	24.5	18.5	B.	B.	Nua.
27	»	»	»	13.5	22.0	18.5	B.	B.	B.
28	»	»	»	14.1	25.0	19.0	B.	B.	B.
29	»	»	»	16.6	26.7	21.2	B.	B.	B.
30	»	»	»	19.8	23.0	19.8	Nua.	Nua.	Nua.
Moyenn.									
Mois.....	»	»	»	16.32	23.01	18.98			
1er au 10	»	»	»	18.63	24.93	20.69			
11 au 20	»	»	»	16.83	22.26	18.69			
21 au 30	»	»	»	13.50	21.84	17.57			

Octobre.

JOURS DU MOIS.	BAROMÈTRE. 4 h. 30 mat.	1 h. soir.	8 h. soir.	THERMOMÈTRE. 4 h. 30 mat.	1 h. soir.	8 h. soir.	CIEL. 4.30 mat.	1 h. soir.	8 h. soir.
1	»	»	»	18.6	20.0	17.8	Nua.	Nua.	Nua.
2	»	»	»	17.5	21.7	18.2	»	»	»
3	»	»	»	18.2	27.6	22.3	»	»	»
4	»	»	»	18.6	22.6	18.5	»	»	»
5	»	»	»	18.7	22.0	18.6	»	»	»
6	»	»	»	18.8	21.0	16.6	B.	B.	B.
7	»	»	»	17.3	21.7	17.6	»	»	»
8	»	»	»	15.2	21.8	18.0	»	»	»
9	»	»	»	13.4	23.6	18.5	»	»	»
10	»	»	»	18.6	23.0	18.9	Pl.	Nua.	Nua.
11	»	»	»	18.5	22.7	19.0	Nua.	»	»
12	»	»	»	15.5	18.3	16.1	»	Pl.	»
13	»	»	»	12.1	19.0	12.0	»	B.	Pl.
14	»	»	»	18.0	23.2	18.4	Nua.	Nua.	Nua.
15	»	»	»	17.0	20.0	16.6	»	B.	B.
16	»	»	»	14.3	21.0	16.2	B.	Nua.	Nua.
17	»	»	»	15.5	22.7	19.3	B.	B.	»
18	»	»	»	14.1	25.8	10.0	»	»	B.
19	»	»	»	15.0	26.1	19.1	»	»	»
20	»	»	»	14.0	25.0	19.1	»	»	»
21	»	»	»	15.5	24.0	18.5	»	»	»
22	»	»	»	17.0	23.4	17.4	Nua.	»	»
23	»	»	»	15.1	22.0	17.0	»	»	»
24	»	»	»	14.5	19.5	16.5	Bd.	»	»
25	»	»	»	17.4	20.0	17.6	Nua.	»	Nua.
26	»	»	»	17.9	22.0	18.2	»	Nua.	»
27	»	»	»	17.9	19.6	17.7	»	»	»
28	»	»	»	16.5	18.6	16.0	»	»	»
29	»	»	»	15.9	17.9	16.3	»	»	»
30	»	»	»	13.2	19.3	17.0	»	»	»
31	»	»	»	16.4	19.3	17.3	»	»	»
Moyenn.									
Mois.....	»	»	»	16.33	21.75	17.72			
1er au 10	»	»	»	17.49	22.50	18.50			
11 au 20	»	»	»	15.40	22.38	17.48			
21 au 31	»	»	»	16.12	20.50	17.23			

Novembre 1848.

JOURS DU MOIS.	BAROMÈTRE. 4 h. 30 mat.	1 h. soir.	8 h. soir.	THERMOMÈTRE. 4 h. 30 mat.	1 h. soir.	8 h. soir.	CIEL. 4.30 mat.	1 h. soir.	8 h. soir.
	mm.	mm.	mm.	o.	o.	o.			
1	»	»	»	15.0	19.3	15.0	Nua.	B.	B.
2	»	»	»	15.0	21.0	16.0	B.	»	»
3	»	»	»	15.0	23.1	18.5	»	»	»
4	»	»	»	17.0	24.7	12.0	»	Pl.	Pl.
5	»	»	»	14.1	19.0	18.0	Nua.	Nua.	Nua.
6	»	»	»	15.0	18.0	11.3	»	»	Pl.
7	»	»	»	9.3	12.2	7.7	»	B.	B.
8	»	»	»	4.6	14.0	10.0	B.	B.	B.
9	»	»	»	7.0	16.5	12.3	B.	Nua.	Nua.
10	»	»	»	10.0	18.9	11.5	Nua.	»	»
11	»	»	»	8.5	18.4	12.0	B.	»	B.
12	»	»	»	12.2	18.5	15.2	Nua.	»	Nua.
13	»	»	»	15.0	20.2	16.3	»	»	Pl.
14	»	»	»	15.0	20.5	10.0	Pl.	»	Nua.
15	»	»	»	7.3	14.0	11.3	B.	»	»
16	»	»	»	7.3	7.7	7.0	Pl.	»	»
17	»	»	»	4.0	10.6	7.2	Nua.	»	»
18	»	»	»	4.0	12.0	8.7	B.	B.	B.
19	»	»	»	5.0	14.0	9.9	»	»	»
20	»	»	»	5.1	14.0	12.0	»	»	»
21	»	»	»	13.5	16.0	13.3	Nua.	Nua.	Nua.
22	»	»	»	14.0	16.8	13.6	»	»	»
23	»	»	»	12.4	16.4	11.9	»	»	»
24	»	»	»	10.7	13.3	10.3	»	»	»
25	»	»	»	10.3	14.4	8.8	»	»	B.
26	»	»	»	6.4	14.6	11.2	B.	»	Nua.
27	»	»	»	11.0	13.2	11.0	Nua.	»	»
28	»	»	»	11.0	14.9	10.0	B.	B.	B.
29	»	»	»	6.4	14.2	9.0	»	»	»
30	»	»	»	10.0	14.2	10.0	»	»	»
Moyenn.									
Mois.....	»	»	»	10.37	16.15	11.70			
1er au 10	»	»	»	12.20	18.67	13.23			
11 au 20	»	»	»	8.34	14.99	10.96			
21 au 30	»	»	»	10.57	14.80	10.91			

Décembre.

JOURS DU MOIS.	BAROMÈTRE. 4 h. 30 mat.	1 h. soir.	8 h. soir.	THERMOMÈTRE. 4 h. 30 mat.	1 h. soir.	8 h. soir.	CIEL. 4.30 mat.	1 h. soir.	8 h. soir.
1	»	»	»	11.6	16.0	10.0	Nua.	B.	B.
2	»	»	»	10.0	17.2	13.2	B.	Nua.	Nua.
3	»	»	»	11.9	17.0	12.0	Nua.	»	»
4	»	»	»	7.8	14.8	8.9	»	Pl.	»
5	»	»	»	8.6	7.5	5.5	Pl.	Pl.	Pl.
6	»	»	»	5.0	9.3	6.7	Nua.	Nua.	Nua.
7	»	»	»	5.2	12.0	6.0	B.	B.	B.
8	»	»	»	5.0	15.0	8.4	B.	B.	B.
9	»	»	»	4.5	12.5	7.4	B.	B.	B.
10	»	»	»	4.3	12.0	10.0	Nua.	Nua.	Nua.
11	»	»	»	8.4	11.8	10.6	»	»	»
12	»	»	»	6.0	10.0	8.0	Pl.	»	»
13	»	»	»	8.6	13.0	9.6	Nua.	»	»
14	»	»	»	6.0	11.0	8.5	»	»	»
15	»	»	»	4.3	8.0	6.0	Pl.	»	»
16	»	»	»	2.8	9.0	7.5	B.	»	»
17	»	»	»	7.2	11.0	8.0	Nua.	»	»
18	»	»	»	9.0	13.0	11.0	»	»	»
19	»	»	»	7.0	10.0	5.6	»	»	»
20	»	»	»	8.0	6.7	3.7	»	Pl.	Pl.
21	»	»	»	2.0	5.5	2.4	Nei.	Nei.	Nua.
22	»	»	»	2.0	0.5	0.6	Nua.	Nua.	»
23	»	»	»	2.0	2.0	0.2	»	»	»
24	»	»	»	1.5	1.0	0.4	»	»	»
25	»	»	»	1.0	4.0	1.3	»	»	»
26	»	»	»	2.5	4.0	2.2	»	»	»
27	»	»	»	2.4	5.0	3.0	»	»	»
28	»	»	»	3.0	4.0	3.0	»	»	»
29	»	»	»	3.0	3.5	3.0	»	»	»
30	»	»	»	3.5	2.9	0.0	»	»	»
31	»	»	»	0.4	0.3	0.3	»	»	»
Moyenn.									
Mois.....	»	»	»	5.31	8.60	5.93			
1er au 10	»	»	»	7.39	13.33	8.81			
11 au 20	»	»	»	6.73	10.35	7.85			
21 au 31	»	»	»	2.12	2.97	1.57			

Janvier 1849.

JOURS DU MOIS.	BAROMÈTRE. 4 h. 30 mat.	BAROMÈTRE. 1 h. soir.	BAROMÈTRE. 8 h. soir.	THERMOMÈTRE. 4 h.30 mat.	THERMOMÈTRE. 1 h. soir.	THERMOMÈTRE. 8 h. soir.	CIEL. 4.30 mat.	CIEL. 1 h. soir.	CIEL. 8 h. soir.
	mm.	mm.	mm.	o	o	o			
1	»	»	»	0.2	0.2	0.3	Nei.	Nei.	Nei.
2	»	»	»	—1.6	4.1	2.0	B.	»	»
3	»	»	»	—5.0	—5.0	—6.0	Nei.	»	»
4	»	»	»	—5.0	—1.5	—6.5	B.	B.	B.
5	»	»	»	—1.5	3.5	5.4	Nua.	Nua.	B.
6	»	»	»	3.0	7.5	5.5	»	»	Nua.
7	»	»	»	6.6	5.6	5.6	»	Pl.	»
8	»	»	»	2.9	3.6	2.2	Pl.	»	Pl.
9	»	»	»	0.9	2.4	0.8	Nei.	Nei.	Nei.
10	»	»	»	0.8	3.0	1.0	»	B.	Nua.
11	»	»	»	0.7	2.5	0.0	Nua.	Nua.	B.
12	»	»	»	3.8	8.5	7.3	Pl.	Pl.	Nua.
13	»	»	»	3.8	0.1	—0.2	Nua.	»	»
14	»	»	»	0.5	1.1	1.0	Nei.	Nei.	»
15	»	»	»	5.2	3.8	1.6	Nua.	Nua.	»
16	»	»	»	5.2	3.3	1.5	Nei.	Nei.	»
17	»	»	»	2.6	4.5	3.0	B.	Nua.	»
18	»	»	»	3.5	5.5	2.3	Nua.	B.	B.
19	»	»	»	—5.2	5.2	2.0	B.	»	»
20	»	»	»	—5.8	5.2	0.6	»	»	»
21	»	»	»	2.3	7.0	5.5	»	Nua.	»
22	»	»	»	2.8	6.5	1.5	»	B.	»
23	»	»	»	3.0	7.0	2.6	»	»	Nua.
24	»	»	»	3.0	7.0	5.6	»	Nua.	»
25	»	»	»	3.5	8.1	6.8	Nua.	»	»
26	»	»	»	6.0	10.1	5.2	»	»	»
27	»	»	»	7.0	12.6	10.0	»	»	B.
28	»	»	»	8.3	9.8	9.3	B.	B.	Nua.
29	»	»	»	8.8	14.5	13.0	Nua.	Nua.	Pl.
30	»	»	»	9.9	15.0	11.9	»	»	Nua.
31	»	»	»	11.7	12.0	9.0	»	»	»
Moyenn.									
Mois......	»	»	»	2.64	5.57	3.54			
1er au 10	»	»	»	0.13	2.34	1.03			
11 au 20	»	»	»	1.43	3.97	1.91			
21 au 31	»	»	»	6.03	0.96	7.31			

Février.

JOURS DU MOIS.	BAROMÈTRE. 4 h. 30 mat.	BAROMÈTRE. 1 h. soir.	BAROMÈTRE. 8 h. soir.	THERMOMÈTRE. 4 h.30 mat.	THERMOMÈTRE. 1 h. soir.	THERMOMÈTRE. 8 h. soir.	CIEL. 4.30 mat.	CIEL. 1 h. soir.	CIEL. 8 h. soir.
1	»	»	»	4.5	2.8	1.5	Pl.	Pl.	Pl.
2	»	»	»	0.5	1.8	1.1	Nua.	Nua.	Nua.
3	»	»	»	1.2	—0.3	—1.0	»	Nei.	»
4	»	»	»	—1.4	—5.0	—1.5	»	Nua.	»
5	»	»	»	—1.8	1.6	—0.3	»	»	»
6	»	»	»	—1.2	1.8	0.8	»	»	»
7	»	»	»	—1.5	—0.7	—2.0	»	Nei.	Nei.
8	»	»	»	—2.1	1.3	—0.6	»	»	Nua.
9	»	»	»	0.0	2.2	—2.7	»	Nua.	»
10	»	»	»	—6.2	2.0	—1.2	»	»	»
11	»	»	»	—1.2	2.5	1.2	»	»	»
12	»	»	»	0.6	1.7	3.1	»	»	Pl.
13	»	»	»	4.5	2.8	5.0	Pl.	»	Nua.
14	»	»	»	3.0	2.0	0.5	»	Pl.	Pl.
15	»	»	»	3.0	3.5	0.0	Nua.	B.	B.
16	»	»	»	1.5	4.3	4.2	»	Nua.	Nua.
17	»	»	»	4.0	5.0	2.0	Pl.	»	»
18	»	»	»	—1.0	6.2	1.6	Nua.	»	»
19	»	»	»	2.0	7.6	4.1	»	»	»
20	»	»	»	1.6	7.7	5.5	»	»	B.
21	»	»	»	5.6	12.5	11.7	B.	B.	»
22	»	»	»	10.2	1.2	1.5	Nua.	Nei.	Nei.
23	»	»	»	—0.6	5.8	4.0	B.	B.	B.
24	»	»	»	5.5	5.0	1.3	Nua.	Nua.	»
25	»	»	»	—1.5	6.6	2.2	B.	B.	»
26	»	»	»	3.7	11.0	5.1	»	»	»
27	»	»	»	6.0	15.0	10.6	»	»	»
28	»	»	»	8.5	16.2	8.4	»	»	»
Moyenn.									
Mois......	»	»	»	1.69	4.43	2.36			
1er au 10	»	»	»	-0.80	0.75	-0.59			
11 au 20	»	»	»	1.80	4.33	2.72			
21 au 28	»	»	»	4.68	9.16	5.60			

Mars 1849.

JOURS DU MOIS.	BAROMÈTRE. 4 h. 30 mat.	BAROMÈTRE. 1 h. soir.	BAROMÈTRE. 8 h. soir.	THERMOMÈTRE. 4 h.30 mat.	THERMOMÈTRE. 1 h. soir.	THERMOMÈTRE. 8 h. soir.	CIEL. 4.30 mat.	CIEL. 1 h. soir.	CIEL. 8 h. soir.
	mm.	mm.	mm.	o	o	o			
1	»	»	»	6.1	11.2	6.2	Nua.	Nua.	Bd.
2	»	»	»	4.3	9.7	6.0	B.	B.	Bd.
3	»	»	»	3.0	10.6	6.6	B.	»	»
4	»	»	»	3.0	7.6	5.5	»	»	Nua.
5	»	»	»	0.6	5.7	7.2	Nua.	Nua.	»
6	»	»	»	2.4	5.6	3.0	»	»	»
7	»	»	»	2.6	8.4	3.0	»	»	»
8	»	»	»	0.0	10.0	6.3	B.	B.	B.
9	»	»	»	6.0	16.3	13.0	»	»	»
10	»	»	»	10.6	18.0	7.2	Nua.	Nua.	Nua.
11	»	»	»	4.0	5.0	3.5	Pl.	Pl.	»
12	»	»	»	3.0	7.7	4.0	Nua.	Nua.	»
13	»	»	»	4.2	8.2	6.2	Pl.	»	Pl.
14	»	»	»	7.2	3.0	1.9	Nua.	Pl.	Nei.
15	»	»	»	1.6	1.1	0.0	Nei.	Nei.	Nua.
16	»	»	»	0.6	1.5	0.3	»	»	Nei.
17	»	»	»	—1.0	3.0	0.1	»	Nua.	Nua.
18	»	»	»	—1.0	5.5	3.8	»	»	»
19	»	»	»	5.5	13.1	7.0	Nua.	»	»
20	»	»	»	1.5	1.6	0.5	Nei.	Nei.	»
21	»	»	»	—1.6	3.2	0.0	Nua.	B.	B.
22	»	»	»	—1.0	7.0	3.4	B.	Nua.	Nua.
23	»	»	»	0.0	5.0	1.7	Nua.	»	B.
24	»	»	»	—0.7	12.5	8.5	B.	B.	Nua.
25	»	»	»	5.0	18.0	12.9	Nua.	Nua.	B.
26	»	»	»	5.5	11.8	6.7	»	»	Nua.
27	»	»	»	5.5	13.7	10.0	Bd.	»	»
28	»	»	»	8.1	21.8	16.5	Nua.	»	»
29	»	»	»	12.7	18.7	12.7	B.	B.	B.
30	»	»	»	6.4	17.0	11.0	»	»	»
31	»	»	»	8.5	20.5	12.0	»	»	»
Moyenn.									
Mois......	»	»	»	3.63	9.74	6.02			
1er au 10	»	»	»	3.86	10.31	6.40			
11 au 20	»	»	»	2.56	4.97	2.73			
21 au 31	»	»	»	4.40	13.56	8.67			

Avril.

JOURS DU MOIS.	BAROMÈTRE. 4 h. 30 mat.	BAROMÈTRE. 1 h. soir.	BAROMÈTRE. 8 h. soir.	THERMOMÈTRE. 4 h.30 mat.	THERMOMÈTRE. 1 h. soir.	THERMOMÈTRE. 8 h. soir.	CIEL. 4.30 mat.	CIEL. 1 h. soir.	CIEL. 8 h. soir.
1	»	»	»	14.0	26.0	15.0	B.	Nua.	Nua.
2	»	»	»	13.8	23.0	15.0	Nua.	»	»
3	»	»	»	13.0	20.0	11.5	»	»	»
4	»	»	»	12.0	22.5	12.0	»	»	»
5	»	»	»	13.0	29.0	21.5	»	»	»
6	»	»	»	22.0	29.0	21.2	»	»	»
7	»	»	»	16.0	28.6	19.6	»	»	»
8	»	»	»	12.5	14.5	10.0	»	Pl.	»
9	»	»	»	8.4	13.2	10.0	»	Nua.	»
10	»	»	»	10.0	12.6	10.5	»	B.	B.
11	»	»	»	9.9	13.0	11.0	Bd.	»	Nua.
12	»	»	»	9.0	17.0	13.0	B.	B.	B.
13	»	»	»	10.7	18.5	13.0	»	»	»
14	»	»	»	9.7	20.0	13.9	»	»	»
15	»	»	»	9.8	21.3	13.8	»	»	»
16	»	»	»	7.5	10.0	7.1	Nua.	Nua.	Nua.
17	»	»	»	6.1	7.6	6.2	»	B.	B.
18	»	»	»	5.6	11.0	8.5	B.	»	»
19	»	»	»	7.0	10.0	4.2	»	»	»
20	»	»	»	4.2	7.3	3.6	»	Nua.	Nua.
21	»	»	»	5.6	6.5	4.4	Nua.	B.	B.
22	»	»	»	4.5	7.3	5.3	B.	»	»
23	»	»	»	5.0	7.0	4.0	»	»	»
24	»	»	»	4.5	7.0	4.2	»	»	Nua.
25	»	»	»	4.6	9.1	5.5	Bd.	Nua.	Bd.
26	»	»	»	2.3	16.0	10.0	»	»	Nua.
27	»	»	»	8.8	20.0	14.5	Nua.	»	»
28	»	»	»	12.4	21.6	16.0	B.	Tre.	B.
29	»	»	»	12.7	23.9	18.0	B.	B.	»
30	»	»	»	17.0	30.0	19.0	»	»	Pl.
Moyenn.									
Mois......	»	»	»	9.72	16.75	11.38			
1er au 10	»	»	»	13.47	21.84	14.63			
11 au 20	»	»	»	7.95	13.57	9.43			
21 au 30	»	»	»	7.74	14.84	10.09			

JOURS DU MOIS.	BAROMÈTRE. 4 h. 30 mat.	BAROMÈTRE. 1 h. soir.	BAROMÈTRE. 8 h. soir.	THERMOMÈTRE. 4 h 30 mat.	THERMOMÈTRE. 1 h. soir.	THERMOMÈTRE. 8 h. soir	CIEL. 4 30 mat.	CIEL. 1 h. soir.	CIEL. 8 h. soir.
Mai 1849.									
	mm.	mm.	mm.	o	o	o			
1	»	»	»	13.8	20.0	14.0	Pl.	B.	B.
2	»	»	»	13.0	19.7	12.7	B.	Nua.	Nua.
3	»	»	»	11.0	17.0	12.0	Nua.	»	»
4	»	»	»	11.5	16.0	13.0	»	Pl.	»
5	»	»	»	9.6	20.7	15.7	B.	B.	B.
6	»	»	»	12.0	14.9	14.0	»	»	»
7	»	»	»	12.5	25.6	16.0	»	»	»
8	»	»	»	14.8	26.5	19.0	»	»	»
9	»	»	»	12.8	30.5	20.0	»	»	»
10	»	»	»	11.0	33.0	23.3	»	»	Nua.
11	»	»	»	19.0	22.1	17.5	Nua.	Nua.	»
12	»	»	»	14.0	19.2	15.7	»	Pl.	»
13	»	»	»	14.7	19.0	13.2	Orx.	Nua.	»
14	»	»	»	13.6	18.4	14.0	Nua.	»	»
15	»	»	»	13.5	18.0	11.7	»	»	»
16	»	»	»	7.8	22.0	16.2	»	»	»
17	»	»	»	14.5	17.0	14.3	»	Pl.	Pl.
18	»	»	»	9.5	18.5	12.5	»	Nua.	Nua.
19	»	»	»	7.7	22.7	15.7	B.	B.	B.
20	»	»	»	14.0	24.0	15.5	Nua.	Nua.	Nua.
21	»	»	»	14.5	21.5	15.0	Pl.	Nua.	Nua.
22	»	»	»	16.0	21.9	15.0	Nua.	»	»
23	»	»	»	15.0	20.0	16.8	»	»	»
24	»	»	»	14.5	18.0	13.0	»	»	»
25	»	»	»	12.0	22.0	16.0	»	»	»
26	»	»	»	15.5	20.8	15.5	»	»	»
27	»	»	»	14.0	20.5	14.0	»	»	»
28	»	»	»	14.0	19.8	16.5	»	»	»
29	»	»	»	13.7	19.1	15.0	»	»	»
30	»	»	»	14.7	19.4	15.0	»	»	»
31	»	»	»	14.5	20.0	15.5	»	»	»
Moyenn.									
Mois......	»	»	»	13.18	20.90	15.27			
1er au 10	»	»	»	12.20	22.39	15.97			
11 au 20	»	»	»	12.83	20.09	14.63			
21 au 31	»	»	»	14.40	20.27	15.20			
Juin.									
1	758.0	757.0	758.0	15.0	20.4	14.5	Nua.	Nua.	B.
2	58.0	58 0	60.0	13.7	28.2	15.0	B.	B.	Nua.
3	55.0	60.0	60.0	16.0	25.0	17.0	»	»	»
4	60.0	60.0	59.0	16.0	22.0	17.0	»	»	B.
5	53.0	53.0	53.0	13.0	25.0	18.0	»	»	Nua.
6	60.0	62.0	62.0	18.5	22.9	16.8	Nua.	»	B.
7	60.0	57.0	61.0	15.0	21.3	16.0	B.	»	»
8	58.0	54.0	54.0	16.3	25.0	17.5	»	»	»
9	56.0	56.0	57.0	14.6	26.7	21.0	»	»	»
10	50.0	54.0	54.0	17.0	30.0	22.5	»	»	»
11	55.0	54.0	54.0	18.5	30.0	27.0	»	»	»
12	55.0	47.0	55.0	17.0	28.5	25.7	»	»	»
13	56.0	57.0	57.0	15.0	32.2	24.2	»	»	»
14	58.0	59.0	57.0	18.0	33.0	24.0	»	»	»
15	58.0	58.0	58.0	20.0	28.2	22.0	»	»	»
16	63.0	60.0	60.0	20.0	28.5	22.5	»	»	»
17	60.0	60.0	60.0	21.7	30.0	20.0	»	»	»
18	60.0	58.0	57.0	20.0	26.6	20.6	»	»	»
19	57.0	58.0	57.0	18.7	26.0	21.0	»	»	»
20	57.0	60.0	59.0	20.0	26.2	21.0	»	»	»
21	59.0	61.0	61.0	20.5	27.0	21.0	Nua.	B.	B.
22	62.0	58.0	57.0	19.0	27.8	20.5	B.	Nua.	»
23	57.0	55.0	55.0	20.0	28.2	21.7	»	B.	»
24	56.0	55.0	56.0	21.0	29.1	17.0	»	»	»
25	56.0	55.0	56.0	22.0	32.0	24.0	»	»	»
26	56.0	55.0	55.0	23.0	27.0	21.2	»	»	»
27	55.0	55.0	55.0	18.5	27.5	22.0	»	»	»
28	55.0	55.0	55.0	20.5	26.0	22.0	»	»	Pl.
20	55.0	54.0	55.0	18.7	25.0	21.0	Pl.	»	B.
30	54.0	55.0	54.0	16.5	26.5	22.0	B.	»	»
Moyenn.									
Mois......	757.37	756.66	757.03	18.10	27.06	20.52			
1er au 10	757.70	757.10	757.80	15.45	24.65	17.53			
11 au 20	757.90	757.10	757.40	18.89	28.92	22.80			
21 au 30	756.50	755.80	755.90	19.97	27.61	21.24			

JOURS DU MOIS.	BAROMÈTRE. 4 h. 30 mat.	BAROMÈTRE. 1 h. soir.	BAROMÈTRE. 8 h. soir.	THERMOMÈTRE. 4 h 30 mat.	THERMOMÈTRE. 1 h. soir.	THERMOMÈTRE. 8 h. soir.	CIEL. 4 30 mat.	CIEL. 1 h. soir.	CIEL. 8 h. soir.
Juillet 1849.									
	mm.	mm.	mm.	o	o	o			
1	754.0	750.0	750.0	19.5	27.5	22.5	B.	B.	B.
2	50.0	50.0	50.0	19.2	26.0	22.0	Nua.	»	Nua.
3	50.0	50.0	50.0	18.0	29.0	21.5	»	Or.	»
4	51.0	52.0	50.0	18.0	27.0	21.0	»	Nua.	Pl.
5	50.0	50.0	53.0	20.0	28.0	22.0	»	»	Nua.
6	56.0	56.0	60.0	18.0	30.0	23.0	B.	B.	»
7	60.0	62.0	59.0	20.0	24.5	23.0	Nua.	Nua.	»
8	59.0	63.0	63.0	21.4	25.0	20.0	»	»	»
9	62.0	60.0	60.0	15.5	25.0	19.0	»	»	»
10	59.0	57.0	58.0	19.0	27.0	21.7	B.	B.	»
11	58.0	57.0	56.0	20.0	22.0	20.7	Nua.	Pl.	B.
12	57.0	57.0	57.0	19.0	26.0	20.2	B.	B.	»
13	58.0	57.0	56.0	19.0	26.0	20.7	Nua.	»	»
14	56.0	55.0	60.0	17.7	28.3	22.2	B.	»	»
15	60.0	60.0	58.0	19.0	26.0	21.0	»	»	»
16	57.0	57.0	57.0	17.7	27.0	21.2	»	»	»
17	57.0	57.0	58.0	20.0	28.0	22.4	»	»	»
18	56.0	52.0	60.0	20.0	28.0	20.5	»	»	Or.
19	54.0	54.0	53.0	18.0	25.0	21.2	Nua.	Nua.	B.
20	53.0	60.0	56.0	18.0	27.5	22.5	B.	B.	»
21	57.0	58.0	57.0	18.2	29.2	22.7	Bd.	B.	B.
22	57.0	57.0	57.0	18.0	32.0	24.5	B.	»	»
23	57.0	57.0	57.0	19.8	27.0	24.0	»	»	Nua.
24	57.0	56.0	55.0	22.0	26.5	22.7	Nua.	Or.	B.
25	55.0	55.0	57.0	18.0	26.0	22.0	B.	B.	»
26	57.0	60.0	60.0	20.0	28.0	22.0	»	»	»
27	58.0	60.0	58.0	17.0	30.6	24.0	»	»	»
28	60.0	60.0	60.0	16.7	31.0	25.0	»	»	»
29	60.0	60.0	61.0	20.0	29.0	25.0	»	»	»
30	61.0	60.0	61.0	23.0	27.0	22.4	»	»	»
31	60.0	60.0	60.0	23.0	27.0	22.0	»	»	»
Moyenn.									
Mois......	756.64	756.74	757.00	19.12	27.29	22.08			
1er au 10	755.10	755.00	755.30	18.86	26.90	21.57			
11 au 20	756.60	756.60	757.10	18.84	26.38	21.26			
21 au 31	758.09	758.45	758.45	19.61	28.48	23.30			
Août.									
1	760.0	759.0	757.0	22.0	27.0	22.0	B.	B.	B.
2	57.0	57.0	51.0	19.0	27.0	22.0	»	»	»
3	54.0	55.0	55.0	22.0	26.0	20.0	»	»	»
4	55.0	55.0	55.0	17.0	26.0	20.5	»	»	»
5	55.0	55.0	55.0	15.5	28.0	21.6	»	»	»
6	55.0	55.0	55.0	20.0	27.0	22.0	»	»	»
7	55.0	55.0	55.0	20.6	28.0	23.0	»	»	»
8	55.0	55.0	54.0	20.0	25.0	21.0	»	»	»
9	55.0	56.0	56.0	20.0	25.0	21.0	»	»	»
10	56.0	56.0	57.0	17.0	25.0	22.5	»	»	»
11	59.0	57.0	58.0	19.5	27.0	22.2	»	»	»
12	57.0	57.0	57.0	19.0	27.5	22.0	»	»	»
13	57.0	57.0	56.0	18.0	28.0	23.0	»	»	»
14	56.0	57.0	56.0	21.0	28.3	22.7	»	»	»
15	56.0	56.0	56.0	21.0	27.8	23.0	»	»	»
16	56.0	56.0	56.0	19.8	28.0	23.6	»	»	»
17	56.0	56.0	55.0	21.1	28.5	24.0	»	»	»
18	54.0	55.0	55.0	23.0	29.0	23.5	»	»	»
19	55.0	55.0	55.0	22.0	28.0	23.5	»	»	»
20	55.0	55.0	55.0	20.0	28.5	23.8	»	»	»
21	55.0	55.0	55.0	23.6	28.1	23.0	Nua.	Nua.	Nua.
22	55.0	55.0	52.0	22.7	28.5	24.3	»	»	»
23	52.0	52.0	52.0	21.0	29.6	24.5	Bd.	B.	B.
24	52.0	53.0	53.0	22.7	25.5	24.0	B.	B.	Nua.
25	53.0	53.0	53.0	23.0	29.0	25.2	»	Nua.	»
26	53.0	53.0	53.0	23.0	28.5	24.5	»	B.	B.
27	52.0	52.0	53.0	22.5	29.0	24.0	»	»	»
28	53.0	53.0	53.0	22.0	28.0	21.0	»	»	»
29	53.0	53.0	53.0	18.0	28.0	22.5	»	»	Nua.
30	53.0	53.0	53.0	18.0	28.0	22.0	»	»	B.
31	53.0	53.0	53.0	18.0	20.0	22.5	»	»	»
Moyenn.									
Mois.....	754.90	754.97	754.58	20.39	27.61	22.72			
1er au 10	755.70	755.80	755.00	19.31	26.40	21.56			
11 au 20	756.10	756.10	755.90	20.44	28.06	23.13			
21 au 31	753.09	753.18	753.00	21.32	28.29	23.40			

JOURS DU MOIS.	BAROMÈTRE. 4 h. 30 mat.	1 h. soir.	8 h. soir.	THERMOMÈTRE. 4 h. 30 mat.	1 h. soir.	8 h. soir.	CIEL. 4.30 mat.	1 h. soir.	8 h. soir.
Septembre 1849.									
	mm.	mm.	mm.	o	o	o			
1	753.0	754.0	754.0	21.0	25.0	19.5	B.	B.	B.
2	53.0	57.0	56.0	15.0	26.5	20.5	Nua.	»	»
3	55.0	56.0	56.0	17.0	26.0	20.5	B.	»	»
4	56.0	56.0	56.0	17.0	27.0	21.4	»	»	»
5	56.0	58.0	58.0	17.0	24.5	20.2	Nua.	Nua.	Nua.
6	58.0	58.0	58.0	19.0	25.1	21.0	B.	B.	»
7	58.0	58.0	57.0	21.0	23.1	21.0	Pl.	Pl.	B.
8	56.0	56.0	53.0	19.0	25.5	21.0	B.	Nua.	Nua.
9	57.0	58.0	58.0	19.0	20.0	18.0	Nua.	»	B.
10	58.0	52.0	53.0	14.0	24.3	18.0	B.	B.	»
11	53.0	53.0	53.0	17.0	25.0	19.0	»	»	»
12	54.0	54.0	55.0	15.5	29.5	23.0	»	»	»
13	56.0	57.0	57.0	17.0	31.5	23.0	»	»	»
14	56.0	55.0	55.0	18.7	28.4	24.0	»	»	»
15	54.0	56.0	56.0	23.0	24.5	21.0	»	Nua.	Nua.
16	56.0	56.0	56.0	20.0	28.0	24.0	Nua.	»	»
17	56.0	56.0	56.0	20.0	18.5	20.8	»	»	»
18	56.0	56.0	56.0	16.5	22.5	17.5	»	»	»
19	56.0	56.0	56.0	16.5	23.0	19.0	»	»	»
20	56.0	55.0	55.0	18.0	26.0	19.5	»	Pl.	Pl.
21	55.0	55.0	56.0	18.0	18.5	18.0	»	Nua.	Nua.
22	55.0	55.0	55.0	15.0	17.5	15.0	Pl.	»	»
23	56.0	56.0	56.0	17.0	18.4	17.2	Nua.	»	»
24	56.0	56.0	55.0	16.5	22.0	18.5	»	»	»
25	56.0	56.0	56.0	18.0	23.0	18.0	B.	B.	B.
26	59.0	59.0	59.0	14.0	22.0	16.7	»	»	»
27	58.0	59.0	59.0	14.0	22.5	17.0	»	»	»
28	58.0	57.0	57.0	17.0	26.0	21.0	»	Nua.	Nna.
29	58.0	58.0	58.0	17.0	20.0	18.0	Nua.	»	»
30	58.0	57.0	57.0	17.5	19.0	18.7	»	»	»
Moyenn.									
Mois.....	756.07	756.17	756.07	17.51	23.76	19.67			
1er au 10	756.00	756.30	755.90	17.90	24.70	20.11			
11 au 20	755.30	755.40	755.50	18.22	25.69	21.08			
21 au 30	756.90	756.80	756.80	16.40	20.89	17.81			
Octobre.									
1	756.0	756.0	756.0	15.8	21.0	17.0	Nua.	Nua.	B.
2	56.0	56.0	56.0	15.5	24.0	17.0	B.	B.	B.
3	56.0	56.0	56.0	15.0	23.8	17.2	»	»	»
4	56.0	56.0	56.0	16.0	24.0	19.0	»	»	»
5	56.0	56.0	57.0	18.0	24.0	18.0	»	»	»
6	57.0	57.0	57.0	16.0	23.0	17.5	Bd.	B.	B.
7	57.0	57.9	57.0	17.5	23.5	17.3	B.	»	»
8	57.0	56.0	54.0	14.0	23.5	17.3	»	»	»
9	54.0	50.0	52.0	13.8	25.5	19.0	»	»	»
10	54.0	57.0	57.0	18.5	19.0	15.0	Nua.	Nua.	Nua.
11	57.0	57.0	55.0	17.0	21.5	17.0	B.	B.	B.
12	54.0	53.0	52.0	13.7	25.0	18.0	»	»	»
13	53.0	51.0	53.0	18.0	27.0	23.0	»	»	»
14	51.0	52.0	54.0	19.0	24.0	16.0	»	»	»
15	56.0	53.0	64.0	11.7	29.9	16.5	»	»	»
16	65.0	61.0	61.0	15.0	22.6	16.5	»	»	»
17	61.0	61.0	58.0	12.0	23.0	19.5	»	Nua.	Nua.
18	58.0	57.0	57.0	15.0	21.1	17.0	Nua.	»	»
19	55.0	53.0	58.0	17.0	15.5	10.0	Or.	»	»
20	57.0	57.0	57.0	9.7	16.0	12.0	Nua.	»	»
21	58.0	58.0	58.0	10.0	16.0	10.0	»	»	B.
22	59.0	59.0	59.0	14.0	19.0	15.0	B.	B.	»
23	59.0	59.0	60 0	11.0	18.6	16.5	B.	Nua.	Nua.
24	60.0	60.0	61.0	16.5	18.6	17.0	Nua.	»	»
25	62.0	63.0	62.0	16.2	13.2	17.0	»	»	»
26	62.0	62.0	60.0	17.0	18.0	17.0	»	»	»
27	60.0	59.0	59.0	10.2	19.8	17.5	»	»	»
28	59.0	59.0	59.0	17.0	19.4	17.5	»	»	»
29	59.0	58.0	57.0	17.0	17.0	13.7	»	»	»
30	55.0	55.0	58.0	15.0	14.9	15.0	»	»	»
31	58.0	58.0	54.0	17,0	21.0	17.2	»	»	Pl.
Moyenn.									
Mois.....	757.32	756.84	757.23	15.13	21.04	16.55			
1er au 10	755.90	755.70	755.80	16.01	23.13	17.43			
11 au 20	756.70	755.50	756.90	14.81	22.56	16.55			
21 au 31	759.18	759.09	758.82	14.62	17.77	15.76			
Novembre 1849.									
	mm.	mm.	mm.	o	o	o			
1	753.0	753.0	754.0	16.0	22.0	18.0	Nua.	Nua.	Nua.
2	54.0	54.0	56.0	20.0	17.0	17.5	»	»	»
3	56.0	57.0	57.0	15.0	16.0	13.0	Plx.	Plx.	Plx.
4	57.0	58.0	58.0	11.0	19.5	12.0	Nua.	B.	B.
5	58.0	58.0	58.0	10.5	19.5	13.0	B.	»	»
6	58.0	58.0	58.0	20.5	18.0	13.0	»	»	»
7	58.0	58.0	58.0	12.0	20.5	15.0	»	Nua.	Nua.
8	58.0	63.0	63.0	13.5	16.2	15.0	Nua.	»	»
9	63.0	63.0	63.0	15.0	15.7	13.7	»	»	»
10	65.0	65.0	65.0	13.0	16.7	14.2	»	»	»
11	60.0	61.0	62.0	11.2	16.4	13.0	B.	»	»
12	65.0	66.0	65.0	12.0	12.2	8.5	Nua.	»	B.
13	65.0	65.0	65.0	5.0	12.0	8.0	B.	B.	»
14	64.0	64.0	61.0	6.0	14.0	8.0	»	»	»
15	60.0	59.0	58.0	6.3	17.0	12.0	»	»	»
16	57.0	53.0	53.0	12.0	18.4	15.5	Nua.	Nua.	»
17	53.0	53.0	53.0	13.0	21.0	15.0	B.	B.	»
18	52.0	54.0	55.0	14.5	18.7	13.0	Pl.	Pl.	»
19	56.0	59.0	54.0	13.0	20.0	14.0	B.	B.	»
20	53.0	50.0	50.0	9.0	18.5	13.2	»	Nua.	Nua.
21	51.0	52.0	53.0	12.0	17.5	13.7	Pl.	Pl.	Pl.
22	52.0	52.0	53.0	13.0	14.0	11.0	Pl.	Pl.	Nua.
23	54.0	56.0	56.0	8.5	10.0	7.5	Pl.	Pl.	»
24	56.0	55.0	55.0	5.5	12.0	7.0	Nua.	Nua.	Nua.
25	54.0	51.0	50.0	7.0	14.5	12.3	B.	B.	B.
26	49.0	45.0	45.0	12.0	17.2	15.5	Nua.	Nua.	Nua.
27	46.0	47.0	47.0	15.0	15.7	15.0	Pl.	Pl.	Pl.
28	48.0	48.0	49.0	11.0	10.0	13.6	Nua.	Nua.	Nua.
29	49.0	49.0	51.0	10.0	9.0	4.7	»	»	»
30	52.0	54.0	58.0	0.7	8.3	7.0	»	»	»
Moyenn.									
Mois.....	755.87	756.00	756.10	11.44	15.92	12.40			
1er au 10	758.00	758.70	759.00	14.65	18.11	14.44			
11 au 20	758.50	758.40	757.60	10.20	16.82	12.02			
21 au 30	751.10	750.90	751.70	9.47	12.82	10.73			
Décembre.									
1	756.0	756.0	754.0	4.7	10.7	10.0	Nua.	Nua.	Nua.
2	53.0	52.0	53.0	10.9	10.9	8.9	Pl.	Pl.	»
3	54.0	56.0	58.0	6.0	7.3	5.1	Nua.	Nua.	»
4	58.0	58.0	58.0	4.0	12.0	10.0	»	»	»
5	58.0	57.0	57.0	8.0	10.0	8.8	B.	B.	B.
6	58.0	58.0	58.0	8.0	9.9	8.0	»	Nua.	Nua.
7	59.0	59.0	59.0	8.0	9.0	7.0	Nua.	»	»
8	59.0	59.0	59.0	6.0	9.0	6.0	»	Pl.	Pl.
9	59.0	59.0	59.0	5.5	5.5	7.0	»	Nua.	Nua.
10	59.0	59.0	59.0	6.0	10.0	8.0	»	»	»
11	57.0	58.0	58.0	6.0	12.0	11.0	»	»	»
12	59.0	59.0	58.0	11.8	13.3	11.0	B.	B.	B.
13	57.0	56.0	57.0	9.0	13.5	7.5	Nua.	Nua.	Nua.
14	58.0	58.0	59.0	7.0	7.8	5.7	»	»	»
15	62.0	63.0	63.0	3.4	6.5	2.5	»	»	»
16	63.0	65.0	63.0	2.5	9.2	9.5	B.	B.	B.
17	63.0	63.0	60.0	7.8	12.0	8.5	Nua.	Nua.	»
18	59.0	58.0	57.0	4.7	10.0	9.0	Bd.	B.	»
19	55.0	52.0	52.0	8.5	8.5	8.5	Nua.	Nua.	»
20	52.0	52.0	52.0	4.0	10.0	6.0	B.	B.	»
21	52.0	52.0	54.0	10.0	11.0	6.0	Nua.	Gr.	Nua.
22	56.0	58.0	58.0	8.0	10.5	10.0	»	Nua.	»
23	58.0	58.0	58.0	6.3	6.5	6.7	»	»	»
24	58.0	58.0	58.0	6.9	7.5	6.2	»	Pl.	Pl.
25	58.0	58.0	58.0	3.2	7.5	3.2	Pl.	»	»
26	58.0	57.0	57.0	2.0	3.2	2.0	»	»	»
27	54.0	48.0	56.0	2.0	6.8	4.0	»	»	»
28	43.0	43.0	43.0	6.5	8.0	5.5	»	»	»
29	43.0	47.0	50.0	7.0	10.0	8.0	»	»	»
30	56.0	56.0	57.0	9.0	12.0	9.0	Tre.	»	»
31	57.0	57.0	57.0	8.0	8.5	8.0	»	»	»
Moyenn.									
Mois.....	756.48	756.42	756.74	6.47	9.33	7.31			
1er au 10	757.30	757.30	757.40	6.71	9.43	7.88			
11 au 20	758.50	758.40	757.90	6.47	10.28	7.92			
21 au 31	753.91	753.82	755.09	6.26	8.40	6.24			

JOURS DU MOIS.	BAROMÈTRE. 4 h. 30 mat.	BAROMÈTRE. 1 h. soir.	BAROMÈTRE. 8 h. soir.	THERMOMÈTRE. 4 h. 30 mat.	THERMOMÈTRE. 1 h. soir.	THERMOMÈTRE. 8 h. soir.	CIEL. 4.30 mat.	CIEL. 1 h. soir.	CIEL. 8 h. soir.
			Janvier 1850.						
	mm.	mm.	mm.	o	o	o			
1	750.0	750.0	750.0	8.5	15.2	10.0	Nua.	Nua.	Nua.
2	51.0	52.0	53.0	8.0	10.7	5.7	»	Plx.	Plx.
3	54.0	54.0	56.0	7.0	9.0	6.0	Plx.	Nua.	Nua.
4	54.0	53.0	53.0	3.1	11.1	7.5	»	Nua.	»
5	53.0	46.0	47.0	7.0	8.0	4.0	»	Nua.	»
6	48.0	50.0	54.0	1.0	4.8	0.5	»	Nua.	»
7	56.0	60.0	60.0	— 2.0	10.0	4.5	B.	B.	B.
8	60.0	60.0	61.0	4.5	9.0	5.5	Nua.	Nua.	Nua.
9	61.0	61.0	59.0	6.0	6.2	4.0	Nua.	Nua.	Nua.
10	58.0	58.0	58.0	2.0	6.6	5.5	Nua.	Nua.	Nua.
11	58.0	58.0	58.0	5.3	4.5	4.0	Nua.	Nua.	Nua.
12	58.0	58.0	58.0	4.0	4.9	6.0	Nua.	Nua.	Nua.
13	58.0	58.0	56.0	5.5	8.5	5.7	Nua.	Nua.	Nua.
14	54.0	53.0	55.0	6.0	8.3	7.2	Nua.	Nua.	Nua.
15	56.0	60.0	60.0	5.0	6.5	6.0	Nua.	Pl.	Nua.
16	58.0	58.0	57.0	3.4	7.2	3.5	Nua.	Nua.	Nua.
17	56.0	56.0	56.0	2.5	11.5	9.5	Nua.	Nua.	Nua.
18	56.0	56.0	56.0	9.0	13.0	7.0	Nua.	Nua.	Nua.
19	54.0	49.0	48.0	7.7	10.0	6.0	»	»	»
20	47.0	46.0	47.0	5.0	10.0	5.0	»	»	Nei.
21	49.0	51.0	57.0	1.0	— 1.2	3.0	»	»	Nua.
22	58.0	59.0	60.0	— 5.0	— 5.0	— 8.4	»	»	»
23	61.0	64.0	64.0	—10.2	—10.0	—16.0	»	»	»
24	64.0	64.0	64.0	—14.0	— 4.2	— 5.5	»	»	»
25	64.0	64.0	62.0	— 5.0	— 3.0	3.0	»	»	»
26	60.0	58.0	56.0	3.0	8.8	8.0	»	»	»
27	50.0	48.0	47.0	9.0	12.9	11.0	»	»	Nei.
28	50.0	67.0	67.0	0.0	0.0	— 2.0	Nei.	Nei.	Nua.
29	67.0	67.0	67.0	— 1.5	6.0	— 2.0	Nua.	Nua.	Nua.
30	60.0	58.0	51.0	2.0	11.1	5.0	»	»	»
31	51.0	51.0	51.0	3.0	0.2	— 2.0	Neix.	Nei.	Nei.
Moyenn.									
Mois.....	755.94	756.35	756.39	2.61	6.15	3.44			
1er au 10	754.50	754.40	755.10	4.51	9.06	5.32			
11 au 20	755.50	755.20	755.10	5.34	8.44	5.99			
21 au 31	757.64	759.18	758.73	—1.60	1.42	—0.54			
			Février.						
1	763.0	762.0	763.0	— 9.0	— 1.9	— 3.5	Nua.	Nua.	Nua.
2	62.0	61.0	58.0	— 9.5	2.0	0.0	»	»	»
3	58.0	58.0	57.0	0.5	7.2	0.8	Nei.	B.	»
4	57.0	56.0	57.0	4.8	11.0	9.5	Nua.	Nua.	»
5	57.0	58.0	58.0	6.0	7.0	3.5	»	»	»
6	55.0	53.0	51.0	1.0	10.4	9.8	»	»	»
7	50.0	44.0	43.0	10.0	14.0	8.7	»	»	»
8	42.0	40.0	42.0	8.5	15.0	11.5	»	»	»
9	45.0	49.0	52.0	7.0	6.2	4.5	»	»	»
10	57.0	59 0	58.0	3.0	8.3	3.0	»	»	»
11	57.0	55.0	56.0	0.5	8.6	3.5	»	»	»
12	59.0	59.0	58.0	4.5	7.0	— 0.5	»	»	»
13	58.0	57.0	56.0	— 1.0	7.9	6.0	»	»	»
14	54.0	53.0	55.0	5.0	13.8	10.0	B.	B.	B.
15	58.0	60.0	60.0	6.0	5.0	4.7	Nua.	Nua.	Nua.
16	59.0	59.0	58.0	4.0	5.5	4.5	»	»	»
17	53.0	53.0	53.0	4.0	5.0	2.8	Nei.	Nei.	»
18	53.0	53.0	54.0	2.8	6.0	2.8	»	»	»
19	59.0	59.0	59.0	1.0	5.5	— 1.0	B.	B.	»
20	58.0	59.0	60.0	— 1.0	5.9	3.5	Nei.	Nei.	»
21	61.0	61.0	59.0	2.0	8.4	5.0	Nua.	Nua.	»
22	54.0	52.0	49.0	4.7	12.0	4.7	Nei.	Nei.	Nei.
23	48.0	46.0	50.0	7.0	8.2	2.0	Pl.	Pl.	Nua.
24	59.0	62.0	60.0	1.0	6.9	2.0	B.	B.	B.
25	59.0	58.0	60.0	— 1.0	7.6	3.4	Nua.	Nua.	Nua.
26	63.0	65.0	66.0	1.0	0.5	— 0.5	Nei.	Nei.	Nei.
27	67.0	67.0	67.0	— 1.0	5.0	— 1.0	Nei.	Nei.	Nei.
28	67.0	66.0	65.0	— 2.5	5.7	0.0	Nua.	Nua.	Nua.
Moyenn.									
Mois......	756.86	756.57	756.57	2.12	7.28	3.56			
1er au 10	754.60	754.00	753.90	2.23	7.92	4.78			
11 au 20	756.80	756.70	756.90	2.58	7.02	3.63			
21 au 28	759.75	759.63	759.50	1.40	6.79	1.95			

JOURS DU MOIS.	BAROMÈTRE. 6 h. 30 mat.	BAROMÈTRE. 1 h. soir.	BAROMÈTRE. 8 h. soir.	THERMOMÈTRE. 4 h. 30 mat.	THERMOMÈTRE. 1 h. soir.	THERMOMÈTRE. 8 h. soir.	CIEL. 4.30 mat.	CIEL. 1 h. soir.	CIEL. 8 h. soir.
			Mars 1850.						
	mm.	mm.	mm.	o	o	o			
1	753.0	753.0	753.0	— 2.5	5.8	3.0	Nua.	Nua.	Nua.
2	53.0	53.0	53.0	— 1.0	6.0	2.0	»	»	»
3	66.0	66.0	66.0	2.2	10.9	1.8	B.	B.	B.
4	66.0	66.0	66.0	5.0	13.2	7.6	»	»	»
5	66.0	66.0	66.0	6.0	15.0	10.5	»	»	»
6	69.0	69.0	69.0	5.6	7.0	2.1	Nua.	Nua.	Nua.
7	61.0	60.0	61.0	— 1.0	8.8	5.0	B.	B.	B.
8	59.0	58.0	57.0	9.0	11.9	8.0	»	»	»
9	57.0	56.0	56.0	5.7	10.7	8.0	»	»	Nua.
10	60.0	63.0	60.0	4.0	8.9	5.0	»	Nua.	»
11	59.0	58.0	56.0	6.0	11.3	7.0	»	B.	B.
12	54.0	53.0	52.0	0.0	9.2	3.0	Nua.	Nua.	Nua.
13	54.0	53.0	53.0	3.0	4.0	2.7	»	»	»
14	54.0	54.0	55.0	2.0	5.2	2.0	»	»	»
15	50.0	51.0	52.0	5.0	7.9	1.8	»	»	»
16	52.0	52.0	52.0	— 2.0	6.0	— 1.5	Nei.	Nei.	Nei.
17	53.0	53.0	53.0	— 2.0	1.8	— 1.0	»	»	»
18	56.0	57.0	57.0	— 1.5	5.7	— 0.3	»	»	»
19	56.0	56.0	55.0	1.0	4.9	1.7	»	»	»
20	54.0	53.0	53.0	2.0	7.0	3.4	»	Nua.	Nua.
21	53.0	53.0	53.0	4.0	7.3	2.0	B.	B.	B.
22	50.0	50.0	50.0	2.7	6.0	3.7	Nua.	Nua.	Nua.
23	56.0	56.0	56.0	2.0	7.0	5.0	B.	»	»
24	54.0	54.0	52.0	5.0	12.7	8.5	»	»	»
25	49.0	47.0	46.0	8.0	14.5	14.0	»	»	»
26	53.0	54.0	56.0	4.5	6.5	4.5	»	»	»
27	57.0	58.0	57.0	6.0	14.5	6.0	»	B.	»
28	55.0	56.0	54.0	5.0	16.0	12.0	»	Nua.	»
29	54.0	55.0	59.0	5.0	4.0	2.0	Pl.	Nei	»
30	61.0	65.0	60.0	0.5	6.8	3.0	B.	Nua.	»
31	60.0	60.0	59.0	3.1	8.2	4.2	»	»	»
Moyenn.									
Mois......	756.58	756.71	756.35	3.27	8.51	4.41			
1er au 10	761.00	761.00	760.70	3.30	9.82	5.30			
11 au 20	754.20	754.00	753.80	2.25	6.30	1.88			
21 au 31	754.73	755.27	754.73	4.16	9.34	5.90			
			Avril.						
1	758.0	761.0	761.0	2.4	4.3	0.5	Nua.	Nei.	B.
2	61.0	61.0	60.0	— 2.2	7.0	— 2.5	»	Nua.	»
3	60.0	60.0	59.0	1.5	9.2	4.5	B.	B.	»
4	57.0	57.0	56.0	1.6	12.3	5.6	Nua.	Nua.	»
5	56.0	56.0	56.0	4.8	8.8	5.0	»	»	Nua.
6	55.0	55.0	57.0	4.0	9.0	7.0	»	»	»
7	56.0	58.0	58.0	6.0	6.8	6.8	»	»	»
8	58.0	59.0	60.0	6.3	8.5	6.4	»	»	»
9	50.0	59.0	57.0	5.0	15.0	7.5	»	B.	B.
10	56.0	56.0	55.0	4.6	13.3	9.0	Bd.	»	Nua.
11	53.0	53.0	51.0	7.3	20.8	14.2	Nua.	Nua.	»
12	51.0	54.0	56.0	8.6	14.9	11.6	Pl.	B.	B.
13	53.0	54.0	51.0	9.0	18.4	11.6	B.	Pl.	Nua.
14	52.0	52.0	50.0	11.0	10.3	9.0	Nua.	»	»
15	50.0	53.0	52.0	8.9	15.0	9.8	»	B.	B.
16	52.0	54.0	54.0	5.9	16.0	10.6	B.	»	»
17	54.0	54.0	53.0	7.9	18.2	13.2	»	»	»
18	54.0	54.0	53.0	10.0	16.8	14.5	»	»	Pl.
19	53.0	53.0	54.0	11.6	20.0	10.0	»	»	Nua.
20	55.0	57.0	58.0	10.0	18.5	10.5	»	»	Bd.
21	55.0	56.0	52.0	7.9	12.3	10.6	Bd.	Nua.	Pl.
22	50.0	50.0	50.0	9.4	11.8	10.0	Nua.	»	Nua.
23	50.0	52.0	53.0	7.4	15.3	11.0	»	»	Pl.
24	51.0	52.0	51.0	9.0	17.6	14.5	»	»	»
25	52.0	52.0	52.0	9.9	13.3	9.6	»	»	Nua.
26	52.0	52.0	53.0	8.9	14.8	9.9	Bd.	B.	B.
27	52.0	53.0	54.0	6.0	17.6	14.0	»	»	Nua.
28	53.0	52.0	51.0	12.2	21.6	14.0	B.	»	Pl.
29	54.0	56.0	54.0	11.0	13.6	10.0	Nua.	»	B.
30	54.0	55.0	54.0	9.8	14.6	10.3	Pl.	Nua.	Nua.
Moyenn.									
Mois......	754.20	755.00	754.50	7.19	13.85	9.29			
1er au 10	757.60	758.20	757.90	3.40	9.42	4.98			
11 au 20	752.70	753.80	753.20	9.02	16.89	11.50			
21 au 30	752.30	753.00	752.40	9.15	15.25	11.39			

JOURS DU MOIS.	BAROMÈTRE. 4 h. 30 mat.	1 h. soir.	8 h. soir.	THERMOMÈTRE. 4 h. 30 mat.	1 h. soir.	8 h. soir.	CIEL. 4.30 mat.	1 h. soir.	8 h. soir.
				Mai 1850.					
	mm.	mm.	mm.	o	o	o			
1	752.0	757.0	757.0	9.8	15.6	10.0	Nua.	Nua.	Nua.
2	56.0	55.0	53.0	7.0	22.8	18.0	B.	B.	Nua.
3	51.0	51.0	50.0	13.0	25.0	21.8	Nua.	Nua.	Nua.
4	47.0	52.0	52.0	14.0	14.0	10.0	Nua.	Nua.	Nua.
5	56.0	57.0	58.0	7.0	14.6	5.8	Pl.	Nua.	Nua.
6	60.0	61.0	60.0	6.0	15.5	8.8	B.	B.	B.
7	60.0	60.0	60.0	6.8	13.6	9.3	B.	B.	B.
8	59.0	60.0	59.0	6.7	16.8	10.0	B.	B.	B.
9	59.0	60.0	60.0	6.7	16.2	11.0	B.	B.	Nua.
10	57.0	57.0	55.0	10.0	19.3	14.9	Nua.	Nua.	Nua.
11	53.0	54.0	55.0	11.2	19.2	12.3	Nua.	Nua.	Nua.
12	53.0	54.0	54.0	11.0	18.0	12.0	Nua.	Nua.	Pl.
13	58.0	53.0	53.0	11.9	19.9	15.0	Nua.	B.	Nua.
14	52.0	53.0	53.0	12.1	21.5	14.5	B.	B.	B.
15	52.0	52.0	52.0	10.6	20.0	14.0	Nua.	B.	B.
16	52.0	53.0	52.0	13.0	19.2	14.0	Nua.	Nua.	Nua.
17	52.0	52.0	53.0	12.7	16.0	12.3	Nua.	Nua.	Nua.
18	53.0	52.0	52.0	13.9	18.9	13.0	B.	Nua.	Nua.
19	52.0	52.0	52.0	12.3	20.0	13.5	Nua.	Nua.	Nua.
20	52.0	52.0	52.0	12.7	15.5	13.4	Nua.	Nua.	Nua.
21	52.0	51.0	51.0	13.0	19.0	15.2	Nua.	Cum.	Cir.
22	51.0	51.0	51.0	14.8	23.0	16.5	Pl.	Ci-s.	Cir.
23	51.0	53.0	51.0	15.0	26.5	17.2	B.	Ci. c.	T. B.
24	52.0	54.0	53.0	16.0	24.0	18.3	Nua.	Cum.	St.
25	53.0	53.0	54.0	17.0	26.0	16.3	St.	Cum.	Bd.
26	55.0	54.0	53.0	16.0	21.0	15.0	Bd.	Ci. c.	Cir.
27	54.0	54.0	54.0	14.5	19.8	14.6	Ci-c.	Cir.	B.
28	54.0	54.0	54.0	14.9	20.1	14.9	St.	St.	Cu.s.
29	55.0	55.0	55.0	14.0	19.0	14.0	Cu.s.	Cu.s.	Cu.s.
30	55.0	55.0	56.0	14.5	22.0	14.6	St.	Cu.s.	B.
31	56.0	57.0	57.0	14.7	21.6	16.7	Cum.	Cum.	Cum.
Moyenn.									
Mois.....	753.84	754.45	754.22	12.03	19.47	13.77			
1er au 10	755.70	757.00	756.40	8.70	17.34	11.96			
11 au 20	752.40	752.70	752.80	12.14	18.82	13.40			
21 au 31	753.45	753.73	753.54	14.94	22.00	15.75			
				Juin.					
1	760.0	760.0	761.0	16.0	22.0	17.0	Pl.	Ci. c.	St.
2	61.0	60.0	60.0	16.0	22.0	17.2	Ci. c.	Cum.	Cum.
3	60.0	60.0	59.0	16.0	22.8	16.0	St.	Cir.	Cir.
4	60.0	60.0	60.0	16.0	22.0	16.0	Cu.s.	Cum.	Cir.
5	59.0	58.0	58.0	16.0	19.0	16.9	Cu.s.	Nim.	Cir.
6	57.0	57.0	57.0	16.3	20.7	17.0	St.	St.	St.
7	53.0	57.0	57.0	15.0	22.0	16.3	St.	Cum.	Cir.
8	57.0	57.0	57.0	16.0	22.7	17.0	Cum.	Cu.s.	St.
9	56.0	56.0	56.0	17.0	24.0	18.0	Cum.	Cu.s.	St.
10	56.0	56.0	56.0	16.5	26.4	15.0	St.	Cum.	B.
11	56.0	56.0	56.0	15.5	24.5	20.0	B.	Cum.	B.
12	56.0	56.0	56.0	16.6	24.5	14.9	St.	B.	B.
13	56.0	56.0	56.0	17.5	26.0	14.9	Bd.	B.	B.
14	56.0	56.0	56.0	14.5	28.4	19.0	T. B.	T. B.	T. B.
15	55.0	55.0	56.0	15.5	30.4	22.0	T. B.	T. B.	T. B.
16	56.0	56.0	56.0	18.2	21.8	25.2	B.	B.	Cir.
17	56.0	56.0	56.0	21.0	32.5	23.9	St.	B.	B.
18	55.0	55.0	55.0	20.5	27.0	22.0	B.	B.	B.
19	55.0	54.0	55.0	22.0	27.0	22.5	St.	Cum.	Cum.
20	55.0	54.0	55.0	22.0	29.0	23.8	St.	Cum.	Cum.
21	55.0	54.0	55.0	22.0	29.4	23.0	Cum.	Cum.	Cum.
22	55.0	54.0	55.0	22.0	28.5	23.8	Cum.	Cum.	Cum.
23	55.0	54.0	55.0	20.7	31.0	24.0	Bd.	Cum.	B.
24	55.0	54.0	55.0	22.9	29.3	23.6	Cum.	Cum.	Cum.
25	53.0	52.0	52.0	22.0	28.3	22.0	B.	Cum.	St.
26	52.0	52.0	52.0	22.0	27.1	23.8	St.	Cu.s.	Cu.s.
27	52.0	52.0	52.0	22.2	27.0	21.2	Cu.s.	Cum.	Cum.
28	54.0	56.0	56.0	18.8	27.3	21.2	Cum.	Cum.	B.
29	56.0	56.0	57.0	18.8	28.9	22.3	B.	T. B.	B.
30	57.0	58.0	57.0	17.8	29.8	24.0	B.	B.	B.
Moyenn.									
Mois.....	755.97	755.90	756.13	18.44	26.38	20.12			
1er au 10	757.90	758.10	758.10	16.08	22.36	16.64			
11 au 20	755.60	755.40	755.70	18.33	28.11	20.82			
21 au 30	754.40	754.20	754.60	20.92	28.66	22.89			

JOURS DU MOIS.	BAROMÈTRE. 4 h. 30 mat.	1 h. soir.	8 h. soir.	THERMOMÈTRE. 4 h. 30 mat.	1 h. soir.	8 h. soir.	CIEL. 4.30 mat.	1 h. soir	8 h. soir.
				Juillet 1850.					
	mm.	mm.	mm.	o	o	o			
1	756.0	756.0	755.0	20.4	28.0	22.4	Cum.	Cum.	Cum.
2	56.0	56.0	56.0	20.0	27.0	22.0	B.	Cum.	B.
3	56.0	55.0	55.0	20.0	28.2	21.8	B.	B.	B.
4	55.0	56.0	56.0	20.0	27.0	23.0	Cum.	Cum.	Cum.
5	55.0	56.0	56.0	22.0	27.0	23.0	St.	Cum.	Cir.
6	55.0	56.0	56.0	23.0	29.2	22.0	Cir.	Cum.	B.
7	57.0	57.0	57.0	21.0	31.0	24.8	B.	B.	B.
8	56.0	56.0	55.0	22.0	30.3	24.0	B.	B.	B.
9	55.0	54.0	54.0	23.6	31.4	25.0	B.	B.	B.
10	54.0	54.0	53.0	22.0	30.0	24.0	B.	B.	B.
11	53.0	53.0	52.0	22.7	34.5	24.0	B.	B.	B.
12	52.0	51.0	51.0	23.0	27.0	22.0	Cum.	Cu.s.	St.
13	52.0	52.0	52.0	19.8	27.0	19.0	St.	St.	Cum.
14	53.0	56.0	55.0	15.2	29.5	19.2	B.	Cu.s.	B.
15	54.0	54.0	54.0	15.0	26.5	24.0	B.	Cu.s.	B.
16	54.0	54.0	54.0	19.0	28.5	23.0	B.	Cu.s.	B.
17	54.0	54.0	54.0	19.0	29.0	23.0	B.	Pl.	B.
18	54.0	54.0	54.0	18.0	30.2	24.0	B.	Cum.	B.
19	53.0	52.0	54.0	19.0	29.2	25.0	B.	Cum.	B.
20	54.0	54.0	54.0	18.0	29.7	23.5	B.	B.	B.
21	54.0	54.0	54.0	17.0	29.6	24.2	B.	B.	B.
22	54.0	54.0	54.0	21.0	29.0	24.0	B.	B.	B.
23	54.0	54.0	54.0	21.0	28.5	24.0	B.	B.	B.
24	52.0	52.0	52.0	22.0	26.5	22.5	Pl.	Nua.	St.
25	52.0	52.0	52.0	20.0	28.9	23.6	Cum.	Cum.	B.
26	52.0	52.0	52.0	20.0	29.0	25.0	Cum.	Cum.	B.
27	52.0	52.0	52.0	19.0	29.9	24.0	Cum.	Cum.	B.
28	52.0	52.0	52.0	20.7	29.8	24.0	Cum.	Cum.	B.
29	53.0	53.0	53.0	20.8	29.0	24.8	B.	St.	B.
30	53.0	54.0	54.0	21.1	30.4	25.0	B.	B.	B.
31	55.0	56.0	56.0	22.0	30.5	25.0	B.	B.	B.
Moyenn.									
Mois.	753.90	754.03	753.94	20.23	29.10	23.38			
1er au 10	755.50	755.60	755.30	21.40	28.91	23.20			
11 au 20	753.30	753.40	753.40	18.87	29.11	22.07			
21 au 31	753.00	753.18	753.18	20.42	29.27	24.19			
				Août.					
1	758.0	758.0	758.0	22.0	32.5	26.5	B.	B.	B.
2	58.0	58.0	57.0	23.0	32.9	27.0	B.	B.	B.
3	56.0	57.0	55.0	25.0	31.3	27.0	B.	B.	B.
4	55.0	54.0	53.0	26.0	30.8	26.0	B.	B.	B.
5	52.0	52.0	52.0	25.5	30.2	26.2	B.	B.	B.
6	52.0	52.0	52.0	23.0	29.5	24.7	Cu.s.	Cu.s.	B.
7	52.0	52.0	52.0	23.0	29.8	24.0	Cu.s.	Cu.s.	B.
8	52.0	52.0	52.0	21.5	28.0	24.0	B.	B.	B.
9	53.0	53.0	52.0	21.0	28.0	23.0	B.	B.	B.
10	53.0	53.0	53.0	18.2	28.9	22.0	B.	B.	B.
11	53.0	53.0	53.0	24.0	28.3	23.0	B.	B.	B.
12	52.0	52.0	52.0	25.0	27.2	23.0	B.	Nua.	Nua.
13	53.0	53.0	53.0	23.5	29.0	23.2	B.	B.	B.
14	51.0	51.0	51.0	23.0	28.4	24.0	B.	B.	B.
15	51.0	51.0	51.0	23.5	29.5	24.0	B.	B.	B.
16	55.0	55.0	55.0	19.9	29.0	24.0	Nua.	Nua.	B.
17	53.0	53.0	53.0	22.0	31.5	24.6	Nua.	Nua.	Nua.
18	53.0	58.0	58.0	23.0	31.0	26.0	Nua.	Nua.	Nua.
19	54.0	54.0	54.0	23.0	28.6	24.0	B.	B.	B.
20	54.0	54.0	54.0	21.0	29.9	24.0	B.	B.	B.
21	54.0	54.0	54.0	22.0	29.5	24.0	B.	B.	Cu.s.
22	54.0	56.0	55.0	24.0	30.1	25.3	Cum.	Cum.	B.
23	55.0	53.0	54.0	21.5	32.0	24.6	Bd.	B.	T. B.
24	54.0	54.0	54.0	21.2	31.0	25.5	Bd.	B.	Cu.s.
25	53.0	54.0	54.0	24.5	30.8	25.0	Cu.s.	Cum.	B.
26	54.0	54.0	53.0	23.0	30.6	26.0	B.	Cum.	Cum.
27	54.0	54.0	54.0	23.0	31.0	25.0	Cum.	Cu.s.	Cum.
28	54.0	58.0	58.0	21.2	29.5	24.0	B.	Cum.	Cum.
29	55.0	55.0	56.0	20.2	30.5	25.5	B.	B.	St.
30	54.0	54.0	55.0	23.4	30.5	25.5	B.	B.	St.
31	55.0	55.0	56.0	23.6	30.1	26.0	Cou.	Cum.	B.
Moyenn.									
Mois......	753.74	754.06	753.07	22.70	30.00	24.73			
1er au 10	754.10	754.10	753.60	22.82	30.19	25.04			
11 au 20	752.90	753.40	753.40	22.79	29.24	23.98			
21 au 31	754.18	754.64	754.82	22.51	30.51	25.13			

JOURS DU MOIS.	BAROMÈTRE. 4 h. 30 mat.	1 h. soir.	8 h. soir.	THERMOMÈTRE. 4 h.30 mat.	1 h. soir.	8 h. soir.	CIEL. 4.30 mat.	1 h. soir.	8 h. soir.
				Septembre 1850.					
	mm.	mm.	mm.	o	o	o			
1	756.0	756.0	755.0	24.5	30.5	25.6	Cum.	Cum.	B.
2	55.0	56.0	54.0	24.0	30.5	22.0	Cum.	Cum.	Pl.
3	54.0	56.0	56.0	21.5	18.0	17.7	Nua.	Pl.	Pl.
4	56.0	56.0	56.0	18.0	21.7	18.5	St.	St.	St.
5	56.0	56.0	56.0	17.0	24.0	17.0	St.	Cum.	B.
6	56.0	56.0	56.0	16.7	28.0	22.0	B.	Cir.	Pl.
7	55.0	54.0	54.0	18.0	29.0	22.6	B.	Cir.	Pl.
8	54.0	54.0	54.0	21.0	24.7	20.0	B.	Cu.s.	B.
9	54.0	54.0	54.0	19.0	25.4	21.3	B.	Cum.	B.
10	54.0	54.0	55.0	18.5	27.0	21.5	B.	B.	Nua.
11	56.0	57.0	57.0	18.0	19.5	17.5	Nua.	Nim.	Nua.
12	58.0	60.0	60.0	15.5	21.3	17.5	Cum.	Cum.	Cum.
13	60.0	60.0	59.0	12.5	21.6	16.2	B.	B.	B.
14	58.0	57.0	56.0	17.0	23.5	17.0	B.	Cum.	B.
15	56.0	57.0	58.0	14.6	16.2	13.7	Pl.	Pl.	Nua.
16	59.0	62.0	63.0	10.6	19.1	10.0	B.	Cum.	B.
17	67.0	66.0	66.0	8.7	20.8	16.5	B.	Cum.	B.
18	65.0	64.0	62.0	13.2	22.3	18.0	B.	Cir.	B.
19	60.0	58.0	58.0	18.0	24.5	18.0	B.	B.	B.
20	59.0	61.0	60.0	15.0	24.6	19.0	B.	B.	B.
21	60.0	61.0	60.0	15.9	28.0	20.8	B.	B.	B.
22	60.0	61.0	60.0	17.0	25.4	19.7	B.	Cum.	B.
23	60.0	61.0	61.0	17.5	22.7	19.0	B.	Cum.	B.
24	60.0	62.0	60.0	19.0	23.5	19.0	B.	Cum.	B.
25	59.0	57.0	57.0	17.3	23.0	17.8	B.	Cum.	B.
26	56.0	57.0	56.0	17.8	21.6	18.3	Cum.	St.	Pl.
27	56.0	57.0	56.0	17.0	25.6	18.0	B.	Cum.	B.
28	56.0	57.0	56.0	15.5	25.5	18.0	B.	Cum.	B.
29	56.0	57.0	55.0	15.0	24.0	17.0	B.	Cum.	B.
30	54.0	53.0	53.0	13.0	25.8	16.9	B.	Pl.	B.
Moyenn.									
Mois......	757.40	757.90	757.43	16.88	23.91	18.54			
1er au 10	755.00	755.20	755.00	19.82	25.88	20.82			
11 au 20	759.50	760.20	759.90	14.31	21.34	16.34			
21 au 30	757.70	758.30	757.40	16.50	24.51	18.45			
				Octobre.					
1	754.0	753.0	753.0	14.0	23.9	19.0	B.	B.	B.
2	53.0	54.0	53.0	15.5	25.5	19.5	Cir.	Cir.	B.
3	53.0	53.0	53.0	15.5	30.4	21.0	B.	Cir.	Cir.
4	53.0	52.0	53.0	18.0	25.0	21.2	B.	Pl.	Nua.
5	53.0	53.0	53.0	17.5	23.0	21.2	Pl.	Pl.	B.
6	54.0	54.0	54.0	17.5	23.6	15.5	B.	B.	B.
7	55.0	55.0	56.0	14.0	24.2	16.0	B.	B.	B.
8	56.0	59.0	55.0	14.0	24.0	19.0	B.	B.	Nua.
9	55.0	57.0	57.0	19.0	23.5	19.5	Nua.	Nua.	P. t^e
10	54.0	55.0	52.0	19.4	24.0	20.2	Cou.	Cum.	Nim.
11	53.0	54.0	53.0	20.0	23.5	17.5	Cum.	Nim.	B.
12	53.0	53.0	53.0	17.5	23.6	20.6	B.	B.	Cir.
13	53.0	53.0	54.0	20.6	26.2	16.8	Cir.	Cir.	Pl.
14	61.0	63.0	62.0	15.0	15.5	14.5	Cou.	Ci. c.	Cou.
15	62.0	63.0	62.0	13.0	19.1	14.0	Cou.	Cou.	Cou.
16	61.0	60.0	62.0	15.5	17.7	15.4	Cou.	Pl.	Nua.
17	60.0	61.0	60.0	15.4	18.0	12.0	Nua.	Cum.	Cum.
18	60.0	59.0	60.0	14.0	17.8	13.8	Cum.	B.	B.
19	59.0	58.0	57.0	12.5	18.0	11.0	Cum.	Cum.	B.
20	56.0	54.0	52.0	7.0	17.5	14.0	T. B.	T. B.	B.
21	53.0	52.0	53.0	11.5	18.9	14.2	B.	Cou.	B.
22	54.0	55.0	57.0	13.0	23.0	19.2	B.	Cou.	Cou.
23	57.0	55.0	58.0	18.5	24.0	22.0	B.	Cou.	Cou.
24	56.0	58.0	54.0	18.5	26.7	20.0	B.	B.	B.
25	53.0	53.0	52.0	19.0	24.8	22.2	B.	B.	B.
26	53.0	52.0	54.0	18.0	25.0	17.0	B.	B.	B.
27	56.0	55.0	55.0	14.0	22.4	14.6	B.	B.	B.
28	55.0	55.0	56.0	12.0	22.4	18.0	B.	B.	B.
29	55.0	53.0	52.0	16.2	25.0	19.7	B.	Cou.	Cou.
30	53.0	49.0	50.0	20.0	25.0	19.2	Cou.	Cou.	Cou.
31	52.0	53.0	53.0	18.0	22.0	17.0	B.	B.	B.
Moyenn.									
Mois......	755.32	755.26	755.00	15.02	22.68	17.57			
1er au 10	754.00	754.50	753.90	16.44	24.71	19.21			
11 au 20	757.80	757.80	757.50	15.05	19.69	14.96			
21 au 31	754.27	753.64	754.00	16.25	23.56	18.46			

JOURS DU MOIS.	BAROMÈTRE. 4 h. 30 mat.	1 h. soir.	8 h. soir.	THERMOMÈTRE. 4 h.30 mat.	1 h. soir.	8 h. soir.	CIEL. 4.30 mat.	1 h. soir.	8 h. soir.
				Novembre 1850.					
	mm.	mm.	mm.	o	o	o			
1	753.0	752.0	750.0	14.5	22.0	17.2	B.	Pl.	B.
2	50.0	48.0	49.0	16.0	15.2	13.5	Pl.	Pl.	Nua.
3	49.0	51.0	53.0	11.5	11.2	11.0	Pl.	Pl.	Nua.
4	56.0	57.0	59.0	9.0	11.2	11.0	Pl.	Gr.p.	Pl.
5	60.0	62.0	62.0	10.0	14.2	7.2	Nua.	B.	B.
6	62.0	61.0	60.0	6.0	15.5	9.0	B.	B.	Cir.
7	60.0	58.0	59.0	9.0	16.0	10.0	B.	B.	Cir.
8	60.0	59.0	60.0	10.5	13.6	6.0	Pl.	Nim.	B.
9	60.0	58.0	56.0	4.0	13.7	12.0	B.	Cir.	Cir.
10	53.0	54.0	52.0	9.3	11.0	5.7	Pl.	Cum.	Pl.
11	55.0	57.0	56.0	5.0	10.0	10.5	B.	B.	Cir.
12	56.0	54.0	53.0	10.5	15.0	15.0	B.	B.	Cir.
13	54.0	53.0	53.0	14.5	17.0	13.0	B.	B.	B.
14	53.0	52.0	50.0	14.5	17.0	13.0	Pl.	Pl.	Pl.
15	51.0	52.0	50.0	14.5	17.0	13.0	Pl.	Pl.	Pl.
16	50.0	51.0	52.0	11.0	6.0	4.0	Pl.	Pl.	Nua.
17	55.0	57.0	57.0	1.0	5.4	1.0	B.	Cum.	B.
18	57.0	57.0	57.0	—2.0	7.0	8.0	B.	Nua.	Nua.
19	57.0	58.0	57.0	5.5	9.0	3.0	B.	Cum.	B.
20	56.0	56.0	56.0	7.0	12.0	11.0	B.	B.	B.
21	56.0	57.0	56.0	11.0	16.3	16.2	B.	Cu.s.	Nua.
22	56.0	57.0	56.0	13.0	16.6	16.2	B.	Nua.	Nua.
23	56.0	57.0	56.0	13.0	18.6	12.0	Pl.	»	»
24	56.0	57.0	58.0	11.2	12.2	11.0	Nua.	»	»
25	58.0	59.0	59.0	10.0	13.5	9.5	Pl.	Cum.	B.
26	58.0	59.0	60.0	9.0	13.0	6.7	B.	B.	B.
27	60.0	60.0	60.0	6.0	13.5	6.5	»	»	»
28	60.0	60.0	60.0	6.7	13.9	7.5	»	»	»
29	60.0	60.0	60.0	5.5	14.0	8.0	»	»	»
30	60.0	60.0	60.0	8.0	14.6	11.0	»	»	»
Moyenn.									
Mois.....	756.23	756.43	756.20	9.16	13.51	9.96			
1er au 10	756.30	756.00	756.00	9.98	14.36	10.26			
11 au 20	754.40	754.70	754.10	8.15	11.54	9.15			
21 au 30	758.00	758.60	758.50	9.34	14.62	10.46			
				Décembre.					
1	760.0	759.0	760.0	8.8	13.9	10.5	Nua.	Cou.	Cou.
2	60.0	60.0	60.0	11.0	8.5	6.5	Cou.	Pl.	»
3	61.0	63.0	62.0	5.0	7.0	5.0	»	»	»
4	62.0	62.0	62.0	5.5	8.8	6.5	»	Cou.	B.
5	62.0	62.0	62.0	1.3	9.0	2.0	B.	B.	»
6	63.0	62.0	63.0	0.6	9.0	7.5	»	Cum.	»
7	63.0	64.0	63.0	0.2	8.0	4.5	»	Néb.	»
8	62.0	61.0	60.0	2.5	10.3	2.0	»	»	»
9	56.0	52.0	51.0	0.2	9.5	7.0	»	»	Nua.
10	51.0	55.0	56.0	6.0	2.3	0.0	Néb.	Nei.	»
11	58.0	59.0	59.0	—2.0	—1.3	—3.0	Nei.	»	Nua.
12	59.0	59.0	59.0	—5.5	2.0	1.5	B.	Cum.	»
13	59.0	62.0	60.0	3.0	7.0	6.0	»	»	Cir.
14	61.0	62.0	64.0	5.5	10.0	4.0	Cir.	Cir.	B.
15	63.0	62.0	61.0	3.0	12.0	7.7	B.	Pl.	»
16	60.0	58.0	57.0	9.0	12.3	11.0	»	B.	»
17	57.0	56.0	52.0	11.0	15.0	13.7	»	»	Nua.
18	53.0	55.0	55.0	13.0	15.6	14.0	»	Nua.	Pl.
19	55.0	54.0	55.0	12.6	15.0	12.0	Nua.	»	»
20	56.0	57.0	61.0	10.0	11.0	7.0	»	»	T. B.
21	62.0	61.0	61.0	3.5	13.5	7.5	T. B.	Cir.	B.
22	61.0	61.0	60.0	7.5	14.0	10.0	B.	T. B.	»
23	60.0	60.0	60.0	9.0	10.3	8.5	»	Pl.	Nua.
24	60.0	61.0	60.0	6.5	6.5	5.0	Cou.	Cou.	»
25	60.0	60.0	60.0	4.0	5.5	1.2	»	Cum.	B.
26	59.0	59.0	59.0	0.2	7.2	1.0	B.	T. B.	T. B.
27	58.0	55.0	54.0	—1.0	9.5	7.0	»	Cir.	Nua.
28	52.0	50.0	51.0	7.0	4.1	3.5	Nua.	Pl.	Pl.
29	51.0	51.0	50.0	2.5	5.3	3.0	Cou.	Cou.	Cou.
30	51.0	51.0	47.0	3.0	6.0	5.5	»	B.	»
31	50.0	55.0	57.0	2.0	3.5	1.0	Nei.	Nei.	Nei.
Moyenn.									
Mois.....	758.23	758.32	758.10	4.67	8.72	5.76			
1er au 10	760.00	760.00	759.90	4.11	8.63	5.15			
11 au 20	758.10	758.40	758.30	5.96	9.86	7.30			
21 au 31	756.73	756.73	756.27	4.02	7.76	4.84			

JOURS DU MOIS.	BAROMÈTRE. 4 h. 30 mat.	1 h. soir.	8 h. soir.	THERMOMÈTRE. 4h.30 mat.	1 h. soir.	8 h. soir.	CIEL. 4.30 mat.	1 h. soir.	8 h. soir.
Janvier 1851.									
	mm.	mm.	mm.	o	o	o			
1	757.0	757.0	757.0	—2.0	2.0	2.3	Cou.	Nei.	Nua.
2	58.0	61.0	58.0	1.2	4.3	4.0	Nua.	Cou.	Cou.
3	58.0	60.0	58.0	5.0	8.2	4.2	Pl.	Cou.	B.
4	57.0	58.0	59.0	2.5	9.5	8.0	B.	Cir.	B.
5	59.0	58.0	57.0	3.0	13.0	9.7	B.	B.	B.
6	57.0	56.0	56.0	8.5	12.7	10.0	B.	Cir.	Cir.
7	56.0	56.0	56.0	9.8	13.0	8.0	B.	Cir.	B.
8	56.0	56.0	56.0	10.0	12.0	11.2	Cou.	Pl.	Cou.
9	56.0	56.0	57.0	10.5	14.8	9.0	Cou.	Cir.	Cou.
10	57.0	58.0	58.0	7.7	9.8	6.0	Cou.	Cou.	Cou.
11	61.0	62.0	62.0	5.5	7.0	4.0	Cou.	Cou.	Cou.
12	62.0	61.0	60.0	3.0	2.3	3.0	Cou.	Cou.	Cou.
13	59.0	58.0	58.0	2.0	5.0	3.8	Pl.	Pl.	Pl.
14	59.0	60.0	60.0	0.5	1.3	0.5	Nei.	Pl.	Pl.
15	61.0	62.0	63.0	0.5	4.3	2.7	Cou.	Nua.	Cou.
16	63.0	66.0	66.0	4.0	8.4	5.5	Nua.	B.	B.
17	66.0	66.0	66.0	5.5	7.5	5.5	B.	Nua.	Nua.
18	63.0	62.0	61.0	5.5	7.0	4.0	Pl.	Pl.	Nua.
19	61.0	60.0	60.0	5.5	6.3	3.5	Nua.	Pl.	Pl.
20	59.0	59.0	59.0	2.0	5.0	2.0	Pl.	Pl.	Pl.
21	60.0	60.0	60.0	3.0	6.3	3.0	Nua.	Nim.	Nua.
22	60.0	60.0	62.0	3.0	6.0	3.0	Nua.	Pl.	Nua.
23	63.0	66.0	67.0	2.5	2.4	0.0	Nei.	Nim.	Pl.
24	67.0	68.0	68.0	1.5	4.3	1.0	Nei.	Cum.	B.
25	67.0	65.0	64.0	—1.6	5.0	1.5	B.	B.	B.
26	63.0	61.0	59.0	0.5	6.8	5.0	B.	Nua.	Pl.
27	57.0	58.0	57.0	6.5	13.1	6.0	Pl.	B.	B.
28	57.0	59.0	59.0	5.7	7.0	5.0	Cou.	Bd.	Bd.
29	59.0	59.0	59.0	4.8	6.0	5.6	Bd.	Bd.	Bd.
30	59.0	59.0	58.0	5.0	7.5	5.0	Nua.	Cum.	Nua.
31	58.0	57.0	57.0	5.5	7.0	5.4	Nua.	Cum.	Cir.
Moyenn.									
Mois.	759.83	760.13	759.90	4.08	7.25	4.75			
1er au 10	757.10	757.60	757.20	5.62	9.93	7.24			
11 au 20	761.40	761.60	761.50	3.40	5.41	3.45			
21 au 31	760.91	761.09	760.91	3.31	6.49	3.68			
Février.									
1	755.0	757.0	758.0	3.0	7.0	4.0	B.	Nua.	Nua.
2	58.0	58.0	58.0	1.5	5.5	0.5	Nua.	B.	B.
3	59.0	59.0	59.0	1.2	8.5	5.5	B.	B.	B.
4	59.0	57.0	57.0	4.5	11.8	5.5	B.	B.	B.
5	57.0	55.0	54.0	5.0	10.9	5.7	B.	Cir.	Pl.
6	54.0	53.0	57.0	5.0	7.4	5.0	Nua.	Bd.	Pl.
7	53.0	54.0	55.0	3.0	3.6	2.0	Pl.	Nua.	Nua.
8	55.0	56.0	56.0	1.5	0.3	0.0	Nei.	Nua.	Nei.
9	56.0	56.0	57.0	0.0	3.2	2.0	Nua.	Nua.	Nua.
10	58.0	59.0	59.0	1.0	2.4	1.0	Nua.	Nua.	Nei.
11	60.0	60.0	60.0	—0.5	—1.5	—3.2	Nei.	Nei.	Nei.
12	60.0	59.0	59.0	—4.0	1.5	—1.0	Nua.	Cou.	Cou.
13	59.0	57.0	55.0	0.3	5.0	3.5	B.	B.	B.
14	54.0	56.0	57.0	3.0	8.2	4.3	B.	Nua.	Nua.
15	58.0	59.0	59.0	2.8	4.6	1.0	Nua.	Cum.	Nua.
16	58.0	59.0	58.0	1.0	4.1	1.0	Nua.	Nua.	B.
17	58.0	59.0	60.0	—4.0	8.3	1.2	B.	Cir.	B.
18	60.0	61.0	61.0	—2.0	8.4	0.5	B.	T. B.	T. B.
19	61.0	61.0	61.0	—1.0	8.5	2.0	T. B.	T. B.	T. B.
20	61.0	59.0	58.0	2.0	11.0	5.5	T. B.	T. B.	T. B.
21	58.0	57.0	57.0	5.0	13.7	12.3	T. B.	Cir.	Pl.
22	56.0	55.0	54.0	11.0	17.3	11.0	Cum.	Ci. c.	Cou.
23	54.0	53.0	54.0	10.5	8.9	6.0	Cou.	Cou.	Pl.
24	55.0	59.0	59.0	6.0	5.0	1.8	Pl.	Cou.	B.
25	59.0	62.0	62.0	1.8	5.3	1.5	B.	Cum.	B.
26	61.0	60.0	59.0	—2.5	5.0	1.4	B.	T. B.	T. B.
27	58.0	57.0	56.0	—2.0	9.4	1.6	T. B.	T. B.	T. B.
28	53.0	50.0	50.0	1.8	6.2	3.2	Nua.	Pl.	Pl.
Moyenn.									
Mois......	757.39	757.39	757.47	1.96	6.77	3.03			
1er au 10	756.40	756.40	757.00	2.57	6.06	3.12			
11 au 20	758.90	759.00	758.80	-0.24	5.81	1.48			
21 au 28	756.75	756.62	756.37	3.95	8.85	4.85			

JOURS DU MOIS.	BAROMÈTRE. 4 h. 30 mat.	1 h. soir.	8 h. soir.	THERMOMÈTRE. 4h.30 mat.	1 h. soir.	8 h. soir.	CIEL. 4.30 mat.	1 h. soir.	8 h. soir.
Mars 1851.									
	mm.	mm.	mm.	o	o	o			
1	751.0	753.0	753.0	3.5	3.4	1.2	Nua.	Nei.	Nei.
2	55.0	53.0	52.0	1.6	5.5	3.3	Cum.	Pl.	Pl.
3	53.0	54.0	51.0	3.9	7.2	2.9	Nua.	Nua.	Pl.
4	51.0	49.0	47.0	1.2	2.3	1.5	Nei.	Nei.	Nei.
5	48.0	49.0	52.0	1.2	3.4	1.0	Pl.	Cum.	Cou.
6	53.0	54.0	55.0	—1.5	6.0	3.4	T. B.	T. B.	T. B.
7	53.0	53.0	53.0	1.5	12.7	10.0	T. B.	B.	Cir.
8	53.0	55.0	53.0	9.9	15.5	10.0	Cum.	Ci. s.	B.
9	53.0	54.0	55.0	10.0	14.0	8.3	Pl.	Cir.	B.
10	56.0	59.0	60.0	5.6	7.8	7.5	Nua.	Nua.	Nua.
11	58.0	60.0	62.0	4.7	8.9	7.0	Nua.	Nua.	Nua.
12	61.0	57.0	54.0	3.6	11.8	3.0	Nua.	Cum.	Nua.
13	53.0	55.0	55.0	3.9	8.0	1.5	Nua.	Nua.	B.
14	57.0	51.0	53.0	5.0	5.5	4.0	Pl.	Pl.	Pl.
15	54.0	57.0	56.0	4.0	5.5	4.7	Pl.	Nua.	Nua.
16	56.0	59.0	59.0	4.0	8.5	5.5	Nua.	Nua.	Nua.
17	57.0	59.0	59.0	4.2	8.9	4.0	Nua.	Cir.	B.
18	57.0	57.0	57.0	4.0	8.0	6.8	Nua.	Nua.	Nua.
19	57.0	57.0	57.0	8.0	8.2	3.7	Nua.	Cum.	B.
20	57.0	57.0	57.0	0.6	11.5	5.0	B.	T. B.	T. B.
21	57.0	58.0	58.0	3.6	12.0	7.5	T. B.	T. B.	T. B.
22	57.0	57.0	57.0	6.7	18.0	11.0	T. B.	T. B.	T. B.
23	57.0	57.0	57.0	6.7	19.8	12.3	T. B.	T. B.	T. B.
24	58.0	58.0	58.0	8.0	19.8	11.0	B.	B.	B.
25	57.0	55.0	56.0	8.0	21.2	13.0	B.	Cir.	Cou.
26	56.0	56.0	56.0	9.4	20.4	14.4	B.	Cir.	Cou.
27	53.0	53.0	52.0	10.2	13.0	9.6	B.	Cou.	Cou.
28	51.0	52.0	53.0	9.0	10.6	8.0	B.	Bd.	T. B.
29	53.0	52.0	53.0	7.0	18.6	12.5	T. B.	B.	T. B.
30	55.0	54.0	54.0	8.1	19.6	14.0	T. B.	T. B.	T. B.
31	54.0	53.0	52.0	8.4	21.7	13.5	T. B.	T. B.	T. B.
Moyenn.									
Mois.. ...	754.87	755.06	755.03	5.29	11.59	7.43			
1er au 10	752.60	753.30	753.10	3.69	7.98	4.91			
11 au 20	756.70	756.90	756.90	4.20	8.48	4.52			
21 au 31	755.27	755.00	755.09	7.74	17.70	11.53			
Avril.									
1	752.0	750.0	749.0	11.4	24.0	14.9	Cum.	Cir.	Cir.
2	49.0	52.0	57.0	10.0	14.5	9.0	Pl.	Cu.s.	Nua.
3	55.0	56.0	57.0	6.2	8.0	5.3	Pl.	Pl.	T. B.
4	61.0	60.0	58.0	3.2	13.5	6.9	T. B.	T. B.	T. B.
5	58.0	56.0	56.0	4.3	18.8	12.5	T. B.	T. B.	Cir.
6	54.0	53.0	54.0	10.5	18.0	10.7	Nua.	T. B.	T. B.
7	53.0	56.0	56.0	6.0	13.6	8.7	T. B.	T. B.	Cir.
8	56.0	57.0	56.0	8.0	14.5	9.0	Cir.	Cir.	Cum.
9	57.0	58.0	57.0	7.6	14.4	8.5	Cum.	Cum.	Cum.
10	61.0	61.0	61.0	8.2	12.3	7.0	Cum.	Cum.	Cum.
11	60.0	59.0	58.0	7.5	11.7	7.5	Cum.	Cu.s.	Cum.
12	57.0	57.0	56.0	6.5	10.9	6.9	Pl.	Cu.s.	Cum.
13	55.0	55.0	55.0	6.0	11.5	7.5	Cum.	Cum.	Cum.
14	55.0	55.0	56.0	7.3	10.2	7.8	Pl.	Cum.	Cum.
15	55.0	55.0	56.0	7.7	12.3	6.2	Cum.	Cum.	B.
16	57.0	56.0	57.0	2.1	14.9	8.9	T. B.	T. B.	T. B.
17	56.0	56.0	56.0	4.0	18.9	10.9	T. B.	T. B.	T. B.
18	55.0	56.0	56.0	7.0	15.0	9.0	T. B.	Cir.	Cum.
19	56.0	56.0	57.0	8.6	13.8	8.1	B.	T. B.	Cum.
20	57.0	57.0	58.0	6.0	14.5	8.0	Cum.	T. B.	T. B.
21	57.0	57.0	57.0	3.0	17.0	10.4	T. B.	T. B.	T. B.
22	56.0	56.0	57.0	7.0	22.1	14.0	T. B.	T. B.	T. B.
23	57.0	55.0	55.0	10.0	25.0	17.8	T. B.	T. B.	Cir.
24	56.0	56.0	56.0	14.3	27.0	18.0	Cum.	Cir.	Cir.
25	56.0	55.0	55.0	14.0	26.0	16.2	Cu.s.	T. B.	T. B.
26	55.0	54.0	51.0	12.3	27.0	20.6	T. B.	T. B.	Cu.s.
27	51.0	51.0	51.0	17.7	29.0	18.2	Cum.	Cir.	B.
28	54.0	56.0	59.0	13.3	25.4	16.5	B.	T. B.	B.
29	57.0	56.0	57.0	12.2	27.0	20.7	Cir.	T. B.	B.
30	52.0	51.0	52.0	17.0	30.5	22.5	Cum.	Cir.	B.
Moyenn.									
Mois.....	755.67	755.60	755.87	8.63	18.04	11.61			
1er au 10	755.60	755.90	756.10	7.54	15.16	9.25			
11 au 20	756.30	756.20	756.50	6.27	13.37	8.08			
21 au 30	755.10	754.70	755.00	12.08	25.60	17.49			

JOURS DU MOIS.	BAROMÈTRE.			THERMOMÈTRE.			CIEL.		
	4 h. 30 mat.	1 h. soir.	8 h. soir.	4 h.30 mat.	1 h. soir.	8 h. soir.	4.30 mat.	1 h. soir.	8 h. soir.
Mai 1851.									
	mm.	mm.	mm.	°	°	°			
1	752.0	754.0	755.0	15.9	19.6	13.3	Cir.	B.	B.
2	54.0	52.0	54.0	11.6	21.0	13.6	B.	T. B.	T. B.
3	55.0	55.0	55.0	12.0	24.8	15.8	Cir.	Cir.	B.
4	54.0	54.0	52.0	12.7	28.4	16.8	Cir.	Cum.	Cum.
5	52.0	55.0	55.0	18.0	25.5	15.0	Cum.	T. B.	T. B.
6	56.0	56.0	56.0	10.6	24.8	17.0	T. B.	T. B.	Cir.
7	57.0	56.0	57.0	10.5	26.0	18.2	T. B.	T. B.	T. B.
8	57.0	58.0	57.0	14.3	29.3	20.0	Cir.	Cir.	B.
9	57.0	56.0	57.0	14.6	26.2	19.6	B.	Bd.	T. B.
10	56.0	55.0	57.0	15.4	28.6	20.4	Bd.	T. B.	T. B.
11	56.0	56.0	56.0	15.3	29.6	19.5	T. B.	Cir.	Cir.
12	57.0	55.0	56.0	14.8	31.0	22.0	T. B.	T. B.	Cir.
13	55.0	52.0	51.0	18.0	27.1	19.6	T. B.	T. B.	T. B.
14	51.0	51.0	51.0	15.5	29.0	20.8	T. B.	T. B.	Nua.
15	50.0	49.0	51.0	18.8	24.1	18.0	Cum.	Cir.	Cou.
16	52.0	53.0	53.0	17.5	21.7	15.5	Cou.	Cou.	Cou.
17	55.0	55.0	54.0	16.8	22.0	18.2	Cou.	Cou.	Cou.
18	54.0	53.0	55.0	15.8	29.5	21.0	B.	T. B.	T. B.
19	55.0	55.0	55.0	15.0	28.4	17.4	T. B.	T. B.	T. B.
20	55.0	56.0	56.0	15.0	24.5	18.5	Cum.	T. B.	T. B.
21	55.0	52.0	55.0	16.4	27.6	18.9	Cir.	T. B.	T. B.
22	53.0	54.0	55.0	16.2	27.7	19.8	T. B.	T. B.	T. B.
23	54.0	54.0	54.0	17.0	20.1	18.6	Nua.	Cum.	B.
24	54.0	55.0	55.0	18.6	22.0	15.5	Cum.	Cir.	B.
25	58.0	58.0	58.0	13.7	23.6	16.0	Cum.	Cir.	B.
26	58.0	58.0	58.0	14.0	14.7	12.4	Cou.	Pl.	B.
27	57.0	59.0	59.0	0.0	21.0	16.0	Cum.	Cum.	B.
28	58.0	59.0	58.0	13.7	23.0	17.6	B.	T. B.	B.
29	57.0	56.0	54.0	18.4	25.7	21.6	B.	T. B.	B.
30	52.0	53.0	53.0	15.5	22.5	19.0	B.	Cum.	Cu.s.
31	54.0	53.0	54.0	16.2	22.0	16.6	Cu.s.	Cu.s.	Cum.
Moyenn.									
Mois......	754.84	754.74	755.03	15.06	24.87	17.81			
1er au 10	755.00	755.10	755.50	13.56	25.42	16.97			
11 au 20	754.00	753.50	753.80	16.25	26.69	19.05			
21 au 31	755.45	755.55	755.73	15.34	22.72	17.45			
Juin.									
1	754.0	753.0	754.0	14.7	21.5	17.5	Cum.	Cu.s.	Cum.
2	54.0	53.0	56.0	17.1	14.5	15.2	Pl.	Pl.	Nua.
3	54.0	54.0	55.0	14.4	20.0	15.5	Pl.	Cu.s.	Cu.s.
4	54.0	53.0	55.0	16.0	20.7	15.2	Cu.s.	Pl.	Orx.
5	54.0	53.0	54.0	12.6	20.7	15.6	Bd.	Cu.s.	T. B.
6	52.0	53.0	53.0	16.0	21.4	16.9	Pl.	Cir.	B.
7	52.0	52.0	52.0	16.6	23.3	12.7	Nim.	Pl.	Nua.
8	52.0	54.0	54.0	15.2	22.6	17.0	Nua.	Pl.	Nua.
9	55.0	55.0	55.0	17.9	24.5	17.6	Pl.	Ci. c.	Cir.
10	54.0	55.0	56.0	16.0	24.0	18.0	Cir.	B.	B.
11	56.0	54.0	55.0	13.9	28.5	19.0	T. B.	Cir.	B.
12	56.0	55.0	57.0	15.0	24.6	20.0	B.	T. B.	T. B.
13	59.0	63.0	60.0	19.0	23.6	18.0	Nua.	T. B.	T. B.
14	60.0	59.0	60.0	18.0	23.0	18.2	Nua.	T. B.	T. B.
15	59.0	57.0	58.0	16.8	23.6	18.2	Bru.	Bru.	B.
16	58.0	55.0	57.0	19.0	25.0	15.0	Cou.	Cou.	B.
17	56.0	55.0	56.0	19.6	24.5	19.2	Ci. c.	Cir.	B.
18	55.0	54.0	54.0	18.0	26.3	20.6	B.	T. B.	B.
19	54.0	54.0	54.0	18.8	26.4	15.8	Nua.	Nua.	Pl.
20	54.0	54.0	58.0	15.4	19.0	15.6	Tre.	Nua.	B.
21	58.0	61.0	60.0	11.8	23.4	16.8	B.	T. B.	T. B.
22	60.0	59.0	60.0	13.8	27.0	20.0	T. B.	T. B.	T. B.
23	59.0	57.0	58.0	15.0	30.4	21.0	T. B.	T. B.	T. B.
24	57.0	56.0	57.0	20.0	29.0	20.2	T. B.	T. B.	T. B.
25	55.0	54.0	55.0	17.0	24.0	20.8	B.	T. B.	Bru.
26	55.0	54.0	55.0	20.0	25.0	18.4	Bru.	B.	Ci. c.
27	55.0	54.0	55.0	18.4	25.5	21.0	Bru.	Cu.s.	Nua.
28	55.0	53.0	55.0	18.7	24.5	20.0	Nua.	Cum.	B.
29	54.0	52.0	55.0	17.0	16.6	17.0	B.	Pl.	B.
30	54.0	52.0	55.0	13.3	25.5	21.6	B.	Cu.s.	B.
Moyenn.									
Mois.	755.47	754.90	755.93	16.50	23.62	17.92			
1er au 10	753.50	753.50	754.40	15.65	21.32	16.12			
11 au 20	756.70	756.00	756.90	17.35	24.45	17.96			
21 au 30	756.20	755.20	756.50	16.50	25.09	19.68			

JOURS DU MOIS.	BAROMÈTRE.			THERMOMÈTRE.			CIEL.		
	4 h. 30 mat.	1 h. soir.	8 h. soir.	4 h.30 mat.	1 h. soir.	8 h. soir.	4.30 mat	1 h. soir.	8 h. soir.
Juillet 1851.									
	mm.	mm.	mm.	°	°	°			
1	755.0	754.0	754.0	17.5	24.0	19.7	St.	Cum.	B.
2	54.0	54.0	55.0	16.9	24.5	19.0	Cum.	Cum.	B.
3	54.0	54.0	57.0	14.4	28.4	22.0	B.	Cum.	T. B.
4	57.0	54.0	55.0	16.0	29.5	21.7	T. B.	T. B.	T. B.
5	55.0	53.0	52.0	16.8	31.5	24.8	T. B.	T. B.	T. B.
6	52.0	52.0	52.0	23.0	28.5	22.4	Cou.	T. B.	T. B.
7	52.0	51.0	52.0	17.0	24.1	21.0	T. B.	Ci. c.	St.
8	52.0	52.0	53.0	17.6	25.0	20.6	Cir.	Ci. c.	B.
9	52.0	51.0	53.0	18.5	25.0	19.8	B.	T. B.	T. B.
10	53.0	52.0	52.0	15.3	31.0	23.7	T. B.	T. B.	Cir.
11	50.0	49.0	48.0	20.6	34.7	25.0	Cir.	T. B.	T. B.
12	48.0	47.0	48.0	19.3	25.4	20.2	B.	Ci. c.	Tre.
13	48.0	48.0	49.0	19.0	23.0	17.6	Cu.s.	Cu.s.	Nim.
14	49.0	51.0	51.0	15.9	21.7	17.0	Pl.	Ci. c.	B.
15	51.0	50.0	52.0	14.2	27.5	19.9	B.	Cir.	T. B.
16	54.0	54.0	55.0	15.8	31.2	23.0	T. B.	T. B.	T. B.
17	54.0	54.0	54.0	17.8	30.4	22.7	T. B.	T. B.	T. B.
18	54.0	54.0	55.0	20.7	26.0	21.9	T. B.	T. B.	T. B.
19	54.0	53.0	53.0	20.6	27.0	21.2	T. B.	T. B.	T. B.
20	51.0	51.0	51.0	20.6	27.4	22.6	T. B.	Cum.	Nua.
21	51.0	50.0	50.0	23.0	27.6	22.7	Cu.s.	Bd.	Or.
22	50.0	50.0	50.0	22.5	27.6	23.7	Orx.	Bd.	Ci. c.
23	50.0	49.0	50.0	23.0	28.5	23.9	St.	Bd.	B.
24	51.0	50.0	50.0	20.5	29.0	22.3	B.	T. B.	B.
25	51.0	50.0	51.0	20.5	30.5	22.0	Cou.	B.	B.
26	51.0	51.0	51.0	16.8	32.0	23.0	B.	T. B.	T. B.
27	51.0	50.0	52.0	20.0	31.0	23.0	T. B.	T. B.	T. B.
28	52.0	51.0	52.0	20.4	27.5	23.0	T. B.	Nua.	Pl.
29	52.0	51.0	52.0	19.9	28.5	22.0	B.	Cum.	B.
30	52.0	51.0	52.0	18.3	29.0	22.3	T. B.	T. B.	T. B.
31	51.0	50.0	51.0	18.0	29.9	23.0	T. B.	T. B.	T. B.
Moyenn.									
Mois......	751.97	751.32	752.00	18.72	27.96	21.83			
1er au 10	753.60	752.70	753.50	17.30	27.15	21.47			
11 au 20	751.30	751.10	751.60	18.45	27.43	21.11			
21 au 31	751.09	750.27	751.00	20.26	29.19	22.81			
Août.									
1	753.0	753.0	752.0	18.5	31.6	23.5	T. B.	T. B.	T. B.
2	52.0	49.0	49.0	22.0	29.4	23.8	»	»	»
3	49.0	49.0	49.0	22.5	30.0	24.0	»	»	B.
4	49.0	48.0	48.0	23.0	30.7	24.5	Nua.	B.	»
5	48.0	48.0	49.0	22.6	31.0	22.7	Bd.	Ci. c.	T. B.
6	48.0	49.0	48.0	20.5	30.6	25.0	Bd.	Ci. c.	Ci. c.
7	49.0	48.0	49.0	23.5	30.7	26.0	St.	Cum.	Cir.
8	49.0	51.0	53.0	25.4	30.0	25.0	St.	Ci. c.	Bru.
9	52.0	52.0	52.0	23.0	29.5	22.9	St.	T. B.	T. B.
10	53.0	52.0	52.0	19.3	28.0	23.8	T. B.	T. B.	T. B.
11	53.0	51.0	52.0	22.0	28.0	23.3	T. B.	T. B.	T. B.
12	53.0	52.0	53.0	22.0	29.0	23.0	St.	Bru.	T. B.
13	53.0	52.0	52.0	19.5	28.5	23.0	Bru.	Cum.	Cum.
14	53.0	52.0	54.0	22.5	26.5	22.7	Bru.	Bru.	Cou.
15	54.0	54.0	55.0	22.0	26.2	21.3	Pl.	Ci. c.	B.
16	54.0	54.0	55.0	20.0	27.5	22.0	Cum.	Ci. c.	B.
17	55.0	55.0	56.0	20.6	26.0	21.9	Cir.	Ci. c.	B.
18	56.0	55.0	55.0	20.4	27.4	21.5	B.	Ci. c.	B.
19	56.0	55.0	55.0	19.0	27.5	21.5	B.	Cum.	B.
20	54.0	53.0	54.0	17.5	28.0	21.6	St.	T. B.	T. B.
21	56.0	55.0	57.0	18.7	26.7	22.2	B.	Cou.	Nua.
22	56.0	56.0	56.0	22.5	28.0	23.4	Nua.	Cum.	T. B.
23	56.0	55.0	55.0	21.5	27.6	22.5	St.	Cum.	T. B.
24	56.0	55.0	54.0	22.5	27.6	23.0	Cou.	Nim.	B.
25	55.0	53.0	54.0	22.3	28.0	21.4	St.	Ci. c.	T. B.
26	54.0	54.0	54.0	18.7	30.0	22.0	T. B.	T. B.	T. B.
27	54.0	54.0	54.0	18.5	29.0	22.8	T. B.	T. B.	T. B.
28	54.0	53.0	55.0	22.9	27.6	21.2	St.	Cum.	T. B.
29	55.0	53.0	54.0	18.0	29.5	21.5	T. B.	Cir.	T. B.
30	52.0	52.0	52.0	17.2	30.7	22.0	T. B.	T. B.	T. B.
31	52.0	51.0	52.0	17.1	34.3	24.0	T. B.	T. B.	T. B.
Moyenn.									
Mois......	753.00	752.35	752.87	20.83	28.87	22.87			
1er au 10	750.20	749.90	750.10	22.03	30.15	24.12			
11 au 20	754.10	753.30	754.10	20.55	27.46	22.18			
21 au 31	754.55	753.73	754.27	19.99	29.00	22.36			

Septembre 1851.

JOURS DU MOIS.	BAROMÈTRE. 4 h. 30 mat.	1 h. soir.	8 h. soir.	THERMOMÈTRE. 4 h. 30 mat.	1 h. soir.	8 h. soir.	CIEL. 4.30 mat.	1 h. soir.	8 h. soir.
	mm.	mm.	mm.	°	°	°			
1	752.0	752.0	753.0	20.7	21.2	17.8	Bru.	T. B.	T. B.
2	52.0	51.0	53.0	22.9	23.7	19.3	Cou.	Cou.	Cou.
3	53.0	52.0	54.0	20.5	24.5	21.4	Cu.s.	Ci. c.	Cou.
4	53.0	52.0	54.0	22.0	27.2	22.5	Cou.	Cou.	»
5	54.0	53.0	54.0	17.4	27.5	21.7	B.	B.	T. B.
6	54.0	53.0	54.0	17.4	28.3	22.0	T. B.	T. B.	T. B.
7	55.0	55.0	58.0	20.0	27.0	22.0	T. B.	T. B.	T. B.
8	57.0	56.0	57.0	19.0	27.3	23.2	St.	Cum.	T. B.
9	55.0	54.0	55.0	18.7	30.3	23.6	B.	T. B.	T. B.
10	55.0	54.0	55.0	22.4	20.5	18.0	Nua.	Pl.	Pl.
11	54.0	54.0	58.0	15.8	13.5	13.0	Pl.	Pl.	Pl.
12	58.0	59.0	59.0	10.0	21.0	16.0	Cum.	Ci. c.	Pl.
13	58.0	57.0	59.0	16.5	19.3	14.5	Pl.	Pl.	Pl.
14	59.0	58.0	60.0	11.7	21.7	16.3	T. B.	Cum.	T. B.
15	60.0	58.0	59.0	13.5	23.5	18.7	T. B.	Cu.s.	B.
16	59.0	58.0	59.0	15.0	23.7	20.0	B.	Cum.	Nim.
17	59.0	58.0	59.0	20.2	21.0	21.0	Cu.s.	Nua.	Nua.
18	59.0	58.0	59.0	20.9	24.5	21.3	Nua.	Cum.	Cum.
19	59.0	58.0	59.0	19.4	24.5	19.4	Cum.	Cum.	T. B.
20	59.0	58.0	59.0	16.2	25.0	19.0	T. B.	T. B.	T. B.
21	58.0	57.0	58.0	17.0	24.5	17.0	T. B.	T. B.	T. B.
22	57.0	57.0	59.0	15.0	24.5	19.0	B.	B.	B.
23	59.0	58.0	59.0	16.0	24.5	20.7	Cum.	Cum.	Ci. c.
24	58.0	57.0	58.0	18.6	26.3	20.3	Cu.s.	Cum.	B.
25	58.0	56.0	57.0	17.0	26.0	19.0	Bd.	Bru.	T. B.
26	57.0	56.0	57.0	17.0	26.0	20.9	T. B.	T. B.	T. B.
27	57.0	57.0	58.0	19.9	25.8	19.5	T. B.	T. B.	T. B.
28	58.0	57.0	53.0	15.4	28.0	20.0	T. B.	Cir.	T. B.
29	57.0	56.0	57.0	17.0	28.3	20.7	T. B.	T. B.	T. B.
30	57.0	56.0	57.0	18.2	28.5	20.5	T. B.	T. B.	T. B.
Moyenn.									
Mois......	756.67	755.83	757.17	17.71	24.59	19.61			
1er au 10	754.00	753.20	754.70	20.10	25.75	21.15			
11 au 20	758.40	757.60	759.00	15.92	21.77	17.92			
21 au 30	757.60	756.70	757.80	17.11	26.24	19.76			

Octobre.

JOURS DU MOIS.	BAROMÈTRE. 4 h. 30 mat.	1 h. soir.	8 h. soir.	THERMOMÈTRE. 4 h. 30 mat.	1 h. soir.	8 h. soir.	CIEL. 4.30 mat.	1 h. soir.	8 h. soir.
1	757.0	757.0	758.0	18.0	29.5	22.0	T. B.	Cir.	T. B.
2	59.0	57.0	57.0	18.0	29.5	21.2	T. B.	Cir.	B.
3	57.0	56.0	57.0	19.0	30.1	21.8	St.	B.	B.
4	57.0	56.0	57.0	20.0	25.0	21.9	St.	T. B.	B.
5	56.0	55.0	56.0	21.0	26.7	21.7	Bru.	T. B.	Cir.
6	56.0	54.0	56.0	18.4	26.5	20.0	Bru.	B.	Cir.
7	56.0	56.0	57.0	19.3	25.3	20.8	Cir.	Cum.	Cir.
8	56.0	55.0	56.0	20.0	28.3	20.6	Nim.	Cum.	Cou.
9	55.0	55.0	56.0	17.7	25.0	19.0	Or.	Cum.	T. B.
10	56.0	55.0	56.0	15.7	26.0	20.8	B.	T. B.	Ci. c.
11	57.0	57.0	58.0	20.6	23.0	18.5	Cum.	Cum.	Cir.
12	58.0	57.0	59.0	16.7	21.5	14.7	Cum.	Cum.	Cum.
13	60.0	60.0	59.0	13.6	18.5	11.3	Bru.	Cum.	B.
14	59.0	57.0	58.0	14.0	19.4	15.0	Bru.	Pl.	B.
15	58.0	57.0	58.0	9.0	20.0	13.3	B.	Cum.	B.
16	58.0	57.0	58.0	9.0	21.3	15.5	B.	B.	B.
17	58.0	56.0	58.0	10.4	23.5	14.0	B.	T. B.	T. B.
18	58.0	57.0	58.0	11.7	23.6	15.5	T. B.	T. B.	T. B.
19	58.0	57.0	58.0	12.2	24.0	17.5	T. B.	T. B.	T. B.
20	58.0	57.0	59.0	17.4	22.5	18.4	T. B.	T. B.	T. B.
21	59.0	58.0	59.0	16.0	22.0	17.9	Cum.	T. B.	T. B.
22	59.0	58.0	59.0	17.0	22.0	18.0	B.	Cum.	B.
23	59.0	60.0	62.0	17.7	18.6	15.0	Cum.	Cum.	Cum.
24	63.0	61.0	62.0	14.2	16.6	14.9	Bru.	B.	Bru.
25	61.0	58.0	57.0	14.0	18.6	12.5	Bru.	Bru.	Bru.
26	57.0	57.0	57.0	10.0	15.8	14.2	Bru.	Cou.	Pl.
27	58.0	57.0	55.0	13.3	18.9	11.0	Pl.	Cum.	T. B.
28	54.0	53.0	56.0	12.7	20.2	14.2	Cum.	Ci. c.	B.
29	56.0	55.0	56.0	13.0	20.0	13.4	B.	B.	T. B.
30	56.0	55.0	57.0	10.6	20.3	13.7	T. B.	T. B.	T. B.
31	56.0	55.0	55.0	12.8	20.1	15.5	Cir.	T. B.	T. B.
Moyenn.									
Mois......	757.58	756.61	757.55	15.26	22.65	16.90			
1er au 10	756.50	755.60	756.60	18.71	27.19	20.98			
11 au 20	758.20	757.20	758.30	13.46	21.73	15.37			
21 au 31	758.00	757.00	757.73	13.75	19.37	14.57			

Novembre 1851.

JOURS DU MOIS.	BAROMÈTRE. 4 h. 30 mat.	1 h. soir.	8 h. soir.	THERMOMÈTRE. 4 h. 30 mat.	1 h. soir.	8 h. soir.	CIEL. 6.30 mat.	2 h. soir.	8 h. soir.
	mm.	mm.	mm.	°	°	°			
1	757.0	756.0	757.0	14.9	23.4	16.4	T. B.	T. B.	T. B.
2	57.0	56.0	57.0	14.0	23.6	15.6	T. B.	T. B.	T. B.
3	56.0	54.0	55.0	12.7	23.0	15.0	T. B.	Cir.	Cir.
4	56.0	52.0	52.0	12.8	21.4	17.7	Cir.	Ci. s.	Pl.
5	53.0	52.0	55.0	16.7	21.7	14.7	Cir.	T. B.	Cir.
6	55.0	55.0	56.0	12.5	22.1	14.0	Cir.	Cir.	Cir.
7	56.0	54.0	57.0	12.8	22.2	16.5	Cir.	Cir.	Cir.
8	59.0	58.0	59.0	15.0	21.8	15.0	Pl.	Cir.	B.
9	60.0	59.0	59.0	12.0	23.5	16.5	T. B.	T. B.	T. B.
10	59.0	58.0	60.0	14.8	21.6	16.5	B.	Bd.	B.
11	60.0	61.0	61.0	15.2	19.4	16.0	B.	Bru.	Cou.
12	62.0	62.0	62.0	15.0	19.4	17.2	Cou.	Cum.	Cou.
13	62.0	61.0	62.0	16.9	19.0	14.5	Cou.	Cum.	B.
14	61.0	60.0	62.0	12.9	18.0	10.8	B.	Cum.	B.
15	61.0	58.0	57.0	8.4	13.3	12.6	B.	B.	B.
16	56.0	56.0	54.0	12.8	19.5	19.8	Cou.	Cou.	Cou.
17	53.0	52.0	53.0	18.0	21.2	17.6	Pl.	Cum.	Pl.
18	53.0	52.0	53.0	16.4	22.0	14.3	Cou.	Cou.	Cou.
19	54.0	53.0	54.0	14.0	25.0	18.0	B.	Cir.	B.
20	53.0	52.0	53.0	16.0	24.2	16.7	B.	B.	B.
21	54.0	54.0	56.0	15.0	18.5	11.0	B.	Cum.	B.
22	56.0	55.0	55.0	8.7	17.3	10.0	B.	B.	B.
23	54.0	51.0	54.0	10.2	21.7	12.6	B.	Cou.	B.
24	54.0	52.0	53.0	15.5	20.5	17.6	B.	B.	B.
25	51.0	47.0	49.0	12.6	13.2	14.0	Pl.	Pl.	Tre.
26	51.0	50.0	53.0	12.8	19.3	15.0	B.	B.	Nua.
27	53.0	53.0	56.0	9.5	17.8	17.0	B.	B.	B.
28	58.0	58.0	59.0	16.0	19.3	17.5	B.	B.	B.
29	58.0	57.0	56.0	16.5	20.6	15.6	B.	Cir.	B.
30	56.0	56.0	55.0	16.0	11.3	10.8	Pl.	Cou.	Pl.
Moyenn.									
Mois......	756.27	755.13	756.13	13.80	20.16	15.22			
1er au 10	756.80	755.40	756.70	13.82	22.43	15.79			
11 au 20	757.50	756.70	757.10	14.56	20.10	15.75			
21 au 30	754.50	753.30	754.60	13.28	17.95	14.11			

Décembre.

JOURS DU MOIS.	BAROMÈTRE. 4 h. 30 mat.	1 h. soir.	8 h. soir.	THERMOMÈTRE. 4 h. 30 mat.	1 h. soir.	8 h. soir.	CIEL. 6.30 mat.	2 h. soir.	8 h. soir.
1	755.0	754.0	755.0	10.0	9.2	9.4	Plx.	Pl.	Plx.
2	56.0	50.0	50.0	9.3	11.1	11.0	B.	Bru.	Pl.
3	49.0	49.0	53.0	8.0	9.0	5.7	Pl.	Bru.	Pl.
4	56.0	57.0	59.0	3.0	7.4	2.2	B.	Cum.	Cou.
5	59.0	59.0	62.0	3.4	4.5	0.3	Cou.	Cou.	Cou.
6	60.0	61.0	59.0	0.0	2.0	0.0	Nei.	Nei.	Cou.
7	58.0	59.0	57.0	—2.5	5.0	4.6	B.	Cir.	Pl.
8	56.0	60.0	57.0	2.5	5.7	5.0	Pl.	Pl.	Pl.
9	56.0	61.0	61.0	2.5	7.3	4.0	B.	B.	B.
10	59.0	57.0	60.0	5.2	7.5	4.9	B.	Nua.	Pl.
11	60.0	60.0	61.0	4.7	9.0	5.0	Nua.	Nua.	Nua.
12	61.0	59.0	60.0	2.0	6.5	7.0	Nua.	Nua.	Pl.
13	60.0	59.0	59.0	6.0	7.0	6.0	Pl.	Pl.	Pl.
14	59.0	57.0	60.0	7.0	7.6	7.0	Pl.	Pl.	Pl.
15	61.0	61.0	62.0	7.0	7.3	5.0	Cou.	Cou.	Cou.
16	62.0	61.0	63.0	6.3	9.0	6.0	Cou.	Pl.	Pl.
17	63.0	61.0	63.0	6.9	8.7	3.7	Cum.	B.	B.
18	63.0	62.0	64.0	0.5	9.0	6.8	B.	B.	Nua.
19	64.0	63.0	68.0	7.2	8.0	6.0	Nua.	Nua.	Cou.
20	68.0	68.0	68.0	3.7	10.0	6.6	B.	Cum.	B.
21	67.0	66.0	66.0	6.8	10.0	6.2	B.	Cum.	Pl.
22	66.0	66.0	65.0	6.4	5.5	5.2	Pl.	Pl.	Cou.
23	64.0	61.0	62.0	6.2	8.0	1.8	Bru.	B.	B.
24	61.0	59.0	59.0	4.7	10.5	7.0	Cou.	B.	Cou.
25	59.0	57.0	58.0	5.0	6.0	5.0	Pl.	Pl.	Pl.
26	58.0	57.0	57.0	7.3	6.3	5.7	Pl.	Nua.	Pl.
27	57.0	56.0	58.0	5.0	9.3	5.8	Nua.	Cir.	Cou.
28	54.0	52.0	56.0	5.8	10.5	9.3	Pl.	Cou.	Cou.
29	55.0	54.0	58.0	6.4	5.2	1.9	Pl.	Pl.	Cou.
30	59.0	58.0	60.0	1.0	3.5	7.3	Nei.	Cum.	Cou.
31	60.0	59.0	58.0	—1.2	2.8	6.2	Ci. s.	Cum.	Cum.
Moyenn.									
Mois......	759.52	758.81	759.94	4.71	7.37	5.41			
1er au 10	756.40	756.70	757.30	4.14	6.87	4.71			
11 au 20	762.10	761.10	762.80	5.13	8.21	5.91			
21 au 31	760.00	758.64	759.73	4.86	7.06	5.58			

Janvier 1852.

Jours du mois.	Baromètre. 4 h. 30 mat.	1 h. soir.	8 h. soir.	Thermomètre. 4 h. 30 mat.	1 h. soir.	8 h. soir.	Ciel. 4.30 mat.	1 h. soir.	8 h. soir.
	mm.	mm.	mm.	°	°	°			
1	758.0	757.0	758.0	5.0	7.6	7.2	St.	Cir.	T. B.
2	57.0	60.0	64.0	7.8	9.0	5.8	Pl.	Pl.	Cou.
3	64.0	65.0	67.0	6.8	10.4	4.0	Cou.	B.	B.
4	67.0	66.0	65.0	4.4	14.0	10.0	B.	Ci. s.	B.
5	63.0	60.0	59.0	10.0	15.3	11.8	Cou.	Cir.	Cir.
6	57.0	59.0	61.0	9.0	9.6	5.3	Pl.	Pl.	Pl.
7	62.0	63.0	64.0	6.0	6.6	5.9	Pl.	Nua.	B.
8	63.0	62.0	63.0	5.0	7.2	5.5	B.	Cum.	B.
9	63.0	62.0	63.0	5.0	9.0	4.4	B.	Cu.s.	T. B.
10	63.0	61.0	60.0	4.7	10.0	3.5	T. B.	T. B.	T. B.
11	60.0	59.0	60.0	6.7	11.4	6.5	B.	Cir.	B.
12	60.0	60.0	61.0	3.8	8.3	2.0	B.	B.	B.
13	61.0	60.0	62.0	1.0	9.5	2.5	B.	B.	B.
14	62.0	64.0	64.0	3.3	9.5	4.9	B.	T. B.	T. B.
15	64.0	63.0	64.0	4.7	10.4	6.0	T. B.	T. B.	B.
16	65.0	65.0	65.0	7.2	13.5	8.8	B.	St.	Cir.
17	65.0	65.0	64.0	6.8	11.2	4.3	B.	Bru.	Cir.
18	64.0	61.0	60.0	6.0	11.4	7.3	Bd.	T. B.	Cir.
19	59.0	55.0	53.0	6.9	13.8	10.9	Ci. s.	Pl.	Pl.
20	56.0	55.0	56.0	5.5	5.3	4.6	Pl.	Nua.	Nua.
21	57.0	58.0	59.0	4.9	8.7	5.0	Pl.	B.	Nua.
22	59.0	61.0	62.0	1.8	4.2	1.0	Nei.	B.	B.
23	62.0	62.0	63.0	2.0	6.3	2.5	B.	T. B.	T. B.
24	63.0	64.0	64.0	4.7	10.6	7.9	T. B.	Cir.	Cir.
25	63.0	63.0	65.0	7.7	9.6	6.4	Nua.	Nei.	Pl.
26	67.0	67.0	67.0	4.2	9.9	1.3	B.	B.	B.
27	66.0	64.0	62.0	0.0	9.9	5.8	Nua.	Nua.	Nua.
28	60.0	58.0	59.0	5.2	10.4	7.7	Pl.	Pl.	Pl.
29	59.0	59.0	63.0	7.3	8.9	6.3	Pl.	Pl.	Pl.
30	63.0	62.0	63.0	6.2	9.8	6.0	Nua.	Cou.	Cou.
31	63.00	62.0	63.0	5.9	10.0	6.2	Cou.	Cou.	Cou.
Moyenn.									
Mois.....	761.77	761.35	762.03	5.34	9.72	5.72			
1er au 10	761.70	761.50	762.40	6.37	9.87	6.34			
11 au 20	761.60	760.70	760.90	5.19	10.43	5.78			
21 au 31	762.00	761.82	762.73	4.54	8.94	5.10			

Février.

Jours du mois.	Baromètre. 4 h. 30 mat.	1 h. soir.	8 h. soir.	Thermomètre. 4 h. 30 mat.	1 h. soir.	8 h. soir.	Ciel. 4.30 mat.	1 h. soir.	8 h. soir.
1	762.0	761.0	761.0	6.5	6.5	7.2	Pl.	Bru.	Bru.
2	59.0	55.0	54.0	6.3	7.3	5.6	Bru.	Bru.	Bru.
3	53.0	53.0	54.0	5.7	6.3	3.8	Pl.	Bru.	Bru.
4	55.0	55.0	58.0	2.3	1.5	0.0	Nim.	Bru.	Nei.
5	63.0	62.0	63.0	0.0	1.4	-0.7	Bru.	St.	Ci. s.
6	60.0	59.0	59.0	-2.5	5.8	6.0	Ci. c.	Cir.	B.
7	57.0	55.0	55.0	5.0	11.3	10.7	B.	Cir.	Cir.
8	57.0	61.0	63.0	6.0	6.4	3.0	Pl.	Nua.	B.
9	63.0	60.0	59.0	2.0	8.3	5.0	B.	B.	B.
10	57.0	57.0	58.0	5.7	10.9	4.9	Cir.	B.	B.
11	59.0	58.0	62.0	2.9	12.0	5.7	B.	T. B.	T. B.
12	62.0	62.0	63.0	3.6	13.5	6.0	T. B.	T. B.	T. B.
13	62.0	59.0	57.0	3.2	11.0	7.0	T. B.	T. B.	Cir.
14	53.0	59.0	57.0	6.8	11.6	7.0	Pl.	B.	Pl.
15	55.0	57.0	62.0	6.3	5.2	3.3	Pl.	Pl.	Bru.
16	62.0	61.0	63.0	3.8	6.8	2.0	Bru.	Cum.	B.
17	57.0	54.0	50.0	-1.2	8.0	3.7	B.	B.	B.
18	47.0	45.0	46.0	3.6	9.5	5.0	B.	Cir.	Cir.
19	46.0	45.0	45.0	3.8	11.0	9.3	Cou.	B.	Cir.
20	46.0	49.0	51.0	9.9	12.0	6.7	Bru.	Pl.	Cir.
21	52.0	52.0	53.0	7.8	17.4	14.8	B.	B.	Cir.
22	53.0	52.0	52.0	7.6	13.0	7.3	Bd.	B.	Cir.
23	53.0	52.0	51.0	7.7	12.5	7.0	B.	B.	Tre.
24	52.0	55.0	56.0	7.0	3.9	3.2	Pl.	Pl.	Pl.
25	57.0	60.0	60.0	3.5	3.4	3.9	Pl.	Bru.	Bru.
26	60.0	60.0	59.0	3.3	5.6	4.0	Pl.	Nua.	Nua.
27	57.0	56.0	55.0	3.8	6.9	4.0	Cou.	Cou.	Cou.
28	54.0	54.0	55.0	3.0	10.3	2.3	Cou.	Cou.	T. B.
29	55.0	55.0	55.0	1.7	10.0	7.7	T. B.	T. B.	Cir.
Moyenn.									
Mois.....	756.14	755.96	756.41	4.31	8.59	5.36			
1er au 10	758.60	757.80	758.40	3.70	6.57	4.55			
11 au 20	754.90	754.90	755.60	4.27	10.06	5.57			
21 au 29	754.77	755.11	755.11	5.04	9.22	6.02			

Mars 1852.

Jours du mois.	Baromètre. 4 h. 30 mat.	1 h. soir.	8 h. soir.	Thermomètre. 4 h. 30 mat.	1 h. soir.	8 h. soir.	Ciel. 4.30 mat.	1 h. soir.	8 h. soir.
	mm.	mm.	mm.	°	°	°			
1	755.0	755.0	757.0	9.0	13.4	9.8	T. B.	T. B.	T. B.
2	58.0	57.0	59.0	6.6	11.5	4.0	Pl.	Nua.	T. B.
3	58.0	57.0	58.0	3.0	14.0	7.7	T. B.	T. B.	T. B.
4	57.0	57.0	58.0	4.8	15.5	8.6	T. B.	T. B.	T. B.
5	59.0	65.0	67.0	5.7	10.7	6.7	Bru.	Bru.	Bru.
6	67.0	68.0	68.0	6.8	8.6	5.0	Ci. c.	Bru.	Bru.
7	69.0	67.0	65.0	4.9	7.5	4.9	Bru.	Bru.	Bru.
8	60.0	57.0	55.0	4.0	8.2	3.5	Bru.	Bru.	Cir.
9	52.0	51.0	52.0	4.0	7.2	2.0	Pl.	Cum.	Bru.
10	52.0	51.0	52.0	2.2	5.1	2.5	Nei.	Nei.	Nei.
11	52.0	53.0	55.0	0.2	4.8	-1.0	Bru.	Bru.	B.
12	54.0	54.0	55.0	-1.9	5.5	0.0	B.	Cir.	Nei.
13	55.0	56.0	57.0	-1.3	5.2	1.0	Nei.	Bru.	B.
14	56.0	56.0	56.0	3.0	2.5	1.7	Nei.	Nei.	Nei.
15	56.0	57.0	57.0	1.8	4.6	2.4	B.	Cou.	Pl.
16	52.0	50.0	50.0	2.6	10.0	8.9	Pl.	St.	Cir.
17	50.0	51.0	56.0	7.0	4.0	2.4	Bd.	Pl.	Nei.
18	61.0	61.0	61.0	3.0	5.7	4.0	Pl.	Nua.	St.
19	60.0	60.0	61.0	2.9	5.7	3.0	Cr.	St.	St.
20	61.0	61.0	62.0	0.0	7.0	3.0	St.	Cu. s.	Cir.
21	62.0	63.0	64.0	2.6	7.0	4.0	St.	Cum.	Cir.
22	64.0	64.0	59.0	3.0	8.3	3.2	Nim.	Nim.	Pl.
23	54.0	51.0	49.0	5.8	7.3	5.0	Pl.	Pl.	St.
24	49.0	50.0	53.0	1.9	3.7	0.5	Cu. s.	Cu. s.	T. B.
25	51.0	50.0	50.0	-1.2	8.7	4.9	T. B.	T. B.	T. B.
26	50.0	50.0	50.0	0.8	15.5	7.9	St.	Cir.	St.
27	50.0	50.0	52.0	8.9	10.3	6.3	Pl.	Pl.	St.
28	54.0	54.0	56.0	8.7	12.0	6.0	Bd.	B.	Cum.
29	57.0	56.0	56.0	5.3	12.0	6.0	Bd.	Bru.	Bd.
30	56.0	55.0	56.0	6.8	9.3	6.9	Bd.	Bd.	Bd.
31	54.0	53.0	53.0	7.2	12.3	8.0	Bd.	Bd.	Pl.
Moyenn.									
Mois.....	756.20	756.13	756.74	3.81	8.49	4.54			
1er au 10	758.70	758.50	759.10	5.10	10.17	5.47			
11 au 20	755.70	755.90	757.00	1.73	5.50	2.54			
21 au 31	754.64	754.18	754.36	4.53	9.67	5.52			

Avril.

Jours du mois.	Baromètre. 4 h. 30 mat.	1 h. soir.	8 h. soir.	Thermomètre. 4 h. 30 mat.	1 h. soir.	8 h. soir.	Ciel. 4.30 mat.	1 h. soir.	8 h. soir.
1	752.0	753.0	753.0	7.9	14.0	9.0	Pl.	Bd.	Bd.
2	54.0	55.0	55.0	8.8	15.3	8.5	Bd.	Bd.	B.
3	55.0	55.0	56.0	5.0	10.3	6.9	Bd.	B.	Bd.
4	57.0	59.0	59.0	6.7	11.1	7.2	Bd.	Cu. s.	Bd.
5	59.0	59.0	58.0	6.9	8.3	6.0	Bd.	Bd.	Pl.
6	55.0	56.0	56.0	7.0	7.4	6.7	Pl.	Pl.	Nim.
7	55.0	55.0	54.0	7.0	8.6	7.0	Bd.	Bru.	Bru.
8	52.0	52.0	52.0	7.0	7.5	7.0	Pl.	Pl.	Pl.
9	54.0	54.0	53.0	7.6	14.8	9.0	Cum.	B.	B.
10	52.0	52.0	52.0	9.8	7.0	7.9	B.	Ci. c.	Cir.
11	48.0	48.0	49.0	7.3	3.7	3.2	Pl.	Pl.	St.
12	52.0	52.0	55.0	1.6	5.4	2.4	B.	Nei.	Nei.
13	55.0	59.0	64.0	1.6	7.2	0.9	St.	Pl.	B.
14	63.0	61.0	60.0	-2.0	9.9	8.8	B.	Cir.	Ci. s.
15	60.0	61.0	57.0	4.2	11.2	8.1	St.	Bru.	Bd.
16	52.0	51.0	52.0	5.6	10.8	8.9	Bd.	Bd.	Bd.
17	53.0	53.0	53.0	5.0	13.5	9.0	Bd.	Bd.	Cir.
18	54.0	55.0	53.0	6.7	18.9	13.0	Bd.	Cir.	Ci. s.
19	51.0	51.0	51.0	12.0	15.3	13.9	Pl.	Cu. s.	Cir.
20	51.0	51.0	52.0	12.6	19.9	14.7	Ci. c.	Ci. c.	Cir.
21	52.0	51.0	51.0	10.0	21.4	16.4	Ci. c.	Cir.	Cir.
22	50.0	51.0	51.0	7.8	7.2	6.0	B.	Pl.	Bru.
23	50.0	51.0	50.0	6.0	12.7	8.2	Ci. s.	Ci. s.	Pl.
24	50.0	50.0	52.0	6.0	13.5	10.4	Pl.	Ci. s.	Ci. s.
25	51.0	50.0	50.0	7.8	10.7	8.5	Pl.	Bru.	Pl.
26	51.0	55.0	56.0	7.6	8.8	7.0	Pl.	Pl.	Cum.
27	56.0	56.0	57.0	5.5	11.6	11.6	B.	Cum.	T. B.
28	57.0	56.0	56.0	8.5	14.0	8.0	T. B.	T. B.	Cir.
29	54.0	54.0	53.0	8.2	13.2	8.0	Bru.	Bru.	Bd.
30	54.0	55.0	55.0	7.6	9.2	7.0	Bru.	Bru.	Bru.
Moyenn.									
Mois.....	753.63	754.03	754.17	6.78	11.41	8.54			
1er au 10	754.50	755.00	754.80	7.37	10.43	7.52			
11 au 20	753.90	754.20	754.60	5.46	11.58	8.38			
21 au 30	752.50	752.90	753.10	7.50	12.23	9.71			

Mai 1852.

JOURS DU MOIS.	BAROMÈTRE. 4 h. 30 mat.	BAROMÈTRE. 1 h. soir.	BAROMÈTRE. 8 h. soir.	THERMOMÈTRE. 4 h.30 mat.	THERMOMÈTRE. 1 h. soir.	THERMOMÈTRE. 8 h. soir.	CIEL. 4.30 mat.	CIEL. 1 h. soir.	CIEL. 8 h. soir.
	mm.	mm.	mm.	o	o	o			
1	755.0	755.0	755.0	5.0	12.7	6.0	Cum.	Cum.	T. B.
2	56.0	54.0	55.0	1.7	15.2	13.7	T. B.	T. B.	T. B.
3	54.0	53.0	53.0	13.0	24.0	16.0	Cum.	T. B.	Cir.
4	54.0	54.0	55.0	11.9	25.0	14.9	Pl. c.	Cum.	Cir.
5	55.0	55.0	55.0	13.0	20.0	13.0	Cum.	Cir.	Cir.
6	56.0	55.0	56.0	10.0	18.6	14.0	Bd.	B.	Cir.
7	49.0	50.0	52.0	14.6	20.0	13.5	B.	B.	Cir.
8	53.0	53.0	54.0	12.0	19.0	14.0	St.	Cu.s.	St.
9	54.0	54.0	54.0	12.0	15.0	14.6	St.	St.	St.
10	54.0	54.0	54.0	9.3	14.7	10.4	Pl.	Cu.s.	St.
11	53.0	54.0	54.0	9.9	15.7	10.5	St.	Ci. s.	Ci. s.
12	56.0	57.0	59.0	9.3	19.0	14.0	Ci. s.	T. B.	T. B.
13	59.0	60.0	60.0	13.0	23.5	15.0	T. B.	T. B.	T. B.
14	60.0	61.0	59.0	11.3	24.5	16.0	T. B.	T. B.	T. B.
15	60.0	58.0	59.0	14.0	23.6	16.8	T. B.	T. B.	T. B.
16	58.0	58.0	59.0	15.7	21.0	13.5	T. B.	T. B.	St.
17	58.0	58.0	59.0	13.0	15.6	13.3	St.	Bd.	Bd.
18	59.0	58.0	59.0	12.9	18.7	11.8	Bd.	Bru.	Cu.s.
19	59.0	58.0	59.0	10.2	18.7	11.7	Cum.	B.	St.
20	59.0	58.0	59.0	6.8	22.7	15.6	B.	T. B.	T. B.
21	59.0	58.0	59.0	12.7	27.5	18.8	B.	T. B.	Cir.
22	58.0	58.0	59.0	18.0	23.5	18.4	Cir.	Cir.	Cir.
23	57.0	58.0	59.0	19.0	23.5	15.8	Ci. s.	Ci. s.	Bd.
24	59.0	58.0	59.0	13.7	23.0	16.3	Bd	T. B.	T. B.
25	58.0	58.0	59.0	13.9	24.5	16.0	Bd.	Cir.	T. B.
26	59.0	58.0	58.0	10.6	25.4	18.7	T. B.	Cir.	Cir.
27	57.0	56.0	56.0	13.4	23.2	17.0	Pl.	Cir.	Bru.
28	56.0	55.0	55.0	13.3	25.3	18.0	Bd.	Cum.	Cir.
29	55.0	54.0	54.0	14.2	28.0	20.8	Cir.	B.	T. B.
30	54.0	54.0	54.0	17.0	33.2	23.7	Cir.	T. B.	Cir.
31	53.0	52.0	52.0	19.0	36.2	23.7	Cir.	Cir.	Cir.
Moyenn.									
Mois.....	756.32	756.00	756.55	12.37	21.05	15.34			
1er au 10	754.00	753.70	754.30	10.25	18.42	13.01			
11 au 20	758.10	758.00	758.60	11.61	20.30	13.82			
21 au 31	756.82	756.27	756.73	14.98	26.66	18.84			

Juin.

JOURS DU MOIS.	BAROMÈTRE. 4 h. 30 mat.	BAROMÈTRE. 1 h. soir.	BAROMÈTRE. 8 h. soir.	THERMOMÈTRE. 4 h.30 mat.	THERMOMÈTRE. 1 h. soir.	THERMOMÈTRE. 8 h. soir.	CIEL. 4.30 mat.	CIEL. 1 h. soir.	CIEL. 8 h. soir.
1	753.0	754.0	755.0	18.5	26.2	20.3	Cir.	T. B.	Cir.
2	55.0	55.0	56.0	16.8	24.0	13.0	Ci. s.	Ci. s.	Cir.
3	54.0	55.0	57.0	16.5	22.3	16.9	Bru.	Ci. s.	Cir.
4	56.0	54.0	55.0	15.7	23.0	16.7	Cir.	Cum.	Cir.
5	53.0	53.0	53.0	12.8	24.2	17.8	Ci. s.	Cum.	B.
6	53.0	52.0	53.0	13.3	24.7	17.2	Cir.	Pl.	B.
7	52.0	52.0	52.0	13.3	28.7	19.2	B.	Cum.	Cir.
8	53.0	53.0	53.0	15.4	28.2	20.6	T. B.	Cir.	Ci. s.
9	54.0	54.0	55.0	16.0	26.6	19.2	Bd.	Nim.	T. B.
10	55.0	55.0	56.0	15.0	28.7	20.0	T. B.	Cum.	T. B.
11	54.0	53.0	53.0	16.7	31.1	22.7	Cir.	Cir.	Bd.
12	53.0	52.0	53.0	16.0	31.0	22.8	Bd.	T. B.	T. B.
13	53.0	49.0	48.0	18.1	36.0	18.9	Cir.	Cir.	B.
14	47.0	46.0	47.0	21.0	30.0	22.3	Cir.	Cir.	P.Tre
15	45.0	46.0	45.0	20.6	29.4	23.0	St.	Cum.	Or.
16	45.0	46.0	47.0	17.7	25.5	19.7	Cu.s.	Cu.s.	Cu.s.
17	47.0	50.0	50.0	16.7	26.0	19.9	St.	Cum.	St.
18	51.0	53.0	54.0	19.0	25.0	19.1	St.	Cum.	Cum.
19	54.0	54.0	55.0	18.2	25.0	18.2	Cu.s.	Cum.	Cir.
20	55.0	54.0	54.0	15.0	20.5	21.2	Cir.	Cum.	T. B.
21	53.0	52.0	54.0	18.2	26.7	19.8	T. B.	T. B.	T. B.
22	53.0	52.0	55.0	17.8	26.8	21.0	T. B.	T. B.	T. B.
23	55.0	54.0	55.0	19.7	29.0	19.9	Bru.	Cir.	Cir.
24	55.0	54.0	55.0	17.7	28.5	21.0	St.	Cum.	T. B.
25	54.0	54.0	55.0	17.8	25.5	18.8	Cum.	T. B.	T. B.
26	55.0	54.0	54.0	17.8	25.7	21.0	T. B.	T. B.	T. B.
27	54.0	54.0	55.0	19.9	27.8	21.2	T. B.	T. B.	T. B.
28	55.0	54.0	55.0	19.9	28.3	21.7	T. B.	T. B.	T. B.
29	55.0	54.0	56.0	19.9	20.0	20.9	T. B.	T. B.	T. B.
30	56.0	55.0	56.0	19.9	27.2	20.7	Cum.	T. B.	T. B.
Moyenn.									
Mois.....	752.90	752.57	753.37	17.36	27.32	19.82			
1er au 10	753.80	753.70	754.50	15.33	25.66	18.09			
11 au 20	750.40	750.30	750.60	17.90	28.85	20.76			
21 au 30	754.50	753.70	755.00	18.86	27.45	20.60			

Juillet 1852.

JOURS DU MOIS.	BAROMÈTRE. 4 h. 30 mat.	BAROMÈTRE. 1 h. soir.	BAROMÈTRE. 8 h. soir.	THERMOMÈTRE. 4 h.30 mat.	THERMOMÈTRE. 1 h. soir.	THERMOMÈTRE. 8 h. soir.	CIEL. 4.30 mat.	CIEL. 1 h. soir.	CIEL. 8 h. soir.
	mm.	mm.	mm.	o	o	o			
1	756.0	755.0	756.0	19.5	26.7	20.3	Cum.	Cum.	T. B.
2	55.0	56.0	57.0	19.1	26.0	20.7	T. B.	T. B.	T. B.
3	55.0	56.0	57.0	19.7	27.6	21.0	Cum.	Cum.	T. B.
4	56.0	55.0	55.0	17.0	28.2	22.9	Cum.	T. B.	T. B.
5	54.0	54.0	54.0	19.0	27.7	21.0	Cu.s.	Bru.	T. B.
6	51.0	50.0	51.0	16.5	25.5	19.5	T. B.	Cu.s.	T. B.
7	51.0	51.0	52.0	16.5	26.7	20.0	St.	Cou.	B.
8	52.0	52.0	53.0	15.7	28.0	20.0	T. B.	Ci. c.	T. B.
9	53.0	52.0	52.0	16.1	29.0	20.8	T. B.	Pl.	Pl.
10	51.0	48.0	49.0	19.0	25.0	19.0	Pl.	Ci. c.	T. B.
11	50.0	50.0	51.0	15.7	27.2	19.9	T. B.	Pl.	T. B.
12	52.0	52.0	52.0	16.4	27.3	20.6	T. B.	Cu.s.	T. B.
13	53.0	53.0	55.0	17.7	27.7	17.1	T. B.	B.	T. B.
14	55.0	56.0	57.0	17.2	29.4	21.8	T. B.	T. B.	T. B.
15	57.0	55.0	56.0	17.8	30.2	22.9	T. B.	T. B.	T. B.
16	57.0	55.0	55.0	19.9	28.0	21.0	T. B.	T. B.	T. B.
17	54.0	54.0	54.0	17.9	27.6	22.0	T. B.	T. B.	T. B.
18	54.0	53.0	54.0	18.5	30.5	22.7	T. B.	T. B.	T. B.
19	53.0	53.0	53.0	18.8	33.0	29.0	T. B.	T. B.	T. B.
20	53.0	52.0	51.0	19.5	31.5	24.7	T. B.	T. B.	T. B.
21	52.0	51.0	51.0	23.0	27.7	22.6	T. B.	Bru.	Cum.
22	51.0	50.0	51.0	21.5	28.0	21.3	Cum.	Cum.	T. B.
23	51.0	50.0	50.0	20.3	27.0	21.4	Cum.	T. B.	Cir.
24	50.0	50.0	50.0	18.0	25.3	20.5	St.	Pl.	Cou.
25	51.0	52.0	52.0	17.8	26.0	20.3	St.	Cum.	T. B.
26	51.0	51.0	52.0	17.0	30.0	22.2	T. B.	T. B.	T. B.
27	50.0	48.0	49.0	18.1	32.3	25.0	T. B.	T. B.	T. B.
28	49.0	47.0	49.0	21.7	33.4	25.8	T. B.	T. B.	T. B.
29	48.0	47.0	49.0	22.1	38.5	29.6	T. B.	T. B.	T. B.
30	48.0	47.0	49.0	23.4	37.5	25.5	T. B.	T. B.	T. B.
31	48.0	48.0	50.0	23.0	28.5	25.0	T. B.	T. B.	T. B.
Moyenn.									
Mois.....	752.29	751.71	752.45	18.82	28.97	22.13			
1er au 10	753.40	752.90	753.60	17.81	27.14	20.52			
11 au 20	753.80	753.30	753.80	17.94	29.24	22.17			
21 au 31	749.91	749.18	750.18	20.54	30.38	23.56			

Août.

JOURS DU MOIS.	BAROMÈTRE. 4 h. 30 mat.	BAROMÈTRE. 1 h. soir.	BAROMÈTRE. 8 h. soir.	THERMOMÈTRE. 4 h.30 mat.	THERMOMÈTRE. 1 h. soir.	THERMOMÈTRE. 8 h. soir.	CIEL. 4.30 mat.	CIEL. 1 h. soir.	CIEL. 8 h. soir.
1	749.0	748.0	749.0	19.0	27.8	21.0	T. B.	T. B.	T. B.
2	51.0	52.0	53.0	18.0	28.0	22.7	T. B.	Cum.	T. B.
3	51.0	52.0	53.0	19.2	28.2	22.2	B.	B.	B.
4	51.0	51.0	52.0	19.0	28.7	22.1	B.	B.	Pl.
5	52.0	51.0	55.0	19.3	28.5	24.3	B.	Cum.	B.
6	54.0	51.0	50.0	20.4	29.0	24.0	B.	B.	T. B.
7	52.0	51.0	51.0	22.1	31.0	24.0	T. B.	T. B.	T. B.
8	51.0	52.0	52.0	19.8	32.5	25.5	T. B.	Cum.	T. B.
9	52.0	52.0	52.0	22.2	32.3	24.0	T. B.	T. B.	T. B.
10	51.0	51.0	52.0	20.4	30.2	24.0	T. B.	T. B.	T. B.
11	51.0	51.0	52.0	19.9	33.4	26.2	Bru.	T. B.	T. B.
12	51.0	52.0	52.0	23.7	30.5	25.0	T. B.	T. B.	T. B.
13	52.0	52.0	52.0	23.0	31.0	24.3	T. B.	T. B.	T. B.
14	51.0	52.0	52.0	20.2	31.4	24.4	T. B.	T. B.	T. B.
15	51.0	52.0	52.0	20.0	30.7	23.0	T. B.	T. B.	Pl.
16	51.0	52.0	52.0	24.5	30.3	23.2	St.	Cir.	Cum.
17	52.0	52.0	53.0	19.7	27.5	20.6	Cu.s.	Cu.s.	Pl.
18	52.0	52.0	53.0	18.5	25.0	19.1	Pl.	Cu.s.	T. B.
19	53.0	54.0	54.0	16.0	27.6	20.1	T. B.	Ci. c.	T. B.
20	53.0	54.0	53.0	17.5	30.4	22.7	T. B.	T. B.	T. B.
21	52.0	51.0	50.0	19.4	32.5	23.7	T. B.	T. B.	T. B.
22	50.0	49.0	50.0	20.5	29.0	24.4	T. B.	Cum.	T. B.
23	49.0	49.0	48.0	20.4	30.2	22.8	Cir.	Ci. c.	Pl.tre
24	48.0	48.0	49.0	19.4	27.4	21.5	Ci. s.	Cu.s.	Ci. s.
25	49.0	53.0	54.0	19.4	26.3	21.9	Ci. s.	Nim.	Ci. s.
26	56.0	58.0	58.0	20.3	25.4	21.2	Ci. s.	Bru.	B.
27	58.0	59.0	57.0	21.0	26.2	21.3	Ci. s.	Cu.s.	B.
28	57.0	59.0	60.0	19.2	24.4	20.9	T. B.	Bru.	B.
29	59.0	60.0	62.0	19.5	26.0	20.0	T. B.	Cum.	Cum.
30	60.0	61.0	60.0	18.9	25.5	20.5	T. B.	Cum.	Cum.
31	58.0	56.0	55.0	19.2	24.5	19.5	T. B.	T. B.	T. B.
Moyenn.									
Mois.....	752.48	752.81	753.13	19.99	28.75	22.58			
1er au 10	751.40	751.10	751.90	19.94	29.62	23.38			
11 au 20	751.70	752.30	752.50	20.30	29.78	22.86			
21 au 31	754.18	754.82	754.82	19.75	27.00	21.61			

JOURS DU MOIS.	BAROMÈTRE. 4 h. 30 mat.	1 h soir.	8 h. soir.	THERMOMÈTRE. 4h 50 mat.	4 h. soir.	8 h. soir	CIEL. 4.30 mat.	4 h. soir.	8 h. soir.
Septembre 1852.									
	mm.	mm.	mm.	o	o	o			
1	755.0	754.0	754.0	16.3	25.8	20.5	Ci. s.	Cum.	Ci. s.
2	54.0	54.0	53.0	17.0	26.2	22.0	Ci. s.	Cum.	Ci. s.
3	55.0	54.0	54.0	20.4	24.0	20.0	Bru.	Bru.	Bru.
4	56.0	55.0	58.0	19.4	23.2	18.9	Bru.	Bru.	Bru.
5	57.0	58.0	57.0	15.5	24.2	18.8	T. B.	Bru.	B.
6	57.0	57.0	57.0	17.0	25.5	19.0	Bru.	Bru.	B.
7	56.0	57.0	58.0	16.7	24.8	19.7	B.	Cum.	B.
8	57.0	56.0	55.0	16.5	24.3	20.1	Ci. c.	Bru.	Cu. s.
9	56.0	58.0	58.0	19.8	23.7	20.3	Bru.	Cum.	Cum.
10	58.0	57.0	58.0	18.0	24.0	18.8	B.	Cum.	B.
11	57.0	58.0	57.0	14.9	24.5	20.3	B.	B.	T. B.
12	56.0	55.0	54.0	14.1	26.5	21.8	T. B.	Cir.	B.
13	54.0	53.0	53.0	19.2	30.4	22.0	T. B.	T. B.	T. B.
14	54.0	54.0	55.0	21.0	27.5	20.8	B.	T. B.	T. B.
15	54.0	53.0	53.0	17.8	28.2	21.6	Cir.	St.	T. B.
16	53.0	54.0	55.0	18.5	25.5	20.8	Cir.	Bru.	T. B.
17	54.0	54.0	53.0	16.8	26.7	21.6	T. B.	Cum.	T. B.
18	53.0	52.0	51.0	18.5	27.8	21.9	T. B.	Cir.	Cir.
19	51.0	52.0	52.0	20.9	23.4	18.0	Pl.	Ci. c.	Cum.
20	52.0	52.0	55.0	14.8	22.7	17.0	B.	T. B.	T. B.
21	55.0	55.0	56.0	13.6	23.7	18.0	T. B.	T. B.	T. B.
22	56.0	56.0	56.0	14.7	24.2	18.0	T. B.	Cum.	T. B.
23	55.0	56.0	58.0	16.9	25.6	20.0	T. B.	Bru.	T. B.
24	58.0	57.0	62.0	20.0	25.0	20.3	Cum.	Bru.	Bru.
25	62.0	62.0	63.0	19.5	23.2	19.5	Bru.	Bru.	Bru.
26	62.0	62.0	62.0	18.2	22.5	18.8	Bru.	Bru.	B.
27	61.0	59.0	59.0	16.7	22.5	17.4	Bru.	Cum.	Cum.
28	58.0	57.0	57.0	13.4	22.6	16.8	T. B.	Cum.	T. B.
29	57.0	57.0	58.0	12.9	23.2	16.6	T. B.	T. B.	T. B.
30	59.0	57.0	59.0	12.7	24.2	16.5	T. B.	T. B.	T. B.
Moyenn.									
Mois.	756.07	755.83	756.33	17.06	24.85	19.53			
1er au 10	756.10	756.00	756.20	17.66	24.57	19.81			
11 au 20	753.80	753.70	753.80	17.65	26.32	20.58			
21 au 30	758.30	757.80	759.00	15.86	23.67	18.19			
Octobre.									
1	759.0	759.0	754.0	14.6	27.0	19.7	T. B.	Cir.	T. B.
2	53.0	58.0	58.0	18.0	26.0	18.8	T. B.	T. B.	T. B.
3	57.0	56.0	57.0	14.0	26.2	19.6	T. B.	T. B.	T. B.
4	56.0	56.0	56.0	14.6	26.2	17.9	Bd.	T. B.	T. B.
5	56.0	56.0	56.0	16.3	26.0	18.8	T. B.	T. B.	T. B.
6	56.0	54.0	55.0	15.4	28.8	21.9	T. B.	Cir.	St.
7	55.0	54.0	53.0	19.9	27.2	21.8	St.	T. B.	T. B.
8	52.0	52.0	55.0	21.2	19.7	15.8	Cir.	Pl.	T. B.
9	56.0	55.0	56.0	15.5	24.0	14.0	T. B.	T. B.	T. B.
10	56.0	56.0	58.0	15.5	24.6	17.0	Ci. c.	Ci. c.	T. B.
11	58.0	57.0	58.0	12.8	25.3	17.4	T. B.	T. B.	T. B.
12	57.0	56.0	57.0	13.8	25.5	17.9	T. B.	T. B.	T. B.
13	57.0	56.0	57.0	13.5	25.0	17.7	T. B.	Cir.	T. B.
14	57.0	56.0	57.0	15.5	25.0	19.7	T. B	Cir.	T. B.
15	56.0	57.0	59.0	16.3	22.0	16.9	Cir.	Cu. s.	Cir.
16	50.0	59.0	60.0	15.7	14.5	13.9	Nim.	Pl.	Pl.
17	59.0	58.0	58.0	14.0	18.2	15.5	Nim.	Nim.	Nim.
18	58.0	57.0	59.0	15.3	16.5	14.5	Nim.	Nim.	St.
19	58.0	55.0	55.0	13.9	18.9	14.8	St.	Cu. s.	Pl.
20	55.0	58.0	62.0	15.0	13.8	13.8	Pl.	Pl.	Bru.
21	61.0	62.0	54.0	13.3	15.9	10.3	Bru.	Bru.	T. B.
22	53.0	61.0	57.0	8.0	18.0	11.7	T. B.	T. B.	T. B.
23	61.0	60.0	61.0	10.0	21.0	16.1	T. B.	T. B.	T. B.
24	59.0	58.0	59.0	13.0	22.0	16.3	T. B.	T. B.	T. B.
25	58.0	57.0	57.0	15.0	22.7	15.6	T. B.	T. B.	T. B.
26	56.0	55.0	53.0	14.4	24.7	20.0	T. B.	Cir.	T. B.
27	49.0	49.0	50.0	22.0	25.3	21.6	Cir.	Cir.	T. B.
28	55.0	57.0	57.0	18.8	24.2	16.5	T. B.	T. B.	T. B.
29	55.0	57.0	57.0	14.7	22.0	15.3	T. B.	T. B.	T. B.
30	57.0	57.0	59.0	17.5	17.7	13.0	T. B.	Cu. s.	T. B.
31	58.0	57.0	57.0	13.1	20.8	16.3	Cir.	Cir.	B.
Moyenn.									
Mois	756.51	756.61	756.81	15.18	22.41	16.78			
1er au 10	755.60	755.60	755.80	16.50	25.57	18.53			
11 au 20	757.40	756.90	758.20	14.58	20.47	16.21			
21 au 31	756.55	757.27	756.46	14.53	21.30	15.70			

JOURS DU MOIS.	BAROMÈTRE. 4 h. 30 mat.	1 h. soir.	8 h. soir.	THERMOMÈTRE. 4 h. 30 mat.	1 h. soir.	8 h. soir.	CIEL. 4.30 mat.	1 h. soir.	8 h. soir.
Novembre 1852.									
	mm.	mm.	mm.	o	o	o			
1	756.0	754.0	754.0	12.2	20.4	15.0	Cir.	Ci. c.	B.
2	54.0	54.0	56.0	14.2	17.0	8.2	Cir.	Cu. s.	B.
3	56.0	56.0	54.0	7.6	7.5	6.8	Bru.	Pl.	Pl.
4	53.0	52.0	50.0	8.9	10.1	10.3	Pl.	Pl.	Pl.
5	53.0	53.0	56.0	10.9	10.0	10.4	Pl.	Pl.	Pl.
6	56.0	57.0	62.0	11.0	14.4	9.7	Pl.	Bru.	T. B.
7	61.0	62.0	61.0	6.3	14.7	9.9	T. B.	T. B.	Cir.
8	62.0	62.0	66.0	10.4	10.5	9.0	Bru.	Pl.	Bru.
9	66.0	64.0	61.0	8.7	12.0	5.6	Bru.	Cu. s.	B.
10	57.0	57.0	53.0	8.8	13.4	12.0	Pl.	Cir.	Cum.
11	54.0	57.0	55.0	14.0	17.5	13.8	Cou.	Ci. s.	Cou.
12	55.0	55.0	56.0	12.6	19.0	12.7	Cou.	Ci. s.	T. B.
13	55.0	56.0	57.0	14.4	21.0	14.5	T. B.	Ci. c.	Cir.
14	57.0	56.0	56.0	12.3	18.0	11.9	Cir.	Ci. c.	T. B.
15	55.0	54.0	55.0	13.5	18.8	14.3	T. B.	T. B.	Cir.
16	56.0	56.0	58.0	14.0	17.4	11.7	Pl.	Cum.	T. B.
17	58.0	58.0	59.0	10.3	17.0	11.7	T. B.	T. B.	T. B.
18	59.0	58.0	58.0	12.0	18.4	13.2	T. B.	T. B.	T. B.
19	58.0	57.0	59.0	13.5	17.8	12.0	T. B.	T. B.	T. B.
20	59.0	57.0	59.0	10.7	17.7	10.9	T. B.	T. B.	T. B.
21	58.0	57.0	55.0	8.5	16.5	13.0	T. B.	T. B.	T. B.
22	53.0	51.0	49.0	13.7	19.4	16.0	T. B.	Cir.	B.
23	48.0	47.0	49.0	14.5	18.9	15.3	Pl.	Cu. s.	Cou.
24	50.0	49.0	49.0	16.8	18.7	18.9	Cou.	Cou.	Cir.
25	49.0	49.0	48.0	15.7	21.0	18.6	Cu. s.	Cu. s.	Cu. s.
26	48.0	48.0	49.0	18.2	21.7	15.8	Cir.	Cir.	Cou.
27	50.0	54.0	56.0	14.9	14.2	11.7	Pl.	Pl.	Nua.
28	56.0	57.0	59.0	11.4	12.0	10.6	Pl.	Pl.	Cou.
29	58.0	58.0	59.0	10.9	13.0	11.0	Nua.	Nua.	Nua.
30	59.0	60.0	61.0	11.4	14.0	11.9	Cou.	Cou.	Cou.
Moyenn.									
Mois......	755.63	755.50	755.97	12.08	16.07	12.21			
1er au 10	757.40	757.10	757.30	9.90	13.00	9.69			
11 au 20	756.60	756.40	757.20	12.73	18.26	12.67			
21 au 30	752.90	753.00	753.40	13.60	16.94	14.28			
Décembre.									
1	761.0	762.0	762.0	12.0	15.0	12.0	Cou.	Pl.	Cou.
2	62.0	62.0	63.0	9.0	15.3	9.8	T. B.	T. B.	T. B.
3	62.0	61.0	60.0	6.5	14.0	8.2	T. B.	T. B.	T. B.
4	59.0	60.0	61.0	8.0	14.5	10.8	T. B.	Ci. c.	T. B.
5	60.0	60.0	61.0	10.4	12.7	6.8	Cou.	Bru.	T. B.
6	60.0	60.0	60.0	4.4	12.2	8.0	T. B.	Bru.	T. B.
7	59.0	59.0	59.0	8.7	14.0	8.9	T. B.	T. B.	T. B.
8	59.0	59.0	59.0	7.0	13.8	7.8	T. B.	T. B.	T. B.
9	59.0	59.0	58.0	5.7	13.7	8.9	T. B.	T. B.	T. B.
10	57.0	58.0	58.0	9.9	17.3	7.9	T. B.	Cum.	T. B.
11	57.0	58.0	60.0	4.2	13.2	10.4	T. B.	T. B.	T. B.
12	61.0	60.0	61.0	9.0	13.7	10.9	Pl.	Bru.	T. B.
13	60.0	60.0	61.0	9.4	13.0	10.1	T. B.	Bru.	Cou.
14	60.0	61.0	60.0	9.5	10.5	9.0	Cou.	Cou.	Cou.
15	60.0	59.0	60.0	4.3	11.5	6.3	T. B.	Ci. c.	B.
16	59.0	59.0	59.0	3.8	13.0	9.0	B.	Cir.	B.
17	59.0	59.0	60.0	7.8	15.4	8.9	T. B.	T. B.	Cir.
18	59.0	57.0	55.0	9.2	16.2	11.8	Cir.	Cir.	Cir.
19	55.0	56.0	60.0	11.0	15.2	9.9	Cir.	Cir.	Bru.
20	61.0	64.0	64.0	7.7	7.5	7.0	Bru.	Bru.	Bru.
21	64.0	64.0	61.0	5.7	10.5	4.7	Cir.	Cir.	T. B.
22	59.0	58.0	57.0	6.7	12.0	11.0	T. B.	T. B.	B.
23	56.0	55.0	54.0	10.9	14.0	12.0	B.	Pl.	Cou.
24	53.0	52.0	57.0	11.0	11.0	8.9	Pl.	Pl.	Cou.
25	56.0	66.0	66.0	10.9	8.0	7.4	B.	Cou.	Bru.
26	65.0	64.0	62.0	8.0	10.5	7.8	Cir.	B.	T. B.
27	62.0	63.0	63.0	6.0	11.5	8.0	T. B.	B.	T. B.
28	62.0	62.0	62.0	7.1	11.0	8.0	T. B.	T. B.	B.
29	61.0	60.0	60.0	3.7	11.1	7.8	B.	B.	B.
30	60.0	60.0	61.0	8.0	10.5	8.8	Pl.	St.	St.
31	62.0	62.0	62.0	8.7	10.6	7.8	Pl.	St.	St.
Moyenn.									
Mois......	759.64	759.97	760.19	7.88	12.66	8.86			
1er au 10	759.80	760.00	760.10	8.16	14.25	8.91			
11 au 20	759.10	759.30	760.00	7.59	12.92	9.33			
21 au 31	760.00	760.55	760.45	7.88	10.97	8.38			

Janvier 1853.

Jours du mois.	Baromètre.			Thermomètre.			Ciel.		
	4 h. 30 mat.	1 h. soir.	8 h. soir.	4 h. 30 mat.	1 h. soir.	8 h. soir.	4 30 mat.	1 h. soir.	8 h. soir.
	mm.	mm.	mm.	o	o	o			
1	762.0	762.0	763.0	9.6	9.7	7.0	Nim.	Bru.	Nim.
2	63.0	64.0	64.0	7.0	10.0	7.5	Pl.	St.	St.
3	63.0	63.0	63.0	7.0	7.0	6.3	St.	St.	Pl.
4	62.0	62.0	63.0	7.0	10.5	7.9	B.	B.	B.
5	62.0	63.0	63.0	8.0	8.5	7.8	Pl.	Nua.	Pl.
6	62.0	62.0	63.0	7.9	9.6	7.8	Pl.	Pl.	Nua.
7	63.0	62.0	63.0	6.9	9.5	6.7	Pl.	Pl.	Cir.
8	62.0	62.0	61.0	5.0	10.6	5.2	B.	Cum.	St.
9	60.0	59.0	59.0	4.0	11.0	4.8	St.	Cum.	B.
10	59.0	59.0	60.0	2.5	10.3	7.2	Bd.	Ci. c.	Cir.
11	59.0	60.0	61.0	6.8	10.4	5.8	Pl.	Ci. s.	B.
12	61.0	60.0	60.0	5.9	12.0	9.0	Cir.	Cir.	Cir.
13	61.0	61.0	60.0	2.9	10.6	10.6	B.	T. B.	T. B.
14	58.0	56.0	55.0	8.2	13.5	12.4	T. B.	T. B.	T. B.
15	53.0	52.0	55.0	12.8	15.2	7.5	T. B.	Cir.	Pl.
16	56.0	57.0	57.0	4.2	14.0	4.9	T. B.	T. B.	Cir.
17	56.0	57.0	56.0	7.8	13.0	11.8	Cir.	Ci. s.	Cir.
18	55.0	55.0	55.0	13.0	15.2	13.7	Cir.	Ci. s.	B.
19	55.0	55.0	56.0	12.4	16.6	13.0	Cir.	Ci. s.	Cir.
20	56.0	55.0	56.0	10.7	18.0	11.0	B.	B.	Pl.
21	56.0	56.0	57.0	9.7	14.3	9.6	Cir.	Ci. s.	Bd.
22	55.0	54.0	54.0	9.0	13.4	7.7	Bd.	B.	Bd.
23	54.0	54.0	54.0	6.3	11.5	8.0	Bd.	T. B.	Pl.
24	57.0	56.0	57.0	10.6	14.5	11.9	Pl.	Pl.	Cir.
25	56.0	56.0	56.0	9.8	16.5	11.2	Cir.	Ci. c.	Cir.
26	56.0	56.0	57.0	9.9	10.5	8.9	Nim.	Nim.	Nim.
27	57.0	59.0	61.0	8.2	9.4	8.0	Pl.	Pl.	Nim.
28	60.0	61.0	61.0	7.0	9.5	7.0	Nim.	Nim.	Nim.
29	61.0	60.0	61.0	6.9	9.2	6.9	Nim.	Nim.	Nim.
30	60.0	60.0	60.0	5.0	9.5	4.9	Nim.	Cu.s.	B.
31	59.0	57.0	58.0	4.0	9.5	7.0	B.	Cir.	Cir.
Moyenn.									
Mois......	758.68	758.55	759.00	7.61	11.71	8.35			
1er au 10	761.80	761.80	762.20	6.49	9.67	6.82			
11 au 20	757.00	756.80	757.10	8.47	13.85	9.97			
21 au 31	757.36	757.18	757.82	7.86	11.62	8.28			

Février.

Jours du mois.	Baromètre.			Thermomètre.			Ciel.		
	4 h. 30 mat.	1 h. soir.	8 h. soir.	4 h. 30 mat.	1 h. soir.	8 h. soir.	4 30 mat.	1 h. soir.	8 h. soir.
1	758.0	759.0	759.0	8.0	9.9	8.0	Bru.	St.	Pl.
2	58.0	57.0	56.0	7.7	7.3	7.7	Pl.	Pl.	Bd.
3	55.0	55.0	55.0	8.7	12.0	8.3	Bd.	Bru.	Bd.
4	55.0	55.0	56.0	7.0	8.4	6.7	Pl.	Bru.	Pl.
5	55.0	56.0	57.0	5.2	6.5	5.6	Pl.	Pl.	Bru.
6	57.0	57.0	50.0	4.9	8.0	5.2	St.	Cu.s.	Cir.
7	59.0	58.0	50.0	1.9	8.2	3.0	B.	Cir.	T. B.
8	58.0	57.0	53.0	0.9	16.0	9.9	T. B.	B.	T. B.
9	51.0	50.0	50.0	10.7	17.7	11.2	Cir.	Ci. s.	B.
10	49.0	50.0	50.0	9.3	17.0	11.0	T. B.	T. B.	T. B.
11	49.0	50.0	50.0	11.5	17.4	11.5	T. B.	T. B.	T. B.
12	50.0	50.0	50.0	13.0	19.5	12.9	B.	Pl.	Pl.
13	49.0	48.0	49.0	9.8	15.2	11.6	B.	T. B.	B.
14	49.0	40.0	51.0	10.0	14.7	11.0	Cir.	Ci. s.	Pl.
15	50.0	51.0	51.0	11.3	17.0	9.5	Pl.	Ci. s.	Pl.
16	51.0	53.0	52.0	9.8	13.4	9.6	Pl.	Pl.	Pl.
17	44.0	42.0	42.0	10.1	14.0	10.0	Cir.	B.	Cir.
18	43.0	44.0	46.0	11.0	16.5	10.9	St.	Bd.	B.
19	45.0	43.0	48.0	12.2	20.6	14.1	B.	T. B.	T. B.
20	49.0	52.0	53.0	12.0	15.6	12.9	B.	Cir.	B.
21	54.0	53.0	55.0	11.9	17.4	13.4	B.	Cir.	B.
22	55.0	56.0	57.0	12.4	9.9	7.7	Cir.	Pl.	Cir.
23	56.0	52.0	51.0	6.3	19.0	14.9	B.	Cir.	Cir.
24	46.0	45.0	48.0	12.0	16.5	11.2	Cir.	Nim.	Pl.
25	47.0	47.0	46.0	10.9	14.5	13.4	Pl.	Pl.	Pl.
26	47.0	48.0	48.0	10.9	14.9	12.5	B.	Cir.	Pl.
27	53.0	57.0	59.0	5.0	9.5	4.1	B.	B.	B.
28	58.0	58.0	58.0	1.8	13.5	6.3	B.	T. B.	T. B.
Moyenn.									
Mois......	751.78	751.86	752.11	8.79	13.93	9.79			
1er au 10	755.50	755.40	754.50	6.43	11.10	7.66			
11 au 20	747.90	748.20	749.20	11.07	16.39	11.40			
21 au 28	752.00	752.00	752.75	8.90	14.40	10.44			

Mars 1853.

Jours du mois.	Baromètre.			Thermomètre.			Ciel.		
	4 h. 30 mat.	1 h. soir.	8 h. soir.	4 h. 30 mat.	1 h. soir.	8 h. soir	4 30 mat.	1 h. soir.	8 h. soir.
	mm.	mm.	mm.	o	o	o			
1	748.0	747.0	747.0	10.9	14.6	13.7	Cir.	Pl.	T. B.
2	48.0	52.0	59.0	10.9	14.9	6.3	T. B.	T. B.	T. B.
3	58.0	57.0	59.0	4.2	24.6	7.7	T. B.	Cir.	Cir.
4	58.0	59.0	58.0	4.8	15.7	11.3	Pl.	Nim.	B.
5	57.0	55.0	53.0	9.2	16.3	10.9	T. B.	T. B.	T. B.
6	53.0	54.0	55.0	8.0	12.2	9.8	B.	B.	Bd.
7	55.0	55.0	55.0	7.3	9.5	7.8	Bd.	Cum.	Bd.
8	55.0	55.0	55.0	7.7	8.5	5.6	Bru.	Bru.	Bru.
9	55.0	54.0	55.0	6.8	5.7	5.4	Pl.	Pl.	Pl.
10	55.0	55.0	57.0	4.8	6.0	5.0	Pl.	Pl.	Pl.
11	57.0	57.0	57.0	5.0	7.3	5.0	Pl.	Cum.	Pl.
12	57.0	58.0	59.0	4.0	8.3	4.0	Bru.	Bru.	Bru.
13	57.0	59.0	60.0	3.8	7.8	1.3	Bru.	Cum.	T. B.
14	59.0	58.0	57.0	2.0	10.3	7.0	T. B.	T. B.	Cir.
15	56.0	56.0	57.0	8.0	16.5	9.0	St.	Pl.	Cir.
16	57.0	58.0	57.0	5.4	17.5	12.0	T. B.	Cir.	B.
17	56.0	57.0	56.0	10.9	19.4	15.2	B.	Cir.	Cir.
18	55.0	57.0	56.0	12.9	18.7	12.2	B.	Ci. s.	Ci. s.
19	55.0	56.0	51.0	10.0	20.0	14.5	B.	B.	B.
20	44.0	43.0	44.0	15.5	21.7	13.9	Cir.	Cir.	Pl.
21	44.0	45.0	46.0	11.5	13.0	11.0	Pl.	Pl.	Cir.
22	47.0	47.0	47.0	10.0	17.0	11.0	Pl.	Cir.	Pl.
23	49.0	48.0	48.0	10.9	22.9	16.0	St.	Cir.	Cir.
24	45.0	46.0	47.0	16.4	15.0	10.0	Cir.	Pl.	Cum.
25	50.0	52.0	53.0	9.6	16.2	10.5	Cir.	Pl.	Cum.
26	54.0	57.0	58.0	7.5	16.2	8.5	T. B.	Ci. c.	B.
27	57.0	54.0	50.0	5.0	20.0	7.0	T. B.	T. B.	Bd.
28	49.0	48.0	49.0	9.0	15.0	11.0	Bd.	Pl.	Pl.
29	47.0	45.0	52.0	9.7	15.7	7.5	Cir.	Cum.	Pl.
30	57.0	59.0	60.0	7.3	10.0	4.6	Bru.	Cum.	B.
31	57.0	60.0	59.0	4.0	11.0	6.7	T. B.	Cir.	Cir.
Moyenn.									
Mois......	753.26	753.64	754.07	8.16	14.44	9.08			
1er au 10	754.20	754.30	755.30	7.46	12.80	8.35			
11 au 20	755.30	755.90	755.40	7.75	14.75	9.41			
21 au 31	750.55	751.00	751.73	9.17	15.64	9.44			

Avril.

Jours du mois.	Baromètre.			Thermomètre.			Ciel.		
	4 h. 30 mat.	1 h. soir.	8 h. soir.	4 h. 30 mat.	1 h. soir.	8 h. soir	4 30 mat.	1 h. soir.	8 h. soir.
1	757.0	754.0	753.0	8.0	12.4	9.1	St.	St.	Bru.
2	52.0	53.0	53.0	8.6	11.5	8.8	Bru.	St.	St.
3	52.0	52.0	52.0	7.3	14.0	6.4	St.	Cir.	Cir.
4	52.0	53.0	55.0	7.3	13.0	6.3	Cir.	Cum.	B.
5	55.0	58.0	58.0	3.8	14.5	8.6	B.	B.	B.
6	56.0	58.0	56.0	7.7	14.9	8.9	B.	B.	Cir.
7	54.0	55.0	55.0	8.9	10.0	9.0	Bru.	Bru.	Bru.
8	55.0	56.0	55.0	8.9	11.1	6.9	B.	Cum.	B.
9	53.0	54.0	54.0	7.0	16.5	10.6	B.	T. B.	T. B.
10	54.0	54.0	54.0	10.9	21.5	13.0	B.	Cir.	St.
11	54.0	54.0	55.0	11.0	10.0	7.9	Pl.	Pl.	Pl.
12	54.0	54.0	54.0	7.8	10.3	7.7	St.	Pl.	Ci. s.
13	54.0	54.0	54.0	7.6	14.0	7.4	B.	B.	T. B.
14	54.0	54.0	54.0	5.6	17.7	13.2	T. B.	B.	B.
15	54.0	54.0	54.0	10.6	21.5	15.2	Cir.	Cir.	Pl.
16	50.0	48.0	50.0	14.0	12.6	5.8	St.	Cu.s.	Pl.
17	51.0	55.0	56.0	3.0	8.4	2.8	Nei.	Cu.s.	B.
18	56.0	56.0	56.0	-0.4	9.2	6.5	B.	Cu.s.	B.
19	58.0	57.0	58.0	-0.7	11.5	1.3	B.	Cir.	T. B.
20	57.0	57.0	57.0	7.8	15.3	9.9	St.	T. B.	B.
21	57.0	57.0	57.0	11.0	20.0	14.9	B.	B.	Pl.
22	56.0	56.0	55.0	12.2	20.9	14.5	B.	B.	B.
23	55.0	56.0	56.0	13.4	18.0	12.2	B.	B.	B.
24	55.0	56.0	54.0	10.0	20.2	13.0	Ci. s.	Cum.	Pl.
25	52.0	50.0	51.0	12.8	23.2	12.7	Pl.	Pl.	Pl.
26	50.0	51.0	53.0	13.9	16.5	12.0	Pl.	Cir.	Cir.
27	52.0	52.0	52.0	11.7	20.0	13.8	Cir.	Cir.	Cir.
28	51.0	54.0	56.0	14.0	21.5	13.0	St.	T. B.	B.
29	56.0	57.0	58.0	9.5	23.5	14.8	St.	T. B.	B.
30	58.0	60.0	59.0	11.4	14.0	11.0	B.	Cir.	Bru.
Moyenn.									
Mois......	754.13	754.63	754.80	8.82	15.59	9.91			
1er au 10	754.00	754.70	754.50	7.84	13.94	8.76			
11 au 20	754.20	754.30	754.80	6.63	13.05	7.77			
21 au 30	754.20	754.90	755.10	11.09	19.78	13.19			

Mai 1853.

JOURS DU MOIS.	BAROMÈTRE. 4 h. 30 mat.	1 h. soir.	8 h. soir.	THERMOMÈTRE. 4 h.30 mat.	1 h. soir.	8 h. soir.	CIEL. 4.30 mat.	1 h. soir.	8 h. soir.
	mm.	mm.	mm.	o	o	o			
1	759.0	760.0	758.0	10.6	16.0	11.4	Bru.	Bru.	Bru.
2	56.0	57 0	57.0	11.5	14.5	11.8	Cum.	Cum.	Bru.
3	56.0	57.0	57.0	11.9	17.7	12.0	Bru.	Bru.	Bru.
4	56.0	57.0	56.0	10.9	18.4	9.5	Bru.	B.	Bru.
5	53.0	55.0	56.0	9.7	17.0	11.6	Bru.	B.	Bru.
6	55.0	55.0	55.0	10.6	19.7	11.5	Bd.	B.	B.
7	54.0	54.0	54.0	11.3	25.0	12.7	B.	T. B.	T. B.
8	54.0	54.0	53.0	18.0	29.7	21.0	T. B.	T. B.	B.
9	53.0	54.0	56.0	17.0	27.0	18.3	B.	Cir.	Cum.
10	57.0	58.0	58.0	16.0	22.7	16.4	Cir.	B.	T. B.
11	60.0	59.0	58.0	14.5	19.7	15.8	Bd.	Bru.	B.
12	58.0	61.0	61.0	17.8	24.0	16.3	T. B.	T. B.	Bd.
13	57.0	56.0	55.0	15.4	22.5	14.6	Bru.	Bru.	B.
14	54.0	56.0	54.0	12.8	25.5	18.5	Bd.	! B.	B.
15	54.0	56.0	55.0	17.6	24.5	17.4	Cir.	Cir.	Bru.
16	55.0	56.0	56.0	16.0	22.0	15.2	Bru.	Cum.	Bru.
17	56.0	57.0	54.0	14.4	20.6	15.3	Bru.	B.	Bru.
18	47.0	48.0	49.0	14.8	26.4	17.5	B.	B.	B.
19	49.0	48.0	48.0	15.4	24.4	15.5	Pl.	Pl.	Pl.
20	47.0	49.0	51.0	14.0	20.3	14.4	Pl.	Cu.s.	B.
21	53.0	54.0	55.0	11.0	23.0	15.7	B.	Cum.	B.
22	54.0	57.0	55.0	11.3	24.5	18.0	T. B.	T. B.	Cir.
23	54.0	57.0	57.0	15.4	19.5	15.0	St.	Pl.	T. B.
24	55.0	56.0	57.0	13.9	22.0	15.9	Bd.	T. B.	T. B.
25	57.0	58.0	57.0	17.0	21.0	16.0	T. B.	T. B.	Cir.
26	57.0	58.0	57.0	15.0	21.5	15.7	Cir.	Cir.	Bru.
27	56.0	58.0	57.0	15.9	20.5	16.7	Cir.	B.	B.
28	56.0	57.0	57.0	16.4	22.0	17.0	St.	Bru.	B.
29	56.0	57.0	57.0	16.7	18.0	15.0	B.	B.	B.
30	56.0	57.0	57.0	12.4	23.0	18.4	B.	B.	Bru.
31	56.0	56.0	55.0	16.0	25.5	22.0	Cir.	Cir.	Cir.
Moyenn.									
Mois......	754.90	755.87	755.55	14.23	21.87	15.55			
1er au 10	755.50	756.10	756.00	12.75	20.77	13.62			
11 au 20	753.70	754.60	754.10	15.27	22.09	16.05			
21 au 31	755.45	756.82	756.45	14.64	21.86	16.85			

Juin.

JOURS DU MOIS.	BAROMÈTRE. 4 h. 30 mat.	1 h. soir.	8 h. soir.	THERMOMÈTRE. 4 h.30 mat.	1 h. soir.	8 h. soir.	CIEL. 4.30 mat.	1 h. soir.	8 h. soir.
1	755.0	755.0	755.0	19.2	29.8	20.9	Pl.	T. B.	T. B.
2	55.0	56.0	56.0	18.5	30.6	22.0	B.	T. B.	T. B
3	56.0	54.0	52.0	19.0	31.6	24.2	Cir.	Cir.	Cir.
4	50.0	49.0	48.0	19.2	25.5	21.7	Cir.	Cir.	Cir.
5	45.0	48.0	49.0	19.8	30.3	21.0	B.	T. B.	Cir.
6	51.0	52.0	50.0	18.6	25.7	19.9	Cir.	Ci. s.	Cir.
7	49.0	50.0	51.0	18.2	24.2	19.0	Cir.	Cum.	B.
8	50.0	51.0	51.0	19.5	24.5	19.2	Cum.	Cum.	B.
9	52.0	54.0	54.0	19.4	24.5	18.0	Cum.	B.	Cir.
10	52.0	53.0	54.0	18.0	20.4	18.0	Cir.	Pl.	Cir.
11	52.0	53.0	54.0	17.0	25.0	16.9	Cum.	Cum.	T. B.
12	53.0	55.0	55.0	16.5	27.0	20.3	Cir.	T. B.	T. B.
13	55.0	59.0	57.0	16.9	31.5	22.5	T. B.	Cir.	B.
14	56.0	56.0	54.0	19.8	25.5	19.9	B.	T. B.	Bru.
15	54.0	55.0	56.0	20.0	26.0	18.3	Bru.	Bru.	B.
16	55.0	56.0	56.0	19.2	27.0	19.6	B.	T. B.	T. B.
17	56.0	56.0	55.0	18.2	26.4	21.0	T. B.	T. B.	T. B.
18	55.0	56.0	53.0	17.4	27.3	19.4	T. B.	T. B.	T. B.
19	52.0	51.0	50.0	19.0	26.4	19.8	Cum.	Cu.c.	Or.
20	49.0	49.0	48.0	18.4	24.5	19.4	Pl.	Cum.	Cir.
21	48.0	48.0	49.0	21.2	28.2	21.2	Cu.s.	Cir.	B.
22	49.0	48.0	48.0	18.9	30.0	22.1	T. B.	T. B.	T. B.
23	48.0	49.0	49.0	22.5	32.1	23.0	T. B.	T. B.	T. B.
24	49.0	52.0	51.0	25.7	33.7	24.4	T. B.	Cum.	T. B.
25	49.0	48.0	49.0	25.5	28.2	22.8	Ci. c.	T. B.	Cir.
26	49.0	49.0	51.0	23.5	27.2	20.3	Ci. s.	Cu.s.	Cir.
27	52.0	52.0	52.0	16.8	30.0	22.0	T. B.	Cir.	B.
28	52.0	52.0	52.0	20.0	29.2	22.1	St.	Cir.	T. B.
29	52.0	52.0	52.0	22.3	30.0	22.0	T. B.	T. B.	T. B.
30	52.0	53.0	53.0	22.0	32.0	22.2	T. B.	T. B.	T. B.
Moyenn.									
Mois.....	751.73	752.37	752.13	19.67	27.81	20.77			
1er au 10	751.50	752.20	752.00	18.94	26.71	20.39			
11 au 20	753.70	754.60	753.80	18.24	26.66	19.71			
21 au 30	750.00	750.30	750.60	21.84	30.06	22.21			

Juillet 1853.

JOURS DU MOIS.	BAROMÈTRE. 4 h. 30 mat.	1 h. soir.	8 h. soir.	THERMOMÈTRE. 4 h.30 mat.	1 h. soir.	8 h. soir.	CIEL. 4.30 mat.	1 h. soir.	8 h. soir.
	mm.	mm.	mm.	o	o	o			
1	753.0	754.0	753.0	18.2	31.5	23.0	T. B.	T. B.	T. B.
2	52.0	52.0	53.0	22.5	27.8	21.6	Cum.	T. B.	T. B.
3	52.0	50.0	50.0	24.0	30.7	23.3	T. B.	T. B.	T. B.
4	50.0	52.0	53 0	21.8	25.0	19.2	St.	Ci. s.	T. B.
5	53.0	54.0	55.0	15.6	26.0	20.8	T. B.	Cum.	T. B.
6	55.0	56.0	56.0	21.6	26.0	20.0	Cum.	Cum.	T. B.
7	55.0	56.0	57.0	17.0	26.5	19.9	T. B.	T. B.	T. B.
8	58.0	59.0	59.0	15.6	28.7	22.2	T. B.	T. B.	T. B.
9	59.0	59.0	57.0	18.8	30.4	22.7	T. B.	T. B.	T. B.
10	56.0	56.0	55.0	19.8	29.5	22.3	T. B.	T. B.	T. B.
11	54.0	55.0	53.0	18.3	29.4	23.0	T. B.	T. B.	T. B.
12	53.0	51.0	51.0	20.8	28.4	23.0	T. B.	T. B.	T. B.
13	50.0	51.0	51.0	22.6	29.0	23.8	T. B.	Cum.	B.
14	51.0	51.0	51.0	23.7	28.5	25.0	Cum.	Cum.	B.
15	51.0	54.0	55.0	23.6	27.7	22.2	Cum.	Cum.	T. B.
16	55.0	56.0	56.0	19.9	29.0	22.2	T. B.	T. B.	T. B.
17	57.0	58.0	59.0	20.0	29.0	23.2	T. B.	T. B.	T. B.
18	59.0	59.0	59.0	22.3	30.3	23.3	T. B.	T. B.	T. B.
19	56.0	56.0	54.0	22.0	31.4	24.0	T. B.	T. B.	T. B.
20	53.0	51.0	51.0	20.0	35.0	26.7	T. B.	T. B.	T. B.
21	50.0	50.0	53.0	26.3	26.7	22.0	Cu.s.	Cu.s.	T. B.
22	51.0	51.0	51.0	23.4	27.3	22.2	T. B.	T. B.	T. B.
23	51.0	52.0	53.0	19.8	29.3	22.9	T. B.	Cum.	T. B.
24	53.0	55.0	55.0	22.0	28.4	22.0	T. B.	T. B.	T. B.
25	55.0	55.0	55.0	23.6	28.3	22.5	T. B.	Cum.	T. B.
26	54.0	55.0	56.0	21.6	28.2	23.3	Pl.	Cum.	T. B.
27	56.0	57.0	57.0	19.7	28.4	22.7	Cum.	T. B.	T. B.
28	56.0	57.0	57.0	23.9	27.7	23.5	Cum.	Cu.s.	T. B.
29	56.0	57.0	56.0	22.7	28.8	23.7	T. B.	T. B.	T. B.
30	56.0	55.0	55.0	22.0	30.0	24.0	T. B.	T. B.	T. B.
31	54.0	55.0	55.0	22.6	31.0	24.5	T. B.	T. B.	T. B.
Moyenn.									
Mois......	754.00	754.48	754.55	21.15	28.83	22.73			
1er au 10	754.30	754.80	754.80	19.49	28.21	21.50			
11 au 20	753.90	754.20	754.00	21.32	29.77	23.64			
21 au 31	753.82	754.45	754.82	22.51	28.55	23.03			

Août.

JOURS DU MOIS.	BAROMÈTRE. 4 h. 30 mat.	1 h. soir.	8 h. soir.	THERMOMÈTRE. 4 h.30 mat.	1 h. soir.	8 h. soir.	CIEL. 4.30 mat.	1 h. soir.	8 h. soir.
1	754.0	754.0	754.0	21.0	31.4	25.6	T. B.	T. B.	T. B.
2	54.0	54.0	55.0	23.0	29.5	23.8	Cu.s.	T. B.	T. B.
3	54.0	55.0	55.0	22.4	30.0	24.0	T. B.	T. B.	T. B.
4	54.0	55.0	55.0	23.0	30.0	21.0	T. B.	T. B.	T. B.
5	54.0	55.0	55.0	22.0	29.0	23.5	T. B.	Cum.	T. B.
6	54.0	55.0	54.0	20.0	30.0	24.0	T. B.	T. B.	T. B.
7	53.0	54.0	54.0	21.5	31.5	25.0	T. B.	T. B.	T. B.
8	52.0	50.0	49.0	20.7	30.0	24.0	T. B.	T. B.	Orx.
9	47.0	48.0	49.0	21.0	29.3	22.3	Pl.	B.	T. B.
10	47.0	48.0	48.0	18.0	27.0	22.7	Cum.	B.	T. B.
11	47.0	47.0	48.0	20.0	24.0	21.0	T. B.	Pl.	Cir.
12	48.0	49.0	53.0	19.0	28.0	23.0	T. B.	T. B.	T. B.
13	53.0	56.0	59.0	18.7	25.5	22.5	T. B.	T. B.	Orx.
14	58.0	58.0	58.0	20.5	26.7	24.6	T. B.	Cum.	Pl.
15	57.0	58.0	58.0	21.0	26.0	21.1	Cu.s.	Ci. c.	T. B.
16	56.0	56.0	57.0	17.6	27.7	22.0	Cum.	B.	T. B.
17	54.0	57.0	58.0	18.0	28.0	21.0	T. B.	B.	T. B.
18	59.0	59.0	58.0	17.0	32.5	23.0	B.	B.	B.
19	57.0	57.0	56.0	21.5	30.0	20.2	Cir.	Cir.	B.
20	55.0	56.0	56.0	18.0	26.0	21.3	St.	Cum.	T. B.
21	55.0	55.0	56.0	19.5	25.0	20.0	B.	B.	B.
22	58.0	59.0	58.0	19.0	28.0	23.0	B.	B.	B.
23	57.0	58.0	56.0	23.0	27.7	23.0	B.	B.	B.
24	55.0	56.0	56.0	23.0	27.5	24.0	T. B.	T. B.	B.
25	55.0	54.0	53.0	24.4	28.4	23.7	St.	Cir.	Cum.
26	52.0	53.0	53.0	22.3	30.5	23.2	Ci. s.	Ci. c.	T. B.
27	52.0	53.0	54.0	19.5	30.5	24.0	T. B.	St.	T. B.
28	54.0	55.0	55.0	21.0	29.0	24.0	B.	B.	T. B.
29	54.0	55.0	55.0	23.0	28.5	23.0	B.	B.	T. B.
30	54.0	56.0	57.0	20.0	31.0	23.0	B.	B.	B.
31	55.0	56.0	57.0	18.5	33.0	24.5	B.	T. B.	T. B.
Moyenn.									
Mois......	753.81	754.55	754.81	20.55	28.75	22.93			
1er au 10	752.30	752.80	752.80	21.26	29.77	23.59			
11 au 20	754.40	755.30	756.10	19.13	27.44	21.97			
21 au 31	754.64	755.45	755.45	21.20	29.01	23.22			

Septembre 1853.

JOURS DU MOIS.	BAROMÈTRE. 4 h. 30 mat.	BAROMÈTRE. 1 h. soir.	BAROMÈTRE. 8 h. soir.	THERMOMÈTRE. 4 h. 30 mat.	THERMOMÈTRE. 1 h. soir.	THERMOMÈTRE. 8 h. soir.	CIEL. 4.30 mat.	CIEL. 1 h. soir.	CIEL. 8 h. soir.
	mm.	mm.	mm.	°	°	°			
1	758.0	759.0	758.0	22.5	30.5	23.4	T. B.	T. B.	T. B.
2	58.0	58.0	58.0	18.3	31.0	24.0	T. B.	T. B.	T. B.
3	57.0	58.0	56.0	21.2	31.0	23.0	T. B.	T. B.	T. B.
4	55.0	56.0	56.0	18.0	33.4	26.0	B.	T. B.	T. B.
5	56.0	58.0	58.0	24.0	30.9	25.0	B.	Bd.	T. B.
6	59.0	59.0	58.0	25.0	29.0	24.5	St.	Bru.	B.
7	58.0	59.0	56.0	23.0	27.0	20.0	Bru.	Bru.	B.
8	55.0	57.0	56.0	18.4	28.9	21.0	T. B.	T. B.	T. B.
9	56.0	56.0	56.0	18.0	33.0	24.7	T. B.	T. B.	T. B
10	55.0	59.0	57.0	19.5	28.0	22.0	T. B.	T. B.	Pl.
11	56.0	55.0	57.0	17.5	26.7	21.5	T. B.	Ci. c.	Cum.
12	56.0	57.0	56.0	19.5	22.7	18.0	Bru.	Bru.	Cu.s.
13	55.0	56.0	56.0	18.0	21.5	18.0	Bru.	Bru.	St.
14	55.0	55.0	56.0	17.5	23.5	18.0	Cu.s.	Cum.	Cir.
15	55.0	57.0	56.0	17.5	24.0	17.5	Cir.	Cu.s.	Pl.
16	55.0	56.0	56.0	15.3	23.5	15.5	B.	B.	B.
17	55.0	56.0	56.0	14.6	22.0	16.5	T. B.	St. p.	T. B.
18	55.0	56.0	56.0	14.5	23.0	17.0	T. B.	T. B.	T. B.
19	55.0	57.0	56.0	16.0	22.0	17.0	T. B.	St.	B.
20	55.0	55.0	56.0	16.0	21.0	20.0	St.	Pl.	B.
21	55.0	56.0	57.0	17.0	23.5	19.0	Bru.	Bru.	B.
22	57.0	57.0	57.0	17.0	23.5	19.5	B.	B.	T. B.
23	56.0	57.0	57.0	18.5	23.0	18.5	T. B.	T. B.	T. B.
24	57.0	56.0	56.0	17.5	23.0	19.5	T. B.	T. B.	T. B.
25	53.0	54.0	55.0	18.5	25.5	21.0	T. B.	T. B.	T. B.
26	54.0	56.0	55.0	17.6	26.0	20.5	Cir.	Cir.	Bru.
27	54.0	54.0	53.0	20.0	30.0	17.6	Cir.	Cir.	Cir.
28	52.0	51.0	52.0	20.0	20.2	17.6	Bru.	Pl.	Nua.
29	52.0	55.0	56.0	18.0	20.0	18.0	Pl.	Pl.	B.
30	56.0	57.0	57.0	17.3	21.0	17.5	Ci. s.	Cum.	B.
Moyenn.									
Mois.....	755.50	756.40	756.17	18.52	25.61	20.04			
1er au 10	756.70	757.90	756.90	20.70	30.27	23.36			
11 au 20	755.20	756.00	756.10	16.64	22.99	17.90			
21 au 30	754.60	755.30	755.50	18.14	23.57	18.87			

Octobre.

JOURS DU MOIS.	BAROMÈTRE. 4 h. 30 mat.	BAROMÈTRE. 1 h. soir.	BAROMÈTRE. 8 h. soir.	THERMOMÈTRE. 4 h. 30 mat.	THERMOMÈTRE. 1 h. soir.	THERMOMÈTRE. 8 h. soir.	CIEL. 4.30 mat.	CIEL. 1 h. soir.	CIEL. 8 h. soir.
1	756.0	757.0	758.0	16.6	23.0	17.5	B.	B.	B.
2	56.0	57.0	56.0	16.0	23.5	19.2	B.	B.	B.
3	55.0	56.0	57.0	16.4	24.4	17.0	Bd.	T. B.	T. B.
4	55.0	56.0	57.0	14.6	27.2	18.0	T. B.	T. B.	T. B.
5	54.0	55.0	56.0	16.0	28.0	20.0	T. B.	T. B	T. B.
6	53.0	57.0	58.0	19.7	21.5	18.3	B.	Bru.	B.
7	56.0	57.0	57.0	18.0	22.0	18.5	Bru.	Bru.	B.
8	56.0	57.0	57.0	16.6	24.3	20.0	Bru.	Bru.	B.
9	56.0	57.0	57.0	18.8	24.0	17.6	B.	Cum.	B.
10	56.0	58.0	58.0	14.5	24.0	16.8	B.	Cum.	T. B.
11	56.0	58.0	58.0	14.6	24.0	15.6	T. B.	B.	T. B.
12	55.0	57.0	57.0	13.7	24.5	17.0	Bd.	T. B.	T. B.
13	56.0	56.0	57.0	14.0	25.0	17.3	T. B.	T. B.	T. B.
14	56.0	57.0	57.0	14.1	26.5	18.3	T. B.	Cum.	T. B.
15	56.0	57.0	57.0	14.5	26.0	18.4	T. B.	T. B.	T. B.
16	56.0	57.0	57.0	18.6	25.1	18.5	T. B.	T. B.	T. B.
17	56.0	57.0	57.0	16.6	27.3	23.9	Cir.	Cir.	Cir.
18	52.0	53.0	53.0	22.4	29.0	22.0	Cir.	Cir.	Cir.
19	52.0	47.0	49.0	20.2	22.0	18.0	Cir.	Pl.	T. B.
20	50.0	53.0	54.0	16.0	22.3	14.7	T. B.	T. B.	T. B.
21	57.0	57.0	57.0	16.2	22.6	17.8	T. B.	T. B.	T. B.
22	56.0	57.0	58.0	16.6	22.5	18.2	St.	St.	St.
23	57.0	60.0	60.0	18.0	20.3	17.0	Bru.	Bru.	Bru.
24	60.0	64.0	64.0	15.4	19.5	14.0	Bru.	Bru.	Bru.
25	64.0	64.0	64.0	15.7	18.4	16.0	Bru.	Bru.	Bru.
26	64.0	63.0	63.0	16.0	19.7	16.0	Bru.	Bru.	Bru.
27	62.0	62.0	63.0	15.0	19.5	16.0	Bru.	Bru.	B.
28	62.0	63.0	63.0	14.9	18.5	14.8	B.	B.	B.
29	62.0	61.0	61.0	14.3	19.5	14.0	T. B.	T. B.	T. B.
30	61.0	60.0	60.0	14.3	18.7	14.0	T. B.	T. B.	T. B.
31	60.0	59.0	59.0	10.2	19.2	14.0	T. B.	Cum.	T. B.
Moyenn.									
Mois.....	756.87	757.71	758.03	16.08	22.97	17.37			
1er au 10	755.30	756.70	757.10	16.72	24.19	18.29			
11 au 20	754.50	755.20	755.60	16.47	25.17	18.37			
21 au 31	760.45	760.91	761.09	15.14	19.85	15.62			

Novembre 1853.

JOURS DU MOIS.	BAROMÈTRE. 4 h. 30 mat.	BAROMÈTRE. 1 h. soir.	BAROMÈTRE. 8 h. soir.	THERMOMÈTRE. 4 h. 30 mat.	THERMOMÈTRE. 1 h. soir.	THERMOMÈTRE. 8 h. soir.	CIEL. 4.30 mat.	CIEL. 1 h. soir.	CIEL. 8 h. soir.
	mm.	mm.	mm.	°	°	°			
1	759.0	759.0	759.0	15.1	18.5	15.3	B.	T. B.	T. B.
2	59.0	61.0	61.0	15.3	18.5	14.4	B.	Cum.	Bru.
3	60.0	61.0	61.0	13.0	16.7	14.0	Bru.	Bru.	Bru.
4	60.0	60.0	60.0	12.3	17.8	11.0	Bru.	Bru.	T. B.
5	59.0	60.0	60.0	8.7	18.0	11.2	T. B.	T. B.	T. B.
6	60.0	60.0	60.0	8.0	17.5	11.2	T. B.	T. B.	T. B.
7	60.0	60.0	60.0	9.8	17.5	12.0	St.	St.	Bru.
8	61.0	61.0	61.0	12.6	15.0	12.0	Bru.	Bru.	Bru.
9	61.0	61.0	61.0	11.0	16.0	11.5	Bru.	Cir.	Cir.
10	61.0	51.0	51.0	10.7	17.8	7.0	Cir.	Cir.	Pl.
11	51.0	51.0	54.0	3.2	8.5	5.4	Pl.	Cir.	Pl.
12	55.0	57.0	58.0	3.9	9.3	4.5	Bru.	Bru.	Pl.
13	58.0	60.0	60.0	3.6	9.2	6.7	Pl.	Cu.s.	B.
14	60.0	60.0	60.0	3.0	11.5	3.0	B.	B.	B.
15	60.0	60.0	60.0	7.8	15.0	9.8	Cir.	Cir.	B.
16	60.0	59.0	59.0	10.5	20.0	13.9	B.	B.	T. B.
17	58.0	57.0	57.0	15.2	20.0	13.8	B.	Cir.	Cir.
18	57.0	57.0	57.0	14.0	20.2	13.8	Cir.	Cir.	Cir.
19	54.0	53.0	52.0	12.6	16.4	16.8	Pl.	Pl.	Pl.
20	45.0	50.0	50.0	12.4	11.0	8.8	Pl.	Bru.	Bru.
21	50.0	52.0	53.0	9.6	12.0	10.9	Bru.	Bru.	Bru.
22	53.0	54.0	55.0	10.4	11.6	10.8	Bru.	Bru.	Bru.
23	56.0	57.0	57.0	10.9	12.7	11.8	Pl.	Pl.	Bru.
24	57.0	56.0	56.0	13.6	15.0	14.6	Bru.	Bru.	Pl.
25	52.0	51.0	52.0	14.9	16.5	9.2	Pl.	Bru.	Bru.
26	51.0	51.0	51.0	6.0	7.3	5.9	Bru.	Bru.	Bru.
27	51.0	51.0	51.0	7.0	9.9	9.5	Bru.	Bru.	Bru.
28	52.0	55.0	56.0	8.4	10.1	10.0	Bru	Bru.	Bru.
29	57.0	60.0	61.0	9.9	13.4	10.5	B.	Bru.	Bru.
30	62.0	61.0	61.0	10.0	11.6	11.3	Bru.	Bru.	Bru.
Moyenn.									
Mois.....	756.63	756.87	757.13	10.11	14.48	10.72			
1er au 10	760.00	759.40	759.40	11.65	17.33	12.05			
11 au 20	755.80	756.40	756.70	8.62	14.11	9.65			
21 au 30	754.10	754.80	755.30	10.07	12.01	10.45			

Décembre.

JOURS DU MOIS.	BAROMÈTRE. 4 h. 30 mat.	BAROMÈTRE. 1 h. soir.	BAROMÈTRE. 8 h. soir.	THERMOMÈTRE. 4 h. 30 mat.	THERMOMÈTRE. 1 h. soir.	THERMOMÈTRE. 8 h. soir.	CIEL. 4.30 mat.	CIEL. 1 h. soir.	CIEL. 8 h. soir.
1	761.0	760.0	760.0	10.7	10.6	10.9	Bru.	Bru.	Bru.
2	60.0	60.0	59.0	11.0	13.3	10.9	Bru.	Bru.	Bru.
3	57.0	58.0	58.0	11.0	13.5	11.5	Bru.	Bru.	Bru.
4	57.0	58.0	58.0	10.9	13.5	10.8	B.	B.	B.
5	57.0	58.0	58.0	10.5	12.0	9.7	Cir.	Ci. c.	Cir.
6	57.0	58.0	57.0	9.0	10.0	8.4	B.	Ci. c.	B.
7	57.0	57.0	57.0	8.0	11.5	5.6	T. B.	T. B.	T. B.
8	57.0	58.0	58.0	3.5	10.5	5.0	T. B.	T. B.	T. B.
9	57.0	58.0	58.0	4.0	11.5	8.3	Cir.	Ci. s.	Pl.
10	58.0	58.0	58.0	8.4	8.0	10.0	Pl.	Pl.	St.
11	58.0	58.0	58.0	10.5	7.0	6.6	B.	St.	St.
12	57.0	58.0	58.0	4.8	7.7	5.0	Bru.	Cum.	Pl.
13	57.0	58.0	57.0	3.5	4.3	4.0	Pl.	Pl.	Pl.
14	56.0	57.0	57.0	4.0	6.0	3.8	Bru.	Bru.	B.
15	56.0	55.0	54.0	2.8	10.5	9.9	Cir.	Cir.	Cir.
16	53.0	54.0	55.0	11.0	15.7	12.7	Cir.	Cir.	Pl.
17	52.0	52.0	52.0	11.0	15.0	9.5	Cir.	Cir.	B.
18	52.0	52.0	52.0	8.4	15.0	10.7	B.	B.	Cir.
19	52.0	52.0	53.0	9.0	12.0	9.6	Pl.	Pl.	B.
20	54.0	56.0	57.0	7.7	12.7	6.3	T. B.	T. B.	T. B.
21	57.0	58.0	58.0	7.0	12.3	5.9	T. B.	T. B.	T. B.
22	57.0	58.0	57.0	5.0	11.7	11.3	Cir.	Cir.	B.
23	56.0	55.0	55.0	14.6	18.7	15.7	Cir.	Cir.	Cir.
24	50.0	47.0	49.0	15.7	16.7	10.0	Pl.	St.	P. 1re
25	50.0	52.0	55.0	7.0	5.5	4.0	Bru.	Bru.	Pl.
26	59.0	61.0	61.0	1.2	4.0	2.2	Bru.	Bru.	Bru.
27	58.0	57.0	57.0	0.2	7.0	4.3	B.	Cir.	Cir.
28	53.0	46.0	46.0	8.9	11.0	8.4	Pl.	Pl.	T. B.
29	46.0	48.0	48.0	9.2	14.3	12.0	T. B.	T. B.	T. B.
30	49.0	49.0	48.0	11.0	14.3	9.0	Cir.	Pl.	Pl.
31	47.0	48.0	47.0	6.0	9.2	8.0	Pl.	Bru.	Pl.
Moyenn.									
Mois.....	755.06	755.20	755.32	7.92	11.13	8.39			
1er au 10	757.80	758.30	758.10	8.70	11.44	9.11			
11 au 20	754.70	755.20	755.30	7.27	10.59	7.81			
21 au 31	752.91	752.64	752.82	7.80	11.34	8.25			

Résumé des observations barométriques faites à Bébek, par M. l'abbé Régnier, de 1848 à 1853.

ÉPOQUES.	MOYENNES A ZÉRO (*Sans autres corrections*).				MOY. (*corrigées*) DES 24 H., Au niveau du Bosphore.		MOYENNES A ZÉRO (*Sans autres corrections*).				MOY. (*corrigées*) DES 24 H., Au niveau du Bosphore.		MOYENNES A ZÉRO (*Sans autres corrections*).				MOY. (*corrigées*) DES 24 H., Au niveau du Bosphore.	
	4 h. 30 mat.	1 h. soir.	8 h. soir.	moyen. des trois h.	moyennes.	variat. mensuelles.	4 h. 30 mat.	1 h. soir.	8 h. soir.	moyen. des trois h.	moyennes.	variat. mensuelles.	4 h. 30 mat.	1 h. soir.	8 h. soir.	moyen. des trois h.	moyennes.	variat. mensuelles.
	Année 1848-1849.						**Année 1851.**						**Année 1853.**					
	mm.	mm.	mm.	mm.	mm.	mm.	mm.	mm.	mm.	mm.	mm.	mm.	mm.	mm.	mm.	mm.	mm.	mm.
Janvier	757.58	757.74	757.58	757.63	761.70	+ 1.27	759.83	760.13	759.90	759.95	765.15	− 2.57	758.68	758.55	759.00	758.74	763.94	− 6.89
Février	58.86	58.79	59.07	58.90	62.97	− 2.40	57.39	57.39	57.47	57.42	62.58	− 2.44	51.78	51.86	52.11	51.92	57.05	+ 1.76
Mars	56.03	56.64	56.84	56.50	60.57	− 0.20	54.87	55.06	55.03	54.99	60.14	+ 0.75	53.26	53.64	54.07	53 66	58.81	+ 0.87
Avril	56.03	56.47	56.40	56.30	60.37	+ 0.09	55.67	55.00	55.87	55.71	60.89	− 0.81	54.13	54.63	54.80	54.52	59.68	+ 0.96
Mai	56.39	56.26	56.52	56.39	60.46	+ 0.37	54.84	54.74	55.03	54.87	60.08	+ 0.56	54.90	55.87	55.55	55.44	60.64	− 3.38
Juin	56.93	56.44	56.00	56.76	60.83	− 0.07	55.47	54.90	55.93	55.43	60.64	− 3.69	51.73	52.37	52.13	52.08	57.26	+ 2.30
Juillet	56.64	56.74	57.00	56.79	60.76	− 1.97	51.97	51.32	52.00	51.76	56.95	+ 1.00	54.00	54.48	54.55	54.34	59.56	+ 0.05
Août	54.90	54.97	54.58	54.82	58.79	+ 1.28	53.00	52.35	52.87	52.74	57.95	+ 3.84	53.81	54.55	54.81	54.39	59.61	+ 1.64
Septembre	56.07	56.17	56.07	56.10	60.07	+ 1.03	56.67	55.83	57.17	56.56	61.79	+ 0.69	55.50	56.40	56.17	56.02	61.25	+ 1.52
Octobre	57.32	56.84	57.23	57.13	61.10	− 1.14	57.38	56.61	57.55	57 25	62.48	− 1.43	56.87	57.71	58.03	57.54	62.77	− 0.70
Novembre	55.87	56.00	56.10	55.99	59.96	+ 0.56	56.27	55.13	56.13	55.84	61.05	+ 3.56	56.63	56.87	57.13	56.88	62.07	− 1.69
Décembre	56.48	56.42	56.74	56.55	60.52	+ 1.18	59.52	58.81	59.94	59.42	64.61	+ 0.54	55.06	55.29	55.32	55.22	60.38	+ 3.56
Année	756.59	756.62	756.75	756.65	760.67	± 0.96	756.09	755.65	756.24	755.99	761.19	± 1.82	754.69	755.18	755.31	755.06	760.25	± 2.11
Saisons. Hiver	757.64	757.65	757.80	757.69	761.73	− 1.27	758.91	758.78	759.10	758.93	764.11	− 3.74	755.17	755.23	755.48	755.29	760.45	− 0.74
Printemps	756.15	756.45	756.58	756.39	760.46	− 0.34	755.13	755.13	755.31	755.19	760.37	− 1.86	754.10	754.71	754.81	754.54	759.71	− 0.90
Été	756.16	756.05	756.18	756.12	760.12	+ 0.25	753.48	752.86	753.60	753.31	658.51	+ 3.24	753.18	753.80	753.83	753.60	758.81	+ 3.22
Automne	756.42	756.33	756.46	756.40	760.37	+ 1.36	756.84	755.85	756.95	756.55	761.75	+ 2.36	756.33	756.99	757.11	756.81	762.03	− 1.58

ÉPOQUES.	4 h. 30 mat.	1 h. soir.	8 h. soir.	moyen. des trois h.	moyennes.	variat. mensuelles.	4 h. 30 mat.	1 h. soir.	8 h. soir.	moyen. des trois h.	moyennes.	variat. mensuelles.	4 h. 30 mat.	1 h. soir.	8 h. soir.	moyen. des trois h.	moyennes.	variat. mensuelles.
	Année 1850.						**Année 1852.**						**RÉSUMÉ DES CINQ ANNÉES.**					
Janvier	755.94	756.35	756.39	756.23	761.38	+ 0.43	761.77	761.35	762.03	761.72	766.95	− 5.62	758.76	758.82	758.98	758.85	763.82	− 2.08
Février	56.80	56.37	56.57	56.66	61.81	− 0.10	56.14	55.96	56.41	56.17	61.33	+ 0.21	56.21	56.11	56.33	56.21	61.14	− 0.58
Mars	56.58	56.71	56.35	56.55	61.71	− 1.98	56.29	56.13	56.74	56.39	61.54	− 2.45	55.41	55.64	55.81	55.62	60.56	− 0.60
Avril	54.20	55.00	54.50	54.56	59.73	− 0.39	53.63	54.03	54.17	53.94	59.09	+ 2.41	54.73	55.15	55.15	55.01	59.96	+ 0.44
Mai	53.84	54.45	54 22	54.17	59.34	+ 1.89	56.32	56 00	56.55	56.29	61.50	− 3.36	55.26	55.46	55.57	55.43	60.40	− 0.78
Juin	55.97	55.90	56.13	56.00	61.23	− 2.06	52.90	52.57	53.37	52.95	58.14	− 0.80	54.60	54.44	54.89	54.64	59.62	− 0.87
Juillet	53.90	54.03	53.94	53.96	59.17	− 0.03	52.29	51.71	52 45	52.15	57.34	+ 0.67	53.76	53.66	53 99	53.80	58.75	− 0.05
Août	53.74	54.06	53.97	53.92	59.14	+ 3.68	52.48	52.81	53.13	52.81	58.04	+ 3.29	53.59	53.75	53.87	53.74	58.70	+ 2.75
Septembre	57.40	57.90	57.43	57.58	62.82	− 2.39	56.07	55.83	56.33	56.08	61.30	+ 0.56	56.34	56.43	56.63	56.47	61.45	+ 0.28
Octobre	55.32	55.26	55.09	55.22	60.43	+ 1.04	56.51	56.61	56.81	56.64	61.86	− 0.97	56.72	56.61	56.94	56.76	61.73	− 0.64
Novembre	56.23	56.43	56.20	56.20	61.47	+ 1.93	55.63	55.50	55.97	55.70	60.89	+ 4.26	56.12	55.98	56.31	56.14	61.09	+ 1.72
Décembre	58.23	58.32	58.10	58.22	63.40	− 2.02	59.64	59.97	60.19	59.93	65.15	+ 1.80	57.79	57.76	58.06	57.87	62.81	+ 1.01
Année	755.68	755.91	755.74	755.78	760.97	± 1.50	755.81	755.71	756.18	755.90	761.09	± 2.20	755.77	755.82	756.04	755.88	760.84	± 1.07
Saisons. Hiver	757.01	757.08	757.02	757.04	762.20	− 1.94	759.18	759.09	759.54	759.27	764.47	− 3.76	757.59	757.56	757.70	757.64	762.59	− 2.29
Printemps	754.87	755.39	755.02	755.09	760.26	− 0.41	755.41	755.39	755.82	755.54	760.71	− 2.89	755.13	755.42	755.51	755.35	760.30	− 1.28
Été	754.54	754.66	754.68	754.63	759.85	+ 1.72	752.56	752.36	752.98	752.63	757.82	+ 3.53	753.98	753.95	754.25	754.06	759.02	+ 2.41
Automne	756.32	756.53	756.24	756.36	761.57	+ 0.63	756.07	755.98	756.37	756.14	761.35	+ 3.12	756.39	756.34	756.63	756.46	761.43	+ 1.16

Nous avons dit, page 28, que la moyenne de 1853 est très probablement affectée d'une erreur positive qu'on peut évaluer à + 0^{mm},60. Si l'on tient compte de cette correction, la moyenne générale des cinq années deviendra 760^{mm},96 ; ou bien, si l'on fait abstraction de l'année 1853, la moyenne générale des quatre premières années s'élèvera à 760.98.

Ajoutons encore une dernière considération. Les fonctions que M. l'abbé Régnier remplissait au collége de Bébek l'obligeaient quelquefois d'avancer ou de retarder de 15 à 30 minutes l'heure de ses observations quotidiennes (1). C'est pour ce motif que le *résumé général des observations thermométriques* ci-après renferme, dans deux colonnes différentes, les corrections qui ont servi à obtenir les moyennes mensuelles des vingt-quatre heures : 1° d'après la marche du thermomètre à Padoue ; 2° d'après les calculs de M. Verrollot, calculs dans lesquels ce dernier a tenu compte de la différence des heures réelles d'observations. En comparant les chiffres de ces deux genres de corrections, le lecteur se fera une idée nette des époques de l'année où M. l'abbé Régnier changeait les heures de ses observations.

(1) Par suite d'erreurs typographiques qui ont échappé à notre attention, il semblerait que M. Régnier a observé à 6 heures 30 minutes du matin : 1° le baromètre en mars 1850 (voy. p. 35) ; 2° l'état du ciel en novembre 1851 (voy. p. 40). Il faut lire 4 h. 30' dans ces deux endroits.

Résumé des observations thermométriques faites à Bébek, par M. l'abbé Régnier, de 1848 *à* 1853.

ÉPOQUES.	MOYENNES CORRIGÉES DE — 0°,40				MOY. DES 24 H. d'après les calculs de M. VERROLLOT.	
	4 h. 30 mat.	1 h. soir.	8 h. soir.	moy. des 3 h.	Moyennes.	Variat. mensuelles.
Année 1848.						
	°	°	°	°	°	°
Janvier . .	2.98	5.01	3.61	3.87	3.65	+ 2.90
Février. . .	4.96	8.92	6.53	6.80	6.55	+ 1.91
Mars. . . .	5.94	11.48	8.14	8.52	8.46	+ 5.37
Avril. . . .	10.28	18.21	12.94	13.81	13.83	+ 1.99
Mai	11.78	19.71	15.13	15.54	15.82	+ 7.33
Juin. . . .	18.54	26.97	22.91	22.81	23.15	+ 1.15
Juillet. . .	20.60	27.43	23.39	23.81	24.30	+ 0.08
Août. . . .	21.51	27.70	23.15	24.12	24.38	— 5.40
Septembre.	15.92	22.61	18.58	19.03	18.98	— 0.87
Octobre . .	15.93	21.35	17.32	18.20	18.11	— 6.06
Novembre.	9.97	15.75	11.30	12.34	12.05	— 6.12
Décembre .	4.91	8.29	5.53	6.24	5.93	— 2.28
Année .	11.94	17.79	14.04	14.59	14.60	± 3.45
Saisons. Hiver. .	4.28	7.41	5.22	5.64	5.38	+ 7.32
Saisons. Print. .	9.33	16.47	12.07	12.62	12.70	+11.24
Saisons. Été. . .	20.22	27.37	23.15	23.58	23.94	— 7.56
Saisons. Autom..	13.94	19.90	15.73	16.52	16.38	—11.00
Année 1849.						
Janvier . .	2.24	5.17	3.14	3.52	3.30	— 1.12
Février . .	1.29	4.03	1.96	2.43	2.18	+ 3.82
Mars. . . .	3.23	9.34	5.62	6.04	6.00	+ 6.24
Avril. . . .	9.32	16.35	10.98	12.22	12.24	+ 4.09
Mai	12.78	20.50	14.87	16.05	16.33	+ 5.50
Juin. . . .	17.70	26.60	20.12	21.49	21.83	+ 1.09
Juillet . . .	18.72	26.89	21.68	22.43	22.92	+ 0.51
Août. . . .	19.99	27.21	22.32	23.17	23.43	— 3.57
Septembre .	17.11	23.36	19.27	19.91	19.86	— 2.78
Octobre . .	14.73	20.64	16.15	17.17	17.08	— 4.52
Novembre .	11.04	15.52	12.00	12.85	12.56	— 5.57
Décembre .	6.07	8.93	6.91	7.30	6.99	— 3.69
Année.	11.18	17.05	12.92	13.72	13.73	± 1.77
Saisons. Hiver. .	3.20	6.04	4.00	4.42	4.16	+ 7.36
Saisons. Print. .	8.44	15.40	10.49	11.44	11.52	+11.21
Saisons. Été. . .	18.80	26.92	21.37	22.37	22.73	— 6.23
Saisons. Autom..	14.29	19.84	15.81	16.64	16.50	—12.34

ÉPOQUES.	MOYENNES CORRIGÉES DE — 0°,40				MOY. DES 24 H. d'après les calculs de M. VERROLLOT.	
	4 h. 30 mat.	1 h. soir.	8 h. soir.	moy. des 3 h.	Moyennes.	Variat. mensuelles.
Année 1850.						
	°	°	°	°	°	°
Janvier	2.21	5.75	3.04	3.67	3.45	+ 0.22
Février	1.72	6.88	3.16	3.92	3.67	+ 1.27
Mars	2.87	8.11	4.01	5.00	4.94	+ 4.79
Avril	6.79	13.45	8.89	9.71	9.73	+ 5.24
Mai	11.63	19.07	13.37	14.69	14.97	+ 6.59
Juin	18.04	25.98	19.72	21.22	21.56	+ 2.76
Juillet	19.83	28.70	22.98	23.83	24.32	+ 1.35
Août	22.30	29.60	24.33	25.41	25.67	— 6.34
Septembre	16.48	23.51	18.14	19.38	19.33	— 1.10
Octobre	15.52	22.28	17.17	18.32	18.23	— 8.04
Novembre	8.76	13.11	9.56	10.48	10.19	— 4.52
Décembre	4.27	8.32	5.36	5.98	5.67	— 2.22
Année	10.87	17.06	12.48	13.47	13.48	± 3.70
Saisons. Hiver	2.73	6.98	3.85	4.52	4.26	+ 5.62
Saisons. Print.	7.10	13.54	8.76	9.80	9.88	+13.97
Saisons. Été	20.06	28.09	22.34	23.49	23.85	— 7.93
Saisons. Autom.	13.59	19.63	14.96	16.06	15.92	—11.66
Année 1851.						
Janvier	3.68	6.85	4.35	4.96	4.74	— 1.47
Février	1.56	6.37	2.63	3.52	3.27	+ 4.27
Mars	4.89	11.19	6.73	7.60	7.54	+ 4.84
Avril	8.23	17.64	11.21	12.36	12.38	+ 6.75
Mai	14.66	24.47	17.41	18.85	19.13	+ 0.16
Juin	16.10	23.22	17.52	18.95	19.29	+ 3.64
Juillet	18.32	27.56	21.43	22.44	22.93	+ 1.12
Août	20.43	28.47	22.47	23.79	24.05	— 3.86
Septembre	17.31	24.19	19.21	20.24	20.19	— 2.41
Octobre	14.86	22.25	16.50	17.87	17.78	— 2.05
Novembre	13.49	19.76	14.82	16.02	15.73	—10.61
Décembre	4.31	6.97	5.01	5.43	5.12	— 0.38
Année	11.49	18.25	13.27	14.34	14.35	± 3.46
Saisons. Hiver	3.18	6.73	4.00	4.64	4.38	+ 8.64
Saisons. Print.	9.26	17.77	11.78	12.94	13.02	+ 9.07
Saisons. Été	18.28	26.42	20.47	21.73	22.09	— 4.19
Saisons. Autom.	15.22	22.07	16.84	18.04	17.90	—13.52

ÉPOQUES.	MOYENNES CORRIGÉES DE — 0°,40				MOY. DES 24 H. d'après les calculs de M. VERROLLOT.	
	4 h. 30 mat.	1 h. soir.	8 h. soir.	moy. des 3 h.	Moyennes.	Variat. mensuelles.
Année 1852.						
	°	°	°	°	°	°.
Janvier	4.94	9.32	5.32	6.53	6.31	— 0.87
Février	3.91	8.19	4.96	5.69	5.44	— 0.29
Mars	3.41	8.09	4.14	5.21	5.15	+ 3.38
Avril	6.38	11.01	8.14	8.51	8.53	+ 7.90
Mai	11.97	21.55	14.94	16.15	16.43	+ 5.01
Juin	16.96	26.92	19.42	21.10	21.44	+ 1.96
Juillet	18.42	28.57	21.73	22.91	23.40	+ 0.23
Août	19.59	28.35	22.18	23.37	23.63	— 3.60
Septembre	16.66	24.45	19.13	20.08	20.03	— 2.40
Octobre	14.78	22.01	16.38	17.72	17.63	— 4.87
Novembre	11.68	15.67	11.81	13.05	12.76	— 3.67
Décembre	7.48	12.26	8.46	9.40	9.09	— 2.78
Année	11.35	18.03	13.05	14.14	14.15	± 3.08
Saisons. Hiver	5.44	9.92	6.25	7.21	6.95	+ 3.09
Saisons. Print.	7.25	13.55	9.07	9.96	10.04	+12.78
Saisons. Été	18.32	27.95	21.11	22.46	22.82	— 6.01
Saisons. Autom.	14.37	20.71	15.77	16.95	16.81	— 9.86
Année 1853.						
Janvier	7.21	11.31	7.95	8.82	8.60	+ 1.59
Février	8.39	13.53	9.39	10.44	10.19	— 0.09
Mars	7.76	14.04	8.68	10.16	10.10	+ 0.96
Avril	8.42	15.19	9.51	11.04	11.06	+ 6.04
Mai	13.83	21.47	15.15	16.82	17.10	+ 5.59
Juin	19.27	27.41	20.37	22.35	22.69	+ 1.64
Juillet	20.75	28.43	22.33	23.84	24.33	— 0.39
Août	20.15	28.35	22.53	23.68	23.94	— 3.00
Septembre	18.12	25.21	19.64	20.99	20.94	— 2.62
Octobre	15.68	22.57	16.97	18.41	18.32	— 7.24
Novembre	9.71	14.08	10.32	11.37	11.08	— 2.64
Décembre	7.52	10.73	7.99	8.75	8.44	+ 0.16
Année	13.07	19.36	14.23	15.55	15.56	± 2.66
Saisons. Hiver	7.71	11.86	8.44	9.34	9.08	+ 3.67
Saisons. Print.	10.00	16.90	11.11	12.67	12.75	+10.90
Saisons. Été	20.06	28.06	21.74	23.29	23.65	— 6.87
Saisons. Autom.	14.50	20.62	15.64	16.92	16.78	— 7.70

Résumé général des six années thermométriques ci-dessus 1848-1853.

ÉPOQUES.	MOYENNES CORRIGÉES DE — 0°,40.					MOYENNES DES 24 HEURES. D'après la marche du thermomètre à Padoue.			MOYENNES DES 24 HEURES. D'après les calculs de M. Verrollot.		
	4 h. 30 matin.	1 h. soir.	8 h. soir.	moyennes des 3 h.	variations mensuelles.	corrections.	moyennes.	variations mens.	corrections.	moyennes.	variations mens.
	°	°	°	°	°	°	°	°	°	°	°
Janvier	3.88	7.23	4.57	5.23	+ 0.24	— 0.22	5.01	+ 0.19	— 0.22	5.01	+ 0.21
Février	3.64	7.99	4.77	5.47	+ 1.62	— 0.27	5.20	+ 1.80	— 0.25	5.22	+ 1.81
Mars	4.68	10.37	6.22	7.09	+ 4.18	— 0.09	7.00	+ 4.26	— 0.06	7.03	+ 4.26
Avril	8.24	15.31	10.28	11.27	+ 5.08	— 0.01	11.26	+ 5.10	+ 0.02	11.29	+ 5.34
Mai	12.77	21.12	15.14	16.35	+ 4.97	+ 0.01	16.36	+ 5.10	+ 0.28	16.63	+ 5.03
Juin.	17.77	26.19	20.01	21.32	+ 1.89	+ 0.14	21.46	+ 2.18	+ 0.34	21.66	+ 2.04
Juillet.	19.44	27.93	22.26	23.21	+ 0.71	+ 0.43	23.64	+ 0.53	+ 0.49	23.70	+ 0.48
Août.	20.66	28.28	22.83	23.92	— 3.98	+ 0.25	24.17	— 4.29	+ 0.26	24.18	— 4.29
Septembre. . . .	16.93	23.89	18.99	19.94	— 1.99	— 0.06	19.88	— 2.02	— 0.05	19.89	— 2.03
Octobre	15.25	21.85	16.75	17.95	— 5.26	— 0.09	17.86	— 5.46	— 0.09	17.86	— 5.46
Novembre	10.77	15.65	11.63	12.69	— 5.51	— 0.29	12.40	— 5.54	— 0.29	12.40	— 5.53
Décembre	5.76	9.25	6.54	7.18	— 1.95	— 0.32	6.86	— 1.85	— 0.31	6.87	— 1.86
Année. . . .	11.65	17.92	13.33	14.30	± 3.11	— 0.04	14.26	± 3.19	+ 0.04	14.31	± 3.19
Saisons. Hiver	4.43	8.16	5.29	5.96	+ 5.61	— 0.27	5.69	+ 5.85	— 0.26	5.70	+ 5.95
Saisons. Printemps . .	8.56	15.60	10.55	11.57	+11.25	— 0.03	11.54	+11.55	+0.08	11.65	+11.53
Saisons. Été.	19.29	27.47	21.70	22.82	— 5.96	+ 0.27	23.09	— 6.37	+0. 36	23.18	— 6.46
Saisons. Automne. . .	14.32	20.46	15.79	16.86	—10.90	— 0.14	16.72	—11.03	— 0.14	16.72	—11.02

Résumé des vents qui ont soufflé à 4 heures 30 min. du matin, 1 heure et 8 heures du soir sur le Bosphore, à Bébek, de 1848 à 1853.

DISTRIBUTION des VENTS EN DEUX GROUPES.		MOIS.												ANNÉE.	SAISONS.			
		Janvier.	Février.	Mars.	Avril.	Mai.	Juin.	Juillet.	Août.	Septembre	Octobre.	Novembre.	Décembre.		Hiver.	Printemps.	Été.	Automne.
Année 1848.																		
Groupe A . .	N. O.	2	6	7	20	2	...	4	...	4	...	39	41	125	49	29	4	43
	N.	48	38	35	9	61	76	21	86	55	57	3	11	500	97	105	183	115
	N. E.	7	...	14	...	15	2	61	7	1	5	25	...	137	7	29	70	31
	E.	...	...	...	...	...	...	...	...	...	...	1	...	1	...	...	...	1
Groupe B. . .	S. E.	...	...	...	...	1	...	...	...	9	2	...	3	15	3	1	...	11
	S.	26	29	13	34	9	1	7	...	2	28	19	29	197	84	56	8	49
	S. O.	10	14	20	21	5	11	...	...	...	1	3	4	89	28	46	11	4
	O.	...	...	4	6	...	...	...	...	19	...	...	5	34	5	10	...	19
Totaux des deux groupes.	Sommes. .	93	87	93	90	93	90	93	93	90	93	90	93	1098	273	276	276	273
	Groupe A.	57	44	56	29	78	78	86	93	60	62	68	52	763	153	163	257	190
	Groupe B.	36	43	37	61	15	12	7	...	30	31	22	41	335	120	113	19	83
	Différences	—21	—1	—19	+32	—63	—66	—79	—93	—30	—31	—46	—11	—428	—33	—50	—238	—107
Année 1849.																		
Groupe A . .	N. O.	5	8	26	...	2	...	...	...	3	...	9	22	75	35	28	...	12
	N.	37	41	19	25	47	78	87	93	76	57	13	37	610	115	91	258	146
	N. E.	...	...	...	27	...	3	6	...	...	5	12	...	53	...	27	9	17
	E.	...	...	...	3	...	...	...	...	4	...	3	...	10	...	3	...	7
Groupe B . .	S. E.	...	...	...	...	...	...	...	...	...	...	12	...	12	...	...	...	12
	S.	29	11	32	14	17	9	...	...	7	31	37	6	193	46	63	9	75
	S. O.	11	18	...	...	21	...	...	...	...	...	4	28	82	57	21	...	4
	O.	11	6	16	21	6	...	...	...	...	...	...	...	60	17	43	...	...
Totaux des deux groupes.	Sommes. .	93	84	93	90	93	90	93	93	90	93	90	93	1095	270	276	276	273
	Groupe A.	42	49	45	55	49	81	93	93	83	62	37	59	748	150	149	267	182
	Groupe B.	51	35	48	35	44	9	0	0	7	31	53	34	347	120	127	9	81
	Différences	+9	—14	+3	—20	—5	—72	—93	—93	—76	—31	+16	—25	—401	—30	—22	—258	—101
Année 1850.																		
Groupe A . .	N. O.	8	...	15	2	5	...	...	...	...	6	17	17	70	25	22	...	23
	N.	27	47	37	40	48	83	79	93	75	19	14	29	591	103	125	255	108
	N. E.	...	...	...	2	...	...	...	...	...	8	...	5	15	5	2	...	8
	E.	...	...	...	...	...	...	...	...	...	1	...	...	1	...	...	...	1
Groupe B . .	S. E.	...	...	...	...	...	...	...	...	...	2	2	...	4	...	...	...	2
	S.	23	33	38	27	31	7	12	...	13	51	33	12	280	68	96	19	97
	S. O.	17	4	3	19	8	...	2	...	2	6	24	30	115	51	30	2	32
	O.	18	...	...	...	1	...	...	...	...	...	...	...	19	18	1	...	...
Totaux des deux groupes.	Sommes .	93	84	93	90	93	90	93	93	90	93	90	93	1095	270	276	276	278
	Groupe A.	35	47	52	44	53	83	79	93	75	34	31	51	677	133	149	255	140
	Groupe B.	58	37	41	46	40	7	14	0	15	59	59	42	418	137	127	21	133
	Différences	+23	—10	—11	+2	—13	—76	—65	—93	—60	+25	+28	—9	—259	+4	—22	—234	—7
Année 1851.																		
Groupe A . .	N. O.	3	9	14	2	3	...	5	4	9	10	1	24	84	36	19	9	20
	N.	48	31	31	40	65	70	64	72	66	41	22	34	584	113	136	206	129
	N. E.	8	3	...	6	...	9	...	6	3	8	...	...	43	11	6	15	11
	E.	...	...	...	...	...	...	...	...	...	...	...	...	...	...	...	...	...
Groupe B . .	S. E.	2	...	...	...	1	...	...	...	2	2	...	1	8	3	1	...	4
	S.	9	22	41	37	23	11	19	10	10	30	66	17	295	48	101	40	106
	S. O.	23	19	7	5	1	...	5	...	...	2	1	17	80	59	13	5	3
	O.	...	...	...	...	...	...	...	1	...	...	...	...	1	...	...	1	...
Totaux des deux groupes.	Sommes. .	93	84	93	90	93	90	93	93	90	93	90	93	1095	270	276	276	273
	Groupe A.	59	43	45	48	68	79	69	82	78	59	23	58	711	160	161	230	160
	Groupe B.	34	41	48	42	25	11	24	11	12	34	67	35	384	110	115	46	113
	Différences	—25	—2	+3	—6	—43	—68	—45	—71	—66	—25	+44	—23	—327	—50	—46	—184	—47

DISTRIBUTION des VENTS EN DEUX GROUPES.		MOIS.												ANNÉES.	SAISONS.			
		Janvier.	Février.	Mars.	Avril.	Mai.	Juin.	Juillet.	Août.	Septembre.	Octobre.	Novembre.	Décembre.		Hiver.	Printemps.	Été.	Automne.
Année 1852.																		
Groupe A	N. O.	16	3	19	19	...	7	...	8	...	10	35	3	120	22	38	15	45
	N.	19	39	41	46	49	49	57	40	48	34	9	41	472	99	136	146	91
	N. E.	...	...	5	...	1	1	8	34	27	6	...	8	90	8	6	43	33
	E.	...	...	...	...	...	...	...	...	...	...	...	...	...	...	...	...	...
Groupe B	S. E.	...	2	...	...	...	...	...	...	...	...	...	6	8	8	...	...	...
	S.	48	36	16	11	36	31	20	11	15	43	32	30	329	114	63	62	90
	S. O.	10	7	11	14	7	2	8	...	...	...	14	5	78	22	32	10	14
	O.	...	...	1	...	...	...	...	...	...	...	...	...	1	...	1	...	...
Totaux des deux groupes.	Sommes.	93	87	93	90	93	90	93	93	90	93	90	93	1098	273	276	276	273
	Groupe A.	35	42	65	65	50	57	65	82	75	50	44	52	682	129	180	204	169
	Groupe B.	56	45	28	25	43	33	28	11	15	43	46	41	416	144	96	72	104
	Différences	+23	+ 3	−37	−40	−7	−24	−37	−71	−60	−7	+ 2	−11	−266	+15	−84	−132	−65
Année 1853.																		
Groupe A	N. O.	...	1	6	7	4	...	2	2	11	...	31	1	65	2	17	4	42
	N.	39	19	23	42	51	63	88	80	62	53	22	30	572	88	116	231	137
	N. E.	...	5	...	...	10	...	...	...	5	6	9	19	54	24	10	...	20
	E.	...	...	...	...	...	...	...	...	...	...	...	...	...	...	...	...	...
Groupe B	S. E.	...	3	...	...	1	...	...	1	...	...	...	4	9	7	1	1	...
	S.	54	25	61	31	26	27	3	8	12	34	12	38	331	117	118	38	58
	S. O.	...	31	3	10	1	...	...	2	...	...	16	1	64	32	14	2	16
	O.	...	...	...	...	...	...	...	...	...	...	...	...	...	...	...	...	...
Totaux des deux groupes.	Sommes.	93	84	93	90	93	90	93	93	90	93	90	93	1095	270	276	276	273
	Groupe A.	39	25	29	49	65	63	90	82	78	59	62	50	691	114	143	235	199
	Groupe B.	54	59	64	41	28	27	3	11	12	34	28	43	404	156	133	41	74
	Différences	+15	+34	+35	−8	−37	−36	−87	−71	−66	25	−34	−7	−287	+42	−10	−194	−125

Les nombres compris dans le tableau ci-dessus représentent la totalité des trois observations quotidiennes, par conséquent l'unité est un tiers de jour. Dans le tableau suivant, au contraire, l'unité est un jour de vingt-quatre heures.

Moyennes des vents qui ont soufflé sur le Bosphore, à Bébek, pendant les six années 1848 *à* 1853.

DISTRIBUTION des vents EN DEUX GROUPES.		MOIS.												ANNÉE.	SAISONS.			
		Janv.	Févr.	Mars.	Avril.	Mai.	Juin.	Juillet.	Août.	Sept.	Oct.	Nov.	Déc.		Hiver	Print.	Été.	Aut.
Groupe A.	N. O.	1.9	1.5	4.8	2.8	0.9	0.4	0.6	0.7	1.5	1.4	7.3	6.0	29.8	9.4	8.5	1.7	10.2
	N.	12.1	11.9	10.3	11.2	17.9	23.3	22.0	25.8	21.2	14.5	4.6	10.1	184.9	34.1	39.4	71.1	40.3
	N. E.	0.9	0.5	1.1	1.9	1.4	0.8	4.2	2.6	2.0	2.1	2.6	1.8	21.9	3.2	4.4	7.6	6.7
	E.	...	...	...	0.2	...	...	...	...	0.2	0.1	0.2	...	0.7	...	0.2	...	0.5
Groupe B.	S. E.	0.1	0.3	...	...	0.2	...	...	0.1	0.6	0.3	0.8	0.8	3.2	1.2	0.2	0.1	1.7
	S.	10.5	8.6	11.2	8.6	7.5	4.8	3.4	1.0	3.3	12.1	11.1	7.3	90.0	26.4	27.3	9.8	26.5
	S. O.	3.9	5.2	2.4	3.8	2.7	0.7	0.8	0.1	0.1	0.5	3.4	4.7	28.3	13.8	8.9	1.6	4.0
	O.	1.6	0.3	1.2	1.5	0.4	...	...	0.1	1.1	...	...	0.3	6.5	2.2	3.1	0.1	1.1
Totaux des deux groupes	Sommes des jours.	31.0	28.3	31.0	30.0	31.0	30.0	31.0	31.0	30.0	31.0	30.0	31.0	365.3	90.3	92.0	92.0	91.0
	Groupe A.	14.9	13.9	16.2	16.1	20.2	24.5	26.8	29.1	24.9	18.1	14.7	17.9	237.3	46.7	52.5	80.4	57.7
	Groupe B.	16.1	14.4	14.8	13.9	10.8	5.5	4.2	1.9	5.1	12.9	15.3	13.1	128.0	43.6	39.5	11.6	33.3
	Différence.	+1.2	+0.5	−1.4	−2.2	−9.4	−19.0	−22.6	−27.2	−19.8	−5.2	+0.6	−4.8	−109.3	−3.1	−13.0	−68.8	−24.4

Observations faites à Gallipoli, en 1854, par M. le docteur Grellois.

Bien que la ville de Gallipoli soit située à l'endroit où le détroit des Dardanelles communique avec la mer de Marmara, et soit par conséquent en dehors du canal du Bosphore, nous avons cru devoir, pour plusieurs motifs, placer ici les observations faites dans cette localité par M. le docteur Grellois : 1° Ces observations, ne comprenant que quatre mois de l'année 1854, sont insuffisantes pour fournir un tableau complet du climat de Gallipoli, et ne méritent pas de former un chapitre particulier. 2° Pendant le cours de la même année, personne n'a fait d'observations météorologiques d'une manière suivie à Constantinople; celles de M. le docteur Grellois peuvent remplir, *jusqu'à un certain point*, une partie de cette lacune, car Gallipoli n'offre avec la capitale de l'empire ottoman qu'une différence en latitude d'un demi-degré environ, et doit se trouver très probablement sous des influences atmosphériques à peu près analogues. 3° Aucun voyageur, que nous sachions, ne s'est arrêté assez longtemps dans cette station pour en décrire même partiellement les phénomènes météorologiques. Ainsi les documents dus à M. le docteur Grellois sont nouveaux pour la science, et méritent, à ce titre, d'être livrés à la publicité, bien qu'ils n'embrassent que le tiers d'une année.

Position astronomique de Gallipoli. — Cette ville est construite sur la pente d'un coteau faiblement incliné. D'après les meilleures cartes marines, sa longitude est 24° 18′ à l'est du méridien de Paris, et sa latitude 40° 27′ N.

Description et altitude des instruments. — Le baromètre Gay-Lussac, construit par Bunten, était suspendu à l'abri des courants d'air, et observé, ainsi que les autres instruments, à neuf heures du matin, midi, trois heures et six heures du soir. Sa cuvette se trouvait à 22 mètres environ au-dessus du niveau de la mer. D'après la comparaison faite avant le départ avec le baromètre de l'École d'application d'artillerie de Metz, il doit subir une correction de — $0^{mm},82$ dont M. le docteur Grellois n'a pas tenu compte, en réduisant ses observations à zéro. Les résumés, seulement, placés à la suite des tableaux sont corrigés de cette erreur, ainsi que de la différence barométrique $+ 2^{mm},0$ trouvée entre la station et le niveau de la mer; ce qui donne une constante de $+ 2^{mm},0 - 0^{mm},82 = + 1^{mm},18$. M. le docteur Verrollot, à qui son savant confrère voulut bien céder son baromètre au moment de son départ pour la France, reconnut que l'instrument devait subir une troisième correction de $+ 0^{mm},05$, provenant d'une erreur de son thermomètre qui a été négligée en réduisant à zéro. Néanmoins nous avons conservé la correction moyenne de $+ 1^{mm},18$ adoptée par l'auteur des observations. Le lecteur devra donc, avant d'en faire usage, augmenter de $+ 0^{mm},05$ les moyennes consignées dans les résumés. Les heures tropiques n'ayant pas encore été déterminées rigoureusement même pour Constantinople, les *maxima* et les *minima* ont été déduits des observations directes. Les résultats obtenus par ce procédé sont un peu trop faibles, mais ils ne doivent s'éloigner de la vérité que d'une quantité fort légère.

La température de l'air extérieur a été prise avec le thermomètre sec du psychromètre d'August. Le zéro des deux thermomètres a été vérifié à plusieurs reprises, et la marche de ces instruments est restée rigoureusement parallèle. En outre, deux thermomètres, l'un à *minima*, l'autre à *maxima*, faisaient connaître les températures extrêmes. Ces instruments étaient exposés au N.-N.-E., et recevaient dès le grand matin l'influence oblique du soleil levant, qui allait en s'affaiblissant, à mesure que l'astre s'élevait sur l'horizon.

Les observations du psychromètre d'August, calculées avec les tables de Hœghens, ont fait connaître l'humidité relative et la tension de la vapeur d'eau. Les *maxima* d'humidité, les *minima* de la tension et les moyennes ne sont vrais que pour les heures d'observations; pendant la nuit, l'humidité est toujours plus forte et la tension plus faible.

Le pluviomètre, installé à 18 mètres au-dessus de la mer de Marmara, dans une situation favorable et loin de toute construction, consistait en un entonnoir de $0^m,20$ de diamètre, et dont la jauge permettait d'apprécier les centièmes de millimètre.

M. le docteur Grellois notait, deux fois par jour (9 heures du matin et 3 heures du soir), la direction des vents d'après l'orientation des pavillons ancrés dans le port, ou bien, quand l'état du ciel le permettait, d'après l'anémomètre à réflexion. Ses chiffres ne sauraient donc indiquer la direction des vents régnants à la surface de la péninsule de Gallipoli, mais seulement leur direction dans un point circonscrit où l'action des côtes leur fait subir des inflexions. Cependant, ajoute l'auteur des observations, il convient de faire remarquer que l'anémomètre à réflexion n'a guère permis d'enregistrer que des vents de N.-E. ou de S.-O.

L'état du ciel est indiqué par les abréviations suivantes :

C = Cirrus.	Cm = Cumulus.	S = Stratus.
Cc = Cirro-cumulus.	Cs = Cirro-stratus.	0 = Absence de nuages.

La série des chiffres 0 à 10, ajoutée aux abréviations ci-dessus, fait connaître le degré de nébulosité : le zéro signifie que le ciel est complétement pur; 10, que le ciel est complétement couvert.

Nota. — Une absence de M. le docteur Grellois, dans le courant de septembre, a occasionné une lacune de neuf, dix à treize jours dans certaines observations de ce mois.

Résumés des observations. — Absorbé par les soins de son service actif, M. le docteur Grellois n'eut pas le temps de calculer lui-même les moyennes de ses observations ; il fut obligé d'en charger une personne étrangère qui commit de nombreuses erreurs. Le travail dut être recommencé : M. Parès, qui avait bien voulu nous aider dans la vérification des moyennes fournies par la série de Bébek, eut l'extrême obligeance d'entreprendre celle de Gallipoli et de Constantinople par M. Grellois, et nous faciliter ainsi l'établissement des résumés qui ont remplacé ceux du premier calculateur, et ont été dressés sur un modèle différent. Nous nous faisons un plaisir et un devoir de remercier publiquement notre ami de son utile coopération.

A Padoue, la moyenne barométrique des quatre heures observées par M. Grellois (9 h. matin, midi, 3 h. et 6 h. soir) reste $0^{mm},05$ plus bas que la moyenne des vingt-quatre heures. Selon M. le docteur Verrollot, il serait préférable de substituer à cette correction celle de $+ 0^{mm},02$, moyenne de quatre localités où la moyenne des vingt-quatre heures est supérieure à celle des heures observées par M. Grellois, savoir :

$0^{mm},00$, à Paris, Renou (*Annuaire de la Société météorologique de France*);
$0^{mm},01$, à Constantinople, Verrollot (*année inédite de 1851*);
$0^{mm},02$, à Halle, Kaemtz (*Manuel complet de météorologie*) ;
$0^{mm},05$, à Padoue, Kaemtz (*Manuel complet de météorologie*).

Ainsi donc, les moyennes des quatre heures récapitulées dans le résumé barométrique donneront la moyenne des vingt-quatre heures, si l'on y ajoute : 1° cette dernière correction $+ 0^{mm},02$; 2° la correction $+ 0^{mm},05$ dont il a été question plus haut : soit en tout $+ 0^{mm},07$.

Passons à la température. A Padoue, les quatre heures d'observations choisies par M. Grellois donnent des moyennes annuelles qui dépassent celles des vingt-quatre heures de 1°,72. Bien que la marche du thermomètre à Padoue ne soit pas plus que celle du baromètre identiquement la même que la marche du thermomètre à Gallipoli et à Constantinople, nous avons mis en regard les moyennes mensuelles déduites des quatre heures d'observations quotidiennes et les moyennes des vingt-quatre heures qu'on obtient en tenant compte des corrections fournies par les tables de Padoue.

Les moyennes mensuelles des extrêmes, déduites de l'observation des thermomètres à *maxima* et à *minima*, ont été calculées d'après les coefficients publiés par Kaemtz (1).

Les résumés des observations psychrométriques et des phénomènes divers étant le résultat, sans aucune correction, des observations directes, n'ont pas besoin d'explication. Nous rappelons seulement que les moyennes des vents et de l'état du ciel proviennent de deux observations quotidiennes.

Journal météorologique, de juillet à octobre 1854.

PLUIE. — *Août*, 22, quelques gouttes. — *Septembre*, nuit du 24 au 25. — *Octobre*, 3, à midi ; 21, dans la soirée ; 26, averse ; nuit du 29 au 30, légère.

NEIGE. — *Octobre*, 31.

BROUILLARD. — *Octobre*, 27, épais ; 28.

VENTS. — *Juillet*, 2, toute la nuit, violent ; 5, fort ; 8, toute la nuit, violent ; 11, ouragan, à 6 heures du soir ; 19 et 20, toute la nuit, violent. — *Août*, du 13 au 19, fort ; 29, 31, violent. — *Septembre*, du 1er au 5, violent ; du 14 au 24, souffle du N.-E. ou E.-N.-E. — *Octobre*, 7 et 8, faible ; 9, violente bourrasque ; 18, presque insensible ; nuit du 29 au 30, violent, tempête, pluie légère.

ORAGES. — *Juillet*, 13, pendant la nuit ; 29, 10 heures du soir, sans pluie. — *Août*, 20 et 22, à 7 heures du soir. — *Octobre*, 3, tonnerre à midi.

ÉTAT DU CIEL. — *Juillet*, 21, voilé. — *Octobre*, 22, voilé.

TEMPÉRATURE. — *Juillet*, 1er, source près de la mer, 16°,5 ; sous la tente, 42° à 3 heures du soir ; 7, au soleil, 34°,3, à 3 h. soir ; 9, eau du puits, 14°,7 ; 17, temps lourd et suffocant. — *Août*, 1er, la mer, à 5 heures du soir, 25°,3 ; extérieur, 23°,5 ; 9, chaleur accablante.

TREMBLEMENTS DE TERRE. — *Août*, nuit du 10 au 11, à 11 heures 55, deux secousses du N.-E. — *Novembre*, nuit du 5 au 6, à 1 heure 3/4, deux secousses de 3 secondes, du N.-E. au S.-O.

SALUBRITÉ. — *Juillet*, 3, début du choléra ; 18, diminution apparente, après un temps lourd et suffocant. — *Août*, 9, grands feux allumés sur la côte d'Asie ; 10, nombreuses entrées de cholériques à l'hôpital, après chaleur accablante.

(1) *Manuel complet de météorologie*, page 22.

Jours du mois.	Baromètre à 0. 9 h. du matin.	Midi.	3 h. du soir.	6 h. du soir.	Thermomètre extérieur. 9 h. du mat.	Midi.	3 h. du soir.	6 h. du soir	Maxi.	Min.	Psychromètre d'August. 9 h. mat. Tension.	9 h. mat. Humid.	Midi. Tension.	Midi. Humid.	3 h. soir. Tension.	3 h. soir. Humid.	6 h. soir. Tension.	6 h. soir. Humid.	État du ciel. 9 h. du mat.	3 h. du soir.	Pluie.	Direction du vent. 9 h du mat.	3 h. du soir.
Juillet 1854.																							
	mm.	mm.	mm.	mm.	°	°	°	°	°	°	mm.	°	mm.	°	mm.	°	mm.	°					
1	759.7	754.2	753.6	753.5	28.6	33.0	30.0	29.0	33.1	20.9	15.1	67	12.4	43	12.8	34	18.3	62	0	0	...	S.E.	S.
2	57.0	56.8	56.4	57.0	29.2	28.8	28.4	27.5	30.7	23.5	12.6	49	14.5	49	13.1	40	12.6	46	c. 1	c. 1	...	S.E.	S.E.
3	58.5	57.9	57.6	57.1	26.7	27.6	27.2	24.6	28.9	21.9	14.6	66	12.1	46	10.7	39	14.2	62	cc. 2	c. 1	...	S.E.	E.N.E.
4	58.6	59.2	57.7	59.1	25.6	24.6	25.1	22.0	28.4	19.5	13.6	65	13.9	57	15.6	68	12.0	64	cc. 6	cc. 3	0.22	E.N.E.	E.N.E.
5	59.6	59.4	58.1	57.8	23.8	24.7	24.8	23.3	26.2	19.2	12.5	66	14.1	64	13.4	57	12.1	62	c. 2	c. 2	...	N.E.	N.E.
6	55.9	55.5	55.2	55.7	25.3	25.5	24.8	24.4	26.3	19.0	12.7	66	14.9	62	16.3	67	18.4	79	cc. 2	cc. 4	...	E.N.E.	E.N.E.
7	61.8	58.6	58.0	57.8	23.0	24.5	25.6	24.8	26.3	20.3	11.4	80	14.1	69	15.1	66	15.8	68	cc. 2	c. 1	...	E.N.E.	E.N.E.
8	60.2	59.3	59.2	59.3	23.9	25.4	25.4	24.4	26.2	19.7	15.4	78	16.2	74	14.8	61	15.7	69	cc. 1	0	...	E.N.E.	E.N.E.
9	58.3	58.4	57.7	56.7	25.4	26.2	29.6	30.5	30.8	19.5	15.1	65	17.0	71	16.7	66	16.0	53	0	0	...	E.N.E.	S.E.
10	57.7	58.0	57.9	56.9	26.4	30.2	28.5	26.6	31.2	21.5	18.4	71	17.5	54	15.7	50	18.8	82	0	0	...	E.N.E.	E.N.E.
11	56.9	57.2	57.8	58.0	25.9	27.8	26.4	24.8	29.2	22.7	18.8	82	19.3	78	18.3	66	18.3	79	0	0	...	E.N.E.	E.N.E.
12	58.6	58.3	57.7	56.1	26.1	26.6	26.8	25.6	27.3	20.0	17.6	79	17.3	69	15.1	63	17.8	73	cc. 1	c. 2	...	E.N.E.	E.N.E.
13	53.1	52.5	51.5	50.7	25.6	27.2	26.8	26.2	28.1	21.0	14.7	71	16.4	67	15.4	57	18.5	73	cc. 1	c. 1	1.25	E.N.E.	E.N.E.
14	52.8	53.7	54.6	54.7	26.2	29.1	28.7	27.3	30.0	21.0	14 8	69	17.3	67	14.9	66	18.3	67	c. 2	c. 1	...	E.N.E.	N.E.
15	55.9	56.3	56.8	57.1	25.2	29.1	28.4	27.5	30.0	20.4	13.7	72	18.0	71	19.3	65	19.1	69	0	c. 1	...	N.E.	S.E.
16	56.3	55.5	54.6	54.3	27.2	30.1	29.8	27.4	30.9	19.8	14.4	66	19.2	68	21.4	67	13.5	49	c. 1	cc. 3	...	S.E.	S.E.
17	53.7	53.5	52.7	52.1	27.7	29.2	29.0	29.1	30.9	19.8	16.4	72	11.0	30	13.1	44	10.9	36	c. 2	cc. 4	...	S.E.	S.E.
18	51.4	51.3	50.5	50.5	28.2	28.4	30.2	29.0	31.6	22.4	16.5	75	14.8	52	17.9	62	20.8	68	c. 6	c. 9	...	S.E.	N.
19	54.9	55.3	55.4	56.1	26.6	26.7	27.4	24.6	29.2	21.5	16.9	74	16.8	65	17.7	67	18.8	82	cc. 4	c. 3	...	N.E.	N.E.
20	59.6	59.5	58.3	57.9	25.7	25.7	26.2	25.4	26.8	22.5	17.4	81	18.6	76	18.3	74	19.4	80	cc. 5	cc. 2	...	E.N.E.	E.N.E.
21	59.0	57.9	57.8	57.8	24.8	25.6	25.2	24.9	26.2	22.6	15.5	80	18.3	79	19.0	88	17.7	76	cc. 5	cc. 6	...	E.N.E.	E.N.E.
22	58.1	57.3	56.7	56.9	24.0	24.4	25.0	25.0	28.1	21.0	16.1	76	16.6	75	16.1	71	18.2	77	cc. 3	cc. 7	0.00	E.N.E.	E.N.E.
23	57.4	57.9	57.6	57.1	24.3	25.2	26.0	24.9	27.9	20.3	17.0	75	15.9	67	16.8	67	16.3	69	cc. 6	cc. 4	...	E.N.E.	E.N.E.
24	56.8	56.6	56.3	56.1	24.8	25.8	26.3	25.2	28.1	21.2	15.8	68	16.6	67	17.2	67	16.6	69	c. 5	cc. 3	...	N.E.	E.
25	55.8	56.4	56.3	56.0	24.2	24.9	25.6	25.0	26.3	21.1	15.6	72	15.7	70	18.2	73	17.2	74	cc. 6	c. 2	...	E.N.E.	E.N.E.
26	55.6	55.5	54.9	54.6	23.7	24.1	26.0	24.8	27.0	20.6	15.0	69	15.0	67	16.8	67	16.2	69	c. 1	c. 6	...	E.N.E.	E.N.E.
27	55.1	55.4	55.3	55.0	24.9	25.5	26.6	25.3	27.4	19.7	17.4	74	16.6	68	17.2	66	18.2	76	cc. 4	c. 3	...	N.E.	N.E.
28	55.6	55.2	54.6	54.0	25.2	25.8	26.4	25.0	27.1	19.1	17.5	80	16.9	71	15.2	62	16.0	68	c. 2	cc. 6	...	E.	E.N.E.
29	54.3	54.3	53.5	53.6	25.8	27.4	27.2	25.2	28.2	19.1	14.5	71	15.9	64	15.3	56	18.0	76	c. 3	cc. 5	...	E.N.E.	E.N.E.
30	57.0	57.7	58.0	58.2	24.6	24.8	23.4	22.8	25.8	19.3	15.3	78	14.2	62	13.8	60	12.7	62	c. 8	c. 9	...	E.N.E.	E.N.E.
31	60.4	60.3	59.7	59.4	23.4	24.8	24.4	23.8	25.1	19.4	10.6	58	11.1	52	13.1	56	14.1	64	c. 1	c. 1	...	E.N.E.	E.N.E.
Moyenn.																						Zone dominante	
Mois......	756.95	756.61	756.19	756.04	25.55	26.73	26.81	25.67	28.36	20.63	15.25	71.5	15.75	64.0	15.95	61.9	16.47	67.7	2.6	2.9	1.47	N.E.	
1er au 10	758.73	757.73	757.14	757.09	25.79	27.05	26.94	25.71	28.81	20.50	14.14	67.3	14.67	58.9	14.42	55.4	15.39	64.4	1.6	1.2	0.22	N.E.	
11 au 20	755.32	755.31	754.99	754.75	26.44	27.99	27.97	26.69	29.40	21.11	16.12	74.1	16.87	65.2	17.14	63.1	17.54	67.6	2.2	2.6	1.25	N.E.	
21 au 31	756.83	756.77	756.43	756.25	24.52	35.30	25.65	24.72	27.02	20.31	15.48	72.8	15.71	67.5	16.25	66.6	16.47	70.9	4.0	4.7	0.00	E.N.E.	
Août.																							
1	761.8	761.1	761.0	761.4	23.0	23.8	23.7	23.4	23.9	17.5	12.1	56	12.6	59	14.3	65	12.9	63	c. 2	c. 1	...	E.N.E.	E.N.E.
2	61.3	60.5	60.0	60.1	23.6	24.4	24.4	23.4	25.9	17.2	14.2	65	14.2	62	14.7	65	15.0	70	c. 3	c. 1	...	E.N.E.	E.N.E.
3	60.1	59.6	58.4	58.6	23.6	24.7	25.0	24.2	25.6	19.2	16.5	77	16.8	72	17.4	74	17.1	77	c. 2	c. 1	...	E.N.E.	E.N.E.
4	58.7	59.1	57.4	56.6	24.1	25.1	25.6	25.4	28.8	17.9	16.8	75	16.9	71	16.4	67	16.8	70	c. 3	c. 1	...	E.N.E.	E.N.E.
5	56.9	56.4	56.1	56.1	24.7	26.0	27.2	26.2	29.6	19.4	16.4	71	17.9	71	17.5	66	17.1	67	c. 1	0	...	N.E.	N.E.
6	58.4	57.4	58.2	58.4	25.4	27.0	25.2	23.6	28.2	19.0	19.0	79	18.1	72	19.5	82	18.7	86	c. 2	0	...	N.E.	N.E.
7	59.9	59.4	59.1	59.6	25.6	27.4	27.1	24.2	27.6	22.5	18.2	74	17.5	63	19.3	72	15.4	69	0	c. 1	...	N.E.	N.E.
8	59.4	59.0	58.7	58.3	27.4	28.8	28.6	25.1	29.0	22.0	17.8	66	20.0	68	19.3	66	19.1	80	c. 3	c. 4	...	E.N.E.	E.N.E.
9	56.0	59.1	56.2	53.5	25.6	30.2	33.6	28.6	34 2	21.1	18.6	76	23.2	73	27.9	71	17.8	60	cc. 3	c. 2	...	E.S.E.	S.E.
10	58.6	57.9	57.0	56.9	27.2	30.0	28.8	27.8	34.1	21.5	11.4	41	14.7	47	13.9	48	11.6	41	c. 1	cc. 3	...	S.E.	E.S.E.
11	58.7	58.4	58.1	57.9	26.0	27.7	28.9	28.5	29.0	21.0	12.7	50	14.5	53	17.1	59	18.4	63	cc. 4	cc. 5	...	E.N.E.	E.N.E.
12	57.9	57.4	57.2	56.9	25.8	26.7	27.8	26.2	28.4	19.6	17.3	70	16.9	65	16.1	58	14.9	59	cc. 2	cc. 3	...	N.E.	N.E.
13	57.6	58.0	58.6	59.2	23.2	25.1	25.0	24.8	25.2	20.7	12.8	60	14.0	60	13.3	60	14.4	62	c. 2	c. 3	...	N.E.	N.E.
14	60.9	60.7	60.2	60.3	20.6	24.0	24.8	23.6	25.5	22.0	16.1	74	14.9	67	15.5	67	15.7	72	c. 2	c. 2	...	N.E.	N.E.
15	60.9	60.7	60.2	60.5	23.2	24.0	24.0	23.8	24.3	18.8	11.9	56	13.6	61	14.0	62	12.8	59	cm. 4	cc. 5	...	E.N.E.	N.E.
16	61.1	59.5	59.1	58.7	24.0	24.3	24.1	23.8	25.0	17.3	14.5	74	15.2	67	15.7	70	15.4	70	cc. 2	c. 2	...	E.N.E.	E.N.E.
17	60.9	57.5	59.9	60.0	23.0	24.2	24.6	24.1	25.1	18.8	19.9	72	15.2	67	14.9	65	15.0	67	c. 2	cc. 3	...	N.E.	N.E.
18	60.2	60.0	58.7	58.5	23.9	24.4	24.4	24.6	25.0	19.0	15.1	69	15.7	60	14.5	67	14.6	63	cm. 2	cc. 4	...	N.E.	N.E.
19	58.2	57.7	58.0	57.0	23.8	25.2	25.0	24.4	26.7	19.2	15.4	70	14.2	60	15.4	65	14.8	63	c. 3	cc. 4	...	N.E.	N.E.
20	58.4	58.1	57.9	54.4	24.7	26.8	27.0	25.1	27.2	18.8	15.0	65	17.1	65	16.6	63	16.9	71	cc. 5	cm. 0	0.00	E.N.E.	E.N.E.
21	58.6	58.5	58.5	58.1	23.4	25.8	24.6	22.6	26.5	16.3	12.7	59	13.9	61	14.4	75	15.5	76	cc. 2	cc. 3	...	E.N.E.	N.E.
22	58.3	57.7	57.5	57.3	22.6	24.6	23.8	23.6	25.2	17.7	15.5	62	12.9	56	12.4	56	12.6	58	c. 3	cc. 6	...	N.E.	N.E.
23	59.1	58.9	58.9	58.9	22.0	24.8	25.2	24.2	26.2	15.9	9.9	50	13.5	57	12.6	53	10.3	46	cc. 8	cc. 2	...	E.S.E.	S.E.
24	60.4	60.3	60.1	59.7	22.3	27.4	26.2	24.0	28.2	17.0	13.2	66	18.6	68	14.2	56	14.0	62	0	0	...	N.E.	N.E.
25	57.4	59.1	56.8	56.6	24.0	24.2	24.8	23.9	25.3	18.0	13.6	61	16.2	72	16.9	71	17.6	80	cc. 3	cm. 2	...	N.O.	N.E.
26	59.1	59.5	59.6	59.7	22.6	23.7	25.1	23.4	25.2	17.4	15.5	76	16.0	73	16.1	68	16.7	78	c. 3	c. 1	...	N.E.	N.O.
27	61.1	60.9	60.2	60.2	23.0	24.8	25.0	24.0	25.2	18.2	16.6	80	20.9	72	16.0	68	17.4	78	0	c. 1	...	N.E.	E.N.E
28	62.4	61.0	60.8	60.4	21.2	21.9	22.4	21.8	25.4	18.4	12.2	65	13.1	67	12.8	60	12.1	62	cc. 5	c. 2	...	E.N.E.	E.N.E
29	58.8	58.3	57.7	57.3	21.0	22.8	23.8	22.0	24.7	15.6	9.1	49	9.7	47	10.8	49	10.8	55	cc. 4	cc. 8	...	E.N.E.	N.E.
30	59.7	58.7	58.0	58.3	21.6	24.4	24.6	22.8	26.6	17.0	9.3	48	11.4	50	11.0	48	9.4	45	cm. 4	cc. 3	...	N.O.	E.S.E.
31	61.7	61.1	60.7	61.2	22.8	25.6	24.0	22.8	27.0	19.7	11.5	55	12.8	53	12.4	60	14.4	69	cc. 5	cc. 6	...	S.O.	S.O.
Moyenn.																						Zone dominante	
Mois......	759.48	759.08	758.67	758.41	23.70	25.48	25.62	24.38	26.77	18.83	14.54	64.8	15.55	63.5	15.58	63.7	15.01	65.8	2.8	2.8	0.00	N.E.	
1er au 10	759.11	758.95	758.21	757.95	25.02	26.74	26.92	25.19	28.29	19.73	16.10	68.0	17.49	65.8	18.02	67.6	16.15	68.3	2.0	1.4	...	N.E.	
11 au 20	759.48	758.80	758.79	758.34	23.81	25.24	25.56	24.89	26.14	19.52	15.07	66.0	15.13	63.4	15.31	63.6	15.29	64.9	3.0	4.0	0.00	N.E.	
21 au 31	759.69	759.45	758 98	758.88	22.41	24.55	24.50	23.10	25.95	17.38	12.65	61.0	14.45	61.5	13.60	60.0	13.71	64.4	3.4	3.1	...	N.E.	

JOURS DU MOIS.	BAROMÈTRE A 0. 9 h. du matin.	Midi.	3 h. du soir.	6 h. du soir.	THERMOMÈTRE EXTÉRIEUR. 9 h. du mat.	Midi.	3 h. du soir.	6 h. du soir.	Maxi.	Min.	PSYCHROMÈTRE D'AUGUST. 9 h. mat. Tension	9 h. mat. Humid.	Midi. Tension.	Midi. Humid.	3 h. soir. Tension.	3 h. soir. Humid.	6 h. soir. Tension.	6 h. soir. Humid.	ÉTAT DU CIEL. 9 h. du mat.	3 h. du soir.	Pluie.	DIRECTION DU VENT. 9 h. du mat.	3 h. du soir.
											Septembre 1854.												
	mm.	mm.	mm.	mm.	o	o	o	o	o	o	mm.	o	mm.	o	mm.	o	mm.	o					
1	763.9	763.6	763.4	763.3	22.4	22.9	22.2	22.0	23.3	16.4	11.7	58	11.9	58	10.9	55	9.9	50	c. 2	c. 5	. . .	S.O.	S.O.
2	65.1	62.6	61.9	62.9	21.4	22.4	23.0	22.2	23.4	18.7	12.3	65	13.3	66	13.4	65	13.7	69	c. 3	cc. 2	. . .	S.O.	S.O.
3	63.0	63.0	63.0	62.8	22.0	22.8	23.0	22.1	23.6	18.2	13 9	71	14.4	69	13.9	66	12.9	64	c. 2	c. 4	. . .	S.O.	S.O.
4	64.6	64.5	64.5	64.1	20.8	22.1	21.8	21.0	22 3	17.0	10.6	58	13.0	62	12.4	64	12.0	65	cc. 5	cc. 3	. . .	S.O.	S.O.
5	63.5	63.4	63.6	63.3	18.1	21.0	21.4	20.6	22.0	14.0	9.3	60	11.7	63	10.2	54	11.0	61	c. 2	c. 1	. . .	S.O.	S.O.
6	64.8	64.2	63.3	63.5	19.4	22.6	22.8	21.4	23.5	12.8	10.3	63	11.0	54	11.2	54	10.0	53	c. 4	c. 3	. . .	E.	E.S.E.
7	62.3	61.2	58.7	57.8	21.2	23.2	23.4	21.1	24.2	12.8	11.5	62	10.9	52	10.4	52	10.2	49	c. 1	c. 2	. . .	E.S.E.	E.S.E.
8	55.1	53.8	53.4	53.0	23.4	25.4	25.5	24.2	28.0	15.3	11.4	54	13.5	57	13.8	57	12.8	57	c. 1	c. 1	. . .	E.S.E.	S.E.
9	54.1	55.7	56.3	57.1	18.6	17.2	18.1	13.4	19.2	13.2	11.9	75	8.9	61	8.8	71	8.6	75	cm. 9	cc. 6	. . .	E.N.E.	E.N.E.
10	59.3	59.8	60.5	60.2	14.4	16.4	17.4	16.6	17.8	9.5	8.3	67	7.8	56	9.4	65	8.2	58	c. 4	c. 1	. . .	E.N.E.	E.N.E.
11	64.2	63.7	63.5	64.0	11.6	15.2	18.1	17.4	18.3	10.2	6.3	61	8.8	68	10.7	60	10.1	68	c. 3	c. 4	. . .		
12	64.9	63.7	64.2	65.0	16.0	17.6	20.4	18.4	21.5	9.8	5.7	42	5.3	36	6.7	37	5.8	36	c. 1	c. 2	. . .		
13	67.4	67.2	66.8	66.5	14.4	18.4	17.8	17.2	10.1	9.5	6.3	52	7.1	44	8.0	53	7.7	50	c. 1	c. 1	. . .		
14											7.6	50										Vents de N.E. ou E.N.E. pendant cette interruption.	
15																							
16																			Ciel généralement pur pendant cette interruption.				
17																							
18																							
19																							
20																							
21																							
22																							
23																							
24	53.9	53.7	53.9	54.6	23.0	25.0	24.8	22.0	25.1	20.1	14.2	68	15.0	63	15.5	67	16.2	82	c. 4	c. 3	. . .	S.O.	S.O.
25	60.3	59.2	59.0	59.7	20.6	21.6	21.4	20.8	25.4	17.3	15.4	85	15.7	82	15.7	84	15.9	87	cm. 10	cm. 10	7.90	S.O.	S.O.
26	59.0	58.4	58.5	59.1	20.2	19.4	20.0	18.2	21.0	18.1	14.7	83	14.8	88	15.7	91	13.9	90	cm. 10	cm. 10	. . .	S. S.O.	S. S.O.
27	61.9	62.3	63.4	63.6	14.4	16.2	16.0	15.6	16.3	14.1	9.5	78	10.6	77	10.2	75	11.5	87	cm. 9	cm. 8	. . .	E.N.E.	E.N.E.
28	63.9	64.1	63.5	62.1	17.0	17.4	19.0	18.1	19.6	13.3	11.8	81	11.5	78	11.1	68	12.4	80	cm. 10	cm. 8	2.30	N.E.	N.E.
29	61.9	61.6	61.4	61.1	18.0	18.8	19.2	19.2	20.5	15.8	12.6	82	11.4	72	11.9	72	13.1	79	cm. 7	cm. 6	. . .	N.E.	N.E.
30	61.5	61.2	60.8	60.6	18.8	21.0	21.0	21.0	21.0	16.5	13.6	84	14.6	81	12.6	64	12.9	70	cm. 3	cm. 3	. . .	N.E.	N.E.
Moyenn.																						Zone dominante	
Mois......	761.73	761.34	761.18	761.21	18.78	20.33	20.81	19.62	21.75	14.63	10.90	66.6	11.56	64.3	11.62	64.2	11.44	66.5	4.2	4.0	10.20	N.E.	
1er au 10	761.57	761.18	760.86	760.80	20.17	21.60	21.86	20.46	22.73	14.79	11.12	63.3	11.64	59.8	11.44	60.3	10.93	60.1	3.3	2.8	. . .	S.O.	
11 au 13	765.50	764.87	764.83	765.17	14.00	17.07	18.77	17.67	19.63	9.83	6.47	51.2	7.07	49.3	8.47	53.0	7.87	51.3	1.7	2.3	. . .	N.E.	
24 au 30	760.34	760.01	760.01	760.01	18.86	19.91	20.20	19.27	21.27	16.46	13.11	80.1	13.37	77.3	13.24	74.4	13.70	82.1	7.6	6.9	10.20	N.E.	
											Octobre.												
1	761.4	761.2	761.0	761.8	19.8	20.6	19.6	18.4	21.5	15.9	13.7	80	13.8	76	13.8	81	13.3	83	c. 2	c. 3	. . .	N.O.	N.O.
2	63.4	63.3	63.2	63.1	17.5	19.0	19.4	18.8	19.8	17.1	11.9	80	12.3	75	13.6	81	13.0	81	c. 3	c. 2	. . .	N.O.	N.O.
3	61.4	60.5	60.0	59.5	18.2	18.6	18.6	18.6	20.0	14.5	12.8	82	13.7	86	13.1	83	12.8	81	cm. 8	cm. 9	1.35	N.O.	N.O.
4	58.8	58.8	59.4	59.6	17.0	19.6	19.0	18.2	21.0	14.1	12.6	88	12.8	76	12.0	72	12.3	80	cc. 6	c. 5	. . .	N.O.	O.
5	62.6	63.0	62.6	62.8	19.5	21.2	22.8	20.2	23.1	14.1	12.7	76	14.7	78	11.8	58	13.1	74	c. 3	c. 2	. . .	O.	N.O.
6	66.5	66.6	66.4	65.6	19.8	21.4	21.2	19.4	23.0	13.3	12.1	71	13.9	73	13.7	73	14.2	85	0	c. 1	. . .	O.	N.N.O.
7	65.2	65.1	64.6	63.3	19.8	21.6	22.0	20.1	22.7	13.2	13.0	76	14.7	77	14.2	72	14.2	81	0	c. 3	. . .	N.O.	S.E.
8	61.9	61.0	59.2	59.2	20.2	22.2	23.0	21.2	23.7	13.4	12.5	71	15.0	75	13.9	66	14.0	75	c. 5	c. 2	. . .	S.	S.E.
9	61.8	61.8	62.0	62.6	16.6	18.1	17.4	16.2	18.6	15.2	11.2	80	13.1	79	11.5	78	11.1	81	cc. 8	cm. 7	. . .	N.N.O.	N.O.
10	66.4	66.3	66.6	66.4	12.8	12.6	13.0	12.4	14.6	11.2	9.0	81	8.8	81	9.1	81	8.2	76	c. 4	cc. 5	. . .	N.O.	N.O.
11	66.4	65.8	65.6	65.2	11.0	13.4	13.6	13.8	13.9	8.0	8.2	83	9.4	82	9.5	82	9.9	84	cm. 10	cm. 9	1.40	S.E.	S.E.
12	64.9	63.7	62.9	62.6	12.3	16.4	17.2	17.2	19.5	12.8	9.7	90	12.7	86	13.4	86	13.1	84	cm. 10	cm. 7	. . .	S.E.	S.O.
13	64.3	64.5	64.8	65.2	17.5	18.7	18.4	18.2	19.4	16.1	13.1	83	13.8	86	11.5	73	14.3	92	c. 4	c. 2	2.25	S.O.	S.O.
14	66.8	66.4	66.1	66.2	17.5	18.0	18.1	17.4	19.0	16.3	13.4	90	12.6	88	13.3	86	13.0	88	cm. 9	cm. 10	1.30	S.O.	S.O.
15	65.2	65.0	64.9	64.6	13.4	17.6	18.6	16.3	18.9	12.6	13.4	88	13.2	88	14.4	90	12.4	89	cm. 10	cm. 10	. . .	N.O.	N.O.
16	63.7	62.8	62.4	61.7	16.6	19.1	19.0	18.2	19.3	15.1	13.4	94	13.6	83	13.8	84	14.3	92	cm. 8	cm. 7	. . .	N.O.	N.O.
17	62.8	62.5	58.8	60.2	18.4	22.8	22.3	20.6	23.8	15.1	12.7	80	13.1	63	13.7	69	14.1	78	cc. 7	cc. 4	. . .	N.O.	N.E.
18	59.9	60.0	60.0	59.6	19.2	23.6	23.1	19.8	23.9	14.9	13.7	83	18.3	85	17.0	84	14.9	87	c. 4	c. 6	. . .	N.E.	N.E.
19	62.2	62.9	62.7	62.8	19.6	19.6	19.3	18.5	21.1	14.3	10.8	64	12.8	76	12.1	72	12.1	77	cc. 10	cc. 7	. . .	N.E.	N.E.
20	62.5	62.3	62.0	62.1	16.9	18.4	21.0	17.1	21.5	14.8	10.8	75	11.5	73	12.6	68	10.7	73	cc. 7	cc. 6	. . .	N.E.	N.E.
21	59.8	59.2	58.6	58.6	16.8	18.8	18.6	17.0	19.3	14.0	12.2	91	11.8	73	12.5	78	13.2	92	cm. 9	cm. 10	2.20	N.N.E.	N.N.E.
22	60.9	60.5	59.2	57.4	19.6	22.2	23.6	20.0	24.1	13.9	13.1	77	15.5	77	16.9	78	14.1	81	c. 3	c. 5	. . .	N.E.	N.E.
23	56.4	56.0	56 6	57.9	20.4	23.5	19.2	18.0	24.0	13.9	14.5	81	14.1	65	11.9	72	12.0	78	c. 2	c. 3	. . .	S.O.	S.S.E.
24	60.5	60.3	59.4	59.4	18.2	21.4	21.1	17.8	21.5	13.1	13.1	63	11.4	61	11.6	55	10.7	71	cc. 5	cm. 4	. . .	S.E.	S.E.
25	63.3	63.3	62.7	62.9	20.4	23.6	23.0	19.8	23.9	16.2	12.0	68	12.9	60	11.4	54	13.0	76	c. 1	c. 3	. . .	S.E.	N.E.
26	63.6	62.7	63.1	63.3	17.5	23.0	22.3	18.6	23.1	12.8	11.9	80	14.6	69	13.9	69	13.4	84	cm. 6	cm. 9	5.45	O.S.O.	O.S.O.
27	65.1	64.4	64.1	64.5	17.0	19.4	19.6	18.2	23.0	14.0	13.2	92	12.9	77	11.1	65	13.1	84	c. 2	cc. 7	. . .	S.O.	S.O.
28	66.2	65.7	65.6	65.5	17.3	18.5	18.3	18.0	20.0	15.6	11.4	78	12.2	77	12.6	80	12.6	82	c. 4	cc. 5	. . .	N.E.	N.E.
29	65.2	64.0	63.6	63.2	12.5	13.2	12.6	12.0	14.0	10.0	7.8	72	8.0	71	7.4	68	7.0	67	cm. 6	cm. 9	. . .	N.E.	N.O.
30	66.6	66.4	65.0	65.1	8.3	8.9	8.4	7.0	12.9	5.5	4.7	57	4.6	54	4.9	59	6.0	80	cm. 9	cm. 10	1.20	N.E.	N.O.
31	65.3	65.8	66.4	67.3	4.8	2.6	4.0	4.2	4.8	1.9	4.8	74	5.1	93	5.1	83	5.2	83	cm. 8	cm. 10	0.02	N.O.	N.O.
Moyenn.																						Zone dominante	
Mois.....	763.26	762.96	762.56	762.55	16.66	18.63	18.62	17.13	19.96	13.32	11.60	79.0	12.48	76.2	12.17	74.2	12.11	81.3	5.6	5.9	15.17	N.E.	
1er au 10	762.94	762.76	762.50	762.39	18.12	19.40	19.60	18.35	20.80	14.20	12.15	78.5	13.28	77.6	12.67	74.6	12.62	79.7	3.9	3.9	1.35	N.O.	
11 au 20	763.87	763.59	763.02	763.02	16.24	18.76	19.06	17.71	20.03	14.00	11.92	83.0	13.10	81.0	13.13	79.4	12.88	84.4	7.9	6.8	4.95	N.E.	
21 au 31	762.99	762.57	762.21	762.28	15.71	17.74	17.34	15.51	19.15	11.90	10.08	75.7	11.19	70.6	10.85	69.2	10.94	79.8	5.0	6.8	8.87	N.E.	

Résumé des observations barométriques faites à Gallipoli, par M. le docteur Grellois, de juillet à octobre 1854.

ÉPOQUES.	MOYENNES ABSOLUES (1).						MOYENNES DES EXTRÊMES.				EXTRÊMES ABSOLUS.				
	9 h. du matin.	Midi.	3 h. du soir.	6 h. du soir.	Moyenne des quatre observ.	Différ. mensuelles.	Maxima.	Minima.	Différences.	Moyennes.	Maxima.	Minima.	Différences.	Maxima les plus bas.	Minima les plus élevés.
	mm.	mm.	mm.	mm.	mm.	mm.	mm.	mm.	mm.	mm.	mm.	mm.	mm.	mm.	mm.
Juillet.	758.13	757.79	757.37	757.22	757.62	+2.46	758.43	756.90	1.53	757.66	762.98	751.68	11.30	752.58	760.58
Août	60.61	60.26	59.85	59.59	60.08	+2.47	60.85	59.32	1.53	60.08	63.58	54.68	8.90	58.08	62.18
Septembre *. .	62.91	62.52	62.36	62.32	62.55	+1.46	63.26	61.85	1.41	62.55	68.58	54.18	14.40	55.78	67.68
Octobre	64.44	64.14	63.74	63.73	64.01		64.70	63.38	1.32	64.04	68.48	57.18	11.30	59.08	67.48
Moyennes des quatre mois. .	761.70	761.35	761.01	760.93	761.24	. . . .	761.81	760.36	1.45	761.08	765.90	754.43	11.47	756.38	764.48

(1) Conformément aux indications mentionnées à la page 53, les moyennes comprises dans ce tableau ont subi la correction de + 1mm,18, qui se trouve trop faible de 0mm,07, pour les ramener au niveau de la mer de Marmara à Gallipoli.

* Nous rappelons que les moyennes de septembre sont déduites d'une série incomplète d'observations. Le même fait se représente dans les résumés suivants, comme l'indique le signe * placé à la suite du mois de septembre.

Résumé des observations thermométriques faites à Gallipoli, par le même, de juillet à octobre 1854.

ÉPOQUES.	MOYENNES ABSOLUES.							MOYENNES DES EXTRÊMES.					EXTRÊMES ABSOLUS.				
	9 h. du mat.	Midi.	3 h. du soir.	6 h. du soir.	Moy. des quat. observ.	Moy. des 24 h. d'ap. Pad	Différ. mensuelles.	Maxima.	Minima.	Différences.	Moy. corrigées d'ap. Km	Différ. mensuelles.	Maxim	Minima	Différ.	Maxim les plus bas.	Minima les plus élevés.
	o	o	o	o	o	o	o	o	o	o	o	o	o	o	o	o	o
Juillet.	25.55	26.73	26.81	25.67	26.19	23.15	—1.40	28.36	20.63	7.73	24.00	—1.59	33.1	19.0	14.1	25.1	23.5
Août	23.70	25.48	25.62	24.38	24.80	21.75	—3.88	26.77	18.83	7.94	22.41	—4.70	34.2	15.6	18.6	23.9	22.5
Septembre *. .	18.78	20.33	20.81	19.62	19.88	17.87	—1.30	21.75	14.63	7.12	17.71	—1.42	28.0	9.5	18.5	16.3	20.1
Octobre. . . .	16.66	18.63	18.62	17.13	17.76	16.57		19.96	13.32	6.64	16.29		24.1	1.9	22.2	4.8	17.1
Moyennes des quatre mois. .	21.17	22.79	22.96	21.70	22.16	19.84	. . . .	24.21	16.85	7.36	20.40	. . . .	29.8	11.5	18.3	17.5	20.8

Résumé des observations psychrométriques faites à Gallipoli, par le même, de juillet à octobre 1854.

ÉPOQUES.	MOYENNES ABSOLUES.										MOYENNES DES EXTRÊMES.						EXTRÊMES ABSOLUS.					
	Tension de la vapeur d'eau.					Humidité relative.					Tens. de la vapeur.			Humid. relative.			Tens. de la vap.			Humidité relative.		
	9 h. du mat.	Midi.	3 h. du soir.	6 h. du soir.	Moy. des 4 obs.	9 h. du mat.	Midi	3 h. du soir.	6 h. du soir.	Moy des 4 obs	Max.	Min.	Diff.	Max.	Min.	Diff.	Max.	Min.	Diff.	Max.	Min.	Diff.
	mm.	mm.	mm.	mm.	mm.	o	o	o	o	o	mm.	mm.	mm.	o	o	o	mm.	mm.	mm.	o	o	o
Juillet.	15.25	15.75	15.95	16.47	15.85	71.5	64.0	61.9	67.7	66.3	17.51	14.29	3.22	73.7	59.1	14.6	21.4	10.6	10.8	88	34	54
Août.	14.54	15.55	15.58	15.01	15.17	64.8	63.5	63.7	65.8	64.4	16.61	13.93	2.68	69.4	59.8	9.6	27.9	9.1	18.8	86	41	45
Septembre *.	10.90	11.56	11.62	11.44	11.38	66.6	64.3	64.2	66.5	65.4	12.31	10.45	1.86	70.4	60.6	9.8	16.2	5.3	10.9	91	36	55
Octobre	11.60	12.48	12.17	12.11	12.09	79.0	76.2	74.2	81.3	77.7	12.98	11.10	1.88	83.3	71.9	11.4	18.3	4.6	13.7	94	54	40
Moyennes des quatre mois . . .	13.07	13.83	13.83	13.76	13.62	70.5	67.0	66.0	70.3	68.4	14.85	12.44	2.41	74.2	62.8	11.4	20.9	7.4	13.5	89.7	41.2	48.5

Résumé des phénomènes divers observés à Gallipoli, par le même, de juillet à octobre 1854.

ÉPOQUES.	VENTS. Nombre de jours où les vents ont soufflé (*moy. de deux observations quotidiennes.*)											DEGRÉ DE NÉBULOSITÉ DU CIEL. Nombre des j. (*moy. de deux obs. quot.*)					BROUILLARDS.	PLUIE.		ORAGES.
	Groupe A.				Groupe B.				Totaux des groupes.											
	N.O. et O.N.O.	N. et N.N.O.	N.E. et N.N.E.	E. et E.N.E.	S.E. et E.S.E.	S. et S.S.E.	S.O. et S.S.O.	O. et O.S.O.	A.	B.	Différence.	Sereins. — 0 à 2	Nuageux. — 3 à 5	Très nuag. — 6 à 8	Couverts. — 9 à 10	Nébul. moy. — 0 à 10		Quantités tombées.	Nombre de jours.	
																		mm.		
Juillet	. . . .	. . . .	5.0	20.0	5.5	0.5	. . .	. . .	25.0	6.0	—19.0	17.5	8.0	4.5	1.0	2.7	. . .	1.47	3	2
Août.	. . . .	1.5	14.0	11.0	3.5	. . .	1.0	. . .	26.5	4.5	—22.0	14.5	14.0	2.0	0.5	2.8	. . .	0.01	1	2
Septembre *. .	. . . .	. . . .	3.0	3.5	. . .	2.5	8.0	. . .	6.5	10.5	+ 4.0	7.0	7.0	2.5	3.5	4.1	. . .	10.20	2	. . .
Octobre. . . .	1.5	. . . .	14.0	11.0	3.5	. . .	1.0	. . .	26.5	4.5	—22.0	5.5	9.5	8.0	8.0	5.7	2	15.17	8	1
Totaux des quatre mois. . .	1.5	1.5	36.0	45.5	12.5	3.0	10.0	. . .	84.5	25.5	—59.0	44.5	38.5	17.0	13.0	3.8	2	26.85	14	5

Observations faites à Constantinople, de décembre 1854 à mars 1856, par M. le docteur Grellois.

M. le docteur Grellois, ayant quitté Gallipoli dans les premiers jours de novembre 1854, installa ses instruments dans une pièce du kiosque de Gulkhanè, qui est situé à la pointe du Saraï (1), et avait été concédé à l'administration de l'armée française en Orient, pour y établir un hôpital militaire.

Position astronomique de la station. — Le kiosque de Gulkhanè se trouve au N.E. de la mosquée de Sainte-Sophie, et diffère en latitude avec elle d'un quart à un tiers de minute ; sa latitude sera donc, en nombre rond, 41° 0′ 30″.

Description et altitude des instruments. — Outre les éléments météorologiques qu'il a étudiés à Gallipoli, M. Grellois a fait à Constantinople des observations sur la radiation solaire et sur les manifestations de l'ozone. Cette circonstance nous force à ajouter quelques renseignements à ceux que nous avons donnés, page 51, sur les instruments employés par ce savant.

La différence barométrique entre la station et le niveau du Bosphore était de 2 millimètres, ce qui représente, comme à Gallipoli, une altitude de 22 mètres environ.

Le cabinet où se faisaient les observations étant orienté au N.N.O., M. le docteur Grellois plaçait ses thermomètres le matin au N.O., le soir au S.E.

Le pluviomètre était établi dans la cour de Gulkhanè, loin des bâtiments, à une hauteur absolue de 18 mètres, comme à Gallipoli. En se reportant au journal météorologique placé à la suite des tableaux, on peut reconnaître quels sont les jours où la quantité d'eau tombée provient de la fusion de la neige ou de la grêle.

La station offrait les mêmes inconvénients que celle de Gallipoli pour étudier la direction du vent ; comme dans cette dernière localité, les observations ne donnent que sa direction dans un point circonscrit, où l'influence des côtes lui fait subir quelques inflexions. Nous ferons remarquer que, à partir de juin 1855, M. Grellois a commencé à indiquer par des chiffres (de 0 à 4) la force du vent.

L'instrument employé pour obtenir la radiation solaire consistait en un thermomètre bien réglé, placé dans un globe de cuivre noirci, et suspendu à une fenêtre exposée au midi. Cette sphère avait un diamètre extérieur de 10 centimètres, conformément aux indications de M. de Gasparin. Elle a été construite par Loiseau, qui a fabriqué les globes de cuivre dont le savant agronome a fait usage. Ainsi, les résultats obtenus par M. Grellois seront comparables à ceux de M. de Gasparin, lorsqu'ils auront été soumis aux calculs préalables (2). Les observations commencées en juin 1855 ne comprenant qu'une partie de l'année, nous les avons réunies dans un tableau particulier.

(1) C'est dans la cour qui précède le kiosque que fut proclamé le célèbre khatthy chérif de Gulkhanè (voyez tome Ier, page 149). Cette cour, ainsi que le kiosque, se trouve dans l'enceinte du vieux Saraï.

(2) *Annuaire de la Société météorologique de France*, t. Ier, p. 121, année 1853 ; *idem*, t. II, p. 65 : *idem*, t. III, p. 230, année 1855.

Le papier ozonoscopique employé par M. le docteur Grellois, de juillet 1855 à mars 1856, a été préparé par M. Schœnbein. Les bandelettes mises en expérience étaient fixées par des épingles, en plein air, à l'abri du soleil et de la pluie. Les deux observations principales avaient lieu, conformément aux indications de M. Schœnbein, le matin et le soir; en outre, M. le docteur Grellois étudiait l'ozonoscope à chacune de ses heures de lecture. Ces observations secondaires ne sont pas consignées dans ses tableaux; elles sont l'objet d'un travail particulier (1). Celles du matin et du soir, continuées pendant neuf mois seulement, forment un tableau spécial, de même que la radiation solaire.

Résumés des observations. — Les résumés ont été dressés d'après les principes que nous avons suivis pour construire les résumés des observations faites à Gallipoli (voyez page 52); il ne nous reste à faire qu'une remarque importante sur la correction barométrique adoptée par M. Grellois; selon M. Verrollot, cette correction de $+1^{mm},18$, appliquée aux moyennes des quatre observations quotidiennes faites à Constantinople, se trouve (par hasard) représenter exactement celle qu'il aurait fallu employer pour obtenir les moyennes des vingt-quatre heures, si l'instrument avait été placé à 22 mètres au-dessus du Bosphore, à Bébek; par conséquent, les moyennes mensuelles des quatre observations de la série obtenue à Constantinople par M. Grellois sont directement comparables à celles des trois observations de la série due à M. l'abbé Régnier. Voici les chiffres de M. Verrollot:

1° Pour réduire au niveau du Bosphore à la pointe du Saraï.	+2,00	+2,07
2° Pour l'erreur du thermomètre en réduisant à zéro.	+0,05	
3° Pour la quantité dont la moyenne des quatre heures observées se trouve au-dessous de la moyenne des vingt-quatre heures (voyez le détail, page 53).	+0,02	
4° Pour l'erreur du zéro de l'échelle.	—0,82	—0,89
5° Pour la différence du niveau du Bosphore, entre la pointe du Saraï et Bébek	—0,07	
Correction moyenne.		+1,18

En résumé, les moyennes des observations barométriques faites à Constantinople par M. le docteur Grellois doivent être augmentées de $0^{mm},07$, comme celles de Gallipoli, excepté dans le cas où l'on voudrait comparer les premières avec les moyennes de la série de Bébek, qui ont été ramenées au niveau du Bosphore (voyez page 47).

(1) Ce mémoire a été inséré dans l'*Annuaire de la Société météorologique de France*, t. V, p. 58, année 1857.

Jours du mois.	Baromètre à 0. 9 h. du matin.	Midi.	3 h. du soir.	6 h. du soir.	Thermomètre extérieur. 9 h. du matin.	Midi.	3 h. du soir.	6 h. du soir.	Max.	Min.	Psychromètre d'August. 9 h. matin. Tension.	Humid.	Midi. Tension.	Humid.	3 h. soir. Tension.	Humid.	6 h. soir. Tension.	Humid.	État du ciel. 9 h. du matin.	3 h. du soir.	Pluie.	Direction du vent. 9 h. du matin.	3 h. du soir.
Décembre 1854.																							
	mm.	mm.	mm.	mm.	°	°	°	°	°	°	mm.	°	mm.	°	mm.	°	mm.	°			mm.		
1	750.0	750.5	753.9	756.9	15.1	14.0	9.8	8.8	16.3	8.1	10.7	85	10.3	86	6.7	74	7.1	84	cm. 10	cm. 9	1.20	N.E.	N.E.
2	62.3	61.8	61.2	60.6	13.8	15.2	14.1	11.4	15.8	6.3	7.3	62	10.1	78	9.3	78	8.3	83	c. 2	c. 1	12.80	S.E.	S.E.
3	55.8	55.1	56.2	57.0	12.4	12.2	10.9	9.9	12.6	9.4	7.7	72	9.8	83	8.2	85	7.5	81	cm. 10	cm. 8	10.10	S.E.	S.E.
4	60.2	59.6	59.2	58.8	10.9	12.7	11.1	8.6	12.9	4.3	5.9	58	5.3	48	4.7	48	5.4	65	0	c. 4	...	S.O.	S.O.
5	58.7	58.7	58.5	58.8	8.4	13.0	11.5	10.0	13.3	6.2	6.2	76	7.1	64	6.9	69	7.3	75	c. 3	cm. 10	...	S.O.	S.O.
6	59.7	58.8	59.0	59.0	9.3	10.9	11.1	9.8	11.3	6.3	6.9	79	7.2	75	7.4	85	7.9	86	c. 3	cm. 10	3.90	N.O.	N.O.
7	62.4	62.3	62.9	63.7	9.8	12.8	11.2	10.6	13.1	6.4	7.6	84	6.5	59	7.5	75	7.8	82	c. 2	cm. 10	...	S.O.	S.O.
8	65.1	65.0	64.9	65.5	13.2	13.2	12.1	11.2	13.6	6.1	7.7	68	8.5	75	8.2	78	8.7	86	0	c. 2	...	S.O.	S.O.
9	63.8	63.5	62.8	62.2	13.7	15.5	15.1	14.9	15.6	10.0	8.5	73	8.7	66	9.1	72	8.7	75	c. 3	c. 2	...	N.O.	S.E.
10	58.6	58.1	58.0	58.5	14.0	15.3	14.9	14.2	15.4	11.7	8.2	69	8.1	62	8.8	70	8.6	72	cc. 10	cc. 10	0.00	S.E.	S.E.
11	56.9	56.7	56.3	57.4	14.7	17.2	17.3	16.2	17.6	10.0	8.7	70	7.1	46	8.3	56	8.4	61	cc. 9	c. 7	2.00	S.E.	S.E.
12	63.0	62.5	62.6	63.3	11.6	10.6	9.8	11.0	12.4	9.6	9.2	90	8.3	86	8.3	92	8.6	86	cm. 10	cm. 10	3.30	S.	S.
13	62.7	60.3	59.4	58.6	9.8	11.0	11.0	10.2	11.0	8 8	7.9	86	8.3	85	8.6	86	9.1	90	cc. 10	cm. 10	10.00	N.	N.
14	56.2	56.2	56.2	56.0	9.0	12.1	12.0	11.4	12.3	7.8	8.1	95	10.0	95	9.7	93	9.6	95	c. 4	cm. 10	9.90	N.	N.
15	56.8	56.5	56.0	55.6	7.4	8.0	8.6	8.8	8.9	6.2	6.9	91	7.1	89	7.4	89	7.5	89	cm. 10	cm. 10	3.10	N.	N.
16	56.4	56.0	55.9	55.6	10.9	12.0	12.3	11.2	12.9	5.2	6.0	61	6.5	63	7.9	74	8.0	80	c. 3	cc. 8	...	S.S.E.	S.S.E.
17	55.4	54.9	56.8	56.9	15.9	15.4	13.8	13.0	16.2	9.7	9.6	58	7.4	56	8.1	69	8.1	73	cm. 7	cm. 5	...	S.S.E.	S.S.E.
18	53.6	53.5	53.5	53.5	12.0	13.6	14.1	14.7	14.9	9.9	7.5	72	7.9	69	8.6	71	9.2	74	cc. 9	cm. 10	3.40	S.E.	S.E.
19	58.8	59.3	58.4	57.8	15.2	15.8	15.8	14.3	16.3	9.0	9.6	75	8.9	67	8.9	67	8.9	74	cc. 6	cm. 10	3.40	S.S.E.	S.S.E.
20	59.5	58.4	57.5	56.8	11.9	13.7	13.7	14.6	14.8	11.0	10.1	98	10 0	86	10.1	86	11.3	93	cm. 10	cm. 8	3.00	S.S.O.	S.S.O.
21	56.5	57.5	53.6	52.3	10.6	12.7	12.8	11.7	12.8	10.1	8.8	93	8.4	77	8.0	78	9.4	93	cc. 8	cm. 10	14.80	S.S.E.	S.S.E.
22	56.2	57.9	58.0	59.6	7.6	8.8	9.2	9.0	9.4	7.1	6.9	89	6.6	78	6.4	73	7.0	81	cm. 10	cc. 9	1.03	N.N.O.	N.O.
23	55.1	52.8	51.9	50.4	10.4	11.8	11.6	9.9	12.2	5.9	7.0	74	7.4	71	8.4	77	7.2	79	cm. 8	cc. 7	2.50	S.O.	S.O.
24	50.2	49.9	53.1	53.8	6.7	8.6	8.0	6.4	8.3	5.9	5.8	79	5.6	70	5.0	61	5.7	79	cm. 10	cc. 7	0.00	N.N.E.	N.N.E.
25	57.9	58.4	59.0	63.1	3.8	6.3	6.4	5.8	6.5	3.1	5.4	90	5.9	82	5.9	82	5.9	85	cc. 9	cc. 6	...	N.N.O.	N.O.
26	63.4	62.9	62.5	62.7	8.8	8.4	8.0	7.6	8.9	3.7	4.9	58	5.3	65	7.8	72	6.5	88	cm. 9	cm. 7	0.10	N.O.	N.O.
27	62.9	62.5	62.4	62.7	8.6	10.0	10.2	7.2	10.2	3.8	5.4	65	5.3	58	5.3	63	7.8	77	c. 4	cc. 6	...	N.N.O.	N.N.O.
28	60.4	60.3	60 2	60.5	9.8	11.3	11.4	9.0	11.6	2.1	6.3	69	7.8	77	7.3	77	7.4	86	c. 10	c. 3	0.35	N.N.O.	N.N.O.
29	61.8	61.9	63.0	65.4	12.3	14.3	10.4	9.0	14.4	2.1	8.9	83	8.2	67	7.1	74	7.2	84	c. 6	c. 9	0.80	O.N.O.	N.N.O.
30	69.6	69.3	69.2	69.4	7.2	8.1	6.7	6.4	8.1	6.2	6.6	85	6.5	86	6.5	88	6.3	88	cm. 10	cm. 10	3.00	N.	N.
31	67.5	66.3	64.4	64.9	9.2	7.4	9.2	6.2	9.4	4.9	6.2	69	6.5	85	5.7	66	5.6	79	c. 7	c. 2	...	N.	N.
Moyenn.																						Zone dominante.	
Mois....	759.27	758.95	758.92	759.27	10.77	11.98	11.42	10.42	12.53	7.00	7.50	76.6	7.63	72.7	7.62	75.1	7.81	81.4	6.8	7.4	88.68	N.O.	
1er au 10	759.66	759.34	759.66	760.10	12.00	13.48	12.18	10.94	13.94	7.48	7.67	72.6	8.16	69.6	7.68	73.4	7.73	78.9	4.3	6.6	28.00	S.O.	
11 au 20	757.93	757.43	757.26	757.15	11.84	12,94	12.84	12,54	13.73	8.72	8.36	79.6	8.15	74.2	8.59	78.3	8.87	81.5	7.8	8.8	38.10	S.S.E.	
21 au 31	760.14	759.97	759.75	760.44	8.64	9.74	9.45	8.02	10.16	4.99	6.56	77.6	6.68	74.2	6.67	73.7	6.91	83.5	8.3	6,9	22.58	N.O.	
Janvier 1855.																							
1	762.1	762.8	759.8	756.2	5.8	8.2	9.4	8.4	9.5	2.0	6.3	91	6.3	78	6.7	76	7.1	86	cc. 10	cc. 8	...	O.N.O.	S.O.
2	43.2	41.3	41.4	43.2	10.1	11.2	6.2	4.8	11.4	3.5	8.7	95	8.7	86	6.2	88	5.8	90	cm. 10	cm. 10		S.	S.S.E.
3	49.3	51.3	52.9	53.6	6.7	7.0	5.8	4.6	7.0	2.0	4.7	65	4.9	66	5.3	70	4.5	66	cc. 7	cc. 6	neige	S.O.	S.O.
4	58.6	58.8	59.2	60.0	3.8	4.7	4.1	2.8	4.8	-0.1	5.2	87	4.8	77	4.2	67	4.4	80	cc. 6	cm. 10	8.20	N.O.	N.O.
5	61.8	61.1	62.5	63.8	2.2	4.5	2.6	1.4	4.7	-0.2	4.1	75	4.3	67	4.7	86	4.5	89	cm. 9	cm. 10		S.E.	N.
6	67.5	68.5	68.9	73.5	4.1	3.8	2.5	2.0	4.3	-0.2	4.7	77	3.6	60	4.7	86	4.1	72	cm. 9	cm. 10	...	N.	N.
7	72.5	73.2	73.3	69.3	3.2	6.1	5.9	5.2	6.2	1.4	4.1	69	3.5	50	4.4	64	4.8	74	c. 5	cc. 5	...	N.N.O.	N.N.O.
8	73.5	75.6	73.2	72.4	7.8	9.4	9.2	7.6	9.5	3.7	5.1	64	5.8	66	6.4	73	6.4	80	cs. 5	cc. 8	...	N.	N.
9	69.8	69.6	69.1	68.4	6 0	7.0	6.8	8.2	8.2	3.9	5.5	79	6.4	85	5.9	79	7.0	86	cc. 10	cm. 10	...	S.O.	S.O.
10	73.0	70.2	63.8	63.4	7 6	9.4	9.2	9.8	9.9	5.5	6.3	80	7.4	84	7.3	84	7.9	86	cc. 9	cc. 6	...	S.E.	S.E.
11	60.1	58.2	58.8	58 7	5.0	5.4	8.2	2.2	8.2	2.2	4.5	96	5.7	84	5.9	97	4.6	100	cm. 10	cm. 10	...	S.E.	N.O.
12	61.3	61.7	61.6	62.2	0.6	1.2	1.2	1.0	1.3	-0.6	4.8	93	4.2	96	4.1	92	3.7	81	cm. 10	cm. 10		N.	N.
13	59.6	57.8	57.3	57.7	2.5	4.6	5.4	3.8	5 6	-3.1	4.1	75	4.2	65	5.3	78	3.5	57	cc. 10	cm. 9		S.S.E.	S.S.E.
14	62.2	62.9	63 5	64.5	0.0	1.6	2.7	1.0	2.9	-2.8	3.1	70	2.9	63	4.0	72	3.2	73	cc. 9	cm. 5	46.00	S.S.O.	S.S.O.
15	62.8	61.0	60.8	60.2	1.0	0.8	0.8	1.0	1.1	-2.8	3.0	66	2.3	88	4.5	92	4.1	85	cc. 10	cm. 10		N.O.	N.O.
16	57.4	59.4	61.5	64.0	2.1	2.8	0.8	2 8	2.9	0.0	4.8	96	4.0	72	4.1	85	3.9	89	cm. 10	cm. 10		N.O.	N.O.
17	71.6	71.9	70.9	71.0	-1.4	1.2	1.0	-1.0	1.3	-4.7	2.4	55	3.3	42	4.3	52	7.2	73	c. 3	c. 1	...	N.N.O.	N.N.O.
18	67.9	65.9	64.4	65.7	7.2	7.0	7.2	5.4	7.4	-2.9	3.1	70	4.3	57	5.4	61	4.9	58	c. 2	c. 3	...	S.E.	S.E.
19	65.7	65.5	65.4	65.1	8.7	9.4	9.2	7.8	9.4	4.0	4.2	85	4.2	55	5.3	61	5.5	70	c. 3	c. 6	...	S.E.	E.S.E.
20	67.4	66.8	66.2	66.4	6.2	8.8	7.8	6.4	9.0	4.8	3.2	73	4.2	63	4.5	57	5.9	82	c. 9	c. 2	...	E.	S.E.
21	65.5	65.8	65.8	65.5	7.7	8.8	7.8	7.2	9.0	3.6	5.0	64	5.5	65	6.1	77	5.0	65	cs. 4	c. 9	2.30	S.S.E.	S.
22	64.2	63.5	63.2	62.9	7.2	10.2	9.4	7.2	10.4	4.9	6.5	85	6.2	68	6.5	73	5.8	77	cs. 9	c. 9	5.40	N.O.	N.
23	61.3	60.9	61.1	61.9	7.1	7.6	6.4	6.2	7.6	5.4	6.3	85	6.2	80	6.1	85	5.8	82	cm. 10	cm. 10	0.90	N.O.	N.O.
24	65.9	65.9	66.3	67.2	5.1	5.8	5.8	6.0	5.8	4.0	5.3	81	6.5	94	6.7	97	6.6	94	cm. 10	cm. 10	3.15	O.S.O.	O.S.O.
25	64.8	64.3	68.7	67.9	4.8	5.8	5.8	5.2	5.8	3.7	4.8	74	4.8	70	5.2	75	5.6	84	cc. 10	cc. 9	...	N.E.	N.E.
26	65.4	63.2	62.7	62.0	5.9	9.7	9.0	6.4	10.0	2.3	4.3	66	5.9	66	5.6	65	5.7	75	c. 2	c. 1	2.50	N.E.	N.E.
27	57.0	56.8	56.1	55.0	6.0	11.1	10.2	8.4	11.2	0.6	5.7	82	5.8	59	6.0	66	7.9	83	cs. 6	cc. 8	13.30	N.E.	N.E.
28	60.9	59.5	58.5	55.2	5.0	6.3	6.0	4.6	6.4	2.8	5.5	84	4.2	59	6.8	69	4.6	71	cm. 10	cc. 10	0.00	N.E.	N.E.
29	50.2	48.8	48.4	51.5	6.2	6.8	6.6	4.6	6.8	3.2	6.7	94	7.2	97	7.3	100	6.4	100	cm. 10	cm. 10	...	N.N.E.	N.N.E.
30	58.6	59.5	58.2	58.1	3.7	5.9	5.8	5.0	6.2	2,0	5.3	90	5.5	78	5.4	78	5.5	78	cm. 10	cm. 9	...	N.E.	S.E.
31	60.4	60.6	60.8	60.9	5.6	7.6	7.2	5.0	7.7	2.1	6.4	94	6.3	85	6.5	85	6.1	94	cm. 6	cc. 5	...	N.N.E.	N.E.
Moyenn.																						Zone dominante.	
Mois....	762.63	762.65	762.07	762.17	4 95	6.44	6.00	4.87	6.82	1.62	4.96	79.3	5.13	71.8	5.53	77.1	5 42	80.0	7.8	7.7	81.75	Variable.	
1er au 10	763.13	763.24	762.41	762.38	5.73	7.13	6.17	5.48	7.55	2.15	5.47	78.2	5.57	71.9	5.58	77.3	5.65	80.9	8.0	8.3	8.20	N.O.	
11 au 20	763.60	764.11	763.04	763.55	3.19	4.28	4.43	3.04	4.91	-0.59	3.72	77.9	3.93	68.5	4.74	74.7	4 65	76.8	7.6	6.6	46.00	S.E.	
21 au 31	761.29	760.80	760.89	760.74	5.85	7.78	7.27	5.98	7.90	3.14	5.62	81.7	5.83	74 6	6.20	79.1	5.90	82.1	7.9	8.2	27.55	N.E.	

JOURS DU MOIS.	BAROMÈTRE À 0.				THERMOMÈTRE EXTÉRIEUR.						PSYCHROMÈTRE D'AUGUST.								ÉTAT DU CIEL.		PLUIE.	DIRECTION DU VENT.	
	9 h. du matin.	Midi.	3 h. du soir.	6 h. du soir.	9 h. du matin.	Midi.	3 h. du soir.	6 h. du soir.	Max.	Min.	9 h. matin. Tension.	9 h. matin. Humid.	Midi. Tension.	Midi. Humid.	3 h. soir. Tension.	3 h. soir. Humid.	6 h. soir. Tension.	6 h. soir. Humid.	9 h. du matin.	3 h. du soir.		9 h. du matin.	3 h. du soir.
Février 1855.																							
	mm.	mm.	mm.	mm.	°	°	°	°	°	°	mm.	°	mm.	°	mm.	°	mm.	°			mm.		
1	760.5	759.0	756.0	756.8	5.4	8.8	8.7	7.2	8.9	2.0	6.1	91	6.1	71	6.8	81	6.9	91	c. 2	cc. 10	15.00	E.S.E.	S.O.
2	57.4	57.6	57.4	58.2	3.6	4.8	5.4	3.2	5.7	0.9	5.3	90	5.6	87	5.1	75	4.8	83	cm. 10	c. 5	0.30	E.	N.
3	63.7	64.9	66.2	68.2	1.0	0.6	-1.0	-1.0	1.3	-0.7	4.5	93	4.4	92	3.8	85	3.4	80	cm. 10	cm. 10	0.30	N.	N.E.
4	68.9	68.6	66.4	66.0	1.8	5.4	5.1	1.2	5.7	-1.5	3 5	67	3.6	54	3.9	59	4.2	85	cc. 7	c. 3	. . .	N.E.	N.E.
5	58.8	56.2	54.5	53.5	3.8	7.6	7.6	5.1	7.6	-1.0	5.2	87	5.2	66	5.2	66	5.5	84	cc. 10	cc. 8	1.25	N.E.	S.O.
6	54.6	54.9	54.2	54.9	9.6	11.0	12.9	9.6	13.4	1.8	7.3	81	8.1	83	8.3	75	8.0	89	c. 2	c. 3	. . .	S.O.	S.O.
7	59.4	58.9	57.8	58 4	11.4	13.0	12.4	11.2	13.3	6.9	8.0	78	8.3	75	8.5	79	8.4	85	cc. 10	c 8	2.60	S.S.O.	S.O.
8	59.1	59.7	59.4	60.2	11.8	12.6	14.6	10.0	14.8	8.3	7.8	76	8.3	77	8.0	67	7.0	76	c. 3	c. 3	. . .	S.O.	S.O.
9	61.8	61.1	59.5	60.8	9.8	13.4	12.6	11.0	13.9	3.7	8.6	84	8.1	71	8.6	79	8.6	86	c. 2	c. 9	0.50	S.O.	S.O.
10	55.8	54.0	52.9	50.1	9.8	13.4	11.9	11.5	13.6	8.3	8.1	89	8.9	77	8.3	83	9.1	90	c. 8	cm. 10	19.90	N.E.	S O.
11	55.1	55.4	55.2	57.7	6.0	8.0	9.6	6.2	10.0	5.8	4.9	70	6.7	83	6.8	76	5.8	82	cm. 10	c. 3	. . .	S.O.	N.E.
12	58.3	56.5	55.0	54.7	10.7	14.2	14.8	11.6	15.1	3.1	8.1	84	7.9	65	8.2	66	9.7	76	cc. 9	c. 8	. . .	S.E.	S.S.O.
13	55.3	55.9	56.1	56.0	12.4	16.0	17.0	14.0	17.4	8.6	7.7	72	9.3	69	9.6	67	9.0	76	c. 3	c. 7	. . .	S.E.	S.S.E.
14	57.2	55.5	54.5	54.0	14.2	17.6	18.0	15.2	18.1	9.2	8.1	67	6.9	59	7.9	52	7.8	60	c. 7	c. 3	. . .	S.S.O.	N.E.
15	48.7	46.3	44.2	46.1	15.8	18.1	18.0	16.2	18.6	10.3	6.1	46	7.5	48	7.3	47	7.2	52	c. 10	c. 4	. .	S.	S.
16	52.9	54.0	54.4	55.2	12.0	11.8	12.0	10.4	12.4	10.4	9.7	83	7.8	76	7.0	67	5.7	60	c. 9	cc. 10	. . .	S.	S.O.
17	63.2	62.5	61.4	62.3	5.8	8.4	11.7	5.8	11.8	3.2	5.4	78	5.3	65	5.2	50	5.4	78	cc. 3	cs. 6	. . .	N.E.	S.O.
18	60 8	60.4	58.7	56.5	5.0	9.4	12.3	9.7	12.3	0.3	5.7	87	4.3	71	5.5	52	5.8	64	c. 1	cc. 7	. . .	S.S.O.	S.O.
19	54.9	54.1	53.3	52.4	9.6	14.5	14.8	13.2	15.0	0.5	7.0	64	8.1	65	8.0	63	8.2	73	c. 7	cc. 10	. . .	S	S.
20	65.6	66.1	66.7	68.1	0.1	0.6	-0.4	0.1	0.6	-2.1	4.6	100	4.6	100	3.9	85	3.5	88	cm. 10	cm. 10	18.60	N.E.	N.E.
21	62.9	61.1	59.4	58.4	1.5	3.6	6.0	2.6	6.3	-2.9	3.8	74	3.6	66	3.5	50	4.0	72	cm. 10	cc. 7	n3.60	N.E.	N.E.
22	57.5	57.2	58.1	59.1	2.9	5.0	3.8	1.4	5.4	0.2	5.0	89	5.5	84	5.0	80	4.6	93	c. 10	cc. 9	n1.00	N.E.	E.
23	63.0	62.9	62.4	63.1	3.1	3.6	4.7	2.6	5.0	0.0	4.4	76	4.2	70	4.4	69	4 2	75	cc. 9	cc. 9	. . .	N.E.	E.
24	64.6	64.4	63.5	63.4	2.2	6.0	9.4	6.0	9.9	-2.5	3.5	64	5.3	75	5.0	76	5.2	73	c. 1	c. 3	. . .	E.	E.
25	65.4	66.0	65.3	64.7	4.6	9.0	9.2	7.0	7.6	1.2	5.1	75	5.0	58	7.6	70	5.7	82	0	c. 6	. . .	E.	E.
26	60.2	58.0	56.0	56.9	8.0	16.2	15.4	12.0	16.4	2.5	6.2	77	6.2	45	7.4	56	7.7	74	c. 2	c. 8	. . .	E.	E.
27	53.9	52.7	52.2	51.7	11.8	16.2	15.6	14.1	16.3	2.5	7.8	76	7.4	55	8.5	64	8.6	71	c. 8	c. 9	3.60	S.S.O.	S.S.O.
28	52.6	53.1	53.8	53.6	10.8	13.9	13.6	11.4	14.3	2.6	8.2	85	8.3	71	8.2	71	8.3	83	cc. 8	cc. 9	1.60	S.O.	O.S.O.
Moyenn.																						Zone dominante.	
Mois....	759.00	758.43	757.66	757.89	7.30	10.10	10.56	8.16	11.10	2.91	6 27	78.7	6.45	70.6	6.63	68.2	6.51	77.9	6.4	7.0	68 25	S.O.	
1er au 10	760.00	759.49	758.43	758.71	6.80	9 06	9.02	6.90	9.82	2.87	6 44	83.6	6.66	75.3	6.65	74.9	6.59	84.9	6.4	6.9	39.85	S.O.	
11 au 20	757.20	756.67	755.95	756.30	9.16	11.86	12.78	10.24	13.13	4.93	6.73	75.1	6.84	70.1	6.94	62.5	6.81	70.9	6.9	6.8	18.60	S.O.	
21 au 28	760.01	759.42	758.84	758.86	5.61	9.19	9.71	7.14	10.15	0.45	5.50	77.0	5.69	65.5	6.20	67.0	6.04	77.9	6.0	7.5	9.80	N.E.	
Mars.																							
1	758.6	761.6	763.8	764.9	8.2	8.0	4.0	3.4	8.4	3.2	6.4	81	4.7	50	5.1	83	4.1	70	c. 7	c. 10	. . .	S.O.	N.N.E.
2	64.0	63.9	62.7	61.9	3.0	5 6	9.8	3.8	9.9	-1.2	3.6	63	3.5	51	3.3	37	4.0	67	c. 2	c. 1	. . .	N.E.	S.O.
3	59.4	59.0	58.9	58 8	7.2	10.8	10.1	8.2	11.2	0.5	5.7	74	5.6	58	6.4	70	6.3	78	c. 3	cc. 10	. . .	S.O.	S.S.O.
4	61.8	62.1	61.8	61.6	9.4	12.8	12.6	12.0	12.9	3.2	7.4	84	7.5	68	7.3	68	7.0	67	c. 1	c. 7	. . .	S.S.O.	S S O.
5	61.0	61.7	61.1	60.3	11.2	15.1	14.8	11.9	15.4	3.9	7.2	73	7.8	55	7.2	58	6.8	67	c. 3	c. 9	. . .	S.E.	S.E.
6	59.7	59.9	58.5	58.1	11 2	14.6	15.2	11.5	15.4	4.5	7.5	75	7.4	60	7.6	63	7.9	78	c. 1	c. 9	. . .	S.S.O.	S.E.
7	59.5	59.4	59.1	58.6	9.2	11.3	11.4	9.9	11.8	7.3	7.5	86	8.0	80	8.3	83	7.7	84	cc. 10	c. 10	. . .	E.S.E.	E.S.E.
8	57.4	56.1	54.8	54.6	7.8	9.7	10.4	8.0	10.7	5.8	7.0	89	7.5	84	7.3	77	6.9	86	c. 10	cm. 9	. . .	E.	N.E.
9	51.9	50.8	50.1	50 1	8.7	14.1	16.6	11.0	14.6	5.9	6.9	76	8.4	71	8.8	72	8.1	83	c. 10	cc. 7	5.10	N.E.	S.S.O
10	49.4	49.8	49.5	49.9	11.4	13.3	16.0	12.3	16.1	8.1	8.3	83	8.5	75	8.7	63	8.1	76	cc. 4	cc. 8	. . .	S S.O.	S.O.
11	53.5	53.4	52.3	50.9	11.1	13.9	14.1	12.6	14.4	7.3	7.9	80	8.8	70	8.8	74	8.8	81	0	cm. 9	6.00	S.S.O.	S.S.O.
12	39.4	38.4	38.6	41.1	13.3	13.6	11.0	10.2	13.8	10.0	7.8	68	7.1	66	8.8	80	6.7	72	c. 4	cm. 10	11.55	S.S.O.	S.S.O.
13	47.2	47.8	48.1	48.2	8.7	10.5	10.7	10.2	11.1	3.2	6.8	81	7.1	74	6.7	70	6.7	72	cm. 4	c. 7	. . .	S.S.E.	S.S.O.
14	46.6	48.0	47.7	47.7	13.0	11.9	12.2	10.7	12.3	7.2	7.5	68	8.4	80	7.6	72	7.2	75	cc. 10	cm. 10	1.95	S.E.	S.
15	43.8	44.5	46.2	47.7	13.1	13.6	12.4	6.7	13.9	7.3	6.2	62	8.0	69	9.2	86	7.3	100	cm. 10	cm. 10	20.70	S.E.	S.E.
16	50.4	52.1	52.0	52.9	4.9	5.0	5.2	6.8	7.3	2.5	6.1	93	6.4	94	6.6	100	7.4	100	cm. 10	cm. 10	9.60	O.	S.O.
17	59.8	61.3	61.3	61.3	6.2	5.6	6.4	6.6	6.7	3.0	5 6	79	5.8	85	5.9	82	5.6	77	cm. 10	cm. 10	0.05	N.N.O.	N.N.O.
18	62.1	62.3	62.8	63.7	8.6	10.0	8.4	6.4	10.6	2.8	6.7	81	6.6	72	7.1	86	6.1	85	cm. 8	cm. 10	1.90	O.	O.
19	63.6	62.9	60 6	59.8	7.6	10.2	10.6	9.8	10.9	1.1	6.6	85	6.5	70	6.4	68	6.2	69	cm. 4	c. 6	4.50	S.O.	S.O.
20	59.7	60.9	60.8	60.5	8.4	8.0	11.4	11.3	11.8	1.3	6.7	76	6.4	81	6.9	69	7.1	71	cm. 10	cm. 10	0.05	N.N.E.	O.
21	59.8	58.4	56.4	56.9	9.6	12.7	16.8	13.4	17.6	2.5	8.4	95	8 9	81	8.6	61	8.3	73	c. 1	c. 3	. . .	S.O.	S.O.
22	56.4	55.5	55.3	54.9	11.3	16.4	17.2	13.4	17.6	9.0	9.7	97	8.6	63	8.3	57	8.3	77	c. 7	cm. 6	. . .	S.S.O.	S.S.O.
23	54.4	52.7	54.2	54.2	15.3	17.7	19.0	15.3	19.2	11.1	8.7	68	9.4	63	9.7	60	8.8	68	c. 9	c. 8	. . .	S.O.	S.O.
24	53.1	52.9	52.8	54.6	18.0	19.4	19.8	17.9	20.1	11.2	8.8	56	9.5	57	9.5	59	9.1	60	c. 3	c. 10	. . .	S.	S.
25	52.7	60.9	59.7	59.6	15.0	19.4	22.2	18.4	22.6	9.0	11.3	89	9.9	60	10.2	50	10.6	67	c. 2	c. 5	. . .	S.	S.E.
26	58.2	57.8	58.7	59.3	17.5	22.0	24.5	20.0	25.7	9.1	9.6	65	13.2	67	8.6	38	8.3	47	c. 1	c. 9	. . .	S.	S.
27	61.0	60.8	60.4	61.0	17.9	21.3	21.8	18.1	21.9	9.1	10.5	69	9.3	49	10.0	51	7.9	52	c. 3	c. 3	. . .	S.E.	S.O.
28	64.0	63.4	62.7	62.5	15.0	19.2	21.4	17.8	19.5	9.4	9.2	72	9.9	60	9.1	48	9.6	63	c. 1	c. 1	. . .	S.	S.S.O.
29	59.9	59.2	58 6	58.1	13.8	18.4	19.3	15.8	18.8	8.8	8.9	76	9.8	62	10.8	64	8.8	66	c. 4	c. 8	5.70	S.O.	S.O.
30	61.0	60.6	60.1	61.0	15.7	16.6	16.7	15.6	17.0	12.8	9.1	69	8.5	61	8.3	58	8.5	64	c. 6	c. 2	. . .	S.O.	E.N.E.
31	66.7	67.3	67.6	68.1	10.3	11.2	11.4	8.7	11.5	7.5	7.4	80	6.3	63	6.8	67	5.7	67	cc. 5	cc. 7	. . .	N.N.E.	N.N.E.
Moyenn.																						Zone dominante.	
Mois....	756.65	756.95	756.68	756.86	11.02	13.29	13.98	11.54	14.54	6.01	7.65	77.2	7.85	68.0	7.87	66.9	7.42	73.0	5.3	7.6	67.10	S.O.	
1er au 10	758.27	758.43	758.03	757.88	8.73	11.53	12.09	9.20	12.64	4.12	6.75	78.4	6.89	66.1	7.00	67.4	6.69	75.6	5.1	8.0	5.10	S.O.	
11 au 20	752.61	753.16	753.04	753.38	9.49	10.23	10.24	9.13	11.28	4.57	6.79	77.3	7.11	76 1	7.40	78.7	6.91	80.2	7.0	9.2	56.30	S.O.	
21 au 31	758.84	759.05	758.77	759.11	14.49	17.66	19.10	15.85	19.23	9.05	9.24	76.0	9.39	62.4	9.08	55.7	8.54	64.0	3.8	5.6	5.70	S.O.	

JOURS DU MOIS.	BAROMÈTRE A 0.				THERMOMÈTRE EXTÉRIEUR.						PSYCHROMÈTRE D'AUGUST.								ÉTAT DU CIEL.		PLUIE.	DIRECTION DU VENT.	
	9 h. du matin.	Midi.	3 h. du soir.	6 h. du soir.	9 h. du matin.	Midi.	3 h. du soir.	6 h. du soir.	Max.	Min.	9 h. matin.		Midi.		3 h. soir.		6 h. soir.		9 h. du matin.	3 h. du soir.		9 h. du matin.	3 h. du soir.
											Tension.	Humid.	Tension	Humid.	Tension.	Humid.	Tension.	Humid.					
											Avril 1855.												
	mm.	mm.	mm.	mm.	o	o	o	o	o	o	mm.	o	mm.	o	mm.	o	mm.	o			mm.		
1	772.5	773.0	772.8	772.8	8.1	9.5	9.2	8.1	9.8	4.4	5.4	67	4 6	54	4.8	56	5.2	64	cm. 10	cm. 10	...	N.N.E.	N.N.E.
2	65.2	68.7	66.1	64.2	8.3	11.0	10.1	8 3	11.5	5.1	5.5	67	5.1	62	5.0	54	5.4	67	c. 8	cc. 9	...	N.E.	N.E.
3	60.2	59.3	58.5	58.2	10.6	11.8	13.0	8.7	13.3	5.5	6.9	72	6.9	67	7.3	66	6.4	76	cc. 9	c. 8	...	N.E.	N.N.O.
4	55.7	55 5	55.6	56.1	10.4	12.4	13.0	11.1	13.1	6.1	6.6	70	7.5	70	6.6	59	6.5	65	cc. 9	c. 7	...	N.N.O.	N.N.O.
5	58.1	57.4	56.9	59.2	9.5	14.3	15.1	14.9	15 3	4.2	7.0	79	7.6	63	8.0	61	8.6	53	c. 1	c. 1	...	E.N.E.	E.
6	59.5	58.6	57.7	58.3	14.1	18.3	20.3	19.4	20.8	8.2	8.3	69	7.3	46	8.4	49	10.2	61	c. 3	c. 1	...	E.	S.
7	59.2	58.3	57.9	57.5	16.3	18.6	21.0	16.9	21.7	8.6	8.5	61	9.9	63	9.9	54	9.7	68	c. 8	c. 8	0.00	S.S.O.	E.
8	50.4	47.8	46.5	46.8	15.2	20.3	13.6	11.8	21.0	11.3	8.8	68	10.2	57	8.7	75	9.3	90	cm. 10	cm. 10	7.60	E.N.E.	N.E.
9	48.9	49.3	49.9	50.6	12.7	14.2	13.6	13.9	14.5	9.5	8.4	77	8.9	74	8.8	77	8.9	70	cs. 9	c. 10	5.50	S.S.O.	E.S.E.
10	52.2	52.0	51.3	52.5	10.7	8.4	9.7	9.4	11.3	9.5	7.7	80	7.0	83	7.1	79	7.2	81	cm. 10	cm. 10	...	E.S.E.	E.
11	49.9	49 6	48.3	47.3	12.2	15.5	15.8	14.0	16.0	5.9	8.4	80	8.7	66	6.7	64	8.5	71	cc. 3	cc. 6	3.50	S.S.O.	S.S.O.
12	42.3	44.0	44.6	45.3	14.8	9.4	10.2	11.4	14.9	11.1	7.5	60	8.6	97	7.8	84	7.4	73	cm. 10	cm. 10	16.60	S.O.	S.O.
13	51.3	53.2	54.1	56.3	8.0	9.4	10.5	10.0	10.8	4.5	7.1	89	7.0	79	7.1	74	7.0	76	cm. 10	cm. 10	3.80	S.O.	O.S.O.
14	59.5	59.9	59.5	59.2	12.1	13.0	13.2	13.0	13.2	8.2	7.8	74	7.7	70	7.7	68	8.2	75	c. 8	cm. 7	1.00	N.N.E.	N.N.E.
15	60.9	61.1	61.0	61.2	11.5	14.0	13.6	11.4	14.6	8.1	6.4	63	6.7	57	7.2	62	7.1	71	cc. 7	cc. 8	1.40	N.O.	N.E.
16	60.1	59.7	59.6	59.2	8.6	11.6	11.7	10.6	12.0	6.9	7.8	100	8.0	78	7.1	69	7.4	77	c. 10	cc. 7	2.60	N.	N.N.E.
17	59.9	60.0	60.0	59.7	10.9	10.0	11.0	9.2	11.4	6.8	7.5	77	7.7	84	7.4	75	7.5	86	cm. 10	cm. 10	...	N.N.E.	N.N.E.
18	59.5	58.8	58.0	57.2	10.7	12.2	12.6	11.1	12.9	7.1	7.9	82	7.8	74	8.4	77	7.4	75	cm. 10	cm. 3	...	N.N.E.	N.N.E.
19	57.6	58.6	59.2	60.3	8.8	11.2	11.4	7.3	11.9	7.0	6.9	76	8.0	80	8.3	83	6.9	95	cm. 10	cm. 10	4.30	N.N.E.	N.N.E.
20	62.7	63.0	63.0	63.5	9.2	9.7	9.6	9.5	10.0	5.1	5.9	69	5.8	64	5.3	58	5.2	58	cm. 10	cm. 8	0.00	N.N.E.	N.E.
21	62.1	62.0	61.6	61.0	10.9	12.4	12.2	12.0	13.0	3.5	7.3	75	6.8	63	6.4	61	5.6	54	cc. 3	cm. 1	...	N.N.E.	N.E.
22	60.2	59.6	59.1	58.7	11.4	12.7	14.4	14.0	13.1	4.7	6.9	69	7.6	70	5.3	44	7.0	58	cm. 9	cm. 7	...	N.N.E.	N.N.E.
23	60.3	61.0	60.2	60.2	11.6	11.5	11.2	10.0	11.9	5.3	6.6	67	6.7	67	7.1	73	7.3	79	cm. 10	c. 4	0.00	N.N.E.	N.E.
24	57.5	55.9	55.5	54.7	11.7	14.5	14.0	11.6	15.0	5.4	7.1	73	7.6	61	9.0	76	7.5	73	c. 2	cc. 8	0.00	N.N.E.	S.O.
25	50.2	49.6	52.2	53.1	13.6	20.3	19.8	16.2	22.1	5.4	9.2	80	9.6	54	10.5	61	9.2	67	cc. 5	c. 3	0.06	S.O.	S.O.
26	50.0	50.8	51.3	51.9	13.8	16.4	16.9	16.0	17 2	9.8	6.9	58	7.3	53	7.4	52	6.0	44	cc. 10	cm. 10	...	S.E.	S.O.
27	51.2	50.6	49.7	47.9	13.1	13.6	12.6	12.4	13.7	7.5	8.2	73	8.0	69	8.1	74	8.7	81	cm. 9	cm. 9	5.40	S.O.	S.O.
28	49.1	49.3	49.6	50.0	11.8	12.2	12.8	11.8	13.2	8.2	8.3	80	9.3	87	8.2	75	6.9	67	cm. 9	cm. 10	3.80	S.O.	S.O.
29	56.0	56.6	56.6	56.6	12.0	14.0	14.4	13.6	14.6	7.3	7.7	77	8.7	74	9.8	80	8.7	75	cm. 9	cm. 8	3.00	S.O.	S.S.O.
30	59.6	59.5	59.1	58.8	12.6	14.4	18.2	17.4	19.3	7.0	7.8	72	4.5	60	9.3	60	8.5	57	c. 1	c. 1	...	S.S.O.	S.S.O.
Moyenn.																						Zone dominante.	
Mois....	756.73	756.76	756.51	756.61	11.51	13.23	13.49	12.76	14.44	6.91	7.41	73.5	7.57	68.2	7.62	66.7	7.51	70.2	7.7	7.1	58.56	N.E.	
1er au 10	758.19	757.99	757.32	757.62	11.59	13.88	13.86	12.25	15.28	7.24	7.31	71.0	7.50	63.9	7.46	63.0	7.74	69.5	7.7	7.4	13.10	N.E.	
11 au 20	756.37	756.79	756.73	756.92	10.68	11.60	11.96	10.75	12.77	7.07	7.32	77.0	7.60	74.9	7.30	71.4	7.26	75.7	8.8	7.9	33.20	N.E.	
21 au 30	755.62	755.49	755.49	755.29	12.25	14.20	14.65	13.50	15.31	6.41	7.60	72.4	7.61	65.8	8.11	65.6	7.54	65.5	6.7	6.1	12.26	S.O.	
											Mai.												
1	759.7	760.2	759.8	759.3	14.1	15.0	18.6	16.4	19.2	9.2	10.3	80	8.9	70	11.4	72	9.6	69	c. 2	c. 3	...	S.S.O.	S.S.O.
2	58.4	58.9	58.7	58.6	17.0	18.4	19.6	14.7	20.0	12.6	8.2	57	10.1	64	10.3	75	8.8	72	c. 10	c. 8	...	S.S.O.	N.E.
3	62.1	62.0	61.8	61.6	15.2	15.8	16.2	14.0	17.1	11.8	8.8	68	9.2	69	10.0	73	9.2	78	c. 3	c. 4	...	N.E.	N.E.
4	62.6	62.2	61.7	61.6	15.8	20.1	22.6	18.6	23.1	12.2	9.7	73	8.3	47	9.2	45	9.9	63	c. 1	c. 2	...	S.S.O.	S.S.O.
5	61.9	62.2	59.9	58.8	18.4	22.0	24.9	21.1	25.1	13.4	10.9	69	11.4	58	12.2	56	10 9	58	c. 2	c. 1	...	S.S.O.	S.S.O.
6	58.0	56.8	55.8	55.3	19.6	22.1	24.8	22.0	25.3	14.1	10.8	64	9.7	49	9.7	42	10.8	55	c. 10	cc. 9	...	S.S.O.	S.S.O.
7	56.5	55.6	54 9	55.5	21.4	22.6	23.2	19.2	23.6	16.3	12.0	63	12.2	60	8.9	42	9.8	60	c. 2	c. 1	...	N.N.E.	N.E.
8	57.0	56.4	55.5	54.4	18.0	18.8	19.2	16.0	19.4	17.1	10.0	65	10.9	67	10.7	64	10.8	81	c. 1	c. 1	0.00	N.E.	N.E.
9	48.2	46.4	47.5	46.7	18.1	21.0	19.6	16.2	21.8	15.4	11.1	72	12.9	70	12.2	72	12.5	91	cc. 10	c. 8	6.80	N.E.	S.S.O.
10	50.5	51.3	52.8	52.2	16.6	18.3	18.2	16.4	18.9	14.0	10.6	75	10.5	67	11.0	71	10.7	79	cc. 9	c. 6	1.00	S.O.	S.O.
11	53.5	53.1	53.8	54.4	19.2	19.7	20.0	17.6	20.4	16.4	10.6	63	11.3	67	12.0	69	10.5	71	cc. 8	cc. 6	1.20	S.O.	S.O.
12	57.3	58.4	58.3	58.2	18.6	19.7	21 3	18.4	22.0	14.0	11.4	72	11.1	65	12.1	65	11.8	75	cc. 6	c. 2	...	S.O.	S.O.
13	61.0	61.1	60.0	59.2	18.0	21.2	23.8	23.4	24.1	15.2	10.3	67	10.5	57	13.1	60	12.4	58	c. 1	c. 1	...	O.S.O.	O.S.O.
14	59.2	59.0	57.2	56.7	19.3	21.6	22.4	21.2	22.8	15.3	11.1	67	11.1	59	12.4	62	11.2	61	c. 1	c. 2	...	S.O.	S.O.
15	56.2	55.8	55.1	54.7	19.0	23.4	23.8	22.6	24.3	16.3	11.1	68	14.0	65	12.1	55	9.8	48	c. 3	c. 8	...	S.E.	S.S.O.
16	56.8	56.8	57.0	56.8	21.2	22.3	24.3	20.7	24.6	16.0	12.8	69	11.9	59	11.0	49	9.4	51	c. 9	c. 7	...	S.O.	S.O.
17	59.9	60.3	59.8	59.6	20.8	23.7	26.8	23.2	27.2	16.2	12.4	68	12.7	58	12.2	46	12.2	58	0	c. 1	...	S.O.	S.O.
18	57.3	56.7	55.2	54.3	20.4	24.2	24 8	21.8	25.3	15.2	12.0	68	13.5	60	15.1	65	15.6	81	c. 2	0	...	S.O.	S.S.O.
19	51.1	52.8	53.6	54.5	23.2	24.8	25.2	22.0	26.0	16.2	14.5	68	14.4	62	14.2	60	13.2	67	c. 2	c. 8	...	S.S.O.	S.S.O.
20	57.0	57.8	59.3	59.2	18.7	21.3	21.8	20.4	22.9	12.9	9.2	57	11.1	58	10.3	53	10.8	61	c. 8	c. 7	...	N.E.	N.E.
21	60.5	61.4	60.8	60.9	19.6	22.0	21.0	20.0	22.8	12.9	11.2	70	15.1	77	12.9	70	13.5	78	c. 1	0	...	N.E.	N.E.
22	63.5	63.1	62.8	63 0	19.6	23.2	23.6	19.8	24.0	12.5	11.1	65	15.4	76	16.5	77	11.8	68	c. 3	c. 7	...	N.E.	N.E.
23	63.1	62.3	61.5	61.2	20.4	19.9	21.2	19.2	22.3	14.3	11.7	67	12.5	72	9.1	49	10.1	61	c. 2	0	...	N.E.	N.E.
24	60.7	59.9	59.7	59.5	19.8	20.9	21.1	18.1	22.1	13.0	11.8	68	11.1	61	12.1	65	11.5	74	c. 3	c. 2	...	N.E.	N.E.
25	60.0	58.4	58.1	58.0	21.4	22.2	20.0	19.4	22.9	15.9	11.9	59	13.1	66	11.7	67	10.9	65	c. 3	c. 7	...	N.E.	N.E.
26	56.7	56.0	55.0	54.5	21.8	23.0	23.5	20.0	24.2	16.6	13.0	67	11.7	56	11.2	52	13.8	80	c. 2	c. 1	...	N.E.	N.E.
27	54.7	54.0	54.6	54.3	21.9	23.0	23.2	20.4	23.9	16.1	14.4	74	15.5	74	13.9	70	13.6	72	cc. 8	cc. 7	...	S.O.	N.E.
28	56.9	57.5	56.6	56.8	20 6	24.2	25.4	21.6	26.0	15.8	13.3	75	11.9	53	11.8	49	12.5	66	0	c. 6	1.20	S.O.	S.O.
29	59.5	59.4	59.3	59.0	22.3	25.6	27.0	23.4	27.5	16.2	12.9	64	12.6	51	13.4	50	13.0	61	c. 1	c. 1	...	S.O.	S.O.
30	61.7	61.6	61.4	61.2	24.1	30.1	29.1	25.2	32.1	18.1	13.4	60	11.4	36	13.7	46	12.9	54	c. 1	0	...	S.O.	N.E.
31	63.4	63.0	62.7	62.3	24.5	26.8	26.6	24.4	27.6	18.3	15.1	66	13.9	53	14.7	57	15.0	66	0	0	...	N.E.	N.E.
Moyenn.																						Zone dominante.	
Mois....	758.22	758.08	757.75	757.49	19.63	21.84	22.67	19.92	23.50	14.82	11.54	67.4	11.93	61.5	11.97	59.6	11.56	67.2	3.6	3.7	10.20	S.O.	
1er au 10	757.49	757.20	756.84	756.40	17.42	19.41	20.69	17.46	21.35	13.61	10.24	68.6	10.41	62.1	10.56	61.2	10.30	70.6	5.0	4.3	7.80	S.O.	
11 au 20	756.93	757.18	756.93	756.76	19.84	22.19	23.42	21.13	23.96	15.37	11.54	66.7	12.16	61.0	12.45	58.4	11.69	63.1	4.0	4.2	1.20	S.O.	
21 au 31	760.06	759.69	759.32	759.15	21.45	23.72	23.79	21.05	25.04	15.43	12.71	66.8	13.11	61.3	12.82	59.3	12.60	67.7	2.2	2.8	1.20	S.O.	

JOURS DU MOIS.	BAROMÈTRE A 0.				THERMOMÈTRE EXTÉRIEUR.						PSYCHROMÈTRE D'AUGUST.								ÉTAT DU CIEL.		PLUIE.	DIRECTION DU VENT.	
	9 h. du matin.	Midi.	3 h. du soir.	6 h. du soir.	9 h. du matin.	Midi.	3 h. du soir.	6 h. du soir.	Max.	Min.	9 h. matin. Tension.	9 h. matin. Humid.	Midi. Tension.	Midi. Humid.	3 h. soir. Tension.	3 h. soir. Humid.	6 h. soir. Tension.	6 h. soir. Humid.	9 h. du matin.	3 h. du soir.		9 h. du matin.	3 h. du soir.
Juin 1855.																							
	mm.	mm.	mm.	mm.	o	o	o	o	o	o	mm.	o	mm.	o	mm.	o	mm.	o			mm.		
1	762.40	761.73	761.17	760.90	24.0	26.8	26.3	22.4	27.1	17.1	15 28	69	16.22	61	13.69	54	15 59	77	c. 1	cs. 3	...	N.E. 1	N.E. 1
2	62,75	61.27	60.79	60.11	23.5	25.2	25.5	22.1	25.9	16.6	15.24	72	14.71	62	15.21	63	12.06	61	0	cs. 4	...	N.E. 1	N.E. 2
3	61.59	61.07	60.47	60.03	24.0	25.2	26.1	22.8	26.7	16.5	15.43	70	15.91	67	14.84	59	15.67	76	cs 1	c. 5	...	N.E. 2	N.E. 2
4	58.06	57.24	57.03	56.91	23.6	27.0	27.3	23.2	27.8	14.5	15.52	72	15.71	59	16.21	60	12.50	59	cs. 6	c. 3	...	N.E. 2	N.E. 2
5	55.81	56 09	55.93	55.21	22.6	25.1	25.0	21.8	25.9	14.4	14.46	71	14.77	62	15 01	63	12.43	64	cm. 7	c. 3	2.60	N.E. 2	N.E. 2
6	56.20	55.47	55.31	55.63	22.4	24.6	23 0	20.8	24.8	13.2	14.91	74	15.25	66	14.90	72	14.29	78	cm. 9	cm. 8	...	N.E. 2	N.E. 2
7	54.79	53.27	55.09	53.79	23.9	23.0	21.5	20.7	24.9	14.9	16.20	74	15.55	74	15 33	80	15.31	85	cm. 9	cm. 10	...	S.O. 1	S.O. 1
8	53.71	54.14	54.38	56.70	20.1	17.8	21.8	19.0	23.0	13.5	14.56	83	14.87	98	14.63	75	12.90	79	cm. 10	cm. 9	19.68	S.O. 2	N.E. 3
9	58.22	58.48	58.88	59.70	19.6	21.1	20.8	20.0	22.5	14.1	11.34	67	9.69	51	10.04	55	10.53	61	cm. 10	cm. 8		N.E. 4	N.E. 4
10	60.41	59.89	59.08	59.03	21.6	24.4	23.8	21.0	24.8	15.3	11.91	62	12.88	57	14.37	66	14.17	76	c. 2	c. 1	...	N.E. 1	N.E. 3
11	60.21	60.42	59.90	60.31	21.8	21.8	21.5	19.4	22.4	13.8	13 03	67	10.88	56	11.52	61	11.46	68	cm. 4	cc. 3	...	N.E. 2	N.E. 3
12	61.75	61.70	61.38	61.15	21.6	23.2	23.4	23.0	24.2	14.4	10.88	57	12.50	59	12,37	58	13.57	65	cs. 3	c. 1	...	N.E. 2	N.E. 1
13	60.64	60.71	59.57	59.87	22.3	23.4	25.2	23.0	26.1	15.0	14.81	74	14.33	66	12.55	53	10.76	52	c. 2	c. 1	...	S.O. 1	S.O. 1
14	61,12	60.99	59.97	59.63	23.1	24.7	25.7	22.4	26.9	15.9	13.35	64	13.37	57	10.19	42	12.66	63	c. 1	c. 5	...	N.E. 1	N.E. 2
15	61.45	61.14	60.97	60.80	22.7	25.6	26.3	22.5	28.0	18.0	13.59	66	12.30	50	8.29	33	11.82	58	c. 1	c. 1	...	N.E. 1	N.E. 2
16	61.81	60.77	59.87	59.77	23.0	20.0	25.2	22.4	26.4	17.0	13.57	65	14.08	58	12.89	54	13.31	66	c. 3	0	...	N.E. 1	N.E. 2
17	59.74	59.32	59.07	58.69	23.5	26.8	27.2	24.6	28.6	18.4	14.73	69	14.24	55	14.12	54	15.60	68	c. 2	c. 1	...	N.E. 1	N.E. 2
18	59.27	59.13	58.72	57.64	25.2	27.2	27.6	24.8	28.9	18.1	15.91	67	15.73	59	15.85	58	16.52	71	0	0	...	N.E. 1	N.E. 2
19	56.58	55.82	54.82	54.22	25.8	27.4	27.2	25.9	28.8	18.6	15.20	62	17.06	63	14.34	54	15.72	59	c. 1	0	...	N.E. 1	N.E. 1
20	53.25	53.33	53.45	53.86	25.1	29.1	30.3	26.3	31.6	17.9	15.63	67	15.29	52	13.68	42	15.42	60	0	0	...	S.O. 1	N.E. 1
21	58.17	58.17	58.80	58.91	24.0	26,9	27.6	26.1	28.2	18.1	15.41	67	14.01	53	13.07	47	15.18	60	c. 1	cc. 2	...	S.O. 1	S.O. 2
22	60.89	60.23	59.57	58.66	25.3	27.0	28.7	26.6	29.6	19.0	16.03	67	16.94	64	13.59	47	13 00	50	c. 1	c. 3	...	S.O. 1	S.O. 1
23	58.59	58.17	57.84	56.18	26.6	29.2	28.4	26 8	29 5	20.0	16.10	63	12.43	41	13.60	48	15.29	58	c. 1	0	...	S.O. 1	N.E. 1
24	53.03	51.54	48.52	46.72	26.7	31.0	33.2	29.7	33.8	20.8	13.79	53	13.75	41	10.65	28	16.21	53	c. 1	c. 4	...	S.O. 1	N.E. 1
25	50.13	53.26	53.85	54.62	25.2	27.0	27.6	23.4	28.4	19.0	13.86	58	12.45	47	12.72	46	12.05	56	cm. 3	cm. 2	...	S.O. 3	S.O. 2
26	56.20	57.44	55.46	55.24	20.2	27.9	27.2	22.0	28 0	15.4	9.25	53	10.67	52	10.37	38	12.30	63	c. 4	c. 1	...	S.O. 2	S.E. 2
27	57.65	63.39	60.52	58.75	17.9	20.3	22.0	21.0	22 9	13.1	9.41	62	9 05	51	11.75	77	9.61	51	cs. 2	cc. 10	2.00	S.O. 2	S.O. 3
28	58.48	60.40	59.21	59.06	23.9	25.3	23.2	22.1	25.7	18.1	12,55	56	12 32	51	12.50	59	11.15	56	cc. 8	cc. 6	0.00	N.E. 1	S.O. 1
29	60.16	60 44	60.14	60.06	20.7	21.9	21.3	19.6	22 1	16.2	12.61	69	11.58	59	10.91	58	11.06	65	cm. 10	cm. 10	...	N.E. 2	N.E. 3
30	60.32	61.40	59.59	59 84	20.8	22.7	22.5	20.3	23.3	16.0	9.95	53	8.01	40	8.27	41	9.05	51	cc. 4	c. 1	...	N.E. 3	N.E. 3
Moyenn.																						Zone dominante.	
Mois	758.47	758.54	757.98	757.73	23 05	24.79	25.41	22.86	26.56	16.43	13.82	65.8	13.55	57.7	12.91	54.8	13.24	63.6	3.6	3.5	24.28	1.6 N.E.	2.0
1er au 10	758.39	757.86	757.81	757.80	22.53	24.02	24.11	21 38	25.34	15.01	14.49	71.4	14.56	65.7	14.42	64.7	13.54	71.6	5.5	5.4	22.28	1.8 N.E.	2.2
11 au 20	759.58	759.33	758.77	758.59	23.41	24.92	25.96	23.43	27.19	16.71	14.07	65.8	13.98	57.5	12.58	50.9	13.68	63.0	1.7	1.2	...	1.2 N.E.	1.7
21 au 30	757.45	758.44	757 35	756.80	23.22	25.42	26.17	23.76	27.15	17.57	12.90	60.1	12.12	49.9	11.74	48.9	12.49	56.3	3.5	3.9	2 00	1.7 S.O.	1.9
Juillet.																							
1	760.66	761.09	760.88	761.19	21.7	23.5	24.0	21.4	24.8	16.1	10.51	54	10.00	47	9.54	44	9.08	48	c. 5	c. 1	...	N.E. 2	N.E. 2
2	62.54	62.63	61.78	61.99	21.9	23.3	23.6	21.8	24.7	17.0	12.18	62	10.42	49	11.78	55	10.00	51	cm. 5	c. 4	...	N.E. 1	N.E. 2
3	61.89	60.68	60.37	59.35	21.8	26.5	24.7	23.3	26 9	16.7	11.49	59	10.64	41	12.06	51	10.42	49	0	0	...	N.E. 1	N.E. 2
4	60.15	60.10	60.15	60.05	23.7	27.7	26.2	23.8	28.4	18.1	13.47	62	11.18	40	10.34	41	10.87	89	c. 1	c. 1	...	N.E. 2	N.E. 2
5	60.20	58.24	58.02	57.77	24.1	25.2	25.7	23.5	26.3	19.1	13.30	60	12.89	54	12.61	53	13.43	62	c. 1	0	...	N.E. 2	N.E. 2
6	59.21	58.77	58.00	58.12	24.8	26 3	27.1	23.6	27.9	19.0	14.44	62	13.69	54	14.23	54	11.63	54	c. 1	0	...	N.E. 2	N.E. 2
7	58.54	58.17	57.91	57.57	24.9	27.1	27.5	23.1	28.1	19.6	15.58	67	14.93	56	15.04	55	14.52	69	c. 3	c. 1	...	N.E. 2	N.E. 3
8	57.07	57.23	57.54	57.38	26.3	26.8	26.4	24 4	27.3	20.8	15.06	59	13.88	48	14.15	55	16.40	72	cc. 5	cc. 5	...	N.E. 2	N.E. 3
9	58.43	58.44	57.73	57.40	25.6	27.2	27.3	24.0	28.1	18.2	15.67	64	15.73	59	14.81	56	16.31	74	cc. 5	c. 2	...	N.E. 1	N.E. 1
10	57.29	56.97	56.20	55.90	24.8	29.0	29.3	25.2	30.1	18.2	16.52	71	15.53	53	12.20	40	16.04	68	0	0	...	0	N.E. 1
11	56.39	56.28	56.00	56.53	25.8	28.0	29.9	28.6	30.3	19.1	15.54	63	15.60	56	15.52	50	14.55	50	0	c. 1	...	S.O. 1	S.O. 1
12	56.37	55.90	55.62	54.29	27.7	32.0	32.8	29.3	33.5	22.2	15.72	60	13.94	42	16.36	44	17.58	58	0	0	...	S.O. 1	S.O. 1
13	53.62	53.44	55.93	56.09	29.4	28.9	29.6	26.6	30.7	24.2	19.65	64	15.95	54	11.50	37	11.69	45	0	0	...	S.O. 3	N.E. 3
14	57.88	58.19	58.11	57.62	25.6	27.2	28.4	26.1	28.9	19.9	14.98	62	13.66	50	14.67	51	13.82	55	cc. 6	c. 4	0.00	N.E. 2	N.E. 2
15	58.63	58.51	58.90	58.97	24.0	26.9	28.2	24.2	28.7	19.0	11 69	53	13.33	50	15.11	52	12.71	56	cc. 5	c. 3	5.25	N.E. 3	N.E. 2
16	58.06	58.25	58.79	59.00	24.8	25.4	25.0	23.3	26.0	18.0	12.00	51	10.83	45	9.53	40	10.73	54	cc. 7	c. 3	...	N.E. 1	N.E. 2
17	58.61	58.31	57.81	57.18	22.5	26.2	26.4	22.7	27.1	15.3	12.76	63	9.10	36	10.86	42	10.49	52	c. 1	c. 2	...	S.O. 1	S.O. 2
18	56.23	56.27	55.14	55.14	23.8	27.8	28.2	24.3	28.9	18.0	11.51	53	11.96	43	9.44	33	11.99	53	0	c. 1	...	S.O. 1	N.E. 1
19	57.05	57.27	58.45	59.09	25.4	23.3	26.4	21.2	26.9	18.8	12.42	51	15.54	73	18.43	72	14.81	66	0	c. 2	...	N.E. 1	N.E. 1
20	57.49	57.46	57.19	56.32	25.5	26.6	26.9	23.6	27.4	19.9	14.02	58	14.37	56	15.48	56	12.25	56	c. 3	c. 1	...	N.E. 1	N.E. 1
21	56.50	56.83	56.43	56.21	24.4	27.1	27.7	24.5	28.2	18.4	14.52	65	13.89	52	13 69	50	12.19	53	0	0	...	N.E. 1	N.E. 1
22	59.20	58.92	58.40	58.23	25.2	27.1	27.8	24.8	28.6	19.0	13.86	58	14.93	56	14.31	52	13.48	57	c. 1	0	...	N.E. 1	N.E. 2
23	60.67	60.32	60.16	60.38	27.7	27.2	28.5	24.7	29.0	19.4	15.79	58	15.76	59	16.56	57	17.13	74	cc. 5	0	...	N.E. 1	N.E. 2
24	58.67	57.24	56.98	56.11	26.8	29.0	28.3	25.1	30.8	18.1	18.93	72	19.90	66	18.83	64	15.12	63	0	0	...	N.E. 1	N.E. 2
25	55.28	54.42	53.62	54.22	28.0	30.9	28.0	26.7	31.5	20.9	19.33	69	19.90	60	17.44	62	16.77	65	cc. 4	0	...	N.E. 1	N.E. 1
26	54.84	54.50	54.24	54.10	27.7	29.0	28.6	27.2	29.7	19.4	19.82	74	18.90	64	18.57	64	16.40	64	cc. 4	c. 1	...	S.O. 1	S.O. 1
27	54.96	54.11	53.23	53.10	28.0	31.6	31.2	28.0	32,3	19.8	17.08	61	13.75	40	13.27	40	16.33	58	c. 1	c. 2	...	S.O. 1	S.O. 1
28	55.11	54.90	54.30	54.67	27.4	25.2	27.4	24.0	27.9	19.3	17.45	65	18.05	76	18.79	73	17.70	80	cc. 5	c. 7	2.25	N.E. 2	N.E. 2
29	55.39	54.90	54.53	54.02	25.8	28.8	29.4	26.9	30.8	18.5	14.52	58	15.71	53	16.21	54	14.70	56	0	c. 1	...	N.E. 1	N.E. 1
30	53.67	53.59	53.51	53.31	26.8	28.2	31.5	26.2	32.3	20.3	18.18	69	17.68	62	12.22	35	15.64	62	c. 2	c. 2	...	S.O. 1	N.E. 1
31	54.55	54.06	53.52	53.36	27.4	27.7	28.7	26.9	29.4	20.8	14.92	55	12.34	45	12.39	43	15.92	61	c. 1	c. 2	0.15	N.E. 1	N.E. 1
Moyenn.																						Zone dominante.	
Mois	757.58	757.29	757.10	756.92	25.46	27.31	27.76	24.90	28.76	19.07	14.94	61.8	14.32	52.9	14.06	50.8	13.89	60.4	2.3	1.5	7.65	1.4 N.E.	1.6
1er au 10	759.60	759.23	758.92	758.67	23.96	26.26	26.18	23.41	27.26	18.28	13.83	62.0	12.89	50.1	12.68	50.4	12.87	63.6	2.6	1.4	0.00	1.5 N.E.	2.0
11 au 20	757.03	756.99	757.19	757.02	25.45	27.23	28.18	25.29	28.84	19.44	14.03	57.8	13.43	50.5	13.69	47.7	13.06	54.5	2.2	1.7	5.25	1.5 N.E.	1.6
21 au 31	756.26	755.80	755.36	755.25	26.84	28.35	28.83	25.91	30.05	19.45	16.76	64.0	16.44	57.5	15.66	54.0	15 58	63.0	2.1	1.4	2.40	1.1 N.E.	1.4

JOURS DU MOIS.	BAROMÈTRE A 0. 9 h. du matin	Midi.	3 h. du soir.	6 h. du soir.	THERMOMÈTRE EXTÉRIEUR. 9 h. du matin.	Midi.	3 h. du soir.	6 h. du soir.	Max.	Min.	PSYCHROMÈTRE D'AUGUST. 9 h. matin. Tension.	Humid.	Midi. Tension.	Humid.	3 h. soir. Tension.	Humid.	6 h. soir. Tension.	Humid.	ÉTAT DU CIEL. 9 h. du matin.	3 h. du soir.	PLUIE.	DIRECTION DU VENT. 9 h. du matin.	3 h. du soir.
											Août 1855.												
	mm.	mm.	mm.	mm.	o	o	o	o	o	o	mm.	o	mm.	o	mm.	o	mm.	o			mm		
1	754.58	755.42	756.02	755.59	26.3	29.1	29.7	27.2	30.2	18.8	13.85	55	15.47	52	14.73	48	13.66	50	c. 1	c. 6	...	S.O. 1	S.O. 2
2	59.66	59.84	59.72	59.58	25.5	27.6	28.4	25.8	29.3	20.4	15 39	64	14.44	53	14.99	53	15.20	62	cc. 7	cc. 4	1.25	N.E. 2	N.E. 2
3	60.44	60.32	60.61	59.96	26.9	27.8	27.4	25.0	28.1	19.4	17.94	68	15.72	57	17.35	65	17.81	76	cc. 5	cc. 4	...	N.E. 2	N.E. 3
4	59.53	58.24	57.24	57.08	26.8	28.0	27.8	25.5	28.1	19.0	16.70	64	16.69	59	16.81	60	17.32	71	cc. 7	c. 2	...	N.E. 3	N.E. 3
5	54.47	54.22	53.84	53.10	26.9	28.0	27.2	24.4	28.4	18.3	16.82	64	15 96	57	15 41	57	16.06	71	c. 2	cc. 6	...	N.E. 2	N.E. 3
6	52.61	52.64	52.69	52.75	26.8	29.2	28.2	25.6	29.8	19.2	16.34	63	20.55	68	19.59	69	14 30	58	cc. 3	c. 2	...	N.E. 1	N.E. 2
7	52.81	53.48	54.52	53.15	25.2	21.6	17.0	17.1	25.7	17.0	19.17	80	17.89	98	14.42	100	14.21	98	cc. 10	cm. 10	186.50	N.E. 1	S.O. 2
8	55.25	55.65	55.56	56.57	20.6	23.1	23.6	22.5	24.0	16.0	17.37	96	16.69	80	16.90	78	16.03	79	cm. 10	cm. 9	2.00	N.E. 1	N.E. 1
9	56.61	56.59	56.14	56.08	25.0	27.6	26.8	24.4	27.9	17.9	17.61	76	16.94	61	17.82	68	17.82	79	cc. 5	cc. 6	...	N.E. 1	N.E. 2
10	57.58	57.34	57.02	57.02	26.0	28.6	27.0	26.2	28.9	19.4	19.80	79	18.39	63	16.94	64	15.66	62	cc. 5	0	...	S.O. 1	N.E. 1
11	57.88	57.74	57.32	56.63	26.2	28.0	27.8	26.4	28.5	19.4	17.07	67	17.44	62	17.93	65	17.81	66	c. 2	c. 1	...	N.E. 1	N.E. 1
12	56.81	56.29	55.96	55.61	25.9	27.8	27.7	25.6	28.3	18.6	16.03	64	17.56	63	17.81	65	19.28	79	c. 1	c. 2	...	N.E. 1	N.E. 2
13	55.49	54.27	52.95	53.49	26.3	28.7	29.0	26.1	29.6	19.1	19.43	76	20.65	71	19.09	64	18.79	75	cm. 3	0	...	N.E. 1	N.E. 2
14	54.27	53.98	53.61	53.11	26.4	29.6	29.1	26.3	29.8	16.2	19.52	76	19.73	64	18.84	63	16.14	63	c. 2	c. 1	...	S.O. 1	S.O. 1
15	54.97	54.92	54.90	54.61	26.2	28.6	27.8	25.4	29.1	17.1	16.02	63	18.20	62	19 07	69	16.52	68	cc. 2	cc. 7	...	N.E. 1	N.E. 2
16	58.01	58.86	58.38	58.25	23.2	25.2	25.0	22.4	26.1	19.0	13.13	62	13.86	58	13.35	56	12.97	69	cc. 5	cs. 6	...	N.E. 2	N.E. 3
17	58.25	58.32	58.41	58.67	23.6	26.2	25.0	23.0	26.8	20.0	12.25	56	12.90	52	12.35	53	14.24	68	cc. 9	cm. 8	...	N.E. 3	N.E. 2
18	59.03	59.26	59.24	59.22	23.4	24.8	24.0	22.2	25.3	17.1	12.54	59	13.48	57	13.97	62	12.18	62	cc. 3	cc. 3	...	N.E. 2	N.E. 2
19	62.20	62.23	62.83	63.42	21.6	23.0	23.2	21.8	24.1	18.1	11.91	59	11.99	58	11.57	55	12.43	64	cc. 2	cc. 3	...	N.E. 3	N.E. 3
20	63.50	63.09	63.05	63.17	22.3	23.4	23.0	21.4	24.2	18.9	10.03	55	10.21	48	10.76	52	12.03	63	cc. 4	cc. 6	...	N.E. 1	N.E. 3
21	63.26	63.30	62.50	63.09	22.6	24.5	23.2	21.7	24.9	17.2	11.60	56	11.63	60	11.57	55	12.00	62	cc. 6	c. 3	...	N.E. 3	N.E. 2
22	62.35	62.02	61.98	61.61	24.2	25.3	25.0	22.7	26.0	18.0	13.00	59	13.34	55	13.35	56	11.69	56	cc. 6	c. 4	...	N.E. 3	N.E. 2
23	61.11	60.99	60.97	60.80	23.6	27.7	25.8	21.6	28.1	16.9	12.57	58	11.18	40	13.14	54	14.11	74	cc. 7	cc. 5	...	N.E. 2	N.E. 3
24	61.89	62.08	61.82	61.05	23.4	26.0	25.2	22.9	26.6	17.0	14.51	68	14.73	69	15.91	67	16.47	79	cc. 7	cc. 4	...	N E. 3	N.E. 3
25	59.79	58.87	58.63	58.59	25.1	27.0	26.1	23.7	28.0	19.3	15.48	63	16.94	64	17.32	69	15.63	72	cc. 4	c. 2	...	N.E. 2	N.E. 1
26	59.74	59.78	58.83	59 27	26.6	27.6	25.9	23.4	28.2	19.0	16.65	65	15.85	58	18.16	73	17.02	80	c. 3	cc. 8	...	N.E. 1	N.E. 3
27	60.22	58.74	58.29	58.15	24.0	23.4	23.4	22.2	24.8	17.0	12.64	57	12 37	58	12.37	58	12.95	66	cc. 8	cc. 8	0.05	N.E. 3	N.E. 3
28	58.47	59.76	58.51	58.59	23.2	21.0	24.0	23.0	24.5	17.1	14.24	68	17.12	92	13.28	60	14.24	68	cc. 9	cc. 7	...	N.E. 2	N.E. 2
29	61.47	59.89	59.66	59.51	23.2	25.3	25.7	23.4	26.1	14.7	14.46	68	13.34	55	14.06	57	12.05	56	c. 2	c. 2	...	N.E. 2	N.E. 1
30	61.70	62.27	62 87	62.67	24.1	26.2	24.8	22.0	26.8	17.9	15.39	69	14.95	59	15.67	76	14.51	74	cc. 2	cc. 9	...	N.E. 2	N.E. 3
31	64.54	63.90	63.58	63 59	23.1	22.6	22.2	20.0	23.0	17.1	11,45	54	10.70	53	11.85	59	11.40	65	cc. 6	cc. 7	...	N.E. 2	N.E. 3
Moyenn.																						Zone dominante.	
Mois....	758.66	758.52	758.31	758.19	24.04	26.21	25.68	23.58	27.07	18.07	15.19	65.5	15.38	61.2	15.37	62.9	14.92	68.9	4.8	4.7	189.80	1.8 N.E. 2.2	
1er au 10	756.35	756.37	756.34	756.09	25.60	27.06	26.31	24.37	28.04	18.54	17.10	70.9	16.87	64.8	16.50	66.2	15.81	70.6	5.5	4.9	189.75	1.5 N.E. 2.1	
11 au 20	758.04	757.90	757.66	757.61	24.51	26.53	26.16	24.06	27.18	18.35	14.79	63.7	15.60	59.5	15.47	60.4	15.24	67.7	3.3	3.7	...	1.6 N.E. 2.1	
21 au 31	761.32	761.05	760.69	760.63	23.92	25.15	24.66	22.42	26.09	17.38	13.82	62.3	13.83	59.4	14.24	62.2	13.82	68.4	5.5	5.4	0.05	2.3 N.E. 2.4	
											Septembre.												
1	763.80	763.24	762.54	762.11	21.1	23.1	22.6	20.0	23.7	11.4	10.30	58	16.94	55	16 56	57	14.69	65	cc. 5	c. 1	...	N.E. 1	N.E. 2
2	61.18	60.37	59.69	60.01	21.0	24.6	24.0	21.2	25.8	11.9	12.28	67	12.91	56	12.65	56	13.40	72	0 0	c. 1	...	N.E. 1	N.E. 2
3	61.72	62.02	62.29	62.91	23.1	24.7	24.4	22.0	25.6	14.5	13.67	65	14.68	63	14.00	62	14.83	75	c. 2	c. 3	...	N.E. 2	N.E. 2
4	64.04	62.90	62.31	62.05	23.2	24.8	24.6	21.4	25.2	15.5	13.13	62	13.76	60	13.26	57	14.87	78	cc. 6	cc. 7	...	N.E. 2	N.E. 3
5	60.64	60.48	59.20	57.73	22.8	24.7	24.8	21.4	25.4	15.8	14.02	68	14.68	63	14.44	62	12.97	69	c. 3	c. 1	...	N.E. 1	N.E. 2
6	57.93	57.60	57.43	56.60	25.4	29.7	29.4	23.7	30.4	16.9	16.15	67	19.67	63	18.85	62	12.35	56	c. 1	0 0	...	S.O. 1	S.O. 1
7	58.22	58 84	59.30	60.77	26.5	28.8	28.0	23.8	29 2	18.9	15.29	59	12.33	42	12.48	44	12.76	59	0 0	cc. 7	...	N.E. 1	N.E. 2
8	67.75	68.72	68.24	67.92	19.7	19.4	21.2	20.0	22.5	15.9	9.41	55	7.80	46	10.97	58	11.10	64	cc. 7	cc. 5	...	N.E. 4	N.E. 3
9	68.48	66.78	65.69	65.01	17.4	21.6	20.0	19.2	22.6	9.5	9.01	61	8.68	45	7.57	43	7.66	46	c. 2	c. 3	...	S.O. 1	N.E. 2
10	63.07	62.47	62.09	61.72	17.0	21.2	21.6	19.1	22.8	8.0	8.26	55	10.36	55	10.42	54	8.95	54	0 0	c. 2	...	N.E. 1	N.E. 1
11	60.71	60.67	59.71	59.60	20.4	23.4	23.5	19.2	25.1	14.9	11.46	64	13.00	61	10.90	50	9.31	56	cc. 7	c. 4	0.00	N.E. 1	N E. 1
12	61.34	61.02	60.90	60 77	22.3	26.9	27.3	22.4	28.2	15.2	13.53	67	14.80	53	16.69	58	12.99	64	0 0	c. 2	2.20	S.O. 1	N.E. 1
13	60.49	60.23	58.64	58.27	22.0	25.6	25.0	20.2	26.3	14.1	12.91	66	14.64	60	12.67	54	13.07	74	c. 3	c. 8	...	N.E. 1	N.E. 1
14	55.68	55.37	55.33	55.98	27.5	24.2	24.0	21.6	24 8	14.9	15.73	58	16.53	74	15.98	72	15.44	80	cc. 10	cm. 8	7.25	S.O. 1	S.O. 2
15	58.41	58.18	57.11	57.16	20.3	22.4	23.0	20.4	24.0	14.1	12.86	72	13.62	68	14.24	68	14.21	80	cc. 3	c. 4	11.05	S.O. 3	S.O. 1
16	60.20	61.15	61.53	61.90	19.3	18.1	16.6	17.0	20.0	15.3	11.67	70	14.36	83	11.59	83	10.92	76	cm. 10	cm. 10	2.00	N.E. 4	N.E. 3
17	62.01	62.39	61.40	62.12	14.4	13.2	17.0	14.0	17.6	8.3	10.39	84	10.25	90	9.56	67	8.50	71	cm. 10	cc. 7	...	N.E. 1	N.E. 3
18	63.21	63.49	64.17	64.38	18.4	21 8	22.9	19.8	23.7	8.0	12.07	77	15.35	69	12.84	62	11.82	68	cm. 6	c. 3	0.00	N.E. 1	N.E. 1
19	65.83	65.12	64.56	64.14	18.1	21.0	23.3	20.0	24.1	7.3	9.56	62	10.49	48	10.49	49	11.40	65	c. 2	c. 4	...	N.E. 1	N.E. 2
20	63.39	64.53	64.32	64.21	17.1	19.6	20.1	17.8	21.0	9.0	11.42	80	12.50	74	11.49	65	9.60	63	c 3	c. 3	...	E. 1	N.E. 1
21	66.36	66.42	66.84	66.92	16.8	20.7	21.4	16.9	21.9	9.9	12.90	79	12.92	71	13.28	70	10.01	70	cc. 8	cc. 7	...	N.E. 1	N.E. 2
22	66.79	66.43	66.11	65.89	17.6	21.3	21.7	19.0	22.0	11.9	11.22	74	13.82	73	13.25	69	13.20	81	cc. 8	cc. 9	0.00	N.E. 1	E.N.E. 2
23	66.01	65.53	64.76	63.56	18.9	20.6	20.2	18.3	21.2	12.2	11.63	72	11.89	67	10.10	57	10.83	69	cc. 7	cc. 4	...	N.E. 1	N.E. 4
24	61.69	60.61	59.33	58.72	18.3	20.2	20.5	18.2	21 4	11.0	11.25	72	11.13	64	10.94	61	10.19	66	cc. 4	cc. 8	0.00	E.N.E. 1	E.N.E. 1
25	58.33	58.20	58.92	59.33	17.0	20.6	21.5	17.4	22.1	9.0	11.20	78	11.62	65	12.12	63	10.75	69	c. 1	c. 2	...	S.O. 1	S.O. 2
26	60.91	61.66	62.04	62.78	18.8	22.6	23.1	19.2	23.5	12.0	11.26	70	13.19	64	14.70	66	13.68	83	cc. 8	cc. 7	0.10	S.O. 1	N.E. 3
27	66.65	66.89	66.25	65.81	17.6	19.0	19.1	18.2	19.7	14.3	11.12	74	11.71	72	10.91	66	11.91	77	cc. 9	cc. 9	...	N.E. 3	N.E. 3
28	63.79	63.27	62.40	62.42	19.5	21.4	21.4	18.2	21.8	15.3	13.04	77	12.34	65	11.73	62	11.91	77	cc. 6	cc. 4	1.20	E.N.E. 2	N.E. 2
29	63.05	63.23	63.36	63.59	17.7	18.9	19.3	17.4	19.5	13.9	12.36	82	12.22	75	12.28	73	10.96	74	cc. 10	cc. 9	2.55	N.E. 1	N E. 2
30	63.88	63.52	63.46	63.64	16.9	19.6	19.2	18.0	20.5	10.2	10.85	75	10.46	61	10.42	63	11.15	72	c. 3	cc. 6	1.20	N.E. 1	N.E. 1
Moyenn.																						Zone dominante.	
Mois....	762.55	762.38	762.00	761.93	19.87	22 12	22.36	19.50	23.39	12.64	12.00	69.0	12.95	63.5	12.58	61.1	11.85	69.1	4.8	4.9	27.55	1.4 N.E. 1.9	
1er au 10	762.68	762.34	761.88	761.68	21.72	24.26	24.06	21.18	25.32	13 83	12.15	61.7	13.18	54.8	13.12	55.5	12.36	63.8	2.6	3.0	»	1.5 N.E. 2.0	
11 au 20	761.13	761.21	760.77	760.85	19.98	21.62	22.27	19.24	23.48	12.11	12.16	70.0	13.55	68.0	12.64	62.8	11.73	69.7	5.4	5.3	22.50	1.5 N.E. 1.6	
21 au 30	763.85	763.58	763.35	763.27	17.91	20.49	20.74	18.08	21.36	11.97	11.68	75.3	12.13	67.7	11.97	65.0	11.46	73.8	6.4	6.5	5.05	1.3 N.E. 2.2	

JOURS DU MOIS.	BAROMÈTRE A 0. 9 h. du matin.	Midi.	3 h. du soir.	6 h. du soir.	THERMOMÈTRE EXTÉRIEUR. 9 h. du matin.	Midi.	3 h. du soir.	6 h. du soir.	Max.	Min.	PSYCHROMÈTRE D'AUGUST. 9 h. matin. Tension.	Humid.	Midi Tension.	Humid.	3 h. soir. Tension.	Humid.	6 h. soir. Tension.	Humid.	ÉTAT DU CIEL. 9 h. du matin.	3 h. du soir.	PLUIE.	DIRECTION DU VENT. 9 h. du matin.	3 h. du soir.
Octobre 1855.																							
	mm.	mm.	mm.	mm.	o	o	o	o	o	o	mm.	o	mm.	o	mm.	o	mm.	o			mm.		
1	763.45	763.43	763.06	762.85	16.6	21.1	20.8	18.0	22.0	8.9	11.16	80	10.61	61	10.33	57	10.59	69	c. 2	0	...	N.E. 1	N.E 1
2	61.79	60.98	59.91	59.17	16.7	19.6	20.6	17.4	21.2	9.9	10.97	77	10 18	60	11.03	61	11.52	78	c. 2	c. 1	...	N.E. 1	S.O. 1
3	58 46	57.01	55.79	55.18	16.4	21.2	22.4	20.5	22.9	8.8	11.85	85	11.85	63	11.73	58	10.05	55	c. 3	c. 4	...	S.O. 1	S.O. 1
4	56.82	56.91	56.99	57.29	16.9	19.9	20.0	16.8	21.3	9.7	12.56	88	13.40	77	11.98	69	11.04	78	cm. 10	cm. 8	16.55	S.O. 2	S.O. 1
5	59.31	59.21	59.36	59.61	15.1	17.4	17.8	16.2	18.6	10.3	10.59	82	10.40	70	10.99	72	11.41	83	cm. 10	cm. 10	0.05	S.O. 1	N.O. 1
6	62.14	62.61	61.63	62.19	17.9	19.9	20.0	16.9	21.0	13.1	12.83	84	13.40	77	11,70	67	12.56	88	cc. 6	cm. 8	0.03	N.E. 2	N.E. 1
7	63.29	63.04	62.83	62.31	17.8	19.6	20.3	16.3	21.1	10.0	12.16	80	11.94	70	11.06	62	10.38	75	c. 1	0	...	N.E. 1	N.E. 1
8	62 05	61.77	61.11	60.28	17.6	19.0	20.1	16.5	20.9	9.8	11.40	76	12.90	79	13.62	78	11.65	83	0	0	...	N.E. 1	N.E. 1
9	60.83	59.70	59.20	58.60	18.7	22.0	22.6	17.4	23.2	11.4	12.93	81	13.23	67	13.49	66	12.58	68	c. 1	0	...	N.O. 1	N.O. 1
10	56.20	55.38	55.04	54.81	22.4	23.5	23.8	23.4	23.9	14.0	13.62	68	14.10	65	13.08	60	13.00	61	c. 3	c. 9	...	S.O. 1	S.O. 2
11	55.01	54.83	54.15	55.78	23.3	26.8	27.1	19.6	27.6	17.8	11.63	55	9.85	37	11.54	43	11.44	79	cs. 7	c. 6	...	S.O. 1	S.O. 1
12	57.21	56.51	55.86	54.76	17.8	17.0	15.6	15.8	18.1	13.0	11.56	76	12.36	86	12.90	98	12.49	93	c. 1	cm. 10	...	N.E. 1	N.E 1
13	57.57	57.62	57.58	57.50	16.4	19.3	22.2	16.8	23.0	9.8	12.72	92	13.96	85	13.43	67	13.05	92	c. 1	0	12.80	N.E. 1	S.O. 1
14	60.09	60.57	60.06	59.86	15.2	21.0	22.4	18.6	22.9	9.5	12.01	93	13.22	72	12.66	63	11.95	75	0	0	...	N.E. 1	N.E. 1
15	60.98	59.88	59.58	59.13	17.4	23.8	23.8	18.6	24.6	10.0	10.90	65	14.37	66	14.37	66	15.31	96	0	0	...	N.E. 1	S.O. 1
16	59.50	58.83	58.25	58.49	19.6	22.1	22.1	18.7	22.7	12.8	14.26	88	13.33	67	13.65	69	14.48	90	0	0	...	S.O. 1	S.O. 1
17	60.43	60.12	59.97	59.85	18.5	21.4	21.7	17 9	22.6	11.9	14.66	92	13.28	70	13.25	69	13.42	88	c. 3	c. 2	...	S.O. 1	N.E. 1
18	63.13	63 63	63.39	63.56	19.0	19.8	19.3	18.2	20.4	13.5	13.20	81	12.86	76	12.55	76	12.50	80	cc. 10	cc. 10	...	N.E. 1	N.E. 1
19	63.84	63.29	62.91	62.35	18.1	21.4	21.7	18.6	22.6	12.3	12.71	82	13.58	70	12.66	63	12.55	78	c. 6	c. 2	...	N.E. 1	N.E. 1
20	65.56	64.72	63.95	63.78	15.1	20.2	21.6	18.6	22.1	9.3	11.94	93	13.92	80	14.11	74	14.05	88	c. 1	0	...	N.E. 1	S.O. 1
21	65.50	66.05	65.49	66.24	18.4	19.0	19.2	17.6	19.6	11.6	13.89	88	12.59	77	11.28	63	11.96	80	cc. 4	cc. 9	...	N.E. 2	N.E 2
22	66.47	65.29	64.24	64.15	15.4	18.3	19.2	17.7	19.5	8.0	10.27	78	9.72	62	9.86	60	10.49	71	0	0	...	N.E. 1	N.E. 2
23	64.50	64.30	63.79	64.20	12.8	18.6	18.4	17.0	19.3	6.8	9.93	80	10.51	66	10.35	66	10.08	70	cs. 2	c. 3	...	N.E. 1	N.E. 2
24	66.39	65.61	64.60	64.09	17.0	18.6	18.6	17.3	18.9	13.0	10.37	72	9.94	63	9.94	63	10.32	70	cc. 10	cm. 8	...	N.E. 3	N.E. 3
25	63.48	62.94	60.37	62.40	17.4	19.6	15.6	16.2	20.4	11.8	11.38	78	11.64	68	11.14	68	11.13	81	c. 4	cc. 4	...	N.E. 1	N.E. 2
26	63.98	63.37	63.17	63.91	16.4	16.6	16.4	16.5	16.8	11.0	9.93	72	10.33	73	11.01	79	10.25	73	cc. 10	cc. 10	...	N.E. 1	N.E. 2
27	62.44	62.64	61.63	61.75	16.5	18.1	18.4	16 4	19.1	11.2	11.79	85	10.12	65	10.06	64	10.45	75	cc. 9	c. 3	...	N.E. 1	N.E. 2
28	63.04	62.91	62.65	62.53	16.0	18.0	18.5	17.0	19.3	9.5	11.26	83	9.76	63	9.88	62	11.48	80	c. 9	0	...	E. 1	N.E. 1
29	62.98	62.53	61.41	61.48	14 9	19.4	20.9	16.8	21.5	7.9	11.42	91	11.46	68	9.53	51	10.77	75	c. 2	cs. 1	...	S.O. 1	S O. 1
30	60.01	61.28	58.09	59.26	14.6	20.3	22.9	19.3	23.6	8.2	10.47	84	11.67	65	11.90	58	12.28	73	c. 3	c. 7	...	S.O. 1	S.O. 1
31	60.32	60.60	60.14	59.97	18.8	23.0	24.8	20.0	25.4	12.2	11.55	72	11.99	58	12.15	53	11.70	67	c. 9	c. 2	...	S.O. 1	S.O. 1
Moyenn.																						Zone dominante.	
Mois....	761·51	761.21	760.55	760.56	17.23	20.18	20.61	17.83	21.49	10.87	11.87	80.7	12.01	68.6	11.84	65.5	11.84	77.8	4.1	3.8	29.43	1.2 N.E.	1.3
1er au 10	760.43	760.00	759.49	759.23	17.61	20.32	20.84	17.94	21.61	10.59	12.01	80.1	12.20	68.9	11.90	65.0	11.48	73.8	3.8	4.0	16.63	1.2 N.E.	1.1
11 au 20	760.33	760.00	759.57	759.50	17.98	21.28	21.75	18.14	22.66	11.99	12.56	81.7	13.07	70.9	13.11	68.8	13.12	85.9	2.9	3.0	12.80	1.0 N.E.	1.0
21 au 31	763.56	763.41	762.41	762.73	16.20	19.05	19.35	17.44	20.31	10.11	11.11	80.3	10.88	66.2	10.65	62.9	10.99	74.1	5.6	4.3	0.00	1.3 N.E.	1.7
Novembre.																							
1	762.63	761.94	761.71	761.85	19.6	21.1	24.5	20.7	25.1	12.5	12.53	74	13.39	60	12.03	53	10.82	59	c. 4	c. 9	...	S.O. 1	S.O. 1
2	63.85	63.40	62.85	62.60	17.2	22.3	23.6	18.6	23.9	10.2	11.50	80	11.03	55	8.90	41	9 67	60	0 0	c. 9	...	S.O. 1	S.O. 1
3	62.60	61.76	61.04	60.43	15.8	21.0	23.6	19.4	24.2	8.9	10.53	79	11.09	59	8.90	41	10.02	60	c. 4	c. 3	...	S.O. 1	S.O. 1
4	63.33	63.26	63.02	62.86	14.6	19 6	21.2	18.4	22.0	9.5	10.19	82	12.53	74	10.36	55	9.51	60	cc. 9	c. 3	...	S.O. 1	S.O. 1
5	67.09	66.91	66.60	66.32	15.1	20.9	20.4	18.0	21.6	8.9	10.59	82	12.49	68	12.65	71	12.62	84	0 0	c. 2	...	S.O. 1	S O. 1
6	66.68	66.01	65.29	64.89	16.5	18.6	19.4	16.0	20.0	10.9	11.51	83	11.67	73	11.76	70	10 69	79	c. 7	c. 5	...	N.E. 2	N.E. 2
7	64.58	64.14	63.99	63 85	16.7	19.2	20.3	16.4	20.9	9.0	11.52	81	12.19	73	10.63	61	10.45	75	c. 1	c. 1	...	N.E. 1	N.E. 1
8	62.22	63.19	63.12	63.08	13.8	18.2	19.6	15.2	20.2	7.3	10.22	89	11.63	75	10.78	64	10.90	85	c. 3	c. 2	...	N.E. 1	N.E. 1
9	63.81	63.27	62.94	62.72	16.0	19.6	19.2	16.8	20.3	7.5	10.97	81	10.18	60	12.19	73	10.63	75	c. 4	c. 8	0.08	S.O. 1	S.O. 1
10	64.39	64.30	63.82	63.90	15.0	16.0	13.8	13.0	16.2	9.3	11.02	87	11.26	83	11.51	98	10.37	93	cc. 8	cm. 10	2.60	N.E. 1	N.E. 1
11	64.00	64.58	65.29	66.63	14.0	12.0	11.5	11.4	14.5	11.0	9.90	84	9.93	95	9.37	93	9.07	90	cm. 10	cm. 10	18.15	N.E. 2	N.E. 3
12	69.36	69.45	68.41	68.23	8.9	9.4	10.3	12.6	13.7	6.1	7.81	92	8.11	92	8.62	93	10.35	95	cm. 10	cm. 10	20 25	N.E. 3	N.E. 3
13	69.75	69.21	68.54	69.21	13.6	15.6	14.4	14.2	16.9	9.8	10.54	91	11.08	85	9.53	78	9.01	87	cm. 8	cc. 3	32.15	N.E. 1	N.E. 2
14	68.82	68.29	67.51	66.74	14.2	16.2	15.0	13.6	17.1	11.3	10.43	86	10.05	73	10.51	82	9.93	80	cc. 6	cc. 9	...	N.E. 2	N.E. 2
15	66.84	65.81	65.61	66.20	12.8	15.6	15.4	13.2	15.9	9.3	9.23	83	9.58	73	9.71	75	9.99	88	st. 1	cc. 4	...	N.E. 1	N.E. 3
16	68.15	67.52	67.24	67.39	13.1	13.8	13.7	12,8	14.0	9.4	8.65	77	9.24	80	9.82	84	9.45	86	cr. 7	cm. 9	...	N.E. 2	N.E. 3
17	68.97	70.91	68.71	67.02	12.7	14.0	13.2	11.6	14.6	9.9	8.40	77	9.25	78	9.98	79	8.95	87	cc. 7	cm. 7	0.85	N.E. 2	N.E. 2
18	68.66	68.02	67.63	67.52	11.9	14.2	14.7	12.2	15.3	7.4	8.62	83	9.65	80	9.21	74	9.59	90	c. 2	cc. 8	0.00	E.S.E. 1	N E. 2
19	66.17	65.24	64.25	63.85	12.5	14.8	15.3	12,8	16.1	7.4	9.02	83	8.37	68	8.54	70	8.70	79	cs. 7	cc. 7	...	N.E. 1	N.E. 2
20	61.78	61.36	60.71	60.45	9.5	11.6	11.0	11.0	12.1	9.1	8.03	82	8.64	85	8.56	86	7.85	80	cm. 10	cm. 10	4.95	E.N.E 2	E.N.E. 3
21	62.77	63.21	62.96	63.42	9.9	10.9	9.9	9.8	11.9	7.9	7.81	86	7.07	73	6.99	76	6.71	74	cm. 10	cm. 7	...	N.E. 2	N.E. 3
22	63.47	63.36	62.49	62.63	9.6	11.1	11.3	9.0	11.8	7.1	7.53	84	6.51	65	7.01	71	7.19	84	cc. 7	cc. 8	...	N E. 2	N.E. 2
23	63.54	63 59	63.30	63.25	9 1	13.0	12.7	10.6	13.7	4.8	7.48	89	8.10	73	7.17	66	7.61	80	c. 7	cm. 9	...	S.O. 1	N.E. 1
24	63.92	62.61	61.23	60.09	9.8	12.6	12.7	10.0	13.1	2.9	6.72	74	8.56	79	7.66	74	8.21	89	cs. 1	c. 9	...	S.E. 1	S.S.E. 1
25	55.99	55.59	55.39	56.80	14.8	15.2	17.1	14.6	18.3	8.4	10.63	84	11.32	89	12.30	86	11.54	93	cm. 10	c. 7	...	S.S.O. 1	S.S.O. 1
26	60.75	60.51	60.24	60.68	13.4	14.2	14.2	12.0	14.6	11.0	9.61	84	9.81	82	10.17	84	9.10	81	c. 7	cm. 8	6.35	N.E. 1	N.E. 2
27	57.67	55.79	53.60	53.42	12.5	13.5	13.8	11.6	14.5	8.0	8.02	74	9.16	80	9.37	80	9.43	93	cc. 10	cc. 9	7.75	N.E. 2	N.E. 2
28	52.56	53.51	54.74	56.42	10.6	9.3	8.1	7.0	10.8	8.0	8.32	86	7.11	76	6.83	86	6.40	85	cc. 10	cm. 10	15.35	N.E. 2	N.E. 3
29	61.53	62.36	61 91	61.59	9.0	9.1	9.2	7.7	9.7	3.9	5.42	63	5.69	65	5.95	69	7.98	77	cm. 10	c. 7	7.22	N.E. 2	N.E. 2
30	57.76	55.83	53.15	51.02	8.9	12.3	14.1	13.9	15.2	2.9	6.90	81	7.90	74	8.79	74	9.70	82	c. 6	cc. 9	...	S.O. 1	S.O. 1
Moyenn.																						Zone dominante.	
Mois....	763.79	763.50	762.91	762.83	13.04	15.16	15.44	13.47	16.61	8.32	9.33	82.0	9.75	74.8	9.52	73.6	9.44	80.8	6.2	7.1	115.70	1.4 N.E.	1.8
1er au 10	764.12	763.82	763.44	763.25	16.03	19.65	20.56	17.25	21.44	9.40	11.08	81.8	11.75	68.0	10.97	62.7	10.57	73.0	4.0	5.2	2.68	1.1 S.O.	1.1
11 au 20	767.25	767 04	766.39	766.32	12.32	13.72	13.45	12 54	15.02	9.07	9.06	83.8	9.39	80.9	9.38	81.4	9.37	85.7	6.8	7.7	76.35	1.7 N.E.	2.5
21 au 30	760.00	759.64	758.90	758.93	10.76	12.12	12.31	10.62	13.36	6.49	7.84	80.5	8.12	75.6	8.22	76.6	8.39	83.8	7.8	8.3	36.37	1.5 N.E.	1.8

JOURS DU MOIS.	BAROMÈTRE A 0. 9 h. du matin.	Midi.	3 h. du soir.	6 h. du soir.	THERMOMÈTRE EXTÉRIEUR. 9 h. du matin.	Midi.	3 h. du soir.	6 h. du soir.	Max.	Min.	PSYCHROMÈTRE D'AUGUST. 9 h. matin. Tension.	Humid.	Midi. Tension.	Humid.	3 h. soir. Tension.	Humid.	6 h. soir. Tension.	Humid.	ÉTAT DU CIEL. 9 h. du matin.	3 h. du soir.	PLUIE.	DIRECTION DU VENT. 9 h. du matin.	3 h. du soir.
Décembre 1855.																							
	mm.	mm.	mm.	mm.	o	o	o	o	o	o	mm.	o	mm.	o	mm.	o	mm.	o			mm		
1	753.14	753.06	753.30	753.98	8.6	10.3	9.7	7.2	11.4	5.1	6.31	76	6.30	68	6.09	69	6.50	85	cc. 10	cm. 9	17.85	N.E. 2	N.N.E. 1
2	58.17	58.63	58.99	59.02	7.8	7.3	7.5	6.1	8.3	1.6	4.22	53	4.62	60	4.50	57	5.48	74	cc. 10	cc. 10	...	S.O. 1	S.O. 1
3	54.58	52.05	50.02	52.34	10.5	15.6	13.4	13.2	15.9	2.9	6.40	68	7.53	56	8.73	77	9.21	82	cc. 10	cm. 10	...	S.O. 1	S.O. 1
4	54.80	57.93	59.02	59.79	8.9	8.0	7.6	7.6	9.5	4.9	6.99	76	6.67	83	6.99	89	7.35	94	cm. 10	cm. 10	27.95	N.E. 3	N.E. 3
5	53.00	50.22	46.23	42.81	12.0	14.8	16.5	16.2	17.0	6.2	8.95	86	10.76	87	10.81	77	10.85	79	cm. 10	cc. 8	2.24	S.O. 1	N.N.E. 2
6	50.27	51.34	52.09	53.85	13.9	14.1	14.0	12.2	14.6	11.0	9.70	82	9.84	82	8.72	74	8.08	76	cm. 10	cc. 2	12.37	S.S.O. 3	S.O. 1
7	54.15	53.89	52.94	52.24	14.2	16.1	16.4	15.0	16.8	9.1	8.38	69	8.26	61	8.84	64	9.43	75	c. 3	cc. 5	...	S.O. 1	S.O. 1
8	57.25	57.64	57 20	56.68	9.6	9.7	9.4	9.1	9.9	5.9	7.22	86	6.88	76	7.52	86	8.18	95	cm. 10	cm. 10	9.45	N.E. 3	N.E. 2
9	54.98	55.31	55.99	57.09	13.5	16.0	12.4	11.7	16.4	9.4	10.25	84	10.41	77	9.69	90	9.45	97	cm. 10	cm. 10	8.85	S.O. 1	S.O. 1
10	58.00	57.33	57.28	57.22	11.9	13.6	13.0	12.0	14.2	9.1	8.89	86	9.62	84	9.51	80	10.46	100	cm. 10	cm. 10	7.42	N.E. 1	N.E. 1
11	62.29	62.01	61.07	55.25	13.4	13.0	12.9	10.5	13.6	9.6	8.10	71	9.10	81	9.52	86	9.47	100	cc. 10	cc. 4	7.70	N.E. 2	N.E. 2
12	53.63	50.62	49.02	47.88	13.8	17.6	17.8	17.1	18.2	7.3	9.37	80	10.28	68	10.16	67	10.08	70	cc. 7	c. 3	...	S.O. 2	N.O. 2
13	54.74	54.72	54.70	54.42	8.6	8.4	8.1	8.0	9.1	5.2	6.64	81	6.87	83	7.16	89	7.44	94	cm. 10	cm. 10	9.20	N.E. 2	N.E. 2
14	50.32	50.10	50.50	51.60	8.7	7.0	5.7	4.4	9.4	4.6	7.72	94	6.84	91	6.22	91	5.86	93	cm. 10	cm. 10	9.55	N.E. 3	N.E. 4
15	52.90	51.87	51.49	52.13	5.5	4.4	4.1	4.2	5.9	0.0	4.69	69	5.66	90	4.93	74	5.78	93	cm. 10	cm. 10	41.80	N.E. 3	N.E. 4
16	61.65	61.74	61.76	61.98	4.6	5.7	3.6	1.2	6.3	-0.2	4.15	65	4.37	63	4.35	73	4.24	85	cm. 10	cc. 9	26.25	N.E. 4	N.E. 3
17	60.93	61.05	61.06	61.09	0.6	4.7	5.2	4.0	6.2	-2.0	3.22	73	3.79	59	4.77	71	4.61	76	c. 1	c. 6	5.20	S.O. 2	S.O. 3
18	63.09	62.27	61.95	60.63	3.9	11.0	11.0	10.6	11.2	-0.6	4.47	73	6.69	68	7.13	73	8.09	84	cs. 2	cc. 9	...	S.O. 1	S.O. 2
19	69.28	69.06	69.12	69.38	5.2	3.5	2.8	2.5	5.8	0.5	4.98	75	5.49	93	4.81	80	5.30	96	cm. 10	cm. 10	3.20	N.O. 4	N.E. 4
20	70.75	70.61	70.62	70.51	5.2	7.0	6.7	6.7	8.0	1.5	5.78	87	5.78	77	5.85	79	6.58	91	cm. 10	cm. 10	14.55	N.O. 4	N.E. 3
21	69.10	68.54	66.29	65.50	10.6	11.9	12.0	10.8	12.6	4.3	5.33	56	5.55	54	5.61	54	8.20	85	cc. 10	cm. 10	0.25	N.O. 1	N.E. 1
22	64.99	65.06	65.10	65.71	10.8	15.1	15.3	10.6	16.1	6.0	8.20	85	8.58	68	8.98	70	8.80	93	cc. 8	c. 2	0.25	S.O. 1	S.O. 1
23	63.83	66.30	68.30	69.00	10.8	13.2	13.8	12.6	14.2	4.5	7.97	82	8.3[illegible]	75	8.10	69	6.64	61	cc. 10	cc. 7	...	N.E. 2	N.E. 3
24	68.95	68.01	67.70	67.76	10.8	11.2	10.0	8.4	12.0	7.0	6.33	65	7.49	75	8.45	92	7.56	92	cc. 4	cc. 6	...	N.E. 2	N.E. 3
25	66.80	65.77	65.22	64.39	8.4	10.0	9.4	7.1	10.4	5.0	5.78	70	6.13	66	6.37	71	5.61	74	cc. 7	cc. 8	...	N.E. 2	N.E. 2
26	63.63	64.28	62.88	62.76	5.1	8.2	8.2	5.9	8.8	1.3	6.09	94	6.12	75	5.90	72	6.62	97	cc. 3	cc. 8	...	N.E. 1	N.E. 1
27	65.45	65.53	66.27	66.47	8.4	9.8	9.4	8.0	10.2	0.9	5.45	67	6.71	74	6.73	76	6.67	83	cc. 9	cc. 6	...	N.E. 1	N.E. 1
28	69.95	70.45	70.96	71.34	8.2	10.0	7.0	6.3	10.6	4.0	6.33	78	6.93	76	6.40	85	6.82	97	cm. 9	cm. 10	...	N.E. 2	N.E. 2
29	72.44	72.39	72.32	72.29	8.4	10.3	9.8	6.6	10.5	3.1	6.00	72	6.75	72	6.03	66	6.42	88	cc. 7	cm. 9	5.25	N.E. 2	N.E. 2
30	72.49	72.25	72.15	72.12	7.1	6.4	6.0	4.4	7.8	1.0	4.74	62	5.50	77	5.10	73	5.66	90	cc. 7	cm. 9	0.90	N.E. 1	N.E. 1
31	72.70	72.16	71.54	71.60	6.7	7.3	7.8	4.6	8.4	2.1	4.68	65	4.42	57	3.82	48	5.54	87	cs. 2	cc. 8	0.75	N.E. 1	N.E. 1
Moyenn.																						Zone dominante.	
Mois....	761.23	761.04	760.75	760.35	8.89	10.36	9.89	8.54	11.27	4.20	6.56	75.2	7.04	73.4	7.03	74.9	7.32	86.6	8.0	8.0	210.98	2.0 N.E.	2.0
1er au 10	754.83	754.74	754.31	754.50	11.09	12.55	11.99	11.03	13.40	6.52	7.73	76.6	8.09	73.4	8.14	76.3	8.50	85.7	9.3	8.4	86.13	1.7 S.O.	1.4
11 au 20	759.96	759.40	759.13	758.49	6.95	8.23	7.79	6.92	9.37	2.59	5.91	76.8	6.49	77.3	6.49	78.3	6.74	88.2	8.0	8.1	117.45	2.7 N.E.	2.9
21 au 31	768.21	768.25	768.07	768.08	8.67	10.31	9.88	7.76	11.06	3.56	6.08	72.4	6.59	69.9	6.50	70.5	6.78	86.1	6.9	7.5	7.40	1.5 N.E.	1.6
Janvier 1856.																							
1	771.59	770.79	770.26	770.00	4.3	8.6	7.6	4.6	9.2	-1.1	5.41	87	5.44	65	5.42	69	5.74	90	c. 3	cc. 2	...	N.E. 1	N.E. 2
2	69.68	68.56	67.81	67.82	3.3	7.2	7.3	4.3	8.0	-1.5	4.23	73	5.02	66	5.49	71	5.82	93	0	cc. 3	...	N.E. 1	N.E. 2
3	67.01	66.91	66.79	66.68	3.2	7.3	7.4	5.2	8.4	-1.7	4.59	80	4.22	55	4.46	57	5.58	84	c. 2	cc. 7	...	N.E. 1	N.E. 2
4	67.11	66.29	65.95	65.47	6.0	8.4	5.8	4.6	8.8	1.8	4.90	70	5.56	67	5.66	82	5.94	93	cc. 10	cc. 10	...	N.E. 1	N.E. 2
5	66.79	67.39	67.62	67.81	2.1	2.6	1.8	2.0	2.8	-1.0	3.80	71	3.65	71	4.07	78	4.35	82	cc. 4	cm. 10	...	N.E. 2	N.E. 2
6	66.33	66.01	65.92	65.67	2.0	5.5	5.4	4.4	6.0	-1.9	4.17	79	4.49	66	4.25	63	4.07	65	c. 1	c. 2	...	N.E. 1	S.O. 1
7	63.87	63.07	61.92	60.65	6.0	9.5	12.3	7.2	12.7	-1.1	4.70	67	4.77	57	5.13	58	5.66	74	c. 3	c. 5	...	S.O. 1	S.O. 1
8	57.13	56.22	55.39	54.76	10.8	14.6	15.2	12.6	15.9	5.5	6.33	65	6.39	52	7.51	58	7.00	63	cc. 10	cc. 9	0.25	N.O. 2	S.O. 2
9	55.62	54.98	54.93	53.65	15.0	16.2	16.0	15.3	16.6	9.9	7.63	60	7.17	50	7.51	56	7.32	56	cc. 5	cc. 9	...	S.O. 2	S.O. 1
10	58.27	58.53	59.20	59.38	12.7	14.5	15.4	12.4	16.1	9.8	8.89	81	9.07	74	8.92	68	8.95	83	0	c. 3	...	S.O. 1	S.O. 2
11	58.77	58.53	57.98	57.53	12.6	14.2	14.8	12.6	15.4	10.1	9.79	80	9.12	76	8.76	70	8.58	79	c. 9	c. 2	...	S.O. 1	S.O. 1
12	57.26	57.17	57.15	57.13	13.5	14.6	15.2	11.4	16.1	9.1	8.16	71	7.13	58	7.25	56	8.46	79	c. 3	c. 4	...	S.O. 1	S.O. 1
13	58.29	59.22	60.84	62.75	12.0	10.8	10.8	8.8	12.3	9.1	8.95	86	8.32	86	8.09	84	7.32	86	c. 5	cc. 10	2.55	N.E. 1	N.E. 2
14	70.68	71.65	73.19	73.45	1.0	0.2	-1.0	-1.4	1.5	-2.2	4.58	93	3.73	85	3.83	89	3.67	85	cm. 10	cm. 10	6.55	N.E. 4	N.E. 4
15	74.86	73.67	72.72	72.39	1.2	2.4	2.4	1.4	2.8	-3.7	3.97	85	3.62	67	3.38	64	3.77	74	cm. 10	cm. 10		N.E. 2	N.E. 2
16	67.02	66.24	65.11	63.37	2.4	5.6	6.4	3.2	6.9	-3.0	3.75	69	4.53	56	4.66	65	4.99	86	c. 4	c. 4	...	N.E. 1	N.E. 1
17	63.68	62.82	63.08	63.07	6.4	8.0	7.0	3.2	8.8	-0.9	4.46	62	5.58	70	5.78	77	5.57	97	c. 1	c. 3	...	N.O. 1	S.O. 1
18	67.07	66.99	66.93	66.87	6.7	9.1	9.4	5.5	10.1	-0.7	4.28	60	5.25	61	5.18	58	5.93	88	cc. 1	c. 5	...	S.O. 1	S.O. 1
19	64.99	64.02	63.40	62.79	3.2	8.2	8.4	4.6	9.2	-2.4	3.63	63	5.46	67	5.34	65	5.34	84	c. 2	c. 4	...	S.O. 1	S.O. 1
20	61.69	60.60	59.75	59.25	8.4	11.7	10.4	9.0	12.4	1.5	6.65	81	6.65	67	7.05	74	6.73	78	c. 7	cc. 9	...	S.O. 1	S.O. 1
21	58.23	57.83	57.56	57.33	10.5	11.4	11.4	10.7	11.6	5.0	7.11	74	7.61	75	8.08	80	8.38	86	c. 9	cc. 10	...	S.O. 1	S.O. 1
22	57.09	56.24	55.38	55.01	12.3	15.0	14.7	12.6	15.3	5.1	8.98	90	7.42	53	8.95	72	8.82	81	cc. 10	cc. 8	2.40	S.O. 1	S.O. 2
23	53.16	52.41	51.79	51.94	10.4	12.6	12.0	11.8	12.9	9.0	8.92	95	10.09	93	10.20	98	9.83	95	cm. 10	cc. 10	3.25	S.O. 1	S.O. 1
24	55.28	55.68	56.92	57.63	11.6	10.6	9.5	8.2	12.1	8.0	8.20	80	8.56	90	8.16	92	7.85	79	cm. 10	cm. 10	28.05	N.E. 2	N.E. 1
25	59.53	58.52	58.74	58.60	9.5	8.9	9.0	7.6	10.0	4.3	6.43	73	6.62	83	7.19	84	7.35	94	cm. 10	cm. 10	4.35	S.O. 2	S.O. 1
26	57.27	55.82	54.41	55.00	8.4	11.6	13.5	8.6	14.6	2.0	7.87	83	7.25	71	7.65	66	7.44	89	c. 2	c. 1	...	S.O. 1	S.E. 1
27	53.67	53.20	51.76	51.80	9.4	13.6	16.2	10.9	17.1	2.0	6.38	73	6.99	60	6.65	49	7.19	75	c. 4	c. 3	...	S.O. 1	E. 1
28	48.00	47.04	47.59	47.98	11.2	12.2	9.2	8.4	13.0	4.2	7.01	71	8.08	76	8.01	92	7.78	94	c. 9	cm. 10	...	S.E. 2	N.E. 1
29	50.43	50.91	51.12	52.74	7.6	8.5	8.3	7.8	8.7	4.4	7.13	91	7.61	92	7.26	89	7.45	94	cc. 10	cm. 10	6.60	N.E. 1	N.E. 2
30	58.79	59.67	58.95	58.47	8.8	10.0	9.8	6.6	10.8	3.9	5.97	71	6.37	70	7.17	79	7.08	97	cc. 10	cc. 6	2.55	S.O. 1	S.O. 1
31	53.63	53.05	52.14	51.78	11.0	13.2	14.0	12.6	14.7	4.0	6.10	64	7.71	68	7.98	67	8.34	77	c. 7	0	...	S.O. 3	S.O. 2
Moyenn.																						Zone dominante.	
Mois....	761.06	760.65	760.40	760.30	7.85	9.90	9.86	7.63	10.99	2.82	6.22	75.7	6.44	69.3	6.61	71.9	6.72	83.2	6.0	6.4	56.55	1.4 S.O.	1.2
1er au 10	764.34	763.88	763.58	763.19	6.54	9.44	9.42	7.26	10.45	1.86	5.46	73.3	5.58	62.3	5.84	66.0	6.04	78.3	3.8	6.0	0.25	1.3 N.E.	1.7
11 au 20	764.43	764.09	764.01	763.92	6.74	8.48	8.38	5.83	9.55	1.69	5.82	75.0	5.94	69.3	5.93	70.2	6.03	83.6	5.8	6.1	9.10	1.4 S.O.	1.5
21 au 31	755.01	754.58	754.21	754.39	10.06	11.60	11.60	9.62	12.80	4.72	7.28	78.6	7.66	75.6	7.94	78.9	7.96	87.4	8.3	7.1	47.20	1.5 S.O.	1.3

JOURS DU MOIS.	BAROMÈTRE À 0. 9 h. du matin.	Midi.	3 h. du soir.	6 h. du soir.	THERMOMÈTRE EXTÉRIEUR. 9 h. du matin.	Midi.	3 h. du soir.	6 h. du soir.	Max.	Min.	PSYCHROMÈTRE D'AUGUST. 9 h. matin. Tension.	Humid.	Midi. Tension.	Humid.	3 h. soir. Tension.	Humid.	6 h. soir. Tension.	Humid.	ÉTAT DU CIEL. 9 h. du matin.	3 h. du soir.	PLUIE.	DIRECTION DU VENT. 9 h. du matin.	3 h. du soir.
											Février 1856.												
	mm.	mm.	mm.	mm.	°	°	°	°	°	°	mm.	°	mm.	°	mm.	°	mm.	°			mm.		
1	753.32	755.34	755.70	757.54	4.6	2.7	2.9	1.6	4.9	-0.9	4.15	65	5.18	93	4.87	86	4.74	93	cm. 10	cm. 10	22.05	E. 2	E. 2
2	60.97	62.29	60.75	61.66	4.1	6.3	7.2	5.4	7.7	-3.9	4.55	73	4.74	67	4.38	57	7.06	75	c. 3	c. 2	23.50	S.O. 3	S.O. 3
3	63.30	63.20	63.07	62.86	10.6	11.4	11.8	10.4	12.3	2.3	6.34	68	6.04	57	6.89	67	7.73	82	c. 4	c. 7	. . .	S.O. 2	S.O. 1
4	68.17	69.58	69.48	69.84	5.0	5.0	5.9	4.8	6.6	1.1	4.69	71	5.30	81	5.26	75	4.81	74	cm. 10	cm. 10	12.25	N.E. 3	N.E. 3
5	68.93	68.52	67.56	67.48	7.2	7.6	7.6	6.2	7.9	2.0	4.58	60	5.20	66	4.98	64	5.18	73	cs. 5	cc. 10	. . .	N.E. 2	N.E. 3
6	67.62	67.87	67.22	67.78	7.5	9.0	9.1	6.2	9.8	2.5	5.15	66	5.42	63	5.90	69	4.98	70	cc. 8	cc. 7	1.30	N.E. 2	N.E. 2
7	68.57	68.23	67.68	67.71	7.2	8.0	7.6	6.4	8.6	2.9	3.98	53	5.36	67	6.04	77	6.32	88	cc. 10	cc. 10	. . .	N.E. 2	N.E. 2
8	66.13	65.52	64.27	63.41	5.2	6.8	7.0	4.6	7.5	1.8	5.28	75	4.82	65	5.34	71	5.13	80	c. 1	cc. 4	2.80	N.E. 1	N.E. 1
9	62.24	62.37	62.77	64.24	7.3	8.2	8.4	6.4	9.2	1.7	5.49	71	6.33	78	6.43	78	6.14	85	cc. 9	cm. 10	1.55	S.O. 1	S.O. 2
10	66.62	66.73	67.02	67.37	7.3	10.6	10.2	7.4	11.4	0.9	6.72	88	6.34	68	6.93	74	6.60	85	cc. 10	cc. 10	. . .	S.O. 1	S.O. 1
11	67.04	66.98	65.87	65.35	8.0	10.5	12.4	9.4	13.0	1.4	6.45	81	6.63	70	6.76	63	7.17	81	0	0	. . .	S.O. 1	S.O. 1
12	62.31	59.97	59.07	59.40	10.9	14.3	15.7	12.9	16.4	5.9	6.63	68	7.93	65	7.82	59	8.52	77	0	c. 1	. . .	N.O. 2	S.O. 1
13	66.39	66.70	64.59	64.55	11.3	13.9	14.9	10.8	15.8	4.2	6.15	61	5.45	55	7.31	58	6.71	70	0	0	. . .	N.E. 1	S.O. 1
14	62.02	61.52	61.15	62.29	10.2	11.8	15.2	10.9	15.8	3.6	7.29	79	7.13	69	8.26	64	8.38	86	cs. 1	c. 5	. . .	S.O. 2	S.O. 2
15	64.05	62.85	61.39	60.24	12.6	14.1	14.5	9.8	15.2	4.9	8.08	74	8.31	69	8.81	72	7.87	86	c. 10	c. 4	. . .	S.O. 1	S.O. 1
16	60.62	60.29	58.53	59.61	12.6	13.8	16.9	13.4	17.7	7.4	7.08	74	8.36	71	8.92	63	8.60	75	c. 8	c. 5	. . .	S.O. 2	S.O. 2
17	58.02	56.59	55.79	55.18	13.4	16.4	17.0	11.6	17.6	6.0	8.60	75	9.10	66	8.99	63	8.44	83	c. 10	c. 9	. . .	S.O. 1	S.O. 1
18	56.00	56.08	56.13	57.20	9.6	9.4	7.0	6.0	9.9	6.1	7.53	84	7.89	89	7.27	97	6.78	97	cc. 10	cm. 10	. . .	E.S.E. 2	E.S.E. 4
19	64.77	64.39	64.09	64.40	5.4	5.0	4.2	2.8	6.0	0.1	4.25	63	3.91	59	3.99	65	4.63	83	cm. 10	cm. 9	8.90	N.O. 2	N.E. 3
20	66.91	65.89	63.18	62.92	4.2	8.7	8.4	6.0	9.2	-0.4	3.99	65	3.79	44	4.94	59	5.30	75	c. 6	cc. 10	0.50	E. 2	N.E. 2
21	64.81	64.64	63.19	63.06	9.9	11.6	12.7	8.8	13.2	2.0	6.30	69	7.25	71	7.41	68	7.32	86	cc. 9	c. 8	0.05	S.O. 2	S.O. 2
22	57.15	55.00	53.83	49.84	14.2	18.6	18.9	15.2	19.7	6.1	6.87	57	7.02	50	9.03	59	8.52	66	cc. 4	c. 6	. . .	S.O. 1	S.O. 1
23	51.52	51.83	52.18	53.39	13.0	15.0	15.4	12.4	16.0	8.8	7.47	68	8.90	70	9.18	71	8.46	79	cs. 4	cc. 8	3.80	S.O. 4	S.O. 3
24	60.12	60.22	61.27	61.40	5.4	6.0	5.0	4.2	6.3	2.5	5.56	84	5.94	85	6.13	94	5.37	87	cm. 10	cm. 10	6.50	N.E. 3	N.E. 2
25	65.99	66.11	66.02	66.82	5.2	7.8	7.0	3.6	8.4	-1.1	4.98	75	5.48	70	4.10	55	4.93	83	cc. 4	cc. 9	0.35	N.O. 2	N.E. 3
26	67.86	67.48	66.78	66.08	4.6	5.2	5.4	3.4	5.9	2.3	3.85	62	4.17	63	4.25	63	3.81	66	cc. 9	cc. 8	. . .	N.E. 2	N.E. 2
27	63.29	61.97	60.11	69.57	8.4	8.3	9.2	6.0	9.6	0.1	3.87	46	5.51	67	5.73	66	5.30	75	cc. 10	cc. 8	. . .	S.O. 1	S.O. 2
28	63.46	63.22	64.23	64.93	10.2	8.2	8.6	5.0	8.9	-0.4	5.57	60	5.46	67	5.44	65	6.33	97	cm. 6	cc. 8	1.00	N.E. 2	N.E. 2
29	67.79	67.87	66.78	66.49	6.0	6.6	8.0	4.6	8.4	-0.7	5.54	79	5.80	79	5.36	67	4.93	77	cc. 10	cc. 7	0.45	N.E. 2	N.E. 2
Moyenn.																						Zone dominante.	
Mois....	763.31	763.08	762.40	762.54	8.31	9.68	10.14	7.46	11.00	2.39	5.76	69.4	6.16	68.4	6.46	68.6	6.42	80.5	6.6	7.1	85.00	1.9 S.O.	2.0
1er au 10	764.59	764.96	764.55	764.99	6.60	7.56	7.77	5.94	8.59	1.04	5.09	69.0	5.47	70.5	5.70	71.8	5.87	80.5	7.0	8.0	63.45	1.9 N.E.	2.0
11 au 20	762.81	762.13	760.98	761.11	9.82	11.79	12.62	9.36	13.66	3.92	6.60	72.4	6.85	65.7	7.30	66.3	7.24	81.3	5.5	5.3	9.40	1.6 S.O.	1.8
21 au 29	762.44	762.04	761.60	761.40	8.54	9.70	10.00	7.02	10.71	2.18	5.56	66.7	6.17	69.1	6.36	67.5	6.11	79.6	7.3	8.0	12.15	2.1 N.E.	2.0
											Mars.												
1	764.44	764.18	764.06	764.07	4.2	8.4	9.9	6.5	10.6	-3.1	5.58	90	4.72	57	4.33	48	5.10	70	0	cs. 2	. . .	N.E. 1	N.E. 3
2	65.19	63.30	62.41	62.13	6.6	9.8	9.2	7.2	10.0	1.0	5.58	77	4.94	54	4.75	56	5.66	74	c. 3	cc. 4	. . .	N.E. 2	N.E. 3
3	58.05	57.29	56.43	55.37	5.6	9.0	9.4	9.0	10.5	-2.4	4.94	73	6.29	73	6.27	71	5.85	69	0	c. 3	. . .	S.O. 1	S.O. 2
4	56.03	56.63	57.20	58.16	8.4	10.3	5.6	0.6	10.5	2.4	4.16	50	6.06	64	4.33	63	5.42	92	cc. 8	cm. 10	. . .	O. 2	O. 2
5	63.62	63.65	62.93	62.24	-1.2	1.0	2.4	0.0	2.7	-5.1	3.44	77	3.12	70	3.17	58	3.74	81	cm. 10	cm. 10	0.60	E. 2	N.E. 2
6	58.55	57.32	56.17	55.74	5.0	8.0	10.9	8.9	11.7	-4.2	3.51	54	4.34	55	5.04	52	4.59	65	c. 2	c. 4	0.85	S.O. 4	S.O. 3
7	56.77	58.89	60.01	61.82	3.6	4.6	3.6	2.0	4.8	-0.5	5.33	90	5.44	84	5.53	93	4.90	93	cm. 10	cm. 10	22.80	N.E. 2	N.E. 3
8	63.60	64.49	64.27	64.28	0.4	0.4	0.2	-0.4	0.5	-2.6	3.95	89	4.54	96	4.48	96	3.85	85	cm. 10	cm. 10		N.E. 4	N.E. 4
9	65.82	65.81	65.91	66.39	1.6	2.2	3.0	1.4	3.4	-3.7	3.74	74	3.29	61	2.82	50	2.40	55	cm. 9	cc. 6	. . .	N.E. 2	N.E. 2
10	68.24	67.20	65.78	64.89	3.7	4.6	7.6	5.1	8.0	-5.1	3.53	60	3.95	62	3.55	46	3.37	51	cc. 7	c. 1	. . .	S.O. 1	S.O. 1
11	64.37	64.41	64.50	64.57	5.5	11.2	11.8	8.4	12.9	-0.2	3.32	49	4.53	46	5.05	48	3.87	46	0	0	. . .	S.O. 1	S.O. 2
12	66.52	66.36	65.71	64.20	8.6	10.6	11.6	11.4	12.5	0.0	4.60	55	5.55	58	5.85	57	5.07	50	s. 1	c. 1	. . .	S.O. 1	S.O. 1
13	63.92	63.55	62.75	63.51	10.3	14.6	15.1	9.0	15.5	-0.5	6.30	68	5.44	42	5.96	47	6.51	76	c. 2	c. 7	. . .	S.O. 1	S.O. 1
14	63.15	63.78	63.75	64.33	9.2	8.0	10.1	8.6	10.4	3.1	6.01	64	7.58	94	6.53	72	6.75	81	cc. 10	cc. 10	. . .	N.E. 1	E. 2
15	71.05	71.41	71.31	70.71	6.8	5.9	4.8	4.0	7.0	2.1	4.82	65	4.66	67	4.61	69	4.69	77	cm. 10	cm. 10	3.15	N.E. 4	N.E. 3
16	69.97	69.25	67.72	67.43	4.4	7.1	6.8	5.6	7.5	1.0	3.87	62	4.34	57	4.02	55	4.33	63	cm. 10	cm. 10	0.10	N.E. 3	N.E. 4
17	69.35	71.21	71.23	71.42	4.1	3.8	3.4	3.8	4.3	1.0	3.59	57	3.47	57	3.51	60	3.47	57	cm. 10	cm. 10	12.15	N.E. 4	N.E. 4
18	71.93	71.59	70.70	68.69	2.4	3.9	3.3	3.0	4.4	-2.1	3.35	61	3.71	60	3.48	60	3.75	66	cm. 10	cm. 10		N.E. 3	N.E. 4
19	67.69	67.50	66.90	66.30	2.6	4.1	4.5	2.5	4.7	-1.2	3.62	66	2.61	41	2.59	42	3.56	64	cm. 9	cm. 10		N.E. 4	N.E. 4
20	61.22	61.43	61.54	62.54	3.6	5.4	4.6	4.0	5.7	-0.9	3.86	58	3.67	54	4.63	71	4.31	70	cm. 10	cm. 9		N.E. 4	N.E. 4
21	62.98	63.71	64.79	64.80	4.6	6.0	6.0	5.0	6.3	-0.5	4.53	71	4.29	61	5.10	73	4.89	74	cm. 10	cm. 10	. . .	N.E. 3	N.E. 2
22	63.20	62.91	62.53	62.09	7.4	10.3	10.6	8.2	11.8	-0.6	4.70	61	5.84	62	5.77	60	4.42	55	cc. 3	0	2.50	N.E. 2	N.E. 2
23	60.39	59.45	58.25	57.92	6.6	11.6	11.2	8.6	12.4	0.0	5.80	79	6.53	65	5.87	59	5.22	63	c. 2	c. 7	. . .	N.E. 1	N.E. 2
24	56.02	55.91	54.87	55.02	9.7	13.6	14.0	9.3	14.9	2.5	7.35	81	7.11	62	7.23	60	5.35	61	c. 9	cc. 6	. . .	S.O. 1	S.O. 1
25	58.33	58.98	59.26	60.30	5.2	7.7	8.6	6.8	9.1	3.2	5.38	81	5.65	72	5.00	61	4.62	62	cc. 9	cc. 9	. . .	N.E. 3	N.E. 2
26	60.60	60.33	58.29	58.37	7.0	9.6	13.7	11.8	14.4	-2.0	5.45	74	5.49	62	6.34	53	5.73	56	0	0	. . .	S.O. 1	S.O. 1
27	59.34	59.87	60.29	60.41	5.9	4.8	3.2	2.8	5.0	0.4	5.46	78	5.52	87	5.57	97	5.22	93	cm. 10	cm. 10	. . .	N.E. 3	N.E. 3
28	60.00	59.94	59.42	59.19	4.0	3.0	6.1	4.6	6.2	-1.5	4.21	70	4.15	72	4.35	63	4.93	77	cm. 10	cm. 10	14.55	N.E. 3	N.E. 2
29	57.23	56.63	55.40	54.27	9.0	9.8	10.1	8.2	10.4	-1.5	6.73	78	6.66	94	8.03	86	5.90	72	cc. 9	cc. 10	. . .	S.O. 1	S.O. 1
30	53.22	53.63	54.59	57.02	7.0	7.5	6.1	3.7	7.7	4.0	7.13	91	7.52	97	6.61	94	5.77	97	cc. 9	cc. 8	. . .	S.O. 1	S.O. 1
31	60.23	61.54	61.76	61.89	2.8	3.8	2.4	1.2	4.0	-0.4	5.41	97	5.41	90	4.67	86	4.64	93	cm. 10	cm. 10	18.00	N.E. 2	N.E. 2
Moyenn.																						Zone dominante.	
Mois....	762.61	762.65	762.28	762.26	5.31	7.12	7.41	5.51	8.38	-0.56	4.81	71.0	5.05	67.0	5.00	64.7	4.74	70.6	6.8	7.0	74.70	2.2 N.E.	2.4
1er au 10	762.03	761.88	761.52	761.51	3.79	5.83	6.18	4.03	7.27	-2.33	4.38	73.4	4.67	67.6	4.43	63.3	4.30	73.5	5.9	6.0	24.25	2.1 N.E.	2.5
11 au 20	766.92	767.05	766.61	766.37	5.75	7.46	7.60	6.03	8.49	0.23	4.33	60.5	4.56	57.6	4.62	58.1	4.63	65.0	7.2	7.7	15.40	2.6 N.E.	2.9
21 au 31	759.23	759.35	759.04	759.21	6.29	7.97	8.36	6.38	9.29	0.33	5.65	78.3	5.83	74.9	5.87	72.0	5.15	73.0	7.4	7.3	35.05	1.9 N.E.	1.7

JOURS DU MOIS.	RADIATION SOLAIRE.																			
	9 h. du matin.	Midi.	3 h. du soir.	6 h. du soir.	9 h. du matin.	Midi.	3 h. du soir.	6 h. du soir.	9 h. du matin.	Midi.	3 h. du soir.	6 h. du soir.	9 h. du matin.	Midi.	3 h. du soir.	6 h. du soir.	9 h. du matin.	Midi.	3 h. du soir.	6 h. du soir.
	Juin 1855.				**Août 1855.**				**Octobre 1855.**				**Décembre 1855.**				**Février 1856.**			
	°	°	°	°	°	°	°	°	°	°	°	°	°	°	°	°	°	°	°	°
1	15.3	9.8	14.3	3.6	15.8	17.4	13.1	0.0	21.3	21.6	18.3	. . .	0.0	3.1	0.0	. . .	0.0	0.0	0.0	. . .
2	14.5	7.8	17.5	5.8	13.5	18.1	14.9	9.6	24.2	22.9	13.9	. . .	0.0	0.0	0.0	. . .	1.3	3.8	2.3	. . .
3	12.3	14.8	13.9	11.5	8.1	14.2	12.4	6.1	18.6	26.8	22.8	. . .	0.0	0.0	0.0	. . .	1.6	2.5	2.4	. . .
4	8.4	6.8	8.1	5.0	8.3	8.0	9.0	4.8	0.0	0.0	16.0	. . .	0.0	0.0	0.0	. . .	0.0	0.0	0.0	. . .
5	7.9	9.9	6.3	3.1	17.1	9.2	13.9	5.1	0.0	0.0	0.0	. . .	0.0	0.0	0.0	. . .	0.6	0.0	0.0	. . .
6	2.6	4.9	1.6	1.8	18.0	0.0	10.4	6.2	13.1	12.3	11.1	. . .	0.0	0.0	2.3	. . .	0.2	0.0	0.7	. . .
7	3.9	0.0	0.0	0.0	0.0	0.0	0.0	0.0	24.1	18.4	15.2	. . .	0.0	0.0	0.0	. . .	0.0	0.0	0.0	. . .
8	0.0	5.2	3.2	0.0	0.0	13.5	7.4	5.4	23.6	14.6	14.1	. . .	0.0	5.2	5.5	. . .	0.9	2.4	1.6	. . .
9	0.0	1.3	4.2	3.0	21.9	12.1	12.2	3.5	21.5	17.0	11.9	. . .	0.0	0.0	0.0	. . .	0.0	0.0	0.0	. . .
10	8.4	13.4	16.5	11.4	19.9	16.0	16.0	10.8	23.5	20.3	0.0	. . .	0.0	0.0	0.0	. . .	0.0	0.0	0.0	. . .
11	12.2	8.0	15.4	10.9	18.0	15.0	11.1	8.4	12.6	5.8	10.2	. . .	0.0	0.0	0.0	. . .	3.2	4.1	4.0	. . .
12	13.4	15.6	16.2	12.4	15.4	14.8	14.9	8.5	0.0	0.0	0.0	. . .	0.0	0.0	0.0	. . .	5.4	4.8	4.4	. . .
13	9.7	14.7	15.7	16.0	21.9	15.4	13.2	7.7	19.8	16.7	16.3	. . .	0.0	0.0	0.0	. . .	9.1	15.6	7.1	. . .
14	17.0	11.3	14.1	12.8	20.0	17.9	16.3	8.6	24.3	21.2	11.1	. . .	0.0	0.0	0.0	. . .	4.3	10.2	3.1	. . .
15	18.1	16.5	19.1	15.6	19.4	16.1	9.4	6.3	15.6	12.4	10.7	. . .	0.0	0.0	0.0	. . .	0.0	4.1	3.2	. . .
16	14.5	18.0	18.6	15.6	15.5	7.4	10.4	0.0	22.9	18.0	16.9	. . .	0.0	0.0	0.0	. . .	0.0	0.0	1.9	. . .
17	18.0	13.3	17.0	13.7	0.0	15.0	6.0	3.0	14.5	13.6	11.2	. . .	3.2	7.4	11.4	. . .	0.0	0.0	0.9	. . .
18	11.4	12.3	17.1	12.8	19.6	18.7	10.4	1.1	0.0	0.0	0.0	. . .	6.3	2.4	0.0	. . .	0.0	0.0	0.0	. . .
19	11.2	14.4	18.3	14.9	18.2	15.8	8.9	2.7	5.2	14.3	8.6	. . .	0.0	0.0	0.0	. . .	0.0	0.0	0.0	. . .
20	20.9	16.0	19.5	15.8	12.5	12.2	8.6	6.1	12.1	16.3	11.4	. . .	0.0	0.0	0.0	. . .	0.0	5.9	0.0	. . .
21	19.6	15.1	12.6	6.7	8.3	3.5	7.8	3.1	14.4	0.0	0.0	. . .	0.0	0.0	0.0	. . .	0.0	2.9	2.6	. . .
22	20.8	14.6	12.3	6.9	13.5	11.7	10.8	0.8	18.1	14.2	9.3	. . .	0.0	1.9	6.9	. . .	0.0	1.7	2.1	. . .
23	19.7	16.4	17.4	10.3	6.3	2.4	4.5	3.6	18.8	13.3	9.1	. . .	0.0	0.0	7.2	. . .	0.0	0.0	1.1	. . .
24	20.1	14.7	14.8	10.9	14.9	13.2	9.8	3.1	0.0	9.5	3.9	. . .	0.6	3.0	1.3	. . .	0.0	0.0	0.0	. . .
25	12.8	9.8	14.0	11.1	10.9	14.0	8.8	4.0	13.6	8.4	11.9	. . .	0.0	4.5	0.7	. . .	6.1	2.4	0.0	. . .
26	10.8	14.1	13.8	3.0	16.4	16.3	9.9	0.6	0.0	0.0	0.0	. . .	0.3	0.0	0.0	. . .	0.0	0.0	2.2	. . .
27	19.6	13.7	0.0	0.0	8.9	14.8	7.7	4.0	1.7	0.0	10.0	. . .	0.0	0.0	2.0	. . .	0.0	0.0	4.1	. . .
28	19.1	6.9	8.8	11.7	2.1	0.0	5.5	0.0	0.0	8.3	10.4	. . .	0.0	0.0	0.0	. . .	2.1	0.0	0.0	. . .
29	0.0	0.0	2.2	2.7	19.6	16.9	9.8	4.6	15.1	13.7	5.6	. . .	0.2	0.0	0.4	. . .	0.0	0.0	12.2	. . .
30	17.9	14.3	17.1	15.3	2.7	7.8	4.6	2.7	6.6	6.5	8.4	. . .	0.0	0.0	0.0	. . .	. . .	. . .	. . .	. . .
31	. . .	. . .	. . .	. . .	15.5	2.0	9.8	4.5	0.0	6.3	9.3	. . .	0.6	3.0	1.7	. . .	. . .	. . .	. . .	. . .
Moyenn.																				
Mois......	12.67	11.12	12.32	8.81	12.97	11.58	9.92	4.64	12.43	11.50	9.60	. . .	0.36	0.98	1.27	. . .	1.20	2.08	1.93	. . .
1er au 10	7.33	7.39	8.56	4.52	12.26	10.85	10.93	5.15	16.99	15.39	12.33	. . .	0.00	0.83	0.78	. . .	0.46	0.87	0.70	. . .
11 au 20	14.64	14.01	17.10	14.05	16.05	14.83	10.92	5.24	12.70	11.83	9.64	. . .	0.95	0.98	1.14	. . .	2.20	4.47	2.46	. . .
21 au 31	16.04	11.96	11.30	7.86	10.83	9.33	8.09	2.82	8.03	7.29	7.08	. . .	0.15	1.13	1.84	. . .	0.91	0.77	2.70	. . .
	Juillet.				**Septembre.**				**Novembre.**				**Janvier 1856.**				**Mars.**			
1	21.1	17.9	18.8	17.0	22.4	17.5	10.5	5.9	5.5	8.4	3.8	. . .	2.4	2.3	2.5	. . .	9.0	7.7	4.6	. . .
2	19.5	9.5	13.7	17.4	20.1	11.9	9.3	5.6	6.3	2.3	0.4	. . .	1.9	3.1	2.9	. . .	0.9	10.4	6.1	. . .
3	22.4	15.5	17.8	16.8	18.7	15.4	11.2	3.5	7.8	0.8	3.1	. . .	1.4	4.5	2.3	. . .	5.2	11.8	7.0	. . .
4	19.9	11.6	18.0	17.9	15.1	9.7	8.4	4.3	2.8	2.8	10.1	. . .	0.0	0.0	0.0	. . .	0.6	7.2	0.0	. . .
5	16.8	14.0	17.5	13.6	16.7	16.3	11.7	4.5	6.9	2.3	5.9	. . .	0.4	0.0	0.0	. . .	0.0	0.0	0.0	. . .
6	17.2	13.3	16.9	13.7	23.2	17.6	13.4	9.5	0.6	5.1	2.8	. . .	0.8	1.1	0.9	. . .	3.2	10.6	6.6	. . .
7	17.2	12.9	15.9	12.4	17.4	16.2	2.6	1.3	0.0	3.7	2.8	. . .	0.7	2.1	1.5	. . .	0.0	0.0	0.0	. . .
8	15.7	4.5	13.8	7.4	15.3	10.3	8.5	3.2	4.3	0.8	1.2	. . .	0.0	0.0	0.0	. . .	0.0	0.0	0.0	. . .
9	16.7	9.5	13.1	9.1	22.0	14.7	14.5	8.9	0.0	0.6	0.6	. . .	3.2	0.0	0.0	. . .	0.0	0.0	5.7	. . .
10	19.2	12.9	17.9	15.2	24.2	15.1	13.4	9.8	0.0	0.0	0.0	. . .	2.5	3.7	2.3	. . .	0.0	16.0	6.6	. . .
11	16.0	13.5	15.6	13.6	16.2	6.4	14.5	6.8	0.0	0.0	0.0	. . .	0.0	2.1	3.4	. . .	14.3	16.0	11.7	. . .
12	15.4	11.7	14.1	12.1	4.5	12.4	11.6	5.3	0.0	0.0	0.0	. . .	1.2	2.3	3.6	. . .	11.4	20.4	14.4	. . .
13	14.2	13.3	10.6	10.3	23.4	18.4	15.8	7.1	3.6	1.2	3.5	. . .	1.8	0.0	0.0	. . .	11.7	13.5	5.9	. . .
14	10.4	13.9	15.3	12.2	0.0	4.4	8.7	0.0	5.6	0.2	0.0	. . .	0.0	0.0	0.0	. . .	0.0	0.0	0.0	. . .
15	13.4	14.3	14.8	12.3	20.7	20.7	21.0	0.0	3.7	2.4	6.6	. . .	0.0	0.0	0.0	. . .	0.0	0.0	0.0	. . .
16	19.7	9.1	17.0	11.7	3.7	0.0	0.0	1.2	0.5	0.0	0.0	. . .	2.1	2.4	2.5	. . .	0.0	1.1	0.0	. . .
17	20.1	15.7	16.6	13.3	0.0	0.0	15.8	9.1	0.0	0.0	1.1	. . .	0.7	3.3	5.3	. . .	0.0	0.0	0.0	. . .
18	21.4	17.2	19.0	11.7	7.2	14.3	12.2	8.7	0.6	5.4	0.0	. . .	0.0	2.1	3.2	. . .	0.0	0.0	0.0	. . .
19	19.7	20.7	19.6	7.8	11.3	17.8	14.1	5.1	0.7	0.9	3.6	. . .	0.9	2.0	1.1	. . .	0.0	0.0	0.0	. . .
20	19.0	14.0	18.5	9.4	23.6	13.5	10.4	0.8	0.0	0.0	0.0	. . .	0.0	0.0	0.0	. . .	0.0	0.0	0.0	. . .
21	22.0	18.0	12.1	9.9	9.2	13.5	4.6	. . .	0.0	0.0	0.0	. . .	0.0	0.0	0.0	. . .	0.0	0.0	0.0	. . .
22	19.3	16.8	14.1	10.4	0.0	3.2	0.0	. . .	0.4	0.5	2.9	. . .	0.0	1.0	0.5	. . .	1.9	2.1	4.2	. . .
23	9.3	14.8	11.1	7.9	3.4	0.6	3.7	. . .	2.1	0.0	0.0	. . .	0.0	0.0	0.0	. . .	3.8	6.8	4.0	. . .
24	21.2	15.3	15.0	9.8	15.5	2.8	9.0	. . .	2.1	1.6	0.0	. . .	0.0	0.0	0.0	. . .	0.0	1.8	6.0	. . .
25	20.2	15.1	17.9	8.9	21.0	21.0	11.6	. . .	0.0	0.0	3.9	. . .	0.0	0.0	0.0	. . .	0.0	1.7	0.0	. . .
26	16.3	10.8	12.5	2.9	10.2	3.0	3.2	. . .	0.0	0.0	2.2	. . .	1.7	7.7	8.5	. . .	17.3	20.1	8.2	. . .
27	21.6	14.7	15.3	0.7	3.6	0.0	7.9	. . .	0.0	0.0	0.0	. . .	5.2	5.8	7.9	. . .	0.0	0.0	0.0	. . .
28	17.2	8.1	16.8	3.1	13.5	16.5	2.1	. . .	0.0	0.0	0.0	. . .	0.0	0.0	0.9	. . .	0.0	0.0	0.0	. . .
29	21.4	18.2	15.3	9.8	0.0	0.0	0.0	. . .	0.0	0.0	0.0	. . .	0.0	0.0	0.0	. . .	0.0	0.0	0.0	. . .
30	19.9	7.8	13.3	9.7	23.1	14.4	10.9	. . .	0.9	1.6	0.0	. . .	0.0	0.0	0.0	. . .	1.0	0.0	0.0	. . .
31	18.7	10.9	18.4	9.2	. . .	. . .	. . .	. . .	. . .	. . .	. . .	. . .	0.0	0.0	2.6	. . .	0.0	0.0	0.0	. . .
Moyenn.																				
Mois......	18.13	13.40	15.71	10.88	13.51	10.92	9.35	3.36	1.81	1.35	1.8[illegible]	. . .	0.84	1.47	1.64	. . .	2.59	4.75	2.93	. . .
1er au 10	18.57	12.16	16.40	14.05	19.51	14.47	10.35	5.65	3.42	2.68	3.07	. . .	1.33	1.68	1.24	. . .	1.89	6.37	3.66	. . .
11 au 20	16.93	14.34	16.11	11.44	11.06	10.79	12.41	4.41	1.47	1.01	1.48	. . .	0.67	1.42	1.91	. . .	3.74	5.10	3.20	. . .
21 au 31	18.83	13.68	14.71	7.48	9.95	7.50	5.30	0.00	0.55	0.37	0.90	. . .	0.63	1.32	1.77	. . .	2.18	2.95	2.04	. . .

JOURS DU MOIS.	OZONE.																	
	Matin.	Soir.	Matin.	Soir.	Matin.	Soir.	Matin.	Soir.	Matin.	Soir.	Matin.	Soir.	Matin.	Soir.	Matin.	Soir.	Matin.	Soir.
	Juill. 1855.		Août.		Septembre.		Octobre.		Novembre.		Déc. 1855.		Janv. 1856.		Février.		Mars.	
1	1	1	1	0	0	1	1	1	0	2	8	4	4	5	3	3	1	4
2	1	1	0	1	2	1	4	1	0	1	0	4	4	2	1	5	6	5
3	1	1	2	1	1	1	0	1	0	0	7	5	0	1	7	5	2	5
4	1	1	6	2	2	1	2	1	0	1	9	8	7	2	9	8	5	6
5	2	2	4	1	1	1	3	1	0	1	9	2	7	9	8	2	7	7
6	2	2	2	0	1	1	5	1	7	8	10	5	2	1	7	5	4	4
7	2	2	3	9	1	0	0	1	10	4	7	4	1	1	7	2	4	8
8	6	5	9	6	4	0	1	0	8	5	2	7	3	1	8	1	9	9
9	4	1	3	1	1	0	0	1	5	3	8	6	2	1	3	5	6	9
10	4	1	1	4	1	1	1	1	5	5	9	5	3	1	0	5	8	3
11	2	2	5	1	0	1	0	1	5	4	8	6	4	1	1	5	5	5
12	1	1	3	5	1	0	1	2	7	5	5	5	5	3	7	2	7	2
13	1	1	3	0	1	1	1	1	8	7	7	5	5	4	3	3	0	1
14	1	1	3	0	4	1	0	1	4	4	9	9	8	7	5	2	1	2
15	1	1	0	2	2	3	0	1	6	4	10	9	6	5	1	1	7	5
16	1	1	4	0	4	3	0	1	5	4	10	7	6	3	6	1	3	5
17	1	1	1	1	5	1	0	1	5	2	7	7	0	5	4	2	6	6
18	2	1	1	0	2	1	5	3	6	1	2	1	0	4	6	5	7	5
19	4	1	1	0	0	0	5	1	7	2	7	7	0	2	10	6	8	7
20	4	1	1	0	1	0	3	1	4	7	9	6	7	4	5	2	6	4
21	4	3	1	0	0	1	0	3	5	4	6	1	4	5	6	3	7	4
22	2	1	2	0	3	1	4	0	9	7	0	1	8	4	3	5	3	2
23	4	2	0	0	2	0	1	0	1	1	4	5	0	0	6	4	5	2
24	1	1	2	1	3	1	4	0	0	1	8	4	9	4	8	4	4	7
25	5	1	5	1	1	0	4	1	3	2	7	5	9	5	2	5	9	3
26	4	2	6	3	1	0	4	1	5	1	9	3	7	4	6	6	6	4
27	1	1	3	1	4	1	2	1	7	3	3	0	0	2	0	6	4	8
28	5	1	1	1	2	1	2	2	5	5	7	6	4	0	6	7	9	4
29	0	1	3	1	6	1	0	2	6	5	7	6	0	0	6	5	4	4
30	1	1	3	1	5	1	0	1	2	5	6	3	8	4			2	3
31	1	1	2	0			0	1			3	4	6	3			10	5
Moyennes.																		
Mois...........	2.2	1.4	2.6	1.4	2.0	0.9	1.7	1.1	4.5	3.5	6.5	4.9	4.2	3.0	5.0	4.0	5.3	4.8
1er au 10.....	2.4	1.7	3.1	2.5	1.4	0.7	1.7	0.9	3.5	3.0	6.9	5.0	3.3	2.4	5.3	4.1	5.2	6.0
11 au 20.....	1.8	1.1	2.2	0.9	2.0	1.1	1.5	1.3	5.7	4.0	7.4	6.2	4.1	3.8	4.8	2.9	5.0	4.2
21 au 31.....	2.5	1.4	2.5	0.8	2.7	0.8	1.9	1.1	4.3	3.4	5.4	3.5	5.0	2.8	4.8	5.0	5.7	4.2

Journal météorologique de décembre 1854 *à mars* 1856.

PLUIE. — *Septembre* 1855, 11, quelques gouttes, la nuit; 12, pluie, la nuit. — *Décembre*, du 8 au 10, journées complètement mauvaises; 14, pluie tout le jour; 15, *idem*, avec neige fondue. — *Février*, 1856, 2, pluie et neige.

NEIGE. — *Janvier*, 1855, du 2 au 5; du 12 au 16 (abondante). — *Février*, 3, 20 (abondante), 21, 22. — *Décembre*, 15 (fondue) et 16. — *Janvier* 1856, 14 et 15. — *Février*, 2 (avec pluie), 3, 20 (fondue). — *Mars*, 5 et 6; 7 (avec orage); 8 (avec tempête); du 17 au 21.

BROUILLARDS. — *Décembre* 1854, 8, 14, 28. — *Janvier* 1855, 1er, 26, 31. — *Février*, 1er, 5, 10, 14, 15, 18, 25, 26, 27. — *Mars*, 3, 4, 5, 6, 21, 25. — *Avril*, 5 et 6. — *Mai*, 14, 15 et 30. — *Juin*, 13, 18 et 19. — *Juillet*, du 1er au 5, 17, 18, 23, 24, 27, 30 et 31. — *Août*, 6, 9, 12, 13, 28 et 29. — *Septembre*, 1er, 3, 6, 7, 10, 12, 19, 20, 21, 25, 26, 29 et 30. — *Octobre*, 1er, 2, 7 (épais), 8, 9, 10, 13, 14 (épais), 15, 16, 17 et 18 (léger), 20, 21, 22 (léger), 23, 26 et 27 (léger), 29, 30, 31 (léger). — *Novembre*, 1er (léger), du 2 au 5 (épais et sec), du 6 au 9 (léger et sec), 18, 23, 24, 26, 30. — *Décembre* 1855, 2 (couvert tout le jour), 3 (avec quelques éclaircies par intervalle), 18, 22, 23, du 25 au 28, 30. — *Janvier* 1856, du 1er au 4, 6, du 16 au 19, du 25 au 28. — *Février*, 10, 11, 13, 15, 17, 18, 22, 25. — *Mars*, 1er, 3, 4, 12, 13, 14, 23, 24, 26, 29.

VENTS. — *Janvier* 1855, 28 (violent). — *Février*, 16 (fort), 19 et 20 (tempête violente avec neige pendant la nuit). — *Mars*, 31 (violent). — *Avril*, du 1er au 3 (violent). — *Juin*, 27 (ouragan la nuit). — *Janvier* 1856, 14 (ouragan avec neige). — *Février*, 1er (ouragan la nuit et baromètre à 752mm,90), 23 (ouragan). — *Mars*, 8 (tempête).

ORAGES. — *Février* 1855, 5 (deux éclairs le soir). — *Mars*, 18 (grêle à 1 h. soir). — *Mai*, 6 (chaleur lourde, éclairs le soir), 9 (orage), 16 (chaleur lourde). — *Juin*, 6 (éclairs à 7 h. soir), 7 (orage à midi), 19 (éclairs à 9 h. soir). — *Juillet*, 16 (tonnerre à 11 h. matin), 28 (orage sans éclairs), 29 (le soir, éclairs au N. sans nuages ni tonnerre). — *Août*, 7 (orage violent toute la journée, grêle). — *Septembre*, 14. — *Octobre*, 4. — *Décembre* 1855, 5 (le soir, orage du N.O. au S.), 11 (éclairs sans tonnerre).

ÉTAT DU CIEL. — *Mars* 1855, 25, halo lunaire. — *Octobre*, 5, quelques rayons de soleil le soir. — *Décembre* 1855, 1er, temps sombre, éclaircies vers midi; 2, couvert tout le jour; 3, brouillard avec éclaircies par intervalles; 4, couvert tout le jour; 5, quelques éclaircies dans le jour; 6, couvert le matin, nombreuses éclaircies le soir; 7, temps assez beau; du 8 au 10, journées complètement mauvaises. — *Janvier* 1856, 10 et 11, brume dans l'après-midi.

TEMPÉRATURE DE SOURCES, PUITS, ETC. — *Octobre* 1855, 6, source à Gulkhané, 16°,3; air à l'ombre, 20°. — *Novembre*, 17, citerne, 14°,9; air à l'ombre, 13°,2; 23, puits, 11°,8; air à l'ombre, 12°,7. — *Janvier* 1856, 29, un puits au sérail, 11°,6; air extérieur, 8°,3.

TREMBLEMENTS DE TERRE. — *Février* 1855, 28, à 2 h. 25 soir, tremblement de 12 secondes dirigé S.E.; à 3 h. 27 soir, quelques secousses; à 4 h. 20 soir, une secousse. — *Mars*, 1er, tremblement à 3 h. 30 soir et à 5 h. 20 soir; 2, secousse à 3 h. 15 matin et à midi. — *Avril*, nuit du 11 au 12, secousse; 22, tremblement à 11 h. 20 soir; 28, tremblement de 5 secondes, à 7 h. 20 matin. — *Août*, 28, tremblement à 1 h. 30 matin. — *Octobre*, 10, légère secousse. — *Décembre*, 1855, 12, secousse la nuit; 31, secousse vers 3 h. matin.

Résumé des observations barométriques faites à Constantinople, par M. le docteur Grellois, de décembre 1854 à mars 1856, et ramenées au niveau du Bosphore, à Bébek (1).

ÉPOQUES.	MOYENNES ABSOLUES.						MOYENNES DES EXTRÊMES.				EXTRÊMES ABSOLUS.				
	9 h. du matin.	Midi.	3 h. du soir.	6 h. du soir.	Moyenn. des 4 observ.	Variations mensuelles.	Maxima.	Minima.	Différences.	Moyennes.	Maxima.	Minima.	Différences.	Maxima les plus bas.	Minima les plus élevés.
Année 1854 (*le dernier mois*).															
	mm.	mm.	mm.	mm.	mm.	mm.	mm.	mm.	mm.	mm.	mm.	mm.	mm.	mm.	mm.
Décembre	760.45	760.13	760.10	760.45	760.28	. . . .	761.41	759.37	2.04	760.39	770.78	751.08	19.70	754.78	770.38
Année 1855 (*complète*).															
Janvier	763.81	763.83	763.25	763.35	763.56	—4.14	764.98	762.13	2.85	763.55	776.78	742.48	34.30	744.38	773.58
Février	60.18	59.61	58.84	59.07	59.42	—1.46	60.84	58.17	2.67	59.51	70.08	45.38	24.70	49.88	67.18
Mars	57.83	58.13	57.86	58.04	57.96	—0.13	58.95	56.85	2.10	57.90	69.28	39.58	29.70	42.28	67.88
Avril	57.91	57.94	57.69	57.79	57.83	+1.23	58.80	56.93	1.87	57.86	74.18	43.48	30.70	46.48	73.68
Mai	59.40	59.26	58.93	58.67	59.06	+0.30	59 84	58.30	1.54	59.07	64.68	47.58	17.10	49.38	63.98
Juin	59.65	59.72	59.16	58.91	59.36	—0.96	60.37	58.45	1.92	59.41	64.57	47.90	16.67	55.04	62.33
Juillet	58.76	58.47	58.28	58.10	58.40	+1.20	59.02	57.82	1.20	58.42	63.81	54.28	9.53	54.85	62.96
Août	59.84	59.70	59.49	59.37	59.60	+3.80	60.18	59.15	1.03	59.66	65.72	53.79	11.93	53.93	64.74
Septembre	63.73	63.56	63.18	63.11	63.40	—1.26	64.15	62.66	1.49	63.40	69.90	56.51	13.39	57.16	68.93
Octobre	62.69	62.39	61.73	61.74	62.14	+2.30	62.87	61.48	1.39	62.18	67.65	55.33	12.32	56.96	66.67
Novembre	64.97	64.68	64.09	64.01	64.44	—2.42	65.37	63.03	1.74	64.50	72.09	52.20	19.89	57.60	69.72
Décembre	62.41	62.22	61.93	61.53	62.02	+1.54	63.18	60.94	2.24	62.06	73.88	43.99	29.89	52.78	73.47
Année	760.93	760.79	760.37	760.31	760.60	±1.73	761.55	759.71	1.84	760.63	769.38	748.54	20.84	751.73	767.93
Saisons. Hiver	762.13	761.89	761.34	761.32	761.67	—3.38	763.00	760.41	2.59	761.70	773.58	743.95	29.63	749.01	771.41
Saisons. Printemps	758.38	758.44	758.16	758.17	758.29	+0.83	759.20	757.36	1.84	758.28	769.38	743.55	25.83	745.98	768.51
Saisons. Eté	759.42	759 30	758.98	758.79	759.12	+4.20	759.86	758.47	1.39	759.16	764.70	751.99	12.71	754.61	763.34
Saisons. Automne	763.80	763.54	763.00	762.95	763.32	—1.65	764.13	762.59	1.54	763.36	769.88	754.68	15.20	757.24	768.44
Année 1856 (*les trois premiers mois*).															
Janvier	762.24	761.83	761.58	761.48	761.78	+2.23	762.72	760.94	1.78	761.83	776.04	748.22	27.82	749.18	773.57
Février	64.49	64.26	63.58	63.72	64.01	—0.38	65.09	63,01	2.08	64.05	71.02	51.02	20.00	54.57	69.35
Mars	63.79	63.83	63.46	63.44	63.63		64.57	62.65	1.92	63.61	73.11	54.40	18.71	57.20	71.89
Moyennes des trois mois.	763.51	763.31	762.87	762.88	763.14	. . . .	764.13	762.20	1.93	763.16	773.30	751.21	22.18	753.65	771.00

(1) Nous rappelons que les chiffres de ce tableau, ayant subi la correction de +1mm,18, sont directement comparables à ceux de la série de Bébek, et que, pour les ramener au niveau du Bosphore *pris à la pointe du Saraï* (à Constantinople), il faut les augmenter de 0mm,07, ainsi que nous l'avons dit page 58.

Résumé des observations thermométriques faites à Constantinople, par M. le docteur Grellois, de décembre 1854 à mars 1856.

ÉPOQUES.	MOYENNES ABSOLUES.							MOYENNES DES EXTRÊMES.					EXTRÊMES ABSOLUS.				
	9 h. du matin.	Midi.	3 h. du soir.	6 h. du soir.	Moyenn. des 4 observ.	Moy. des 24 h. d'ap. l'ad.	Différ. mensuelles.	Maxima.	Minima.	Différences.	Moy. corr. d'après Kaemtz.	Différ. mensuelles.	Maxima.	Minima.	Différences.	Max. les plus bas.	Min. les plus élevés.
Année 1854 (*le dernier mois*).																	
	°	°	°	°	°	°	°	°	°	°	°	°	°	°	°	°	°
Décembre	10.77	11.98	11.42	10.42	11.15	10.16	. . .	12.53	7.00	5.53	9.88	. . .	17.6	2.1	15.5	6.5	11.7
Année 1855 (*complète*).																	
Janvier	4.95	6.44	6.00	4.87	5.56	4.83	+3.31	6.82	1.62	5.20	4.26	+2.55	11.4	—4.7	16.1	1.1	5.5
Février	7.30	10.10	10.56	8.16	9.03	8.14	+3.19	11.10	2.91	8.19	6.81	+3.25	18.6	—2.9	21.5	0.6	10.4
Mars	11.02	13.29	13.98	11.54	12.46	11.33	—0.04	14.54	6.01	8.53	10.06	+0.36	25.7	—1.2	26.9	6.7	12.8
Avril	11.51	13.23	13.49	12.76	12.77	11.29	+7.24	14.44	6.91	7.53	10.42	+8.38	22.1	3.5	18.6	9.8	11.3
Mai	19.63	21.84	22.67	19.92	21.02	18.53	+3.20	23.50	14.82	8.68	18.80	+2.22	32.1	9.2	22.9	17.1	18.3
Juin	23.05	24.79	25.41	22.86	24.03	21.73	+1.59	26.56	16.43	10.13	21.02	+2.53	33.8	13.1	20.7	22.1	20.8
Juillet	25.46	27.31	27.76	24.90	26.36	23.32	—1.34	28.76	19.07	9.69	23.55	—1.42	33.5	15.3	18.2	24.7	24.2
Août	24.64	26.21	25.68	23.58	25.03	21.98	—3.03	27.07	18.07	9.00	22.13	—4.84	30.2	14.7	15.5	23.0	20.4
Septembre	19.87	22.12	22.36	19.50	20.96	18.95	—1.18	23.39	12.64	10.75	17.29	—1.67	30.4	7.3	23.1	17.6	18.9
Octobre	17.23	20.18	20.61	17.83	18.96	17.77	—4.85	21.49	10.87	10.62	15.62	—3.19	27.6	6.8	20.8	16.8	17.8
Novembre	13.04	15.16	15.44	13.47	14.28	12.92	—4.50	16.61	8.32	8.29	12.43	—4.55	25.1	2.9	22.2	9.7	12.5
Décembre	8.89	10.36	9.89	8.54	9.41	8.42	—3.59	11.27	4.20	7.07	7.88	—3.62	18.2	—2.0	20.2	5.8	11.0
Année	15.55	17.59	17.82	15.66	16.65	14.93	±3.09	18.80	10.16	8.64	14.19	±3.21	25.7	5.2	20.5	12.9	15.3
Saisons. Hiver	7.04	8.97	8.82	7.19	8.00	7.13	+6.59	9.73	2.91	6.82	6.32	+6.77	16.1	—3.2	19.3	2.5	9.0
Saisons. Printemps	14.05	16.12	16.71	14.74	15.41	13.72	+8.62	17.49	9.25	8.24	13.09	+9.14	26.6	3.8	22.8	11.2	14.1
Saisons. Eté	24.38	26.10	26.28	23.78	25.14	22.34	—5.79	27.46	17.86	9.60	22.23	— 7.12	32.5	14.4	18.1	23.3	21.8
Saisons. Automne	16.71	19.15	19.47	16.93	18.07	16.55	—9.42	20.50	10.61	9.89	15.11	—8.79	27.7	5.7	22.0	14.7	16.4
Année 1856 (*les trois premiers mois*).																	
Janvier	7.85	9.90	9.86	7.63	8.81	8.08	—0.07	10.99	2.82	8.17	6.96	—0.47	17.1	—3.7	20.8	1.5	10.1
Février	8.31	9.68	10.14	7.46	8.90	8.01	—2.80	11.00	2.39	8.61	6.40	—2.81	19.7	—3.9	23.6	4.9	8.8
Mars	5.31	7.12	7.41	5.51	6.34	5.21		8.38	—0.56	8.94	3.68		15.5	—5.1	20.6	0.5	4.0
Moyennes des trois mois.	7.16	8.90	9.14	6.87	8.02	7.10	. . .	10.12	1.55	8.57	5.71	. . .	17.4	—4.2	21.6	2 3	7.6

Résumé des observations de la radiation solaire faites à Constantinople, par M. le docteur Grellois, de juin 1855 à mars 1856 (voyez p. 57).

ÉPOQUES.	MOYENNES ABSOLUES.						NOMBRES DE JOURS SANS RADIATION.	MOYENNES DES EXTRÊMES.				EXTRÊMES ABSOLUS.		
	9 h. du matin.	Midi.	3 h. du soir.	6 h. du soir.	Moyennes des 4 heures.	Moy. de 9h m., midi et 3h soir.		Maxima.	Minima.	Différences	Moyennes.	Maxima.	Minima.	Minima les plus élevés
	°	°	°	°	°	°	j	°	°	°	°	°	°	°
1855. Juin.	12.67	11.12	12.32	8.81	11.23	12.04	2.50	14.83	7.83	7.00	11.33	20.9	0.0	15.8
Juillet. . . .	18.13	13.40	15.71	10.88	14.53	15.74	0.00	18.57	9.98	8.59	14.27	22.4	0.7	17.0
Août.	12.97	11.58	9.92	4.64	9.78	11.49	2.75	14.88	3.76	11.12	9.32	21.9	0.0	10.8
Septembre. .	13.51	10.92	9.35	3.35	9.28	11.26	5.07	15.55	2.92	12.63	9.23	24.2	0.0	9.8
Octobre. . .	12.43	11.50	9.60	. . . .	. . . .	11.18	7.00	14.64	7.44	7.20	11.04	26.8	0.0	18.6
Novembre. .	1.81	1.35	1.82	. . . .	. . . .	1.66	13.00	3.15	0.54	2.61	1.84	10.1	0.0	3.8
Décembre. .	0.36	0.98	1.27	. . . .	. . . .	0.87	23.00	1.80	0.14	1.66	0.97	11.4	0.0	3.2
1856. Janvier . . .	0.84	1.47	1.64	. . . .	. . . .	1.32	15.66	2.01	0.68	1.33	1.34	8.5	0.0	5.2
Février . . .	1.20	2.08	1.93	. . . .	. . . .	1.74	15.66	3.13	0.74	2.39	1.93	15.6	0.0	7.1
Mars.	2.59	4.75	2.93	. . . .	. . . .	3.42	17.66	5.21	1.83	3.38	3.52	20.4	0.0	11.7
Moy. des dix mois.	7.65	6.91	6.65	2.77	. . . .	7.07	10.23	9.38	3.59	5.79	6.48	18.2	0.1	10.3
Saisons: Été de 1855.	14.59	12.03	12.65	8.11	11.84	13.09	1.75	16.09	7.19	8.90	11.64	21.7	0.2	14.5
Saisons: Aut. de 1855.	9.25	7.92	6.92	1.12	. . . .	8.03	8.36	11.11	3.63	7.48	7.37	20.4	0.0	10.7
Saisons: Hiv. de 1856.	0.80	1.51	1.61	. . . .	. . . .	1.31	18.11	2.31	0.52	1.79	1.41	11.8	0.0	5.2

Les nombres ci-dessus sont le résultat des observations directes. Il faut les soumettre aux calculs, dont M. de Gasparin a donné des exemples, pour obtenir des moyennes comparables à celles qui ont été publiées, pour plusieurs localités, par ce savant agronome (1).

Résumé des observations psychrométriques faites à Constantinople, par M. le docteur Grellois, de décembre 1854 à mars 1856.

ÉPOQUES.	MOYENNES ABSOLUES.										MOYENNES DES EXTRÊMES.						EXTRÊMES ABSOLUS.					
	Tension de la vapeur.					Humidité relative.					Tension de la vapeur.			Humidité relative.			Tension de la vapeur.			Humidité relative.		
	9 h. du matin.	Midi.	3 h. du soir.	6 h. du soir.	Moy. des 4 obs.	9 h. du matin.	Midi.	3 h. du soir.	6 h. du soir.	Moy. des 4 obs.	Max.	Min.	Différ.	Max.	Min.	Différ.	Max.	Min.	Différ.	Max.	Min.	Diff.
Année 1854 (*le dernier mois*).																						
	mm	mm	mm	mm	mm	°	°	°	°	°	mm	mm	mm	°	°	°	mm	mm	mm	°	°	°
Décembre.	7.50	7.63	7.62	7.81	7.64	76.6	72.7	75.1	81.4	76.4	8.39	6.95	1.44	83.0	69.5	13.5	11.30	4.70	6.60	98	46	52
Année 1855 (*complète*).																						
Janvier.	4.96	5.13	5.53	5.42	5.26	79.3	71.8	77.1	80.0	77.0	6.01	4.56	1.45	85.3	68.7	16.6	8.70	2.30	6.40	100	42	58
Février.	6.27	6.45	6.63	6.51	6.46	78.7	70.6	68.2	77.9	73.8	7.01	5.83	1.18	82.0	64.8	17.2	9.70	3.40	6.30	100	45	55
Mars	7.07	7.85	7.87	7.42	7.70	77.2	68.0	66.9	73.0	71.3	8.38	7.12	1.26	80.8	62.7	18.1	13.20	3.30	9.90	100	37	63
Avril.	7.41	7.57	7.62	7.51	7.53	73.5	68.2	66.7	70.2	69.6	8.18	6.85	1.33	78.3	61.9	16.4	10.50	4.50	6.00	100	44	56
Mai.	11.54	11.93	11.97	11.56	11.75	67.4	61.5	59.6	67.2	63.9	12.77	10.71	2.06	72.1	56.6	15.5	16.50	8.20	8.30	91	36	55
Juin	13.82	13.55	12.91	13.24	13.38	65.8	57.7	54.8	63.6	60.5	14.52	12.03	2.49	69.1	52.2	16.9	17.06	8.01	9.05	98	28	70
Juillet	14.94	14.32	14.06	13.89	14.30	61.3	52.9	50.8	60.4	56.4	15.70	12.81	2.89	65.2	48.6	16.6	19.90	9.08	10.82	89	33	56
Août.	15.19	15.38	15.37	14.92	15.22	65.5	61.2	62.9	68.9	64.6	16.27	14.17	2.10	72.5	58.4	14.1	20.65	10.03	10.62	100	40	60
Septembre.	12.00	12.95	12.58	11.85	12.34	69.0	63.5	61.1	69.1	65.7	13.49	11.06	2.43	73.4	59.1	14.3	19.67	7.57	12.10	90	42	48
Octobre.	11.87	12.01	11.84	11.84	11.89	80.7	68.6	65.5	77.8	73.1	12.59	11.33	1.26	84.0	64.0	20.0	15.31	9.72	5.59	98	37	61
Novembre	9.33	9.75	9.52	9.44	9.51	82.0	74.8	73.6	80.8	77.8	10.31	8.73	1.58	86.0	70.1	15.9	13.39	5.42	7.97	98	41	57
Décembre.	6.56	7.04	7.03	7.32	6.99	75.2	73.4	74.9	86.6	77.5	7.62	6.30	1.32	88.1	68.5	19.6	10.85	3.22	7,63	100	48	52
Année.	10.13	10.33	10.24	10.08	10.19	72.9	66.0	65.2	72.9	69.3	11.07	9.29	1.78	78.1	61.3	16.8	14.62	6.23	8.39	97	39	58
Saisons. Hiver.	5.93	6.21	6.40	6.42	6.24	77.7	71.9	73.4	81.5	76.1	6.88	5.56	1.32	85.1	67.3	17.8	9.75	2.97	6.78	100	45	55
Saisons. Printemps . .	8.87	9.12	9.15	8.83	8.99	72.7	65.9	64.4	70.1	68.3	9.78	8.23	1.55	77.1	60.4	16.7	13.40	5.33	8.07	97	39	58
Saisons. Été.	14.65	14.42	14.11	14.02	14.30	64.2	57.3	56.2	64.3	60.5	15.49	13.00	2.49	68.9	53.1	15.8	19.20	9.04	10.16	96	31	62
Saisons. Automne. . .	11.07	11.57	11.31	11.04	11.25	77.2	69.0	66.7	75.9	72.2	12.13	10.37	1.76	81.1	64.4	16.7	16.12	7.57	8.55	95	40	55
Année 1856 (*les trois premiers mois*).																						
Janvier.	6.22	6.44	6.61	6.72	6.50	75.7	69.3	71.9	83.2	75.0	6.98	5.93	1.05	85.4	66.4	19.0	10.20	3.38	6.82	98	49	49
Février.	5.76	6.16	6.46	6.42	6.20	69.4	68.4	68.6	80.5	71.7	6.82	5.56	1.26	81.0	62.5	18.5	9.63	3.79	5.84	97	44	53
Mars	4.81	5.05	5.00	4.74	4.90	71.0	67.0	64.7	70.6	68.3	5.42	4.36	1.06	77.3	60.3	17.0	8.03	2.40	5.63	97	41	56
Moy. des trois mois.	5.60	5.88	6.02	5.96	5.87	72.0	68.2	68.4	78.1	71.7	6.40	5.28	1.12	81.2	63.1	18.1	9.29	3.19	6.10	97	45	52

(1) *Annuaire de la Société météorologique de France*, t. Ier, p. 117, année 1853.

Résumé des phénomènes divers observés à Constantinople, par M. le docteur Grellois, de décembre 1854 à mars 1856.

ÉPOQUES.	VENTS. Nombre de jours où ils ont soufflé (*Moyennes de deux observations quotidiennes*). Groupe A.				Groupe B.				Totaux des groupes.			Vitesse moyenne.	DEGRÉ DE NÉBULOSITÉ DU CIEL. N. de jours (*moy. de 2 observ. quotid.*).					BROUILLARDS.	PLUIE ET NEIGE		ORAGES.
	N.O. et O.N.O.	N. et N.N.O.	N.E. et N.N.E.	E. et E.N.E.	S.E. et E.S.E.	S. et S.S.E.	S.O. et O.S.O.	O. et O.S.O.	A	B	Différ.	0 à 4.	Sereins. 0 à 2.	Nuageux. 3 à 5.	Très-nuageux. 6 à 8.	Couverts. 9 à 10.	Nébulosité moy.		Quantités tombées	Nombre de jours.	
Année 1854 (*le dernier mois*).																			mm.		
Décembre	4.0	8.5	2.0	0.0	5.5	5.0	6.0	...	14.5	16.5	....	...	4.0	4.5	7.5	15.0	7.1	3	88.68	21	...
Année 1855 (*complète*).																					
Janvier	5.5	6.0	6.5	0.5	5.0	3.0	3.5	1.0	18.5	12.5	− 6.0	...	2.5	4.5	5.0	19.0	8.0	3	81.75	14	...
Février	...	1.0	7.0	4.5	1.5	3.0	10.5	0.5	12.5	15.5	+ 3.0	...	3.5	5.5	7.5	11.5	6.7	9	68.25	13	...
Mars	...	1.0	3.5	1.0	5.0	4.0	14.5	2.0	5.5	25.5	+20.0	...	5.5	6.5	6.5	12.5	6.4	6	67.10	11	...
Avril	0.5	2.0	12.5	3.0	1.5	0.5	9.5	0.5	18.0	12.0	− 6.0	...	3.5	3.5	7.5	15.5	7.4	2	58.56	17	1
Mai	...	...	13.0	...	0.5	...	16.5	1.0	13.0	18.0	+ 5.0	...	16.5	3.5	8.0	3.0	3.6	3	10.20	5	1
Juin	...	...	20.5	...	0.5	...	9.0	...	20.5	9.5	−11.0	1.9	15.0	7.5	3.0	4.5	3.5	4	24.28	5	1
Juillet	...	...	24.5	...	...	...	6.5	...	24.5	6.5	−18.0	1.5	21.5	8.0	1.5	...	1.9	12	7.65	4	2
Août	...	...	28.0	...	...	...	3.0	...	28.0	3.0	−25.0	2.0	9.0	9.0	9.5	8.5	4.7	6	189.80	4	1
Septembre	...	...	22 0	2.5	...	...	5.5	...	24.5	5.5	−19.0	1.7	8.0	8.5	9.0	4.5	4.8	13	27.55	12	1
Octobre	1.5	...	18.0	0.5	...	...	11.0	...	20.0	11.0	− 9.0	1.2	15.0	5.0	4.0	7.0	3.9	22	29.43	4	1
Novembre	...	...	19.0	1.0	1.0	0.5	8.5	..	20,0	10.0	−10.0	1.6	4.5	4.5	10.0	11.0	6.6	14	115.70	12	...
Décembre	2.0	...	20.0	...	...	...	9.0	...	22.0	9.0	−13.0	2.0	2.5	3.0	6.5	19.0	8.0	10	210.98	20	2
Année	9.5	10.0	194.5	13.0	15.0	11.0	107 0	5.0	227.0	138.0	−89.0	...	107.0	69.0	78.0	111.0	5.5	104	891.25	121	10
Saisons. Hiver	7.5	7.0	33.5	5.0	6.5	6.0	23.0	1.5	53.0	37.0	−16.0	...	8.5	13.0	19.0	49.5	7.6	22	360.98	47	2
Saisons. Printemps	0.5	3.0	29.0	4.0	7.0	4.5	40.5	3.5	36.5	55.5	+19.0	...	25.5	13.5	22.0	31.0	5.9	11	135.86	33	2
Saisons. Été	...	...	73.0	4.0	0.5	...	18.5	...	73.0	19.0	−54.0	1.8	45.5	24.5	14.0	8.0	3.3	22	221.73	13	4
Saisons. Automne	1.5	...	59.0	...	1.0	0.5	25.0	...	64.5	26.5	−38.0	1.5	27.5	18.0	23.0	22.5	5.1	49	172.68	28	2
Année 1856 (*les trois premiers mois*).																					
Janvier	1.0	...	12.0	0.5	1.0	...	16.5	...	13.5	17.5	+ 4.0	1.3	6.0	8.5	3.0	13.5	6.2	13	56.55	9	...
Février	1.5	...	11.0	1.5	1.0	...	14.0	...	14.0	15.0	+ 1.0	1.9	4.5	5.0	6.5	13.0	6.8	8	85.00	14	...
Mars	...	...	19.0	1.0	...	...	10.0	1.0	20.0	11.0	− 9.0	2.3	7.0	2.5	3.5	18.0	6.9	11	74.70	13	1
Premier trimestre.	2.5	...	42.0	3.0	2.0	...	40.5	1.0	47.5	43.5	− 4.0	1.8	17.5	16.0	13.0	44.5	6.6	32	216.25	36	1

Dans le tableau ci-dessus, comme dans celui des pages 49 et 50, les vents du groupe A, ou *vents descendants*, favorisent la marche des navires qui *descendent* le courant du Bosphore ; les vents du groupe B, ou *vents remontants*, secondent la marche des navires qui se rendent dans la mer Noire. La même définition s'applique au tableau de la page 56; pour la navigation du canal des Dardanelles.

Résumé des observations ozonométriques faites à Constantinople, par M. le docteur Grellois, de juillet 1855 à mars 1856.

ÉPOQUES.	MOYENNES ABSOLUES. Matin.	Soir.	Moyennes.	Variations mensuelles	MOYENNES DES EXTRÊMES. Maxima.	Minima.	Différences	Moyennes.	EXTRÊMES ABSOLUS. Max.	Min.	Minima les plus élevés.
1855 Juillet	2.2	1.4	1.80		2.29	1.35	0.94	1.82	6	0	5
Août	2.6	1.4	2.00	+0.20	3.06	0.90	2.16	1.98	9	0	6
Septembre	2.0	0.9	1.45	−0.55	2.17	0.70	1.47	1.43	6	0	3
Octobre	1.7	1.1	1.40	−0.05	2.23	0.58	1.65	1.40	5	0	3
Novembre	4.5	3.5	4.00	+2.60	4.93	3.04	1.89	3.99	10	0	7
Décembre	6.5	4.9	5.70	+1.70	6.94	4.45	2.49	5.70	10	0	9
1856 Janvier	4.2	3.0	3.60	−2.10	4.74	2.42	2.32	3.58	9	0	7
Février	5.0	4.0	4.50	+0.90	5.90	3.03	2.87	4.47	10	0	8
Mars	5.3	4.8	5.05	+0.55	6.18	3.94	2.24	5.06	10	0	9
Moy. des neuf mois.	3.78	2.78	3.28	.....	4.27	2.27	2.00	3.27	8.3	0	6.3
Saisons Été (incomplet).	2.40	1.40	1.90		2.67	1.12	1.55	1.90	7.5	0	5.5
Saisons Automne	2.73	1.83	2.28	+0.38	3.11	1.44	1.67	2.27	7.0	0	4.3
Saisons Hiver	5.23	3.97	4.60	+2.32	5.86	3.30	2.56	4.58	9.7	0	8.0

Observations faites à Kourou-Tchezmè, de 1857 à 1860, par M. Ritter, et à Péra, en 1857, 1858 et partie de l'année 1859, par M. le docteur Verrollot.

Les observations météorologiques exécutées par MM. Ritter et Verrollot, dans deux faubourgs de Constantinople, se complètent mutuellement; c'est pour ce motif que nous les réunissons dans le même paragraphe.

La mort du docteur Verrollot, à la fin de décembre 1859, est venue malheureusement interrompre une collaboration si utile pour la science, et occasionner un retard dans la publication des matériaux que notre pauvre ami nous avait apportés lui-même à Paris, dans le mois de septembre de la même année. Ces matériaux semblaient, au premier coup d'œil, tout prêts pour l'impression; cependant, après un examen attentif dans lequel M. Parès voulut bien nous donner sa coopération, nous avons remarqué certaines anomalies qui réclamaient des explications; le docteur Verrollot, déjà mortellement atteint, ne pouvait les fournir; nous fûmes obligé de soumettre nos doutes à M. Ritter, que nous avions eu l'avantage de connaître personnellement avant son départ en mission pour Constantinople. Ce jeune savant, considérant que les observations trihoraires exécutées par lui, en 1857 et 1858, présentent dans plusieurs mois des interpolations plus ou moins nombreuses, crut devoir supprimer les tableaux dressés par son collaborateur, et les remplacer par des tableaux moins détaillés, mais suffisants pour mettre en lumière les particularités les plus essentielles des phénomènes météorologiques. Comme compensation à ces suppressions dictées par une prudente réserve, il nous a envoyé ses propres observations trihoraires pour 1859, qui offrent beaucoup moins de lacunes que celles des deux années précédentes; en outre, il nous a remis les observations de novembre et de décembre 1856 (1), et celles de 1860, réduites aux mêmes proportions que les années 1857 et 1858. Ainsi les inconvénients du retard apporté à la publication sont rachetés par l'adjonction de documents supplémentaires du plus haut intérêt.

Position astronomique des deux stations météorologiques. — Ainsi que nous l'avons dit avec plus de détail, page 2, la station de M. Ritter, à Kourou-Tchezmè, a pour latitude approximative 41° 3′ 1/3; celle de M. Verrollot, à Péra, 41° 1′ 1/2. La distance en ligne droite qui les sépare est de 5 à 6 kilomètres.

Description des instruments de M. Ritter. — M. Ritter fait usage des instruments suivants :

1° Un baromètre, système Fortin modifié par M. le commandant Delcros, construit par Fastré, et soigneusement comparé, à Paris, par M. Renou. La cuvette de l'instru-

(1) Les observations de novembre et de décembre 1856, réunies à celles de 1857, ont l'avantage de donner une idée complète de la douceur remarquable de l'hiver de 1856, et, de plus, de comprendre les extrêmes du niveau du Bosphore, que M. Ritter a cessé d'observer à partir de novembre 1860. Le mois de novembre 1856 est intéressant par son *minimum* barométrique du 26. Malheureusement M. Ritter n'observait pas les vents à cette époque.

ment est placée à 2 mètres au-dessus du niveau moyen du Bosphore. En réduisant à zéro les observations des quatre années, M. Ritter a tenu compte des corrections provenant de l'erreur de l'échelle. Pour l'année 1860 seulement, il a ajouté $0^{mm},2$ aux résultats obtenus; cette augmentation de $0^{mm},2$, représentant la différence de hauteur entre la cuvette barométrique et le niveau moyen du Bosphore, à Kourou Tchezmè, n'a pas été faite aux observations de 1857, 1858 et 1859; ainsi, ces dernières ne peuvent pas être comparées à celles de 1860, sans avoir subi la même augmentation.

2° Un thermomètre horizontal à alcool et à index, établi par Fastré, donne le *minimum* de la nuit; il a servi également, jusqu'au 31 juillet 1859, à donner la température de l'air extérieur, aux différentes heures d'observation. Il est exposé au N.-O., dans une cour qui est entourée de murs élevés de trois côtés : N.-E., N.-O., S.-O., et ouverte sur le Bosphore du côté du S.-E. L'instrument, abrité à toute heure contre le soleil par une planchette, est suspendu à une colonne, autour de laquelle l'air circule librement, et qui n'est éclairée directement par le soleil que le matin. M. Ritter enregistre dans ses tableaux les températures de l'air, telles qu'il les a obtenues avec le thermomètre à alcool; il ne leur fait subir d'autre correction que celle exigée par la position du zéro de l'échelle, position qu'il a eu soin de contrôler à plusieurs reprises. A partir du 1er août 1859, les mêmes températures ont été prises avec le thermomètre à mercure dont il va être question.

Les *minima* inscrits à la date de chaque jour donnent lieu à une remarque qu'il ne faut pas perdre de vue. Ces *minima* sont les creux des ondes thermométriques, qu'on obtiendrait en représentant, par des procédés graphiques, la marche de l'instrument. Le *minimum* d'un jour n'est donc pas nécessairement la température la plus basse observée ce jour-là, du matin au soir; c'est seulement la température la plus basse observée depuis le *maximum* de la veille jusqu'au *maximum* du jour même, c'est-à-dire la température marquée par l'index, au moment où le thermomètre, descendu au plus bas, reprend sa marche ascensionnelle. Dans le cours de la journée ou le soir, si la température est plus basse que le *minimum* du matin, on ne l'inscrit comme *minimum* de la journée que dans le cas où elle forme le creux d'une onde accidentelle. Exemple : 26 août 1859 : *minimum* du matin, 20° 3; — 9 h. mat., 24° 9; — midi, 24° 7; — 6 h. soir, 23° 9; — 9 h. soir, 19° 6. — C'est 20° 3 qui est inscrit dans la colonne des *minima*, la température 19° 6, observée à 9 h. soir, n'étant pas un creux d'onde, puisqu'elle a continué à descendre jusqu'au matin du 27, où elle est parvenue à 18° 6. Si, au contraire, on avait eu : *minimum* du matin, 20° 3; 9 h. mat., 24° 9; — midi, 19° 6; — 6 h. soir, 24° 7; — 9 h. soir, 23° 9, on aurait inscrit, dans la colonne des *minima*, 19° 6, comme étant le creux d'une onde thermométrique.

3° Un thermomètre à mercure horizontal et à index, pour prendre les *maxima* absolus de la température de l'air extérieur, ainsi que la température aux heures ordinaires d'observations, n'a été mis en expérience qu'à partir du 1er août 1859, époque à laquelle il est parvenu à Kourou Tchezmè. Cet instrument, construit par Fastré, vérifié par M. Renou, est appuyé contre la même planchette que le thermomètre à *minima*, et de manière à ce que l'air circule librement autour de son réservoir.

4° Un thermomètre à mercure, construit par Fastré et vérifié par M. Renou, fait connaître la température de l'eau du Bosphore prise à la surface, près du quai sur lequel se trouve la maison habitée par M. Ritter. Ce dernier opère de la manière suivante : il plonge l'instrument dans l'eau, l'y agite pendant quelques instants ; puis, l'introduisant dans une éprouvette transparente, il retire ensemble l'éprouvette remplie d'eau et le thermomètre qui s'y trouve plongé; et, de la sorte, il lit facilement la température, sans que le réservoir de l'instrument cesse d'être immergé. Selon son habitude, M. Ritter a vérifié à plusieurs reprises la position du zéro ; il donne ses observations corrigées des erreurs de l'échelle. — Le point où s'observe la température de l'eau n'est pas exposé aux courants directs du Bosphore ; il ne reçoit que les courants des remous qui existent dans l'anse de Kourou Tchezmè; il est donc certain que l'eau s'y renouvelle sans cesse ; M. Ritter s'est d'ailleurs assuré plusieurs fois, par des expériences directes, qu'il n'y a pas de différence sensible entre la température du bord et celle du milieu du Bosphore. — Les *minima* et les *maxima* inscrits dans les tableaux sont absolus ; la méthode des ondes thermométriques dont il vient d'être question ne leur a pas été appliquée ; ce sont les températures extrêmes constatées par les observations trihoraires, quel que soit le moment de la journée où elles se sont produites.

5° Un flotteur, surmonté d'une échelle divisée en centimètres, met en évidence les variations qu'éprouve le niveau moyen du Bosphore. A cet effet, le flotteur est enfermé dans une caisse où l'eau ne pénètre que par une ouverture très-petite, de manière à y rendre très-peu sensible l'agitation qu'impriment sans cesse à la surface de l'eau l'action des vents, la marche des bateaux à vapeur, des navires à voiles, des caïques, etc. L'échelle, ainsi protégée, glisse le long d'un point fixe, qui sert d'indicateur pour les lectures. Son zéro, dont la position est arbitraire, a été mis assez bas, pour qu'on puisse toujours obtenir des chiffres positifs.

6° Le pluviomètre a été construit par Fastré, d'après un modèle fourni par M. Renou. La pluie est recueillie dans un cylindre en zinc, ayant un diamètre de 0 mèt. 20, et une hauteur de 0 mèt. 095, ouvert par le haut, et terminé en bas par un entonnoir conique. Cet entonnoir est soudé sur un réservoir cylindrique d'une section dix fois moindre que celle du cylindre supérieur, et dans lequel les eaux de pluie s'accumulent. A ce réservoir est adapté un tube indicateur en verre, muni d'une échelle graduée en millimètres. Chaque millimètre de cette échelle représente, d'après les proportions adoptées dans la construction de l'instrument, un dixième de millimètre de hauteur d'eau tombée. — Le trou de l'entonnoir est très-petit, de façon à garantir de l'évaporation l'eau reçue dans le réservoir. On abrite ce dernier contre la gelée ou la grande chaleur, en l'entourant d'une caisse remplie de paille ayant 0 mèt. 23 de côté et 0 mèt. 62 de hauteur. — Le pluviomètre est placé sur une terrasse longeant le canal du Bosphore, à 4 mètres environ au-dessus du niveau moyen du courant. Cette terrasse rectangulaire, de 3 mètres de large sur $4^m,20$ de long, n'est entourée sur les trois côtés N.-E., N.-O. et S.-E. que d'une balustrade en fer complétement à jour; du côté S.-O., elle est bornée par un mur de $3^m,30$ de hauteur. Le pluviomètre est à $2^m,75$ de ce mur; la surface sur laquelle la pluie est recueillie étant à $0^m,75$ au-dessus de la terrasse, il s'ensuit que la ligne tirée du centre de cette surface, et aboutissant au sommet du mur, fait avec l'horizon, dans la direction du S.-O., un angle de 45° environ. M. Ritter pense que l'abri de ce mur ne peut pas exercer une influence notable sur les indications de l'instrument, attendu que les forts vents du S.-O. sont rarement accompagnés de pluie.

7° A Kourou Tchezmè, situé sur la rive même du Bosphore, les vents se distinguent nettement en deux groupes, à cause de la déviation que leur fait subir la profonde dépression du canal. C'est par la marche ascendante et descendante des navires à voiles, et par le calme ou l'agitation à la surface du Bosphore, en face de la station, qu'on peut apprécier la direction et la force du vent. M. Ritter a classé les vents montants et les vents descendants, comme on le voit dans les observations de MM. Régnier et Grellois; il indique, pour l'année 1859, la force du vent par la série comprise entre zéro (calme) et 4 (tempête).

8° M. Ritter résume l'état du ciel par les trois annotations suivantes: *serein*, quand le soleil brille dans un ciel pur; *nuageux*, lorsque des nuages flottent dans un ciel généralement serein; *couvert*, lorsqu'on ne voit plus le bleu du ciel. Ces annotations sont remplacées par les abréviations: *ser.*, *nua.*, *cou.*

Interpolations. — Les observations de M. Ritter offrent quelques lacunes, dont le plus grand nombre a été rempli par des interpolations. Afin que les chiffres interpolés ne soient pas confondus avec les observations réelles, et puissent être distingués du premier coup d'œil, ils sont précédés par le signe *. La méthode d'interpolation adoptée par M. Ritter n'est pas susceptible d'une définition rigoureuse : pour les températures, il interpole généralement par simple proportion arithmétique; mais quelquefois, plutôt que de faire des calculs plus ou moins hypothétiques, il préfère adopter pour *maximum* une température observée à une heure qui n'est pas l'heure tropique (par exemple, à 9 heures du matin); pour les pressions barométriques, il fait les interpolations de sentiment, d'après la connaissance qu'il possède de la marche habituelle des phénomènes, afin de représenter, avec le plus de probabilité possible, leur progression effective.

Les tableaux renfermant le relevé des lacunes qui existent dans les observations de 1857, 1858 et 1860, et placés en tête des années auxquelles ils se rapportent, permettront de juger le degré de confiance qu'on peut accorder aux interpolations. Il est inutile de parler ici des lacunes de l'année 1859; elles sont indiquées par le signe * dans les tableaux des observations trihoraires.

En comparant les tableaux des lacunes avec ceux des observations faites en 1857, 1858 et 1860, on reconnaît que, dans un jour donné, le signe d'interpolation * ne précède ordinairement qu'une partie des divers résultats obtenus. La différence dans la répartition des signes est facile à concevoir :

1° La hauteur barométrique est donnée pour 9 heures du matin et pour 3 heures du soir. Toute lacune dans les observations, *à d'autres heures de la journée*, ne peut pas affecter ces résultats absolus.

2° Les variations dans la hauteur des eaux du Bosphore suivent d'autres lois que celles du baromètre; aussi M. Ritter n'a-t-il pas choisi des heures spéciales; il fournit les *minima* et les *maxima*, quelles que soient les heures de la journée où ils se sont produits.

3° Les températures extrêmes de l'air atmosphérique et celles de l'eau du Bosphore sont prises par des procédés différents, qui ont été précédemment décrits.

Résumés des observations de M. Ritter. — Outre les corrections provenant de l'échelle des instruments, dont il a été tenu compte dans les tableaux mensuels, les observations de la hauteur barométrique et celles de la température de l'air doivent être soumises, avant d'être employées, à des modifications dont il va être question.

1° Dans les résumés barométriques, les moyennes mensuelles ont été augmentées de $0^{mm},2$, représentant la différence de hauteur qui existe entre la cuvette du baromètre et le niveau moyen du Bosphore, à Kourou Tchezmè. Les *maxima* et les *minima* proviennent des annotations prises aux heures d'observation, et sont, par conséquent, un peu plus faibles qu'ils ne devraient l'être en réalité. En outre, dans la récapitulation de ces deux éléments, on n'a tenu compte que des sommets et des creux des ondes barométriques, tels qu'ils seraient mis en évidence par la représentation graphique des observations; en un mot, M. Ritter a appliqué à la pression barométrique la méthode de calcul qu'il a adoptée pour les extrêmes de la température (voyez *antè*, page 73).

2° Les résumés thermométriques de l'air extérieur, jusqu'au 31 juillet 1859, sont entachés d'une erreur légère, provenant de la différence qui existe entre la marche du thermomètre à alcool et celle d'un thermomètre à mercure. Le docteur Verrollot a essayé de déterminer cette différence; il a cru remarquer que le thermomètre à alcool de M. Ritter donnait des indications trop élevées, et qu'il faudrait lui appliquer les corrections suivantes : de 10° au-dessous de zéro à 10° au-dessus, — 0°,1 ; de 10° à 20°, — 0°,2 ; de 20° à 30°, — 0°,3 ; de 30° à 35°, — 0°,4. Mais M. Ritter considère le procédé de comparaison employé par le docteur Verrollot comme insuffisant pour fournir des corrections d'une exactitude irréprochable. Ensuite, il fait observer que les corrections ci-dessus affecteraient la température moyenne de l'année d'une différence de —0°,10 à —0°,15, différence qui reste dans les limites des erreurs d'observation; car il est difficile d'apprécier avec certitude un dixième de degré; d'ailleurs, il est impossible de connaître l'heure exacte à Constantinople, et cette circonstance peut donner lieu à des lectures très-différentes, à cause des variations rapides dans la température, qui caractérisent le climat de cette capitale. En résumé, M. Ritter croit prudent de maintenir les moyennes mensuelles, telles qu'il les a obtenues, et de prévenir simplement qu'elles doivent subir une correction dont il n'ose pas préciser la valeur (1). Nous nous rallions d'autant plus volontiers à cette opinion, que, d'une part, M. Renou a étudié avec le plus grand soin la marche de l'instrument et a fourni tous les renseignements nécessaires pour obtenir d'excellents résultats, et d'autre part, que la position du zéro a été vérifiée à plusieurs reprises.

Jusqu'au 31 juillet 1859, les *maxima* sont donnés par les annotions *prises aux heures d'observation*, avec le thermomètre à alcool ; mais à partir du 1er août de la même année, ils sont fournis par le thermomètre spécial à mercure. Par conséquent, les

(1) M. Charles Sainte-Claire Deville vient de communiquer à la Société météorologique un travail très-intéressant intitulé : *Sur les différences que présentent les indications comparées des thermomètres à alcool et à mercure* (Voyez *Annuaire de la Soc. météor.* Séance du 12 mars 1861).

maxima obtenus pendant cette dernière période sont absolus, tandis que ceux de la première période sont un peu plus faibles qu'ils ne devraient l'être en réalité.

Les moyennes mensuelles de la température ont été calculées, en prenant la demi-somme des minima et des maxima; les résultats obtenus n'ont pas été modifiés par l'emploi des coefficients de Kaemtz; par conséquent, si l'on veut les comparer avec ceux du docteur Grellois (voyez *antè*, page 69), il faut préalablement leur faire subir cette modification.

3° La température des eaux du Bosphore, ayant été prise avec un thermomètre à mercure, se trouve à l'abri de toute rectification ultérieure. Les résumés sont l'expression des observations directes.

4° Les résumés des autres éléments climatériques de Kourou Tchezmè n'exigent aucune explication particulière.

En résumé, M. Ritter n'applique la théorie des ondes atmosphériques qu'aux observations du baromètre et de la température de l'air; il n'en fait pas usage pour les observations de la hauteur et de la température des eaux du Bosphore.

Description des instruments de M. Verrollot. — Le docteur Verrollot ne pouvait pas entreprendre une série d'observations trihoraires. Il se contentait de noter la lecture des instruments aux heures où il se trouvait chez lui, et qui n'étaient pas toujours les mêmes. Lorsqu'une maladie ou une indisposition grave le retenait à la chambre, il profitait de la circonstance pour observer d'heure en heure. C'est ainsi qu'il a pu recueillir personnellement des termes de comparaisons, pour se faire une idée des différences climatériques qui existent entre le plateau de Péra et les stations de Bébek et de Kourou Tchezmè. Nous reviendrons plus tard sur ce sujet; pour le moment, nous donnerons quelques détails sur les instruments dont il a fait usage.

1° Le docteur Grellois a eu l'obligeance de céder à son confrère le baromètre qui lui avait servi à ses observations de Gallipoli et de Constantinople. Le docteur Verrollot avait installé, dans son cabinet, cet instrument, dont la cuvette se trouvait à 73 mètres au-dessus du niveau moyen du Bosphore.

2° Un baromètre anéroïde a servi à déterminer l'altitude d'un assez grand nombre de points situés dans l'intérieur ou aux environs de Constantinople. Quand il sera question de ce nivellement, nous exposerons les précautions de tout genre dont le docteur Verrollot s'est entouré pour obtenir des résultats à l'abri d'erreurs.

3° La température était donnée par un thermomètre à mercure fabriqué par Fastré, vérifié par M. Renou, exposé sur la terrasse de la maison et garanti contre le soleil par un écran. A côté de cet instrument se trouvait un thermomètre à *minima*, semblable à celui dont M. Ritter a fait usage. Le zéro de l'échelle des deux instruments a été vérifié à plusieurs reprises.

4° Plusieurs girouettes, au sommet de maisons construites sur le haut de la colline de Péra, donnaient la direction du vent de terre. Dans les tableaux, la vitesse de ce vent inférieure est évaluée approximativement en mètres, savoir :

Calme. . .	= 0 ou 0,5 (moins d'un mètre par seconde).		Vent fort. . .	= 8 (mètres par seconde).
Vent très-faible. .	= 1 (mètre par seconde).		Vent très-fort. .	= 16 (mètres par seconde).
Vent faible. . .	= 2 (mètres par seconde).		Tempête . . .	= 22 (mètres par seconde).
	= 3 (mètres par seconde).		Ouragan . . .	= 32 (mètres par seconde).
Vent modéré. . .	= 4 (mètres par seconde).			

Le docteur Verrollot estimait la vitesse des vents par la comparaison de plusieurs indices, tels que : 1° l'agitation des girouettes ; 2° l'inclinaison de la fumée sortant des cheminées voisines et la rapidité avec laquelle elle est emportée dans les airs ; 3° la tension plus ou moins grande des pavillons des navires mouillés dans le port ; 4° l'agitation et la courbure des cyprès sous l'action du vent ; 5° enfin, il se laissait guider par l'habitude d'étudier les vents, habitude contractée pendant plusieurs années de navigation à bord des bâtiments à vapeur de l'État. Cette division en neuf forces de vents se rapproche de celle qui est admise par les marins ; l'évaluation de la vitesse en mètres par seconde (bien qu'elle ne soit pas rigoureusement exacte) offre l'avantage de parler plus clairement aux yeux que les mentions habituelles de vent faible, vent fort, etc. (1).

Le docteur Verrollot a inscrit dans ses tableaux la marche des nuages flottant dans les hautes régions de l'atmosphère, toutes les fois qu'elle différait de la direction du vent de terre. Il avait placé les indications du vent supérieur accidentel au-dessus de celles du vent inférieur. Nous n'avons pas pu conserver cette disposition trop compliquée pour la typographie : nous avons consacré une colonne particulière au vent supérieur, qui s'y trouve noté, quelle que soit l'heure à laquelle il a été observé. Le chapitre sur les vents donnera des renseignements suffisants sur ce sujet.

5° Les annotations de l'état du ciel font connaître tout à la fois la forme des nuages et le degré de nébulosité causée par leur présence. Elles ont été remplacées par les abréviations suivantes :

Clair (absence de nuage). . . .	......	Cumulus, et plus bas, brumus. .	cub.
Cirrus.	ci.	Cumulo-nimbus. . .	cun.
Stratus.	st.	Brouillard.	bd.
Cumulus.	cu.	Bruine.	bn.
Brumus (Voy. l'explic., p. 28). .	bru.	Pluie	pl.
Nimbus	nim.	Neige	ne.
Cirro-stratus.	cis.	Neige fondue.	nef.
Cirro-cumulus.	cc.	Orage	or.
Cumulo-stratus.	cus.	Eclairs.	e.
Cirro-cumulo-stratus.	ccs.	Tonnerre.	tr.
Cirrus, et plus bas, brumus. . .	cib.	Grêle	gr.
Stratus, et plus bas, brumus . .	stb.		

(1) Il ne faut pas confondre la vitesse moyenne, déduite du temps nécessaire au parcours d'un espace un peu considérable, que semble donner ici M. Verrollot, avec les rafales d'une durée très-courte qui se produisent un nombre de fois plus ou moins grand, pendant la durée d'un coup de vent. Ainsi, par exemple, pour que la vitesse moyenne soit de 22 m., il faut qu'il y ait des vitesses inférieures et supérieures à ce chiffre. Ce sont les *maxima* de peu de durée, dans la moyenne de 22 m., qui renversent les édifices et qu'on cite dans les études détaillées relatives à la force du vent. (Voyez la communication pleine de faits nouveaux sur ce sujet, par M. Mangon, dans l'*Annuaire de la Soc. météor.*, séance du 9 avril 1860.)

La série des chiffres compris entre 0 (clair) et 10 (couvert) indique le degré de nébulosité du ciel. Les chiffres relatifs au brouillard réclament une observation préalable : ils s'appliquent plutôt à la nébulosité du ciel qu'à l'intensité du brouillard; ainsi : Bd... 0, Bd... 1, Bd... 2, Bd... 3, etc., signifient qu'à travers le brouillard on aperçoit un ciel pur ou maculé de légers nuages; ainsi : Bd... 10 est le signe unique d'un brouillard d'une extrême intensité.

6° Le pluviomètre du docteur Verrollot, installé à l'hôpital français, est un vase cylindrique dont le diamètre a 17 centimètres. La quantité d'eau tombée a été mesurée chaque fois dans une éprouvette graduée dont le rapport de capacité avec le pluviomètre est connu. L'instrument est placé au niveau du toit de l'hôpital. Or cet établissement français touche le *taxim* (réservoir d'eau) qui alimente les fontaines de Péra, et, par conséquent, est situé sur le point culminant de la colline; le pluviomètre se trouve donc exposé à tous les vents et dans de bonnes conditions. Sa hauteur au-dessus du jardin de l'hôpital est de 5 mètres, et au-dessus du Bosphore, de 74 mètres.

7° Le docteur Verrollot a fait des observations sur l'ozone avec le papier Jame (de Sedan) dont l'échelle est de 0 à 21. Nous ne trouvons dans ses papiers aucun renseignement sur les précautions qu'il a prises pour obtenir de bons résultats, ni sur la station où il plaçait les bandelettes ozonométriques. La série comprend le mois de décembre 1858 et les onze premiers mois de l'année 1859; elle ne fait connaître que le maximum des vingt-quatre heures de chaque jour.

Interpolations. — Entraîné souvent hors de Péra par les devoirs de sa profession, par exemple au collége de Bébek dont il était le médecin, le docteur Verrollot ne pouvait pas donner comme positives les indications de l'état du ciel, de la direction et de la force du vent relevées à quelques lieues de Péra; il a eu soin de faire précéder du signe * les observations qui sont déduites de l'état de l'atmosphère, sur le point où il se trouvait. Or, un séjour de près de vingt années à Constantinople lui avait acquis une connaissance si parfaite du climat et de ses modifications sur toute la longueur du Bosphore, qu'on peut considérer ses interpolations comme très-approchées de la vérité.

Dans le tableau indiquant les quantités d'eau tombées, en 1856, au *taxim* de Péra, c'est-à-dire à l'hôpital français, on remarque le signe * placé en avant de plusieurs chiffres d'une faible valeur (de $0^{mm},1$ à $3^{mm},0$), avec cette simple note explicative : « *Le vent dessèche de suite le vase.* » Cette annotation paraît indiquer que l'instrument n'était pas suffisamment protégé contre l'évaporation, et que le docteur évaluait approximativement l'effet produit par cette cause. Le tableau de 1856 est le seul dont nous possédions la minute; il est à craindre que les tableaux des autres années ne soient affectés des mêmes irrégularités; au reste, ces irrégularités semblent ne devoir exercer qu'une influence fort légère sur les résultats mensuels, si toutefois elles ne portent que sur les jours où l'eau tombe en petite quantité.

Observations faites à Péra en 1859, par M. Godlewski. — Avant de quitter Constantinople pour venir en France, vers la fin de juillet 1859, le docteur Verrollot remit ses instruments à M. Godlewski, conducteur des ponts et chaussées, attaché à la mission française. La maison habitée par M. Godlewski est située au-dessus du palais de l'ambassade de France, sur le versant qui regarde le Bosphore, tandis que celle du docteur Verrollot domine la Corne d'or. La hauteur des deux stations est sensiblement la même. Les résultats obtenus en 1859 par ces deux observateurs sont beaucoup moins détaillés que ceux des deux années antérieures; ou du moins les résultats que nous publions sont les seuls dont nous ayons eu la communication.

Nota. — A partir de décembre 1858, la *Gazette médicale d'Orient* a publié les résumés mensuels des principales observations faites par MM. Ritter et Verrollot. Des erreurs assez nombreuses se sont glissées dans ces résumés, ainsi qu'on peut le reconnaître, en les comparant avec les tableaux soigneusement corrigés qui nous ont été fournis par M. Ritter.

Observations météorologiques faites à Kourou-Tchezmé, pendant les mois de novembre et décembre 1856, par M. Ritter.

JOURS DU MOIS.	TEMPÉRATURE CENTIGRADE DE L'AIR EXTÉRIEUR. Min.	Max.	L'EAU DU BOSPH. Min.	Max.	HAUTEURS DU BAROMÈTRE A 0. 9 h. du mat.	3 h. du soir.	NIV. DU BOSPH. Min	Max.	PLUIE à Kourou Tchezmè	à Péra.	VENT à midi.
	KOUROU TCH.			Novembre 1856.						PÉRA.	
	°	°	°	°	mm.	mm.	cm.	cm.	cm.	cm.	
1	10.8	14.9	15.6	16.2	771.0	*771.2	28	31	. . .	. . .	N.E.
2	9.8	12.0	15.4	15.8	72.7	72.3	26	28	. . .	. . .	E.
3	9.3	15.0	15.1	15.3	*69.4	67.8	32	36	. . .	* 0.1	E.
4	7.3	15.2	15.0	15.6	67.2	* 65.7	38	42	. . .	. . .	N.E.
5	6.8	14.5	14.9	15.5	63.5	* 62.6	47	50	. . .	. . .	S.O.
6	9.6	19.0	14.5	16.1	57.8	55.5	50	60	11.0	11.5	S.O.
7	6.8	7.5	10.6	13.6	61.3	62.0	45	55	. . .		N.E.
8	3.7	5.0	8.6	14.5	66.3	65.9	40	45	. . .	. . .	. . .
9	4.8	8.0	10.5	14.7	64.9	62.7	35	40	. . .	. . .	. . .
10	3.6	10.0	12.1	13.6	63.7	65.1	35	40	. . .	. . .	. . .
11	4.7	12.5	12.5	13.6	*60.9	66.7	39	42	. . .	. . .	. . .
12	8.8	17.0	13.3	13.8	64.8	64.7	36	40	0.5		. . .
13	13.7	18.5	13.0	13.7	62.4	* 62.3	47	48	. . .		. . .
14	14.0	18.3	13.2	14.1	61.9	59.9	52	57	. . .		. . .
15	10.9	16.0	13.1	13.6	63.1	61.9	54	65	. . .		. . .
16	11.7	17.2	13.2	13.8	63.2	61.0	50	59	0.5	13.0	. . .
17	11.8	15.8	13.1	13.3	61.1	64.6	50	67	. . .		. . .
18	7.7	13.2	13.1	13.6	64.8	59.8	29	39	5.1		. . .
19	9.9	15.6	13.6	13.9	51.6	55.1	50	60	0.6		. . .
20	6.8	7.0	11.1	13.0	63.6	63.4	55	60	. . .		. . .
21	5.6	8.5	12.2	12.6	66.8	67.5	52	54	. . .	. . .	. . .
22	5.3	11.6	11.5	12.6	70.6	67.4	35	44	. . .	. . .	. . .
23	8.0	11.8	12.3	12.6	59.4	55.7	47	49	3.9	. . .	. . .
24	5.8	9.0	11.6	12.1	53.5	52.3	45	50	. . .	. . .	. . .
25	10.3	13.0	12.0	12.2	51.3	49.2	55	59	49.0		. . .
26	9.8	13.0	10.5	12.0	43.6	43.3	61	67	28.5	71.2	. .
27	0.1	3.0	10.1	11.5	59.0	60.1	30	45	6.7		. . .
28	0.8	4.0	10.0	11.0	61.4	60.1	54	59	. . .	5.7	. . .
29	1.8	8.5	10.6	11.4	65.6	63.2	45	54	. . .	. . .	. . .
30	6.6	13.0	10.7	11.1	61.5	* 60.2	47	50	0.1	. . .	. . .
31											
Moyennes.											Zone dom.
Mois........	7.55	12.25	12.43	13.55	762.26	761.64	43.8	49.8	105.9	101.5	. . .
1er au 10....	7.25	12.11	13.23	15.09	765.78	765.08	37.6	42.7	11.0	11.6	. . .
11 au 20....	10.00	15.11	12.92	13.64	761.74	761.94	46.2	53.7	6.7	13.0	. . .
21 au 30....	5.41	9.54	11.15	11.91	759.27	757.90	47.7	53.1	88.2	76.9	. . .

JOURS DU MOIS.	TEMPÉRATURE CENTIGRADE DE L'AIR EXTÉRIEUR. Min.	Max.	L'EAU DU BOSPH. Min.	Max.	HAUTEURS DU BAROMÈTRE A 0. 9 h. du mat.	3 h. du soir.	NIV. DU BOSPH. Min.	Max.	PLUIE. à Kourou Tchezmè	à Péra.	VENT à midi.
	KOUROU TCH.			Décembre 1856.						PÉRA.	
	°	°	°	°	mm.	mm.	cm.	cm.	cm.	cm.	
1	10.8	16.0	10.9	11.1	756.9	754.8	55	64	. . .	. . .	. . .
2	12.3	16.0	11.1	11.6	55.2	56.4	67	70	0.5	0.6	S.O.
3	11.3	13.0	11.1	11.5	55.9	54.0	69	77	6.2	1.9	S.O.
4	—0.1	2.5	10.6	10.9	65.5	67.3	52	63	. . .	0.1	O.
5	—0.2	6.1	10.0	10.3	72.4	70.0	42	50	. . .	. . .	N.E.
6	0.8	8.2	9.6	10.7	70.8	68.3	40	42	. . .	. . .	N.E.
7	0.8	10.5	9.6	10.7	71.4	69.7	39	44	. . .	. . .	N.E.
8	2.3	10.0	9.5	10.6	71.1	70.4	40	42	. . .	. . .	S.
9	3.3	10.1	10.1	10.6	72.2	69.1	32	44	. . .	. . .	C.
10	3.8	9.0	10.1	10.7	70.0	67.3	34	40	. . .	. . .	C.
11	3.7	9.8	10.0	10.6	67.0	64.9	38	46	. . .	. . .	C.
12	2.3	7.0	10.0	10.5	63.0	62.8	42	48	. . .	. . .	C.
13	5.8	11.5	10.0	11.1	62.7	60.4	49	52	. . .	. . .	S.O.
14	8.9	14.3	10.1	11.1	59.1	59.3	52	58	. . .	. . .	S.O.
15	12.3	15.8	10.6	11.6	61.0	62.8	56	62	. . .	. . .	S.O.
16	11.8	14.7	10.6	11.1	69.0	69.6	44	50	. . .	. . .	S.O.
17	9.7	10.8	10.1	10.6	74.2	74.4	30	38	. . .	2.1	N.E.
18	6.8	10.7	10.1	10.7	65.5	61.4	40	46	. . .	. . .	S.O.
19	7.3	11.0	10.0	10.5	61.5	61.5	40	46	. . .	4.2	C.
20	7.2	9.5	10.1	10.3	67.1	66.8	40	49	. . .		E.
21	3.8	10.5	9.6	10.1	64.8	63.7	34	42	. . .	. . .	N.E.
22	7.7	12.7	10.1	10.4	63.5	62.1	40	46	. . .	. . .	S.O.
23	8.3	13.5	10.0	10.4	59.1	57.9	38	42	. . .	. . .	S.O.
24	11.8	13.6	10.2	10.6	60.6	60.1	36	46	. . .	. . .	S.O.
25	8.7	15.0	10.2	10.8	61.3	61.0	38	44	. . .	. . .	S.O.
26	10.7	16.3	10.3	10.8	62.5	58.9	45	54	. . .	. . .	S.
27	12.3	17.0	10.6	11.1	61.0	60.7	46	54	. . .	. . .	S.
28	10.3	15.8	10.6	10.8	60.9	58.1	44	56	. . .	. . .	S.O.
29	11.2	12.9	10.7	10.9	61.8	63.3	46	65	. . .	3.7	N.E.
30	9.3	11.6	10.1	10.3	65.1	66.3	50	57	. . .	. . .	E.
31	9.2	11.3	10.1	10.3	69.6	68.2	49	55	.	4.4	N.E.
Moyennes.											Zone dom.
Mois........	7.23	11.83	10.20	10.75	764.57	763.60	44.1	51.3	6.7	17.0	S.O.
1er au 10....	4.51	10.14	10.26	10.87	766.14	764.73	47.0	53.6	6.7	2.6	S.O.
11 au 20....	7.58	11.51	10.16	10.81	765.01	764.39	43.1	49.5	0.0	0.3	S.O.
21 au 30....	9.39	13.65	10.23	10.59	762.74	761.85	42.4	51.0	0.0	8.1	S.O.

DATES.	LACUNES DANS LES OBSERVATIONS = L.					
	6 h. m.	9 h. m.	Midi.	3 h. s.	6 h. s.	9 h. s.
JANVIER 1857.						
Du 1er au 31.	L (1)	...	...	...	...	L
FÉVRIER.						
Du 1er au 28.	L (2)	...	...	...	...	L
10	L (3)	L	L	L	L	L
11	L	L	L	L	L	L
12	L	L	L	L	L	L
15	L	L	L	L	L	L
22	L	L	...	L	...	L
24	L	...	...	...	L	...
MARS.						
1	L	...	...	...	...	...
9	...	...	...	...	...	L
14	...	...	...	L	...	...
AVRIL.						
7	...	...	...	...	...	L
11	...	...	...	L	...	...
19	...	...	L	...	...	...
MAI.						
1	...	L	...	L	L	...
4	...	...	L	L	...	...
7	...	...	...	L	...	...
17	...	...	L	L	L	...
31	...	...	L	...	...	...
JUIN.						
8	...	...	...	L	...	...
9	...	...	...	...	...	L
10	...	L	L	L	L	...
11	...	...	...	L	L	...
13	L	...	L	L	L	...
14	...	L	L	L	L	...
15	L	...	...	...	...	...
20	...	...	...	...	...	L
21	L	L	L	L	...	L
22	L	L	L	L	...	L
23	...	...	...	L	L	L
24	...	...	L	L	L	...
27	...	...	...	...	...	L
28	...	...	...	...	L	...
29	...	...	...	...	...	L
30	...	...	L	L	...	L
JUILLET.						
5	...	...	...	...	...	L
6	...	...	...	L	...	...
9	...	...	...	...	...	L
12	...	...	...	...	...	L
13	...	...	L	L	...	...
26	...	...	L	...	...	...
AOÛT.						
5	...	...	...	...	...	L
7	...	...	...	...	L	...
9	...	...	...	...	...	L
10	...	L	L	L	...	...
12	...	...	...	L	...	...
15	...	...	...	L	...	L
16	L	...	L	L	...	...
17	...	...	...	L	...	...
24	...	...	...	L	L	...
25	L	...	...	L	...	...
26	...	...	L	L	L	...
27	...	L	L	L	L	...
28	...	...	L	...	...	...
29	...	...	L	...	...	...
30	...	...	...	L	...	...

DATES.	LACUNES DANS LES OBSERVATIONS = L.					
	6 h. m.	9 h. m.	Midi.	3 h. s.	6 h. s.	9 h. s.
SEPTEMBRE 1857.						
2	...	...	...	L	...	...
3	...	...	L	...	...	...
4	...	...	L	...	...	...
5	...	...	...	L	...	...
6	...	...	L	...	...	L
7	...	...	L	...	...	...
8	L	...	...	...	...	...
11	...	...	L	...	...	...
12	...	...	...	L	...	...
14	...	...	L	...	...	...
17	...	...	...	L	...	...
20	...	...	...	L	...	...
21	...	...	L	...	...	...
23	...	...	...	...	L	...
25	...	...	...	L	...	...
29	...	...	L	L	...	...
OCTOBRE.						
1	...	...	L	...	...	...
2	...	...	L	L	...	...
3	...	...	...	...	L	...
4	...	L	L	...	...	...
5	...	...	...	L	...	...
6	...	...	L	...	...	...
8	...	L	...	...	...	...
10	...	L	...	...	L	...
11	L	...	...	...	...	...
15	L	...	...	...	...	...
16	L	...	...	...	...	...
17	L	...	L	...	...	...
18	L	...	...	L	...	...
19	L	...	...	...	...	...
22	...	L	L	...	...	...
24	...	...	L	...	...	...
25	...	L	...	...	L	...
26	...	...	L	L	L	...
28	...	...	L	...	...	...
NOVEMBRE.						
5	...	...	...	L	...	...
7	...	...	...	L	...	...
11	...	...	...	L	...	...
14	...	...	...	...	...	L
17	...	...	L	...	...	...
20	...	...	L	...	...	...
21	...	...	L	L	...	...
23	...	...	...	L	...	...
25	...	...	...	L	...	...
26	...	L	...	...	...	...
30	...	...	...	L	...	...
DÉCEMBRE.						
2	...	...	...	L	...	...
4	...	...	...	L	...	...
7	...	...	L	L	...	...
8	...	...	...	L	...	...
9	L	...	...	L	...	...
10	...	...	...	L	...	...
15	...	...	...	L	...	...
19	...	...	L	L	...	...
22	L	...	...	...	...	...
23	L	...	...	...	...	...
25	L	...	...	...	...	...
26	L	...	...	L	...	...
27	L	...	...	...	...	...
28	L	...	L	...	...	...
30	L	...	...	...	...	...
31	L	...	...	...	...	...

(1) Pendant le mois de janvier 1857, les instruments ont été observés à 7 h. 30 du matin et non pas à 6 h.; ce n'est que par interpolation qu'on peut apprécier les phénomènes de 6 h. Il n'y a pas eu d'observation le soir à 9 h.

(2) Pendant le mois de février 1857, les instruments ont été observés à 7 h. du matin et non à 6 h. Il n'y a pas eu d'observations le soir à 9 h.

(3) Ce signe indique une lacune dans les observations de 7 h du matin, les 10, 11, 12, 15, 22 et 24 février.

JOURS DU MOIS.	TEMPÉRATURE CENTIGRADE DE L'AIR EXTÉRIEUR. Min.	L'AIR EXTÉRIEUR. Max.	L'EAU DU BOSPH. Min.	L'EAU DU BOSPH. Max.	HAUTEURS DU BAROMÈTRE A 0. 9 h. du mat.	BAROMÈTRE A 0. 3 h. du soir.	NIV. DU BOSPH. Min.	NIV. DU BOSPH. Max.	PLUIE.	VENTS D'APRÈS LES NUAGES.	LA GIROUETTE. 8 h. du mat.	LA GIROUETTE. Midi.	LA GIROUETTE. 9 h. du soir.	ÉTAT DU CIEL. 8 h. du matin.	ÉTAT DU CIEL. Midi.	ÉTAT DU CIEL. 9 h. du soir.	PLUIE. QUANTITÉ	PLUIE. HEURES DE PLUIE.
	KOUROU TCHEZMÈ.				**Janvier 1857.**					PÉRA.				**Janvier 1857.**				
	o	o	o	o	mm.	mm.	cm.	cm.	mm.								mm.	h. m.
1	8.3	9.3	10.0	10.2	765.7	765.6	49	56	3.3	. . .	N.E. 3	N.E. 2	N.E. 4	bn. 10	bn. 10	bru. 10	0.4	8 »
2	5.8	7.3	10.0	10.0	63.8	62.7	31	41	. . . .	. . .	N.E. 3	N.E. 4	N.E. 2	cus. 10	pl. 10	pl. 10	4.5	12 »
3	6.8	13.8	9.7	10.0	55.9	51.9	44	50	3.3	S.O.	N.E. 4	N.E. 1	C. 0	cib. 9	cub. 9	. . . 0	2.0	4 »
4	8.3	12.3	9.2	9.5	54.4	55.0	60	65	2.5	S.O.	C. 0	C. 0	S.O. 1	bd. 10	pl. 10	pl. 10	8.8	12 »
5	8.5	11.3	9.2	9.5	59.2	58.9	59	64	7.4	. . .	C. 0	S. 2	C. 0	pl. 10	cub. 8	bn. 10	4.0	6 »
6	8.3	14.3	9.5	9.7	61.4	59.0	62	65	2.6	S.O.	E. 1	E. 1	O. 3	cis. 3	cus. 7	cu. 2	. . . .	. . . .
7	8.3	11 5	9.5	10.0	59.2	60.4	58	72	. . . .	S.O.	E. 1	S.O. 8	S.O. 3	bd. 6	cup. 9	cic. 2	0.3	1 »
8	5.0	5.3	9.5	9.5	68.2	69.3	50	63	0.7	. . .	N.E. 4	N.E. 4	N.E. 4	pl. 10	cub. 10	cub. 10	0.1	0 15
9	5.0	9.8	9.7	10.0	66.7	65.0	46	49	. . . .	. . .	E. 2	E. 2	N.E. 2	cub. 10	cub. 10	cub. 10	. . . .	. . . .
10	0.8	7.0	9.5	9.7	63.8	61.8	44	47	. . . .	. . .	N.E. 8	N.E. 8	N. 4	pl. 10	pl. 10	pl. 10	6.0	20 »
11	4.8	7.3	9.2	9.5	60.5	57.8	49	55	5.5	. . .	N.O. 2	N. 2	N.E. 1	cus. 10	pl. 10	bru. 10	0.3	1 »
12	4.8	11.3	9.2	9.7	53.8	51.0	57	59	. . . .	S.O.	E. 1	S.E. 3	S. 2	bd. 2	ces. 3	. . . 0	. . . .	. . . .
13	8.8	10.8	9.2	9.2	49.7	51.6	65	71	. . . .	S.	C. 0	S.O. 4	S.O. 3	pl. 10	cis. 6	. . . 0	0.5	0 30
14	8.5	14.8	9.2	9.7	56.9	57 0	66	76	1.6	S.O.	S. 2	S. 4	S. 8	cis. 7	cis. 3	. . . 0	1.0	1 30
15	7.8	15.8	10.0	10.2	60.9	60.7	70	77	. . . .	. . .	S. 4	S.O. 4	C. 0	. . . 0	ci. 3	. . . 0	. . . .	. . . .
16	7.8	15.3	8.8	9.7	57.1	53.7	67	73	. . . .	. . .	S.E. 0	S.E. 3	N. 32	bd. 0	cus. 1	pl. 10	3.8	4 »
17	9.3	13.8	9.0	9.5	53.9	52.9	74	78	2.7	. . .	S.E. 4	S.E. 4	S.E. 3	cus. 6	cus. 3	cus. 1	. . . .	. . . .
18	8.3	8.8	9.2	9.2	62.3	63.8	62	72	. . . .	. . .	N.O. 3	N.E. 4	N.E. 4	pl. 10	bru. 10	bru. 4	0.4	4 »
19	5.0	5.3	9.0	9.2	65.1	64.0	43	53	1.8	. . .	N.E. 4	N.E. 8	N.E. 3	pl. 10	bru. 10	pl. 10	8.8	10 »
20	4.8	6.3	9.2	9.2	58.0	55.8	45	48	1.3	. . .	N.E. 4	N.E. 4	N.E. 4	pl. 10	bru. 10	bru. 10	5.0	8 »
21	4.8	6.3	9.2	9.2	56.8	58.0	52	54	8.0	. . .	N. 2	N. 4	N.O. 4	pl. 10	bru. 10	st. 1	3.0	8 »
22	3.5	8.8	9.0	9.2	64.8	64.2	50	58	0.6	O.	E. 1	S.O. 3	C. 0	. . . 0	cu. 6	st. 2	. . . .	. . . .
23	5.3	12.3	9.2	9.2	66.6	65.4	51	60	. . . .	O.	E. 1	S. 4	C. 0	cis. 1	cic. 4	st. 2	. . . .	. . . .
24	5.5	13.5	8.5	8.7	60.6	57.2	57	62	. . . .	S.O.	E. 3	S.E. 3	S.O. 1	cis. 1	cus. 5	cus. 10	1.0	0 30
25	8.5	11.5	8.3	8.3	48.3	49.4	61	76	6.4	. . .	S.O. 4	S.O. 16	S.O. 2	cus. 10	cis. 2	. . . 0	1.0	0 15
26	8.0	11.0	8.1	8.3	50.1	50.6	68	73	2.4	S.O.	E. 1	S. 32	S. 3	bru. 10	cu. 9	cu. 4	8.5	4 »
27	6.0	11.5	9.2	9.5	54.2	53.3	64	80	18.3	. . .	S.O. 8	S.O. 4	S.O. 2	cus. 1	cu. 1	. . . 0	. . . .	. . . .
28	7.0	11.8	8.1	8.5	50.0	47.5	74	82	. . . .	S.O.	S. 4	S.O. 4	O. 2	cis. 9	cu. 9	pl. 10	20.0	3 »
29	4.5	5.5	8.1	8.3	53.8	55.0	67	73	. . . .	O.	N.O. 4	O. 4	O. 2	cis. 7	cus. 10	cus. 10	. . . .	. . . .
30	4.3	5.8	7.6	7.6	60.7	61.7	67	74	11.0	S.O.	N.O. 4	N. 4	N. 2	cus. 10	cus. 10	cus. 10	5.0	2 »
31	2.5	7.5	7.6	7.6	65.3	62.8	55	62	1.5	. . .	E. 1	N.E. 2	N.E. 2	cus. 8	cus. 10	. . . 0	. . . .	. . . .
Moyennes.											Zone dominante.							
Mois........	6.48	10.22	9.05	9.28	758.96	758.16	57.0	64.1	80.9	. . .	N.E 2.7	S. 4.9	S. 3.3	7.1	7.4	5.4	84.4	110 »
1er au 10....	7.11	10.19	9.58	9.81	761.83	760.96	50.3	57.2	19.8	. . .	N.E 2.6	N.E 3.2	N.E 2.3	8.8	9.3	7.4	26.1	63 15
11 au 20....	6.99	10.95	9.20	9.51	757 82	756.83	59.8	66.2	12.9	. . .	N. 2.4	S. 4.0	S. 6.0	6.5	5.9	4.5	19.8	29 »
21 au 31....	5.45	9.59	8.45	8.58	757.38	756.83	60.5	68.5	48.2	. . .	N. 3.0	S.O 7.3	S.O 1.8	6.1	6.9	4.5	38.5	17 45
					Février.									**Février.**				
1	2.8	7.3	7.3	7.3	756.8	755.4	63	67	. . . .	. . .	E. 4	E. 3	C. 0	st. 10	st. 10	pl. 10	9.0	9 »
2	1.8	6.8	7.3	7.8	58.7	59.0	57	62	13.0	. . .	N.O. 2	N.O. 4	N. 8	pl. 10	stb. 10	cu. 2	4.0	8 »
3	1.3	7.0	7.3	7.8	59.0	59.1	60	64	. . . .	. . .	E. 0	E. 3	E. 2	bd. 10	cu. 2	pl. 10	0.5	1 »
4	3.5	7.8	6.6	7.3	64.6	63.9	52	58	1.3	. . .	E. 1	E. 2	E. 2	cis. 1	cu. 1	. . . 0	. . . .	. . . .
5	2.8	9 0	6.8	7.3	65.0	62.6	52	57	. . . .	. . .	E. 0	E. 0	C. 0	. . . 0	. . . 0	st. 3	. . . .	. . . .
6	3.8	8.3	7.1	7.1	58.1	56.7	57	63	. . . .	. . .	N.E. 3	N.E. 4	N.E. 4	cus. 10	cus. 10	bru. 10	6.0	6 »
7	1.8	5.5	6.6	7.3	62.0	63.4	56	62	8.0	. . .	N. 16	N.E. 8	N. 16	ne. 10	ne. 10	bru. 10	2.0	4 »
8	1.8	3.5	5.6	6.1	67.4	65.1	67	72	1.7	. . .	N. 8	N.O. 16	N. 3	ne. 10	ne. 10	ne. 10	1.0	4 »
9	2.8	5.3	5.3	5.8	66.1	66.1	63	67	. . . .	. . .	N.E. 4	N. 4	N. 4	cun. 10	cun. 9	cun. 9	0.4	0 30
10	0.3	*4.3	*5.1	*5.6	*67.4	*67.1	*58	*66	25.0	. . .	N. 8	N.E. 8	N.E. 4	ne. 10	cu. 7	cu. 9	0.6	1 »
11	—0.1	*3.9	*5.3	*6.1	*68.8	*67.4	*48	*57	. . . .	S.E.	N.E. 0	N.E. 3	N.E. 1	cus. 9	cc. 6	cus. 4	. . . .	. . . .
12	3.3	*7.3	*5.1	*6.3	*66 2	*64.7	*50	*56	. . . .	. . .	N.E. 0	N. 2	N. 1	cus. 9	cus. 10	. . . 0	. . . .	. . . .
13	0.3	4.0	5.1	6.3	62.4	61.8	44	57	. . . .	S.O.	E. 0	S. 2	C. 0	st. 1	cus. 10	cus. 10	. . . .	. . . .
14	0.0	5.3	5.6	6.6	57.0	55.5	56	62	. . . .	S.O.	C. 0	N.E. 1	N.E. 3	cus. 7	cus. 10	pl. 10	3.0	3 »
15	1.8	*5.8	*5.2	*5.8	*61.8	*59.3	»	»	3.0	. . .	N. 32	N.O. 32	N. 32	nef. 10	nef. 10	nef. 10	23.8	22 »
16	2.8	4 3	4.6	4.6	64.1	66.1	52	60	20.0	N.E.	N.E. 16	N. 8	N. 4	pl. 10	stb. 10	pl. 10	3.0	4 »
17	1.3	4.3	4.8	5.3	71.5	73.0	51	56	3.0	N.	N.E. 16	N.E. 16	N. 8	cun. 4	cu. 8	cus. 10	0.5	0 15
18	2.3	3.5	4.6	5.3	75.9	76.5	48	57	0.6	N.	N.E. 4	E. 3	E. 2	cus. 9	cus. 9	. . . 0	. . . .	. . . .
19	0.3	5.3	4.2	6.1	77 0	76.0	43	48	. . . .	. . .	E. 0	S.E. 0	C. 0	. . . 0	. . . 0	. . . 0	. . . .	. . . .
20	0.3	4.8	5.1	6.1	77.6	75.4	42	47	. . . .	. . .	E. 0	S.E. 1	C. 0	. . . 0	. . . 0	. . . 0	. . . .	. . . .
21	0.8	6.8	5.3	5.8	75.4	73.6	41	49	. . . .	. . .	E. 0	S. 3	S. 1	. . . 0	. . . 0	bd. 0	. . . .	. . . .
22	1.8	8.4	*5.5	5.8	*73.5	*73.4	42	*47	. . . .	N.E.	S. 0	N.E. 2	N.E. 1	ci. 1	cu. 2	. . . 0	. . . .	. . . .
23	1.5	8.3	5.8	6.3	74.6	74.7	34	44	. . . .	. . .	N.E. 1	N.E. 2	N.E. 2	cus. 1	cu. 3	. . . 0	. . . .	. . . .
24	0 3	5.8	*5.2	5.4	74.9	75.0	*41	45	. . . .	. . .	N.E. 8	N.E. 8	N.E. 8	cub. 10	cub. 10	ne. 9	6 5	7 »
25	0.2	1.8	4.8	5.3	80.0	80.1	35	44	6.4	. . .	N.E. 8	N.E. 8	N.E. 8	ne. 10	ne. 10	ne. 10	2.5	10 »
26	—0.1	2.8	4.6	5.1	80.3	79.3	32	38	2.2	N.E.	E. 3	E. 2	E. 1	bru. 10	ne. 10	cus. 3	0.2	0 15
27	1.8	5.0	4.6	4.8	79.5	77.9	35	41	. . . .	. . .	E. 1	N.E. 3	N.E. 1	stb. 10	cus. 9	cis. 2	. . . .	. . . .
28	1.3	6.3	4.6	4.6	76.8	75.0	32	40	. . . .	N.E.	E. 1	N.E. 2	N.E. 1	st. 5	. . . 0	. . . 0	. . . .	. . . .
Moyennes.											Zone dominante.							
Mois........	1.51	5.66	5.53	6.11	768.66	767.06	48.5	55.0	84.2	. . .	N.E 4.9	N.E 5.3	N.E 4.2	6.7	6.6	5.4	63.0	80 »
1er au 10...	2.27	6.48	6.50	6.94	762.51	761.84	58.5	63.8	49.0	. . .	N.E 4.6	N.E 5 2	N.E 4.3	8.1	6.9	7.3	23.5	33 30
11 au 20...	1.23	4.85	4.96	5.85	768.23	767.57	48.2	55.5	26.6	. . .	N.E 6.8	N. 6.8	N.E 5.1	5.9	7.3	5.4	30.3	29 15
21 au 28...	0.90	5.05	5.05	5.39	776.88	776.12	36.5	43.5	8.6	. . .	N.E 2.7	N.E 3.8	N.E 2 9	5.9	5.5	3.0	9.2	17 15

JOURS DU MOIS.	TEMPÉRATURE CENTIGRADE DE L'AIR EXTÉRIEUR. Min.	L'AIR EXTÉRIEUR. Max.	L'EAU DU BOSPH. Min.	L'EAU DU BOSPH. Max.	HAUTEURS DU BAROMÈTRE A 0. 9 h. du mat.	BAROMÈTRE A 0. 3 h. du soir.	NIV. DU BOSPH. Min.	NIV. DU BOSPH. Max.	PLUIE.	VENTS D'APRÈS LES NUAGES.	LA GIROUETTE. 8 h. du matin.	LA GIROUETTE. Midi.	LA GIROUETTE. 9 h. du soir.	ÉTAT DU CIEL. 8 h. du matin.	ÉTAT DU CIEL. Midi.	ÉTAT DU CIEL. 9 h. du soir.	PLUIE. QUANTITÉ.	PLUIE. HEURES DE PLUIE.
	KOUROU TCHEZMÈ.				**Mars 1857.**					PÉRA.				**Mars 1857.**				
	°	°	°	°	mm.	mm.	cm.	cm.	mm.								mm.	h. m.
1	−1.4	5.8	*4.9	5.4	768.5	765.1	*32	42	....	S.O.	E. 0	S. 1	S. 1	bd. 0	cis. 7	bru. 10	....	....
2	1.0	4.5	5.1	5.6	64.0	64.6	32	40	....	...	N. 2	N. 2	N. 2	stb. 10	pl. 10	bn. 10	0.8	6 »
3	0.5	6.0	4.6	5.6	67.7	66.9	32	40	2.1	...	E. 4	E. 8	E. 8	cu. 8	cus. 10	cus. 10	0.3	1 »
4	4.3	7.5	4.6	5.6	63.5	61.0	32	39	0.7	...	E. 8	E. 8	E. 8	bru. 10	pl. 10	bru. 10	3.7	7 »
5	1.8	9.0	4.6	5.6	56.0	54.7	48	51	2.3	S.	N.E. 3	N. 3	N. 2	stb. 10	cib. 10	bru. 10	....	....
6	4.0	5.0	5.6	5.6	58.0	61.0	42	50	0.5	...	N.E. 4	N.O. 8	N. 3	bn. 10	bru. 10	bru. 10	2.8	3 »
7	1.0	5.0	5.1	5.3	65.1	65.0	35	50	8.2	...	N.E. 4	N.E. 4	N.E. 3	bru. 10	bru. 10	bru. 10	2.0	2 »
8	0.3	7.3	5.3	5.8	64.5	64.0	36	50	....	...	O. 1	N. 1	S.O. 0	cus. 1	cu. 9	... 0	....	....
9	1.5	9.8	5.3	5.8	65.0	63.7	44	47	....	...	S.O. 3	S.O. 4	S.O. 1	ci. 1	... 0	... 0	....	....
10	7.9	13.0	5.6	5.9	62.1	62.1	50	55	....	...	S.O. 3	S.O. 16	S.O. 16	cc. 1	cis. 3	cis. 4	....	....
11	4.3	12.8	5.5	6.1	56.1	51.1	46	60	....	...	S.O. 1	S.O. 2	S.O. 2	bru. 10	bru. 10	bru. 10	0.1	1 »
12	8.8	11.8	6.1	7.6	51.3	54.0	64	74	....	...	O. 32	O. 32	S.O. 4	pl. 10	cub. 10	st. 9	2.4	3 »
13	0.7	2.0	5.5	6.8	56.8	59.2	42	58	3.0	...	N. 4	N.O. 4	N. 1	ne. 10	ne. 10	cus. 7	12.7	12 »
14	0.3	5.5	5.8	6.6	62.7	*63.6	49	52	12.5	...	O. 3	O. 8	S.O. 1	... 0	cu. 1	... 0	....	....
15	1.8	5.8	5.6	6.1	64.3	65.4	48	54	4.3	N.O.	C. 0	S.O. 8	N.E. 1	bd. 2	cun. 7	st. 1	....	....
16	1.8	8.3	5.6	6.1	67.2	65.6	44	53	....	...	E. 1	S.O. 4	S.O. 1	bd. 0	cus. 10	cus. 10	....	....
17	1.3	7.3	5.6	6.2	70.0	69.6	42	52	....	...	N. 2	N. 3	N. 1	cus. 10	cu. 7	st. 8	0.2	1 »
18	3.8	8.5	6.1	6.8	72.7	72.7	41	50	0.7	...	N.E. 3	E. 3	E. 2	st. 10	cus. 9	cus. 6	....	....
19	0.8	6.0	6.3	7.1	73.4	73.4	38	41	....	O.	N. 4	E. 4	E. 2	bn. 9	cc. 7	cu. 6	0.1	1 »
20	0.8	4.8	5.8	6.3	74.4	72.9	38	42	0.5	...	E. 4	E. 4	E. 2	cus. 10	cus. 10	cus. 10	....	....
21	−0.2	6.8	5.6	6.1	72.1	70.9	41	45	....	...	E. 2	E. 8	E. 4	cus. 10	cus. 10	cus. 10	....	....
22	1.8	12.3	6.2	6.9	65.5	63.3	41	55	....	O.	E. 1	N. 1	N. 3	cc. 6	cu. 8	cus. 6	....	....
23	2.0	10.5	6.2	7.2	65.3	65.5	48	55	....	...	N.E. 3	N.O. 2	N.E. 4	cus. 10	... 0	st. 10	....	....
24	1.3	10.5	6.5	6.6	63.7	61.4	48	54	....	S.O.	N.E. 4	N.E. 4	N. 3	bru. 10	ci. 2	bru. 10	....	....
25	2.3	11.0	6.5	6.8	57.8	56.8	55	65	....	...	N. 3	N. 2	S.E. 0	pl. 10	pl. 10	bd. 10	1.3	1 »
26	3.3	8.8	6.5	6.6	58.5	58.5	51	60	3.7	S.O.	N.E. 4	N.E. 4	N.E. 4	stb. 10	cu. 8	cus. 10	2.6	3 »
27	2.3	8.3	6.5	6.6	58.0	57.3	51	55	....	...	N.E. 4	N.E. 4	N.E. 4	cus. 10	cus. 10	cus. 10	....	....
28	3.5	8.5	6.5	6.6	58.8	58.0	48	57	....	...	E. 1	E. 2	E. 3	bru. 10	bru. 10	bru. 10	....	....
29	1.0	7.5	6.5	6.6	59.7	59.9	44	48	6.8	...	N.E. 2	N.E. 2	N.E. 2	pl. 10	cub. 10	cus. 10	7.4	10 »
30	1.5	8.5	6.1	6.6	58.5	57.5	48	53	0.9	...	N.E. 3	N.E. 4	N.E. 1	cus. 10	cus. 10	... 0	....	....
31	0.3	10.3	6.1	7.1	59.9	60.6	48	52	....	S.O.	N.E. 1	N.E. 1	N.E. 1	cc. 9	cu. 6	... 0	....	....
Moyennes.											Zone dominante.							
Mois......	2.08	8.02	5.73	6.31	763.26	762.75	43.8	51.6	46.2	...	N.E. 3.7	NE. 5.2	N.E. 2.9	7.6	7.9	7.3	36.4	51 »
1er au 10	2.09	7.29	5.07	5.62	763.44	762.81	38.3	46.4	13.8	...	N.E. 3.2	N. 5.5	N.E. 4.4	6.1	7.9	7.4	9.6	19 »
11 au 20	2.44	7.28	5.79	6.57	764.89	764.75	45.2	53.0	21.0	...	N. 5.4	S.O. 7.2	N.E. 1.7	7.1	8.1	6.7	15.5	18 »
21 au 31	1.74	9.36	6.29	6.70	761.62	760.88	47.5	54.5	11.4	...	N.E. 2.5	N.E. 3.1	N.E. 2.6	9.5	7.6	7.8	11.3	14 »
					Avril.									**Avril.**				
1	0.8	13.3	6.5	7.4	763.7	761.9	46	49	....	...	E. 0	E. 1	N.E. 2	... 0	... 0	... 0	....	....
2	0.8	10.7	6.5	7.2	63.2	61.4	44	50	....	...	E. 4	E. 8	E. 4	cu. 1	cu. 1	cu. 2	....	....
3	3.0	8.7	6.8	7.1	58.5	57.2	42	49	....	...	E. 4	N.E. 8	N.E. 3	stb. 10	bn. 10	bn. 10	....	....
4	3.0	11.0	7.1	7.6	57.5	57.5	48	52	....	S.O.	E. 2	N.E. 8	N. 3	cus. 10	cc. 7	pl. 10	8.0	4 »
5	3.3	10.8	7.5	7.6	57.5	57.7	56	59	8.1	...	N.E. 2	N. 3	N.O. 3	cus. 10	cus. 10	bn. 10	2.4	2 »
6	3.3	9.9	7.4	7.6	57.7	57.4	52	57	3.3	...	N.E. 2	N. 2	N. 2	pl. 10	bn. 10	bn. 10	4.0	12 »
7	3.3	9.8	*7.1	7.4	58.4	58.3	53	59	0.4	...	S.O. 0	N.O. 1	N.O. 1	bd. 10	bn. 10	bn. 10	0.1	2 »
8	2.8	9.0	7.1	7.4	61.3	62.7	48	54	0.5	...	N.E. 3	N.E. 4	N.E 2	ccb. 8	cus. 10	cus. 10	....	....
9	2.8	9.3	6.7	7.1	64.6	64.5	45	48	0.2	...	N.E. 2	N.E. 3	N.E. 3	cus. 10	cus. 10	cus. 10	....	....
10	1.9	10.0	6.7	7.5	66.8	64.9	44	48	....	...	N.E. 2	N. 4	N. 2	cus. 10	cus. 4	... 0	0.2	0 30
11	0.3	10.3	6.7	7.8	65.7	*65.2	46	53	....	...	E. 0	S.E. 1	C. 0	bd. 10	bd. 0	... 0	....	....
12	0.8	13.8	6.6	7.6	64.8	62.1	48	54	....	...	N. 0	S. 0	C. 0	bd. 1	... 0	... 0	....	....
13	4.8	15.8	6.8	8.6	59.0	57.7	51	58	....	...	E. 0	S. 0	S. 0	... 0	... 0	... 0	....	....
14	5.5	21.8	7.3	8.5	57.9	57.5	53	58	....	...	S. 0	S. 0	S. 4	bd. 0	... 0	ccs. 10	....	....
15	6.8	14.3	7.6	8.4	62.9	58.8	55	58	....	...	N.E. 4	N.E. 3	N. 4	cus. 2	... 0	stb. 10	....	....
16	4.3	14.8	7.5	8.5	63.2	62.1	50	55	....	...	N. 2	N.E. 3	N.E. 8	bru. 9	... 0	... 0	....	....
17	4.3	12.8	6.8	8.5	61.5	59.9	52	56	....	...	N.E. 2	N. 4	N.E. 3	cus. 10	cus. 8	cus. 10	....	....
18	4.3	12.7	8.1	8.5	59.3	58.2	52	67	....	...	E. 2	N.E. 3	N.E. 2	bd. 10	cu. 9	cus. 10	....	....
19	4.8	11.8	8.1	8.5	60.2	61.7	51	55	1.0	...	N.E. 2	N.E. 4	N. 3	cub. 10	cub. 10	cub. 10	0.2	0 30
20	4.8	11.8	8.2	8.6	66.7	67.0	36	48	....	...	E. 8	E. 8	E. 4	cu. 6	... 0	... 0	....	....
21	1.3	14.8	7.6	9.6	65.8	63.4	39	45	....	...	E. 8	E. 8	N.E. 3	... 0	... 0	... 0	....	....
22	2.3	14.7	7.7	8.7	60.1	58.7	48	54	....	...	E. 0	S.O. 4	S.O. 2	... 0	... 0	... 0	....	....
23	2.3	16.6	7.7	9.1	57.0	53.7	48	57	....	...	S.O. 1	S.O. 3	S.O. 2	... 0	... 0	pl. 10	0.2	1 »
24	7.0	13.9	8.1	9.0	46.5	44.8	52	61	2.7	...	S. 0	S.O. 8	S.O. 16	pl. 10	cusb. 10	cus. 1	6.9	6 »
25	6.7	12.9	8.7	9.1	49.4	49.1	59	66	6.8	...	O. 4	O. 8	S.O. 1	pl. 10	pl. 10	cun. 6	16.4	12 »
26	6.9	18.8	9.4	10.8	53.8	54.0	59	70	13.0	O.	E. 2	E. 1	S.O. 1	st. 9	st. 8	cu. 1	....	....
27	9.8	21.7	9.4	10.0	56.7	56.9	58	62	0.8	S.O.	C. 0	E. 1	C. 0	ccs. 10	ccs. 7	bd. 0	....	....
28	8.3	27.0	9.1	10.0	58.1	57.5	58	68	....	S.	S.E. 2	S. 2	C. 0	... 0	... 0	bd. 6	....	....
29	8.8	23.3	9.0	10.0	57.8	55.4	60	66	....	...	C. 0	C. 0	N.E. 0	bd. 10	... 0	... 0	....	....
30	9.0	21.3	9.1	10.0	53.3	53.5	62	67	....	S.O.	N.E. 1	S. 1	S.O. 1	bd. 5	... 0	... 0	....	....
Moyennes.											Zone dominante.							
Mois......	4.27	14.25	7.63	8.46	759.63	758.69	50.5	56.4	36.8	...	N.E. 2.0	N.E. 3.5	N.E. 2.6	6.4	4.5	4.9	38.4	40 »
1er au 10	2.50	10.25	6.94	7.39	760.92	760.25	47.8	52.5	12.5	...	N.E. 2.1	N.E. 4.2	N.E. 2.5	7.9	7.2	7.2	14.7	20 30
11 au 20	4.07	13.99	7.37	8.35	762.12	761.02	49.4	55.2	1.0	...	N.E. 2.0	N.E. 2.6	N.E. 2.8	5.8	2.7	5.0	0.2	0 30
21 au 30	6.24	18.50	8.58	9.63	755.85	754.70	54.3	61.4	23.3	...	Var. 1.8	S.O. 3.6	S.O. 2.6	5.4	3.5	2.4	23.5	19 »

JOURS DU MOIS.	TEMPÉRATURE CENTIGRADE DE L'AIR EXTÉRIEUR. Min.	Max.	L'EAU DU BOSPH. Min.	Max.	HAUTEURS DU BAROMÈTRE A 0. 9 h. du mat.	3 h. du soir.	RIV. DU BOSPH. Min.	Max.	PLUIE.	VENTS D'APRÈS LES NUAGES.	LA GIROUETTE. 8 h. du matin.	Midi.	9 h. du soir.	ÉTAT DU CIEL. 8 h. du matin.	Midi.	9 h. du soir.	PLUIE. QUANTITÉ.	HEURES DE PLUIE. h.	m.
	Kourou Tchezmè. Mai 1857.									**Pèra. Mai 1857.**									
	°	°	°	°	mm.	mm.	cm.	cm.	mm.								mm.	h.	m.
1	9.5	18.6	9.5	10.3	*756.0	*755.4	58	63	...	S.O.	N.E. 8	N.E. 8	N.E. 4	cu. 6	cc. 8	cc. 5	...	...	
2	7.0	19 5	9.4	10.4	56.2	56.3	59	64	...	...	S.O. 1	S.O. 8	O. 10	... 0	... 0	... 0	...	...	
3	7.7	16.8	9.7	10.5	61.5	61.7	52	60	...	...	O. 3	S.O. 8	S.O. 1	... 0	cu. 1	... 0	...	...	
4	5.1	18.3	10.1	10.7	64 2	*63.8	45	52	...	...	C. 0	N.E. 8	N.E. 2	bd. 0	... 0	... 0	...	...	
5	7.1	20.0	10.1	10.6	62.1	60.5	46	50	...	...	N.E. 2	N.E. 3	N.E. 1	... 0	... 0	... 0	...	...	
6	7.6	17.7	10.0	10.8	56.5	56.0	52	60	...	...	N.E. 4	N.E. 4	N. 3	... 0	... 0	st. 7	...	...	
7	7.3	15.0	10.0	10.5	58.0	58.0	51	56	...	...	N.E. 8	N.E. 4	S.O. 3	cus. 10	cub. 10	cus. 9	...	...	
8	6.7	14.7	10 4	10.6	58.0	57.4	55	62	...	N.O.	O. 1	O. 0	C. 0	bd. 10	pl. 10	cus. 4	6.0	2	»
9	7.8	18.9	10 3	11.6	57.9	57.4	55	61	3.3	...	O. 0	C. 0	N.E. 2	bd. 9	pl. 8	st. 1	1.0	1	»
10	7.8	17.3	11.4	12.5	58.6	58.7	52	55	...	...	N.E. 4	N.E. 3	N.E. 3	cus. 10	cus. 9	cus. 10	...	...	
11	8.3	17.8	11.3	13.0	60.7	61.5	51	56	...	S.E.	N.E. 4	N.E. 4	N.E. 2	cu. 9	cu. 2	... 0	...	...	
12	6.9	19.8	11.8	12.4	61.7	60.8	53	58	...	O.	E. 1	N.E. 8	N.E. 2	cus. 2	ci. 1	... 0	...	...	
13	9.3	19.0	11.3	12.6	59.4	58 5	52	61	...	O.	N.E. 4	N.E. 4	N.E. 1	ccs. 3	cus. 7	pl. 10	2.5	3	»
14	8.7	20.4	11.4	12.9	58.0	56.6	57	64	1.2	S.O.	S.O. 1	N.E. 2	N. 3	cus. 10	cus. 10	pl. 10	9.0	6	»
15	9.3	16.3	12.1	12.7	59.8	61.3	59	62	6.0	...	O. 1	O. 2	N. 1	pl. 10	cus. 10	cus. 7	1.8	2	»
16	7.7	17.8	12.0	13.3	62.2	62.1	53	58	4.4	O.	N. 1	N. 2	E. 1	cus. 1	cus. 6	cus. 6	...	...	
17	7.8	*17.3	12.4	*13.3	64.3	*63 5	46	52	...	...	E. 4	E. 8	E. 1	cu. 1	cu. 2	... 0	...	...	
18	4.3	18.6	12.5	13.5	63.0	61.8	49	51	...	...	S.E. 0	S. 3	C. 0	... 0	... 0	cus. 10	...	...	
19	8.5	19.7	12.2	13.4	62.6	62.5	48	54	1.3	N.	S. 0	S.O. 1	N.E. 2	ccs. 8	cu. 6	... 0	1.0	1	»
20	5.4	19.6	11.5	12 6	63.4	62.5	45	48	...	...	E. 1	N.E. 4	N.E. 1	... 0	... 0	... 0	...	...	
21	7.0	17.8	11.4	12.4	63.0	62.6	45	52	...	O.	E. 4	E. 8	E. 1	cc. 3	ccs. 9	cu. 1	...	...	
22	9.7	18.3	11.7	12 4	61.3	60.4	43	50	...	N.E.	E. 4	E. 4	N. 2	cu. 10	cu. 7	cus. 2	...	...	
23	9.5	18.0	11.6	12.4	60.9	60.1	49	54	0 2	S.	N.E. 0	N.E. 0	N. 0	pl. 10	cu. 10	cus. 8	10.2	4	»
24	7.8	17.3	11.8	12.7	61.7	60.7	49	57	2.7	O.	S.E. 0	S.O. 4	S.O. 2	cu. 6	cu. 1	... 0	...	...	
25	7.0	20.9	12.8	14.6	59.3	59.3	52	63	...	...	S.O. 2	S.O 2	S.O. 0	ci. 7	ci. 7	st. 9	...	...	
26	11.1	18.7	13.2	14.6	57.6	57.4	52	57	...	N.O.	S.O. 4	S.O. 8	S.O. 1	cisb. 7	cc. 3	st. 1	...	...	
27	9.8	20 8	13.6	14.5	55.6	54.5	53	65	...	O.	S.O. 4	S.O. 4	S.O. 0	ccsb. 3	cc. 4	cus. 7	...	...	
28	12.0	22.7	14.2	15.3	55.0	54.8	56	61	...	O.	S.O. 4	S.O. 3	N.E. 1	... 0	cu. 1	pl. 10	3.4	1	»
29	11.2	19.1	14.4	15.0	60.1	60.5	50	55	2.8	...	N. 4	N. 4	N. 1	cu. 8	cu. 6	cus. 2	...	...	
30	8.6	22.1	14.6	15.5	60.1	58.6	52	61	...	S.O.	E. 3	N.E. 4	N.E. 4	bd. 2	cc. 2	cus. 10	...	...	
31	11.7	*22.7	14.4	*15.6	54.1	52.7	62	75	...	S.O.	C. 0	S.O. 2	S.O. 0	cu. 2	cu. 4	st. 2	...	...	
Moyennes.											Zone dominante.								
Mois......	8.23	18.76	11.71	12.68	759.77	759.47	51.6	58.1	21.9	...	N.E. 2.5	N.E. 4.1	N.E. 2.0	4.7	4.6	4.2	34.9	20	»
1er au 10	7.36	17.08	10.09	10.85	758.90	759.09	52.5	58.3	3.3	...	N.E. 3.1	N.E. 4 6	N.E. 3.5	4.5	4.6	3.6	7.0	3	»
11 au 20	7.62	18.63	11.85	12.97	761.51	761.11	51.4	56.7	12.9	...	N.E. 1.7	N.E. 3.8	N.E. 1.4	4.4	4.4	4.3	14.3	12	»
21 au 31	9.58	19.85	13.06	14.09	758.97	758.33	51.2	59.1	5.7	...	N.E. 2.6	S.O. 3.9	N. 1.1	5.3	4.9	4.7	13.6	5	»
	Juin.									**Juin.**									
1	11.0	21.7	14.4	14.9	753.0	752.1	70	76	...	...	S.E. 1	S.O. 8	S.O. 4	bd. 0	... 0	... 0	...	...	
2	13.5	24.3	14.5	15.9	53.3	48 3	70	75	...	...	S.O. 8	S.O. 8	S.O. 0	cus. 7	cus. 7	cus. 7	...	...	
3	12.3	22.8	15.4	17.2	55.8	56.4	66	72	...	S.O.	O. 1	N.E. 4	N.E. 3	ccs. 9	cu. 9	cu. 7	...	...	
4	11.6	21.9	14.6	16.5	*59.6	59.9	62	65	...	...	N.E. 2	N.E. 4	N.E. 1	cus. 10	cus. 10	... 0	...	...	
5	10.7	22.3	13.9	15.4	61.2	60.8	55	61	...	...	E. 4	E. 8	E. 4	cu. 6	cu. 5	cu. 8	...	...	
6	12.6	21.8	14.3	16 2	61.8	62.0	59	64	7.7	...	E. 4	E. 8	E. 2	cus. 10	cus. 8	... 0	2.8	2	»
7	13.7	21 8	15.7	16.4	61.6	61.0	57	64	...	...	E. 3	N.E. 2	N.E. 1	csb. 10	csb. 9	... 0	...	...	
8	12.0	20.9	15.8	16.8	61.0	*60.4	56	65	...	...	O. 0	O. 8	O. 2	cub. 9	cu. 2	... 0	...	...	
9	11.7	20.8	15 4	16.7	60.1	58.8	56	58	...	O.	S.O. 3	S.O. 4	E. 1	cun. 8	cu. 1	... 0	0.3	1	»
10	14.8	*23 5	15.6	*16 4	*59 6	*59.2	*53	*56	...	...	E. 1	N.E. 3	N.E. 1	cu. 3	cu. 2	cu. 1	...	...	
11	13.7	*22.4	15.2	*16.4	59.9	*59.4	*49	*55	...	...	E. 1	E. 3	E. 2	cu. 2	cc. 2	... 0	...	...	
12	13.0	21.6	14.9	15.6	58.6	57.3	56	65	...	S.	C. 0	S.O. 8	S.O. 1	bd. 0	cus. 1	cu. 3	...	...	
13	...	...	14.8	17.0	*56.1	*55.7	*57	*68	...	S.O.	C. 0	S.O. 8	O. 8	pl. 8	cus. 4	cun. 7	13.8	9	»
14	16.8	*25.5	15.0	*16 2	*55 2	*55 6	*59	*62	...	...	S.O. 16	S.O. 8	S.O. 1	csn. 10	cus. 3	st. 1	...	...	
15	*10.2	18.9	14.9	16.1	54.5	54.6	*60	67	9.1	S.	S. 1	S. 1	O. 16	pl. 10	cus. 9	cus. 5	2.5	4	»
16	8.7	20 0	14.5	16.1	58.3	58.5	56	62	8.0	...	S.O. 3	O. 16	O. 16	cu. 6	cu. 3	st. 1	...	...	
17	12.7	20.7	16.2	17.3	59.0	58.8	59	71	1.3	N.O.	O. 8	O. 16	S.O. 8	st. 8	cus. 7	cus. 10	...	...	
18	13.6	23.1	16 5	17.0	59.3	59.5	56	71	...	N.O.	S.O. 2	S.O. 4	S.O. 0	ccs. 5	or. 8	st. 3	0.2	0	15
19	12.2	21.8	16.2	17.7	61.2	62.1	52	56	0.2	N.O.	C. 0	N. 8	N.E. 1	bd. 2	pl. 9	st. 8	0.2	0	15
20	12.0	22.2	15.6	16.7	63.2	63.3	48	*57	1.1	...	N.O. 8	N.O. 8	N.E. 1	ci. 1	... 0	... 0	...	...	
21	...	...	...	...	...	...	*55	*55	...	N.E.	C. 0	S.O. 3	S.O. 1	bd. 1	... 0	... 0	...	...	
22	...	...	...	...	...	...	*64	*64	...	O.	O. 2	S.O. 4	N. 4	bd. 2	ci. 3	cu. 8	...	...	
23	14.2	18.8	16.4	16.7	59.2	*60 4	*50	*60	...	...	N.E. 4	N.E. 8	N.E. 1	pl. 10	cus. 10	cus. 6	0.4	0	30
24	16.6	19.8	15.0	15.8	58.2	*59.8	*47	*54	...	O.	E. 2	E. 8	N.E. 1	cus. 10	cus. 10	cu. 10	8.0	5	»
25	16.4	20.3	12.3	13.7	61.8	61.5	52	60	...	...	N.E. 2	N.E. 8	N.E. 1	cub. 10	cu. 8	cu. 4	...	...	
26	16.8	21.6	13.4	15.7	60.4	59.6	56	62	3.7	...	N.E. 2	N.E. 4	N.E. 0	cus. 10	cu. 9	cu. 3	...	...	
27	16.1	21.4	16.3	17.3	59.6	59.6	55	*63	...	...	N.E. 2	N.E. 8	N.E. 2	cu. 8	cu. 7	st. 2	...	...	
28	14.8	22.4	17.4	17.8	61.4	61.0	58	61	...	...	N.E. 2	N.E. 8	N.E. 2	cu. 5	cu. 4	... 0	...	...	
29	15.0	24.3	*17.7	18.3	63.4	63 0	55	58	...	N.E.	S.O. 1	S.O. 3	S.O. 1	cu. 5	cu. 4	... 0	...	...	
30	10.9	26.5	17.3	18.8	62.0	*61.2	*50	*54	...	...	N.E. 2	N.E. 4	N.E. 1	cu. 4	cu. 3	... 0	...	...	
Moyennes.											Zone dominante.								
Mois......	13.24	21.96	15.33	16.65	759.22	758.90	56.6	62.7	31.1	...	N.E. 2.8	N.E. 6.5	N.E. 2.9	6.3	5.2	3.1	28.2	22	»
1er au 10	12.39	22.18	14.96	16.24	758.70	757.89	60.4	65.6	7.7	...	N.E. 2.7	N.E. 5.7	N.E. 1.9	7.2	5.3	2.3	3.1	3	»
11 au 20	12.54	21.80	15.38	16.70	758.53	758.43	55.2	63.4	19.7	...	S.O. 3.9	S.O. 8.0	S.O. 5.4	5.2	4.6	3.8	16.7	13	30
21 au 30	15.10	21.89	15.72	16.76	760.75	760.76	54.2	59.1	3.7	...	N.E. 1.9	N.E. 5.8	N.E. 1.4	6.5	5.8	3.3	8.4	5	30

JOURS DU MOIS.	TEMPÉRATURE CENTIGRADE DE L'AIR EXTÉRIEUR. Min.	L'AIR EXTÉRIEUR. Max.	L'EAU DU BOSPH. Min.	L'EAU DU BOSPH. Max.	HAUTEURS DU BAROMÈTRE A 0. 9 h. du mat.	BAROMÈTRE A 0. 3 h. du soir.	NIV. DU BOSPH. Min.	NIV. DU BOSPH. Max.	PLUIE.	VENTS D'APRÈS LES NUAGES.	LA GIROUETTE. 8 h. du matin.	LA GIROUETTE. Midi.	LA GIROUETTE. 9 h. du soir.	ÉTAT DU CIEL. 8 h. du matin.	ÉTAT DU CIEL. Midi.	ÉTAT DU CIEL. 9 h. du soir.	PLUIE. QUANTITÉ	PLUIE. HEURES DE PLUIE.
	KOUROU TCHEZMÈ.			**Juillet 1857.**						PÉRA.				**Juillet 1857.**				
	°	°	°	°	mm.	mm.	cm.	cm.	mm.								mm.	h. m.
1	10.7	24.4	17.2	18.3	762.2	760.9	52	58	....	...	S.O. 4	S.O. 4	*S.O. 1	cu. 10	*cu. 10	*cu. 10	....	....
2	12.2	26.2	16.6	17.9	58.6	57.3	54	62	....	...	S.O. 4	S.O. 8	*S.O. 2	cu. 10	*cu. 10	*cu. 10	....	....
3	14.3	29.3	16.9	18.4	59.1	58.8	54	59	....	...	C. 0	N.E. 8	*N.E. 1	cu. 10	*cu. 10	*cu. 10	....	....
4	14.3	30.2	16.4	18.4	54.8	54.5	58	67	....	S.O.	*N.E. 0	N.E 2	*C. 0	*cu. 6	*cu. 10	*cu. 8	....	....
5	16.3	23.8	*16.4	17.6	55.5	55.5	56	63	....	...	*N.E. 0	N.E. 4	*C. 0	*cu. 3	*cu. 5	*cu. 2	....	....
6	14.3	22.5	17.5	18.3	57.8	*57.0	59	64	0 8	...	*C. 0	N.E. 4	*C. 0	*cu. 10	*cu. 10	*cu. 10	0.5	0 30
7	18.7	23.8	17.6	18.9	57.5	56 4	56	68	7.4	...	*C. 0	S.O. 4	*S.O. 2	*cu. 10	*cu. 10	*cu. 10	6.5	3 »
8	14.3	25.8	18.5	19.6	58.1	57.9	56	62	....	...	*N. 4	N. 8	*N. 4	*cu. 10	*cu. 6	*cu. 4	....	....
9	15.2	27.3	18.5	19 2	59.7	59.1	54	60	....	...	*N.E. 1	N.E. 4	*C. 0	*... 0	*cu. 4	*... 0	....	....
10	17.0	26.4	18 3	19 5	57.7	57 8	60	67	....	...	*N.E. 0	N.E. 4	*C. 0	*... 0	*cu. 3	*... 0	....	....
11	15.6	23.2	17.8	18.5	61.0	61.4	52	58	....	...	*C. 0	N.E. 4	*C. 0	*... 0	*cu. 4	*... 0	....	....
12	13.8	25 8	*18.2	18.7	62.0	61.6	52	58	....	...	*C. 0	N.E. 8	*N.E. 3	*... 0	*cu. 4	*... 0	....	....
13	18.6	24.3	18.5	*19.5	60.0	*58.8	49	54	....	...	*N.E. 3	N.E. 16	*N.E. 8	*... 0	*cu. 6	*cu. 8	....	....
14	16 2	21.6	18.4	18.8	59.7	60.0	52	53	28.5	...	N.O. 8	N.O. 8	*N.O. 8	or. 10	or. 10	or. 10	29.0	17 »
15	15.9	21.7	18.5	19.3	61.8	61.6	52	55	12.7	...	N.O. 8	N.O. 8	*N.O. 8	or. 10	*cu. 10	*cu. 10	13.0	12 »
16	17.3	23.5	19.7	20.3	62.9	63 6	52	56	4.9	...	*N. 1	N. 4	*N.E. 2	*cu. 10	*cu. 10	*cu. 10	5.6	1 30
17	15.0	25 5	20.1	20 8	63.8	62.6	51	56	....	...	*C. 0	N.E. 4	*C. 0	*cus. 2	*cu. 5	*... 0	....	....
18	15.9	24.9	20.3	21.0	60.7	60.2	52	59	....	...	*C. 0	S.O. 4	*C. 0	*... 0	*cu. 2	*... 0	....	....
19	20.4	25.0	19 8	20.9	62.0	62.3	52	58	....	...	*C. 0	N.E. 3	*C. 0	*... 0	*cu. 4	*... 0	....	....
20	13.6	24.7	19.8	20.9	61.7	61.9	52	60	....	...	*C. 0	N.E. 2	*C. 0	*... 0	*cu. 4	*... 0	....	....
21	12.7	24.8	19.7	21.2	62.3	62.5	50	55	....	...	*C. 0	N.E. 2	*C. 0	*... 0	*cu. 4	*... 0	....	....
22	11.7	24.7	19.4	20.9	62.6	60.8	51	58	....	...	S.O. 2	S.O. 3	*C. 0	*... 0	*cu. 6	*... 0	....	....
23	13.2	25.8	19.5	21.1	58.9	57.4	53	55	....	...	S.O. 0	S.O. 2	*C. 0	*... 0	*cu. 6	*... 0	....	....
24	15.1	25.2	18 9	19.7	57.8	58.9	54	60	....	...	S.O. 0	N.E. 3	*C. 0	cus. 10	*cu. 8	*cu. 6	....	....
25	14.8	24.9	18.9	19.6	61.2	61.8	49	55	....	...	N O. 0	N.O. 4	*C. 0	cus. 10	*cu. 10	*cu. 10	....	....
26	13.1	*24.8	18.5	19 6	64.5	64.3	46	52	....	...	N.E. 4	N.E. 4	*N.E. 2	*... 0	*cu. 6	*cu. 4	....	....
27	13.8	24.9	18.2	18.8	64.2	63.3	43	48	....	...	E. 8	N.E. 16	*N.E. 16	*... 0	*cu. 4	*... 0	....	....
28	15.8	25.2	17.2	18.3	61.0	60.1	42	46	....	...	E. 16	E. 16	*E. 16	*... 0	*cu. 3	*... 0	....	....
29	16.1	26.3	15.0	16.1	60.0	58.2	46	52	....	...	E. 8	E. 8	*E. 8	*... 0	*cu. 2	*... 0	....	....
30	12.6	24.6	14.8	16.4	58.8	61.3	48	58	....	...	S. 1	E. 8	*E. 8	*... 0	*cu. 2	*... 0	....	....
31	12.3	23.8	15.6	17.9	62.4	60.6	47	50	....	...	E. 0	E. 8	*E. 8	*... 0	*... 0	*... 0	....	....
Moyennes.											Zone dominante.							
Mois........	14.86	25.00	18.09	19.18	760.33	759.95	51.7	57.9	54.3	...	N.E. 2.3	N.E. 6.0	C. 3.1	3.9	6.1	3.9	54.6	34 »
1er au 10..	14.73	25.97	17.39	18.61	758.10	757.52	55.9	63.0	8 2	...	N.E. 1.3	N.E. 5.0	C. 1.0	6.9	7.8	6.4	7.0	3 30
11 au 20...	16.23	24.02	19.11	19.87	761.56	761.40	51.6	57.2	46.1	...	N. 2.0	N.E. 6.1	N. 2.9	3 2	5.9	3.8	47.6	30 30
21 au 31...	13.74	25.00	17.79	19.05	761.25	760.84	48.1	53.5	....	...	N.E. 3.5	N.E. 6.7	N.E. 5.3	1.8	4.6	1.8	....	....
				Août.										**Août.**				
1	13.3	23.9	17.8	18.5	758.8	758.9	44	55	....	...	E. 0	N.E. 8	*N.E. 3	*... 0	*cu. 6	*... 0	....	....
2	15.2	25.4	17.2	18.3	59.9	*59 8	49	54	....	...	E. 0	N.E. 4	*C. 0	*... 0	*cu. 4	*... 0	....	....
3	14.3	26.0	16.7	18.3	62.6	62.6	42	49	....	...	E. 0	N.E. 4	*C. 0	*... 0	*cu. 4	*... 0	....	....
4	14.8	25.8	17.3	18.3	63.0	62.7	40	45	....	...	C. 0	N.E. 4	*C. 0	*... 0	*cu. 4	*... 0	....	....
5	14.8	26.9	18.3	18 8	61.8	60.4	45	*49	....	...	C. 0	N.E. 4	*C. 0	*... 0	*cu. 3	*... 0	....	....
6	18.3	24.9	18.8	20.0	59.0	58.7	45	53	....	...	C. 0	N.E. 4	*C. 0	*... 0	*cu. 3	*... 0	....	....
7	13.8	26.2	16.0	20.0	58.4	58.3	47	54	....	...	N.E. 0	N.E. 4	*C. 0	*... 0	*cu. 3	*... 0	....	....
8	15.0	26.6	19.0	20.0	59.0	59.2	45	57	....	...	C. 0	N.E. 4	*C. 0	*... 0	*cu. 4	*... 0	....	....
9	17.3	25.8	19.2	19.9	58.9	58.5	47	*57	....	...	C. 0	N.E. 4	*C. 0	*... 0	*cu. 4	*... 0	....	....
10	17.8	*27.5	19.8	20 3	*59.0	*58.6	48	54	....	...	C. 0	N.E. 4	*C. 0	*... 0	*cu. 4	*... 0	....	....
11	18.4	26.3	19.6	20.5	58.2	58.8	49	53	....	...	C. 0	N.E. 4	*C. 0	... 0	cu. 4	*... 0	....	....
12	19.6	29.4	19.7	20.8	59,0	*50.0	52	60	....	N.E.	C. 0	S.O. 4	*S.O. 4	cu. 2	cu. 4	*cu. 3	....	....
13	19.9	28.3	19.5	20.3	53.8	53.3	56	64	....	...	S.O. 4	S.O. 8	*S.O. 8	cu. 6	ccs. 6	*cus. 6	....	....
14	20.0	35.8	19.7	20.7	54.1	54.1	61	65	....	...	S.O. 8	S.O. 8	*S.O. 8	cu. 3	nim. 8	*cu. 7	0.2	0 30
15	18.8	25.4	19.7	21.3	56.6	*56.7	58	61	....	...	S.O. 3	N. 4	*N. 4	cu. 4	cu. 8	*cu. 5	0.1	0 30
16	18.6	25.3	*20.8	*21.8	58.2	*56.5	53	*61	....	...	S.O. 0	S.O. 8	*S.O. 3	... 0	cu. 9	*cu. 6	....	....
17	19.3	28.0	21.2	23.2	59.3	*57.0	55	61	....	...	S.O. 0	S.O. 4	*C. 0	... 0	... 0	*... 0	....	....
18	20.0	31.8	21.2	22.9	56.0	53.5	50	63	....	...	S.O. 0	S.O. 4	*C. 0	bd. 0	... 0	*... 0	....	....
19	21.6	28.7	20 8	22.5	53.5	54.6	54	62	....	...	S. 0	N. 16	*N.E. 4	... 0	cu. 6	*... 0	....	....
20	19.6	25 8	20.9	22.3	56 9	56.6	49	58	....	...	N.E. 0	N.E. 4	*C. 0	... 0	... 0	*... 0	....	....
21	18.2	22.4	21.3	22.0	57.9	57.0	50	56	....	O.	C. 0	E. 4	*O. 8	cu. 6	cun. 7	or. 10	0.6	1 »
22	17.3	23 4	20.9	22.0	55.1	55.2	51	55	11.7	...	S.O. 0	N.O. 8	*N.O. 8	cu. 6	p.g. 10	st. 1	30.5	3 »
23	18.7	22.7	20.7	21.0	57.1	58.7	47	54	28.8	...	N.O. 8	N.O. 8	*N.O. 8	pl. 10	cu. 9	cu. 10	53.1	3 30
24	15.6	18.3	19.9	21.3	61.8	*62.7	46	50	17.0	...	N. 8	N.E. 4	*N.O. 4	pl. 10	pl. 10	cu. 8	2.5	9 30
25	12.2	18.3	20.3	20.7	63.8	*63.6	42	49	....	N.E.	N.O. 4	N.E. 8	*N.E. 4	cub. 9	cus. 5	... 0	1.0	2 »
26	12.0	*21.7	20.5	*21.6	62.9	*61.5	46	51	....	...	C. 0	N.E. 4	*N.E. 2	... 0	cus. 9	... 0	....	....
27	13.9	*23.6	*21.0	*22.3	*63.5	*65.0	45	50	....	S.O.	S.O. 0	N.E. 4	*N.E. 1	cu. 10	pl. 10	... 0	3.4	2 »
28	15 0	20 8	19.3	23.8	66.2	64.2	38	41	....	...	E. 0	E. 4	*C. 0	... 0	cu. 1	... 0	....	....
29	15.0	22.0	19.3	20.9	62.3	62.0	41	45	12.7	...	E. 0	E. 4	*C. 0	... 0	cu. 2	... 0	....	....
30	13.7	*23.0	20 5	21.3	62.0	*59.4	46	58	....	...	C. 0	E. 4	*C. 0	... 0	cu. 1	... 0	....	....
31	15.6	23.0	20.3	21.2	58.8	59.3	53	58	55.4	S.O.	C. 0	N.E. 8	*N.E. 8	... 0	or. 6	pl. 10	67.4	9 »
Moyennes.											Zone dominante.							
Mois........	16.70	24.94	19.59	20.86	759.27	758.82	48.2	54.9	125.6	...	N.E. 1.1	N.E. 5.4	C. 2.5	2.1	5.0	2.1	158.8	31 »
1er au 10...	15.46	25.90	18.01	19.24	760 04	759.77	45.2	52.7	....	...	C. 0.0	N.E. 4.4	C. 0.3	0.0	3.9	0.0	....	....
11 au 20...	19.58	27.48	20.31	21.63	756.56	755.71	53.7	60.8	....	...	S.O. 1.5	S.O. 6.4	S.O. 3.1	1.5	4.5	2.7	0.3	1 »
21 au 31...	15.20	21.74	20.36	21.65	761.04	760.78	45.0	51.5	125.6	...	N. 1.8	N.E. 5.5	N.E. 3.9	4.6	6.4	3.5	158.5	30 »

JOURS DU MOIS.	TEMPÉRATURE CENTIGRADE DE L'AIR EXTÉRIEUR. Min.	Max.	L'EAU DU BOSPH. Min.	Max.	HAUTEURS DU BAROMÈTRE À 0. 9 h. du mat.	3 h. du soir.	NIV. DU BOSPH. Min.	Max.	PLUIE.	VENTS D'APRÈS LES NUAGES.	LA GIROUETTE. 8 h. du matin.	Midi.	9 h. du soir.	ÉTAT DU CIEL. 8 h. du matin.	Midi.	9 h. du soir.	PLUIE. QUANTITÉ	HEURES DE PLUIE.
	KOUROU TCHEZMÉ.			**Septembre 1857.**						PÉRA.			**Septembre 1857.**					
	°	°	°	°	mm.	mm.	cm.	cm.	mm.								mm.	h. m.
1	15.3	18.8	19.8	20.8	760.1	759.9	51	59	8.4	...	N. 2	N. 4	N. 1	cus. 10	cus. 10	*cus. 10	....	....
2	12.8	20.6	20.1	20.8	62.0	*63 6	59	63	....	...	N. 4	N. 4	S.O. 16	cu. 2	cus. 8	*cus. 6	4 0	0 30
3	14.0	*20.1	20.1	20.8	65.2	64.2	47	52	2.8	...	N.E. 1	N.E. 8	N.E. 2	cu. 8	cu. 4	*cu. 3	....	....
4	14.8	22.1	19.7	20.3	63.3	63.0	43	51	....	...	N.E. 1	N.E. 8	N.E. 0	... 0	cu. 4	*... 0	....	....
5	17.4	22.4	20.0	20 8	62.8	*62.5	45	50	....	...	C. 0	N.E. 4	E. 0	... 0	cu. 1	*... 0	....	....
6	15.8	21.8	19.8	20.8	60.1	58.4	50	*56	....	...	C. 0	N.E. 2	C. 0	... 0	cu. 3	*... 0	....	....
7	16.7	21.6	19.3	20.3	58.8	58.9	55	57	....	...	C. 0	N. 4	C. 0	... 0	cu. 10	*... 0	....	....
8	13.8	22.7	20.1	20.5	59.7	59.9	*55	60	....	...	C. 0	N.E. 4	N.E. 1	... 0	cu. 1	*... 0	....	....
9	19.0	24.7	20.6	20.5	61.3	61.6	48	52	....	...	N.E. 0	N.E. 8	N. 2	... 0	cu. 3	*... 0	....	....
10	16.7	19.3	19.5	20.6	63.3	63.2	47	56	11.7	...	N. 8	N. 8	C. 0	pl. 10	cu. 10	*cu. 10	25.5	7 »
11	15.7	21.5	19.5	20.2	63.5	62.7	48	54	1.4	...	C. 0	E. 3	C. 0	... 0	cu. 2	*... 0	....	....
12	14.8	23.0	19.8	20.8	63 6	*63.6	55	58	....	N.O.	C. 0	S.E. 2	C. 0	bd. 0	cu. 2	*... 0	....	....
13	14.7	21.8	20.0	21.1	64.7	62.9	55	63	....	...	N.E. 1	N.E. 4	S.O. 2	st. 2	cu. 3	*... 0	....	....
14	16.0	22.3	20.2	20.5	59.4	58.0	59	66	....	O.	S.O. 1	S.O. 1	S.O. 2	pl. 10	cu. 7	*... 0	0.7	0 30
15	14.7	21.6	20.1	20.8	60.1	60.6	54	66	1.1	...	S.O. 1	S.O. 4	S.O. 1	cu. 4	cu. 5	*cu. 6	....	....
16	15.6	16.3	19.7	20.1	63.5	65.7	47	58	12.0	...	N.O. 4	N. 4	N.E. 0	pl. 10	pl. 10	*pl. 10	10.0	5 »
17	11.3	14.8	19.1	19.3	67.6	*67.7	37	47	24.5	...	N.O. 4	N.O. 4	N.O. 4	pl. 10	pl. 10	*pl. 10	24.1	8 50
18	11.8	17.9	18.8	19.9	67.0	64.9	47	52	2.0	...	S.O. 1	O. 4	C. 0	... 0	st. 1	*... 0	0.7	0 15
19	14.8	20.8	19.2	20.1	59.9	56.9	51	58	....	...	S.O. 8	S.O. 8	C. 0	... 0	cu. 4	*... 0	....	....
20	15.3	21.8	19.2	20.0	57.1	*57.5	49	57	....	...	S.O. 8	S.O. 8	N.O. 4	cu. 3	cu. 4	*... 0	7.0	6 »
21	10.8	11.3	18.5	18.5	63.1	63.4	37	43	11.0	...	N.O. 8	N.O. 8	N.O. 4	cu. 10	cu. 10	... 0	14.2	12 45
22	8.3	14.8	18.3	19.3	65.0	64.0	39	46	7.8	...	S.O. 4	S.O. 8	C. 0	... 0	... 0	... 0	....	....
23	9.9	17.8	18.3	18.8	62.0	60.1	47	52	....	...	S.O. 0	S.O. 8	N.O. 16	... 0	... 0	cu. 6	5.0	1 »
24	6.3	12.4	17.2	18.5	67.5	67.6	29	49	4.0	...	N. 8	N. 8	N. 4	cu. 6	cu. 8	pl. 10	17.6	12 »
25	8.8	13.3	16.6	17.4	69.9	69.9	26	36	15.2	...	N.E. 8	N.E. 8	N.E. 0	pl. 10	cu. 10	cu. 4	6.6	4 30
26	8.3	15.3	16.4	17.2	72.3	*71.9	33	36	....	...	E. 0	E. 2	C. 0	... 0	cu. 7	*... 0	....	....
27	9.1	16.8	16.6	17.6	73.3	71.4	36	39	....	...	C. 0	N.E. 4	C. 0	... 0	cu. 3	*... 0	....	....
28	10.2	16.9	17.1	17.8	69.9	68.7	36	38	....	...	C. 0	N.E. 4	C. 0	... 0	cu. 4	*... 0	....	....
29	9.7	*17.8	16.6	*17.4	66.3	*65.0	38	46	....	...	C. 0	E. 4	C. 0	... 0	cu. 2	*... 0	....	....
30	9.3	18.8	16.3	17.3	64.7	62.5	44	51	....	O.	C. 0	E. 1	C. 0	... 0	cc. 1	*... 0	....	....
Moyennes.											Zone dominante.							
Mois......	13.06	19.04	18.86	19.63	763.90	763.34	45.6	52.4	101.9	...	N. 2.4	N.E. 5.0	N.E. 2.0	3.2	4.9	2.5	115.4	58 »
1er au 10	15.63	21.41	19.84	20.62	761.66	761.52	50.0	55.6	22.9	...	N.E. 1.6	N.E. 5.4	N. 2.2	3.0	5.4	2.9	29.5	7 30
11 au 20	14.47	20.18	19.56	20.28	762.64	762.05	50.2	57.9	41.0	...	S.O. 2.8	S.O. 4.2	S.O. 1.3	3.9	4.8	2.6	42.5	20 15
21 au 30	9.07	15.52	17.19	17.98	767.40	766.45	36.5	43.6	38.0	...	N.E. 2.8	N.E. 5.5	N. 2.4	2.6	4.5	2.0	43.4	30 15
				Octobre.									**Octobre.**					
1	13.8	16.8	16.4	17.4	765.8	764.9	42	47	....	...	E. 4	E. 8	N. 8	cus. 6	cus. 10	pl. 10	0.2	0 30
2	14.3	17.5	16.8	*17.4	65 9	*65.5	41	43	....	...	N. 4	N. 8	*N. 8	cus. 10	cus. 10	*cus. 5	....	....
3	14.0	18.8	16.9	17.5	65.1	65.7	42	47	....	...	C. 0	E. 2	*C. 0	cus. 4	cus. 10	*cus. 4	....	....
4	11.1	18.8	17.3	18.3	*66.4	65.5	43	47	....	...	C. 0	E. 3	*C. 0	... 0	... 0	*... 0	....	....
5	12.3	19.8	17.2	18.3	66.4	*65.5	43	49	....	...	C. 0	E. 2	*C. 0	... 0	... 0	*... 0	....	....
6	14.3	20.7	17.4	18.2	64.2	63.7	42	47	....	...	C. 0	S.O. 4	*C. 0	bd. 0	... 0	*... 0	....	....
7	14.3	20.8	17.4	18.2	63.9	62.1	46	52	....	...	S.O. 0	S.O. 3	*S.O. 2	... 0	... 0	*cu. 2	....	....
8	15.0	20.8	17.4	*18.5	*63.7	63.0	44	*49	....	...	S.O. 0	S.O. 4	*S.O. 2	... 0	... 0	*... 0	....	....
9	14.1	21.9	17.4	18.8	62.5	60.3	47	50	....	...	C. 0	S. 3	*S. 1	... 0	... 0	*... 0	....	....
10	15.2	25.0	17.4	18.6	*58.1	57.8	50	53	....	...	S.E. 0	S.E. 1	*C. 0	bd. 0	... 0	*... 0	....	....
11	16.3	25.1	17.9	18.5	58.1	58.1	50	61	....	...	C. 0	S. 1	*C. 0	... 0	ci. 1	*... 0	....	....
12	15.9	20.9	17.4	18.3	59.7	59.9	50	57	....	...	N.E. 0	N.E. 3	*C. 0	... 0	... 0	*... 0	....	....
13	15.2	18.4	17.5	17.7	62.3	62.5	56	60	....	...	N.E. 0	N.E. 3	*C. 0	... 0	st. 10	*st. 10	....	....
14	16.8	18.8	17.3	17.7	67.9	67.3	40	51	....	...	C. 0	N.E. 4	*C. 0	st. 10	cus. 2	*... 0	....	....
15	15.0	18.8	*17.0	17.6	70.0	69.4	41	44	....	...	C. 0	E. 4	*C. 0	cus. 5	cus. 5	*... 0	....	....
16	15.7	19.7	16.5	17.9	67.3	65.4	46	50	....	...	C. 0	E. 4	C. 0	cu. 10	cu. 10	... 0	....	....
17	13.8	17.8	*17.2	*18.0	62.1	60.9	48	59	....	...	C. 0	E. 4	C. 0	... 0	... 0	... 0	....	....
18	12.8	17.8	*17.4	18.2	62.7	*62.7	53	59	....	...	C. 0	S.O. 8	E. 3	bd. 0	cu. 8	cu. 4	0.6	0 30
19	13.6	18.1	*17.4	17.9	65.9	65.5	48	50	....	O.	E. 4	E. 8	E. 8	... 0	cc. 4	pl. 10	1.2	1 »
20	13.8	15.4	16.4	17.4	68.2	68.9	44	47	2.5	...	E. 4	E. 8	E. 2	cum. 4	cu. 4	... 0	....	....
21	12.3	14.3	16.4	17.3	68.9	67.6	35	39	....	...	E. 0	E. 3	C. 0	... 0	cus. 10	... 0	....	....
22	9.7	14.0	16.4	*17.0	*66.4	64.9	43	45	....	...	C. 0	E. 2	C. 0	... 0	... 0	... 0	....	....
23	7.8	16.6	16.1	17.4	65.8	65.4	51	55	....	...	C. 0	S.E. 1	S.E. 1	... 0	... 0	... 0	....	....
24	9.0	14.8	16.3	17.0	67.8	66.9	47	56	....	...	C. 0	S.E. 1	C. 0	... 0	... 0	... 0	....	....
25	9.1	14.6	16.4	16.9	*67.6	66.9	44	53	....	...	C. 0	E. 1	C. 0	... 0	cc. 2	cu. 5	2.0	1 30
26	12.6	15.6	16.4	16.8	67.9	*67.1	44	46	....	...	C. 0	E. 3	C. 0	cus. 10	... 0	... 0	1.5	1 30
27	11.6	17.6	16.1	17.2	66.0	65.6	42	52	2.5	...	C. 0	E. 3	C. 0	... 0	bd. 3	cu. 6	....	....
28	9.6	17.1	16.0	16.4	67.7	67.3	49	54	....	...	C. 0	C. 0	C. 0	bd. 0	... 0	... 0	....	....
29	10.8	16.4	15.9	16.6	68.0	67.1	49	54	....	...	C. 0	E. 4	C. 0	bd. 0	cc. 4	cus. 7	....	....
30	10.2	16.1	15.7	16.9	65.6	63.3	45	50	....	...	C. 0	N.E. 2	C. 0	bd. 0	cu. 4	cu. 1	....	....
31	9.3	16.3	16.0	17.0	60.9	59.4	49	56	....	...	C. 0	C. 0	C. 0	... 0	cu. 1	cus. 10	....	....
Moyennes.											Zone dominante.							
Mois......	12.88	18.23	16.81	17.64	765.12	764.39	45.6	51.0	5.0	...	C. 0.5	E. 3.4	C. 1.1	1.9	3.2	2.4	5.5	5 »
1er au 10	13.84	20.09	17.16	18.12	764.20	763.40	44.0	48.4	....	...	C. 0.8	S. 3.8	C. 2.1	2.0	3.0	2.1	0.2	0 30
11 au 20	14.89	19.08	17.20	17.92	764.42	764.06	47.6	53.8	2.5	...	C. 0.8	E. 4.7	C. 1.3	2.9	4.4	2.4	1.8	1 30
21 au 31	10.18	15.76	16.15	16.95	766.60	765.59	45.3	50.9	2.5	...	C. 0.0	E. 1.8	C. 0.1	0.9	2.2	2.6	3.5	3 »

JOURS DU MOIS.	TEMPÉRATURE CENTIGRADE DE L'AIR EXTÉRIEUR. Min.	L'AIR EXTÉRIEUR. Max.	L'EAU DU BOSPH. Min.	L'EAU DU BOSPH. Max.	HAUTEURS DU BAROMÈTRE A 0. 9 h. du mat.	BAROMÈTRE A 0. 3 h. du soir.	NIV. DU BOSPH. Min.	NIV. DU BOSPH. Max.	PLUIE.	VENTS D'APRÈS LES NUAGES.	LA GIROUETTE. 8 h. du matin.	LA GIROUETTE. Midi.	LA GIROUETTE. 9 h. du soir.	ÉTAT DU CIEL. 8 h. du matin.	ÉTAT DU CIEL. Midi.	ÉTAT DU CIEL. 9 h. du soir.	PLUIE. QUANTITÉ.	PLUIE. HEURES DE PLUIE.
	KOUROU TCHEZMÉ.			Novembre 1857.						PÉRA.			Novembre 1857.					
	°	°	°	°	mm.	mm.	cm.	cm.	mm.								mm.	h. m.
1	13.8	17.3	16.1	16.7	758.7	758.2	53	59	. . . .	S.O.	N.E. 1	E. 0	N. 2	ccb. 8	cus. 10	cus. 10	1.6	1 30
2	13.2	15.0	15.9	16.4	59.6	61.1	50	61	1.5	S.O.	N.O. 4	O. 3	N.O. 8	cub. 10	cub. 10	pl. 10	3.0	6 »
3	10.6	12.5	15.4	15.8	61.6	61.1	56	60	2.0	. . .	N.O. 8	N.O. 8	N.O. 8	pl. 10	pl. 10	pl. 10	17.8	20 »
4	9.3	10.6	15.0	15.3	65.4	65.3	48	59	26.0	N.	N.O. 3	N.O. 4	O. 1	cus. 10	cus. 10	cus. 10	5.4	6 »
5	7.0	12.6	14.8	15.3	65.3	*63.0	52	60	. . . .	N.O.	C. 0	S. 3	C. 0	bd. 3	cus. 6	cus. 10	. . . .	. . . .
6	7.0	11.8	15.1	15.3	62.4	65.3	46	60	9.0	S.O.	N.O. 16	N.O. 8	N. 1	cub. 9	cub. 10	cus. 9	10.4	6 »
7	4.3	7.8	14.2	14.7	65.0	*64.4	48	60	. . . .	S.O.	O. 8	O. 4	O. 1	pl. 10	pl. 10	cus. 10	1.1	4 »
8	6.8	9.8	14.2	14.4	65.4	64.8	47	56	1.7	. . .	N.E. 4	N.O. 8	N.O. 8	pl. 10	pl. 10	pl. 10	4.7	20 »
9	9.0	9.7	13.6	14.3	65.3	65.8	48	53	6.2	. . .	N. 4	N.O. 8	N.O. 8	pl. 10	pl. 10	pl. 10	4.7	20 »
10	7.8	9.6	13.4	13.6	68.4	67.9	46	52	2.6	. . .	N.O. 2	N. 4	N. 1	cus. 10	cus. 10	cus. 10	. . . .	. . . .
11	7.3	10.2	13.4	13.8	65.6	*64.4	44	49	0.2	. . .	E. 1	N. 1	N. 1	cus. 10	cus. 10	cus. 10	. . . .	. . . .
12	7.8	10.8	13.4	13.5	63.5	62.8	41	46	0.2	S.	N. 1	N.E. 1	C. 0	cus. 10	pl. 10	pl. 10	15.1	15 »
13	10.0	15.7	13.4	13.5	67.0	66.8	52	59	12.3	S.O.	C. 0	C. 0	N. 1	cus. 10	ccs. 9	bd. 0	. . . .	. . . .
14	10.8	14.3	13.3	13.4	68.4	67.7	43	50	. . . .	. . .	C. 0	N.E. 4	N.E. 3	bd. 0	cus. 10	cus. 3	. . . .	. . . .
15	11.4	12.5	13.2	13.4	68.3	67.0	41	47	. . . .	. . .	E. 3	E. 2	E. 3	cus. 10	bn. 10	bn. 10	0.6	17 30
16	8.0	10.7	12.6	13.0	69.1	68.7	36	41	0.5	. . .	E. 3	E. 4	E. 3	bn. 10	cu. 8	cus. 10	0.2	9 »
17	7.8	8.8	12.3	12.6	67.1	66.6	40	44	4.3	. . .	N.E. 3	N.E. 4	N. 4	cus. 8	cus. 6	pl. 10	. . . .	. . . .
18	7.3	8.3	11.5	12.4	67.2	68.1	39	43	5.9	. . .	C. 0	N.E. 16	N.E. 3	pl. 10	pl. 10	pl. 10	6.2	16 »
19	3.0	9.3	11.3	11.8	72.3	72.7	33	43	. . . .	. . .	N.E. 16	E. 8	E. 4	ne. 10	cus. 10	cus. 4	1.6	4 »
20	3.3	6.0	10.8	11.4	75.2	74.5	39	39	. . . .	. . .	N.E. 8	E. 8	E. 1	cus. 9	cus. 7	cus. 10	0.3	0 15
21	3.1	6.0	11.0	11.4	75.2	*74.0	30	35	. . . .	. . .	E. 1	E. 3	N.E. 1	cus. 5	cu. 3	. . . 0	. . . .	. . . .
22	2.7	7.8	10.8	11.2	70.6	68.7	30	35	0.7	. . .	E. 1	E. 1	E. 1	cus. 10	cus. 10	cus. 5	0.1	0 30
23	4.5	8.2	10.9	11.3	66.9	*66.0	32	36	. . . .	. . .	E. 1	E. 1	E. 1	cus. 6	cu. 8	. . . 0	0.8	0 15
24	2.0	8.7	10.7	11.5	66.8	66.2	36	39	. . . .	. . .	E. 0	S.E. 0	C. 0	bd. 0	. . . 0	. . . 0	. . . .	. . . .
25	2.3	9.8	10.2	11.2	68.8	*67.5	42	42	. . . .	. . .	S.E. 0	S.O. 4	C. 0	bd. 0	. . . 0	. . . 0	. . . .	. . . .
26	3.7	10.9	10.1	11.0	*65.5	64.6	46	48	. . . .	S.O.	C. 0	S.O. 4	C. 0	cus. 7	cus. 4	. . . 0	. . . .	. . . .
27	7.0	14.3	10.4	10.9	60.8	59.5	47	50	0.7	O.	S.O. 4	S.O. 8	S.O. 8	ccs. 7	ccs. 2	. . . 0	. . . .	. . . .
28	11.0	14.9	10.6	11.5	60.9	59.1	51	58	0.7	O.	E. 2	E. 1	E. 1	cus. 10	cus. 10	cus. 10	. . . .	. . . .
29	11.7	12.8	11.2	11.4	55.6	56.1	59	70	14.6	S.O.	O. 8	E. 2	S.O. 3	pl. 10	ccs. 2	cus. 7	16.0	7 »
30	9.8	13.0	10.6	11.5	56.5	*55.6	58	60	20.4	O.	S. 0	S.O. 1	S.O. 1	bd. 7	pl. 10	pl. 10	16.5	10 »
Moyennes.											Zone dominante.							
Mois......	7.44	10.90	12.65	13.12	765.61	765.12	44.4	50.5	109.5	. . .	N.E. 3.4	N.E. 4.1	N. 2.6	8.0	7.8	6.9	105.6	163 »
1er au 10	8.88	11.67	14.77	15.18	763.71	763.69	49.4	58.0	49.0	. . .	N.O. 5.0	N.O. 5.0	N.O. 3.8	9.0	9.6	9.9	48.7	83 30
11 au 20	7.67	10.66	12.52	12.88	768.37	767.93	40.8	46.1	23.4	. . .	N.E. 3.5	N.E. 4.8	N.E. 2.3	8.7	9.0	7.7	24.0	61 45
21 au 30	5.78	10.64	10.65	11.20	764.76	763.73	43.1	47.3	37.1	. . .	E. 1.7	E. 2.5	E. 1.6	6.2	4.9	3.2	32.9	17 45
				Décembre.									Décembre.					
1	7.4	8.7	10.4	10.7	762.8	766.4	43	60	. . . .	. . .	N.E. 4	N.E. 16	N.E. 4	pl. 10	pl. 10	cub. 10	5.1	11 »
2	5.1	6.8	10.2	10.6	74.2	*74.0	35	40	. . . .	. . .	N.E. 16	N.E. 8	C. 0	cus. 10	cus. 10	cus. 4	. . . .	. . . .
3	0.8	7.2	9.7	10.7	70.2	67.0	39	43	. . . .	. . .	E. 1	E. 1	C. 0	. . . 0	. . . 0	. . . 0	. . . .	. . . .
4	1.9	7.8	9.5	10.4	68.3	*68.7	43	52	6.0	. . .	C. 0	E. 0	E. 3	pl. 10	pl. 10	pl. 10	8.1	18 »
5	6.8	7.7	10.0	10.4	73.1	72.9	39	50	2.4	. . .	E. 1	E. 1	N.E. 2	pl. 10	bru. 10	cus. 8	4.0	9 »
6	5.0	8.0	10.0	10.5	72.4	71.8	36	42	. . . .	. . .	N. 4	N. 4	N. 4	pl. 10	cub. 7	pl. 10	5.4	12 »
7	4.8	7.4	10.2	*10.5	72.7	*72.1	37	*42	. . . .	. . .	N. 4	N. 8	N. 4	cus. 4	cu. 4	. . . 0	. . . .	. . . .
8	5.5	7.8	9.8	10.2	73.8	*74.4	29	35	13.7	. . .	E. 1	E. 3	E. 1	cus. 10	cus. 10	pl. 10	6.7	6 »
9	4.6	6.0	9.8	*10.1	76.3	*77.8	24	29	2.8	. . .	E. 3	E. 4	N.E. 3	pl. 10	cus. 10	cus. 10	5.0	4 »
10	3.6	6.0	8.7	9.7	76.6	*75.3	26	27	. . . .	. . .	N. 4	N. 4	N. 3	cun. 10	cu. 8	. . . 0	0.3	3 »
11	0.8	6.3	8.9	9.6	74.1	72.1	25	29	. . . .	. . .	C. 0	S.E. 0	C. 0	bd. 0	cu. 1	. . . 0	. . . .	. . . .
12	0.8	7.6	8.9	9.8	69.4	67.2	31	34	. . . .	. . .	S.E. 0	S.E. 1	C. 0	bd. 0	. . . 0	. . . 0	. . . .	. . . .
13	2.8	5.7	8.8	9.2	71.4	71.2	19	36	. . . .	. . .	N. 8	N.E. 8	C. 0	cu. 7	cu. 6	. . . 0	. . . .	. . . .
14	—0.5	4.9	8.6	9.2	71.1	69.6	25	31	. . . .	. . .	N.O. 1	S.O. 4	N. 6	cu. 2	. . . 0	. . . 0	. . . .	. . . .
15	—0.2	6.8	8.6	*9.3	72.6	*72.8	26	31	. . . .	. . .	N. 0	S.O. 3	C. 0	bd. 0	. . . 0	. . . 0	. . . .	. . . .
16	1.3	8.0	8.8	9.4	74.1	72.9	25	35	. . . .	. . .	S. 0	S.O. 1	C. 0	bd. 0	. . . 0	. . . 0	. . . .	. . . .
17	1.8	6.5	8.6	9.1	73.5	72.8	24	29	. . . .	. . .	C. 0	S. 0	C. 0	bd. 0	bd. 0	bd. 0	. . . .	. . . .
18	2.1	8.4	9.0	9.3	75.2	74.3	16	27	. . . .	. . .	N.E. 0	N.E. 8	N.E. 8	bd. 2	cu. 1	. . . 0	. . . .	. . . .
19	2.0	5.9	9.1	9.5	73.8	*73.2	19	24	. . . .	. . .	C. 0	N.E. 4	C. 0	bd. 0	cu. 1	. . . 0	. . . .	. . . .
20	2.4	9.0	9.4	9.5	72.3	70.7	24	28	. . . .	. . .	C. 0	E. 8	E. 8	bd. 0	cu. 1	. . . 0	. . . .	. . . .
21	3.8	8.4	9.3	9.6	70.2	69.5	28	33	. . . .	E.	C. 0	S.E. 1	C. 0	bd. 0	cu. 2	. . . 0	. . . .	. . . .
22	1.7	7.4	9.3	9.5	70.0	69.4	*33	38	. . . .	S.O.	S.E. 0	S.E. 1	S.O. 1	bd. 3	cu. 6	ce. 1	. . . .	. . . .
23	2.8	7.0	8.8	9.3	70.0	69.0	34	40	. . . .	N.O.	S.O. 0	S.O. 4	S.O. 1	bd. 9	cus. 8	ce. 6	. . . .	. . . .
24	4.8	9.7	8.5	9.0	67.5	64.2	35	37	6.7	. . .	O. 1	S.O. 8	S.O. 8	ccs. 4	cis. 2	cis. 6	. . . .	. . . .
25	4.6	7.0	8.5	8.8	67.0	68.6	29	31	1.4	. . .	N.E. 8	N.E. 3	C. 0	pl. 10	cu. 9	bd. 0	9.7	6 »
26	1.1	7.3	8.7	9.3	66.4	*63.2	28	33	0.1	O.	S.O. 4	S.O. 16	S.O. 8	. . . 0	. . . 0	st. 5	. . . .	. . . .
27	6.3	7.3	8.6	8.8	64.3	63.1	30	*35	. . . .	O.	S.O. 4	S.O. 4	S.O. 1	cus. 9	pl. 10	cus. 4	1.1	1 30
28	1.8	5.9	8.4	8.5	65.0	64.0	30	35	5.3	. . .	C. 0	N.E. 2	E. 0	bd. 1	cus. 6	cus. 10	. . . .	. . . .
29	2.8	3.9	8.0	9.0	67.6	68.6	16	23	4.4	. . .	N.E. 8	N.E. 16	N.E. 8	pl. 10	ne. 10	cub. 10	10.3	16 »
30	0.7	2.3	8.5	9.0	72.4	71.2	13	17	. . . .	. . .	N.E. 4	N.E. 8	N.E. 4	ne. 10	ne. 10	nim. 10	1.4	3 30
31	1.2	3.8	8.5	8.8	68.3	67.5	14	20	4.1	. . .	N.E. 4	N.E. 4	N.E. 1	cus. 10	cus. 10	cus. 10	. . . .	. . . .
Moyennes.											Zone dominante.							
Mois......	2.92	6.85	9.09	9.59	770.86	770.18	28.2	34.4	46.9	. . .	N. 2.6	N.E. 4.6	N.E. 2.3	5.2	5.2	4.0	57.1	90 »
1er au 10	4.55	7.34	9.83	10.38	772.04	772.04	35.1	42.0	24.9	. . .	N.E. 3.8	N.E. 4.9	N.E. 2.4	8.4	7.9	6.2	34.6	63 »
11 au 20	1.33	6.91	8.87	9.39	772.75	771.68	23.4	30.4	. . . .	. . .	N. 0.9	S. 3.7	C. 1.6	1.1	1.0	0.0	. . . .	. . . .
21 au 31	2.87	6.36	8.62	9.05	768.06	767.12	26.4	31.1	22.0	. . .	S.O. 3.0	S. 5.2	S.O. 2.9	6.0	6.6	5.6	22.5	27 »

DATES.	LACUNES DANS LES OBSERVATIONS = L.					
	6 h. m.	9 h. m.	Midi.	3 h. s.	6 h. s.	9 h. s.
			JANVIER 1858.			
Du 1er au 31.	L (1)	...	...	...	...	...
4	...	...	L	L	...	...
9	...	...	...	L	...	...
11	...	...	...	L	...	...
16	...	...	...	...	L	...
17	...	...	...	L	...	...
23	...	...	L	L	...	...
26	...	...	L	L	...	...
29	...	...	...	...	...	L
			FÉVRIER.			
1	L	...	...	...	...	...
7	...	L	L	L	L	L
8	L	...	...	...	...	...
13	L	...	L	L	...	...
14	L	...	...	...	...	...
17	L	...	...	...	...	...
19	L	...	...	...	...	...
21	...	...	L	...	...	...
23	L	...	...	...	...	...
24	L	...	...	...	...	...
26	L	...	...	...	...	...
27	L	...	...	...	...	...
			MARS.			
2	...	...	L	...	...	...
4	L	...	...	...	...	...
6	L	...	...	...	...	...
7	L	...	...	...	...	...
11	...	...	L	...	...	...
16	...	...	L	...	...	...
22	L	...	...	...	...	...
27	...	...	...	...	...	L
			AVRIL.			
2	...	...	...	L	...	...
11	...	...	...	L	...	...
13	...	...	...	...	...	L
14	...	...	...	...	L	...
18	L	...	...	...	...	...
21	...	...	...	L	...	...
25	...	...	...	L	...	L
28	...	...	...	L	L	L
			MAI.			
2	...	L	...	L	...	...
3	...	...	L	L	...	...
8	...	...	...	...	...	L
10	...	...	...	...	...	L
11	...	...	...	L	...	...
14	...	...	...	...	...	L
15	...	L	...	...	...	...
16	...	...	...	L	...	...
19	...	...	...	...	...	L
22	...	...	...	L	L	...
25	...	...	...	...	L	...
27	...	...	...	...	...	L
			JUIN.			
1	...	...	...	L	...	...
3	...	...	L	...	...	L
6	...	...	...	L	...	...
7	...	...	...	...	L	...
8	...	...	...	L	...	...
9	...	...	...	...	L	...
13	L	...	...	L	...	...
15	...	...	...	L	...	...
19	...	...	...	...	...	L
20	...	...	...	...	...	L
21	...	...	L	...	L	...
22	...	L	...	L	L	...
23	...	...	L	...	...	...
24	...	...	...	...	...	L
28	...	...	...	L	...	...

DATES.	LACUNES DANS LES OBSERVATIONS = L.					
	6 h. m.	9 h. m.	Midi.	3 h. s.	6 h. s.	9 h. s.
			JUILLET 1858.			
1	...	...	...	...	...	L
4	...	L	...	...	...	...
7	...	...	...	L	L	L
13	...	...	...	L	...	...
23	...	...	...	L	...	...
26	...	...	...	L	...	...
27	...	...	...	L	...	...
31	...	...	...	L	...	...
			AOUT.			
4	...	...	...	L	...	...
7	...	...	...	...	L	...
9	...	...	L	...	...	...
12	...	...	...	L	...	...
13	...	...	...	L	...	...
14	...	L	...	...	...	...
15	...	...	...	L	...	...
20	...	...	...	L	...	...
22	...	...	...	L	...	...
23	...	...	...	...	L	...
24	...	...	...	...	...	L
25	...	...	...	L	...	...
			SEPTEMBRE.			
3	...	...	...	...	L	...
8	...	...	...	L	...	...
9	...	...	...	...	...	L
13	...	L	...	...	...	...
14	...	...	...	L	...	...
15	...	L	...	L	...	...
16	...	...	...	L	...	...
17	...	...	...	L	...	...
22	...	...	...	L	...	...
23	...	...	...	...	L	...
25	...	...	...	L	L	...
28	...	...	...	L	...	...
30	...	...	...	L	...	...
			OCTOBRE.			
2	...	...	...	L	...	...
3	...	L	...	...	...	...
4	...	...	L	...	...	...
5	...	...	...	L	L	...
7	...	...	...	L	L	...
9	...	L	...	L	...	...
11	...	...	...	...	L	...
12	...	...	...	L	...	...
13	...	...	...	L	...	...
18	...	...	...	L	...	...
19	...	...	...	L	...	...
20	...	...	...	L	...	...
22	...	...	...	L	L	L
24	...	...	L	L	...	...
26	...	...	L	...	...	...
27	...	...	...	L	L	...
28	...	...	L	L	...	...
			NOVEMBRE.			
22	...	...	...	L	...	...
27	L	...	...	...	...	...
30	..	...	...	L	...	...
			DÉCEMBRE.			
2	L	...	...	...	...	...
21	...	...	...	L	...	...
22	L	...	...	...	...	...
23	L	...	...	...	...	...
24	L	...	...	...	...	...
25	L	...	...	...	...	...
26	L	...	...	...	...	...
27	L	...	...	...	...	...
28	L	...	...	...	...	...
30	L	...	...	...	...	...
31	...	...	...	...	L	...

(1) Il n'y a pas eu, comme en 1857, d'observations à 7 h. 30, pour remplacer celles de 6 heures.

JOURS DU MOIS.	TEMPÉRATURE CENTIGRADE DE				HAUTEURS DU				PLUIE.	VENTS D'APRÈS LES						ÉTAT DU CIEL.					PLUIE.	
	L'AIR EXTÉRIEUR.		L'EAU DU BOSPH.		BAROMÈTRE A 0.		NIV. du BOSP.			NUAGES.	GIROUETTES.					8 h. du matin.	Midi.	4 h. du soir.	8 h. du soir.	Minuit.	QUANTITÉ.	DURÉE DE PLUIE.
	Min.	Max.	Min.	Max.	9 h. du mat.	3 h. du soir.	Min	Max.			8 h. du matin.	Midi.	4 h. du soir.	8 h. du soir.	Minuit.							
	KOUROU TCHEZMÉ.			**Janvier 1858.**						PÉRA.				**Janvier 1858.**								
	°	°	°	°	mm.	mm.	cm.	cm.	mm												mm.	h.
1	2.1	5.3	8.5	8.9	772.3	772.3	18	27	0.5	...	N.E. 0.5	*N.E 1	*N.E 1	N.E. 1	*C. 0	bru. 10	*bru. 10	*bru. 10	bru. 9	*bru. 6	2.0	6
2	3.0	7.0	8.7	8.9	69.5	68.5	23	27	....	N.	S.O. 0.5	*S.O 1	S.O. 1	C. 0	*C. 0	cis. 2	*cis. 4	bd. 6	cu. 6	*cu. 9	...	..
3	2.8	4.8	8.1	8.6	70.0	69.8	16	27	...	...	N. 1	*N.E 3	*N.E 4	*N.E 4	*N.E 4	pl. 10	*cub. 10	*cub. 10	*cub. 10	*cub. 10	0.1	»
4	1.1	2.1	8.5	8.7	73.9	*74.3	9	14	N. 2.5	...	N.E. 16	N.E 16	*N.E 16	N.E 32	N.E. 2	cub. 10	ne. 10	ne. 10	ne. 10	cu. 10	11.2	10
5	−0.7	0.5	7.6	8.1	76.4	75.9	20	23	N. 2.0	...	E. 4	N.E. 4	N.E. 4	N.E. 2	*N.E 1	ne. 10	ne. 10	ne. 10	nim. 10	*nim. 10	11.2	10
6	−1.5	−0.2	6.2	8.5	75.3	74.6	24	29	N. 9.0	...	N.E. 1	N. 8	N. 8	N. 4	N. 8	ne. 10	ne. 10	ne. 10	bru. 10	bru. 10	11.1	10
7	−1.5	2.1	7.7	8.4	75.1	74.8	25	30	N. 6.5	...	E. 1	N.E. 1	N.E. 1	*C. 0	C. 0	st. 10	cus. 10	ne. 10	*cub. 5	... 0	0.1	»
8	−0.9	3.8	7.5	8.0	78.6	77.1	25	28	....	...	N.E. 0.5	N. 1	N.E. 1	N.E. 2	*N.E 1	bd. 10	bd. 1	cus. 2	... 0	*.. 0	...	..
9	1.2	5.3	7.3	7.7	76.7	*75.0	24	26	0.3	...	E. 1	*E. 1	E. 1	*C. 0	*C. 0	st. 1	*st 1	st. 1	*st. 1	*.. 0	...	..
10	0.8	5.6	7.1	7.9	74.9	74.8	20	25	....	...	C. 0	C. 0	*C. 0	C. 0	*C. 0	st. 10	bd. 10	*bd. 10	st. 10	*st. 10	...	..
11	3.2	6.2	7.7	8.0	75.5	*74.4	20	25	....	...	E. 0.5	S.E. 0.5	C. 0	C. 0	*C. 0	cus. 10	cus. 10	cus. 10	cus. 10	*cus. 10	...	..
12	3.5	6.0	7.6	7.8	71.9	69.5	17	23	1.6	O.	E. 0.5	E. 1	C. 0	C. 0	*C. 0	bd. 10	cus. 10	cus. 10	pl. 10	*pl. 10	0.5	3
13	1.9	3.3	7.2	7.7	68.4	67.2	20	27	N. 9.0	...	N.E. 3	N. 8	*N. 16	N. 16	*N. 16	pl. 10	ne. 10	pl. 10	pl. *0	pl. *0	8.0	10
14	0.4	1.2	6.7	7.2	65.7	64.6	13	21	....	...	N.E. 8	N. 8	N. 8	*N. 8	N. 8	cus. 9	cus. 10	cus. 10	*cus. 10	cus. 10	...	..
15	−1.2	0.8	6.5	6.9	65.5	64.0	15	20	6.3	...	N. 8	N. 8	*N. 8	N. 8	N. 8	stb. 9	stb. 10	*stb. 10	stb. 10	stb. 10	...	?.
16	0.2	2.4	6.0	6.5	66.1	64.9	20	23	....	O.	N. 3	N. 3	C. 0	C. 0	C. 0	ne. 10	cu. 10	... 0	... 0	... 0	0.7	4
17	−2.2	3.6	6.0	6.4	61.7	*60.5	24	29	7.0	...	S.O. 8	S.O. 4	*C. 0	N. 4	N.E 16	... 0	ccs. 1	*cus. 5	ne. 10	ne. 10	5.5	5
18	−0.2	1.0	5.7	6.2	61.0	61.4	9	23	....	...	N.E. 8	N.E. 16	N.E 16	N.E 16	N.E 16	ne. 10	ne. 10	ne. 10	ne. 10	ne. 10	29.6	24
19	−1.2	0.8	4.8	5.5	58.3	55.0	16	23	N. 22.9	...	N.E 16	N.E. 16	N.E 16	N.E 16	N.E 32	ne. 10	ne. 10	ne. 10	ne. 10	ne. 10	29.9	24
20	−0.5	1.6	4.9	6.0	60.6	60.4	14	25	7.5	...	N.E. 1	S.O. 3	S.O. 8	S.O. 2	S.O. 3	ne. 10	cus. 2	ci. 1	st. 1	... 0	5.0	4
21	1.4	5.7	5.6	6.2	56.9	56.4	38	44	....	...	S.O. 8	S.O. 8	S.O. 4	*S.O. 4	S.O. 4	st. 6	cus. 7	cus. 9	*cus. 4	... 0	...	.
22	0.9	10.0	7.5	8.1	52.7	52.9	38	43	20.5	...	S.O. 8	S.O. 8	S.O. 4	S.O. 8	N. 8	cus. 5	cus. 7	pl. 10	st. 9	pl. 10	0.3	1
23	0.8	5.0	6.3	7.2	58.7	*57.8	18	28	....	...	E. 4	E. 4	N.E. 3	N.E. 4	N. 4	nef. 10	cus. 10	bn. 10	bn. 10	pl. 10	1.3	4
24	4.4	6.0	5.8	6.3	55.9	56.9	28	40	....	...	N.E. 8	N.E. 8	N. 16	N. 16	N. 32	bn. 10	bn. 10	pl. 10	pl. 10	ne. 10	3.4	10
25	−3.0	1.3	3.7	4.6	66.5	68.0	38	44	N. 16.0	...	N.O. 32	N. 32	N.O 32	N.O 16	N. 8	ne. 10	bru. 10	ne. 10	ne. 10	ne. 10	14.0	24
26	−1.7	−1.2	3.5	4.6	73.1	*73.3	28	38	N. ?	...	N. 4	N. 4	N. 4	N. 2	*N. 1	ne. 10	cub. 10	cub. 9	cus. 10	cus. 10	4.0	8
27	−4.7	−0.2	3.9	4.5	70.0	69.6	23	29	N. ?	...	O. 4	O. 2	O. 2	C. 0	O. 2	ne. 10	cus. 10	cub. 10	ne. 10	cub. 9	12.0	24
28	−4.5	−3.0	3.7	3.8	67.7	69.5	28	37	N. ?	...	N.O. 4	N. 4	N. 4	N. 4	N. 4	ne. 10	ne. 10	ne. 10	cub. 10	cub. 10	12.0	24
29	−6.0	−3.0	2.6	3.5	70.9	70.9	15	27	N. ?	...	N.O. 8	N. 8	N. 8	N. 8	N. 8	ne. 10	ne. 10	ne. 10	ne. 10	ne. 10	14.0	24
30	−4.9	−1.5	2.4	4.2	67.6	64.8	9	28	N. ?	...	N. 16	N. 32	N. 32	N.O 16	N.O 32	ne. 10	ne. 10	ne. 10	ne. 10	ne. 10	20.0	24
31	−5.0	−3.4	3.7	4.1	63.8	64.0	24	31	N. (a) ?	...	N.O 32	N.O. 32	N.O 32	N. 8	N.O. 8	ne. 10	ne. 10	ne. 10	ne. 10	cub. 8	19.0	24
Moyenn.											Zone dominante.											
Mois...	−0.39	2.54	6.10	6.74	767.78	767.20	21.3	28.5	111.6	...	N.E 6.76	N. 7.92	N. 8.06	N. 6.48	N. 7.29	8.8	8.2	8.5	7.9	7.5	214.9	27
1er au 10.	0.64	3.63	7.72	8.37	774.27	773.71	20.4	25.6	20.8	...	N.E 2.55	N.E 3.60	N.E 3.70	N.E 4.50	N.E 1.60	8.3	7.6	7.9	7.1	6.5	35.7	3
11 au 20.	0.39	2.69	6.31	6.82	765.47	764.19	16.8	23.9	54.3	...	N.E 5.60	N. 6.75	N. 7.20	N. 7.00	N. 9.90	8.8	7.3	7.6	7.1	7.0	79.2	7
21 au 31.	−2.03	1.43	4.43	5.19	763.98	764.01	26.1	35.4	36.5	...	N.O 11.64	N. 12.91	N. 12.82	N. 7.82	N. 10.09	9.2	9.5	9.8	9.4	8.8	100.0	16
	(a) Le pluviomètre s'est brisé au dégel.																					
				Février.										**Février.**								
1	−5.2	−1.7	2.6	3.4	768.2	768.0	15	30	....	...	O. 1	O. 2	O. 3	S.O. 1	S.O. 1	cus. 10	cus. 10	cu. 8	cu. 2	... 0	...	.
2	−5.7	2.0	3.0	3.7	64.8	62.4	20	26	....	...	S.E. 4	*S.E 3	S.E. 1	S.E. 1	S.E. 8	ci. 1	*ci. 3	ci. 2	ci. 2	cus. 10	...	.
3	2.7	7.5	3.0	3.7	52.1	53.4	34	43	....	...	E. 4	E. 3	N.O. 3	C. 0	N. 4	cus. 7	cus. 10	ne. 10	nim. 10	cus. 10	1.8	5
4	0.1	0.9	3.6	3.8	64.5	65.0	25	30	....	...	N. 2	N. 2	N.E. 4	N. 3	*N. 3	ne. 10	ne. 10	ne. 10	ne. 10	*ne. 10	7.0	16
5	0.1	2.4	3.2	3.7	64.5	64.1	25	31	....	...	N.E. 8	N.E. 8	N.E. 8	N.E. 4	N.E. 4	ne. 10	ne. 10	ne. 10	bn. 10	bn. 10	7.2	16
6	1.1	2.3	....	....	67.1	67.1	23	26	....	...	N. 3	N. 4	N. 4	N. 4	*N. 4	cus. 10	cus. 9	cus. 10	cus. 10	*cus. 10	1.6	5
7	−0.2	*1.9	*3.2	3.7	*70.0	*71.5	*21	28	....	...	N.E. 8	N.E. 4	N.E. 4	N.E. 4	*N.E 2	cus. 10	cus. 10	cus. 10	cus. 10	*cus. 10	...	.
8	−0.2	1.9	3.6	3.7	74.9	74.4	13	22	....	...	N.E. 1	N.E. 2	N.E. 4	N.E. 1	C. 0	cus. 10	cus. 10	cus. 10	ne. 10	... 0	2.7	4
9	0.8	4.2	3.6	3.7	75.0	74.0	23	28	....	...	N.E. 4	E. 2	N. 8	N. 8	N. 8	ne. 10	cu. 10	ne. 10	ne. 10	ne. 10	11.9	17
10	−1.0	1.8	3.1	3.7	72.4	71.5	27	30	11.9	...	N. 8	N.E 8	N.E. 8	N. 8	N. 16	ne. 10	cus. 10	ne. 10	ne. 10	ne. 10	16.8	24
11	0.5	1.7	3.1	3.7	70.0	70.6	29	35	12.2	...	N.O. 4	N.O. 4	N.O. 8	N.O. 8	N.O. 8	ne. 10	ne. 10	ne. 10	cub. 10	cub. 10	4.8	8
12	−1.2	1.5	3.2	3.4	72.8	73.0	25	35	3.5	...	N.O. 8	N.O. 8	*N. 4	N. 4	*N. 2	cub. 10	ne. 10	*cub. 10	cus. 10	*cus. 10	1.2	3
13	−2.4	*−0.9	3.1	3.3	73.7	*72.6	25	26	0.7	...	N.O. 4	*N.O 4	N.O. 4	O. 2	O. 1	cus. 10	*cus. 10	st. 10	st. 6	... 0	...	.
14	−4.1	1.5	2.7	3.2	69.3	66.9	25	28	....	S.E.	E. 1	S.O. 1	S.O. 1	N.E. 1	N.E. 1	cib. 9	cis. 5	st. 1	... 0	... 0	...	.
15	−2.4	5.1	2.5	2.0	64.4	63.0	27	30	....	O.	E. 0.5	S.E. 2	S.E. 1	S.E. 1	*S.E 1	bd. 1	cc. 1	bd. 4	ccs. 3	*.. 0	...	.
16	4.3	10.8	2.1	3.6	57.5	56.4	40	50	4.2	...	S.E. 2	S.O. 4	*S.O 4	S.O. 3	S.O. 2	st. 10	st. 10	*st. 10	pl. 10	cub. 10	4.0	5
17	4.8	5.4	4.4	5.7	57.5	57.8	38	44	9.8	...	N.O. 4	*N. 4	N. 3	N. 4	N. 4	pl. 10	*pl. 10	pl. 10	cub. 10	pl. 10	17.8	22
18	1.8	2.8	3.3	3.8	63.0	65.3	25	29	2.5	...	N.E. 1	N. 8	E. 16	*E. 8	E. 2	ne. 10	pl. 10	cus. 6	*cus. 4	... 0	10.4	13
10	0.8	2.7	3.0	3.5	69.8	70.1	20	25	....	...	E. 8	E. 8	E. 4	E. 4	*E. 4	cus. 10	cus. 10	cus. 10	cus. 10	*cus. 10	...	.
20	1.2	4.7	2.9	3.6	70.6	69.3	23	27	....	..	E. 2	E. 3	E. 2	E. 2	*E. 2	stb. 9	cus. 9	st. 2	... 0	*.. 0	...	.
21	1.3	5.1	3.2	3.6	66.2	64.9	29	35	....	...	E. 2	*E. 4	*E. 4	E. 4	*E. 4	cus. 10	*cus. 10	*cus. 10	cus. 10	*cus. 10	...	.
22	2.3	3.2	2.9	3.6	64.4	64.8	16	28	....	...	E. 8	E. 8	*E. 8	E. 8	*E. 8	stb. 10	ne. 10	*ne. 10	ne. 10	*ne. 10	5.8	8
23	−1.2	−0.9	2.1	3.6	67.7	68.1	17	28	N. ...	...	E. 8	E. 8	E. 8	E. 8	E. 8	ne. 10	ne. 10	ne. 10	ne. 10	ne. 10	13.0	17
24	−1.4	0.1	0.9	1.8	70.8	71.8	27	31	N. ...	N.E.	E. 3	E. 8	N.E. 4	N.E. 4	N.E. 4	ne. 10	ne. 10	cus. 8	cus. 9	cu. 7	3.6	5
25	−1.0	2.5	2.2	2.7	72.6	71.7	20	27	....	O.	E. 2	E. 2	*E. 3	E. 4	E. 2	cu. 7	cu. 4	*cus. 6	cub. 10	cub. 10	...	.
26	0.6	2.7	2.0	2.5	70.3	68.6	20	26	4.9	...	N.E. 3	N.E. 3	*N.E 3	E. 2	*E. 2	cus. 10	cus. 10	*cus. 10	cus. 9	*cus. 6	...	.
27	−0.2	3.6	2.0	2.6	65.7	64.5	24	30	....	...	N. 2	*N. 2	*N.E 2	E. 2	*E. 2	ne. 10	*cub. 10	*cus. 6	... 0	*.. 0	0.5	2
28	−0.2	4.8	1.7	2.7	65.1	64.7	24	28	....	...	E. 2	E. 4	*E. 4	E. 2	*E. 2	... 0	... 0	*.. 0	... 0	*.. 0	...	.
Moyenn.											Zone dominante.											
Mois......	−0.14	2.84	2.82	3.44	767.32	766.98	24.3	30.5	49.7	...	E. 3.84	E. 4.39	E. 4.64	E. 3.75	E. 3.89	8.7	8.6	7.9	7.3	6.5	110.1	17
1er au 10.	−0.75	2.32	3.21	3.08	767.35	767.14	22.6	29.4	11.9	...	N.E 4.30	N.E 3.80	N.E 4.70	N.E 3.40	N. 5.00	8.8	9.2	9.0	8.4	8.0	49.0	87
11 au 20.	0.33	3.53	3.03	3.67	766.86	766.50	27.7	32.9	32.9	...	N.O 3.45	N.O 4.60	N. 4.70	N. 3.70	N. 2.70	8.9	8.5	7.3	6.3	5.0	38.2	5
21 au 28.	0.02	2.64	2.12	2.89	767.85	767.30	22.1	29.1	4.9	...	E. 3.75	E. 4.87	E. 4.50	E. 4.25	E. 4.00	8.4	8.0	7.5	7.2	6.6	22.9	3

JOURS DU MOIS.	TEMPÉRATURE CENTIGRADE DE L'AIR EXTÉRIEUR. Min.	L'AIR EXTÉRIEUR. Max.	L'EAU DU BOSPH. Min.	L'EAU DU BOSPH. Max.	HAUTEURS DU BAROMÈTRE A 0. 9 h. du mat.	BAROMÈTRE A 0. 3 h. du soir.	NIV. DU BOSP. Min.	NIV. DU BOSP. Max.	PLUIE.	VENTS D'APRÈS LES NUAGES.	GIROUETTES. 8 h. du matin.	GIROUETTES. Midi.	GIROUETTES. 4 h. du soir.	GIROUETTES. 8 h. du soir.	GIROUETTES. Minuit.	ÉTAT DU CIEL. 8 h. du matin.	ÉTAT DU CIEL. Midi.	ÉTAT DU CIEL. 4 h. du soir.	ÉTAT DU CIEL. 8 h. du soir.	ÉTAT DU CIEL. Minuit.	PLUIE. QUANTITÉ.	PLUIE. HEUR. DE PLUIE.
	KOUROU TCHEZMÉ.				**Mars 1858.**					PÉRA.						**Mars 1858.**						
	°	°	°	°	mm.	mm.	cm.	cm.	mm.												mm.	h. m.
1	—0.2	7.4	2.0	4.5	764.5	762.4	24	33	...	O.	E. 1	E. 1	C. 0	C. 0	C. 0	cc. 4	... 1	... 0	bd. 6	st. 10	...	...
2	2.4	8.2	1.6	2.7	50.2	57.7	36	40	...	O.	C. 0	S.O. 4	S.O. 4	S.O. 2	C. 0	bd. 10	cus 10	cus. 10	cus 10	cus. 10	...	...
3	1.3	6.9	1.1	2.9	59.7	58.2	35	42	...	...	C. 0	S. 1	S. 1	C. 0	N.E. 1	bd. 10	cis. 4	cis. 6	cus. 10	cus. 10	...	...
4	2.6	6.8	2.3	2.7	51.6	49.9	42	46	...	...	N. 1	N.E. 8	N. 8	N. 8	N. 8	cus. 10	bn. 10	bn. 10	pl. 10	ne. 10	1.0	4 »
5	1.1	2.5	2.5	2.7	58.4	58.0	29	34	...	...	N.E. 8	E. 4	E. 4	E. 2	C. 0	bn. 10	ne. 10	cub. 10	bru. 10	bru. 10	1.3	6 »
6	2.2	7.1	2.5	2.8	51.3	50.6	47	54	1.6	S.O.	C. 0	S.O. 4	S.O. 8	S.O. 4	S.O. 4	bdp. 10	pl. 10	pl. 10	cu. 6	... 0	18.3	11 »
7	5.2	13.8	3.7	5.3	48.3	43.8	50	57	3.2	O.	E. 4	E. 4	O. 32	S. 32	S.O 32	bru. 10	cub. 10	pl. 10	... 0	... 0	9.0	2 »
8	10.8	14.1	6.6	7.5	50.8	53.4	46	56	10.2	S.O.	S.O 32	S.O 16	N. 8	N.E. 4	C. 0	... 0	cib. 7	cub. 9	... 0	... 0	0.8	1 »
9	3.0	10.8	6.2	7.8	59.0	56.8	44	49	1.0	...	S. 0.5	S. 2	S. 2	C. 0	C. 0	bd. 0	... 0	... 0	... 0	... 0	...	...
10	5.8	11.9	...	...	57.5	56 8	39	47	...	...	S.E. 2	S.E. 2	S.E. 2	N. 16	N.E. 8	bd. 0	... 0	... 0	cub. 7	cub. 10	...	...
11	3.9	*7.1	...	...	64.8	66.1	32	40	0.6	...	N.E. 2	N.E. 4	N.E. 8	N.E. 2	N.E. 2	cus. 10	cus. 10	cus. 10	cus. 10	st. 6	0.2	1 »
12	3.8	9.1	...	...	66.3	64.8	30	37	...	...	N.E. 2	N.E. 4	N.E. 8	N.E. 2	N.E. 1	cub. 9	cus. 8	stb. 7	cus. 10	cus. 10	...	...
13	2.5	8.4	...	...	*62.0	*61.0	39	43	...	...	C. 0	S.E. 1	S.E. 1	C. 0	C. 0	bd. 10	bd. 10	bd. 10	bru. 10	stb. 10	...	...
14	4.9	17.8	...	...	55.5	50.4	40	56	...	S.	C. 0	S.E. 1	N.E. 2	C. 0	C. 0	bd. 3	cib. 7	bru. 10	cub. 10	cub. 10	3.0	1 »
15	8.1	12.2	...	*7.4	50.9	52.9	44	52	...	S.	S.O. 8	S.O 16	S.O 16	S.O. 4	S.O. 2	ci. 1	... 0	... 0	... 0	... 0	...	...
16	4.2	11.9	...	...	59.7	60.3	36	44	1.4	...	S.E. 0.5	S. 1	S. 1	C. 0	C. 0	... 0	... 0	... 0	... 0	... 0	...	...
17	6.8	12.7	...	...	63.2	62.3	41	45	...	S.E.	N.E. 3	N.E. 4	N.E. 4	N.E. 4	N.E. 3	ccs. 7	cus. 5	cus. 2	... 0	... 0	...	...
18	5.0	9.6	...	...	63 5	62.6	37	41	...	...	N.E. 4	N.E. 8	N.E. 8	N. 2	N. 2	ccs. 7	st. 1	... 0	cus. 8	... 0	...	...
19	4.5	8.8	...	...	65.8	65.5	37	40	...	N.O.	N. 4	N.E. 3	N.E. 3	N.E. 1	N.E. 1	... 0	cu. 3	... 0	... 0	... 0	...	...
20	2.9	9.3	...	...	63 1	64.1	35	38	...	O.	S.O. 8	S.O. 8	N.O 16	S.O. 2	S.O. 2	ccs. 3	cc. 6	pl. 10	cub. 10	cub. 10	2.3	2 »
21	1.3	2.8	...	...	65.0	65 1	28	35	...	...	N.O. 2	N. 8	N.E. 8	N.E. 4	N.E. 2	nc. 10	nc. 10	bru. 10	cub. 10	nc. 10	10.0	12 »
22	0.8	6.8	...	...	66.8	65.0	28	34	...	N.	N.O. 4	O. 8	O. 8	N.O. 8	N.O 16	cis. 4	cu. 3	cib. 7	cub. 10	pl. 10	7.6	5 »
23	3.3	7.6	...	...	68.6	67.9	28	38	...	N.	N.O. 0 5	S.O. 8	S. 4	S. 2	S. 2	cus. 9	cu. 9	cu. 6	cib. 3	ccs. 5	2.1	2 »
24	4.5	7.8	...	...	60.4	64.8	31	34	...	N.O.	O. 8	O. 3	O. 4	O. 4	O. 4	cus. 10	cis. 10	cis. 8	ccs. 7	st. 1	...	...
25	6.1	11.7	...	*6.6	63.4	60.6	29	36	...	O.	S.O. 8	S.O 16	S.O 16	S.O 16	S.O 16	ccs. 0	... 0	... 0	... 0	... 0	...	...
26	8.0	13.2	...	...	61.6	61.8	34	39	...	N.O.	O. 8	O. 4	S.O. 1	C. 0	C. 0	cus. 7	cus. 10	cus. 10	bd. 10	bru. 10	8.0	8 »
27	6.9	11.9	...	...	62.0	60.6	31	36	7.5	S.O.	N.E. 3	O. 4	S.O. 2	S.O. 2	S.O. 2	cus. 10	ccb. 6	... 0	... 0	cu. 6	3.9	4 »
28	6.3	11.1	...	...	65.5	68.7	27	34	0.4	...	N.O. 8	N.O. 8	N.E. 4	E. 3	E. 2	... 0	... 0	cu. 4	cu. 3	... 0	...	...
29	1.8	7.9	...	...	73.3	72.1	20	22	...	O.	E. 2	E. 4	E. 4	E. 3	N.E 2	cis. 2	ci. 1	st. 4	cus. 10	cus. 10	...	...
30	2.2	11.0	...	...	66.0	63.6	24	30	...	S.E.	N.E. 0.5	N.E. 3	N.E. 3	N.E. 2	N.E. 2	... 0	cus. 10	cus. 7	cus. 8	cu. 6	...	...
31	3.8	12.2	...	...	62.8	60.6	35	39	...	...	N.E. 0.5	S.E. 1	E. 1	C. 0	C. 0	... 0	bru. 0	bru. 4	... 0	... 0	...	...
Moyenn.													Zone dominante.									
Mois....	4.06	9.69	...	...	761.21	760.27	34.8	41.2	25.9	...	N. 4.02	N.E 5.26	N.E 6.16	N.E 4.16	N.E 3.68	5.5	5.5	5.6	5.7	5.3	67.5	59 »
au 10	3.42	8 95	3.17	4 32	756.03	754.76	39.2	45.8	16.0	...	S. 4.85	S. 4.60	S. 6.90	S. 6.80	S.O 5.30	6.4	6.2	6.5	5 9	6.0	30.4	24 »
au 20	4.66	10.60	...	...	761.57	761.00	37.1	44.2	2.0	...	N.E 3.15	N.E 5.00	N.E 6.70	N E 1.70	N.E 1.30	5.0	5.0	4.9	5.8	4.6	5.5	4 »
au 31	4.09	9.45	...	...	765.58	764.62	28.6	34.5	7.9	...	N. 4.05	S.O 6.09	N.E 5.00	N.E 4.00	N.E 4.36	5.3	5.4	5.5	5.5	5.3	31.6	31 »
					Avril.											**Avril.**						
1	5.1	12.2	*7.5	8.1	758.4	756.7	40	42	...	S.O.	S.E. 2	S.O. 3	S. 2	C. 0	S.O. 1	cus. 3	cu. 5	cus. 7	... 0	cus. 2	...	...
2	6.5	14.6	*7.5	8.1	58.2	*58.1	38	41	...	O.	S.O 8	S. 8	E. 1	C. 0	C. 0	... 0	... 0	cis. 2	st. 2	st. 2	...	...
3	7.8	20.0	*7.4	8.5	60.3	58.9	41	44	...	...	S. 0.5	S. 0.5	N.E. 3	C. 0	C. 0	ci. 3	... 0	cis. 2	... 0	... 0	...	...
4	8.3	12.3	*7.4	8.1	55.6	55.3	41	46	...	S.O.	N.E. 2	N. 4	N.E. 8	N.E. 2	N.E. 2	cib. 7	cib. 10	cub. 10	pl. 10	pl. 10	6.0	6 »
5	7.4	9.7	*7.5	8.0	54.0	54.9	38	42	5.0	...	N.E. 8	N. 16	N. 2	N. 8	N. 3	pl. 10	cub. 10	cus. 10	cus. 10	cus. 10	6.6	10 »
6	4.9	9.2	*7.4	7.9	64.3	64.0	37	46	3.5	O.	N.E. 8	E. 4	N.E 2	C. 0	N.E. 2	cub. 8	cu. 2	... 0	... 0	... 0	...	...
7	4.2	10.3	*7.1	7.8	58.9	57.2	43	49	...	...	S.E. 3	S.O. 4	S.O. 2	C. 0	C. 0	cus. 10	cus. 10	cus. 10	cus. 10	bn. 10	...	...
8	7.2	11.4	*7.2	9.2	63.2	62.7	36	43	1.5	O.	N.E. 2	S. 2	S.O. 1	C. 0	C. 0	cus. 10	ci. 10	st. 7	st. 6	... 0	...	...
9	7.8	16.0	*7.7	9.3	59.6	56.9	46	52	...	O.	S. 2	S.O. 8	O. 4	O. 2	N.E. 8	cis. 8	ci. 1	cis. 3	st. 10	cub. 10	...	...
10	10.4	16.8	*8.1	9.7	59.5	59.3	50	57	...	...	O. 1	O. 8	N.E. 8	N.E. 4	N.E. 4	cus. 10	cu. 2	... 0	bru. 10	bru. 10	...	...
11	7.4	13.5	*8.0	8.8	59.1	*56.0	36	52	...	O.	E. 8	N. 3	C. 0	E. 1	S. 16	stb. 10	stb. 10	st. 10	st. 3	cus. 10	...	...
12	10.6	20.7	8.7	9.7	52.8	53.5	58	67	...	S.	O. 16	O. 16	O. 16	S. 2	N. 2	cus. 10	cus. 10	cus. 10	cus. 7	... 0	...	...
13	8.2	16.5	*8.8	9.9	60.5	60.3	48	53	...	S.O.	N.E. 8	N.E. 8	N.E. 8	N.E. 3	N. 3	... 0	... 0	ci. 1	... 0	... 0	...	...
14	8.3	11.0	*8.3	8.7	62.6	*63.1	*45	50	...	...	N. 3	N. 4	N.E. 4	N.E. 2	N.E. 2	cus. 10	cus. 9	... 0	... 0	... 0	...	...
15	5.3	8.8	*8.1	8.8	66.0	66.4	42	46	...	...	N.E. 8	N.E. 4	N.E. 4	N.E. 8	N.E. 4	bru. 10	stb. 10	stb. 10	stb. 10	stb. 10	...	...
16	5.4	7.4	*7.5	8.1	66.6	67.1	26	36	4.5	...	N.E. 8	N.E. 8	N.E 16	N.E. 8	N.E. 8	stb. 10	pl. 10	pl. 10	cub. 10	cub. 10	6.4	12 »
17	6.6	8.7	*7.9	8.4	67.8	67.4	26	40	...	...	N.E. 8	N.E. 8	N.E 32	N.E. 8	N.E. 4	cub. 10	bn. 10	pl. 10	cub. 10	cub. 10	5.4	7 »
18	7.1	7.2	*7.1	7.6	61.9	58.3	*35	42	9.0	...	N.E. 8	N.E. 8	N.E. 8	N.O. 4	N.O. 4	cus. 10	pl. 10	pl. 10	pl. 10	pl. 10	11.4	16 »
19	5.8	7.6	*7 1	7.8	57.1	58.1	41	48	12.4	...	N.O. 8	N.O. 4	N.O 16	N.O. 8	N.O. 8	pl. 10	pl. 10	pl. 10	pl. 10	pl. 10	21.7	24 »
20	6.4	8.8	*6.0	8.2	61.7	62.3	45	51	2.5	...	N.O. 4	N.O. 8	N. 4	N 3	N. 4	cub. 10	pl. 10	pl. 10	pl. 10	pl. 10	8.0	16 »
21	6.9	8.8	*7.5	8.1	64.3	*65.2	41	47	...	...	N. 4	N. 2	E. 2	N. 3	C. 0	bn. 10	bn. 10	cus. 10	bd. 10	bd. 10	1.2	8 »
22	7.3	11.8	*7.5	8.7	65.7	64.5	38	42	...	N.	S. 1	S. 3	S. 2	S. 3	S. 1	cc. 7	cu. 4	... 0	... 0	... 0	...	...
23	5.4	12.4	7.5	8.4	60.5	63.7	36	47	...	N.E.	S.O. 4	N.E. 8	N.E. 8	N.E. 3	N.E. 2	cus. 2	cus. 10	pl. 10	cub. 10	cus. 10	0.8	1 »
24	4.7	8.8	7.5	7.6	66.6	64.1	24	32	...	...	N.E. 2	N.E. 4	N.E. 4	N.E. 1	S. 0.5	cu. 2	... 0	... 0	... 0	... 0	...	...
25	2 3	11.0	7.4	8.0	57.5	*55.5	38	42	...	N.O.	S.O. 3	S.O. 4	S.O. 4	O. 16	N.E. 1	... 0	... 0	cus. 2	cus. 5	... 0	...	...
26	4.8	13.2	7.5	8.5	62.9	62.0	36	45	...	...	N.E. 3	N.E. 4	N.E. 4	N.E. 2	N.E 2	... 0	... 0	... 0	ci. 8	ci. 10	...	...
27	4.7	16.6	7.4	8.9	64.1	61.1	38	40	...	...	O. 2	E. 1	E. 1	N.E. 0.5	S.E. 0.5	... 0	... 0	... 0	... 0	... 0	...	...
28	6.3	*15.8	7.5	9.5	58.8	*57.8	38	49	...	N.O.	S.E. 2	S.O. 4	S.O. 2	C. 0	N. 3	ccs. 6	cc. 1	cis. 3	... 0	cus. 2	...	...
29	8.8	13.8	7.6	8.7	60.7	61 8	43	48	...	O.	N.E. 2	N.E. 4	N.E. 4	N.E. 1	C. 0	cus. 10	cus. 9	cus. 8	... 0	... 0	1.3	4 »
30	5.6	18.1	7.8	10.0	64.5	63.8	41	46	...	...	N.E. 2	S.E. 2	N.E. 4	E. 1	C. 0	... 0	... 0	... 0	... 0	... 0	...	...
Moyenn.													Zone dominante.									
Mois....	6.58	12.43	7.58	8.57	761.12	760.58	39.5	46.2	38.4	...	N.E 4.68	N.E 5.48	N.E 5.87	N.E 3.12	N.E 2.83	6.5	5.8	5.5	5.4	5.2	68.8	104 »
au 10	6.96	13.25	7.48	8.47	759.20	758.40	41.0	46.2	10.0	...	S. 3.65	S. 5.75	N.E 3.30	C. 1.60	N.E 2.00	6.9	5.0	5.1	5.8	5.4	12.6	16 »
au 20	7.11	11.02	7.75	8.60	761.61	761.25	40.2	48.5	28.4	...	N.E 7.90	N.E 7.10	N.E 10.80	N.E 4.70	N. 5.50	9.0	8.9	8.1	7.0	7.0	52.9	75 »
au 30	5.68	13.03	7.52	8.64	762.56	761.95	37.3	43.8	...	...	N.E 2.50	N.E 3.60	N.E 3.50	N.E 3.05	N.E 1.00	3 7	3.4	3.3	3.3	3.2	3.3	13 »

JOURS DU MOIS.	TEMPÉRATURE CENTIGRADE DE L'AIR EXTÉRIEUR. Min.	L'AIR EXTÉRIEUR. Max.	L'EAU DU BOSPH. Min.	L'EAU DU BOSPH. Max.	HAUTEURS DU BAROMÈTRE A 0. 9 h. du mat.	BAROMÈTRE A 0. 3 h. du soir.	NIV. DU BOSP. Min.	NIV. DU BOSP. Max.	PLUIE.	VENTS D'APRÈS LES NUAGES.	GIROUETTES. 8 h. du matin.	Midi.	4 h. du soir.	8 h. du soir.	Minuit.	ÉTAT DU CIEL. 8 h. du matin.	Midi.	4 h. du soir.	8 h. du soir.	Minuit.	PLUIE. QUANTITÉ.	HEURES DE PLUIE.
	KOUROU TCHEZMÈ.				**Mai 1858.**					PÉRA.						**Mai 1858.**						
	°	°	°	°	mm.	mm.	cm.	cm.	mm.												mm.	h. m.
1	6.8	21.8	8.2	9.7	763.1	760.7	42	48	. . .	. . .	S.E. 1	S.E. 0.5	N.E. 2	N.E. 0.5	C. 0	bd. 0	. . . 0	cis. 5	. . . 0	cus. 5	. . .	. . .
2	8.8	*16.8	8.3	10.0	*59.7	*58.5	47	50	. . .	N.	O. 1	S.O. 2	N.E. 2	N.E. 0.5	C. 0	cis. 4	ccs. 7	cis. 3	. . . 0	. . . 0	. . .	. . .
3	6.8	*16.8	8.1	*10.0	60.3	*59.7	47	52	. . .	N.	S.O. 0.5	S.O. 2	S. 2	C. 0	C. 0	. . . 0	cs. 2	cis. 2	bd. 0	. . . 0	. . .	. . .
4	9.7	18.0	8.6	10.0	59.5	59.2	50	55	. . .	. . .	C. 0	S.O. 2	S.O. 1	C. 0	C. 0	bd. 7	bru. 4	bru. 6	st. 10	st. 10	. . .	. . .
5	11.8	22.2	8.8	10.2	60.4	60.3	49	56	. . .	S.O.	C. 0	O. 3	O. 3	O. 1	N.O. 8	bd. 4	cus. 10	cub. 10	cus. 10	cub. 10	. . .	. . .
6	11.8	16.8	8.6	10.1	61.3	62.6	46	54	. . .	O.	N.O. 4	N. 8	N.E. 8	N.E. 4	N.E. 3	bd. 2	. . . 0	. . . 0	cub. 10	cub. 10	. . .	. . .
7	8.7	16.8	8.7	10.3	63.3	62.2	44	52	. . .	O.	N.E. 4	N.E. 4	N.E. 6	N.E. 2	C. 0	. . . 0	cus. 10	cus. 10	cus. 10	cus. 10	. . .	. . .
8	11.8	22.8	9.6	11.2	60.2	58.0	50	58	. . .	. . .	S.O. 1	S.O. 4	S.O. 4	S.O. 1	C. 0	cis. 4	. . . 0	bru. 10	bru. 10	. . . 0	. . .	. . .
9	15.3	25.8	9.7	11.7	55.1	54.6	58	62	. . .	. . .	S.O. 16	S.O. 16	O. 32	O. 32	O. 8	. . . 0	. . . 0	. . . 0	cus. 1	. . . 0	. . .	. . .
10	12.7	18.8	10.8	12.0	61.5	62.2	50	60	. . .	S.O.	S. 2	N.E. 8	N.E. 4	N.E. 4	N.E. 2	cu. 2	ccs. 6	cis. 1	. . . 0	. . . 0	. . .	. . .
11	10.3	17.8	10.2	12.0	62.2	*61.2	48	54	. . .	O.	C. 0	S.O. 4	S.O. 3	C. 0	C. 0	bd. 8	cu. 1	sto. 6	cus. 5	. . . 0	. . .	. . .
12	11.8	23.5	10.1	12.1	58.6	56.4	47	52	. . .	. . .	S.O. 0.5	S.O. 4	S.O. 3	S.O. 16	S.E. 4	bd. 3	ci. 8	cis. 5	cus. 10	cus. 6	. . .	. . .
13	13.7	22.1	10.3	12.3	54.9	54.2	50	64	. . .	O.	O. 1	S.E. 2	N.E. 3	N.E. 2	C. 0	ci. 3	. . .)	ci. 1	cus. 4	cus. 8	. . .	. . .
14	12.6	18.0	10.6	11.6	51.6	51.1	56	62	6.2	S.O.	E. 1	N.E. 4	N.E. 6	N.E. 8	N.E. 8	cis. 10	cc. 8	or. 10	bru. 10	cus. 9	4.6	3
15	10.7	14.3	10.5	11.2	*55.2	56.5	52	56	. . .	. . .	N.E. 4	N.E. 4	N.O. 5	C. 0	C. 0	cub. 10	cu. 9	cus. 2	cus. 1	. . . 0	3.0	2
16	10.6	17.3	10.6	11.7	59.2	*59.0	51	57	. . .	N.O.	S.O. 2	S.O. 4	O. 6	S.O. 2	S.O. 1	cc. 4	or. 10	cub. 10	cus. 9	cus. 2	1.0	» 3
17	10.3	17.1	10.8	11.7	60.8	60.2	49	54	. . .	O.	S.O. 4	S. 8	S. 4	S. 2	S.O. 1	. . . 0	cu. 2	cu. 4	cu. 6	. . . 0	. . .	. . .
18	11.0	19.0	11.0	12.3	60.5	60.4	46	60	. . .	O.	S.O. 1	S. 1	O. 2	C. 0	C. 0	cc. 1	cu. 6	or. 10	pl. 10	cus. 6	2.5	1
19	12.3	20.8	11.3	12.8	61.2	60.7	44	*49	1.1	. . .	O. 1	N. 2	N. 4	N. 1	C. 0	st. 2	cu. 4	cu. 4	cis. 5	. . . 0	. . .	. . .
20	11.3	22.3	12.0	13.2	59.8	58.4	46	51	. . .	. . .	C. 0	N.E. 2	N.E. 3	C. 0	C. 0	bd. 0	cu. 4	cu. 4	. . . 0	. . . 0	. . .	. . .
21	11.6	20.9	11.7	12.9	59.3	57.5	49	52	. . .	. . .	S.O. 1	S. 2	N.E. 3	N.E. 1	C. 0	. . . 0	cu. 1	. . . 0	. . . 0	. . . 0	. . .	. . .
22	12.8	21.8	11.7	12.7	60.4	*61.4	46	52	. . .	. . .	N.E. 3	N.E. 8	N.E. 8	N.E. 1	N.E. 1	st. 1	ccs. 1	cus. 4	cus. 10	cus. 10	. . .	. . .
23	14.1	16.2	11.1	11.7	61.7	61.2	44	47	2.1	. . .	N.E. 4	N.E. 4	N.E. 8	N.E. 4	N.E. 2	pl. 10	cub. 10	cub. 10	cub. 9	cub. 10	3.9	4
24	12.8	15.6	11.6	11.9	61.4	61.6	45	48	. . .	. . .	N.E. 8	N.E. 4	N.E. 6	N.E. 3	N.E. 2	cub. 9	cub. 10	cub. 10	cus. 10	cus. 5	. . .	. . .
25	11.8	17.5	11.9	*13.0	60.3	58.8	47	51	0.7	. . .	N.E. 3	N.E. 4	S.O. 1	S.O. 2	S.O. 0.5	cu. 2	cu. 5	cu. 4	. . . 0	bd. 0	. . .	. . .
26	10.8	21.8	12.6	14.5	58.9	58.3	49	58	. . .	. . .	S. 2	S. 2	S.E. 4	S. 2	C. 0	. . . 0	. . . 0	. . . 0	. . . 0	. . . 0	. . .	. . .
27	14.6	26.5	13.3	15.3	59.2	58.6	54	60	. . .	S.O.	S.E. 2	S. 2	N.E. 4	N.E. 2	C. 0	. . . 0	. . . 0	pl. 10	ccs. 7	cus. 8	. . .	. . .
28	14.8	21.3	13.7	14.7	58.5	57.5	55	62	. . .	. . .	S. 3	S. 2	S. 2	S.O. 2	S.O. 1	cus. 8	cu. 8	cu. 3	. . . 0	. . . 0	. . .	. . .
29	14.8	21.7	14.2	14.9	58.7	58.5	52	57	. . .	. . .	N. 8	N.E. 8	N.E. 8	N.E. 4	N.E. 3	cub. 6	cub. 5	cus. 2	. . . 0	. . . 0	. . .	. . .
30	13.8	20.7	13.4	14.7	58.7	58.6	54	60	. . .	. . .	O. 1	N.O. 4	N.O. 5	N.O. 4	N.O. 1	ccs. 10	cu. 8	or. 10	pl. 10	cus. 10	0.9	4
31	13.0	16.8	13.6	13.9	61.7	63.0	52	56	2.4	O.	N. 4	N.O. 3	N. 3	N. 2	O. 1	cub. 10	pl. 10	cub. 10	cus. 8	bd. 0	. . .	. . .
Moyenn.											Zone dominante.											
Mois.....	11.73	19.68	10.79	12.14	759.59	759.07	49.0	55.1	12.5	. . .	S.O 2.68	S.O 4.11	N.E 5.00	N.E 3.32	N.E 1.50	3.9	4.5	5.3	5.3	3.8	15.9	14
1er au 10	10.42	19.66	8.94	10.52	760.44	759.80	48.3	54.7	. . .	. . .	S.O 2.95	S.O 4.05	N.E 6.40	N.E 4.50	C. 2.10	2.3	3.9	4.7	5.1	4.5	. . .	. . .
11 au 20	11.46	19.28	10.74	12.09	758.40	757.81	48.9	55.9	7.3	. . .	S.O 1.45	S. 3.50	N. 3.90	S.O 3.10	S. 1.40	4.1	4.7	5.6	6.0	3.1	11.1	6
21 au 31	13.17	20.07	12.53	13.65	759.89	759.55	49.7	54.8	5.2	. . .	N.E 3.55	N.E 3.90	N.E 4.73	N.E 2.45	N.E 1.05	5.1	4.8	5.7	4.9	3.9	4.8	8
					Juin.											**Juin.**						
1	10.1	20.2	13.0	*14.5	767.0	*765.3	47	52	. . .	. . .	S. 0.5	N.E. 4	N.E. 6	N.E. 2	N.E. 1	bd. 0	cu. 1	cu. 2	. . . 0	. . . 0	. . .	. . .
2	12.3	19.8	13.7	14.7	63.8	63.6	47	50	. . .	S.O.	N.E. 2	N.E. 8	N.E. 8	C. 0	C. 0	ccb. 5	cc. 3	cu. 4	. . . 0	. . . 0	. . .	. . .
3	10.6	18.8	13.3	14.7	63.7	62.3	48	52	. . .	O	S. 1	S.O. 8	S.O. 4	S.O. 1	C. 0	bd. 1	cu. 1	cu. 1	bd. 3	. . . 0	. . .	. . .
4	15.3	19.7	13.7	14.2	62.3	63.0	47	48	. . .	O.	N.O. 8	N.O. 8	N. 4	N. 0.5	C. 0	cus. 7	cu. 5	cu. 3	csb. 1	cus 1	. . .	. . .
5	11.9	20.3	13.6	14.7	61.6	60.1	45	47	. . .	. . .	S.O. 2	S.O. 3	N.E. 4	N.E. 1	C. 0	cus. 7	cus. 4	cus. 4	. . . 0	. . . 0	. . .	. . .
6	14.8	21.6	14.5	*15.2	60.8	*60.2	43	48	. . .	S.O.	N.E. 8	N.E. 8	N.E. 8	N. 3	N.E. 2	ccs. 5	cus. 5	cus. 4	st. 6	cus. 10	. . .	. . .
7	14.7	18.3	13.7	*14.3	59.6	59.2	47	50	. . .	. . .	N.O. 4	N. 4	N. 4	N. 2	N. 2	pl. 10	cu. 9	pl. 10	cus. 9	cus. 7	2.3	1
8	13.0	18.8	13.5	14.6	59.1	*58.7	48	54	1.0	. . .	S. 0.5	S.O. 3	S.O. 2	S.O. 1	C. 0	cc. 2	cu. 4	. . . 0	. . . 0	. . . 0	. . .	. . .
9	15.0	17.8	14.1	14.6	58.8	59.0	54	57	. . .	. . .	O. 3	O 3	O. 3	O. 2	C. 0	pl. 10	pl. 10	pl. 10	csb. 10	cus. 10	7.0	10
10	14.8	17.9	14.2	14.8	60.8	61.5	52	58	5.9	N.O.	S.O. 0.5	S.O. 4	O. 2	O. 1	C. 0	pl. 10	cus. 10	pl. 10	cus. 4	. . . 0	11.1	13
11	13.6	23.0	14.3	16.3	62.9	62.7	47	52	2 9	N.	S.E. 1	S.E. 2	E. 3	N. 3	N. 2	bd. 0	. . . 0	cu. 1	cus. 1	. . . 0	. . .	. . .
12	16.9	21.5	14.7	15.2	63.8	64.4	40	47	. . .	. . .	N.E. 3	N.E. 4	N.E. 8	N.E. 2	N. 2	cub. 8	cu. 8	cu. 5	cu. 4	. . . 0	. . .	. . .
13	16.5	19.2	14.5	14.7	64.5	*64.2	37	44	. . .	E.	N.E. 4	N.E. 8	N.E. 8	N.E. 8	N.E. 2	cub. 10	cub. 10	cub. 10	cub. 8	cus. 5	. . .	. . .
14	14.9	20.6	14.2	14.7	62.6	62.5	40	49	. . .	. . .	N.E. 4	N.E. 8	N.E. 8	N.E. 8	N.E. 4	cu. 2	cu. 2	cu. 6	cus. 10	cus. 10	. . .	. . .
15	15.8	20.1	14.5	14.9	60.4	*59.8	46	49	. . .	S.O.	N.E. 8	N.E. 8	N.E. 8	N.E. 8	N.E. 4	cu. 6	cub. 6	cub. 4	cub. 3	cub. 1	. . .	. . .
16	16.8	19.6	15.7	16.2	59.8	59.8	46	55	. . .	N.E.	S.O. 3	N. 3	N. 4	N.E. 3	C. 0	pl. 10	or. 10	cu. 10	cus. 9	cus. 9	0.1	»
17	17.0	21.7	16.4	16.7	61.0	60.2	49	54	. . .	N.	N.E. 1	S.O. 1	N. 2	C. 0	C. 0	cus. 10	cub. 6	cus. 6	bd. 0	. . . 0	. . .	. . .
18	14.8	21.8	16.7	17.6	57.9	59.3	52	56	1.5	. . .	O. 4	S.O. 4	N.O. 4	N.O. 1	C. 0	cu. 3	cu. 2	or. 10	cu. 6	. . . 0	2.8	2
19	12.6	20.5	15.8	16.7	64.9	64.1	40	47	. . .	. . .	S.O. 1	N.E. 4	N.E. 6	C. 0	C. 0	cu. 1	. . . 0	. . . 0	ci. 1	. . . 0	. . .	. . .
20	11.8	22.8	16.2	17.4	62.0	59.7	42	*53	. . .	. . .	S. 0.5	S.E. 3	S.E. 8	S. 2	C. 0	bd. 0	. . . 0	. . . 0	. . . 0	. . . 0	. . .	. . .
21	14.2	*22.1	16.2	17.3	58.5	58.7	51	55	. . .	O.	S.E. 2	S. 2	C. 0	C. 0	C. 0	pl. 10	cu. 8	cus. 4	. . . 0	. . . 0	0.1	»
22	15.0	25.0	*16.2	17.7	*59.9	*59.8	50	50	. . .	. . .	O. 3	N.E. 4	N.E. 6	N.E. 3	N.E. 1	. . . 0	. . . 0	. . . 0	. . . 0	. . . 0	. . .	. . .
23	14.3	*27.3	16.1	18.8	58.2	57.9	50	54	. . .	. . .	C. 0	S.E 3	N.E. 4	N.E. 2	C. 0	. . . 0	. . . 0	. . . 0	. . . 0	. . . 0	. . .	. . .
24	17.2	26.8	16.3	17.7	59.0	58.1	50	*56	. . .	. . .	N.E. 2	N.E. 4	N.E. 6	N.E. 1	C. 0	. . . 0	cub. 1	cu. 2	. . . 0	. . . 0	. . .	. . .
25	18.0	26.8	16.0	16.7	55.9	54.2	56	64	. . .	O.	N.E. 2	O. 0	C. 0	C. 0	C. 0	. . . 0	cu. 1	. . . 0	. . . 0	. . . 0	. . .	. . .
26	17.8	27.3	15.7	16.6	53.3	53.3	63	68	. . .	. . .	S.O. 4	S.O. 8	S.O. 8	S.O. 4	S.O. 4	. . . 0	cu. 2	cu. 2	. . . 0	. . . 0	. . .	. . .
27	18.0	23.6	15.6	17.2	55.0	53.8	62	69	. . .	. . .	S.O. 4	S.O. 8	S.O. 4	N.E. 4	C. 0	. . . 0	cu. 4	cu. 8	or. 10	cus. 10	6.0	3
28	18.3	*21.9	17.2	17.9	55.0	*55.0	61	65	5.0	O.	C. 0	N.O. 4	N.O. 4	C. 0	C. 0	cus. 6	cus. 8	or. 10	cus. 9	cus. 7	. . .	. . .
29	16.8	23.8	17.6	18.7	57.4	57.5	59	63	. . .	. . .	C. 0	N. 4	N. 6	C. 0	C. 0	cus. 10	cub. 10	cus. 10	. . . 0	. . . 0	. . .	. . .
30	16.8	23.8	17.7	19.4	59.2	59.5	55	59	. . .	. . .	C. 0	N. 4	N. 6	C. 0	C. 0	. . . 0	cu. 3	cu. 3	. . . 0	. . . 0	. . .	. . .
Moyenn.											Zone dominante.											
Mois.....	14.99	21.75	15.16	16.15	760.29	759.91	49.2	54.2	16.3	. . .	S.O 2.53	N.E 4.63	N.E 4.93	N.E 2.08	N.E 0.80	4.4	4.4	4.6	3.1	2.3	29.4	29
1er au 10	13.25	19.32	13.73	14.62	761.75	761.29	47.8	51.6	6.9	. . .	S.O 2.95	N. 5.30	N.E 4.50	N. 1.35	C. 0.50	5.7	5.2	4.8	3.3	2.8	20.4	24
11 au 20	15.07	21.08	15.30	16.04	761.98	761.67	43.9	50.6	4.4	. . .	N. 2.95	N.E 4.50	N.E 5.90	N.E 3.50	N.E 1.40	5.0	4.4	5.2	4.2	2.5	2.9	2
21 au 30	16.64	24.84	16.46	17.80	757.14	756.78	55.7	60.3	5.0	. . .	S. 1.70	N. 4.10	N. 4.40	N.E 1.40	C. 0.50	2.6	3.7	3.9	1.9	1.7	6.1	3

JOURS DU MOIS.	TEMPÉRATURE CENTIGRADE DE L'AIR EXTÉRIEUR. Min.	Max.	L'EAU DU BOSPH. Min.	Max.	HAUTEURS DU BAROMÈTRE A 0. 9 h. du mat.	3 h. du soir.	NIV. DU BOSP. Min.	Max.	PLUIE.	VENTS D'APRÈS LES NUAGES.	GIROUETTES. 8 h. du matin.	Midi.	4 h. du soir.	8 h. du soir.	Minuit.	ÉTAT DU CIEL. 8 h. du matin.	Midi	4 h. du soir.	8 h. du soir.	Minuit.	PLUIE. QUANTITÉ.	HEUR. DE PLUIE.
	KOUROU TCHEZMÈ.	**Juillet 1858.**								PÉRA.				**Juillet 1858.**								
	°	°	°	°	mm.	mm.	cm.	cm.	mm.												mm.	h. m.
1	18.8	24.7	18.3	19.3	759.4	758.8	52	*59	...	...	N. 4	N. 8	N.E. 4	N. 2	N. 1	cu. 3	cu. 2	cu. 1	... 0	... 0	...	...
2	18.8	24.2	18.5	19.0	58.8	58.1	52	55	...	S.E.	N.E. 3	N.E. 4	N.E. 6	N.E. 3	N.E. 1	cc. 4	cc. 7	cc. 6	... 0	... 0	...	...
3	18.8	24.8	18.4	19.0	60.4	61.2	52	56	...	...	N.E. 2	N.E. 3	N.E. 4	N.E. 2	N.E. 1	cu. 3	cu. 5	cu. 4	... 0	... 0	...	...
4	17.8	24.8	18.1	18.6	*62.8	62.5	50	53	...	...	N.E. 4	N.E. 4	N.E. 6	E. 1	C. 0	cu. 5	cu. 5	cu. 4	... 0	... 0	...	...
5	18.8	26.0	18.2	19.0	62.5	61.6	48	52	...	O.	N.E. 2	N.E. 4	N.E. 6	N.E. 2	C. 0	cu. 2	cc. 2	cu. 1	... 0	... 0	...	...
6	17.8	25.8	18.4	19.2	60.4	60.0	51	55	...	N.O.	E. 1	S.O. 3	N.E. 4	N.E. 1	C. 0	... 0	cu. 1	... 0	... 0	... 0	...	...
7	18.7	25.9	*18.0	*18.8	59.8	*59.9	49	*56	...	...	N.E. 1	S.O. 3	S.O. 2	C. 0	C. 0	... 0	cu. 1	... 0	... 0	... 0	...	...
8	18.9	28.0	17.8	19.0	58.6	57.7	57	63	...	...	S.O. 1	S.O. 4	S.O. 4	S.O. 1	C. 0	... 0	... 0	... 0	... 0	... 0	...	...
9	20.0	29.2	18.6	19.2	58.8	58.7	56	64	...	...	S.O. 1	S.O. 3	S.O. 4	S.O. 8	C. 0	... 0	... 0	... 0	tr. 6	cu. 8	2.0	» 30
10	21.1	29.1	18.8	20.1	59.6	59.0	53	60	...	N.	C. 0	S.O. 4	S.O. 4	C. 0	C. 0	... 0	cu. 1	... 0	... 0	... 0	...	...
11	20.2	30.8	18.6	19.6	57.3	55.6	56	64	...	...	S.O. 0.5	S.O. 8	S.O. 2	C. 0	C. 0	... 0	... 0	... 0	... 0	... 0	...	...
12	21.2	32.7	18.0	19.9	52.8	52.0	60	73	...	S.O.	S.O. 8	S.O 16	N.O. 8	N.O. 4	N. 1	... 0	... 0	cus. 6	cu. 2	... 0	...	...
13	18.7	27.8	18.4	19.7	57.3	*56.4	55	60	...	O.	S.O. 2	N.E. 2	N.E. 4	N.E. 1	C. 0	... 0	cu. 3	cu. 3	... 0	... 0	...	...
14	19.7	26.8	19.7	20.6	57.4	57.0	53	57	...	...	N.E. 1	N.E. 4	N.E. 6	N.E. 2	C. 0	... 0	cu. 1	cu. 1	cu. 1	... 0	...	...
15	19.1	27.0	18.5	20.7	57.4	56.3	49	58	...	S.O.	N.E. 1	N.E. 4	N.E. 6	N.E. 4	C. 0	... 0	cu. 1	cu. 2	cue. 5	cu. 4	...	...
16	18.8	23.8	18.8	19.7	57.8	57.2	54	58	...	...	S.O. 3	S.O. 8	S.O. 8	S.O. 2	C. 0	... 0	cu. 1	cu. 1	... 0	... 0	...	...
17	19.4	26.9	19.6	20.6	57.7	56.8	54	57	...	...	S.O. 4	S.O. 8	N.E. 4	N.E. 2	C. 0	... 0	cu. 3	tr. 5	... 0	... 0	...	...
18	19.1	27.5	19.8	20.6	56.6	56.1	54	57	...	...	C. 0	N.E. 4	N.E. 4	N.E. 2	N.E. 1	... 0	cu. 4	... 0	... 0	... 0	...	...
19	21.3	27.8	19.3	20.2	56.2	56.1	49	53	...	...	N.E. 0.5	N.E. 4	N.E. 6	N.E. 2	N.E. 2	cu. 2	cu. 5	cu. 3	cu. 2	... 0	...	...
20	20.9	27.9	18.8	20.2	55.5	54.1	49	53	...	...	N.E. 1	N.E. 4	N.E. 6	N.E. 2	C. 0	cu. 1	cu. 3	cu. 2	... 0	... 0	...	...
21	21.2	28.8	19.1	20.5	55.7	55.3	55	60	...	S.O.	N.E. 1	N.E. 4	N.E. 6	N.E. 2	C. 0	... 0	cu. 4	tr. 6	cc. 1	... 0	...	...
22	21.1	27.7	20.6	22.2	57.6	57.8	57	64	...	S.O.	S.O. 1	S.O. 8	N.E. 2	N.E. 1	S.O. 1	cub. 8	cu. 5	cu. 3	... 0	... 0	...	...
23	21.2	27.8	21.4	22.5	59.0	*58.3	56	60	...	...	S.O. 2	S.O. 4	N.E. 3	N.E. 1	C. 0	... 0	cu. 3	... 0	... 0	... 0	...	...
24	20.6	29.1	21.2	22.6	57.5	55.8	50	59	...	...	N.E. 1	N.E. 4	N.E. 6	N.E. 2	C. 0	... 0	... 0	... 0	... 0	... 0	...	...
25	23.7	27.7	21.0	21.5	55.0	55.1	55	58	...	...	E. 8	E. 8	E. 3	E. 1	C. 0	cu. 7	cu. 6	cu. 5	cu. 4	cu. 7	...	...
26	22.3	27.6	20.6	21.8	57.8	*58.2	53	56	...	E.	N.O. 4	E. 4	E. 6	E. 2	E. 1	pl. 10	cu. 6	cu. 5	cu. 4	... 0	0.4	» 15
27	23.1	29.0	21.4	22.6	59.3	*59.0	49	56	...	...	E. 1	E. 8	E. 10	E. 4	E. 8	... 0	cu. 2	... 0	bru. 1	cu. 9	...	...
28	24.1	30.2	21.6	22.6	57.3	55.6	49	54	...	...	E. 1	E. 4	E. 8	E. 4	E. 1	cub. 2	... 0	... 0	... 0	... 0	...	...
29	23.8	29.8	21.6	22.6	51.8	50.1	51	60	...	...	E. 3	E. 4	E. 6	E. 2	C. 0	cub. 5	cu. 5	cu. 3	... 0	... 0	...	...
30	21.7	28.2	21.7	22.7	50.5	49.5	60	68	...	...	S.O. 2	S.O. 3	S.O. 3	S.O. 1	S.O. 1	... 0	cu. 2	cu. 5	or. 10	or. 10	4.0	2 »
31	21.7	26.0	21.8	22.8	55.1	*55.7	50	66	...	O.	S.O. 1	S.O. 1	C. 0	C. 0	C. 0	or. 10	cu. 6	cu. 6	cu. 6	cu. 6	1.6	1 »
											Zone dominante.											
yenn. s......	20.40	27.53	19.50	20.58	757.54	756.95	53.1	58.8	...	...	N.E 2.09	N.E 4.97	N.E 4.87	N.E 2.23	N.E 0.61	2.0	2.7	2.3	1.4	1.4	8.0	3 45
au 10	18.95	26.25	18.31	19.18	760.11	759.75	52.0	57.3	...	...	N.E 1.90	S.O 4.00	N.E 4.40	N.E 2.00	C. 0.30	1.7	2.4	1.6	0.6	0.8	2.0	» 30
au 20	19.84	27.90	18.95	20.18	756.60	755.76	53.3	59.0	...	...	S.O 2.10	N.E 6.20	N.E 5.40	N.E 2.10	C. 0.40	0.3	2.1	2.3	1.0	0.4	...	...
au 31	22.23	28.35	21.09	22.22	756.05	755.49	54.0	60.1	...	...	E. 2.27	E. 4.73	E. 4.82	E. 1.81	C. 1.09	3.8	3.5	3.0	2.3	2.9	6.0	3 15
				Août.										**Août.**								
1	21.8	25.0	22.6	23.2	754.8	756.3	59	66	...	...	S.O. 0.5	O. 2	N.O. 3	C. 0	C. 0	cu. 6	or. 10	cu. 7	cu. 3	... 0	12.0	2 »
2	17.8	25.8	22.3	23.1	58.1	57.2	57	60	...	O.	N.E. 2	N.E. 4	N.E. 6	N.E. 3	C. 0	... 0	cu. 6	cu. 4	... 0	... 0	...	...
3	18.7	27.1	22.0	22.9	58.2	57.8	54	56	...	...	N.E. 2	N.E. 3	N.E. 4	N.E. 2	C. 0	... 0	cu. 2	... 0	... 0	... 0	...	...
4	21.9	28.5	20.6	22.8	57.8	*58.2	52	55	...	E.	N.E. 2	N.E. 4	N.E. 6	N.E. 2	C. 0	... 0	cub. 6	cu. 6	cu. 5	cu. 6	...	...
5	23.7	28.6	19.6	20.5	59.7	59.6	52	56	0.8	...	C. 0	N.E. 2	N.E. 4	N.E. 3	C. 0	pl. 10	cub. 6	cu. 5	cu. 4	cu. 4	0.5	» 30
6	21.7	27.9	19.3	20.8	59.3	57.7	52	57	...	N.-S.	N.E. 1	N.E. 4	N.E. 6	N.E. 2	C. 0	cub. 4	cub. 6	cu. 5	cu. 3	... 0	...	...
7	20.8	27.8	19.6	21.7	54.5	54.3	58	64	...	S.	S.O. 0.5	N. 4	N. 6	C. 0	C. 0	bd. 0	cc. 7	cu. 5	cu. 4	cu. 5	...	...
8	21.8	28.8	21.1	22.7	55.8	55.8	59	62	...	E.	S.O. 4	N.E. 4	N.E. 8	N.E. 2	C. 0	cub. 8	cu. 6	cu. 5	cu. 4	... 0	...	...
9	22.6	28.7	21.6	23.1	55.2	55.3	60	64	...	...	N.E. 2	N.E. 4	N.E. 6	N.E. 2	N.E. 1	... 0	cu. 5	cu. 5	cu. 4	... 0	...	...
10	22.2	27.0	20.6	22.3	56.0	55.2	50	63	...	E.	N.E. 2	S.E. 4	N.E. 6	N.E. 2	C. 0	cub. 5	cu. 6	cub. 3	cub. 2	... 0	...	...
11	22.7	28.0	20.0	22.4	56.8	57.7	60	64	...	E.	N.E. 2	N.E. 8	N.E 10	N.E. 3	C. 0	cus. 3	cu. 6	cu. 4	... 0	... 0	...	...
12	21.7	26.9	21.1	22.2	61.5	*61.4	55	60	...	E.	N.E. 3	N.E. 8	N.E 10	N.E. 2	C. 0	cu. 2	cu. 5	cu. 4	... 0	... 0	...	...
13	21.8	27.0	21.8	22.8	61.1	*60.4	55	60	...	S.O.	E. 2	N.E. 8	N.E 10	N.E. 2	C. 0	cus. 2	cu. 5	cu. 4	... 0	... 0	...	...
14	21.2	26.8	22.5	22.0	*60.5	60.8	52	56	...	...	N.E. 3	N.E. 4	N.E 16	N.E. 4	N.E. 4	... 0	cu. 2	... 0	... 0	... 0	...	...
15	21.5	25.8	22.2	22.7	62.5	*62.7	49	51	...	...	N.E. 8	N.E. 8	N.E 16	N.E. 4	N.E. 4	... 0	cu. 4	... 0	... 0	... 0	...	...
16	18.0	25.2	22.2	22.7	63.5	62.8	46	49	...	...	N.E. 8	N.E. 8	N.E 16	N.E. 4	C. 0	... 0	cu. 5	cu. 3	... 0	... 0	...	...
17	18.7	25.7	20.9	23.1	63.1	62.0	46	48	...	...	N.E. 4	E. 8	E. 16	C. 0	C. 0	... 0	cu. 5	cu. 3	... 0	... 0	...	...
18	17.8	28.0	22.5	23.7	61.7	61.0	48	52	...	...	S.O. 1	N.E. 3	N.E. 4	C. 0	C. 0	... 0	... 0	... 0	... 0	... 0	...	...
19	19.8	27.8	22.5	23.7	60.4	59.7	54	58	...	...	N.E. 2	N.E. 4	N.E. 6	C. 0	C. 0	... 0	cu. 2	... 0	... 0	... 0	...	...
20	18.3	25.4	22.2	23.0	59.4	*57.8	50	59	...	...	C. 0	S.O. 3	N.E. 3	C. 0	C. 0	bd. 0	... 0	... 0	... 0	... 0	...	...
21	18.8	28.8	22.4	23.6	53.5	52.1	59	68	...	...	S.O. 2	O. 8	O. 4	O. 4	C. 0	... 0	... 0	cu. 4	e. 4	cus. 3	...	...
22	20.8	25.8	22.4	22.8	57.0	*56.3	54	60	...	...	S.O. 1	N.O. 8	N. 4	C. 0	C. 0	... 0	tr. 6	cu. 5	cu. 3	... 0	0.1	» 15
23	18.8	26.2	22.0	23.6	61.5	61.8	55	57	...	...	S.O. 1	N. 4	N. 6	C. 0	C. 0	... 0	... 0	cu. 2	... 0	... 0	...	...
24	17.8	24.8	22.2	23.1	63.6	62.3	44	58	...	...	S.O. 1	N. 4	N. 6	C. 0	C. 0	... 0	cu. 2	... 0	... 0	... 0	...	...
25	16.8	23.8	21.5	22.8	61.4	*59.4	47	54	...	O.	E. 1	E. 2	N.E. 4	C. 0	C. 0	... 0	cus. 5	cu. 5	cu. 6	cu. 7	...	...
26	20.7	27.7	21.4	23.5	52.4	50.0	53	62	...	O.	S.O. 8	O. 8	N. 2	C. 0	C. 0	cus. 7	cu. 3	cu. 2	... 0	... 0	1.8	1 »
27	23.2	26.0	21.5	22.5	44.6	45.2	68	78	14.2	...	O. 16	N.O 16	S.O. 8	S.O. 4	C. 0	cu. 2	cu. 5	or. 7	cu. 4	... 0	16.5	3 »
28	16.7	21.8	21.8	22.4	52.2	54.0	60	66	...	...	S.O. 2	S.O. 6	S.O. 4	C. 0	C. 0	... 0	cu. 3	... 0	... 0	... 0	...	...
29	16.7	24.0	22.2	23.1	60.4	60.0	56	65	...	...	S.O. 1	S.O. 8	S.O. 4	S.O. 2	C. 0	... 0	cu. 3	cu. 1	... 0	... 0	...	...
30	18.0	24.8	22.5	23.1	60.1	58.6	40	55	...	O.	S.O. 1	S.O. 4	S.O. 1	C. 0	C. 0	cu. 3	cus. 7	cus. 10	cus. 4	... 0	...	...
31	19.1	25.5	22.1	23.3	56.7	56.4	54	61	11.6	S.O.	N.E. 2	N.E. 4	N.E. 6	N.E. 2	C. 0	cub. 6	cub. 8	cu. 5	cu. 5	cu. 3	...	...
											Zone dominante.											
yenn. s......	20.09	26.51	21.59	22.78	758.17	757.74	54.1	59.5	26.6	...	N.E 2.74	N.E 5.32	N.E 6.61	N.E 1.58	C. 0.29	1.9	4.4	3.4	1.8	0.9	30.9	6 45
au 10	21.30	27.61	20.93	22.31	756.94	756.74	56.2	60.3	0.8	...	N.E 1.60	N.E 3.50	N.E 4.90	N.E 1.80	C. 0.10	3.3	6.0	4.5	2.9	1.5	12.5	2 30
au 20	20.24	26.66	21.79	22.92	761.05	760.63	51.5	55.7	...	...	N.E 3.30	N.E 5.80	N.E 10.70	N.E 1.90	C. 0.80	0.7	3.4	1.8	0.0	0.0	...	...
au 31	18.85	25.38	22.00	23.07	756.67	756.01	54.5	62.2	25.8	...	S.O 3.27	N. 6.55	N. 4.45	C. 1.09	C. 0.00	1.6	3.8	3.7	2.4	1.2	18.4	4 15

OBSERVATIONS FAITES A KOUROU TCHEZMÉ, DE NOVEMBRE 1856 A DÉCEMBRE 1860.

JOURS DU MOIS.	TEMPÉRATURE CENTIGRADE DE L'AIR EXTÉRIEUR. Min.	Max.	L'EAU DU BOSPH. Min.	Max.	HAUTEURS DU BAROMÈTRE A 0. 9 h. du mat.	3 h. du soir.	NIV. DU BOSP. Min.	Max.	PLUIE.	VENTS D'APRÈS LES NUAGES.	GIROUETTES. 8 h. du matin.	Midi.	4 h. du soir.	8 h. du soir.	Minuit.	ÉTAT DU CIEL. 8 h. du matin.	Midi.	4 h. du soir.	8 h. du soir.	Minuit.	PLUIE. QUANTITÉ.	HEURES DE PLUIE.
	KOUROU TCHEZMÉ.			Septembre 1858.						PÉRA.				Septembre 1858.								
	°	°	°	°	mm.	mm.	cm.	cm.	mm.												mm.	h.
1	17.8	23.8	22.0	22.7	757.7	757.4	53	58	....	...	O. 2	O. 4	N.O. 4	C. 0	C. 0	cu. 9	cu. 7	cu. 6	cu. 8	cu. 8	9.0	1
2	18.0	22.8	21.1	22.1	55.7	57.6	55	64	10.2	O.	N.O. 4	N.O. 4	N.O. 4	N.O. 8	N.O. 8	or. 10	or. 10	cu. 10	cu. 10	pl. 10	21.6	11
3	16.7	20.4	19.8	21.2	62.5	61.9	46	50	26.0	S.O.	N.O. 4	N.O. 2	N.O. 4	C. 0	C. 0	pl. 10	or. 10	pl. 10	pl. 10	pl. 10	8.0	6
4	16.8	20.0	19.7	20.7	62.7	62.2	45	49	6.0	S.O.	N.O. 4	N.O. 4	N.O. 8	N.O. 4	N.O. 4	cu. 10	cu. 10	cu. 10	cu. 10	pl. 10	4.6	4
5	15.8	17.7	19.1	20.4	60.6	59.9	45	48	37.0	O.	E. 4	E. 4	E. 8	E. 4	E. 4	pl. 10	pl. 10	pl. 10	pl. 10	pl. 10	50.0	21
6	16.9	21.8	20.0	20.6	59.1	59.8	46	49	13.5	S.O.	N.E. 4	N.E. 8	N.E. 8	N.E. 4	C. 0	cub. 10	ccb. 8	cu. 6	cu. 5	cu. 5	....	..
7	14.8	22.8	20.1	21.6	62.3	62.5	48	51	....	...	S.O. 1	N. 4	N. 6	N. 1	C. 0	... 0	cu. 6	cu. 5	cu. 2	... 0	....	..
8	15.8	24.0	20.7	22.1	62.7	*61.5	47	54	....	...	E. 1	N.E. 4	N.E. 5	N.E. 3	N.E. 2	... 0	cu. 2	... 0	... 0	... 0	....	..
9	17.8	24.8	*20.3	22.4	59.8	59.3	50	55	....	...	N.E. 1	N.E. 1	N.E. 3	N.E. 2	N.E. 2	... 0	cu. 1	... 0	... 0	... 0	....	..
10	17.9	25.3	20.6	22.2	61.3	61.2	52	55	....	...	C. 0	C. 0	N.E. 3	N.E. 2	N.E. 2	... 0	cu. 1	cu. 1	... 0	... 0	....	..
11	18.8	24.8	21.0	21.5	62.1	62.5	47	55	....	S.O.	N.E. 2	N.E. 4	E. 8	E. 8	E. 8	cus. 4	ccs. 6	cus. 6	cse. 3	cus. 8	....	..
12	19.7	23.4	19.0	20.8	64.5	65.4	40	50	....	S.O.	E. 16	E. 16	E. 16	E. 16	N.E. 8	cub. 10	cub. 8	cib. 8	cub. 8	cub. 6	....	..
13	17.8	20.4	16.0	20.0	*65.1	64.6	32	42	....	...	N.E. 8	N.E 16	N.E 16	N.E. 8	N.E. 4	cub. 8	cub. 8	cub. 6	cus. 4	... 0	....	..
14	15.7	21.0	14.8	15.7	62.8	*61.5	40	46	....	...	N.E. 8	N.E 8	N.E. 8	N.E. 2	C. 0	... 0	cu. 1	... 0	cus. 5	cus. 5	....	..
15	16.0	22.8	17.0	20.1	*59.7	*59.8	48	52	....	S.O.	N.E. 2	N.E. 3	N.E. 4	N.E. 1	C. 0	cu. 7	cu. 4	cc. 2	... 0	... 0	....	..
16	16.2	22.4	19.4	20.1	61.4	*61.3	52	56	....	...	C. 0	N.E. 3	N.E. 4	C. 0	C. 0	cu. 4	cu. 5	cu. 4	cu. 5	cu. 4	....	..
17	15.8	22.1	19.4	20.4	62.3	*61.8	52	59	....	S.O.	C. 0	E. 2	N.E. 3	N.E. 1	C. 0	bd. 5	cu. 8	cc. 2	... 0	... 0	....	..
18	15.8	22.8	19.7	20.8	63.5	64.1	51	53	....	...	C. 0	N.E. 3	N.E. 4	E. 8	E. 2	bd. 5	cu. 4	cu. 7	cu. 10	cu. 4	....	..
19	14.9	20.0	19.5	20.1	67.7	67.6	40	47	....	...	E. 1	E. 4	E. 6	E. 3	C. 0	cu. 2	cu. 2	cu. 7	cu. 5	cu. 5	....	..
20	13.3	18.2	18.8	19.6	69.8	69.0	39	45	....	...	E. 1	N.E. 3	N.E. 4	N.E. 1	C. 0	cus. 8	cus. 9	cus. 9	cus. 8	... 0	....	..
21	10.8	18.7	17.8	19.9	67.5	66.0	43	46	....	O.	E. 2	E. 2	E. 4	E. 1	C. 0	ci. 3	ci. 1	... 0	... 0	... 0	....	..
22	10.6	19.5	18.5	19.8	65.8	*64.7	44	46	....	...	C. 0	N.E. 2	N.E. 4	N.E. 1	C. 0	... 0	cis. 0	cis. 5	... 0	... 0	....	..
23	14.7	21.5	19.5	20.6	66.3	65.7	39	42	....	...	N.E. 4	N.E. 8	N.E 16	N.E. 4	N.E. 4	cu. 1	cu. 2	cu. 6	cus. 10	cus. 10	....	..
24	17.3	21.3	18.9	20.7	66.4	65.4	38	44	....	S.O.	N.E. 4	N.E. 4	N.E. 8	N.E. 8	N.E. 8	cus. 9	cu. 5	cc. 1	... 0	... 0	....	..
25	16.7	21.3	19.1	20.0	65.5	*65.4	44	46	....	O.	N.E. 8	N.E. 8	N.E. 8	N.E. 2	C. 0	cu. 1	cu. 5	cc. 8	cc. 5	cu. 4	....	..
26	16.3	21.3	19.1	19.7	65.4	64.5	44	50	....	...	N.E. 2	N.E. 4	N.E. 8	N.E. 1	C. 0	cu. 7	cu. 8	cu. 5	cu. 3	cc. 4	....	..
27	15.3	20.8	19.0	19.8	64.5	63.1	44	51	....	S.O.	N.E. 4	N.E. 8	N.E. 8	N.E. 2	C. 0	cr. 6	cu. 5	cu. 4	... 0	... 0	....	..
28	14.8	20.8	18.8	19.7	63.0	*62.8	42	48	....	S.O.	N.E. 4	N.E. 8	N.E 16	N.E. 4	N.E. 4	cc. 4	cc. 9	cu. 6	cu. 3	... 0	....	..
29	15.8	20.6	19.0	19.6	63.9	64.0	40	43	....	S.O.	N.E. 2	N.E. 8	N.E. 8	N.E. 2	C. 0	cc. 2	cu. 5	... 0	... 0	... 0	....	..
30	15.7	21.0	19.0	19.6	64.3	*63.7	40	42	....	...	N.E. 2	N.E. 4	N.E. 8	N.E. 2	C. 0	cu. 4	cu. 6	... 0	... 0	... 0	....	..
Moyenn.											Zone dominante.											
Mois......	16.01	21.60	19.22	20.48	763.20	762.87	44.9	49.9	92.7	...	N.E 3.17	N.E 5.10	N.E 7.13	N.E 3.43	C. 2.00	5.0	5.8	4.8	4.3	3.4	93.2	43
1er au 10	16.83	22.34	20.34	21.60	760.44	760.33	48.7	53.3	92.7	...	N. 2.50	N. 3.50	N. 5.30	N.E 2.80	C. 2.20	5.9	6.5	5.8	5.5	5.3	93.2	43
11 au 20	16.40	21.79	18.46	19.91	763.89	763.76	44.1	50.5	....		N.E 3.80	N.E 6.20	N.E 7.30	N.E 4.80	C. 2.20	5.3	5.5	5.1	5.3	3.2	....	..
21 au 30	14.80	20.68	18.87	19.94	765.26	764.53	41.8	45.8	....	...	N.E 3.20	N.E 5.60	N.E 8.80	N.E 2.70	C. 1.60	3.7	5.5	3.5	2.1	1.8	....	..
				Octobre.										Octobre.								
1	15.8	21.0	18.6	19.7	763.2	762.8	40	41	....	S.O.	N.E. 1	N.E. 3	N.E. 4	C. 0	C. 0	cu. 1	cc. 2	... 0	... 0	... 0	....	..
2	13.7	20.8	18.6	19.6	64.0	*63.6	40	42	....	S.O.	C. 0	N.E. 2	N.E. 4	C. 0	C. 0	... 0	cu. 8	cu. 4	... 0	... 0	....	..
3	12.8	21.3	18.7	19.8	*66.3	65.8	40	40	....	...	C. 0	C. 0	N.E. 3	C. 0	C. 0	... 0	... 0	... 0	... 0	... 0	....	..
4	12.7	*21.7	18.8	*19.6	67.4	66.7	40	42	....	O.	C. 0	N.E. 2	N.E. 3	C. 0	C. 0	... 0	cu. 1	... 0	... 0	... 0	....	..
5	12.8	22.3	18.7	19.9	67.3	*66.3	35	39	....	...	N.E. 2	N.E. 3	N.E. 4	N.E. 2	C. 0	... 0	cu. 1	... 0	... 0	... 0	....	..
6	15.6	21.0	18.6	19.1	64.3	63.3	34	39	....	...	N.E. 3	N.E. 4	N.E. 8	N.E. 2	C. 0	cu. 2	cu. 2	cu. 1	cu. 1	... 0	....	..
7	15.8	20.3	18.0	18.5	63.2	*63.3	36	41	....	...	N.E. 1	N.E. 4	N.E. 8	N.E. 3	C. 0	cu. 1	cu. 2	cu. 2	cu. 1	... 0	....	..
8	15.8	19.8	18.1	19.0	62.9	61.9	36	44	....	...	N.E. 2	N.E. 4	N.E. 8	N.E. 2	C. 0	cu. 4	cu. 7	cu. 5	cu. 2	... 0	....	..
9	12.9	19.1	17.9	19.2	*63.6	*63.3	42	42	....	...	C. 0	S.O. 2	S.O. 2	C. 0	C. 0	bd. 0	cu. 2	... 0	... 0	... 0	....	..
10	13.9	21.8	18.6	19.8	63.2	61.9	42	55	....	S.O.	N.E. 1	S.O. 1	S.O. 2	C. 0	C. 0	bd. 0	cu. 5	cu. 5	e. 4	... 0	....	..
11	16.7	24.3	18.8	19.5	64.1	63.5	46	52	....	S.O.	C. 0	S.E. 1	N.E. 1	C. 0	C. 0	bd. 0	bd. 1	ci. 2	c. 1	cu. 3	....	..
12	16.3	*22.0	19.1	19.6	64.5	*64.4	48	51	....	S.O.	N.E. 1	N.E. 4	N.E. 6	C. 0	C. 0	cus. 3	cus. 1	cus. 5	cu. 9	cu. 8	....	..
13	18.7	21.3	19.2	19.6	64.7	*64.5	42	47	....	...	N.E. 2	N.E. 4	N.E. 8	N.E 4	N.E. 2	cu. 9	cu. 8	cu. 8	cu. 8	cu. 8	....	..
14	17.3	20.4	18.8	19.4	63.9	63.7	38	46	....	...	N.E. 3	N.E. 8	N.E 16	N.E. 4	N.E. 4	cu. 7	cu. 9	cu. 5	... 0	... 0	....	..
15	15.2	19.8	18.6	19.2	65.3	65.3	32	37	....	...	N.E. 1	N.E. 4	N.E 16	N.E. 4	N.E. 4	cu. 1	cus. 7	cu. 5	cu. 5	... 0	....	..
16	15.3	19.8	18.4	19.1	65.2	63.7	32	39	....	...	N.E. 4	N.E. 8	N.E 10	N.E. 4	N.E. 4	cu. 4	cu. 6	cu. 5	cu. 4	... 0	....	..
17	16.9	21.3	18.6	19.9	60.8	59.1	35	40	....	O.	E. 3	E. 8	E. 16	E. 8	E. 4	cc. 3	ccb. 10	cc. 2	cu. 8	cu. 10	....	..
18	18.0	20.6	18.6	19.0	59.1	*59.3	41	45	....	O.	E. 1	N.E. 2	N.E. 4	E. 4	C. 0	cub. 10	cub. 10	cub. 10	ple. 10	ple. 10	9.0	5
19	16.6	19.2	18.5	19.1	60.7	*59.7	43	53	....	O.	C. 0	S.O. 4	N.E. 3	C. 0	C. 0	cus. 10	cu. 6	cu. 5	... 0	... 0	0.5	»
20	12.8	20.0	18.6	19.4	61.4	*61.5	48	55	....	...	C. 0	N.E. 3	N.E. 8	C. 0	C. 0	... 0	... 0	cu. 2	cu. 3	... 0	....	..
21	15.7	21.1	18.5	19.9	64.9	64.7	40	47	....	...	C. 0	N.E. 3	N.E. 4	C. 0	C. 0	cu. 3	cu. [illegible]	... 0	... 0	... 0	....	..
22	14.8	*20.0	18.5	19.1	66.7	*66.0	46	*52	....	...	N.E. 0.5	S.O. 0.5	S.O 0.5	C. 0	C. 0	bd. 0	... 0	... 0	... 0	... 0	....	..
23	13.7	20.8	18.4	19.3	66.4	64.8	45	55	....	...	C. 0	S.O. 4	S.O. 2	C. 0	C. 0	bd. 0	... 0	... 0	... 0	... 0	....	..
24	12.8	*20.8	18.2	*19.3	65.0	*64.1	52	55	....	...	N.E. 1	S.O. 2	N.E. 3	N.E. 3	N.E. 3	... 0	... 0	... 0	... 0	... 0	....	..
25	15.1	20.9	18.5	19.2	64.0	63.3	49	56	....	S.O.	C. 0	S.E. 1	N.E. 3	C. 0	C. 0	... 0	... 0	ci. 1	ci. 1	cc. 5	....	..
26	16.3	*20.1	18.5	19.2	65.3	65.6	49	55	....	N.E.	C. 0	N.E. 2	N.E. 3	N.E. 2	E. 4	cus. 10	cu.	cus. 7	cus. 10	cus. 10	....	..
27	17.0	20.2	18.4	19.1	68.0	*67.3	44	52	....	O.	E. 4	E. 8	E. 16	E. 4	E. 2	cc. 4	c[illegible] 4	... 0	... 0	... 0	....	..
28	15.6	*20.8	18.3	*18.9	63.7	*62.1	45	46	....	...	E. 3	E. 4	E. 5	E. 2	E. 1	... 0	... 0	... 0	... 0	... 0	....	..
29	11.8	19.0	18.0	18.6	57.5	54.8	53	57	....	S.	C. 0	S.O. 2	S. 1	C. 0	C. 0	bd. 2	cis. 5	cus. 10	cus. 10	cus. 10	....	..
30	15.9	20.0	18.3	18.6	54.4	53.9	60	66	....	S.O.	N.E. 1	S. 2	S.E. 8	S.O. 3	S.O. 4	cc. 10	pl. 10	cub. 10	csb. 8	csb. 8	0.1	»
31	17.3	22.8	18.3	18.6	58.4	58.6	64	69	....	S.O.	N. 1	S.O. 4	S.O. 4	C 0	C. 0	cus. 7	cub. 10	cub. 8	pl. 10	cub. 10	1.8	2
Moyenn.											Zone dominante.											
Mois......	15.21	20.80	18.51	19.28	763.53	762.86	43.1	48.4	....	...	N.E 1.14	N.E 3.34	N.E 5.60	C. 1.64	C. 1.03	2.9	3.0	3.9	3.0	2.7	10.9	8
1er au 10	14.18	20.91	18.46	19.42	764.54	763.89	38.5	42.5	....	...	N.E 1.00	N.E 2.50	N.E 4.60	C. 0.90	C. 0.00	0.8	3.0	1.7	0.8	0.0	....	..
11 au 20	16.38	20.87	18.72	19.38	762.97	762.47	40.5	46.5	....	...	N.E 1.50	N.E 4.60	N.E 7.80	N.E 2.80	N.E 1.80	4.7	5.8	4.9	4.8	3.9	9.5	6
21 au 31	15.09	20.59	18.35	19.07	763.12	762.29	49.7	55.5	....	...	N.E 0.95	S.O 2.95	N.E 4.50	C. 1.27	C. 1.27	3.3	3.0	3.3	3.5	3.9	1.4	2

URS DU OIS.	TEMPÉRATURE CENTIGRADE DE — L'AIR EXTÉRIEUR. Min.	Max.	L'EAU DU BOSPH. Min.	Max.	HAUTEURS DU — BAROMÈTRE A 0. 9 h. du mat.	3 h. du soir.	NIV. DU BOSP. Min.	Max.	PLUIE.	VENTS D'APRÈS LES — NUAGES.	GIROUETTES. 8 h. du matin.	Midi.	4 h. du soir.	8 h. du soir.	Minuit.	ÉTAT DU CIEL. 8 h. du matin.	Midi.	4 h. du soir.	8 h. du soir.	Minuit.	PLUIE. QUANTITÉ	DURÉE DE PLUIE.
	KOUROU TCHEZMÈ.			**Novembre 1857.**						PÉRA.				**Novembre 1857.**								
	o	o	o	o	mm.	mm.	cm.	cm.	mm.												mm.	h. m.
1	14.8	19.8	17.8	18.6	759.5	758.8	64	67	. . .	S.O.	N.O. 3	N.O. 3	N.O. 4	C. 0	C. 0	cus. 8	cus. 8	or. 10	pl. 10	pl. 10	17.0	10 »
2	11.9	14.3	17.5	17.9	61.1	60.2	57	64	12.0	S.O.	N.E. 8	N.E. 8	N.E. 8	C. 0	C. 0	cub. 10	cub. 10	cub. 10	cub. 10	cus. 8	3.3	2 »
3	9.9	14.4	17.2	17.6	63.3	61.9	54	58	2.1	O.	C. 0	N.E. 3	N.E. 2	C. 0	C. 0	cus. 8	cus. 9	cus. 10	or. 10	pl. 10	3.5	6 »
4	13.3	17.1	*16.4	17.6	61.1	60.3	62	68	5.3	. . .	C. 0	C. 0	C. 0	N.E. 8	N.E. 8	cub. 10	cub. 10	or. 10	pl. 10	pl. 10	0.5	11 »
5	13.2	14.2	16.6	17.5	63.4	63.4	44	56	6.7	. . .	N.E. 8	N.E 8	N.E. 8	N.E. 4	C. 0	cub. 10	pl. 10	cu. 10	cub. 10	cub. 10	1.8	3 »
6	11.7	18.5	16.9	17.7	61.3	58.1	54	58	. . .	S.O.	C. 0	S.E. 4	S.E. 2	C. 0	C. 0	cus. 10	cus. 10	or. 10	pl. 10	pl. 10	8.3	5 »
7	11.0	14.0	16.6	17.1	63.2	61.1	51	63	8.5	. . .	N.E. 8	N.E. 8	N.E. 8	N.E. 4	C. 0	pl. 10	pl. 10	pl. 10	or. 10	pl. 10	28.0	11 »
8	11.2	12.7	16.5	16.7	58.9	61.0	50	56	34.0	. . .	N. 4	N. 8	N. 4	N. 4	N. 4	pl. 10	pl. 10	pl. 10	pl. 10	pl. 10	16.6	18 »
9	12.3	14.6	15.4	16.6	56.2	59.1	53	65	5.5	. . .	S.O. 4	S.O. 8	N.O 16	N.O. 8	N.E. 8	pl. 10	cub. 10	pl. 10	pl. 10	pl. 10	3.8	15 »
10	5.8	7.2	13.6	15.7	66.6	66.2	33	52	2.5	. . .	N.E. 8	N.E. 8	N.O 16	N.O 16	N.E 16	pl. 10	cu. 10	pl. 10	pl. 10	pl. 10	3.4	10 »
11	5.4	7.8	13.6	14.9	63.1	61.3	37	41	8.4	. . .	N.E 32	N.E 32	N.E 16	N.E 32	N.E 16	pl. 10	pl. 10	pl. 10	pl. 10	pl. 10	11.4	19 »
12	6.2	7.0	14.0	14.6	69.4	71.0	33	36	11.1	N.O.	N.E. 8	N.E. 8	N.E. 8	N.E. 4	C. 0	cus. 8	cu. 6	cu. 6	cu. 3	. . . 0	. . .	. . .
13	2.4	8.9	14.1	14.6	67.7	64.8	33	36	. . .	. . .	C. 0	S. 4	S. 4	C. 0	C. 0	cus. 6	cu. 5	cu. 5	cu. 4	cu. 3	. . .	. . .
14	3.9	13.7	13.8	14.4	60.3	58.8	32	48	. . .	O.	S. 4	S. 8	S.O. 6	S.O. 4	S.O. 2	csb. 6	st. 10	st. 10	st. 9	cub. 10	. . .	. . .
15	12.6	16.9	14.1	14.4	56.6	55.2	54	62	1.2	. . .	S.O. 2	S.O. 8	S.O. 6	S.O. 8	S.O. 16	pl. 10	st. 10	st. 10	pl. 10	pl. 10	15.1	7 »
16	12.6	16.5	14.3	14.6	58.1	59.7	50	65	24.3	S.O.	S.O. 8	S.O. 3	N.E. 8	N.E. 2	C. 0	cc. 3	cu. 2	bru. 3	bru. 6	cu. 8	13.0	4 »
17	11.8	17.7	14.4	14.9	58.4	53.8	49	60	0.5	S.O.	C. 0	S.O. 4	S.O. 2	O. 16	S.O. 8	bd. 1	cub. 5	pl. 10	pl. 10	cib. 7	1.2	1 »
18	13.8	16.7	14.5	15.0	57.1	57.8	58	62	1.5	O.	O. 3	O. 3	O. 3	S.O. 1	C. 0	cc. 4	cu. 7	cus. 5	cus. 6	cus. 4	. . .	. . .
19	11.6	16.9	14.5	15.0	61.0	60.2	58	61	. . .	. . .	C. 0	S.O. 4	S.O. 4	S.O. 4	S.O. 3	bd. 0	. . . 0	cis. 1	cis. 5	cis. 10	. . .	. . .
20	14.9	18.0	14.5	15.1	60.2	59.5	58	64	. . .	. . .	S.O. 16	S.O. 8	S.O. 4	S.O. 8	S.O. 4	cis. 8	ci. 1	st. 1	. . . 0	. . . 0	. . .	. . .
21	16.2	16.9	14.3	14.8	62.3	64.1	62	70	. . .	. . .	S.O. 4	N.O. 4	N.E. 8	N.E. 2	N.E. 3	cus. 10	pl. 10	cus. 10	pl. 10	pl. 10	2.5	6 »
22	11.0	13.8	14.0	14.5	62.5	*60.4	60	72	2.4	S.O.	N.E. 1	S. 1	O. 16	N.O 16	N.E. 4	st. 9	st. 8	pl. 10	pl. 10	cub. 10	12.7	7 »
23	8.7	11.8	13.8	14.2	64.0	60.7	59	64	12.9	. . .	E. 3	E. 2	N.E. 4	N.E. 3	N.O. 8	cus. 10	cus. 10	pl. 10	pl. 10	or. 10	1.5	3 »
24	6.3	7.8	13.4	13.8	61.4	64.0	60	69	15.3	. . .	N.O 16	N.E. 8	N.E. 4	N.E. 2	C. 0	pl. 10	cub. 10	cub. 10	cub. 10	cub. 10	18.5	9 »
25	7.5	9.7	13.5	13.8	67.5	65.4	54	58	1.6	. . .	N.E. 1	N.E. 1	N.E. 1	C. 0	C. 0	st. 10	cus. 10	cus. 10	cus. 10	cus. 10	. . .	. . .
26	7.2	10.4	13.4	13.6	66.2	66.6	54	60	. . .	S.O.	C. 0	N.E. 1	N.E. 1	C. 0	C. 0	bd. 10	pl. 10	st. 4	. . . 0	. . . 0	. . .	. . .
27	5.0	11.8	13.3	13.6	67.1	66.2	52	57	. . .	S.E.	C. 0	O. 1	C. 0	C. 0	C. 0	bd. 6	cu. 6	cu. 4	. . . 0	. . . 0	. . .	. . .
28	7.5	12.6	13.1	13.7	64.3	62.3	55	58	. . .	. . .	S.O. 2	S.O. 3	S.O. 2	C. 0	C. 0	. . . 0	. . . 0	. . . 0	. . . 0	. . . 0	. . .	. . .
29	8.0	15.6	13.4	13.8	61.7	60.5	57	59	. . .	. . .	C. 0	S. 1	C. 0	C. 0	C. 0	bd. 1	ci. 1	. . . 0	. . . 0	. . . 0	. . .	. . .
30	11.1	17.8	13.1	13.8	59.9	*58.8	61	64	. . .	S.O.	S. 2	S. 3	S. 2	C. 0	C. 0	cc. 2	ci. 3	ci. 3	. . . 0	. . . 0	. . .	. . .
yenn.											Zone dominante.											
ois...	9.96	13.84	14.72	15.34	762.11	761.37	51.9	50.1	155.8	. . .	N.E 4.83	S.O 5.50	N.E 5.57	N.E 4.87	C. 3.33	7.3	7.4	7.4	7.1	7.0	168.1	153 »
au 10	11.51	14.68	16.45	17.30	761.46	761.01	52.2	60.7	76.6	. . .	N. 4.30	N.E 5.80	N. 6.80	N. 4.40	C. 3.60	9.6	9.7	10.0	10.0	9.8	92.2	97 »
au 20	9.52	14.01	14.18	14.75	761.19	760.21	46.2	53.5	47.0	. . .	S.O 7.30	S.O 8.20	S.O 6.10	S.O 7.90	S.O 4.90	5.6	5.6	6.1	6.3	6.2	40.7	31 »
au 30	8.85	12.82	13.53	13.96	763.69	762.90	57.4	63.1	32.2	. . .	N.E 2.90	N.E 2.50	N.E 3.80	C. 2.30	C. 1.50	6.8	6.8	6.1	5.0	5.0	35.2	25 »
				Décembre.										**Décembre.**								
1	11.3	15.8	13.3	13.8	759.4	758.7	61	64	. . .	. . .	C. 0	S.O. 1	S.O. 1	C. 0	C. 0	bd. 9	st. 5	st. 5	. . . 0	. . . 0	. . .	. . .
2	11.1	15.9	*13.4	14.0	62.5	61.5	59	64	. . .	. . .	S. 2	S. 2	S.O. 2	C. 0	C. 0	bd. 3	cc. 2	st. 2	. . . 0	st. 2	0.4	» 1[illegible]
3	11.5	16.7	13.6	14.0	63.5	63.0	60	64	. . .	S.O.	S.E. 3	S.E. 3	S.E. 2	C. 0	S. 0.5	cus. 9	cis. 2	st. 1	st. 3	st. 1	. . .	. . .
4	10.7	15.8	13.2	13.7	65.6	64.5	61	67	. . .	S.	S.E. 1	S.E. 2	S.E. 1	C. 0	C. 0	bd. 3	. . . 0	. . . 0	. . . 0	st. 2	. . .	. . .
5	8.4	13.3	12.9	13.5	64.9	63.4	61	69	. . .	S.	N. 4	N.O. 2	N. 2	N.E. 1	C. 0	bd. 10	st. 8	stb. 9	st. 9	st. 9	. . .	. . .
6	10.7	14.1	13.0	13.4	62.3	61.7	63	68	. . .	. . .	S. 0.5	S.E. 0.5	N.E. 0.5	N.E. 1	C. 0	bd. 9	cis. 5	st. 4	st. 3	st. 5	. . .	. . .
7	8.6	13.3	12.6	13.1	62.9	63.4	58	66	. . .	S.O.	N.E. 0.5	E. 2	N.E. 2	N.E. 1	N.E. 1	bd. 10	stb. 5	st. 6	pl. 10	st. 1	2.6	1 »
8	7.8	12.2	12.8	13.1	67.4	67.6	50	61	1.5	O.	N.O. 0.5	N.E. 2	N.E. 3	S.O. 1	N.E. 1	bd. 10	cus. 10	st. 7	st. 7	st. 8	. . .	. . .
9	8.8	10.8	11.5	12.6	69.9	69.5	33	46	. . .	. . .	N.E. 4	N.E. 4	N.E. 4	N.E. 1	N.E. 3	cus. 10	cub. 8	cub. 7	cus. 10	cus. 10	. . .	. . .
10	7.8	11.5	11.8	12.5	71.5	70.7	31	37	. . .	. . .	N.E. 3	N.E. 8	N.E. 8	E. 4	E. 4	cu. 4	cu. 5	cus. 5	cus. 8	cus. 9	. . .	. . .
11	8.6	9.8	11.5	12.2	71.1	70.2	32	36	. . .	. . .	E. 8	E. 8	E. 8	E. 3	E. 4	cus. 9	cus. 9	cus. 10	cus. 10	cus. 10	. . .	. . .
12	7.8	10.8	11.0	11.7	68.5	66.8	30	40	. . .	. . .	E. 4	E. 4	E. 8	E. 8	E. 4	cus. 10	cus. 10	cus. 10	cus. 10	cus. 10	. . .	. . .
13	7.9	10.6	11.4	11.6	64.5	63.2	36	40	. . .	. . .	E. 4	E. 8	E. 8	E. 3	E. 4	cus. 7	cus. 4	cus. 5	cus. 9	cus. 9	. . .	. . .
14	8.9	9.6	11.4	11.6	63.2	62.6	34	38	. . .	. . .	E. 3	E. 4	E. 8	E. 4	E. 4	cus. 9	cus. 10	cus. 10	cus. 10	cus. 10	1.5	4 »
15	7.8	9.3	11.3	11.5	65.0	64.9	37	40	2.0	. . .	E. 4	E. 4	E. 4	E. 3	E. 3	pl. 10	cub. 10	cub. 10	cub. 9	pl. 10	2.2	6 »
16	6.2	8.4	11.1	11.5	65.3	64.8	38	42	2.0	. . .	E. 3	N. 8	N. 8	N. 8	N. 16	pl. 10	pl. 10	ne. 10	cub. 10	cub. 10	2.0	8 »
17	—0.5	—0.3	9.8	11.0	63.9	64.4	34	42	3.0	. . .	N. 4	N. 8	N. 8	N. 8	N. 8	ne. 10	ne. 10	ne. 10	ne. 10	ne. 10	11.4	13 »
18	—6.2	—0.4	8.8	9.5	64.7	64.4	34	38	. . .	S.	N.O. 8	N.O. 8	N.O. 4	N.O 16	N.O. 8	ne. 10	cub. 5	ne. 10	. . . 0	ci. 6	1.2	1 »
19	—8.2	—2.7	8.6	9.6	66.5	66.2	32	42	. . .	S.O.	O. 2	O. 4	O. 4	E. 1	E. 1	cu. 3	cu. 1	. . . 0	cu. 2	st. 10	. . .	. . .
20	—1.6	0.9	8.2	8.7	60.5	57.1	29	42	. . .	. . .	N.E. 8	N.E. 8	N.E. 8	N.E. 8	N.E. 8	ne. 10	ne. 10	ne. 10	ne. 10	ne. 10	18.0	17 »
21	—3.1	4.8	8.4	9.1	59.6	*60.2	39	44	19.0	. . .	N.E. 8	N.O 16	N.O 16	N. 4	N. 3	ne. 10	pl. 10	pl. 10	pl. 10	cbb. 10	14.5	21 »
22	3.7	3.9	8.2	8.5	64.7	65.5	35	42	14.2	. . .	N.O 16	N.O. 8	N.O 16	N.E. 8	N.E. 2	pl. 10	pl. 10	pl. 10	cib. 8	cus. 3	4.3	12 »
23	0.8	2.4	7.7	8.2	65.7	65.3	35	40	3.8	S.E.	N.O. 3	N.E. 2	N.E. 2	N.E. 2	N.E. 3	cus. 3	cus. 7	cus. 4	st. 2	ci. 3	. . .	. . .
24	—0.7	2.3	7.6	8.2	68.7	68.5	28	40	. . .	. . .	N. 2	E. 1	C. 0	C. 0	C. 0	cus. 10	bd. 10	gr. 10	bd. 10	bd. 10	0.1	» 15
25	1.7	5.6	7.8	8.3	70.8	69.3	37	45	0.7	. . .	C. 0	S.E. 3	S.E. 3	S. 1	S. 1	bd. 9	cc. 3	. . . 0	. . . 0	. . . 0	. . .	. . .
26	0.8	7.5	7.7	8.5	67.9	67.5	*38	42	. . .	. . .	O. 1	O. 4	O. 3	O. 2	O. 2	cis. 10	cis. 6	cis. 4	. . . 0	ci. 5	. . .	. . .
27	4.7	9.8	7.6	7.8	64.1	60.6	*45	50	. . .	. . .	S.O. 8	S.O. 8	S.O. 8	S.O. 2	S.O. 3	cis. 9	cis. 10	cis. 10	pl. 10	pl. 10	4.8	5 »
28	8.1	12.7	8.3	8.6	55.4	53.1	50	58	6.3	. . .	S.O. 4	S. 3	S. 3	S. 2	S. 2	cus. 5	ccs. 4	cc. 4	st. 4	st. 7	. . .	. . .
29	11.1	13.2	8.4	9.6	52.8	54.0	58	63	61.0	. . .	S. 16	O. 16	O. 8	O. 4	C. 0	csb. 10	pl. 10	pl. 10	pl. 10	pl. 10	61.8	14 »
30	6.2	9.5	8.5	9.4	64.6	65.9	59	61	. . .	S.O.	N.E. 1	N.E. 2	N.E. 4	N.E. 4	N.E. 2	cus. 4	cus. 4	cus. 3	cus. 2	pl. 10	. . .	. . .
31	6.8	8.8	8.4	8.7	65.0	61.6	51	60	1.3	. . .	E. 4	N.E. 4	N.E. 4	N.E. 3	N.E. 8	cus. 10	cus. 10	cus. 6	st. 2	cus. 10	0.9	2 »
oyenn.											Zone dominante.											
ois...	5.28	8.90	10.32	10.89	764.59	763.87	43.7	50.0	114.8	. . .	N.E 4.18	N.E 5.08	N.E 5.18	N.E 3.32	N.E 3.08	8.2	6.9	6.5	6.1	7.1	125.7	104 »
au 10	9.67	13.94	12.81	13.37	764.99	764.40	53.7	60.6	1.5	. . .	N.E 1.85	N.E 2.65	N.E 2.55	N.E 0.90	N.E 0.95	7.7	5.0	4.6	5.0	4.7	3.0	1 15
au 20	3.07	5.60	10.31	10.89	765.32	764.46	34.2	40.0	7.0	. . .	E. 4.80	E. 6.40	E. 6.80	E. 6.20	E. 6.00	8.8	7.9	8.5	8.0	9.5	36.3	48 »
au 31	3.30	7.32	8.05	8.63	763.57	762.86	43.2	49.5	106.3	. . .	N. 5.73	N.E 6.09	N. 6.09	N.E 2.91	N.E 2.36	8.2	7.6	6.5	5.3	7.1	86.4	54 45

Journal météorologique de l'année 1857.

PÉRA.

NEIGE. — *Février*, 7, 8, 10, 15, 24, 25, 26. — *Mars*, 13. — *Novembre*, 19 (le matin). — *Décembre*, 29, 30.

GELÉE BLANCHE. — *Février*, 12, 13, 21. — *Novembre*, 24, 25. — *Décembre*, 11, 12, 14, 16, 17, 19, 20, 26, 28.

BROUILLARDS. — *Janvier*, 4, 7, 12, 16. — *Février*, 3. — *Mars*, 1er, 15, 16, 25 (le soir). — *Avril*, 7, 11, 12, 14, 18, 27 (le soir), 28 (le soir), 29, 30. — *Mai*, 4, 8, 9, 30. — *Juin*, 1er, 12, 19, 21, 22. — *Août*, 18. — *Septembre*, 12. — *Octobre*, 6, 10, 18, 28, 29, 30. — *Novembre*, 5, 13 (le soir), 14, 30. — Brouillards à la surface de l'eau seulement, et le matin, savoir : février, 5, 13, 14, 19, 20, 22.

TEMPÊTES ET VENTS VIOLENTS. — On ne récapitule ici que les vents qui parcourent de 16 à 32 mètres par seconde :

Vents descendants (N.O. à E).	Vents montants (S.E. à O).
Janvier, 4 (à 4 h. mat.), 16.	*Janvier*, 25, 26.
Février, 7, 8, 15, 16; 17.	*Mars*, 10, 12.
Juillet, 13, 27, 28.	*Avril*, 24.
Août, 19.	*Mai*, 2.
Septembre, 23.	*Juin*, 14, 15, 16, 17.
Novembre, 6, 18, 19.	*Septembre*, 2.
Décembre, 1, 2, 29.	*Décembre*, 26.

ORAGES. — *Janvier*, 26, à 2 h. soir, deux coups de tonnerre avec pluie et violent vent d'O. — *Avril*, 26, le soir, éclairs ; pendant la nuit, orage allant du S.O. au N.E. — *Mai*, 1er, le soir, éclairs et tonnerre ; 9, à 11 h. mat., orage du N. au S. ; 14, de midi à 6 h. soir, orage du S.O. au N.E. ; 27, pendant la nuit, éclairs à l'O. et au N.O. ; 28, de 7 h. 30 à 8 h. 30 soir, orage du S.O au N.E., puis du N.E. au S.O. — *Juin*, 3, à 4 h. soir, orage du S.O. au N.E ; 7, à 9 h. soir, éclairs sous l'horizon à l'O ; 9, le soir, *idem* à l'O. et à l'E. ; 12, à 9 h. soir, *idem* à l'O. ; 14, à 9 h. soir, éclairs à l'O. et au S., et, pendant la nuit, orage ; 18, vers midi, orage du N.O. au S.E. ; 22, à 9 h. soir, éclairs à l'O. — *Juillet*, 14 et 15, orages du N.O. au S.E. — *Août*, 12, orage du S.O. au N.E ; 13, le soir, éclairs ; 16, à midi, tonnerre ; 20, le soir, éclairs en nappes à l'O. ; 21, de 7 à 9 h. soir, orage ; 22, vers midi, orage du N.O. au S.E., avec pluie et grêle ; 23, à 4 h. matin, orage du N.O. au S.E. ; 31, vers midi, orage du N. au S. — *Septembre*, 10, de 3 à 8 h. matin, orage du N. au S. ; 15, pendant la nuit, éclairs au N. et orage. — *Octobre*, 7, le soir, éclairs au N.E.

GRÊLE. — *Janvier*, 28, à 3 h., grêle et pluie. — *Août*, 22, grêle et pluie pendant l'orage. — *Novembre*, 20, à 8 h. soir, grêle pendant un quart d'heure.

TREMBLEMENTS DE TERRE. — *Mai*, 21, à 10 h. 30 soir, une secousse accompagnée de deux faibles oscillations du S.O. au N.E. — *Septembre*, 17, à 10 h. 15 soir, deux faibles secousses oscillant du S.O. au N.E. pendant 3 à 4 secondes.

AUTRES PHÉNOMÈNES. — Janvier, 17, l'amandier commence à fleurir.

KOUROU TCHEZMÈ.

NEIGE. — *Février*, 10. — *Novembre*, 19. — *Décembre*, 28, 29, 31.

HALOS LUNAIRES. — *Juin*, 3. — *Octobre*, 29, 31.

BROUILLARDS. — *Avril*, 5, 22. — *Mai*, 8, 9. — *Juin*, 28, 29. — *Août*, 29. — *Octobre*, 4, 6, 8. — *Décembre*, 17.

TEMPÊTES ET VENTS VIOLENTS. —

Vents descendants (N. à E.).	Vents montants (S. à O.).
Février, 15, 16.	
Mars, 19.	
Avril, 19, 20.	*Mai*, 2.
Juin, 24.	*Juin*, 15.
Juillet, 13, 27, 28, 31.	
Août, 28.	
Septembre, 25.	
Novembre, 15, 18, 19.	*Novembre*, 26, 27, 28, 29.
Décembre, 1, 2, 6, 25, 29, 30, 31.	*Décembre*, 24, 26, 27.

ORAGES. — *Mai*, 14, 23. — *Juin*, 11, 12. — *Juillet*, 14, 15. — *Août*, 21, 22, 23, 31. — *Septembre*, 10.

GRÊLE. — *Août*, 22.

Journal météorologique de l'année 1858.

PÉRA.

NEIGE. — *Janvier*, 4, 5, 6, 7, 13, 16, 17, 18, 19, 20, 23, 24, 25, 26, 27, 28, 29, 30, 31. — *Février*, 4, 5, 6, 8, 9, 10, 11, 12, 18, 22, 23, 24, 27. — *Mars*, 4, 5, 21, 22. — *Novembre*, 11, pluie à Péra, neige à Buyukdéré, à Gallipoli et aux Dardanelles. — *Décembre*, 16, 17, 18, 20, 21.

GELÉE BLANCHE. — *Novembre*, 13. — *Décembre*, 24.

BROUILLARDS. — *Janvier*, 2, 8, 10, 12. — *Février*, 15. — *Mars*, 1, 2, 3, 4, 6, 9, 10, 13, 14, 20. — *Mai*, 1, 3, 4, 5, 6, 11, 12, 20, 25, 31. — *Juin*, 1, 3, 11, 17, 20. — *Août*, 7, 20. — *Septembre*, 17, 18. — *Octobre*, 9, 10, 11, 22, 23, 29. — *Novembre*, 17, 19, 26, 27, 29. — *Décembre*, 1, 2, 4, 5, 6, 7, 8, 24, 25. — (Brouillards à la surface de l'eau seulement : le 31 *mars*, et en *avril* les 3, 11, 24, 27.)

TEMPÊTES ET VENTS VIOLENTS. — On ne récapitule ici que les vents qui parcourent de 16 à 32 mètres par seconde.

Vents descendants (N.O. à E.).	Vents montants (S.E. à O.).
Janvier, 4, 13, 17, 18, 19, 24, 25, 30, 31.	
Février, 10, 18.	
Mars, 20, 22.	*Mars*, 7, 8, 10, 15, 25.
Avril, 5, 16, 17, 19.	*Avril*, 11, 12, 25.
Août, 14, 15, 16, 17, 27.	*Mai*, 9, 12.
Septembre, 12, 13, 23, 28.	*Juillet*, 12.
Octobre, 14, 17, 27.	
Novembre, 9, 10, 11, 17, 20, 22, 24.	
Décembre, 18, 21, 22.	*Décembre*, 29.

ORAGES. — *Mai*, 12 et 13, soir, éclairs ; 14, à 2 h. soir, orage du N. au S. ; 16, de 11 h. matin à 2 h. soir, orage du N. au S. avec grêle ; 18, de 3 à 4 h. soir, orage de l'O. à l'E. avec grêle ; 30, à 4 h. soir, orage en Asie. — *Juin*, 16, à midi, orage au S.O. ; 18, de 1 h. à 4 h. soir, orage à l'O. allant du N. au S. ; 27, de 7 à 10 h. soir, orage du S.O. au N.E. ; 28, à midi, orage à l'O. allant du S.O. au N.E. — *Juillet*, 9, de 8 h. à 10 h. soir, orage de l'O. à l'E ; 15, éclairs au S. et à l'E ; 17, à 3 h. soir, orage à l'O. allant du S.O au N.E., à 4 h., tonnerre ; 18, à 1 h., orage à l'E. allant du N.O. au S.E ; 21, à 6 h. soir, orage de l'O. à l'E. ; 30, de 8 h. soir à minuit, orage de l'O. à l'E. ; 31, de minuit à 7 h. matin, orage de l'O. à l'E. — *Août*, 1er, de 6 h. à midi, orage de l'O. à l'E ; 21, le soir, éclairs du S.O. au N.E. ; 22, à midi, tonnerre, à 1 h. orage du S.O. au N.E. ; 27, de 1 h. à 6 h. soir, orage de l'O. à l'E. — *Septembre*, 1er, de 1 h. à 2 h. soir, orage du N.O. au S.E. ; 2, de midi à 2 h., orage du N.O. au S.E. ; 3, à 11 h. matin, orage du N.O. au S.E. ; 11, le soir, éclairs. — *Octobre*, 10, le soir, éclairs au S.O. ; 11, le soir, éclairs au S.E. ; 18, de 8 h. à minuit, éclairs et orage. — *Novembre*, 1er, à midi, orage du S.O. au N.E. ; 3, à 11 h. soir, orage du N.O. au S.E. ; 4, à 4 h. soir, orage du S.O. au N.E. ; 7, de 6 h. à minuit, orage du N.O. au S.E. ; 8, de minuit à 5 h. matin, orage du N.O. au S.E. ; 24, de midi à 1 h., orage.

GRÊLE. — *Mai*, 16, grêle pendant l'orage ; 18, *idem*. — *Décembre*, 24, grésil.

TREMBLEMENTS DE TERRE. — *Avril*, 27, à 4 h. soir, faible secousse du N.E. au S.O. — *Novembre*, 2, à 11 h. soir, une faible secousse.

AUTRES PHÉNOMÈNES. — *Mars*, 23, l'amandier commence à fleurir ; 25, retour des milans. — *Avril*, 1er, retour des hirondelles.

KOUROU TCHEZMÈ.

NEIGE. — *Janvier*, 3, 4, 5, 6, 13, 14, 18, 25, 26, 27, 28, 29, 30, 31. — *Février*, 23, 24. — *Mars*, 5, 21. — *Décembre*, 17, 20.

HALOS. — *Août*, 24, h. solaire ; 25, h. lunaire. — *Septembre*, 22, h. solaire. — *Octobre*, 25, h. lunaire.

BROUILLARDS. — *Janvier*, 8. — *Mars*, 3, 18, 27. — *Avril*, 15, 20, 21, 22. — *Octobre*, 9, 22, 23. — *Décembre*, 5, 7.

TEMPÊTES ET VENTS VIOLENTS. —

Vents descendants (N. à E.).	Vents montants (S. à O.).
Janvier, 4, 5 (18, 19, 20, tempête), 25, 26, 30, 31.	*Janvier*, 17, 21, 22.
	Février, 3.
Mars, 11.	*Mars*, 7 (tempête), 24.
Avril, 15, 16, 17, 23.	*Avril*, 12 (tempête), 25.
Mai, 22.	*Mai*, 9.
Juillet, 24, 25, 28.	
Août, 14, 15, 16.	*Août*, 27.
Septembre, 12, 13, 23.	*Octobre*, 30.
Novembre, 4, 10, 11, 24.	*Novembre*, 14, 15, 16, 17, 20, 21.
Décembre, 9, 10, 11, 12, 13, 14, 20, 21, 22.	*Décembre*, 27, 29.

ORAGES. — *Mai*, 14, 18, 30. — *Juin*, 18, 27. — *Juillet*, 30, 31. — *Août*, 1, 22, 27, 31. — *Septembre*, 22. — *Octobre*, 10, 18. — *Novembre*, 1, 4, 7, 23.

GRÊLE. — Néant.

JOURS DU MOIS.	TEMPÉRATURE DE L'AIR EXTÉRIEUR.								TEMPÉRATURE DE L'EAU DU BOSPHORE.						BAROMÈTRE A 0.					
	6 h. du matin.	9 h. du matin.	Midi.	3 h. du soir.	6 h. du soir.	9 h. du soir.	Min.	Max.	6 h. du matin.	9 h. du matin.	Midi.	3 h. du soir.	6 h. du soir.	9 h. du soir.	6 h. du matin.	9 h. du matin.	Midi.	3 h. du soir.	6 h. du soir.	9 h. du soir.
KOUROU TCHEZMÈ.									**Janvier 1859.**											
	°	°	°	°	°	°	°	°	°	°	°	°	°	°	mm.	mm.	mm.	mm.	mm.	mm.
1	*8.0	8.8	9.5	9.0	8.6	7.7	8.0	9.5	....	9.0	9.1	9.4	9.4	9.1	*756.4	756.9	755.2	755.2	755.4	756.8
2	4.8	4.7	4.3	3.8	3.6	3.7	4.3	4.8	....	9.0	8.7	8.4	8.2	8.2	59.5	60.6	61.0	62.2	62.7	63.5
3	1.8	1.8	2.5	2.7	1.9	2.6	1.8	2.7	....	7.2	7.3	7.4	7.2	7.1	64.3	65.5	65.0	65.3	65.7	66.1
4	2.1	2.1	2.7	3.7	3.1	3.1	1.3	3.7	....	6.8	7.0	6.9	7.1	6.9	65.1	65.7	65.0	63.9	63.6	63.6
5	3.6	3.1	3.3	2.8	1.9	2.3	1.9	3.6	6.8	6.8	6.8	6.7	7.0	7.0	63.2	64.4	64.4	65.2	66.7	67.7
6	2.0	1.8	2.4	2.3	2.3	2.2	1.8	2.4	....	7.3	6.7	6.9	7.0	6.8	70.5	71.7	71.4	71.1	71.2	71.1
7	1.0	1.3	3.9	*2.9	2.0	0.8	0.8	3.9	....	6.5	6.8	*6.8	6.6	6.5	68.5	68.4	66.2	*65.0	63.9	63.2
8	0.1	2.7	3.8	3.7	2.1	2.3	0.0	3.8	....	6.4	6.4	6.4	6.4	6.3	60.1	60.7	60.6	61.1	61.9	62.7
9	1.8	2.8	2.0	1.8	0.8	0.7	1.1	2.8	....	6.5	6.6	6.4	6.2	6.6	65.5	66.9	68.3	69.3	71.2	73.0
10	*-1.6	—1.2	0 7	—0.3	—0.2	—0.4	—1.6	0.7	....	6.0	6.6	5 6	5.6	5.5	* 76.2	77.8	78.4	78.3	78.5	79.0
11	—1.7	1.0	1.7	1.1	0.7	1.7	—2 0	1.7	....	5.4	5.8	6.4	6.5	6.6	76.4	76.3	75.1	73.7	72.3	71.6
12	3.5	6.3	6.5	7.0	6.5	5.9	0.7	7.0	....	6.6	7.0	6.7	6.6	6.6	69.1	69.2	68.2	66.6	66.0	65.3
13	6.1	8.8	9.9	9.8	7.9	6.8	5.7	9.9	....	7.4	7.7	7.4	7.6	7.6	59.1	59.2	57.6	57.1	57.0	59.0
14	4.0	2.8	1.4	0.7	0.0	—0.2	3.7	4.0	....	7.0	6.7	6.6	6.6	6.4	57.6	58.6	57.6	57.6	57.8	59.0
15	*-2.0	—1.5	—2.1	—3.3	—3.5	—3.2	—2.2	—1.5	....	6.1	6.2	5.8	6.0	6.1	* 61.3	65.2	67.3	69.8	71.7	72.9
16	—4.7	—2.2	0.8	1.1	1.0	1.7	—6.1	1.7	....	6.7	6.4	6.0	6.1	5.8	* 74.9	75.3	74.8	74.1	74.3	74.7
17	—0.2	2.6	3.8	3.1	1.7	0.1	—1.2	3.8	....	5.6	6.0	5.7	6.1	5.9	76.3	77.6	77.4	77.2	77.0	76.6
18	—1.4	—0.2	1.9	3.3	1.6	0.7	—2.1	3.3	....	5.6	6.1	5.8	6.0	6.2	* 75.2	75.2	74.3	73.6	73.3	73.1
19	—1.7	1.2	3.8	4.9	3.2	1.5	—2.0	4.9	....	6.2	6.5	6.2	6.2	6.4	71.1	71.4	70.6	69.8	69.8	69.7
20	—1.2	1.2	4.8	*4 5	3.8	3.7	—1.2	4.8	....	6.1	6.3	*6.4	6.4	6.6	69.8	70.9	71.1	*71.6	72.1	72.6
21	4.4	5.2	6.1	6.3	4.8	3.8	3.4	6.3	....	6.6	6.4	6.4	6.5	6.6	74.2	74.6	74.6	74.6	74.5	74.6
22	4.2	5.2	5.3	4.8	3.0	1.9	1.9	5.3	....	6.6	6.5	6.6	6.6	6.8	75.0	74.8	74.8	74.4	73.5	73.3
23	2.2	4.6	5.1	4.6	2.7	0.8	1.8	5.1	....	7.1	6.8	6.8	7.1	7.2	* 70.7	69.8	68.6	66.9	66.3	65.8
24	—0.2	2.7	5.2	5.1	3.7	3.2	—0.7	5.2	....	6.9	7.0	6.7	7.0	7.0	63.1	62.5	61.5	62.0	62.5	62.9
25	1.3	1.2	2.7	3 3	2.2	1.3	1.3	3.3	....	6.8	7.0	6.6	6.8	7.0	66.1	67.6	68.0	68.4	69.8	71.0
26	2.0	3.8	4.0	3.2	2.1	1.2	0.6	4.0	....	6.8	7.0	6.9	6.7	6.8	71.6	72.1	71.5	70.3	70.2	69.6
27	1.1	3.7	5.2	4.7	3·3	2.8	0.5	5.2	....	6.6	6.7	6.6	6.8	6.8	67.6	67.6	66.4	65.4	65.4	65.5
28	2.6	3 4	4.1	3.7	3.5	2.8	2.6	4.1	....	6.5	6.7	6.9	7.1	7.2	64.6	65.3	65.0	65.2	66.1	66.6
29	2.4	3.8	4.3	4.3	3.7	2.6	1.8	4.3	....	7.0	7.0	6.9	6.8	6.7	* 68.4	69.0	69.0	69.1	69.7	70.5
30	—0.3	1.9	5.9	6.4	3.8	2.8	—1.0	6.4	....	6.1	6.8	6.5	6.6	6.5	71.2	72.0	71.4	70.7	71.0	71.3
31	1.7	5.2	6.7	5.5	3.8	2.3	1.0	6.7	....	6.3	6.6	6.4	6.4	6.5	69.9	71.1	70.4	70.0	70.2	70.3
Moyenn.																				
Mois......	1.48	2.80	3.94	3.76	2.76	2.24	0.84	4.30	....	6.69	6.81	6.68	6.75	6.75	767.82	768.51	768.09	767.89	768.11	768.47
1er au 10	2.36	2.70	3.51	3.24	2.61	2.50	1.94	3.79	....	7.15	7.20	7.09	7.07	7.00	764.93	765.86	765.55	765.66	766.08	766.67
11 au 20	0.07	2.00	3.25	3.22	2.29	1.87	—0.67	3.96	....	6.27	6.47	6.30	6.41	6.42	769.08	769.89	769.40	769.11	769.13	769.45
21 au 31	1.95	3.70	4.96	4.72	3.33	2.31	1.20	5.08	....	6.66	6.77	6.66	6.76	6.83	769.31	769.67	769.20	768.82	769.02	769.22
									Février.											
1	*0.0	4.6	5.9	5.7	3.7	1.9	0.2	5.9	....	6.5	7.0	6.6	6.7	6.5	*770.5	770.8	771.4	770.3	770.4	770.7
2	—0.2	3.2	5.0	5.7	2.8	0.8	—0.7	5.7	....	6.4	7.0	6.4	6.4	6.2	71.4	71.8	71.1	69.8	69.0	68.2
3	—0.5	4.8	7.5	*6.7	6.0	6.0	—0.5	7.5	....	6.2	6.3	*6.2	6.2	6.1	65.6	65.3	64.5	*63.4	62.9	62.2
4	5.1	8.8	9.3	8.8	7.8	7.9	4.8	9.3	....	6.1	6.1	6.0	6.0	5.9	62.2	63.2	62.6	62.2	62.3	62.4
5	3.9	4.5	10.3	8.5	5.6	4.8	2.7	10.3	....	5.8	6.5	6.5	6.2	6.0	60.5	60.3	59.2	58.4	58.6	58.4
6	4.8	5.8	6.4	4.6	3.8	3·8	4.6	6.4	....	6.2	6.1	5.9	6.1	6.1	56.1	56.1	56.0	56.4	57.0	58.1
7	2.1	2.6	3.2	2.5	1.9	1.9	2.1	3.2	....	6.0	6.0	5.8	5.7	6.0	61.0	61.6	62.1	62.7	63.2	64.1
8	1.8	2.9	5.3	6.1	4.2	3.1	1.6	6.1	....	5.7	6.3	6.4	5.7	5.8	64.9	65.2	64.7	63.4	63.9	64.4
9	2.3	5.3	6.9	7.6	5.3	5.0	2.0	7.6	....	5.6	5.6	5.9	5.7	5.6	64.3	66.1	65.2	65.4	65.9	66.6
10	4.6	6.0	7.7	7.3	5.7	4.8	2.7	7.7	....	5.6	5.7	5.7	5.7	5.6	67 5	68.5	68.7	68.5	68.5	69.1
11	3.1	4.9	5.9	4.5	3.8	4.8	3.0	5.9	....	5.6	5.8	5.6	5.7	5.7	67.5	67.7	67.4	66.5	65.5	65.5
12	4.0	4.3	3.8	3.8	3.8	3.7	3.7	4.3	....	6.0	6.1	6.1	6.2	6.2	64.2	64.5	64.4	63.6	64.5	65.2
13	2.4	2.8	3.0	3.3	2.8	2.8	2.3	3.3	....	5.9	6.0	6.0	6.0	6.0	67.4	68.6	69.2	69.4	69.8	70.8
14	1.7	2.8	5.2	4.9	3.0	1.8	1.7	5.2	....	5.6	6.1	6.1	6.1	5.7	70.9	71.1	70.4	69.0	68.9	68.0
15	0.0	3.8	5.8	7.9	5.7	3.8	—0.8	7.9	....	5.5	6.1	6.0	5.8	5.6	65.6	65.9	65.7	64.5	64.7	66.0
16	2.1	5.3	6.9	6.7	5.2	4.6	1.8	6.9	....	5.6	5.6	5.7	5.7	5.6	66.8	67.7	67.5	67.1	66.8	66.9
17	0.6	3.9	5.7	5.7	4.8	3.8	0.3	5.7	....	5.4	5.4	5.6	5.7	5.6	66.1	66.0	64.5	63.1	62.0	62.2
18	4.0	7.6	7.7	7.7	7.6	5.8	2.3	7.7	....	5.6	5.6	5.4	5.5	5.5	62.3	62.4	61.5	59.0	57.7	56.7
19	5.6	7.6	6.0	5.2	3.8	2.8	4.6	7.6	....	5.6	5.4	5.5	5.2	5.2	54.0	55.3	56.4	56.0	55.3	55.0
20	2.3	2.7	3.0	2.8	2.8	3.9	1.0	3.0	....	5.3	5.3	5.0	5.1	5.2	55.5	56.2	56.3	56.6	56.8	57.3
21	4.8	5.1	5.8	5.9	5.8	4.8	4.0	5.9	....	6.0	6.3	6.1	6.4	5.9	53.0	52.1	52.5	53.3	54.4	55.2
22	2.3	2.3	1.4	0.9	0.7	0.3	2.2	2.3	....	4.8	4.7	4.6	4.6	4.5	60.5	62.8	64.2	64.4	64.5	64.0
23	—0.2	0.2	0.7	0.5	—0.6	—0.7	—0.3	0.7	....	4.6	4.5	4.5	4.8	4.7	61.2	61.2	60.7	60.1	59.9	59.9
24	0.2	0.8	1.7	2.8	2.2	1.6	—0.8	2.8	....	4.6	4.7	5.0	4.8	4.8	59.1	59.8	60.3	60.7	60.9	62.0
25	2.0	3.2	5.8	5.8	5.6	5.5	0.1	5.8	....	4.5	4.6	4.5	4.5	4.3	60.5	61.7	62.1	61.7	61.3	61.5
26	*5.0	6.2	8.6	8.5	6.5	5.8	5.0	8.6	....	5.0	5.0	5.7	5.4	5.3	* 63.7	65.8	66.3	66.2	66.0	65.5
27	5.4	8.8	9.8	*9.6	9.2	8.2	2.6	9.8	....	5.4	5.5	*5.5	5.5	5.2	63.2	62.8	61.7	*60.2	58.7	58.2
28	7.7	10.2	12.0	11.0	9.2	9.8	7.1	12.0	....	5.2	6.1	6.0	5.7	5.6	55.2	55.1	54.4	53.4	53.1	53.5
Moyenn.																				
Mois......	2.75	4.68	5.94	5.75	4.60	4.04	2.29	6.25	....	5.58	5.76	5.72	5.68	5.59	762.88	763.41	763.25	762.69	762.59	762.77
1er au 10	2.39	4.85	6.75	6.85	4.68	4.00	1.95	6.97	....	6.01	6.26	6.14	6.04	5.98	764.40	764.89	764.55	764.05	764.17	764.42
11 au 20	2.58	4.57	5.30	5.25	4.33	3.78	1.99	5.75	....	5.61	5.74	5.70	5.70	5.63	764.03	764.54	764.33	763.48	763.20	763.36
21 au 28	3.40	4.60	5.72	5.62	4.82	4.41	2.50	5.99	....	5.01	5.17	5.24	5.21	5.04	759.55	760.16	760.27	760.00	759.85	759.97

Hauteur du niveau du Bosphore.						Direction et force du vent.						Pluie en millim.	Vent à midi.	Ciel à midi.	Ozone. Max. des 24 h.	Pluie en millim.	Jours du mois.
6 h. du matin.	9 h. du matin.	Midi.	3 h. du soir.	6 h. du soir.	9 h. du soir.	6 h. du matin.	9 h. du matin.	Midi.	3 h. du soir.	6 h. du soir.	9 h. du soir.						
Kourou Tchezmè.						**Janvier 1859.**							**Péra.**	**Janvier 1859.**			
cm.	cm.	cm.	cm.	cm.	cm.							mm.				mm.	
. . .	53	53	55	52	50	. . . . .	N.E. 1	N. 2	N. 2	N. 2	N. 3	0.2	N.E. 8	cou. 10	21	3.2	1
51	53	55	61	63	64	N.E. 4	N.E. 4	N.E. 4	N.E. 4	N.E. 4	N.E. 4	13.9	N. 16	plu. 10	21	7.6	2
61	64	59	58	56	54	N.E. 2	N.E. 2	N.E. 3	N.E. 3	N.E. 2	N.E. 1	9.6	N. 8	cou. 10	19	7.5	3
55	53	53	47	45	44	N.E. 2	N.E. 2	N.E. 2	N.E. 2	N.E. 1	Calme. 0	5.7	N. 8	plu. 10	21	8.3	4
50	49	49	48	44	40	Calme. 0	N.E. 1	N.E. 1	N.E. 3	N.E. 1	N.E. 1	4.7	N.E. 8	cou. 10	18	. . . .	5
. . .	30	. . .	. . .	. . .	. . .	N.E. 4	N.E. 3	N.E. 3	N.E. 3	N. 1	N. 2	2.1	E. 8	nei. 10	17	1.5	6
. . .	. . .	. . .	. . .	. . .	. . .	Calme. 0	Calme. 0	Calme. 0	Calme. 0	Calme. 0	Calme. 0	. . . .	E. 2	cl. 0	11	. . . .	7
. . .	. . .	. . .	. . .	. . .	. . .	Calme. 0	S. 1	S. 1	Calme. 0	Calme. 0	Calme. 0	4.5	S.E. 2	nua. 9	9	0.9	8
. . .	. . .	. . .	. . .	. . .	. . .	Calme. 0	N. 1	N.E. 3	N.E. 3	N.E. 3	N.E. 4	5.5	N. 8	nei. 10	17	11.4	9
. . .	. . .	. . .	. . .	. . .	. . .	N.E. 3	N.E. 3	N.E. 3	N.E. 3	N.E. 1	Calme. 0		N. 16	nei. 10	18	2.8	10
. . .	. . .	. . .	. . .	. . .	. . .	Calme. 0	S.O. 1	S. 1	S.O. 2	S.O. 1	S.O. 2	1.4	O. 2	b. 1	14	. . . .	11
. . .	. . .	. . .	. . .	. . .	. . .	S. 3	S. 3	S. 3	S. 2	S. 1	S. 1	. . . .	S.O. 8	cl. 0	12	. . . .	12
. . .	33	35	38	32	37	S. 3	S. 3	S. 3	S. 2	Calme. 0	Calme. 0	1.5	S.O. 16	nua. 7	11	. . . .	13
. . .	33	24	23	21	19	Calme. 0	N. 2	N. 3	N. 4	N. 4	N. 4	5.0	N.E. 8	nei. 10	11	10.2	14
. . .	20	20	23	21	23	N. 3	Calme. 0	S. 2	N. 4	N. 3	Calme. 0	6.0	N.E. 16	nei. 7	21	13.0	15
. . .	32	33	33	30	35	Calme. 0	Calme. 0	S. 1	S. 3	S. 2	S. 2	. . . .	S.O. 8	cl. 0	13	. . . .	16
. . .	33	30	35	25	26	Calme. 0	Calme. 0	S. 1	S. 4	S. 1	Calme. 0	. . . .	O. 1	b. 1	10	. . . .	17
. . .	36	35	33	31	32	Calme. 0	Calme. 0	S. 1	Calme. 0	Calme. 0	Calme. 0	. . . .	S.E. 1	cou. 10	8	. . . .	18
. . .	35	36	33	27	29	Calme. 0	Calme. 0	S. 1	N.E. 1	Calme. 0	Calme. 0	2.7	S.E. 2	nua. 5	6	. . . .	19
. . .	33	34	*32	27	28	Calme. 0	Calme. 0	Calme. 0	N.E. 1	Calme. 0	Calme. 0		S.O. 4	b. 1	6	1.9	20
. . .	23	35	32	30	28	Calme. 0	Calme. 0	N.E. 1	N.E. 1	Calme. 0	Calme. 0	0.3	N.O. 2	cou. 10	12	. . . .	21
. . .	29	31	29	24	23	Calme. 0	N.E. 1	N. 2	N. 1	Calme. 0	Calme. 0	. . . .	N.E. 3	nua. 9	11	0.1	22
. . .	28	31	30	31	31	Calme. 0	N. 1	N.E. 1	N. 2	Calme. 0	Calme. 0	. . . .	N.E. 2	b. 4	10	. . . .	23
. . .	34	36	35	34	33	Calme. 0	N.E. 1	N. 1	N.E. 2	Calme. 0	Calme. 0	11.8	N.E. 2	nua. 5	9	2.0	24
. . .	36	37	37	38	39	Calme. 0	Calme. 0	N.E. 2	N. 1	Calme. 0	Calme. 0		N. 4	nei. 9	21	6.5	25
. . .	33	32	30	29	29	N.E. 2	N.E. 1	N.E. 2	N.E. 2	N.E. 1	Calme. 0	0.3	E. 2	nua. 9	16	. . . .	26
. . .	32	34	34	28	29	N.E. 1	N.E. 1	N.E. 2	N.E. 3	N.E. 2	N.E. 2	. . . .	E. 8	b. 4	11	. . . .	27
. . .	30	30	29	30	30	N.E. 2	N.E. 2	N.E. 2	N.E. 2	Calme. 0	Calme. 0	. . . .	N.E. 4	cou. 10	11	0.4	28
. . .	36	37	34	37	37	Calme. 0	N.E. 2	Calme. 0	N.E. 3	Calme. 0	Calme. 0	3.8	N. 2	cou. 10	15	2.0	29
. . .	40	38	37	35	38	Calme. 0	N.E. 1	N.E. 1	N.E. 1	N.E. 1	Calme. 0	. . . .	E. 1	b. 1	14	. . . .	30
. . .	38	34	30	30	31	Calme. 0	N.E. 1	N.E. 1	N.E. 2	Calme. 0	Calme. 0	. . . .	E. 4	b. 4	12	. . . .	31
						Zone dominante.							Z. domin.				*Moyenn.*
. . .	36.6	37.1	36.5	34.2	34.5	N.E. 0.9	N. 1.2	N.E. 1.7	N.E. 2.0	N.E. 1.0	N.E. 0.8	79.0	N.E. 5.9	nua. 6.6	13.7	79.3	Mois......
54.2	50.3	53.8	53.8	52.0	50.4	N.E. 1.7	N.E. 1.8	N.E. 2.2	N.E. 2.3	N.E. 1.5	N.E. 1.5	46.2	N.E. 8.4	nua. 8.9	17.2	43.2	1er au 10
. . .	31.9	30.9	31.2	26.8	28.6	S. 0.9	S. 0.9	S. 1.6	S. 2.0	S. 1.2	S. 0.9	16.6	S. 6.6	nua. 4.2	11.2	25.1	11 au 20
. . .	32.6	34.1	32.5	31.5	31.6	N.E. 0.4	N.E. 1.0	N.E. 1.4	N.E. 1.8	N.E. 0.4	N.E. 0.2	16.2	N.E. 3.1	nua. 6.8	12.9	11.0	21 au 31
						Février.								**Février.**			
. . .	34	33	29	30	33	Calme. 0	Calme. 0	N.E. 2	N.E. 2	Calme. 0	Calme. 0	. . . .	E. 2	b. 3	11	. . . .	1
41	38	35	34	34	37	Calme. 0	N.E. 1	S. 1	S. 1	Calme. 0	Calme. 0	. . . .	S. 4	cl. 0	11	. . . .	2
41	42	43	*39	37	41	S. 1	S. 2	S. 1	S. 1	S. 1	S. 3	. . . .	S. 4	nua. 8	1	. . . .	3
. . .	40	41	37	35	39	S. 1	S. 1	S. 2	S. 2	Calme. 0	Calme. 0	. . . .	S.E. 4	nua. 9	8	. . . .	4
. . .	39	42	39	37	38	Calme. 0	Calme. 0	N.E. 1	N.E. 1	N.E. 2	N.E. 2	. . . .	N.E. 4	b. 4	5	. . . .	5
. . .	37	40	38	35	39	Calme. 0	N.E. 1	N.E. 3	N.E. 2	N.E. 1	N.E. 1	1.4	N. 4	cou. 10	13	1.2	6
. . .	42	43	39	38	39	N.E. 2	N.E. 2	N.E. 1	N.E. 2	N.E. 1	Calme. 0	. . . .	N.O. 8	cou. 10	17	. . . .	7
. . .	39	40	31	41	40	Calme. 0	Calme. 0	N.E. 1	S. 1	N.E. 1	Calme. 0	. . . .	S.E. 2	nua. 5	11	. . . .	8
. . .	42	43	41	39	39	N.E. 1	N.E. 1	N.E. 1	N.E. 1	N.E. 1	N.E. 1	. . . .	N.E. 2	nua. 7	13	. . . .	9
. . .	38	37	38	37	35	N.E. 1	N.E. 1	N.E. 2	N.E. 1	N.E. 1	N.E. 1	. . . .	N.E. 4	nua. 9	15	. . . .	10
. . .	35	34	34	34	33	Calme. 0	N.E. 1	N.E. 2	N.E. 3	N.E. 3	N.E. 3	3.2	N.E. 4	nua. 9	15	0.5	11
. . .	34	32	32	33	32	N.E. 3	N.E. 3	N.E. 3	N.E. 3	N.E. 3	N.E. 3	6.1	N. 32	plu. 10	21	9.3	12
. . .	34	32	32	33	35	N.E. 1	N.E. 1	N.E. 1	N.E. 1	N.E. 1	Calme. 0	. . . .	N.E. 8	cou. 10	21	. . . .	13
. . .	38	33	33	33	38	N.E. 1	N.E. 1	N.E. 1	N.E. 2	N.E. 1	Calme. 0	. . . .	N.E. 1	cl. 0	11	. . . .	14
. . .	34	41	40	38	39	N.E. 1	N.E. 1	S. 1	S. 1	S. 1	Calme. 0	. . . .	S.E. 1	bd. 3	13	. . . .	15
. . .	39	37	34	33	34	Calme. 0	Calme. 0	N.E. 1	N.E. 1	N.E. 2	N.E. 1	. . . .	N. 4	cou. 10	3	. . . .	16
. . .	39	39	34	34	35	Calme. 0	N.E. 1	S. 2	S. 2	S. 1	Calme. 0	. . . .	S.O. 2	b. 2	13	. . . .	17
. . .	39	39	38	35	37	S. 1	S. 2	S. 3	S. 3	Calme. 0	Calme. 0	. . . .	S.O. 4	cl. 0	13	. . . .	18
. . .	43	41	44	41	39	S. 1	N.E. 1	N.E. 2	N.E. 3	N.E. 2	N.E. 2	17.3	N.E. 3	plu. 10	11	11.9	19
. . .	29	31	32	27	25	N.E. 2	N.E. 2	N.E. 2	N.E. 2	N.E. 3	N.E. 3	7.0	N. 8	plu. 10	21	16.1	20
. . .	29	30	34	35	35	N.E. 4	N.E. 4	N.E. 4	N.E. 2	N.E. 2	N.E. 2	17.5	N.E. 3	plu. 10	21	9.3	21
. . .	49	53	55	53	53	N. 2	N. 2	N. 2	N. 3	N. 3	N. 1	3.7	N.O. 32	nei. 10	21	11.5	22
. . .	49	49	48	47	46	N.E. 2	N.E. 2	N.E. 2	N.E. 2	N.E. 1	N.E. 1	3.3	N.O. 16	nei. 10	19	6.6	23
. . .	45	46	46	45	42	Calme. 0	S. 1	S. 1	S. 1	S. 1	Calme. 0	2.8	O. 3	nei. 10	18	0.6	24
. . .	39	40	39	39	38	S. 1	S. 1	S.O. 2	S.O. 3	S.O. 2	S.O. 2	. . . .	O. 16	nua. 5	19	. . . .	25
. . .	35	34	34	37	35	. . . .	S.O. 1	Calme. 0	N.E. 1	N.E. 1	Calme. 0	. . . .	N.E. 4	nua. 5	9	. . . .	26
. . .	35	32	*34	37	35	S. 1	S. 2	S. 3	S. 1	S. 1	S. 1	. . . .	S.O. 8	cl. 0	14	. . . .	27
. . .	41	43	49	43	45	S.O. 2	S.O. 2	S.O. 3	S.O. 3	S.O. 2	S.O. 2	24.7	S.O. 32	nua. 6	11	18.0	28
						Zone dominante.							Z. domin.				*Moyenn.*
. . .	38.4	38.7	37.7	37.1	37.7	N.E. 1.0	N.E. 1.3	N.E. 1.8	N.E. 1.8	N.E. 1.4	N.E. 1.0	87.0	N.E. 7.8	nua. 6.6	13.5	85.0	Mois......
. . .	39.1	39.7	36.5	36.3	38.0	N.E. 0.6	N.E. 0.9	N.E. 1.5	N.E. 1.4	N.E. 0.8	N.E. 0.8	1.4	N.E. 3.8	nua. 6.5	10.5	1.2	1er au 10
. . .	36.4	35.9	35.3	34.1	34.7	N.E. 1.0	N.E. 1.3	N.E. 1.8	N.E. 2.1	N.E. 1.7	N.E. 1.2	33.6	N.E. 6.7	nua. 6.4	14.2	37.8	11 au 20
. . .	40.2	40.9	42.4	42.0	41.1	S. 1.7	S. 1.9	S. 2.1	S. 2.0	S. 1.6	S. 1.1	52.0	O. 14.2	nua. 7.0	16.5	46.0	21 au 28

JOURS DU MOIS.	TEMPÉRATURE DE L'AIR EXTÉRIEUR.								TEMPÉRATURE DE L'EAU DU BOSPHORE.						BAROMÈTRE A 0.					
	6 h. du matin.	9 h. du matin.	Midi.	3 h. du soir.	6 h. du soir.	9 h. du soir.	Min.	Max.	6 h. du matin.	9 h. du matin.	Midi.	3 h. du soir.	6 h. du soir.	9 h. du soir.	6 h. du matin.	9 h. du matin.	Midi.	3 h. du soir.	6 h. du soir.	9 h. du soir.
KOUROU TCHEZMÉ.									**Mars 1859.**											
	°	°	°	°	°	°	°	°	°	°	°	°	°	°	mm.	mm.	mm.	mm.	mm.	mm.
1	6.4	7.7	8.8	8.6	5.3	4.8	6.3	8.8	6.4	6.7	7.1	7.1	6.6	6.0	754.8	755.8	756.8	757.6	759.4	760.9
2	3.9	5.0	6.8	5.7	4.3	3.7	3.9	6.8	5.1	5.3	5.5	5.5	5.4	5.1	61.7	61.7	61.0	60.7	60.1	60.5
3	2.5	2.9	3.8	2.7	2.0	1.8	2.4	3.8	*4.6	4.8	5.0	5.0	5.0	5.0	59.2	59.4	59.5	59.6	60.2	60.8
4	1.5	2.1	2.8	2.6	2.1	2.0	0.8	2.8	*5.1	5.3	5.3	5.3	5.2	5.3	60.3	60.8	60.6	60.5	60.8	60.8
5	0.6	2.9	4.7	5.7	2.8	2.8	−0.2	5.7	5.2	5.4	5.3	5.4	5.2	5.3	60.0	60.8	61.1	60.8	62.0	62.7
6	0.1	2.0	4.1	4.0	*3.8	*3.6	0.0	4.1	*4.8	5.0	5.5	5.1	*5.1	*5.0	63.0	63.1	62.6	61.3	*60.0	*58.0
7	5.0	4.7	6.0	6.8	5.9	3.0	2.8	6.8	*4.8	5.0	5.1	5.1	5.2	5.0	56.7	59.5	60.1	60.2	61.4	63.5
8	2.8	4.5	5.8	5.1	4.7	3.6	2.1	5.8	4.8	5.1	5.4	5.2	5.3	5.1	65.3	66.3	66.1	65.3	64.8	65.3
9	2.0	6.0	6.0	5.6	5.0	2.8	1.5	6.0	4.6	5.4	6.0	5.5	5.4	5.4	65.7	66.5	65.7	64.8	64.4	64.1
10	1.2	7.8	9.7	7.7	5.8	5.6	1.0	9.7	4.7	5.5	5.5	5.7	5.5	5.5	65.1	66.3	66.9	68.1	69.2	71.1
11	4.8	6.8	7.8	7.7	5.2	4.3	4.7	7.8	5.4	5.6	6.0	6.0	5.6	5.5	72.3	74.2	74.6	74.2	74.3	74.4
12	2.5	7.9	9.7	8.8	6.7	4.8	2.3	9.7	5.1	6.4	6.6	6.4	6.1	5.8	73.1	73.0	71.3	70.8	70.1	69.3
13	1.5	7.8	8.8	*8.3	8.5	8.2	1.2	8.8	5.5	6.4	7.4	*6.5	6.3	6.1	*67.5	67.6	66.0	65.5	64.5	63.6
14	6.0	10.2	10.8	12.8	10.8	9.9	5.8	12.8	5.6	6.6	7.6	6.8	6.8	6.6	64.7	64.0	63.7	62.5	62.6	63.0
15	7.0	11.2	12.1	14.3	12.0	11.8	6.8	14.3	5.9	7.0	7.6	7.6	7.6	7.0	64.0	64.2	63.7	62.5	62.4	62.5
16	*8.7	10.4	11.8	14.8	12.8	11.8	8.7	14.8	*5.5	6.5	7.0	7.2	7.1	6.8	*65.2	65.7	65.8	65.0	65.0	64.8
17	8.7	13.2	13.6	14.8	13.1	10.7	8.7	14.8	6.1	7.4	7.4	7.3	7.1	*6.6	60.7	66.3	65.8	64.0	64.8	64.9
18	8.5	12.7	13.3	12.7	10.6	9.7	8.2	13.3	7.6	7.6	7.6	7.6	6.8	6.6	65.0	66.6	66.2	66.0	65.5	65.4
19	8.0	8.7	10.7	8.9	7.8	7.4	7.8	10.7	6.6	6.7	7.3	7.1	6.9	6.6	63.5	63.1	61.7	61.9	62.2	63.0
20	7.1	7.6	7.8	8.0	7.5	6.9	6.8	8.0	6.6	6.6	6.7	6.7	6.7	6.7	63.8	64.7	65.6	66.0	67.0	68.1
21	5.8	9.7	11.4	*9.4	7.4	6.0	5.8	11.4	6.7	7.3	7.6	*7.6	7.0	6.7	69.2	69.7	68.9	*68.8	68.8	67.1
22	3.7	7.0	9.8	*9.7	9.5	6.8	3.3	9.8	6.6	7.0	*7.2	*7.1	7.1	7.1	65.3	65.0	64.3	*62.5	60.7	59.5
23	6.7	9.8	11.3	11.8	8.4	7.3	5.7	11.8	7.1	7.0	7.2	7.1	7.0	7.0	53.2	51.5	49.2	48.5	49.0	49.5
24	8.2	9.4	8.8	8.1	6.6	5.8	7.0	9.4	6.7	6.7	6.7	6.9	6.9	6.7	53.4	55.6	56.9	57.0	57.0	57.6
25	5.5	8.5	9.8	9.8	8.8	8.3	4.2	9.8	6.7	7.0	7.1	7.1	6.8	6.7	55.9	56.7	56.7	56.3	56.5	56.5
26	5.8	11.8	11.9	12.2	9.9	7.8	5.7	12.2	6.7	7.3	7.4	7.4	7.1	6.8	56.7	57.7	57.3	57.1	57.6	59.6
27	5.9	10.8	11.0	12.3	9.3	8.8	5.4	12.3	7.3	7.2	8.0	7.6	7.3	7.2	63.1	63.7	62.8	61.7	61.4	62.2
28	6.6	8.2	9.3	8.8	6.3	5.1	6.0	9.3	7.0	7.0	7.4	7.0	7.2	7.1	67.4	69.0	69.3	69.2	70.0	70.4
29	5.0	7.0	9.0	7.3	5.8	5.2	4.3	9.0	6.6	6.9	7.1	7.0	6.8	6.8	70.4	70.6	69.4	68.2	67.6	67.4
30	5.5	6.7	8.1	7.8	6.5	5.8	4.8	8.1	7.0	7.0	7.2	7.3	7.2	6.8	65.6	65.0	64.0	62.8	62.4	62.3
31	5.7	7.3	9.3	10.2	8.3	8.0	5.4	10.2	6.8	6.9	8.1	7.4	7.3	6.9	60.9	60.5	59.6	57.5	56.9	57.6
Moyenn.																				
Mois......	4.94	7.69	8.86	8.81	7.21	6.26	4.49	9.31	5.97	6.37	6.71	6.57	6.41	6.22	762.99	763.69	763.35	762.83	762.86	763.11
1er au 10	2.60	4.56	5.85	5.45	4.17	3.37	2.06	6.03	5.01	5.35	5.57	5.49	5.39	5.27	761.18	762.02	762.04	761.89	762.23	762.77
11 au 20	6.28	9.65	10.64	11.11	9.50	8.55	6.10	11.50	5.99	6.68	7.12	6.92	6.70	6.43	765.98	766.94	766.50	765.93	765.84	765.90
21 au 31	5.85	8.75	9.97	9.76	7.89	6.81	5.24	10.30	6.84	7.03	7.36	7.23	7.06	6.89	761.92	762.27	761.67	760.87	760.72	760.88
									Avril.											
1	8.6	13.1	15.9	17.0	11.7	10.6	7.6	17.0	6.7	6.7	8.3	8.6	7.5	7.2	759.2	760.2	760.4	760.0	760.2	761.4
2	9.8	12.8	17.0	17.7	8.7	6.9	9.1	17.7	7.4	7.2	7.3	7.5	7.4	7.2	62.1	62.2	61.9	61.1	63.1	64.3
3	5.8	5.8	5.8	5.7	5.3	5.6	5.6	5.8	7.2	7.4	7.4	7.5	7.6	7.6	62.6	62.8	61.9	59.9	59.7	59.4
4	2.0	3.0	6.7	7.6	5.7	4.0	1.8	7.6	7.4	7.2	7.5	7.5	7.5	7.4	63.1	63.7	63.1	62.8	63.4	62.8
5	5.3	7.1	8.6	8.6	7.9	8.1	3.3	8.6	7.5	7.5	7.4	7.4	7.5	7.5	60.4	60.7	60.1	59.6	59.1	59.7
6	7.7	8.5	9.8	8.3	6.8	4.7	7.3	9.8	7.2	7.5	7.6	7.6	7.5	7.5	61.6	62.6	63.2	63.2	63.8	65.5
7	4.8	8.2	8.7	8.2	5.3	4.5	4.6	8.7	7.3	7.6	7.8	7.7	7.5	7.5	66.8	67.9	68.4	68.4	69.2	69.4
8	1.8	7.1	7.6	8.3	5.8	4.6	1.7	8.3	7.4	7.5	7.7	7.6	7.5	7.3	68.5	68.1	67.6	66.1	66.0	65.5
9	4.3	8.7	9.4	8.9	6.0	3.8	2.8	9.4	7.2	7.5	8.0	7.8	7.6	7.5	65.0	64.0	63.1	62.3	62.3	61.7
10	4.4	9.6	10.0	11.9	12.7	9.8	2.8	12.7	7.2	7.4	8.3	8.0	7.8	7.6	59.5	59.1	58.1	57.3	56.7	57.0
11	8.9	14.9	16.0	14.8	13.3	13.2	8.7	16.0	7.5	7.6	7.7	7.9	7.9	7.7	57.4	57.7	57.3	56.8	56.8	56.8
12	12.8	15.8	18.2	17.0	15.5	12.9	11.2	18.2	7.6	8.1	8.8	9.0	9.4	8.6	58.1	59.3	59.4	59.2	59.1	59.5
13	10.3	19.9	24.0	19.6	15.8	15.8	8.6	24.0	8.6	8.7	9.2	8.9	8.7	8.4	59.7	59.3	57.9	55.8	54.7	54.1
14	10.8	12.0	15.8	17.7	13.0	10.9	10.2	17.7	9.1	9.4	9.5	9.4	9.4	9.3	51.7	50.3	49.3	47.9	48.6	18.7
15	9.8	12.3	11.9	14.8	14.8	12.8	9.3	14.8	8.5	8.5	9.1	9.1	8.7	8.6	51.4	53.5	53.7	54.0	53.9	53.8
16	12.3	15.5	16.8	15.8	16.7	13.7	11.8	16.8	8.5	8.7	9.7	9.6	9.6	9.1	53.9	54.0	53.7	53.2	53.6	55.9
17	11.9	14.8	17.2	19.3	15.0	13.2	11.1	19.3	8.8	9.1	9.5	10.1	9.6	9.4	58.7	61.0	60.6	59.5	59.4	59.6
18	12.0	16.8	17.8	18.8	17.8	12.8	10.8	18.8	8.7	9.3	9.6	9.5	9.5	9.3	58.4	58.5	58.1	56.9	55.9	57.9
19	10.7	14.7	12.9	13.9	11.7	9.8	10.3	14.7	8.6	9.2	9.6	9.5	9.2	8.7	61.7	64.4	65.2	65.0	64.4	64.3
20	6.7	12.3	18.3	15.7	13.7	12.5	6.6	18.3	8.5	8.9	10.1	9.7	9.4	9.1	62.9	62.4	61.9	60.6	59.7	59.4
21	12.2	18.6	19.8	19.9	18.8	14.8	9.8	19.9	8.8	9.5	10.0	10.1	9.7	9.3	59.1	59.3	59.4	58.9	58.9	59.4
22	11.0	19.7	23.6	20.1	18.7	15.8	10.8	23.6	8.6	9.1	9.6	9.5	9.5	9.5	59.1	58.7	58.3	57.1	56.7	56.4
23	13.6	15.8	21.3	17.2	22.8	17.4	12.8	22.8	9.4	9.5	10.5	10.5	10.6	10.2	55.4	55.4	55.1	54.5	54.6	56.0
24	11.8	20.2	18.8	19.6	19.2	15.7	11.2	20.2	9.5	10.8	11.1	11.5	11.5	11.1	56.3	56.6	56.5	55.4	55.7	56.5
25	10.8	16.8	16.8	16.3	15.1	13.4	10.3	16.8	10.6	11.0	11.5	11.6	11.6	11.5	57.0	57.4	57.4	57.1	57.0	56.9
26	12.2	12.7	14.7	13.7	12.1	11.9	11.8	14.7	11.4	11.4	11.5	11.6	11.6	11.6	55.4	55.4	55.1	54.3	54.0	53.6
27	10.9	11.0	12.3	11.8	11.6	11.2	10.8	12.3	11.2	11.3	11.5	11.4	11.4	11.3	53.2	53.6	54.5	55.4	54.9	55.5
28	10.6	16.8	17.2	16.6	14.0	12.5	9.8	17.2	11.2	11.5	12.0	11.9	11.5	11.5	56.3	57.3	57.8	57.9	58.0	58.6
29	11.1	15.8	16.1	17.6	17.9	16.8	10.2	17.9	11.4	11.5	12.2	12.3	11.8	11.6	59.6	60.1	59.8	58.4	57.8	57.4
30	13.5	19.7	19.0	16.3	14.8	12.8	12.6	19.7	11.5	11.6	12.1	12.0	12.2	11.7	57.7	58.6	59.3	59.4	60.2	60.6
Moyenn.																				
Mois......	9.28	13.33	14.93	14.62	12.97	11.08	8.51	15.64	8.68	8.94	9.40	9.41	9.27	9.06	759.06	759.47	759.27	758.60	758.58	758.92
1er au 10	5.45	8.39	9.95	10.22	7.59	6.26	4.66	10.56	7.25	7.35	7.73	7.72	7.54	7.43	762.88	763.13	762.78	762.07	762.35	762.67
11 au 20	10.62	14.90	16.89	16.74	14.82	12.76	9.86	17.86	8.43	8.75	9.28	9.27	9.14	8.82	757.39	758.04	757.71	756.89	756.61	757.00
21 au 30	11.77	16.71	17.96	16.91	16.50	14.23	11.01	18.51	10.36	10.72	11.20	11.24	11.14	10.93	756.91	757.24	757.32	756.84	756.78	757.09

HAUTEUR DU NIVEAU DU BOSPHORE.						DIRECTION ET FORCE DU VENT.						PLUIE EN MILLIM.	VENT A MIDI.	CIEL A MIDI.	OZONE. Max. des 24h.	PLUIE EN MILLIM.	JOURS DU MOIS.
6 h. du matin.	9 h. du matin.	Midi.	3 h. du soir.	6 h. du soir.	9 h. du soir.	6 h. du matin.	9 h. du matin.	Midi.	3 h. du soir.	6 h. du soir.	9 h. du soir.						
KOUROU TCHEZMÈ.						Mars 1859.							PÉRA.	Mars 1859.			
cm.	cm.	cm.	cm.	cm.								mm.				mm.	
40	41	42	37	35	33	S.O. 1	S.O. 1	S.O. 1	N.E. 2	N.E. 1	N.E. 1	....	O. 4	nua. 6	21	11.5	1
34	32	30	32	34	34	N.E. 1	N.E. 2	N.E. 2	N.E. 2	N.E. 2	N.E. 2	0.5	N.E. 3	cou. 10	18	0.8	2
33	34	30	26	26	31	N.E. 2	N.E. 2	N.E. 2	N.E. 3	N.E. 3	N.E. 3	4.4	N.E. 16	plu. 10	19	5.4	3
31	32	31	30	30	32	N.E. 3	N.E. 3	N.E. 2	N.E. 3	N.E. 3	N.E. 2	....	N.E. 8	cou. 10	16	1.6	4
33	33	31	31	45	47	Calme. 0	Calme. 0	N.E. 1	N.E. 1	N.E. 1	N.E. 1	0.6	N.E. 2	nua. 9	10	....	5
44	43	42	47	67	*67	Calme. 0	N.E. 1	Calme. 0	S. 2	S. 2	S. 3	2.1	O. 3	nua. 9	11	1.6	6
...	44	33	49	46	46	O. 1	S. 1	S. 1	Calme. 0	N.E. 1	N.E. 1	2.9	N.E. 4	nua. 9	15	7.0	7
41	40	38	39	39	41	N. 1	N. 1	Calme. 0	N. 1	Calme. 0	Calme. 0	....	N. 4	nua. 9	15	....	8
39	38	39	38	33	38	Calme. 0	Calme. 0	S. 1	S. 1	Calme. 0	Calme. 0	....	S. 1	cl. 0	11	....	9
39	40	34	34	32	35	Calme. 0	Calme. 0	N. 1	N. 1	N. 2	N. 2	....	N.O. 4	nua. 7	7	....	10
31	35	34	33	31	30	N. 1	N. 1	N. 1	N. 1	N. 1	N. 1	....	N.E. 4	nua. 5	18	....	11
30	31	31	30	31	31	N. 1	N. 1	N. 1	N. 1	N. 1	N. 1	....	N.E. 3	cl. 0	13	....	12
35	36	40	...	39	44	S. 1	Calme. 0	S. 2	S. 2	....	Calme. 0	....	S.O. 8	b. 2	7	....	13
33	44	42	49	45	46	S.O. 1	S.O. 1	S.O. 2	S.O. 2	S.O. 2	S.O. 1	....	S.O. 2	b. 4	10	....	14
33	41	46	35	35	36	S.O. 1	S.O. 1	S. 1	S.O. 2	S. 1	Calme. 0	....	S.O. 8	cl. 0	11	....	15
...	45	42	40	38	46	S. 1	S. 2	S. 1	Calme. 0	S. 1	S. 2	....	S.O. 8	nua. 9	9	....	16
43	48	46	39	45	50	S. 2	S. 2	S. 2	S. 2	S. 1	S. 1	....	S.O. 4	b. 3	9	....	17
47	50	46	41	43	45	Calme. 0	N.E. 1	N.E. 1	N.E. 1	N.E. 2	N.E. 2	...	N.E. 4	b. 4	8	....	18
45	51	52	49	48	49	N.E. 1	N.E. 1	N.E. 2	N.E. 2	N.E. 1	N.E. 1	1.5	N. 4	nua. 9	10	1.3	19
48	53	48	47	48	50	Calme. 0	N.E. 1	N.E. 1	N.E. 1	N.E. 1	Calme. 0	1.8	N.O. 4	plu. 10	16	3.0	20
45	45	45	...	42	45	N. 1	N. 1	Calme. 0	....	N. 1	N. 1	....	E. 1	cou. 10	18	....	21
42	45	...	...	42	43	Calme. 0	N.E. 1	....	N.E. 1	N.E. 1	N.E. 1	....	S.E. 2	bd. 10	16	....	22
49	54	55	53	62	58	Calme. 0	N.E. 1	N.E. 1	S. 1	N.E. 1	Calme. 0	....	N.E. 3	nua. 5	14	0.3	23
64	62	55	53	54	55	S. 1	N.E. 1	N.E. 1	Calme. 0	Calme. 1	Calme. 0	....	N.O. 3	cou. 10	11	0.9	24
58	55	54	42	50	54	Calme. 0	Calme. 0	Calme. 0	S. 1	S. 2	Calme. 0	1.0	S.O. 1	cou. 10	14	0.5	25
50	52	53	51	53	55	Calme. 0	S. 1	S. 1	Calme. 0	Calme. 0	N.E. 1	....	S. 2	b. 1	13	....	26
51	50	49	51	49	49	N.E. 1	N.E. 1	S. 2	Calme. 0	Calme. 0	Calme. 0	....	S.E. 2	b. 3	16	....	27
52	48	44	41	40	39	N. 1	N. 1	N. 1	N. 2	N. 2	N. 2	....	N.E. 4	nua. 8	15	....	28
38	39	38	35	44	35	N. 1	N. 3	N. 3	N. 3	N. 3	N. 2	....	N.E. 8	nua. 5	10	....	29
35	38	39	38	39	39	N. 1	N. 1	N. 1	N. 1	Calme. 0	Calme. 0	....	N.E. 3	cou. 10	10	....	30
47	50	51	52	55	60	Calme. 0	S. 1	S. 2	S. 1	Calme. 0	Calme. 0	....	S.O. 2	b. 1	10	....	31
						Zone dominante.							Z. domin.				Moyenn.
41.7	43.5	42.0	40.8	42.6	44.0	N. 0.8	N.E. 1.1	N.E. 1.2	N. 1.3	N. 1.2	N. 1.0	14.8	N.E. 4.2	nua. 6.4	12.9	33.9	Mois...
37.1	37.7	35.0	36.3	38.7	40.4	N.E. 0.9	N.E. 1.1	N.E. 1.1	N.E. 1.6	N.E. 1.5	N.E. 1.5	10.5	N.E. 4.9	nua. 7.9	14.3	27.9	1er au 10
38.3	43.4	42.7	40.3	40.3	42.7	S.O. 0.9	S. 1.1	S. 1.4	S. 1.4	S. 1.1	N. 0.9	3.3	S.O. 4.9	nua. 4.6	11.1	4.3	11 au 20
48.3	48.9	48.3	46.2	48.2	48.4	N. 0.5	N.E. 1.1	N.E. 1.2	N. 1.0	N. 0.9	N. 0.6	1.0	N.E. 2.8	nua. 6.6	13.4	1.7	21 au 31
						Avril.								Avril.			
67	64	65	62	66	64	S. 2	S. 2	S. 2	S. 1	Calme. 0	Calme. 0	....	S.O. 16	nua. 8	10	....	1
60	65	67	63	55	57	Calme. 0	Calme. 0	Calme. 0	N.E. 1	N. 3	N. 3	3.0	Calme. 0	bru. 10	8	1.5	2
45	40	37	31	28	28	N. 3	N. 3	N. 3	N. 4	N. 4	N. 4	16.7	N. 16	plu. 10	17	5.7	3
35	39	35	32	37	39	N. 1	N. 1	N. 1	N. 1	N. 1	Calme. 0	3.7	Calme. 0	nua. 9	21	17.0	4
43	47	47	54	53	50	S.O. 1	S. 1	S. 1	S. 2	S. 2	Calme. 0	1.5	O. 2	cou. 10	19	1.0	5
52	53	52	47	48	44	Calme. 0	N. 1	N. 1	N. 1	N. 2	N. 3	0.3	N. 4	cou. 10	17	0.6	6
37	35	34	31	30	32	N. 1	N. 2	N. 2	N. 3	N. 1	N. 1	....	N.E. 8	b. 3	14	....	7
30	36	39	38	34	43	Calme. 0	N. 1	N. 1	N. 1	N. 1	Calme. 0	....	N.E. 2	b. 4	12	....	8
44	42	45	45	44	48	E. 1	N.E. 1	N.E. 1	N.E. 1	N.E. 1	Calme. 0	....	N.E. 4	cl. 0	9	....	9
50	48	45	50	52	53	Calme. 0	S. 1	S. 1	S. 2	Calme. 0	Calme. 0	....	S. 2	cl. 0	8	....	10
52	58	55	55	58	60	Calme. 0	S. 1	S. 2	S. 2	S. 1	Calme. 0	1.0	S. 4	nua. 7	8	0.3	11
65	63	62	59	58	59	S. 3	S. 3	S. 3	S. 1	S. 1	Calme. 0	....	O. 16	b. 3	9	....	12
55	58	53	56	61	64	Calme. 0	Calme. 0	S. 1	S. 1	Calme. 0	Calme. 0	....	S.E. 3	nua. 5	4	....	13
66	69	68	59	61	60	Calme. 0	Calme. 0	Calme. 0	Calme. 0	N. 1	Calme. 0	1.2	O. 1	bru. 10	3	0.7	14
48	53	52	59	65	65	S. 1	S. 2	S. 2	S. 2	S. 2	Calme. 0	1.5	O. 8	b. 3	15	0.7	15
65	65	70	68	69	71	Calme. 0	S. 2	S. 2	S. 2	S. 1	S. 2	....	S.O. 8	nua. 5	16	0.1	16
65	62	61	59	58	61	N.E. 1	N.E. 1	Calme. 0	Calme. 0	Calme. 0	Calme. 0	....	Calme. 0	nua. 5	9	0.1	17
58	60	62	64	63	65	S. 1	S. 2	S. 2	S. 2	S. 1	N.E. 2	4.8	S.O. 16	b. 3	9	....	18
60	57	55	54	50	48	Calme. 0	N.E. 1	N.E. 1	N.E. 1	N.E. 1	Calme. 0	....	N.E. 4	b. 4	13	4.1	19
53	57	60	59	57	60	N. 1	Calme. 0	Calme. 0	Calme. 0	Calme. 0	Calme. 0	....	S.E. 1	bru. 10	10	....	20
56	60	60	58	59	58	S. 1	S. 2	S. 2	S. 1	S. 1	Calme. 0	....	O. 4	nua. 6	8	....	21
54	64	64	65	66	68	Calme. 0	S. 1	S. 1	S. 1	S. 1	Calme. 0	....	S.O. 2	bru. 7	4	....	22
67	70	69	68	71	70	Calme. 0	S. 1	S. 1	Calme. 0	Calme. 0	Calme. 0	....	O. 2	bru. 7	3	....	23
69	69	70	69	72	72	Calme. 0	S. 1	S. 1	Calme. 0	Calme. 0	Calme. 0	0.3	S.O. 2	b. 3	6	....	24
71	70	68	67	68	65	Calme. 0	N.E. 3	N.E. 2	N.E. 2	N.E. 1	Calme. 0	22.3	N.E. 4	nua. 8	10	1.8	25
65	65	66	68	66	69	Calme. 0	Calme. 0	N.E. 1	N.E. 1	Calme. 0	Calme. 0	7.0	N.O. 8	cou. 10	13	25.0	26
68	69	67	65	67	66	N. 1	N. 2	N. 3	N. 3	Calme. 0	Calme. 0	1.2	N. 3	cou. 10	21	6.8	27
68	69	68	67	69	68	Calme. 0	N. 1	N. 1	N. 1	Calme. 0	Calme. 0	....	N.O. 4	nua. 6	18	....	28
68	68	66	67	68	70	Calme. 0	S. 1	S. 2	S. 2	S. 1	Calme. 0	....	S.O. 4	cl. 0	14	....	29
73	71	73	68	69	70	Calme. 0	S. 1	N. 1	Calme. 0	Calme. 0	Calme. 0	6.0	N. 1	nua. 8	9	5.0	30
						Zone dominante.							Z. domin.				Moyenn.
57.0	58.2	57.8	56.9	57.4	58.2	C. 0.6	S. 1.3	N. 1.4	N. 1.3	N. 0.9	C. 0.5	70.5	N. 5.0	nua. 6.1	11.2	70.4	Mois...
46·3	46.9	46.6	45.3	44.7	45.8	N. 0.9	N. 1.3	N. 1.3	N. 1.7	N. 1.5	C. 1.1	25.2	N.E. 5.4	nua. 6.4	13.5	25.8	1er au 10
58.7	60.2	59.8	59.2	60.0	61.3	S. 0.7	S. 1.2	S. 1.3	S. 1.1	S. 0.8	C. 0.4	8.5	S. 6.1	nua. 5.5	9.6	6.0	11 au 20
65.9	67.5	67.1	66.2	67.5	67.6	C. 0.2	S. 1.3	N. 1.5	N. 1.1	C. 0.4	C. 0.0	36.8	N. 3.4	nua. 6.5	10.6	38.6	21 au 30

JOURS DU MOIS.	TEMPÉRATURE DE L'AIR EXTÉRIEUR.								TEMPÉRATURE DE L'EAU DU BOSPHORE.						BAROMÈTRE A 0.					
	6 h. du matin.	9 h. du matin.	Midi.	3 h. du soir.	6 h. du soir.	9 h. du soir.	Min.	Max.	6 h. du matin.	9 h. du matin.	Midi.	3 h. du soir.	6 h. du soir.	9 h. du soir.	6 h. du matin.	9 h. du matin.	Midi.	3 h. du soir.	6 h. du soir.	9 h. du soir.
KOUROU TCHEZMÈ.									Mai 1859.											
	°	°	°	°	°	°	°	°	°	°	°	°	°	°	mm.	mm.	mm.	mm.	mm.	mm.
1	12.2	16.6	16.9	18.7	16.3	13.6	11.8	18.7	11.4	12.1	12.4	12.2	11.8	11.7	761.8	763.1	763.9	763.0	762.8	762.5
2	11.8	18.6	*22.3	20.8	19.7	17.7	11.2	*22.3	11.5	11.6	*12.0	12.0	11.6	11.5	60.9	61.0	*60.2	59.4	57.9	58.2
3	16.0	18.8	22.2	21.2	16.8	13.7	14.6	22.2	11.5	11.6	12.0	12.4	12.4	11.7	59.3	59.2	59.2	59.6	60.4	61.9
4	12.2	14.8	20.1	18.1	17.6	15.8	11.7	20.1	11.6	12.0	12.6	13.0	12.4	12.0	62.7	63.9	63.1	62.5	61.9	61.7
5	13.8	20.8	22.2	24.6	19.4	20.7	12.9	24.6	12.0	12.4	13.0	12.7	12.6	11.7	61.8	61.8	61.5	60.2	59.8	60.3
6	14.2	20.8	26.6	27.5	24.7	23.8	13.8	27.5	11.6	11.8	13.0	13.0	12.7	12.0	60.3	60.0	59.4	58.9	58.5	58.5
7	17.1	20.7	19.9	19.7	16.8	15.3	15.8	20.7	11.7	11.9	13.1	12.5	12.7	12.0	58.6	59.0	58.7	58.3	58.3	58.6
8	12.8	18.8	19.2	17.4	14.8	13.8	12.6	19.2	12.1	12.5	13.3	13.1	12.6	12.7	58.7	58.7	58.5	58.5	58.4	58.2
9	13.8	15.7	15.3	16.4	14.3	13.2	13.3	16.4	12.8	12.8	13.0	13.2	13.1	13.1	58.5	58.7	58.9	58.9	59.1	59.2
10	13.5	13.8	15.4	14.9	12.8	11.7	12.8	15.4	13.1	13.2	13.3	13.2	13.4	13.3	60.1	60.7	60.6	60.8	61.1	61.7
11	11.6	12.8	14.1	14.8	13.0	11.1	10.8	14.8	13.4	13.4	13.5	13.5	13.4	13.2	60.9	61.1	60.6	60.1	59.7	59.4
12	9.8	18.3	19.6	17.0	15.8	14.3	8.3	19.6	13.0	13.4	13.6	13.5	13.2	12.8	58.7	58.5	58.3	58.0	58.2	58.3
13	10.4	17.8	17.8	17.4	15.7	13.5	9.2	17.8	13.0	13.2	13.5	13.4	13.4	13.0	58.8	59.4	59.7	59.0	59.2	59.2
14	13.3	18.3	19.8	17.8	13.9	12.8	11.9	19.8	13.4	13.5	13.5	13.5	13.5	13.3	59.0	58.8	58.8	58.8	59.8	60.6
15	13.5	15.7	16.6	15.6	14.0	13.2	12.0	16.0	12.8	12.6	13.0	12.8	12.5	12.2	61.3	62.0	62.1	62.0	62.2	62.3
16	13.0	16.3	16.7	15.7	14.1	13.2	12.7	16.7	12.2	12.5	12.5	12.6	12.5	12.1	61.8	62.0	62.0	61.7	61.6	61.8
17	13.2	15.1	16.6	15.8	14.2	13.2	12.7	16.6	12.3	12.4	12.5	12.5	12.4	12.0	60.9	62.0	62.0	61.4	61.0	61.2
18	13.0	14.7	17.7	16.7	14.5	12.3	12.2	17.7	12.0	12.1	12.5	12.5	12.5	12.4	61.8	62.4	61.9	61.7	61.2	61.3
19	12.5	15.4	19.6	18.8	16.8	13.7	10.8	19.6	12.5	12.6	13.4	13.6	13.4	13.4	61.6	61.8	60.8	60.5	60.0	59.5
20	14.0	18.8	21.8	23.1	19.3	19.7	11.8	23.1	13.2	12.4	13.5	13.6	13.5	13.6	57.1	57.9	56.1	55.8	56.0	55.1
21	18.1	20.2	20.8	17.8	15.3	14.0	17.0	20.8	13.5	13.5	13.8	14.1	13.6	13.5	52.5	52.7	51.2	51.0	51.8	51.8
22	14.6	17.2	18.0	16.7	16.8	14.7	12.8	18.0	13.5	14.0	14.0	13.4	13.7	13.6	52.1	52.8	52.8	52.7	53.3	53.6
23	14.0	19.3	20.8	23.2	20.8	18.8	12.6	23.2	13.4	13.8	14.1	14.6	14.4	14.4	54.6	55.3	55.6	55.3	54.5	55.2
24	16.8	22.0	21.9	19.6	17.9	16.0	16.3	22.0	14.4	14.5	14.8	14.6	14.3	14.3	55.3	55.4	54.0	53.8	54.5	54.4
25	15.2	16.8	17.8	18.0	16.7	14.9	14.8	18.0	13.8	14.1	14.4	14.3	14.0	13.8	55.0	55.8	56.0	55.3	55.6	56.0
26	14.1	17.2	17.6	20.2	18.3	15.3	13.2	20.2	13.9	14.1	14.5	14.8	14.6	14.4	56.9	57.1	57.0	56.8	56.9	57.8
27	15.6	19.2	19.6	18.8	16.6	15.4	14.3	19.6	14.2	14.6	15.1	14.8	14.5	14.4	57.7	57.6	57.3	56.9	56.4	56.4
28	15.7	16.9	19.0	19.1	17.0	15.8	14.6	19.1	14.3	14.4	14.4	14.4	14.3	14.3	55.1	55.9	56.1	56.3	56.6	57.2
29	14.8	16.8	20.0	19.7	17.8	15.7	13.9	20.0	14.0	14.2	14.4	14.4	14.4	14.3	57.2	57.9	58.0	57.4	57,3	57.5
30	14.8	17.7	19.7	19.9	17.7	15.8	13.6	19.9	14.8	15.3	15.7	15.6	15.5	15.5	57.0	57.0	56.8	56.3	55.9	56.1
31	14.8	18.7	18.2	17.8	18.6	17.7	13.8	18.7	15.5	15.6	15.7	15.5	15.2	15.1	56.7	*57.0	57.4	*57.0	56.3	56.9
Moyenn.																				
Mois....	13.88	17.57	19.15	18.80	16.71	15.17	12.92	19.01	12.98	13.20	13.55	13.53	13.36	13.15	758.54	758.92	758.66	758.32	758.26	758.46
1er au 10	13.74	17.94	20.01	19.93	17.32	15.93	13.05	20.71	11.93	12.29	12.77	12.73	12.53	12.17	760.27	760.61	760.40	760.01	759.82	760.08
11 au 20	12.43	16.32	18.03	17.27	15.13	13.70	11.30	18.23	12.78	12.81	13.15	13.15	13.03	12.83	760.19	760.59	760.23	759.90	759.89	759.87
21 au 31	15.33	18.36	19.40	19.16	17.50	15.83	14.26	19.95	13.94	14.37	14.63	14.50	14.41	14.33	755.46	755.86	755.65	755.35	755.37	755.72
									Juin.											
1	16.3	19.1	22.2	21.0	18.2	16.7	15.2	22.2	15.5	15.6	16.0	16.6	16.0	15.9	757.1	757.3	757.2	756.4	756.3	756.5
2	16.4	19.3	20.7	21.0	19.8	17.8	14.9	21.0	16.0	16.4	17.7	16.7	16.5	16.4	56.8	57.5	56.8	56.5	56.0	56.2
3	16.6	20.4	20.8	20.7	21.0	18.3	15.8	21.0	16.5	16.6	17.2	17.3	17.4	17.3	56.5	56.7	56.7	56.2	55.8	56.0
4	16.8	21.8	22.8	24.7	*22.2	19.7	15.7	24.7	16.7	16.7	17.0	17.3	*17.0	16.9	55.5	55.8	55.6	53.8	*53.8	53.8
5	18.8	18.8	20.2	20.7	20.8	19.9	17.7	20.8	16.5	16.6	16.8	17.1	16.8	17.0	53.9	54.8	54.2	53.5	53.0	53.4
6	16.4	14.6	14.0	12.3	12.8	11.8	16.2	16.6	16.4	16.5	16.3	16.3	16.1	16.0	54.0	55.0	56.4	57.1	57.6	58.6
7	10.0	15.0	16.2	16.8	16.7	15.0	8.8	16.8	16.6	16.8	17.1	16.9	16.9	16.8	58.0	57.4	56.9	56.3	56.2	56.2
8	14.7	15.8	17.8	16.8	15.0	14.1	14.0	17.8	16.6	17.0	17.5	16.8	16.8	16.7	56.3	57.2	56.8	56.6	57.1	57.1
9	13.7	17.8	17.8	17.1	17.7	14.7	12.0	17.8	17.1	17.6	18.1	18.4	18.0	14.9	58.9	59.6	60.5	60.1	58.7	58.4
10	13.1	14.7	15.8	18.0	16.2	13.8	12.8	18.0	16.8	16.9	17.0	16.6	16.6	14.0	58.1	57.0	57.4	57.1	57.9	58.7
11	12.8	19.0	19.8	22.0	20.2	18.8	11.7	22.0	16.8	16.7	17.2	16.6	16.5	16.4	59.0	59.3	58.2	56.6	55.5	55.8
12	17.2	19.0	19.2	17.0	17.5	16.0	16.7	19.2	16.5	17.4	17.5	17.4	17.0	16.7	55.1	55.6	55.4	55.7	55.4	56.3
13	15.8	17.8	18.3	19.1	17.7	17.0	14.7	19.1	16.4	16.5	16.8	16.7	16.6	16.5	56.7	56.3	55.5	54.5	54.6	55.3
14	18.3	16.5	19.0	18.8	18.6	16.7	14.6	19.0	16.5	16.5	16.9	16.7	16.4	16.4	55.4	56.0	56.0	56.5	56.7	56.8
15	14.0	19.3	19.9	19.8	19.7	17.0	12.9	19.9	16.3	16.5	16.8	17.1	17.0	17.0	57.2	57.6	57.8	57.5	57.6	58.2
16	15.6	20.3	23.2	22.8	20.3	17.6	14.3	23.2	17.2	17.4	18.1	17.9	17.7	17.5	59.3	59.6	59.4	59.6	59.4	59.9
17	16.8	23.6	24.6	25.4	23.7	21.8	14.8	25.4	17.4	17.6	18.4	17.6	17.5	17.1	59.8	59.8	59.1	58.5	56.0	54.9
18	19.8	25.2	26.5	27.6	22.6	18.7	19.6	27.6	17.4	18.0	18.3	18.0	17.6	17.4	50.8	51.2	52.3	51.9	54.1	56.4
19	16.8	20.6	20.8	20.8	19.8	17.8	16.3	20.8	16.6	16.9	17.1	16.5	16.5	16.6	59.4	60.5	60.1	59.8	59.2	59.5
20	15.8	21.2	22.2	23.6	22.8	19.8	14.8	23.6	16.5	17.4	17.5	17.6	17.5	17.5	59.1	58.6	58.0	57.7	56.4	56.8
21	19.2	22.8	22.3	23.8	22.7	21.2	17.1	23.8	16.6	17.3	17.0	17.2	16.8	16.7	58.0	58.6	58.8	58.3	58.3	58.3
22	18.5	22.7	26.2	24.5	23.7	20.2	17.7	26.2	16.6	16.7	17.0	17.6	17.5	17.4	58.2	57.9	58.0	56.6	55.9	56.8
23	19.2	22.8	25.4	24.3	21.6	19.5	16.3	25.4	16.5	16.3	17.0	16.7	16.3	16.6	58.8	59.5	59.0	59.0	58.8	58.9
24	18.7	24.7	24.3	23.4	21.0	20.2	16.6	24.7	16.1	15.9	16.5	16.3	16.2	16.1	59.8	60.3	60.3	59.9	59.8	59.7
25	19.6	23.3	22.9	22.5	21.1	18.7	17.8	23.3	15.8	16.0	16.0	16.4	16.3	16.3	60.1	60.2	60.0	60.0	60.5	61.1
26	17.3	24.3	23.7	23.0	20.2	19.8	16.3	24.3	15.7	16.6	16.6	16.5	16.4	16.4	62.5	63.1	63.1	63.1	63.5	63.7
27	19.3	21.2	19.2	19.8	19.2	18.8	18.6	21.2	17.0	17.2	16.7	16.8	17.1	17.0	63.7	63.2	63.1	62.3	61.5	61.2
28	19.0	22.8	23.8	23.7	22.7	19.6	17.9	23.8	17.1	17.1	17.1	16.8	16.8	17.1	57.4	57.0	56.5	56.1	55.9	56.9
29	17.7	21.5	21.3	21.0	20.8	19.1	17.2	21.5	16.3	16.6	16.6	16.8	16.2	16.6	56.2	56.5	57.0	56.6	56.7	57.3
30	16.8	*20.5	*21.4	21.1	20.5	18.8	16.3	*21.4	16.4	*16.7	*16.7	16.4	16.5	17.0	58.5	*59.0	*59.0	59.2	59.6	59.8
Moyenn.																				
Mois....	16.70	20.21	21.08	21.12	19.89	17.96	15.51	21.74	16.55	16.80	17.08	16.97	16.82	16.59	757.67	757.94	757.80	757.40	757.26	757.62
1er au 10	15.28	17.73	18.83	18.91	18.04	16.18	14.31	19.67	16.47	16.67	17.07	17.00	16.81	16.19	756.51	756.83	756.75	756.26	756.24	756.49
11 au 20	16.29	20.25	21.35	21.69	20.29	18.12	15.04	21.98	16.76	17.09	17.46	17.21	17.03	16.91	757.18	757.45	757.18	756.83	756.49	756.99
21 au 30	18.53	22.66	23.05	22.71	21.35	19.59	17.18	23.56	16.41	16.64	16.72	16.70	16.61	16.66	759.32	759.53	759.48	759.11	759.05	759.37

HAUTEUR DU NIVEAU DU BOSPHORE.						DIRECTION ET FORCE DU VENT.						PLUIE EN MILLIM.	VENT A MIDI.	CIEL A MIDI.	OZONE. Max. des 24 h.	PLUIE EN MILLIM.	JOURS DU MOIS.
6 h. du matin.	9 h. du matin.	Midi.	3 h. du soir.	6 h. du soir.	9 h. du soir.	6 h. du matin.	9 h. du matin.	Midi.	3 h. du soir.	6 h. du soir.	9 h. du soir.						
KOUROU TCHEZMÈ.						Mai 1859.							PÉRA.	Mai 1859.			
cm.	cm.	cm.	cm.	cm.	cm.							mm.				mm.	
62	62	63	61	62	64	Calme. 0	S. 1	S. 2	S. 2	Calme. 0	Calme. 0	....	S.O. 3	b. 3	10	1.4	1
65	63	*68	66	67	70	Calme. 0	Calme. 0	S. 1	S. 2	S. 2	Calme. 0	....	S.O. 8	nua. 6	9	....	2
66	68	70	65	62	71	E. 1	Calme. 0	S. 1	N.E. 1	N. 1	Calme. 0	....	S.O. 3	b. 3	7	....	3
62	57	64	57	58	64	Calme. 0	N. 1	Calme. 0	Calme. 0	Calme. 0	Calme. 0	....	S.E. 0	cou. 10	14	....	4
65	62	65	68	64	65	Calme. 0	S. 1	S. 1	S. 1	Calme. 0	Calme. 0	....	S.E. 1	bru. 5	3	....	5
62	61	62	61	65	69	Calme. 0	E. 1	E. 1	E. 1	Calme. 0	Calme. 0	....	Calme. 0	bd. 0	5	....	6
66	65	68	69	67	69	N. 1	N. 1	N. 1	N. 1	N. 2	N. 1	....	N.E. 4	cl. 0	8	....	7
71	70	71	69	73	75	Calme. 0	N. 1	N. 1	N. 1	N. 2	N. 2	....	N. 3	cl. 0	15	....	8
75	67	71	70	72	71	Calme. 0	Calme. 0	N. 1	N. 1	Calme. 0	Calme. 0	9.8	N.O. 2	or. 10	20	1.0	9
73	70	68	69	70	68	Calme. 0	N. 1	O. 1	N. 1	N. 1	N. 1	....	N.O. 1	cou. 10	15	....	10
66	70	65	65	64	67	Calme. 0	Calme. 0	N. 1	N. 1	N. 1	Calme. 0	....	E. 0	cou. 10	19	....	11
66	68	67	64	67	67	Calme. 0	N. 1	N. 1	N. 2	Calme. 0	Calme. 0	....	N.E. 2	nua. 5	10	....	12
64	63	57	59	59	60	Calme. 0	N. 1	N. 1	N. 2	N. 2	N. 1	....	N.E. 2	nua. 4	13	....	13
58	59	59	59	59	61	N. 1	N. 2	N. 2	N. 2	N. 2	N. 2	....	N.E. 2	b. 3	11	....	14
57	56	55	54	50	57	N. 1	N. 2	N. 2	N. 2	N. 2	N. 2	....	N. 8	nua. 9	12	....	15
56	57	57	56	57	60	N. 1	N. 2	N. 2	N. 2	N. 3	N. 2	....	N.E. 8	b. 3	15	....	16
60	65	57	62	62	64	N. 1	N. 2	N. 2	N. 2	N. 2	N. 1	....	N.E. 4	nua. 6	11	....	17
63	61	62	62	65	64	Calme. 0	O. 1	N.E. 1	S. 1	S. 2	Calme. 0	0.2	N.E. 4	cou. 10	11	....	18
62	63	61	65	64	67	N. 1	Calme. 0	N. 2	N. 2	N. 1	Calme. 0	....	S.E. 2	cl. 0	12	....	19
63	69	67	71	68	71	Calme. 0	O. 1	N.E. 1	S. 1	S. 2	Calme. 0	....	S.E. 2	nua. 4	8	....	20
72	74	77	79	73	75	Calme. 0	S. 1	N.E. 1	N.E. 1	Calme. 0	Calme. 0	5.3	N.O. 3	or. 9	9	2.2	21
73	72	73	74	72	74	Calme. 0	S. 1	S. 2	S. 1	Calme. 0	Calme. 0	....	O. 4	plu. 9	18	2.8	22
74	74	73	75	71	73	Calme. 0	S. 1	S. 2	S. 1	Calme. 0	Calme. 0	....	S.O. 1	or. 2	13	....	23
75	73	74	71	77	77	N. 1	Calme. 0	N.E. 1	N.E. 2	N.E. 2	N. 1	....	N.E. 2	or. 5	9	10.7	24
74	74	68	71	72	70	E. 1	N.E. 1	N.E. 1	S. 2	Calme. 0	Calme. 0	....	S.E. 2	nua. 8	19	0.1	25
73	74	73	74	71	69	Calme. 0	Calme. 0	S. 2	S. 1	Calme. 0	Calme. 0	....	S.O. 2	or. 8	9	....	26
69	69	68	64	65	66	N.E. 1	N. 1	N. 1	N. 2	N. 2	N. 1	....	N.E. 4	b. 3	18	....	27
66	67	65	65	66	67	N. 1	N. 1	N. 1	N. 1	N. 1	Calme. 0	....	N. 4	nua. 9	16	....	28
64	66	63	62	69	67	Calme. 0	Calme. 0	N.E. 1	N.E. 2	N.E. 1	Calme. 0	....	N. 2	nua. 7	16	....	29
69	70	68	67	71	73	Calme. 0	N.E. 1	N.E. 2	N.E. 1	Calme. 0	Calme. 0	....	N.E. 2	nua. 5	10	....	30
69	69	67	68	72	71	Calme. 0	Calme. 0	S. 1	Calme. 0	Calme. 0	Calme. 0	....	N.O. 4	nua. 7	12	....	31
						Zone dominante.							Z. domin.				Moyenn.
66.5	66.4	66.0	65.9	66.3	67.9	C. 0.3	N. 0.8	N. 1.3	N. 1.3	N. 1.0	C. 0.4	15.3	N. 2.9	nua. 5.9	12.2	18.2	Mois......
66.7	64.5	67.0	65.5	66.0	68.6	C. 0.2	N. 0.7	S. 1.0	N. 1.1	N. 0.8	C. 0.4	9.8	S.O. 2.5	nua. 5.7	10.6	2.4	1er au 10
61.5	63.1	60.7	61.7	61.5	63.8	N. 0.5	N. 1.2	N. 1.5	N. 1.7	N. 1.7	N. 0.8	0.2	N.E. 3.4	nua. 5.4	12.2	....	11 au 20
70.7	71.1	69.9	70.0	70.8	71.1	C. 0.3	N. 0.6	N. 1.4	N.E. 1.3	C. 0.5	C. 0.2	5.3	N. 2.7	nua. 6.5	13.5	15.8	21 au 31
						Juin.								Juin.			
68	70	71	70	73	73	Calme. 0	Calme. 0	Calme. 0	S. 1	N.E. 1	Calme. 0	....	N.O. 1	or. 6	9	....	1
67	67	73	69	72	71	S. 1	S. 2	S. 2	S.O. 1	S.O. 1	Calme. 0	....	N.O. 1	or. 6	12	2.4	2
69	67	75	71	72	77	S. 1	S. 1	S. 2	S. 1	S. 1	Calme. 0	....	S.O. 1	or. 3	17	....	3
73	70	72	76	...	78	Calme. 0	S. 1	S. 2	S. 2	.....	Calme. 0	....	S.O. 3	or. 4	10	....	4
79	73	78	77	77	78	S. 2	S. 3	S. 3	S. 1	Calme. 0	Calme. 0	1.0	O. 8	or. 6	11	0.1	5
83	77	75	73	70	73	E. 1	N. 1	N. 2	N. 2	N. 1	Calme. 0	3.5	N. 16	or. 10	13	10.8	6
66	65	65	67	68	69	Calme. 0	S. 1	S. 2	S. 2	S. 2	Calme. 0	6.5	S.O. 4	nua. 6	17	0.8	7
73	68	71	70	70	69	N.E. 1	S. 1	S. 1	Calme. 0	Calme. 0	Calme. 0	0.5	S. 4	nua. 8	14	1.4	8
68	66	67	68	69	68	Calme. 0	N. 1	S. 1	S. 1	N.E. 1	E. 1	4.4	S. 4	b. 3	14	....	9
69	70	72	73	75	71	Calme. 0	Calme. 0	Calme. 0	Calme. 0	N. 1	Calme. 0	2.8	S.E. 0	plu. 9	7	3.3	10
70	73	71	72	81	73	Calme. 0	S. 1	S. 1	S. 1	Calme. 0	Calme. 0	....	S.O. 3	or. 3	10	13.0	11
74	84	81	80	80	79	Calme. 0	S. 1	S. 2	Calme 0	Calme. 0	Calme. 0	3.8	S.O. 8	or. 5	13	7.8	12
75	76	80	77	81	76	Calme. 0	Calme. 0	N.E. 1	Calme. 0	N.E. 2	N.E. 1	....	N. 4	nua. 7	17	....	13
74	74	72	69	72	79	N.E. 1	N.E. 2	N. 1	N. 1	Calme. 0	Calme. 0	12.5	N.O. 4	nua. 9	15	0.4	14
71	76	75	74	78	79	Calme. 0	S. 2	S. 2	S. 2	S. 1	Calme. 0	....	S.O. 4	b. 4	16	....	15
74	73	75	76	77	77	Calme. 0	S. 2	S. 2	N.E. 1	Calme. 0	Calme. 0	....	S. 2	or. 6	9	....	16
69	71	72	70	72	76	N.E. 1	Calme. 0	S. 1	S. 1	Calme. 0	Calme. 0	....	E. 1	cl. 0	8	....	17
85	87	89	93	90	85	Calme. 0	S.O. 1	S.O. 2	S.O. 3	N.E. 2	Calme. 0	....	S.O. 16	or. 3	7	0.4	18
75	71	70	69	71	75	Calme. 0	S.O. 2	S.O. 2	S.O. 2	S.O. 1	Calme. 0	....	S.E. 3	b. 1	9	....	19
76	74	72	74	75	76	Calme. 0	S.O. 2	S. 2	S. 2	S. 1	Calme. 0	....	S.O. 8	or. 3	8	....	20
73	72	71	73	72	74	S. 2	S. 2	S. 2	S. 1	Calme. 0	Calme. 0	....	S.O. 8	b. 1	11	....	21
74	73	75	75	73	74	Calme. 0	S. 2	S. 1	S. 1	Calme. 0	O. 1	1.0	S.E. 3	or. 1	7	....	22
70	73	74	71	68	71	Calme. 0	N. 1	Calme. 0	N.E. 1	N. 1	Calme. 0	....	N.O. 1	or. 1	14	....	23
67	65	68	69	65	66	Calme. 0	N. 1	N.E. 1	N.E. 2	N.E. 2	N.E. 1	....	N.E. 3	nua. 4	12	....	24
60	60	63	61	62	63	N.E. 2	N.E. 2	N.E. 2	N.E. 2	N.E. 2	N.E. 1	....	N.E. 3	b. 2	15	....	25
65	64	63	67	67	66	Calme. 0	N. 1	N.E. 2	N.E. 2	N.E. 3	N.E. 2	....	N.E. 4	b. 2	12	....	26
58	58	55	60	63	60	N.E. 2	N.E. 2	N.E. 2	N.E. 2	N.E. 2	N.E. 2	1.1	N.E. 8	cou. 10	15	....	27
62	61	63	65	67	66	Calme. 0	N.E. 1	Calme. 0	S. 2	N.E. 1	N.E. 1	....	S.E. 2	or. 4	17	20.2	28
65	65	67	66	69	73	Calme. 0	Calme. 0	S. 2	S. 1	S. 1	Calme. 0	4.4	S. 4	or. 3	14	19.0	29
66	....	....	71	70	72	Calme. 0	......	......	S. 1	S. 2	Calme. 0	4.0	N.O. 4	or. 8	13	4.6	30
						Zone dominante.							Z. domin.				Moyenn.
70.6	70.4	71.5	71.5	72.4	72.9	S. 0.5	S. 1.2	S. 1.5	S. 1.3	S. 1.0	C. 0.3	45.5	S. 4.5	nua. 4.6	12.2	84.2	Mois......
71.5	69.3	71.9	71.4	71.8	72.7	S. 0.6	S. 1.1	S. 1.5	S. 1.1	S. 0.9	C. 0.1	18.7	S. 4.2	nua. 6.1	12.4	18.8	1er au 10
74.3	75.9	75.7	75.4	77.7	77.5	C. 0.2	S. 1.3	S. 1.6	S. 1.3	S. 0.7	C. 0.1	16.3	S. 5.3	nua. 4.1	11.2	21.6	11 au 20
66.0	65.7	66.5	67.8	67.6	68.5	N.E. 0.6	N. 1.3	N.E. 1.3	N.E. 1.5	N.E. 1.4	N.E. 0.8	10.5	N.E. 4.0	nua. 3.6	13.0	43.8	21 au 30

JOURS DU MOIS.	TEMPÉRATURE DE L'AIR EXTÉRIEUR.								TEMPÉRATURE DE L'EAU DU BOSPHORE.						BAROMÈTRE À 0.					
	6 h. du matin.	9 h. du matin.	Midi.	3 h. du soir	6 h. du soir.	9 h. du soir.	Min.	Max.	6 h. du matin.	9 h. du matin.	Midi.	3 h. du soir.	6 h. du soir.	9 h. du soir.	6 h. du matin.	9 h. du matin.	Midi.	3 h. du soir.	6 h. du soir.	9 h. du soir.
KOUROU TCHEZMÈ.									Juillet 1859.											
	°	°	°	°	°	°	°	°	°	°	°	°	°	°	mm.	mm.	mm.	mm.	mm.	mm.
1	17.8	21.7	20.8	23.0	22.0	19.8	16.8	23.0	17.2	17.4	17.4	18.4	18.5	18.3	759.9	759.9	760.4	759.5	759.6	759.6
2	18.0	23.7	25.3	25.2	24.7	21.4	17.3	25.3	17.1	17.8	18.5	17.8	17.6	17.3	59.7	59.7	59.6	59.0	58.6	59.2
3	19.8	24.8	26.7	24.3	22.5	21.7	18.9	26.7	17.5	18.4	18.5	18.4	17.6	17.7	59.8	60.0	60.1	59.8	59.7	60.2
4	21.0	22.8	25.8	24.6	22.5	20.8	20.7	25.8	17.5	17.4	18.2	17.6	17.7	18.0	60.2	60.6	60.2	60.2	60.2	60.6
5	18.9	22.9	27.7	27.6	*27.6	*25.6	18.1	27.7	17.7	18.4	19.2	*18.4	*18.6	*17.7	60.9	61.1	60.9	60.8	*60.8	*60.7
6	20.5	25.8	27.8	28.8	25.3	22.6	18.2	28.8	18.2	19.2	18.7	18.2	19.3	19.0	60.6	61.0	60.5	59.8	59.7	60.2
7	22.0	24.0	23.3	22.7	21.7	19.2	21.3	24.0	18.7	18.8	19.0	18.6	18.5	18.4	60.4	60.4	60.9	60.9	61.4	61.7
8	16.8	21.8	25.3	24.2	22.7	19.8	16.0	25.3	18.3	18.4	18.4	18.5	18.5	18.6	61.6	61.2	61.7	61.6	61.4	61.9
9	*17.5	*22.0	*25.0	*24.5	*23.8	20.3	16.8	*25.0	*19.4	*19.8	*20.3	*19.9	*20.1	19.4	*60.9	*60.8	*60.6	*60.4	*60.3	60.3
10	18.0	23.8	26.6	25.8	24.8	21.0	16.9	26.6	19.5	19.7	20.2	19.8	20.0	19 5	58.8	59.0	59.2	59.2	59.0	60.0
11	19.0	24.8	23.8	24.3	22.3	19.8	17.7	24.8	19.6	20.1	20.1	20.0	19.3	19.5	61.0	61.6	62.2	62.6	63.6	64.0
12	19.0	23.8	23.8	23.2	20.8	18.8	17.7	23.8	19.8	19.4	19.2	19.0	18.8	18.7	64.4	64.5	64.8	64.4	64.5	64.4
13	19.7	22.7	23.0	22.3	20.7	19.3	17.9	23.0	18.4	18.6	18.6	18.5	18.3	18.1	63.9	64.1	63.8	63.3	63.2	63.4
14	18.6	23.7	*23.7	23.3	21.6	19.3	17.1	23.7	17.8	18.6	*18.6	17.8	17.9	18.0	62.7	62.6	*62.2	61.9	61.6	61.7
15	17.7	24.3	23.6	22.9	21.8	19.8	16.2	24.3	18.0	19.1	18.8	18.6	18.7	18.5	59.2	58.8	58.2	57.8	57.3	57.5
16	18.0	21.5	23.7	24.4	23.3	21.2	16.8	24.4	18.7	19.6	20.0	19.7	19 6	19.5	58.4	57.5	57.6	57.4	57.4	58.0
17	20.7	23.8	17.8	17.8	17.4	17.6	19.8	23.8	19.5	19.6	19.3	19.4	19.5	19.4	58.0	58.4	58.6	58.2	58.2	58.0
18	15.9	15.4	16.0	16.0	15 8	17.1	15.2	17.1	19.3	19.0	18.5	18.4	18.5	18.4	57.8	58.0	57.6	58.1	57.6	57.6
19	17.6	18.4	21.0	20.8	20.1	18.0	16.3	21.0	18.2	18.4	19.0	19.0	19.0	19.2	57.5	58.0	59.0	59.1	60.4	60.0
20	17.8	21.1	23.3	21.9	20.4	18.9	16.7	23.3	19.5	19.6	20.0	20.0	20.0	20.0	60.6	60.2	59.9	59.7	59.1	58.5
21	18.0	20.8	24.8	23.8	22.8	21.7	17.3	24.8	20.4	20.4	21.4	21.1	20.9	21.0	57.5	57.6	57.5	57.0	57 1	58.2
22	20.7	24.3	23.8	22.8	20 9	18.3	19.8	24.3	20.7	20.1	20.8	20.8	20.5	20.5	59.9	61.2	61.9	62.2	62.6	64.0
23	16.3	22.2	22.8	22.0	20.6	18.8	15.2	22.8	20.0	20.3	20.5	20.3	19.8	19.7	63.8	64.0	63.5	63.2	63.3	63.7
24	17.8	23.2	23.7	23 1	21.1	19.7	15.9	23.7	19.4	19.4	20.6	21.6	19.5	19.5	62.5	62.2	61.7	61.2	60.9	60.8
25	18.8	22.8	24.6	24.0	22.3	20.8	17.0	24.6	19.3	19.6	19.8	19.4	19.4	19.3	58.1	58.7	58.4	57.6	57.4	57.1
26	19.0	24.7	25.1	23.7	22.3	21.1	18.2	25.1	18.9	19.4	19.4	19.3	18.7	18.9	56.0	55.8	55.7	55.7	55.6	55.8
27	19.7	24.8	25.3	24.7	23.5	22.3	18.8	25.3	18.7	19.3	20.1	19 9	19.2	19.3	56.6	56.6	56.7	56.5	56.4	56.7
28	20.3	25.1	25.7	25.9	24.6	22.3	19.7	25.9	19.1	20.4	20.4	20.6	20 2	20.1	56.2	56.1	55.9	55.2	55.2	55.4
29	20.7	25.7	26.8	26.8	25.1	22.8	19.7	26.8	20.2	21.0	21.1	20.8	20 8	20.7	54.9	55.2	56.2	55.9	55.5	56.2
30	21.3	24.8	28.1	28.5	26.4	24.3	20.3	28.5	20.6	21.4	22.2	21.6	21.0	20.8	56.5	56.3	55.7	55.4	54.8	55.2
31	22.8	27.0	27.6	26.8	24.8	23.6	22.6	27.6	20.8	21.5	21.7	21.6	21.6	20.8	54.5	54.6	54.0	54.1	53.0	53.5
Moyenn.																				
Mois...	19.02	23.17	24.27	23.86	23.10	20.57	17.96	24.73	18.95	19.36	19.63	19.45	19.28	19.15	759.45	759.54	759.52	759.28	759.21	759.52
1er au 10.	19.03	23.33	25.43	25.07	25.76	21.22	18.10	25.82	18.11	18.53	18.84	18.56	18.64	18.39	760.28	760.37	760.41	760.12	760.07	760.44
11 au 20.	18.40	21.95	21.97	21.69	20.42	18.98	17.14	22.92	18.83	19.20	19.21	19.04	18.96	18.93	760.35	760.37	760.39	760.25	760.29	760.40
21 au 31.	19.58	24.13	25.30	24.74	23.13	21.43	18.59	25.40	19.83	20.25	20.73	20.64	20.15	20.05	757.86	758.03	757.93	757.64	757.44	757.87
									Août.											
1	22.9	25.7	26.2	*25.2	24.1	22.9	21.8	26.9	20.8	21.5	22.0	*22.0	20.6	20.5	754.8	754.5	754.8	*754.8	754.8	754.9
2	22.5	26.1	26.7	26.7	25.6	24.1	21.5	27.1	20.4	21.2	21.4	21.2	21.2	21.5	56.0	56.4	56.0	55.9	55.7	57.3
3	23.4	27.1	27.6	26.7	25.2	24.0	22.7	27.7	21.0	21.5	21.0	21.7	21.6	20.8	58.4	57.6	57.6	57.6	57.7	58.1
4	23.2	28.2	28.1	27.6	24.8	23.7	22.9	28.7	21.4	21.8	22.1	21.5	21.5	21.0	59.7	60.2	60.2	59.9	60.2	60.5
5	23.6	26.8	27.2	26.7	24.8	23.0	22.8	27.5	21.4	22.1	22.4	22.0	21.8	21.5	60.1	60.3	60.4	60.9	59.6	60.1
6	22.8	25.7	26.7	25.9	24.1	22.7	22.1	26.8	21.2	21.4	21.8	21.3	21.3	20.8	59.1	59.5	59.0	58.5	58.0	58.6
7	21.7	25.7	26.4	25.7	24.5	23.2	21.6	27.1	20.4	20.6	21.5	21.0	21.1	21.2	58.6	58.7	58.6	57.9	57.1	57.9
8	23.2	27.2	27.1	27.0	25.2	23.8	22.8	27.9	21.6	22.4	22.4	22.0	22.1	21.9	58.5	59.0	58.7	57.9	58.2	58.4
9	23.7	27.7	28.1	27.5	25.7	23.7	23.0	28.7	22.0	22.4	22.6	22.4	22.5	22.6	57.9	58.4	58.3	58.3	58.3	58.8
10	22.6	25.7	28.2	28.3	26.2	24.4	21.8	28.5	22.6	22.8	23.5	23.0	23.2	23.2	59.3	59.7	59.5	59.1	58.6	59.0
11	23.0	27.4	29.1	28.7	26.8	24.7	22.3	29.5	22.6	23.4	24.0	23.5	23.1	23.4	58.9	59.4	59.1	58.5	58.1	58.1
12	23.7	25.8	29.7	29.4	27.2	24.2	22.8	30.0	22.8	23.3	23.3	23.6	23.5	23.5	56.9	57.1	57.2	57.0	56.8	56.8
13	22 1	25.7	25.2	24.8	22.7	22.6	21.8	26.0	23.4	23.0	22.8	22.6	21.8	21.7	57.8	59.5	60.6	60.6	60 2	60.5
14	21.7	24.8	25.0	24.7	23.2	22.7	21.3	25.2	21.8	23.1	22.5	22.0	21.9	21.8	59.1	59.4	59.1	58.3	58.0	58.1
15	21.0	24.7	25.1	24.4	23.0	21.6	19 9	25.5	21.7	21.8	22.1	22.4	21.8	21.6	58.0	58.5	58.8	58.7	58.5	59.1
16	19.0	24.2	25.7	25.1	23.5	21.2	18.7	26.0	21.8	22.5	23.1	23.0	22.7	22.8	59.2	59.5	59.6	58.9	58.4	59.4
17	21.5	23.7	25.8	25.0	23.6	21.7	19.5	26.2	22.8	22.6	23.2	23.3	23.0	22.7	59.5	59.9	59.7	59.3	59.0	59.9
18	20.1	24.7	26.1	25.7	23.9	21.9	19.6	26.1	22.6	22.6	23.4	23.4	23.2	22.6	59.9	60.2	60.4	60.3	60.2	61.4
19	20.7	25.2	24.9	24.6	22.0	21.8	20.1	25 3	22.5	22.9	22.6	22.5	22.4	22.0	61.5	63.0	62.2	62.2	62.3	62.6
20	19.5	23.5	24.2	23.7	22.5	20.0	18.8	24.7	21.5	21.6	21.6	21.5	21.0	20.2	63.4	63.6	63.9	63.1	63.1	63.2
21	17.5	22.7	24.5	24.2	22.6	20.1	16.6	24.8	20.2	20.5	21.1	21.0	21.0	20.8	61.9	61.6	61.1	60.0	59.2	59.0
22	17.6	23.1	23.9	24.7	24.7	21.7	16.7	25.7	21.0	21.5	21.5	21.8	22.1	21.7	56.6	56.0	54.9	53.6	53.0	52.9
23	19 7	25.4	25.1	25.2	22.6	22.0	18.8	26.7	22.1	22.5	22.8	22.5	22.2	22.5	52.2	53.1	53.2	52.8	53.8	54.9
24	20.6	23.7	23.7	24 0	22.2	21.0	19.8	24.1	22.5	22.5	22.6	22.6	22.6	22.5	56.9	56.4	56.3	56.3	56.4	57.1
25	19.9	23.5	25.6	24.6	22.7	21.6	19.1	25.7	22.4	22.6	23.1	23.0	22.6	22.5	56.2	56.5	56.7	56.8	57.0	57.6
26	21.7	24 9	24.7	24 5	23.9	19.6	20.3	25 0	22 2	22.4	22.6	22.5	22.0	21.8	57.3	57.5	57.6	57.2	57.7	58.4
27	19.7	19.6	21.1	22.2	21.0	20.7	18.8	22.5	21.6	21.4	21.3	21.7	21.6	21.7	58.3	58.7	59.0	58.0	58.6	59.6
28	19.6	20.0	20.5	22.0	21.7	20.8	17.9	22.9	21.8	21.6	21.7	22.4	21.7	22.0	59.3	59.9	59.7	59.1	58.8	59.3
29	19.7	23.8	25.2	25.6	23.7	22.7	18.8	25.9	21.8	22.3	22.7	22.5	22.5	22.2	59.1	59.2	58.7	58.4	58.1	58.4
30	20.8	25.6	25.7	*25.0	*23.5	21.9	20.8	26.7	22.0	22.3	22.5	*22.5	*22 8	22.4	58.0	58.0	58 3	*58.1	*58.0	57.9
31	18.6	23.7	24.0	24.0	23.6	21.0	17.8	24.6	21.8	22.0	22.5	22.5	22.8	22.4	57.4	58.0	57.8	56.9	56.4	56.5
Moyenn.																				
Mois......	21.20	24.89	25.71	25.27	23.93	22.29	20.43	26.33	21.80	22.13	22.38	22.29	22.10	21.93	758.38	758.69	758.61	758.24	758.06	758.33
1er au 10.	22.96	26.59	27.23	26.73	25.02	23.55	22.30	27.69	21.28	21.77	22.07	21.81	21.69	21.50	758.24	758.43	758.31	758.08	757.82	758.36
11 au 20.	21.23	24.97	26.08	25.61	23.93	22.24	20.48	26.47	22.35	22.68	22.86	22.78	22.44	22.23	759.42	760.01	760.06	759.69	759.46	759.91
21 au 31.	19.58	23.27	24.00	24.18	22.93	21.19	18.67	24.96	21.76	21.96	22.22	22.27	22.17	22,05	757.56	757.72	757.57	757.07	757.00	757.42

KOUROU TCHEZMÈ. **Juillet 1859.** — PÉRA. **Juillet 1859.**

Hauteur du niveau du Bosphore: 6 h. du matin.	9 h. du matin.	Midi.	3 h. du soir.	6 h. du soir.	9 h. du soir.	Direction et force du vent: 6 h. du matin.	9 h. du matin.	Midi.	3 h. du soir.	6 h. du soir.	9 h. du soir.	Pluie en millim.	Vent à midi.	Ciel à midi.	Ozone. Max. des 24 h.	Pluie en millim.	Jours du mois.
cm.	cm.	cm.	cm.	cm.	cm.							mm.				mm.	
62	63	61	59	65	64	Calme. 0	s. 2	Calme. 0	s. 1	Calme. 0	Calme. 0	6.0	S.O.	......	14	....	1
60	62	63	65	64	68	Calme. 0	Calme. 0	N. 1	N.E. 1	N.E. 2	N.E. 2	....	N.E.	......	4	....	2
59	60	58	57	62	63	N. 1	N. 1	N. 1	N. 1	N. 1	Calme. 0	....	N.E.	......	19	....	3
57	58	57	55	62	58	Calme. 0	Calme. 0	N. 1	N. 1	.....	.....	....	N.E.	......	13	....	4
59	61	58	...	...	...	Calme. 0	Calme. 0	N. 2	N. 1	N. 1	Calme. 0	....	N.	......	10	....	5
58	63	59	64	60	62	Calme. 0	s. 1	s. 2	N. 1	N. 1	N. 2	....	S.E.	......	9	....	6
58	58	57	58	55	55	N.E. 1	N. 2	N. 2	N. 2	N. 2	Calme. 0	....	N.E.	......	17	....	7
51	53	57	58	57	59	Calme. 0	Calme. 0	N.E. 2	N.E. 2	N. 1	Calme. 0	....	N.E.	......	10	....	8
...	...	...	...	...	61	.....	.....	.....	.....	.....	N. 1	....	N.E.	......	6	....	9
63	64	65	67	65	64	Calme. 0	Calme. 0	N. 1	N. 2	N. 1	Calme. 0	....	S.E.	......	9	....	10
64	64	63	62	65	63	Calme. 0	N. 1	N. 2	N. 3	N. 3	N. 1	....	E.	......	8	....	11
52	52	53	55	58	49	N.E. 1	N.E. 2	N. 2	N.E. 3	N.E. 2	N.E. 2	....	N.E.	......	9	....	12
53	53	53	55	56	57	N.E. 3	N.E. 3	N.E. 3	N.E. 3	N.E. 3	N.E. 1	....	N.E.	......	9	....	13
54	51	...	53	55	58	N.E. 1	N.E. 2	.....	N.E. 3	N.E. 3	N.E. 2	....	N.E.	......	8	....	14
57	56	57	59	65	66	Calme. 0	N.E. 1	N.E. 2	N.E. 2	N.E. 1	N.E. 1	....	N.E.	......	9	....	15
63	66	69	68	68	72	Calme. 0	s. 1	s. 2	N.E. 1	N.E. 1	Calme. 0	....	S.	......	10	0.2	16
65	65	64	62	61	60	N.E. 1	N.E. 2	N.E. 2	N.E. 1	N.E. 2	N.E. 3	27.0	N.E.	......	12	9.0	17
59	51	54	58	54	59	N.E. 1	N.E. 3	N.E. 4	N.E. 3	N.E. 2	N.E. 2	....	N.E.	......	14	30.2	18
64	67	66	65	65	66	N.E. 3	N.E. 3	N.E. 3	N.E. 2	N.E. 2	Calme. 0	29.0	N.O.	......	21	14.1	19
66	66	69	67	69	69	O. 1	N.E. 1	N.E. 1	N.E. 1	Calme. 0	Calme. 0	0.7	N.E.	......	16	0.3	20
67	71	69	68	70	68	Calme. 0	Calme. 0	s. 1	N.E. 1	N. 1	Calme. 0	....	S.	......	16	....	21
63	64	61	59	61	58	N. 1	N. 2	N. 2	N. 2	N. 2	N. 1	....	N.E.	......	15	....	22
55	53	60	56	54	54	N. 1	N. 2	N. 2	N. 2	N. 3	N. 1	....	N.E.	......	11	....	23
57	57	61	58	56	55	N.E. 1	N. 2	N. 2	N. 2	N. 2	N. 1	....	N.E.	......	14	....	24
55	56	57	61	60	58	N.E. 1	N.E. 2	N.E. 2	N.E. 2	N.E. 2	N.E. 1	....	N.E.	......	15	....	25
61	62	60	65	66	65	N.E. 1	N.E. 1	N.E. 1	N.E. 2	N.E. 2	N.E. 1	....	N.E.	......	19	....	26
65	65	68	69	71	72	N.E. 1	N.E. 1	N.E. 1	N.E. 2	N.E. 2	Calme. 0	....	N.E.	......	18	....	27
68	69	68	69	71	73	Calme. 0	N.E. 1	N.E. 2	N.E. 2	N.E. 1	Calme. 0	....	N.E.	......	17	....	28
68	72	73	71	74	74	Calme. 0	N.E. 1	N.E. 2	N.E. 2	N.E. 2	N.E. 1	....	N.E.	......	16	....	29
67	69	70	68	71	76	Calme. 0	Calme. 0	N.E. 1	N.E. 2	N.E. 1	N.E. 1	....	Calme.	......	15	....	30
70	71	71	69	71	69	N.E. 1	N.E. 1	N.E. 2	N.E. 2	N.E. 2	N. 1	....	N.E.	......	18	....	31
						Zone dominante.							Z. domin.				*Moyenn.*
60.7	61.4	62.1	62.1	63.1	63.2	N.E. 0.7	N.E. 1.3	N.E. 1.8	N.E. 1.8	N.E. 1.7	N.E. 0.8	62.7	N.E.	......	12.9	53.8	Mois......
58.5	60.2	59 4	60.4	61.2	61.5	C. 0.2	N. 0.7	N. 1.3	N. 1.3	N. 1.1	N. 0.6	....	N.E.	......	11.1	....	1er au 10
59.7	59.1	60.9	60.4	61.6	61.9	N.E. 1.1	N.E. 1.9	N.E. 2.3	N.E. 2.2	N.E. 1.9	N.E. 1.2	62.7	N.E.	......	11.6	53.8	11 au 20
63.3	64.5	65.3	64.8	65.9	65.6	N.E. 0.6	N.E. 1.2	N.E. 1.6	N.E. 1.9	N.E. 1.8	N.E. 0.7	....	N.E.	......	15.8	....	21 au 31

Août. — **Août.**

6 h. du matin.	9 h. du matin.	Midi.	3 h. du soir.	6 h. du soir.	9 h. du soir.	6 h. du matin.	9 h. du matin.	Midi.	3 h. du soir.	6 h. du soir.	9 h. du soir.	Pluie en millim.	Vent à midi.	Ciel à midi.	Ozone. Max. des 24 h.	Pluie en millim.	Jours du mois.
69	66	69	...	70	68	N.E. 1	N. 1	N. 2	.....	N. 1	Calme. 0	....	N.E.	......	17	....	1
66	69	71	69	67	70	Calme. 0	Calme. 0	Calme. 0	N. 1	Calme. 0	Calme. 0	....	S.E.	......	10	....	2
68	68	67	65	63	64	N.E. 1	N.E. 2	N.E. 2	N.E. 3	E. 2	Calme. 0	....	N.E.	......	19	....	3
63	62	63	63	58	58	N.E. 2	N.E. 2	N.E. 2	N.E. 3	Calme. 0	Calme. 0	....	N.E.	......	18	....	4
57	56	57	58	53	52	N.E. 3	N.E. 3	N.E. 3	N.E. 4	N.E. 4	N.E. 3	....	N.E.	......	18	....	5
50	51	52	51	51	52	N.E. 3	N.E. 3	N.E. 3	N.E. 3	N.E. 3	N.E. 1	....	N.E.	......	9	....	6
54	59	61	61	60	62	N. 1	N. 1	N. 2	N. 2	N. 3	Calme. 0	....	N.E.	......	14	....	7
63	68	67	67	66	68	Calme. 0	N. 2	N. 2	N. 2	N. 2	N. 1	....	N.E.	......	15	....	8
65	67	67	69	68	68	N. 2	N. 2	N. 2	N. 2	N. 1	Calme. 0	....	N.E.	......	15	....	9
65	65	67	67	70	68	Calme. 0	s. 1	N.E. 1	N.E. 2	N.E. 1	N.E. 1	....	Calme.	......	16	....	10
63	63	64	63	67	65	N.E. 1	N.E. 1	N.E. 2	N.E. 2	N.E. 1	Calme. 0	....	N.E.	......	18	....	11
62	63	64	63	65	66	Calme. 0	N.E. 1	N.E. 2	N.E. 2	N.E. 1	N.E. 1	....	E.	......	18	....	12
65	67	66	63	58	62	Calme. 0	N.E. 3	N.E. 3	N.E. 3	N.E. 3	N.E. 2	....	N.E.	......	13	....	13
58	55	52	54	54	58	N.E. 2	N.E. 3	N.E. 3	N.E. 3	N.E. 3	N.E. 3	....	N.E.	......	14	....	14
55	59	60	58	49	48	N. 1	N. 2	N. 2	N. 2	N. 2	N. 1	....	E.	......	9	....	15
50	56	58	58	57	59	Calme. 0	N.E. 1	N.E. 2	N.E. 3	N.E. 2	N.E. 1	....	N.E.	......	10	....	16
57	58	59	55	54	52	Calme. 0	N.E. 3	N.E. 3	N.E. 3	N.E. 2	Calme. 0	....	E.	......	13	....	17
52	53	55	52	51	52	Calme. 0	N. 2	N. 3	N. 3	N. 3	N. 2	....	E.	......	12	....	18
49	49	50	50	47	43	N. 1	N.E. 2	N.E. 3	N.E. 3	N.E. 3	N.E. 2	....	E.	......	10	....	19
45	46	46	41	41	44	N.E. 1	N.E. 2	N.E. 3	N.E. 3	N.E. 3	N.E. 1	....	E.	......	10	....	20
44	49	51	53	49	51	Calme. 0	N.E. 1	N.E. 2	N.E. 2	N.E. 2	Calme. 0	....	N.E.	......	10	....	21
52	56	63	63	61	62	N.E. 1	s. 1	s. 2	s. 2	N.E. 1	Calme. 0	....	Calme.	......	10	....	22
62	62	62	61	66	61	N.E. 1	N.E. 1	s. 1	s. 2	N. 1	Calme. 0	....	Calme.	......	9	....	23
55	56	55	58	58	55	Calme. 0	N.E. 1	N. 1	N. 2	N. 2	N. 1	....	N.E.	......	15	....	24
54	53	55	57	53	54	Calme. 0	N. 2	N. 2	N. 2	N. 2	N. 1	....	E.	......	15	....	25
52	54	52	52	53	56	Calme. 0	N.E. 2	N. 2	N. 2	N. 1	N. 1	....	E.	......	15	....	26
50	52	54	52	60	49	Calme. 0	s. 1	s. 1	N. 1	N. 2	N. 1	2.3	N.O.	......	20	26.3	27
53	53	54	54	53	54	Calme. 0	N. 1	Calme. 0	Calme. 0	N. 1	Calme. 0	13.8	Calme.	......	20	24.9	28
49	52	55	49	50	53	Calme. 0	s. 1	N. 1	N. 1	N. 1	Calme. 0	....	Calme.	......	20	....	29
48	51	55	...	...	53	Calme. 0	N. 1	N. 2	.....	.....	Calme. 0	....	Calme.	......	20	....	30
51	54	56	53	54	54	Calme. 0	s. 2	s. 2	s. 2	s. 1	Calme. 0	....	Calme.	......	8	....	31
						Zone dominante.							Z. domin.				*Moyenn.*
56.3	57.8	58.9	57.7	57.5	57.8	N.E. 0.7	N.E. 1.6	N.E. 2.0	N.E. 2.2	N.E. 1.8	N.E. 0.8	16.1	N.E.	......	14.2	51.2	Mois......
62.0	63.1	64.1	63.3	62.6	63.0	N.E. 1.3	N.E. 1.7	N.E. 1.9	N.E. 2.4	N.E. 1.7	N.E. 0.6	....	N.E.	......	15.1	....	1er au 10
55.6	56.9	57.4	55.7	54.3	54.9	N.E. 0.6	N.E. 2.0	N.E. 2.6	N.E. 2.7	N.E. 2.3	N.E. 1.3	....	E.	......	12.7	....	11 au 20
51.8	53.8	55.6	54.7	55.7	55.6	C. 0.2	N. 1.3	N. 1.5	N. 1.6	N. 1.4	N. 0.4	16.1	N.E.	......	14.7	51.2	21 au 31

JOURS DU MOIS.	TEMPÉRATURE DE L'AIR EXTÉRIEUR.								TEMPÉRATURE DE L'EAU DU BOSPHORE.						BAROMÈTRE A 0.					
	6 h. du matin.	9 h. du matin.	Midi.	3 h. du soir.	6 h. du soir.	9 h. du soir.	Min.	Max.	6 h. du matin.	9 h. du matin	Midi.	3 h. du soir.	6 h. du soir.	9 h. du soir.	6 h. du matin.	9 h. du matin.	Midi.	3 h. du soir.	6 h. du soir.	9 h. du soir.
KOUROU TCHEZMÉ.								**Septembre 1859.**												
	°	°	°	°	°	°	°	°	°	°	°	°	°	°	mm.	mm.	mm.	mm.	mm.	mm.
1	18.2	24.6	25.7	26.7	25.0	22.7	17.8	26.9	21.9	22.4	22.6	23.0	22.8	22.6	756.3	756.4	756.3	755.3	754.7	755.4
2	20.5	26.7	27.2	26.7	26.1	24.5	19.8	28.6	22.5	22.7	23.0	23.2	23.0	23.0	55.6	55.5	55.4	54.8	55.6	55.6
3	22.4	22.2	22.6	21.1	19.6	18.9	21.6	23.5	22.8	22.6	22.8	22.6	22.5	22.7	55.1	55.5	56.2	57.5	58.3	58.5
4	16.0	19.5	21.7	22.5	21.2	20.6	15.7	22.6	22.4	22.1	22.5	22.5	22.4	22.7	58.8	60.0	59.5	59.3	59.5	59.9
5	18.6	22.7	23.8	23.7	22.1	20.5	17.8	24.1	22.4	22.5	22.7	22.5	22.4	22.4	59.6	60.0	59.2	58.8	58.6	59.1
6	17.9	24.4	24.2	23.6	21.7	19.9	17.6	24.6	22.0	22.4	22.5	22.4	22.3	22.4	57.6	57.6	57.3	56.8	57.2	57.8
7	18.7	23.9	24.9	24.3	21.7	21.6	17.8	25.2	22.0	22.5	22.5	22.5	22.4	22.5	56.7	56.6	56.1	55.9	55.8	56.9
8	18.7	20.6	21.2	21.7	20.9	20.4	17.8	21.9	22.3	22.3	22.5	22.4	22.3	22.4	56.5	57.3	58.1	58.6	59.6	60.2
9	17.0	23.7	23.9	23.6	21.7	20.8	16.6	24.5	22.4	22.7	22.7	23.0	22.6	22.6	61.2	61.9	62.2	62.0	62.1	62.6
10	18.2	22.2	23.4	23.5	21.5	19.2	17.7	23.7	22.4	22.4	22.5	22.4	22.2	22.0	62.8	62.9	62.9	62.8	63.1	63.4
11	17.6	23.6	24.2	23.5	20.9	19.7	16.6	24.5	21.8	22.3	22.5	22.4	21.8	21.8	63.3	63.5	62.8	61.9	61.3	61.4
12	19.7	25.1	25.1	23.8	*22.0	20.5	18.8	25.1	21.6	22.4	22.4	22.1	*22.0	22.0	58.0	57.3	56.0	54.8	*54.3	54.0
13	17.6	*19.8	22.9	24.2	19.2	17.6	16.8	24.2	21.7	*22.5	22.6	22.5	22.0	21.8	52.8	*52.8	52.1	51.1	51.5	53.9
14	15.7	16.6	19.3	19.5	18.5	16.7	15.3	20.1	21.7	22.0	21.6	22.2	22.0	22.1	54.8	55.8	56.9	57.8	59.2	60.5
15	14.9	20.5	20.8	20.7	19.7	17.6	14.4	21.5	21.6	21.8	21.9	21.6	22.1	22.0	61.0	61.3	60.9	60.3	59.8	60.2
16	14.9	22.6	23.0	23.7	22.2	19.7	14.4	23.8	21.5	22.7	22.5	22.0	22.0	21.7	58.9	58.5	57.9	57.1	57.2	57.6
17	17.6	23.7	24.1	25.0	22.7	20.2	17.0	25.2	21.6	22.2	22.4	22.4	22.0	22.0	57.1	57.5	57.2	56.5	56.2	56.7
18	18.7	24.7	25.1	26.0	23.4	21.1	17.0	26.2	21.7	21.8	22.5	22.3	22.3	22.2	57.2	57.7	57.5	56.7	56.9	57.9
19	20.6	25.9	27.1	27.1	24.1	21.9	18.7	27.2	21.8	22.3	22.6	22.6	22.5	22.4	58.8	59.1	59.0	58.5	58.1	58.6
20	18.6	26.1	27.9	27.8	25.6	23.8	18.2	28.6	21.7	22.1	22.8	22.6	22.5	22.4	56.5	55.8	55.0	54.0	54.2	55.3
21	21.2	24.2	24.8	23.7	22.5	20.0	20.8	25.0	22.0	22.4	22.6	22.5	22.4	22.5	58.0	59.2	59.7	59.6	60.0	61.0
22	17.6	22.6	21.8	22.5	19.7	17.6	16.8	24.9	21.9	22.2	22.6	22.5	22.4	22 5	63.1	63.9	63.7	63.2	63.2	62.7
23	14.7	22.7	23.6	22.7	20.5	17.7	13.6	23.7	21.6	21.5	22.5	22.3	22.0	21.8	63.3	63.4	62.9	62.1	62.3	62.5
24	14.9	22.6	22.9	20.9	18.5	17.7	14.3	23.0	21.2	21.6	21.8	21.0	20.3	20.4	62.6	63.0	63.0	63.0	63.4	63.7
25	16.6	20.3	20.9	19.6	17.4	17.1	15.8	21.0	19.6	20.0	20.4	19.7	19.3	19.2	63.5	64.4	64.2	64.1	64.3	64.5
26	14.0	17.9	18.6	16.7	15.4	13.7	13.0	18.7	18.5	18.8	18.9	18.6	18.4	17.8	64.1	64.6	65.2	65 6	65.7	67.9
27	12.9	17.9	18.7	18.5	16.7	16.7	12.4	18.8	18.6	19.1	19.8	19.7	19.3	19.7	66.4	66.9	66.3	65.5	65.0	64.2
28	14.9	18.6	21.1	19.7	18.7	16.2	14.4	21.2	20.0	19.9	20.7	20.3	20.2	19.8	62.8	63.3	62.9	62.0	61.5	61.7
29	15.3	19.7	21.1	20.2	18.6	18.1	13.8	21.7	19.8	20.1	20.5	20.4	20.4	20.3	61.2	61.5	62.1	62.8	62.9	63.4
30	15.7	20.1	22.6	21.3	19.4	17.9	15.2	22.7	20.0	20.3	20.4	20.4	20.3	20.0	65.6	66.2	66.1	66.2	66.7	67.1
Moyenn. Mois....	17.33	22.19	23.14	22.82	20.91	19.35	16.58	23.76	21.43	21.75	22.01	21.89	21.71	21.66	759.64	759.98	759.82	759.49	759.61	760.14
1er au 10	18.62	23.05	23.86	23.74	22.15	20.91	18.02	24.56	22.31	22.46	22.63	22.65	22.49	22.53	758.02	758.37	758.32	758.18	758.45	758.94
11 au 20	17.59	22.86	23.95	24.13	21.83	19.88	16.72	24.64	21.67	22.21	22.38	22.27	22.12	22.04	757.84	757.93	757.73	756.87	756.87	757.61
21 au 30	15.78	20.66	21.61	20.58	18.74	17.27	15.01	22.07	20.32	20.59	21.02	20.74	20.52	20.40	763.06	763.64	763.61	763.41	763.50	763.87
								Octobre.												
1	14.9	21.7	21.9	20.9	18.7	16.5	14.6	21.9	19.7	20.2	20.5	20.1	20.0	20.0	767.6	768.4	767.7	767.3	767.1	767.0
2	13.2	19.5	21.0	19.9	17.7	16.5	12.2	21.1	19.5	19.9	20.0	19.8	19.7	19.8	66.1	66.1	64.9	64.4	64.1	63.9
3	13.7	19.5	20.7	21.5	18.8	17.1	12.9	21.7	19.5	19.8	20.1	20.0	20.0	20.0	62.8	62.8	61.8	60.8	60.7	60.9
4	16.7	18.5	18.5	16.5	15.6	13.8	15.0	19.0	19.6	19.5	19.8	19.3	19.5	19 5	58.9	60.5	60.5	60 7	61.2	61.2
5	11.7	13.6	12.8	14.2	13.0	11.9	10.3	14.6	19.6	19.3	19.1	18.8	18.7	18.5	58.0	57.0	56.6	56.5	57.8	59.5
6	10.6	11.0	11.7	11.4	9.8	* 8.8	9.8	12.2	18.0	17.7	18.6	18.6	18.7	*18.5	62.1	63 0	63.2	63.6	64.1	*64.0
7	6.8	12.7	12.6	11.7	11.1	9.6	6.6	13.5	18.4	18.4	18.4	18.2	18.5	18.4	64.0	64.7	64.5	65.5	65.8	66.0
8	7.2	11.2	14.6	14.7	13.6	12.6	6.8	14.7	17.8	18.0	17.6	18.0	17.7	18.0	65.0	64.9	64.6	63.2	62.6	62.2
9	14.7	16.7	18.2	18.8	17.8	17.7	11.3	18.9	17.6	17.4	17.4	17.2	17.2	17.6	61.5	61.8	61.3	60.7	60.4	60.6
10	16.7	18.9	15.7	17.0	15.8	15.1	16.2	19.0	17.5	17.5	17.5	17.6	17.5	17.6	59.4	60,0	61.2	61.0	61.6	62.2
11	15.5	17.0	18.6	19.7	17.9	16.7	14.0	20.2	17.6	17.6	17.8	18.0	18.0	18.0	63.1	63.7	63.8	63.1	64.0	64.3
12	16.6	18.6	19.7	19.6	16.7	15.6	14.8	20.8	17.9	18.2	18.1	18.2	18.0	17.8	63.5	63.6	63.2	63.1	63.1	63.5
13	14.8	18.3	18.7	18.1	16.3	15.0	14.6	18.8	17.6	17.7	18.0	18.0	17.8	17.6	63.1	63,2	62.8	62.2	62.1	61.8
14	12.7	17.6	19.5	20.3	17.9	17.6	12.5	20.5	17.2	17.4	17.6	17.6	17.6	17.4	60.7	60.6	60.1	59.5	59.5	60.0
15	15.0	17.2	19.3	19.6	18.6	16.7	14.7	19.8	17.4	17.3	18.1	18.0	17.7	17.6	61.1	61.7	61.8	61.6	62.0	62.6
16	14.5	18.9	*19.7	20.6	19.1	17.6	13.7	20.8	17.4	17.8	*18.0	18.1	18.0	18.0	63.8	64.1	*63.7	63.2	62.8	62.9
17	14.7	19.7	20.4	*20.4	18.7	17.2	14.0	20.9	17.5	18.0	18.2	*18.0	17.8	17.6	62.1	62.2	61.7	*61.0	61.0	61.0
18	14.2	18.7	20.7	20.2	18.7	17.0	13.8	20.9	17.2	17.5	18.3	18.2	18.0	17.8	60.1	60.1	58.8	57.5	57.1	57.8
19	*14.7	17.3	18.8	19.3	17.7	17.4	14.7	10.5	*17.4	17.7	18.0	18.0	18.0	17.9	*58.2	58.6	58.0	57.0	56.6	57.1
20	14.7	19.6	20.5	19.7	19.2	17.6	14.5	20.7	17.7	18.0	18.3	18.3	18.3	18.2	59.8	60.7	60.2	58.9	58.7	58.4
21	17.5	19.7	21.2	21.8	19.5	16.9	15.8	22.3	18.0	18.0	18.0	18.3	18.2	18.0	56.7	56.8	56.3	55,0	56.2	56.8
22	17.6	19.7	20.9	21.5	20.5	19.7	14.7	21.6	18.0	18.3	18.4	18.6	18.5	18.5	57.9	58.8	58.9	58.4	59.0	59.3
23	17.7	20.9	22.5	22.1	19.7	17.7	17.3	23.1	18.4	18.6	18.8	18.6	18.7	18.6	60.9	61.9	62.2	62.0	62.0	62.5
24	15.7	20.9	21.5	21.6	18.8	17.0	14.8	22.0	18.5	18.6	18.5	18.5	18.4	18.2	63.3	63.3	63.3	62.5	62.5	63.3
25	14.1	18.6	21.6	19.7	18.1	15.8	13.8	21.7	17.6	17.8	18.2	18.0	18.0	17.7	62.8	62.8	62.0	61.2	61.9	62.4
26	14.4	18.6	19.6	20.5	15.6	14.6	13.3	21.7	17.5	17.5	17.8	17.8	17.7	17.5	62.8	63.6	63.4	63.1	63.4	63.9
27	14.9	15.2	16.1	16.7	15.7	15.6	14.0	17.1	17.1	17.1	17.2	17.2	17.1	17.0	63.6	63.9	63.8	62.5	62.2	62.0
28	15.6	17.7	20.1	18.9	17.5	15.7	14.1	20.2	16.8	16.9	17.6	17.6	17.5	17.5	61.7	62.7	63.1	63.6	64.4	64.6
29	14.5	16.7	19.0	17.7	15.8	15.2	13.6	19.2	16.8	16.8	16.9	16.8	16.8	16.9	65.0	64.8	63.7	63.0	63.7	63.5
30	11.9	14.6	17.5	17.2	16.1	17.7	11.5	17.7	16.5	16.4	16.6	16.5	16.5	16.4	62.4	62.2	61.0	60.3	59.5	58.6
31	14.9	19.9	21.5	19.7	18.4	18.7	14.3	21.7	16.2	16.4	16.6	16.5	16.4	15.5	56.2	56 7	57.6	57.2	57.3	57.4
Moyenn. Mois....	14.27	17.70	18.87	18.78	17.05	15.89	13.36	19.61	17.85	17.98	18.19	18.14	18.08	18.02	761.77	762 10	761.80	761.30	761.43	761.65
1er au 10	12.02	16.33	16.77	16.66	15.19	13.96	11.57	17.66	18.72	18.77	18.90	18.76	18 75	18.79	762.54	762.92	762.03	762.37	762.54	762.75
11 au 20	14.74	18.29	19.59	19.75	18.08	16.84	14.13	20.29	17.49	17.72	18.04	18.04	17.92	17.79	761.55	761.85	761.41	760.71	760.69	760.94
21 au 31	15.36	18.41	20.14	19.82	17.79	16.78	14.29	20.75	17.40	17.49	17.69	17.67	17.62	17.53	761.26	761.59	761.39	760.85	761.10	761.30

HAUTEUR DU NIVEAU DU BOSPHORE.						DIRECTION ET FORCE DU VENT.						PLUIE EN MILLIM.	VENT A MIDI.	CIEL A MIDI.	OZONE. Max. des 24 h.	PLUIE EN MILLIM.	JOURS DU MOIS.
6 h. du matin.	9 h. du matin.	Midi.	3 h. du soir.	6 h. du soir.	9 h. du soir.	6 h. du matin.	9 h. du matin.	Midi.	3 h. du soir.	6 h. du soir.	9 h. du soir.						
KOUROU TCHEZMÈ.						**Septembre 1859.**							PÉRA.	**Septembre 1859.**			
cm.	cm.	cm.	cm.	cm.	cm.							mm.				mm.	
51	52	57	55	55	53	Calme. 0	s. 1	s. 2	s. 2	Calme. 0	Calme. 0	. . . .	Calme.	. . . . . .	11	. . . .	1
55	57	60	60	58	61	Calme. 0	Calme. 0	s. 1	s. 2	s. 2	s. 2	. . . .	Calme.	. . . . . .	8	. . . .	2
64	63	62	61	60	55	s. 1	o. 2	o. 2	o. 3	o. 1	Calme. 0	0.3	o.	. . . . . .	10	0 7	3
58	55	59	58	57	58	Calme. 0	s.o. 1	N. 1	Calme. 0	Calme. 0	Calme. 0	. . . .	s.o.	. . . . . .	13	. . . .	4
54	55	57	54	51	49	Calme. 0	s. 1	N. 1	N.E. 2	N.E. 1	N.E.)	. . . .	N.	. . . . . .	8	. . . .	5
47	47	48	50	51	48	N. 1	N.E. 1	N.E. 1	N.E. 3	N.E. 2	Calme. 0	. . . .	Calme.	. . . . . .	9	. . . .	6
51	51	53	55	55	57	N.E. 1	N.E. 2	N.E. 2	N.E. 3	N.E. 2	N. 1	26.8	N.E.	. . . . . .	10	48.7	7
59	59	57	59	60	57	o. 1	s. 1	s. 1	N. 1	Calme. 0	Calme. 0	. . . .	S.E.	. . . . . .	19	. . . .	8
54	57	57	54	55	55	Calme. 0	N. 1	N. 1	N.E. 1	N.E. 1	N.E. 1	. . . .	N.O.	. . . . . .	19	. . . .	9
47	47	44	43	43	45	Calme. 0	N. 1	N. 2	N.E. 1	N.E. 1	Calme. 0	. . . .	E.	. . . . . .	15	. . . .	10
42	44	42	41	42	44	N.E. 1	N. 2	N.E. 2	N.E. 3	N.E. 2	N.E. 2	. . . .	E.	. . . . . .	8	. . . .	11
43	47	47	47	*47	49	N.E. 1	N.E. 1	N.E. 2	N. 2	N. 2	Calme. 0	. . . .	N.E.	. . . . . .	12	. . . .	12
55	. . .	61	63	68	73	Calme. 0	. . . . . .	s. 2	s. 2	s. 1	Calme. 0	. . . .	Calme.	. . . . . .	12	16.7	13
63	61	66	61	57	55	s. 1	s. 1	s. 2	N. 1	Calme. 0	Calme. 0	11.3	s.o.	. . . . . .	18	. . . .	14
54	58	54	55	54	53	Calme. 0	s. 2	s. 2	s. 2	s. 1	Calme. 0	. . . .	S.E.	. . . . . .	10	. . . .	15
50	52	55	51	49	53	Calme. 0	s. 1	s. 2	s. 1	s. 1	Calme. 0	. . . .	Calme.	. . . . . .	9	. . . .	16
55	58	58	59	55	55	Calme. 0	s. 1	s. 2	s. 1	Calme. 0	Calme. 0	. . . .	Calme.	. . . . . .	6	. . . .	17
54	50	61	62	64	61	N.E. 1	s. 1	s. 2	s. 2	Calme. 0	Calme. 0	. . . .	Calme.	. . . . . .	9	. . . .	18
60	62	63	62	61	58	o. 1	s.o. 1	s. 2	s. 2	Calme. 0	Calme. 0	. . . .	Calme.	. . . . . .	8	. . . .	19
62	65	67	68	69	68	Calme. 0	N.E. 1	s. 2	s. 2	Calme. 0	Calme. 0	. . . .	Calme.	. . . . . .	7	. . . .	20
67	65	64	63	65	61	s. 2	s. 2	s. 2	s. 2	Calme. 0	Calme. 0	. . . .	s.o.	. . . . . .	8	. . . .	21
55	57	57	55	53	62	Calme 0	N. 1	N. 1	N. 1	N. 1	Calme. 0	. . . .	N.O.	. . . . . .	11	. . . .	22
50	52	51	49	49	50	N. 1	N. 1	N. 2	N. 2	N. 1	Calme. 0	. . . .	N.	. . . . . .	9	. . . .	23
45	50	47	43	45	44	Calme. 0	N. 2	N. 2	N. 3	N. 3	N. 2	0.7	E.	. . . . . .	11	0.5	24
41	41	38	35	39	42	Calme. 0	N. 2	N. 3	N. 3	N. 2	N. 1	. . . .	N.E.	. . . . . .	17	0.2	25
43	47	48	46	45	46	Calme. 0	N. 2	N. 2	N. 1	Calme 0	Calme. 0	3.8	N.O.	. . . . . .	12	6.3	26
52	54	53	48	50	51	Calme. 0	N. 1	o. 1	s. 2	s. 1	Calme. 0	. . . .	N.O.	. . . . . .	17	. . . .	27
52	53	52	52	49	51	s.o. 1	Calme. 0	N. 1	Calme. 0	Calme. 0	Calme. 0	. . . .	N.O.	. . . . . .	10	. . . .	28
48	51	49	46	43	43	Calme. 0	N. 1	N. 2	N. 2	Calme. 0	Calme. 0	. . . .	N.	. . . . . .	9	. . . .	29
45	47	48	44	43	42	Calme. 0	N. 2	N. 2	N. 1	N. 1	Calme. 0	. . . .	N.	. . . . . .	16	. . . .	30
						Zone dominante.							Z. domin.				*Moyenn.*
52 5	54.0	54.5	53.3	53.0	53.3	Var. 0.4	N. 1.2	N. 1.7	N. 1.8	N. 0.9	N. 0.3	42.9	Var.	. . . . . .	11.4	73.1	Mois......
54.0	54 3	55.4	54,9	54.5	53.8	N. 0.4	N. 1.1	N. 1.4	N.E. 1.8	N.E. 1.0	N.E. 0.5	27.1	Var.	. . . . . .	12.2	49.4	1er au 10
53.8	56.2	57.4	56.9	56.6	56.9	Var. 0.5	s. 1.2	s. 2.0	s. 1.8	s. 0.7	c. 0.2	11.3	Var.	. . . . . .	9.9	16.7	11 au 20
49.8	51.7	50.7	48.1	47.8	49.2	Var. 0.4	N. 1.4	N. 1.8	N. 1.7	N. 0.9	c. 0.3	4.5	N.	. . . . . .	12.0	7.0	21 au 30
						Octobre.								**Octobre.**			
44	47	47	43	42	42	Calme. 0	N. 1	N. 2	N. 2	N. 1	Calme. 0	. . . .	E.	. . . . . .	12	. . . .	1
45	45	44	47	43	44	Calme. 0	N. 1	N. 1	N. 1	N. 1	Calme. 0	. . . .	Calme.	. . . . . .	11	. . . .	2
46	50	48	50	47	46	Calme. 0	N. 1	N. 1	N. 1	Calme. 0	Calme. 0	. . . .	E.	. . . . . .	12	. . . .	3
47	48	47	45	44	44	N. 1	N. 2	N. 2	N. 3	Calme. 0	Calme. 0	5.5	N.O.	. . . . . .	16	11.6	4
44	50	51	55	53	49	s.o. 1	o. 1	N. 2	N. 3	N. 4	N. 4	12.7	N.O.	. . . . . .	18	. . . .	5
47	45	49	48	48	. . .	N. 1	N. 2	N. 3	N. 3	N. 1	. . . . .	3.0	N.O.	. . . . . .	20	17.4	6
47	51	52	50	49	49	o. 1	N. 2	N. 2	N. 1	N. 1	Calme. 0	. . . .	N.O.	. . . . . .	17	. . . .	7
48	51	51	53	55	56	Calme. 0	o. 1	s.o. 3	s.o. 3	s.o. 1	Calme. 0	. . . .	s.o.	. . . . . .	18	. . . .	8
55	55	56	53	54	56	s.o. 3	s.o. 3	s.o. 3	s.o. 2	s.o. 1	s.o. 1	. . . .	s.	. . . . . .	10	. . . .	9
53	57	54	56	54	55	s.o. 2	s.o. 2	s.o. 1	Calme. 0	N. 1	Calme. 0	14.5	Calme.	. . . . . .	17	14.1	10
50	52	47	50	50	53	Calme. 0	Calme. 0	Calme. 0	s. 1	Calme. 0	Calme. 0	3.8	Calme.	. . . . . .	18	. . . .	11
50	53	58	53	49	52	Calme. 0	Calme. 0	s. 1	N. 1	N. 1	Calme. 0	. . . .	S.E.	. . . . . .	13	. . . .	12
47	51	50	45	44	48	N. 1	N. 1	N. 2	N. 2	N. 1	Calme. 0	. . . .	N.E.	. . . . . .	18	. . . .	13
51	58	55	51	52	56	Calme. 0	Calme. 0	s. 2	s. 2	Calme. 0	Calme. 0	. . . .	Calme.	. . . . . .	15	. . . .	14
56	61	61	59	58	55	Calme. 0	Calme. 0	s. 2	s. 2	Calme. 0	Calme. 0	. . . .	Calme.	. . . . . .	5	. . . .	15
57	59	. . .	59	59	56	Calme. 0	Calme. 0	s. 1	s. 1	Calme. 0	Calme. 0	. . . .	Calme.	. . . . . .	4	. . . .	16
59	58	61	. . .	58	58	Calme. 0	s. 1	s. 2	. . . . .	Calme. 0	Calme. 0	. . . .	N.O.	. . . . . .	7	. . . .	17
59	60	62	63	62	60	N.E. 1	N. 1	s. 2	s. 2	Calme. 0	Calme. 0	. . . .	Calme.	. . . . . .	8	. . . .	18
. . .	62	63	61	61	58	. . . . .	Calme. 0	s. 2	o. 2	Calme. 0	Calme. 0	. . . .	s.o.	. . . . . .	6	. . . .	19
60	62	60	61	60	56	Calme. 0	Calme. 0	s. 2	s. 1	Calme. 0	Calme. 0	. . . .	S.E.	. . . . . .	7	. . . .	20
57	58	61	63	64	69	s. 1	s.o. 2	s.o. 3	s.o. 3	s.o. 3	Calme. 0	13.8	s.	. . . . . .	10	20.4	21
65	64	60	59	64	65	s. 2	o. 3	o. 3	s.o. 2	s.o. 2	Calme. 0	. . . .	s.o.	. . . . . .	18	. . . .	22
60	63	61	61	58	56	Calme. 0	s.o. 1	s.o. 2	s.o. 2	Calme. 0	Calme. 0	. . . .	s.o.	. . . . . .	14	. . . .	23
53	57	54	54	54	58	Calme. 0	Calme. 0	s.o. 1	s. 1	Calme. 0	Calme. 0	. . . .	s.o.	. . . . . .	9	. . . .	24
57	60	60	59	60	62	Calme. 0	Calme. 0	o. 1	s. 1	Calme. 0	Calme. 0	. . . .	Calme.	. . . . . .	5	. . . .	25
59	62	64	59	57	56	Calme. 0	Calme. 0	s. 1	N. 2	N. 2	N. 2	. . . .	Calme.	. . . . . .	3	. . . .	26
56	59	57	55	54	56	N. 1	N. 1	Calme. 0	Calme. 0	Calme. 0	Calme. 0	. . . .	S.E.	. . . . . .	17	. . . .	27
61	64	65	65	60	54	s.o. 2	Calme. 0	s. 2	Calme. 0	Calme. 0	Calme. 0	. . . .	s.o.	. . . . . .	15	. . . .	28
50	49	49	48	43	45	N. 2	N. 2	N. 2	N. 2	N. 2	Calme. 0	. . . .	N.E.	. . . . . .	15	. . . .	29
47	48	47	51	51	52	N. 1	Calme. 0	s. 1	s. 1	Calme. 0	Calme. 0	. . . .	Calme.	. . . . . .	17	. . . .	30
62	67	71	67	75	71	s. 1	s. 1	s. 2	s. 2	Calme. 0	Calme. 0	. . . .	s.o.	. . . . . .	10	1.3	31
						Zone dominante.							Z. domin.				*Moyenn.*
53.0	55.7	55.5	54.8	54.3	54.6	Var. 0.7	Var. 0.9	s. 1.8	s. 1.6	Var. 0.7	c. 0.2	53.3	Var.	. . . . . .	12.4	64.8	Mois......
47.6	49.9	49.9	50.0	48.9	49.0	Var. 0.9	N. 1.6	N. 0.2	N. 1.9	N. 1.1	c. 0.5	35.7	Var.	. . . . . .	15.1	43.1	1er au 10
54.3	57.6	57.4	55.8	55.3	56.2	c. 0.2	c. 0.3	s. 1.6	s. 1.5	c. 0.2	c. 0.0	3.8	Var.	. . . . . .	10.1	. . . .	11 au 20
56.9	59.2	59.0	58.3	58.2	58.5	s. 0.9	Var. 0.9	s. 1.6	s. 1.5	Var. 0.8	c. 0.2	13.8	s.o.	. . . . . .	12.1	21.7	21 au 31

JOURS DU MOIS.	TEMPÉRATURE DE L'AIR EXTÉRIEUR.								TEMPÉRATURE DE L'EAU DU BOSPHORE.						BAROMÈTRE À 0.					
	6 h. du matin.	9 h. du matin.	Midi.	3 h. du soir.	6 h. du soir.	9 h. du soir.	Min.	Max.	6 h. du matin.	9 h. du matin.	Midi.	3 h. du soir.	6 h. du soir.	9 h. du soir.	6 h. du matin.	9 h. du matin.	Midi.	3 h. du soir.	6 h. du soir.	9 h. du soir.
KOUROU TCHEZMÈ.									**Novembre 1859.**											
	°	°	°	°	°	°	°	°	°	°	°	°	°	°	mm.	mm.	mm.	mm.	mm.	mm.
1	18.7	21.2	21.6	20.7	19.4	18.8	17.8	21.7	17.0	17.4	17.6	17.5	17.4	17.4	756.7	758.0	757.8	757.5	757.6	757.9
2	18.7	21.1	21.8	22.1	20 7	19.0	18.0	22.6	17.6	18.2	18.4	18.2	17.8	17.6	58.3	59.0	58.8	58.5	59.1	60.0
3	18.2	20.2	19.0	17.7	16.6	15.7	17.8	20.8	18.4	18.5	18.5	18.4	18.4	17.8	62.3	63.7	63.6	63.5	63.6	63.6
4	15.1	17.2	17.9	18.6	15.7	14.6	14.7	18.7	17.5	17.5	17.6	17.5	17.5	17.3	63.1	65.0	64.7	64 6	64.9	65.3
5	12.1	17.2	19.5	18.7	15.7	14.7	11.7	19.7	16.6	16.8	17.0	16.6	16.6	16.5	64.0	65.1	63.9	63.5	63.3	63.8
6	11.7	13.7	15.1	17.4	15.1	13.6	11.0	17.8	16.0	15.8	16.3	16.3	16.2	16.2	65.4	66.2	66.2	66.6	67.2	66.5
7	12.7	13.0	16.3	16.5	14.2	13.7	11.5	16.6	15.7	15 7	15.9	16.0	15.8	15.6	66.3	66.7	66.0	64.9	64.9	65.1
8	14.5	15.1	16.1	16.4	14.6	13.7	13.3	17.5	15.5	15.5	15.7	15.6	15.6	15.5	63.8	64.0	62.8	61.9	61.9	61.6
9	14.7	15.7	16.4	17.0	15.6	13.6	12.8	17.6	15.5	15.5	15.7	15.4	15.5	15.4	59.7	59.5	58.4	57.0	56.8	56.6
10	11.7	15.2	19.5	17 7	15.5	15.6	11.3	20.2	15.0	15.1	15.7	15.8	15.6	15.6	55.7	56.0	55.2	54.1	54.2	55.4
11	15.3	15.7	*15.7	15.7	14.6	14.5	14.2	16.8	15.5	15.3	*15.4	15.4	15.3	15.3	54.4	55.4	*55.8	56.0	56.9	58.1
12	8.9	8.7	9.1	8.7	8.5	8.7	8.7	9.2	14.2	14.6	14.8	15.0	15.2	15.3	63.4	65.7	66.0	65.8	64.8	66.0
13	8.5	8.4	8.5	8.7	8.0	7.7	7.8	8.7	15.2	14.5	14.4	14.4	14.4	14.8	65.6	66.3	66.9	67.5	67.7	69.2
14	8.7	9.1	9.7	* 9.5	9.2	9.2	7.8	9.7	15.0	14.2	14.5	*14.4	14.3	14.2	68.5	67.2	66.1	*66.0	65.5	63.7
15	8.7	9.1	9.6	9.4	8.7	9.0	8.0	9.8	14.0	14.0	13.8	14.5	13.2	13.8	63.5	64.2	63.8	63.6	63.6	63.6
16	9.6	10.1	11.3	11.6	10.4	10.1	8.3	11.6	13.8	13.5	13.5	13.6	13.7	13.6	62.5	63.1	62.4	62.2	63.3	63.7
17	9.7	11.8	11.9	*11.6	11.2	10.6	9.0	12.7	13.4	13.5	*13.5	13.5	13.4	13.4	63.7	64.3	64.4	*65.0	65.4	66.2
18	9.7	10.2	11.4	10.7	10.4	10.1	9.0	11.5	13.5	13.3	13.5	13.5	13.3	13.4	68.3	68.1	68.0	68.3	68.5	68.8
19	9.7	10.7	11.5	10.6	9.5	9.7	9.1	11.6	13.2	13.4	13.2	13.2	13.0	13.3	69.3	69.8	69.6	69.7	70.4	71.1
20	9.7	10 0	11.6	10.7	7.8	8.7	8.8	11.7	13.2	12 6	*12.6	*12.5	11.7	11.4	70.4	70.6	69.5	69.1	69.3	69.5
21	8.9	9.9	* 9.7	9.5	9.5	9.5	7.9	10.0	12.0	*12.2	*12.3	12.5	12.5	12.4	68.0	68.3	*67.9	67.6	67.7	68.4
22	8.7	9.5	10.4	9.7	8.9	7.7	7.8	10.6	12.4	12.2	12.0	12.2	12.2	12.1	69.1	70.2	70.2	70.1	70.9	71.2
23	7.4	10.3	10.6	10.9	9.6	8.6	7.2	11.0	12.3	12.1	12.0	12.3	12.4	12.2	71.0	71.3	70.6	69.8	70.0	69.8
24	7.6	11.1	12.5	11.8	9.8	10.5	6.8	12.7	12.2	12.4	12.2	12.2	12.4	12.3	68.7	68.6	67.8	67.5	68.5	68.6
25	9.5	10.5	12.0	11.2	9.6	8.7	9.0	12.5	12.3	12.1	*12.4	12.2	12.2	12.0	67.0	67.1	67.0	66.7	67.5	68.1
26	6.6	9.4	* 9.5	9.7	8.9	8.6	5.9	11.2	11.8	11.8	*11.8	11.8	11.8	11.8	70.0	70.8	*71.3	71.8	72.6	73.1
27	8.6	9.0	9.6	9.5	8.7	7.8	7.2	10.1	12.0	11.4	11.2	11.2	11.2	11.2	73.1	74.3	74.0	73.7	73.7	73.7
28	6.7	10.7	11.2	9.8	8.6	7.8	6.2	11.7	11.2	11.2	11.3	11.2	11.2	11.2	73.4	72.5	71.9	71.2	71.2	70.5
29	5.4	6.7	10.0	10.5	8.3	8.7	4.7	10.7	11.3	11.8	11.2	11.2	11.3	11.2	68.8	68.1	66.6	64.9	64.5	63.9
30	9.5	12.7	13.0	13.4	12.2	11.0	8.3	13.9	11.4	11.3	11.4	11.4	11.5	11.3	60.5	60.1	59.4	58.4	57.9	57.5
Moyenn.																				
Mois....	10.85	12.44	13.40	13.20	11.85	11.34	10.05	14.03	14.16	14.11	14.18	14.18	14.09	14.04	765.15	765.64	765.22	764.90	765.08	765.35
1er au 10	14.81	16.96	18.32	18.28	16.31	15.30	13.99	19.32	16.48	16.60	16.84	16.73	16.64	16.49	761.53	762.32	761.74	761.21	761.25	761.58
11 au 20	9.85	10.38	11.03	10.72	9.83	9.83	9.07	11.33	14.10	13.89	13.92	14.00	13.75	13.85	764.96	765.47	765.25	765.32	765.54	765.99
21 au 30	7.89	9.98	10.85	10.60	9.41	8.89	7.10	11.44	11.89	11.85	11.78	11.82	11.87	11.77	768.96	769.13	768.67	768.17	768.45	768.48
									Décembre.											
1	10.5	12.7	15.7	15.1	14.8	14.7	9.7	15.8	11.3	11.2	11.2	11.4	11.4	11.5	755.2	754.2	753.2	753.0	753.1	753.3
2	14.6	15.8	15.7	14.7	14.2	14.7	13.7	16.8	11.8	12.0	12.3	12.3	12.2	12.2	54.2	54.6	54.7	55.2	55.5	56.2
3	14.0	15.5	16.7	16.5	15.6	15.2	13.5	17.1	12.4	12.6	12.7	13.0	12.7	12.6	58.7	59.8	59.7	59.3	59.1	58.4
4	13.5	15.1	15.6	12.2	10.5	9.7	12.7	15.7	12.7	13.0	13.1	12.6	12.5	12.2	60.6	62.3	62.9	63.3	64.9	64.3
5	7.9	11.1	13.7	12.8	10.7	10.5	7.3	13.9	11.4	11.3	11.8	11.4	11.2	11.3	63.1	62.9	61.1	60.0	60.0	59.8
6	5.0	5.5	5.6	4.6	5.4	6.7	4.6	5.8	10.6	10.4	11.0	11.0	11.1	11.0	61.4	62.6	63.3	64.0	63.7	62.0
7	8.7	9.2	8.1	7.6	7.6	4.8	5.6	9.4	10.8	10.8	10.6	10.4	10.4	10.3	61.8	62.5	62.6	62.9	63.0	64.4
8	3.7	4.2	4.7	4.4	4.6	4.6	3.2	4.8	10.2	9.8	9.6	9.5	9.4	9.6	65.2	67.2	67.0	67.3	68.1	68.5
9	3.2	3.7	3.7	3.7	3.9	4.6	2.6	4.6	9.6	9.4	9.4	9.4	9.4	9.3	69.2	69.7	69.3	69.0	69.2	68.9
10	4.8	5.7	5.9	6.4	6.7	7.7	3.7	7.7	9.7	9 3	9.4	9.4	9.5	9.4	68.4	68.5	67.9	67.8	68.0	68.0
11	8.1	9.6	9.7	9.1	8.7	8.9	6.2	10.0	9.9	10.0	9.9	9.9	10.0	9.8	67.8	67.9	67.2	66.9	66.8	66.5
12	8.8	8.2	7.9	7.5	7.6	7.6	8.3	8.8	10.0	9.8	9.8	9.6	9.8	9.7	65.6	65.8	65.0	64.4	64.1	63.8
13	7.0	6.9	6.8	6.0	6.0	6.7	6.7	7.7	9.6	9.5	9.4	9.3	9.2	9.2	61.7	61.3	59.9	59.3	59.0	58.5
14	8.5	9.7	10.1	9.9	8.7	9.2	6.2	10.4	9.8	9.5	9.5	9.6	9.5	9.4	54.9	53.7	52.6	51.3	50.6	49.6
15	10.0	11.6	12.7	12.5	11.7	11.7	8.6	12.8	9.2	9.4	9.6	9.5	9.6	9.6	49.8	51.3	51.9	52.6	53.0	54.2
16	10.7	12.8	14.7	14.7	12.7	13.7	9.8	15.4	9.9	10.3	10.6	10.6	10.4	10.4	56.3	57.1	56.3	55.7	55.6	55.5
17	11.6	12.1	12.1	12.2	10.0	9.7	10.8	13.0	10.6	11.0	11.0	11 2	11.0	10.8	55.6	56.0	55.4	56.2	56.9	57.9
18	9.5	11.4	11.5	11.6	9.9	9.2	8.6	11.7	11.0	11.3	11.0	11.0	11.4	9.8	61.6	63.1	64.2	64.9	65.7	66.7
19	6.6	8.7	11.2	11.5	9.2	10.1	5.9	12.5	8.8	8 9	9.0	9.2	8.8	8.6	67.4	68.0	67.2	66.0	65.8	65.3
20	9.8	12.2	13.8	14.1	13.5	12.9	9.2	14.6	8.8	8.4	8.4	8.4	8.3	8.3	63.7	63.5	62.0	60.7	60.4	60.0
21	11.7	12.5	13.9	14.3	13.6	10.5	9.1	14.6	9.0	9.6	9.7	10.0	10.2	10.4	59.4	59.5	58.5	57.3	56.5	57.1
22	6.3	6.4	6.2	6.5	6.9	6.7	5.7	7.0	10.4	9.4	9.0	9.0	9.0	8.8	58.4	58.8	58.5	58.2	57.7	57.4
23	7.5	6.5	6.2	4.7	4.4	3.7	6.3	7.7	8.8	8.4	8.4	8.0	8.4	8.2	54.9	54.7	55.7	57.2	59.1	60.6
24	3.7	4.9	6.9	6.7	4.8	3.7	2.8	7.6	8.2	8.0	8.2	8.0	8.0	7.8	62.1	63.1	63 4	63.8	64.7	65.7
25	2.7	5.5	8.7	8.1	5.6	3.6	1.9	8.8	7.3	7.7	7.8	7.7	7.4	7.4	66.5	67.0	66.7	66.3	66.4	66.3
26	2.2	5.3	9.1	9.7	6.7	4.9	1.7	9.9	7.7	8.0	8.1	8.0	7.8	7.6	64.7	64.1	63.4	62.3	62.2	62.2
27	4.4	7.3	10.4	10.7	10.8	12.1	3.6	12.1	7.6	8.0	7.8	8.1	8.0	8.2	60.5	59.7	58.6	57.4	57.1	56.3
28	10.7	10.8	12.3	11.6	11.1	9.3	8.2	12.6	8.0	8.4	8.4	8.4	8.4	8.3	56.2	56.0	55.8	55.8	55.9	55.9
29	6.7	8.6	10.9	10.6	9.2	9.6	6.7	11.3	7.8	8.2	8.5	8.6	8.4	8.4	54.4	54.5	53.8	53.8	54.1	54.9
30	7.2	7.5	7.9	8.7	8.6	7.6	6.7	9.0	8.4	8.3	8.4	8.4	8.5	8 6	56.0	56 9	56.8	56.3	56.8	57.6
31	6.4	6.1	6.1	6.0	5.2	4.9	5.8	6.5	8.6	8.2	8.0	8.2	8.2	8.0	59.2	60.9	61.0	61.8	62.8	63.5
Moyenn.																				
Mois....	7.04	9.13	10.15	9.83	9.00	8.69	6.95	10.83	9.67	9.68	9.73	9.71	9.68	9.57	760.47	760.88	760.51	760.32	760.53	760.62
1er au 10	8.59	9.85	10.54	9 80	9.40	9.32	7.66	11.16	11.05	10.98	11.11	11.04	10.98	10.94	761.78	762.43	762.17	762.18	762.52	762.38
11 au 20	9.06	10.32	11.05	10.91	9.80	9.97	8.03	11.69	9.76	9.81	9.82	9.83	9.80	9.56	760.44	760.77	760.17	759.80	759.79	759.80
21 au 31	6.32	7.40	8.96	8.87	7.90	6.96	5.32	9.74	8.35	8.38	8.39	8.40	8.39	8.33	759.30	759.56	759.29	759.11	759.39	759.77

HAUTEUR DU NIVEAU DU BOSPHORE.						DIRECTION ET FORCE DU VENT.						PLUIE EN MILLIM.	VENT A MIDI.	CIEL A MIDI.	OZONE. Max. des 24 h.	PLUIE EN MILLIM.	JOURS DU MOIS.
6 h. du matin.	9 h. du matin.	Midi.	3 h. du soir.	6 h. du soir.	9 h. du soir.	6 h. du matin.	9 h. du matin.	Midi.	3 h. du soir.	6 h. du soir.	9 h. du soir.						
KOUROU TCHEZMÈ.						**Novembre 1859.**							PÉRA.	**Novembre 1859.**			
cm.	cm.	cm.	cm.	cm.	cm.							mm.				mm.	
62	65	64	67	65	64	S.O. 3	N. 3	N. 4	N. 2	N. 2	N. 2	....	S.O.	......	16	....	1
63	60	64	62	60	61	O. 3	O. 3	O. 4	O. 2	Calme. 0	Calme. 0	....	S O.	......	9	....	2
55	58	59	55	54	51	Calme. 0	N. 1	N. 1	N. 2	N. 1	N. 1	....	N.O.	......	17	....	3
46	50	46	45	46	42	N. 1	N. 1	E. 2	N. 1	Calme. 0	Calme. 0	....	S.E.	......	17	....	4
41	44	44	44	47	46	Calme. 0	Calme. 0	E. 1	E. 1	Calme. 0	Calme. 0	....	E.	......	16	....	5
53	54	52	49	52	54	Calme. 0	Calme. 0	Calme. 0	N.E. 1	Calme. 0	Calme. 0	....	N.O.	......	18	....	6
52	53	51	50	51	52	E. 1	Calme. 0	N. 1	N. 1	E. 1	N. 2	....	Calme.	......	20	....	7
50	50	48	49	47	53	N. 2	N.E. 3	Calme. 0	N.E. 1	N.E. 1	Calme. 0	....	N.E.	......	18	....	8
49	53	52	51	53	53	S. 1	S. 1	S. 1	S. 1	Calme. 0	Calme. 0	....	Calme.	......	14	....	9
53	59	62	59	58	57	Calme. 0	Calme. 0	N. 1	N. 2	N. 3	N. 2	0.2	N.O.	......	12		10
57	59	*57	55	48	50	N.E. 1	N.E. 2	Calme. 0	S. 1	Calme. 0	Calme. 0	32.7	N.E.	......	19	1.2	11
54	61	67	63	61	57	N. 3	N. 3	N. 2	N. 3	N. 2	Calme. 0	11.5	N.	......	16	35.3	12
65	65	63	59	58	55	N. 4	N. 4	N. 4	N. 4	N. 4	N. 4	3.3	E.	......	19	18.0	13
53	49	50	...	48	52	E. 3	E. 3	E. 3	E. 3	E. 3	E. 4	3.7	E.	......	17	....	14
50	50	47	46	43	44	E. 2	N.E. 2	N.E. 2	N.E. 2	N.E. 2	N.E. 1	2.0	N.O.	......	15	5.2	15
45	48	46	48	46	44	N.E. 2	N.E. 2	N.E. 2	N.E. 3	N.E. 2	N.E. 2	0.5	E.	......	17	20.0	16
49	51	53	...	56	54	Calme. 0	N.E. 1	N.E. 1	......	N. 1	N. 1	3.5	Calme.	......	15	19.0	17
53	63	52	50	49	50	N. 2	N. 2	N. 2	N. 2	N. 2	N. 3	4.6	N.E.	......	18	....	18
54	54	54	53	54	50	Calme. 0	E. 1	E. 2	E. 2	E. 2	E. 1	....	E.	......	20	....	19
50	45	43	45	49	44	N. 1	E. 2	E. 3	E. 3	E. 3	E. 3	0.1	N.E.	......	16	....	20
49	45	*45	*45	47	51	E. 2	E. 2	......	......	N.E. 3	N.E. 3	0.3	E.	......	13	....	21
45	51	47	49	47	49	N.E. 1	N.E. 2	N.E. 1	N.E. 1	N.E. 2	Calme. 0	....	N.E.	......	17	....	22
54	50	46	47	49	48	N.E. 1	N.E. 2	N.E. 2	N.E. 1	E. 2	Calme. 0	....	Calme.	......	16	....	23
50	52	49	47	49	50	Calme. 0	Calme. 0	N.E. 1	N.E. 1	Calme. 0	Calme. 0	....	Calme.	......	17	....	24
48	50	49	45	43	44	Calme. 0	Calme. 0	N.E. 1	N. 1	Calme. 0	Calme. 0	....	E.	......	13	....	25
43	45	*43	41	37	38	N. 1	N. 2	......	N.E. 2	N.E. 2	N. 1	0.5	N.O.	......	18	....	26
36	34	38	35	34	36	N. 2	N. 2	N. 2	N. 2	N. 3	N. 2	....	E.	......	19	....	27
38	39	40	37	36	38	N. 1	Calme. 0	N.E. 2	N.E. 1	Calme. 0	Calme. 0	....	Calme.	......	12	....	28
47	50	48	47	46	51	Calme. 0	S. 2	S. 2	S. 1	S. 1	S. 1	....	Calme.	......	16	....	29
50	50	48	51	50	49	S. 2	S. 2	S. 2	S. 2	S. 1	S. 1	....	S O.	......	13	....	30
						Zone dominante.							Z. domin.				*Moyenn.*
50.5	51.9	50.9	49.8	49.4	49.6	N. 1.3	N.E. 1.6	N.E. 1.7	N.E. 1.7	N.E. 1.4	N. 1.1	62.9	N.E.	......	16.1	98.7	Mois...
52.4	54.6	54.2	53.1	53.3	53.3	Var. 1.1	Var. 1.2	Var. 1.5	N. 1.4	N. 0.8	N. 0.7	0.2	Var.	......	15.7	....	1er au 10
53.0	54.5	53.2	52.4	51.2	50.0	N.E. 1.9	N.E. 2.2	N.E. 2.0	N.E. 2.5	N.E. 2.1	N.E. 1.9	61.9	N.E.	......	17.2	98.7	11 au 20
46.0	46.6	45.3	44.4	43.8	45.4	N. 1.0	N.E. 1.4	N.E. 1.7	N.E. 1.4	N.E. 1.3	N. 0.7	0.8	Var.	......	15.4	....	21 au 30
						Décembre.								**Décembre.**			
50	52	51	53	53	54	S. 1	S. 2	S. 2	S. 2	S. 2	S. 3	....	......	......	...	....	1
55	52	60	55	59	63	S. 3	S. 2	S. 3	S. 2	S. 2	S. 3	2.8	......	......	...	....	2
69	66	65	67	62	65	S. 2	S. 3	S. 3	S. 4	S. 2	S. 2	1.3	......	......	...	....	3
66	65	60	58	59	58	S.O. 1	S.O. 1	O. 1	S. 2	Calme. 0	Calme. 0	....	......	......	...	....	4
59	57	57	55	61	59	Calme. 0	Calme. 0	S. 1	N. 2	S. 1	Calme. 0	9.2	......	......	...	....	5
55	55	50	49	52	52	O. 3	N. 2	N. 2	S. 1	S. 2	Calme. 0	15.0	......	......	...	....	6
52	52	47	49	47	48	N.E. 1	N.E. 3	N.E. 2	N. 1	N.E. 3	N. 3	16.3	......	......	...	....	7
53	53	54	55	49	49	N.E. 2	O. 2	O. 3	N.E. 3	O. 2	O. 2	0.5	......	......	...	....	8
48	46	...	39	41	41	N. 1	N.E. 1	......	O. 3	N.E. 1	N.E. 1	....	......	......	...	....	9
47	44	41	34	35	35	N.E. 1	N.E. 3	N.E. 3	N. 2	N.E. 2	N.E. 2	4.8	......	......	...	....	10
36	35	36	34	36	36	N.E. 1	N.E. 2	N.E. 2	N.E. 3	N.E. 1	N.E. 1	....	......	......	...	....	11
37	41	38	38	33	34	N.E. 2	N.E. 2	N.E. 2	N.E. 3	N.E. 2	N.E. 3	1.7	......	......	...	....	12
36	39	38	34	35	38	N.E. 3	N.E. 3	N.E. 3	N.E. 3	N.E. 3	N.E. 2	6.0	......	......	...	....	13
36	36	41	44	47	50	Calme. 0	N.E. 1	O. 1	Calme. 0	Calme. 0	Calme. 0	4.0	......	......	...	....	14
60	63	61	65	61	64	S.O. 1	S.O. 3	S.O. 3	S.O. 3	S.O. 2	S.O. 2	6.5	......	......	...	....	15
63	62	65	65	64	70	Calme. 0	S.O. 1	S.O. 2	S.O. 2	S.O. 2	S.O. 3	1.6	......	......	...	....	16
72	71	65	69	64	60	S.O. 2	S.O. 2	S.O. 2	S.O. 2	S.O. 1	S.O. 2	0.1	......	......	...	....	17
54	54	57	55	53	54	S.O. 2	S.O. 2	S.O. 2	S.O. 2	Calme. 0	Calme. 0	....	......	......	...	....	18
63	56	53	50	53	53	Calme. 0	Calme. 0	Calme. 0	S.O. 1	Calme. 0	S.O. 1	....	......	......	...	....	19
57	58	56	55	59	58	S. 2	S.O. 2	S.O. 2	S.O. 2	S.O. 2	S.O. 2	....	......	......	...	....	20
65	65	65	69	63	64	S.O. 2	S.O. 2	S.O. 2	S.O. 2	S.O. 2	N.E. 2	8.0	......	......	...	....	21
64	62	54	49	45	43	N.E. 2	N.E. 3	N.E. 3	N.E. 3	N.E. 3	N.E. 3	14.0	......	......	...	....	22
50	54	55	51	53	56	N.E. 2	N.E. 1	N.E. 2	N. 1	N. 1	N. 1	1.8	......	......	...	....	23
55	60	57	57	55	53	Calme. 0	Calme. 0	S.O. 1	S.O. 1	Calme. 0	Calme. 0	....	......	......	...	....	24
55	55	54	52	49	49	Calme. 0	Calme. 0	S.O. 2	S.O. 2	Calme. 0	Calme. 0	....	......	......	...	....	25
52	53	52	50	53	45	Calme. 0	N.E. 1	Calme. 0	Calme. 0	Calme. 0	Calme. 0	....	......	......	...	....	26
52	52	57	58	59	62	Calme. 0	Calme. 0	S. 1	S. 1	Calme. 0	S. 2	...	......	......	...	....	27
62	62	64	63	63	63	S. 1	S. 1	S. 1	Calme. 0	Calme. 0	Calme. 0	2.7	......	......	...	....	28
65	67	65	64	60	58	N.E. 1	N.E. 1	N.E. 1	N.E. 1	N.E. 1	Calme. 0	5.5	......	......	...	....	29
60	64	65	60	58	59	N.E. 1	N.E. 2	N.E. 2	N.E. 2	N.E. 2	N.E. 3	11.0	......	......	...	....	30
60	61	62	60	58	55	N.E. 2	N.E. 2	N.E. 1	N.E. 1	N.E. 1	Calme. 0	0.4	......	......	...	....	31
						Zone dominante.							Z. domin.				*Moyenn.*
55.1	55.2	54.8	53.4	52.9	53.2	Var. 1.3	Var. 1.6	Var. 1.8	Var. 1.8	Var. 1.3	Var. 1.4	113.2	......	......	...	....	Mois...
55.4	54.2	53.9	51.4	51.8	52.4	Var. 1.5	Var. 1.9	Var. 2.2	S. 2.2	S. 1.7	Var. 1.6	49.9	......	......	...	....	1er au 10
51.4	51.5	51.0	50.9	50.5	51.7	Var. 1.3	S.O. 1.8	S.O. 1.9	S.O. 2.1	S.O. 1.3	S.O. 1.6	19.9	......	......	...	....	11 au 20
58.2	59.5	59.1	57.5	56.0	55.2	N.E. 1.0	N.E. 1.2	N.E. 1.5	N.E. 1.3	N.E. 0.9	N.E. 1.0	43.4	......	......	...	....	21 au 31

DATES.	LACUNES DANS LES OBSERVATIONS = L.					
	6 h. m.	9 h. m.	Midi.	3 h. s.	6 h. s.	9 h. s.
JANVIER 1860.						
8	...	...	L	...	...	...
13	...	L	...	...	...	...
21	...	...	...	...	L	...
22	L	...	...	...	...	...
24	...	...	L	L	...	...
25	L	...	L	L	L	...
FÉVRIER.						
5	...	...	L	...	...	...
9	...	...	L	...	...	...
14	...	...	L	...	...	...
16	...	...	L	...	...	...
20	...	...	L	...	...	...
26	...	...	L	...	...	...
28	...	...	...	L	...	...
MARS.						
1	...	...	L	...	...	...
4	...	...	L	...	...	...
5	...	...	L	...	...	...
11	...	...	L	...	...	...
15	...	...	L	...	...	...
24	...	...	L	L	...	...
25	...	...	L	...	...	...
AVRIL.						
1	...	...	L	...	...	...
3	...	...	L	...	...	...
9	...	...	L	L	...	...
13	...	...	L	...	...	...
17	...	...	L	L	...	...
20	...	...	L	...	...	...
23	...	...	...	L	...	...
25	...	...	L	...	...	...
29	...	...	L	...	...	...
MAI.						
8	...	...	L	...	...	...
13	...	...	L	L	...	...
15	...	...	L	...	...	...
19	...	...	L	...	...	...
24	...	...	L	...	...	...
27	...	...	L	L	...	...
31	...	...	L	...	...	...
JUIN.						
5	...	...	L	...	...	...
10	...	...	L	...	...	...
20	...	...	...	...	...	L
21	...	...	...	...	...	L
22	L	...	...	...	...	...
JUILLET.						
1	...	...	L	...	...	...
7	...	...	L	...	...	...
10	...	...	...	L	...	...
16	...	...	L	...	...	...
26	...	...	...	L	...	...
31	...	...	...	...	...	L
AOUT 1860.						
1	...	...	L	...	...	...
5	...	...	L	...	...	...
7	...	...	L	...	...	...
9	...	...	L	...	...	...
13	...	...	L	...	...	...
14	...	...	L	L	...	...
16	...	...	L	L	...	...
17	...	...	...	L	...	...
18	...	...	L	...	...	...
20	...	...	L	...	...	...
21	...	...	L	...	...	...
22	...	...	L	...	...	...
26	...	...	L	L	...	...
31	...	...	L	...	...	...
SEPTEMBRE.						
4	...	...	L	...	...	...
5	...	...	L	...	...	...
8	...	...	L	...	...	...
9	...	...	L	...	...	...
10	...	...	L	...	...	...
20	...	...	...	L	...	...
23	...	...	...	L	...	...
24	...	...	L	...	...	...
28	...	...	...	L	...	...
OCTOBRE.						
10	...	...	L	...	...	...
14	...	...	...	L	...	...
21	...	...	L	...	...	...
22	...	...	...	...	...	L
23	...	...	...	...	L	...
24	L	...	L	...	L	...
25	L	...	...	...	L	...
27	...	...	...	...	L	...
30	L	...	...	...	...	...
31	...	...	...	...	L	...
NOVEMBRE.						
1	L	...	...	...	L	L
2	L	...	...	...	...	...
3	...	...	...	L	L	...
4	L	...	L	...	L	...
5	L	...	...	...	...	...
6	...	...	...	L	L	...
7	L	...	L	L	...	...
9	...	...	L	L	L	L
10	L	...	L	L	L	...
11	L	...	L	L	L	...
12	L	...	L	...	...	...
13	...	...	L	L	L	...
14	L	...	L	L	L	...
15	L	...	L	L	L	...
16	L	...	...	...	L	...
17	L	...	L	L	L	...
18	L	...	L	L	L	...
19	L	...	...	...	...	...
20	...	...	L	L	L	...
Du 21 au 30.	L	...	L	L	L	...
DÉCEMBRE.						
Du 1er au 31.	L	...	L	L	L	...

JOURS DU MOIS.	TEMPÉRATURE CENTIGRADE DE L'AIR EXTÉRIEUR. Minima.	L'AIR EXTÉRIEUR. Maxima.	L'AIR EXTÉRIEUR. 9 h. du matin.	L'EAU DU BOSPHORE. Minima.	L'EAU DU BOSPHORE. Maxima.	L'EAU DU BOSPHORE. 9 h. du matin.	HAUTEURS DU BAROMÈTRE A 0°. 9 h. du matin.	BAROMÈTRE A 0°. 3 h. du soir.	NIV. DU BOSPHORE. Minima.	NIV. DU BOSPHORE. Maxima.	VENT A 9 H. DU MATIN.	CIEL A 9 H. DU MATIN.	PLUIE EN MILLIM.
KOUROU TCHEZMÈ.						Janvier 1860.							
	o	o	o	o	o	o	mm.	mm.	cm.	cm.			mm.
1	4.5	7.6	5.6	7.6	8.1	7.6	764.1	763.4	57	60	S.O.	cou.	. . . .
2	4.3	8.4	7.1	7.5	8.0	7.5	63.1	62 6	55	61	S.O.	cou.	1.6
3	6.4	9.0	7.6	8.0	8.2	8.1	65.1	64.9	53	59	Calme.	cou.	. . . .
4	3.6	10.7	6.9	8.0	8.4	8.4	64.0	60.3	52	55	E.	ser.	. . . .
5	8.8	13.4	10.4	8.0	9.3	8.0	54.5	51.9	55	64	S.	cou.	6.4
6	10.9	15.9	14.5	9.6	10.9	10.0	47.8	48.1	56	73	S.	nua.	4.6
7	9 8	13.5	11.4	10.3	10.8	10.5	58.4	59.9	47	57	S.O.	cou.	0.2
8	7.9	11.3	9.8	9.2	10.4	10.3	65.5	65.4	45	48	Calme.	nua.	4.3
9	5.2	7.4	6.3	8.3	9.0	8.5	67.3	68.6	33	45	N.E.	cou.	. . . .
10	2.6	6.2	4.2	8.2	8.6	8.4	72.9	72.4	33	39	O.	nua.	. . . .
11	0.9	6.4	4.4	7.4	8.4	8.3	72.6	72.1	44	48	Calme.	nua.	. . . .
12	3.1	7.6	5.4	7.7	8.2	8.0	71.6	71.8	41	48	Calme.	cou.	. . . .
13	4.2	7.7	*5.4	7.6	8.1	*8.0	*72.2	71.2	39	46	N.E.	cou.	. . . .
14	3.6	7.2	6.3	7.8	8.7	7.8	70.8	69.9	30	41	N.E.	nua.	. . . .
15	3,6	5.5	5.2	8.5	9.0	8.8	70.2	69.4	30	35	N.E.	cou.	3.5
16	1.6	5.4	3.4	8.0	8.5	8.0	69.3	68.5	42	45	N.E.	nua.	10.5
17	0.8	3.2	1.7	7.5	8.4	7.8	68.7	67.0	41	46	Calme.	cou.	18.5
18	0.2	4.5	2.3	7.2	7.4	7.2	65.5	63.7	38	41	Calme.	cou.	. . . .
19	1.8	6.1	3.8	7.2	7.6	7.2	64.5	65.1	39	42	Calme.	cou.	. . . .
20	3.7	7.8	6.3	7.0	7.3	7.2	68.7	68.1	41	44	N.E.	nua.	. . . .
21	2.4	7.4	6.2	7.0	7.4	7 0	68.1	66.3	44	47	S.	nua.	. . . .
22	4.6	8.6	6.4	6.9	7.0	7.0	61.3	59.5	43	46	S.	nua.	. . . .
23	5.3	8.9	7.6	6.6	7.0	6.6	55.2	54.7	45	51	S.	nua.	7.5
24	6.4	10.7	8.5	7.0	7.2	7.2	55.3	*51.4	43	45	Calme.	cou.	13.4
25	5.9	10.8	13.1	7.0	7.5	7.5	59.9	*58.7	42	45	S.	ser.	. . . .
26	7.5	13.3	10.1	7.4	7.7	7.7	59.9	59.1	57	65	S.	nua.	. . . .
27	10.7	10.2	9.5	7.7	8.4	7.8	59.2	57.9	58	67	S.	cou.	. . . .
28	7.7	9.4	8.2	7.4	7.8	7.6	55.4	54.2	58	65	N.E.	cou.	. . . .
29	5.9	8.3	7.1	7.2	7.4	7 3	58.1	58.5	58	64	Calme.	cou.	3.1
30	6.8	8.0	7.4	7.3	7.5	7.5	58.1	57.5	53	58	N.E.	cou.	1.5
31	7.0	10.3	8.2	7.3	7.8	7.4	55.6	53.6	55	56	Calme.	cou.	. . . .
Moyenn.											Z. domin.		
Mois......	5.09	8.73	7.11	7.72	8.26	7.94	763.32	762.44	46.0	51.8	S.	. . . .	75.1
1er au 10	6.40	10.34	8.38	8 47	9.17	8.73	762.26	761.75	48.6	56.1	S.O.	. .	17.1
11 au 20	2.35	6.14	4.42	7.59	8.16	7.83	769.41	768.68	38.5	43.6	N.E.	.	32.5
21 au 31	6.38	9.63	8.39	7.16	7.52	7.33	758.74	757.40	50.5	55.3	S.	. . .	25.5
						Février.							
1	7.3	12.2	10.6	7.5	8.0	7.6	748.0	747.6	57	70	S.	cou.	15.0
2	7.9	10.8	10.0	7.6	8.5	8.2	51.9	53.5	60	67	S.	cou.	. . . .
3	4.8	11.7	8.7	7.2	8.0	7.4	63.1	62.1	51	57	Calme.	nua.	. . . .
4	6.9	14.0	8.9	7.2	7.6	7.2	64.2	64.7	52	61	Calme.	nua.	. . . .
5	5.9	7.6	6.4	7.2	7.4	7.3	65.1	63.6	45	54	N.E.	cou.	2.7
6	6.0	8.7	7.6	7.2	7.5	7.2	56.6	52.5	49	55	N.E.	cou.	. . . .
7	6.9	9.1	7.7	7.5	7.7	7.5	47.3	46.0	55	65	N.E.	cou.	11.3
8	3.9	5.7	5.1	7.5	8.0	7.8	52.4	54.9	37	61	N.	cou.	0.4
9	3.3	6.4	4.5	6.7	7.6	7.2	59.5	59.0	43	46	N.	cou.	. . . .
10	0.9	7.6	5.7	6.7	7.1	7.1	58.3	57.4	49	52	S.	nua.	.
11	3.8	13.0	9.5	6.5	7.1	6.7	58.4	58.3	57	69	S.	nua.	
12	8.9	13.8	12.3	6.8	7.6	7.2	60.0	59.5	62	71	S.	cou.	. . . .
13	10.8	15.5	13.3	7.2	8.0	7.6	57.6	55.9	62	69	S.	cou.	18.5
14	7.9	10.6	9.7	7.5	7.7	7.6	56.6	56.8	56	69	S.	cou.	2.3
15	5.7	10.1	7.3	7.4	8.0	7.4	60.9	59.0	45	55	Calme.	cou.	0.2
16	4.9	6.7	6.4	7.5	7.7	7.5	52.0	52.2	50	55	N.E.	cou.	9.2
17	5.1	8.2	6.6	8.0	8.2	8.0	59.8	59.5	44	49	N.E.	cou.	0 3
18	5.1	5.3	5.2	8.0	8.5	8.2	48.9	49.1	30	47	N.E.	cou.	7.5
19	1.3	3.8	1.9	7.4	8.1	8.1	56.7	58.5	44	55	N.	nua.	4.0
20	—1.4	4.7	3.6	7.4	8.0	7.5	60.9	59.4	55	61	S.	nua.	. . . .
21	1.8	10.6	6.9	7.2	7.6	7.2	56.2	59.7	55	62	S.	nua.	. . . .
22	8.9	13.0	8.7	7.4	8.2	7.4	46.9	46.5	68	73	S.	cou.	3.1
23	7.9	12.8	8.7	7.6	8.2	7.6	52.6	54.3	61	72	S.	cou.	5.1
24	2.9	4.6	4.4	7.1	7.4	7.1	66.1	68.6	51	61	N.	cou.	0.1
25	1.8	6.2	4.6	7.2	7.6	7.3	70.8	70.4	43	49	N.E.	cou.	0.2
26	1.7	3.7	3.2	6.8	7.2	7.0	70.1	70.1	41	45	N.	cou.	2.5
27	0.9	3.6	1.7	7.0	7.4	7.3	68.8	65.0	45	52	Calme.	nua.	. . . .
28	—0.4	8.9	6.4	6.4	7.0	6.4	54.0	*52.7	51	59	S.	nua.	. . . .
29	4.9	8.9	7.2	7.2	8.2	7.4	58.4	59.1	40	49	N.E.	nua.	. . . .
Moyenn.											Z. domin.		
Mois......	4.70	8.89	6.99	7.24	7.76	7.41	758.00	757.79	50.3	58.9	Var.	. . . . .	82.4
1er au 10	5.38	9.38	7.52	7.23	7.74	7.45	756.64	756.13	49.8	58.8	N.E.	. . . . .	29.4
11 au 20	5.21	9.17	7.58	7.37	7.89	7.58	757.18	756.82	50.5	60 0	S.	. . . . .	42.0
21 au 29	3.38	8.03	5.76	7.10	7.64	7.19	760.43	760.71	50.5	58.0	Var.	. . . . .	11.0

JOURS DU MOIS.	TEMPÉRATURE CENTIGRADE DE — L'AIR EXTÉRIEUR.			L'EAU DU BOSPHORE.			HAUTEURS DU — BAROMÈTRE A 0.		NIV. DU BOSPHORE.		VENT A 9 H. DU MATIN.	CIEL A 9 H. DU MATIN.	PLUIE EN MILLIM.
	Minima.	Maxima.	9 h. du matin.	Minima.	Maxima.	9 h. du matin.	9 h. du matin.	3 h. du soir.	Minima.	Maxima.			
KOUROU TCHEZMÈ.					**Mars 1860.**								
	°	°	°		°	°	mm.	mm.	cm.	cm.			mm.
1	4.1	8.1	5.7	7.4	7.6	7.4	762.7	763.1	49	52	Calme.	nua.	1.5
2	3.9	8.4	6.3	7.0	7.6	7.3	69.6	70.2	39	49	N.	nua.	. . . .
3	—0.1	9.0	6.8	7.0	7.6	7.4	70.8	69.9	39	45	Calme.	ser.	. . . .
4	1.7	6.5	3.9	7.0	7.4	7.2	72.3	71.2	33	41	N.	ser.	. . . .
5	1.0	7.5	5.6	7.0	7.4	7.0	66.7	65 3	38	45	N.	nua.	. . . .
6	2.8	10.4	5.7	7.2	7.6	7.2	60.9	58.4	42	51	N.E.	cou.	0.4
7	6.3	12.3	9.8	7.3	8.0	7.4	53.6	53.4	59	63	S.	nua.	3.1
8	3.8	7.8	7.0	7.4	7.7	7.4	57.5	58.6	45	53	S.	nua.	. . . .
9	2.9	10.8	7.6	7.3	7.6	7.3	60.4	57.2	45	57	S.	nua.	3.8
10	7.0	16.6	12.0	7.6	8.4	7.6	54.1	51.9	54	63	S.	nua.	2.4
11	11.2	16.6	14.2	7.7	8.3	8.0	50.2	51.2	62	91	S.O.	cou.	13.4
12	3.4	6.3	5.4	7.4	7.6	7.4	58.4	58.3	38	58	N.E.	cou.	1.1
13	3.2	7.0	5.9	7.2	7.6	7.4	59.0	57.0	40	45	N.E.	cou.	0.3
14	5.2	6.7	5.7	7.5	7.7	7.5	55.1	54.1	38	45	N.E.	cou.	6.0
15	3.9	6.8	5.0	7.6	8.0	8.0	53.3	53.2	52	57	N.E.	cou.	2.1
16	3.4	7.0	4.5	7.3	7.6	7.6	59.8	61.6	52	56	N.E.	cou.	. . . .
17	2.8	8.3	7.2	7.0	7.5	7.3	64.1	64.2	51	60	N.E.	nua.	4.9
18	4.2	7.0	6.4	7.2	7.7	7.6	63.7	63.6	44	52	N.E.	cou.	7.0
19	3.2	5.6	4.4	7.2	7.4	7.2	64.1	64.0	47	52	N.E.	cou.	0.5
20	2.9	4.5	3.8	6.6	6.8	6.6	63.7	63.6	51	56	N.E.	cou.	2.3
21	1.4	3.6	2.7	6.0	6.6	6.3	66.3	67.0	47	56	N.	cou.	1.5
22	—1.7	3.8	1.8	5.2	5.6	5.5	65.9	64.9	55	58	Calme.	nua.	. . . .
23	1.0	8.8	6.1	5.8	7.3	6.2	64.7	63.5	50	55	Calme.	nua.	. . . .
24	3.9	10.5	8.7	6.4	6.7	6.6	62.2	*62.0	53	57	S.	cou.	. . . .
25	3.5	14.4	8.9	6.4	7.4	7.0	61.7	60.2	54	63	Calme.	ser.	. . . .
26	8.9	17.4	14.9	7.0	8.0	7.4	58.5	56.3	58	69	S.	ser.	1.2
27	9.8	12.5	11.2	7.0	8.0	7.0	58.6	60.7	55	75	S.O.	cou.	1.4
28	5.7	14.0	12.6	7.2	8.2	8.0	62.4	60.4	48	62	S.	ser.	. . . .
29	7.9	14.5	13.3	7.1	7.6	7.3	60.2	58.5	53	57	S.	nua.	. . . .
30	7.8	16.5	15.0	7.0	8.4	7.6	60.1	57.6	56	68	S.	nua.	. . . .
31	11.7	16.6	14.7	7.6	8.0	8.0	59.6	59.9	55	71	Calme.	cou.	. . . .
Moyenn.											Z. domin.		
Mois...	4.41	9.86	7.84	7.02	7.58	7.25	761.30	760.68	48.4	57 5	N.E.	. . . . .	52.9
1er au 10.	3.34	9.74	7.04	7.22	7.69	7.32	762.86	761.92	44.3	51.9	Var.	. . . . .	11.2
11 au 20.	4.34	7.58	6.27	7.27	7.62	7.46	759.14	759.08	47.5	57.2	N.E.	. . . . .	37.6
21 au 31.	5.45	12.05	9.99	6.61	7.44	6.99	761.84	761.00	53.1	62.8	S.	. . . . .	4.1
						Avril.							
1	8.9	19.5	15.5	7.6	8.6	8.2	760.5	758.9	63	65	Calme.	nua.	. . . .
2	8.8	14.7	12.6	7.7	9.0	7.8	59.0	57.4	61	65	Calme.	cou.	. . . .
3	10.7	17.6	14.5	7.6	8.5	7.6	59.6	58.9	61	67	S.	cou.	. . . .
4	8.3	14.8	14.0	7.8	10.0	8.5	60.9	59.9	60	62	S.	ser.	. . . .
5	8.6	15.8	14.7	7.6	9.2	8.4	64.4	64.7	53	59	N.	nua.	. . . .
6	8.0	17.6	11.3	8.2	9.4	8.4	64.9	63.1	54	57	N.	ser.	. . . .
7	8.1	18.8	15.6	8.3	10.0	8.4	64.0	65.2	49	57	Calme.	ser.	. . . .
8	8.0	13.0	10.3	8.4	9.0	8.4	67.5	65.8	42	50	N.	nua.	. . . .
9	6.9	11.6	8.8	7.8	9.0	8.3	61.5	*59.1	49	61	N.E.	nua.	0.7
10	7.0	14.3	10.2	7.8	8.6	8.0	56.1	54.6	61	70	N.E.	nua.	3.7
11	6.2	14.8	10.8	8.0	8.8	8.1	55.9	55.3	62	69	N.E.	cou.	18.2
12	9.2	14 8	11.3	8.1	9.0	8.4	54.6	54.0	65	80	Calme.	cou.	3.4
13	9.0	15.3	13.3	8.4	9.5	8.6	53.1	53.0	68	74	S.	cou.	. . . .
14	8.9	15.2	12.3	8.8	10.1	9.2	57.8	57.8	58	68	N.	nua.	. . . .
15	7.4	11.2	9.7	9.3	9.5	9.4	58.9	59.3	54	60	N.	cou.	14.6
16	8.0	10.4	9.2	8.8	9.4	9.2	62.6	63.1	52	59	N.	cou.	7.3
17	6.0	10.7	7.1	8.4	9.0	8.5	65.9	*66.2	45	49	N.	cou.	1.0
18	4.1	12.0	11.0	8.8	10.0	9.4	65.4	63.6	44	45	N.	nua.	. . . .
19	5.9	13.4	12.1	8.8	10.3	9.5	58.7	57.1	52	58	N.	nua.	. . . .
20	7.3	17.8	11.2	9.0	10.2	9.0	51.1	49.2	55	74	Calme.	nua.	1.5
21	11.4	18.0	15.9	9.0	10.8	10.0	56.4	57.0	64	71	S.	ser.	. . . .
22	8.8	19.7	16.7	8.9	10.5	9.5	60.0	59.1	61	67	S.O.	ser.	. . . .
23	9.6	19.8	15.5	9.4	10.5	10.3	60.8	*60.8	60	65	Calme.	nua.	. . . .
24	12.2	17.3	14.3	9.5	10 2	10.0	57.7	55.7	61	79	N.E.	cou.	10.9
25	9.4	15.0	12.0	9.5	10.5	10.0	60.7	61.7	57	67	S.	nua.	. . . .
26	8.9	19.0	15.0	9.6	11.2	10.6	61.3	60.7	59	66	S.	nua.	. . . .
27	7.7	20.0	15.9	9.5	11.6	10.5	62.6	62.4	53	57	N.E.	ser.	. . . .
28	9.0	21.0	16.7	9.6	11.4	9.6	64.2	64.0	53	60	S.	ser.	. . . .
29	10.4	24.8	18.2	9.5	11.7	10.5	64.5	63.9	51	59	Calme.	ser.	. . . .
30	13.2	21.0	19.8	10.2	12.0	11.4	65.9	65.8	43	55	N.	nua.	. . . .
Moyenn.											Z. domin.		
Mois.... .	8.53	16.30	13.18	8.66	9.92	9.12	760.55	759.91	55.7	63.2	N.	. . . . .	61.3
1er au 10.	8.33	15.77	12.75	7.88	9.13	8.20	761.84	760.76	55.3	61.3	N.	. . . . .	4.4
11 au 20.	7.20	13.56	10.80	8.64	9.58	8.93	758.40	757.86	55.7	63.6	N.	. . . . .	46.0
21 au 30.	10.06	19.55	16.00	9.47	11.04	10.24	761.41	761.11	56.2	64.6	S.	. . . . .	10.9

JOURS DU MOIS.	TEMPÉRATURE CENTIGRADE DE						HAUTEURS DU				VENT A 9 H. DU MATIN.	CIEL A 9 H. DU MATIN.	PLUIE EN MILLIM.
	L'AIR EXTÉRIEUR.			L'EAU DU BOSPHORE.			BAROMÈTRE A 0°.		NIV. DU BOSPHORE.				
	Minima.	Maxima.	9 h. du matin.	Minima.	Maxima.	9 h. du matin.	9 h. du matin.	3 h. du soir	Minima.	Maxima.			
KOUROU TCHEZMÈ.						**Mai 1860.**							
	°	°	°	°	°	°	mm.	mm.	cm.	cm.			mm.
1	11.4	18.0	16.7	10.4	11.4	11.1	766.9	766.5	35	44	N.	ser.	. . . .
2	11.0	15.0	12.3	10.0	10.6	10.1	63.6	61.3	45	54	N.E.	cou.	. . . .
3	8.1	17.8	13.4	9.8	11.4	10.5	56.2	53.9	53	64	N.E.	nua.	. . . .
4	11.3	22.0	19.3	10.4	12.5	11.6	52.7	52.8	60	65	Calme.	ser.	0.3
5	14.0	18.9	17.6	10.6	12.3	11.4	52.6	55.0	60	72	S.	cou.	5.8
6	11.8	16.1	12.8	10.2	11.1	10.6	56.7	54.8	57	69	N.E.	cou.	12.1
7	8.9	12.0	7.7	10.2	10.6	10.2	63.0	65.1	53	59	N.	cou.	5.0
8	5.0	15.6	13.3	10.4	11.5	11.0	67.8	67.4	40	53	N.E.	ser.	. . . .
9	9.0	14.3	12.0	10.3	11.5	11.0	65.6	65.1	41	49	N.E.	cou.	. . . .
10	10.0	14.9	12.8	9.8	10.8	10.1	64.6	64.4	47	53	N.E.	cou.	. . . .
11	7.0	17.0	15.7	9.8	11.7	11.4	65.4	64.4	51	55	N.	ser.	. . . .
12	8.9	18.8	17.6	10.1	12.0	11.3	63.8	62.4	51	54	N.	ser.	. . . .
13	10.9	16.3	13.6	11.2	11.4	11.4	59.9	*59.3	50	53	N.	cou.	. . . .
14	11.7	18.0	15.7	11.2	12.8	11.4	58.1	56.4	52	61	N.	nua.	. . . .
15	10.9	19.0	15.0	11.2	12.4	11.2	57.2	56.2	61	65	N.	nua.	2.9
16	13.4	19.0	16.3	11.4	12.1	11.8	55.5	54.9	61	69	N.	cou.	. . . .
17	12.4	18.8	15.0	11.3	14.4	12.3	57.6	57.0	61	67	S.	cou.	. . . .
18	12.7	21.8	19.3	11.8	14.3	12.8	57.8	56.5	63	68	Calme.	nua.	0.4
19	13.2	18.6	15.8	12.2	13.0	12.6	57.1	57.0	60	69	N.	cou.	. . . .
20	13.3	19.0	15.6	12.2	13.3	12.4	60.2	60.1	51	63	N.	cou.	. . . .
21	12.0	18.8	15.5	11.8	13.2	12.2	59.8	60.7	54	62	Calme.	nua.	. . . .
22	7.9	17.7	14.8	11.4	13.4	12.4	62.3	62.6	51	58	S.	ser.	. . . .
23	10.2	17.7	16.3	11.5	13.2	12.4	61.0	59.9	45	53	N.	nua.	. . . .
24	12.7	17.9	17.3	11.8	13.5	12.3	60.5	61.0	47	53	N.E.	nua.	. . . .
25	11.4	20.8	17.7	11.2	14.2	12.5	61.3	60.4	52	63	Calme.	ser.	. . . .
26	10.3	20.9	19.0	11.5	14.0	13.0	59.4	57.9	61	63	N.E.	ser.	. . . .
27	11.0	20.2	16.3	12.8	14.4	13.6	58.1	*58.0	59	62	Calme.	nua.	. . . .
28	12.0	21.8	20.2	13.2	14.2	14.2	58.2	57.8	61	69	S.	ser.	4.7
29	13.4	20.9	18.5	13.3	15.0	14.4	58.4	56.4	55	63	S.	nua.	. . . .
30	11.9	15.6	13.5	13.3	13.8	13.5	58.9	59.6	59	66	S.	cou.	14.3
31	9.3	19.5	16.4	13.0	15.0	14.2	62.4	61.8	57	62	Calme.	ser.	. . . .
Moyenn.											Z. domin.		
Mois......	10.87	18.15	15.58	11.27	12.74	11.96	760.08	759.57	53.3	60.6	N.E.	. . . . .	45.5
1er au 10	10.05	16.46	13.79	10.21	11.37	10.76	760.97	760.63	49.1	58.2	N.E.	. . . . .	23.2
11 au 20	11.44	18.63	15.96	11.24	12.74	11.86	759.26	758.42	56.1	62.4	N.	. . . . .	3.3
21 au 31	11.10	19.25	16.86	12.25	13.99	13.15	760.03	759.65	54.6	61.3	Var.	. . . . .	19.0
						Juin.							
1	12.9	22.6	18.7	13.3	14.5	13.5	760.2	759.7	53	60	Calme.	ser.	. . . .
2	11.9	24.8	19.7	13.2	14.5	13.7	60.3	59.6	55	60	Calme.	ser.	. . . .
3	13.3	24.9	21.7	13.3	14.6	14.0	60.2	59.7	55	63	Calme.	ser.	. . . .
4	13.9	28.5	19.7	12.4	15.1	14.0	60.3	59.7	54	64	Calme.	ser.	. . . .
5	16.5	29.0	22.1	12.6	15.2	12.6	59.5	59.0	57	66	Calme.	ser.	. . . .
6	16.7	27.8	24.8	12.4	14.5	14.4	59.9	60.7	57	62	Calme.	ser.	. . . .
7	17.5	26.7	25.5	13.4	16.2	14.0	62.6	61.9	54	58	N.	ser.	. . . .
8	17.4	25.7	22.7	13.5	15.4	14.4	59.2	57.5	55	64	N.	ser.	. . . .
9	16.4	23.4	20.9	13.4	15.4	14.5	58.9	58.6	58	63	N.	ser.	. . . .
10	15.2	22.4	19.3	14.0	15.5	14.5	59.2	58.5	57	59	N.	cou.	. . . .
11	15.9	22.7	21.6	14.2	15.0	14.4	58.4	58.4	54	62	N.	nua.	. . . .
12	17.0	23.6	23.0	13.7	15.6	15.2	58.4	58.4	59	64	N.	ser.	. . . .
13	17.3	24.0	23.3	13.6	15.0	14.5	59.0	58.4	58	62	N.	nua.	. . . .
14	17.4	25.3	23.5	13.5	16.4	14.5	58.0	57.2	59	62	N.	nua.	. . . .
15	16.4	25.0	23.0	14.5	17.0	17.0	57.2	56.2	61	70	N.	nua.	. . . .
16	15.8	26.4	24.7	15.4	17.6	17.5	54.1	53.2	67	75	N.	nua.	. . . .
17	16.6	25.4	*22.0	16.0	18.2	*17.0	53.9	*53.8	67	71	N.	cou.	. . . .
18	17.0	26.4	23.6	16.0	18.0	17.0	55.3	54.1	63	79	S.	ser.	. . . .
19	19.5	19.8	19.7	16.0	17.2	16.4	50.6	51.6	69	79	Calme.	cou.	63.5
20	16.5	20.7	19.0	16.3	17.4	16.5	51.4	54.4	65	77	Calme.	cou.	6.5
21	19.2	22.8	20.8	17.5	19.0	17.6	58.8	59.9	65	70	N.	cou.	. . . .
22	17.8	24.6	22.1	19.0	19.6	*19.3	60.2	60.2	60	69	S.	nua.	. . . .
23	18.5	25.2	23.6	19.4	20.2	19.6	59.0	58.8	64	74	S.	ser.	. . . .
24	19.5	25.8	24.9	19.2	20.6	20.0	61.1	60.6	63	69	N.	nua.	. . . .
25	19.7	26.0	25.2	19.0	20.2	20.0	61.1	60.4	63	66	N.	nua.	. . . .
26	17.9	26.8	25.1	19.0	21.0	19.0	59.6	58.1	64	72	N.	ser.	. . . .
27	18.9	27.3	25.3	19.0	20.4	19.2	57.9	57.3	62	66	N.	nua.	. . . .
28	20.8	26.6	25.7	18.7	20.2	20.2	58.3	57.8	60	64	N.	nua.	. . . .
29	22.6	26.7	25.7	19.2	20.5	19.5	58.6	58.8	62	67	N.	cou.	1.1
30	20.5	27.9	25.4	19.5	21.0	20.6	57.4	57.3	63	70	Calme.	nua.	. . . .
Moyenn.											Z. domin.		
Mois......	17.22	25.16	22.74	15.67	17.37	16.49	758.29	757.99	60.1	66.9	N.	. . . . .	71.1
1er au 10	15.17	25.58	21.51	13.15	15.09	13.96	760.03	759.49	55.5	61.9	N.	. . . . .	. . . .
11 au 20	16.94	23.93	22.34	14.92	16.74	16.00	755.68	755.57	62.2	70.1	N.	. . . . .	70.0
21 au 30	19.54	25.97	24.38	18.95	20.27	19.50	759.20	758.92	62.6	68.7	N.	. . . . .	1.1

JOURS DU MOIS.	TEMPÉRATURE CENTIGRADE DE L'AIR EXTÉRIEUR. Minima.	L'AIR EXTÉRIEUR. Maxima.	L'AIR EXTÉRIEUR. 9 h. du matin.	L'EAU DU BOSPHORE. Minima.	L'EAU DU BOSPHORE. Maxima.	L'EAU DU BOSPHORE. 9 h. du matin.	HAUTEUR DU BAROMÈTRE À 0°. 9 h. du matin.	BAROMÈTRE À 0°. 3 h. du soir.	NIV. DU BOSPHORE. Minima.	NIV. DU BOSPHORE. Maxima.	VENT À 9 H. DU MATIN.	CIEL À 9 H. DU MATIN.	PLUIE EN MILLIM.
KOUROU TCHEZMÈ.						Juillet 1860.							
	°	°	°	°	°	°	mm.	mm.	cm.	cm.			mm.
1	20.4	29.7	25.4	19.8	22.5	21 0	757.2	756.9	67	71	S.	ser.	....
2	21.8	28.3	27.4	20.3	21.8	20.5	58.7	57.9	63	72	N.	ser.	....
3	22.4	25.6	25.3	18.5	20.0	19.5	57.4	57.2	59	64	N.	cou.	....
4	21.8	24.0	19.8	19.0	20.5	20.0	52.3	52.2	61	72	Calme.	nua.	16.1
5	15.9	21.0	20.3	19.3	21.0	20.4	56.5	56.8	64	75	Calme.	nua.	0.3
6	17.0	22.3	21.7	21.2	22.0	21.5	60.0	60.5	61	69	N.	nua.	....
7	15.3	25.9	24.3	21.0	21.6	21.5	59.1	57.2	54	63	S.	ser.	....
8	18.1	22.7	21.8	20.4	21.2	21.2	62.4	62.0	47	58	N.E.	nua.	....
9	18.8	22.7	21.7	19.6	20.4	20.4	61.9	62.2	51	57	N.E.	cou.	....
10	19.0	23.8	22.7	19.5	20.5	19.6	61.2	*60.6	52	60	N.E.	nua.	4.7
11	19.0	24.6	23.7	19.7	20.5	20 4	56.1	54.3	55	63	N.E.	nua.	....
12	19.8	24.3	22.7	19.5	20.5	20.0	53.3	53.1	62	69	S.	nua.	....
13	18.0	25.6	23.3	20.0	21.6	21.0	53.3	53.2	68	72	Calme.	nua.	....
14	19.0	26.0	25.4	20.4	21.4	20.6	55.4	55.9	64	70	N.E.	nua.	....
15	19.8	26.8	25.6	20.2	21.2	20.7	60.0	60.1	62	67	N.	nua.	....
16	21.5	25.9	24.5	19.3	20.7	20.7	59.7	57.7	57	64	N.	cou.	....
17	22.0	25.7	22.0	18.5	20.2	18.5	54.3	53.4	65	74	Calme.	cou.	....
18	22.0	26.7	25.0	19.6	21.0	20.0	53.7	53.4	65	73	N.E.	nua.	....
19	21.7	27.0	25.7	21.0	22.0	21.5	53.3	53.9	63	72	N.E.	nua.	....
20	21.6	27.8	26.6	21.2	22.0	21.5	55.3	55.8	64	69	N.E.	ser.	....
21	22.0	27.6	26.8	21.5	22.3	21.7	57.6	57.8	63	69	N.E.	ser.	....
22	20.7	26.8	25.8	22.0	22.5	22.2	59.9	59.4	60	65	N.	nua.	....
23	18.7	27.2	24.5	22.0	23.0	22.4	60.1	59.4	61	69	Calme.	ser.	....
24	18.9	28.7	26.3	22.4	23.3	23.0	57.3	55.3	63	72	Calme.	ser.	....
25	20.0	26.7	25.2	22.5	23.0	22.8	55.2	53.4	64	67	Calme.	nua.	....
26	20.0	29.0	27.6	22.6	23.5	23.0	50.0	*51.1	67	75	S.	ser.	....
27	20.9	26.9	25.6	22.0	22.7	22.6	56.7	56.9	63	67	N.	nua.	....
28	19.4	28.7	26.2	22.0	22.7	22.7	58.2	57.0	63	69	S.	ser.	....
29	20.8	29.0	26.7	21.6	22.6	22.0	57.6	57.4	63	68	N.	nua.	....
30	19.4	30.6	26.2	21.6	22.5	22.0	56.4	55.0	64	72	Calme.	ser.	....
31	21.0	32.8	29.2	21.6	23.0	22.0	55.0	53.6	62	70	Calme.	ser.	....
Moyenn.											Z. domin		
Mois......	19.89	26.46	24.68	20.64	21.73	21.19	756.94	756.47	61.2	68.3	N.E.	.....	21.1
1er au 10	19.05	24.00	23.04	19.86	21.15	20.56	758.67	758.35	57.9	66.1	N.E.	.....	21.1
11 au 20	20.44	26.04	24.45	19.94	21.11	20.49	755.44	755.08	62.5	69.3	N.E.	.....	...
21 au 31	20.16	28.54	26.37	21.98	22.83	22.40	756.73	756.03	63.0	69.4	Var.	.....	...
						Août.							
1	22.0	27.8	27.0	21.5	22.6	22.4	755.5	756.4	65	72	N.E.	ser.	....
2	19.9	26.2	25.2	21.0	22.5	21.6	61.5	60.6	51	67	N.	nua.	....
3	17.0	26.5	25.7	21.0	22.5	21.6	58.9	58.0	51	60	N.	ser.	....
4	18.0	27.2	25.3	20.8	22.6	21.7	56.6	55.5	53	62	N.E.	ser.	....
5	20.0	26.2	25.5	21.0	22.5	22.4	53.0	53.9	53	62	N.E.	nua.	....
6	19.2	24.8	21.6	20.5	22.0	21.0	59.0	58.9	57	62	Calme.	nua.	1.2
7	17.9	26.8	23.8	20.4	22.0	21.4	60.3	59.8	60	62	S.	nua.	....
8	17.8	27.8	26.0	21.2	23.0	22.0	59.9	58.8	58	60	N.E.	ser.	....
9	19.0	28.7	27.2	21.2	23.0	22.0	59.3	59.5	58	62	N.E.	ser.	....
10	21.3	28.4	27.0	21.2	23.0	21.6	60.1	59.6	52	57	N.E.	nua.	....
11	22.4	27.5	26.2	20.5	21.0	20.5	58.7	58.1	52	57	N.E.	nua.	....
12	21.8	27.4	26.2	20.4	20.6	20.6	57.4	57.8	54	58	N.E.	nua.	....
13	20.6	27.1	25.6	20.0	20.7	20.6	58.3	58.1	57	61	N.E.	nua.	....
14	19.6	28.4	26.3	20.4	21.0	21.0	60.7	*60.1	58	59	N.E.	ser.	....
15	19.8	27.6	26.4	21.4	23.4	22.0	60.0	59.1	54	61	N.E.	nua.	....
16	20.0	27.6	25.6	21.7	22.2	22.0	59.3	*59.2	55	62	N.	nua.	....
17	20.5	28.6	26.7	21.8	23.0	21.8	59.5	*59.7	55	62	N.	nua.	....
18	20.7	28.5	27.2	22.0	23.0	22.1	61.0	60.9	57	63	N.E.	nua.	....
19	21.9	28.8	27.8	22.4	23.0	22.5	63.4	62.7	51	57	N.	ser.	....
20	21.2	28.8	27.6	21.5	23.0	22.0	62.8	62.3	54	56	Calme.	ser.	....
21	21.0	27.0	26.3	21.5	22.0	22.0	60.8	60.1	49	54	Calme.	ser.	....
22	19.7	27.0	25.5	20.7	22.0	20.9	59.8	59.1	53	59	S.	nua.	....
23	19.5	28.0	23.7	20.0	20.7	20.5	59.4	59.1	61	67	N.E.	ser.	....
24	19.3	28.4	27.2	20.5	23.0	21.7	60.7	59.9	59	63	N.E.	ser.	....
25	21.3	27.3	26.0	21.2	22.4	21.4	60.2	59.9	51	58	N.E.	nua.	....
26	20.0	27.8	26.9	21.0	21.6	21.5	61.6	*61.4	51	53	N.E.	nua.	....
27	21.8	27.2	26.2	21.3	22.4	22.4	63.5	62.9	47	50	N.E.	nua.	....
28	20.7	26.8	26.2	20.2	21.5	21.0	62.7	61.6	39	47	N.E.	nua.	....
29	18.0	26.2	25.2	19.0	20.2	20.0	58.3	57.0	46	55	N.E.	nua.	....
30	17.0	27.2	22.7	19.0	21.0	19.6	66.8	56.2	54	58	Calme.	nua.	....
31	19.7	27.3	25.6	20.5	21.2	20.6	60.0	60.7	48	55	N.E.	nua.	....
Moyenn.											Z. domin.		
Mois......	19.95	27.45	25.85	20.86	22.08	21.43	759.07	759.25	53.6	59.4	N.E.	.....	1.2
1er au 10	19.21	27.04	25.43	20.98	22.57	21.77	758.41	758.10	55.8	62.6	N.E.	.....	1.2
11 au 20	20.85	28.03	26.56	21.21	22.09	21.51	760.11	759.80	54.7	59.6	N.E.	.....	....
21 au 31	19.82	27.29	25.59	20.45	21.64	21.05	761.25	759.81	50.7	56.3	N.E.	.....	....

CHAPITRE II.

SUR LE NIVELLEMENT BAROMÉTRIQUE DE LA THRACE (ROUMÉLIE), DE M. VIQUESNEL.

Par M. PARÈS.

(Pl. 23).

M. Viquesnel avait rapporté de son voyage une grande quantité d'observations barométriques pour l'hypsométrie de la contrée : occupé de la publication d'autres parties de son travail, il me confia le calcul de son nivellement ; je vais expliquer dans quelles conditions ce calcul a été entrepris, et le procédé que j'y ai employé.

M. Viquesnel quitta Constantinople le 20 mai 1847, se dirigeant vers l'O. Après avoir suivi le littoral de la mer de Marmara et de la mer Égée jusqu'à Énos, il remonta vers Andrinople ; de là vers l'O. et N. O., dans la direction de Samakov, où s'opère la jonction du Rhodope et des Balkans : il passa de Samakov à Keustendil ; puis descendit la vallée du Strouma (ancien Strymon), laissant à sa gauche le massif du Rhodope, jusqu'à Sérès, non loin du golfe d'Orfano, d'où il rentra à Constantinople, à travers les terres, le 1er janvier 1848, ayant ainsi employé à parcourir la Roumélie un intervalle de plus de sept mois. Le terrain exploré était renfermé entre les Balkans, la vallée du Strouma, la mer Égée, la mer de Marmara et la mer Noire.

Il opérait seul. Nul baromètre ne répondait au sien : nul observatoire d'ailleurs à sa portée qui pût suppléer à l'absence d'observations simultanées spéciales. Heureusement il apprit plus tard que dans la même année un pharmacien allemand, le docteur Noé, avait fait à Constantinople des observations régulières du baromètre et du thermomètre ; il en obtint une copie; et comme avant de parcourir la Thrace il avait séjourné près de trois mois dans la même ville, y observant assidûment ses instruments, il put comparer ses observations à celles du docteur pour en conclure le degré de confiance qu'il pouvait accorder à ces dernières, et il eut la satisfaction de voir que, sauf quelques différences de détail, imputables surtout à la différente position des instruments, elles pouvaient servir utilement au calcul de son nivellement (1).

C'était beaucoup, sans doute, c'était même tout pour les premiers jours du voyage, quand M. Viquesnel était encore près de Constantinople ; mais il n'en pouvait être de même plus tard ; et bien que la proximité de la station de comparaison ne soit pas toujours une condition indispensable, il n'était pas douteux qu'un trop grand éloignement ne dût faire suspecter le résultat. Or, à mesure qu'il gagnait vers l'O., la station de Constantinople perdait de sa légitime influence : arrivé à Keustendil, il était

(1) Voyez plus haut, p. 20.

à plus de 500 kilomètres de cette ville (1), et je ne pouvais me dissimuler que des accidents de terrain qui dépassaient 2000 mètres de hauteur et des distances de plus de 500 kilomètres ne fussent de mauvaises conditions pour le calcul. Il fallut donc chercher un autre moyen.

La nécessité en a fait imaginer de nature diverse, selon la possibilité des circonstances ou selon l'idée des voyageurs.

On a employé le calcul *par stations successives.* Faute de mieux, ce procédé, malgré l'incertitude qu'il laisse subsister sur les éléments barométriques et thermométriques, peut néanmoins être mis à profit : toutefois ceux qui l'ont utilisé n'ont jamais pu lui accorder une confiance entière.

On a cru pouvoir se confier avec plus de chances de succès à la supposition que les observations *de la veille* pouvaient servir pour le jour même. Je n'ai pas besoin de faire remarquer que l'emploi de ce procédé exige un concours de circonstances favorables fort rares, et qui dans tous les cas manquaient à M. Viquesnel.

On a pris quelquefois pour terme de comparaison *le baromètre moyen au bord de la mer.* Je me hâte de dire que de tous les procédés c'est le seul que j'aurais rejeté absolument. Il a servi au nivellement barométrique de M. de Humboldt; mais, déjà suspect entre les tropiques (2), malgré le peu de variation accidentelle du baromètre et la régularité de sa variation horaire, il serait pour les latitudes élevées une cause certaine d'erreurs considérables.

On a employé avec plus de succès *la moyenne de plusieurs stations de comparaison voisines.* Dans des conditions spéciales, avec des stations nombreuses à des horizons déterminés, et une certaine proportion dans les éléments du calcul, ce moyen peut inspirer quelque sécurité; mais dans la situation que la force des choses avait faite à M. Viquesnel il était impraticable.

Ne pouvant donc me servir des procédés venus à ma connaissance, j'en essayai un nouveau qui, théoriquement, me paraissait suffisamment exact, et qui dans l'application m'a offert en effet plus de sécurité que tout autre.

I. Théorie. — Je considérai que l'atmosphère, cherchant toujours un équilibre qu'elle ne rencontre jamais, était par cela même soumise à la loi des compensations : froid sur un point, chaleur sur un autre; ici l'humidité extrême, ailleurs l'extrême sécheresse; forte pression en un lieu, en un autre pression affaiblie; en d'autres termes, excès et défaut, des hauts et des bas, comme sont les pentes des montagnes, ou comme les ondes marines qui ont fait donner à ces effets, par analogie, la dénomination d'*ondes atmosphériques.*

Semblables aux ondes des mers, celles-ci courent dans l'atmosphère comme les autres sur l'Océan; mais là s'arrête l'analogie : les premières ont nécessairement une

(1) Toutes les distances sont prises à vol d'oiseau.

(2) Voyez les observations de MM. Caldas et Boussingault dans la *Nouvelle-Grenade.*

faible étendue, les autres pouvaient en avoir une immense, soit à raison de la mobilité de l'élément, soit surtout à raison de la puissance et de la persistance des causes qui les produisent. Or, j'avais vu les vents de mer rouler sur nos têtes, durant plusieurs journées, des masses de *nimbus* apportant jusqu'à des contrées fort éloignées des effets de même nature, bien que d'intensité différente et progressive, non comme accidents rares qui pourraient puiser dans leur excentricité la généralité qui les caractérise, mais comme état fréquent et pour ainsi dire normal : même dans les moments de calme absolu autour de nous, j'avais vu de larges *cirrus* se déplacer tout d'une pièce, avec une lenteur apparente, mais, attendu la distance, avec une vitesse réelle. J'avais vu la bise du nord attrister les contrées méridionales de l'Europe par le froid des régions glacées; d'autres fois, dans la vallée de la Seine et jusqu'au cœur de l'Allemagne, le vent du sud-ouest arriver chargé des tièdes haleines de l'Atlantique; le nord-ouest souffler pendant des mois entiers sur le littoral français, lui apportant une sécheresse continue, tandis qu'il déversait la pluie sur la côte africaine; l'Europe et l'Amérique comme placées aux deux plateaux d'une même balance, l'hiver doux d'un côté, glacé de l'autre, humide en Amérique et sec en Europe : d'autres fois enfin, c'était un calme général sur une grande étendue de pays; en un mot, tout m'indiquait une généralité d'effets, indices de causes profondes ; en d'autres termes, le développement sur une vaste échelle de ces ondes qui remplissent l'atmosphère et notamment des *ondes barométriques* qui avaient plus que les autres le privilége de marquer son état général (1).

Ces ondes, qui avaient ainsi des crêtes et des dépressions, c'est-à-dire des pentes, devaient offrir sur ces pentes une régularité que les vagues de la mer présentent toujours, régularité dans l'ensemble et dans l'étendue, qui ne doit pas être plus troublée par les accidents locaux, que ne le sont les ondes marines par les rides qui les accompagnent, ou les pentes des montagnes par les quelques rochers saillants qui en déguisent accidentellement la continuité. D'autre part, plus elles avaient d'étendue, moins elles devaient avoir de profondeur relative; le premier de ces éléments devait compenser le second, et la pente, même dans les cas extrêmes, pouvait n'être pas différente des pentes habituelles.

Ces ondes barométriques, me disais-je, voyagent ; mais je puis un instant les immobiliser par la pensée, comme seraient les vagues de l'Océan si un moment elles pouvaient s'arrêter, ou comme sont les pentes des montagnes. Dans cette situation, si sur une de ces pentes je prends trois points en ligne droite ou à peu près, je pourrai déterminer l'altitude du point intermédiaire par une moyenne proportionnelle entre les observations des points extrêmes : je dis *à peu près*, parce que l'onde a une largeur

(1) A l'époque où je commençai ce travail (juin 1852), ces effets, aujourd'hui vulgaires, avaient été jusque-là peu étudiés. Je ne connaissais pas alors le beau mémoire de M. Quetelet sur les *Ondes atmosphériques*, inséré plus tard dans le tome II de l'*Annuaire météorologique de France* ; M. Leverrier n'avait pas encore publié ses intéressants tableaux d'ensemble, base future de la météorologie, où l'on peut suivre une onde tout le long de l'Europe entière : le fait n'était pas nouveau, mais on n'avait pas tiré les conséquences.

plus ou moins grande. Toutefois cette moyenne ne doit pas être la demi-somme des extrêmes, elle doit être proportionnelle aux distances du point intermédiaire à chacun des deux autres. Par là, l'élément de la distance, qui influe si puissamment sur le résultat quand on n'a qu'un seul correspondant, peut devenir indifférente quand on en a deux convenablement disposés, parce qu'ils sont chargés de se contrôler, de se compléter mutuellement, et en même temps de corriger par ce contrôle les inégalités qui proviendraient d'accidents locaux. C'est la loi des compensations ; on prend à l'un ce qu'il a de trop pour le donner à celui qui n'a pas assez. C'est ainsi que sur la pente α, 6 (fig. 2) la station Σ peut être déterminée par la moyenne entre α et 6. Il en est de même de la station Σ' ; mais il suffit de voir leur position respective pour comprendre que la proportion des distances ne saurait être indifférente, car les nombres ne seraient pas les mêmes. Il en serait autrement si dans la contrée qui comprend les trois stations il y avait momentanément équilibre de pression, effet rare, mais qui se produit quelquefois durant l'été sur de grandes surfaces : en ce cas il n'y aurait pas d'onde sensible en ce point ; ce serait comme un immense plateau, et alors toutes les correspondances produiraient le même résultat ; la distance ne serait plus un élément du calcul ; plus de proportion, partout les mêmes nombres.

Ainsi : ou équilibre sur toute la ligne, et toute correspondance est bonne, même éloignée, même seule : ou oscillation, et deux correspondants opposés se corrigent mutuellement.

Telle fut l'idée fondamentale dont mon travail a été l'application.

L'état d'équilibre n'étant qu'une rare exception, je devais avoir affaire presque toujours aux ondes ; il fallait donc chercher ces deux correspondants opposés qui devaient chacun apporter une part du résultat.

Pour cela deux conditions : 1° des stations de correspondance placées convenablement ; 2° la certitude que les trois points seraient sur la pente d'une même onde. Il pourrait arriver, en effet, que la station Σ (fig. 3) se trouvât dans la dépression d'une onde, sur la même pente que α, mais sur une autre onde que 6 ; en ce cas, la théorie serait sans application et le résultat moins certain, mais le correctif se trouverait en partie dans le peu de profondeur des ondes. Je vais d'ailleurs indiquer tout à l'heure comment on peut s'assurer presque toujours du sens réel de l'onde que l'on étudie.

La première de ces conditions est aisée à remplir dans le centre de l'Europe ; les observatoires y abondent, et l'on ne saurait avoir de meilleurs correspondants quand on ne peut les trouver dans la même colonne atmosphérique que le baromètre voyageur ; dans la Turquie, ce moyen faisait défaut. Nous avions, il est vrai, les observations de Constantinople par M. Noé, mais il fallait au moins un correspondant de plus. Il en fallait davantage, parce que M. Viquesnel ayant parcouru de l'E. à l'O. une étendue de pays de plus de 500 kilomètres, le déplacement du baromètre pouvait faire manquer le sens de l'onde ; j'avais donc besoin de trouver divers correspondants, à des horizons différents, pour parer à toutes les éventualités.

Des observatoires voisins de Constantinople auraient rempli mon but, mais il ne fallait pas y songer : je me procurai, parmi les plus voisins, ceux dont j'eus connaissance : ce furent Bude et Naples ; l'un ou l'autre, ils seraient chargés de correspondre avec Constantinople, ayant pour intermédiaire la station à calculer, qui dès lors avait plus de chances à cause de la double direction.

Ce n'était pas assez encore. Quand j'aurais établi l'altitude de chaque station (je désigne par Σ la station de voyage) par Bude et Naples successivement, rien ne dirait dans laquelle des deux directions les trois points étaient sur la même onde, et le résultat demeurerait incertain. Pour le reconnaître, il fallait augmenter le nombre des correspondants, en prendre en arrière des premiers, et voir si dans l'une ou l'autre direction les correspondants formeraient une série continue ; il y aurait alors grande probabilité que Σ, intermédiaire, serait en série avec eux.

J'étendis en conséquence mes recherches, et pus me procurer les observations de Vienne, Prague, Genève et Paris. J'y joignis Moscou, sans croire à son utilité, puisqu'il ne pouvait, en aucun cas, comprendre Σ dans une même direction avec Constantinople, seul correspondant à l'E., mais dans la pensée que son excentricité même servirait à apprécier l'influence des observatoires mieux placés que lui.

Dans cette combinaison, Constantinople serait chargé de correspondre dans les deux directions, mais avec Bude ou Naples seulement, les autres observatoires n'étant destinés qu'à signaler les séries, c'est-à-dire le sens des ondes.

La figure 4 montre cet effet. Si trois points en ligne droite, α, β, γ, renfermant la station Σ, sont en pente continue, il est naturel d'en conclure que Σ doit participer à cette continuité. Par exemple, on a calculé Σ par α, et le résultat a été 2000 mètres ; par β, 1960 ; par γ, 1930 : en ce cas il est très-probable (1) que Σ est sur la même pente que α, β et γ, et qu'on pourra le déterminer sûrement par une moyenne entre β et γ ; l'altitude alors serait comprise entre 1960 et 1930 mètres.

Quelle était donc la situation que m'avaient faite les circonstances ?

Si j'eusse été libre dans mes choix, j'aurais enfermé le terrain parcouru dans un cercle d'observatoires ; à des plans divers, afin de m'assurer des séries ; dans des directions nombreuses, afin de pouvoir chercher dans un sens ce que je n'aurais pu trouver dans un autre ; enfin assez voisins pour qu'il y eût plus de chances de rencontrer la même onde. Dans ces conditions, je ne doute pas que je n'eusse approché de la vérité, autant que le peut permettre un pareil problème. Au lieu de cela, je n'avais au levant qu'un seul correspondant, Constantinople ; vers le couchant divers points, mais mal distribués, parce qu'ils ne répondaient qu'à deux directions, trop voisines l'une de l'autre. D'autre part, les distances étaient de celles qu'on n'est pas accoutumé à choisir pour le calcul d'un nivellement : les stations les plus voisines, têtes de lignes pour les deux directions de l'ouest, étaient : l'une (Bude) à 1070 kilomètres de Constantinople ; l'autre (Naples) à 1240 (voy. fig. 1). A la vérité, la station de voyage, placée entre Constantinople et l'une ou l'autre des têtes de ligne, diminuait ces

(1) Dans tous ces développements je ne parle que de *probabilités*, la certitude est impossible ; mais il est des probabilités qui équivalent presque à une certitude.

distances; mais au commencement du voyage, celles-ci ne rachetaient presque rien de leur éloignement; et au point extrême de la course vers l'O., il y avait encore plus des deux tiers du chemin à parcourir du côté de ces deux stations. D'autre part encore, forcé de rattacher toutes les stations de voyage à Constantinople, je devais trouver plus difficilement en ligne droite les trois points dont elles faisaient partie (fig. 10). Enfin, la large zone embrassée par les stations de correspondance impliquait des différences de climat inquiétantes : ici climats maritimes, ailleurs montagneux; sur certains points, plaines étendues; sur d'autres, larges ou profondes vallées : entre elles, souvent, chaînes de montagnes élevées, ou bras de mer plus ou moins larges.

Heureusement, à côté de ces désavantages il y avait de nombreux motifs de sécurité. Je n'avais qu'une direction générale (O. E.), mais elle se divisait; et comme sur un plan incliné (fig. 7) la diversité des lignes n'entraîne une différence dans les nombres qu'en laissant subsister une proportion quelconque, les chances favorables s'accroissaient d'autant. D'un autre côté, la direction générale O. E. est celle (n'importe la cause) suivant laquelle se prononcent le plus souvent les variations barométriques dans l'Europe méridionale (1), celle aussi que l'on a reconnue dans l'Amérique du Nord (2). Quant aux distances, Constantinople, toujours plus près de Σ que tout autre correspondant, apportait au résultat l'influence de cette proximité, favorable parce que c'était le même climat. D'ailleurs (et ce point de vue était le plus important) les distances devaient s'annuler presque toujours au moyen des deux correspondants opposés, qui devaient se compenser lorsqu'ils étaient sur une même droite avec Σ. Il est vrai que cette ligne droite pouvait faire défaut; mais, comme l'ai déjà indiqué, les faits météorologiques embrassent une zone plus ou moins large, et les trois points pouvaient se trouver sur la même onde sans être sur une même droite; il n'y avait donc à craindre alors que de faibles écarts. Enfin la diversité des climats se rachetait par plusieurs considérations : d'abord, laissant de côté Moscou, trop excentrique et isolé, je trouvais les stations de voyage toujours au midi des Balkans, sur la pente qui va de cette chaîne à la mer Egée, et Constantinople participait de ce climat. Il en était de même de Naples, celui des correspondants qui serait probablement, et qui a été en réalité le plus souvent employé.

Mes idées ainsi arrêtées sur l'ensemble comme sur les détails d'exécution, je pouvais me mettre à l'œuvre et parcourir successivement les phases suivantes :

1° Calculer toutes les observations par les huit correspondants;

2° Classer en tableau les résultats, afin de voir dans quel sens il y aurait progression dans les nombres. La force des choses m'obligeait à prendre la direction générale O. E.; mais cette direction se divisait : partant de Constantinople on pouvait aller vers Bude, ayant derrière lui Vienne et Prague; ou vers Naples, Genève et Paris (fig. 10). Le classement devait donc se faire dans le même ordre d'idées, c'est-à-dire avec direction

(1) Voyez le mémoire déjà cité de M. Quetelet.

(2) Même mémoire.

double ; et alors la progression des nombres serait cherchée, en partant de Constantinople, dans l'une ou dans l'autre (1).

3° La ligne qui offrirait cette progression devait fournir le correspondant de l'O., qui, *pour cette observation* (car l'opération était à répéter pour chacune d'elles) se mettrait en rapport avec Constantinople.

4° Si la progression existait sur les deux directions à la fois (et ce fait important s'est vérifié 70 fois sur 239) (2) il y aurait un choix à faire, pour lequel se présentaient divers moyens.

5° Il y aurait aussi des précautions à prendre lorsqu'aucune série n'apparaîtrait, afin de diminuer les chances, ou la portée des erreurs possibles.

6° Enfin, le choix de la direction adoptée, il ne resterait plus qu'à calculer définitivement l'altitude de chacune des stations de voyage, par une moyenne entre les résultats de la combinaison de Constantinople avec Bude ou de Constantinople avec Naples, proportionnellement aux distances de Σ à chacun des deux correspondants.

Tel était, dans ma pensée, l'ensemble des opérations qui devaient me faire atteindre une approximation suffisante, en une matière où la vérité absolue est impossible. C'est sur ces données que j'entrai en matière.

II. Application. — Ayant à citer souvent les stations diverses, je crois utile de remplacer leurs noms par des signes ; voici ceux que j'ai adoptés :

C (Constantinople).	Pr (Prague).	Pa (Paris).
B (Bude).	N (Naples).	M (Moscou).
V (Vienne).	G (Genève).	Σ (Station de voyage).

Le voyage de M. Viquesnel avait duré près de sept mois, mais je n'ai calculé ses observations que depuis le 20 mai, époque de son départ de Constantinople, jusqu'au 22 septembre, jour où fut cassé le baromètre qui l'avait accompagné jusqu'alors. Dans les documents qui vont suivre je me suis renfermé dans les mois de juin, juillet, août et septembre. La fin de mai a été calculée aussi, mais par un moindre nombre de correspondants. D'ailleurs M. Viquesnel étant alors voisin de Constantinople, le procédé que j'examine était presque sans objet : toutefois, dès ce moment déjà se faisait sentir l'influence de l'Occident quand les altitudes dépassaient 300 mètres.

Sur le point d'aborder les calculs laborieux que demandait ma théorie, je voulus savoir jusqu'à quel point elle serait appuyée par les observations faites dans les stations de correspondance, et je traçai deux systèmes de courbes.

Le premier (fig. 8) montre la marche du baromètre pour tous les jours des mois de juin, juillet, août et septembre et pour l'heure de midi. Les millimètres de l'instru-

(1) La figure 6 en offre un exemple. La progression y est mieux marquée dans le sens de la ligne ponctuée ; les nombres y vont de 840 à 900, sans solution de continuité, et leur moyenne sera très-probablement l'altitude vraie de la station intermédiaire Σ.

(2) Une des lignes a donné 120 observations avec *série* ; l'autre, 119. — Dans le nombre, 70 se trouvent sur les deux lignes.

ment y sont marqués de trois en trois. Une ligne ponctuée indique la moyenne de pression du lieu. Les stations y sont placées dans l'ordre des longitudes, de l'O. à l'E.

J'y remarquai, malgré quelques divergences de détail, une marche généralement semblable dans toutes les stations, M excepté.

Les *maxima* et *minima* des ondes qui avaient passé sur chacune d'elles se trouvaient presque toujours aux mêmes dates, bien qu'à des hauteurs différentes.

Dans le trajet d'une onde, de sa crête à sa dépression, il se présentait des ondes secondaires, comme on en voit dans les vagues des mers ; mais l'allure de l'onde principale n'en était pas affectée. Ces soubresauts sont les effets des influences locales ; ils forment le domaine des irrégularités, qui troublent un peu le résultat, mais que leur petitesse cantonne dans les limites de quelques mètres de différence. Ce qui m'importait et que je trouvais ici, c'était le sens général des ondes, indice d'une généralité dans les causes impulsives sur lesquelles se fondait mon procédé; je m'inquiétais peu de faibles rugosités; je croyais pouvoir appliquer aux faits météorologiques ce que Saussure disait des montagnes : *on ne doit pas les examiner au microscope.*

Vérifiant ensuite ces courbes dans un sens perpendiculaire au précédent, je remarquai, soit dans les crêtes des ondes, soit dans leurs dépressions, une gradation assez soutenue, marquée par les distances à la ligne moyenne, et se divisant plus généralement en deux systèmes Pa, G, N, d'une part, d'autre part Pr, V, B.

Enfin le temps qui s'écoulait, à chaque station, entre le passage de la crête de l'onde et celui de la dépression, m'indiquait une longueur d'onde considérable.

Le second système de courbes (fig. 9) ne donne plus les observations de chaque jour, mais la moyenne de chaque mois. Je les ai classées selon les quatre principaux rhumbs de vent, afin de voir dans quelle direction se prononcerait plus nettement cette progression des nombres, qui devait me fournir l'indication des ondes.

Il en ressort trois résultats importants :

D'abord, que cette progression s'étendait sur d'immenses espaces ;

On y voit, en outre, les mouvements se propager plus généralement de l'O. à l'E.;

Enfin, comme dans le premier système, les six stations de l'O. avaient une tendance à se grouper trois par trois; circonstance qui justifie le classement que j'ai adopté pour le tableau des altitudes (voyez p. 118).

J'abordai enfin les calculs.

Mon premier soin fut de ramener les observations des stations aux heures des observations de voyage.

Puis je calculai chacune des observations du voyageur en prenant pour correspondant séparément les huit stations, comme si chacune d'elles eût été chargée seule de fournir le résultat. Ces observations étaient au nombre de 273, se rapportant à 165 points à déterminer.

Cela fait, j'en dressai le tableau dans le sens indiqué plus haut (p. 118), c'est-à-dire que je plaçai C d'un côté, et de l'autre sur deux lignes parallèles N, G et Pa —

B, V et Pr, — M y figure également, mais destiné à rester étranger au calcul définitif (1).

J'avais à faire, pour chaque observation, le choix de la direction de correspondance, vers N ou vers B; et pour cela chercher s'il y avait quelque part des *séries*, montantes ou descendantes, partant de C : le tableau m'a montré qu'elles existaient dans le plus grand nombre des observations.

La série était ordinairement de trois nombres (C, B, V, ou C, N, G). Quelquefois elle se prolongeait jusqu'à l'extrémité de la direction, jusqu'à Pr ou Pa; souvent elle existait sur les deux directions en même temps; d'autres fois, au contraire, elle n'existait d'aucun côté. D'autres fois encore, je voyais un équilibre général tout le long de l'une des directions, circonstance rare, mais qui montrait l'immense étendue embrassée par un même fait atmosphérique.

Chacune de ces hypothèses avait ses moyens particuliers de solution.

1. *Série de trois nombres.* — La direction résultait de la progression. Ainsi au n° 86 du tableau, l'altitude cherchée aurait été : par C, 1364 mètres; par N, 1386 ; par G, 1395. La progression était trop marquée pour que le choix fût difficile ; Σ, placé entre C et N, se déterminait par une moyenne, proportionnelle aux distances, entre 1364 et 1386; chiffre définitif, 1370 mètres.

2. A plus forte raison, si la *série* se prolongeait *au delà de trois nombres.* Par exemple, au n° 89, où C donne 1626 mètres, B 1645, V 1650, Pr 1663. Σ, placé entre C et B, devait avoir son altitude déterminée par la proportion entre 1626 et 1645; chiffre adopté, 1633.

3. *Série dans les deux directions.* — Le choix n'était pas indifférent. Il l'eût été si les deux lignes, passant à la fois par C et Σ, avaient pu être droites en même temps. La chose étant impossible, je me déterminais par diverses considérations.

Tantôt par le plus grand rapprochement des nombres, comme au n° 126, où C, à 2230 mètres, était plus en rapport avec 2174, 2163 et 2147, qu'avec 2145, 2135 et 2000; le chiffre adopté est 2201;

Tantôt par une gradation plus régulière, comme au n° 69 (fig. 11) (2), où la courbe présente un ligne parfaitement droite dans la direction C, N, G, Pa, tandis que dans l'autre direction elle s'infléchit légèrement à B, et de nouveau à V;

Tantôt par une considération qui n'entrait pas d'abord dans ma pensée, et à laquelle j'ai été amené par l'étude des directions adoptées du premier jet; je veux parler d'un autre genre de série qui s'est révélée dans l'alternance des directions B ou N, chacune d'elles persistant quelque temps avant de faire place à l'autre ; série remarquable, indiquant des courants généraux dans l'atmosphère, qui ne pouvaient être dus au hasard, et qui entraînaient le choix de la direction. Par exemple, au n° 130, il eût

(1) J'extrairai de ce tableau tous les détails qui se rapporteront à mon sujet, favorables ou contraires à la théorie adoptée.

(2) Dans la figure 11, au lieu du n° 69 on trouve 87 ; cela tient à un changement opéré dans les numéros d'ordre du tableau, depuis la gravure de la planche. Les numéros des figures 12, 13 et 14 seront aussi à rectifier.

pu paraître indifférent de se diriger par 782, 749, 715, 677, ou par 782, 755, 739, 695; mais comme en ce moment la série des directions était vers N, c'est elle que j'ai choisie.

4. *Absence de série.* — Je ne devais pas en conclure nécessairement que Σ n'était pas sur la même pente que C et N, ou C et B. Si, par exemple, C donnait 1000 mètres, N 950, et G 980, rien ne disait que Σ n'était pas à un chiffre intermédiaire entre 1000 et 950 : je ne devais donc pas conclure à une négation; mais alors il y avait doute : le défaut de série indique un changement de pente quelque part, mais où ?

S'il était en arrière de B ou N, vers V ou G (fig. 10), les trois stations C, Σ et B (ou N) demeuraient en série; et il faut reconnaître que Σ se trouvant toujours plus près de C que de toute autre station, il y avait chance qu'il en fût ainsi.

Sur la limite des deux pentes (crête ou dépression de l'onde), résultat semblable.

Il n'en était pas de même si le changement s'opérait entre C et Σ, ou entre Σ et B ou N; le résultat ne pouvait être parfaitement exact.

Afin d'atténuer les chances d'erreur, il importait alors de rattacher le choix de la direction à quelques règles.

D'abord le rapprochement des nombres; je choisissais la direction où la première station (B ou N) s'éloignait moins du chiffre de C. Comme exemple le n° 120 : 1183, 1177, 1181, 1173 étaient plus en rapport que 1183, 1148, 1170, 1176 : l'écart entre les deux premiers nombres était de 6 mètres dans un cas, de 35 dans l'autre.

D'autres fois, c'était la progression des nombres se produisant sur une autre partie de la ligne : comme au n° 123, où la direction N me présentait les nombres 1004, 975, 982, 984, et la direction B 1004, 955, 967, 959 : la première avait une série de trois nombres qui manquait à la seconde, ce qui indiquait un moindre trouble dans la partie inconnue de la ligne.

Dans ce même numéro j'aurais été déterminé par une autre considération, c'est que vers N l'écart avec C était moindre.

Quelquefois l'allure générale de toute la ligne pouvait déterminer la direction, nonobstant quelques divergences dues à des influences locales, mais redressées par une cause plus générale.

Enfin là pouvait s'appliquer le fait relevé plus haut, de l'alternance des directions.

Au milieu de ces tâtonnements, je trouvais un motif de sécurité dans la circonstance que d'ordinaire les écarts entre les deux stations de correspondance étaient faibles, et par suite les chances d'erreur cantonnées dans des limites peu étendues. Souvent même il eût suffi de relever de quelques mètres l'un des nombres pour le faire rentrer dans une série régulière.

Souvent aussi la progression reparaissait après la première station, comme si le chiffre intermédiaire qui rompait la série n'eût été qu'un de ces accidents locaux qui ne tirent pas à conséquence pour le sens général de l'onde, et qui se rectifient par les autres correspondants. Exemple : le n° 57 donne dans une direction 153, 135, 147, 185; dans l'autre, 153, 139, 153, 153. Quand il n'y aurait pas d'autre motif pour choisir cette dernière direction, il suffirait de voir C, G et Pa avec le chiffre 153, pour comprendre que 139, intercalé, n'est qu'un accident sans conséquence.

5. *Équilibre sur toute la ligne.* — Fait rare, mais qui s'est présenté plus d'une fois : la direction est indiquée par le fait même. Ainsi au n° 78, où l'une des directions donne 217, 216, 212, 217 (C, N, G, Pa).

C'est par ces divers moyens, quelquefois isolés, combinés d'autres fois, que je fixai la direction des 273 observations. Cela fait, je pris les moyennes dans le sens indiqué plus haut, je veux dire proportionnellement aux distances, et j'obtins ainsi l'altitude définitive de toutes les stations (1).

Je passe sous silence d'autres *séries* de divers genres, qui ressortaient de l'étude du tableau; cet examen me mènerait trop loin, et me détournerait de mon but : Je me borne à une réflexion. Cette suite de rapports ne pouvait appartenir au hasard : tout indiquait qu'une loi supérieure embrassait les faits particuliers, et leur donnait le lien qui les faisait passer à l'état de faits généraux. Ces courants de l'atmosphère, ressortant de tous les documents, de tous les calculs; cette généralité d'effets de même nature, malgré des distances si considérables; la faiblesse du chiffre des variations, comparée à l'immensité des espaces; tout me donnait l'assurance que j'étais sur la voie de la vérité. Néanmoins, quels que fussent mes justes motifs de croire à la bonté du procédé employé, je n'avais, ni pour moi, ni pour les autres, cette certitude morale sans laquelle les meilleures méthodes laissent douter de leur vertu, je désirais un contrôle.

III. Contrôle. — Je n'avais connaissance d'aucune mesure précise des points de la contrée où M. Viquesnel avait porté son baromètre; il fallait chercher ailleurs.

Je trouvai un premier contrôle dans le fait que tout le long de la mer Égée, vers la fin de mai et au commencement de juin, les altitudes calculées par C seul auraient été généralement faibles, les bords de la mer auraient été représentés par un signe négatif, et l'équilibre ne se rétablissait que par une seconde correspondance à l'occident.

C'était quelque chose, ce n'était pas assez; je voulais un contrôle plus précis, et surtout plus général; je le pris dans le cœur même de l'opération.

Mon procédé consistant à conclure l'altitude d'une station du concours de deux stations voisines opposées, je pouvais en faire l'essai sur une ligne des stations de correspondance, où je trouverais non plus une inconnue Σ, mais un point à altitude déterminée d'avance. Par exemple, je pouvais chercher à retrouver G par N et Pa. L'altitude de G étant connue, l'écart du résultat m'avertirait, par analogie, de l'erreur dont Σ pouvait être entaché; nul contrôle ne pouvait être plus sûr.

Il le serait d'autant plus, que les conditions où je le chercherais se rapprocheraient davantage de celles des Σ.

(1) Le travail fut remis à M. Viquesnel en septembre 1853, et les cotes de hauteur furent gravées dans le courant de 1854 sur la carte générale portant le n° 1 de l'atlas.

J'aurais pu partir de C, soit vers B, soit vers N; mais les distances eussent été de beaucoup supérieures à celles qui avaient servi de base aux calculs; et par la ligne C, B, V, elles auraient été d'ailleurs trop irrégulièrement distribuées.

Il fallait donc partir de B ou N, pour rechercher l'altitude de V ou G, par comparaison avec Pr. ou Pa.; mais la ligne B, V, Pr. avait ses stations très-voisines les unes des autres, plus voisines que ne l'étaient celles dont j'avais fait usage; le contrôle eût été en ce point insuffisant.

La ligne N, G. Pa. offrait l'inconvénient contraire, les distances y étaient plus grandes (fig. 1); mais, forcé d'opter, je préférai celle-ci; le résultat, s'il était favorable, serait un *à fortiori.*

G, dont je cherchais à retrouver l'altitude (407 mètres), est à 900 kilomètres de N, et à 450 de Pa. — C'est dans ces conditions que se présentait le contrôle.

Quant aux éléments à employer, c'étaient les mêmes qui avaient servi au calcul des Σ; mais il y avait deux manières de s'en servir :

Ou reprendre les observations du baromètre et du thermomètre des trois stations, telles qu'elles avaient déjà été employées; mais c'était un travail nouveau à faire pour les 273 observations calculées;

Ou (ce qui était plus simple) se servir des nombres effectivement trouvés pour chaque station pour le calcul des Σ; il était, en effet, indifférent d'appliquer l'un ou l'autre procédé. J'en donne un exemple.

Le n° 69 du tableau avait pour éléments primitifs des trois stations (Pa, G et N):

		millim.		°
Pa.	Baromètre........	758,40. —	Thermomètre........	23,4.
G.	—	728,28	—	20,4.
N.	—	754,95	—	26,9.

D'autre part, Σ, sur ces éléments, a été d'une altitude :

Par Pa, de 629 mètres.
Par G, de 619 —
Par N, de 607 —

Le *premier calcul* (par les éléments primitifs) donne à G une altitude de 409 mètres. — Écart avec la mesure officielle, 2 mètres.

Le *deuxième calcul* (par les altitudes de Σ) donne à G 621 mètres. — Écart avec le résultat ci-dessus, 2 mètres.

J'ai en conséquence opéré sur les nombres du tableau.

Ici je devais retrouver ce que m'avait présenté mon premier travail; il devait y avoir des *séries* et des *non-séries*. En effet, sur les 273 observations, il s'en est trouvé 180 en série (les 2/3). Voici les résultats du calcul pour les trois hypothèses (les *séries*, les *non-séries*, la réunion des deux).

1° 180 observations *en série* ont donné les écarts suivants :

			m. m.	m.
60 observations	(0,33).	— Écart de	0 à 5. Moyenne.	2,5.
51 —	(0,28).	— de	6 à 10.	7,5.
29 —	(0,16).	— de	11 à 15.	12,5.
23 —	(0,13).	— de	16 à 20.	17,5.
17 —	(0,09).	—	Plus de 20.	

Ou bien :

60 —	(0,33).	— de	0 à 5.	2,5.
111 —	(0,62).	— de	0 à 10.	5,0.
140 —	(0,77).	— de	0 à 15.	7,5.
163 —	(0,91).	— de	0 à 20	10,0.

Ainsi, pour les 2/3 des observations il y a eu série; et pour les 0,91 l'écart a été au maximum de 20 mètres, et en moyenne de 10 mètres seulement.

2° 93 observations *sans série* ont donné les écarts suivants :

			m. m.	m.
2 observations	(0,02).	— Écart de	0 à 5. Moyenne.	2,5.
8 —	(0,09).	— de	6 à 10.	7,5.
15 —	(0,16).	— de	11 à 15	12,5.
17 —	(0,18).	— de	16 à 20	17,5.
51 —	(0,55).	—	plus de 20	»

Ou bien :

2 —	(0,02).	— Écart de	0 à 5. Moyenne.	2,5.
10 —	(0,11).	— de	0 à 10.	5.
25 —	(0,27).	— de	0 à 15.	7,5.
42 —	(0,45).	— de	0 à 20.	10,0.

Dans les *non-séries*, l'écart moyen de 10 mètres qui pour les *séries* était de 0,91, n'est plus que de 0,45, c'est-à-dire de moitié environ, 0,55 étant au-dessus de cette moyenne.

Réunissons maintenant toutes les observations :

3° *Observations réunies.*

			m. m.	m.
62 observations	(0,23).	— Écart de	0 à 5. Moyenne.	2,5.
59 —	(0,22).	— de	6 à 10.	7,5.
44 —	(0,16).	— de	11 à 15.	12,5.
40 —	(0,14).	— de	16 à 20.	17,5.
68 —	(0,25).	—	plus de 20.	»

Ou bien :

62 —	(0,23).	— Écart de	0 à 5. Moyenne.	2,5.
121 —	(0,45).	— de	0 à 10.	5,0.
165 —	(0,61).	— de	0 à 15.	7,5.
205 —	(0,75).	— de	0 à 20.	10,0.

Il résulte de ces tableaux que pour 0,91 des observations *en série* l'écart moyen n'a été que de 10 mètres, et que pour l'*ensemble* ce même écart de 10 mètres n'a été dépassé que pour 0,25 du total des 273 observations.

Il en résulte encore que 0,23 (presque le quart) n'ont eu que $2^m,5$ d'écart moyen;

Que pour 0,45 (presque la moitié) l'écart n'a été que de 5 mètres en moyenne;

Que pour 0,61 (les trois cinquièmes) il n'a été que de $12^m,5$.

Si je pousse plus loin les recherches, je trouverai que de 21 à 30 mètres il y a eu 41 observations (0,15); de sorte que pour 0,90 du total l'écart a été de 0 à 30 mètres, en moyenne 15 mètres. Or, la proportion 0,90 est celle à peu près qui, dans les observations en série, donne l'écart moyen de 10 mètres, de sorte que les neuf dixièmes des observations sont en écart de 10 ou de 15 mètres, selon qu'elles sont en série ou qu'elles sont prises en totalité.

Tel serait donc le résultat de ce contrôle, cherché dans la station de G. Si maintenant on reporte ce résultat à l'opération principale, aux altitudes des Σ, voilà quelle serait la limite des erreurs possibles dans le calcul qui les concerne, dans le cas où les conditions seraient les mêmes. Mais déjà j'ai fait remarquer que la ligne N, G, Pa est plus étendue que C, Σ, N ou C, Σ, B : cette circonstance est déjà de nature à diminuer les écarts des Σ. D'autre part, les circonstances topographiques ont été moins favorables pour G, où la ligne traversait des terrains bien plus accidentés. De plus (et ceci a une autre importance), les Σ ont eu à leur disposition deux lignes, G n'en a eu qu'une.

Cette dernière différence a la plus grande portée. La *série*, que les Σ ne trouvaient pas sur la ligne C, N, ils l'ont cherchée vers C, B ; et, en fait, les séries ont été également nombreuses dans les deux directions; l'une a eu 120 observations en série, l'autre 119. 70 se sont trouvées à la fois dans les deux lignes. Or, cherchons à nous rendre compte de la situation si différente que cette circonstance a produite pour les altitudes des Σ.

Nous venons de voir que dans la ligne de contrôle l'écart de 10 mètres, qui dans les cas de série s'appliquait à 0,91 du total, n'était plus applicable qu'à 0,45 dans l'absence de série, et 0,75 pour l'ensemble. Faisons la part, après cela, des Σ. S'ils n'eussent eu qu'une direction, par exemple C, N, G, Pa, l'analogie nous amène à conclure qu'ils auraient eu le même écart de 10 mètres 75 fois sur 100; mais comme ils avaient une seconde ligne, où les séries ont été aussi nombreuses que dans la première, la même analogie nous fera décider qu'au lieu de 0,75 ils auront eu un chiffre bien plus élevé, se rapprochant de 0,91. En d'autres termes, les Σ ont eu un avantage double, par cette double direction.

Ce n'est donc pas la proportion fournie par le contrôle, que l'on peut appliquer au calcul des altitudes, objet de ce mémoire : les écarts se renferment dans des limites bien plus restreintes que ne le ferait supposer le contrôle, malgré des distances exorbitantes, malgré la position désavantageuse d'un pays accidenté, où les influences locales troublent plus ou moins l'état régulier de la colonne atmosphérique, et bien qu'il y eût quelquefois des différences de près de 100 mètres entre C et l'autre station de correspondance.

Après cela, que l'on se rappelle à quels écarts sont exposées les observations faites dans les circonstances les plus favorables et avec correspondant spécial ; que l'on se rappelle comment, sur le mont Gregorio, M. d'Aubuisson (*Géognosie*, t. I, aux notes) a trouvé, selon les heures de la journée, des divergences d'une soixantaine de mètres dans sa comparaison avec Turin ; et l'on pourra s'étonner que les observations de M. Viquesnel, faites à toutes les heures indistinctement, depuis quatre heures du matin jusqu'à minuit, n'aient donné lieu qu'à des écarts d'une si faible importance relative ; et je pense qu'on y trouvera quelques motifs d'approbation pour le procédé employé.

Enfin je ne puis terminer sans revenir sur ce qui a été dit plus haut, que pour calculer le nivellement de la Thrace il a fallu prendre les correspondances, non comme on aurait voulu, mais comme on a pu le faire. Or, nous avons vu que deux directions ont doublé le chiffre des observations en série ; un plus grand nombre l'eût certainement augmenté encore, et nous savons quelle énorme distance sépare les résultats des séries et des non-séries. Le plus souvent on aura à sa disposition des observatoires plus nombreux et des distances moins considérables ; le procédé dont je viens de rendre compte en aura plus d'avantage et en recevra une plus complète justification.

Un dernier mot sur un point qui mieux qu'un autre peut fournir cette justification ; je veux parler de la facilité avec laquelle il opère les compensations d'où naît le résultat définitif. Je prends pour exemple le n° 32 du tableau.

Les nombres trouvés par le calcul de l'altitude de Σ sont :

Par Pa, 254 mètres ; par G, 224 ; par N, 161.

Si l'on cherche à reproduire l'altitude de G, on aura à combiner 254 avec 161 ; leur différence est de 93, et l'on voit que pour reconstituer 224, chiffre de G, il faut beaucoup ajouter à l'un, beaucoup retrancher de l'autre ; mais, grâce à la combinaison sur laquelle est basé le procédé, le calcul donne pour G, 223, *écart d'un mètre seulement.*

Le n° 31 me fournirait un exemple semblable ; les nombres sont :

Par Pa, 1382 ; par G, 1354 ; par N, 1309.

Différence entre les extrêmes, 73 mètres. Cependant le calcul a donné pour G 1356, écart de 2 mètres.

Au n° 151, écart des extrêmes, 47 mètres ; écart sur G, 1 mètre.

Au n° 38, écart des extrêmes, 61 mètres ; écart sur G, nul.

Je pourrais multiplier les exemples d'écarts considérables entre les extrêmes, annihilés par leur combinaison ; or, c'est en cela que consiste le procédé appliqué.

IV. Conclusions. — Il ressort de ce long travail quelques conclusions :

1° Les faits météorologiques s'étendent sur de grandes surfaces.

2° Ils constituent, ou un état d'équilibre momentané se propageant au loin, ou plus ordinairement des ondes dont la propagation n'est pas moindre.

3° De là la possibilité de calculer l'altitude d'une station quelconque sans le secours d'un correspondant spécial dans la même colonne atmosphérique, si l'on peut placer cette station sur la pente d'une onde barométrique, entre deux stations de correspondance placées sur la même pente.

4° En ce cas, la distance entre les stations, quelque grande qu'elle soit, peut n'être pas un obstacle, les deux stations extérieures se contrôlant et se complétant l'une par l'autre.

5° Souvent même cette combinaison atténue les irrégularités dues aux influences locales, et c'est pourquoi l'interposition des chaînes de montagnes n'a aussi qu'une importance secondaire.

6° Il en serait de même des écarts qui sépareraient les nombres extrêmes fournis par le calcul, la compensation s'établissant par une moyenne proportionnelle entre ces extrêmes, prise selon les distances respectives.

7° Les erreurs possibles ne sauraient être considérables, la pente des ondes étant relativement très-faible.

8° Dans l'Europe méridionale, le sens habituel des mouvements barométriques est dans la direction générale O. E.

9° Ils se propagent par périodes plus ou moins longues, de sorte qu'ils ne sont pas réguliers seulement dans l'espace, mais aussi dans le temps.

10° L'été est la saison la plus favorable aux mesures par le baromètre.

11° Plus est élevée la station à calculer, plus sûr est le résultat.

12° De même, les stations de correspondance sont d'autant plus favorables que leur élévation les place dans une couche moins soumise aux influences locales.

Voici le tableau des altitudes calculées des 165 stations.

TABLEAU *des altitudes des* 165 *stations* (1).

Nos d'ordre.	STATIONS.	Altitudes en mètres.	Nos d'ordre.	STATIONS.	Altitudes en mètres.
1.	Kavak	30	13.	Fêrê	40
2.	Iénikeui	160	14.	Col avant Tchampkeui	170
3.	Partage des eaux	315	15.	Tchampkeui	96
4.	Charkeui	12	16.	Mont de Tchampkeui	440
5.	Stern	280	17.	Baloukkeui	149
6.	Mont Saint-Élie	697	18.	Sarikaïa	70
7.	Kadikeui	31	19.	Col avant Pichmankeui	303
8.	Fakirma	159	20.	Pichmankeui	379
9.	Tchélébikeui	132	21.	Col avant le mont Moukaté	505
10.	Mont Saint-Athanase (sommet)	360	22.	Mont Moukaté	790
11.	Monastère Saint-Athanase	211	23.	Sommet du mont Moukaté	847
12.	Amygdalia	60	24.	Ruisseau au fond d'une vallée	145

(1) Voyez, p. 137, à la note.

Nos d'ordre.	STATIONS.	Altitudes en mètres.	Nos d'ordre.	STATIONS.	Altitudes en mètres.
25.	Koutouloudja	445	75.	Kétenlik	310
26.	Ruisseau Sétan (Diable)	239	76.	Stanimaka	280
27.	Dervent	420	77.	Monastère de Batchkova	437
28.	Ruisseau profond	250	78.	Philippopoli	222
29.	Tèkê	444	79.	Dêrêkeui	332
30.	Col du mont Kodja	566	80.	Limite inférieure des arbres verts	991
31.	Mont Kodja Iaïla	1326	81.	Tchiflik Kaïalitchali	1718
32.	Kutchuk Dervend	163	82.	Arête-Sommet	1771
33.	Bachkilissé	101	83.	Mont Persenk	2161
34.	Démotika	93	84.	Mihalkova	470
35.	Kiretch Arnaoutkeui	176	85.	Limite inférieure des arbres verts	1196
36.	Sirtkara Kilissé	166	86.	Iacikorou	1370
37.	Mandra	78	87.	Col près de Batak	1737
38.	Karabéïlé	65	88.	Batak	1061
39.	Plateau	220	89.	Plateau sous le col	1633
40.	Ruisseau Rizildéli	66	90.	Dozpath han	1227
41.	Château de Démotika	138	91.	Col	1640
42.	Kadikeui	86	92.	Karaoul	1575
43.	Emlédin	116	93.	Saatofichê	1036
44.	Partage des eaux	210	94.	Doubnitza	570
45.	Pont d'Ortakeui	185	95.	Névrokoup	571
46.	Ortakeui	197	96.	Lit du Karassou	582
47.	Mont d'Ortakeui	375	97.	Krémen	1089
48.	Lit de l'Arda	82	98.	Bord du Karassou	720
49.	Sari Idir	88	99.	Razlouk	833
50.	Keurmont	74	100.	Ruisseau de Jokourout	816
51.	Karahatch	79	101.	Jokourout	904
52.	Déliellez	114	102.	Bas de la montée, pied du col	1026
53.	Bektachli	152	103.	Col près de Tchépina	1339
54.	Guldjik (pris du col)	485	104.	Bas de la descente	989
55.	Partage des eaux	618	105.	Tchépina	791
56.	Iaïladjik	576	106.	Col	1424
57.	Sulbukun	140	107.	Bélova	438
58.	Adatchali	164	108.	Plateau alluvial	633
59.	Plateau	220	109.	Ruisseau sur le plateau	630
60.	Kourtkeui	251	110.	Bania	651
61.	Col	555	111.	Plateau	1292
62.	Mont Kourtkeui (sommet)	737	112.	Samakov	991
63.	Col d'Akpach	295	113.	Contre-fort près de Samakov	1025
64.	Nébilkeui	253	114.	Plaine près de Samakov et Tchamourlou	850
65.	Confluent de l'Arda et du Bourgas	133	115.	Sirpkeui	1192
66.	Osman Bachalar	250	116.	Pied de la montagne	1706
67.	Krdjali	278	117.	Col près du monastère Rilo	2184
68.	Arda	265	118.	Lac	1946
69.	Col de Karakaïa	590	119.	Bas de la descente	1505
70.	Contrefort-Sommet	628	120.	Monastère Rilo	1180
71.	Kouchavlar	515	121.	Ruisseau près du Tchiflik	1027
72.	Col	860	122.	Limite supérieure des arbres verts	2030
73.	Partage des eaux	762	123.	Aléno	976
74.	Ruisseau avant Kétenlik	313	124.	Popovian	971

N^{os} D'ORDRE.	STATIONS	Altitudes en mètres.	N^{os} D'ORDRE.	STATIONS.	Altitudes en mètres.
125.	Jarlova	1093	146.	Han de Tchenarlidérè	239
126.	Mont Vitocha (1)	2201	147.	Lit du Strouma	146
127.	Partage des eaux	1349	148.	Menlik	401
128.	Kraïnitza	649	149.	Plateau entre Menlik et Singhel	267
129.	Doubnitza	531	150.	Lit du Bistritza (pied du plateau)	160
130.	Sommet du plateau	756	151.	Singhel (pied de la montagne)	321
131.	Han de Kosnitza	467	152.	Col entre Singhel et Kourchova	923
132.	Keustendil (partie basse)	525	153.	Kourchova	527
133.	Keustendil (partie haute)	540	154.	Col près de Kourchova	981
134.	Confluent du Strouma avec un ruisseau	519	155.	Col du mont Ali Boutouch	1196
135.	Skakavitza	551	156.	Karakeui (pied du mont)	809
136.	Lit du Strouma, pied du mont Koniavo	487	157.	Confluent de trois ruisseaux	652
137.	Mont Koniavo ou Koïnova	1522	158.	Han de Startchizta	616
138.	Lit du Strouma, au pont du Cadi	494	159.	Katavothron	601
139.	Défilé du Strouma	381	160.	Col du mont Smilnitza	1055
140.	Col avant Bobochévo	855	161.	Sérès	81
141.	Plateau	518	162.	Zélaovo	307
142.	Djouma	426	163.	Col de Skrdjova	728
143.	Lit du Strouma, han du Gradova	345	164.	Plaine du Tchiflik Oba	144
144.	Han de Sirbin	311	165.	Drama	173
145.	Han de Kreschna	671			

(1) La carte générale (pl. I) donne au mont Vitocha deux cotes : 2201 mètres et 2300 mètres. Celle-ci paraît appartenir au point culminant ; la première est le résultat de mon calcul, d'après les éléments fournis.

TROISIÈME PARTIE.

GÉOGRAPHIE.

CHAPITRE PREMIER.

EXPLICATION DE LA CARTE DE LA THRACE.

§ Ier. Des matériaux qui ont servi à établir les bases de la carte de la Thrace. — § II. Discussion des matériaux précédents. — § III. Construction de la carte. — § IV. Énumération des divisions principales. — § V. Rectifications apportées aux cartes précédemment publiées.

§ Ier. — Des matériaux qui ont servi à établir les bases de la carte de la Thrace.

Les matériaux qui ont servi à établir ces bases ont été pris aux sources suivantes :

1° La *Connaissance des temps*, publiée par le Bureau des longitudes, donne les positions de cinq villes, dont quatre sont comprises dans le cadre de la carte :

DÉSIGNATION DES LIEUX.	LATITUDE SEPTENTRIONALE.	LONGITUDE EN DEGRÉS.	LONGITUDE EN TEMPS.
Andrinople (vieux sérail)	41° 41′ 26″	24° 15′ 19″ E.	1h 37m 1s
Constantinople (mosquée de Sainte-Sophie)	41 0 16	26 38 50	1 46 35
Térapia (sur le Bosphore de Thrace)	41 8 31	26 43 20	1 46 53
Salonique (moulin au nord)	40 38 47	20 36 58	1 22 28
Varna (mosquée Hassan Baïractar)	43 12 3	25 37 10	1 42 29

2° Le *Bulletin scientifique de l'Académie des sciences de Saint-Pétersbourg* (t. II, n° 14, p. 214) renferme un mémoire de M. F. G. W. Struve, lu le 28 avril 1837, et intitulé : *Détermination astronomique de* 109 *lieux situés dans la Turquie européenne, les provinces caucasiennes et l'Asie Mineure, par les officiers d'état-major russes.* Les positions des vingt-trois localités suivantes sont extraites de ce mémoire. Les longitudes y sont données en temps; nous les avons réduites en degrés, conformément à l'usage adopté par le Bureau des longitudes de Paris.

Avant d'aller plus loin, nous devons signaler une erreur de typographie qui s'est glissée dans la transcription de la longitude d'Aïdos. Le texte donne, en temps : $1^h\,29^m\,52^s,40$, soit en degrés : 22° 28' 6''. Ce chiffre transporterait la ville d'Aïdos dans le haut Balkan, à l'ouest de Kézanlik, à peu près sur le méridien de Philippopoli; si on lui substitue celui de $1^h\,39^m\,52^s,40$, on trouve, en degrés : 24° 58' 6''; ce qui place Aïdos à la distance de la mer Noire, indiquée par tous les voyageurs. Nous croyons donc devoir adopter cette dernière leçon, comme étant plus conforme à la vérité. Il est à regretter que l'erreur que nous venons de signaler ait été reproduite dans le *Journal de la Société géographique de Londres.*

Des observations sur la déclinaison magnétique ont été exécutées, de 1828 à 1830, par les officiers d'état-major russes. Elles sont consignées, en regard des lieux où elles ont été faites, dans la dernière colonne du tableau suivant :

DÉSIGNATION DES LIEUX.	LATITUDE SEPTENTRIONALE.	LONGITUDE DE PARIS		DÉCLINAISON MAGNÉTIQUE.	
		EN DEGRÉS.	EN TEMPS.	ÉPOQUES.	N.-O.
	° ' ''	° ' ''	h. m. s.		° ' ''
Kostendjé (mosquée)	44 10 21,2	26 21 39,15E.	1 45 26,61	1828 93	11 32 8
Mankalia (mosquée sur le marché)	43 48 31,3	26 16 55,65	1 45 7,71	1830 48	12 13 1
Bazardjighi (mosquée sur le marché)	43 34 16,8	25 33 40,35	1 42 14,69	1830 36	10 41 2
Kavarna (mosquée au N.-O.)	43 25 49,8	26 2 27,90	1 44 9,86	1830 46	10 11 9
Varna (mosquée de Hassan Baïractar)	43 12 3,3	25 37 10,50	1 42 28,70	1829 72	9 49 5
Pravadi (mosquée)	43 10 30,4	25 7 44,10	1 40 30,94	1830 44	14 41 1
Iéni Bazar (mosquée)	43 20 32,1	24 53 1,65	1 39 32,11	1830 36	11 6 2
Choumla (minaret)	43 17 23,2	24 38 24,15	1 38 33,61	.... ..	....
Islivnè (mosquée Hadji Brami)	42 40 45,0	23 59 25,05	1 37 57,67	.... ..	....
Karnabat (mosquée Adschaden)	42 38 57,6	24 40 50,85	1 38 43,39	1829 70	11 20 2
Aïdos (mosquée Gomata) (1)	42 42 17,5	24 58 6,00	1 39 52,40	1829 70	11 32 3
Missivri (église métropolitaine)	42 39 44,9	25 27 5,55	1 41 48,37	1829 68	10 47 6
Ahiolou (église de Préobaschen)	42 33 25,5	25 21 58,20	1 41 27,88	1829 69	11 19 3
Sizèboli (le milieu d'une maison isolée sur une hauteûr, et servant d'hôpital)	42 26 46,3	25 25 2,55	1 41 40,17	.... ..	....
Bourgas (mosquée principale au-dessus du bazar)	42 29 35,8	25 11 25,35	1 40 45,69	1829 70	11 25 4
Ianbolou (ancienne mosquée Zour)	42 29 6,3	24 13 8,85	1 36 52,59	.... ..	....
Andrinople (vieux sérail)	41 41 26,5	24 15 18,60	1 37 1,24	1829 84	11 35 3
Kirk-Kilissé (mosquée Mohamed Dabender)	41 43 58.8	24 52 15,45	1 39 29,03	.... ..	....
Viza (mosquée, autrefois église Saint-Nicolas)	41 34 26,9	25 25 6,00	1 41 40,40	.... ..	....
Saraï (mosquée Ages-Pacha)	41 26 27,0	25 36 0,75	1 42 24,05	.... ..	....
Tchorlou (mosquée nouvelle)	41 9 46,3	25 27 39,90	1 41 50,66	.... ..	....
Lulé Bourgas (principale mosquée)	41 24 25,1	25 0 58,95	1 40 3,93	1829 75	11 25 0
Démotika (tour du château)	41 21 3,5	24 10 10,35	1 36 40,69	1829 74	11 41 4

(1) Comme il a été expliqué plus haut, la longitude d'Aïdos a subi une rectification indispensable.

Sur les vingt-trois lieux ci-dessus nommés, quinze seulement sont compris dans le cadre de la carte; les huit autres points, situés en dehors du cadre, au nord de l'axe du Balkan, ont servi à relier nos itinéraires à ceux de M. Boué, membre de l'Académie des sciences de Vienne (Autriche), notre ancien compagnon de voyage.

3° La *carte du capitaine Gautier* a servi à tracer le littoral européen de la mer Noire et de la mer de Marmara. Depuis la publication de cette carte, des travaux hydrographiques ont été entrepris ; mais ils n'ont pas encore paru, du moins à notre connaissance. Pendant notre séjour à Constantinople, en 1847 et 1848, des officiers de la marine russe et de la marine turque relevaient conjointement les côtes de la mer de Marmara ; des études de même nature ont été faites pour le littoral de la mer Noire. Nous n'avons pas pu profiter de ces travaux, récemment accomplis.

Si l'on compare notre tracé de la mer Noire à celui que donnent les cartes précédemment publiées, on reconnaît que la côte se trouve assez généralement dans une position un peu plus orientale. Les légères modifications dont il est ici question résultent généralement de la détermination, par les officiers russes, de plusieurs villes situées sur le littoral et comprises dans le tableau précédent.

4° Deux *cartes hydrographiques* représentant les rivages de la mer Egée, depuis le golfe de Salonique jusqu'au détroit des Dardanelles, ont été publiées, en 1852, par l'*Amirauté anglaise*. Elles nous ont fourni le tracé du littoral méridional de la Turquie d'Europe.

Nous discuterons, dans le deuxième paragraphe du présent chapitre, la position de plusieurs villages indiqués sur ces cartes.

Tels sont, en résumé, les travaux dont nous avons fait usage pour asseoir les bases de la nouvelle carte. On voit, par cette énumération, que la plupart des points déterminés par des observations astronomiques se trouvent à l'est du cours inférieur de la Tondja et de la Maritza ; et qu'à l'ouest de cette ligne, tirée d'Islivnè à Enos, le reste des points déterminés est placé sur le littoral de la mer Égée.

Passons maintenant à la discussion des matériaux que nous venons d'énumérer.

§ II. — Discussion des matériaux précédents.

Les matériaux qui ont servi à établir les bases de notre carte ont été pris, ainsi que nous venons de l'exposer, à quatre sources différentes.

Nous n'avons aucune observation à faire sur la position des lieux publiée dans la *Connaissance des temps ;* nous avons signalé l'erreur typographique que nous avons reconnue dans la longitude d'Aïdos, telle qu'elle est indiquée par les officiers d'état-major russes ; nous avons fait remarquer que les déterminations astronomiques faites par les mêmes officiers placent plusieurs villes maritimes de la mer Noire un peu à l'est du point qu'elles occupent sur les cartes, et que cette circonstance apporte certaines modifications au tracé du littoral de la mer Noire ; enfin, nous nous sommes réservé de présenter des observations sur la position de quelques villages dont les noms se trouvent sur les cartes hydrographiques de l'Amirauté anglaise. Occupons-nous de cette question, et commençons l'examen du littoral, en partant du golfe de Saros, et nous dirigeant ensuite de l'est à l'ouest vers Salonique.

1° Le village de Kavak, que la carte anglaise écrit à tort Kavatch, est situé à mi-côte au fond du golfe de Saros, à trois quarts de lieue du rivage. En face, à une lieue et demie au N. N. O. et sur un coteau, se trouve Kadi-Keuï (Evrèchè, Eurchè ou Orcha des Turcs), chef-lieu d'un kaza du liva de Ghéliboli (Gallipoli). Ce village ne peut pas être celui que la carte anglaise nomme Kadee Kioi (lisez Kadi Keuï, selon la prononciation française) et qu'elle place environ à cinq lieues à l'O. N. O. de Kavak et à une lieue de la mer. Un grand nombre de villages de la Turquie portent le nom de Kadi Keuï (village du Cadi); il ne faut donc pas confondre le Kadi Keuï de la carte anglaise avec celui qui est situé au fond du golfe.

2° Les navigateurs anglais indiquent à l'extrémité du cap Ibidgè (Xéro des Grecs) le village de Margarica. Ce nom a beaucoup d'analogie avec celui de Maharis ou Magharis, village composé de plusieurs groupes d'habitations qui sont disséminées dans une vallée voisine du cap. Il est très-probable que le Margarica des Anglais est un de ces groupes de notre Maharis, situé loin du centre de ce village.

3° Le mont Chat de la carte anglaise correspond à notre Tchatal Têpê.

4° N'ayant pas suivi jusqu'à la mer le cours des ruisseaux de la plaine de Gumourdjina, nous avons admis : 1° que le Kiorji Sou de la carte anglaise, qui se jette dans le Bourou Gheul (lac de Bour), le *Bistonis lacus* des anciens, pourrait bien être l'embouchure de notre Kourou Tchaï (*sou*, qui signifie *eau*, étant souvent pris comme synonyme de *tchaï*, ruisseau) ; 2° que le Karaji Sou de la même carte pourrait bien être l'embouchure du ruisseau de Gumourdjina.

5° Les navigateurs anglais ont relevé la position d'une vingtaine de localités répandues dans la plaine du Kara Sou, *Nestus* des anciens. Nous ne contestons pas l'exactitude de leur position, mais seulement l'exactitude des noms appliqués à quelques-unes de ces localités. Voici les motifs sur lesquels nous appuyons cette assertion :

En nous rendant de Kavala à Xanti (Skiedjé des Turcs), ou Zanthe des Anglais, nous avons passé par Hanlar (pluriel de Han ou Khan, auberge), Karagheuzlé et Iénidjei. D'après les indications de la boussole : 1° Hanlar est à l'est un peu nord de Kavala, et à une lieue de la rive occidentale du Nestus; 2° Kara Gheuzlé, à peu près à moitié chemin de Hanlar et de Iénidjéi et à l'E. N. E. de Hanlar; 3° Iénidjéi, à deux lieues à l'E. 35° N. de Karagheuzlé; 4° Xanti, à deux lieues au N. 30° O. de Iénidjéi.

Si l'on cherche la position de ces localités sur la carte anglaise, on trouve : 1° Kara Sou Khan (auberge du Karasou) à l'E. S. E. de Kavala, à peu près sur le point où nos renseignements placent Sari Chaban; 2° Kara Ghieuzi à l'E. N. E. de Karasou Han ; 3° Yéniji au N. E. de Kara Ghieuzi ; 4° une seconde localité nommée Yéniji, presque au nord de la première ; 5° Zanthe à la distance de Yéniji et dans la direction que nous avons trouvée entre notre Iénidjéi et notre Xanti.

Le double emploi de Yéniji ou Iénidjéi, selon la prononciation française, décèle une confusion dont il nous est facile de donner l'explication. Les autorités de Sari Chaban ont à Hanlar une résidence d'été auprès de laquelle sont construites les auberges dont l'agglomération a fait donner le nom à la localité. Elles s'y réfugient pendant la saison des fièvres ; les habitants aisés de la ville imitent cet exemple et se logent dans les auberges voisines. C'est donc à Hanlar, et non à Sari Chaban, que les affaires se traitent en été. Cependant les négociants de Kavala et de Iénidjéi disent souvent qu'ils se rendent à Sari Chaban, lorsqu'en réalité ils s'arrêtent à Hanlar. Il n'est donc pas étonnant que cette confusion de noms, en usage dans le pays, ait induit les navigateurs anglais en erreur. De là provient sans aucun doute la position qu'ils donnent à Kara Guieuzi (notre Kara Gheuzlé) et au Yéniji le plus méridional qui fait double emploi. Leur Xéniji le plus septentrional est notre Iénidjéi. L'exactitude de ce rapprochement est confirmée par la position de Tachlik (Taslik des Anglais), village situé à deux lieues au S. S. E. de Iénidjéi. En résumé, pour rentrer dans la vérité, il suffit de remonter, sur la carte anglaise, environ deux lieues vers le nord, Kara Sou Khan et Kara Guieuzi.

6° Le tracé des montagnes situées à l'est du golfe de Salonique, qui nous est donné par la carte anglaise, nous a engagé à descendre un peu vers le sud la partie supérieure de la vallée de Galat, et à modifier la direction que lui donnent ordinairement les géographes. Les futurs observateurs diront si cette rectification doit être conservée ou abandonnée.

7° Indépendamment des lieux dont nous venons de discuter la position ou l'orthographe, la carte de l'Amirauté en signale un grand nombre sur lesquels il serait inutile de nous arrêter : les uns ont échappé à nos regards ; les autres offrent des différences trop légères avec notre manière de les écrire pour avoir besoin d'être signalées.

§ III. — Construction de la carte.

A l'époque où nous faisions nos préparatifs de départ pour la Turquie, nous espérions avoir deux compagnons de voyage, notre ancien et excellent ami M. Boué et un géologue français. Nous voulions comprendre dans notre commune collaboration une série d'observations, géographiques, géologiques, météorologiques et astronomiques. L'Académie des sciences, instruite de nos projets, voulut bien nommer une commission. Plusieurs circonstances, indépendantes de notre volonté, nous ont forcé à voyager seul. Privé de tout concours, nous avons reconnu, dès les premiers jours de marche, que nous ne pouvions suffire à tous les travaux compris dans notre programme; nous avons renoncé, à notre grand regret, aux observations astronomiques, qui nous faisaient perdre beaucoup de temps, et renvoyé à Constantinople un petit théodolite construit par Brunner. Nous n'avons conservé que la boussole ordinaire du géologue, le niveau Burel, un sextant de poche, le baromètre à niveau constant de Ernst, et une série de thermomètres établis par Danger.

Tous nos itinéraires ont été relevés à l'aide de la boussole, et dessinés sur notre journal, chemin faisant, selon l'usage des ingénieurs-géographes. Les distances d'un point à l'autre, indiquées par des renseignements pris à l'avance, étaient soigneusement contrôlées par le temps réel employé à les parcourir. Chaque fois que nous nous arrêtions, ne fût-ce que cinq minutes, pour faire une observation quelconque, nous en prenions la note exacte, afin de pouvoir tenir compte de cette suspension dans l'évaluation des distances.

A notre retour à Paris, les itinéraires ont été remis au net et construits sur une échelle uniforme et assez grande pour représenter les moindres accidents du sol. Les résultats de plusieurs journées de marche, réunis sur une même feuille, donnent déjà une idée approximative des traits généraux, tels que les lignes de partage des eaux, le cours des rivières et de leurs affluents, etc., etc. A l'appui de la représentation graphique, viennent s'ajouter les distances soigneusement discutées, les angles pris à la boussole, et les détails nécessaires à l'intelligence du tracé. Arrivent ensuite les renseignements obtenus sur les lieux, et relatifs aux routes qui relient les principales localités et que nous n'avons pas pu parcourir. Enfin, ces itinéraires partiels ont été reportés sur des feuilles d'une grande dimension, et combinés en nombre suffisant pour représenter des surfaces de trente à cinquante lieues carrées.

Lorsque nous eûmes terminé ce travail préparatoire, nous le soumîmes au colonel Lapie, qui avait eu l'extrême bonté de dresser gratuitement, d'après nos renseignements, les cartes de nos deux premières publications sur la Turquie. Malheureusement la santé de ce savant géographe, depuis longtemps chancelante, inspirait déjà de vives inquiétudes. Son concours accoutumé nous manqua au moment où sa longue expérience nous était le plus utile. Conformément à ses conseils, nous nous adressâmes à M. Charle, géographe, attaché depuis longtemps aux bureaux du colonel Lapie, et habitué à travailler sous ses ordres.

Le premier essai de M. Charle comprend le tracé des côtes et la position des lieux déterminés par des observations astronomiques ; dans ce réseau, viennent s'encadrer nos itinéraires, réduits à l'échelle de $\frac{1}{800000}$, qui avait été adoptée pour les cartes de nos précédents voyages en Turquie. Cette première épure représente avec la plus grande fidélité les moindres détails des itinéraires, mais elle ne donne qu'une idée approximative des distances réelles qui existent entre les localités placées sur les différentes routes. Le colonel Lapie nous avait prédit à l'avance que le procédé dont nous avions fait usage pour relever nos routes devait amener un tel résultat, et il nous avait engagé à faire nous-même le travail de combinaison générale. On comprend, en effet, que le moindre changement dans la position d'un lieu entraîne des modifications de proche en proche, et que, pour en saisir la portée, il faut avoir une connaissance parfaite du pays, et prendre en considération une foule de détails difficiles à classer dans la mémoire.

D'après les conseils du savant géographe, nous avons : 1° divisé le cadre de la carte en plusieurs compartiments, afin de rendre les corrections plus faciles; 2° dessiné nos routes, le cours des eaux, les lignes de faîte avec leurs contre-forts, et les routes dont les distances nous étaient connues par des renseignements pris sur les lieux. Après plusieurs tentatives minutieuses et d'une longueur désespérante, nous sommes parvenu à trouver pour chaque localité une position qui ne peut pas avoir l'exactitude rigoureuse d'une détermination astronomique, mais qui du moins se trouve en rapport avec nos observations et nos renseignements.

Il nous restait encore, pour achever complétement le trait de la carte, à figurer les itinéraires de M. Boué, qui portent, au nord et à l'ouest, le cadre de la carte bien au delà des limites de nos excursions. Nous avons relevé ses routes à travers le Balkan et le plateau montueux qu'il désigne sous le nom de *haute Mœsie*, conformément aux détails contenus dans les itinéraires et dans la partie descriptive de son ouvrage, intitulé : *La Turquie d'Europe* (Paris, 1840). Ce tracé a été expédié à M. Boué, qui nous l'a renvoyé après avoir fait les rectifications nécessaires. Il y a donc tout lieu de croire que les découvertes géographiques les plus intéressantes de ce géologue sont fidèlement représentées.

Nous mentionnons encore les renseignements que nous devons à l'obligeance de M. Daux. Cet ingénieur civil, chargé par l'École des Mines d'étudier l'état de la métallurgie en Turquie, a visité après nous, et d'après nos indications, les montagnes situées entre Salonique, Drama et Samakov. Ses itinéraires se raccordent avec les nôtres dans plusieurs parties; ils ont servi à éclaircir quelques questions douteuses dont nous n'avions pas eu le temps de chercher la solution.

Le travail de combinaison générale, composé de plusieurs feuillets séparés, fut livré à M. Charle, qui en fit l'assemblage et le remit au net. Après avoir vérifié l'exactitude de la dernière épure, et corrigé les erreurs qui s'y étaient glissées, il restait encore, pour terminer la carte, à figurer le relief du sol et à placer les altitudes de nos stations barométriques (1). Afin d'éviter des retouches inutiles, M. Charle jugea prudent d'exécuter sous nos yeux la partie topographique, et voulut bien consacrer à ce dernier travail tous les dimanches et jours de fête de l'année 1854. Nous nous empressons de rendre justice au zèle, à la patience et au talent dont ce géographe a fait preuve pour exprimer notre pensée.

La gravure sur pierre de la carte a été confiée à M. Erhard.

Si l'on jette un coup d'œil sur la carte, on reconnaît qu'elle figure la topographie des contrées comprises dans le cercle de nos dernières investigations en Turquie. Tout ce qui se trouve en dehors de ce cercle est resté en blanc et n'est indiqué que par le cours des eaux, le tracé de quelques routes choisies à dessein et le nom des principales localités. Nous devons dire les motifs qui nous ont guidé dans notre détermination.

Dans nos précédents voyages avec M. Boué, nous avons parcouru les contrées situées à l'ouest du Strymon. La carte dressée par le colonel Lapie, qui accompagne notre *Journal d'un Voyage dans la Turquie d'Europe*, figure la topographie de ces contrées, limitrophes de celles que nous avons explorées en dernier lieu. Il nous a paru inutile

(1) Outre nos stations barométriques, la carte donne : 1° la hauteur, évaluée à vue d'œil, des montagnes voisines de nos stations ; 2° celle des stations barométriques de M. Boué ; 3° les évaluations approximatives des montagnes voisines ; 4° les altitudes qui se trouvent sur la carte hydrographique de l'Amirauté anglaise.

d'en représenter sur la nouvelle carte les détails déjà connus, et auxquels nous ne pouvions rien ajouter. Nous nous contentons de faire remarquer que la position donnée à quelques localités a subi de légères modifications, basées sur la combinaison de nos dernières études.

Nous avons compris dans le cadre de la carte, à la prière de M. Boué, une partie du Balkan et du plateau montueux qu'il désigne sous le nom de *haute Mœsie*. N'ayant pas eu l'avantage de l'accompagner dans ses excursions à travers ces contrées, nous n'avons pas cru devoir en donner la topographie, dont nous aurions été obligé de puiser les détails dans des cartes précédemment publiées.

§ IV. — Énumération des divisions principales.

Les limites septentrionales de la carte que nous publions passent au nord de l'axe central du Balkan ; elles s'étendent, de l'est à l'ouest, depuis la mer Noire jusqu'à la vallée de la Morava bulgare, non loin des frontières de la Servie. Ses limites occidentales partent de la vallée de la Morava, et se dirigeant vers le sud elles touchent la ville d'Oskiup, et se terminent dans les environs de Vodéna. La mer Noire, la mer de Marmara et la mer Égée enveloppent de leurs eaux les parties orientale et méridionale de la carte.

Les provinces de l'empire ottoman, comprises dans ce vaste cadre, constituaient la Thrace et les parties limitrophes de la Macédoine et de la Mœsie. Pour le moment, nous ne nous occuperons ici que des divisions administratives actuelles.

Si l'on compare la carte avec le tableau général que nous en donnons (1), on reconnaît qu'aucun éyalet ne s'y trouve intégralement représenté.

Mais avant de donner l'énumération de ces divisions administratives, nous devons indiquer les signes conventionnels qui servent à les reconnaître. Des lettres majuscules et trois drapeaux de forme différente nous ont suffi pour atteindre le but proposé. En tournant les drapeaux à droite ou à gauche, nous en avons doublé le nombre. Ils sont : 1° à flamme simple ; 2° à flamme carrée ; 3° à flamme déchiquetée. Voici l'emploi de ces signes :

Une lettre majuscule entre parenthèses précède le nom de chaque éyalet ;

La même lettre suivie d'un drapeau entre parenthèses précède le nom des livas qui composent un éyalet ;

Le même drapeau est placé sur la position de tous les chefs-lieux de kazas d'un même liva.

Cela dit, abordons la question.

Si l'on cherche sur la carte le nombre des lettres majuscules, on en trouvera cinq, savoir : E, S, N, U, K représentant les éyalets d'Edirnè (Andrinople), de Silistri, de Nich, d'Uskiup et de Selanik (Salonique).

(1) Voyez t. I, p. 106.

Éyalet d'Edirnè. — La lettre E, répétée six fois et suivie d'un des six drapeaux, indique que les six livas qui le composent sont figurés sur la carte ; cependant le prolongement sud-ouest de la péninsule de Ghéliboli (Gallipoli) se trouve en dehors du cadre; par conséquent, le liva de Ghéliboli n'est pas intégralement représenté. Cet éyalet occupe à lui seul, sur la carte, une plus grande surface que les quatre autres éyalets réunis.

Éyalet de Silistri. — Les deux livas qui le composent bordent au nord-est l'éyalet précédent. Un seul drapeau placé sur la ville maritime de Missivri, dépendant du liva de Varna, démontre que la presque totalité de l'éyalet de Silistri reste au dehors de la carte.

Éyalet de Vidin. — Intercalé entre les éyalets de Silistri et de Nisch, il limite au nord celui d'Edirnè. L'absence de tout drapeau fait voir qu'aucun chef-lieu de kaza, relevant de l'un des deux livas qui forment l'éyalet de Vidin, n'entre dans le cadre de la carte.

Éyalet de Nisch. — Il borne au nord-ouest celui d'Edirnè. La lettre N, répétée quatre fois et suivie de l'un des quatre drapeaux, dénote que les quatre livas dont il se compose sont, en très-grande partie, figurés sur la carte, et cependant, il y occupe une étendue peu considérable. Les livas de Samakov et de Keustendil s'y trouvent en entier; celui de Sofia en presque totalité; le liva de Nisch y compte trois chefs-lieux de kazas sur six.

Éyalet de Sélanik. — Il limite au sud-ouest l'éyalet d'Edirnè. La lettre S, répétée trois fois et suivie de l'un des six drapeaux, démontre que sur les quatre livas dont il se compose, trois s'y trouvent représentés, savoir : les livas de Siroz (Sérès) et de Drama en totalité; celui de Sélanik en partie seulement. Quoique plus incomplet que l'éyalet de Nisch, l'éyalet de Sélanik occupe plus d'étendue sur la carte.

Éyalet d'Uskiup. — Placé à l'ouest de la carte, il est séparé de l'éyalet d'Edirnè par les éyalets de Nisch et de Sélanik. La lettre U, répétée deux fois et suivie de l'un des six drapeaux, indique que sur les trois livas qui le composent, deux seulement sont en partie représentés sur la carte.

§ V. — Rectifications apportées aux cartes précédemment publiées.

Nous allons esquisser en quelques mots les rectifications principales que nous apportons aux cartes précédemment publiées par le colonel Lapie, le dépôt de la guerre de Vienne, etc.

1° La chaîne côtière de la mer Noire subit, dans sa direction générale, des modifications importantes ; elle renferme, au nord-est de Kirk-Kilissé, deux vallées longitudinales dont les eaux se déversent dans la mer Noire par des vallées transversales.

2° Au sud de cette chaîne, le bassin hydrographique de l'Erghènè comprend quelques affluents, dont le cours n'était pas connu. On plaçait le confluent de cette rivière avec la Maritza entre Ouzoun-Keupri et Démotika ; il se trouve à 8 lieues plus au sud, en amont d'Ipsala.

3° La ligne sinueuse de partage des eaux qui borde le littoral de la mer de Marmara et de la mer Égée s'étend sans interruption depuis la chaîne côtière de la mer Noire jusqu'à Énos : elle n'est pas coupée par les ruisseaux de Malgara et de Kéchan, qui se portent vers le golfe d'Énos, et forment deux petits lacs marécageux avant d'opérer leur jonction avec la Maritza. Ces flaques d'eau sont les seuls témoins qui restent de l'ancien golfe d'Énos, dont on connaissait l'ensablement par les publications de M. Grisebach.

4° Le massif du Rhodope. Le colonel Lapie nous a répété dans plusieurs circonstances que les seuls renseignements qu'il possédât sur l'intérieur de ces montagnes consistaient dans l'itinéraire d'un consul de France résidant à Salonique, et qui s'était rendu de cette ville à Andrinople, en passant par Drama, la vallée du Karasou (ancien Nestus), et la vallée longitudinale de l'Arda. C'est à l'aide de renseignements aussi incomplets qu'il a dessiné le relief de cette vaste contrée, reproduit plus tard par la carte de Vienne. On doit donc s'attendre à trouver dans notre carte des rectifications très-nombreuses, des parties complétement nouvelles; et, cependant, si l'on compare attentivement ces deux tracés, on ne peut s'empêcher d'admirer la sagacité de ce savant géographe, dont la science déplore la perte encore récente, et qui a su, pour ainsi dire, deviner les principaux accidents du sol.

DESCRIPTION DU RILO-DAGH.

Ce groupe de montagnes forme l'extrémité nord-ouest et la partie la plus élevée du grand massif du Rhodope. Limité au nord-est par la plaine de Samakov, au nord et au nord-ouest par la vallée de Doubnitza, il se lie, à l'est, au Rhodope par l'arête que traverse le col conduisant de Samakov au monastère Rilo, et d'où descendent, d'un côté le torrent du Rilska-Riéka, tributaire du Strymon, de l'autre le torrent de Sirpkeui, affluent du grand Iskra.

Le plateau qui sert de base au Rilo-Dagh présente des altitudes très-différentes, suivant le point que l'on considère. Entre Samakov et Bania, petite ville située au fond de la vallée de la Maritza et à 4 lieues de distance de la première ville, s'élève une arête à croupe arrondie, qui joue un rôle important dans la géographie de la contrée; elle rattache le Rhodope aux montagnes d'Ithiman, formant une dépendance du grand Balkan, et opère le partage des eaux entre la mer Noire et la mer Égée. Sa partie méridionale atteint une hauteur absolue de 1296 mètres; mais, en se prolongeant vers le nord, elle subit une dépression d'environ 200 mètres sur le point que traverse la route ordinairement suivie. D'un côté de la montagne, la petite ville de Bania se trouve à l'altitude de 663 mètres; du côté opposé, les principales sources du grand Iskra se réunissent dans la plaine de Samakov, dont la hauteur au-dessus du niveau de la mer est de 993 mètres. L'affluent, qui prend son origine près de Iarlova, village situé au pied méridional du mont Vitocha, parcourt une plaine de 6 lieues de long sur 2 à 4 kilomètres de large, et dirigée de l'ouest-nord-ouest à l'est-sud-est. Sa hauteur absolue est de 1197 mètres à Iarlova. Elle est séparée de la vallée de Doubnitza par une arête qui relie le Rilo-Dagh au mont Vitocha, et dont le point culminant, entre Iarlova et Doubnitza, monte à 1345 mètres, soit 148 mètres au-dessus de Iarlova. La plaine, de 3 lieues de long sur 2 kilomètres de large, qui se termine au défilé de Doubnitza, est allongée de l'est-nord-est à l'ouest-sud-ouest, et se trouve à un niveau beaucoup plus bas que la plaine de Samakov. Son altitude est de 659 mètres à Kraïnitza et de 537 mètres à Doubnitza. D'après M. Boué, la hauteur du plateau au village Rilo, situé à la sortie des montagnes, serait à peu près la même que celle de Doubnitza. Par conséquent, la partie nord-est s'élève de 350 à 500 mètres au-dessus du niveau des autres parties du plateau, qui supporte le Rilo-Dagh. L'exhaussement considérable de la première est causé par le rapprochement du grand Balkan et du Rhodope, dont les directions viennent se couper aux environs de Samakov.

Pénétrons maintenant dans les montagnes. Si l'on remonte le cours du Rilska-Riéka, on trouve, à 4 lieues du village Rilo, le monastère du même nom, construit à 1180 mètres, sur la rive droite du torrent. Le lit de ce cours d'eau atteint 1506 mètres à une lieue du monastère; là commence un sentier en lacets, qui conduit au bord d'un petit lac, dont la hauteur absolue monte à 1937 mètres. Cette flaque d'eau, de 500 à 600 mètres de long sur environ 150 mètres de large, est retenue à son extrémité occidentale par un barrage formé de rochers et de blocs de toute grosseur, et dont l'accumulation présente les caractères d'une moraine ; et, en effet, le passage que nous décrivons, ordinairement encombré de neiges, n'est praticable que pendant quatre ou cinq mois de l'année. Les arbres verts s'arrêtent un peu plus haut que le lac, et ont complétement disparu au col, dont l'altitude est de 2185 mètres. La limite supérieure de la flore arborescente se trouve à 2031 mètres, sur la pente septentrionale du mont Arizvanitzna, situé presqu'au sud du monastère Rilo. Après avoir traversé le col, on entre dans le bassin hydrographique du grand Iskra, et l'on arrive, après une forte descente, sur le bord du torrent de Sirpkeui, qui coule sur ce point à la hauteur absolue de 1683, et près du village du même nom à celle de 1197 mètres.

Les hautes cimes du Rilo-Dagh, renfermées dans le circuit que nous venons de parcourir, n'ont pas été mesurées; mais, si l'on prend comme terme de comparaison les points où nous avons portés le baromètre, il est difficile de ne pas leur attribuer une altitude de 2800 à 3000 mètres. Notre station du mont Vitocha, placée à 60 ou 80 mètres au-dessous du point culminant de cette dernière montagne, atteint la hauteur absolue de 2201 mètres. Du haut de cet observatoire, le regard plonge au fond de la vallée de Doubnitza, creusée environ 1500 mètres plus bas, au pied septentrional du Rilo-Dagh. Si l'on détermine, avec le niveau Burel, le point qui correspond à la hauteur de la station, on croit voir les cimes du Rilo-Dagh s'élever au-dessus de ce point d'une quantité à peu près égale à celle qui s'abaisse au fond de la vallée. C'est en faisant une large part à l'illusion optique que nous évaluons l'altitude des hautes cimes environ à 3000 mètres; sans cela, notre estimation monterait à plus de 3500 mètres.

Nous arrivions aux mêmes conclusions lorsque nous nous placions au sommet des montagnes qui entourent le monastère Rilo.

La silhouette du Rilo-Dagh, considérée de la plaine de Samakov et du mont Vitocha, présente une série de nombreuses cimes aiguës, que séparent de profondes échancrures. Le profil de ces hautes montagnes s'offre sous un aspect tout différent dans les environs de Keustendil, par exemple du haut du mont Koniavo, situé à 5 lieues à l'ouest 15° nord de Doubnitza. De ce point d'observation, le Rilo-Dagh prend la forme d'une énorme protubérance allongée, dont les deux extrémités s'abaissent en pentes douces, et dont le sommet se dessine en festons arrondis. La profonde vallée du Samoran, qui débouche près de Doubnitza, produit l'échancrure la plus remarquable, et partage le profil du massif en deux parties à peu près égales.

Si l'on pénètre dans l'intérieur du Rilo-Dagh, on trouve l'explication d'un changement d'aspect aussi remarquable. Les principaux accidents du sol y sont alignés de l'ouest 7 à 8° nord, à l'est 7 à 8° sud. Le mont Koniavo s'élève à peu près sur le prolongement de cette direction. Du haut de son sommet, on aperçoit le profil que présente le plus petit diamètre du massif, tandis que l'observateur placé sur le mont Vitocha voit le Rilo-Dagh se dessiner dans le sens de son plus grand développement.

DESCRIPTION DU BASSIN HYDROGRAPHIQUE DE LISSA.

Ce bassin hydrographique, enclavé dans les montagnes qui séparent les vallées du Strymon et du Nestus, présente à peu près la forme d'un quadrilatère allongé de l'est-nord-est à l'ouest-sud-ouest. Il est limité à l'ouest et au sud par de hautes montagnes; à l'est et au nord, par un bourrelet de collines peu élevées. Deux cols servent de passage pour pénétrer de la vallée du Strymon dans l'intérieur de la cavité de Lissa : l'un, placé à l'angle nord-ouest du quadrilatère, atteint la hauteur absolue de 1198 mètres; il est dominé au nord par la cime aiguë et triangulaire du mont Ali-Boutouch, qui semble s'élancer à 500 ou 600 mètres plus haut; au sud, par le groupe du Kara-Dagh, dont la crête, un peu moins élevée que la cime précédente, s'abaisse de plus en plus dans son prolongement méridional. D'un côté du col descend une des sources du ruisseau de Démir-Hissar, affluent du Strymon; de l'autre, le ruisseau de Karakeui, qui s'écoule dans la plaine élevée de Lissa. Le second col, dont l'altitude est de 1059 mètres, se trouve à 3 lieues en ligne droite du premier, à l'endroit où le groupe du Kara Dagh se réunit au mont Sminitza, qui fait partie de la chaîne du Boz-Dagh. Il donne naissance au torrent du monastère Saint-Jean, qui débouche en plaine à une lieue à l'est de Sérès, et à celui de Vroundi, tributaire de la cavité de Lissa.

La chaîne du Boz-Dagh, dirigée de l'est 30° nord, à l'ouest 30° sud, se compose d'une série de sommites reliées entre elles par une crête beaucoup plus basse. L'intervalle qui les sépare, quelquefois assez considérable, produit de profondes dépressions, dont les deux extrémités se relèvent en approchant de ces colosses. La rupture de notre baromètre ne nous a pas permis de mesurer la hauteur de ces montagnes; mais, en comparant leur altitude à celle des cols des monts Ali-Boutouch et Sminitza, nous croyons pouvoir évaluer à plus de 2000 mètres la hauteur de la cime la plus élevée, et de 1500 à 1800 mètres les autres sommités. Deux cols principaux établissent une communication entre la plaine de Drama et celle de Lissa. Le col de Guredjik, que nous avons traversé, nous paraît, comme celui du mont Sminitza, parvenir entre 1000 et 1100 mètres.

Le bourrelet qui circonscrit à l'est et au nord notre petit bassin hydrographique contraste, par sa faible élévation et l'uniformité de ses lignes, avec le relief si fortement accidenté que nous venons de décrire. Il offre sur tous les points des communications faciles avec la vallée du Nestus. Sa hauteur générale au-dessus du plateau semble monter à 150 ou 200 mètres au plus, soit environ 750 à 800 mètres au-dessus de la mer. Le mont Stragatch, placé à peu près au milieu de la bordure septentrionale, vient interrompre la monotonie de ces lignes à peine infléchies. Considéré du col du mont Ali-Boutouch, dont il est séparé par une distance de 3 lieues, son point culminant paraît rester au-dessous de l'altitude de ce passage; par conséquent, il aurait moins de 1198 mètres. Entre sa base occidentale et l'un des contre-forts du mont Ali-Boutouch règne une large dépression qui conduit dans la vallée du Nestus. La hauteur absolue de ce col paraît être à peu près égale à celle de Karakeui, montant à 810 mètres, et se tenir au même niveau que le reste du bourrelet.

Un contre-fort du mont Stragatch se prolonge vers le nord-est, sépare le bassin hydrographique en deux parties, et s'abaisse à Zernova. Sa jonction avec la chaîne du Boz-Dagh se trouve interrompue devant ce village par un petit défilé qui livre passage aux eaux du compartiment oriental, et leur permet de pénétrer dans la plaine de Lissa. Cette dernière présente une surface d'environ 2 lieues carrées, parfaitement nivelée par les sables qu'y apportent les différents cours d'eau. Son altitude est de 618 mètres au Han de Sartchitza, et de 610 mètres auprès du Katavothron. Lorsque les eaux arrivent en trop grande abondance pour être absorbées par le gouffre, elles inondent la plaine; aussi tous les villages sont-ils construits au pied ou sur la pente des montagnes. En été, le torrent de Vroundi est le seul qui se déverse dans le Katavothron; celui de Karakeui et le ruisseau du compartiment oriental s'infiltrent dans les sables, et trouvent un écoulement à travers les fissures naturelles du plateau. Si tous ces conduits souterrains venaient un jour à s'obstruer, la cavité se transformerait en un lac, dont le déversement aurait lieu dans la vallée du Nestus.

Avant de nous rendre de Drama à Névrokoup par le col de Guredjik, le défilé de Zernova, Vezmé, etc., et de compléter nos observations sur le bassin hydrographique de Lissa, nous avons voulu visiter la grotte située à 5 lieues à l'ouest-nord-ouest de Drama, et considérée comme donnant issue aux eaux du Katavothron. Les habitants du pays citent des expériences directes à l'appui de cette dernière opinion; ils affirment que des objets légers, tels que des graines, du son, etc., ont été jetés dans le gouffre, et que les observateurs placés à l'entrée de la grotte ont vu passer ces mêmes objets, entraînés par le courant; aussi donnent-ils à ce cours d'eau le nom de rivière de Lissa.

L'entrée de la grotte se trouve au-dessus d'un escarpement de quelques mètres ; le lit du ruisseau en occupe toute la largeur, et forme, à sa sortie, une petite cascade. A vingt ou trente pas plus loin, un éboulement de rochers a produit une espèce de soupirail qui permet de descendre dans l'intérieur du souterrain. En profitant de cette ouverture, on pénètre dans une chambre de 8 à 10 mètres de long; à l'une de ses extrémités se trouve l'entrée de la grotte; à l'autre le canal souterrain, dont l'ouverture offre une largeur de 2 mètres et une hauteur de 3 mètres. Le ruisseau coule, en ce lieu, sur une pente très-faiblement inclinée, et ne produit qu'un léger murmure.

A ces détails, qui résultent de nos observations, nous ajouterons ceux que nous avons recueillis sur les lieux. On raconte que trois habitants du pays ont pénétré dans l'intérieur du souterrain jusqu'à une distance assez considérable, sans rencontrer d'obstacles sérieux; mais après trois heures d'une marche lente et pénible, ils sont arrivés auprès d'une cascade dont le bruit se faisait entendre depuis longtemps. La violence du courant d'air produit par la chute de l'eau éteignit les chandelles dont ils étaient munis. Privés de lumière, ils sont revenus sur leurs pas en suivant toutes les sinuosités des parois.

Cette narration peut être vraie, du moins elle ne se trouve pas en contradiction avec les faits observés à la surface du sol. Le Katavothron et l'entrée de la grotte sont séparés par une distance de 2 lieues. Une ligne tirée entre ces deux points traverse la chaîne du Boz-Dagh, et fait un angle droit avec sa direction; de là on peut conclure que le canal souterrain servant à l'écoulement des eaux de Lissa présente une orientation moyenne du nord 30° ouest au sud 30° est.

La rupture de notre baromètre ne nous a pas permis de mesurer la hauteur du lit du ruisseau à l'entrée de la grotte; on peut arriver à une évaluation approximative en prenant en considération les faits suivants. Le Tchiflik-Oba, construit à la descente du col de Skrdjova, dans la plaine de Drama, atteint l'altitude de 154 mètres. La rivière dite de *Lissa* passe environ à un kilomètre à l'est de cette ferme. Admettons que la différence de niveau entre le Tchiflik et le lit du ruisseau soit à peu près de 20 mètres, nous trouverons que ce dernier coule sur ce point à une hauteur absolue de 134. La ville de Drama, dont l'altitude est de 183 mètres, s'élève au pied des montagnes, à l'est-nord-est du Tchiflik-Oba; elle en est séparée par une plaine de trois lieues, dont le prolongement occidental forme la vallée qui conduit à la grotte. Cette dernière est située, comme Drama, au pied des montagnes; la vallée, depuis ce point jusqu'au Tchiflik-Oba, présente une pente générale très-légère : on peut donc évaluer à 250 ou 300 mètres au plus l'altitude de la grotte. Nous avons vu que celle du plateau de Lissa, auprès du Katavothron, est de 610 mètres; par conséquent, il existe une différence de niveau d'au moins 300 à 350 mètres entre le gouffre et l'entrée de la grotte; la différence de niveau est plus grande encore, si l'on compare le fond des deux plaines.

CHAPITRE II.

ITINÉRAIRE SUIVI PAR L'AUTEUR, DEPUIS LE 20 MAI 1847 JUSQU'AU 2 JANVIER 1848.

§ Ier. Route de Constantinople à Énos. — § II. Route d'Énos à Andrinople. — § III. Route d'Andrinople à Philippopoli. — § IV. Route de Philippopoli à Névrokoup. — § V. Route de Névrokoup à Sofia, par Razlouk et Samakov. — § VI. Route de Sofia à Kostendil (Keustendil ou Ghioustendil). — § VII. Route de Kostendil à Sérès. — § VIII Route de Sérès à Névrokoup, par Drama. — § IX. Route de Névrokoup à Kavala. — § X. Route de Kavala à Ismilan, près des sources de l'Arda. — § XI. Route d'Ismilan à Gumourdjina. — § XII. Route de Gumourdjina à Féredjik. — § XIII. Route de Féredjik à Kaskeui.

§ Ier. — Route de Contantinople à Énos.

1. De Constantinople à Kutchuk Tchekmedjé.

On compte 3 heures de marche; nous avons mis 3 heures 23 minutes à parcourir cette distance ; mais nous avons allongé la route de 17 min. en sortant par une porte trop septentrionale. Il reste en réalité 3 heures 6 min., comptées au pas lent de nos chevaux de charge ; au pas ordinaire d'un cheval on met à peine 2 heures 15 min.

Voici le détail de nos distances :

En sortant de Constantinople, longer les murailles de la ville en dehors des fossés : autre porte plus méridionale que la première. — 17 minutes.

Marche à l'O. sur un plateau ondulé ; la route est bordée pendant plus d'un quart de lieue de maisons et de cafés ; écuries de la caserne Daoud Pacha, au bas d'une montée. — 37 minutes.

Angle S. O. de la caserne Daoud Pacha entièrement isolée sur le plateau ; carrefour de deux routes, dont une conduit à Vidos, qu'on aperçoit à un quart de lieue à l'O. 30° N. sur un autre plateau. — 16 minutes.

Descente, et ruisseau qui passe entre les deux plateaux ; cabane à gauche près du gué. — 15 minutes.

Montée; du haut du plateau, vues de la caserne Daoud Pacha au N. 45° O.; de la flèche qui surmonte la coupole de Sainte-Sophie, à l'E. ; d'un village avec mosquée sur le bord de la mer, à l'E. 10° N. ; et dans la même direction, d'un hameau à mi-côte à quelques minutes de la route. — 20 minutes.

Marche à l'O. sur un plateau ; descente dans un vallon et ruisseau. — 15 minutes.

Franchir un coteau, descendre au S. O. dans la vallée du Domous Dèrè qui prend sa source au S. du lac de Derkos ; pont de pierre de cinq arches, et vue de Koutèli à demi-lieue au N. — 35 minutes.

Marche à l'O., la route passe entre les tchifliks Aïmama (1) et Tchaous Pacha, qui restent à 400 mètres environ, le premier au S., le second au N.; arrivée sur le plateau et vue de la flèche de Sainte-Sophie à l'E., de la caserne de Daoud Pacha à l'E. 30° N. et d'un village à 600 mètres au N. sur le plateau. — 15 minutes.

Marche au S. O. et ensuite à l'O. sur le plateau, et vue de Kutchuk Tchekmedjé. — 25 minutes.

Descente au N.; Kutchuk Tchekmedjé sur la rive orientale d'une lagune. — 8 minutes.

Kutchuk Tchekmedjé, l'une des quatre villes du liva de Névahi Arboé, a été ravagé par la peste; on y comptait, en 1847, sept maisons habitées, dont trois par des familles turques et quatre par des familles grecques; il renferme une mosquée en mauvais état, un han assez vaste, un café. M. Boué, qui a vu cette ville en 1837, en évaluait la population de 300 à 500 habitants. Une barrière ferme l'entrée du pont; elle est sous la surveillance d'un employé du gouvernement qui, avant de livrer passage aux voyageurs, demande le passeport, le certificat délivré par la direction de la santé, et celui de la douane. Ceux qui n'ont pas acquitté les droits de douane doivent en verser le montant entre ses mains.

Avant de quitter Constantinople, il faut se mettre en règle, sous peine d'être exposé à rebrousser chemin. Il est vrai qu'un pourboire donné à propos lève bien des difficultés.

Sur cette route, les vallées servent de pâturages; le reste du terrain est inculte, sauf quelques parties.

2. De Kutchuk Tchekmedjé à Buyuk Tchekmedjé.

On compte 3 heures : au pas ordinaire d'un cheval de selle il faut à peine 2 heures 45 minutes (2). Nous avons mis 3 heures 36 min. au pas lent de nos chevaux de charge, savoir :

Pont de pierre sur la rivière sortant de la lagune; marche à l'O. sur la barre de sable qui sépare la lagune de la mer; bas de la montée. — 30 minutes.

Arrivée au sommet du plateau. — 15 minutes.

Marche au N. 40° O. sur le plateau; commencement de la descente. — 26 minutes.

On laisse à droite les ruines d'un village; petite vallée; pont de pierre sur un ruisseau et vue à gauche des Tchifliks Trakattia à une lieue, et Angouria à trois quarts de lieue. — 32 minutes.

Montée à l'O., au S. O. et à l'O.; han à mi-côte; sommet du plateau et vue du han et du pont précédent. — 15 minutes.

(1) Le tchiflik (ferme) impérial de Aïmama est devenu le siége de l'école spéciale d'agriculture, créée en 1850.

(2) Au début du voyage, et par un beau temps, nos chevaux de charge ont mis 6 heures 42 minutes pour aller de Constantinople à Buyuk Tchekmedjé. Au retour, qui eut lieu à la fin de décembre, alors que les routes étaient détrempées par les pluies, ils ont parcouru la même distance en 6 heures, et les chevaux de selle en 5 heures.

Traverser le plateau en se dirigeant à l'O.; à l'extrémité du plateau, dont la hauteur absolue, avant la descente, est de 198 mètres, vue de Buyuk Tchekmedjé à l'O. 20° N. — 36 minutes.

La descente, d'abord assez forte, s'adoucit et se termine à une petite plaine; Buyuk Tchekmedjé au bord d'une lagune. — 38 minutes.

Buyuk Tchekmedjé, l'une des quatre villes du liva de Névahi Arboé, a été ravagé par la peste; M. Boué, qui a vu cette ville en 1837, évaluait sa population à 1800 habitants; on y comptait, en 1847, un grand nombre de maisons inhabitées et tombant en ruines. Il y a des mosquées, plusieurs hans assez vastes et des cafés.

Nous avons été visiter, à une lieue et demie au S. S. E. de la ville, l'emplacement où les Russes ont planté leur signal F, qui consiste en une perche surmontée d'une touffe de branches sèches. Ce signal se trouve à mi-côte et à l'extrémité du promontoire que forme le prolongement du plateau que nous avons traversé avant de descendre à Buyuk Tchekmedjé. De ce point on peut apercevoir, par un temps clair, le signal d'Erékli et celui de Rodosto. La brume ne nous a pas permis de les distinguer. Nous ferons connaître les distances que les officiers russes ont trouvées entre ces trois signaux (voyez plus loin, après les détails que nous donnons sur la ville de Rodosto).

De ce point nous avons vu : 1° un bois voisin de Tchataldja, une des quatre villes du liva de Névahi Arboé, au N. 38° O.; 2° Poulaïa Tchiflik, au N. 43° O.; 3° Kalikratia Tchiflik, au N. 47° 30' O. (il va être question de ces deux fermes entre lesquelles passe la route de Silivri); 4° Arnaout Keui et deux tchifliks, à mi-côte, de l'autre côté de la baie de Buyuk Tchekmedjé, au N. 55° O.; 5° le petit cap de Plivatès, au N. 73° O.; 6° le cap occidental de la baie de Buyuk Tchekmedjé, au N. 76° O.

3. De Buyuk Tchekmedjé à Silivri.

On compte 6 heures; c'est le temps que nous avons mis à parcourir cette distance au pas lent des chevaux de charge; au retour, en hiver, les mêmes chevaux de charge ont effectué le trajet également en 6 heures. La route côtoie souvent le bord de la mer, et ne s'en éloigne jamais de plus de 400 à 500 mètres, excepté dans la première partie du chemin.

Les sables de la plage et les marécages le long des ruisseaux retardent la marche. A un bon pas ordinaire, un cheval de selle fait cette route en 5 heures, même en hiver (1).

Voici les distances que nous avons trouvées :

Pont de pierre, composé d'un grand nombre d'arches, sur le cours d'eau qui sort de la lagune; petite plaine; à droite, Poulaïa Tchiflik; à gauche, Kalikratia Tchiflik, et

(1) Au retour, nous avons laissé les chevaux de charge aller de leur côté et nous avons mis 5 heures au pas, savoir : 1° Plivatès, 1 heure 45 minutes; 2° Koum Bourgas, 1 heure 15 minutes; 3° Buyuk Tchekmedjé, 2 heures. Il tombait depuis plusieurs jours de la neige qui, en fondant, rendait la route très-glissante.

plus loin, à mi-côte, Arnaout Keui et un tchiflik ; sommet d'un coteau. — 40 minutes.

Presque au bas de la descente, traverser le lit de deux petits ruisseaux qui prennent naissance dans le coteau et confluent à gauche et non loin de la route, près d'un hameau. — 23 minutes.

Pont sur un ruisseau. — 11 minutes.

Plaine ; montée sur un contre-fort se rattachant au coteau précédent ; au sommet, vue d'Ikonomos, à l'O. 30° N. et de Plivatès à l'O. 20° N. — 30 minutes.

Descente ; Ikonomos ou Koum Bourgas, au bord de la mer. — 20 minutes.

Ialos, au bord de la mer. — 17 minutes.

Vue de Chachtoras à droite ; ruisseau, et au delà Plivatès ou Boados. — 1 heure 5 minutes.

Montée sur l'extrémité méridionale d'une colline, du haut de laquelle on voit, à l'O. 15° N., deux tumulus dont il va être question.

Descente au N. O., sur le bord d'un petit ruisseau ; plaine de trois quarts de lieue de large ; montée ; au sommet d'une colline, la route passe entre les deux tumulus qui viennent d'être signalés ; vue de la route en avant, à près d'une lieue de distance, à l'O. 20° N. — 1 heure.

Descente dans une large plaine ; traverser un ruisseau, montée ; sommet d'une colline ; le signal d'Érégli planté par les Russes reste à 5 minutes à gauche de la route. — 50 minutes.

Descente au N. O., et ensuite à l'O. ; Silivri. — 44 minutes.

Silivri, chef-lieu de kaza du liva de Tekfourdaghi (Rodosto), est, d'après M. Boué, une ville de 3000 habitants, dont la plus grande partie est d'origine grecque. Elle renferme un assez grand nombre de boutiques, de hans et de cafés.

Entre Kutchuk Tchekmedjé et Silivri, le sol est généralement cultivé ; parmi les produits, on remarque le lin, les céréales, etc. ; à Buyuk Tchekmedjé, il y a des plants de vigne.

4. De Silivri à Érékli.

On compte 6 heures ; nous avons mis 5 heures 16 minutes au pas de nos chevaux de charge qui déjà prenaient l'habitude du voyage et marchaient plus rondement que les jours précédents. Un cheval de selle peut facilement faire le trajet en 5 heures au pas ordinaire.

A la sortie de Silivri, pont de pierre sur un petit ruisseau ; et quelques minutes plus loin, pont de pierre de trente arches sur un ruisseau formant des marécages en temps de pluie ; gravir une côte ; plateau, et vue à l'O. 10° S. de deux tumulus entre lesquels passe la route que nous suivons. — 20 minutes.

Marche à l'O. ; descente ; bord de la mer. — 32 minutes.

Côtoyer le rivage en se dirigeant vers l'O. ; franchir un coteau. — 26 minutes.

Descente au bord de la mer; petite plaine; côtoyer le rivage; montée; au sommet, la route passe entre les deux tumulus qui viennent d'être cités. De ce point on voit: Tchanta, village situé à mi-côte, à une lieue et demie au N. 20° O., et la route en avant à une demi-lieue à l'O., au pied de la colline d'Eski Erékli. — 37 minutes.

Descente au N. O.; petit ruisseau. — 8 minutes.

Pont de trois arches sur un second ruisseau formant des marécages en temps de pluie (il sera question plus tard de ce ruisseau, que nous avons traversé sur un autre point à notre retour à Silivri). — 3 minutes.

Tchiflik dans la plaine. — 10 minutes.

Eski Erégli, réunion de plusieurs tchifliks, où l'on arrive après une montée de 5 minutes. — 30 minutes.

Marche à l'O. sur un plateau; descente; Sultan Tchiflik, dans une petite vallée, à 5 minutes de la mer. — 1 heure 15 minutes.

Traverser le ruisseau de la vallée; montée; au sommet d'une colline, vue du Sultan Tchiflik au N. E., et d'Érégli au S. 20° O. — 30 minutes.

Descente; longer le rivage; Érékli. — 45 minutes.

Érékli, chef-lieu de kaza du liva de Tekfourdaghi, est adossé à un monticule qu'une langue de terre réunit au continent; cette petite ville se compose de 130 maisons, la plupart grecques; on y compe 20 boutiques et plusieurs hans. Le monticule battu par les flots de tous côtés, excepté du côté de la terre, offre une altitude de 30 à 40 mètres et supporte cinq moulins à vent. On y voit des vestiges de ruines anciennes, entre autres les beaux restes d'un théâtre. A l'époque de notre passage, on faisait des fouilles pour en prendre les matériaux en marbre blanc. Cet acte de vandalisme s'exécutait sans aucune opposition de la part des autorités.

Le moulin à vent, placé sur le mamelon le plus élevé et le plus oriental, a servi de signal aux officiers russes; nous reviendrons sur ce signal, en parlant de celui de Rodosto.

Entre Silviri et Erékli, le sol est assez généralement cultivé. On observe un peu de vigne aux environs de la dernière ville.

5. D'Erékli à Rodosto.

Au lieu de nous rendre directement à Rodosto, nous avons pris la route de Tchorlou. Nous ne pouvons donner que des renseignements incomplets sur la route directe, que nos chevaux de charge ont parcourue en 8 heures, à peu près de la manière suivante: 1° Turkmenli, où passe la route de Constantinople, 2 heures et demie; 2° jonction de la route de Tchorlou à Rodosto, 3 heures; 3° Rodosto, 2 heures et demie. Nous donnerons tout à l'heure les distances que nous avons trouvées pour la première et la dernière partie de cette route. Quant à la partie intermédiaire, tout ce que nous pouvons en dire, c'est qu'après avoir franchi la colline à l'O. de Turkmenli, la route descend en plaine, passe entre Tchioproudjè, qui reste à gauche, et Kadi Keui à droite, et traverse la large vallée du Tchioproudjè Dèressi.

6. D'Erékli à Tchorlou.

On compte 6 heures pour les chevaux de charge. Nous avons parcouru la distance en 5 heures 25 minutes au pas ordinaire, mais bien soutenu. Il faut déduire de ce chiffre 25 ou 30 minutes pour nos ascensions, auprès de Turkmenli, qui ont inutilement allongé la route; il reste donc 5 heures pour le temps réellement employé. A partir d'Erékli, nous avons contracté l'habitude de laisser les chevaux de charge, sous la conduite des domestiques et d'un guide, se rendre à leur étape par la voie la plus commode; libre désormais dans nos mouvements, nous avons voyagé de notre côté avec un guide et M. Caliga, qui nous servait de drogman.

A une faible distance d'Érékli, nous avons quitté la route de Tchorlou pour nous diriger sur un tumulus du haut duquel on distingue Érékli et Turkmenli; se rapprocher de la vallée du Balakasli Dèressi; traverser à gué ce ruisseau à peu de distance au S. de la route que nous avons quittée. — 1 heure 7 minutes.

Montée; au sommet du plateau, tumulus. — 18 minutes.

Du haut de cette butte on aperçoit: 1° Érékli, à l'E. 40° S.; 2° Séïmen, village de dix maisons, à deux lieues au N. 35° E.; 3° Laropli Tchiflik, à la même distance au N. 20° E.; 4° un des trois tchifliks de Turkmenli, au N. 25° O; 5° Iéni Tchiflik (nouvelle ferme), à demi-lieue à l'O. 20° N.; 6° Banados, sur le bord de la mer, à l'O. 10° S.; 7° un des tumulus, voisin d'Érékli, au S. 10° E.; 8° la mer entre les deux derniers points cités, à une lieue de distance.

Marche sur le plateau; rejoindre la route au fond de la vallée, au premier tchiflik de Turkmenli; la mosquée reste à gauche; traverser le ruisseau. — 38 minutes.

Marche à l'O.; second tchiflik de Turkmenli et embranchement de la grande route de Silivri à Rodosto; quitter la route et monter au sommet de la colline. — 30 minutes.

Du haut de ce point on aperçoit : 1° les deux tchifliks de Turkmenli auprès desquels nous venions de passer, au S. 35° E.; 2° Érékli, au S. 47° E.; 3° le troisième tchiflik de Turkmenli, où nous avons été reprendre la route en descendant de notre station, à un quart de lieue à l'E.; 4° Tchorlou, au N. 5° O.; 5° Selvili Tchiflik, à 10 minutes à l'O. 10° S; 6° les montagnes d'Achiklar, dans le lointain, au S. 30° O.

Descente de la colline au S. E.; troisième tchiflik de Turkmenli. Les familles turques qui habitent les exploitations rurales à moitié ruinées et connues sous le nom de *Turkmenli*, ont été décimées par la peste. — 15 minutes.

Traverser la colline; marche sur le plateau; descente dans un ravin où se trouve Pachala Tchiflik à l'origine d'un affluent du Tchioproudjè Dèressi. — 1 heure 5 min.

Remonter sur le plateau; traverser près de leur origine quatre autres sillons qui donnent également de l'eau au Tchioproudjè; le quatrième fournit, à 5 minutes à gauche de la route, une source assez abondante pour faire tourner immédiatement trois moulins que sépare une très-faible distance ; Tchorlou. — 1 heure 30 minutes.

Tchorlou, chef-lieu de kaza du liva de Tekfourdaghi (Rodosto), sur la grande route de Constantinople à Andrinople, se compose de 2500 maisons, et renferme trois mosquées, deux églises, un grand nombre de boutiques, des hans et des cafés. Cette ville, située sur une saillie du plateau, passe pour être favorable à la longévité; on y cite des habitants qui atteignent cent dix ans. Son altitude est de 160 mètres.

Les environs de Tchorlou et les tchifliks voisins produisent en céréales au delà des besoins de la consommation locale, et cependant on n'évalue les quantités d'une récolte moyenne qu'à 200 000 oques.

7. De Tchorlou à Rodosto.

On compte 7 heures pour les chevaux de charge; nous avons parcouru la distance en 5 heures 55 minutes, au pas ordinaire.

En sortant de la ville, vue au S. O. de la large proéminence basaltique qui fournit des matériaux de pavage et de construction à la ville de Tchorlou; la route suit le dos de la colline ; descente; ruisseau dont la source se trouve dans la petite vallée au N. de Tchorlou. — 1 heure.

Laissant les chevaux à la garde d'un domestique, nous gravîmes au sommet de la proéminence précitée. — 30 minutes.

Du haut de ce point, dont l'altitude est de 225 mètres, on aperçoit : 1° Machatli Tchiflik, à l'O. 30° S.; 2° Hadji Mouratlê Tchiflik, près duquel passe la route, au S. 30° O. ; 3° Tchingherli Tchiflik, au S. 5° O.; 4° Tchioproudjè, qui donne son nom au ruisseau de la vallée, au S. 10° E.; 5° dans la direction du S. 25° E. on indique le village de Kadi Keui, caché par un coteau.

Descendre au S. E., reprendre les chevaux à 30 minutes du lieu où nous les avions quittés (1) ; rejoindre la route; Hadji Mouratlè Tchiflik près et à droite du chemin ; Tchingherli Tchiflik, près et à gauche; gué d'un ruisseau, affluent du Tchioproudjè. — 50 minutes.

Marche au S. 20° O. ; sommet d'une colline. — 15 minutes.

Descente au S. 40° O.; gué d'un ruisseau, affluent du Tchioproudjè. — 25 minutes.

Montée à Karèvli Tchiflik, situé sur le dos d'une colline. — 20 minutes.

Descente à l'O. 40° S.; embranchement de la grande route de Silivri à Rodosto, près de Kaza Oglou Tchiflik (le village du même nom reste à 20 minutes plus loin à droite). — 30 minutes.

Pont sur un ruisseau qui prend sa source dans la proéminence basaltique précitée, et se jette dans la mer, à 5 minutes à gauche. — 30 minutes.

Montée sur l'extrémité d'une colline dont la mer baigne le pied; du point culminant

(1) En d'autres termes, nous avons repris les chevaux à une heure et demie de marche de Tchorlou.

de la route on voit Karèvli Tchiflik à l'E. 30° N.; Rodosto est caché par un accident de terrain. — 25 minutes.

Petit ruisseau, montée; point culminant. — 30 minutes.

Rodosto. — 40 minutes.

Tekfourdaghi, Tékir Dagh, ou Rodosto, chef-lieu du liva auquel il donne son nom, est construit en amphithéâtre sur la pente d'une colline. On y compte environ 4000 maisons, savoir : 1800 turques, 1300 arméniennes, 900 grecques et 70 juives. Il y a plus de 10 mosquées, 4 églises grecques, 3 arméniennes, 1 catholique, une synagogue. Le commerce maritime donne de l'animation à cette ville, où réside un agent consulaire de la France.

La tour, située dans l'intérieur de la ville de Rodosto, et qui supporte l'horloge, a servi de signal aux officiers russes. Nous avons fait connaître la position des signaux d'Érékli et de Buyuk Tchekmedjè (*antè*, pages 147 et 149). Voici les distances trouvées par les observateurs : 1° du signal F au moulin blanc d'Érékli, l'azimut est N. 89° 33' 59"; la distance entre ces deux points est de 26 094 24 sajènes. Du moulin d'Érékli à la tour de Rodosto, l'azimut est N. 87° 17' 42"; la distance entre ces deux points est de 17 533 40 sajènes.

8. De Rodosto à Kanos.

Au lieu de nous rendre directement à Kanos, nous avons voulu nous arrêter à Achiklar pour monter sur le mont Bakatsak. Nous avons allongé le chemin environ d'une heure et demie; mais comme nous avons repris la route directe à peu près à un quart de lieue du point où nous l'avions quittée, il est inutile d'entrer ici dans les détails qui se trouvent un peu plus loin. Il suffit pour le moment de dire qu'ordinairement on compte 8 heures, et qu'Iénikeui est à moitié route.

9. De Rodosto à Achiklar.

On compte 5 heures pour les chevaux de charge et 4 heures pour les chevaux de selle. Nous avons mis 4 heures 20 minutes; il est vrai que nous avons allongé le chemin de quelques minutes en passant par Naïp Keui, qui reste à un quart de lieue au S. de la route directe.

En sortant de Rodosto, longer le rivage de la mer; petit ruisseau et vue de Rodosto, au N. 250° E.—45 minutes.

Montée sur un coteau; commencement de la descente. — 30 minutes.

Banados, sur le bord de la mer, village composé de 300 maisons. — 25 minutes.

Presque à la sortie du village, petit ruisseau et moulin; sommet d'un coteau, d'où l'on voit : 1° Banados, à l'E. 25° N.; 2° Achiklar, à l'O. 20° S.; 3° Naïp Keui, à l'O. 40° S.; 4° Koumbaa, au S. 10° O. — 15 minutes.

Descente dans la vallée du ruisseau d'Achiklar, affluent du ruisseau précédent. Ce dernier cours d'eau vient d'une vallée où l'on aperçoit, à trois quarts d'heure, Iazer, village turc composé de 10 maisons. — 15 minutes.

Moulin sur le ruisseau d'Achiklar; gué de ce ruisseau. — 15 minutes.

Naïp Keui, village composé de 150 maisons grecques, situé au pied de la montagne, sur un petit ruisseau affluent du ruisseau d'Achiklar. — 15 minutes.

Gué du ruisseau d'Achiklar. — 5 minutes.

Embranchement de la route directe de Rodosto à Iéni Keui. — 35 minutes.

Gué d'un petit ruisseau au bas de la montée. — 30 minutes.

Achiklar, village grec composé de 600 maisons et d'une église, disposées en amphithéâtre sur la pente de la montagne; le han est à 276 mètres au-dessus de la mer et environ 50 mètres au-dessous du col. — 30 minutes.

Nous avons remarqué sur cette route, et notamment sur la colline qui précède Banados, des champs de maïs et d'autres céréales, de coton, de lentilles, de vignes, etc.

10. Ascension du mont Bakatsak.

On compte 2 heures ou 2 heures et demie pour monter au point culminant sur lequel les officiers russes ont placé une perche pour servir de signal. Le sentier qui y conduit n'est accessible qu'aux piétons.

On quitte la route au col qui se trouve à dix minutes du han; puis, se dirigeant vers le S., on gravit par un sentier tortueux qui longe le versant occidental de la montagne et traverse quatre ou cinq ravins près de leur origine.

L'altitude du signal est de 894 mètres. De ce point on aperçoit : 1° Ainedjik, à 3 lieues en ligne droite, au N. 2° 30′ O.; 2° Achiklar, à 1 lieue en ligne droite, au N. 33° O.; 3° Rodosto, au N. 50° E.; 4° Banados, au N. 57° E.; 5° Naïp Keui, caché par les accidents du sol, paraît devoir se trouver sur cette dernière direction; 6° le mont Tchélébi, situé à 1 lieue de distance à vol d'oiseau, et relié au point de l'observation par une crête élevée, à l'O. 8° N. : sa hauteur paraît être plus faible que celle du mont Bakatsak.

11. D'Achiklar à Kanos.

On compte d'Achiklar à Iéni Keui 2 heures, et de là à Kanos 4 heures, soit en tout 6 heures, pour les chevaux chargés ou non chargés. La profondeur des vallées et leur encaissement ralentissaient la marche. Cette route est impraticable aux chariots. Nous l'avons parcourue en 5 heures 35 minutes.

Descente; ruisseau d'Achiklar au pied de la montagne; gué. — 30 minutes.

Traverser un coteau; ruisseau de Iéni Keui, affluent du précédent; on reprend ici la route directe de Rodosto à Iéni Keui, environ à un quart de lieue du point où nous l'avons quittée pour nous rendre à Achiklar (*antè*, p. 152). — 10 minutes.

Remonter la vallée au S. S. E. et ensuite à l'E.; col. — 45 min.

Tourner à l'O. et monter à Iéni Keui, village grec composé de 143 maisons, situé à 347 mètres de hauteur absolue sur le versant oriental de la montagne, près de la crête, et à l'origine d'un petit ruisseau qui se jette dans la mer. — 5 minutes.

Monter sur la crête en quelques minutes; marche moyenne au S. S. O.; col du mont Tchélébi. — 35 minutes.

De ce point on aperçoit : 1° Achiklar, au N. 30° O.; 2° le mont Bakatsak, à l'O.; 3° Kora, sur le bord de la mer, au S. 25° O.; 4° Kanos, au S. 20° O.

Commencement de la descente, qui pendant vingt minutes ressemble plutôt à un escalier tortueux qu'à un sentier destiné au passage des chevaux de charge; un peu plus loin, après avoir contourné l'origine d'une petite vallée, vient un second escalier semblable au premier, mais moitié moins long; on marche sur la croupe du contre-fort qui sépare la vallée précitée de celle de l'Outsmak Dèrè; puis, après avoir contourné l'origine d'un ravin, on trouve un troisième escalier qui conduit au fond de la vallée; gué de l'Outsmak Dèrè; village du même nom, que les Grecs appellent Avdim, composé de 300 maisons habitées par des familles grecques, et contenant 3 églises, 1 han, des cafés. — 1 heure 30 minutes.

La population d'Avdim paraît jouir d'une certaine aisance. Adonnée à la culture de la vigne, qui croît sur les coteaux voisins, elle échange ses vins contre les autres objets de consommation que son territoire lui refuse.

A quelques minutes du village, gué d'un affluent de l'Outsmak Dèrè; montée facile, point culminant de la route sur le contre-fort du mont Kangalia; vue de Kanos, au S. 30° O. — 30 minutes.

Descente assez rude par un sentier tortueux; gué d'un petit ruisseau. — 30 minutes.

Rivage de la mer. — 10 minutes.

Longer le littoral; gué du petit ruisseau de Mélen ou Milio, avant Kanos; han de Kanos, sur le bord de la mer. — 50 minutes.

Le village grec de Kanos est construit en partie sur le sommet et en partie sur la pente d'un monticule; son commerce consiste en vin et en raki (eau-de-vie de prunes). Le droit de la dîme est prélevé sur un produit de 4000 oques de vin qui sont transportées à Constantinople.

En remontant le cours du ruisseau, nous sommes arrivé à Mélen ou Milio, et nous avons vu dans ce trajet des champs de blé, de coton et de vignes. Nous avons également remarqué de l'anis, des noyers, des cerisiers, des pruniers, des amandiers.

Le village de Mélen, situé à mi-côte, sur la rive septentrionale du ruisseau, est à une heure et demie à l'O. 22° N. de Kanos. Il se compose de deux groupes d'habitations entre lesquels passe un ravin dont les bords sont réunis par un pont; un des groupes, habité par des Grecs, renferme 170 maisons; l'autre, habité par des Turcs, en compte 70, dont 20 inhabitées depuis la peste de 1837.

12. De Kanos à Evrèchè.

On compte 10 heures, savoir : 4 heures jusqu'à Char Keui, et 6 heures de Char Keui à Évrèchè. Deux routes à peu près d'égale longueur conduisent de Char Keui à Kavak, près de Évrèchè. Nous les avons parcourues toutes les deux ; nous allons les décrire en commençant par celle que nous désignons sous le nom de route d'en bas, par opposition avec la seconde qui est plus accidentée.

Nous avons parcouru la route d'en bas en 9 heures 45 minutes. Elle côtoie le rivage de la mer ou ne s'en éloigne que d'une faible distance, pendant les deux tiers du trajet ; elle le quitte pour traverser la péninsule de Gallipoli et gagner le fond du golfe de Saros.

Lit d'un ruisseau qui vient, ainsi que les trois suivants, du mont Saint-Élie ; au delà du ruisseau, Kora ou Khora, village grec composé de 500 maisons, où l'on fabrique de la poterie commune et des briques. — 40 minutes.

Vue d'un monastère, à droite, sur la colline. — 40 minutes.

Lit d'un petit ruisseau. — 40 minutes.

Mirafta ou Mériofto des Grecs, village renfermant 700 maisons dont 100 habitées par des Turcs ; des tuileries en exploitation s'observent aux alentours. Au delà du village, lit d'un torrent à sec en été. — 10 minutes.

Vue de Platanos, à un quart de lieue à droite. — 30 minutes.

Ériklidja ou Éréklitza des Grecs, précédé d'un ruisseau. — 20 minutes.

Vue d'Arapli à une demi-lieue à droite, sur la colline. — 10 minutes.

Après avoir dépassé Arapli, on voit les collines s'abaisser et faire place à une petite plaine plantée de vignes et de mûriers ; sur les coteaux on distingue des champs cultivés en céréales et beaucoup de terres en friche. Quitter le bord de la mer ; Char Keui ou Péristeri des Grecs. — 50 minutes.

Cette localité, chef-lieu de kaza du liva de Ghéliboli (Gallipoli), est située à un quart de lieue de la mer sur un ruisseau, et se compose de 1100 maisons dont 1000 habitées par des familles grecques et 100 par des familles turques. Elle renferme des mosquées, des églises, un grand nombre de boutiques, des cafés et plusieurs hans.

Au delà d'un coteau, reprendre le bord de la mer. — 20 minutes.

Ruisseau dont la source est à une lieue dans la montagne à droite. — 40 minutes.

Quitter le bord de la mer de Marmara. — 30 minutes.

Montée ; plateau aride en friche ou clair-semé de chênes et coupé de quelques ravins peu profonds ; marche sinueuse se dirigeant en moyenne vers l'O. Vue de Iadjili Tchiflik, à une demi-lieue à droite auprès d'une basse crête ; Bouroun Oren Tchiflik, ou Bournéri des Grecs, sur l'axe de la colline dont le prolongement S. O. va former la péninsule de Gallipoli. Vue d'Axamil, village grec possédant une église, à une lieue et demie de Bournéri et à une heure de Kavak, et situé près du rivage du golfe de Saros. — 1 heure 30 minutes.

La marche est sinueuse jusqu'à Kavak et se divise vers l'O. et le N. O.; descente; traverser un ruisseau au fond d'une vallée; franchir une colline; passer un second ruisseau, affluent du premier et tributaire de la mer de Marmara; montée sur une colline formant plateau; descente à Kavak, village turc avec mosquée, han et café, situé sur la pente de la colline à une demi-lieue du golfe. — 1 heure 30 minutes.

De Kavak, vue d'Évrèchè au N. 10° O. et de Késili, dans la même direction, à trois quarts de lieue plus loin, sur un coteau; plaine; pont empierré de trois arches, en mauvais état, sur le ruisseau qui débouche à l'extrémité du golfe, à un quart de lieue de distance. — 15 minutes.

Évrèchè, Eurchè ou Orcha, le Kadi Keui des Grecs, sur un coteau. Cette localité, composée seulement de 58 maisons est cependant un chef-lieu de kaza du liva de Ghéliboli. — 1 heure.

13. D'Evrèchè à Char Keui (route d'en haut).

Nous allons retourner sur nos pas pour faire connaître la seconde route dont nous venons de parler, et qui conduit comme la précédente de Char Keui à Kavak.

On compte 6 heures d'Évrèchè à Char Keui, en passant par Kavak et Iéni Keui (nouveau village). Nous avons parcouru la distance en 5 heures 50 minutes. On abrégerait la route d'environ une demi-lieue si l'on se dirigeait directement d'Évrèchè à Iéni Keui et sans passer par Kavak.

Pont en pierre de trois arches; Kavak. — 1 heure 15 minutes.

Remonter la vallée, couverte en grande partie de pâturages et offrant quelques champs cultivés; marche à l'E. et à l'E. N. E., et ensuite au N. E.; montée sur un coteau. — 1 heure 10 minutes.

Descente dans une petite vallée plantée de vignes; marche au S. E., puis à l'E. N. E., pour contourner deux ou trois ravins portant de l'eau au ruisseau principal de la vallée; Iéni Keui, village construit au pied septentrional du mont Sérian Tèpè, à 160 mètres au-dessus de la mer, et où se trouve une chambre pour les voyageurs (moussafir ovassi). On y fabrique annuellement 4000 oques de fromage avec le lait qui se recueille dans quatre tchifliks voisins. Ces exploitations rurales nourrissent 1800 têtes de bestiaux. — 35 minutes.

Il faut environ trois quarts d'heure pour monter à pied de Iéni Keui au sommet du Serian Têpê dont nous n'avons pas mesuré la hauteur absolue, mais qui nous paraît atteindre à peu près 500 mètres. De ce point on voit : 1° Iéni Keui, au N. 5° E.; 2° le mont Saint-Élie, à l'E. 30° N.; 3° le groupe des montagnes d'Achiklar, à l'E. 20° N.; 4° Char Keui, à l'E. 15° S.; 5° Bournèri Tchiflik, au S. 30° O.; 6° Axamil, à l'O. 20° S.

Départ de Iéni Keui; vue de Soouk Keui (village froid) à un quart de lieue à gauche. — 5 minutes.

Longer le pied de la colline qui réunit le Sérian Têpê au mont Saint-Élie; arriver au sommet de cette colline. — 40 minutes.

Marche moyenne à l'E. N. E., sur la ligne de faîte, dont l'altitude est de 315 mètres à l'endroit qui précède la descente, et vue de Char Keui au S. 40° E. — 20 minutes.

Descente en suivant le sommet d'un contre-fort qui s'abaisse dans la plaine et sépare deux vallées ; Char Keui. — 1 heure 45 minutes.

14. De Char Keui à Stern et de Stern à Evrèchè, par Iéni Keui et Kavak.

On compte 3 heures de Char Keui à Stern (citerne) et 7 heures de Stern à Évrèchè. Ayant fait une partie de ces deux routes à pied, nous ne pouvons donner que des distances approximatives.

Éréklitza, déjà cité. — 50 minutes.

Remonter la vallée du ruisseau d'Éréklitza ; base d'un contre-fort du mont Saint-Élie, montée; Stern, village grec, composé de 300 à 350 maisons, situé au-dessous du sommet, à une hauteur absolue de 280 mètres. — Une heure et demie à 2 heures.

Il faut environ une demi-heure ou trois quarts d'heure pour gravir au sommet du mont Saint-Élie, dont l'altitude est de 695 mètres.

Départ de Stern ; traverser la ligne de partage des eaux à l'O. S. O. du sommet précédent; descente dans la vallée d'un affluent du ruisseau de Kavak ; Iorldjuk, village grec composé de 40 maisons, et dont les principales productions consistent en blé, orge, vignes et fromage de chèvres. — 2 heures.

Douvandjéli Tchiflik. — 45 minutes.

Moustajep Tchiflik. — 10 minutes.

Iéni Keui. — 45 minutes.

Évrèchè, comme ci-dessus. — 3 heures.

15. D'Evrèchè à Souloudja (Fakirma des Grecs).

On compte 5 heures d'Évrèchè à Maharis, et 3 heures de Maharis à Fakirma, en tout 8 heures. Nous avons parcouru en 4 heures, à un pas vif, la première partie de la route directe, que nous avons quittée à Maharis pour aller voir la baie d'Ibridjè : nous donnerons tout à l'heure les distances de cette excursion.

Marche à l'O. N. O. ; rivage de la mer, au fond du golfe de Saros. — 32 minutes.

Suivre le littoral ; petit ruisseau et vue de Chadéli, à droite, à une lieue d'Évrèchè. — 20 minutes.

Petit ruisseau, et vue de Edjil Han, à 10 minutes, à droite. — 38 minutes.

Petit ruisseau. — 35 minutes.

Petit ravin; montée d'un coteau ; Karadjali. — 25 minutes.

La route traverse jusqu'à Maharis une forêt de sapins (1) entremêlés de chênes, d'épines et de quelques platanes, et qui descend jusqu'au rivage.

(1) L'exploitation de ces sapins fournit des matériaux à la marine et notamment à la construction des navires de Chio.

Gué du ruisseau de Sazlou Dèrè, dont la source est à une heure, et vue du village Sazlou Dèrè, à un quart de lieue à droite, sur le penchant de la colline. — 30 minutes.

Traverser un vallon à sec en été. — 20 minutes.

Descente dans la vallée de Maharis. — 20 minutes.

Gué du ruisseau; Maharis, village composé de plusieurs groupes d'habitations avec han et café, et situé à trois quarts de lieue de la mer, sur la pente ravinée d'une colline. — 20 minutes.

De Maharis à Souloudja la route directe, que nous n'avons pas suivie, mais dont nous avons pu reconnaître de loin les accidents, se dirige vers l'O. un peu N., franchit une colline, descend dans une vallée, monte sur la colline opposée et conduit à Tchiflik Keui. — 1 heure 30 minutes.

Descente; petit ruisseau; montée; Souloudja, village composé de 120 maisons et dont l'altitude est de 159 mètres. — 1 heure 30 minutes.

Si l'on monte au sommet de la colline qui domine Souloudja et supporte quatre moulins à vent, on y arrive en quelques minutes de marche. D'un des moulins placés sur ce point, on voit : 1° Tchiflik Keui, à l'E. 10° N.; 2° le mont Herdelez Têpê qui paraît avoir environ 400 à 500 mètres, à une lieue et demie au N. 50° E.; 3° Kiz Kapan, à une lieue et demie, au pied de la montagne précédente, au N. 30° E.

16. De Maharis à la baie d'Ibridjè (Xéros des Grecs) et de là à Souloudja.

On compte 2 heures de Maharis à la baie, et 2 heures à 2 heures et demie de la baie à Souloudja. Ayant fait plusieurs fois fausse route, nous n'avons pas pu contrôler l'exactitude de ces distances.

Marche vers le S. O. et le S. S. O., sans suivre de chemin tracé; sommet d'une protubérance calcaire; descente dans un ravin; montée sur une seconde protubérance calcaire; descente; traverser un petit ruisseau près de sa source; baie d'Ibridjè où n'existe qu'une seule cabane en bois, dépourvue de vivres d'aucune espèce.

De la baie à Souloudja, marche au N. O. et au N. N. O. Une route pour les chariots qui viennent de Kéchan traverse un bas col, à un quart de lieue de la baie, et conduit, une demi-lieue plus loin, au fond d'une vallée dont le ruisseau est à sec en été.

Quitter la grande route; traverser la vallée; montée à Souloudja.

17. De Souloudja à Énos (route directe).

On compte 2 heures de Souloudja à Tchélébi Keui et 4 heures et demie de ce dernier village à Énos, en 6 heures et demie. Nous avons mis 1 heure 40 minutes pour nous rendre à Tchélébi Keui, où nous avons quitté la route directe pour aller voir le mont Tchatal Têpê. Nous rendrons compte un peu plus loin de cette excursion.

En quittant Souloudja, et à quelques minutes du village, on arrive au sommet de la colline, d'où l'on voit Tchélébi Keui à l'O. 10° N.; descente; ruisseau à sec en été, et cinq minutes plus loin, autre ruisseau dont l'eau est stagnante. — 45 minutes.

Remonter la vallée du dernier ruisseau; gué. — 30 minutes.

Douce montée; Tchélébi Keui (village de Monsieur), situé presque au sommet de la colline, sur une plate-forme, à 132 mètres au-dessus de la mer. — 25 minutes.

La route directe passe, d'après nos renseignements, par Tchiri Bachi, 1 heure et demie; Amygdalia, 1 heure et demie; Maestro, une demi-heure; Énos, à l'embouchure de la Maritza. — 1 heure.

La ville d'Énos, chef-lieu de kaza du liva de Ghéliboli, a perdu un grand nombre de ses habitants par la peste de 1837. La fièvre causée par les marécages voisins rend son séjour très-malsain et y fait des victimes. Le port, comblé par les alluvions de la Maritza, est inaccessible, même aux barques chargées. Ces diverses circonstances ont fait perdre à la ville une grande partie de son importance. La France s'y trouve représentée par un agent consulaire.

18. De Souloudja à Énos par le monastère Saint-Athanase.

On compte 8 heures, savoir : Tchélébi Keui, 2 heures ; monastère Saint-Athanase, 2 heures; Énos, 4 heures. Nous avons parcouru ces distances en 7 heures 10 minutes. On abrégerait cette route de trois quarts d'heure en se rendant directement de Souloudja au monastère.

Tchélébi Keui, comme ci-dessus. — 1 heure 40 minutes.

Descente sinueuse au N. O. par une petite vallée qui aboutit dans la vallée d'Arnaout Keui; gué du ruisseau; Arnaout Keui. — 1 heure.

Traverser un coteau, puis un petit ruisseau qui coule au pied de la montagne, à une hauteur absolue de 27 mètres. — 25 minutes.

Montée par un sentier tortueux; monastère Saint-Athanase, dont l'altitude est de 211 mètres. — 35 minutes.

On peut monter sur le plateau raviné du mont Tchatal Têpê en 15 ou 20 minutes. D'un point situé à l'O. 15° N. du monastère (1), on voit : 1° Kéchan et ses moulins à vent à 4 ou 5 lieues à l'E.; 2° Siili, en plaine, près de Kéchan, à l'E. 5° S.; 3° les moulins à vent qui dominent Souloudja, à l'E. 30° S.; 4° Baraor en plaine et à une lieue de Souloudja, à l'E. 29° S.; 5° Arnaout Keui, au S. 40° E.; 6° Tchélébi Keui, au S. 30° E.

Départ du monastère; marche à l'O. sur un sentier en corniche; la descente commence au delà du point où le prolongement de la colline de Tchélébi Keui vient se lier au Tchatal Têpê. — 25 minutes.

Descente au S. et au S. O. ; fin de la descente au fond d'une petite vallée. — 50 minutes.

(1) L'altitude de ce point, qui n'est pas le plus élevé de la montagne, est de 360 mètres. D'après la carte de l'amirauté anglaise, le mont Chat (lisez Tchal ou Tchatal) a 400 mètres de hauteur.

Tourner à l'O. et au N. O. pour aboutir dans la vallée principale; traverser le lit desséché du ruisseau venant du Tchatal Tèpê. — 15 minutes.

Marche au S. et au S. S. O.; quitter la vallée; vue du monastère Skaloti (escalier), à un quart de lieue à droite sur la colline. — 25 minutes.

Vue d'Enos, à l'O. 30° N., et d'Amygdalia à l'O. 45° N. — 10 minutes.

Amygdalia, village grec composé de 80 maisons et de deux églises. — 5 minutes.

Contourner à l'O. la base des collines; le monastère Saint-Pandéléimon (qui a pitié de tous) reste à un quart de lieue à droite sur la colline; Maestro, village grec composé de 100 à 120 maisons. — 20 minutes.

Rive d'un ruisseau représentant une des bouches de la Maritza; Enos. — 1 heure.

RÉCAPITULATION DES DISTANCES ENTRE CONSTANTINOPLE ET ÉNOS.

Nos D'ORDRE DES ROUTES PRÉCÉDENTES.		TEMPS NÉCESSAIRE POUR PARCOURIR LES DISTANCES. CHEVAUX		
		DE CHARGE.	DE SELLE.	LES NÔTRES.
1	Kutchuk Tchekmedjè	3	2 1/4	3.6
2	Buyuk Tchekmedjè	3	2 3/4	3.36
3	Silivri	6	5	6.
4	Érèkli	6	5	5.16
5	Rodosto	8	6 1/2	....
8	Iéni Keui	4	3 1/2	....
11	Kanos	4	4	4.
12	Char Keui	4	3 1/2	4.
12	Evrèchè (par la route d'en bas)	6	5	5.45
15	Maharis	5	4	4.
15	Souloudja	3	3	....
17	Tchélébi Keui	2	1 3/4	1.40
17	Énos	4 1/2	4	....
		58 1/2	50 1/4	

Nous avons vu, par les détails précédemment exposés, que les montagnes d'Achiklar présentent de grandes difficultés à la marche des chevaux de charge entre Rodosto et Kanos. On pourrait les éviter en passant d'Achiklar dans le haut de la vallée d'Aïnedjik, d'où l'on se rendrait dans la vallée de Kavak; de là on traverserait le col qui conduit dans la vallée de Mélen, dont le ruisseau se jette dans la mer près de Kanos.

§ II. — Route d'Énos à Andrinople.

(Pl. 3 et 4.)

Trois routes conduisent d'Énos à Andrinople; la plus fréquentée remonte la vallée de la Maritza et suit, pendant les trois quarts de son étendue, la rive droite ou occidentale du fleuve; les deux autres restent sur la rive opposée et s'en éloignent souvent à des distances assez grandes. Une de ces dernières routes passe par Ipsala ; l'autre, par Kéchan et Ouzoun Keupri, où elle se réunit à la précédente.

Il ne sera question pour le moment que de la première route, et de l'itinéraire sinueux que nous avons suivi pour nous rendre d'Énos à Andrinople et qui fait connaître les montagnes de la rive droite de la Maritza, formant l'extrémité orientale du Rhodope. Pour établir plus de clarté dans la discussion des distances, nous diviserons ce paragraphe en deux parties : l'une, renfermant les résultats de nos observations et considérée comme la partie principale, sera consacrée à l'itinéraire sinueux que nous avons suivi ; l'autre, sous la désignation d'appendice, traitera de la route directe par Féredjik, Sofoulou et Dimétouka, dont un bon tiers nous est inconnu et que nous remplirons à l'aide de renseignements puisés à diverses sources.

19. D'Énos à Féredjik, ou Vira des Grecs.

Cette route n'est praticable qu'en été, lorsque les terrains d'alluvion qu'elle traverse ne sont pas inondés.

On compte 6 heures pour les chevaux de charge et 5 heures pour les chevaux de selle ; nous avons parcouru la distance en 4 heures 50 minutes à un pas vivement soutenu.

Marche à l'est le long de la rive gauche d'un des bras de la Maritza ; laisser à droite Maestro; passage en bac du cours d'eau au-dessus de son confluent avec le bras du fleuve qui a le plus contribué à combler le port d'Énos. — 1 heure 20 minutes.

Marche sinueuse sur l'île basse et souvent marécageuse ; vue d'Énos à l'O. 30° S., et vue de Féredjik au N. — 1 heure 15 minutes.

Laisser de grandes flaques d'eau à droite ; à 200 mètres au S. de Kalderkoz, passage en bac de la Maritza, et vue de Féredjik à l'O. 15° N. — 1 heure 35 minutes.

Pont de bois sur le ruisseau d'Otmantcha, que nous avons traversé plusieurs fois dans les routes suivantes. — 20 minutes.

Féredjik. — 20 minutes.

Féredjik, chef-lieu de kaza du liva de Ghéliboli, nommée Vira par les Grecs, se compose de 700 à 800 maisons habitées en grande partie par des familles grecques, et renferme une mosquée, plusieurs hans et cafés. La ville est située sur une colline, à 40 mètres au-dessus de la mer. Les négociants qui se livrent au commerce des grains ont leurs magasins sur le bord de la Maritza qui sert, depuis Andrinople, au transport en barques de leurs marchandises.

20. Excursion de Féredjik aux ruines de Traïanopolis et à Chaïnlar, à l'O. de Féredjik.

On compte, de Féredjik à Chaïnlar, 4 heures pour les chevaux de charge et 3 heures pour les chevaux de selle. Nous avons parcouru la distance en 3 heures 5 minutes à un pas vif et soutenu.

Traverser le lit ordinairement à sec du ruisseau de Féredjik; coteau couvert d'arbrisseaux où le chêne domine, et entrecoupé de pâturages. Vue de Féredjik, à l'E. 35° N., et vue d'Ouroumjik, à l'O. — 45 minutes.

Ouroumjik, au pied de la colline, sur un petit ruisseau qui sort d'un ravin. — 15 minutes.

Montée à l'O.; sommet d'une colline boisée. — 15 minutes.

Descente au S. O., par une petite vallée, plaine. — 15 minutes.

Marche à l'O.; laisser un tchiflik à droite, sur un coteau; vue d'Énos au S. et d'un mamelon au N., qui domine le tchiflik, et au sommet duquel sont les ruines d'un têkê. — 45 minutes

Belles ruines de Traïanopolis, encore connues dans le pays sous cet ancien nom; source thermale dans le lit actuel du Lidja Keui Dèressi. — 10 minutes.

Gué du torrent, presque à sec en été, et provenant des montagnes de Domous Dèrè; plaine; marche à l'O.; Chaïnlar, petit village turc, où l'on cultive du tabac d'excellente qualité, mais en trop petite abondance pour être connu au loin. — 40 minutes.

21. Excursion de Féredjik à Tchamp Keui ou Dadia des Grecs, au N. de Féredjik.

Nous nous sommes rendu à Tchamp Keui par une route qui n'est suivie que par les chevaux de selle et les piétons, et nous sommes retourné à Féredjik par la route carrossable; commençons par donner les détails de la première.

On compte de 6 à 7 heures: nous avons parcouru la distance en 6 heures 30 minutes à un pas vif dans les endroits faciles, mais lent dans les passages difficiles qui précèdent Tchamp Keui.

Du haut de la colline de Féredjik, vue au N. du mont Tchatal Kaïa, situé à 2 lieues à l'O. de Tchamp Keui; descente dans une petite vallée; Kutchuk Okouf, village composé de 8 à 10 maisons. — 45 minutes.

Gué d'un petit ruisseau, affluent de l'Otmantcha Dèressi. — 15 minutes.

Gué d'un second affluent; à gauche, Buyuk Okouf; gué de l'Otmantcha: village d'Otmantcha, qui donne son nom au ruisseau. — 40 minutes.

Petit défilé; montée; Mussélim, situé près d'un col formé par deux pitons trachytiques, et vue d'Otmantcha au N. et de Kuslakeui, à 1 heure et demie vers le S. O. — 50 minutes.

Col; descente dans une petite vallée dont les eaux coulent à l'E., passent au S. de Kouïounniéri et se jettent dans la Maritza; montée à Kavadjik, situé dans cette vallée. — 45 minutes.

A quelques minutes de Kavadjik, vue de Kouïounniéri, sur un plateau à l'E. 15° S.; descente sur le bord d'un affluent du ruisseau précédent; gué d'un second affluent auprès d'un moulin. — 50 minutes.

Remonter le cours encaissé de ce dernier cours d'eau, en suivant un sentier sinueux et mal tracé au milieu des bois; col dont l'altitude est de 170 mètres. — 55 minutes.

Longer le sommet d'une basse crête et franchir les contre-forts qui s'en détachent et séparent trois petits affluents du ruisseau de Tchamp Keui; col bas et petit plateau sur le dernier contre-fort. — 1 heure 15 minutes.

Descente; exploitation de trachyte blanc employé à faire de larges dalles; Tchamp Keui, petit village situé sur la rive méridionale du ruisseau, à la hauteur absolue de 96 mètres. — 15 minutes.

Nous avons gravi à pied, en une heure et demie ou deux heures, au sommet d'une montagne qui s'élève à l'O. 25° N. de Tchamp Keui et atteint la hauteur absolue de 440 mètres. Elle forme un contre-fort du mont Tchatal Kaïa, dont la cime dentelée se trouve environ à trois quarts de lieue en ligne droite, à l'O., et semble dépasser cette hauteur de 100 à 150 mètres. Du point où nous nous sommes arrêté, on voit par-dessus les accidents du sol les plus voisins : 1° un sommet qui nous a été désigné sous le nom de mont Moukatê Iaïlassi (1), à l'O. 26° N. ; 2° la cime la plus élevée du mont Kodja Iaïla, au N. 38° O.; 3° une profonde échancrure dans une montagne voisine du Têkê, au N. 28° O. (il sera question plus loin de ces trois localités); 4° Karadjova, village dans la vallée de Tchamp Keui et à un quart de lieue de ce dernier, au N. 39° E.; 5° le coude que la Maritza décrit à Sofoulou ou Soflou, au N. 40° E.; 6° le coude que le même fleuve décrit pour se rendre de Dimétouka à Sofoulou, à l'E. 40° N.; 7° Tchamp Keui, à l'E. 25° N.; 8° Edè, sur la rive orientale de la Maritza (en face de Kara Bounar, qui est caché), à l'E. 23° N.

22. Retour de Tchamp Keui à Féredjik, par la vallée de la Maritza.

On compte 7 heures pour les chevaux de charge et 6 heures pour les chevaux de selle. Nous avons parcouru la distance en 6 heures 10 minutes, à un pas vif et soutenu. La route, carrossable dans toute son étendue, reste toujours en plaine ou n'a que des coteaux à traverser, et passe généralement à une demi-lieue ou trois quarts de lieue de la Maritza.

Descendre la vallée de Tchamp Keui; vue d'un monastère à droite, dans une petite vallée latérale. — 25 minutes.

Confluent du ruisseau de Manga Tchaï ou de Katrandji Keui; plus loin, quitter la vallée, avant la jonction du ruisseau avec la Maritza. — 35 minutes.

Zinzel Okouf, village turc composé de 35 maisons et d'une mosquée, sur un petit ruisseau à sec en été. — 10 minutes.

Tomlektchi, village turc avec mosquée. — 50 minutes.

Iel Kandjik, village turc avec mosquée, à 5 minutes à droite, près d'un torrent à sec en été. — 20 minutes.

(1) C'était plus probablement le mont Tchap Hana, ou le mont Tchilo.

Séimenli, village turc composé de 25 maisons et d'une mosquée, près d'un torrent également à sec en été. — 15 minutes.

Montée sur un bas plateau ; vue de Kouïouniéri, village turc avec mosquée, à 5 minutes à droite. — 40 minutes.

Descente; pont de pierre de deux arches sur le ruisseau venant de Kavadjik et du moulin précédemment cité (page 162). — 15 minutes.

Bas coteau à traverser. — 1 heure.

Gué du ruisseau d'Otmantcha, que nous avons déjà traversé sur deux points différents (pages 161 et 162). — 45 minutes.

Coteau ; Féredjik. — 55 minutes.

23. De Féredjik à Pichman Keui, situé au N. N. O. de Féredjik.

On compte 7 heures et demie pour les chevaux de charge, savoir : 2 heures et demie jusqu'à Balouk Keui, et 5 heures de ce dernier village à Pichman Keui. Nous avons parcouru la première distance en 1 heure 45 minutes, et la seconde en 5 heures 35 minutes ; mais, au lieu de suivre la route ordinaire, nous avons pris des chemins difficiles, comme nous aurons soin de l'indiquer.

Marche à l'O. N. O.; colline dominée à droite par une éminence trachytique. — 35 minutes.

Descente au N. O. ; ruisseau dont les eaux vont passer devant Kutchuk Okouf (*antè*, p. 162). — 15 minutes.

Traverser un petit plateau raviné ; base d'une colline. — 15 minutes.

Montée à l'O. ; laisser à droite une protubérance calcaire; descente au N. O. ; Balouk Keui, petit village situé à 149 mètres au-dessus de la mer, à la source du ruisseau de Lidja Keui, qui se mêle à celui de Domous Dèrè et passe à 3 lieues de Balouk Keui, devant les ruines de Traïanopolis. — 40 minutes.

Coteau; ruisseau dont les eaux coulent à l'E., vers Buyeck Okouf (*antè*, p. 162). — 20 minutes.

Montée au N.; descente; ruisseau de Boïaleck, affluent du précédent. — 25 minutes.

La route des chevaux de charge se dirige vers l'E. pour traverser la montagne sur un point au S. de ses parties élevées ; laissant ce chemin à droite, nous remontâmes la vallée au N.; Boïalek, village composé de 8 à 10 maisons. — 30 minutes.

Marche à l'E. Suivre un sentier mal tracé; traverser deux ravins; sommet de la montagne dont le prolongement s'abaisse au S. et se relève au N. ; marche au N., commencement de la descente et vue du mont Moukatè Iaïalassi, au N. 20° O. ; du mont Tchatal Kaïa au N. 15° E. ; de Sari Kaïa au N. 30° E. — 45 minutes.

Sentier tortueux traversant trois ravins; fin de la descente. — 35 minutes.

Gué du ruisseau, affluent de l'Otmantcha ; Sari Kaïa, village composé de 8 à 10 maisons et d'un tchiflik turc et situé près du ruisseau, à 70 mètres au-dessus de la mer. — 5 minutes.

La route des chevaux de charge, que nous avions rejointe au fond de la vallée, remonte le cours du ruisseau jusqu'à Pichman Keui. La quittant de nouveau, nous prîmes la vallée latérale qui nous rapprochait des contre-forts du Tchatal Kaïa; Tchukouren, petit village. — 50 minutes.

Sentier tortueux à peine tracé au milieu des bois et franchissant un contre-fort; ruisseau descendant du Tchatal Kaïa. — 45 minutes.

Gravir le contre-fort du Tchatal Kaïa, dont le col atteint 303 mètres d'altitude. — 20 minutes.

Descente à l'O. et au S. O.; ruisseau sur le bord duquel on rejoint la route des chevaux de charge. — 15 minutes.

Remonter à l'O. N. O. une petite vallée encaissée ; Pichman Keui, village bulgare composé de 76 maisons et situé à l'altitude de 379 mètres sur un étroit plateau. — 45 minutes.

24. Excursion au mont Moukatè Iaïlassi.

Marche à l'O. N. O. et au N.; col dont la hauteur absolue est de 504 mètres, et vue du village de Moukatè au N. — 20 minutes.

Descente sur une arête qui se rattache à la base du mont Moukaté Iaïlassi, et opère le partage des eaux entre les affluents de l'Otmantcha et du Manga Tchaï; Moukatè, village musulman, composé de 40 maisons et d'une mosquée. — 1 heure.

Du village on voit le mont Tchatal Kaïa au S. E., et deux sommets du mont Moukatè Iaïlassi; l'un à l'O. 5° S.; l'autre à l'O. 20° S. ; le plus élevé n'est pas visible.

Montée tortueuse au N., à l'O., au S. O. et au S.; arrivée en deux heures de marche à pied à 847 mètres au-dessus de la mer, sur le point culminant de la montagne, d'où l'on voit : le village de Buyuk Dervend sur un plateau, au N. 5° E.; le mont Kodja Iaïla, au N. 40° O.

25. De Pichman Keui au Tékê, voisin du mont Kodja Iaïla.

On compte 7 heures pour les chevaux de charge et 6 heures 15 minutes pour les chevaux de selle; nous avons parcouru la distance en 6 heures 25 minutes, à un pas aussi bien soutenu que les accidents du sol le permettaient.

Sommet de l'arête qui lie le Tchatal Têpê au Moukatè Iaïlassi. — 10 minutes.

Suivre le sommet d'un contre-fort, dirigé en moyenne du S. O. au N. E., et qui s'abaisse à la vallée du Manga Tchaï; gué de ce ruisseau presque à sec, qui coule, sur ce point, à la hauteur de 145 mètres. — 1 heure 20 minutes.

Montée; vue de Chéirova au S. 20° E., et d'une touffe de peupliers voisine de Pichmeu Keui, au S. 30° O.; arrivée sur le plateau; Koutouloudja, village bulgare, entouré de champs de vignes, et dont l'altitude est de 445 mètres. — 35 minutes.

Traverser les vignes; descente; fond d'une petite vallée. — 40 minutes.

Contourner une petite protubérance et remonter sur le plateau; cabanes éparses de Ghirvilitza Sirti, et vue de Buyuk Dervend au N. 25° O. — 35 minutes.

Descente sinueuse; pont sur le Sétan Dèressi (ruisseau du Diable), affluent du Kizil Déli Tchaï, et construit à 239 mètres au-dessus de la mer. — 35 minutes.

Pont sur un petit torrent, à quelques minutes du premier pont; montée; plateau dont les pentes sont cultivées, près du village, en vignes, tabac, céréales, et produisent des noyers et des mûriers; Buyuk Dervend, autrement nommé Karabadjiak Dervend, village grec et bulgare, composé de 700 maisons et deux églises, et situé sur le plateau à la hauteur absolue de 420 mètres. — 20 minutes.

En sortant du village, vue du mont Tchilo, qui paraît atteindre 1200 à 1300 mètres d'altitude, à 3 lieues de distance, à l'O. 40° S., et du Kodja Iaïla, à l'O. 40° N.; marche au N. N. E.; origine d'une petite vallée encaissée. — 25 minutes.

Montée au N. et au N. N. O.; sommet d'une colline. — 45 minutes.

Descente rapide et sinueuse; gué du Kizil Déli Tchaï coulant à la hauteur de 250 mètres. — 20 minutes.

Montée sur le plateau; marche au N. O.; Achaa Mahalè, hameau composé de quelques maisons et d'une exploitation rurale. — 25 minutes.

Tèkè, fondation pieuse entourée de murs et renfermant une petite mosquée, une maison d'habitation et un corps de logis pour les voyageurs. Sa hauteur absolue est de 444 mètres. — 15 minutes.

Le tenancier du Tèkè se livre à la culture du tabac et à l'élève des bestiaux. Les céréales qui croissent dans les environs ont une chétive apparence.

26. Excursion au mont Kodja Iaïla.

On compte 4 heures au moins pour arriver du Tèkè au sommet le plus élevé de la montagne.

Marche à l'O., puis au N. O.; sommet d'un contre-fort; vue de Babalar, sur un petit ruisseau, à trois quarts de lieue à l'O. 10° S., et de Kara Vèran sur un autre ruisseau, à une lieue et demie à l'O. 20° S. — 25 minutes.

Sarp Dèrè reste à 5 minutes à gauche; traverser, au N. de ce village, le ruisseau qui l'arrose. — 10 minutes.

Col, dont l'altitude est de 566 mètres, et conduisant dans la vallée du Boldjibouk Dèressi, confluent du Kizil Déli Tchaï. — 30 minutes.

Très-rude montée à l'O., par un sentier tortueux; arrivée à la base d'une première cime formant un gros mamelon au sommet de la crête. — 35 minutes.

Contourner ce mamelon et trois autres semblables placés à la suite et alignés du N. E. au S. O.; rude montée à l'O. — Environ 1 heure et demie.

Marche à l'O. N. O. sur la crête qui continue à s'élever; cime, l'une des plus hautes du mont Kodja laïla, et atteignant 1326 mètres. — Environ 1 heure 15 minutes.

De ce point, on distingue par un temps clair la ville d'Andrinople. La brume ne nous a pas permis de reconnaître sa mosquée, mais elle se trouve à peu près au N. E.

A un quart de lieue au N. 5° E. et au N. 10° E. se trouvent deux autres cimes qui paraissent dépasser un peu la hauteur du point que nous avons mesuré; mais elles sont couvertes jusqu'au sommet de hêtres qui doivent cacher la vue de l'horizon.

27. Du Têkê à Dimétouka, ou Démotika des Grecs.

On compte 12 heures pour les chevaux de charge et 10 heures pour les chevaux de selle. Nous avons parcouru la distance en 9 heures 25 minutes, à un pas vif et soutenu.

En sortant du Têkê, vue de Souldjiaslar, petit village à une demi-lieue au N.; gué d'un ruisseau; marche sinueuse sur le plateau, dirigée en moyenne vers l'E.; vue d'Imanlar à une demi-lieue à gauche, au delà d'un ravin; arrivée à Tchélébiler et vue de Balik Kaïa, à un quart de lieue à droite, au delà d'un ravin; des champs de vignes et de tabac entourent les trois villages. — 1 heure 30 minutes.

Descente sur le bord d'un ruisseau qui conflue avec le Kizil Déli Tchaï, à un quart de lieue à droite; remonter sur le plateau; marche au N. E.; descente; Kutchuk Dervend, que les Turcs désignent souvent sous le nom de Têkê, à cause d'une fondation pieuse analogue à celle que nous venons de voir. Ce village, habité par des Turcs, des Grecs et des Bulgares, est situé sur la rive gauche du Kizil Déli Tchaï, qui coule sur ce point à la hauteur absolue de 163 mètres. — 45 minutes.

Gué de la rivière, qui s'engage dans des défilés au N. du village; montée au S. E.; sommet d'une colline. — 25 minutes.

Descente à l'E., au S. et S. E.; fond de la vallée du Mandra Tchaï, affluent de la Maritza, et dont la direction moyenne est de l'O. à l'E. On y cultive le blé et le maïs, la vigne, le tabac, etc. — 30 minutes.

Traverser le lit desséché du ruisseau; Kaïadjik. — 25 minutes.

Reprendre la rive gauche du ruisseau, qui pénètre dans un défilé. — 17 minutes.

Sortie du défilé. — 13 minutes.

Bachkilissé, petit village chrétien, situé sur un coteau, à 101 mètres au-dessus de la mer. — 30 minutes.

Petit ruisseau; harem Boumar. — 30 minutes.

Tumulus à droite, entre la route et le ruisseau principal de la vallée; petit ruisseau venant de Sirt Kara Kilissé, dont il sera question plus tard; 5 minutes plus loin, Mandra, petit village qui donne son nom au ruisseau de la vallée; et en face au S., à l'entrée d'une vallée latérale, ruines d'un monastère; l'altitude du village est de 78 mètres. — 40 minutes.

Sortie de la vallée de Mandra; embranchement de la grande route de Féredjik à Andrinople. — 15 minutes.

Marche au N. E.; Saltik Keui, village bulgare, à 10 minutes de la Maritza. — 30 minutes.

Petit ruisseau, et hameau de Hassar Béilè. — 15 minutes.

Ruisseau et han de Kara Béilè; le village de ce nom reste à 10 minutes à gauche; la hauteur du han au-dessus de la mer est de 65 mètres. — 1 heure.

Pont sur un petit ruisseau venant de droite. — 40 minutes.

Quitter la vallée de la Maritza, et marche au N. — 30 minutes.

Pont de bois sur le Kizil Déli Tchaï, et au delà du pont faubourg de Dimétouka. — 20 minutes.

Cette ville, chef-lieu de kaza du liva d'Édirné, principalement habitée par des Grecs, renferme plus de 1000 maisons, des mosquées, des églises, des bains publics, etc. Toutes ces constructions s'élèvent en amphithéâtre sur la pente d'un rocher coupé à pic à l'O. et au S., et dont la base est baignée par le Kizil Déli. Au sommet du monticule existent les ruines pittoresques d'un château fort. Voici les cotes de hauteur que nous avons trouvées : lit du Kizil Déli, 66 mètres; partie haute de la ville, 93 mètres; ruines du château fort, 138 mètres.

28. Excursion à Sirt Kara Kilissé, à l'O. S. O. de Dimétouka.

On compte 5 heures pour les chevaux de charge; nous avons parcouru la distance en 4 heures 5 minutes, à un pas vif et soutenu.

Pont de bois à l'O. du château; marche à l'O. S. O. et au S. O.; plaine; entrée dans la petite vallée d'Indjès; Indjès (abréviation de Iénidjé), petit village bulgare. — 1 heure 10 minutes.

Sommet de la colline et vue de Chaouslou, à trois quarts de lieue au N. O. — 10 minutes.

Vallon marécageux et vue de Kiretch Arnaout Keui, à l'O. 10° S. — 10 minutes.

Gué d'un ruisseau venant d'une petite vallée au S. — 15 minutes.

Kiretch Arnaout Keui (village albanais, de la pierre à chaux), situé à l'altitude de 176 mètres, sur la pente de la colline. — 40 minutes.

Gué du petit ruisseau du village, montée au S. O.; sommet de la colline qui sépare la vallée du Kizil Déli de celle de Mandra. — 45 minutes.

Marche à l'O. et à l'O. S. O. sur le haut du plateau; Sirt Kara Kilissé, village bulgare, près de la ligne de partage des eaux, à la hauteur de 166 mètres. — 55 minutes.

On compte environ 3 heures pour se rendre de là à Buyuk Dervend, cité dans la route précédente.

Retour à Dimétouka par la vallée de Mandra, où l'on descend en une heure par un sentier à pente rapide, qui aboutit entre Bach Kilissé et Harem Bounar. Nous avons suivi la route précédente jusqu'au petit point signalé, à 40 minutes après le han de

Kara Béïlé; et là, gravissant au N. et au N. E. par un sentier à peine tracé, nous avons mesuré le sommet de la colline au S. O. de Dimétouka. Sa hauteur absolue est de 220 mètres.

29. De Dimétouka à Orta Keui, au N. O. de Dimétouka.

On compte 8 heures pour les chevaux de charge et 6 heures et demie pour les chevaux de selle. Nous avons parcouru la distance en 6 heures 17 minutes, à un pas vif et bien soutenu. La route est praticable aux chariots.

Remonter la vallée du Kizil Déli, dont les parties basses, à fond argileux, produisent du blé, du maïs, des plantes oléagineuses, quelques mûriers, très-peu de tabac, et de loin en loin de la vigne. Les coteaux sont couverts de pâturages secs ou défrichés, de quelques champs cultivés et de bois taillis, essence de chêne. Bulgar Keui et vue de Dimétouka au N. 35° E. — 45 minutes.

Ruisseau de Kouroudjik Keui, village situé à un quart de lieue à droite, dans la petite vallée latérale. — 15 minutes.

Petit ruisseau venant de droite. — 30 minutes.

Ruisseau, et au delà douce montée conduisant à Kadi Keui, situé à 86 mètres au-dessus de la mer. — 15 minutes.

Passer près d'un tchiflik; traverser un vallon; ruisseau et vue de Tchobanlè, situé près du sommet de la colline, à trois quarts de lieue au N. 23° E ; de Dimétouka, à l'E. 44° S. ; de Tchezmè Kara Bounar, à l'O. 40° S. — 35 minutes.

Délimouslou Keui. — 5 minutes.

Moulin, sur un petit ruisseau qui vient de Skourto Khori, hameau grec, situé à trois quarts de lieue, près du sommet de la colline. — 15 minutes.

Karadjiali, et au delà du village ruisseau. — 20 minutes.

Vue de Sou Bach Keui, à 1 lieue au N. 20° O., près du sommet d'une colline. — 10 minutes.

Contourner la base d'un coteau qui force le Kizil Déli à décrire un coude; ravin; montée à Emlédin. — 40 minutes.

De ce village, situé à la hauteur absolue de 116 mètres, on voit : 1° Dimétouka, à l'E. 36° S. ; 2° Aptoula Keui et Axakal, sur le bord du Kizil Déli, à 1 lieue à l'O. 10° N.; 3° Tokmak Keui, à mi-côte, à 1 lieue au S. O. ; 4° Tchalé Keui, à mi-côte, à une lieue au S. 15° O.; 5° Ghieuktchê Bounar, caché par la colline, se trouve, dit-on, à 1 lieue et demie à peu près à l'O. 30° S. près du confluent du Boldjibouk Dèressi et du Kizil Déli.

Départ d'Emlédin, où l'on quitte la vallée du Kizil Déli ; marche moyenne au N. N. O. ; descente dans une petite vallée ; gué d'un petit ruisseau ; montée ; vue de Chadman, qui reste à 10 minutes à gauche ; vue de Halvadji, qui reste à un quart de lieue à droite ; point de partage des eaux entre le Kizil Déli et les affluents de l'Arda ; la route traverse cette ligne de faîte à la hauteur de 210 mètres. — 1 heure 5 minutes.

De ce point on aperçoit : Lidja, à l'O. 20° N. ; Bouf Keui, à l'O. 30° N. ; et Tchaous Keui, au N. 20° O.

Descente ; laisser Tchaous Keui à 5 minutes à droite, près du ruisseau ; Bouf Keui, près du ruisseau. — 22 minutes.

Marche à l'O. et à l'O. N. O. ; gué du ruisseau ; sommet du coteau où se réunissent les routes de Lidja et d'Orta Keui. — 50 minutes.

Marche au N. N. O. ; traverser un plateau coupé par un ravin, le ruisseau de Lidja et celui d'Orta Keui ; pont sur ce dernier, qui coule à 185 mètres de hauteur absolue ; Orta Keui, village grec, situé 12 mètres au-dessus du ruisseau et adossé à la montagne. — 30 minutes.

30. Excursion aux environs de Lidja ou Léïtitza des Grecs.

On compte 1 heure d'Orta Keui à Lidja, et 2 heures pour aller de ce dernier village au mont Hassarlik, le Paléo Kastro des Grecs, au sommet duquel existent les ruines d'un château fort.

Contourner le pied des montagnes qu'on laisse à droite ; Lidja, petit village grec, aux sources d'un ruisseau. Ce nom de Lidja, que les Turcs donnent aux localités où se trouvent des eaux thermales, nous a fait faire des recherches inutiles aux environs de ce village ; il n'existe, à la connaissance des habitants du pays, aucune trace d'eau thermale.

Si l'on se rend au pied du mont Hassarlik, on trouve à une demi-lieue de Lidja la vallée qui renferme les sources du ruisseau que nous avons traversé près de Bouf Keui. On voit, au N., sur le sommet de la crête un tumulus près duquel se trouve, dit-on, Zurnozan ou Palikrava des Grecs, à trois quarts d'heure de Lidja ; on ajoute que sur la pente opposée, et à l'O. de Zurnozan, il y a un autre village, nommé Kousloudja ou Libabo des Grecs.

31. D'Orta Keui à Andrinople.

On compte 8 heures par la route praticable aux chariots et passant par Gaïdro Khor (village des ânes), demi-lieue ; Tchingherli, 1 heure ; Andrinople, 6 heures et demie. On compte 7 heures pour les chevaux de selle. Au lieu de prendre de suite cette route directe, nous l'avons, en premier lieu, allongée d'une demi-heure en passant par la montagne ; et, en second lieu, nous avons cheminé à un pas plus lent que les jours précédents ; aussi avons-nous mis 8 heures 15 minutes à parcourir la distance.

Monter ; sommet de la montagne au N. d'Orta Keui. — 30 minutes.

De ce point, dont l'altitude est de 375 mètres, on voit : Foufla, à trois quarts de lieue au N. 10° O., et Andrinople à l'E. 20° N.

Suivre le faîte d'un contre-fort ; descente par un ravin ; rive droite ou méridionale de l'Arda, près de la sortie d'un défilé et coulant sur ce point à 82 mètres au-dessus de la mer. — 1 heure.

A partir de ce point, l'Arda coule dans une plaine qui s'élargit de plus en plus, jusqu'à son confluent avec la Maritza. Cette vallée, entrecoupée de champs cultivés ou en friche et de bouquets de bois, produit des céréales de diverse nature, des plantes oléagineuses, du tabac et des mûriers qui alimentent de nombreuses magnaneries.

Marche à l'O.; traverser le ruisseau d'Orta Keui; moulin sur l'Arda et vue de Bektachli au N. 40° O., et de Tchingherli au N. 5° E. — 10 minutes.

Marche au N. N. O. et au N.; laisser Tchingherli à 5 minutes à gauche. — 15 minutes.

Marche à l'E., rejoindre la route directe; laisser Sari Iar à gauche et Evren Keui à droite; Sari Idir, dont la hauteur absolue est de 88 mètres. — 1 heure 5 minutes.

Traverser le ruisseau de Tchaous Keui à son confluent avec l'Arda. — 15 minutes.

Laisser Samanha à 5 minutes à droite. — 30 minutes.

Laisser Séimenli à 3 minutes à droite. — 25 minutes.

Keurmont, situé à 74 mètres au-dessus de la mer, et vue d'Andrinople à l'E. 15° N. — 35 minutes.

Doghoudjaras, à 2 minutes à droite. — 1 heure 15 minutes.

Tcheurek Keui. — 45 minutes.

Kara Hatch, petit village où les consuls des puissances européennes qui résident à Andrinople ont leurs maisons de campagne; il est situé près du confluent de l'Arda et de la Maritza, à l'altitude de 79 mètres. — 45 minutes.

Pont sur la Maritza. — 40 minutes.

Pont sur la Tondja, qui se mêle un peu plus bas à la Maritza; Andrinople, dont les maisons commencent au delà du pont. — 5 minutes.

Andrinople (altitude 90 mètres), chef-lieu de l'eyalet d'Édirnè, est en même temps chef-lieu d'un liva qui porte le même nom que l'eyalet; cette ville commerçante renferme cent mille âmes, quatre mosquées, des églises, un grand bazar. Le palais du gouverneur général, les principales mosquées et les quartiers les plus aisés sont construits au sommet d'un coteau dont les pentes supportent le reste de la ville, formant amphithéâtre.

RÉCAPITULATION DES ROUTES INDIRECTES QUE NOUS AVONS PARCOURUES POUR NOUS RENDRE D'ÉNOS A ANDRINOPLE.

Laissant de côté les excursions que nous avons faites aux environs de Féredjik, de Pichman Keui, du Tékê, de Dimétouka et d'Orta Keui, nous ne comprenons dans ce relevé que les distances des routes que nous avons parcourues pour nous rendre d'un point intermédiaire à l'autre.

Nos D'ORDRE DES ROUTES PRÉCÉDENTES.	ROUTE INDIRECTE D'ÉNOS A ANDRINOPLE.	TEMPS EMPLOYÉ PAR LES CHEVAUX DE CHARGE.	DE SELLE.	LES NÔTRES.
		heures.	heures.	h. min.
19	Féredjik	6	5	4 50
23	Pichman Keui	7 1/2	6 1/4	(1) 7 20
25	Têkê	7	6 1/4	6 25
27	Dimétouka	12	10	9 25
29	Orta Keui	8	6 1/2	6 17
31	Andrinople	8	6 1/2	(2) 8 15
	TOTAUX	48 1/2	40 1/2	42 52

(1) En nous écartant à deux reprises de la route directe, nous avons allongé d'une heure notre chemin.
(2) En nous écartant de la route directe, nous avons allongé d'une demi-heure notre chemin; en second lieu, une indisposition nous a forcé à ralentir le pas des chevaux.

Appendice au § II. — Route directe d'Andrinople à Énos, par Dimétouka et Féredjik.

Nous avons dit au commencement de ce paragraphe que nous n'avions pas suivi cette route dans toute son étendue : nous allons essayer de remplir les lacunes au moyen de renseignements dont nous aurons soin d'indiquer la source.

On compte 24 à 25 heures, savoir : Dimétouka, 6 à 7 heures; Sofoulou, ou par abréviation Soflou, 5 heures; Féredjik, 7 heures; Énos, 6 heures.

32. D'Andrinople à Dimétouka.

Plusieurs routes s'offrent au voyageur. L'Annuaire de l'empire ottoman compte 7 heures, sans donner aucune distance intermédiaire.

La route qui s'écarte le moins de la Maritza passe par les localités suivantes :

	DISTANCES D'APRÈS UN KAVAS.	UN NÉGOCIANT.
1° Ahir Keui	2 heures.	1 h. 1/4
2° Inovlou	1	1
3° Kilisséli	1/4	1/2
4° Chabantcha	1/2	1/2
5° Omour Bey	1/2	1 1/4 (5° et 6°)
6° Ourlou	1/2	
7° Dimétouka	2	2
	6 3/4	5 1/2

Des désaccords de peu d'importance s'observent dans les distances intermédiaires ; on doit donc s'attendre à en trouver dans celles de la route suivante :

	DISTANCES D'APRÈS		
	UN KAVAS.	UN NÉGOCIANT.	M. BOUÉ.
1° Hameau	....	....	1/2
2° Démirdech	1/2	1 1/2	....
3° Émirli	2 1/2	1 1/2	1
4° Iel Bourgas (Boghas de M. Boué)	....	2	2
5° Kapidji Keui	2	....	....
6° Dimétouka	1	2	2 1/2
	6 heures.	7 heures.	6 heures.

Le hameau que M. Boué cite, à demi-lieue d'Andrinople et sans en indiquer le nom, est probablement Bosna Keui de M. Poirel (voyez pl. 16, fig. 4). Démirdech, que le kavas place à la même distance, serait, d'après le négociant, à une lieue plus loin. Quoi qu'il en soit de cette particularité, le kavas et le négociant s'accordent à placer Émirli à moitié route, tandis que M. Boué ne le met qu'au premier quart du chemin. Enfin, le kavas laissant de côté Iel Bourgas, passe par Kapidji Keui. Le négociant et M. Boué ne parlent pas du dernier village; mais ils rencontrent Iel Bourgas (Boghas de M. Boué), qu'il ne faut pas confondre avec Koulêli Bourgas (Bourgas la Tour), situé sur le bord de la Maritza, à 2 heures de Dimétouka.

33. De Dimétouka à Sofoulou.

La route ne peut s'écarter de la vallée de la Maritza sans rencontrer des obstacles à surmonter. Nous compléterons les distances que nous avons détaillées (*antè*, page 167) avec des renseignements pris sur les lieux.

	DISTANCES D'APRÈS	
	M. BOUÉ.	NOUS.
1° Karabéilè	2	1 30
2° Saltik Keui	1	1 15
3° Sofoulou ou Souflou	2	2
	5 heures.	4 h. 45m.

M. Boué intervertit l'ordre dans lequel se présentent Saltik Keui et Soflou, et donne les distances suivantes : Kara Béili, 2 heures; Soflou, 2 heures; Saltik Keui, 1 heure. Cette transposition est une erreur dont l'évidence est mise hors de doute par les détails que nous avons donnés précédemment.

Les renseignements de M. Poirel viennent confirmer l'exactitude de nos observations. Cet ingénieur en chef des ponts et chaussées a été chargé, en 1847, par le gouvernement ottoman de lui faire un rapport sur les moyens d'améliorer la navigation de la Maritza inférieure et de rendre le port d'Énos abordable aux navires marchands. Il a relevé le nom des villes et des villages situés sur les deux rives du fleuve, entre Énos et Andrinople, et a placé les localités d'après les renseignements qu'il a pris sur leurs distances relatives. En nous remettant la copie de son tracé, M. Poirel nous a prévenu qu'il n'avait pas eu le temps de prendre des angles et de relever les sinuosités du fleuve. On doit donc consulter ce document à titre de renseignement et sans y attacher un degré d'exactitude dont l'auteur lui-même décline la responsabilité. (Voyez ce tracé, pl. 16, fig. 4.)

34. De Sofoulou à Féredjik.

Comme le tronçon de route ci-dessus, celui-ci ne peut s'écarter beaucoup de la Maritza.

	DISTANCES D'APRÈS	
	M. BOUÉ.	NOUS.
1° Ruisseau de Kara Bounar	2	....
2° Mandra Tchaï, qui reçoit le ruisseau de Tchampkeui (Dadia des Grecs)	....	2 (?)
3° Tomlektchi (Tometschi de M. Boué)	1/2	1
4° Séimenli	1	35
5° Kouiouniéri (Koigngéri de M. Boué)	1/4	40
6° Pont sur le ruisseau de Kayadjik	....	15
7° Gué de l'Otmantcha	1 1/4	1 45
8° Féredjik	1 1/2	55
	6 h. 1/2	7 h. 10?

N'ayant pas parcouru la distance qui sépare Sofoulou du ruisseau de Mandra Tchaï, dont nous avons quitté le cours près de Zinzel Okouf, nous ne pouvons donner qu'un chiffre approximatif, devant lequel nous plaçons un point de doute. Ce chiffre ne peut pas être éloigné de la réalité, puisque l'on compte 7 heures de Sofoulou à Féredjik, et que nous avons mis 5 heures 10 minutes pour nous rendre des bords du Mandra Tchaï à cette dernière ville. Il semblerait donc, d'après cela, que le Kara Bounar de M. Boué est notre Mandra Tchaï.

Le tracé de M. Poirel place le village de Kara Bounar sur un affluent qui se mêle à la Maritza, dans les environs de Sofoulou (Sonsofli); nous avons adopté cette opinion, M. Boué ne donnant aucun renseignement sur la position du village de Kara Bounar.

35. De Féredjik à Énos.

Nous n'avons rien à ajouter aux détails de cette route, que nous avons donnés (*antè*, n° 19).

RÉCAPITULATION DES ROUTES DIRECTES CI-DESSUS MENTIONNÉES.

Nos D'ORDRE DES ROUTES PRÉCÉDENTES.	ROUTE DIRECTE D'ANDRINOPLE A ÉNOS.	DISTANCES.
32	Dimétouka	De 6 à 7 heures.
33	Sofoulou	De 4 h. 3/4 à 5 heures.
34	Féredjik	De 6 h. 1/2 à 7 heures.
35	Énos	De 5 à 6 heures.
		De 22 1/4 à 25 heures.

§ III. — Route d'Andrinople à Philippopoli.

(Pl. 4 et 5.)

36. D'Andrinople à Bektachli.

On compte 7 heures pour les chevaux de charge et 6 heures pour les chevaux de selle; nous avons parcouru la distance en 6 heures 30 minutes.

Kara Hatch, cité dans la route précédente (page 171). — 45 minutes.

Traverser à gué l'Arda ; lorsque cette rivière est gonflée par les pluies, on remonte, en sortant d'Andrinople, la Maritza, qu'on passe en bac près de Marach, à une heure d'Andrinople ; Marach, 40 minutes.

Eptchelli et vue d'Andrinople à l'E. 20° N., et de Doghoudjaras à une demi-lieue au S. 20° E. — 1 heure.

Petit ruisseau, Koulakli et vue de Keurmont à l'O. 30° S. — 20 minutes.

Ruisseau à sec; Saderli. — 45 minutes.

Ruisseau de Iespetli, et plus loin Déliellèz, situé à 114 mètres au-dessus de la mer. De ce village, on voit : Iespetli, à demi-lieue, au N. 5° E. ; Saderli, à l'E. 20° S. ; Séimenli, au S. 20° O. — 25 minutes.

Ruisseau à sec. — 35 minutes.

Koumarli. — 45 minutes.

Ruisseau. — 15 minutes.

Sari Iar. — 30 minutes.

Deux petits ruisseaux avant la montée; Bektachli, village bulgare. — 30 minutes.

Ce village est situé sur la pente inférieure de la montagne, à l'altitude de 152 mètres ; de là on voit Tchingherli, à demi-lieue à l'E. 20° S. et Gaïdrokhor, à une lieue au S. 10° O.

37. De Becktachli à Adatchali (Andachali des cartes).

On compte 8 heures pour les chevaux de charge et 7 heures pour les chevaux de selle : nous avons parcouru la distance en 6 heures 50 minutes. L'Arda coule dans un défilé qui commence à demi-lieue en aval d'Adatchali et se termine près de Bektachli. La route quitte le fond de la vallée et gravit sur les montagnes boisées qui dominent la rive septentrionale. Elle est impraticable aux chariots.

Montée au N. N. O. ; sommet d'un contre-fort, d'où l'on voit : Guldjik, en avant, au N. O. ; Foufla, à 1 lieue et demie à l'O. 30° S. ; la montagne d'Orta Keui, à l'O. 40° S. ; celle d'Hissardjik ou de Paléokastro, au S. 40° O. ; Gaïdrokhor, au S. 10° E. — 45 minutes.

Descente à l'O. ; traverser deux ravins qui se réunissent à gauche du sentier ; remonter celui qui vient de Guldjik. — 30 minutes.

Guldjik, village bulgare, situé environ 20 mètres au-dessous du sommet de la montagne, à l'altitude de 485 mètres, et dont l'industrie consiste à faire, pour les besoins d'Andrinople, du charbon avec les bois taillis qui garnissent les flancs de la montagne. — 50 minutes.

Sommet de la montagne; ligne de partage des eaux entre l'Arda et la Maritza; marche à l'O. sur le point culminant; vue d'Andrinople à l'E. 5° N.; de Tchirmen, à l'E. 35° N.; de Moustafa Pacha, au N. 25° E.; des montagnes de Dervich Têpê et de Iéni Zaghra, bornant l'horizon en arrière de ces deux villes. — 30 minutes.

Marche au N. O., au N. et au N. N. O.; mamelon précédant la descente, et dont la hauteur absolue est de 618 mètres. — 40 minutes.

Iaïladjik, village bulgare, situé à 576 mètres, sur une petite plate-forme, et vue du défilé de l'Arda, près d'Adatchali, à l'O., et de plusieurs villages au pied de la chaîne du mont Kourt Keui Kalessi, dans les directions indiquées pl. 4, fig. 1. — 10 minutes.

Descente tortueuse; marche dans les bois, où notre guide s'égare pendant une demi-heure; profond ravin à traverser; direction moyenne du sentier, à l'O.; arrivée en 1 heure 50 minutes, qui doivent subir une réduction de 30 minutes, au fond d'une vallée évasée qu'arrose le ruisseau presque à sec de Iaïladjik et que suit la route praticable aux chariots, qui conduit de Sulbukun à Andrinople, par Tchirmen. — 1 heure 20 minutes.

Sommet d'une colline et vue de Kotchak, à demi-lieue à l'O. 10° S., sur la rive droite de l'Arda; et de Mangouf, à 2 lieues à l'O. 40° S., au sommet de la montagne. — 30 minutes.

Gué du ruisseau d'Amzadjik, non loin de son confluent avec l'Arda. — 25 minutes.

Arrivée près de l'Arda, qui sort d'un défilé et décrit un coude dans la plaine d'Adatchali, avant de s'engager dans un second défilé, que nous avons vu se terminer près de Bektachli. — 25 minutes.

Gué du ruisseau de Kirezli; Sulbukun, village bulgare, possédant des magnaneries, et placé sur un coteau à 140 mètres de hauteur absolue. — 20 minutes.

Gué du ruisseau d'Akpach; Adatchali, situé à l'altitude de 164 mètres au pied d'un contre-fort et à 10 minutes à l'O. du premier défilé. — 25 minutes.

38. Excursion d'Adatchali au mont Kourt Keui Kalessi.

On compte 2 heures pour aller d'Adatchali à Kourt Keui, et 1 heure et demie à 2 heures pour monter à pied de ce dernier village au sommet de la montagne. Nous avons parcouru la première distance en 1 heure 45 minutes.

Gué du ruisseau d'Akpach; laisser à gauche Sulbukun; gué du ruisseau de Kirezli. — 40 minutes.

Plateau d'une colline dont la hauteur sur ce point est de 220 mètres. — 25 minutes.

Descente; Amzadjik. — 5 minutes.

Traverser trois ravins presque à sec; Kourt Keui, situé à 251 mètres au-dessus de la mer. — 35 minutes.

Arrivée au pied d'un contre-fort sur lequel est tracé un sentier qui conduit au col; vue à gauche des ruines d'un château-fort situé sur une plate-forme; col conduisant à Tchirmen et à Moustafa Pacha, et dont l'altitude est de 555 mètres; laisser le chemin et gravir vers l'est, à travers les bois, au sommet de la montagne, où se trouvent les ruines d'un château-fort, qui servait avec le précédent à défendre les passages de la montagne. Ces ruines atteignent 737 mètres de hauteur absolue.

De ce point on voit : 1° Iaïladjik, au S. 20° E.; 2° Andrinople, à l'E. 10° S.; 3° Tchirmen, à l'E. 3° N.; 4° Moustafa Pacha, à l'E. 10° N.; 5° Kirezli, à l'O. 20° S.; 6° Adatchali, à l'O. 28° S.; 7° Sulbukun, à l'O. 30° S.; 80° Kotchak, à l'O. 50° S.

39. D'Adatchali à Nébil Keui.

On compte 4 heures pour les chevaux de charge et 3 heures un quart pour les chevaux de selle; nous avons parcouru la distance en 3 heures 15 minutes. Le défilé de l'Arda n'est praticable qu'aux piétons. Cependant deux villages sont situés dans ce défilé, sur la rive droite : Iatadjik, à 1 lieue et demie de Sulbukun; et Iédikler (Guidikler des Cartes), à 2 heures de Sulbukun. La route des arabas (chariots) va chercher un passage plus facile à 1 lieue au N. de la rivière : c'est le chemin que nous avons suivi.

Marche à l'O. N. O. et à l'O.; remonter la petite vallée; plateau au sommet d'un contre-fort; Akpach, à un quart de lieue à gauche; Ovadjik. — 1 heure 45 minutes.

La hauteur du plateau près d'Akpach est de 295 mètres; de ce point on voit : 1° Bélenli, au fond d'une vallée, à 1 lieue et demie à l'O. 5° S.; 2° Kouvet Keui, près du sommet d'une colline qui domine la vallée de Bélenli, à l'O. 10° N.; 3° Kadi Keui, sur la pente d'une sommité blanchâtre et pointue, qui fait partie de la même colline et va se rattacher à la chaîne de droite, à l'O. 10° N.

Descente à l'O.; gué d'un petit ruisseau. — 15 minutes.

Marche au S. O., laisser à gauche Isséin; plus loin, Kavak Mahalessi, à l'entrée d'une petite vallée, qui reste à 100 mètres, à droite; gué du ruisseau qui se mêle au précédent. — 45 minutes.

Franchir une colline; gué d'un ruisseau; montée; Nébil Keui, sur un plateau à 253 mètres au-dessus de la mer, et d'où l'on voit : Isséin, à l'E. 10° N.; Eurdjèkler, à 2 heures sur le plateau, au pied de la chaîne, au N. 35° E. — 30 minutes.

(Voyez le profil représentant les sommités qui bordent le défilé de l'Arda; ce profil a été pris à 10 minutes au S. de Nébil Keui, du haut de la colline.)

40. De Nébil Keui à Krdjali.

La route des arabas passe par les localités suivantes : 1° Hodja Keui, 2 heures; 2° Ak

Bounar, sur la limite du kaza de Tchirmen, et au delà commence le kaza de Khas Keui, 2 heures ; 3° Osman Bachalar, 1 heure ; 4° Mussemler, demi-heure ; 5° Iouvalar, demi-heure ; 6° Ghidirlar, demi-heure ; 7° Sulimenler, demi-heure ; 8° Kutchuk Ierdjili, et ensuite Buyuk Ierdjili, 2 heures ; 9° Krdjali, 1 heure ; total, 10 heures. Cette route ne traverse pas l'Arda.

Nous avons pris une route qui, dans certains endroits que nous indiquerons, n'est praticable qu'aux piétons, et qui nous a fait voir une partie des villages cités dans la route ci-dessus. On compte 9 à 10 heures ; nous avons parcouru la distance en 8 heures trois quarts.

Descente dans la vallée de l'Arda ; marche au S. ; vue de Mamoutli et de Kazandjilar, sur la rive opposée ; Alembder. — 25 minutes.

Evrem Kuei, à gauche dans la montagne, et petit ruisseau provenant de ce village ; tourner au S. S. O. ; petit ruisseau venant de droite. — 35 minutes.

Marche à l'O. ; confluent du Bourgas, près de Konulutch (Kogolotch des cartes), qui reste sur la rive méridionale du Bourgas ; la jonction des deux rivières a lieu à 133 mètres au-dessus de la mer. — 15 minutes.

Gué de l'Arda, où l'on voit le kaza de Tchirmen ; Ada (île), village formé de 7 à 8 groupes d'habitations échelonnées sur le penchant de la colline qui sépare les deux rivières et fait partie du kaza de Sultaniéri, tandis que celui de Dimétouka s'arrête à la rive droite du Bourgas ; le confluent forme donc les limites des trois kazas qui viennent d'être nommés. — 25 minutes.

Du groupe d'habitations où nous nous sommes arrêté, on voit : 1° Keusset Keui, sur une colline, à demi-lieue au N. ; 2° Kovandjalar, à une heure au N. 20° E. ; 3° Konulutch, à l'E. 20° S. ; 4° Kozloudja, à 2 lieues sur la colline, à l'E. 20° S. ; 5° Ghêren, à 1 lieue sur la colline, à l'E. 40° S. ; 6° Kara Bounar, sur la rive droite et près du Bourgas, au S. 20° E. ; 7° un village à 1 lieue et demie sur une colline au S. 10° E.

Gravir la colline à l'O. S. O. ; Ménekchéler (Violette), et vue à droite du défilé du Seïtan Keuprissi (pont du Diable), d'où sort le Perpêlek Dèressi, affluent de l'Arda. — 35 minutes.

Descente difficile par un sentier tracé dans les escarpements trachytiques qui encaissent l'Arda ; Soouk Bounar (fontaine froide), près de la rivière. — 40 minutes.

Remonter le cours de l'Arda, qui tombe en cascade dans l'étroit défilé ; le sentier profite d'abord des rochers laissés à sec en été ; puis il gravit dans les bois, lorsque la rivière remplit toute la largeur du défilé ; marche à l'O. ; le fond de la vallée s'élargit près de Ulutch ; ruisseau venant du N. O. ; tourner au S. O. ; Ulutch, village musulman (Oula Keui des cartes). — 1 heure 45 minutes.

En face de Ulutch, sur la rive septentrionale, on voit, à 10 minutes : Osman Bachalar, village bulgare, situé à 250 mètres au-dessus de la mer ; marche au S. ; Terzi Keui. — 20 minutes.

Marche à l'O.; Oroslar (Choroslar des cartes) et vue de Mussemler, sur la rive opposée. — 20 minutes.

Kassem Keui (Cachim Keui des cartes); et plus loin, ruisseau venant du S. et vue de Chaïnlar, à mi-côte, à trois quarts de lieue dans cette vallée, où se trouve Dèrè Keui, à 2 heures de Kassem Keui, et non sur l'Arda, comme l'indiquent les cartes ; et vue de Iouvalar, au confluent d'un ruisseau sur la rive septentrionale de l'Arda. — 20 minutes.

Dongourlar et vue de Ghidirlar, à mi-côte sur la rive opposée ; Sulimenler, caché par les arbres, reste en face, dans la vallée dont le ruisseau débouche à l'O. de Dongourlar. — 20 minutes.

Entrée dans un défilé dirigé du N. N. E. au S. S. O. — 10 minutes.

Guéer l'Arda et passer sur la rive septentrionale. — 25 minutes.

Tourner au S. O. la base d'un cône trachytique; sortie du défilé et vue de Tilkiler ou Tchilkiler des cartes, à un quart de lieue au S. O., et plus loin, à l'O., se trouve le confluent du Suutlu. — 25 minutes.

Hassar Altê, situé à la base septentrionale du cône. — 5 minutes.

Guéer deux fois l'Arda, pour éviter de suivre les contours sinueux d'un coude que décrit cette rivière dans une plaine d'un quart de lieue de large; laisser Kutchuk Iedjili à droite; Buyuk Ierdjili. — 50 minutes.

Après ce village, on voit : Krdjali, à l'O. 40° N.; Kaza Aourlarê (probablement Aolachi des cartes), au S.; Dourhanlar (probablement Chanchalar des cartes), à un quart de lieue au N.

Marche au fond de la vallée qui a une demi-lieue de large ; Krdjali (Kirgiale des cartes), petit village avec mosquée, composé de Bulgares musulmans et chrétiens, où se fabrique de la poterie commune et renfermant un han et des cafés. Il s'y tient un bazar chaque semaine. — 50 minutes.

Krdjali est situé sur la rive septentrionale de l'Arda, à 5 minutes de la rivière, près de l'entrée d'un défilé, à l'altitude de 278 mètres, et 15 à 20 mètres au-dessus du lit de l'Arda ; d'un des cafés du village, on voit les villages suivants, au pied ou sur les collines derrière lesquelles la rivière décrit une sinuosité : 1° Salman Keui, à trois quarts de lieue à l'O. 25° N. ; 2° Ortadja Keui, à une lieue un quart à l'O. 20° N. ; 3° Têkê Keui, à trois quarts de lieue à l'O. 15° N. ; 4° Salihler ou Salifler (Salilec des cartes), près de l'Arda, à une demi-lieue à l'O. 5° N. ; 5° Kaïadjik Bachi, sur un second plan de collines, à 2 lieues à l'O. ; 6° Alkaïa, en plaine, à 20 minutes à l'O. 15° S. ; 7° Otman Keui, à trois quarts de lieue au S. 20° O.

Tous les villages que nous avons vus, depuis Andrinople jusqu'à Krdjali, cultivent le tabac, le blé, le maïs.

41. De Krdjali à Kouchavlar.

On compte 6 heures pour les chevaux de charge et 5 heures pour les chevaux de selle; la route qui nous a été indiquée passe par Dourbali, Sulè Keui, Déli Gheuzler, Mondar Haatch, Tchiboukli et Kara Tarla; nous n'avons pas vu la plupart de ces villages, ce qui prouve que nous avons pris une autre route, probablement plus longue, car nous avons parcouru la distance en 5 heures 18 minutes; il est vrai que notre guide s'est égaré et a bien allongé le chemin de 20 à 25 minutes. Les deux routes sont à peu près impraticables aux arabas.

Traverser le ruisseau de Krdjali, qui reçoit plusieurs affluents; laisser l'Arda à gauche; marche au N.; montée d'une colline qui sépare deux affluents, et vue de Dourbali à gauche; Kélémenler et vue de Sulè Keui, à une demi-lieue en avant; mais à gauche de la route. — 33 minutes.

Kara Kaïa, près et à gauche de la route, et col passant sur la colline qui sépare la vallée de l'Arda de celle du Perpêlek Dèressi, un de ses affluents précédemment cité. — 40 minutes.

De ce col, dont l'altitude atteint 590 mètres, on voit Umet Keui, à un quart de lieue au N. 20° O., et Kara Gheuzler, à 1 lieue un quart au N.

Descente au N.; laisser Umet Keui à gauche; traverser les deux ravins qui en descendent. — 20 minutes.

Montée d'un contre-fort; laisser Eurdèkler à droite, sur le versant septentrional dudit contre-fort; traverser un petit ruisseau; montée; Kara Démirler sur un petit plateau, d'où l'on voit Ibraham Baïractar, à une demi-lieue au N. 5° E. — 45 minutes.

Descente au N.; gué du Perpêlek Dèressi, près de Iéni Bazar, localité composée de quelques cabanes en bois, où se tient quelquefois un marché; et vue de Chabanlar, à un quart de lieue au S. 10° O. — 20 minutes.

Remonter la vallée au N. O.; laisser Ghèren à droite; gué du Perpêlek Dèressi. — 25 minutes.

Ici le guide s'aperçoit qu'il fait fausse route; il revient sur la rive septentrionale et gravit en zigzags au N. E., à l'E. et au N., la pente boisée de la montagne, au sommet de laquelle nous reprenons le sentier tracé. — 30 minutes.

Cette ligne de faîte sépare les affluents de l'Arda de ceux de l'Oglou Tchaï, qui se jette dans la Maritza; marche à l'O. N. O., sur le sommet; vue de Molla Amzalar, sur la pente d'un contre-fort, à une demi-lieue à l'O. 25° S. La hauteur absolue de ce point d'observation est de 628 mètres. — 20 minutes.

Continuer à suivre le sommet de la montagne; Gabrova. — 45 minutes.

Marche à l'O. S. O. sur les hauteurs; Kouchavlar. — 40 minutes.

Ce village se compose de deux groupes d'habitations (Mahalè), que sépare un ravin; l'un, habité par des Bulgares; l'autre, par des musulmans. Le premier est à 515 mètres au-dessus de la mer, et un peu plus bas que le point de partage des eaux entre l'Arda et la Maritza.

42. De Kouchavlar à Kètenlik.

On compte 6 heures pour les chevaux de charge et 5 heures et demie pour les chevaux de selle; nous avons parcouru la distance en 5 heures 15 minutes. Cette route offre des passages difficiles et que les arabas ne peuvent franchir.

Marche à l'E. pendant quelques minutes sur la ligne de partage des eaux qui change brusquement de direction et s'étend vers le N, et ensuite vers le N. N. O.; la hauteur absolue de la crête, au pied d'un mamelon qui la surmonte, atteint 864 mètres. — 1 heure 45 minutes.

Jonction de la ligne de partage des eaux à un groupe de montagnes élevées, à sommités coniques, et dont les pentes sont couvertes de sapins, de hêtres et de charmes. — 40 minutes.

Étroit plateau en forme de couloir, dominé par quatre sommités massives, et d'où les eaux s'écoulent au N. vers la Maritza, et au S. vers l'Arda; ce passage se nomme Aïghir Olouk (sillon des eaux), et se trouve à 762 mètres au-dessus de la mer. — 5 minutes.

Montée à un bas col; descente et plateau semblable au précédent. — 15 minutes.

Douce montée; à l'endroit qui précède la descente, ruines d'une chapelle, d'où ce lieu est désigné sous le nom de Kélissé Baïri (descente de l'église). — 10 minutes.

Ce couloir, d'une demi-lieue de long, donne son nom d'Aïghir Olouk aux montagnes voisines, et les traverse dans la direction moyenne de l'O. N. O. à l'E. S. E. En commençant à descendre, on voit le Kodja Balkan, qui limite l'horizon; le Tchipka Bachi au N. 10° E., et l'Emitli Bachi, au N. 5° O.

Descente d'abord rude et en lacets au S. et s'adoucissant vers le bas; fin de la descente et gué d'un ruisseau affluent de la Maritza. — 1 heure 5 minutes.

Marche au N. 20° O., sur un plateau couvert de broussailles de chêne, entre deux lignes de montagnes. — 30 minutes.

Marche au N.; arrivée à la base d'un mamelon conique. — 40 minutes.

Laisser le mamelon à droite; descente du plateau au N. O.; gué d'un ruisseau qui coule à la hauteur absolue de 313 mètres. — 15 minutes.

Douce montée au N. O. sur un plateau et tourner au S. O.; Kétenlik, village bulgare, sur un petit ruisseau (altitude, 310 mètres). — 20 minutes.

43. De Kétenlik à Stanimaka.

On compte 4 heures pour les chevaux de charge et 3 heures un quart pour les chevaux de selle; nous avons parcouru la distance en 3 heures 20 minutes. La route est praticable aux arabas; elle suit en moyenne la direction de l'O. 10° N., et laisse le pied des montagnes généralement à un quart de lieue au S.

Vue de Novosélo, à un quart de lieue au S.; plus loin, vue de Tahtaïi Keui, à une demi-lieue au S.; on marche sur un plateau couvert de broussailles de chênes; gué du ruisseau d'Arnaout Keui, qui arrose des rizières, et vue d'Arnaout Keui, à un quart de lieue au S., et de Iéni Mahalè, à une demi-lieue au N. — 1 heure 20 minutes.

Gué du ruisseau de Tchervent Keui et vue de ce village à un quart de lieue à gauche; Tchaouch Keui reste plus loin, à une demi-lieue au S. O. de Tchervent Keui. — 15 minutes.

La route se rapproche du pied des montagnes; vue de Philippopoli, au N. 30° O. — 45 minutes.

Vue du monastère Aghio Petro, situé à gauche sur la montagne, à l'origine d'un ravin qui se termine à la route. — 20 minutes.

Commencement de la descente du plateau. — 25 minutes.

Stanimaka, sur un torrent, à l'endroit où le cours d'eau sort d'une gorge profondément encaissée pour couler en plaine. — 15 minutes.

Cette ville se compose de deux quartiers que sépare le torrent et qui communiquent entre eux par un pont en bois; le quartier turc, situé sur la rive orientale, renferme 300 maisons et des mosquées; le quartier grec et bulgare, situé sur la rive opposée, contient 1700 maisons, des églises, des hans et des cafés. On le nomme Ambélinos (Abéili des cartes, qu'on place à tort à une lieue au S. de Stanimaka). Le torrent fait mouvoir plusieurs moulins.

La hauteur absolue prise au han, à 5 mètres au-dessus du cours d'eau, atteint 280 mètres. De ce point on voit Philippopoli au N. 19° O.

44. Excursion au monastère de Batchkova.

On compte 2 heures et demie pour les chevaux de charge et 2 heures pour les chevaux de selle; nous avons parcouru la distance en 2 heures 15 minutes, en supposant le point de départ au quartier musulman.

Traverser le torrent de Stanimaka; Ambélinos, quartier chrétien de Stanimaka. — 5 minutes.

Remonter le cours du torrent; sentier taillé en corniche sur la paroi à pic du défilé; ruines encore debout d'une chapelle construite au point culminant de la route sur un rocher en saillie; descente; pont en bois sur le ruisseau de Béla Tzerkva (blanche église), affluent du Tchêpelli Dèressi, qui prend plus bas le nom de Stanimaka Dèressi. — 55 minutes.

Remonter le cours du ruisseau de Tchêpelli, à un quart de lieue du pont; s'élever de nouveau par une route en corniche et descendre au pont jeté sur le torrent. — 1 heure 10 minutes.

Traverser le torrent; monastère de Batchkova, situé à 10 ou 15 mètres au-dessus du lit du cours d'eau, à l'altitude de 437 mètres. — 5 minutes.

La fente profonde, au fond de laquelle se trouve le monastère, suit la direction du S. au N. Il n'y existe qu'un seul village bulgare, Batchkova (Bach Keui de la carte, qu'on place à tort dans la montagne), situé sur la rive orientale du torrent, à un quart de lieue au N. N. E. du monastère.

45. De Stanimaka à Philippopoli.

On compte 4 heures et demie pour les chevaux de charge et 4 heures pour les chevaux de selle; nous avons parcouru la distance en 4 heures. Cette route, toujours en plaine, est praticable aux arabas pendant l'été; l'hiver, elle est marécageuse; aussi cherche-t-on, même en été, les parties les moins basses du sol qui offrent plus de solidité sous les pieds des chevaux et obligent à suivre une marche sinueuse.

Vue du monastère Aghia Paraskévi, à gauche, sur la pente des montagnes; et plus bas, du quartier chrétien de Vodéna. — 20 minutes.

Vodéna (quartier turc), à 5 minutes à gauche au pied de la montagne, et vue du monastère Aghios Kirix, à moitié caché par des arbres sur la pente de la montagne. — 15 minutes.

Vue : 1° du monastère Aghii Anarghiri, à gauche sur la montagne; 2° de Kouklen, à 20 minutes à gauche, à mi-côte; 3° de Kara Hatch, à une demi-lieue de Kouklen, sur la pente d'une colline; 4° du monastère Aghios Djiordjio, sur la colline, à une demi-lieue du monastère précédent et de Pacha Mahalessi, à 10 minutes à droite. — 10 minutes.

Pacha Mahalessi, à 10 minutes à droite. — 55 minutes.

En approchant de Philippopoli, traverser les rizières et les jardins potagers bien cultivés qui environnent la ville. — 2 heures 20 minutes.

Philippopoli, Filibê des Turcs, chef-lieu de liva de l'éyalet d'Andrinople, doit son ancien nom de *Trimontium* à trois pointes syénitiques qui se distinguent de loin et sont situées tout près et en dehors de la ville. Une ligne de rochers part de ces buttes et se prolonge jusqu'à la Maritza. La ville se trouve comprise entre le fleuve et ces remparts élevés par la nature. Un faubourg s'étend à l'E., en dehors de l'enceinte; au delà du pont en bois jeté sur la Maritza se trouve, au N., un second faubourg, nommé Kutchuk Iaka (petit bord; c'est le Péra des cartes). Elle renferme 8000 maisons, savoir : 3000 turques, 2000 grecques, 1400 bulgares, 700 à 800 arméniennes, 200 à 300 catholiques, 500 juives. Le prêtre catholique qui nous a donné ces détails affirme qu'il y a 6000 chrétiens de sa communion, tant à Philippopoli que dans les villages voisins. Cette ville, une des plus importantes de la Turquie d'Europe, offre toutes les ressources qu'on peut trouver dans ce pays.

La partie haute peut avoir 15 à 20 mètres d'élévation au-dessus de la Maritza; son altitude est de 222 mètres.

RÉCAPITULATION DES ROUTES QUE NOUS AVONS SUIVIES POUR NOUS RENDRE D'ANDRINOPLE A PHILIPPOPOLI.

Laissant de côté les excursions que nous avons faites aux environs d'Adatchali et de Stanimaka, nous ne comprenons dans ce relevé que les distances parcourues pour nous rendre d'un point intermédiaire à l'autre.

Nos D'ORDRE DES ROUTES PRÉCÉDENTES.	ROUTE INDIRECTE D'ANDRINOPLE A PHILIPPOPOLI PAR LA VALLÉE DE L'ARDA.	TEMPS EMPLOYÉ PAR LES CHEVAUX		
		DE CHARGE.	DE SELLE.	LES NÔTRES.
		heures.	heures.	h. min.
36	Bektachli	7	6	6 30
37	Adatchali	8	7	6 50
39	Nébil Keui	4	3 1/4	3 15
40	Krdjali	10	9	8 45
41	Kouchavlar	6	5	5 18
42	Kétenlik	6	5 1/2	5 15
43	Stanimaka	4	3 1/4	3 20
45	Philippopoli	4 1/2	4	4 ..
	TOTAUX	49 1/2	43	43 13

Appendice au § III. — Points en communication avec les localités citées dans les routes précédentes.

Nous avons recueilli les renseignements suivants sur les distances qui existent entre certaines localités. Afin de faciliter la recherche des points auxquels les distances se rapportent, nous aurons soin d'indiquer les numéros d'ordre des routes où nous les avons cités.

46. De Iaïladjik (37) à . . .
- Kourt Keui, à 2 heures à l'O. 40° N.
- Ouroum Keui, à l'O. 30° N.
- Kirezli, à 3 heures à l'O. 27° N.
- Amzadjik, à 2 heures à l'O. 22° N.
- Imbabik, à 2 heures.

47. De Sulbukun (37 et 38) à Tchirmen, 5 heures. La route, praticable aux arabas, passe au fond de la large dépression qui sépare les montagnes de Iaïladjik et de Kourt Keui, franchit un bas plateau et descend une vallée dont les eaux se rendent à la Maritza, entre Tchirmen et Kadi Keui.

48. De Nébil Keui (39). . .
- Kas Keui, 6 heures.
- Balidjè, à 2 heures à l'E. 40° S., sur la montagne.
- Kara Kaïa, 2 heures.
- Mahmoutli, demi-heure.

49. De Terzi Keui (40) à Eurpek, situé dans la montagne, 2 heures. Ce village est probablement

celui que les cartes nomment Ourbek et placent à tort dans la vallée de l'Arda. Cette hypothèse s'accorderait d'ailleurs avec la position de Dèrè Keui qui se trouve dans la vallée de Chaïnlar, à 2 heures de Kassem Keui, et non dans la vallée de l'Arda, comme l'indiquent les cartes.

50. De Hassar Altè (40) à Khas Keui, 8 heures.

51. De Kouchavlar (41) à Khas Keui, 6 heures.

52. Du col d'Aïghir Olouk (42) à Khas Keui, 6 heures.

53. De Kétenlik (42 et 43) à
- Philippopoli, par Stanimaka, 8 heures, ou par la route directe, 7 heures.
- Papazli, 4 heures.
- Tchirpan, 8 heures.
- Kaïali, 4 heures.
- Kourou Tchezmè, 5 heures et demie.
- Sémitché, ou Sémizdjè, 6 heures.
- Khas Keui, 10 heures.

Si l'on compare quelques-unes des distances ci-dessus avec celles que donnent M. Boué, d'une part, et de l'autre l'Annuaire de l'empire ottoman, et feu André Vernazza, vice-consul de France à Andrinople, on obtient le tableau suivant :

M. VERNAZZA.	DÉTAILS DE LA ROUTE DE KAS KEUI A PHILIPPOPOLI DONNÉS PAR M. BOUÉ.	DISTANCES D'APRÈS		
		M. BOUÉ.	L'ANNUAIRE.	NOS RENSEIGNEMENTS.
heures.		heures.	heures.	heures.
	1° Passer à gué le torrent de Sémischtche Dérè ; han de Sémischtche (notre Sémitché)	2	4	4
	2° Kourou Tchezmè (fontaine sèche)	1	......	1/2
	3° Terrain marécageux en hiver ; Kajatschik (notre Kaïali)	2	......	1 1/2
12	4° Coteaux ; Iéni Mahalè (village bulgare)	3		
	5° Plaine ; Papazli, avec une mosquée	2		
	6° Tschémer, ou Kémer Keupri ; pont de pierre de deux arches, sur le ruisseau de Stanimaka ; au delà est un han	3 1/4		
4	7° Philippopoli	3/4	16	
16		14	20	

La distance totale de 20 lieues, donnée par l'Annuaire, nous paraît erronée ; car, d'après nos renseignements, si l'on se rend de Khas Keui à Philippopoli par Kétenlik, ce qui allongerait la route, on n'aurait que 17 à 18 heures de marche. Il est donc très-probable que la distance totale réelle, par la route ordinaire de Iéni Mahalè et de Papazli, est de 16 heures au plus ; et dans ce cas que la distance de Khas Keui à Sémitché étant de 4 heures, ainsi que s'accordent à le dire l'Annuaire et nos renseignements, celle de Sémitché à Philippopoli doit être réduite à 12, comme l'indique M. Boué. De son côté, M. Vernazza doit commettre une erreur en plaçant Iéni Mahalè à 4 heures de Philippopoli. En effet, d'après nos renseignements, il y a 4 heures de

Kétenlik à Papazli; il faut donc compter, avec M. Boué, 4 heures au moins de Papazli à Philippopoli.

En résumé, si l'on ajoute 2 heures à la première distance donnée par M. Boué, on peut considérer ses renseignements comme offrant plus d'exactitude que ceux de l'Annuaire et de M. Vernazza.

54. De Philippopoli à Pachmakli.

Pachmakli est situé au pied méridional du mont Karlik, aux sources du Kara Dèrè, affluent de l'Arda. Deux chemins très-difficiles y conduisent :

Première route. — Stanimaka, 4 heures; monastère de Batchkova (n° 9), 2 heures; Naretchen, 3 heures et demie; Pavlatska, 3 heures; Tchêpelli, où sont les sources du ruisseau de Stanimaka, 5 heures; passer la ligne de partage des eaux; Lêvotch, une demie-heure; Pachmakli, 2 heures. Soit, en tout, 20 heures et demie.

Deuxième route. — Markova, 2 heures; Iéni Keui, 1 heure; Foïna, 5 heures; Tchêpelli, 4 heures; Pachmakli, 3 heures. Soit, en tout, 15 heures.

Ces distances, augmentées par les sinuosités du chemin et par les montées et les descentes, doivent subir une réduction, si l'on veut les évaluer en ligne droite. Il sera question de Tchêpelli et du mont Karlik dans le paragraphe suivant, et de Pachmakli dans le paragraphe XI (178).

55. Villages situés dans la vallée du Béla Tzerkva, affluent du ruisseau de Stanimaka.

Nous plaçons ces renseignements à la suite des précédents, parce qu'ils parlent de distances en rapport avec deux villages qui viennent d'être cités (54).

1° Séïtan Keui (village du Diable), sur la montagne, à 2 heures de Naretchen ;

2° Foïna, à 1 heure et demie de Séïtan Keui et à une demi-heure de Pavlatska ;

3° Dobralik, rive droite ;

4° Rahova, rive gauche sur la montagne.

§ IV. — Route de Philippopoli à Névrokoup.

(Pl. 5 et 6.)

La route la plus directe et la plus facile passe par Pestéra (Prestova des cartes), 8 heures. — Batak, 4 heures. — Les arabas peuvent arriver à ce dernier village où aboutit la route indirecte que nous avons préférée, afin de prendre connaissance de l'intérieur des montagnes. (Voyez, dans l'appendice du présent paragraphe, une autre route de Philippopoli à Batak par Kritchma.)

L'itinéraire que nous avons suivi est beaucoup plus long que la route ci-dessus, et généralement impraticable aux arabas. Nos chevaux de charge, habitués à franchir les plus mauvais pas, ont pris les mêmes chemins que nous.

56. De Philippopoli à Dèrè Keui.

On compte 3 heures pour les chevaux de charge et 2 heures un quart pour les chevaux de selle; nous avons parcouru la distance en 2 heures 25 minutes. Cette route reste en plaine, ou n'a que de bas coteaux à franchir. Elle est praticable aux arabas.

En sortant de Philippopoli, on a la Maritza à droite, les buttes syénitiques déjà citées à gauche; marche à l'O. S. O.; vue de Markovo, en plaine, à trois quarts de lieue au S. du village de Dermen Dêrê (ruisseau du moulin), à 1 lieue au S. S. O., à l'entrée d'une gorge. — 25 minutes.

Quitter le bord de la Maritza; marche au S. S. O. Rizières dans la vallée du ruisseau de Dermen Dèrè (Pachakai ou plutôt Pacha Tchaï des cartes); Metschkur. — 25 minutes.

Gué du ruisseau de Dermen Dèrè, dont les eaux sont détournées et employées à l'irrigation des rizières qui entourent Philippopoli. — 12 minutes.

Pied des collines à gauche; à droite, canal d'une saignée faite au ruisseau de Dèrè Keui pour l'irrigation des rizières. — 33 minutes.

Sommet d'un coteau et vue de Metschkur à l'E. 20° N.; de Philippopoli, à l'E 30° N.; de Zlatrap, à une demi-lieue, en plaine, au N. 30° E. — 20 minutes.

Traverser un autre coteau couvert de vignobles; Dèrè Keui, village bulgare construit en amphithéâtre sur les deux rives du ruisseau, à l'altitude de 332 mètres. — 30 minutes.

57. De Dèrè Keui à Kaïalitchali Tchiflik.

On compte 7 heures pour les chevaux de charge et 6 heures pour les chevaux de selle. Nous avons parcouru la distance en 6 heures 30 minutes, mais les montées et les sinuosités allongent la route : la distance en ligne droite se réduit environ à 4 lieues.

Montée d'un sentier sinueux vers le S.; col. — 50 minutes.

Douce descente au S. et au S. O.; plateau s'abaissant à l'E., vers la vallée de Dermen Dèrè, et à l'O. vers celle de Périchtutza; vue d'Isvor, à 1 lieue à l'E. — 25 minutes.

Très-rude montée au S.; sommet du contre-fort couronné de hêtres et de quelques sapins, et dont la hauteur absolue est de 991 mètres. — 1 heure 20 minutes.

On compte 2 heures pour descendre de ce point à Dèrè Keui. De là, on voit : 1° Metschkur, à l'E. 30° N.; 2° Philippopoli, à l'E. 40° N.; 3° Zlatrap, au N. 30° E.; 4° Kadi Keui, au N. 15° E. Ce dernier village est situé à 3 heures de Philippopoli, près du confluent du Kritchma Deressi et de la Maritza.

Montée à l'O.; sommet d'une protubérance du contre-fort, et vue de Périchtutza, sur le bord d'un ruisseau, au fond de la vallée, au N. 30° O. — 30 minutes.

Marche au S. S. O. et au S. O., en suivant le sommet du contre-fort; Tomritza ou Tomritch, à 10 minutes à gauche sur la pente de la montagne. — 1 heure.

Kurien, à 5 minutes, à gauche. — 30 minutes.

Marche au S.; jonction du contre-fort au chaînon qui sépare les affluents du Kritchma de ceux du Dermen Dèrè. — 15 minutes.

Marche au S. S. E. et au S. E.; contourner la base d'un énorme piton trachytique. Démirdjik reste à gauche, dans la montagne; montée au S. S. O.; col entre deux cônes. — 1 heure 25 minutes.

Descente; Kaïalitchali Tchiflik. — 15 minutes.

Cette propriété rurale est située sur un plateau, au pied méridional d'une crête trachytique, à la hauteur absolue de 1718 mètres. Le gardien des montagnes voisines n'y réside avec sa famille qu'en été, du 15 mai au 15 septembre : la neige rend ce séjour inhabitable le reste de l'année. Des troupeaux de moutons et de bêtes à cornes et la culture d'un jardin potager entretiennent dans l'abondance le gardien et les hommes sous ses ordres qui vivent dans cette solitude, où nous avons reçu la plus cordiale hospitalité.

De ce point on voit : 1° Ocikova, à 2 lieues à l'O. 20° N.; 2° par-dessus les montagnes de la vallée du Kritchma, les hautes cimes voisines de Névrokoup, à l'O. 5° S.; celles comprises entre Névrokoup et Sérès, à l'O. 30° S.; celles du Boz Dagh, au S. 30° O.; 3° le mont Persenk, au S. 5° E.

58. Excursion au mont Persenk (Parcelly des cartes).

On compte 2 heures; nous avons parcouru la distance en 2 heures 25 minutes, au pas soutenu de nos chevaux; en ligne droite, la distance est au plus de 1 heure et demie au S. 5° E. du Tchiflik. On décrit un demi-cercle pour arriver à cette montagne.

Longer la base des pitons trachitiques, à l'origine des ravins; marche à l'O. et à l'O. S. O.; arrivée sur la ligne de faîte, au lieu dit Tchatal Olouk (Tchatal signifie fourche, et Olouk sillon). — 40 minutes.

De ce point, la vue plonge à l'E., dans la vallée du Béla Tzerkva, déjà cité (44), où se trouve, à 1 lieue de distance, le village de Rahova (1); à droite, le regard s'étend dans la vallée du Kritchma.

Marche au S. en suivant les sinuosités du sommet de la chaîne; base de pitons trachytiques. — 35 minutes.

Suivre un sentier tracé, du N. E. au S. O., sur le flanc d'une crête dentelée; extrémité S. O. de cette ligne de rochers. — 40 minutes.

Tourner au S. E.; base du mont Persenk; gravir au S. O.; arrivée au sommet. — 3 minutes.

(1) Nos guides indiquaient, vers l'E. 20° N., la position du monastère de Batschkova, que deux ou trois rangs de contre-forts dérobaient à la vue.

Cette sommité atteint une altitude de 2161 mètres. De ce point on aperçoit au S. le mont Tchêpelli, qui dépasse de 200 à 300 mètres la hauteur du Persenk, et, sur son flanc méridional, le village de Tchêpelli, à 3 lieues de distance. Ces montagnes renferment les sources du torrent du monastère de Batchkova (44) ; on voit à l'E. 10° N. le mont Bech Olouk (cinq sillons) qui fournit des affluents au même cours d'eau.

Un orage nous a chassé de ce point d'observation, d'où l'on peut prendre une connaissance exacte des accidents du sol. Il est à 10 heures du monastère de Batchkova, et à 5 heures de Pachmakli, déjà cité page 186.

59. De Kaïalitchali Tchiflik à Iacikorou.

La route la plus directe est de 6 heures; elle passe par Ocikova, 2 heures; Fortsova, 1 heure (1); Iacikorou, 3 heures. En ligne droite, la distance paraît être de 3 lieues et demie ; mais l'orage avait gonflé le Kritchma Dèressi et rendu impossible le passage à gué de cette rivière torrentueuse. Il nous fallut aller la traverser au pont de Mihalkova.

On compte par cette seconde route 10 heures pour les chevaux de charge et 8 heures pour les chevaux de selle, savoir : Mihalkova, 3 heures; Iacikorou, 5 heures. Nous évaluons ces distances en lignes droites, comme suit : Mihalkova, 2 lieues un quart; Iacikorou, 3 lieues. On assure qu'un bon piéton, coupant à travers les accidents du sol, peut se rendre en 3 heures de Mihalkova à Iacikorou. Nous avons parcouru les distances en 7 heures 50 minutes.

Le sentier reste au sommet d'un contre-fort qui s'abaisse par ressauts ; il en décrit les sinuosités. Marche à l'O. et au S. O. Vue de Petvar, à un quart de lieue à droite, sur le contre-fort voisin. — 45 minutes.

Vue de Seltzé à l'O. 15° S. — 15 minutes.

Marche au S. O. Vue de Bey Bounar, à gauche sur la pente du mont Persenk; marche à l'O.; vue de Tcheurèkova, à gauche dans la vallée, à 1 heure de Mihalkova. — 30 minutes.

Marche tortueuse au S. O., à l'O. et à l'O. S. O.; forte descente s'adoucissant vers le bas; Mihalkova, village bulgare sur un ruisseau, à 470 mètres au-dessus de la mer. — 1 heure 30 minutes.

Vue, à l'O. 20° N., du mont Karlik, situé au S. de Batak, et dont on aperçoit le sommet par-dessus les montagnes de la vallée du Kritchma; pont de bois sur le Kritchma. — 8 minutes.

Commencement d'une rude montée en zigzags. — 7 minutes.

Fin des lacets, au sommet d'un contre-fort d'où l'on voit : Mihalkova, à l'E. 30° S.; Seltzé, déjà nommé, sur la pente de la montagne, à 1 lieue à l'O. 30° S. — 30 minutes.

Marche au N. O., sur le haut du contre-fort; champs de maïs et d'avoine et quelques pruniers au-dessous de la limite inférieure des arbres verts; point de partage des eaux entre deux ruisseaux. — 35 minutes.

De ce point on voit : 1° Ocikova, à l'E. 30° N.; 2° Petvar, à l'E. 20° N.; le mont Mougla Iaïlassi, dans la vallée du Kritchma, au S. 10° E.; 4° le mont Karlik, au S. 15° E. Il ne faut pas confondre ce dernier, qui donne de l'eau au Kritchma et à l'Arda, avec le Karlik, situé au S. de Batak.

Marche à l'O.; quitter le sommet du premier contre-fort, qui se rattache, ainsi que les contre-forts suivants, à une chaîne élevée, dirigée du S. au N. — 10 minutes.

Marche au N. et au N. N. O.; traverser, près de leur origine, les ravins qui forment les branches supérieures d'un petit ruisseau. Au dernier ravin, la limite inférieure des arbres verts s'arrête à l'altitude de 1196 mètres. — 20 minutes.

Sommet du second contre-fort. — 10 minutes.

Forte descente au N. O., tournant ensuite à l'O. et à l'O. S. O., puis au N. et à l'O. Pont de bois de Vodéna, village bulgare, qu'on prononce également Photéna ou Photon, sur un gros ruisseau. — 35 minutes.

Marche à l'E., à l'E. N. E., puis au N.; sommet d'un troisième contre-fort. — 20 minutes.

Marche à l'O. et au N., puis à l'E. et au N.; traverser des ravins près de leur origine; sommet d'un quatrième contre-fort. — 45 minutes.

Marche comme ci-dessus; sommet d'un cinquième contre-fort. — 30 minutes.

Marche au N. E. et au N. N. E., sur le plateau qui se rattache à ce dernier contre-fort; Iacikorou. — 40 minutes.

Iacikorou, village bulgare, est situé sur un plateau, à 1370 mètres au-dessus de la mer. A 5 minutes au N. E. du village, le plateau est dominé par un mamelon trachytique, du haut duquel on voit : 1° Tatar Bazari, à 6 lieues au N.; 2° Philippopoli, à 9 lieues à l'E. 30° N.; 3° Kaïalitchali Tchiflik, à l'E. 30° S.; 4° Ocikova, à l'E. 35° S.; 5° le mont Persenk, au S. 40° E.; 6° Seltzé, au S. 5° O.; 7° le mont Karlik, près de la vallée de l'Arda, à l'O. 40° S.; 8° Pestéra, à 4 lieues au N. O. 9°. On indique, vers le N. E., à 4 heures de marche, la position du village de Kritchma, caché par les accidents du sol, et qui donne son nom à la rivière torrentueuse de la vallée.

60. De Iacikorou à Batak.

On compte 4 heures pour les chevaux de charge et 3 heures pour les chevaux de selle et les piétons. Nous avons parcouru la distance en 3 heures 30 minutes, mais notre marche a été retardée par une forte pluie d'orage qui nous a surpris en descendant du col. La distance en ligne droite est environ de 2 lieues.

Marche à l'O. N. O.; traverser un petit ruisseau; entrer dans la vallée resserrée qui conduit au col. — 20 minutes.

Marche dans la direction moyenne du N. O.; forêt de hêtres et de sapins; col à la hauteur absolue de 1737 mètres. — 55 minutes.

De la maison où nous avons logé, à Batak, on nous a indiqué ce col à l'E. 20° N.

Forte descente à l'O. N. O.; gué d'un ruisseau, affluent du Karlik Dèressi, et coulant vers le N. — 35 minutes.

Marche à l'O.; traverser une colline; Iéni Mahalé, hameau sur un second ruisseau. — 35 minutes.

Montée à l'O. d'une colline boisée; descente au N. O.; troisième ruisseau dans une vallée resserrée. — 30 minutes.

Marche à l'O. N. O.; gué d'un affluent du dernier ruisseau. — 20 minutes.

Colline; gué du Karlik Dèressi, près du confluent avec un ruisseau; Batak. — 15 minutes.

Ce village bulgare se compose d'environ 1000 maisons, situées sur la rive occidentale et le long du torrent. Nous avons mis 25 à 30 minutes pour le traverser du N. au S. et arriver à son extrémité opposée où nous avons logé. Notre station, élevée d'environ 15 mètres au-dessus du Karlik Dèressi, atteint 1061 mètres de hauteur absolue. Il y a dans le village un poste de 8 à 10 Albanais qui veillent à la sécurité des voyageurs qui traversent les montagnes en se rendant de Névrokoup à Philippopoli ou à Tatar Bazari.

On compte 2 heures et demie à 3 heures pour monter au sommet obtus et couvert de paturages alpins du Karlik Dagh, qui se voit au S. de Batak, et donne son nom au ruisseau torrentueux de la vallée. Le village de Karlova, indiqué par les cartes, est inconnu dans le pays.

61. De Batak à Dozpath Han.

On compte 8 heures pour les chevaux de charge et 6 heures pour les chevaux de selle et les piétons. Nous avons parcouru la distance et 7 heures 30 minutes, au pas de nos chevaux de bagage, dont nous avons cru prudent de surveiller la conduite dans les solitudes que nous avions à traverser ; mais à un bon pas ordinaire, un cavalier peut facilement faire en 6 heures le trajet, dont nous évaluons la longueur en ligne droite à 4 lieues.

Cette route n'est praticable qu'en été : elle est ordinairement infestée de voleurs. D'après les conseils de notre hôte, Bulgare, nous avons pris une escorte pour éviter les inconvénients d'une attaque imprévue.

Marche à l'O. 20° S. ; quitter le fond de la vallée. — 15 minutes.

Plateau. — 12 minutes.

Autre plateau servant de liaison entre le précédent et le pied d'un contre-fort élevé. A droite, vue de pâturages d'une demi-lieue de large et s'étendant au loin ; à gauche, vue de la vallée. — 18 minutes.

Montée, généralement assez douce, à l'O. et au S. O., par un sentier tracé au milieu des sapins, tantôt au sommet du contre-fort, tantôt à droite ou à gauche des points culminants de la crête; rude montée pour atteindre définitivement le sommet. — 1 heure 10 minutes.

Marche au S. et au S. O., sur la cime du contre-fort; grosse protubérance formant le point culminant de la montagne. — 30 minutes.

Douce descente au S. O. et au S. S. O.; petite plate-forme d'où descendent quatre ruisseaux dont deux se rendent au Karlik. — 25 minutes.

Très-douce descente sur un grand plateau déboisé, nommé Beilik, et dont toutes les eaux vont à l'Égri Dèrè; excavations ouvertes sans succès pour la recherche du minerai de fer. — 20 minutes.

Marche au S.; gué de l'Égri Dèrè. — 20 minutes.

Entrée dans une gorge boisée. — 15 minutes.

Confluent de l'Égri Dèrè et du Domous Dèrè formant un des trois principaux affluents du Kritchma. — 12 minutes.

Quitter la gorge N. S.; entrée dans une gorge dirigée du N. E. au S. O.; sortie du défilé. — 8 minutes.

Gué du Domous Dèrè, coulant sur un plateau déboisé. — 15 minutes.

Marche à l'O. S. O., sur le plateau; base d'un contre-fort. — 25 minutes.

Montée assez douce au S. O.; sommet de l'axe central de la chaîne du Dozpat Iaïalassi. — 25 minutes.

Marche au sommet de la chaîne dans les sapins, vers le S., et ensuite vers l'E., pour dépasser la naissance de deux ravins opposés; arrivée au pied d'une énorme protubérance qui forme un des points culminants de la chaîne. C'est là qu'aboutit la descente (1). — 20 minutes.

Rude descente au S. O., au milieu des sapins; petit plateau qu'arrose un ruisseau et dont la hauteur absolue est de 1620 mètres. — 15 minutes.

Le sentier est traversé par trois autres ruisseaux et présente trois fortes descentes étagées comme des gradins; fond de la vallée; Dozpat Han. — 1 heure 45 minutes.

Cette auberge isolée, assez vaste pour abriter un grand nombre de chevaux et de voyageurs, sert en même temps de karaoul (2). Elle est dans une vallée dont le fond, nivelé par les alluvions, a plus d'un quart de lieue de large. La rivière qui l'arrose est le seul affluent un peu considérable que possède le Kava Sou (ancien Nestus). La hauteur absolue du han atteint 1227 minutes.

62. De Dozpat Han à Sahatoftché.

On compte 5 heures pour les chevaux de charge et 4 heures pour les chevaux de selle. Nous avons parcouru la distance en 3 heures 40 minutes, et nous en évaluons

(1) Trompé par nos guides sur la position réelle de l'axe de la chaîne, nous n'avons pas pu en mesurer la hauteur; mais si l'on évalue à 200 mètres la différence de niveau qui existe entre le petit plateau inférieur et le sommet de la chaîne, on voit que cette dernière doit atteindre plus de 1800 mètres. On sait, en effet, par des rapprochements faits dans les montagnes, qu'un piéton dont la marche n'est pas retardée par un cheval tenu par la bride, peut descendre 300 mètres en un quart d'heure.

(2) Un karaoul est un poste confié aux hommes armés qui gardent un passage.

la longueur à 2 heures et demie ou 2 heures trois quarts. Une escorte de deux hommes nous a servi de guides.

Gué du Dozpat Dèressi ; base des escarpements à l'O. N. O. du han. — 20 minutes.

Montée très-rude au S. O., mais de courte durée; ensuite le sentier, taillé en corniche, se dirige vers le S., puis il aboutit aux pentes gazonnées, tourne au S. O. et à l'O.; point culminant du chemin passant sur un plateau, à la hauteur absolue de 1640 mètres, au S. d'un sommet couvert de sapins. — 50 minutes.

Marche au S. O. sur la surface ravinée du plateau ; descente. — 25 minutes.

Karaoul, gardé en été seulement par un poste d'hommes armés, et placé sur une petite plate-forme à l'altitude de 1575 mètres. — 10 minutes.

De ce point on découvre au loin, entre le N. O. et le S. O., les cimes élevées du Périn Dagh, etc., dont les formes sont cachées par les nuages.

Descente en lacets au S. S. O. Elle aboutit au sommet d'un contre-fort dont les eaux s'écoulent au N. dans la vallée de Dovlen, au S. dans celle de Kotchen. — 15 minutes.

Marche au S. O. sur la cime du contre-fort; commencement d'une douce montée. — 10 minutes.

Arrivée au sommet, en partie couvert de hêtres et de chênes et de quelques sapins. — 30 minutes.

De ce point on voit, à droite, Dovlen, à 1 lieue et demie au fond de la vallée du Bistritza, à l'O. 10° S., et Kotchen à 1 lieue et demie au S. 5° E., au fond de la vallée de gauche, à l'entrée d'un défilé qui conduit les eaux à la rivière de Dozpat (voyez le profil des montagnes près de ce lieu).

Descente au S., à l'O. et au S. O.; suivre le sommet d'un contre-fort qui s'abaisse par ressauts; Sahatoftché. — 1 heure.

Ce village, composé de Bulgares et de Musulmans, est situé à l'altitude de 1036 mètres, sur un ruisseau affluent du Bistritza.

63. De Sahatoftché à Névrokoup.

On compte 6 heures pour les chevaux de charge et 5 heures pour les chevaux de selle ; nous avons parcouru la distance en 5 heures 10 minutes. La longueur du trajet en ligne droite peut être évaluée à 4 lieues au plus.

Marche au S., au S. O. et à l'O.; sommet d'un contre-fort où le ruisseau de Sahatoftché prend sa source. — 25 minutes.

Descente, d'abord assez forte à l'O. S. O. et au S., bientôt elle s'adoucit; vue de Lalova sur la pente d'une montagne de la vallée de Karasou à l'O. 25° S. — 30 minutes.

Le sentier tourne à l'O. et à l'O. N. O., continue à descendre, franchit deux ravins et conduit au fond de la vallée; gué du Bistritza. — 55 minutes.

Douce montée à l'O.; sommet d'un plateau et vue de Drènova à un quart de lieue au N. — 30 minutes.

Douce descente au S. et au S. S. O. le long d'un petit ruisseau; faible montée à l'O.;

sommet d'un contre-fort formant le partage des eaux entre le Bistritza et le Kara Sou. — 25 minutes.

De ce point on aperçoit : 1° le vallon au fond duquel Névrokoup est caché par un coteau, à l'O. 20° N.; 2° Koprivlen et ses deux minarets, en plaine, au pied de la montagne de Lalova, à 1 lieue à l'O. 30° S.; 3° Lalova, village musulman, composé de 80 maisons et d'un minaret, sur la pente de la montagne, à 2 lieues à l'O. 35° S.; 4° le mont Kara Dagh, à l'O. 45° S.; 5° une des cimes élevées du Boz Dagh, au S. 30° E.; 6° au S., au S. 5° E. et au S. 10° E., trois cimes qui fournissent de l'eau au bassin hydrographique de Lissa ; 7° plusieurs tumulus au N. et au S. de Névrokoup.

Douce descente à l'O.; Doubnitza sur un ruisseau, à la hauteur absolue de 570 mètres. — 50 minutes.

Gué du Kara Sou. — 30 minutes.

Remonter le cours du fleuve et s'en écarter peu à peu en marchant au N. O.; pont sur le ruisseau de Névrokoup; Névrokoup. — 1 heure.

Névrokoup, chef-lieu de kaza de l'éyalet de Sérès, est situé à 571 mètres au-dessus de la mer, sur le cours d'un ruisseau qui se jette dans le Kara Sou, à une demi-lieue de distance. Une partie de la ville s'avance en plaine, l'autre partie est resserrée entre le pied des hautes montagnes à l'O. et un coteau à l'E. Elle se compose de 1000 maisons habitées par des Musulmans et par un petit nombre de Grecs et de Bulgares, et renferme 12 minarets, 1 bazar assez vaste, un grand nombre de hans et de cafés, 1 horloge publique. Les murailles des maisons qui longent les rues sont construites jusqu'à hauteur d'homme avec des caillous roulés ou des pierres que cimente de la terre délayée. Les parties supérieures et les murs sur les cours sont bâtis en bois et en briques séchées au soleil. Les toits sont couverts en tuiles.

Le voyageur venant du S. E. par la plaine n'aperçoit les toitures de la ville que lorsqu'il en est à une faible distance. Pour la voir de loin, dans cette direction, il faut être placé sur un point élevé. Sa position dans un creux la dérobe des autres côtés aux regards, et l'expose en hiver à l'invasion des eaux pluviales, qui transforment sa partie la plus basse en un lac de boue.

Il se tient chaque année, à Névrokoup, une foire assez importante qui dure un mois dans l'intérieur de la ville, et huit jours en dehors, dans un vallon, à 10 minutes de marche à l'E. de la ville. Ensuite, les marchands mettent 15 jours à plier bagage et à terminer leurs affaires.

A notre arrivée (15 août) à Névrokoup, cette foire avait attiré un grand nombre d'habitants des montagnes voisines. Le vallon ci-dessus désigné réunissait des bestiaux, des chevaux, des mules et des marchandises de toute espèce exposées à la vente; mais les belles étoffes et les objets les plus précieux se vendaient au bazar de la ville.

Les hans, quoique nombreux, sont insuffisants à cette époque pour loger l'affluence des voyageurs et leurs chevaux ; beaucoup de particuliers transforment alors leur maison en auberge, ou la louent momentanément pour servir à cet usage. Tous les hans sont tenus par des Bulgares ou des Grecs.

Le principal commerce de Névrokoup consiste en bois et en planches que débitent les nombreuses scieries établies dans la vallée.

64. Excursion aux eaux thermales (Lidja des Turcs, Bania des Slaves).

On compte 2 heures pour les chevaux de charge et 1 heure et demie pour les chevaux de selle : nous avons parcouru la distance en 1 heure 25 minutes.

Passer devant le vallon où se tient la foire; longer le pied du coteau; gué du Kara Sou. — 20 minutes.

Pied d'un coteau cultivé en céréales. — 15 minutes.

Entrée dans le village bulgare de Vodovitza (qu'on prononce aussi Fotovista). — 15 minutes.

Vue de Hissarlik à 10 minutes à droite, et de Ghirblan à 10 minutes plus loin ; gué d'un ruisseau. — 15 minutes.

Source d'eau thermale, à 10 minutes à gauche, près du ruisseau. Sommet d'une colline, d'où l'on voit, à l'O. 20° S., le vallon au fond duquel Névrokoup est caché. — 10 minutes.

Fond de la vallée resserrée du Kaïnana Dèrè ; bain d'eau thermale, abandonné sans gardien aux usages du public. — 10 minutes.

Quatre autres établissements semblables se trouvent dans cette vallée, à la distance les uns des autres de 2 à 300 mètres.

RÉCAPITULATION DES ROUTES QUE NOUS AVONS SUIVIES POUR NOUS RENDRE DE PHILIPPOPOLI A NÉVROKOUP.

Laissant de côté les excursions que nous avons faites aux environs de Kaïalitchali Tchiflik et de Névrokoup, nous ne comprenons dans ce relevé que les distances parcourues pour nous rendre d'un point intermédiaire à l'autre.

N^os^ D'ORDRE DES ROUTES PRÉCÉDENTES.	ROUTE INDIRECTE DE PHILIPPOPOLI A NÉVROKOUP PAR LA VALLÉE DU KRITCHMA.	TEMPS EMPLOYÉ PAR LES CHEVAUX		
		DE CHARGE.	DE SELLE.	LES NÔTRES.
		heures.	heures.	h. min.
56	Dèrè Keui	3	2 1/4	2 25
57	Kaïalitchali Tchiflik	7	6	6 30
59	Iacikorou, par Mihalkova	10	8	7 50
60	Batak	4	3	3 30 (1)
61	Dozpat Han	8	6	7 30 (2)
62	Sahatoftchè	5	4	3 40
63	Névrokoup	6	5	5 10
	TOTAUX	43	34 1/4	36 35

(1) Notre marche, rendue difficile par un orage, nous a fait perdre du temps.

(2) Nous avons accompagné nos bagages entre Batak et Dozpat Han ; les distances sont mesurées dans ce trajet au pas de nos chevaux de charge.

Sans ces deux circonstances, nous aurions employé le temps indiqué pour les chevaux de selle.

Nous n'avons pas fait figurer dans ce tableau nos évaluations en ligne droite, que nous avons données d'un point à l'autre.

Appendice au § IV. — Points en communication avec les localités citées dans les routes précédentes.

Nous avons recueilli les renseignements suivants sur les distances qui existent entre certaines localités. Le numéro d'ordre des routes où nous les avons citées facilite leur recherche dans l'itinéraire précédent.

65. De Philippopoli (56) à Tatar Bazari, 6 heures.

Nous empruntons les distances intermédiaires à M. Boué, qui s'est rendu à Tatar Bazari, par la route qui longe la rive septentrionale de la Maritza.

Au N., village de Tcherna Gora (Tscharnagora des cartes) (1) ; groupe de peupliers servant de lieu de repos, 1 heure; auberge d'Ortabane Han, 1 heure et demie; Harmanli (d'après nos renseignements, lisez Aïranli), au S. de la Maritza ; Sélapitschka (Zalopitza des cartes), au N. de la route, demi-heure; Odaka (d'après nos renseignements, lisez Ada Keui), reste au S. de la Maritza ; Kari Keui ou Kourou Keui (village sec), reste au N.; marais et rizières à passer sur des chaussées et des ponts de bois, 1 heure et demie; passer la Maritza sur un pont de bois; Tatar Bazari. — 1 heure et demie.

Tatar Bazari, chef-lieu de kaza de l'éyalet de Filibè (Philippopoli), renferme, d'après M. Boué, 7000 à 8000 maisons et une église bulgare.

La carte Lapie place sur la rive méridionale de la Maritza les quatre villages de Pinitzé, Birva, Évrindjik, et sur la rive opposée Kouataim, dont les noms sont probablement mal écrits, car ils sont inconnus aux personnes que nous avons consultées.

66. De Philippopoli (56) à.
- Aïranli, 2 heures (il est à une demi-heure de Zlatrap et à 1 heure de Kadi Keui).
- Kadi Keui, 3 heures, près du confluent du Kritchma et de la Maritza.
- Kara Tahir, 3 heures, audit confluent.
- Ada Keui, 4 heures (il est à 3 quarts d'heure de Kadi Keui).

67. De Philippopoli (56) à Batak (60) par Kritchma Keui, 11 heures trois quarts :

Dèrè Keui (56), 2 heures un quart ; Périchtutza (57), 1 heure; Ustuna, demi-heure; Kritchma (59), 1 heure; Iacikorou (59), 4 heures; Batak, 3 heures.

(1) Le Tcherna Gora des cartes est à environ 2 heures au N. O. de Tatar Bazari. Celui de M. Boué doit être nécessairement un autre village du même nom.

68. Du village de Dermen Dèrè (56) aux villages suivants, qui sont situés dans la vallée du ruisseau de Dermen Dèrè :

Sotir, à 1 heure, rive droite.
Isvor (57), à 1 heure un quart, à mi-côte, rive gauche.
Dêdova, Boïkova, } à 2 heures et demie, sur la montagne.
Dourmous Keui, à 4 heures, sur la montagne.
Sitova, Tomritza (57), Kurien (57), } à 5 heures, sur la montagne.
Démirdjik (57), à 6 heures, sur la montagne.

69. De Philippopoli (56) à Névrocoup (63), par la vallée du Kritchma.

Nos renseignements sur cette route sont incomplets et ne donnent qu'une partie des distances.

Kara Tahir, au confluent du Kritchma et de la Maritza, 3 heures ; Kritchma Keui, 4 heures; Djuren (peut-être notre Kurien) (57), 4 heures; Petvar (59), 4 heures; Mihalkova (59), 2 heures; Dovlen, au confluent des trois principaux affluents du Kritchma, 5 heures; Kara Boulak; Baroutin, près de la rivière de Dozpan Han; Kotchen (62); Névrokoup, 6 heures.

Les distances ci-dessus se trouvent augmentées par les montées et les descentes.

70. De Kaïalitchali Tchiflik (57 et 59) à Névrokoup (63).

Cette route nous a été indiquée comme pouvant, par ses sinuosités, nous faire bien connaître le relief accidenté de la vallée du Kritchma : on compte 32 heures, savoir :

Lidja, 8 heures; Nastan, 3 heures; Grohotna, 2 heures; Ghieukviren, 2 heures; Balaban, 2 heures; Nipli, 3 heures; Kotchen (62), 6 heures; Névrokoup, 6 heures.

71. De Mihalkova (59) à Batak (60), 7 heures.

Vodéna (4), 3 heures; Iéni Mahalè (60), 3 heures ; Batak, 1 heure.

72. De Tatar Bazari à Iacikorou (59), 6 heures, savoir :

Plaine; colline; gué du Karlik Dèressi, 2 heures et demie; remonter la vallée dont le ruisseau descend du plateau de Iacikorou; Tchanaktchi, 1 heure et demie; Iacikorou, 2 heures.

73. De Kritchma (68) à Pestéra (59), 4 heures.

Traverser la rivière de Kritchma; laisser au N. le confluent du Karlik Dèressi et du Kritchma, 1 heure et demie; Iéni Keui, près du confluent du ruisseau de Iacikorou et du Karlik, demi-heure; Pestéra, sur le cours du Karlik, 2 heures.

74. De Pestéra (73) à Iacikorou (59), 4 heures, savoir :

Tchanaktchi, 2 heures; Iacikorou, 2 heures.

75. De Tatar Bazari à Batak (60), 6 à 7 heures.

Plaine, haute colline à gravir, forte descente, Pestéra, 3 heures; remonter la vallée du Karlik Dèressi, Batak, 4 heures.

76. De Dozpat Han (61) à Razlouk (80), 16 heures.

Remonter la vallée du Dozpat Dèressi, qui porte le nom de Sèrèpol Dervendi; elle est inhabitée, couverte de forêts de sapins et impraticable aux chevaux de charge. Il est facile de s'égarer au milieu de ces solitudes où n'existent que des sentiers tracés par les bestiaux. Après avoir surmonté toutes les difficultés, arriver à Babek, 12 heures; Razlouk, 4 heures.

Il sera question de ces dernières localités dans le paragraphe suivant (80 et 82).

77. De Dozpat Han (61) à Borova (152), 10 heures.

Les distances suivantes s'élèvent ensemble à 13 heures ou 13 heures et demie, au lieu des 10 heures annoncées; la différence doit résulter, soit d'une erreur dans les distances partielles, soit de la possibilité d'abréger la route, en laissant de côté quelques-uns des villages.

Ianikeui, sur la rive gauche, à un quart de lieue du Dozpat Dèressi : c'est le village le plus voisin du han, 2 heures et demie à 3 heures; Baroutin, sur le torrent (69), 1 heure et demie; Djidjova, sur la montagne de la rive droite, 4 heures; Tovista ou Touhovichta, 1 heure; Borova, au confluent du Dozpat Dèressi et du Kara Sou (Nestus), 4 heures.

Il sera question, dans le paragraphe IX, de ces trois dernières localités, que nous avons aperçues de plusieurs points de la route (152).

§ V. — Route de Névrokoup à Sofia, par Razlouk et Samakov.

(Pl. 7 et 8.)

78. De Névrokoup à Krémen Han.

On compte 5 heures pour les chevaux de charge et 4 heures pour les chevaux de selle; nous avons parcouru la distance en 3 heures 55 minutes. Cette route, praticable aux arabas, reste sur la rive occidentale du Kara Sou (Nestus).

Marche à l'E. et à l'E. N. E.; contourner le coteau près de Névrokoup; marche au N. 30° O.; lit à sec d'un ruisseau. — 30 minutes.

Passer entre deux tchifliks; marche au N. 25° E.: lit à sec d'un ruisseau. — 15 minutes.

Banitza, village bulgare à l'entrée d'une gorge, reste à 10 minutes à gauche; gué du torrent de Banitza. — 20 minutes.

Vue de Baldova, à 3 quarts de lieue à droite, au pied de la montagne; entrée du Khiz Derbend (défilé de la Fille); Slopou Han, à l'entrée du défilé que parcourt le Kara Sou, et dont les sinuosités suivent, en moyenne, la direction du N. un peu O. au S. un peu E. — 35 minutes.

Le village de Slopou est à 1 heure, dans une gorge qui débouche au N. E. du han de même nom; remonter vers le N. le cours du fleuve. Altitude du lit du Kara Sou, au pied d'un rocher escarpé nommé Tchoupka Kaïassi, 582 mètres. — 30 minutes.

Pont de bois sur un torrent venant de l'O.; et vue à droite, sur la pente des montagnes, de vignes, de cultures de maïs, de ruches à miel et de cabanes qui dépendent du village de Ribna, situé à 1 heure de distance. — 20 minutes.

A droite, torrent venant de l'E. — 30 minutes.

Base du contre-fort qui supporte les ruines de Kiz Koulessi (château fort de la Fille); montée; sentier taillé en corniche au-dessus du Kara Sou; escarpements dominés par les ruines. — 25 minutes.

Descente; fond de la vallée; Krémen Han. — 30 minutes.

79. Excursion au village de Krémen.

Rude montée à l'O. et au N. O., par un sentier en lacets; quelques vignobles sur les pentes inférieures; bois taillis sur les flancs de la montagne; sommet du contre-fort. — 50 minutes.

Marche à l'O.; Krémen, situé au sommet, à l'altitude de 1080 mètres. — 30 minutes.

S'avancer à l'O., au delà de Krémen, en suivant toujours le sommet; à gauche, vallée dont le ruisseau conflue près de Krémen Han; à droite, vallée dont le ruisseau descend du petit lac de Papaz Gheul (lac des Prêtres); vue d'Obidim, au N., sur la pente du contre-fort qui accompagne la rive septentrionale de ce dernier ruisseau; vue d'Océnova, à l'E., sur les montagnes qui bordent la rive orientale du Kara Sou; s'arrêter au point culminant du contre-fort. — 1 heure.

De ce point, on voit : 1° à 1 ou 2 lieues à l'O., le contre-fort se lier à la base du mont Arami Bounar, qui présente des cimes profondément échancrées et derrière lesquelles se trouve, dit-on, le lac de Papaz Gheul; 2° au S. 30° E., une des cimes du Boz Dagh; plus au S., le Lissa Baïri (Baïr signifie descente); entre ces deux cimes et en avant, le Laska Têpê, que nous avons aperçu de Névrokoup, au S. de cette ville (voyez pl. 7, le profil pris de notre station à l'O. de Krémen).

D'après les renseignements que nous avons recueillis à Névrokoup, on peut se rendre au lac de Papaz Gheul par deux voies différentes :

1° En sortant de cette ville, rude montée du mont Zéimnista, qui nous a été désigné aussi sous les noms de Périn Dagh et de Papaz Gheul : ces trois noms s'appliquent à des cimes voisines l'une de l'autre et faisant partie d'un même groupe. Après 3 heures de forte montée, marcher pendant 6 heures au sommet des montagnes, sur des plans faiblement inclinés : en tout 9 heures pour arriver au lac.

2° L'autre chemin passe par Breznitza, village musulman, à 4 heures de Névrokoup; de Breznitza au sommet de la montagne, 5 heures.

80. De Krémen Han à Razlouk.

On compte 8 heures pour les chevaux de charge et 6 heures et demie à 7 heures pour les chevaux de selle : nous avons parcouru la distance en 6 heures 30 minutes, à un bon pas ordinaire, mais soutenu. La route est praticable aux arabas.

Ilip Han; gué du torrent qui prend sa source au lac de Papaz Gheul. — 40 minutes.

En face du gué, laisser à droite un karaoul sur la route opposée, entre deux torrents; et vue, à une demi-lieue à droite, de Filip Keui ou Ilipo, village de 15 maisons sur une plate-forme; Goustoun Han, auberge isolée en face d'un ruisseau venant de l'E., et prenant son nom d'un village à trois quarts de lieue à droite. — 40 minutes.

La vallée du Kara Sou, qui depuis Krémen Han jusqu'à Goustoun Han suivait en moyenne une direction presque N. S., tourne au N. O. et ensuite à l'O.; laisser à droite le lit d'un torrent, et le pont de bois d'Élechnitza, qui prend son nom d'un village bulgare, composé de 100 maisons et situé à 1 lieue un quart au N., dans une vallée. — 40 minutes.

Marche à l'O.; Louchin Han, karaoul et quelques maisons, situés sur le bord du fleuve, à l'altitude de 720 mètres, à l'endroit où la vallée principale reprend sa première direction. — 35 minutes.

Gué d'un petit affluent du Kara Sou; Kara Sou; franchir à l'O. une colline; quitter la vallée principale; descente; gué de la rivière ou torrent de Dobronichta, qui conflue près de Louchin Han. — 15 minutes.

Remonter à l'O. le cours du torrent, qui coule dans une gorge; vue à gauche de Iéni Keui, composé de 35 maisons et situé à l'entrée d'une gorge latérale. — 10 minutes.

Un peu plus loin, scierie; vue à gauche d'une gorge latérale d'où descend un gros torrent; montée à l'O. N. O. par un sentier en corniche au-dessus du défilé que remplit le torrent de Dobronichta; descente au S. O.; Dobronichta, village composé de 85 maisons musulmanes et bulgares et d'un bain d'eau thermale, sur le bord du torrent. — 50 minutes.

Montée au N. O. et au N., sur un plateau; vue au S. d'une gorge d'où descend le torrent de Dobronichta, qui vient du mont Banitchka, rapproché du Iel Têpê, la plus haute sommité des montagnes voisines. — 25 minutes.

Douce descente au N. et au N. N. O.; gué d'un petit ruisseau affluent du suivant; marche au N. O. et à l'O.; Bania, sur les deux rives d'un ruisseau venant de Banitchka, composé de 170 maisons musulmanes et bulgares, avec jardins entourés de claies, et possédant un bain d'eaux thermales et des ruines antiques encore appropriées comme autrefois à l'établissement moderne. — 1 heure 15 minutes.

Gué du ruisseau de Bania; pâturages aux environs du village; marche à l'O.; traverser un petit défilé entre deux collines; gué du torrent principal et vue de Draglista, composé de 22 maisons, sur la montagne, à 1 lieue et demie à l'O. 30° N. — 20 minutes.

Marche à l'O. et à l'O. S. O.; montée par un chemin qui sert de lit au ruisseau de Razlouk; Razlouk. — 40 minutes.

Razlouk, que les Grecs nomment Méamia, chef-lieu d'un des kazas de l'éyalet de Sérès, se compose de 320 maisons habitées par des musulmans, des Bulgares et quelques Grecs. Il est situé à la hauteur absolue de 833 mètres, sur un plateau qu'arrose un ruisseau venant de l'O.

81. Excursion dans les environs de Razlouk.

Marche au S. O. et à l'O. S. O. pour arriver sur le bord du Béla Riéka, 10 minutes; marche à l'O. dans la vallée évasée, limitée au S. par les parties escarpées et couvertes de sapins des hauts contre-forts du Iel Têpê; montée au N. sur une colline. — 1 heure.

De ce point d'observation, on voit : 1° Razlouk, à 1 lieue à l'E.; 2° Dobronitcha, à 3 lieues en ligne droite, à l'E. 35° S.; 3° Banitchka, à 1 lieue et demie à l'E. 45° S.; 4° la large dépression servant de col et formant l'extrémité supérieure de la vallée du Béla Briéka, à 1 lieue et demie à l'O. La route de Razlouk à Djouma traverse ce col, comme nous le dirons dans l'appendice du présent paragraphe.

Nous nous sommes rendu de ce point à Banitchka; traverser sans suivre de sentier la surface ravinée du plateau; source d'un gros torrent, nommé Isvor, sortant d'une caverne, à 3 quarts de lieue au S. de Razlouk, et dont nous avons traversé le cours à 20 minutes au delà de Bania; Banitchka. — 1 heure et demie.

Banitchka, village composé de 700 maisons habitées par des musulmans et principalement par des Bulgares et des Grecs. Il s'y tient des bazars qui ont lieu plusieurs fois dans l'année. Un grand nombre des maisons sont construites pour servir de hans où les voyageurs et leurs chevaux trouvent un abri. La plupart du temps elles restent inhabitées, et donnent à ce gros village un aspect d'abandon. Banitchka est situé sur un plateau formé de blocs et de cailloux roulés qu'entraîne le torrent qui le traverse et qui descend d'un ravin creusé dans les escarpements voisins, lesquels forment la base du Tèpè et du mont Banitchka. De ce plateau, les eaux s'écoulent vers Bania et vers Dobronitchta.

La plaine élevée, comprise entre Dobronichta, Bania, Razlouk et Banitchka, produit du maïs, du blé, de l'orge, du coton, du miel. On y élève des moutons et des bestiaux.

Retour à Razlouk en 1 heure et demie, à travers la surface ravinée du plateau.

82. De Razlouk à Iokourout.

On compte 6 heures pour les chevaux de charge et 5 heures pour les chevaux de selle : nous avons parcouru la distance en 5 heures, à un bon pas ordinaire, mais soutenu. La route est praticable aux arabas.

Marche à l'E. et à l'E. N. E.; pont de bois sur le Sédretch Dèressi, venant de l'O. et se mêlant, près du pont, aux torrents déjà réunis de Razlouk, du Béla Riéka et d'Isvor. — 45 minutes.

Gué d'un petit ruisseau et vue du confluent du ruisseau de Bania, à 10 minutes plus loin à l'E. — 15 minutes.

Traverser une basse colline ; gué du ruisseau de Draglista. — 20 minutes.

Montée à l'E.; sommet d'une colline. — 15 minutes.

Bas de la descente dans la vallée de Bélitza, dont le ruisseau se mêle au torrent principal, à 3 quarts de lieue à l'E. S. E., et vue de quelques cabanes à 20 minutes à l'E. — 10 minutes.

Marche au N. E.; gué du ruisseau de Bélitza, et vue du village de Bélitza qui se compose de 100 maisons musulmanes et bulgares, à 1 demi-lieue à gauche. — 30 minutes.

Entrée dans la vallée resserrée de Iokourout, dont le ruisseau conflue, 10 minutes plus bas au S., avec celui de Bélitza. — 5 minutes.

Remonter la vallée au N. et au N. N. O.; vue sur la rive orientale de plusieurs cabanes. — 40 minutes.

Vue de plusieurs autres cabanes sur la rive orientale, près d'un ravin. — 20 minutes.

Les cabanes répandues dans les pâturages de la vallée dépendent du village de Babek que nous avons cité (76), sur la route de piétons de Dozpat Han à Razlouk. Il n'est pas visible de la route ; mais nos guides l'indiquent à l'E. 30° S., sur la montagne, près de l'origine du ravin par lequel descend un filet d'eau. Il faut 1 heure et demie pour y monter.

Pont sur le ruisseau de Iokourout, qui coule sur ce point à 856 mètres au-dessus de la mer. — 15 minutes.

Marche au N. N. O, et au N. O. ; Iokourout. — 1 heure 25 minutes.

Ce village, composé de 100 maisons, tant musulmanes que bulgares, est situé sur la rive occidentale du ruisseau. La hauteur absolue du han atteint 904 mètres.

83. De Iokourout à Tchépina.

On compte 7 heures pour les chevaux de charge et 6 heures pour les chevaux de selle : nous avons parcouru la route en 6 heures 5 minutes; mais nous évaluons la distance en ligne droite à 4 lieues et demie. Les arabas pourraient facilement se rendre de Iokourout à Tchépina; il suffirait de tracer quelques sinuosités pour adoucir la descente du col.

Marche au N. E. et à l'E. N. E.; traverser le ruisseau sur un pont de bois. — 25 minutes.

Marche à l'E.; pont de bois sur un ruisseau venant du N. — 30 minutes.

Marche à l'E. et ensuite au N. E.; pont de bois; revenir sur la rive méridionale. — 15 minutes.

Marche à l'E.; confluent de 3 ruisseaux venant du N. et du N. E.; gué du ruisseau, qui coule sur ce point à l'altitude de 1026 mètres. — 20 minutes.

Montée douce et peu sensible par une vallée large et gazonnée, dominée par des montagnes couvertes de sapins; karaoul. — 1 heure 30 minutes.

Col du mont Abramova, à la hauteur absolue de 1339 mètres; il forme le point de partage des eaux entre les affluents du Kara Sou et ceux de la Maritza. — 5 minutes.

Descente; marche à l'E., pour contourner l'origine de deux ravins qui se dirigent au S.; arriver au sommet du contre-fort qui sépare deux ruisseaux et conduit par une pente assez rapide, au S. S. E., au fond de la vallée, où se trouve, à l'altitude de 989 mètres, le confluent des deux ruisseaux. — 1 heure.

Suivre la vallée sur la rive septentrionale; marche en moyenne à l'E.; jonction de deux ruisseaux venant du N. et du S. — 35 minutes.

La vallée se resserre davantage et les sapins descendent jusqu'au ruisseau; marche en moyenne au S. E., ensuite à l'E.; pont de bois, et confluent d'un ruisseau venant du S. — 50 minutes.

Pont de bois; reprendre la rive septentrionale. — 5 minutes.

Marche au N. O., puis au N. E.; sortie du défilé; laisser à droite, sur la rive opposée, un moulin à foulon et un bain d'eaux thermales. — 20 minutes.

Tchépina, village musulman, composé de 250 maisons, construit dans une petite plaine, à 791 mètres au-dessus de la mer. — 10 minutes.

84. De Tchépina à Bélova.

On compte 6 heures pour les chevaux de charge et 5 heures pour les chevaux de selle : nous avons parcouru la distance en 4 heures 55 minutes, et nous en évaluons la longueur en ligne droite à 3 lieues et demie. Il serait assez facile de rendre cette route praticable aux arabas dans toute son étendue.

Marche au N. et au N. O.; Lidjana (diminutif de Lidja), petit village musulman. — 25 minutes.

Gué d'un petit ruisseau venant de l'O., et bain d'eau thermale sur la rive septentrionale. — 5 minutes.

Gué d'un ruisseau, et vue de Kaménitza, à 5 minutes à gauche, et de Kourova, au N. 35° E. — 15 minutes.

Rive occidentale de l'Elli Dèrè (cinquante ruisseaux), formée du torrent de Tchépina et de plusieurs affluents venant du S.; en face, sur la rive opposée, se trouve Kourova, village musulman composé de 150 maisons. — 25 minutes.

Entrée dans le défilé nommé Labik Bohassi, dont les parois sont garnies de forêts; quitter le bord de l'Elli Dèrè. — 35 minutes.

Montée par un sentier taillé en corniche. La pente, d'abord douce, devient rapide en approchant du col; vue à droite, du défilé qui tourne à l'E.; montée en lacets; col du mont Nitouil. — 1 heure 30 minutes.

De ce point, dont la hauteur absolue atteint 1424 mètres, on voit : 1° Tchépina, au S. 20° O.; 2° Lidjana, au S. 10° O.; 3° Kourova, au S. 5° E.; 4° Rakitova, dans un bassin très-évasé, au S. 20° E. Il sera question de cette dernière localité dans l'appendice de ce paragraphe.

Descente sinueuse sur le flanc occidental d'un contre-fort couvert de forêts; marche moyenne au N. 10° O., sur un sentier en corniche au-dessus du torrent de gauche. Les pentes, généralement assez douces, deviennent plus rapides en approchant de Bélova; quelques lacets avant d'arriver au fond de la vallée; Bélova. — 1 heure 40 minutes.

Ce village bulgare, composé de 200 maisons, est situé sur le torrent, à l'entrée d'une gorge, dans une vallée assez étroite, à l'altitude de 438 mètres. Son torrent est un affluent de l'Elli Dèrè.

85. De Bélova à Bania.

On compte 6 heures pour les chevaux de charge et 5 heures pour les chevaux de selle : nous avons parcouru en 5 heures 10 minutes la distance dont nous évaluons la longueur en ligne droite à 4 lieues. Les montées et les descentes entre Sestrima et Gabrovitza sont en zigzags au milieu des bois, et souvent très-roides; les arabas ne pourraient les franchir dans leur état actuel.

Montée sur le plateau ; direction moyenne de la marche à l'O. 15° N., jusqu'à Sestrima; passer au pied des contre-forts de gauche; gué d'un ruisseau. — 15 minutes.

Point culminant du plateau précédant la descente, et dont la hauteur au-dessus de la mer est de 633 mètres. — 1 heure 5 minutes.

Sestrima, petit village avec quatre usines (vidnè) où l'on forge le fer apporté de Samakov, situé sur un torrent à l'entrée d'une gorge. — 10 minutes.

Montée tortueuse au N. O. et au N.; traverser deux ravins; sommet d'un contre-fort. — 35 minutes.

Marche à l'O. et au N.; partage des eaux entre la vallée de Sestrima et celle de Gabrovitza. — 15 minutes.

Descente en zigzag à l'O. N. O.; traverser un ruisseau à sa naissance; montée en lacet; sommet d'un contre-fort; descente tortueuse; Gabrovitza, sur un torrent à l'entrée d'une gorge. — 25 minutes.

Montée à l'O. sur le plateau ; ruisseau coulant sur ce point à 630 mètres de hauteur absolue, et vue à 1 lieue au N. 20° E. de la vallée du Dervend (défilé) et du confluent de son ruisseau avec la Maritza. — 25 minutes.

A partir du ruisseau, l'approche d'un orage nous fait hâter le pas; marche au S. O. et ensuite à l'O.; Kostendjè, village musulman, à l'entrée d'une gorge, sur un torrent. — 30 minutes.

Montée ; plateau et vue de Bania au N. 40° O.; petit ruisseau venant du S. O. — 1 heure 5 minutes.

Les broussailles qui couvrent assez généralement les plateaux que nous venons de traverser, se composent de chênes, de charmes, de hêtres et de pins. On ne leur donne pas le temps de pousser, on les coupe pour l'usage des usines; bains thermaux à 10 minutes, à droite; petit ruisseau venant de l'O. — 10 minutes.

Bania. — 15 minutes.

Bania, village composé de 160 maisons, arrosé par un ruisseau dont les eaux circulent dans les rues. Le quartier musulman renferme une mosquée, une tour à horloge, plusieurs hans et cafés, et 100 maisons; le quartier bulgare se compose de 60 habitations, séparés par des jardins. Le han où nous avons logé se trouve à un quart de lieue à l'O. de la mosquée, et atteint 651 mètres de hauteur absolue. La Maritza coule à quelques minutes au N. du han, et baigne le pied de la montagne d'Otchuchka. Du han on voit à l'O. 35° S. le Tchadir Tèpê (*Tchadir*, tente; *Tèpê*, pointe), dont le sommet, l'un des plus élevés de la chaîne, offre la forme d'une tente.

86. De Bania à Samakov.

Deux routes conduisent de Bania à Samakov; nous avons préféré la plus difficile, qui permet de mieux voir le pays; il sera question, dans l'appendice de ce paragraphe, de la seconde route qui sert de voie ordinaire de communication.

On compte 4 heures et demie pour les chevaux de selle; nous avons parcouru en 4 heures 10 minutes la distance, dont la longueur en ligne droite peut être évaluée à 3 lieues.

Marche en plaine à l'O.; plusieurs usines (*vidnè*), où l'on travaille le fer de Samakov, sur le bord d'un torrent, l'une des sources de la Maritza. — 50 minutes.

Gué du torrent; Mahalè, hameau bulgare. — 10 minutes.

Montée; vue de Goutchal au N., sur un contre-fort; plus loin, vue de Rodoïl, à un quart de lieue à gauche, au fond de la vallée et à l'entrée d'une gorge. — 25 minutes.

Les sapins commencent à se mélanger avec les autres essences citées dans la vallée; nous avons pris leur limite inférieure un peu plus haut; elle atteint 1081 mètres. — 25 minutes.

Sommet du plateau nommé Bélova Polèna, formant le point de partage des eaux entre la Maritza et l'Iskra. — 35 minutes.

De ce point, dont l'altitude est de 1292 mètres, on voit : 1° Bania, à l'E. 7° N.; 2° les usines (*vidnè*), à l'E. 10° N.; 3° les contre-forts élevés du Tchadir Tépê, à un quart de lieue au S.; 4° une protubérance qui dépasse de 30 mètres la hauteur du plateau, à 5 minutes au N.; au delà, le sommet du plateau s'abaisse doucement, puis se déprime fortement et forme, à une lieue et demie de distance, le col que traverse la route commerciale.

Marche à l'O. N. O. sur le plateau; commencement de la descente. — 25 minutes.

De ce point on jouit d'une belle vue sur la plaine de Samakov et sur les montagnes; on aperçoit : 1° le mont Vitocha, au N. 35° O.; 2° l'entrée du défilé dont l'Iskra profite pour sortir de la plaine, au N.; 3° des contre-forts du Kodja Balkan, au N. 20° E. (Voy. pl. 8, le profil pris de cette station.)

Descente tortueuse de l'O. N. O. et au N. O., tracée au sommet d'un contre-fort; canal sur une plate-forme, détournant les eaux d'un ruisseau pour servir au lavage du minerai de fer. — 25 minutes.

Fin de la descente. — 45 minutes.

Premières maisons de Samakov. — 5 minutes.

Samakov, chef-lieu de liva, de l'éyalet de Nisch ou Nissa, est situé dans une plaine, sur la rive orientale de l'Iskra ou Isker, à 991 mètres de hauteur au-dessus de la mer. Cette ville s'étend le long de la rivière, du S. S. E. au N. N. O., sur une longueur d'environ une demi-lieue, et n'offre qu'une largeur de 400 à 600 mètres. Elle se compose d'environ 3000 maisons, dont 350 habitées par des musulmans, 55 par des juifs, et le reste par des Bulgares et des Serbes, et par quelques Grecs. On y compte 12 mosquées, 2 églises, 1 synagogue, 1 horloge publique, 1 bazar, plusieurs hans et cafés spacieux. Les habitants musulmans et chrétiens ont de l'aisance; les plus riches, au nombre de 12 à 14, possèdent des voitures, qu'ils ont fait venir de Vienne.

L'abondance des eaux qui lavent les rues mérite une mention particulière dans un pays où cependant cet usage est généralement adopté.

Les rues sont étroites et garnies de chaque côté d'un trottoir, très-incommode à la circulation et construit en pierres inégales, élevées de 10, 15 ou 20 centimètres au-dessus du sol. Des saignées faites à l'Iskra fournissent les nappes d'eau, de 3 à 4 centimètres de profondeur, qui circulent dans les canaux formés par les trottoirs. A l'angle de chaque rue, deux grosses pierres posées à plat, à des distances de 30 à 60 centimètres, permettent aux piétons de traverser d'une rue à l'autre. Les espaces entre les deux pierres et les trottoirs servent de passage aux chevaux, aux bœufs, aux chariots et aux voitures. La circulation continuelle des eaux débarrasse la ville de toutes ses immondices ; mais cet avantage n'est pas sans inconvénient, le piétinement des chevaux et le roulement des chariots asperge d'eau et de boue les piétons et les cavaliers : d'autre part, des bandes nombreuses de canards barbotent dans les rues; elles prennent leur vol à l'approche des chevaux et des voitures, rasent lourdement la surface du canal, et en s'abattant inondent les passants.

87. Excursion aux environs de Samakov.

La colline de Prodan, située à une demi-lieue à l'O. N. O. de Samakov, s'élève de 20 à 30 mètres au-dessus de l'Iskra et sépare la plaine de Samakov de celle de Iarlova. Du haut de cette colline, dont les accidents dérobent aux regards le village de Prodan, construit à sa base N. O., on voit : 1° Zlakoutcha, à 1 lieue au N. 25° E. ; 2° Dragochino, à trois quarts de lieue à l'E. 35° N. ; 3° le centre de la ville de Samakov, à une demi lieue à l'E. 25° S. ; 4° le mont Tchadir Têpê, au loin, au S. 10° E. ; 5° Dozpéï, à une demi-lieue au S. 35° O. ; 6° la base d'un contre-fort du mont Vitocha, se terminant à la plaine de Iarlova, à l'O. 30° N. ; 7° Rahova, à trois quarts de lieue au N. 30° O. ; 8° le centre du mont Vitocha, dans cette dernière direction.

88. Excursion à Tchamourlou, au N. N. E. de Samakov.

On compte 3 heures pour les chevaux de charge et 2 heures et demie pour les chevaux de selle ; nous avons parcouru la distance en 2 heures 32 minutes.

Sortir de la ville par son extrémité septentrionale; descendre le cours de l'Iskra sur la rive orientale; marche au N. ; petit ruisseau; Dragochino, village bulgare. —30 minutes.

Deux petits ruisseaux; Zlakoutcha, village bulgare. — 30 minutes.

Quitter la vallée de l'Iskra; marche à l'E. N. E. ; gué d'un ruisseau dont les eaux servent au lavage du minerai de fer; vue, à 10 minutes à l'E., d'un aqueduc de bois qui porte les eaux sur le haut du contre-fort; montée à l'E. N. E. et au N. N. E. ; sommet du contre-fort. — 22 minutes.

De ce point, dont la hauteur absolue atteint 1025 mètres, on voit : 1° Tchamourlou, à 1 lieue au N. 30° E. ; 2° Pazarel, à 2 lieues au N. 7° E. ; 3° Okhor, sur un contre-fort, à 2 heures au N. 22° O.

Descente en suivant le sommet du contre-fort, sur lequel sont établis des lavages de minerai de fer, qu'alimentent les eaux amenées par l'aqueduc de bois; fin de la descente, et ruisseau coulant à 850 mètres au-dessus de la mer. — 1 heure.

De ce point de vue on voit : 1° Pazarel, au N. 10° E. ; 2° une gorge d'où descend un affluent de l'Iskra, au N. 22° O. ; 3° Kalkova, à trois quarts de lieue au N. O.

Tchamourlou, en plaine. — 10 minutes.

89. Retour de Tchamourlou à Samakov, par une autre route.

On compte près de 4 heures pour les chevaux de charge et 3 heures pour les chevaux de selle; nous avons parcouru la distance en 2 heures 50 minutes.

Marche en plaine, à l'O. N. O. et au N. O.; laisser de côté, à 10 minutes à droite, Kalkova, sur la rive occidentale de l'Iskra. — 40 minutes.

Tourner au S. S. O., près d'un pont de bois sur l'Iskra ; visiter une des usines (*vidnè*) qui se trouvent dans la vallée. — 10 minutes.

Remonter le cours de l'Iskra ; passer cette rivière à gué ; marche au S.; gué du ruisseau de Iarlova; pont de bois sur l'Iskra à l'O. de la ville; et tout de suite au delà du pont, Samakor. — 2 heures.

90. Excursion au monastère Rilo, au S. O. de Samakov.

On compte 9 heures, savoir : de Samakov à Sirp Keui, 2 heures; de Sirp Keui au monastère, 7 heures; nous avons parcouru la première distance en 1 heure 40 minutes, et la seconde en 6 heures 30 minutes , soit, en tout, 8 heures 10 minutes. En retournant du monastère à Sirp Keui, nous n'avons mis que 6 heures 15 minutes; la différence de 15 minutes a été gagnée entre le col et Sirp Keui. Nous évaluons la longueur du trajet en ligne droite de la manière suivante : de Samakor à Sirp, 1 lieue un quart; de Sirp Keui au monastère, 4 lieues.

Passer l'Iskra sur le pont de bois de Samakov ; marche en plaine au S. S. O. et au S.; vue de plusieurs usines à droite et à gauche de la route; entrée d'une gorge. — 45 minutes.

Marche à l'O. S. O.; pont de bois sur l'Iskra, au-dessus du confluent du Bel Iskra (Ak Iskar des Turcs), sur lequel se trouve, à 10 minutes de la route, le hameau bulgare nommé Mahalè.

Laisser à gauche la vallée profondément encaissée du Bel Iskra (par laquelle un piéton peut se rendre au col du mont Démir Kapou et descendre à Bélitza, déjà cité (82) et placé sur un affluent du Kara Sou); marche au S. O., puis à l'O. ; passer auprès de deux usines (vidnè); confluent du torrent de Sirp Keui. — 35 minutes.

Remonter au S. le cours du dernier cours d'eau, nommé Léva Riéka (1); moulin à foulon; Sirp Keui, petit hameau bulgare, sur la rive orientale du torrent, à une altitude de 1192 mètres. — 10 minutes.

Sentier en corniche, et vue de Samakov, au N. 20° E. — 20 minutes.

Entrée dans une gorge N. S.; fin du sentier en corniche. — 30 minutes.

Remonter le cours du Léva Riéka au S. S. O.; gué d'un ruisseau formant cascade à gauche. — 15 minutes.

(1) Mot à mot : *ruisseau gauche*, ainsi nommé parce que le voyageur qui remonte son cours voit tous les affluents venir du côté gauche.

Gué d'un second ruisseau tombant en cascade à gauche. — 35 minutes.

Traverser à gué le Léva Riéka, au confluent d'un troisième ruisseau venant de gauche; l'altitude du fond de la vallée, au confluent, atteint 1670 mètres. — 20 minutes.

Commencement de la montée au col, *vers* le S. O.; le sentier offre quelques lacets et s'élève ensuite en corniche; rude montée côtoyant les cascades du torrent; confluent d'un ruisseau venant de l'E. S. E. — 1 heure 3 minutes.

Suivre un couloir; gué du torrent venant de l'O. N. O. — 22 minutes.

Dernière montée; col gazonné, dont la hauteur absolue est de 2184 mètres. — 10 minutes.

Descente à l'O. et à l'O. S. O. par des pentes souvent gazonnées; ruisseau à gauche, formant une des sources du torrent; flaque d'eau ou petit lac, à 1946 mètres de hauteur absolue, et dominé par des contre-forts couverts de pins et de mélèzes. — 40 minutes.

Du haut du barrage qui retient les eaux du lac, vue du monastère Rilo à l'O. S. O.; sentier en corniche, aboutissant à des lacets; rude descente; arrivée près du confluent de trois torrents, au fond de la vallée, qui, sur ce point, atteint l'altitude de 1505 mètres. — 1 heure 5 minutes.

Carrière de marbre à droite. — 20 minutes.

Monastère Rilo, sur la rive septentrionale du torrent. — 50 minutes.

Il est construit entre le torrent nommé Kalenska Riéka et la base d'un contre-fort, à la hauteur absolue de 1180 mètres.

91. Excursion de Sirp Keui à Rjam Han.

On compte 2 heures et demie pour les chevaux de charge et 2 heures pour les chevaux de selle; nous avons parcouru la distance en 2 heures 3 minutes.

Descendre la vallée par la route que nous avions suivie pour arriver à Sirp Keui; sortie de la gorge. — 50 minutes.

Marche en plaine au N. O., en longeant le pied de la montagne; Dozpéï, village composé de 90 maisons, à l'entrée d'une gorge, sur un petit affluent du ruisseau de Iarlova. — 30 minutes.

Marche au N. N. O.; embranchement du sentier et de la grande route conduisant de Samakov à Doubnitza. — 20 minutes.

Marche au N. O. et à l'O. N. O.; gué d'un ruisseau, et Rjan Han ou Réjana Han. — 23 minutes.

De ce point on voit : 1° Samakov, à 1 lieue et demie à l'E. 20° S.; 2° Prodan, à une demi-lieue à l'E.; 3° Chirokidol, sur un ruisseau, à l'entrée d'une vallée, à trois quarts de lieue au N. 20° E.; 4° Rélova, village composé de 90 maisons, à trois quarts de lieue au N. 25° O.; 5° Beltchin, village de 152 maisons, à 1 lieue et demie à l'O. 15° N.

Retour à Samakov. — On compte 1 heure et demie. Nous avons parcouru la distance en 1 heure et un quart, en suivant la grande route qui aboutit au pont de bois de Samakov.

92. De Samakov à Iarlova.

On compte 6 heures pour les chevaux de charge et 5 heures et un quart pour les chevaux de selle : nous avons parcouru la distance en 5 heures 2 minutes, à un pas vif et soutenu. La route, toujours en plaine, est praticable aux arabas.

Rjan Han ou Réjana Han, cité dans l'excursion précédente. — 1 heure 20 minutes.

Gué du ruisseau qui descend du col conduisant à Doubnitza, et quelques minutes plus loin gué du ruisseau de Iarlova, près de Rélova, qui reste à 5 minutes à droite. — 40 minutes.

Vue de Beltchin, à l'O. de Rélova; marche à l'O. N. O.; monticule d'où l'on voit : 1° Samakov, à l'E. 35° S.; 2° Beltchin, à une demi-lieue au S. 35° O.; 3° Haléno, à 20 minutes au N. 22° O.; 4° quatre ou cinq tumulus à droite. — 40 minutes.

Lit desséché d'un torrent; Haléno, sur un coteau, à 976 mètres de hauteur absolue. — 22 minutes.

De ce village on voit : Popovian, au N. 22° O., et Iarlova, au N. 42° O.; gué d'un ruisseau. — 10 minutes.

Popovian, sur un ruisseau coulant à l'altitude de 971 mètres. — 25 minutes.

Marche au N. O. et au N. N. O.; Kovatchef, au confluent de deux ruisseaux. — 40 minutes.

Deux ruisseaux à traverser sur un plateau; Iarlova. — 50 minutes.

Iarlova, village bulgare, est situé en plaine, sur la rive orientale du ruisseau qui descend du mont Vitocha, au pied de cette dernière montagne, et à l'altitude de 1093 mètres.

93. Ascension du mont Vitocha.

Nous sommes parvenu, en 3 heures de marche à pied, à une plate-forme que dominent d'environ 100 mètres des rochers placés à une demi-lieue au N. Ce dernier point culminant était presque continuellement enveloppé de brouillards qui descendaient en tourbillonnant le long du versant oriental du mont Vitocha, et empêchaient de voir de ce côté. Nous nous sommes donc arrêté sur la plate-forme, à une altitude de 2201 mètres.

De ce point, situé en ligne droite environ à une lieue et demie au N. 15° E. de Iarlova, on aperçoit : 1° Bania (Banka des cartes), à 5 heures de Iarlova, au S. 15°, au pied du Rilo Dagh; 2° le défilé au fond duquel se trouve Doubnitza, au S. 35° O.; 3° Krnol, à 3 ou 4 heures de Iarlova, à l'O. 30° S.; 4° Bosnik, sur le bord d'un ruisseau ; 5° Krapetch, au confluent de deux ruisseaux, à l'O. 20° N.; 6° Stoudéna, sur la rive occidentale des deux ruisseaux réunis, à l'O. 20° N.

Nous allons retrouver ces derniers villages sur la route suivante.

94. De Iarlova à Sofia.

Deux routes à peu près de même longueur conduisent de Iarlova à Sofia ; on compte 7 heures à 7 heures et demie pour les chevaux de charge et 6 heures pour les chevaux de selle. Nous n'avons parcouru ni l'une ni l'autre route; nous ne pouvons donner les distances intermédiaires que d'après les renseignements pris à Iarlova.

Première route. — 1° Tchupétol, une heure et demie; 2° Bosnik, 1 heure; 3° Krapetch, 1 heure; 4° laisser Sirp Keui au loin, à droite, une demi-heure; 5° Stoudéna, une demi-heure; 6° Tchirkva, 1 heure; 7° Bali Éfendi, une demi-heure; 8° Sofia, 1 heure et demie : en tout, 7 heures et demie.

Deuxième route. — 1° Iélechnitza, 2 heures et demie; 2° Bistritza, 1 heure; 3° Sofia, 3 heures et demie : en tout, 7 heures.

La première route contourne le mont Vitocha, au N. O.; la seconde traverse ses contre-forts, au S. E. du point culminant.

RÉCAPITULATION DES ROUTES QUE NOUS AVONS SUIVIES POUR NOUS RENDRE DE NÉVROKOUP A SOFIA.

Laissant de côté les excursions que nous avons faites aux environs de Krémen Han, de Razlouk et de Samakov, nous ne comprenons dans ce relevé que les distances parcourues pour nous rendre d'un point intermédiaire à l'autre.

N^os D'ORDRE DES ROUTES PRÉCÉDENTES.	ROUTE DE NÉVROKOUP A SOFIA PAR RAZLOUK ET SAMAKOV.	TEMPS EMPLOYÉ PAR LES CHEVAUX		
		DE CHARGE.	DE SELLE.	LES NÔTRES.
		heures.	heures.	h. min.
78	Krémen Han.	5	4	3 55
80	Razlouk	8	6 3/4	6 30
82	Iòkourout.............	6	5	5
83	Tchépina	7	6	6 5
84	Bélova	6	5	4 55
85	Bania	6	5	5 10
86	Samakov (1)........................	5	4	4 10
92	Iarlova	6	5 1/4	5 2
94	Sofia (2)..........................	7	6	......
	TOTAUX (3).....	56	47	

(1) Nous plaçons dans les deux premières colonnes les distances de la route ordinaire, et dans la dernière colonne les distances de la route que nous avons suivie.

(2) N'ayant pas suivi cette route, nous ne pouvons pas en donner les distances.

(3) En comparant les chiffres partiels des deux dernières colonnes, on voit que les deux totaux seraient à quelques minutes près les mêmes, si nous avions pu relever les distances entre Iarlova et Sofia.

Appendice au § V. — Points en communication avec les localités citées dans les routes précédentes.

Nous avons recueilli les renseignements suivants sur les distances qui existent entre certaines localités. Les numéros d'ordre des routes où nous les avons citées facilitent leur recherche dans l'itinéraire précédent.

95. De Razlouk (80) à Djouma (1), dans la vallée du Strymon, 9 heures.

Des hommes armés attachés au mudir de Razlouk donnent les distances suivantes : 1° Gradova, 5 heures; 2° Océnova, où se trouvent des bains thermaux, une demi-heure; 3° Djouma, 3 heures; en tout, 8 heures et demie, au lieu de 9 heures. Ils ajoutent que le torrent du col de Prédel descend à Gradova et de là à Océnova.

Les hommes armés attachés au mudir de Djouma donnent les distances suivantes, qui diffèrent des précédentes : 1° Karaoul de Prédel, 2 heures; 2° Océnova, 3 heures; 3° Djouma, 4 heures.

Enfin M. Daux a parcouru cette route en 9 heures 15 minutes. Malheureusement il n'a pas relevé le nom des villages; et il est difficile de leur appliquer avec certitude le nom des localités ci-dessus désignées. Voici, d'après ce voyageur, les détails de la route, auxquels nous ajoutons nos réflexions personnelles.

Remonter la vallée, dirigée de l'O. à l'E. Elle se resserre et perd l'aspect de plaine. — 1 heure.

Guéer plusieurs fois le ruisseau (notre Béla Riéka); karaoul et han où les gardes offrent le café. — 30 minutes.

Han, 27 minutes; karaoul (très-probablement celui de Prédel). — 18 minutes.

Col ou plateau formant la séparation entre les affluents du Kara Sou (Nestus) et ceux de Kara Sou-Strouma (Strymon). — 30 minutes.

Commencement de la descente au N. O., puis au S. O.; forêts immenses de sapins et de pins; gorges basses et ravins; vue à gauche, au fond de la vallée, d'un han, d'un moulin et d'une cabane de bûcheron. — 1 heure 30 minutes.

Marche au N. O. et à l'O. N. O.; les chênes commencent à se mêler aux sapins; han, karaoul et hameau de 6 maisons, sur la plate-forme d'un contre-fort dont le torrent contourne le pied méridional. — 30 minutes.

Il nous paraît probable que le village de Gradova se compose de plusieurs groupes d'habitations (Mahalès) disséminés dans la vallée; et que le han, le karaoul et les 6 maisons ci-dessus désignés dépendent de notre Gradova.

Marche au N. O. et au N. N. O.; quitter la vallée; montée au N.; col entre les montagnes de droite et un contre-fort formant éperon à gauche; on ne voit plus que des

(1) Voyez la position de Djouma, § VII.

chênes des deux côtés de la route; descente au N. O.; sortie du défilé; fontaine dans une vallée dirigée du N. E. au S. O. — 45 minutes.

Cette vallée reçoit plusieurs affluents, et notamment le torrent qui provient du col traversé. Elle est resserrée, et mêle ses eaux, à 4 ou 5 heures de distance, au Strymon. D'après ces détails, cette vallée principale nous paraît être, sans aucun doute, la même que nous verrons déboucher en face de Sémitli, village qui, d'après nos renseignements, se trouve à 5 heures d'Océnova.

Gué du torrent; remonter au N. et au N. O. la vallée latérale de Papas Bachi; sommet du contre-fort, et plateau sur lequel se trouvent des maisons éparses et des cultures, notamment des plans de tabac. — 55 minutes.

Tourner au N. O., et descendre dans une vallée E. O. — 1 heure 20 minutes.

Maisons éparses dans la vallée E. O., et plants de tabac, principalement près du confluent d'un ruisseau venant du N. — 25 minutes.

Montée au N.; plateau. — 20 minutes.

Marche au N. O.; Djouma. — 45 minutes.

A défaut de renseignements plus précis, nous admettons que les villages de Gradova et d'Océnova se trouvent dans la grande vallée N. E. de M. Daux, et que les Mahalès qui en dépendent sont disséminés dans les vallées latérales. Quant aux habitations signalées par M. Daux, à 1 heure 5 minutes au S. E. de Djouma, elles sont trop éloignées d'Océnova pour faire partie de ce dernier village, et doivent constituer une localité dont nos renseignements ne font pas mention.

96. De Razlouk (80) à Sirbin Han (1), dans la vallée du Strymon, 5 heures et demie.

Un des gardes du karaoul de Prédel affirme qu'il se rend à pied de Razlouk à Sirbin Han et *vice versâ* en 5 heures et demie, savoir : karaoul de Prédel, 2 heures; Sirbin Han, 3 heures et demie.

Il nous paraît difficile d'accomplir un tel trajet en aussi peu de temps.

97. De Razlouk (80) à Samakov (86), par Bélitza (82).

Les hommes armés du mudir de Razlouk affirment qu'on peut, à la rigueur, se rendre à cheval à Samakov en 12 ou 13 heures; mais en réalité, la route suivante n'est pas tracée, et ne peut convenir qu'aux piétons : 1° Bélitza, 2 heures et demie; 2° Iéni Mahalè, 8 à 9 heures; 3° Samakov, 1 heure et demie.

En comparant ces renseignements avec ceux que nous avons recueillis sur la route de Samakov au monastère Rilo, on voit que Iéni Mahalé doit être le hameau, sur le Bel Iskra, qu'on nous a indiqué sans la qualification de Iéni (nouveau). En effet, un habitant de notre Mahalé (90) nous a donné les distances suivantes sur le trajet qu'il

(1) Voyez la position de Sirbin Han, au § VII.

a fait à pied pour se rendre à Bélitza : 1° remonter le cours du Bel Iskra, vers le S., et plus loin vers le S. O.; quitter le fond de la vallée, 5 heures et demie; 2° montée, puis col du mont Démir Kapou qui reste à droite, et vue de Bélitza au fond de la vallée, 1 heure et demie; 3° descente, Bélitza, 5 heures; soit en tout 12 heures, tandis que les renseignements pris à Razlouk ne portent les distances qu'à 8 ou 9 heures.

Il est probable que le Bulgare de Mahalé, peu familiarisé avec la division de la journée en heures, a beaucoup exagéré le temps réel qu'il a mis pour accomplir le trajet.

98. De Tchépina (83) à Batak (60), 4 heures.

Ou bien, en passant par Rakitova, que nous avons aperçu du col du mont Nitouil, 5 heures, savoir : Rakitova, 3 heures; Batak, 2 heures.

99. De Tchépina (83) à Tatar Bazari, 8 heures et demie.

Savoir : Kourova, 1 heure; village d'Elli Dèrè, à la sortie des montagnes, 4 heures; Tatar Bazari, 3 heures et demie.

100. De Bélova (84) à Elli Dèrè, 2 heures et demie.

Savoir : Séitova, 1 heure et demie; Elli Dèrè, 1 heure. Le ruisseau de l'Elli Dèrè est souvent désigné sous le nom de Séitova Dèressi. On compte 3 heures du village de Séitova (probablement le Simtschina des cartes) à Tatar Bazari.

101. De Bélova (84) à Tatar Bazari, 5 heures, savoir :

Kutchuk Bèlova, à un quart de lieue à droite, 1 heure; traverser une colline, Sarambeg, dans la vallée de la Maritza, 1 heure; laisser Zlakontcha, à 1 lieue à gauche; Kovatchova. 1 heure; Tatar Bazari, 2 heures.

102. De Bélova (84) à Khiz Derbend Keui, 1 heure.

Traverser une colline et descendre dans la vallée de la Maritza, où se trouve Khiz Derbend Keui (village du défilé de la Fille), que nous allons voir figurer dans la route suivante.

103. De Tatar Bazari à Bania (85), 9 heures.

Les détails suivants sont extraits du tableau des routes de M. Boué (t. IV, p. 529); nous y ajoutons seulement des notes qui tendent à établir des rapprochements entre nos renseignements et ceux de notre ancien compagnon de voyage.

Voyager sur la rive méridionale de la Maritza; Tschengel (notre Tchingherli), 1 heure; Démirdji (de fer), une demi-heure; passer un petit torrent venant du S. E.; passer à gué un marécage près de l'Elli Dèrè, demi-heure (pendant 10 minutes dans l'eau); bois de chêne, 1 heure; à 1 lieue au N., reste Sarambeg; Iéni Han (nouvelle auberge), à l'entrée du petit défilé de la Fille (Kiz Derbend), 1 heure; Karaoul, très-peu plus loin; remonter la Maritza, que l'on passe deux fois sur des ponts sans parapets; second karaoul, trois quarts d'heure; Kiz Derbend Keui (83) ou Kiz Keui, village bulgare détruit et n'offrant plus qu'une église et dix maisons, demi-heure; pont sur un torrent descendant du Despoto Dagh (celui qui fait mouvoir les usines de notre Sestrima), demi-heure; troisième karaoul; Gabrova (village dont notre Gabrovitza forme un des mahalès qui le composent) 1 heure et un quart; pont sur un torrent venant du S. (celui de Gabrovitza); quatrième karaoul; on tourne au N.; pont sur un torrent venant du S. O. (celui de notre Kostendjè); tourner à l'O.; karaoul ruiné et un autre sur la rive opposée de la Maritza; Bania; 2 heures.

D'après les rapprochements que nous venons d'établir, on voit que notre route de Bélova à Bania, complétement distincte de celle de M. Boué, ne vient s'y ramifier sur aucun point de son parcours.

104. De Gabrovitza (85) à Ihtiman, 6 heures.

105. De Bania (85) à Ihtiman, 4 heures.

M. Boué (t. IV, p. 515) donne les détails suivants : traverser la montagne; tchiflik (ferme); Kaïababké, 3 heures et demie; Ihtiman, demi-heure.

Il ajoute qu'il existe une autre route un peu plus courte pour aller de Kaïababké à Bania, par le petit marécage d'eau chaude, appelé Batak Banese, qui se trouve à 1 lieue et demie au N. E. de Bania.

106. De Bania (85) à Samakov (86), 4 heures.

Nous donnons ici, d'après M. Boué (t. IV, p. 529), les détails de la route postale dont nous avons parlé dans notre route n° 9.

Remonter un vallon; sources ferrugineuses; monter à un col, sur le côté oriental, par un sentier granitique dangereux pour les chevaux, à cause des excavations produites par les eaux pluviales; col; pins; et descente dans la vallée de l'Isker par une pente déboisée, 2 heures trois quarts; belle vue sur le Rilo Dagh; gué d'un affluent du grand Isker, près de Sipoltch; remonter cette rivière; Samakov; 1 heure un quart.

107. De Samakov (88 et 89) à Sofia, 9 heures à 9 heures et demie, savoir :

Kalkova, 3 heures; Pazarel, 1 heure; Pousto Pazarel, 1 heure; Lozna, 1 heure et demie; Gouroublen ou Gouroublian, 1 heure; Sofia, 2 heures (ou, d'après M. Boué, 2 heures et un quart).

M. Daux s'est rendu de Samakov à Sofia; il nous a communiqué les détails suivants, qu'il est facile de raccorder avec les renseignements ci-dessus :

Traverser le pont de Samakov; descendre la vallée du grand Isker ou Iskra; entrée d'une vallée latérale à l'angle de laquelle est le village de Kalko (notre Kalkova); 2 heures.

Remonter au N. O. la vallée, au fond de laquelle sont des usines (vidnè) et des bouquets d'arbres. Elle se rétrécit peu à peu et prend la forme d'un ravin; 1 heure.

Montée rapide; sommet du contre-fort; à droite, précipice au fond duquel coule l'Isker, qui fait un coude vers l'O.; descente rapide dans cette direction; traverser l'Isker; Pousto Pazarel; 1 heure.

Montée au N. O.; bois taillis à hauteur d'homme; col; 1 heure et demie.

De ce point on jouit d'une très-belle vue : on découvre la route parcourue depuis Kalkova; plus loin, le premier chaînon du Despoto Dagh, orienté de l'O. à l'E., et s'abaissant vers Samakov; enfin, au fond, les cimes principales du Despoto Dagh, courant parallèlement à la gorge étroite d'où sort l'Isker; sur le premier plan on voit l'Isker tourner autour de la montagne et passer au pied du mont Vitocha.

Descente rapide et en zigzag dans un ravin, d'où l'on découvre la plaine de Sofia et au fond le Balkan; Roséna (probablement notre Lozna), village construit sur les éboulis de la montagne qui est très-abrupte; une demi-heure.

Descente sur un plateau un peu plus élevé que le fond de la plaine; traverser l'Isker; Grougla (notre Gouroublen ou Gouroublian), au pied du mont Vitocha; 1 heure.

Arrivée à Sofia, 2 heures.

108. De Iarlov (91) à Radomir, 7 heures.

§ VI. — Route de Sofia à Kostendil (Keustendil ou Ghioustendil).

(Pl. 9.)

109. De Sofia à Iarlova.

Ainsi que nous l'avons exposé (94), on compte 7 heures à 7 heures et demie pour les chevaux de charge, et 6 heures pour les chevaux de selle.

110. D'Iarlova à Doubnitza.

On compte 7 heures pour les chevaux de charge et 6 heures pour les chevaux de selle : nous avons parcouru en 5 heures 30 minutes la distance, dont nous évaluons la longueur en ligne droite à 4 lieues et demie ou 5 lieues. La route est impraticable aux arabas.

Marche en plaine au S. et au S. O.; gué du ruisseau de Iarlova, et plus loin de deux autres ruisseaux qui se réunissent; bas de la montée. — 40 minutes.

Montée à l'O. et à l'O. 35° S.; sommet de la ligne du partage des eaux entre les affluents de l'Iskra et ceux du Strymon. — 35 minutes.

Protubérance à 5 minutes à droite de la route, atteignant 1349 mètres de hauteur absolue et du haut de laquelle on voit : 1° le sommet du mont Vitocha, au N. 20° E.; 2° Iarlova, au N. 35° E.; 3° Kovatchef, à l'E. 20° N.; 4° Popovian, à l'E. 5° S.; 5° Haléno, à l'E. 25° S.; 6° le défilé au fond duquel se trouve Doubnitza, au S. 40° O.; 7° les montagnes dans la direction de Kostendil, à l'O. 15° S ; 8° les montagnes dans la direction de Radomir, au N. O.

Marche au S. et au S. E., au sommet de la ligne de partage des eaux; commencement de la descente. — 10 minutes.

Descente au S. O. et au S. S. O.; vue d'un village bulgare, à une demi-lieue à droite, au fond de la vallée. — 45 minutes.

Très-forte descente ; gué d'un ruisseau qui contourne un contre fort et va confluer près d'Aï Kuei. — 20 minutes.

Montée au S. O. et au S.; sommet du contre-fort. — 15 minutes.

De ce point on voit en plaine, au pied du Rilo Dagh : 1° Saparef, au S. 40° E.; 2° Bania (Banka des cartes), où sont des bains thermaux, composé de 200 maisons, au S. 15° E.; 3° Ovtchartzi, composé de 120 maisons, au S. 5° O.; 4° Récilova, composé de 80 maisons, au S. 20° O.; au pied du contre-fort de la station, Krénitza ou Kraïnitza, au S. 30° O., et Servenbrek, à l'O. 40° S.

Descente assez douce au S. et au S. S. O.; fin de la descente; ruisseau coulant à une altitude de 649 mètres. — 50 minutes.

De ce point, on voit : 1° la gorge ou défilé (Derbend) que suit la route de Samakov à Doubnitza et à l'entrée de laquelle se trouve un han (Jibran Han de M. Boué), à 1 lieue à l'E. 5° S. ; 2° Saparef, à trois quarts de lieue à l'E. 35° S. ; 3° Bania, à demi-lieue au S. 35° E. ; 4° Ovtchartzi, à demi-lieue au S. 5° Kraïnitza, à 10 minutes au S. O.

Kraïnitza ou Krénitza, village composé de 210 maisons. — 10 minutes.

Marche à l'O. S. O. ; Servenbrek ou Tchervenbrek, composé de 125 maisons, et pont de bois sur le ruisseau. — 30 minutes.

Marche au S. O.; vue, à droite, de Aï Keui (village de l'Ours), composé de 32 maisons, situé près du confluent du ruisseau de Kraïnitza et du ruisseau traversé à 1 heure au N. N. O. de ce dernier village. — 45 minutes.

Pont de bois sur le torrent de Bania, à son confluent avec les deux ruisseaux précédents qui ont opéré leur jonction. — 15 minutes.

Traverser deux autres torrents venant du Rigo Dalh, et notamment le Samoran Dèressi, torrent important qui prend son nom d'un village voisin composé de 32 maisons; premières maisons de Doubnitza. — 15 minutes.

Doubintchè ou Doubnitza, chef-lieu de kaza du liva de Samakov, se compose de

950 à 980 maisons, dont 500 habitées par des Bulgares et le reste par des Musulmans. La ville, resserrée dans un défilé, s'étend, de l'E. N. E. à l'O. S. O., sur une demi-lieue de longueur. Un torrent, venant du Rilo Dagh, débouche au milieu de la ville et conflue avec celui qui l'arrose d'une extrémité à l'autre. Le han où nous avons logé, situé à l'entrée orientale, atteint 531 mètres de hauteur absolue.

Les environs de Doubnitza produisent du blé, du maïs, du tabac et des fruits (pommes, poires, pêches, raisin, etc.), renommés dans toute la Roumélie pour leur grosseur et leur goût savoureux.

111. Excursion de Doubnitza au monastère Rilo.

On compte 8 heures et demie pour les chevaux de charge et 7 heures pour les chevaux de selle; nous avons parcouru la distance en 7 heures 15 minutes.

En sortant de la ville, marche au S. O. sur la route de Djouma, qui longe le cours du Djerman; laisser à droite le pont sur lequel passe la route qui mène à Kostendil; han et tchiflik. — 45 minutes.

Laisser à gauche, à mi-côte, le village de Djerman; deuxième han. — 35 minutes.

Quitter le fond de la vallée; montée au S. E.; sommet d'une colline formant plateau. — 40 minutes.

De ce point on aperçoit : 1° à l'E., la grande vallée qui conduit au monastère Rilo, et au fond de la vallée des cimes conservant des plaques de neige; 2° au S. E., des montagnes avec plaques de neige (le Iel Tèpé); 3° vers l'O., le confluent du Djerman et du Strymon, à sa sortie du défilé de Bobochévo.

Marche sur le plateau raviné et dont la pente incline vers le Rilska Riéka; vue de Smotchora, à trois quarts d'heure à gauche, au pied du Rilo Dagh. — 1 heure.

Rilo Sélo, village bulgare, sur la rive droite du Rilska Riéka. — 30 minutes.

Entrée dans une gorge étroite. — 10 minutes.

Sentier en corniche sur la rive septentrionale du torrent; élargissement du fond de la vallée. — 20 minutes.

Hameau composé de quelques cabanes (Pastra). — 1 heure.

Gué du Vélika, venant du N. — 15 minutes.

Traverser le Rilska Riéka sur un pont de bois et retourner sur la rive septentrionale par un autre pont de bois; torrent venant du N. — 50 minutes.

Tchiflik sur une pente gazonnée. — 20 minutes.

Vallée du Kalenska Riéka, dirigée de l'E. N. E. à l'O. S. O.; remonter cette vallée; monastère Rilo. — 50 minutes.

112. De Doubnitza à Kostendil.

On compte 8 heures pour les chevaux de charge et 7 heures pour les chevaux de selle : nous avons parcouru la distance en 6 heures 40 minutes, à un pas vif et allongé. La route est praticable aux arabas.

Pont de sept arches sur le Djerman. — 15 minutes.

Au delà du pont, tchiflik, à droite ; marche à l'O., puis au N. O. ; montée ; sommet d'une colline et vue de Banalova, à l'O. 30° N. — 25 minutes.

Descente au N. O. ; han nommé Binek Tachi, à un quart de lieue de Balanova, qui reste à gauche. — 15 minutes.

Marche en plaine à l'O. ; gué du ruisseau ; traverser trois fois un affluent de ce ruisseau ; Buyuk Verbovnitza. — 1 heure 15 minutes.

Montée tortueuse à l'O. S. O. ; sommet de la ligne de partage des eaux entre le Strymon et le Djerman, son affluent ; cette ligne atteint sur la route 756 mètres d'altitude. — 15 minutes.

Descente tortueuse, en moyenne vers l'O., par la pente d'un plateau raviné ; fin de la descente ; gué du ruisseau de Koznitza ; Koznitza Han, sur la rive septentrionale, à 467 mètres de hauteur absolue. — 1 heure 15 minutes.

Marche au N. O. et à l'O. N. O. sur les pentes inférieures d'un contre-fort ; vue à une demi-lieue au S. O., de Tchétirtza, sur un torrent qui conflue avec le Strymon, et vue au S. de l'entrée du défilé par lequel ce fleuve sort du bassin de Kostendil ; pont de bois sur un ruisseau. — 25 minutes.

Marche à l'O. ; source froide d'une eau sulfureuse, à droite de la route. — 10 minutes.

Marche au S. O. ; pont de pierre de cinq arches, nommé Kadi Keuprissi (pont du Cadi) (1), et sous lequel le Strymon coule à 474 mètres de hauteur au-dessus de la mer. — 10 minutes.

Han au delà du pont, sur la rive méridionale ; marche à l'O. N. O. ; Névistina reste à gauche ; ruisseau venant du S. et près duquel est Nédelsko, à une demi-lieue de la route. — 20 minutes.

Ruisseau venant du S. et passant à Iéni Tchiflik, qui reste à 5 minutes à droite. — 25 minutes.

Ternovlak (Ternoflouck des cartes, mal placé). — 20 minutes.

Bagrentz, sur un gros torrent venant de l'O. S. O. — 15 minutes.

Marche à l'O. ; ruisseau de Dermen Dèrè. Le village de ce nom reste à un quart de lieue à gauche ; basse colline ; tumulus ; Kostendil, sur un petit ruisseau. — 55 minutes.

Kostendil, chef-lieu de liva de l'éyalet de Nich, habité par des Musulmans et des Bulgares, se compose de 1200 à 1500 maisons, qui couvrent une surface d'environ un quart de lieue en tout sens. La partie haute de la ville, élevée d'environ 20 mètres au-dessus de la partie basse, atteint une altitude de 540 mètres. Cette ville est renom-

(1) Dans une publication précédente, nous avons désigné ce pont sous le nom de pont de Schétirtza (*Mémoires de la Société géologique*, 2e série, t. I, p. 211 et 220).

mée pour l'abondance de ses eaux thermales et leur haute température. Les productions du sol sont analogues à celles des environs de Doubnitza.

113. Excursion au mont Koniavo ou Koïnova, à l'E. N. E. de Kostendil.

On compte 2 heures de Kostendil au village de Koniavo ou Koïnova, et 3 heures pour monter de là au sommet de la montagne ; nous avons parcouru en 4 heures et demie la distance, dont nous évaluons la longueur en ligne droite à 3 lieues.

Marche en plaine; gué du Strymon, coulant sur ce point à une hauteur absolue de 467 mètres. — 1 heure 10 minutes.

Koniavo, sur un coteau, et vue de Grachtitza à 20 minutes, à droite. —20 minutes.

Ruisseau ; commencement d'une rude montée; vue de trois mahalés, à gauche, dans la vallée du ruisseau, dont les parois rapprochées lui font donner le nom de Bohaz (défilé). Cette vallée se termine à un col que traverse la route de Kostendil à Radomir; sur une plate-forme, mahalé formant avec les trois précédents et quatre autres, cachés dans les ravins, le village de Servéniano. — 2 heures.

Dernière montée; point culminant du mont Koniavo, dont l'altitude est de 1522 mètres. —1 heure.

De ce point on aperçoit : 1° au N., les montagnes coniques de Trn; 2° au N. 30° E., une dépression au fond de laquelle nos guides placent Radomir; 3° à l'E. 25° N., la partie centrale du mont Vitocha ; 4° à l'E. 30° S., le défilé où se trouve Doubnitza; 5° à l'E. 35° S., l'origine supérieure de la vallée du torrent de Samoran, et qui, considérée de ce point, semble couper en deux portions le massif du Rilo Dagh; 6° au S. 25° E., la partie centrale de la chaîne du Périn Dagh (probablement le massif du Iel Têpê); 7° à l'O. 20° S., la ville de Kostendil; 8° entre l'O. 10° S. et l'O. 15° S., les montagnes où se trouve le col de Gherléna, qui conduit de Kostendil à Uskiup, par Egri Palanka; 9° à l'O. 30° N., les montagnes de Vrania présentant la forme de cônes surbaissés.

Retour à Kostendil par le même chemin.

114. Excursion à Skakavitza au nord de Kostendil.

On compte 4 heures; nous avons parcouru en 3 heures 20 minutes la distance, dont nous évaluons la longueur, en ligne droite, à 3 lieues au plus.

En sortant de Kostendil, marche au N.; et à quelques minutes de la ville, vue de Dermen Dèrè, à une demi-heure ou trois quarts d'heure à droite ; de Iilnitza (Djilovitza des cartes), à une demi-lieue à gauche ; et de Kopolossa , où passe la route, au N. E. ; plaine; marche au N. E. ; à droite, marécages formés par la jonction du ruisseau de Dermen Dèrè et de celui de Kostendil; pont de bois et gué du Sovoliana Dèressi, qui provient du plateau à l'O. de Gherléna, et prend son nom d'un village situé à trois quarts d'heure en amont du pont. —45 minutes.

De ce point on voit : 1° Nikoli (Nikoli Khef des cartes ; Khef est sans doute le mot *Keui*, village, mal écrit), à 5 minutes à gauche sur le ruisseau ; 2° Skrihiana, à 20 minutes à gauche, sur le même ruisseau ; 3° Kopolossa, au N. 35° E. ; 4° Koïnova ou Koniavo, à 1 heure, à l'E. 10° N. ; 5° Tavalitch, à 2 lieues à l'E. 5° S. sur un coteau.

Laisser un monticule à gauche ; Kopolossa, sur la rive occidentale du Strymon. — 20 minutes.

Gué du Strymon ; remonter le cours du fleuve au N., au N. O., puis au N. ; à gauche, sur la rive opposée, Chichkovtza ; confluent du Goranovtza Dèressi, qui prend son nom d'un village situé à 2 lieues de distance, et vue de Stinsko sur ce torrent, à un quart de lieue à l'O. 10° N. ; le confluent se trouve à la hauteur absolue de 514 mètres. — 55 minutes.

Rijdavitza, à la sortie du profond défilé que le Strymon parcourt pour pénétrer de la plaine de Radomir dans celle de Kostendil. — 20 minutes.

Montée ; sentier en corniche au-dessus du fleuve ; marche tortueuse au N. et au N. O. ; Ska Kavitza, village bulgare, situé sur une petite plate-forme, à l'altitude de 551 mètres. — 1 heure.

De ce village on voit, sur les rochers de la rive orientale, les ruines de deux châteaux forts, nommés Marko Koulessi. Le lit du fleuve est trop resserré entre les escarpements qui encaissent ses deux rives, pour servir de voie de communication entre Radomir et Kostendil. (Voyez dans l'appendice de ce paragraphe les routes qui conduisent de Kostendil à Radomir.)

115. Retour à Kostendil par une autre route.

On compte environ 4 heures comme pour la route précédente ; nous avons parcouru la distance en 3 heures 40 minutes.

Quitter le sentier en corniche à peu près à moitié route de Rijdavitza ; marche sur le sommet du contre-fort ; descente ; Stinsko, sur la rive septentrionale du Goranovtza. — 1 heure 5 minutes.

Gué du torrent ; vue de Iamborana, à un quart de lieue à droite ; marche à l'O. S. O. ; vue de Pèrovol, à un quart de lieue à droite, sur la rive méridionale ; sommet de la colline. — 40 minutes.

Marche au S. ; gué du Sovoliana Dèressi ; vue du village de Sovoliana, à 10 minutes à gauche, sur la rive méridionale du ruisseau ; bas plateau ; vue de Jilnitza, à 5 minutes à droite ; pont sur le ruisseau de la ville ; Kostendil. — 2 lieues.

RÉCAPITULATION DES ROUTES QUE NOUS AVONS SUIVIES POUR NOUS RENDRE DE SOFIA A KOSTENDIL.

Laissant de côté les excursions que nous avons faites aux environs de Doubnitza et de Kostendil, nous ne comprenons dans ce relevé que les distances que nous avons parcourues pour nous rendre d'un point intermédiaire à l'autre.

N^{os} D'ORDRE DES ROUTES PRÉCÉDENTES.	ROUTE DE SOFIA A KOSTENDIL PAR IARLOVA ET DOUBNITZA.	TEMPS EMPLOYÉ PAR LES CHEVAUX		
		DE CHARGE.	DE SELLE.	LES NÔTRES.
		heures.	heures.	h. min.
109	Iarlova (1)	7	6	....
110	Doubnitza	7	6	5 30
112	Kostendil	8	7	6 40
	TOTAUX	22	19	......

(1) Nous rappelons ici que, n'ayant pas fait la route de Sofia à Iarlova, nous ne pouvons pas indiquer nos distances.

Appendice au § VI. — Points en communication avec les localités citées dans les routes précédentes.

Nous avons recueilli les renseignements suivants sur les distances qui existent entre certaines localités. Les numéros d'ordre des routes où nous les avons citées facilitent leur recherche dans l'itinéraire précédent.

116. De Doubnitza (110) à Samakov (92).

On compte 7 heures; M. Boué a parcouru la distance en 7 heures; et M. Daux en 7 heures et demie, à une époque où les pluies rendaient les routes glissantes et difficiles.

En sortant de Doubnitza, remonter la vallée et laisser à droite, à l'entrée d'une gorge, Tamoura (probablement notre Samoran), village composé de 30 maisons. Laisser à droite et à gauche les villages dont nous avons indiqué les positions; entrée dans le Derbend (défilé), han et karaoul (le Jibran Han de M. Boué), 2 heures 50 minutes; montée par une pente peu forte le long d'un petit torrent; karaoul, sur le col; et à droite hameau de Klissoura, à l'entrée d'une gorge, 1 heure 40 minutes; descente par une petite vallée; han et moulin à la sortie du défilé, 30 minutes; Rjan Han, 1 heure; Samakov, 1 heure 30 minutes.

M. Boué donne les mêmes distances, sauf une seule exception; il compte 1 heure de Rjan Han à Samakov : nous avons parcouru en 1 heure et quart ce trajet, qu'on évalue à 1 heure et demie (92).

117. De Doubnitza (110) à Radomir.

M. Boué a fait deux fois le trajet par des routes différentes (t. IV, p. 515). Voici les détails de la route non postale :

Binck Tachi Han (1) (auberge de la pierre pour monter à cheval), demi-heure; remonter le vallon de Pobovdol, occupé par des villages bulgares; Golémo-Sélo (grand village), avec une ferme turque, demi-heure; Malo-Sélo (petit village), demi-heure; Mlamolovo, 1 heure et demie; Pobovdol, demi-heure; montée; sommet de la crête, formant le partage des eaux entre la vallée de Pobovdol et celle de Radomir, demi-heure; descente Iedno, 1 heure et demie; Négovanitzé, demi-heure; Verba, 1 heure et demie; faire un détour au N. O., à cause d'un marais; passer un petit cours d'eau sur un pont; longer la rive méridionale et orientale du Strymon; hameau et ferme, demi-heure; Radomir, bourg bulgare de 3000 habitants, à un quart d'heure du Strymon, sur la rive orientale, demi-heure : soit 4 heures pour atteindre le point de partage des eaux, et 4 heures et demie de ce point de partage à Radomir : en tout, 8 heures et demie.

La route suivante passe, d'après M. Boué, à l'E. de la précédente :

De Radomir à Prévalénitza, 1 heure et trois quarts; Rakovatz reste à droite, demi-heure; marais à passer à gué, un quart d'heure; Abek, village turc, reste à gauche; auberge au pied de la montagne, 1 heure et demie; traverser la ligne de partage des eaux; descendre au S. un petit vallon; moulin de Djakovo, 3 heures; Doubnitza, 1 heure: soit en tout, 8 heures.

118. De Kostendil (112) à Radomir.

On peut se rendre à Radomir par deux routes différentes :

Première route. — Suivre la route de Doubnitza; traverser le Strymon, sur le pont du Cadi, 2 heures et un quart; montée; traverser la crête, à l'E. du mont Koniavo, 1 heure et un quart; Radomir, 3 heures et demie à 4 heures : soit, en tout, 7 heures à 7 heures et demie.

Deuxième route. — Suivre la route de Servéniano (113); gué du Strymon; Koniavo ou Koïnova, 1 heure et demie; remonter le Bohaz (gorge) où se trouvent les 8 mahalès qui composent le village de Servéniano; col à l'O. du mont Koniavo, 1 heure et demie; Radomir, 4 heures : soit, en tout, 7 heures.

119. Du monastère Rilo (111) à Djouma.

On compte 7 heures, savoir : Rilo Sélo, 4 heures; Djouma, 3 heures; mais, ayant parcouru la plus grande partie de cette route, nous réduisons, pour un cheval de selle, le trajet à 6 heures et un quart, savoir :

Descendre la vallée; Rilo-Sélo, 3 heures 25 minutes; Stop Keui, village composé de 42 maisons, 25 minutes; Poromino (ou Poromina), 20 minutes; laisser Kotcharin à droite; Barakli, 15 minutes; Djouma, 1 heure 45 minutes.

(1) M. Boué ne compte qu'une demi-lieue de Doubnitza à cette auberge; nous avons fait ce trajet en 55 minutes (112), et dans un précédent voyage en 45 à 50 minutes.

Nota.— Un piéton peut se rendre, par la montagne, du monastère à Djouma ; mais il allonge inutilement sa route. Il faut 4 heures pour arriver au sommet du mont Arizvanitza, qui se trouve au S. 35° O. du monastère ; le versant opposé de la montagne conduit dans la vallée du Bistritza, où sont les villages de Bistritza, Morliva et Ressova ; Djouma, sur le Bistritza Dèressi, 4 ou 5 heures. Il n'existe aucun sentier tracé sur les deux pentes du mont Arizvanitza ; il faut gravir à travers les forêts de pins et de mélèzes.

§ VII. — Route de Kostendil à Sérès.

(Pl. 9 et 10.)

120. De Kostendil à Djouma.

On compte 12 heures pour les chevaux de charge, savoir : Koznitza Han, 4 heures ; Bobochévo, 4 heures ; Djouma, 4 heures ; et 9 ou 10 heures pour les chevaux de selle. Nous avons parcouru les distances en 9 heures 20 minutes, savoir : Koznitza Han, 3 heures ; Bobochévo, 3 heures 10 minutes ; Djouma, 3 heures 10 minutes.

Suivre la route de Doubnitza jusqu'à Koznitza Han, considéré comme étant à peu près à moitié route de Kostendil à Doubnitza (voyez les détails de cette fraction de route, *antè*, p. 218), 3 heures.

Gravir, au S. et au S. E., la pente d'un contre-fort ; plateau. — 50 minutes.

Deux ravins avec un filet d'eau venant des sommets de gauche ; point culminant de la route, dont la hauteur absolue atteint, sur le plateau, 855 mètres. — 15 minutes.

Tchiflik sur le plateau, et vue, à droite, de plusieurs cabanes (Pastra), au fond du défilé que traverse le Strymon ; commencement de la descente ; suivre une étroite vallée dirigée vers le S. E., puis vers le S. ; quitter cette vallée ou ravin ; sentier en corniche ; marche au S. et au S. S. E. ; laisser Boukova à 10 minutes à gauche ; fin de la descente, et vue de Boukova, à un quart de lieue au N. 20° E. — 1 heure 5 minutes.

Suivre la rive orientale du Strymon ; marche au S. E., puis au S., puis au S. O. ; dix minutes avant le han, tourner au S. E. ; han de Bobochévo, situé à 381 mètres, sur la rive orientale. — 1 heure.

Un pont de bois jeté sur le fleuve communique avec le village bulgare de Bobochévo, placé sur l'autre rive, et qui se compose de 35 maisons.

Marche à l'E. ; confluent du Djerman et du Strymon ; gué du Djerman. — 15 minutes.

Traverser la plaine de biais vers le S. S. E. ; arrivée au pied des coteaux. — 25 minutes.

Marche au S. et au S. S. O. ; Dragodan reste sur la rive opposée, à 5 minutes à droite, au confluent d'un ruisseau. — 20 minutes.

Kotcharin Han, et vue, sur les pentes de la rive opposée, de plusieurs agglomérations de cabanes qui portent le nom de Babachar Mahalessi. — 25 minutes.

Montée au S. E. en quittant le han; descente dans la vallée du Rilska Riéka. — 20 minutes.

De ce point on voit : 1° Kotcharin, qui donne son nom au han précédent, village moitié musulman, moitié bulgare, composé de 75 maisons, à 10 minutes à gauche ; 2° Poromina, composé de 52 maisons, à 20 minutes, sur la rive méridionale du torrent, à un quart de lieue à l'E. ; 3° deux tumulus ; 4° Barakli, composé de 32 maisons, à 10 minutes au S.

Pont de bois sur le Rilska Riéka ; et de suite après, Barakli. — 10 minutes.

Montée sur un plateau raviné, formant l'extrémité inférieure des montagnes de gauche ; marche sinueuse, en moyenne au S. S. E. ; la hauteur du plateau, avant la descente, atteint 518 mètres. — 45 minutes.

Djouma. — 30 minutes.

Cette petite ville, dépendant du kaza de Doubnitza, est située au fond d'une vallée, sur le Bistritza, qui conflue à trois quarts de lieue au S. O. avec le Strymon. Elle se compose de 730 maisons, dont 250 habitées par des Bulgares, le reste par des musulmans, et possède des bains d'eau thermale. Une des mosquées est une ancienne église, d'architecture byzantine. Parmi les productions du sol qui se récoltent dans les environs de Djouma, on doit citer particulièrement le tabac, dont la qualité est appréciée et recherchée par les habitants des kazas limitrophes.

121. De Djouma à Sirbin Han.

On compte 5 heures pour les chevaux de charge, et 4 heures pour les chevaux de selle ; nous avons parcouru la distance en 4 heures 10 minutes, à un pas modéré. On peut évaluer la longueur du trajet, en ligne droite, à 3 lieues et demie. La route est praticable aux arabas.

Montée sur un coteau ; embranchement de la route conduisant à Razlouk. — 10 minutes.

Vue de Mochtantza, à 1 heure ou 1 heure et demie, au S. 30° O., sur la montagne de la rive occidentale du Strymon ; marche au S. S. O. ; à droite, dans la vallée d'une demi-lieue de large du Bistritza, village de Kara Sou, et au delà Dramada Han ; entrée du Bohaz ou défilé, et de suite lit d'un ruisseau à sec. — 40 minutes.

Marche sur la rive orientale du Strymon, qui décrit plusieurs coudes, et coule dans une direction moyenne du N. un peu O. au S. un peu E. ; han abandonné, dit Gradova Han, en face du torrent de Komatinitza, venant de l'O. — 1 heure 30 minutes.

Lit d'un torrent presque à sec, venant de l'E., et amenant des quantités considérables de blocs et de cailloux roulés ; le confluent se trouve à une altitude de 345 mètres. — 5 minutes.

Un quart de lieue plus loin, vue : 1° de Kroupnik, à mi-côte, sur la rive occidentale du Strymon, au S.; 2° de la route tracée sur la montagne, et conduisant de Sirbin Han à Krechna, au S. 20° E.; 3° et dans l'intervalle, le défilé ou Bohaz, au S. 7° E. — 15 minutes.

Han abandonné, dit Oranova Han, qui tire son nom d'un village à 2 lieues de distance; et quelques minutes plus loin, grand torrent venant de Gradova et d'Océnova. — 20 minutes.

Du confluent de ce cours d'eau avec le fleuve, on voit, à l'E. 35° S., le sommet très-élevé du Iel Têpê, cité page 201.

Sémitli Han, auberge spacieuse; et sur la rive opposée, le village de Sémitli (Smithy des cartes, mal placé) et son bain d'eau thermale. — 10 minutes.

Vue du mont Smajlitza, à 5 heures, à l'O. 25° S. — 10 minutes.

Vallée du Souchitza Dèressi, à droite; montée; plateau; Sirbin Han. — 50 minutes.

Cette grande auberge, avec karaoul, située sur le plateau, et près du bord septentrional d'un ruisseau, à une hauteur absolue de 311 mètres, tire son nom du village de Sirbin, qui se compose d'un certain nombre de cabanes et de maisons disséminées sur la surface ravinée du plateau.

122. De Sirbin Han à Tchénarli Dèrè Han.

On compte 6 heures pour les chevaux de charge, et 5 heures pour les chevaux de selle: nous avons parcouru, en 4 heures 55 minutes, la distance, dont nous évaluons la longueur, en ligne droite, à 3 lieues ou 3 lieues et demie. Cette route est impraticable aux arabas.

Traverser le ruisseau; bas de la montée. — 15 minutes.

Sentier tortueux et rapide; sommet d'un contre-fort. — 20 minutes.

De ce point, on jouit d'une belle vue sur les montagnes; on aperçoit: 1° le mont Sirbin, à l'E. 5° S.; 2° la cime majestueuse du Iel Têpê, à l'E. 25° S.; 3° une autre cime élevée, à l'E. 45° S.; 4° le karaoul de Krechna, près duquel passe la route, au S. 10° E.

Marche sur un plateau coupé de ravins; karaoul et quelques cabanes à gauche sur un petit ruisseau. — 1 heure.

Vallée évasée d'un ruisseau presque à sec en été; vignes dans les ravins qui descendent au Strymon; han; karaoul, auprès d'un deuxième han. — 1 heure 5 minutes.

Ce dernier han, situé à 5 minutes de distance du point culminant de la route, et 15 ou 20 mètres plus bas, atteint une hauteur absolue de 671 mètres. Les hautes cimes de la chaîne voisine sont cachées par les nuages. Les gardes du karaoul indiquent, dans la direction de l'E., le sommet du Iel Têpê.

Au delà du point culminant et de suite, troisième han et plusieurs cabanes, formant avec quelques autres, disséminées sur le plateau, le hameau de Krechna; vallée profonde à gauche; douce descente au S. S. O.; tourner à l'O.; vue à l'O. S. O. d'un pont de bois sur le Vla Dèressi; et à droite, au N. O., cabanes, vignes et cultures dans un ravin. — 40 minutes.

Rude descente en lacets; traverser le Vla sur le pont de bois. — 35 minutes.

Franchir un contre-fort par un sentier tortueux; bord du Strymon. — 20 minutes.

Longer la rive orientale; Tchénarli Dèrè, han et karaoul. — 40 minutes.

L'auberge de Tchénarli Dèrè, assez vaste pour contenir un grand nombre de chevaux, est située dans une étroite vallée, à une altitude de 239 mètres, sur la rive septentrionale d'un torrent qui descend du Iel Têpê, et conflue avec le Strymon à dix minutes du han. Ce dernier tire son nom d'un village placé dans la même vallée, en amont, à un quart de lieue de distance.

123. De Tchénarli Dèrè Han à Menlik.

On compte 9 heures pour les chevaux de charge, et 7 heures et demie pour les chevaux de selle; nous avons parcouru la distance en 7 heures 10 minutes, à un pas vif et allongé. Nous évaluons la longueur du trajet, en ligne droite, à moins de 6 lieues.

Franchir un col très-bas; plaine caillouteuse; nos guides indiquent à l'E. 2° N. la cime du Iei Têpê, dont les nuages dérobent la vue. — 10 minutes.

Marche au S.; traverser le lit desséché de deux ruisseaux; tourner au S. E.; han abandonné, dit de Gradechnitza, qui tire son nom d'un village situé à une heure de distance à gauche. — 50 minutes.

Marche au S. S. O.; lit à sec du ruisseau de Gradechnitza; lit desséché d'un autre ruisseau, et vue de Kaménitza, à 20 minutes, à droite, dans un ravin, près de la rive occidentale du Strymon. — 25 minutes.

Tourner au S. S. E. et au S. E.; han abandonné, dit de Bélitza, sur un torrent de 6 à 7 heures de cours, et qui prend son nom d'un village situé à 2 lieues, au pied des montagnes de gauche. — 35 minutes.

De cette auberge, on voit le mont Marina à l'E. 30° N., dans la vallée du torrent, et Mikrova, à 20 minutes à l'O., sur la rive occidentale du Strymon.

Marche moyenne au S. S. E.; deux lits de ruisseaux à sec; Dixan, à 20 minutes à droite, sur la rive opposée du fleuve qui coule, près de la route, à une hauteur absolue de 145 mètres. — 1 heure 30 minutes.

Montée d'un coteau; lit à sec d'un ruisseau. — 10 minutes.

De ce point on voit: 1° le mont Ploksa, au N. 30° E.; Retchita, à 20 minutes à gauche; 3° Igralichta, dans un ravin, près du sommet d'un contre-fort, à 2 lieues à l'O. 20° S.

Marche au S. E.; colline et vue au S. 10° E. du Bohaz ou défilé que le Strymon traverse pour se rendre dans la plaine de Sérès; descente; Svêti Vratch Han, près d'un torrent. — 35 minutes.

De cette auberge, on voit : 1° le village de Svêti Vratch, où se trouve un bain d'eau thermale, à 20 minutes en amont dans la vallée; 2° le mont Arnaout Dagh, d'où provient le torrent, à 5 lieues au N. 40° E.; 3° Polanitch, sur une colline, à demi-heure à l'E. 40° N.

Quitter la route postale qui mène à Sérès; marche au S. E.; colline. — 20 minutes.

De ce point on aperçoit : 1° la vallée de Lebnitza à 20 minutes à l'O. 10° S., et le village de ce nom à un quart d'heure du confluent; 2° Orman Tchiflik, à 20 minutes au S. 35° O.

Lechnitza, sur un petit ruisseau, et vue de Polanitch, de Leska et de Djourova, sur une colline, au N. 10° E., au N. 20° E., au N. 30° E. — 13 minutes.

Marche à l'E. S. E.; Sklav Keui, sur un ruisseau. — 32 minutes.

Colline et vue du mont Ala Bouroun, au N. 45° E. — 25 minutes.

Traverser un ravin; plateau; petite église ou chapelle, avant la descente. — 40 minutes.

De ce point on voit : 1° Pétritch, à 4 heures au S. 35° O.; 2° le Bohaz ou défilé du Strymon, au S. 15° O.; 3° Singhel, au pied des montagnes, à 4 lieues au S. 15° E.; 4° le sommet du mont Baba, par-dessus les montagnes de Singhel, au S. 30° E.; 5° un monastère, voisin de Menlik, sur une colline, à l'E. 30° N.

Descente rapide à l'E. S. E., puis au S. E.; petit ruisseau; briqueterie au confluent de ce ruisseau, avec le Sougorova. — 20 minutes.

Marche au N. O., puis au N.; passer plusieurs fois le Sougorova, ou marcher dans le lit même du torrent; Menlik ou Melnik. — 25 minutes.

Menlik (Melnik des Grecs), chef-lieu de kaza du liva de Sérès, se compose de 1050 maisons, habitées par des familles grecques, et de quelques maisons habitées par des musulmans. La population se livre au commerce et paraît vivre dans l'aisance.

Cette ville est située dans la position la plus singulière. Les maisons sont adossées aux parois taillées à pic de la vallée du Sougorova, et dans les ravins qui viennent y aboutir. Pendant la saison des pluies, ou même en été après un orage, le torrent gonflé remplit le fond de la vallée, lui donne l'aspect d'un fossé profond et baigne le pied des maisons. Dans ces circonstances, la ville est inabordable par la route que nous avons suivie; il faut traverser la surface profondément ravinée du plateau, et descendre droit à Menlik.

La maison où nous avons reçu l'hospitalité est construite à une altitude de 401 mètres.

124. De Menlik à Singhel.

On compte 5 heures pour les chevaux de charge et 4 heures pour les chevaux de selle; nous avons parcouru la distance en 3 heures 52 minutes, à un pas moins vif que dans la route précédente. Nous évaluons la longueur du trajet, en ligne droite, à 3 lieues.

Descendre la vallée du Sougorova vers le S. et le S. S. O.; laisser 7 ou 8 tchifliks à droite et à gauche dans la vallée; quitter le fond de la vallée. — 1 heure 7 minutes.

Montée au S. E.; vue de Pétritch, à 2 heures et demie à l'O. 30° S. — 20 minutes.

Rsova, village bulgare, avec une église et un han, sur un plateau. — 15 minutes.

De ce point on voit : 1° la cime la plus élevée du Périn Dagh, au N. 35° E.; 2° le col conduisant de Menlik à Névrokoup, à l'E. 35° N.; 3° Singhel, au S. 15° E.; 4° Spantcha, à trois quarts d'heure au S. 5° O.; 5° le Bohaz ou défilé du Strymon, menant dans la plaine de Sérès, au S. 15 à 20° O. En outre, les habitants de Rsova nous ont donné les distances et les directions où se trouvent trois autres localités, cachées par les accidents du sol, savoir : 1° Koula Tchiflik, à 1 heure, près du Bistritza, au S. S. O.; 2° Marékostina, où se trouve un bain d'eau thermale, à une heure au S. O.; 3° Libanova (très-mal placé sur les cartes), près de la rive orientale du Strymon, à 1 heure et demie à l'O. N. O.

Descente au S. dans le vallon de Spantcha; montée au S. et au S. S. E.; laisser Spantcha à un quart d'heure à droite; sommet d'une colline. — 45 minutes.

De ce point, qui atteint une altitude de 267 mètres, on voit : 1° Katouncha sur le Bistritza, à 1 heure au N. 45° E.; 2° le col conduisant de Singhel à Névrokoup, à l'E. 20° N.; 3° Singhel, au S. 30° E.

Descente; tchiflik à gauche; gué du Bistritza, coulant à une hauteur absolue de 160 mètres. — 10 minutes.

Descendre la vallée au N. O. et au N. N. O; confluent du Bistritza et du Pétrova Dèressi. — 15 minutes.

Gué du Pétrova et moulin; montée à l'E. et au S. E.; source d'un gros ruisseau sortant d'une caverne, à quelques minutes avant Singhel; Singhel. — 1 heure.

Le village de Singhel est situé sur un petit ruisseau à la hauteur absolue de 321 mètres.

125. Excursion aux environs de Singhel.

Marche à l'O. 30° S.; bains d'eau thermale. — 15 minutes.

Montée au S. O. sur les pentes qui précèdent les contre-forts des montagnes de gauche; entrée d'une gorge dirigée du S. E. au N. O. — 1 heure.

Descendre au N. la pente ravinée du plateau; arrivée à la route qui borde le Bistritza. — 45 minutes.

Retourner à Singhel par la route aux arabas, et passer près de plusieurs haldes de scories, qui indiquent l'emplacement d'anciennes exploitations métallurgiques; Singhel. — 1 heure.

126. De Singhel à Kara Keui.

On compte 8 heures pour les chevaux de charge et 7 heures pour les chevaux de selle; nous avons parcouru la distance en 6 heures 45 minutes; et nous évaluons la longueur, en ligne droite, à 4 lieues et un quart ou 4 lieues et demie. Cette route est impraticable aux arabas.

Marche au S. S. E. et au S. ; montée au S. E. ; petite plate-forme et vue de Singhel au N. 35° O. — 40 minutes.

Sentier en corniche sur la pente ravinée de la montagne; marche à l'E. — 35 minutes.

Tourner au S., puis à l'E. S. E. ; remonter la pente d'un couloir, qui aboutit à un plateau; col. — 30 minutes.

De ce point, situé à 923 mètres au-dessus de la mer, on voit : 1° Kourchova, à l'E. 40° S.; 2° une des cimes du Boz Dagh, en partie cachée par un contre-fort, dont le sommet est au S. E.; 3° la cime du mont Tchaïrli, au S. 35° E. Cette dernière montagne est le séjour d'été des riches habitants de Sérès.

Descente; arrivée dans une petite plaine à surface inclinée. — 30 minutes.

Kourchova, petit hameau bulgare, sur un ruisseau, à 527 mètres d'altitude. — 30 minutes.

Montée ; fontaine. — 1 heure 5 minutes.

De ce point on voit : 1° le col qui vient d'être traversé, à l'O. 20° N.; 2° Kourchova, à l'O. 10° S.; 3° le cours du ruisseau de Kourchova se rendant à Démir-Hissar par une étroite vallée, à l'O. 22° S.; 4° Démir-Hissar, caché par les accidents du sol, et qui se trouve à peu près dans la direction de l'O. 35° S.; 5° au loin et dans une direction comprise entre l'O. et le S. O., une nappe d'eau qu'on nous a désignée sous le nom de lac de Boutkovo.

Sentier en corniche; marche au S. E. et à l'E. S. E.; sommet d'un contre-fort qui atteint 981 mètres d'altitude. — 25 minutes.

Marche sinueuse à l'E.; traverser plusieurs ravins qui se rendent dans la vallée de droite; col, dont l'altitude atteint 1196 mètres, et qui se trouve sur la ligne du partage des eaux entre le Strymon et le bassin hydrographique de Lissa. — 1 heure 10 minutes.

De ce point on voit : 1° le mont Ali Boutouch, qui domine le col au N.; 2° Kara Keui, à l'E. 20° N.; 3° au delà et dans la même direction le mont Stragatch; 4° une des cimes élevées du Boz Dagh, à l'E. 29° S.; 5° la plus haute cime du mont Tchaïrli, au S. 30° O ; 6° le sommet arrondi d'un contre-fort au S. 45° O, ; 7° les cafés, auberges et cabanes composant le séjour d'été des riches habitants de Sérès et situés au milieu des arbres, au sommet de la montagne, entre le S. 35° O et le S. 45° O.; 8° le col qui conduit de Kourchova ou de Kara Keui à Sérès, au S. 20° O.

Descente rapide; plusieurs usines (vidnè) dans la vallée; Kara Keui. — 1 heure.

Ce village bulgare, situé sur la rive septentrionale du ruisseau, à une hauteur absolue de 809 mètres, se compose de 85 maisons et d'un vaste karaoul où nous avons reçu l'hospitalité.

127. De Kara Keui à Starchizta Han.

On compte 2 heures et demie pour les chevaux de charge et 2 heures pour les chevaux de selle; nous avons parcouru la distance en 2 heures 5 minutes. La route est praticable aux arabas, en été seulement.

Marche à l'E.; vue, à 1 heure, au N. 30° E., d'une vallée conduisant à Névrokoup, et vue du Bohaz de Lalova, à 2 heures, dans la même direction. — 20 minutes.

Descente au S. S. E.; Terliz, village bulgare de 150 maisons, au confluent de trois ruisseaux. — 10 minutes.

Descendre la vallée à l'E. S. E.; confluent de deux ruisseaux; vue de deux cimes du Boz Dagh, l'une au S. E., l'autre, la plus élevée, au S. S. E. — 25 minutes.

La vallée se resserre et forme un défilé, dirigé du N. O. au S. E., puis à l'E. S. E.; bois de hêtres et noisetiers, avec quelques saules près du ruisseau; plusieurs moulins; arrivée en plaine et vue de Komanitch, à gauche. — 45 minutes.

Marche au S. et au S. S. O.; gué du ruisseau; Startchizta Han. — 25 minutes.

De ce point on voit : 1° Komanitch, à une demi-heure au N. 20° E.; 2° Tzernova ou Zernova, à 1 heure et demie à l'E. 20° N.; 3° Lissa, à 1 heure à l'E. 25° S.; 4° la plus haute cime visible du Boz Dagh, au S. 40° E.; 5° les cimes accidentées du mont Sminitza, comprises entre le S. 15° O. et le S. 30° O.

L'auberge de Startchizta est située à une hauteur absolue de 616 mètres, à l'entrée d'une petite vallée où se trouve, à 10 minutes de distance, le village, moitié bulgare, moitié musulman, qui lui a donné son nom.

128. Excursion aux environs de Startchizta.

Marche au S. S. E.; Katavothron, où viennent s'engouffrer les eaux de la plaine. — 1 heure 10 minutes.

De ce point on voit Startchizta Han, au N. 30° O.; et Lissa, à l'E. 35° N.

Arrivée à Lissa, village musulman, composé de 400 maisons et de deux mosquées. — 45 minutes.

De Lissa on voit Tzernova au N. 30° E.; arrivée à Tzernova, village bulgare, composé de 300 maisons, sur un ruisseau, à l'entrée d'un petit défilé. — 1 heure.

Retour à Startchizta Han. — 1 heure et demie.

Les productions du sol qu'on remarque dans cette vallée sont le maïs et le tabac.

129. De Startchizta Han à Sérès.

On compte 8 heures pour les chevaux de charge, et 7 heures pour les chevaux de selle; nous avons parcouru la distance en 7 heures 15 minutes, mais notre guide marchait à pied, et nous forçait à ralentir le pas des chevaux dans les endroits faciles;

il nous a fait perdre plus d'un quart d'heure. La distance en ligne droite peut être évaluée à 6 lieues. La route est impraticable aux arabas.

Marche au S. S. O. et au S.; gué du ruisseau de Vroundi, à l'entrée d'une vallée resserrée, et près de son confluent avec le ruisseau venant du col. — 30 minutes.

Remonter la vallée à l'O. S. O.; Vroundi Han, qui tire son nom d'un village à un quart de lieue à l'O. 15° N. dans un ravin (1), et vue du col à l'O. 28° S. — 20 minutes.

Ruisseau venant du mont Schtuder, qu'on voit à l'E. — 30 minutes.

Gué du ruisseau venant du mont Kara Dagh, qui reste au N. — 10 minutes.

Montée par une pente assez douce; col. — 1 heure 10 minutes.

Ce col, dominé à l'E. par le mont Sminitza, se trouve sur la ligne du partage des eaux entre le Strymon et le bassin hydrographique de Lissa; il atteint 1055 mètres de hauteur absolue. De ce point on voit : 1° Tzernova, à l'E. 40° N.; 2° Lissa, à l'E. 20° N.

Suivre un couloir à l'O. S. O.; fin du couloir et vue de la pointe aiguë du mont Tchaïrli, au N. O. — 25 minutes.

Rude descente au S. O. et au S. S. O.; sentier en corniche; fond de la vallée, et gué d'un ruisseau. — 40 minutes.

Descendre la vallée au S. S. O. et au S. O.; petit village de Lagos. — 1 heure 20 minutes.

Avant de quitter la vallée, on laisse, à 10 minutes à gauche, le monastère Saint-Jean, dans le défilé du ruisseau, dominé à l'O. par les escarpements du mont Ménikion Oros. — 20 minutes.

Courte montée; sommet du contre-fort; descente tortueuse à l'O. S. O; arrivée en plaine sur le bord d'un ruisseau. — 1 heure 35 minutes.

Pont de bois sur le Doutli Tchaï, qui vient du mont Tchaïrli, et dont on aperçoit la pointe la plus élevée au N. 15° E.; et de suite après le torrent, premières maisons de Sérès. — 15 minutes.

Siroz ou Sérès, chef-lieu de liva de l'éyalet de Sélanik (Salonique).

RÉCAPITULATION DES ROUTES QUE NOUS AVONS SUIVIES POUR NOUS RENDRE DE KOSTENDIL A SÉRÈS.

Laissant de côté les excursions que nous avons faites aux environs de Singhel et dans la plaine élevée de Lissa, nous ne comprenons dans ce relevé que les distances que nous avons parcourues pour nous rendre d'un point intermédiaire à l'autre.

(1) Ce village se nomme Akchaa Vroundi (Vroundi inférieur).

N^os^ D'ORDRE DES ROUTES PARCOURUES.	ROUTE INDIRECTE DE KOSTENDIL A SÉRÈS PAR SINGHEL ET LE BASSIN HYDROGRAPHIQUE DE LISSA.	TEMPS EMPLOYÉ PAR LES CHEVAUX DE CHARGE.	DE SELLE.	LES NÔTRES.
		heures.	heures.	h. min.
120	Koznitza Han	4	3	3
	Bobochévo	4	3 1/4	3 10
	Djouma	4	3 1/4	3 10
121	Sirbin Han	5	4	4 10
122	Tchéoarli Dèrè Han	6	5	4 55
123	Svêti Vratch Han	5 1/2	4 1/2	4 15
	Menlik	3 1/2	3	2 55
124	Singhel	5	4	3 52
126	Kara Keui	8	7	6 45
127	Startchizta Han	2 1/2	2	2 5
129	Sérès	8	7	7 15
	TOTAUX	55 1/2	46	45 32

Appendice au § VII. — Points en communication avec les localités citées dans les routes précédentes.

Nous avons recueilli les renseignements suivants sur les distances qui existent entre certaines localités. Les numéros d'ordre des routes où nous les avons citées facilitent leur recherche dans l'itinéraire précédent.

130. Route directe de Kostendil (120) à Sérès (129).

Nous divisons cette route en deux parties : la première comprend notre trajet de Kostendil à l'auberge de Svêti Vratch, qui vient d'être détaillé ; la seconde, le tronçon de route que nous n'avons pas parcouru.

Première partie. — On compte de Kostendil à Svêti Vratch Han, 28 heures et demie pour les chevaux de charge, 23 heures pour les chevaux de selle ; nous avons employé 22 heures 40 minutes (120 à 123).

Deuxième partie. — On compte 12 heures, savoir : embranchement de la route de Menlik, près de Svêti Vratch Han ; traverser les petits ruisseaux de Lechnitza et de Sklav Keui ; Libanova, 1 heure et trois quarts ; traverser le Sougorova ; Marékostina Han, qui tire son nom d'un village à un quart de lieue à gauche, à mi-côte, 1 heure et demie ; chemin creux traversant un coteau ; Koula Tchiflik, non loin du Bistritza, 1 heure ; traverser le Bistritza, près de son confluent avec le Strymon, trois quarts d'heure ; défilé ; Roupel à gauche, 1 heure et trois quarts ; Skala, autrement nommé Marko Kaïassi (rocher de Marc), un quart d'heure ; route pavée ; traverser le ruisseau de Kourova ; Démir-Hissar, 1 heure ; Sérès, 4 heures. Les localités qui se trouvent sur cette deuxième partie de la route sont citées de 123 à 129.

131. De Bobochevo (120) à Doubnitza (111), 3 heures.

132. De Djouma (120) à Doubnitza (111).

On compte 6 heures ; il nous paraît certain qu'un cheval de selle peut parcourir la distance en 5 heures, à un bon pas ordinaire.

M. Boué compte 4 heures 55 minutes à 5 heures 25 minutes, savoir : départ de Doubnitza; tchiflik, 45 minutes; han, 35 minutes; han, de 1 heure 10 minutes à 1 heure 40 minutes; Kotcharin Sko han, 45 minutes; traverser le vallon du Rilska Riéka, 1 heure; han et quelques maisons (notre Barakli), 10 minutes; Djouma, 30 minutes.

M. Daux a parcouru la même route, mais en sens inverse, en 6 heures 20 minutes, à l'époque où les pluies rendaient déjà les chemins glissants.

Départ de Djouma; village dans la vallée du Rilska Riéka (notre Barakil), 1 heure 40 minutes; laisser Kotcharin à droite; han, 45 minutes; laisser Bobochévo à gauche, 1 heure 5 minutes; 3 maisons et karaoul, 15 minutes; han et karaoul, 50 minutes; laisser à gauche un pont de sept arches, où passe la route de Kostendil, et près duquel est un tchiflik, 1 heure 20 minutes; Doubnitza, 25 minutes.

Nous avons parcouru la plus grande partie de cette route, soit en nous rendant de Doubnitza au monastère Rilo (111), soit en allant de Bobochévo à Djouma (120). En complétant la lacune avec nos renseignements, nous trouvons 5 heures évaluées au pas d'un cheval de selle.

Le tableau suivant met en regard les distances puisées aux trois sources que nous venons d'indiquer :

	DISTANCES D'APRÈS					
	M. BOUÉ.		M. DAUX.		NOUS.	
	h. min.		h. min.		h. min.	
Barakli	40	1 40	1 40	2 25	1 15	1 45
Kotcharin Han	1 »		» 45		» 30	
Laisser Bobochévo à gauche	....	» 45	1 5	1 20	» »	1 »
Han	» 45		» 15		1 »	
Laisser à droite la route de Rilosélo	» »	2 30	» »	2 35	» 15	2 15
Han et karaoul	1 10		» 50		» 40	
Tchiflik et han	» 35		» »		» 35	
Laisser le pont de sept arches à gauche	» »		1 20		» 30	
Premières maisons de Doubnitza	» 45		» 25		» 15	
TOTAUX	4 55		6 20		5 »	

En résumé, on peut considérer les chiffres de M. Daux comme représentant à peu près la marche d'un cheval de charge; les nôtres et ceux de M. Boué comme s'appliquant à un cheval de selle.

133. De Gradova Han (121) au monastère de Libochtitza, 5 heures.

Remonter l'étroite vallée du Komatinitza Déressi; Troskova, sur la pente des montagnes, 3 heures; Libochtitza et monastère dans la même position. — 2 heures.

134. De Ttchénarli Dèrè Han (121) à Breznitza, 1 heure et demie, savoir :

Remonter la vallée du Strymon; gué du fleuve; confluent du ruisseau de Breznitza, 1 heure; remonter la vallée du ruisseau; gué du ruisseau; Brezmitza, sur la rive septentrionale. — Une demi-heure.

135. De Menlik (124) à Névrokoup (63), 9 heures et demie.

Tchéreznitza, une demi-heure; Spantchova, 3 heures; Névrokoup. — 6 heures.

136. De Menlik (124) à Pétritch, 4 heures à 4 heures et demie.

Traverser le Strymon, 2 heures et demie; Pétritch, 1 heure et demie à 2 heures.

137. De Marékostina (124) à. { Menlik, 2 heures et demie.
Singhel, 2 heures.
Rsova (124), 1 heure. }

138. De Singhel (124) à Pétritch, 4 heures et demie.

Marékostina, 2 heures et demie; traverser le Strymon en bateau, une demi-heure; Pétritch, 1 heure et demie.

139. De Singhel (124) à Démir Hissar, 5 heures.

La route aux arabas s'embranche, environ à 1 heure et demie de Singhel, à la route (130) qui conduit de Kostendil ou de Doubnitza à Sérès. Les cavaliers et les piétons gagnent une heure en traversant la montagne par la gorge que nous avons visitée (125).

140. De Singhel (124) à Névrokouk (63), 13 heures.

Pétrova, 3 heures; Goleschova, 3 heures; Teschova, 4 heures; Névrokoup, 3 heures.

On compte également 13 heures en passant par Kourchova et Kara Keui (126).

141. De Kara Keui (127) à Névrokoup.

On compte 6 heures pour les chevaux de charge, et 5 heures pour les chevaux de selle; M. Daux a parcouru la distance en 6 heures.

Entrée dans la longue vallée de Lovtcha; marche au N. N. E.; laisser plusieurs tchifliks placés à droite et à gauche, au milieu des pâturages; contourner la base d'un pic isolé au milieu de la vallée; laisser à gauche, à quelques minutes de la route, Lovtcha, village composé de 25 maisons, et situé entre le pic isolé et le pied des montagnes de gauche. — 2 heures.

Laisser à gauche une tuilerie au milieu de la vallée qui, en cet endroit, se rétrécit brusquement, n'a de largeur que le lit de la rivière au milieu de laquelle passe la route (Boghas ou défilé), et forme un passage impraticable en hiver. — 30 minutes.

Marche à l'O. N.O.; han isolé et abandonné; traverser, près de son confluent avec la rivière de Lovtcha, sur un pont de bois, le ruisseau de Lookka, ou, d'après nos renseignements (79), Laska ou Laski, village qui reste à gauche dans l'étroit ravin du ruisseau. — 10 minutes.

Marche au N. N. O.; laisser à droite un moulin au fond du défilé, et bas de la montée. — 20 minutes.

Monter par des gorges sinueuses à l'O., au S. O., au N. E. et au N.; sommet de la montagne. — 40 minutes.

Commencement de la descente au N. O.; passer près de Lalova (63), village composé de 80 maisons et d'une mosquée, qui reste à gauche dans une vallée élevée. — 5 minutes.

Descente à l'E. N. E. et au N. E.; Koprino (notre Koprivlen (63)), en plaine, au pied de la montagne. — 50 minutes.

Marche au N., puis au N. O.; laisser à droite un han, un moulin et un pont sur un ruisseau. — 55 minutes.

Marche à l'O.; tchiflik à gauche; Névrokoup. — 30 minutes.

142. De Démir Hissar (126) à Kourchova (126).

Remonter la vallée de Kourchova; Tchervitcha, 1 heure; Olechnitza, 1 heure; Kourchova, 1 heure.

143. De Sérès (129) au mont Iaïla ou Tchaïrli (126).

Cousinéry (*Voyage dans la Macédoine*) consacre les chapitres VI, VII et VIII à des recherches sur la montagne où les riches habitants de Sérès vont passer une partie de l'été. Il remonte la vallée du Doutli Tchaï, laisse à droite le village de Doutli, et gravit les pentes du contre-fort qui se rattache au mont Iaïla. Ce voyageur place à tort sur les flancs de la vallée les villages de Kourchova, d'Yacari Vroudou et d'Akchaa Vroudou (Vroudou supérieur et inférieur). Nous avons donné la position du premier village (126) et celle du dernier (129), sous le nom de *Vroundi;* nous n'avons pas aperçu le Vroundi supérieur.

§ VIII. — Route de Sérès à Névrokoup, par Drama.

(Pl. 11.)

144. De Sérès à Drama.

On compte 12 heures pour les chevaux de charge, et 10 heures pour les chevaux de selle, savoir : Zélaovo, 4 heures, et Drama, 6 heures. Nous avons parcouru, à un pas modéré, la distance en 10 heures 5 minutes, savoir : Zélaovo, 4 heures 5 minutes; Drama, 6 heures. Nous avons quitté à Zélaovo la route aux arabas qui passe par Alistrati. Cette dernière route est de la même longueur que celle que nous avons suivie; on compte 6 heures, savoir : Alistrati, 3 heures; Drama, 3 heures.

En sortant de Sérès, pont sur le Doutli Tchaï, et vue de Sou-Bach Keui à l'E. 20° S.;

et de Veznik ou Vézéniko, au pied du Ménikion Oros, à l'E. ; traverser un ruisseau. — 10 minutes.

Gros ruisseau sortant tout formé d'une source, qui reste à 5 minutes à gauche de la route. — 20 minutes.

Ruisseau provenant des rochers du monastère Saint-Jean. — 15 minutes.

Lit à sec d'un ruisseau, et vue de Sou Bach Keui à 10 minutes à gauche, et de Veznik plus loin. — 20 minutes.

Marche à l'E. S. E. sur un bas plateau, et vue à droite des rizières arrosées par les ruisseaux précédents; laisser Topoliana (Tepelen des cartes) à 5 minutes à droite. — 25 minutes.

Marche à l'E. 30° S. ; han. — 25 minutes.

Laisser à droite Sarmoussakli (ail), à 5 minutes du han; petit ruisseau, et vue de Dovista ou Tovista, à une demi-heure à gauche. — 15 minutes.

Lit à sec d'un ruisseau. — 10 minutes.

Vue de Nouska, à une demi-heure à gauche. — 20 minutes.

Gué de deux petits ruisseaux; tchiflik à gauche, et Borno au confluent de ces ruisseaux et du ruisseau de Zighné. — 35 minutes.

Gué du ruisseau de Zighné et moulin; montée à l'E. ; bas plateau. — 20 minutes.

De ce point on voit : Sérès à l'O. 30° N. ; Zighné, sur un rocher, à un quart de lieue en ligne droite, au N. 5° E. ; plusieurs mahalès à trois quarts d'heure ou 1 heure sur la colline, au N. 5° O. ; et Klépouchna, à 1 heure au N. 20° E.

Marche à l'E. ; Zélaovo, gros village où réside le mudir du Kaza de Zighné, et situé sur un ruisseau, à la hauteur absolue de 307 mètres. — 30 minutes.

En sortant de Zélaovo, vue de Lépouchna, à trois quarts de lieue au N. 5° E. ; marche au N. E. et à l'E. N. E. ; traverser deux petits ruisseaux; Chêlanos, sur le plateau, entre deux autres petits ruisseaux, et vue de Rahova, à une demi-heure au N. O. — 1 heure.

Marche moyenne au N. E. ; Skrdjova, village situé sur un col, à l'altitude de 728 mètres. — 45 minutes.

De ce point, on voit : Drama, à l'E. 20° N. ; Plevna, dont il sera question plus loin, au N. 40° E. ; on indique Alistrati, qui n'est pas visible, à 1 heure et demie, dans la direction de l'E. ou de l'E. S. E.

Forte descente au S. E. ; fond du ravin, et vue de Gratcha, à une demi-heure au S. E. — 25 minutes.

Douce descente; marche à l'E. S. E., à l'E., puis au N. E. ; fin de la descente ; Oba Tchiflik, près d'une source et d'un ruisseau. — 1 heure 5 minutes.

De ce point, situé en plaine, à la hauteur absolue de 144 mètres, on voit : 1° Drama, à l'E. 10° N. ; 2° la gorge conduisant de Drama à Lissa par Guredjik, au N. 20° E. ; 3° une autre gorge au N. 10° E. ; 4° une autre encore au N. 10° E. ; 5° la plus haute cime visible du Boz Dagh, au N. 22° O. ; 6° l'emplacement du défilé (Dervent ou Boghaz) conduisant de Drama à Startchizta et à Lissa par Kalapot, au N. 30° O. ;

7° les montagnes des environs de Startchizta, au delà et par-dessus la profonde dépression que présentent les montagnes où se trouve le défilé de Kalapot; 8° Irïdèrè, sur la pente de la montagne, à 1 heure à l'O. 10° N.; 9° le col de Skrdjova, à l'O. 20° S.; 10° Gratcha, au S. 30° O.; 11° Ali Strati, à un quart d'heure de Gratcha, au S. 10° O.

Marche au S.; côtoyer quelque temps le Lissa Tchaï; gué. — 25 minutes.

Marche à l'E.; han et tchiflik. — 30 minutes.

Ruisseau et vue de Turkohor Tchiflik, à un quart d'heure à gauche. — 50 minutes.

Sources abondantes auprès et au S. de Drama; premières maisons de Drama. — 1 heure.

145. Excursion de Drama à la source du Lissa Tchaï.

On compte 5 heures : nous avons parcouru la distance en 4 heures 10 minutes.

Marche à l'E. N. E.; vue de Vissotcha à 1 heure à l'E. 30° N., et de Rahvika à 1 heure au N. 20° O. — 15 minutes.

Sources du ruisseau de Turkohor, et vue du tchiflik de ce nom, à un quart d'heure au S. E. — 55 minutes.

Montée sur un talus en pente douce; lit à sec du torrent de Plevna.— 50 minutes.

De ce point on voit : 1° Plevna, à une demi-heure au N. 15° E., à l'entrée d'une gorge; 2° Drama, à l'E. 15° S.

Marche au N. O.; Prsotchan ou Prosatchia, village composé de 280 maisons. — 30 minutes.

Marche à l'O. N. O. et au N. O.; ruisseau presque à sec venant de Guredjik; Kobalista. — 40 minutes.

Marche moyenne au N. O.; moulin et tchiflik sur la rive occidentale du Lissa Tchaï; et quelques minutes plus loin, grotte (Mahara) d'où sort la rivière qui s'engouffre près de Lissa et reparaît au jour après avoir traversé la chaîne du Boz Dagh dans des canaux souterrains. — 1 heure.

Voyez plus loin (151) les renseignements que nous avons pris au moulin précédent, sur la position des villages qui se trouvent dans la vallée.

146. De Drama à Guredjik (1).

On compte 7 heures pour les chevaux de charge et 6 heures pour les chevaux de selle : nous avons parcouru la distance en 5 heures 45 minutes.

Marche en plaine (voyez 144, les détails de cette première partie de la route), Psotchan. — 2 heures 30 minutes.

(1) Nos baromètres ont été brisés dans la course précédente et n'ont pu être réparés qu'à Kavala ; ce n'est donc qu'à partir de cette ville que nous pourrons continuer à donner l'altitude des points les plus importants de nos routes.

Entrée de la vallée resserrée (Bohaz) du ruisseau presque à sec de Guredjik. — 30 minutes.

L'entrée de cette gorge était autrefois défendue par un château fort dont les fondations en marbre noir sont encore visibles. De ce point on voit les villages de la vallée, savoir : 1° Kirlikova, qui donne son nom à la vallée, au pied de la montagne, à 2 heures à l'O. 5° S.; 2° Orsilova, au pied d'un contre-fort, à 2 heures à l'O. 20° S.; 3° Gorentza, au pied d'un contre-fort, à 1 heure et demie au S. 40° O.; 4° direction approximative d'Iridèré (cité 144) qu'on ne voit pas, au S. 25° O.; 5° Kobalista (cité 145), à une demi-lieue, dans une position intermédiaire entre l'O. 20° S. et l'O. 40° S.; 6° Prsotchan, au S. 20° E.

Karaoul, à 5 min. de l'entrée du Bohaz; remonter la vallée vers le N. E. et le N. N. E.; le défilé change de direction. — 55 minutes.

Le sentier traverse plusieurs fois le lit du ruisseau; marche au N.; ruine d'un han et d'un moulin, qui ont été détruits par un tremblement de terre. — 35 minutes.

Laisser le ruisseau à droite, et commencement d'une rude montée; fin de la rude montée. — 20 minutes.

Suivre un sentier en corniche dans la direction moyenne de l'O. N. O.; Guredjik. — 55 minutes.

Ce village, composé de 60 maisons, habitées par des Bulgares, est situé sur un ruisseau, un peu au-dessous du col. La vallée est jonchée de scories, provenant d'anciennes exploitations. La végétation arborescente est chétive; les noisetiers dominent dans les parties basses; des chênes rabougris dans les parties élevées.

147. De Guredjik à Libéova.

On compte 6 heures pour les chevaux de charge, et 5 heures pour les chevaux de selle : nous avons parcouru en 5 heures 15 minutes la distance, dont nous évaluons la longueur, en ligne droite, à 4 heures ou 4 heures et demie au plus.

Remonter à l'O. la vallée de Guredjik; tourner au N.; col sur la ligne de partage des eaux entre le bassin hydrographique de Lissa et celui de Drama. — 15 minutes.

De ce point on voit : 1° Komanitch (127), au N. 40° O.; 2° la cime aiguë du mont Ali Boutouch, qui domine le col de Karakeui (126), à l'O. 25° N.

Descente un peu tortueuse, par une vallée qui s'évase vers la partie inférieure; pente rapide pendant les dix premières minutes seulement; fin de la descente. — 1 heure 15 minutes.

De ce point on voit : 1° Lissa (127), à un quart d'heure à l'O. 10° S.; 2° le col de Guredjik que nous venons de passer, à l'E. 30° S.; 3° Startchizta, à l'O. 20° N.; 4° Komanitch, au N. 40° O.

Marche au N. N. O. et au N.; coteaux chargés de vignes; Tzernova, sur un ruisseau presque à sec en été. — 40 minutes.

Marche à l'E. et à l'E. N. E.; quitter le bord du ruisseau et le Bohaz qui lui donne entrée dans la plaine de Lissa. — 15 minutes.

Montée au N. N. O. sur un bas plateau; vallée évasée à gauche; vue de Bélitintza, à mi-côte, dans une vallée, à 1 heure à l'E. 35° N. — 35 minutes.

Marche au N.; colline; tourner à l'O. N. O. et au N. O.; descente à Vezmê, situé sur un petit ruisseau. — 55 minutes.

Douce montée au N. O. et au N. par une vallée; sommet de la ligne de partage des eaux entre le bassin hydrographique de Bélitintza ou de Tzernova, et celui du Kara Sou (Nestus). — 40 minutes.

Descente au N.; traverser deux petits ruisseaux, à sec en été; Libéova, sur le penchant d'une colline. — 40 minutes.

148. Excursion de Libéova à Pétralik.

On compte 1 heure et demie; nous avons parcouru la distance en 1 heure 45 minutes, avec un guide à pied qui ralentissait notre marche.

Marche au N. E.; traverser le lit desséché en été de deux ruisseaux; sommet du plateau. — 45 minutes.

De ce point on voit : 1° Foustana, à 1 heure et un quart, près du Kara Sou, au N. 10° E.; 2° Singhilti, sur les deux rives du fleuve, à 1 heure au N. 16° E.

Marche sur le plateau, dont la surface est ravinée; station sur le plateau. — 30 minutes.

De ce point on voit : 1° Névrokoup, au N. 40° O.; 2° Koprivlen, à 1 heure au N. 30° O.; 3° l'entrée du défilé par lequel le Kara Sou sort de la plaine de Névrokoup, au N. 15° O.; 4° Pétralik, à une demi-heure à l'E.

Descente assez forte; Pétralik, sur un ruisseau, à un quart d'heure du Kara Sou.

149. De Libéova à Névrokoup.

On compte 3 heures: n'ayant pas suivi cette route, nous sommes obligé de compléter les renseignements renfermés dans l'excursion précédente par ceux que nous devons, soit à l'obligeance de M. Daux, soit aux informations que nous avons prises sur les lieux.

Marche au N. O.; sommet du plateau; descente au N.; traverser la rivière de Laska, près de sa sortie du Bohaz; laisser Singhilti à droite; ruisseau venant de Lalova; Koprivlen. — 1 heure et demie.

De Koprivlen à Névrokoup (141). — 1 heure 25 minutes.

RÉCAPITULATION DES ROUTES QUE NOUS AVONS SUIVIES POUR NOUS RENDRE DE SÉRÈS A NÉVROKOUP.

Laissant de côté les excursions que nous avons faites aux environs de Drama et de

Libéova, nous ne comprenons dans ce relevé que les distances que nous avons parcourues pour nous rendre d'un point intermédiaire à l'autre :

Nos D'ORDRE DES ROUTES PARCOURUES.	ROUTE DE SÉRÈS A NÉVROKOUP, PAR DRAMA.	TEMPS EMPLOYÉ PAR LES CHEVAUX		
		DE CHARGE.	DE SELLE.	LES NÔTRES.
		heures.	heures.	h. min.
144	Zélaovo	5	4	4 5
	Drama	7	6	6 0
146	Prsotchan	3	2 1/2	2 30
	Guredjik	4	3	3 15
147	Tzernova	2 1/2	2	2 10
	Libéova	3 1/2	3	3 5
149	Névrokoup (1)	3 1/2	3	....
	TOTAUX	28 1/2	23 1/2	....

(1) Il est évident que si nous nous étions rendu de Libéova à Névrokoup, nous aurions trouvé 23 heures et demie à 24 heures pour la route totale de Sérès à Névrokoup.

Appendice au § VIII. — Points en communication avec les localités citées dans les routes précédentes.

Nous avons recueilli les renseignements suivants sur les distances qui existent entre certaines localités. Les numéros d'ordre des routes où nous les avons citées facilite leur recherche dans les itinéraires.

150. De Sérès à Névrokoup.

La route la plus commode passe par Startchizta Han (129), 7 heures; Kara Keui (127), 2 heures; Névrokoup (140), 6 heures : en tout 15 heures.

Autre route plus courte, mais plus difficile. — Remonter la vallée du Doutli Tchaï; col du mont Tchaïrli (126); col du mont Ali Boutouch; Kara Keui; 7 à 8 heures : Névrokoup, 6 heures : en tout 13 à 14 heures.

151. De Drama aux villages de la vallée de Kirlikova.

Nous avons rencontré, au moulin situé sur le Lissa Tchaï, en face de Rémentcha Tchiflik (145), une dizaine d'habitants de la vallée qui étaient venus comme nous chercher un abri contre une violente pluie d'orage. Après une discussion entre eux sur les distances et sur les directions où se trouvaient les villages que la pluie dérobait à nos regards, ils se sont mis d'accord, et nous ont donné les renseignements suivants : 1° Zagouch, à 1 heure au N. 30° O.; 2° Kalapot, à l'entrée d'un défilé à 2 heures à l'O. 20° N.; 3° Kirlikova, à 2 heures et demie à l'O.; 4° Orsilova, à 2 heures à l'O. 30° S.; 5° Gorentza, à 3 heures et demie au S. 20° O.; 6° Prchiva, à 3 heures au S. 10° E.; 7° Iridèrè (144), 4 heures; 8° Oba Tchiflik (144), 3 heures. Il est bien entendu que les directions ci-dessus ne peuvent être que très-grossièrement approximatives. On peut les comparer avec celles que nous donnons (145).

Les mêmes individus disent que si l'on se rend de Drama aux villages ci-dessus, en passant par Prsotchan, qu'ils placent à 3 heures de la ville, on trouve les distances suivantes : 1° Zagouch, 5 heures et demie; 2° Kalapot, 6 heures; 3° Kirlikova, 5 heures et demie; 4° Orsilova, 5 heures; 5° Gorentza, 4 heures et demie; 6° Prchiva, 4 heures et demie; 7° Iridèrè, 5 heures; 8° Oba Tchiflik, 4 heures.

De Drama à Iridèrè directement. — 4 heures.

Enfin si l'on part de Kalapot, on trouve les distances suivantes : 1° Zogouch, une demi-heure; 2° Kirlikova, une demi-heure; 3° Orsilova, 1 heure; 4° Gorentza, 1 heure; 5° Prchiva, 2 heures et demie; 6° Iridèrè, 3 heures; 7° Oba Tchiflik, 4 heures.

152. De Drama à Névrokoup par le Bohaz de Kalapot, 17 heures.

Kalapot, 6 heures; Starchizta Han (129), 3 heures; Kara Keui; Névrokoup; 8 heures.

§ IX. — Route de Névrokoup à Kavala.

(Pl. 11.)

153. De Névrokoup à Borova.

On compte 10 heures pour les chevaux de charge, et 8 heures et demie pour les chevaux de selle, savoir : Pétralik, 2 heures et demie; Borova, 6 heures. Nous avons parcouru en 6 heures 55 minutes la dernière distance, dont nous évaluons la longueur, en ligne droite, à 4 lieues et un quart. Notre guide marchait à pied; blessé par les cailloux de la route, il ne pouvait nous suivre, et nous forçait à ralentir le pas.

Marche en plaine à l'E., puis au S. E. (141); Koprivlen, 1 heure et demie.

Traverser la rivière de Laska; Pétralik, sur un ruisseau presque à sec en été. — 1 heure.

Nous donnons les deux distances ci-dessus d'après des renseignements; nos observations personnelles commencent à Pétralik: marche au N. E.; lit desséché d'un ruisseau; remonter la vallée à l'E. S. E.; traverser une colline; lit presque à sec du ruisseau de Péritza; remonter la vallée au S. E. et au S.; Péritza, village musulman. — 1 heure 10 minutes.

A quelques minutes à l'E. de Péritza, sommet du plateau et descente dans le bassin hydrographique de Bélitintza (147), village situé à 1 heure de Péritza; marche au S., puis à l'E. et au S. E.; Gouchtérek, village musulman, dans une étroite vallée, près d'un ruisseau presque à sec en été. — 1 heure 15 minutes.

Remonter la vallée; ligne de partage des eaux entre le bassin hydrographique de Bélitintza et le Kara Sou. — 35 minutes.

De ce point on voit : 1° Gouchtérek, à l'O. 15° N. ; 2° Vezmé (147), à 2 heures à l'O. 10° S.; 3° Bélitintza n'est pas visible, mais on indique sa position à 1 heure à l'O.; 4° Rakisten, sur la pointe de la montagne, à une demi-heure ou trois quarts d'heure au N. 30° E.; 5° Tovista, au loin sur la montagne qui borde la rive gauche du Kara Sou, au N. 40° E. ; 6° Goudachova, dans la même position, à l'E. 30° N. ; 7° Isbichta, dans la même position, à l'E. 10° N. ; 8° le plateau escarpé, situé près de Borova, et dérobant ce village aux regards, à l'E. 35° S.; 9° Débren où passe la route, à 1 heure au S. 35° E.

Descente par un sentier en corniche et sinueux; Débren, village musulman, au confluent de trois petits ruisseaux. — 1 heure 5 minutes.

Douce montée; sommet d'un contre-fort. — 40 minutes.

De ce point on voit : 1° Débren, à l'O. 35° N. ; 2° le point où la ceinture du bassin hydrographique de Bélitintza se rattache à la chaîne du Boz Dagh, au S. 40° O. ; 3° le point culminant des cimes visibles de la chaîne du Boz Dagh, au S. 25° E. ; 4° Vitova, au sommet du plateau escarpé qui sépare les vallées du Kara Sou et du Dozpat Dèressi, son principal affluent, à l'E. 7° N.

Descente au S. ; Tchirachova, village musulman, sur un petit ruisseau. — 15 minutes.

Douce montée; sommet d'un contre-fort. — 30 minutes.

De ce point on voit : 1° Isbichta, au N. 25° E. ; 2° Vitova, à l'E. 30° N. ; 3° Borova, à l'E. 5° S. ; 4° Stranen, au pied de la chaîne du Boz Dagh, à l'E. 35° S. ; Vlakavitza, au S. 40° E.

Descente sinueuse ; fond de la vallée; gué du ruisseau, à 10 minutes de Vlakavitza, qui reste à l'O.; et vue de Borova, à l'O. 10° N. — 40 minutes.

Laisser à gauche le petit défilé du ruisseau; descente en plaine; pont de bois en mauvais état sur le Kara Sou. — 25 minutes.

Pont de bois en mauvais état sur le Dozpat Dèressi, et de suite Borova. — 20 minutes.

Borova, village musulman, est situé dans une petite plaine, sur la rive méridionale du Dozpat Dèressi, à un quart de lieue du confluent.

154. De Borova à Touhal.

On compte 6 heures pour les chevaux de charge, et 5 heures pour les chevaux de selle. Nous avons parcouru en 5 heures la distance, dont nous évaluons la longueur, en ligne droite, à 3 lieues. Nous avions le même guide que dans la route précédente; sa marche embarrassée nous a fait perdre un peu de temps dans le premier quart du trajet.

Plaine; traverser deux petits ruisseaux venant du N. E. ; sommet d'un coteau. — 40 minutes.

De ce point on voit : 1° Borova, à l'O. 22° N. ; 2° le mont Svéti Iova, dans le voisinage de Guredjik à l'O. 5° S.; 3° le point culminant des cimes visibles de la chaîne du Boz Dagh, au S 30° O., et qu'on aperçoit, de Borova, presque au S. du village.

Descente dans un petit vallon; montée assez rude conduisant à un sentier en corniche; sommet d'un contre-fort. — 45 minutes.

De ce point on voit : 1° Ouchtitza, au N. 20° O.; 2° Borova, à l'O. 35° N.; 3° Stranen, à l'O. 12° N.; 4° Ghérunitza, à une heure sur la pente d'un contre-fort du Boz Dagh, et dominant le défilé du Kara Sou.

Tourner au N. O.; vue de Boltichta, à 1 heure à gauche, dans la vallée de Mouchdel; Papas Kuei. — 20 minutes.

Marche au S. E.; commencement de la descente, d'abord en pente douce; vue d'Oussénitza, à 1 heure à l'E. 35° N. — 25 minutes.

Rude descente en lacets vers le S.; fond du défilé; traverser le Kara Sou sur un pont de bois au-dessus du confluent du Mouchdel Dèressi. — 25 minutes.

Montée par un sentier en zigzag; plate-forme et vue de Papas Kuei, au N. 40° O. — 25 minutes.

Marche au S. et au S. O.; petit ruisseau; montée au S. E., Hidhir Keui, sur un contre-fort placé à l'extrémité orientale de la chaîne du Boz Dagh, et vue du minaret de Grizden, sur un contre-fort de la rive gauche du Kara Sou. — 25 minutes.

Descente; petit ruisseau; douce montée; sommet d'un contre-fort, et vue de Hidhir, au N. 35° O. — 30 minutes.

Marche sinueuse dans la direction moyenne de l'E.; traverser plusieurs ravins près de leur point de départ; monter au sommet du contre-fort qui donne naissance à ces ravins. — 50 minutes.

Descendre le versant opposé; Touhal. — 15 minutes.

Ce village musulman se compose de six à huit mahalès, situés les uns à mi-côte, les autres au fond de la petite vallée, à un quart ou une demi-lieue du Kara Sou.

155. De Touhal à Tchataldja.

On compte 6 heures pour les chevaux de charge, et 5 heures pour les chevaux de selle : nous avons parcouru la distance en 5 heures 10 minutes, à un pas modéré.

Montée à l'O. 20° S.; vue : 1° de Tchirachova, sur la montagne de la rive gauche, au N. 10° E.; 2° de cinq ou six mahalès, dépendant de Tchirachova, sur le plateau escarpé qui domine le fleuve, entre le N. 15° E., et le N. 40° E.; 3° de Tikova, sur une plate-forme escarpée de la rive droite, à 1 heure et demie à l'E. 15° N.; sommet de la ligne de partage des eaux, entre le Kara Sou et la vallée de Drama. — 35 minutes.

De ce point on voit : 1° Chipcha, sur la ligne de partage, à 1 heure au S.; 2° Dobro Sélo, où passe la route, à l'O. 40° S.

Descente; fond de la vallée, et embranchement de la route directe de Dobro Sélo à Hidhir (154), ou de Drama à Borova. — 20 minutes.

Dobro Sélo, sur une plate-forme au-dessus du ruisseau. — 35 minutes.

Marche au S.; rude descente pendant un quart d'heure, et bord du ruisseau. — 50 minutes.

Gué du ruisseau, en face de Réjanik, ou Rjanik Mahalessi, qui reste à gauche, à mi-côte; côtoyer la rive orientale du ruisseau coulant dans une étroite vallée; marcher à plusieurs reprises dans le lit même du cours d'eau; entrée en plaine. — 2 heures.

De ce point on voit : 1° Rahvika (145), à 10 minutes à l'E.; 2° une tour en ruine, sur une éminence, au loin au S. 15° E. (très-probablement l'ancienne forteresse de Philippi).

Gué du ruisseau de Rahvika; traverser la route de Drama à Prsotchan, et laisser Turkohor à une demi-heure à droite. — 30 minutes.

Tchataldja, dans un vallon, sur le ruisseau venant de Drama. — 20 minutes.

156. De Tchataldja à Kavala.

On compte 7 heures pour les chevaux de charge, et 6 heures pour les chevaux de selle : nous avons parcouru la distance en 6 heures 10 minutes, à un pas modéré.

Montée et marche au S.; sommet du coteau. — 15 minutes.

De ce point on voit : 1° Kalambak, au S. 30° O.; 2° Oudovichta, à 2 heures au S. 20° O.; 3° à l'E. la vallée évasée du Kourou Dèrè; 4° Khizlar, composé de plusieurs Tchifliks, dans cette vallée, à 1 heure à l'E. 40° S.

Plaine aride; Doxat. — 1 heure.

Lit à sec du Kourou Dèrè; marche au S. E.; Borian. — 30 minutes.

Traverser le gros ruisseau sortant de plusieurs sources abondantes, autour du hameau de Bounar Bachi, qui reste à 5 minutes à droite. — 20 minutes.

Marche au S.; source abondante, formant avec les précédentes des marécages à droite de la route. — 15 minutes.

Autre source et muraille en ruine de l'antique Philippi. — 40 minutes.

Vue de Madjiar Tchiflik, à un quart d'heure à l'O.; contourner le pied du rocher qui supporte les ruines de l'ancienne forteresse; sortir de l'enceinte de Philippi. — 15 minutes.

De ce point on voit : 1° le col conduisant à Kavala, à l'E. 45° S.; 2° bouquets d'arbres en plaine, dérobant Bèrèketli aux regards, à 1 heure et un quart au S. 20°, à 30° E.; 3° Kokala Tchiflik, près du sommet de la petite chaîne côtière, au S. 20° E.; 4° Pravista ou Pravatcha, à l'entrée d'une gorge, à 1 heure et demie en ligne droite tirée à travers les marais, au S. 20° O.

Marche à l'E. S. E.; laisser Ratchè à 10 minutes à gauche, dans un vallon; han et café, près d'un socle antique en marbre blanc, portant une inscription latine. — 20 minutes.

De ce point on voit : 1° Sélen, composé de 25 maisons, à 20 minutes, à l'E. 35° N.;

2° un mahalè de Sélen, à 20 minutes à l'E. 25° N.; 3° un village, à 1 heure à l'E. 10° S.

Marche au S. E. et au S. S. E.; petit ruisseau venant de Sélen; ruisseau principal de la vallée, presque à sec en été, et formant des marécages; Bèrèketli, à 10 minutes à droite. — 1 heure.

Iéni Tchiflik, ferme turque, à 5 minutes à gauche de la route. — 15 minutes.

Entrée dans la vallée évasée qui conduit au col; marche à l'E. S. E.; laisser Vassilika Tchiflik à 5 minutes à droite; Karaoul, au bas de la montée. — 25 minutes.

Col et vue de Kavala, à l'E. 20° S. — 10 minutes.

Descente par une bonne route en lacets, construite aux frais de Méhémet Ali, pour les voitures; Kavala. — 45 minutes.

Kavala, chef-lieu de Kaza du Liva de Drama, est situé sur un rocher formant un petit promontoire qui s'avance dans la mer Egée.

RÉCAPITULATION DES ROUTES QUE NOUS AVONS SUIVIES POUR NOUS RENDRE DE NÉVROKOUP A KAVALA.

Nos D'ORDRE DES ROUTES PARCOURUES.	ROUTE DE NÉVROKOUP A KAVALA PAR BOROVA ET LA PLAINE DE DRAMA.	TEMPS EMPLOYÉ PAR LES CHEVAUX		
		DE CHARGE.	DE SÈLLE.	LES NÔTRES.
		heures.	heures.	h. min.
153	Pétralik (1)	3	2 1/2	......
	Borova (2)	7	6	6 55
154	Touhal	6	5	5
155	Tchataldja	6	5	5 10
156	Kavala	7	6	6 10
	TOTAUX	29	24 1/2	

(1) N'ayant point parcouru cette route, nous ne pouvons donner nos distances.
(2) Notre marche a été retardée par notre guide à pied.

Appendice au § IX. — Points en communication avec les localités citées dans les routes précédentes.

Nous avons recueilli les renseignements suivants sur les distances qui existent entre certaines localités. Les numéros d'ordre des routes où nous les avons citées facilitent leur recherche dans les itinéraires.

157. De Libéova à Borova.

Il n'existe pas de route au fond du défilé du Kara Sou. La route que nous avons suivie reste sur la rive droite du fleuve; elle passe par Pétralik (148), 1 heure et demie; Borova (153), 6 à 7 heures : soit en tout 8 heures; notre guide à pied comptait 9 heures.

Le même guide proposait une autre route plus longue, et qui n'entre pas, comme la précédente, dans le bassin hydrographique de Bélitintza, et reste constamment dans celui du Kara Sou : Singhilti, sur le bord du Kara Sou, 2 heures; Têplen, 3 heures; Rakisten, 2 heures; Dêbren, où l'on rejoint la route précédente, 1 heure et demie; Borova, 3 heures : soit en tout 11 heures et demie. Ces distances concernent les chevaux de charge; un cheval de selle pourrait les parcourir en moins de 10 heures. Notre guide, blessé par la marche, exagérait la longueur des trajets, afin de nous engager à faire de courtes journées.

Le même guide nous a donné les distances d'une autre route qui passe sur la rive droite du Kara Sou : Ablanitcha, 4 heures; Fourgova, 1 heure et demie; Djidjova, 1 heure; Tovista ou Touhovichta, 1 heure; Goudachova, 1 heure et demie; Isbichta, 1 heure et demie; Vitova, 1 heure; Borova, 1 heure : soit en tout 12 heures et demie. Ces villages se trouvent à 1 heure et demie, 2 heures et 3 heures du Kara Sou. (Voyez la position de la plupart de ces villages que nous avons aperçus de la route 153.)

158. De Dèbren (153) à Tzernova (147), 4 heures.

Laisser Bélitintza à droite, 2 heures; Tzernova, 2 heures.

159. De Borova (153) à Hanlar, ou les auberges de Sari Chaban (170).

A l'exception de Papaz Keui, tous les villages ci-dessous nommés restent sur la rive droite du Kara Sou, à une distance plus ou moins grande du fleuve : Papaz Keui, 2 heures et demie; Hidhir Keui, 2 heures et demie; Touhal, 1 heure et demie. Ainsi notre guide comptait 6 heures et demie pour un trajet que nous avons fait avec lui en 5 heures (154). Il marchait à pied; nous étions obligé, dans les endroits faciles, de ralentir le pas de nos chevaux : on doit donc considérer les distances suivantes qu'il nous a données comme étant exagérées. Ormanli, 1 heure; Kourtala, une demi-heure; Klabotchar, 1 heure; Lévotin, 1 heure; Kouzli Keui, 2 heures; Moun Zounous, 3 heures; Tchaïlaïk ou Tchaglak, 1 heure; Ouzoun Kouïun, 1 heure; Karadja Kouïun, 1 heure et demie; Hanlar, 3 heures : soit en tout 21 heures et demie.

Le même guide nous a indiqué les distances d'une autre route qui reste pendant la première partie sur la rive gauche du Kara Sou, et passe par plusieurs villages que nous avons aperçus des routes 154 et 155 : Oussénitza, 3 heures; Grizden, 1 heure; Tchirachova (qu'il ne faut pas confondre avec un village du même nom situé sur la rive droite) 1 heure et demie; Badobach, 2 heures; Tchatak, 2 heures; Buk, sur le bord du Kara Sou, rive gauche, 3 heures; traverser le fleuve; Luchen, 1 heure et demie; Kouzli Keui, où l'on rejoint la route précédente, 2 heures; Hanlar, comme ci-dessus, 9 heures et demie : soit en tout 25 heures et demie.

Il n'existe pas de route qui suive le fond de la vallée du Kara Sou.

160. De Drama à Kavala.

On compte 8 heures pour les chevaux de charge, et 7 heures pour les chevaux de selle; Doxat, 2 heures; Kavala, 5 heures, ou d'après nous (156) 4 heures 55 minutes.

161. De Doxat à Pravista.

On compte 6 heures à cause des marais qu'il faut contourner, et qui ne permettent pas d'aller en ligne directe.

162. De Kavala à Pravista.

On compte 3 heures; M. Kaliga a parcouru la distance en 2 heures et demie; col, trois quarts d'heure; Vassilika Tchiflik, un quart d'heure; laisser Prindjova dans un ravin, à gauche, une demi-heure; laisser Kinali au fond d'une petite vallée à gauche, une demi-heure; Pravista, une demi-heure.

163. De Ratchè à Pravista.

On compte 3 heures; nous évaluons la distance en ligne droite à 2 lieues; laisser à droite les ruines de Philippi (156); Bèrèketli, 1 heure et demie; rejoindre la route de Kavala à Pravista; Pravista, 1 heure et demie.

En hiver, les marécages prennent une plus grande étendue, et forcent de faire un plus grand détour à l'E.; on passe par Sélen et par Zigosto, village composé de 85 maisons, et on rejoint la route de Kavala à Pravista près de Vassilika.

164. De Pravista à Alistrati.

On compte 6 heures pour les chevaux de selle, savoir : Nikichan, 3 heures; Alistrati, 3 heures.

D'après M. Kaliga, la route reste en plaine pendant une heure ; elle franchit ensuite l'extrémité orientale d'un contre-fort du Bounar Dagh, qui s'avance en plaine, et laisse à gauche un village qui, selon M. Daux, se nomme Dranitch, et se trouve à l'entrée d'un ravin, à 1 heure et demie de Provista. Continuant sa route, M. Kaliga côtoie le pied des montagnes qui restent à gauche, ou ne s'en éloigne que d'une faible distance; il entre enfin dans une petite vallée, à l'entrée de laquelle se trouve Korien, village turc; et un quart d'heure plus loin Nikichan, village grec, composé de 85 maisons, construit en amphithéâtre, à l'endroit où la vallée prend l'aspect d'une gorge.

M. Kaliga s'est rendu de Pravista à Nikichan en 3 heures, M. Daux en 3 heures et demie. Nous donnons, d'après ce dernier voyageur, les distances de Nikichan à Alistrati, qu'on doit s'attendre à trouver plus fortes que celles qui nous ont été indiquées.

En effet, M. Daux compte 4 heures au lieu de 3, savoir : laisser à droite un tchiflik, 1 heure; moulin isolé, près duquel la route cesse de longer le pied des montagnes, 30 minutes; passer un pont sur la rivière qui s'écoule dans les marais de Philippi, et vue de Bournitza à gauche, 40 minutes; traverser un deuxième pont sur le Lissa Tchaï, 15 minutes; douce montée; tchiflik à droite et à gauche, 35 minutes; Alistrati, 1 heure.

Ce village, composé de 250 maisons, est situé entre deux collines, dans une prairie ombragée de bouquets d'arbres.

165. De Sélanik (Salonique) à Pravista.

On compte 28 heures par la route aux arabas; marche en plaine vers le N. N. O.; tourner vers le N. N. O.; traverser des collines au N. O. du mont Kortiatch; descendre dans la plaine de Langaza; laisser le village de Langaza à gauche, 4 heures; traverser le ruisseau venant de Gumendsché; longer la rive septentrionale du lac de Langaza qui reste à une petite distance à droite; Kilisséli, 4 heures; longer la rive septentrionale du lac de Betchik; Betchik, 4 heures; entrée dans le défilé qui donne issue au ruisseau qui sort du lac; Rouméli Bohassi Han, à l'extrémité orientale du défilé (Bohaz), 4 heures; suivre le littoral du golfe de Contessa; pont sur le Strymon, construit à l'embouchure du fleuve dans le golfe, et au delà du pont douane pour le sel, 5 heures; quitter le bord de la mer; franchir un côteau; descente rapide; Orphano, dont la rade sert de port à Sérès, 1 heure; traverser des collines boisées; descendre dans une vallée de 5 lieues de long, comprise entre les montagnes de droite qui bordent la mer et le mont Bounar Dagh qui reste à gauche; remonter cette vallée qui présente des étranglements ou défilés; sortir des défilés par une gorge étroite, au débouché de laquelle se trouve Pravista. — 6 heures.

Nous joignons à ces renseignements ceux qui nous ont été donnés par M. Daux, sur la dernière partie de la route. Ce voyageur a mis 9 heures au lieu de 7 pour se rendre de l'embouchure du Strymon à Pravista. La différence de 2 heures doit être attribuée en partie au temps qu'il a perdu pour chercher un gîte à Mousdénia, situé en dehors de la route, en partie à la lenteur de son cheval; quitter la route d'Orphano qui reste à une demi-lieue à droite, une demi-heure; pont de bois sur un ruisseau, trois quarts d'heure; Dédébali (ou Ghidébali), composé de quatre mahalès placés au pied de la montagne, à 10 minutes à gauche, 1 heure et demie; vallée de 2 kilomètres de large en moyenne, produisant du coton dans les environs d'Orphano, et du tabac dans le voisinage de Pravista; elle est coupée de temps en temps par des lits de torrents à sec; les montagnes à droite et à gauche sont nues; des bouquets d'arbres, notamment des ormes et quelques platanes, s'observent au fond de la vallée; Saroli, à 20 minutes à gauche, une demi-heure; Koudakhor, à 20 minutes à gauche, une demi-heure; Moucharop, à un quart d'heure à gauche, trois quarts d'heure; quitter la route directe; Mousdénia, trois quarts d'heure; ce village, composé de 60 à 70 maisons turques et de deux mosquées, est situé sur un ruisseau, au pied du pic le plus élevé du Bounar Dagh; Daïmoussu, à 10 minutes à gauche, 2 heures; Gréemli, sur le ruisseau, le seul village qui soit construit au milieu de la vallée, une demi-heure; les autres villages qui se trouvent dans cette extrémité de la vallée sont : 1° à droite de la route, Kachik, Tavoulen et Ghibèkli; 2° à gauche de la route, Tachikakès, Osmanli, Ilijékli sur la montagne, et Bostandjilar; les défilés commencent à 20 minutes au delà de Gréemli, à la hauteur de Tavoulen; Pravista, 1 heure et un quart.

166. De Sélanik à Nisvoro en Chalcidique, et de là à Brévisa.

Nous divisons cette route en deux parties :

Première partie. — On compte 20 heures de Sélanik à Nisvoro, savoir : Galatzista, 8 heures; Larégovi, 8 heures; Nisvoro, 4 heures.

En sortant de Salonique, marche au S. S. E., le long du littoral; Kapoudjiler; Sédès, 2 heures; entrée dans la vallée de Galatzista; eaux thermales; Vassilika, au pied de la plus haute cime du mont Kortiatch, 3 heures; Galatzista, village grec, composé de 200 maisons selon Cousinéry, et de 350 selon M. Daux.

Nedjésalar (de Cousinéry, ou Neggéblar de M. Grisebach), village composé de 30 maisons, 2 heures. D'après M. Grisebach, on voyage pendant 5 heures et demie sur le large dos d'un plateau montagneux, dont le point culminant est formé par le Holomonda ou Xolomonda, situé près de Larégovi, et dont l'altitude dépasse 950 mètres; arrivée à un col; descente; Larégovi, village grec (composé de 400 maisons selon Cousinéry, ou de 250 maisons selon M. Daux), une demi-heure.

M. Daux s'est rendu de Galatzista à Larégovi par une autre route; il a pris par Réchiténikia, 2 heures; Larégovi, 5 heures et demie: en tout 7 heures et demie, au lieu de 8 heures.

Le même voyageur donne les détails suivants sur la route de Larégovi à Nisvoro, qu'il a parcourue en 3 heures 35 minutes, au lieu de 4 heures: marche au N. E. dans la vallée; traverser un affluent; Paléokhor, village composé de 25 maisons grecques, sur un autre affluent, à l'entrée d'un défilé, 1 heure 15 minutes; les trois ruisseaux réunis se rendent au Chabrias; passer près de deux hameaux de 15 à 20 maisons; sortie du défilé, 35 minutes; descendre dans une vallée; embranchement de la route qui conduit au lac de Betchik; descendre vers l'E. S. E. et le S. E. la vallée, dont le ruisseau s'engage dans des défilés; ruines de Mégaſa ou de Maaden Sidèrè Kafessi, situées au pied du mont Strabéniko, 1 heure 15 minutes (il n'existe plus en ce lieu que 4 maisons sur l'emplacement autrefois occupé par la ville, qui se composait d'un quartier musulman et d'un quartier chrétien : le nom de Maaden Sidèrè Kafessi s'applique maintenant au district); marche au N. E.; marche à l'E. N. E.; Kastro, village grec, composé de 45 maisons et d'une ancienne tour en ruines, 10 minutes; Nisvoro, village grec, composé de 45 maisons (il en contenait 60 à l'époque où Cousinéry l'a visité), et situé à une demi-lieue de la mer. — 20 minutes.

Deuxième partie. — M. Daux compte 12 heures de Nisvoro à l'embouchure du Strymon; et de là à Provista 9 heures, selon Cousinéry 7 heures.

Retourner sur ses pas jusqu'à l'embranchement de la route dont il a été question ci-dessus, 1 heure et trois quarts; montée par une gorge; col; descendre dans le bassin hydrographique du lac de Betchik par des pentes chargées de bois de chênes; Modi, hameau composé de 16 maisons, situé sur un contre-fort, 3 heures; Varvara, hameau composé de 24 maisons, 2 heures; traverser le ruisseau près de sa sortie du lac Betchik, 1 heure; traverser au milieu des bois plusieurs contre-forts, et les ravins qui les séparent; Vrasta, hameau composé de 22 maisons, 2 heures et demie; descente à travers les bois; bord de la mer, 1 heure; pont à l'embouchure du Strymon, 2 heures et demie.

Il existe une autre route qui part de Nisvoro, s'élève en corniche sur le flanc des rochers qui bordent la mer, passe à Stavros, traverse le ruisseau venant du lac Betchik, près de son embouchure, et longe le rivage jusqu'au pont du Strymon.

167. De Sélanik à Sérès.

Trois routes servent aux communications entre les deux villes.

Première route.—Par Kilisséli, Betchïk et le pont à l'embouchure du Strymon (164), 21 heures; remonter le cours du Strymon; Ieni Keui, petit village, construit en partie sur les ruines d'Amphipolis, 1 heure; traverser le Strymon sur le pont de pierre d'Ieni Keui; laisser à gauche, sur la colline, Buyuk et Kutchuk Krouchova (le grand et le petit Krouchova, que Cousinéry écrit Orsova); longer le bord du lac; Takinos, petit village donnant son nom au lac, 5 heures; extrémité du lac, 1 heure; traverser le Strymon; Sérès, 2 heures : soit en tout 30 heures, ou 9 heures de l'embouchure du Strymon à Sérès. La première partie de cette route, accessible aux arabas, est quelquefois inondée en hiver; mais la seconde partie, le long du lac Takinos, est difficile en toute saison; elle traverse presque partout un terrain mou qui s'humecte à la moindre pluie, et se couvre de flaques d'eau aux époques des débordements du lac. On lui préfère, pour ces motifs, les routes suivantes, moins difficiles, quoique plus montueuses.

Deuxième route.—Kilisséli (164), 8 heures; monter; traverser la montagne; Soho ou Sokho, où se trouve la poste aux chevaux, 3 heures; douce montée; rude descente au milieu des bois; pont sur un torrent, 4 heures; Négrita, où sont des eaux thermales, une demi-heure; laisser à gauche Serpa, séparé de Négrita par un torrent; traverser le Strymon sur un pont, 2 heures et demie; Sérès, 2 heures : soit en tout 20 heures.

Troisième route. — Elle se sépare des deux précédentes à Langaza, 4 heures; remonter une vallée évasée; Aginova reste à une demi-heure à l'E.; passage du torrent, à sec en été; Gumendsché, misérable hameau, 2 heures et demie; monter sur un plateau ondulé; Likovan, hameau, 3 heures et demie; Lahana (chou), 1 heure; traverser des collines chargées de broussailles, où l'on rencontre trois karaouls; descente vers la plaine de Sérès; Bahala (probablement Mahalè, habité, d'après Cousinéry, par des Iourouks), 2 heures et trois quarts; Schaftcha, une demi-heure; s'approcher obliquement du Strymon, dont on suit le cours pendant près d'une lieue; traverser le fleuve sur un pont de bois, 2 heures; Sérès, 1 heure et trois quarts : soit en tout 18 heures.

168. De Sélanik à Skala.

Suivre la troisième route précédente jusqu'à Schaftscha, 14 heures et un quart; de Schaftscha à Skala, M. Boué compte 5 heures, savoir : laisser à gauche un village au pied de la montagne, 1 heure; autre village dans la même position, 1 heure; pont de bois sur le Strymon; Keupri, sur la rive orientale du fleuve, une demi-heure; laisser à l'E. un grand village turc; Tatermèle, un quart d'heure; Djouma (bourg turc); Spatova, trois quarts d'heure; laisser Démir Hissar à l'E.; Skala, 1 heure et demie : soit en tout 19 heures et un quart.

169. De Sélanik à Démir Hissar.

Suivre la route précédente jusqu'à Spatovo, 17 heures et trois quarts; Démir Hissar, une demi-heure : soit en tout 18 heures et un quart.

§ X. — Route de Kavala à Ismilan, près des sources de l'Arda.

(Pl. 12.)

170. De Kavala à Iénidjéi Kara Sou.

On compte 10 heures et demie pour les chevaux de charge, et 8 heures et demie pour les chevaux de selle : nous avons parcouru la distance en 8 heures 10 minutes, savoir : Hanlar, 4 heures 10 minutes à un bon pas ordinaire; Iénidjéi, 4 heures à un pas vif et allongé; de sorte qu'en réalité la longueur du trajet de Hanlar à Iénidjéi est un peu plus grande que celle de Hanlar à Kavala, et doit être évaluée à 4 heures et demie pour un cheval de selle.

En sortant de Kavala, franchir l'extrémité abaissée d'un contre-fort; côtoyer le rivage; traverser l'extrémité de deux autres contre-forts séparés par un ravin, et dont la base est baignée par la mer; karaoul au sommet du troisième contre-fort. — 45 minutes.

Le rivage reste à 5 à 10 minutes à gauche; petit ruisseau, et un peu au delà, Tcherpenti Tchiflik. — 1 heure 5 minutes.

Gué du Hadji Sou, formant la limite entre le kaza de Sari Chaban et celui de Kavala. — 8 minutes.

Un peu au delà du gué, quitter le bord de la mer; karaoul, en plaine au pied des montagnes de gauche. — 40 minutes.

A droite, plaine presque au niveau de la mer, et partiellement couverte de flaques d'eau saumâtre; laisser Kaïa Bounar dans un ravin, à un quart de lieue à gauche. — 30 minutes.

Laisser Erétli Mahalessi à 20 minutes à droite, et Karadja Kouïun (159), à une demi-lieue à gauche, au pied de la montagne. — 15 minutes.

Laisser Dorianle à trois quarts de lieue à gauche dans la même position. — 20 minutes.

Moulin sur une saignée faite au Kara Sou, et un peu plus loin, Hanlar. — 27 minutes.

Hanlar (pluriel de han), se compose de plusieurs hans, de quelques cabanes et d'un konak (palais), habité pendant l'été par le mudir de Sari Chaban. De ce hameau on voit : 1° Karadja Kouïun, à 1 heure à l'O. 28° N.; 2° Dorianle, à 1 heure en plaine; 3° Karadjalar, à 1 heure et demie à l'O. 44° N.; 4° Boïnou Kizilli, à 1 heure et demie au N. 26° O.; 5° Kouru Dèrè, à 1 heure et demie; 6° Tchiobanle, à 1 heure et un quart, au N. 20° E.; 7° l'entrée du défilé qui donne issue au Kara Sou, cachée par la colline de Tchiobanle, paraît se trouver au N. 20° à 25° E. Tous ces villages sont à mi-côte, ou près du sommet de la montagne.

Culture du tabac et du maïs; Beydjelli, à 5 minutes à droite. — 20 minutes.

Ce dernier hameau fait parti du kaza de Iénidjéi, parce qu'autrefois (il y a 80 ans environ) le Kara Sou passait entre Hanlar et Beydjelli, et formait la limite entre le kaza de Sari Chaban et celui de Ienidjéi.

Gué du Kara Sou, qui se divise sur ce point en deux bras. — 20 minutes.

Ussuzlu reste à 10 minutes à droite. — 20 minutes.

Embranchement de la route conduisant à Skiedjé ou Xanti des Grecs; un peu plus loin, laisser Inanle à 10 minutes à droite. — 15 minutes.

Traverser une prise d'eau ou saignée faite au Kara Sou, et vue de l'entrée du défilé qui donne issue au fleuve, au N. 12° O. — 10 minutes.

Douce montée; Kara Gheuzlé han, sur un bas plateau. — 45 minutes.

De ce point on voit : 1° Skiedjé, au N. 24° E.; 2° Iénidjéi, à l'E. 23° N.

Laisser le village de Kara Ghuezlé à 10 minutes à gauche. — 10 minutes.

Chaussée traversant un marais, et présentant plusieurs petits ponts construits pour faciliter l'écoulement des eaux. — 15 minutes.

Le plateau est couvert de bruyères; la culture du tabac s'observe auprès des villages et aux approches de Iénidjéi; entrée à Iénidjéi. — 1 heure 25 minutes.

Iénidjéi Kara Sou, chef-lieu de kaza du liva de Drama, se compose de 700 à 800 maisons, la plupart habitées par des familles turques qui cultivent le tabac; elle renferme plusieurs mosquées, des hans spacieux et de belles fontaines. La ville, située en plaine, est arrosée par une saignée faite au ruisseau de Skiédjé. Elle est presque déserte en été, les fièvres qui la désolent pendant cette saison en chassent la population, qui se réfugie dans les villages voisins, et surtout à Skiedjé.

171. Excursion à Skiedjé et dans ses environs.

Nous divisons cette excursion en cinq parties pour établir plus de clarté.

Première partie. — De Iénidjéi à Skiedjé, on compte 2 heures; nous avons parcouru la distance en 1 heure et trois quarts.

En sortant de Iénidjéi on voit : 1° Skiedjé, au N. 31° O.; 2° un monastère, sur un contre-fort voisin de Skiedjé, au N. 23° O.; 3° le mont Kara Ollan, au N. 40° E.; 4° plusieurs villages au pied de cette montagne; marche en plaine; Dumenle. — 20 minutes.

Laisser Boïadjilar (teinturiers) à un quart de lieue à droite, en plaine; Moussoufakle. — 35 minutes.

Laisser Méizanle à 5 minutes à gauche, tout près du dernier hameau; traverser le lit du ruisseau de Djêlêpli, dans lequel on amène par une saignée l'eau du ruisseau de Skiedjé. — 40 minutes.

Premières maisons de Skiedjé. — 20 minutes.

Skiedjé, située dans une petite vallée, se compose de 700 à 800 maisons, construites au fond de la vallée et sur les pentes qui l'entourent. Sa population, composée de Turcs et de Grecs, s'accroît, en été, de la plus grande partie de celle de Iénidjéi. Le mudir du kaza y possède un konak. C'est dans cette petite ville que les négociants viennent, en été, traiter leurs affaires.

Deuxième partie. — De Skiedjé à Djêlêpli, on compte 2 heures et demie : nous avons parcouru la distance en 2 heures 10 minutes. Djêlêpli est environ à l'O. S. O. de Skiedjé.

Montée; Kiretchiler, sur un plateau, au pied des escarpements, 35 minutes; longer la base escarpée du mont Tchal Têpê qui reste à droite; passer par les villages suivants : Kutchuk Moussarle, 15 minutes; Buyuk Moussarle, 40 minutes; Djêlêpli, 40 minutes; retour à Skiedjé par la vallée du ruisseau à sec de Djêlêpli, 2 heures.

Troisième partie. — De Skiedjé à Sakarkaïa, on compte 2 heures : nous avons parcouru la distance en 1 heure 35 minutes. Traverser à gué le Skiedjé Déressi (Sopari des cartes, ou Kopek Sou de la carte anglaise); marche à l'E.; Kouïun Keui à l'entrée d'une gorge, 45 minutes; lit de torrent à sec, 10 minutes; Sakar Kaïa, à l'entrée d'une gorge, 40 minutes. On voit deux autres villages au pied du mont Kara Ollan : Ghieuktchêler à un quart d'heure, et Dinkler à trois quarts d'heure.

Quatrième partie. — De Sakar Kaïa à Iénidjéi, on compte 2 heures : nous avons parcouru la distance en 1 heure 30 minutes. Orou keui, 15 minutes; gué du Skiedjé Déressi, 45 minutes; Iénidjéi, 30 minutes.

Cinquième partie. — De Iénidjéï à Tachlik, on compte 2 heures : nous avons parcouru la distance en 1 heure et demie. Le village de Tachlik se compose de plusieurs mahalès et de deux ou trois tchifliks; le mahalè que nous avons visité se trouve au

S. S. E. de Iénidjéi, dans un vallon dont les eaux pluviales s'écoulent à Iénidjéi. Ce hameau produit le tabac le plus renommé du kaza.

172. De Skiedjé à Ghieuktchê Bounar (Fontaine bleue).

On compte 6 heures pour les chevaux de charge, et 4 heures et demie pour les chevaux de selle : nous avons parcouru en 4 heures 30 minutes, à un bon pas, la distance, dont nous évaluons la longueur, en ligne droite, à 3 heures.

Traverser une colline; descendre dans l'étroite vallée du torrent, qui prend en plaine le nom de Skiedjé Déressi, et vue du monastère déjà cité, à droite, sur un contre-fort. — 7 minutes.

Marche au N. O.; traverser le torrent sur un pont de bois. — 48 minutes.

Retourner sur la rive droite, en traversant un deuxième pont de bois. — 15 minutes.

Passer un pont de bois sur un affluent venant de N. N. O. — 10 minutes.

Remonter la vallée vers le N., le N. E. et le N. N. E.; pont de bois sur un affluent venant du N. N. O., et vue de plusieurs cabanes situées dans la vallée de cet affluent. — 1 heure 25 minutes.

Marche au N. E. et à l'E., puis au N. E.; gué du ruisseau en amont d'un affluent qui passe devant Mouchtachtchova, situé à un quart d'heure à droite. — 1 heure.

Rude montée au N. pour atteindre le sommet d'un contre-fort; Ghieuktchê Bounar. — 45 minutes.

Ce petit village musulman est situé un peu au-dessous du sommet de la montagne, à une hauteur absolue de 550 mètres. On y cultive un peu de maïs et du tabac.

De ce point on voit : 1° le mont Koula, au N. O., et sa plus haute cime au N. 35° O.; 2° Pachavik, sur la pente de la cime la plus orientale, à 1 heure et demie au N. 20° O.; 3° la mont Tchal Têpê, situé près de Skiedjé, à l'O. 35° S.

173. De Ghieuktchê Bounar à Démirdjik.

On compte 6 heures pour les chevaux de charge, et 4 heures et demie pour les chevaux de selle : nous avons parcouru, en 4 heures 40 minutes, la distance, dont nous évaluons la longueur, en ligne droite, à 3 lieues.

Atteindre, en quelques minutes, la ligne de partage des eaux entre le Skiedjé Déressi et le Kourou Tchaï; de ce point on voit Chaïn, à 1 heure au fond de la vallée du Kourou Tchaï, à l'E. 5° S.; suivre le sommet de l'arête. — 50 minutes.

De ce point on voit : le massif du mont Karlik, près de Gumourdjina (184), à l'E. 20° S.; et Sari Iar, presque au sommet d'un contre-fort du mont Memkova Iaïlassi, à 3 heures à l'E. 35° N.

Pachavik, village musulman, presque au sommet de l'arête. — 35 minutes.

Traverser l'arête au N., et vue de Valkanova, au N. E. — 15 minutes.

Descente très-rude dans sa partie supérieure; Valkanova, situé à une altitude de 500 mètres, et à 60 mètres au-dessus du lit du Kourou Tchaï. — 35 minutes.

Marche à l'O. N. O.; Kozloudja. — 45 minutes.

Pont de pierre sur un ruisseau. — 12 minutes.

Montée sinueuse au N. O.; sommet d'un contre-fort, dont la hauteur absolue atteint 800 mètres, et vue de Démirdjik, à l'O. 22° N. — 43 minutes.

Descente; pont à la jonction de deux ruisseaux. — 30 minutes.

Montée; Démirdjik, village musulman, situé à 750 mètres au-dessus de la mer. — 15 minutes.

174. De Démirdjik à Ismilan.

On compte 7 heures pour les chevaux de charge, et 6 heures pour les chevaux de selle : nous avons parcouru en 5 heures 55 minutes la distance, dont nous évaluons la longueur, en ligne droite, à 4 heures et un quart, ou 4 heures et demie au plus.

Suivre un sentier en corniche sur le flanc de la montagne, dont le sommet reste à gauche; Sélichta Tchiflik. — 50 minutes.

De ce point on voit : Démirdjik, au S. 30° E.; et le point de partage des eaux, au N. 15° E.

Plate-forme au point de partage des eaux, entre le Kourou Tchaï et le Tchanghir Dèrè, affluent de l'Arda. — 55 minutes.

De ce point, situé à une altitude de 1050 mètres, on voit le col de Pachavik, au S. 20° E.; la protubérance qui domine Ghieuktchê Bounar, au S. 30° E.; et l'extrémité occidentale du mont Hassana Gora, à une demi-heure à l'E.

Marche sinueuse au N. O.; sommet d'un contre-fort. — 30 minutes.

Descente sinueuse à l'O. et au N. O.; fond de la vallée du Buyuk Dèrè. — 40 minutes.

De ce point on voit Lobada Mahalessi; et du fond de la vallée la cime élevée du mont Tchégla, au S. 10° O., laquelle se lie à la cime dentelée du mont Tchenghênê Hissar (château des Bohémiens).

Descendre la vallée au N.; traverser le ruisseau sur un pont, et tout de suite Enos Dèrè, village bulgare, au confluent d'un autre ruisseau venant de l'O. — 30 minutes.

Pont sur cet affluent; descendre au N. E. la vallée, où l'on voit plusieurs mahalès disséminés, et dépendant d'Enos Dèrè; entrée d'une petite vallée latérale. — 20 minutes.

Remonter cette dernière vallée au N. O., puis à l'O.; point de partage des eaux entre deux petits ruisseaux, à la hauteur absolue de 1050 mètres. — 35 minutes.

De ce point on voit : 1° la cime la plus élevée du mont Tchégla, au S. 10° E.; 2° une des bosses de la longue crête du mont Hassana Gora, au S. E.

Descente; traverser un ruisseau, et laisser Kour Dèrè à une demi-heure à droite, dans la vallée. — 10 minutes.

Montée tortueuse, à l'O. N. O.; marche au N. N. E., sur un sentier en corniche; sommet d'un contre-fort. — 25 minutes.

De ce point on voit : 1° le mont Karlik, au N. 20° O.; 2° dans la même direction, et en arrière, le mont Kartal, dont la cime est plus élevée; 3° une haute montagne couverte de sapins et qui, dit-on, fournit des affluents au ruisseau de Batak, au N. O.; 4° le mont Krouchova, à la base duquel se trouve Tosbouroun, à l'O. 20° N.

Laisser à gauche Raonichta Tchiflik, sur le plateau; descente tortueuse et difficile, d'abord au N. E., puis à l'O. et au N. O.; fond de la vallée. — 55 minutes.

Pont de pierre sur l'Arda; Ismilan. — 5 minutes.

Ismilan, chef-lieu du kaza nommé Akhi Tchélébi, qu'on prononce Ahar Tchélébi, formait encore, en 1847, une subdivision du kaza de Gumourdjina : maintenant il fait parti du liva de Filibè. Ce village musulman, devenu chef-lieu de kaza, se compose de huit à dix mahalès répandus dans la vallée, et construits à une hauteur absolue d'environ 800 mètres. Les hans sont misérables; leur délabrement, qui annonce la rareté des voyageurs dans cette contrée montagneuse, nous détermina à nous rendre au konak, dit de Moustafa.

Les cartes placent à tort dans les montagnes un village Tchélébi ou Architzélépi; le nom d'Akhi Tchélébi, ou d'Ahar Tchélébi, s'applique à une division territoriale, et non à une localité habitée.

RÉCAPITULATION DES ROUTES QUE NOUS AVONS SUIVIES POUR NOUS RENDRE DE KAVALA A ISMILAN.

Laissant de côté les excursions que nous avons faites aux environs de Kavala et de Skiedjé, nous ne comprenons dans ce relevé que les distances parcourues pour nous rendre d'un point intermédiaire à l'autre.

Nos D'ORDRE DES ROUTES PARCOURUES.	ROUTE DE KAVALA A ISMILAN PAR IÉNIDJÉI KARA SOU.	TEMPS EMPLOYÉ PAR LES CHEVAUX		
		DE CHARGE.	DE SELLE.	LES NÔTRES.
		heures.	heures.	h. min.
170	Hanlar.	5	4	4 10
	Iénidjéi (1)	5 1/2	4 1/2	4
171	Skiedjé, ou Xanti des Grecs	2	1 1/2	1 45
172	Guieuktchê Bounar	6	4 1/2	4 30
173	Démirdjik	6	4 1/2	4 40
174	Ismilan	7	6	5 55
	TOTAUX	31 1/2	25	25

(1) Nous rappelons que la rapidité de notre marche nous a fait gagner environ une demi-heure.

Appendice au § X. — Points en communication avec les localités citées dans les routes précédentes.

Nous avons recueilli les renseignements suivants sur les distances qui existent entre certaines localités. Les numéros d'ordre des routes où nous les avons citées facilitent leur recherche dans les itinéraires.

175. De Ghieuktchê Bounar (173) à Memkova.

On compte 5 heures ; Chaïn, 1 heure ; Memkova, 4 heures. Ce dernier village, situé sur le Lidja Dèressi, donne son nom à la montagne qui le domine au N.

176. De Valkanova (173) à Memkova.

On compte 3 heures et demie. Elmâle, ou Armali, sur la rive septentrionale du Kourou Tchaï, une demi-heure ; Sari Iar, 2 heures. Les eaux thermales sont à un quart de lieue de Sari Iar, au-dessous du village, et donnent leur nom (Lidja) au ruisseau de la vallée ; Memkova, 1 heure.

177. D'Énos Dèrè (174) à Skiedjé (170).

On compte 15 heures par un chemin de montagne beaucoup plus difficile que la route que nous avons suivie. Il aurait en outre l'inconvénient d'être plus long, car nous n'avons mis que 12 heures 35 minutes pour nous rendre de Skiedjé à Énos Dèrè. Lobada Mahalessi, trois quarts d'heure ; remonter la vallée du Buyuk Dèrè ; col du mont Tchégla, 4 heures ; Gabrova, dans la vallée dont le torrent passe sous le troisième pont que nous avons traversé, à 1 heure 20 minutes de Skiedjé (170), 2 heures et demie ; Iéni Keui, sur le versant occidental de la chaîne qui fournit de l'eau au Kara Sou, 3 heures ; Ketcherli, dans la même vallée que Gabrova, 2 heures et demie ; Issidja (Tschitza des cartes, mal placé), 1 heure ; Skiedjé, 1 heure et un quart.

178. D'Ismilan (174) à Drama (144).

On compte 21 heures. Remonter la vallée de l'Arda, en suivant la rive septentrionale ; Koznitza, 1 heure et demie ; Tosbouroun, 1 heure ; Arda, qui donne son nom à la rivière, 1 heure ; col du mont Djura, sur la ligne de partage des eaux entre l'Arda et le Kara Sou, une demi-heure ; Djura, village, 4 heures ; Buk, déjà cité (159), sur la rive gauche du Kara Sou, 5 heures ; traverser le fleuve ; Drama, 8 heures.

Les distances d'Ismilan au col du mont Djura nous ont été données par les gardes du konak qui les parcourent journellement : elles doivent être exactes ; mais celles du col à Drama ne peuvent pas inspirer la même confiance, elles nous ont été indiquées par notre guide ordinaire, qui n'a fait la route qu'une seule fois. Aucun des gardes du konak ne l'ayant parcourue n'a pu contrôler les chiffres ci-dessus.

§ XI. — Route d'Ismilan à Gumourdjina.

(Pl. 12, 13 et 14.)

179. D'Ismilan à Tchatak.

On compte 3 heures pour les chevaux de charge et 2 heures et demie pour les chevaux de selle : nous avons parcouru en 2 heures 30 minutes la distance, dont nous évaluons la longueur en ligne droite à 2 lieues.

Descendre la vallée ; konak de Moustafa, situé à 20 à 30 mètres au-dessus du lit de l'Arda. — 15 minutes.

Montée au N. O., puis au N.; sommet d'un contre-fort. — 35 minutes.

De ce point on voit : 1° Ismilan, au S.; 2° le mont Tchemdjès Kartal Iaïlassi, au S. 10° O.; plusieurs cimes aiguës, séparées par de profondes échancrures, qu'on aperçoit par-dessus les contre-forts voisins de la vallée, entre le S. 10° O., et le S. 30° O.; 4° la double cime de mont Krouchova, à l'O.; 5° on indique approximativement la position du village d'Arda, qu'on ne voit pas, vers l'O. 20° S.

Douce descente au N., dans une petite vallée ; gué du ruisseau ; tourner à l'E. et au N. E.; Tcheukman, village bulgare. — 25 minutes.

Montée au N. E.; col sur la ligne de partage des eaux entre l'Arda et son affluent le Kara Dèrè. — 15 minutes.

De ce point on voit : 1° le principal mahalè de Raïkova, village bulgare au N. 5° E., sur la rive septentrionale du Kara Dèrè ; 2° le mahalè du même village où passe la route, sur la rive opposée, au N. 10° E.; 3° le col du mont Kara Mandjia, conduisant de Raïkova à Lêvotch et à Tchêpelli (54 et 58), au N. 10° O.

Descente tortueuse et très-rapide ; contourner un rocher. — 15 minutes.

De ce point on voit : 1° le mont Karlik (59) qui fournit les deux principaux affluents du Kritchma Dèressi, à l'O. 30° N.; 2° Pachmakli (54), au pied du mont Karlik, à 1 heure de Raïkova.

Fin de la descente ; mahalè de Raïkova et moulin à foulon. — 15 minutes.

Traverser Kara Dèrè ; descendre la vallée à l'E. ; Tchatak. — 30 minutes.

Le village de Tchatak se compose de deux mahalès ; l'un, où nous avons séjourné, est habité par des Bulgares et quelques Grecs ; l'autre par des musulmans. Le quartier chrétien se trouve au confluent du Kara Dèrè (Ruisseau noir) et de l'Ak Sou (Eau blanche), à une altitude de 800 mètres. Le quartier musulman se trouve à 10 minutes à l'E. du premier, de l'autre côté de l'Ak Sou, sur la pente de la montagne. Le jour de notre arrivée (samedi, 16 octobre 1847), il se tenait un bazar qui avait attiré 300 à 400 habitants des vallées voisines. Les principaux produits exposés à la vente consistaient en moutons, cochons, étoffes grossières, notamment des draps fabriqués à Raïkova et ailleurs, et des ustensiles de ménage.

180. De Tchatak à Seuudjuk.

On compte 6 heures pour les chevaux de charge et 5 heures pour les chevaux de selle; nous avons parcouru en 5 heures 20 minutes la distance, dont nous évaluons la longueur en ligne droite à 3 heures et trois quarts. Notre guide marchait à pied et nous forçait à ralentir notre pas ordinaire.

En sortant de Tchatak, passer le pont sur l'Ak Sou; contourner le pied de la colline qui supporte le mahalè musulman; Ifta Mahalessi, sur un petit ruisseau. — 25 minutes.

Marche moyenne à l'E., sur la rive septentrionale du Kara Dèrè; laisser trois mahalès ou tikalia (1) à quelques minutes à gauche de la route, et un seul à droite, et traverser sur des ponts quatre petits ruisseaux venant de gauche; quitter le fond de la vallée du Kara Dèrè. — 1 heure 50 minutes.

Quitter la route des chevaux de charge, qui continue à suivre le fond de la vallée; Tirin, hameau composé de maisons éparses dans une petite vallée. — 10 minutes.

Montée sinueuse, en moyenne au N. E.; sommet d'un contre-fort séparant deux petites vallées. — 1 heure 25 minutes.

De ce point on voit : 1° Seuudjuk, à l'E. 15° S.; 2° Topoklou, à 1 heure dans une petite plaine, non loin du confluent de l'Arda avec le Kara Dèrè et le maden Dèressi; 3° au S. 15° E., la vallée du dernier ruisseau, qui prend son nom d'un village où l'on exploitait autrefois de la galène argentifère (*maden* signifie *mine*).

Marche à l'E.; commencement de la descente. — 15 minutes.

Descente au N. E.; fin de la descente et ruisseau. — 20 minutes.

Gué du ruisseau; pont au confluent d'un autre ruisseau. — 45 minutes.

Montée; Seuudjuk. — 10 minutes.

Ce village musulman est situé à un quart de lieue de l'Arda, à l'altitude de 760 mètres.

Par la route ordinaire de Tchatak à Seuudjuk, que nous avons quittée à Tirin, on compte 5 heures et demie pour les chevaux de charge : laisser Topoklou à droite, 3 heures; Fondedjik, 1 heure; Seuudjuk, 1 heure et demie.

181. De Seuudjuk à Iri Dèrè.

On compte 5 heures pour les chevaux de charge et 4 heures pour les chevaux de selle; nous avons parcouru en 5 heures 25 minutes la distance dont nous évaluons la longueur en ligne droite à 3 lieues : la différence qu'on observe dans les chiffres ci-dessus est facile à expliquer : on compte 1 heure et demie de Seuudjuk au pont de Stouïanova qui forme la limite entre les kaza de Akha Tchélébi et de Khas

(1) Les groupes d'habitations qu'on désigne ordinairement sous le nom de *Mahalè* (quartier) s'appellent ici *Tikalia*.

Keui; et au lieu de suivre la route ordinaire qui longe l'Arda, nous avons pris un chemin de montagne qui double la distance entre les deux points précités.

Montée au N. N. E.; sommet d'un contre-fort. — 45 minutes.

De ce point, dont la hauteur absolue atteint 1060 mètres, on voit : 1° le mont Ina Han, au N. 28° O.; 2° le mont Ala Dagh, à l'E. 30° S.; 3° les montagnes du Karlik près de Gumourdjina au S. 30° E.

Suivre le sommet; marche à l'E.; embranchement du chemin de Drenkova, qui reste à un quart d'heure à gauche, et de Lidja, où se trouvent des bains d'eaux thermales, et qui reste à 1 heure plus loin. — 15 minutes.

Marche tortueuse, en moyenne à l'E.; commencement de la descente, et vue d'Ak Bounar, au S. 30° E. — 1 heure.

Descente au N., puis au N. E.; premières maisons de Stouïanova, disséminées sur les flancs du contre-fort. — 35 minutes.

Gué de l'Arda, coulant à un niveau de 530 mètres au-dessus du niveau de la mer, à un quart d'heure du pont de pierre de trois arches, qui reste à droite en amont. — 20 minutes.

Remonter à l'E. une petite vallée; gué du ruisseau venant d'Ak Bounar; remonter le cours d'un affluent; premières maisons de Tchandir, clair-semées dans la vallée. — 45 minutes.

Montée au N. et au N. N. E.; dernières maisons sur une plate-forme. — 40 minutes.

Tourner à l'E. S. E.; plateau au sommet du contre-fort; commencement de la descente. — 15 minutes.

Descente à l'E. N. E.; fond de la vallée. — 40 minutes.

Mosquée d'Iri Dérè. — 10 minutes.

Ce village musulman se compose de tous les mahalès situés dans la vallée, et qu'on aperçoit à d'assez grandes distances les uns des autres sur les pentes des montagnes. Les chambres destinées aux voyageurs (Moussafir Odassi) et de vastes ateliers de teinture se trouvent près de la mosquée et du ruisseau, à une altitude de 580 mètres.

182. D'Iri Dèrè à Gheuldjik.

Deux chemins d'à peu près égale longueur servent de communication entre les deux villages : l'un, plus facile, passe par Sirp Keui; l'autre, que nous avons suivi, passe par le mont Ala Dagh. On compte 5 heures pour les chevaux de charge et 4 heures pour les chevaux de selle; nous avons parcouru en 4 heures 50 minutes la distance, dont nous évaluons la longueur en ligne droite à 2 heures et trois quarts. La différence qu'on observe dans les chiffres ci-dessus résulte, en partie de notre ascension au sommet du mont Ala Dagh, en partie de la lenteur de notre marche.

Commencement de la montée. — 15 minutes.

Montée assez difficile ; vue, en arrière, de la mosquée d'Iri Dèrè, au N. 20° E.; et vue, en avant, du col que traverse la route, au S. 5° E. — 30 minutes.

Montée plus facile; sommet de la ligne de partage des eaux entre la vallée d'Iri Dèrè et celle de Dermen Dèrè. — 1 heure.

De ce point on voit : 1° le confluent du ruisseau d'Iri Dèrè et de l'Arda, au N. 10° O.; 2° Sirp Keui, près d'un col, à 1 heure à l'E. 20° N.; 3° Doura Beïlar, sur la pente d'un contre-fort, à l'E. 5° N.; 4° Krsali, même position, à l'E. 20° S.; 5° Balouk Kaïa, même position, à l'E. 30° S.; 6° le confluent du Dermen Dèrè et du Suutlu, à l'E. 32° S.

La suite de la montée est très-douce; marche sur le sommet de la ligne de partage des eaux; embranchement du chemin qui conduit à Ouzoun Dèrè, situé à 2 à 3 heures de ce point, ou à 4 heures environ d'Iri Dèrè. — 30 minutes.

Col du mont Ala Dagh, placé environ 100 mètres plus bas que le sommet. — 15 minutes.

Quitter la route et monter au sommet, dont la hauteur absolue atteint 1260 mètres. — 10 minutes.

De ce point on voit : 1° le mont Ina Han, au N. 40° O.; 2° le mont Kara Kolaz, au N. 25° O.; 3° les montagnes d'Aïghir Olouk (42), au N. 8° E.; 4° celles d'Uchiklar, au N. 12° E.; 5° les pitons peu élevés du Tchamp Dèrè Tachi, dans la vallée de l'Arda, au N. 20° E.; 6° le défilé dans lequel (selon notre guide) l'Arda s'engage, au-dessous de Hassar Altè (40), à l'E. 15° N.; 7° le mont Salman Tèpessi, à 4 heures de Gumourdjina, au S. 30° E.; 8° le mont Karlik, près de Gumourdjina, au S. 10° E.; 9° le mont Kara Ollan (171), près de Skiedjé, au S. 15° O.; 10° le mont Rouina, au S. 40° O.; 11° la crête allongée et dentelée du Tchenghênê Hassar (174), à l'O. 20° S.

Suivre le sommet tortueux d'un contre-fort qui conduit à Gheuldjik; descente rapide pendant 25 minutes.

Descente plus douce; vue, en arrière, du sommet du mont Ala Dagh, au N. 25° O. — 1 heure 5 minutes.

Tourner à l'E.; douce descente au S. E., puis au N. E.; Gheuldjik. — 40 minutes.

Ce village musulman est situé sur un petit plateau, dominé à l'E. par des rochers, et dont les eaux s'écoulent dans la vallée du Dermen Dèrè. La chambre des voyageurs (Moussafir ovassi) atteint une hauteur absolue de 740 mètres.

183. De Gheuldjik à Iéni Han.

On compte 6 heures pour les chevaux de charge, et 5 heures pour les chevaux de selle : nous avons parcouru en 5 heures 30 minutes la distance, dont nous évaluons la longueur en ligne droite à 3 lieues et 3 quarts. La différence qu'on observe dans les chiffres ci-dessus résulte de la lenteur de notre marche, occasionnée par l'allure inégale de l'âne qui servait de monture à notre guide.

Suivre le sommet d'un contre-fort; marche au S. et au S. S. E.; vue d'Oustoura, à une demi-heure à gauche. — 30 minutes.

Vue de Beuldjic, à 3 quarts d'heure à droite; Erékli. — 30 minutes.

Quitter le sommet du contre-fort; la descente, douce jusqu'ici, devient rapide pour gagner le fond de la vallée; gué d'un ruisseau; marche au S. E.; laisser Euren à mi-côte, à un quart d'heure à gauche. — 35 minutes.

Montée au S. E. et à l'E.; Iéniklar, sur un coteau, et vue de plusieurs mahalès, à une demi-heure et à 1 heure à mi-côte, dépendant de Kirli. — 55 minutes.

Traverser un second coteau; marche à l'E. S. E.; laisser à 5 minutes à droite Kirli, ou du moins l'un des mahalès qui composaient le village. — 40 minutes.

Vue d'Orozlou, autre mahalé dépendant de Kirli, à 3 quarts d'heure à droite, sur la rive méridionale du Suutlu; montée à l'E. N. E.; sommet d'un contre-fort. — 30 minutes.

Traverser à l'E. un petit plateau raviné; descente au S.; Atipollar, à mi-côte. — 35 minutes.

Gué du Suutlu, et vue à 2 lieues au N. d'un défilé par lequel s'échappe la rivière pour aller confluer avec l'Arda. — 15 minutes.

Montée d'une colline, et vue d'un hameau qui reste à droite; marche en moyenne au S.; passer sur un pont le Kizil Hatch. — 45 minutes.

Ieni Han, au confluent de deux ruisseaux. — 15 minutes.

Cette auberge isolée, construite à l'entrée de deux vallées resserrées, est assez vaste pour abriter un certain nombre de voyageurs et leurs chevaux. Son altitude est de 330 mètres.

184. De Iéni Han à Gumourdjina.

On compte 7 heures pour les chevaux de charge, et 6 heures pour les chevaux de selle : nous avons parcouru la distance en 5 heures 30 minutes. Nous avons gagné une demi-heure en marchant à un pas très-vif dans les endroits faciles. En tenant compte de cette circonstance, nous évaluons la longueur du trajet en ligne droite à 4 lieues et un tiers.

Remonter la vallée de gauche, en moyenne vers le S. 30° E.; traverser le ruisseau sur deux ponts à 5 minutes l'un de l'autre; troisième pont, en face de Kara Hatch, qui reste à un quart d'heure à gauche sur un contre-fort. — 35 minutes.

Quatrième pont au confluent de trois ruisseaux. — 25 minutes.

Au delà du confluent, rude montée; col entre deux sommités élevées. — 25 minutes.

De ce point, dont la hauteur absolue atteint 720 mètres, on voit : 1° le mont Iciklik Tèpessi, au S.; 2° dans la même direction, mais sur un plan plus éloigné, le mont Frenk Bounard, qui domine Maronia; 3° au S. 2° E., l'extrémité orientale de l'île de

Sémendrek (Samothrace) qui, placée sur un plan encore plus éloigné, semble finir où commencent les pentes occidentales du mont Frenk Bounar.

Descente rapide et en zigzag par une vallée très-encaissée et coupée de profonds ravins; marche au S., puis au S. O., puis au S. E.; Arapdji Han, mauvaise auberge isolée auprès d'une tour en ruine, et située au fond de la vallée. — 1 heure 5 minutes.

Passer le ruisseau sur un pont; montée presque insensible au S. S. O.; sommet d'un contre-fort. — 25 minutes.

Suivre les contours du contre-fort, et marche en moyenne au S. S. O. sur un sentier en corniche ; commencement de la descente. — 55 minutes.

Karaoul et vieux fort sur une plate-forme étroite. — 10 minutes.

Fin de la descente; arrivée sur un plateau. — 15 minutes.

Suivre la pente douce du plateau; arrivée en plaine. — 50 minutes.

Premières maisons de Gumourdjina. — 25 minutes.

185. Excursion à l'O. de Gumourdjina.

On compte 1 heure de Gumourdjina à Aïazma, et 3 heures d'Aïazma à Narli Keui; nous avons parcouru cette dernière partie de la route en 2 heures 25 minutes, en marchant à un pas vif et accéléré.

En sortant de Gumourdjina on voit : 1° Sémitli à 1 heure au N., au pied de la montagne et à l'entrée d'une vallée; 2° Sinderli, au pied de la montagne, à une demi-heure de Sémitli et à un quart d'heure d'Aïazma; 3° la cime la plus élevée du mont Karlik, à 3 heures au N. 30° O.

Marche en plaine, au N. N. O.; traverser à gué, à quelques minutes de la ville, le ruisseau de Sémitli; Aïazma, au pied de la montagne. — 1 heure.

Côtoyer la base septentrionale du mont Karlik, jusqu'à la vallée du Kourou Tchaï, et passer par les villages suivants : Echektchèli, 15 minutes; Iébegdjili, 15 minutes; Bolat Keui, sur le petit torrent qui descend de la plus haute cime du Karlik, 30 minutes; Tchêpelli, 15 minutes; Mussélim, 10 minutes; Sousur Keui, 20 minutes ; Narli Keui, sur la rive orientale du Kourou Tchaï; et vue d'Iassi Keui, à une demi-heure à l'O. 10° N., dans une petite vallée latérale. — 40 minutes.

Si l'on remonte le cours du Kourou Tchaï, on entre, à 10 minutes au N. de Narli Keui, dans un défilé dans lequel aboutit un ravin venant des hautes cimes du Karlik; 15 minutes plus loin, on aperçoit un hameau dans la vallée, à une demi-heure au N. 15° O.

Tous les villages cités dans cette excursion sont musulmans, excepté Bolat Keui et Sousur Keui, qui renferment un mélange de musulmans et de chrétiens.

186. Retour de Narli Keui à Gumourdjina.

Iassi Keui, que nous avons aperçu à une demi-heure à l'O. 10° N. de Narli Keui, se trouve sur la route d'Iénidjéi Kara Sou à Gumourdjina. Cette route, parvenue à Narli Keui, suit le chemin que nous avons pris à notre retour.

On compte 3 heures et demie à 4 heures de Narli Keui à Gumourdjina; nous avons parcouru la distance en 3 heures, à un bon pas.

Marche en plaine; vue de Krséridjè, à 1 heure à droite sur un coteau; han dit Sousur Keui Han, 1 heure et un quart; traverser le petit torrent de Bolat Keui; Ak Sou Han, près de belles ruines antiques connues dans le pays sous le nom de Messina Kalè, une demi-heure; pont sur le ruisseau de Sémitli, 1 heure; Gumourdjina, sur un affluent du ruisseau précédent, 15 minutes.

RÉCAPITULATION DES ROUTES QUE NOUS AVONS SUIVIES POUR NOUS RENDRE D'ISMILAN A GUMOURDJINA.

Laissant de côté les excursions que nous avons faites aux environs de Gumourdjina, nous ne comprenons dans ce relevé que les distances parcourues pour nous rendre d'un point intermédiaire à l'autre.

Nos D'ORDRE DES ROUTES PARCOURUES.	ROUTE D'ISMILAN A GUMOURDJINA.	TEMPS EMPLOYÉ PAR LES CHEVAUX		
		DE CHARGE.	DE SELLE.	LES NÔTRES.
		heures.	heures.	h. min.
179	Tchatak	3	2 1/2	2 30
180	Seuudjuk (1)	6	5	5 20
181	Iridèrè (2)	5	4	5 25
182	Gheuldjik (3)	5	4	4 50
183	Iéni Han (4)	6	5	5 30
184	Gumourdjina (5)	7	6	5 30
	TOTAUX	32	26 1/2	29 5

(1) Le chemin de montagne que nous avons pris à Tirin a allongé un peu le chemin.
(2) Le chemin de montagne que nous avons suivi pour aller au gué de l'Arda nous a fait perdre une heure et demie.
(3) Notre ascension au sommet du mont Ala Dagh et la lenteur de notre marche nous ont fait perdre près d'une heure.
(4) La perte de temps est due à la lenteur de la marche.
(5) La rapidité de notre marche dans les parties horizontales ou faciles de la route nous a fait gagner une demi-heure.

Appendice au § XI. — Points en communication avec les localités citées dans les routes précédentes.

Nous avons recueilli les renseignements suivants sur les distances qui existent entre certaines localités. Les numéros d'ordre des routes où nous les avons citées facilitent leur recherche dans les itinéraires.

187. De Démirdjik (173) à Gumourdjina (186).

On compte 12 heures pour les chevaux de selle, savoir : Elmale, rive septentrionale du Kourou Tchaï, deux heures et demie; Chaïn, même position, une heure et demie; Sénikova, 2 heures; Iassi Keui reste à droite, 3 heures; Gumourdjina, 3 heures. A l'exception de Sénikova, nous avons indiqué la position de tous les villages ci-dessus.

188. D'Énos Dèrè (174) à Palaza, 2 heures.

189. D'Ismilan (179) à Philippopoli (45).

Les routes suivantes passent toutes par Pachmakli (179), 2 heures et demie; Lôvotch, 2 heures et demie; Tchêpelli (54), une demi-heure. De ce point on peut se rendre à Philippopoli par trois chemins différents :

1° Par Kaïlitchali Tchiflik (48), 5 heures ; Philippopoli (56 et 57), 9 heures; soit pour la totalité du trajet 19 heures et demie.

2° Par Foïna, etc. (54), 13 heures; soit pour la totalité du trajet 18 heures et demie.

3° Par la vallée de Batchkova et de Stanimaka (54), 14 heures et demie; soit pour la totalité du trajet 23 heures.

190. D'Ismilan (174) à Gumourdjina (184).

Indépendamment de la route que nous avons suivie, il existe plusieurs chemins qui peuvent servir de communication entre ces deux chefs-lieux de kaza.

Première route. — Le chemin le plus direct passe par Énos Dèrè, traverse le col à l'O. du mont Hassana Gora, que nous avons franchi (174), et descend à Elmale, 8 heures; (voyez (187) le reste de la route); Gumourdjina, 9 heures et demie; soit en tout 17 heures et demie.

Deuxième route. — Palaza, au confluent de trois ruisseaux (188), 2 heures et demie; Topoklou (180), 1 heure; Maden (180), 2 heures; traverser la montagne; Déri Dèrè, résidence d'un délégué du mudir de Gumourdjina, à la jonction du Buyuk Dèrè et de l'Ak Sou, affluents du Suutlu, 3 heures; traverser la montagne; Memkova (175), 2 heures; Chaïn, 4 heures; (voyez (187) le reste de la route); Gumourdjina, 8 heures; soit en tout 22 heures et demie.

Troisième route. — Palaza, comme ci-dessus, 2 heures et demie; Iéni Keui, 3 heures; traverser la montagne; Ouzoun Dèrè (cité 182), 2 heures; Tchatak (il existe plusieurs villages de ce nom qu'il ne faut pas confondre), situé près de l'endroit où le torrent de Déri Dèrè, qui vient d'être cité, se mêle à celui d'Ouzoun Dèrè, 2 heures; Kirli, 1 heure (le Kirli de cette route n'est certainement pas notre Kirli (183) qui se trouve à 2 heures et demie de Tchatak; celui dont il est question ici est un des nombreux mahalès qui composent la commune de ce nom); Ip Dèrè, 2 heures; traverser la ligne de partage des eaux entre le Suutlu et le Kouru Tchaï; Balloudja, 3 heures; Iassi Keui, 5 heures; Gumourdjina, 3 heures : soit en tout 21 heures et demie.

Quatrième route. — Iéni Keui, comme ci-dessus, 5 heures et demie; Ak Bounar (181),

2 heures; Iri Dèrè (181), 1 heure et demie; Sirp Keui, 1 heure; Makmoulou, une heure et demie; Safundji Mahalessi, 3 quarts d'heure; Kutchuk Véren, une demi-heure; Bektechler, 1 heure; Dermen Dèrè, au confluent du ruisseau de même nom et du Suutlu, 3 quarts d'heure; Djambachlu, 1 heure; Kabatch, 1 heure; Chanderlan, 1 heure; Tchêkerli Djumaessi, 3 quarts d'heure; Iéni Mahalè qui est à une demi-heure de notre Iéni Han (183), 1 heure; Gumourdjina, 6 heures et demie : soit en tout 25 heures et demie. Parmi les villages ci-dessus, il en est plusieurs dont nous avons donné la position en montant au col du mont Ala Dagh (182). Il est probable que ces distances sont exagérées, car l'aubergiste de Iéni Han ne comptait que 4 heures de ce point à Dermen Dèrè.

Cinquième route. — Iri Dèrè, comme ci-dessus, 9 heures; Doura Béiler, 2 heures; Krsali, 1 heure; Kutchuk Véren, 1 heure; Balouk Kaïa, 1 heure; Bektechler, 1 heure; Kourt Keui, 1 heure; Hassardjik, 1 heure; Kodjamar, 2 heures; Kirli, 1 heure; Iéni Han (183), 2 heures et un quart; Gumourdjina, 6 heures : soit en tout 28 heures et un quart. Parmi les villages ci-dessus, il en est plusieurs dont nous avons donné la position en montant au col du mont Ala Dagh. Il est probable que ces distances sont exagérées, car l'aubergiste de Iéni Han ne comptait que 5 heures de ce point à Kourt Keui.

191. D'Ismilan (174) à Krdjali (40).

Iri Dèrè, comme ci-dessus, 9 heures; Mouskoulli, 2 heures; Tchatak, composé de plusieurs mahalès, 1 heure; Ismaïllar, 1 heure; Kusséler, une demi-heure; Salihler ou Salifler, 1 heure; traverser l'Arda; Krdjali, un quart d'heure : soit en tout 14 heures et trois quarts. A l'exception de Salihler, qui reste sur le bord méridional de l'Arda, tous les autres villages sont à une distance plus ou moins grande de la même rive.

192. De Tchatak (179) à Philippopoli (45).

Remonter la vallée de l'Ak Sou; Dèrè Keui, 2 heures; Tchêpelli, 1 heure et demie; le reste de la route comme 189.

193. De Seuudjuk (180) à Philippopoli (45).

Passer par Drenkova et Lidja, dont nous avons donné la position (181), 2 heures; traverser un contre-fort élevé; Dolachter, sur un ruisseau, 3 heures; col du mont Kara Kolaz que nous avons aperçu du mont Ala Dagh (182), 1 heure; Tahtali Keui, 4 heures; Arnaout Keui, 3 quarts d'heure; Djernévê (ou plutôt notre Tchervent Keui mal prononcé), une demi-heure; Stanimaka, 2 heures; Philippopoli, 4 heures : soit en tout 17 heures et trois quarts (voyez (43) la position des trois villages qui précèdent Stanimaka).

194. De Seuudjuk (180) à Stan Keui, 2 heures.

Stan-Keui (Staké des cartes) est un mahalè dépendant de Suundjuk, situé sur la limite des kaza d'Akha Tchélébi et de Khas Keui.

195. De Seuudjuk (180) à Déri Dèrè (190, deuxième route).

Traverser l'Arda; Iéni Keui (190, troisième route), 2 heures; Ouzoun Dèrè (idem), 2 heures; Déri Dèrè, 2 heures : soit en tout 6 heures.

196. De Gheuldjik (183) à Déri Dèrè (190), 4 heures.

197. De Gheuldjik (183) à Krdjali (40).

Kourt Keui (190, cinquième route), 3 heures; Tchêlêpen (probablement notre Tchêpê Keui, cité n° 215), 1 heure; Krdjali, 2 heures : soit en tout 6 heures.

198. D'Iéni Han (183) à
- Ip Dèrè (190, troisième route), 4 heures.
- Déri Dèrè (190, deuxième route), 7 heures.
- Ouzoun Dèrè (190, troisième route), 8 heures.
- Kourt Keui (190, cinquième route), 5 heures.
- Dermen Dèrè (190, quatrième route), 4 heures.
- Mastanle (214), 5 heures.

199. De Skiedjé ou Xanti (171) à Gumourdjina.

On compte 10 heures pour les chevaux de charge et 8 heures pour les chevaux de selle. M. Kaliga, qui était resté à Xanti pour se guérir de la fièvre qu'il avait contractée dans la plaine de Iénidjéi, est venu nous rejoindre à Gumourdjina; il a parcouru la distance en 7 heures et demie, savoir :

Laisser de côté les villages de la plaine; bois d'ormes; bas plateau supportant des ruines qui ont été désignées sous le nom de *ruines d'Abdère;* Iassi Keui, 4 heures (le reste de la route comme 186); Gumourdjina, 3 heures et demie.

Selon M. Kaliga, les ruines d'Abdère sont à un quart d'heure ou une demi-heure du pied des montagnes qui restent au N., et demi-heure ou trois quarts d'heure avant d'arriver à Iassi Keui.

200. D'Iénidjéi Kara Sou (170) à Gumourdjina.

On compte 9 heures pour les chevaux de charge et 7 heures pour les chevaux de selle.

Pont de pierre sur le Skiedjé Dèressi, une demi-heure; plaine en partie couverte d'un bois d'ormes; Têkê (tombeau) isolé dans le bois; Borouk Kalessi (Bour Kalessi de la carte anglaise), ancienne forteresse en ruine, 1 heure et demie ; Iassi Keui, 1 heure ; Gumourdjina, comme ci-dessus, 3 heures et demie.

201. De Gumourdjina à Mumbaïa, 4 heures?

Mumbaïa, Lagos des Grecs, sert d'échelle d'embarquement à Gumourdjina.

Kara Hatch, autre Lagos des Grecs, situé de l'autre côté du golfe, en face de Mumbaïa, sert d'échelle à Iénidjéi, qui en est séparé par une distance de 2 heures.

La carte anglaise ne donne pas la position de ces deux échelles.

§ XII. — Route de Gumourdjina à Féredjik.

(Pl. 14.)

202. Excursion à Moratli, au S. S. E. de Gumourdjina.

On compte 4 heures pour les chevaux de charge et 3 heures et demie pour les chevaux de selle; nous avons parcouru la distance en 3 heures 10 minutes, à un pas vif et soutenu.

Plaine ; montée d'un coteau ; Kutchuk Keui (petit village), composé de 40 à 50 maisons habitées par des Bulgares. — 30 minutes.

Sommet du coteau. — 10 minutes.

Descendre au S. S. E. la pente septentrionale du coteau. — 15 minutes.

De ce point on voit : 1° dans la même direction, et au pied de cette éminence, le village musulman de Iardimli, composé de 20 maisons; 2° au S. 15° E., Dénizler, village musulman, composé de 15 maisons ; 3° au S. 20° E., Moratli, village musulman, composé de 40 maisons, à l'entrée d'un ravin qui descend du mont Iciklik; 4° Démir Béïli, village musulman, composé de 30 maisons, au pied du mont Iciklik, à une demi-lieue à l'E. de Moratli ; 5° à 20 minutes à l'E. 30° S., Oussarle, village musulman, composé de 25 maisons.

Marche en plaine, sans suivre de route frayée ; gué du Iardimli Dèressi. — 1 heure 5 minutes.

Arrivée à Moratli. — 1 heure 5 minutes.

203. Retour de Moratli à Gumourdjina.

Nous sommes rentré à Gumourdjina par un chemin qui passe à l'E. du précédent, et que nous avons parcouru en 3 heures 15 minutes.

Traverser le Iardimli Dèressi au N. de Moratli. — 50 minutes.

Laisser à un quart d'heure à droite Iabéïli, village musulman, composé de 35 maisons. — 20 minutes.

Séïmen (Sémenlilo des cartes), village musulman, composé de 30 maisons. — 45 minutes.

Oussarle (202). — 15 minutes.

Laisser Kutchuk Keui à un quart d'heure à gauche ; Gumourdjina. — 1 heure.

204. De Gumourdjina à Maroulia, ou Maronia des Grecs.

On compte 7 heures pour les chevaux de charge, et 6 heures pour les chevaux de selle, savoir : Moratli, 3 heures ; Maronia, 3 heures : nous avons parcouru la distance en 5 heures 45 minutes, savoir : Moratli, 2 heures 50 minutes ; Maronia, 2 heures 55 minutes. On peut gagner près d'un quart d'heure en laissant Moratli à gauche.

Kutchuk Keui (202) ; montée au S. S. O. ; sommet du coteau. — 40 minutes.

De ce point on voit : 1° Gumourdjina, au N. ; 2° Sémitli, dans la même direction ; 3° la plus haute sommité du Karlik, au N. 20° O. ; 4° une autre cime très-élevée, faisant partie du groupe du Karlik, au N. 45° O. ; 5° le col de la route 184, au N. 10° E. ; 6° le sommet peu élevé du Iardimli Têpessi, au S. 10° E. ; 7° le sommet du mont Frenk Bounar, qu'on aperçoit par-dessus les montagnes de la vallée, au S. 25° E. ; 8° le sommet du mont Iciklik, au S. 30° E. ; 9° le sommet du mont Setchanlik, au loin à l'E. 25° S.

Marche au S. un peu O. ; Buyuk Doandja et à côté Kutchuk Doandja, villages musulmans, composés de 30 et 20 maisons. — 45 minutes.

Traverser une saignée faite au Iardimli Dèressi. — 25 minutes.

Passer sur un pont de bois le Iardimli, dont le lit se trouve à 50 mètres au-dessus de la mer. — 30 minutes.

Arrivée au village de Iardimli. — 35 minutes.

Si de ce village on monte au sommet du mont Iardimli Tèpessi, dont le point culminant atteint 360 mètres de hauteur absolue, on y parvient en une demi-heure, et l'on voit les localités suivantes, qui se trouvent sur la route que nous parcourons : 1° Gumourdjina, au N. 8° O. ; 2° Koustanle, à une demi-heure à l'O. 13° S. ; 3° Suïndikler, au S. 35° O. ; 4° un gros village en plaine, à 1 heure au S. 20° E. ; 5° Maronia, à mi-côte, au pied du mont Frenk Bounar, au S. 18° E. ; 6° l'extrémité visible du littoral de la mer, au S. 26° E. ; 7° la cime du mont Frenk Bounar, au S. 32° E. ; 8° Hadjilar, dans une vallée, à 1 heure et demie au S. 42° E.

De retour à Iardimli, nous reprenons nos chevaux que nous avions laissés, et nous suivons la route qui conduit de ce village à Maronia.

Contourner à l'O. la montagne précédente ; marche au S. O. et au S. S. O. ; sommet d'un premier contre-fort. — 20 minutes.

Sommet d'un second contre-fort, et vue de Koustanle, village grec, composé de 100 maisons, qui reste à un quart d'heure à droite. — 15 minutes.

Tourner au S. E. ; laisser à 10 minutes à droite Suïndikler, village musulman, composé de 20 maisons. — 15 minutes.

Sommet d'un troisième contre-fort du mont Iardimli Tèpessi ; descente dans une vallée ; laisser à gauche Indjez, village musulman, composé de 25 maisons ; Hadjilar, village de 90 maisons, dont un tiers habité par des musulmans et deux tiers par des Grecs. — 45 minutes.

Traverser une colline et une vallée ; laisser à gauche un hameau ; montée ; Maronia. — 1 heure 15 minutes.

205. De Maronia à Makri, ou Miri des Grecs.

On compte 6 heures pour les chevaux de charge, et 5 heures pour les chevaux de selle : nous avons parcouru la distance en 5 heures 10 minutes à un pas assez lent. D'après la carte anglaise, la longueur du trajet en ligne droite est de 4 heures.

La route ordinaire se rapproche du littoral, et forme corniche sur le flanc d'un promontoire, dont les pentes abruptes se terminent à la mer. Nous avons suivi un chemin plus difficile qui passe au N. du précédent, et s'embranche avec lui après une longue descente.

Marche à l'E., puis à l'E. S. E.; longer la crête du Frenk Bounar par un sentier en corniche; col, et vue de Chap Hana (209) à 3 ou 4 heures, au N. 35° E. — 50 minutes.

Descente très-rude par des lacets, au N. E.; passer un second col, plus bas que le précédent. — 25 minutes.

Descente au S. E. et à l'E. S. E. par une petite vallée; embouchure du ruisseau de cette vallée. — 1 heure.

Traverser à son embouchure le petit ruisseau de la vallée de Tachlik. — 15 minutes.

Autre ruisseau. — 15 minutes.

Commencement d'une petite plaine. — 1 heure.

Traverser, près de leur embouchure, quatre petits ruisseaux venant des collines de gauche; laisser Saorlar à un quart d'heure à gauche. — 15 minutes.

Sofoulou, à un quart d'heure à gauche. — 15 minutes.

Traverser le ruisseau venant de Karanli Dèrè; fin de la petite plaine. — 35 minutes.

Quitter le bord de la mer; montée; Makri. — 20 minutes.

206. De Makri à Féredjik.

On compte 9 heures pour les chevaux de charge, et 7 heures pour les chevaux de selle : nous avons parcouru la distance en 7 heures 5 minutes, savoir : Chaïnlar, 4 heures à un pas lent; Féredjik, 3 heures 5 minutes à un pas vif.

Descente; bord de la mer; côteaux boisés à gauche; tchiflik. — 1 heure 50 minutes.

Autre tchiflik. — 20 minutes.

Traverser un ravin dans lequel pénètre la mer; et au delà café et karaoul dans un bois. — 20 minutes.

Gué du Bodama Tchaï, et vue, à 3 heures au N., du village de Bodama, sur un contre-fort. — 5 minutes.

Plaine aride; Chaïnlar, petit village musulman. — 1 heure 25 minutes.

De Chaïnlar à Féredjik (20). — 3 heures 5 minutes.

RÉCAPITULATION DES ROUTES QUE NOUS AVONS PARCOURUES POUR NOUS RENDRE DE GUMOURDJINA A FÉREDJIK.

Laissant de côté les excursions que nous avons faites aux environs de Gumourdjina, nous ne comprenons dans ce relevé que les distances des routes que nous avons parcourues pour nous rendre d'un point intermédiaire à l'autre.

N^{os} D'ORDRE DES ROUTES PARCOURUES.	ROUTE DE GUMOURDJINA A FÉREDJIK.	TEMPS EMPLOYÉ PAR LES CHEVAUX		
		DE CHARGE.	DE SELLE.	LES NÔTRES.
		heures.	heures.	h. min.
204	Moratli	3 1/2	3	2 50
	Maronia	3 1/2	3	2 55
205	Makri (1)	6	5	5 10
206	Chaïnlar (2)	5	4	4
	Féredjik	4	3	3 5
	TOTAUX	22	18	18

(1) Nous avons marché à un pas moins vif qu'à l'ordinaire.
(2) Même observation.

Appendice au § XII. — Points en communication avec les localités citées dans les routes précédentes.

Nous avons recueilli les renseignements suivants sur une seconde route conduisant de Gumourdjina à Makri.

207. De Gumourdjina à Makri, 10 heures.

Iabéili (203), 2 heures; Kieupek Keui, 4 heures; Karanli Dèrè (Karaudèleressi des cartes), situé sur la ligne de partage des eaux entre le Iardimli et la mer, et donnant son nom à un ruisseau (206); Makri. — 4 heures.

§ XIII. — Route de Féredjik à Khas Keuï (ou Khaz Keui).

(Pl. 14, 15 et 16.)

208. De Féredjik à Doan Hassar.

On compte 10 heures pour les chevaux de charge, et 8 heures pour les chevaux de selle, savoir : Chaïnlar, 3 heures ; Domous Dèrè, 3 heures ; Doan Hassar, 2 heures. Nous avons parcouru la distance en 7 heures 55 minutes. Nous évaluons à 3 heures et demie la distance, en ligne droite, de Chaïnlar à Doan Hassar.

Chaïnlar (20), 3 heures 5 minutes.

De ce village on voit trois hameaux musulmans : 1° Dourali, où passe la route, à une demi-heure au N. 20° E.; 2° Doandjé, à 3 quarts d'heure au N.; 3° Keustéli, à une demi-heure au N. 30° O.

Traverser un petit ruisseau; Dourali, au pied de la montagne. — 30 minutes.

Montée au N. E., puis au N. O.; sommet d'un contre-fort. — 40 minutes.

Descente pendant quelques minutes; marche sinueuse sur un plateau gazonné, en moyenne au N. un peu E.; laisser un tchiflik à gauche; sommet d'une colline sur le plateau, et vue de Dremchéli, village musulman, à un quart de lieue à l'E. 30° N. — 45 minutes.

Tourner à l'O.; marche dans une vallée; Domous Dèrè, village bulgare, dont l'altitude est de 240 mètres. — 45 minutes.

Descente dans le lit encaissé du ruisseau; marche au N.; remonter au N. O. la vallée d'un affluent du ruisseau ; col, dont la hauteur au-dessus de la mer atteint 330 mètres. — 1 heure.

Marche au N. N. O. et au N. O., sur un plateau gazonné, coupé par des ravins, et arrosé par de petits ruisseaux ; Doan Hassar. — 1 heure.

Ce village, habité par des Bulgares, est situé à une altitude de 320 mètres, sur une protubérance du plateau. — 1 heure 10 minutes.

209. De Doan-Hassar à Chap Hana (par corruption Chapsi ou Chapjilar).

On compte 6 heures et demie pour les chevaux de charge, et 5 heures et demie pour les chevaux de selle. La route ordinaire descend dans la vallée du Bodama Tchaï et la remonte ; celle que nous avons suivie, plus difficile que la première, ne la rejoint qu'aux environs de Hirha. Nous avons parcouru en 6 heures 30 minutes, à un pas très-lent, la distance, dont nous évaluons la longueur en ligne droite à 4 heures et deux tiers.

Descente à l'O. et au S. O.; confluent de deux petits ruisseaux tributaires du Bodama Tchaï. — 30 minutes.

Marche à l'O.; troisième affluent. — 15 minutes.

Remonter la vallée à l'O. S. O. ; sommet d'un contre-fort. — 15 minutes.

Descente à l'O. N. O.; traverser trois petits ruisseaux qui se réunissent en un seul; tourner au S. O.; Kodja Keui. — 30 minutes.

Sommet d'un contre-fort. — 5 minutes.

Marche en moyenne à l'O.; traverser deux ruisseaux qui rejoignent le précédent; Kara Kaïa. — 55 minutes.

Col entre deux protubérances trachytiques. — 5 minutes.

Marche au S. O.; traverser un ravin et un contre-fort; descente; fond de la vallée du Bodama Tchaï. — 1 heure.

Remonter à l'O. la vallée; Hirha, village bulgare. — 40 minutes.

Col, situé à une altitude de 310 mètres, sur la ligne de partage des eaux entre le Bodama Tchaï et l'Iardimli, et vue de Hirha à l'E. 25° S. — 35 minutes.

Marche au N. N. O.; karaoul sur une plate-forme entre deux ravins. — 20 minutes.

Kaladji Dèrè, village bulgare, au fond d'un défilé. — 20 minutes.

Chemin en corniche au-dessus d'un autre ruisseau; marche au N. O.; gué de deux affluents; Chap Hana. — 1 heure.

Ce village, habité par des Bulgares et des musulmans, est situé à une hauteur absolue de 150 mètres, près d'un affluent du Iardimli. Il tire son nom d'une fabrique d'alun (*chap* signifie *alun*), qu'alimentent les carrières d'alunites placées à un quart d'heure et à une demi-heure au pied de la montagne.

210. De Chap Hana à Merkoz.

On compte 8 heures pour les chevaux de charge, et 6 heures et demie pour les chevaux de selle : nous avons parcouru en 7 heures 25 minutes la distance, dont nous évaluons la longueur en ligne droite à 5 heures et demie. Notre guide, monté sur un très-mauvais cheval, ne pouvait marcher à notre pas ordinaire; il a fallu nous conformer à la lenteur de son allure.

En sortant de Chap Hana on voit : 1° le mont Iciklik, à l'O. 10° S.; 2° la cime la plus élevée du mont Karlik, au N. 50° O.; 3° la cime du mont Kozlou Dèrè, au N. 10° O.; 4° Grdjali Keui, à 1 heure en plaine, au N. 5° O.; 5° le Bohaz (défilé) par lequel l'Ebil Keui Dèressi, principal affluent du Iardimli, entre en plaine, au N. 15° E.; 6° Tachkennar, où passe la route que nous suivons, au N. 25° E.

Marche en plaine; Evren Keui. — 55 minutes.

De ce point on voit : 1° Grdjali (précédemment visé), à un quart d'heure à l'O.; 2° la cime conique du Chap Hana, au loin à l'E. 15° N.

Traverser le lit à sec d'un ruisseau, et laisser Kozlou Keui à 5 minutes à gauche. — 10 minutes.

Passer à gué, à une altitude de 90 mètres, le Setchannik Dèressi, qui tire son nom d'un village situé à 1 heure en amont. — 30 minutes.

Montée; Tachkennar, à mi-côte. — 20 minutes.

Continuer à monter; marche moyenne au N. E.; longer le sommet du contre-fort; Baldiran, village musulman, situé sur la pente S. E. de la montagne, à une altitude de 500 mètres. — 1 heure 50 minutes.

Arrivée au sommet du contre-fort, et vue à gauche de la vallée encaissée de l'Ebil Keui Dèressi. — 30 minutes.

Marche au sommet du contre-fort; base du mont Sari Khiz. — 15 minutes.

Montée à l'E. 35° N.; sommet du mont Sari Khiz. — 50 minutes.

De ce point, dont la hauteur absolue atteint 900 mètres, on voit : 1° le mont Iciklik Têpessi, à l'O. 35° S.; 2° Kizlatch, sur un contre-fort voisin, de l'autre côté de la vallée, au N. 55° O.; 3° Monastir Keui, à une demi-heure au N. 20° O.; 4° la ligne de partage des eaux entre l'Iardimli Dèressi et Kézil Déli à l'E. S. E.

Descente rapide et tortueuse au N. 22° E.; remonter au sommet du contre-fort.— 40 minutes.

Base d'une protubérance, et vue du mont Chap Hana, déjà cité, au S. 22° E. — 35 minutes.

Gravir au sommet, et suivre le sommet d'un contre-fort; faible descente à l'O.; Merkoz. — 50 minutes.

Ce village musulman est situé sur la pente ravinée du contre-fort, un peu au-dessous du sommet, à une altitude de 690 mètres.

211. De Merkoz à Tchalabou.

On compte 5 heures et demie pour les chevaux de charge, et 5 heures pour les chevaux de selle. Un piéton peut faire la route en 4 heures. Nous avons parcouru en 5 heures 50 minutes la distance, dont nous évaluons la longueur en ligne droite à 2 heures et un quart. La lenteur de notre marche avait pour cause la circonstance indiquée dans la route précédente.

Montée au N., puis à l'O.; sommet du contre-fort. — 25 minutes.

De ce point on voit : 1° au N. 20° E., Ebil Keui, sur la pente occidentale du mont Kodja Iaïla (26), à 1 heure en ligne droite, ou à 2 heures par le chemin ordinaire; 2° au N. 30° O., Doutlè, sur un plateau, à 2 heures et demie en ligne droite, ou à 5 heures par le chemin ordinaire.

Commencement de la descente à l'O. N. O.; vue de Moussardjik, où passe la route, à l'O. 10° N. — 20 minutes.

Suivre un sentier tortueux et en corniche; marche moyenne à l'O.; vue de Moussardjik, à l'O. 25° N. — 50 minutes.

Descente très-rude et en lacets; gué de l'Ebil Keui Dèressi. — 30 minutes.

Contourner l'extrémité d'un contre-fort; gué de l'Adjuren Dèressi, affluent du ruisseau précédent. — 35 minutes.

Traverser l'extrémité abaissée d'un second contre-fort; gué du Moussardjik Dèressi, autre affluent qui coule sur ce point à la hauteur absolue de 300 mètres. — 25 minutes.

Montée; Moussardjik. — 15 minutes.

Montée tortueuse, en moyenne au N.; sommet d'un contre-fort; marche au S. O., sur le flanc occidental de la montagne; descente; gué du ruisseau; montée tortueuse, en moyenne au S. O.; courte descente; Tchalabou. — 2 heures 30 minutes.

Ce village bulgare, composé de maisons éparses dans une vallée gazonnée, est situé aux sources d'un affluent de l'Ebil Keui Dèressi, à une altitude de 610 mètres.

212. De Tchalabou à Avren.

On compte 2 heures et 3 quarts pour les chevaux de charge, et 2 heures et un quart pour les chevaux de selle : nous avons parcouru, au pas de nos chevaux de charge, en 2 heures et 3 quarts la distance, dont nous évaluons la longueur en ligne droite à 2 heures.

La neige qui était tombée pendant la nuit du 3 au 4 novembre couvrait, à notre réveil, la vallée et les montagnes d'une couche de 15 centimètres d'épaisseur. Pendant tout notre trajet, le vent nous chassait avec force au visage un grésil dont les atteintes nous forçaient à nous envelopper la tête de capuchons. Il y avait impossibilité de consulter ni montre, ni boussole. Nos renseignements sur cette route se bornent aux suivants :

Les habitants d'Avren nous ont indiqué, au S. 25 à 30° E., la position approximative de Tchalabou. Le point de partage des eaux entre les affluents du Iardimli et ceux du Bourgas se trouve à 3 quarts d'heure ou 1 heure de Tchalabou; la montée et la descente sont faciles.

Avren, village bulgare, est situé sur un plateau raviné, à une hauteur absolue de 480 mètres.

213. D'Avren à Iamour Baba Tèkessi (Tékè, ou Tombeau du père de la pluie).

On compte 3 heures et demie pour les chevaux de charge, et 3 heures pour les chevaux de selle : nous avons parcouru en 3 heures 35 minutes la distance, dont nous évaluons la longueur en ligne droite à 2 heures et demie. La neige couvrait encore les sommités des montagnes; elle avait disparu des plateaux et des vallées.

D'Avren on voit : 1° au N. 10° E. le mont Tachlik Dagh, à l'O. duquel passe la route; 2° au N. 25° O. le mont Tchatal Tèpè; 3° au-dessous de cette montagne est l'auberge de Kachikavak; 4° au N. 35° O., le mont Ada Tèpessi, qui borde le défilé du Bourgas.

Départ d'Avren; traverser un ravin; tourner au N. E., au N. et au N. E. pour remonter sur le plateau; vue d'Aïvalè, à l'E. 20° N., dans la vallée du ruisseau venant de Doutlè. — 30 minutes.

Descente au N. N. O.; gué du ruisseau de Doutlè à son confluent avec le ruisseau venant des montagnes d'Emitli et de Tchalabou. — 30 minutes.

Montée; contourner au N. N. O., au N. N. E., à l'E. et au N. le mont Tachlik Dagh; vue d'Al Euren, à une demi-heure à l'O. 20° S., à mi-côte, sur la rive opposée du ruisseau. — 40 minutes.

Mahalè, composé de quelques habitations musulmanes, au sommet d'un contre-fort du Tachlik Dagh. — 35 minutes.

Marche sur le sommet du contre-fort, en moyenne au N. O.; vue de Kachikavak, à 1 heure et demie au N. 20° O., sur la rive droite du Bourgas. — 50 minutes.

Descente à l'O. S. O.; Iamour Baba Têkessi.

Ce Tèkè est situé à 30 ou 40 mètres au-dessus du lit du Bourgas, à une altitude de 260 mètres. En face, sur la rive opposée, se trouve Tchoban Keui.

214. De Iamour Baba Tèkessi à Mastanle.

On compte 6 heures par la route la plus courte et la plus facile, qui passe à Kachikavak, traverse le Bourgas, remonte le cours de l'Iabassan Dèressi, un de ses affluents, prend ensuite une petite vallée latérale, franchit la ligne de partage des eaux entre le bassin hydrographique du Bourgas et celui du Suutlu, et descend à Mastanle. Ce chemin décrit des sinuosités assez grandes; nous en évaluons la longueur, en ligne droite, à 4 heures.

Nous avons préféré suivre une route plus longue et plus difficile, qui fait mieux connaître le pays. On compte 8 heures et demie pour les chevaux de charge, et 7 heures pour les chevaux de selle. Retardé dans notre marche par la lenteur du cheval de notre guide, nous avons parcouru la distance en 8 heures 15 minutes.

Descente au N. dans la vallée du Bourgas; confluent du Buyuk Dèrè, venant de Kara Gheuzler, village situé à 3 heures à droite. — 15 minutes.

De ce point on voit : 1° Kachikavak, à 3 quarts d'heure en plaine, sur le bord du Bourgas; 2° Osman Keui, plus loin à l'entrée du défilé qui conduit à Ada; 3° à l'O. 50° N., le mont Urkuden Dagh qui domine la rive orientale du défilé; 4° à l'O. 30° N., le mont Mastanle Tèpessi, voisin de Mastanle.

Traverser à gué le Bourgas; montée à l'O. sur un plateau; tourner au S. O., puis au S.; laisser Ialous Keui à un quart d'heure à droite, et un peu plus loin Férèsèler à gauche. — 1 heure 10 minutes.

Saarnitch, sur une protubérance du plateau, et vue de Gazallar à 3 quarts d'heure à droite, près de l'Iabassan Dèressi. — 15 minutes.

Mahalè, composé d'un tchiflik et de quelques maisons, et situé à une hauteur absolue de 430 mètres. — 30 minutes.

De ce point on voit : 1° à l'O. 40° N., un des mahalès de Tchakmaklar (briquets), où passe la route que nous suivons, sur la montagne; 2° Hodjalar, près de l'Iabassan Dèressi, à l'O. 20° N.; 3° Saaranle, sur un plateau, près duquel passe la route, à l'O.

15° N.; 4° à 2 heures à l'O. la sommité conique du Turkiav Hassarè, aux sources de l'Iabassan Tèpessi.

Descente du plateau; Djèlèpli. — 35 minutes.

Traverser à gué l'Iabassan Dèressi. — 15 minutes.

Montée par un ravin ; laisser Saaranle à 10 minutes à gauche. — 45 minutes.

Mahalè de Tchakmaklar, précédemment visé, et situé près de la ligne du partage des eaux. — 1 heure.

Marche de nuit à partir de ce point; suivre un sentier en corniche, longeant la ligne de partage des eaux, et traversant plusieurs ravins; second mahalè, où l'on nous remet sur la route; troisième mahalè, où se trouve la chambre des voyageurs (moussafir odassi). — 1 heure.

Ce hameau, situé sur la ligne de partage des eaux entre les affluents du bourgas et du Suutlu, atteint une altitude de 650 mètres. De ce point on voit : 1° Saraanle, près duquel nous avons passé, au S. 40° E.; 2° la plus haute cime du mont Kodja laïla (26), à l'E. 40° S.; 3° le mont Ala Dagh (182), à l'O. 15° N.; 4° le mont Mastanle Tèpessi, précédemment visé, au N. 30° O.

Marche sinueuse au N. 25° O. sur le sommet de la montagne; laisser plusieurs hameaux à 10 à 15 minutes à droite; vue du konak du mudir de Mastanle, sur le bord du Suutlu, à l'O. 30° N. — 1 heure.

Descente par une petite vallée, dont le ruisseau conflue avec deux autres cours d'eau à Mastanle; arrivée à ce village. — 1 heure 30 minutes.

Mastanle, chef-lieu du kaza nommé Sultaniéri, formait encore, en 1847, une subdivision du kaza de Gumourdjina; maintenant il fait partie du liva de Filibè. Ce village, devenu chef-lieu de kaza, est construit au pied des montagnes, dans une petite plaine, à une hauteur absolue de 250 mètres. Il se compose de 300 à 400 maisons, habitées par des musulmans et des Bulgares, et renferme plusieurs hans passablement tenus. La résidence du mudir se trouve à un quart de lieue à l'O. du village.

Les revenus du territoire qu'on désigne sous le nom de Sultaniéri ont été donnés autrefois par un des sultans en apanage à sa fille. Le kaza actuel conserve encore le nom qu'il doit à cette circonstance.

215. De Mastanle à Bujuk Ierdjili.

On compte 3 heures pour les chevaux de charge, et 2 heures et demie pour les chevaux de selle : nous avons parcouru en 2 heures 45 minutes la distance, dont nous évaluons la longueur en ligne droite à 2 heures et demie.

Marche à l'O.; laisser à gauche le konak du mudir, situé au confluent du ruisseau et du Suutlu. — 15 minutes.

Descendre la vallée du Suutlu au N. N. O.; confluent du Kourt Keui Dèressi, venant de gauche, et vue de Tchèpê Keui, à 1 heure à gauche, près du sommet de la montagne. — 15 minutes.

Passage à gué du Suutlu, avant son entrée dans un défilé. — 40 minutes.

Marche sinueuse, en moyenne au N.; Saorlar sur un plateau. — 40 minutes.

A l'E. de la route suivie se montrent les montagnes élevées et coniques de l'arête traversée la veille; à l'O., ces montagnes ont des formes adoucies et des pentes peu rapides.

Buyuk Jerdjili, altitude 250 mètres.

216. De Buyuk Ierdjili à Moussouratlé.

Petite côte à monter pour arriver à Kutchuk Ierdjili; et au delà, petite vallée ravinée, dont la paroi E. S. E. la sépare de la vallée de Sulimenler (voyez la route (40) d'Osman Bachalar à Krdjali, où il est question du confluent de cet affluent de l'Arda, en face de Dougourlar); douce descente vers le ruisseau; douce montée à Assemnar, situé sur le point de partage; au N. O. du ruisseau, montagnes calcaires sur la route de Krdjali à Kouchavlar (voyez cette route) (41).

Descente dans la vallée de Tchiflikler, dont les sources sont à Kouchavlar, et qui conflue avec l'Arda à Seytan Keuprissi. Ce Seytan Keupressi doit se trouver à un quart d'heure à l'E. du confluent de l'Arda avec le Bourgas; douce montée à Kirezli, construit sur le point de partage entre l'Arda et la Maritza, à l'altitude de 450 mètres; douce descente à Mandra, situé sur un plateau; traverser ce plateau du S. au N. ou N. O., pour se rendre à Moussouratlé, dont l'altitude est de 180 mètres.

Sur cette route, on laisse les montagnes derrière soi; elles accompagnent de loin sur la gauche; mais déjà ce ne sont plus, à partir d'Assemnar, que des hauteurs qui dépassent de peu de chose les arêtes qu'on traverse.

217. De Moussouratlé à Khas Keui.

La plateau se continue depuis le point de départ jusqu'au delà de Khas Keui (altitude 190 mètres); et en montant sur les collines au N. O. de ce village, on aperçoit les trois buttes arrondies d'Ouzounjova, qui terminent le plateau; la plaine commence au delà. Le plateau entre Moussouratlé et Khas Keui est traversé par le ruisseau Oglou Tchaï, qui prend sa source à 8 heures de Khas Keui, à Daoutlou (kaza de Khas Keui), dans le mont Assardjik Dagh, et coule, à l'endroit où nous l'avons traversé, dans une vallée très-évasée. On rencontre encore deux ou trois vallons sans eau, qui servent à égoutter le plateau en temps de pluie; ensuite vient la petite vallée de Khas Keui, dont le ruisseau prend sa source à peu de distance du village.

De la colline de Khas Keui, la vue des montagnes offre un beau panorama :

1° De l'E. 30° N. au S. 10° E., ligne de hauteurs peu élevées, formant une chaîne unique présentant quelques sommets aigus; en approchant du S., elle laisse apercevoir de loin une seconde ligne;

2° Le Kodja Iaïla, déjà couvert de neige à son sommet (10 novembre) au S. 10° E.; et Adjà Têpessi, sans neige, au S. 10° O.; tous deux en arrière de la ligne des montagnes voisines.

3° Vers l'O., trois lignes de montagnes : de l'O. 10° S. à l'O. 10 N., montagnes élevées, avec neige, de l'Haartchelebi (Pachmakli, etc.); de l'O. 15° S. à l'O. 40° S., continuation de sommets élevés ; au S. 10° E., montagnes avec neige.

4° De l'O. 15° S. à l'O. 25° N., deux lignes plus basses viennent s'abaisser vers la plaine; la plus voisine se termine par deux têpês, à 2 heures de distance.

5° La montagne de Kirezli fait partie de la ligne des hauteurs voisines, et se voit au-dessous du Kodja Iaïla, au S. 10° E.

6° Vers le N., Balkans : celui de Kyzanlik (N. 20° O.), qui s'élève comme une pyramide tronquée; et celui de Gabrova (N. 35° O.), qui est plus éloigné, et qui a la forme d'un cône placé au sommet d'une ligne élevée (1).

§ XIV. — Route de Khas Keui à Andrinople.

(Pl. 16.)

218. De Khas Keui au premier mahalè de Sivrikaïa.

Descendre la vallée de Kas-Keui; traverser l'Ogloudèrè sous Temrezli (altitude 150 mètres), et traverser l'extrémité de bas contre-forts pour se rendre à Sivrikaïa.

Du fond de la vallée de Kas-Keui, les accidents du sol qui la bordent au S. font l'effet de collines basses. En approchant du confluent du ruisseau avec l'Ogloudèrè, on voit les collines qui bordent cette dernière vallée s'élever à 200 ou 250 mètres au-dessus de la vallée. Elles ont une forme découpée en cônes très-abaissés et terminés par un rocher saillant. Du haut de la colline qui sépare les mahalès de Temrezli de ceux de Sivrikaïa, on voit au S. 10° E. le Kodja Iaïla, au S. 35° E. le mont Tchaphana, et à droite et à gauche le prolongement du massif dont ces montagnes font partie. Entre la station et cette ligne de montagnes s'étend un plateau sillonné par plusieurs cours d'eau, et dont la hauteur ne dépasse pas celle de la station. Du côté opposé, la rive gauche de l'Ogloutchaï est accompagnée par une colline à pentes douces, au delà de laquelle on en aperçoit une seconde à deux ou trois heures de distance; puis vient la plaine.

219. De Sivrikaïa à Déinékli.

A trois quarts d'heure de l'Oda, le sommet de la colline, sur laquelle s'élève un

(1) A partir de ce point, la rédaction de l'*Itinéraire* change de forme, mais elle n'est pas moins tout entière de M. Viquesnel. (*Note de l'éditeur.*)

sommet conique de roches aiguës, sépare le territoire des Sivrikaïa Mahalessi de celui des Iuruk Mahalessi. Ces derniers sont répandus sur un plateau que coupe assez profondément le ruisseau de Foundêkli Dèressi. La rive opposée est bordée par les contre-forts du mont Utch Hassarlar Têpessi. Cette montagne, à triple sommet, qui peut avoir 250 mètres au-dessus du fond de la vallée, paraît s'épanouir à sa base et pousser des contre-forts dans tous les sens. Elle est séparée par une vallée, de la chaîne du Kourt Keui Kalessi (altitude, 737 mètres), à laquelle elle semble se rattacher ; elle ne peut donc pas fournir des affluents à l'Arda. Du haut de ses contre-forts on voit les pentes s'abaisser assez doucement : du côté de la Maritza, une plaine ondulée commence à sa base.

Vue du plateau des Iuruk Mahalessi et du mont Utchhassarlar. La chaîne du Kourt Keui Kalessi présente un beau panorama et semble assez élevée. C'est cette chaîne dont nous apercevions l'extrémité lorsque nous étions sur la colline de Khas Keui.

220. De Dêinêkli à Tchirmen.

Le brouillard, qui se transformait fréquemment en pluie fine, a constamment couvert les montagnes voisines et nous en a dérobé la vue. A leur base s'élèvent des ondulations, ou collines à dos ordinairement allongé ; mais quelquefois elles sont découpées en mamelons. Il n'en sort que deux petits ruisseaux, l'un à 2 heures et un quart, l'autre à 3 heures de Dêinêkli. La route évite de traverser les inégalités du sol ; elle suit la base des collines, ou les traverse sur le point où elles s'abaissent. A partir du premier ruisseau, elle est continuellement dans une plaine marécageuse que la saison des pluies rend impraticable. Il faut suivre alors tous les contours de cette plaine et marcher sur le pied des collines qui la bordent. Un troisième filet d'eau passe au pied du quartier turc de Tchirmen, situé sur un bas plateau. Le quartier bulgare est au bas, le long du ruisseau presque sans eau, et exposé aux miasmes qui s'en dégagent.

221. De Tchirmen à Andrinople.

La route suit le bord du ruisseau de Tchirmen, et ensuite celui de la Maritza qu'on traverse en bac, à dix minutes de Marach. Pont sur la Tondja, entre le faubourg et la ville. Aucun ruisseau ne tombe dans la Maritza entre Tchirmen et Marach. Les collines à plateau se montrent entre Tchirmen et Kadi Keui. Au delà de ce dernier village, des protubérances et des mamelons forment, à droite de la route, des collines dont la hauteur s'élève assez rapidement. A partir d'Urèïs, les collines présentent des pentes plus égales et semblent annoncer un changement de terrain.

§ XV. — Route d'Andrinople à Kéchan.

(Pl. 17.)

222. D'Andrinople à Karakachim.

Il y a deux routes : l'une suit la Maritza, ou du moins passe près de cette rivière; l'autre s'en éloigne d'un quart d'heure à une demi-heure : c'est cette dernière que nous avons prise. Plaine basse jusqu'à dix minutes au delà de Pacha Tchaï Han ; bas plateau depuis ce point jusqu'à la vallée du Sazloudêrê, qui coupe ce ruisseau. Remonter à 4 heures de distance (environ) du point où nous l'avons traversé. Il est formé par plusieurs petites sources qui sortent de la base des collines qui bordent la vallée : nous en avons vu trois ou quatre entre le pont et Karakachim (altitude, 70 mètres).

223. De Karakachim à Ouzoun Keupri.

Descendre la vallée du Sazloudêvê; puis monter sur le bas plateau qui la borde, à l'endroit où il s'abaisse, et ne descendre sur le bord de la Maritza qu'à 1 heure et trois quarts de Karakachim ; quitter la vallée de la Maritza, 1 heure et un quart plus loin; suivre un sillon à terrain noirâtre, et traverser la basse colline qui sépare la Maritza et l'Erghéné. Au bas de la descente, traverser l'Erghéné et ses marécages sur un pont de pierre de 176 arches, que nous avons mis 14 minutes à passer, à un bon pas de cheval.

224. D'Ouzoun Keupri à Maltépê.

Le plateau que traverse la route présente une surface ondulée, sur laquelle les eaux semblent ne savoir de quel côté prendre leur cours. Malgré la pluie qui est tombée les jours précédents et le brouillard se résolvant en pluie fine depuis quelques jours, il reste à peine quelques mares stagnantes dans les creux des sillons, indiquant le lit des eaux pluviales, plutôt que des ruisseaux.

D'Ouzoun Keupri (long pont, en grec Makri-Iphira, altitude 50 mètres) à Kavadjik (altitude, 100 mètres), la route fait des coudes S. et S. O., ce qui fait une direction moyenne S. 25° O.; de Kavadjik au ruisseau de Karabounar, sa direction moyenne est S. 10° à 15° O.; de là au ruisseau de Kadi Keui, sa direction est S.; enfin, de ce ruisseau à Maltépê, elle est S. 25° O. : ainsi, en tenant compte de la correction pour la déviation de l'aiguille aimantée, Ouzoun Keupri serait au N. 5° à 10° E. de Maltêpê.

Déjà la route précédente nous avait démontré que la position indiquée d'Ouzoun Keupri était fausse, et que le confluent de l'Erghéné se trouvait au S. et non au N. de Démotika (ou Dimétouka). L'Erghéné, sur la route d'Andrinople, est à 2 heures de la Maritza et à 3 heures dans la direction de Démotika. Il se mêle à la Maritza à 8 heures d'Ouzoun Keupri et à 1 ou 2 heures d'Ipsala. Il reçoit, avant son confluent, le ruisseau de Kavadjik et celui de Karabounar. Il coule donc, depuis Ouzoun Keupri, presque parallèlement à la Maritza. D'un autre côté, la petite profondeur des vallons évasés qui séparent les affluents de l'Erghéné sur la route suivie, la disposition mamelonnée des parties saillantes formant les séparations, prouvent que nous avons passé bien près de la ligne de faîte, qui fournit d'un côté les affluents s'écoulant vers l'O. au cours inférieur de l'Erghéné, et de l'autre côté des affluents s'écoulant vers l'E., soit à l'Erghéné supérieur, soit à la rivière de Malgara.

Le seul point remarquable, parmi les accidents du sol voisins de la route, est un sommet conique qui (vu d'une heure de distance) ressemble à un cône volcanique. Il domine le village de Gheuné, peu éloigné de Karabounar.

Le plateau offre à peu près le même aspect que les collines des environs d'Andrinople. Une partie est cultivée, l'autre est inculte et parsemée de quelques arbrisseaux clair-semés. Il n'y a que les mamelons qui soient en presque totalité chargés d'arbrisseaux. La contrée est épuisée de bois : chacun en coupait autrefois à sa volonté pour faire du charbon. Un ordre de Constantinople a défendu cette industrie, exercée aux dépens du propriétaire du sol (quel qu'il soit). Aujourd'hui, on ne trouve pas à se procurer du charbon à Ouzoun Keupri.

225. De Maltêpê à Kéchan.

Le village de Maltêpê (altitude, 150 mètres) est situé au pied du mont Aïla (altitude, 300 mètres) qui sépare les affluents de l'Erghéné de ceux du ruisseau de Kéchan. Il faut une demi-heure pour y monter. Le village de Bachaït est construit près du sommet, sur une arête-plateau dont on suit le faîte légèrement incliné. Elle subit une petite dépression suivie d'une montée. De là on descend par une pente douce dans la plaine. Traverser deux ruisseaux presque sans eau, et monter à Kéchan (altitude, 150 mètres), situé sur l'extrémité d'un contre-fort, ou pour mieux dire sur le pied d'une colline qui vient s'abaisser dans la plaine.

§ XVI. — Route de Kéchan à Aktobol.

(Pl. 17 et 18.)

226. De Kéchan à Malgara (corruption de Mégali Agora, grand marché ; les Turcs, les Grecs, les Bulgares disent Malgara).

Suivre pendant quelques minutes la route précédente, puis tourner à droite pou traverser le rideau des protubérances coniques ; profiter, pour traverser ce rideau, du défilé qui donne issue à un petit ruisseau. La route précédente passait à l'extrémité inférieure du rideau, entre deux protubérances.

Arrivé de l'autre côté du rideau, suivre la base des protubérances ; s'en éloigner peu à peu ; traverser le ruisseau de Bulgar Keui, formé de plusieurs petits ruisseaux, et monter au sommet du plateau; descendre à Alitch Keui (altitude, 350 mètres); laisser Lissgar sur la droite; traverser un petit ruisseau et monter à Malgara (altitude, 300 mètres), situé sur le revers opposé de la colline qu'on a gravie.

Les vallons au nord de la route, depuis Kéchan jusqu'au sommet du plateau d'Alitch Keui, fournissent de petits tributaires aux deux ruisseaux traversés sur la route précédente.

Entre le sommet du plateau et Malgara, nous avons remarqué que les eaux au nord de la route venaient d'une petite distance, coulaient vers le sud, traversaient la route, décrivaient un détour vers l'ouest, se réunissaient aux eaux d'une chaîne qui semble courir E. N.E., et se portaient vers une échancrure qui existe entre cette arête et la ligne de faîte que nous venions de traverser.

Étonné de cette disposition, si contraire au tracé de la carte, nous avons pris des informations sur le cours des eaux, d'où résulteraient les faits suivants :

1° Les eaux au S. de Malgara se réunissent à celles de Devedjik Keui et d'Alitch Keui, entrent dans le Bohaz, ou défilé précité, sortent en plaine à 3 heures de Malgara, et vont se jeter dans le petit lac qui remplace aujourd'hui le golfe d'Énos. Dans ce trajet, elles passent au S. de Kéchan.

2° Les eaux au N. de Malgara vont à l'Erghéné; c'est ce que nous vérifierons demain, si le brouillard ne vient pas cacher le paysage.

3° Le ruisseau qui passe entre Kavak et Kadikeui et se jette dans le golfe de Saros vient des montagnes de Mélen, près Ganos. Les collines les plus rapprochées de Malgara, qui lui fournissent des affluents, sont à 4 heures de distance.

4° Par conséquent, l'arête qui borde au N. le golfe de Saros s'étend, *sans interruption*, depuis Énos jusqu'aux montagnes de Mélen, et passe au S. de Kéchan, de Malgara et d'Aïnedjik. Cette arête, dans sa partie orientale, présente des lignes fortement accidentées, à sommets coniques, ou massifs séparés par des dépressions, et s'adoucit en approchant d'Énos, pour se relever au mont Saint-Athanase. Ces formes hardies se montrent surtout dans l'arête de l'E. S. E. de Kéchan, laquelle se rattache à l'arête précitée, et dans celle qui sépare la plaine de Kéchan de celle de Fakirma. Les plaines de Kéchan, Fakirma, etc., forment le prolongement du golfe d'Énos, comme la vallée de Mélen Sou ou Kavak Tchaï forme le prolongement du golfe de Saros.

Si la hauteur du plateau entre Bulgarkeui et Alitch Keui a 350 mètres, les protubérances coniques précitées les plus élevées peuvent avoir 100 à 150 mètres de plus. Les montagnes, en s'approchant du Bohaz, subissent un affaissement lent et progressif.

227. De Malgara à Lufedji.

Conformément aux renseignements qui nous ont été donnés précédemment, les eaux qui coulent au N. de Malgara sont des affluents de l'Ergbéné. Ainsi le petit ruisseau de Kalivia se rend au Podja Dèressi qui vient de 3 heures de distance du pont où nous l'avons traversé (des montagnes de Malgara), passe à Has Keui Keupressi (qui est à 1 heure de Podja Keupressi), se rend sous Évremberg Keui, Sirinsili, etc., et enfin à Aïrobol. Ce ruisseau reçoit les ruisseaux de Koziuruk, qui vient des montagnes de Pravtza (le village de Pravtza n'existe plus), de Karadjaguru et de Ludji (altitude, 140 mètres). Le cours de ces affluents est à peu près de l'O. à l'E., pour aller se jeter dans le Podja Dèressi.

Les accidents du sol entre Malgara et Lufedgi consistent en plateaux légèrement accidentés, qui séparent les différents ruisseaux. Du haut des parties saillantes de ces plateaux on aperçoit au S. l'arête que nous avions la veille à droite en nous rendant à Malgara. De ces points elle présente une ligne qui paraît allongée de l'E. à l'O., à sommets hardis, et qui est séparée par une large échancrure d'une ligne semblable placée dans la direction de l'E. ou du S. E. Comparativement à ces montagnes, celles de Malgara, qui séparent les affluents du golfe d'Énos et de l'Ergbéné, sont beaucoup plus basses.

Les plateaux offrent une surface nue, couverte de pâturages secs et déboisés.

228. De Lufedgi à Lahana, par Aïrobol.

Entre Lufedgi et Aïrobol (altitude 80 mètres) on traverse encore un affluent du Kodja Dèressi ; c'est le Vrêidèressi qui conflue près d'Aïrobol. La rivière prend, dans la vallée d'Aïrobol, le nom d'Aïroboï Dèressi. Elle coule dans une large vallée bordée de bas coteaux, et conflue avec l'Ergbéné, à 1 heure et un quart de Lahana (altitude, 70 mètres). Sur toute cette route on est en plaine, et l'on ne voit que des coteaux et des collines autour de soi.

229. De Lahana à Lulé Bourgas.

Toujours en plaine. Petite descente dans la vallée de l'Ergbéné. Douce montée à Lulé Bourgas (altitude, 120 mètres), caché par une colline qui borde la petite vallée du ruisseau sur la rive gauche duquel la ville est assise.

Pâturages secs et cultures. Aucune roche à découvert.

230. De Lulé Bourgas à Bounar-Hissar.

Remonter le cours du ruisseau qui prend sa source à Bounar-Hissar (altitude, 200 mètres), et qui reçoit deux affluents : l'un qui vient d'Uskiup, village à 3 heures de Kirk-Kilissé, à 8 heures de Lulé Bourgas, à 3 heures de Bounar-Hissar, et passe à Tatar-Keui ; l'autre, qui vient d'Indjékeui (ou Iénidjékeui), village à 4 heures de Visa, à 3 heures de Bounar-Hissar, à 8 heures de Lulé Bourgas, et qui passe à Karahatch.

Les plateaux qui séparent ces ruisseaux sont très-peu élevés au-dessus du lit des cours d'eau. Pays de plaine.

231. De Bounar-Hissar (Vrissis des Grecs) à Iénidjê Keui.

Traverser les basses collines qui séparent la vallée de Bounar-Hissar de celle de Porialï-Buyukdéré. Remonter le cours du Poriale Dèrè, qui se compose de quatre sources, dont la plus éloignée d'Iénidjékeui est à 1 heure et demie de ce village. La jonction des eaux se fait près du moulin à un quart d'heure du Tékè, à une altitude de 280 mètres. Iénidjékeui est à l'altitude de 480 mètres.

Les collines au N. de Bounar-Hissar sont élevées de 150 à 200 mètres au-dessus de la plaine : elles s'abaissent au Tékê, et laissent passer par une pente insensible dans la vallée du Bouyukdèrè. Elles sont arides et dénudées près de Bounar-Hissar, et boisées en chênes jusqu'au sommet de la chaîne côtière.

L'aridité des terres voisines de Bounar-Hissar contraste avec les cultures des environs de Lulé Bourgas.

Le ruisseau de Bounar-Hissar sort de sources voisines de la ville. Il reçoit le ruisseau d'Iéna qui sort d'une caverne.

Les habitants ont l'idée que les eaux d'Iéna, et généralement celles de la chaîne côtière, proviennent du Danube.

232. D'Iénidjê Keui, ou Sképasto, à Samakov.

Le brouillard qui couvrait la montagne nous a empêché de voir le pays ; ce n'est que vers le bas de la première descente que nous avons commencé à découvrir au loin les accidents du sol.

D'après l'indication de la boussole, et malgré les contournements de la route, Iénidjé Keui doit être à peu près au S. O. de Samakov. La montée, répartie sur une grande étendue, est douce et de temps en temps tout à fait insensible. A la descente, il y a deux fortes pentes : la première précède le ruisseau de Véliska Dèressi ; la deuxième, plus roide, précède une usine et se termine dix minutes avant elle. De là à Samakov il ne reste qu'une colline à franchir.

Le ruisseau de Vélika vient de 2 heures et demie du point où la route le rencontre. Il passe près du village de Vélika (à l'O. de Samakov) et descend à Agatopolis : il a donc un cours assez étendu. Ce fait prouverait que la chaîne est double à l'E. de Kirk-Kilissé. On a eu l'idée de percer la montagne et d'amener ce ruisseau dans le lit du ruisseau de Samakov pour les lavages du minerai de fer. Le ruisseau de Samakov n'a presque pas d'eau en été, et ne peut alimenter qu'un haut fourneau dans cette saison. Toutes les montagnes sont boisées.

233. De Samakov à Hassana Tchiflik, sur la route d'Inada (mer Noire).

La ville de Samakov (800 maisons; altitude, 350 mètres) est située à la naissance d'un ravin qui descend dans le Boulanekdèrè. Ce ravin, formé de trois ruisseaux, se jette dans la mer à 2 heures d'Inada. La route traverse le Boulanek, puis une colline au delà de laquelle on trouve un petit ruisseau. Arrivé au point le plus haut de la colline opposée, on suit le sommet d'un contre-fort qui (abstraction faite de ses sinuosités) se dirige de l'O. à l'E. Il s'abaisse par une pente insensible. La descente dans la vallée de Madara Dèressi est douce et répartie sur une assez grande surface. Les accidents du sol semblent se diriger de l'O. à l'E. On distingue le Papia Baïri, sommet conique et pointu, près d'Agatopol (Aktobol).

234. De Hassana Tchiflik à Kosti, par Inada, Limnio, Saint-Stéphano et Agathopolis, ou Aktobol.

Bas plateau entre Limnio et Aktobol, formé par l'extrémité des contre-forts de la chaîne côtière qui sépare les divers ruisseaux qui s'en écoulent. Ces contre-forts offrent le même aspect que celui qui s'étend entre Samakov et Inada; ce sont des montagnes qui vont en s'abaissant par une pente insensible vers la mer.

La vallée du Vélika est étroite. Son bord a de 3 à 4 minutes de largeur depuis son embouchure jusqu'à Kosti. Les pentes de la rive droite sont beaucoup plus roides que celles de la rive opposée. Elles sont boisées en chênes, comme toute la surface du sol depuis Bounar-Hissar.

§ XVII. — Route d'Aktobol à Kirk-Kilissé.

(Pl. 18.)

235. De Kosti à Grammatiko.

La neige à moitié fondue, qui tombait la veille en abondance, avait maintenant une épaisseur de 3 à 4 pouces, étendue sur les montagnes et même dans le fond de la vallée; les observations étaient impossibles et il n'y avait pas moyen de mettre pied à terre.

En consultant la boussole, nous avons remarqué que pendant une heure les courbures de la vallée étaient S. et O., ou en moyenne S. O.; ensuite O. et N. O., et quelquefois S. O., ou en moyenne O. 20° N.

A moitié route de Kosti à Grammatico (altitude, 300 mètres), on quitte le fond de la vallée pour monter au sommet d'un plateau découpé, dont les eaux vont de tous côtés au Vélika. Du haut de cette route, on aperçoit dans tous les sens, aussi loin que la vue peut porter par un ciel brumeux et couvert de nuages qui menacent de donner de la neige, on aperçoit les inégalités d'un plateau semblable à celui qu'on observe entre Samakov et Inada. Grammatiko est situé au sommet de ce plateau découpé, et se trouve à 1 heure de distance du Vélika Dèressi. Il paraît que Bulgari, Ghieuk-Tèpê, etc., sont dans une position semblable.

236. De Grammatiko à Tirnovo.

Le soleil brillait, et nous avons pu tracer notre itinéraire.

La route suit, pour descendre au Vélika Dèressi, le sommet d'un contre-fort qui s'abaisse graduellement; traverser à gué le Vélika; suivre, pour monter sur le plateau, le sommet d'un contre-fort; arriver à la ligne de faîte qui sépare le Vélika de son affluent le ruisseau de Tirnovo; suivre cette ligne de faîte et descendre à Tirnovo (altitude, 380 mètres).

Le panorama qu'on découvre pendant cette route est le même que celui de la précédente, mais la limpidité de l'air nous permet de porter au loin les regards et d'embrasser une vaste étendue. De tous côtés on voit un plateau sillonné par des vallées qui le coupent, et dont la pente générale s'abaisse lentement vers la mer Noire. D'après les renseignements que nous avons pris, les communications se font, d'un village à l'autre, en remontant le sommet d'un contre-fort et en descendant du côté opposé de la même manière.

237. De Tirnovo à Kourou Keui, ou Khoropoulo.

Remonter une petite vallée ou grand ravin; suivre le flanc d'un contre-fort, et arriver au sommet d'une arête qui sépare les affluents du Vélika et ceux du Résova; Continuer, par une série de sommets, à s'avancer jusqu'aux environs de Dérè Keui. Le point culminant de la route précède la descente qui conduit par une pente douce à Dèrè Keui. Ce village est situé sur le ruisseau qui forme l'une des sources les plus éloignées de Résova.

Le point de partage des eaux entre le Résova et l'Erghéné est produit, sur cette route, par un plateau beaucoup plus bas que les contre-forts qui s'en détachent. La différence paraît être de 200 mètres environ. Le village de Kourou Keui ou Khoropoulo est situé sur la pente méridionale du plateau, aux sources du Tchatidéri, à une altitude de 500 mètres.

Les accidents du sol deviennent plus prononcés que ceux des routes précédentes, surtout aux approches de Dèrè Keui. Le voisinage de la chaîne côtière, d'où s'échappent les cours d'eau et d'où se détachent les contre-forts qui les enserrent, se fait pressentir. Du reste, les arêtes qui forment l'axe de la chaîne n'ont rien de particulier et ressemblent aux arêtes ou contre-forts qui constituent le plateau : seulement la cavité dans laquelle coule le Dèrè Keui Dèressi et dont on aperçoit la place dans le voisinage, fait paraître la hauteur de cet axe plus considérable. Nous avons dit que les sommets qui constituent la chaîne ressemblent aux sommets du plateau; en effet, ce sont des bosses d'une hauteur inégale.

238. De Kourou Keui, ou Khoropoulo, à Kirk-Kilissé.

Descendre pendant un quart d'heure la vallée du Tchatidèrè ; monter sur le plateau qui sépare cette vallée de celle du Séïtan Dèressi, ruisseau qui vient de Koïova, situé à 2 heures de Kourou Keui et qui se réunit au Tchatidèrè, à trois quarts d'heure de l'endroit où la route traverse ce dernier ruisseau. Le ruisseau formé par la réunion des deux cours d'eau se rend à Baba-Eskissi. Monter sur le plateau qui sépare le Séïtan Dèressi de la vallée à l'O. de Kirk-Kilissé.

Le plateau qui s'étend de Koropoulo à Kirk-Kilissé est découpé par les deux cours d'eau et par les ravins qui s'y rendent. Ces vallées et ravins sont encaissés par des rochers granitiques nus, souvent à pic. La surface du plateau présente, de distance en distance, des roches nues qui font une saillie de 5 à 10 mètres. En regardant derrière soi à mesure qu'on avance, on distingue les arêtes dentelées qui séparent les cours d'eau. Du reste, les plus grandes montagnes ne paraissent pas dépasser la hauteur du plateau de plus de 300 mètres.

La ville de Kirk-Kilissé (altitude, 250 mètres) est située à l'entrée d'un petit vallon N. S., qui débouche dans la plaine. Elle remplit tout le vallon et s'élève en amphithéâtre sur les deux penchants opposés, jusqu'au sommet du plateau.

§ XVIII. — Route de Kirk-Kilissé à Constantinople.

(Pl. 18 et 19.)

239. De Kirk-Kilissé à Uskiup (Skopo des Grecs).

Le plateau entre Kirk-Kilissé et Uskiup n'est coupé que par le Buyukdèrè (formé par le ruisseau de Koïova et celui de Kourou Keui) et par le ruisseau qui traverse le village d'Uskiup et le divise en deux quartiers. Il y a bien encore un petit ruisseau à moitié route d'Iundrala et d'Uskiup ; mais c'est un petit affluent du ruisseau d'Uskiup, et il ne coule pas dans un ravin encaissé et profond, comme les deux ruisseaux précités. Vers le S. de la route, les regards s'étendent sur un plateau d'une hauteur uniforme ; vers le N., ils s'arrêtent sur des crêtes basses et dentelées qui s'élèvent sur le plateau. Ces crêtes sont des rochers nus, d'une petite étendue, formés par des couches redressées.

240. D'Uskiup à Bounar-Hissar.

Entre Uskiup et Iéna, le plateau est entamé par deux vallées évasées et peu profondes : 1° celle de Kourt Dèrè ; 2° celle de Monastir Dèressi. Ces deux ruisseaux se réunissent et forment un des affluents du ruisseau de Lulé Bourgas. Ils viennent tous deux des environs du Kourou Keui, et ont 3 heures de cours en amont du pont. Ils sont ordinairement à sec. Vers le S. et le S. E., le plateau présente au loin une surface parfaitement unie et sans accidents. Vers l'E. et le N. E. existent des crêtes dont le brouillard nous cache les formes.

241. De Bounar-Hissar à Viza.

La neige fondue qui tomba toute la journée ne nous a pas permis de faire des observations suivies : voici à quoi elles se réduisent.

Suivre la route du Têkê, que nous avons étudiée en allant de Bounar-Hissar à Sképasto; traverser le ruisseau qui vient de Sképasto et qui passe à Lulé Bourgas; monter sur le plateau; passer le ruisseau du Sooudjak Dèressi qui vient de Serghen (ou Sarakina, en grec); monter sur le plateau et descendre dans la vallée qui reçoit les affluents du ruisseau de Viza.

Ainsi le plateau est coupé sur cette route par deux vallées, dont les ruisseaux coulent à peu près N. S.; et l'on descend jusqu'à Viza la vallée qui suit jusqu'à cette ville la direction de la chaîne. Ces trois vallées sont évasées, mais les vallées qui débouchent dans la dernière sont encaissées et sont plutôt de grands ravins qui fournissent de faibles ruisseaux. La ville de Viza (altitude, 200 mètres) est située sur l'extrémité S. d'un contre-fort qui s'abaisse dans la plaine du ruisseau. Le plateau présente sur cette route son aspect ordinaire. Il est planté de bois taillis de chênes; il offre une surface légèrement ondulée, qui s'étend horizontalement vers le S. Dans la vallée de Bazarlik et de Viza, il est coupé plus abruptement par les ravins qui y débouchent. Cette dernière disposition annonce le voisinage de l'axe de la chaîne côtière, qui en effet se trouve à 2 heures de Viza.

242. De Viza à Saraï.

La route est toujours en plaine et contourne la base des montagnes pour éviter d'une part les montées et descentes, et d'autre part les endroits marécageux de la vallée. Il en résulte que l'on marche d'abord vers l'E. S. E., ensuite vers le S. E., et puis vers le S. S. E. La courbe qu'on décrit est très-sensible du haut de la basse colline d'Édilkeui, d'où l'on aperçoit Viza et Saraï. Vers le S., le plateau ressemble à la plaine. Vers le N. E., on ne voit que de basses collines dénudées. Terrains généralement incultes sur la route : quelques parties seulement sont cultivées auprès des villages et parmi des touffes d'arbres qui indiquent la place des villages. Saraï est à 200 mètres d'altitude.

243. De Saraï au point de partage des eaux entre l'Erghéné et la mer Noire, sur la route de Saraï à Midia.

Le vent glacial du N. E., qui continuait à souffler, nous a empêché d'aller de Sara à Midia et de suivre le littoral de la mer Noire, à partir de cette ville jusqu'au Bosphore.

Un plateau sépare l'Erghéné, traversé la veille, d'un autre ruisseau à l'E. de Saraï qu'on nomme Galata Dèressi, du nom d'un village aujourd'hui détruit, qui existait dans la vallée, à une demi-heure ou 1 heure de Saraï. Ce plateau se relève à une demi-heure au N. E. de Saraï et va se rattacher à la base du Karatêpê. L'Erghéné part du Karatêpê et coule entre l'axe de la chaîne et le plateau. Depuis ce point jusqu'à l'axe, la montée est presque insensible; c'est un plateau légèrement ondulé, arrosé en cette saison (décembre) par des ruisseaux qui sont à sec en été. Du haut du point de partage entre l'Erghéné et la mer Noire, on distingue au N. O. les montagnes de Serghen, qui paraissent s'élever. à 200 mètres au plus au-dessus de la station, tandis que le Karatêpê, qui est le point culminant le plus voisin, peut avoir 100 mètres de plus seulement.

Sur le revers opposé, la montagne conserve l'aspect de plateau, mais d'un plateau plus découpé. Les accidents du sol ne laissent apercevoir qu'une faible partie de la mer Noire, et dérobent Midia aux regards; les accidents plus élevés paraissent atteindre à peu près la même hauteur que le Karatêpê.

Ces montagnes sont couvertes de bois taillis d'essence de chênes.

Il y a, dit-on, dans la vallée du Galata Dèressi, des grottes creusées de main d'homme et des canaux qui passent sous un plateau et conduisaient autrefois l'eau à Constantinople. Il existe encore, ajoute-t-on, de distance en distance, des restes des aqueducs qui traversent les vallées et des canaux qui traversent les montagnes. Le mudir de Viza, qui a beaucoup parcouru le pays, nous a dit avoir vu dans les montagnes un grand nombre de ces restes d'aqueducs et de canaux, dont on peut suivre les traces jusqu'à Constantinople. Les canaux sont larges et élevés. Dans la vallée du Galata Dèressi on trouve encore une grotte aménagée pour un bain.

244. De Saraï à Buyuk Han.

Le plateau est coupé, sur cette route, par le Galata Dèressi, par le Manouka Dèressi, plus fort que le précédent, et par plusieurs petits ruisseaux qui se jettent dans le Tchorlou Souïou. Ce dernier est moins fort que le Manouka. Tous ces ruisseaux sont des affluents de l'Erghéné; ainsi se trouve confirmé le renseignement obtenu à Tchorlou sur le ruisseau de ce nom qui passe près de lui.

La neige qui tombait en abondance pendant la première partie de la route nous a empêché de voir autour de nous. Au delà du Manouka Dèressi, en marchant vers l'E. et l'E. S. E., on distingue à gauche le mont Kara Têpê. Plus loin, en passant sur le sommet du plateau on remarque une dépression entre le plateau et la chaîne côtière dont on s'éloigne de plus en plus. Du côté opposé de la route, on voit les pentes du plateau converger vers le S. E., et plus tard on arrive à une faible descente qui précède la rencontre de plusieurs petits affluents du Tchorlou Souïou. Au delà de ce ruisseau, montée presque insensible mais continue, jusqu'à Buyuk Han (altitude, 240 mètres), auberge isolée, située au sommet du plateau dans une petite dépression et avant d'arriver au versant qui jette ses eaux dans la mer de Marmara. Tous ces plateaux sont couverts de taillis de chênes, auxquels on ne donne pas le temps de pousser.

245. De Buyuk Han à Silivri.

Suivre le sommet du plateau jusqu'à Beydjiler. A partir de ce hameau, descendre par un ravin servant de lit à un ruisseau jusqu'à Kuchtémir. De là, traverser plusieurs ruisseaux et arriver à Silivri, sur le bord de la mer. Le plateau de Buyuk Han peut avoir 200 mètres, celui de Kuchtémir 100 mètres au-dessus de la mer. Quelques broussailles entremêlées de gazon couvrent le plateau supérieur; plus bas, gazon ou cultures près des villages.

246. De Silivri à Buyuk Tchekmedjé et Constantinople (voyez le § 1er).

§ XIX. — Route de Constantinople à Ormanli, et retour.

(Pl. 20.)

247. De Péra à Belgrad.

La route fait la continuation de la grande rue de Péra. Elle traverse un petit ruisseau entre la grande caserne et l'École militaire; puis elle monte sur le plateau, dont elle suit la ligne de faîte. A gauche descendent des ravins qui portent les eaux dans la vallée des eaux douces, à droite, vers le Bosphore. Avant d'arriver en vue de Buyuk Dèrè, on quitte la route qui conduit à Térapia et à Buyuk Dèrè. On continue à suivre la ligne de faîte jusqu'auprès de l'aqueduc qui conduit les eaux à Constantinople. Traverser la vallée de Baktchêkeui, dont les eaux vont à Buyuk Dèrè. En montant sur la colline qui conduit à Belgrad, on laisse à droite le vallon où l'on retient les eaux qui alimentent l'aqueduc, et l'on aperçoit le pavillon que le sultan Mahmoud a fait construire sur le bord de ce réservoir. Belgrad est situé dans une petite vallée dont les eaux s'écoulent dans la vallée des eaux douces.

248. De Belgrad à Agatchili.

Monter sur un contre-fort; traverser une vallée profonde et étroite, au pied de la chaîne; monter sur le point de partage des eaux douces, entre la vallée des eaux douces d'Europe et la mer Noire. De là, descendre par un contre-fort à Tchiftalan. Traverser la vallée; franchir une basse arête, et descendre à Agatchili, situé sur un petit ruisseau.

La forêt de Belgrad ne commence guère avant le village de ce nom. Douces montées et douces descentes. La ligne de faîte ou de partage des eaux entre la mer Noire et les eaux douces est à 1 heure au plus de la mer.

249. D'Agatchili à Karabournou.

Descendre la vallée ; suivre le bord de la mer, et monter à Iéni Keui (altitude, 90 mètres), qui en est éloigné de dix minutes ou un quart d'heure au plus. De là à Karabournou, suivre tantôt le sommet du plateau du cap, tantôt marcher à mi-côte pour éviter les endroits boueux, et arriver au petit village de Karabournou.

250. De Karabournou à Derkos et à Aïakadin.

Derkos est à 1 heure à l'O. d'Iéni Keui, et Aïakadin à 1 heure au S. de Derkos. Ruines de l'antique Derkos, près du village ; les ruines sont plus près du lac.

Le point de partage des eaux entre la mer Noire et la mer de Marmara est à un quart d'heure d'Aïakadin. Il paraît moins élevé qu'entre Belgrad et Tchiftalan ; plateau ; de tous côtés, le paysage est boisé. Au S. E., on aperçoit un double têpê ; et à l'E. d'autres sommités, probablement celles de la rive asiatique du Bosphore. Vers l'O., la chaîne est couverte de neige et paraît se relever à 4 heures environ de distance. Deux têpês forment le commencement de la partie relevée de la chaîne. Les sommités offrent les découpures arrondies des roches anciennes ou granitiques.

251. D'Iéni Keui à Ormanli.

La route suit la langue de terre qui sépare de la mer le lac de Derkos. Cette langue de terre est très-étroite, basse, et présente une ouverture d'une demi-heure de largeur, par laquelle les eaux du lac débouchent dans la mer. Elle est aride, sablonneuse et couverte de bois, excepté dans la partie basse formant l'ouverture et placée quelques mètres seulement au-dessus du niveau de la mer. Ormanli est à une altitude de 30 mètres.

252. D'Ormanli au sommet du mont Kouchkaïa.

Les eaux forcent à contourner l'extrémité du lac plus loin qu'il ne faudrait pour arriver en droite ligne à Belgrad, et retardent la marche. Arrivé à Belgrad, prendre une petite vallée ; monter sur une arête séparant deux ravins ; suivre la ligne de faîte, et dépasser une première sommité moins élevée que la seconde, et au S. O. de laquelle sont les ruines d'une partie de la muraille de l'empereur Athanase.

Le lac remontait autrefois beaucoup plus loin au N. O. : les alluvions modernes ont comblé cette partie N. O., dont le diamètre en travers est d'une demi-heure environ, et dont les eaux descendent du massif du Karatêpê.

La double pointe du Kouchkaïa est située à l'extrémité d'un contre-fort qui se rattache au Karatêpê, et dont la base est baignée par les eaux qui tombent dans le lac et viennent déboucher en face d'Éledjik Mandrassi, à 2 heures d'Ormanli. La séparation des eaux, qui tombent d'un côté dans le lac et de l'autre dans l'Erghéné, est à 3 heures de distance à cause des contours de la route, des montées et des descentes : il faudrait réduire probablement de moitié cette distance. De cette séparation à Buyuk Han il y a 2 heures. Le Kouchkaïa paraît être plus élevé que la séparation. Entre elle et la station il existe un ou deux contre-forts indiquant l'existence de vallées dont les eaux viennent tomber dans le lac. La hauteur à peu près égale de ces accidents du sol donne à cette contrée montagneuse l'apparence d'un plateau. Bois et gazons. Silivri est à peu près dans la direction du S. 20° O.

253. D'Iéni Keui à Domous Dèrè.

Suivre le bord de la mer jusqu'à un petit ruisseau qui se jette dans la mer un quart d'heure avant Kichirkaïa, petit village situé sur le rivage de la mer. Remonter la vallée pendant dix minutes, et traverser la colline qui sépare cette petite vallée de celle de Domous Dèrè. Ce dernier village est situé sur le cours d'un petit ruisseau au pied de la ligne de faîte, car il n'est qu'à 1 heure de Belgrad. Les collines offrent le même aspect que celles d'Agatchili, seulement elles diminuent de hauteur en se prolongeant vers l'E.

Les ruisseaux entre Iéni Keui et Agatchili ont un cours incliné par rapport à la chaîne ; aussi sont-ils plus importants que ceux qu'on rencontre entre Agatchili et Domous Dèrè. Dans ce dernier intervalle, ils ont à peine de l'eau, même en cette saison (décembre).

254. De Domous Dèrè à Fanaraki.

Traverser les belles collines qui s'épanouissent à l'extrémité orientale de la chaîne, et au fond desquelles coulent des ruisseaux faibles, même dans cette saison pluvieuse (janvier). Les rochers escarpés qui bordent la mer ne permettent pas de côtoyer le rivage. On passe sur les sommets à un quart d'heure environ de la mer, et au fond des vallées à quelques minutes de la mer qui pénètre dans les anses formées par l'embouchure des ruisseaux.

255. De Fanaraki à Constantinople.

Traverser deux ou trois petites vallées que séparent des collines trachitiques. Suivre ensuite le sommet d'une arête, et arriver, en suivant ses ramifications, aux ruines d'un fort qui domine la rade de Buyuk Dèrè et de Térapia. Descendre par une pente rapide à Iéni Mahalè sur le Bosphore, dont les habitations joignent celles de Buyuk Dèrè. Le ruisseau de la vallée de Buyuk Dèrè est à 2 heures de marche de Fanaraki.

Traverser le ruisseau à son embouchure, sur un pont de bois; gravir la pente de la colline qui borde la vallée, et joindre en haut de la côte la route que nous avions prise dernièrement en allant de Péra à Belgrad. De Buyuk Dèrè à Péra, il y a 3 heures de marche.

INDICATIONS SOMMAIRES

DE QUELQUES RUINES ANTIQUES

RECONNUES

DANS LA THRACE (TURQUIE D'EUROPE), EN 1847.

---

1. Erégli, sur la mer de Marmara (voyez planche 2 des Itinéraires).

La proéminence, qui sépare la ville de la mer, supporte des traces de ruines antiques. A l'époque de notre passage, des ouvriers mettaient à découvert les restes d'un théâtre pour en prendre les matériaux de marbre blanc. Les autorités locales ne mettaient aucun obstacle à cet acte de vandalisme.

2. Turkmenli Tchiflik, au N. O. d'Erégli (voyez pl. 2).

Sur la déclivité occidentale de la colline qui domine les Tchifliks de Turkmenli, à cinq minutes à l'Est de Selvili Tchiflick, on reconnaît les traces d'un ancien cimetière. Un monument récemment déterré présentait les formes suivantes et une inscription :

On dit, dans le pays, que les troupes d'Alexandre ont été décimées par la maladie, et que les morts ont été enterrés en cet endroit.

Il est probable que des fouilles entreprises dans cette localité feraient découvrir des ruines de quelque importance.

3. Ruines de Derkos, sur le lac de ce nom, près de la mer Noire (voyez pl. 20).

Des ruines encore debout existent au nord du village actuel.

4. Ruines de la muraille d'Athanase, au sommet du mont Kouch Kaïa, à l'O. de Derkos (voyez pl. 20).

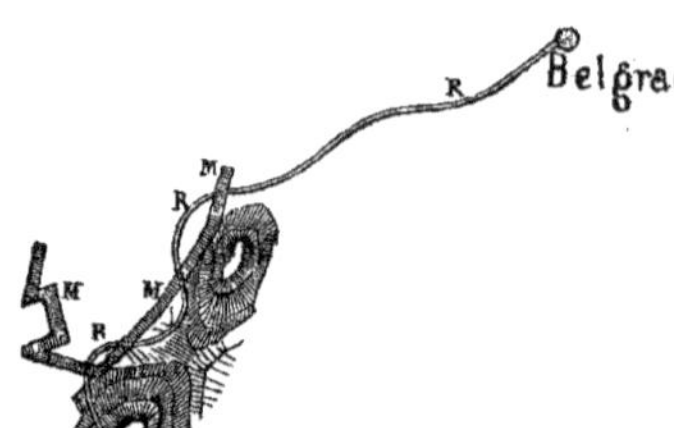

(1)

A. Mont Kouch Kaïa.

R. Route suivie.

M. Ruines de la muraille d'Athanase.

Les ruines de la muraille que nous avons vues sont remarquables; nous les avons traversées plusieurs fois *à pied*, dans l'intervalle qui sépare les deux sommets du mont Kouch Kaïa dont la hauteur est d'environ 400 mètres. Nous avons visité l'espèce de tour ou de bastion qui se trouve au nord du sommet.

5. Ruines de Traïanopolis, au nord d'Enos (voyez pl. 3).

Les ruines connues dans le pays sous le nom de Traïanopolis font à peine saillie hors du sol. Cependant on reconnaît encore l'emplacement de quelques rues et la disposition intérieure d'un assez grand nombre de maisons. Nous n'avons pas pris note des matériaux dont se composent les murs des maisons; mais il nous reste le souvenir que plusieurs murailles sont construites en marbre noir, ou du moins en une roche noire à grains brillants au soleil, à la manière du marbre grenu.

PLAN DES RUINES.

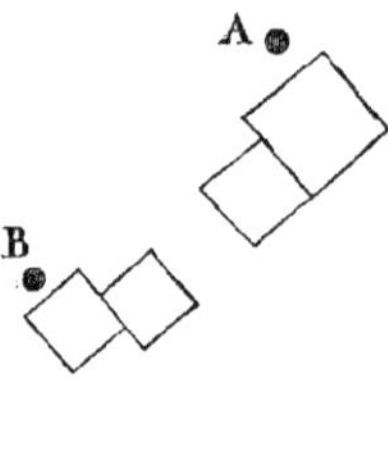

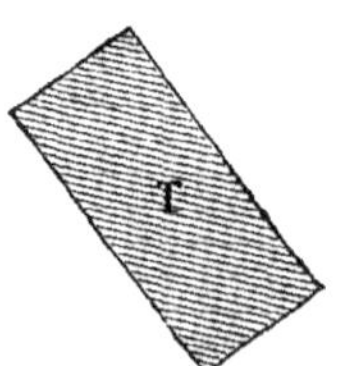

Source A. Elle est découverte; a la forte saveur du sel marin, et laisse dégager une odeur d'hydrogène sulfuré. Température, 38 à 39° centigrades; celle de l'air, à l'ombre, étant de 25°. — Source B. Elle est couverte de branches d'arbres et entourée de claies.

T. Temple.

Les eaux montent à un mètre du bord et se perdent dans les sables.

(1) Belgrad, petit village qu'il ne faut pas confondre avec le Belgrad au nord de Constantinople.

Les constructions ont un caractère différent. Celles de la source A ne renferment pas de tuiles, excepté les voûtes qui en sont formées.

Celles de la source B sont formées de trachyte et de grès que séparent des lits de tuiles. Les deux voûtes sont en tuiles.

On voit que ces constructions servaient d'étuves.

Le temple, dont une grande partie des murailles existe encore, est assez vaste. Autant qu'il peut nous en souvenir, il doit avoir au moins 50 pas de long sur 15 au moins de large.

Les étuves doivent avoir environ 3 mètres sur toutes les faces, et 2 mètres environ de hauteur.

Les ruines qui sont sur le sommet de la colline ont servi de têkê turc. Nous ne saurions dire s'il existait autrefois une citadelle en ce point.

6. Emplacement du Stentaris Lucus (embouchure de la Maritza).

Les géographes ont représenté jusqu'à nos jours, sur les cartes, un golfe pénétrant dans les terres et compris entre Enos, Féredjik et Kéchan; maintenant ce sont des prairies basses, parsemées de flaques d'eau en été et souvent inondées en hiver. En passant par Souloudja (Fakirma des Grecs), au S. O. de Kéchan, un vieillard nous disait que le village de Khiz Kapan, situé au pied occidental du mont Herdelez Têpê, prenait son nom (fille enlevée) des rapts de jeunes filles que les corsaires venaient exercer jusque dans ce village, à l'aide de leurs barques; il ajoutait qu'étant enfant il avait entendu parler de ces enlèvements par un vieillard qui en avait été témoin. Ainsi, selon ce témoignage, ce serait depuis moins d'un siècle que le golfe est devenu inaccessible aux barques. Ce qu'il y a de positif, c'est que l'ensablement du *port* même d'Enos est très-récent et a été occasionné par le changement de direction du cours de la Maritza, qui débouchait en mer par le bras septentrional. Le fleuve, s'étant frayé un passage plus au sud, a charrié depuis lors la presque totalité de ses alluvions dans le port même d'Enos, qui est actuellement hors de service (voyez les détails que nous avons donné sur ce sujet, p. 268 ; voyez aussi, p. 334, tom. Ier).

7. Ruines de Messina Kalè, à 2 lieues à l'Ouest de Gumourdjina (voyez pl. 14).

En passant devant le han ou khan d'Aksou, nous avons vu, à 5 ou 10 mètres de distance au N., de magnifiques ruines encore debout qui demanderaient des études spéciales.

Ce nom de *Messina* kalè (kalè-château) ne serait-il pas la corruption de Maximianopolis?

A 7 ou 8 lieues E. S. E. de Gumourdjina se trouve Chap Hana ou Chapsi (ou encore Chapsilar, pluriel de Chapsi). *Chap* signifie alun, *hana*, *hani* ou *khan*, signifie auberge fabrique, etc. Le village a pris son nom des alunites exploitées à un quart de lieue et une demi-lieue (voyez pl. 14), et qui servent à la fabrication de l'alun.

Nous faisons cette observation, parce que d'Anville assimile cette localité avec *Scapta-Hyla*. Si ce géographe avait connu ces détails, il aurait peut-être regardé à deux fois à faire ce rapprochement.

8. Ruines d'Abdire (voyez la carte, pl. 1, et la planche 14).

Nous n'avons pas fait nous-même la route d'Iénidjé à Gumourdjina ; mais le jeune Grec, qui nous accompagnait en qualité de drogman, l'a parcourue ; d'après les renseignements recueillis dans le pays par ce jeune homme, les ruines d'Abdire seraient sur un plateau, sur la route de Xanti à Iassi Keui, où il a couché, et dont nous avons relevé la position (voyez pl. 14). Il a vu effectivement des ruines (ce qui ne dit pas que ce soient réellement celles d'Abdire) à une demi-heure ou trois quarts d'heure de marche avant d'arriver à Iassi Keui, et à un quart d'heure ou une demi-heure des montagnes. Ces indications placent ces ruines, quelles qu'elles soient, à peu près à l'endroit où la carte hydrographique de l'Amirauté anglaise place Bour Kalêci.

Cette dernière carte nous a servi à relier nos itinéraires des environs de Iénidjé à ceux des environs de Gumourdjina (voyez notre carte, pl. 1).

Il y aurait à discuter la valeur de ces renseignements, comparativement à ceux qu'on possède sur ces contrées. En attendant, nous nous sommes abstenu et n'avons pas mentionné sur notre carte l'emplacement de ces ruines.

Nous rappellerons seulement que Cousinéry place Abdire à Gumourdjina ; Meinas et Michelot, sur la mer Égée, etc.

9. Route de Brutus et Cassius pour pénétrer dans la plaine de Philippi.

Cousinéry qualifie d'*erreur inconcevable* les renseignements donnés par Appien sur l'existence des sources de l'Harpesus, à trois journées de marche du fleuve Nestus, sur les bords duquel l'armée était campée ; il motive son incrédulité sur ce que l'Harpesus est, d'après Appien, un affluent de l'Hèbre (Maritza). Cependant ce renseignement est de la plus grande exactitude (voyez pl. 12). Nous nous sommes rendu de Skiedji (Xanti des Grecs) à la source de l'Arda, la plus voisine de cette petite ville, en 11 heures de marche. Seulement l'erreur d'Appien consiste à dire que, des sources de l'Harpesus, on peut se rendre en une journée dans la plaine de Philippi. Il est assez probable que l'armée aura remonté le cours du Skiedjé-Sou, tout juste ce qu'il fallait pour dérober sa marche à l'ennemi, et qu'ensuite elle aura fait route droit vers l'O., à travers les forêts, pour venir se poster à Bèrèketli, village au S. de Philippi.

10. Ruines de Philippi (voyez pl. 11).

Nous avons tracé l'enceinte de ces ruines sur la planche 11; sur la planche 21, nous en donnons une vue d'après un dessin exécuté sur place par M. Daux, ingénieur civil, qui a visité le pays après nous et d'après les renseignements que nous lui avons donnés.

Le monument de marbre blanc avec inscription latine, dont parle Cousinéry, existe encore; il est placé entre le han et le café qui se trouvent près et à l'E. des ruines précitées.

11. Position du mont Pangée.

La discussion de Cousinéry sur cette question est à reprendre et à comparer avec les renseignements géographiques que nous donnons sur le Bounar Dagh (1) et sur la chaîne du Boz Dagh (ou Bouz Dagh, montagne de la Glace) (voyez pl. 1, 10 et 11).

12. Château fort ruiné, à l'O. N. O. de Drama (voyez pl. 11).

A trois heures de marche de Drama, une des gorges qui conduisent dans la plaine élevée de Lissa (2) était défendue à son entrée par un château fort dont les murailles très-épaisses, et construites en marbre blanc tiré des montagnes voisines, font encore saillie. Il dominait la plaine et la défendait contre l'irruption des montagnards.

A Guredjik, situé à l'origine de la gorge, le sol est percé de tous côtés par des recherches de mines abandonnées depuis des siècles, et qu'un entrepreneur explorait à l'époque de notre passage. Son ignorance donnait la certitude qu'il n'obtiendrait pas de bons résultats, ainsi que M. Daux l'a constaté après nous.

13. Razlouk, ou Méomia des Grecs (voyez pl. 7).

Les anciens géographes connaissaient-ils le haut plateau de Razlouk? Les bains thermaux de Bania, situés à l'E. de ce bourg, ont le caractère de construction signalé dans ceux de Traïanopolis. Ils sont dans des dimensions aussi petites. On y voit des briques romaines formant des lits placés entre des matériaux différents.

Température prise au goulot : 55 à 56° centigrades; celle de l'air, à l'ombre, étant 22°,4.

Nous avons négligé de parler des localités très-nombreuses où nous avons vu des bains thermaux, et nous n'avons fait d'exception que pour ceux qui conservaient leur cachet d'antiquité romaine.

(1) Le Bounar Dagh, comme le Boz Dagh, abonde en mines de plomb argentifère.

(2) Les anciens connaissaient-ils le haut plateau si curieux de Lissa?

14. Châteaux forts en ruine du mont Kourt Keui, à l'O. de Tchirmen, vallée de la Maritza (voyez pl. 4).

Ces ruines portent dans le pays le nom de Châteaux Génois.

Autres ruines semblables au mont Hassarli Dagh, au S. O. d'Andrinople (même pl. 4).

15. Belles ruines au N. N. O. de Saraï, versant méridional de la chaîne côtière de la mer Noire (voyez pl. 19).

Ces ruines méritent d'être l'objet d'études sérieuses. Nous les avons vues à une faible distance de la route; il nous a semblé qu'une partie des édifices et des maisons étaient encore debout.

Pendant que nous faisions nos observations géologiques, le jeune Grec qui nous accompagnait a rendu visite à l'évêque et a vu, dans la cour de son habitation, quelques antiquités et entre autres deux pierres portant une inscription chacune.

L'une des inscriptions, copiées par ce jeune homme, était gravée sur une colonne ronde, de grès, brisée aux deux extrémités; ce tronçon avait une longueur d'un mètre environ, et 0m,20 environ de diamètre. Les lettres pouvaient avoir 0m,03.

ΘΕΩΥΨΙΣΤΩ
· ΥΑΟΥΖΕΙΣ ·
ΑΥΛΟΥΚΕΝΤΟΥ
ΥΠΕΡΕΑΥΤΟΥ
ΚΑΙΤΩΝΙΔΙΩΝ
ΕΥΞΑΜΕΝΟΣ
ΙΥΧΑΡ · · ΤΗΡΙ

La seconde inscription était gravée sur une pierre plate de marbre blanc, de

0^m,80 à 1 mètre de long, sur 0^m, 45 à 50 de largeur. L'épaisseur (sur laquelle était l'inscription) était d'environ 0^m,30.

ΒΑΣΙΛΕΣ ΚΟΤΥΣ ΒΑΣΙΛΕ
ΑΣΑΔΑΝΑ.ΚΑΙ ΒΑΣΙΛΙΣΣΑΝ
ΠΟΛΕΜΟΚΡΑΤΕΙΑ ΤΟΙΣ
ΕΑΥΤΟΥ ΓΟΝΟΙΣ ΘΕΟΙΣ
ΠΑΤΡΩΟΙΣ

Il paraît que les Russes ont empli sept arabas avec les antiquités les plus précieuses et les ont emmenés en Russie.

A notre passage, Férat bey possédait dans son jardin des statues, des bases, fûts et chapiteaux de colonnes.

Quelques habitants de la petite ville avaient, les uns, des têtes; les autres, des bustes ou parties de statues trouvées à Viza.

16. Antiquités des environs de Saraï (voyez pl. 19).

Ayant entendu parler à nos guides d'aqueducs antiques, nous avons demandé au mudir de Saraï ce qu'il y avait de vrai dans les narrations merveilleuses qu'on en fait dans le pays. Cet homme, qui a beaucoup parcouru la contrée, connaît tous ces détails et les lieux où se trouvent chaque chose ; mais, n'étant guère plus instruit que ses subordonnés, il partageait toutes leurs idées.

Ainsi, par exemple, il y a dans la vallée de Galata Dèressi des grottes creusées de main d'homme et des canaux qui passent sous le plateau calcaire et conduisaient autrefois l'eau à Constantinople. A l'appui de cette dernière version, on dit qu'il existe encore de distance en distance des restes d'aqueducs qui traversent les vallées et vont se relier aux canaux souterrains, larges et élevés, qui traversent les montagnes. Le mudir prétend qu'on peut suivre ces traces de conduites d'eau jusqu'à Constantinople.

Dans la vallée de Galata Dèressi, il y a une grotte aménagée pour un bain.

Sans admettre que ces canaux et aqueducs conduisaient l'eau à Constantinople, on doit au moins avoir la certitude que l'exploration de la chaîne côtière de la mer Noire offrirait d'amples sujets de recherches à un amateur d'archéologie.

Puisque nous avons parlé des récits populaires, nous terminerons par un récit fantastique sur les admirables sources de Iéna (voyez pl. 19).

Plusieurs habitants du village nous ont affirmé qu'un berger du pays s'était expatrié pour aller garder des troupeaux sur les bords du Danube. Il avait creusé l'intérieur de son bâton et y cachait son petit pécule. Dans un moment de colère, il lança son bâton contre un de ses animaux; mais il manqua le but et le bâton alla tomber dans le Danube et s'y enfonça, entraîné par le poids de la somme qui s'y trouvait enfermée. Au bout de quelques années, le berger retourna dans son village et fut très-étonné d'y trouver son bâton exposé, dans un café, aux regards des curieux. Il demanda comment on se l'était procuré; on lui répondit qu'il était un jour sorti de l'une des magnifiques sources du village et qu'on l'avait gardé comme une curiosité. Alors le berger déclara qu'il en était le propriétaire, et, pour prouver son dire, il indiqua la somme qu'il y avait enfermée, dévissa la partie supérieure, en fit tomber la somme indiquée, et fut reconnu publiquement légitime propriétaire du bâton et de son contenu.

Les habitants citent ce conte pour prouver que leurs belles sources sont alimentées par le Danube, malgré les distances et malgré les différences de niveau entre le fleuve et le village de Iéna.

QUATRIÈME PARTIE.

GÉOLOGIE.

CHAPITRE PREMIER.

GÉOLOGIE DESCRIPTIVE.

N. B. — Dans le cours du voyage dont l'itinéraire vient d'être tracé dans le chapitre précédent, la Géologie a marché de front avec la Géographie : les courses de l'*Itinéraire* doivent donc se rapporter généralement à celles de la partie géologique qui va être détaillée. Il était donc utile de marquer, pour le lecteur, les rapports entre les deux chapitres. A cet effet, comme pour l'*Itinéraire*, il y aura ici une série unique de numéros, mais marqués d'un astérisque; et à chaque numéro sera ajouté, quand il y aura lieu, l'indication du numéro correspondant de l'*Itinéraire*.

Le chapitre précédent était divisé en paragraphes, les divisions de celui-ci seront en lettres majuscules.

Abréviations. — Dir. signifie *direction*. — Pl. signifie *plongement*. — Incl. signifie *inclinaison*.

A. Route de Constantinople à Enos. — Littoral de la mer de Marmara et de la mer Égée. — B. Route d'Enos à Andrinople. — Vallée inférieure de la Maritza, et montagnes orientales du Rhodope qui bordent la rive occidentale de la Maritza. — C. Route d'Andrinople à Névrokoup. — Vallée inférieure de l'Arda, et coupe du Rhodope, de Philippopoli à Névrokoup. — D. Route de Névrokoup à Samakov. — Vallée supérieure du Karasou, de la Maritza, de l'Iskra et du Strymon. — E. Route de Samakov à Kavala. — Vallée du Strymon et cavités de Drama et de Lissa, et vallée inférieure du Karasou. — F. Route de Kavala à Andrinople. — Littoral de la mer Égée, et coupes à travers le massif du Rhodope. — G. Retour d'Andrinople à Constantinople. — Tékir Dagh, et chaîne côtière.

A. — Route de Constantinople à Enos. — Littoral de la mer de Marmara et de la mer Égée.

1*. Course à Béchiktach.

Une nouvelle tranchée, presque en face du palais d'hiver que le sultan fait construire sur le bord du Bosphore, a mis à découvert un pointement de roche éruptive

Fig. 1.

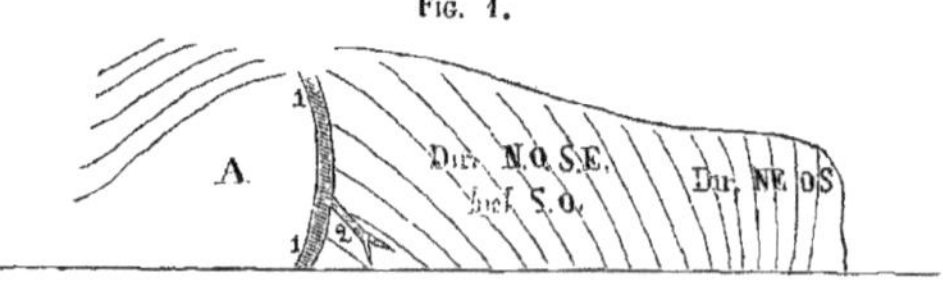

A. Pointement de roche éruptive.
1. Salbande altérée. 2. Filon de quartz.

au milieu du terrain ancien. Elle se trouve à gauche de la route qui conduit de Péra à Béchiktach, et presque au pied de la colline où se trouve le grand *champ des morts* (fig. 1).

La roche éruptive renferme une immense quantité de cristaux noirs, de pyroxène (?), enveloppés dans une pâte d'un gris bleuâtre, ou gris ardoise.

Les roches sédimentaires sont des grauwackes grossières et des grauwackes schisteuses, et en couches subordonnées des schistes argileux gris. Un filon de quartz carié et contenant de l'oxyde de fer argileux se rattache à la salbande.

En retournant à Péra par la route ordinaire qui passe par le grand champ des Morts, on trouve (en gravissant la côte, et avant d'arriver à une caserne construite sur le penchant de la colline) des couches verticales de grauwacke qui se dirigent N. E. S. O., comme celles qui se trouvent à l'extrémité de la tranchée la plus voisine de la mer.

2°. Course dans la petite vallée dont les eaux s'écoulent dans le port de Constantinople et débouchent près de l'arsenal de la marine.

Les roches sédimentaires sont des grauwackes schisteuses ou grossières, des quartzites et quelques couches subordonnées de schistes argileux.

Les directions des grauwackes en dehors des maisons sont N. E., pl. vertical; et N. 80° E., pl. N. 10° O. En face, dans un ravin qui remonte vers l'École de marine, la direction des grauwackes est N. 60° E.; pl. N. 30° O. Des grès en couches solides se montrent au-dessus, intercalés dans les grauwackes.

En remontant le cours du ruisseau, dans le fond de son lit on trouve un escarpement formé par la tranche des couches, qui se composent de grauwackes schisteuses, de grès et de schistes argileux subordonnés, se dirigeant N. 30° E., et plongeant à l'O. 30° N. Dans cet endroit une roche grenue, qui a l'apparence d'un grès, se comporte à la manière d'une roche éruptive. Les couches de grès sont imprégnées de petits filons siliceux (fig. 2).

Fig. 2.

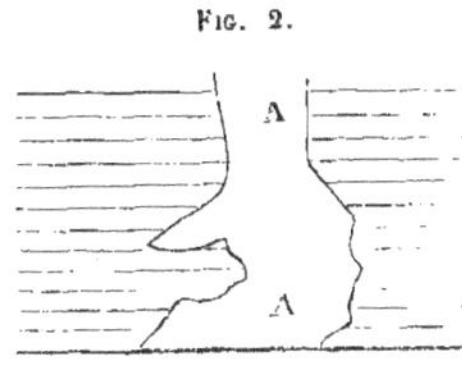

A. Roche grenue se décomposant en boules.

En continuant à remonter le cours du ruisseau, on voit les rochers conserver les mêmes direction et plongement. Le lit du ruisseau est très-encaissé. Il est bordé, d'un côté (à gauche) par la tranche, de l'autre par le plan des couches, dont l'inclinaison varie de 30 à 60°. On y voit, en un point, une grande surface mise à nu de grauwackes siliceuses, mélangées de schistes argileux, très-glissante, et dont les altérations rappellent la serpentine.

A la bifurcation de deux ravins qui forment les sources principales du ruisseau, on trouve une calotte de roche éruptive (fig. 3), semblable à celle de Béchiktach; mais pour voir cette roche, il faut descendre au fond du ravin, sans cela elle échappe aux regards. A son contact sont des grès, imprégnés de filets siliceux verticaux et dans tous les sens. Les couches conservent dans cette localité la direction N. 30° E. et le plongement O. 30° N., qu'elles avaient à l'endroit de la coupe précédente.

Fig. 3.

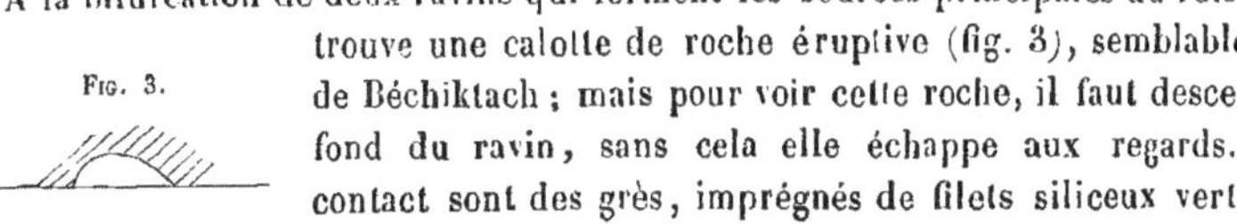

3°. Course à la vallée des eaux douces d'Europe.

Nous sommes sorti en suivant de loin le rivage du port; puis, traversant une colline qui supporte un cimetière, nous avons trouvé, 10 minutes avant Has Keui (ou Kas Keui), des grauwackes schisteuses et grossières, dirigées N. 80° O., plongeant S. 10° O.

En gravissant la colline de Haskeui, village habité par des Juifs, nous avons vu des grauwackes imprégnées d'oxyde de fer. Après avoir traversé le cimetière des Juifs, nous sommes descendu dans la vallée des eaux douces. Au bas de la côte, observant des changements de direction, nous avons trouvé :

Fig. 4.

Cimetière juif.

gg. Grauwacke. *ff.* Oxyde de fer.

1re dir. . . . . N. O. S. E.; pl. S. O.
2°. . . . . N. 45° E. — S. 45° O.
3° . . . . N. 80° E. — S. 80° O.

La direction trouvée en premier lieu (N. 80° O.) équivaut à la direction N. 100° E.; pl. S. 100° O. Il y a donc des changements notables.

Fig. 5.

Les directions 2° et 3°, représentées par un plan, offrent la forme de la figure 5. On voit qu'il y a là un plissement qui s'est opéré dans le sens vertical, et que nous supposons avoir dû s'opérer de la manière suivante, par suite d'une pression latérale exercée dans un sens vertical. Nous verrons plus loin un plissement dans le sens horizontal (fig. 6).

Fig. 6.

A peu de distance de là (4 à 5 minutes) sont des briqueteries et des tuileries; mais il en existe un plus grand nombre sur la rive opposée (rive droite). On emploie les alluvions de la vallée, composées des détritus remaniés de grauwackes grès et schistes.

Un peu plus loin, en remontant la vallée, grauwackes schisteuses dirigées N. 45° E., plongeant S. 45° E. Cette roche, exploitée, est très-ferrugineuse et s'altère facilement à l'air. Les surfaces des couches, découvertes par la carrière à ciel ouvert, sont quelquefois recouvertes de croûtes minces rougeâtres. La roche contient beaucoup de pyrite de fer.

Après avoir dépassé le premier pavillon du sultan, nous avons remonté une vallée latérale qui prend naissance au petit plateau qui sert de séparation entre la vallée principale (des eaux douces) et celle du ruisseau de la course précédente. Arrivé au pied de la côte, grauwacke schisteuse, dirigée N. 45° E., et plongeant S. 45° E. Plus haut, près d'un filon de quartz blanc laiteux, N. 25° E. Au sommet, grauwacke très-grossière. En descendant, N. 80° E.

Au bas de la descente, dans un ravin latéral qui débouche dans le sillon d'où coule un filet d'eau tributaire du ruisseau de la course précédente, nous avons vu la disposition suivante (fig. 7) :

Ainsi les couches ont éprouvé, comme nous l'avons annoncé plus haut, des plissements horizontaux. On doit donc s'attendre à trouver aux environs de Constantinople la répétition des mêmes couches. En descendant le sillon, nous sommes arrivé à la vallée principale de la course précédente, et nous avons vu, à la jonction, des carrières, exploitées pour la construction, de schiste calcarifère noirâtre très-riche en pyrites de fer. Nous sommes revenu par la caserne du grand champ des Morts. Dans le sillon qu'il faut passer pour y arriver, on trouve des couches de grauwacke très-grossière, quelquefois poudingiformes, alternant avec de la grauwacke ordinaire.

Fig. 7.

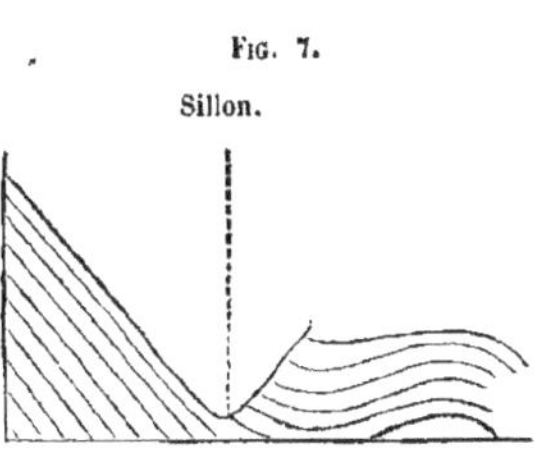

4°. Course à Eyoub.

En dehors des habitations, en face des briqueteries vues la veille, escarpement de schiste calcarifère gris noirâtre, avec veinules de pyrite de fer; dir. N. 10° E., pl. presque vertical à l'O. 10° N. Au sommet, poudingue à fragments arrondis de quartz, calcaire, schiste, grauwacke, pyrite de fer. Cette roche est profondément altérée. En descendant au village, on voit ce poudingue intercalé dans le terrain de transition.

5° (1). De Constantinople à Kutchuk Tchekmedjé.

Le terrain paraît se composer principalement de calcaire. A la montée de la caserne de Daoud Pacha, marnes argileuses. Après le pont à cinq arches, qui précède la côte de Kutchuk Tchekmedjé, en montant la côte on trouve un calcaire fibreux.

Coupe de la descente à Buyuk-Tchekmedjé et Kutchuk-Tchekmedjé (fig. 8).

Le calcaire compacte qui constitue la moitié supérieure de la colline se subdivise en couches de 2 à 20 centimètres. Il présente quelquefois la structure tuberculeuse, rarement la structure cariée. La partie inférieure de ce calcaire (A) contient des fossiles univalves : vers la partie moyenne (B) il contient des moules intérieurs de coquilles bivalves dont le têt a disparu. Des lits de 2 à 4 centimètres recouvrent accidentellement ces couches de calcaire, et présentent la structure fibreuse. Ces lits sont ordinaire-

Fig. 8.

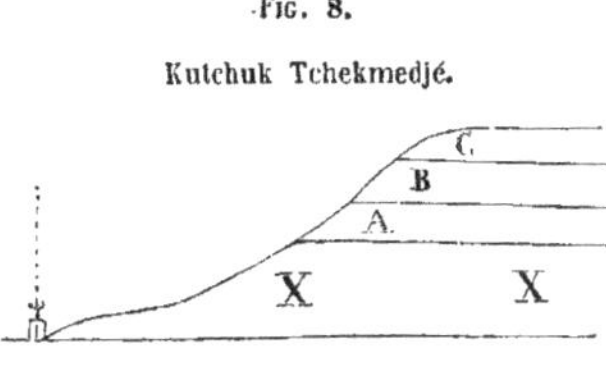

X. Partie du terrain cachée par la culture.

ment associés deux à deux, et les fibres sont perpendiculaires au plan des couches (fig. 9). Quelquefois la surface du calcaire fibreux est recouverte de tubercules, dont les fibres rayonnent du centre, ou seulement du plan de la couche, à la circonférence du rognon. La partie supérieure est un calcaire friable dans lequel on retrouve aussi la texture fibreuse.

Fig. 9.

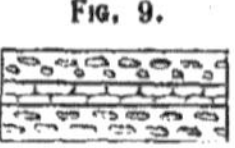

6* (2). De Kutchuk Tchekmedjé à Buyuk-Tcheckmedjé.

Des sables forment au delà du pont une jetée naturelle, qui sépare les eaux de la lagune de celles de la mer. Au bas de la côte de la rive occidentale de la lagune on trouve la coupe suivante (fig. 10) :

Fig. 10.

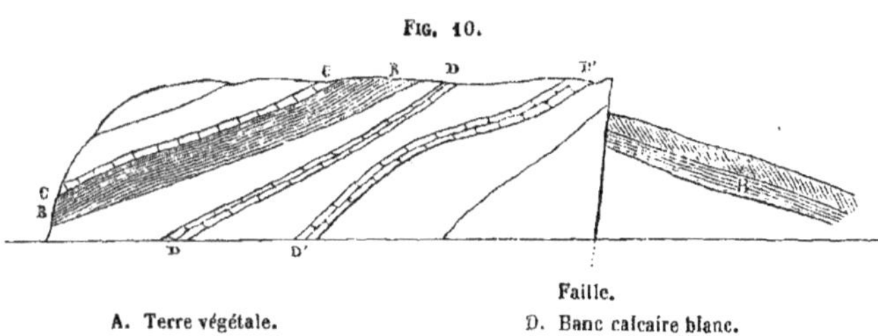

Faille.

A. Terre végétale.
B. Argile verdâtre avec lignite.
C. Banc calcaire.
D. Banc calcaire blanc.
D'. Banc calcaire blanc.

Les roches visibles dans le trajet sont des calcaires, des couches argileuses ou friables, des cailloux roulés, et surtout de très-gros cailloux. Avant d'arriver au sommet du côteau de Buyuk-Tchekmedjé, la coupe suivante, prise à la descente ver cette petite ville, donnera l'explication de ces généralités (fig. 11).

Fig. 11.

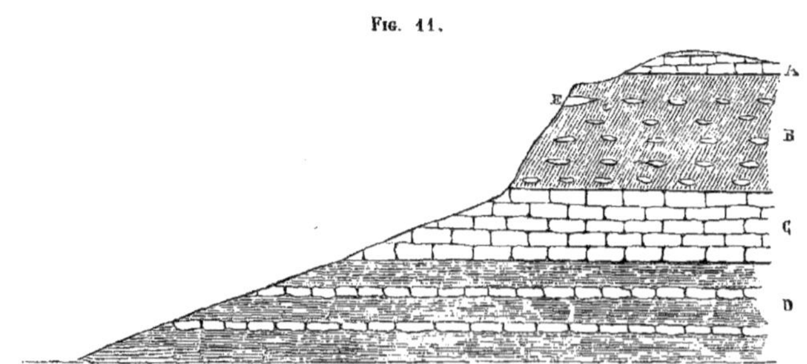

A. Calcaire. — B. Conglomérat. — C. Calcaire argileux friable. — D. Grès friables avec des bancs de grès solides et de calcaires. — E. Petite couche d'argile marneuse.

Le calcaire est friable à sa partie inférieure, mais il est compacte sur les proéminences du plateau.

Le conglomérat, ordinairement avec ciment rare, forme un escarpement. Il contient, vers le tiers de la hauteur, des cailloux gros comme la tête de roches quartzeuses. On y remarque des roches feldspathiques, et parmi ces dernières, nous avons cru reconnaître des trachytes (?).

Le calcaire argileux est friable et se décompose en boules. On ne voit pas sa superposition. Mais plus bas on trouve des sables, parmi lesquels des bancs sont solides, et forment des grès à grains fins et même des conglomérats. Ces mollasses se composent des mêmes éléments que le conglomérat supérieur; mais elles renferment des lits de calcaire.

A l'extrémité de la partie orientale du golfe, le signal planté par les Russes est construit sur un calcaire coquillier appartenant à cette partie de la coupe. Les grès se montrent jusqu'aux bords de la mer, et renferment des plaques de silex blanc, qui prennent par leur exposition à l'air l'apparence de bois silicifiés.

Les mêmes sables et grès se trouvent sur la rive occidentale du golfe de Buyuk-Tchekmedjé. Ils renferment une foule de coquilles univalves, et vers le haut du plateau des congéries. Les couches, parfaitement régulières, présentent des puits qui les coupent et qui sont remplis, tantôt de grès en couches verticales comme un filon, tantôt de deux salbandes calcaires : le milieu est rempli de grès, ou d'un mélange de sable et de rognons calcaires. Ces grès, ordinairement friables, contiennent aussi des lits de cailloux (fig. 12).

Fig. 12.

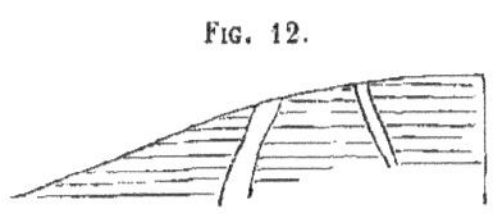

7* (3). De Buyuk-Tchekmedjé à Silivri.

Aux environs de Plivatès, les grès inférieurs sont généralement plus grossiers qu'à Buyuk-Tchekmedjé, et souvent inclinés de 25 à 30° au N. Leur direction est E. O., et par conséquent à peu près parallèle à la direction de la côte.

En descendant à Silivri, on trouve, à 5 minutes avant d'arriver au village, des rognons aplatis, cimentés à un grès très-dur, et formant des couches dans les sables. Ils renferment des empreintes charbonneuses de plantes. Au-dessus reposent des couches de grès mollasse renfermant des bivalves et des univalves très-bien conservées, notamment des congéries dont les deux valves sont réunies.

8* (4). De Silivri à Érékli.

Les dérangements des couches sont très-sensibles à Eski-Érékli. En montant, on trouve des grès grossiers (mollasses) qui subissent une altération à l'air, et prennent des formes arrondies. Au delà du hameau, les couches sont schistoïdes, à grain fin, et verticales. Un peu plus loin, les grès schistoïdes plongent dans

Fig. 13.

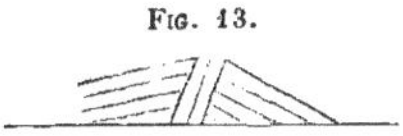

le sens opposé. En montant, les couches plongent au N. et au N. E., direction E. O. et N. O. S. E. (fig. 13).

Les grès de la péninsule d'Érékli supportent des ruines antiques. Ils plongent au N., et se dirigent E. O. Ils forment généralement des bancs épais, entre lesquels on distingue aussi des lits de 2 à 3 centimètres. Sur le bord de la mer, les grès présentent un escarpement coupé à pic, dans lequel on voit les bancs épais se décomposer en boules, en rognons, en demi-sphères (fig. 14). Les surfaces sont souvent criblées de trous, ce qui leur donne de loin l'apparence d'éponges gigantesques.

FIG. 14.

Les grès existent aussi à la pointe de Kara Bournou. On voit ceux de la ville plonger au N. O., dans la baie, et en face sur le rivage opposé. Ces derniers sont recouverts, en stratifications discordantes, par les faluns récents (fig. 15 et 16).

FIG. 15.

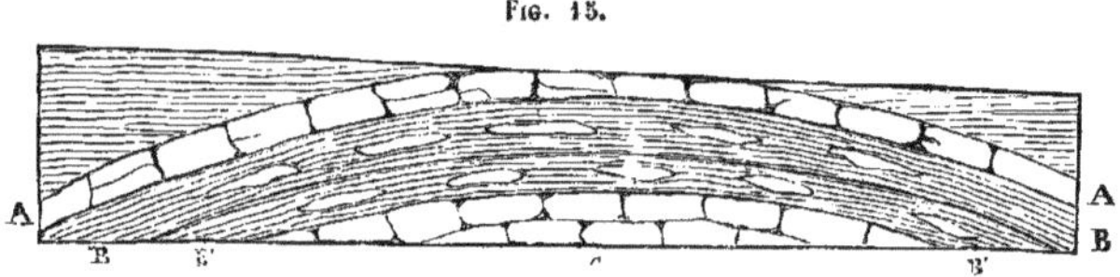

A. Bancs de grès. — B. Argiles et grès feuilletés. — C. Bancs épais de grès.

FIG. 16.

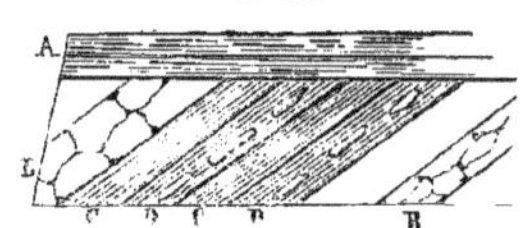

A. Faluns. — B. Bancs de grès. — C. Argiles. — D. Grès feuilletés.

9* (6). D'Érékli à Tchorlou.

Les calcaires à *Congeria* sont, dit-on, dans la plaine au N. d'Érékli ; nous n'avons pu les trouver. On en transporte jusqu'à Turkmenli. Ils doivent être intercalés dans les grès, et correspondre aux couches de grès, si riches en congéries, de Silivri. Dans la plaine, nous avons vu des grès, des argiles et des marnes, et des cailloux qui annoncent un banc poudingiforme. Les ravins de Turkmenli laissent voir des grès, des argiles, marnes et poudingues plongeant au N.

A Pachala (Tchiflik), grès plongeant E. N. E. Dans le ravin du ruisseau, grès mollasse à grain grossier et sables.

Depuis Érékli jusqu'à Tchorlou, tout le sol est sablonneux et aride. De temps en temps la marne colore le sol en blanc.

Tchorlou est construit en basalte, qu'on va prendre à 1 heure de distance, sur la route de Rodosto.

10* (7). De Tchorlou à Rodosto (en turc, Tékir Dagh).

En se rendant au têpê (pointe) que forme le basalte à une heure de Tchorlou, on marche sur les sables, argiles sableuses et marnes argileuses qui se voient dans le ravin de Tchorlou.

Le têpê forme un monticule isolé dont la base est arrosée, d'un côté, par l'eau du vallon où s'écoule la fontaine de Tchorlou; de l'autre côté, ce têpê donne naissance : 1° à un affluent du Tchiaproudjé; 2° au ruisseau de Kaza Oglou, qui se jette dans la mer à 1 heure de Rodosto.

Le têpê présente une forme allongée à pentes abruptes, quelquefois escarpées près du sommet, et couronnées par un plateau cultivé, légèrement ondulé, dont l'axe le plus petit se parcourt en 7 ou 8 minutes, et dont le grand axe demande 20 minutes au moins. Quelques ravins gazonnés en descendent. Plus bas, on trouve une apparence cratériforme, ouverte au S. 20° O. Le basalte forme la partie supérieure de cette ouverture, et au-dessous se trouve un conglomérat basaltique. Le basalte est très-compacte; les parties les plus voisines de la surface sont amygdalaires, comme le basalte de Gergovie, et contiennent du carbonate de chaux. Le conglomérat renferme des fragments de basalte et d'argile cuite. Le sol est jonché de quelques blocs de basalte scoriacé, d'argile calcarifère et de grès calcarifère ou marneux, qui paraissent avoir subi l'action du feu. Les fragments sont d'une ténacité remarquable, souvent imprégnés de peroxyde de fer à surfaces fendillées par le retrait. Nous avons cherché vainement pendant deux heures le point de contact du terrain tertiaire; partout il est caché par la végétation.

Le basalte est certainement postérieur au terrain tertiaire. Les fragments de roches calcarifères ont été chauffés. Dans le voisinage, nous n'avons remarqué aucune roche tenace, mais seulement des roches meubles.

Les vallons à base de cône allongé sont recouverts d'un sol noirâtre qui paraît très-épais et formé des détritus basaltiques; mais nulle part nous n'avons vu de cendres scorifiées.

A une heure de marche du têpê, grès fins plongeant au N. E. Plus haut, argiles marneuses et calcarifères : le même sol se voit jusqu'à Karêoli. Au delà, plateau sablonneux cultivé. Les coteaux que la route traverse, depuis la vallée de Kaza Oglou jusqu'à un quart d'heure de Rodosto, présentent à plusieurs reprises la coupe suivante (fig. 17) :

Fig. 17.

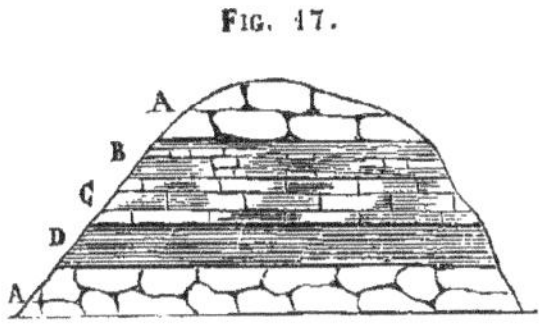

A. Grès. — B. Argile calcarifère. — C. Calcaire argileux. — D. Argiles.

1° Grès; 2° argile calcarifère, contenant des coquilles univalves; 3° calcaire argileux et grès fins schistoïdes; 4° alternance de ces numéros 2 et 3; 5° argiles calcarifères; 6° grès.

En approchant de Rodosto, on trouve, sous ces roches, une alternance de couches, généralement meubles, de grès et d'argile sableuse ou calcarifère. Ces couches plongent au N. E., à une demi-heure après Kaza Oglou.

11* (9). De Rodosto à Achiklar.

Sur le bord de la mer, à la sortie de la ville, grès tertiaire, quelquefois grossier, renfermant des bivalves. Il forme des couches solides, employées comme dalles, et qui ont une légère inclinaison vers la mer.

La colline qu'on rencontre à trois quarts d'heure de la mer, cultivée en vignes, arbres fruitiers et céréales, constitue une ramification qui rattache les montagnes d'Achiklar aux plateaux de Tchorlou, etc. On y trouve (fig. 18) :

Fig. 18.

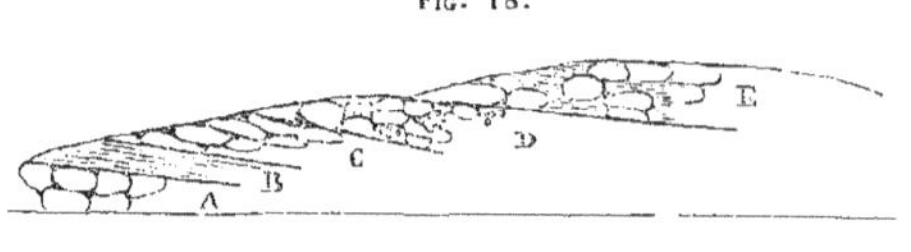

A. Grès dur. C. Grès tendre
B. Argiles. D. Grès poudingiforme alternant.
E. Grès. Quelques bancs s'altèrent et forment des protubérances.

Dans les ravins on observe une masse puissante de roches argilo-sableuses.

Cette colline forme un plateau coupé par un vallon à Banados. Les mêmes roches se montrent, à plusieurs reprises, avant et après ce village.

A Naïpkeui, les grès se trouvent encore avec le même *facies*. En se rendant de ce village à Achiklar, ce sont toujours des grès mollasses, en couches et en bancs solides alternant avec des grès schistoïdes et des couches argilo-sableuses ou argilo-calcaires. Impressions de plantes dans les grès schistoïdes.

Au bas de la côte d'Achiklar, grès et argiles schistoïdes, bancs de grès, argiles et grès dont le plongement est au N.

Plus haut on trouve les mêmes couches (fig. 19), plongeant en sens inverse ; et par-dessus, des grès (mollasse), des bancs de grès durs, et une puissante couche d'argile gris bleuâtre, qui se reconnaît à sa couleur. Plus bas dans la vallée, et recouvrant les couches plongeant au N., cette couche argileuse se dessine à l'œil dans tous les ravins qui descendent du contre-fort sur lequel est construit le village d'Achiklar. On la voit, en montant, s'arquer et former à peu près la partie supérieure du contre-fort. La direction générale est O. E., ou O. 10° N.

En montant au Bakatsak, on trouve des grès schistoïdes, des grès et des argiles, et parmi les débris qui jonchent la route des grès avec les coquilles bivalves de Rodosto, et des grès imprèssionnés semblables à ceux qui recouvrent l'argile bleuâtre avant la montée d'Achiklar. Ainsi le terrain tertiaire existe positivement dans ces montagnes.

En continuant à s'élever, on trouve toujours des grès, tantôt en bancs, tantôt en

FIG. 19.

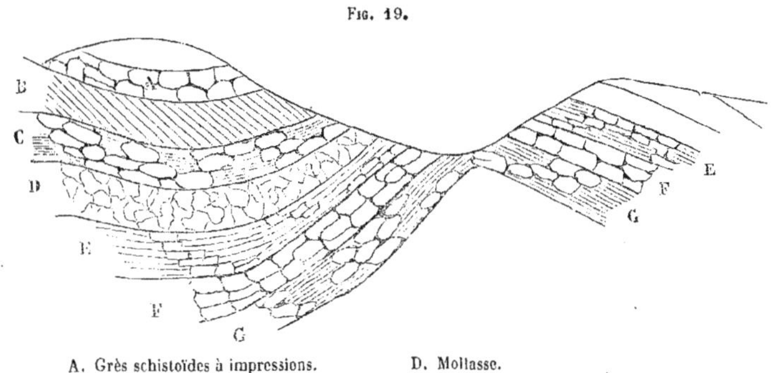

A. Grès schistoïdes à impressions.
B. Argile gris bleuâtre.
C. Grès dur.
D. Mollasse.
E. Grès et argiles schisteuses. Impressions de plantes.
F. Bancs de grès.
G. Argiles et grès.

plaques minces, et associés à des roches argilo-sableuses ou argilo-calcaires. Parmi les grès, il y en a qui rappellent les grès de transition.

12* (11). D'Achiklar à Kanos.

Remonter la vallée ; 5 minutes après, et au delà d'un tournant, on voit à trois reprises les couches présenter dans le lit du torrent la disposition suivante (fig. 20). Plus loin on voit comme dans la figure 21, et en effet depuis ce point jusqu'à Iéni Keui la pente est tantôt N., tantôt S., et souvent verticale.

FIG. 20. FIG. 21.

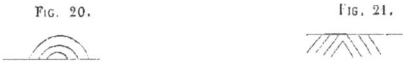

Nous avons trouvé, après le contournement indiqué ci-dessus (fig. 20), la direction O. 20° N., que nous avons fréquemment observée, et trouvée presque constante.

Au col d'Iéni Keui se trouve un point de partage des eaux, qui coulent d'un côté à la mer, où l'on peut descendre en moins d'une heure, et de l'autre à la vallée de Naïp Keui. Là, les couches sont contournées et présentent la direction N. S., puis O. 20° N. Les roches changent d'aspect : au lieu de cette couleur blanchâtre que présentent les surfaces altérées des grès (mollasse), ou gris clair des couches schistoïdes, on est frappé du ton jaunâtre des surfaces altérées de ces couches ; on dirait un changement de terrain, et cependant ce sont toujours des grès et des couches schistoïdes.

En descendant le long de l'arête qui sépare un affluent de l'Outsmak Dèrè d'un ravin allant à la mer, nous avons trouvé : dir. O. 15° N., pl. N. 15° E. à dir. 20° N. pl. N. 20° E.

Dans le ruisseau, roches qui ressemblent aux roches de transition.

En montant au col de Kangalia, travertin près d'une fontaine dont l'eau ne dépose plus. Les couches se dirigent E. O. Plus loin, grès avec impressions de plantes, N. E. S. O.

On voit Kanos au S. 30° O., du haut du col.

Les couches présentent la tranche à la mer, ce qui produit des pentes escarpées et très-rapides.

En descendant, roche avec cristaux blancs, semblable à celle des environs de Constantinople : elle contient des parties cristallines, semblables au péridot. Elle paraît stratifiée, et forme un accident des grès; quelquefois elle semble jouer le rôle de roche éruptive et envoyer des filons : nous avions fait la même observation à Constantinople. Les roches schisteuses sont moins noires, certains grès sont avec cristaux.

Dans le torrent de Kangalia, roche bleuâtre, comme à Constantinople.

13*. Environs de Kanos.

Le village de Kanos est construit sur le sommet et sur la pente d'un monticule composé, à sa base, de grès plus ou moins fin, ou plus ou moins grossier, quelquefois contenant des cailloux, et cimenté par du calcaire. Il renferme des huîtres et des coquilles de l'époque actuelle (fig. 22).

Fig. 22.

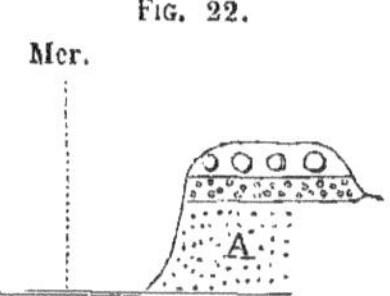

A. Sables et conglomérat.

Au-dessus, lit de cailloux roulés de moyenne grosseur, venus du terrain de transition des montagnes voisines, et plus haut un banc de cailloux plus gros. On voit que le rivage de la mer actuelle a subi un exhaussement depuis ce dépôt.

Au delà du rivage, le sol est jonché de débris du terrain de transition, amenés des montagnes par les torrents : leur lit actuel est creusé dans des sillons au milieu de ce terrain de transport, sillons qui mettent en vue une coupe de 50 pieds environ d'épaisseur.

En se dirigeant vers Milio, on trouve des sables. — Milio est construit sur le bord d'un ruisseau qui descend des montagnes. Les couches se composent des mêmes roches de transition vues sur la route précédente (grauwacke schisteuse, grauwacke mouchetée de cristaux blancs de feldspath, quartzite et roche feldspathique altérée avec cristaux blancs de feldspath empâtant des fragments de grauwacke schisteuse, etc.). Il y a plusieurs variétés. Cette roche est stratifiée, malgré son aspect de roche éruptive.

La quartzite est en bancs épais, subdivisés en couches fendillées, se cassant en forme pseudo-régulière. Ces roches renferment des impressions charbonneuses de plantes indistinctes.

Des filons ocreux de quartzite coupent verticalement les couches, et altèrent les couches voisines, surtout les grauwackes schisteuses, qui se solidifient. Une brèche s'est formée au contact du filon. — Près du filon, on remarque une faille ou glissement, qui a changé le niveau respectif des couches.

La direction est O. 20 N.

Relevé des directions entre Achiklar et Kanos.

Montée d'Achiklar.	O. 10° N. O. 45° N. O. 20° N.
Mont Bakatsak.	O. 10° N.
Vallée d'Iénikeui	O. 20° N.
Iénikeui.	N. S.
Plus loin, contournement.	O. 20° N.
Col de Tchélébi.	N. E. N. 50° E. E. 20° N.
Ravin de Milio	O. 20° N.

La direction constante est donc O. 20° N., par Achiklar, Milio et la vallée d'Iénikeui.

C'est seulement la partie qui borde la mer, entre Iénikeui et Ardim, qui prend la direction N. E., ou environ.

14* (12, 13). De Kanos à Kavak.

Charkeui. Sables, quelquefois argileux et calcarifères, avec huîtres. Galets au-dessous.

Colline à droite. Monastère sur la colline. Sables, argiles rougeâtres, marnes et lits de calcaire argileux subordonnés. Couches un peu inclinées. Plus loin, 25 à 30° d'inclinaison.

Torrent à sec, qui entraîne des cailloux roulés d'un calcaire très-compacte, avec veines de chaux carbonatée (probablement crétacée).

Arapli, à droite. Calcaire lumachelle : dir. E. O., pl. N. Bivalves alternant avec argiles mélangées de sable et avec les mêmes fossiles.

Ereklitza (ou en turc Éréklidja). Les couches argileuses rouges, vues sur le bord de la mer, sous le monastère, forment un point élevé qui domine le pays, à droite. Cette sommité a les pentes couvertes de broussailles ou de gazon : les ravins et les pentes rapides sont dénudés et laissent voir la couleur de la roche.

Après avoir quitté le bord de la mer, laissant Arapli à droite, on trouve un calcaire argileux, en lits minces redressés.

Charkeui (ou Péristéri). Basalte ou diorite noir dans le pavé de Charkeui.

Tchiflik d'Iadjili. Grès argileux schistoïdes : dir., N. E. S. O.; pl. N. O.; incl., 45°. Au-dessus, terrain de sables et galets récent.

Côte à monter pour traverser la péninsule. Terrain sec et sablonneux. La côte et les ravins mettent à découvert des blocs anguleux, à bords arrondis, de diorite très-tenace, empâtés dans un calcaire marneux : le sol, gazonné, en est jonché. Le point de sortie de cette roche éruptive n'est donc pas éloigné.

Laissant à droite le tchiflik de Kodjali, on trouve, sur la base de la crête, quelques couches de calcaire très-compacte mélangé de quartz verdâtre. Quelques couches de grès font saillie de loin en loin et sont encroûtées du dépôt récent de calcaire marneux contenant des blocs de la roche noire feldspathique déjà mentionnée.

Dir., N. E.; pl. N. O.

La crête de séparation est formée de calcaire à nummulites très-compacte, à 5 minutes du tchiflik Bouroun Oren (ou Bournéri, en grec).

Marche à l'O., un peu N. On traverse un ravin principal qui débouche dans la mer de Marmara. Là, on trouve des couches de grès gris, alternant avec des couches argileuses dont la direction est N. 50° E.; pl., O. 50° N.

Près du tchiflik Bouroun Oren on trouve aussi des argiles rouges et des grès.

Nota. — Ces impressions de plantes charbonneuses, qui sont si abondantes dans les grès évidemment tertiaires de Silivri, etc., dans ceux d'Achiklar, de Milio et de Kanos, qui paraissent être de transition, nous ont engagé à nous arrêter pour étudier ces grès divers et tâcher de les distinguer.

15*. Course à Aximil, et retour, en nous dirigeant vers Bournéri Tchiflik pour remonter un ravin qui coupe les couches de grès dirigées N. E.

1° En suivant la route sur le plateau qui conduit à Aximil, nous avons trouvé des couches dirigées E. O.; pl., N., et quelques pas plus loin, O. 20° N.; pl., N. 20° E.

Aximil est construit à la base d'une butte composée de terrain de transition qui met à découvert les roches suivantes (fig. 23 et 24):

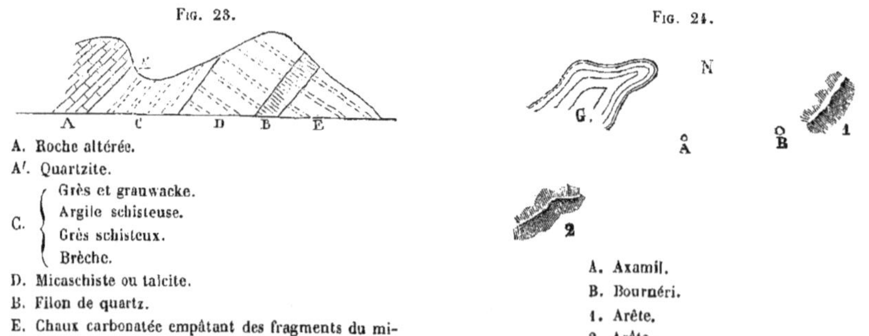

Fig. 23.

A. Roche altérée.
A'. Quartzite.
C. { Grès et grauwacke. Argile schisteuse. Grès schisteux. Brèche.
D. Micaschiste ou talcite.
B. Filon de quartz.
E. Chaux carbonatée empâtant des fragments du micaschiste.

Fig. 24.

A. Axamil.
B. Bournéri.
1. Arête.
2. Arête.

Le contact de ces roches anciennes avec les grès du plateau n'est pas visible.

Les grès ont une apparence tertiaire. Ils forment des bancs épais, quelquefois très-tenaces, quelquefois friables ou sableux. Ils alternent avec des couches d'argile rouge, rares, et d'argiles mélangées. Nous n'avons pas pu y découvrir des fossiles.

Nous n'avons pu retrouver le point du ravin principal qui coupe les grès, et que nous avions traversé la veille; mais nous avons vu un autre point qui nous avait frappé alors, où les argiles rouges verticales sont intercalées dans les grès. Nous avons ramassé quelques débris de coquilles marines sur les grès sableux. Bien que nous fussions obligé de les détacher avec le marteau, nous ne répondrions pas qu'ils ne vinssent de la couche de terre végétale, et qu'elles n'eussent ensuite été entraînées et soudées par la pluie.

En retournant vers Kavak, nous avons revu le calcaire d'eau douce schisteux, vu la veille, dont les couches, inclinées de 15 à 20°, plongent au N. 25° E., et se dirigent O. 25° N. : toutefois nous avons peu de confiance dans cette direction, que nous avons relevée en un seul point sur l'affleurement peu saillant de ces calcaires, tandis que nous avons relevé en vingt endroits différents la direction des grès, que nous avons constamment trouvée oscillant autour du N. E., à quelques degrés près, et plongeant au N. O.

Plus loin les grès reviennent, puis sur le point le plus élevé du plateau le calcaire d'eau douce : ce calcaire serait-il seulement superposé, et non enclavé dans les grès? Pressé par la nuit et égaré, nous n'avons pu éclaircir ce point. A la descente, les grès reparaissent. Dans un ravin, roche,altérée paraissant stratifiée : plus bas, grès feldspathiques avec coquilles bivalves enroulées. On trouve dans les constructions de Kavala des roches du terrain de transition qui ne doit pas être éloigné.

16* (13). De Kavak à Iénikeui.

Ravin. Argiles et cailloux roulés. Terre végétale sablonneuse. Grand ravin qui précède Iénikeui. Alternance de sables, de grès et d'argiles rouges en couches très-inclinées.

En montant d'Iénikeui au Sérian Têpê, on voit d'abord des couches argileuses rouges sur des grès passant aux poudingues : ces derniers sont très-développés. Alternance de grès et d'argile : puis viennent les calcaires.

En descendant, nous avons pris la coupe suivante (fig. 25) :

Depuis le village d'Iénikeui jusqu'au sommet de la montagne, toutes ces roches conservent invariablement la direction N. E. et le plongement N. O. Nous devons dire cependant que le calcaire ne présente aucune trace de stratification ; mais il forme des saillies allongées du N. E. au S. O., et en descendant le long de ces axes on voit le calcaire à découvert. Ainsi il se prolonge bien, pour s'aligner avec d'autres escarpements semblables, qui se trouvent de l'autre côté du ravin. Cet alignement est N. E.

Faute de fossiles, nous ne voyons pas le moyen de séparer les grès et argiles rouges d'avec le calcaire à nummulites qui est recouvert en stratification concordante. Les couches de calcaire inférieures sont tellement altérées par les filets quartzeux et de

FIG. 25.

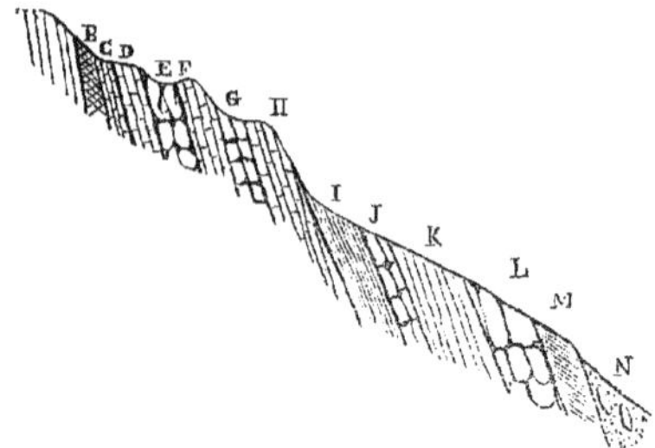

A. Talcschiste, quartzite.
B. Argile schisteuse rouge et verte, durcie.
C. Roche noire feldspathique.
D. Calcaire fendillé.
E. Grès, poudingue et argile schisteuse.
F. Calcaire fendillé.
G. Grès, etc.
H. Calcaire à nummulites.
I. Argile grise schisteuse et grès schisteux.
J. Grès en bancs.
K. Argile grise schisteuse et grès schisteux.
L. Grès en bancs passant aux poudingues.
M. Argile rouge.
N. Grès, sables et argiles rouges et vertes.

chaux carbonatée, que nous n'avons pu y reconnaître les nummulites, mais évidemment c'est le même calcaire.

17* (14). D'Iénikeui à Charkeui.

Traverser deux ravins. Au premier, contact du calcaire à nummulites et des grès. A quelques pas les couches, qui plongeaient au N. O., plongent au S. E., en sens inverse.

Plus loin, nous avons observé les directions suivantes :

Dir. O. 10° N.; pl. N. 10° E.
— E. 10° S.; — N.
— N. E.; — N. O.

Sur l'arête qui sépare les deux ravins nous avons vu des couches de grès presque horizontales et plongeant en sens inverse, dir. N. E.; puis les couches devenir verticales et se composer de grès et de poudingues souvent peu cohérents. Les cailloux, de la grosseur des deux poings au plus, se détachent et ferrent le sentier. Des argiles rouges alternent avec des grès.

Ces couches de grès, de sable, de poudingues et d'argile rouge sont très-développées. Dir., N. O.; pl., S. O.

Le plateau entre les deux ravins est recouvert d'un terrain sablonneux. Des grès en rognons ou bandes discontinues offrent des apparences de stratification dans tous les sens : E. 35° N., vertical, N. S., E. O., etc. Agglomérations produites par des infiltrations souvent ferrugineuses.

Dans un ravin, argile et sable argileux. Faible inclinaison. Plus loin, calcaire argileux très-compacte, schistoïde, très-tenace, en strates de 1 à 4 centimètres. Nous n'avons pu y découvrir les fossiles d'eau douce de Bournéri et d'Iénikeui. Les couches, peu apparentes, semblent se diriger E. 20° N.; pl., S. 20° E. (fig. 26).

Fig. 26.

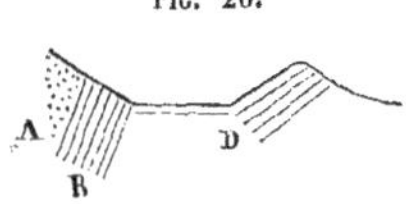

A. Sables et grès micacés.
B. Argiles avec gypse.
D. Calcaire et argile.

Départ de Charkeui. Revu les calcaires coquilliers, qui nous ont paru se diriger O. 20° N., plongeant N. 20° E.

Le ravin que nous suivions présente d'un côté les roches ci-dessus, dont la superposition n'est pas visible, et de l'autre côté une masse énorme de sable. Il y aurait donc là une faille, ou bien deux terrains en stratification discordante.

Nous entrons dans un autre ravin, au fond duquel se trouve l'argile verte, rouge, etc., inclinée et recouverte par une puissante masse de sable présentant une apparence de stratification, indiquée par des rognons disposés en bancs interrompus (fig. 27). Ces sables sont souvent des grès très-friables, sauf les rognons, qui ont de la solidité. La partie inférieure de ce dépôt arénacé, formé d'un grès grossier, est couverte d'efflorescences salines, amères. L'épaisseur de la couche imprégnée de sels varie de 1 à 3 mètres. Souvent les sables sont pénétrés de ciment calcaire qui produit, non-seulement une apparence de stratification, mais encore des espèces de filons ou rognons, inclinés ou verticaux.

Fig. 27.

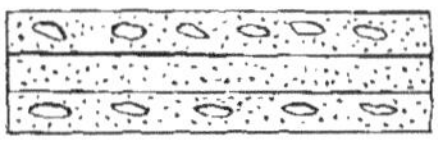

L'argile verdâtre contient des bancs de grès très-quartzeux, rougeâtre ou verdâtre. Dir., N. 20° O.; pl. vertical.

Il est à remarquer que les couches vertes se montrent presque partout au fond du ravin, et sont recouvertes de cailloux roulés, souvent très-gros. Dans un point où le ravin se resserre, les couches de grès et d'argile colorée forment les bords de cette espèce d'entonnoir, et sont recouverts d'une couche mince de sable et de grès; mais les sables et les grès se trouvent dans les parties plus basses du ravin et jusqu'au sommet du contre-fort.

Cette disposition nous fait admettre que les grès tuberculeux de cette localité sont en stratification discordante sur les argiles vertes et rouges. D'ailleurs, quand on considère, de cet endroit déjà élevé, les autres ravins, on voit les sables tuberculeux s'élever presque tout autour du mont Saint-Élie à une grande hauteur. Cependant tous les contre-forts qui forment les arêtes séparant les ravins ne sont pas recouverts de sables : il y en a qui par leur teinte rougeâtre annoncent qu'ils se composent d'argiles colorées, inférieures aux sables.

En continuant à monter, calcaire argileux très-compacte, intercalé dans des sables micacés. Dir., N. 20° O.; pl., O. Faible inclinaison.

Même calcaire : dir. N. E.; pl. S. E.

Les sables micacés montent jusqu'au sommet du contre-fort près de Stern. De là on se rend au village; et sous les couches de sables micacés et de grès arrivent les argiles vertes et rouges, accompagnées de grès.

Ces couches sont très-dérangées, quelquefois verticales, toutes peu inclinées. Nous allons revenir sur ce fait.

18*. Ascension au mont Saint-Élie.

Le sommet présente des escarpements, inaccessibles du côté du village, composés de calcaire à nummulites. Il faut gravir l'arête de la chaîne, de là tourner un peu le sommet, et monter sur le revers opposé, dont les pentes sont facilement accessibles.

Les eaux qui s'écoulent à l'E. N. E. se rendent à la mer de Marmara, dans le voisinage de Cora; celles du N. vont dans la rivière qui coule près de Kavak, dans le golfe de Saros ; les eaux du village de Stern vont au S. de Mériofto.

Le calcaire à nummulites plonge vers le village de Stern, et forme une espèce de calotte au point culminant (fig. 28 et 29).

Un sillon à fond arrondi sépare les escarpements du sommet, d'une petite crête

Fig. 28.

Face.

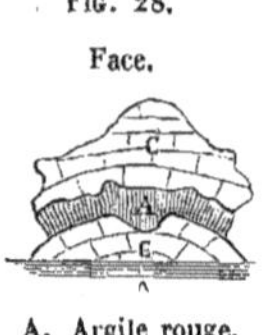

A. Argile rouge.
C. Calcaire.

Fig. 29.

Profil.

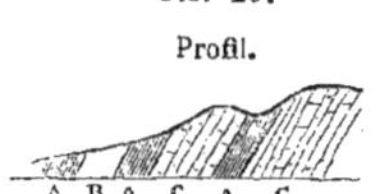

A. Argile rouge.
B. Brèche.
C. Calcaire.

calcaire composée d'une double pointe. Le calcaire de ce ressaut plonge fortement vers le village. Au pied de cet escarpement, ou pente très-abrupte, est un petit plateau argileux, terminé par un escarpement de calcaire à nummulites et poudingues; et au pied les argiles rouges, vertes et jaunes, sont en couches verticales.

Nous nous sommes demandé si les argiles rouges et vertes passaient bien réellement entre les couches calcaires, et par conséquent faisaient partie de ce dépôt; ou bien si elles ne s'étaient pas simplement déposées dans les dépressions du sol calcaire qu'elles auraient ainsi encroûté. Vues en descendant du sommet, les couches paraissent ainsi disposées (fig. 30) ; c'est-à-dire qu'on voit au loin, derrière le village, le calcaire très-incliné sembler devenir presque horizontal, et alterner avec les argiles.

Fig. 30.

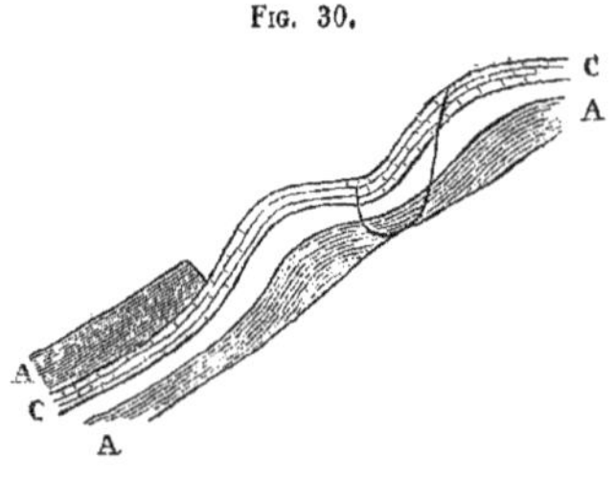

A. Argile rouge. C. Calcaire.

C'est pour tâcher d'éclaircir ce fait, que nous

avons visité plusieurs ravins, et notamment le grand ravin qui descend du côté opposé à celui par lequel nous étions monté, et près duquel nous avions passé en descendant.

Au lieu de prendre la route directe pour retourner à Kavak, nous contournâmes la montagne, en passant devant les escarpements calcaires; et, arrivé au ravin dont nous venons de parler, nous remontâmes vers son origine.

Il est, vers le point où nous l'abordâmes, composé de grès et d'argiles colorées. En remontant, nous avons trouvé un poudingue calcaire à nummulites, recouvert d'argiles vertes et rouges.

A la ramification de deux ravins, affleurement de couches *verticales* de grès, dirigés O. 10° à 15° N. C'est un grès très-tenace, accompagné de couches argileuses.

Dix pas plus loin, la même roche, en couches plus inclinées, alterne avec le calcaire. Nous avons trouvé des grès verdâtres contenant des serpules, des nummulites et une coquille turriculée.

Nous avons trouvé aussi des grès dirigés N. S.; pl. E.

Arrivé au calcaire, nous n'avons pu rien voir de décisif; la végétation et les éboulements cachent les points de contact.

En résumé, l'existence de grès verdâtres contenant des nummulites, et alternant avec des couches argileuses, nous engage à admettre que des argiles rouges et vertes font partie du système nummulitique, ce qui ne veut pas dire que la totalité des couches d'argiles rouges et vertes en font partie.

Les argiles rouges et vertes contiennent du gypse compacte en rognons, et des cristaux de gypse que les pluies entraînent dans les ravins.

En contournant la montagne pour rejoindre la route de Kavak, nous avons vérifié, dans quatre ou cinq endroits différents, la direction suivante, dans les grès en couches verticales qui constituent l'arête dont le mont Saint-Élie forme le point culminant : dir. O. 10° N.; pl. vertical.

Plus bas, dans la vallée, on voit les sables tuberculeux, et au-dessous les argiles rouges.

On suit pendant quelque temps le point de partage des eaux, ensuite on descend dans la vallée d'Iorldjuk. On trouve les sables et grès qui constituent le plateau de l'arête; et au-dessus les argiles rouges et vertes, qui constituent des couches d'un calcaire argileux compacte, d'un jaune rougeâtre, avec bivalves.

A Douvangéli, tchiflik situé à trois quarts d'heure d'Iorldjuk, on trouve une brèche serpentineuse, contenant des fragments de roches de transition et du calcaire.

Dix minutes plus loin, tchiflik Moustajep. Arrivée à Kavak, en passant par Iénikeui.

Relevé des directions observées.

DE KAVAK A CHARKEUI.

1° Sérian-Têpê, près d'Iénikeui	Dir. N. E.;	pl. N. E.
	— N. E.;	— en sens inverse.
2° A peu de distance d'Iénikeui	— O. 10° N.;	— N. 10° E.
	— E. 10° S.;	— N. 10° E.
	— N. E.;	— N. O.
3° Sur l'arête, couches presque horizontales	— N. E.;	— sens inverse.
4° Grès et poudingues	— N. O.;	— S. O.

DE CHARKEUI A STERN.

1° Près d'Eréklitza, calcaire coquillier	Dir. O. 20° N.;	pl. N.
2° Ravin vers le haut, argile verdâtre	— N. 20° O.;	— vertical.
3° Plus haut, calcaires argileux très-compactes	— N. 20° O.;	— O. 20° S.
4° Plus haut, calcaires argileux très-compactes	— N. E.;	— S. E.

MONT SAINT-ÉLIE.

1° Rencontre de deux ravins. Grès et argiles	Dir. O. 10° à 15° N.;	pl. vertical.
2° Grès	— N. S.;	— E.
3° Revers opposé de la montagne	— O. 10° N.;	— vertical.

Résumé des directions dominantes :

1° Environs d'Iénikeui. Direction dominante	Dir. N. E.;	pl. N. O.
2° Sur le revers opposé de l'arête qui conduit d'Iénikeui à Charkeui	— N. E.;	— S. E.
3° Environs de Stern	— O. 10° à 20° N.;	— S. ou vertical.
	— N. 20° O.;	— O. 20° S.

19* (15). De Kavak à Karadjali.

Kadikeui. Route en plaine, la mer à gauche.

Chadéli. Colline de grès presque horizontaux, formant l'extrémité du golfe.

Edjilhan. Grès : dir. E. 10° N.; pl. S. 10° E.; incl. 24°, formant la pointe en face des deux îles. Plus loin, même direction. Ces grès en bancs sont divisés en pavés énormes comme des constructions.

Karadjali, sur un coteau. Grès un peu argileux, jaunâtres. Des bancs de grès alternent avec des feuillets de grès schisteux et d'argile sableuse. Ces grès sont fissurés en losanges.

20*. De Karadjali à Fakirma, par la crique d'Ibridjè ou Xéro.

Les grès de Karadjali, avec leur *facies*, constituent la plus grande partie de la route jusqu'à Fakirma.

Ils ont, près du village, la direction E. 10° N. Leur inclinaison, de 20°, devient horizontale à 10 minutes, puis incline de nouveau. Ces plis sont très-fréquents sur la route.

Dans la vallée de Sazlou-Dèrè, dir. des grès, N. 30° E.; pl. S. 30° E.; incl. 50°.

Vallée de Maharis. Grès argileux et schisteux : dir. N. E.; pl. S. E., observés dans un ravin bien à découvert.

Près du village, cassure bien évidente dans les grès figurant des constructions. L'eau de la fontaine coule dans ce sillon naturel, qui a l'air d'être fait de main d'homme. 1° dir. N. E.; pl. S. E.; 2° dir. N. 30° O.; pl. O. 30° S.

Des argiles rouges et sables viennent au-dessus des grès schistoïdes qui recouvrent les grès en bancs, et sous ces grès sont aussi des argiles et des sables.

Les mêmes grès se trouvent au delà de Maharis, et forment encore de ces plans inclinés semblables à des constructions. Des argiles sableuses alternent avec les grès; pl. en sens inverse.

Ces grès doivent être supérieurs au calcaire à nummulites; mais la végétation empêche de voir le point de contact. Nous avons inutilement cherché un ravin pour éclaircir ce fait.

Le calcaire à nummulites constitue, à une demi-heure de Maharis, sur la route d'Ibridjè, une grosse protubérance ramifiée, présentant des escarpements dans diverses expositions, et une pente douce à sa liaison avec le plateau de grès. Il forme des bancs épais, presque horizontaux, qui nous ont paru avoir, au point où nous l'avons abordé, la dir. N. 10° E., et le pl. E. 10° S. Nous avons trouvé des nummulites, des pectens, des corps ronds et plats s'effeuillant comme les corps de Biarritz, et des corps composés de deux ou trois enveloppes, mais ne présentant pas de cloisons intérieures.

A la descente, il nous a été impossible de voir sur quoi repose le calcaire; seulement nous avons remarqué des argiles schisteuses grises et des grès très-grossiers à grains feldspathiques, semblables à ceux d'Iénikeui et de Kavak. Ensuite la forêt est plantée sur un sol composé de débris de terrain ancien en cailloux roulés. On ne sait si ce sont les couches de grès poudingiformes si remarquables qu'on trouve entre Iénikeui et Charkeui, ou bien la brèche serpentineuse qui s'est fait jour en cet endroit.

L'arête sur laquelle on marche conduit à une protubérance moins élevée que le calcaire, présentant la même composition que l'arête. Cependant des blocs de grès et des apparences de couches de grès sembleraient faire croire que les débris appartiennent aux grès poudingiformes.

En descendant de cette protubérance, on trouve de nouveau le calcaire à nummulites, et plus bas de l'argile rouge. On retrouve le calcaire à la rencontre de la grande route, et on le suit jusqu'à l'Échelle d'Ibridjé.

Départ de l'Échelle; reprendre la grande route; puis à une bifurcation prendre à gauche; traverser le plateau calcaire qui a été rencontré à la descente de la protubérance composée de grès et de cailloux roulés ; descendre dans une petite vallée du calcaire. Là on voit, de l'autre côté, des terres rougeâtres plus basses que le calcaire, et bientôt on traverse une petite colline dont la pente conduit en plaine. Le sol de cette colline est rouge comme l'autre côté où s'aperçoit le calcaire. Mais au lieu de se composer d'argiles schisteuses rougeâtres et même de schiste argileux rougeâtre dont on reconnaît la disposition stratiforme. Ces strates ne sont pas évidentes sur une étendue de plus d'un mètre, mais le fait se renouvelle trop souvent pour que ce ne soit pas une roche en place. Outre le schiste argileux, on trouve aussi des blocs de roches de transition, en immense quantité et très-variées.

Nous ne doutons pas un instant que le terrain de transition n'existe sous le calcaire à nummulites.

En trois quarts d'heure de marche on est sorti de ces collines de calcaire à nummulites et de terrain ancien. Le sol de la plaine paraît se composer de grès. Traverser une petite et basse colline : on aperçoit à quelque distance, et au niveau de la plaine, un calcaire blanc horizontal qui pourrait bien appartenir à un dépôt supérieur aux grès qui se trouvent à Fakirma, etc.

La colline qui précède le ravin de Fakirma se compose de grès schisteux horizontaux jusqu'au sommet. A la descente, on les voit plonger de 45°. Dir. N. E.; pl. S. E. En remontant à Fakirma, dir. N. E.; pl. N. O.

21* (18). De Fakirma au monastère Saint-Athanase.

Grès en plaques et rognons, et argiles jaune rougeâtre.

Colline de Tchélébi. Calcaire tendre à fossiles sur les grès argileux, comme à Fakirma. Marnes et argiles entre les deux.

Tchélébikeui. Calcaire incliné de 10° à 15° ; se dirige au N. O.; pl. N. E.

Descente. Grès schisteux.

Arnaoutkeui. La plaine est jonchée de débris de trachyte, de grès et de quartz résinoïde ou pyromaque provenant d'une couche intercalée dans les grès. En montant au monastère, on voit les débris siliceux en abondance et en blocs énormes sur le sol.

Les grès (dir. N. E.; pl. N. O.) prennent au contact du trachyte un aspect particulier : ils sont d'un blanc parfait, quelquefois souillés d'oxyde de fer et ferrugineux. Ils sont en bancs, et quelquefois schisteux : on les reconnaît pour ceux qui ont été suivis depuis plusieurs jours, mais on ne retrouve pas le calcaire qui les recouvre à Fakirma et Tchélébikeui.

Le monastère est construit sur le trachyte au contact des grès. A ce contact existe presque partout une terre argileuse qui paraît provenir de la roche trachytique broyée et altérée.

22* (18). Monastère Saint-Athanase.

Ravin à un quart d'heure du monastère. Les grès, mis à découvert, y sont presque horizontaux. Ils contiennent une couche composée de troncs et de branches d'arbres et de plantes silicifiées en partie. Quelques arbres sont encore à l'état de charbon. Coquilles d'eau douce. Cette couche, de 2 mètres d'épaisseur, se redresse tout à coup au contact du trachyte.

Montée au sommet de la montagne. De ce côté, les trachytes sont des porphyres trachytiques très-compactes. Sur le sol, on trouve des silex agatisés, des silex verts, d'autres à surface blanche altérée.

Plateau trachytique ondulé. En face, une autre crête séparée de celle du monastère par un ravin ou vallée. Les deux crêtes se joignent, et il existe entre elles une large dépression dont les eaux s'écoulent vers le S. Les formes plates et régulières en beaucoup de points de ces montagnes annoncent l'existence de coulées.

23* (18). Du monastère Saint-Athanase à Énos.

Contourner la pente de la montagne. Contre-fort qui descend dans la cavité intérieure du massif trachytique. Vallée principale. Trachyte rouge et domite blanche.

Monastère Scaloti. Argile schisteuse gris ardoise, comme du carton, avec impressions de plantes, feuilles, roseaux, coquilles d'eau douce. Au-dessus argile blanche schisteuse. Un petit escarpement met à découvert, un peu plus haut, une série de ces couches, et de plus des couches peu épaisses de bois pétrifié. Un peu plus loin, couche de bois pétrifié plus puissante, la même que celle du monastère Saint-Athanase. Argile au sommet.

Le monastère Saint-Athanase doit se trouver à peu près à l'E. 30° N.

Énos se voit à l'O. 30° N.

Amygdalia à 5 minutes à l'O. 45° N.

Le massif forme un îlot qui termine la petite chaîne côtière avec laquelle il s'unit par le terrain tertiaire qui vient jusqu'à la base et en adoucit les abords.

Trois coulées superposées et inclinées s'aperçoivent du côté du monastère Scaloti (escalier). C'est la domite qui le forme.

Le monastère Scaloti est à l'E. 15° N. d'Amygdalia.

Maestro est à 20 minutes d'Amygdalia. On quitte le pied des collines de trachyte, qui vient jusqu'au golfe.

Terrain récent jusqu'à Énos, sauf quelques buttes trachytiques basses à moitié chemin. Énos est construit sur un calcaire à huîtres qui est en couches massives inclinées.

24* (19). D'Énos à Féredjik ou Vira.

Sur les bords du golfe, escarpement de conglomérat boueux trachytique, plongeant au S. O.

Marche à l'O. sur le conglomérat. Énos presque à l'O., mais un peu S.

Cailloux roulés de quartz sur le sol.

Au conglomérat boueux succèdent des conglomérats divers, passant au trachyte, couleur rouge, puis blanche (domite), puis rouge.

Plus loin, calcaire récent coquillier, comme à Énos : même texture en coquilles, dont les lits sont revêtus de chaux carbonatée ; roche miroitante par les cristaux de chaux : quelquefois la roche est terreuse ; quelquefois composée de cristaux confusément groupés, et dont les groupements, ou réunions, sont liés par les extrémités, de manière à laisser des vides.

Ce calcaire forme là une petite butte recouverte de tufs trachytiques.

Le ravin de Féredjik a mis à découvert la coupe suivante :

Fig. 31.

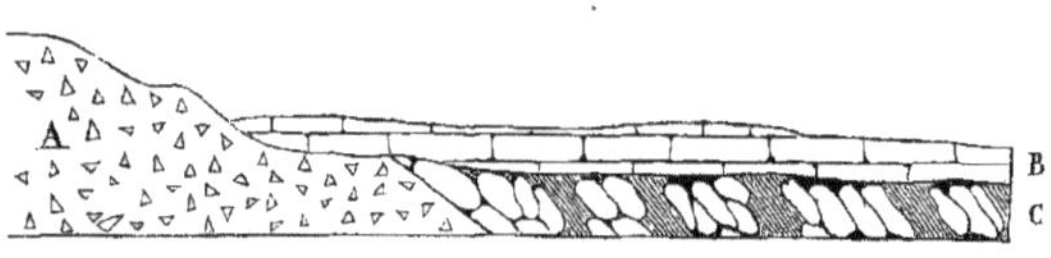

A. Trachyte blanc quartzifère.
B. Calcaire en couches horizontales.
C. Grès et argiles des couches inclinées.

25* (20). De Féredjik à Traïanopolis, à l'O. de Féredjik.

Au torrent de Féredjik, argile rougeâtre sur le calcaire horizontal, et alluvions sableuses et grossières.

Le sol des plateaux est semé de cailloux roulés.

Les collines pelées se composent de trachyte.

A Ouroumjik, trachyte quartzifère. Le ravin de ce village présente les flancs abrupts d'un défilé hérissé de blocs en saillie formés de trachyte. Cette roche forme des collines bosselées s'élevant près du village par ressauts (fig. 32).

Fig. 32.

Descente par une vallée S. O. Trachyte souvent recouvert d'alluvions et de blocs assez gros roulés, et silex comme au monastère Saint-Athanase.

Plus loin, sables, marnes, et par-dessus calcaire.

Puis, grès argileux en couches inclinées.

L'alunite exploitée pour l'alun se trouve au bas de Chapsi, route de Gumourdjina. Ainsi les trachytes s'étendent probablement jusqu'à Mavrè.

Les roches du tèkè au-dessus du tchiflik affectent la structure largement massive du granite, et offrent des joints dont les angles sont arrondis, et les surfaces planes ou bombées.

26* (21). De Féredjik à Tchampkeui ou Dadia (Grec).

Colline trachytique. Sur le plateau ondulé, cailloux roulés et grès inclinés, dir. E. 20° N.; pl. S. E. Bientôt recouverts de trachyte altéré et de conglomérats : superposition évidente.

A Kutchuk Okouf, argiles grises bleuâtres sous les grès.

Devant soi, les bords de la vallée, formés de trachyte, se présentent en buttes arrondies dont la réunion par leur base constitue une colline.

Depuis le moulin jusqu'à Tchampkeui, on ne trouve que du trachyte blanc, et des conglomérats qui renferment des fragments de diverses grosseurs. Après le premier col et jusqu'à Tchampkeui, la variété la plus abondante est un conglomérat à fragments de perlites, cimentés par une pâte de trachyte blanc altéré. Souvent le trachyte est feuilleté et prend l'apparence de couches de tuf. Il se délite en sable grossier qui roule sous les pieds. Il paraît qu'il existe de véritables couches stratifiées, car nous y avons trouvé des apparences de plantes silicifiées. On ne peut pas bien juger si la perlite ne forme pas des strates, cependant nous ne le croyons pas : elle semble simplement faire partie des conglomérats. Près de Tchampkeui, on exploite un trachyte blanc dont on fait de larges dalles.

27* (21). Montée au mont Tchampkeui.

Le trachyte blanc compose cette sommité et les cimes voisines du Tchatal-Têpê. Il prend la structure prismatique. Les prismes accolés forment des buttes contiguës : ainsi les flancs des montagnes sont souvent chargés de ces buttes. Lorsqu'elles sont sur les arêtes, elles forment des pointes aiguës, mais plus généralement des buttes. Souvent les pentes à nu laissent voir des surfaces plates ou bombées, et quelquefois même arrondies comme le granite, ou bien des escarpements à pic.

Au N. 29° O., la montagne de Karabadjiak Dervend a l'air d'être formée de couches inclinées, à pentes rapides, et la fente du sommet semble formée par deux grands systèmes de couches qui se recouvrent comme s'il existait un sillon entre les pointes.

28* (22). Retour de Tchampkeui à Féredjik par la plaine.

Marche à l'E. : grès et sables dans la vallée tertiaire, qui est cultivée en céréales.

Monastère à 5 minutes à droite, et à 10 à 15 minutes au-dessus du niveau de la plaine, à l'entrée d'un vallon, au pied d'un rocher escarpé de trachyte.

Roche verte grenatifère, près de gros rochers isolés de calcaire semi-grenus et de grès.

Plus loin, trachyte gris avec beaux cristaux de feldspath blanc amphibolifère.

Quelques pas plus loin, après avoir quitté la vallée du ruisseau Manga-Tchaï, dont les eaux viennent de la vallée de Tchampkeui, marche au S. dans un vallon sec trachytique.

En descendant au village de Zinzel Okouf, argiles schisteuses sous le trachyte.

Le coteau après le village est tertiaire. Lit coquillier dans les sables et grès presque horizontaux.

A Tomlektchi, grès coquillier et sables, alternant et formant un coteau à droite, de 30 à 40 mètres de hauteur. Les coquilles des grès sont des bivalves plates et larges, des cardium et des univalves turriculées. Celles des sables sont friables. Sur le sol, bois silicifié.

A Ielkandjik, alluvions et cailloux roulés.

A Séimenli, plateau boisé ondulé, composé d'argiles et de cailloux roulés empâtés dans une terre argileuse.

Après Kouïouniéri, colline boisée; argile grise verdâtre et argile schisteuse. C'est ce terrain tertiaire qui constitue le plateau traversé, lequel est souvent couvert d'alluvions composées d'une terre argileuse empâtant des cailloux roulés.

Descente, et après une heure trois quarts, trachyte blanc siliceux, affectant l'apparence d'un grès feldspathique.

Sur le bord opposé d'un ruisseau, colline de trachyte à droite; à gauche, trachyte prismé.

Le terrain tertiaire supérieur calcaire ne commence que peu de minutes avant Féredjik.

Coupe du ravin de Féredjik, faite avec détail.

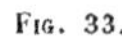

FIG. 33.

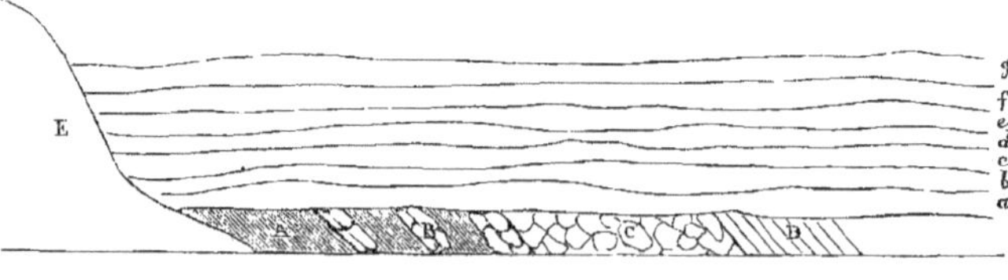

A. Argile grise, bleuâtre et jaunâtre, feuilletée, devenant terreuse à l'air : elle renferme quelques feuillets de grès.

B. Alternance de lits de grès de 10 à 30 centimètres, et d'argile schisteuse feuilletée, grise ou jaunâtre. Le grès est argileux, micacé, à grains plus ou moins fins.

C. Bancs de grès massif, plus ou moins grossier, contenant des plaquettes, lentilles ou rognons d'argile, et devenant quelquefois poudingiformes.

D. Alternance d'argile schisteuse et de grès schisteux, s'effeuillant à l'air. Quelques couches avec petites coquilles formant lumachelle. Le reste est recouvert par le terrain tertiaire récent, qui le recouvre en couches horizontales. Dir. N. E.; pl. 55° S. O.

a. Grès calcarifère, coquillier, tuberculeux, en lits de 5 à 10 centimètres; épaisseur, environ 4 mètres.

b. Calcaire coquillier marin, léger par la disparition des tests des coquilles, d'où résultent des vides imprégnés de chaux carbonatée. Forme surplomb. 2 mètres.

c. Lits de calcaire argilo-sableux, peu cimenté. Le carbonate de chaux réunit quelques parties de la roche, et produit des tubercules fort petits (1/2 à 1 centimètre). Souvent on distingue les éléments séparés, l'argile et le calcaire friable. Puissance, 4 à 6 mètres.

d. Banc de calcaire coquillier, pénétré de chaux carbonatée. La partie inférieure est tuberculeuse et très-tenace. Surplomb. Puissance, 1 à 2 mètres.

e. Comme *c*.

f. Calcaire coquillier pénétré de chaux carbonatée. Surplomb. Puissance, 30 à 40 centimètres.

g. Comme *c* et *e*. Rougeâtre. Forme la partie supérieure du ravin. 4 à 6 mètres.

Les trois couches solides formant quelquefois surplomb constituent parfois dans la plaine la partie visible du sol.

Les autres couches sont plus ou moins riches en sables, en calcaire, ou en argile. Les parties qui les composent, presque toujours noduleuses, forment des lits plus ou moins solides, plus ou moins friables.

29* (23). De Féredjik à Balouk Keui.

Marche à l'O. 25° N., puis N. 25° O.; argiles et grès. Avant, coteau de trachyte. Grès, et puis trachyte.

Plus loin, au versant opposé du ruisseau de Féredjik, après le trachyte le grès revient. Les eaux de la vallée vont passer à Buyuk Okouf, situé dans la même vallée que Kutchuk Okouf, vu précédemment.

Arrivée à la base d'une grosse protubérance ou dike de trachyte, qui forme sur ce point le bord de la vallée. Ce dike perce des marnes et argiles schisteuses calcarifères.

Plus tard, calcaire à nummulites, plongeant vers la vallée. On marche sur le plan des couches.

30*. Courses autour de Balouk Keui.

1° Ravin allant à Loutzou Keui et Traïanopolis (Loutzou Keui est à 2 heures de Balouk Keui). Sables et argiles rouges, dir. N. O., pl. N. E.

Grès grossier, grisâtre, un peu argileux, composé de grains de quartz, d'éléments de roches de transition et de mica : il contient des cailloux roulés, et passe au conglomérat très-grossier.

Ces couches se dirigent N. E., et plongent au S. E.; incl. 8°. Les grès sont rougeâtres, et verdâtres par places.

2° Les alluvions du ravin qui reçoit les eaux de Balouk Keui et passe par le village de Loutzou Keui sont aurifères. On ne peut laver le sable qu'après les fortes pluies, le ruisseau étant ordinairement à sec. Le laveur paye, dit-on, 100 drachmes d'or, qu'il trouve ou ne trouve pas.

3° Coupe de la montagne à l'E. de Balouk Keui, de bas en haut.

1. Argiles rouges et vertes, contenant des rognons calcaires colorés en rouge et en vert, avec ossements. Les os sont ordinairement entourés d'une argile verte; les argiles deviennent sableuses, et passent à des grès tendres, rougeâtres et verdâtres, composés de quartz grossiers et d'argile.

2. Grès verdâtre, à grains fins, micacé, argileux, peu dur, rougeâtre et verdâtre. Il contient des rognons de grès plus fortement agrégés, et des rognons argileux rougeâtres. Quelques lits de sable argileux rougeâtre subordonnés. Puissance, 5 à 7 mètres; dir. des couches, N. 20° O.; pl. E. 20° N.

3. Grès grossier verdâtre, quelquefois poudingiforme, dont les éléments sont des fragments de roches de transition.

4. Alternances d'argiles rouges ou vertes et de grès plus ou moins agrégés.

5. Calcaire argilo-sableux, avec petits corps noirs, *Viquesnelia lenticularis* (planche 24, fig. 9), et coquilles turriculées (paludines), formant des bancs de 15 à 20 centimètres; dir. N. 10° O.; pl. E. 10° N.; puissance, 6 à 8 mètres.

6. Grès tendres à grain fin, se réduisant en poussière impalpable; puissance, 3 à 6 mètres.

7. Argiles, marnes et grès, généralement friables; 10 mètres.

8. Grès grossiers, avec fossiles ressemblant aux nummulites.

9. Grès calcarifère à nummulites (?), avec nérinées, peignes, grandes turritelles, et polypiers semblables à des massues; et d'autres, gros comme le pouce, semblables à des serpules : l'enveloppe est de carbonate de chaux cristallisé; l'intérieur est rempli de calcaire.

Ce grès passe au calcaire, et ces deux roches forment une masse assez épaisse. Elles constituent le sommet de la colline, et prennent la forme de protubérances aplaties et arrondies en dos d'âne.

Les couches plongent vers la route de Féredjik; aussi verrons-nous plus tard d'autres couches les recouvrir.

4° Lorsqu'on va du village vers le N. O., on trouve le terrain de transition sous les argiles et les grès rouges et verts.

Le terrain de transition se compose de grès, de grauwacke schisteuse ou grossière, de calcaire argileux noirâtre, etc. Les couches se dirigent :

O. 10° N.
E. 10° N.
O. 10° N.
E. 30° N.; pl. S. 30° E.; incl. 40°.
O. 20° N.; pl. S. 20° O.

Fig. 34.

A. Argiles rouges.
T. Terrain de transition.

On voit, à l'E. 20° N. de Balouk Keui, le terrain de transition présenter différents degrés d'inclinaison (70°, etc.), se prolonger à l'E. 20° N., et former des protubérances aplaties, boisées et rocheuses. Du haut d'un des ravins, il semble que les couches qui sont à nos pieds forment les pentes de ces sommités surbaissées, et les lignes presque verticales, blanchâtres, qui se distinguent au milieu des broussailles des collines.

Au fond du ravin (dir. N. 20° E.; pl. E. 20° S.), les couches rouges qui reposent sur le terrain de transition se composent de fragments du terrain de transition sous-jacent. Ces fragments conservent, à l'intérieur, leur couleur verdâtre, grisâtre ou noirâtre, et sont recouverts, à la surface, d'une pellicule argileuse rougeâtre. Ils sont arrondis, ou du moins ont leurs arêtes arrondies; ils sont quelquefois très-gros, par exemple le grès formant des plaques de 30 à 40 centimètres sur 10 centimètres d'épaisseur; les fragments plus petits forment la pâte, lorsqu'ils sont assez atténués. Cependant, en gravissant les ravins, on voit des couches de conglomérat à fragments roulés et arrondis alterner avec des couches d'argile et de grès.

La composition de cette partie inférieure qui repose sur le terrain de transition est très-différente à peu de distance, parce que les argiles, grès et conglomérats passent de l'un à l'autre, c'est-à-dire que la même couche est fine ou grossière par places, argileuse ou sableuse.

5° Ravin principal, allant à Buyuk Okouf. Si l'on descend dans le ravin principal, où viennent aboutir les ravins précités, on voit, à un quart d'heure du village de Balouk Keui les roches de transition décrites (grauwackes diverses, calcaire argileux, schisteux, d'un bleu ardoise, grès micacés avec impressions charbonneuses de plantes), se dirigeant O. 20° N.; pl. S. 20° O.; incl. 23°.

Une écorchure du ravin en face met à découvert le grès calcaire nummulitique, en bancs tuberculeux ou plaques très-inégales, comme ceux du moulin à vent, contenant les mêmes fossiles. Dir. N. 15° O.; pl. E. 15° N.

Sous ce calcaire à nummulites vient le conglomérat rouge en blocs grossiers, qui forme la base du terrain. Entre lui et le grès calcaire on trouve de petites couches d'argiles sableuses, rouges et grises, qui alternent avec le grès calcaire. Ainsi, à sa base, le grès calcaire à nummulites contient des lits subordonnés d'argiles colorées.

En descendant le ravin, on voit une écorchure qui met à découvert, sous le grès calcaire tuberculeux, des couches friables, argilo-sableuses, le grès à grains impalpables (n° 6 de la cote); et dessous, le grès calcaire n° 5, avec corps noirs.

En continuant à descendre le ravin, on voit les couches du calcaire à nummulites en former le fond; et dessus on trouve une épaisseur de 15 à 20 mètres des argiles schisteuses, des marnes sableuses, des calcaires argileux et des espèces de grès (composés de grains de quartz, d'argile et de calcaire, le tout pétri ensemble); quelques feuillets sont plus solides les uns que les autres. Nous avons trouvé dans la pente inclinée de ces couches une plaque calcaire renfermant des nummulites. Ainsi cet ensemble de couches peu solides fait encore partie de la formation nummulitique.

En gravissant vers l'O. la montagne, pour retourner à Balouk Keui, nous avons pris la dir. N. 20° O.; pl. E. 20° N., sur une couche de calcaire à nummulites, visible en plusieurs points, sur une étendue de 15 à 20 pas. Elle forme une espèce de route, c'est-à-dire se compose de bancs de 15 à 20 centimètres, et se partage en fragments comme des pavés.

6° *Course sur la route de Féredjik et retour à Balouk Keui.* — Nous avons repris la route suivie, pour continuer la coupe du terrain à nummulites (voyez 3°).

En suivant cette route et parcourant quelques-uns des ravins, on trouve des couches argileuses, les unes rougeâtres, les autres gris noirâtre ou blanc jaunâtre. Elles sont presque horizontales, deviennent terreuses, sont généralement schisteuses, et contiennent des couches calcarifères et des couches avec grains de quartz (espèce de grès). Il est difficile de voir leur superposition à cause de leur éboulement; mais seulement, en approchant du point de partage des eaux entre Féredjik et le ravin de la fontaine, on trouve des argiles schisteuses gris noirâtre, subordonnées à des argiles calcarifères gris blanchâtre schisteuses, qui sont endurcies au voisinage du dike de trachyte, se divisant en petits fragments allongés dans le sens des couches, et placés à côté les uns des autres, comme des prismes aplatis. Il y a de petits cristaux de gypse.

Dir. N. 10° O.; pl. E. 10° N.

Nous considérons ces couches comme supérieures au calcaire à nummulites, et le recouvrant. Nous nous appuyons sur l'observation faite ci-dessus, de couches semblables reposant sur le calcaire à nummulites.

Au retour, nous avons traversé les calcaires à nummulites, par une autre route qui passe entre deux mamelons calcaires.

Sur le calcaire qui plonge vers la plaine, on trouve des argiles rougeâtres et blanchâtres, et un grès calcarifère ferrugineux jaunâtre. Au col, on voit des grès et des argiles colorées sous le calcaire. Quelques couches sont ferrugineuses, mais cette coupe est moins favorable que la route ordinaire pour étudier les superpositions; seulement elles confirment les observations précédentes.

RÉCAPITULATION DES DIRECTIONS.

Ravin de Loutzou Keui..........................		N. O.; N. E.;	pl. N. E. — S. E.
Montagne de Balouk Keui........	Argiles et grès...	N. 20° O.; N. 10° O.;	— E. 20° N. — E. 10° N.
Ravin de Buyuk Okouf...........	Calcaires.......	N. 15° O.; N. 20° O.;	— E. 15° N. — E. 20° N.
Point de partage des eaux entre Féredjik et le ravin..............	Calcaires argileux et schisteux....	N. 10° O.	— E. 10° N.
Dans les ravins et sur les côtes, nous avons pris plusieurs fois........	Calcaires argileux et schisteux....	N. 10 à 20° O.;	— E. 10 à 20° N.

Ainsi toutes les couches que nous considérons comme nummulitiques suivent la même direction autour de Balouk Keui.

Les grès et argiles de Féredjik, que nous considérons comme tertiaires, se dirigent N. E., et plongent S. E.

Le terrain de transition de Balouk Keui présente deux directions principales :

O. 10° à 20° N.
E. 10° à 30° N. } qu'on peut regarder comme une seule.
N. 20° E.

31* (23). De Balouk Keui à Pichmankeui.

Après avoir traversé le ravin déjà décrit, qui passe à Buyuk Okouf, on trouve le calcaire à nummulites sur le bas du col, et ensuite le trachyte. On les trouve aussi entre la descente et Boïalek : dans l'intervalle, la culture cache le sol.

La montagne qui sépare cette vallée de celle de Sarikaïa se compose de terrain de transition : elle est recouverte d'une couche argileuse rougeâtre provenant de la décomposition de ce terrain ; la montagne de l'autre côté de la vallée est colorée de même.

On trouve, en montant, des grès et des grauwackes dirigés E. O.; un peu plus haut, une roche modifiée ferrugineuse, auprès d'une roche porphyroïde à caractères indécis ; on trouve aussi des roches verdâtres feldspathiques homogènes et des filons de quartz ; enfin, des roches vertes qui ressemblent aux diorites. Ces dernières semblent être éruptives, former des brèches et conglomérats, et couper les couches.

A quelques pieds au-dessous de l'endroit où commence la descente, on aperçoit le Moukaté Iaïlassi au N. 20° O., et le mont Thatal Kaïa au N. 15° E.

On descend en zigzag au N. E., en profitant des contre-forts de la petite chaîne qui paraît se diriger N. S. Elle est couverte de broussailles de chêne.

Le trachyte prismatique forme une butte de l'un des contre-forts de la descente, et se reconnaît à sa couleur et à ses formes sur les flancs de la chaîne.

Le centre de la chaîne se compose de roches feldspathiques, de quartzites, de grauwackes, de schistes argileux ou grauwackes schisteuses souvent ferrugineuses et imprégnées de silice. Les roches feldspathiques ont ce caractère indécis qui laisse dans le doute si l'on a affaire à un porphyre ou à une roche stratifiée métamorphique.

Le ruisseau de Sarikaïa est un affluent du ruisseau d'Otmantcha. Il coule dans une vallée peu large. Au sud du village, il est dominé par un gros rocher de calcaire à nummulites, dont les couches nous ont présenté les deux directions suivantes : 1° En montant, N. 10° O.; pl. O. 10° S. ; 2° partout ailleurs, N. 20° E.; pl. E. 20° S. Cette dernière, prise sur les couches redressées, est beaucoup plus exacte. En revenant au village de Sarikaïa, nous avons suivi un ravin pour voir la partie inférieure au calcaire, et nous avons trouvé ces débris de grès, grauwackes, etc., mêlés à de l'argile rouge, comme à Balouk Keui, reposant sur le terrain de transition ; ensuite, des grès et de l'argile rougeâtres et jaunâtres.

Le ruisseau se compose de trois affluents qui se réunissent au-dessus du village

(10 minutes). Près du premier affluent de droite, à peu de distance du village, on trouve sur les grès de transition des grès argileux rouges et verts passant au poudingue, et des argiles contenant des blocs et des rognons de grès argileux : ces couches, généralement grossières, se dirigent N. E., avec pl. S. O. et incl. 20°, et reposent en stratification discordante sur le terrain de transition.

Par-dessus les couches colorées on aperçoit des coulées jaunâtres ou blanc jaunâtre (probablement argile calcarifère marneuse et calcaire argileux), et plus haut des couches massives qui paraissent être de calcaire à nummulites.

A Tchoukouren, trachyte et grès. Au delà du village, en montant le contre-fort, grès schistoïdes très-micacés, et grès massifs. Dir. N. 15° E.; pl. O. 15° N.

De l'autre côté de la colline, dir. E. 25° N.; pl. N. 25° O. Nous avons trouvé des nummulites dans des couches de grès calcarifères. Cette formation se présente dans la vallée en couches peu inclinées : c'est pour cela qu'on marche presque partout sur les mêmes couches ; mais le terrain de transition n'est pas loin ; on le voit former les sommités des montagnes. Les grès nummulitiques se sont déposés dans le bassin évasé compris entre les accidents du sol ancien.

A la descente, on trouve des roches feldspathiques et ferrugineuses, comme dans la montagne qui précède Sarikaïa.

Arrivé au fond du ravin ou vallée encaissée ; remonté le ravin encaissé de Pichmankeui. La nuit qui arrivait nous a empêché d'étudier les roches; nous avons seulement remarqué que les schistes cristallins commençaient.

On monte au col, partie la plus basse du contre-fort qui sépare les eaux de Pichmankeui de celles de Moukaté. En montant, on trouve des gneiss blancs; mais la végétation qui s'est établie sur les détritus de la roche sous-jacente cache généralement la composition du sol. Seulement on voit que des diorites schistoïdes se montrent de temps en temps.

Un plateau ondulé forme la séparation des deux vallées. Un contre-fort descend du plateau, et se réunit à un autre contre-fort qui descend des montagnes de Moukaté, et forme par sa jonction un partage des eaux, lesquelles se rendent en sens inverse dans la vallée de Sarikaïa, Otmantcha et Kalderkoz, et se jettent dans la Maritza. Le gneiss blanc, accompagné de micaschiste blanc et de pegmatite, constitue le contre-fort du partage des eaux.

Les couches se dirigent N. E.; pl. S. E.

En montant au sommet de la montagne, nous avons trouvé : dir. N. 30° E.; pl. O. 30° N., dans le gneiss blanc, qui se compose de feldspath blanc, de mica blanc et de quelques grains de quartz. Il est généralement altéré et à grain assez fin. Cette roche recouvre des micaschistes; et dessous vient une roche verte, stratifiée comme le gneiss, et formée de bandes alternatives de feldspath blanc et d'une substance verte (amphibole).

Ces roches sont traversées : 1° par de belles diorites massives (sommet de la montagne, près de la fontaine du Déjeuner), et au-dessus du village de Moukaté, où les blocs viennent rouler en masses arrondies; 2° par du porphyre quartzifère, avec parties ferrugineuses altérées qui sont enlevées à la surface de la roche, et lui donnent l'apparence d'une roche cariée : on le trouve aussi en bon état de conservation; 3° par des filons de quartz, qui sont accompagnés de fer, présentant quelquefois la cristallisation en rose.

Les parties argilo-ferrugineuses sont sans doute le résultat de la décomposition de cristaux à base de fer.

Le gneiss, le micaschiste et la diorite schistoïde sont souvent imprégnés de fer au voisinage des filons du porphyre quartzifère. Le fer qui accompagne aussi les filons de quartz indiquerait-il que ces filons dépendent du porphyre?

Direction des couches, N. 30° E; pl. O. 30° N.

Un des filons de porphyre quartzifère perce les couches dans la direction N. 30° O.

32*. Environs de Pichmankeui.

En revenant du Moukaté par un autre chemin, nous sommes descendu du plateau qui sépare les deux vallées, par un ravin situé au N. O. de Pichmankeui, qui nous a conduit au village.

Au lieu des schistes cristallins blanchâtres que nous avions généralement trouvés sur l'autre route, on trouve des roches vertes: les unes très-denses, très-résistantes et très-tenaces; les autres très-tendres, altérées, douces et savonneuses au toucher.

A l'endroit où l'on commence à descendre dans le ravin s'élève un gros filon de porphyre quartzifère altéré, qui fait saillie, et forme, suivant le sens sous lequel on l'aperçoit, une muraille ou une aiguille. D'autres filons ou disques semblables s'élèvent de distance en distance, et constituent les points culminants des contre-forts ou du plateau voisin. Au contact du filon, les roches altérées se décomposent et forment des éboulements colorés en rouge. Parmi les débris, on trouve des roches vertes altérées et pénétrées de filons de quartz chargé de peroxyde de fer. La décomposition des roches vertes produit cette couleur rouge si prononcée.

Les roches vertes du fond du ravin près du village sont douces et savonneuses au toucher. Elles sont veinées de blanc, et nous ont paru formées d'une substance serpentineuse verte et de talc blanc.

Au S. du village, deux filons de porphyre quartzifère suivent la direction N. 20° O. A droite, on aperçoit le filon précédemment décrit, et à gauche d'autres roches de forme semblable, qui paraissent aussi porphyriques, et se montrent sur le flanc et sur la crête de la montagne. Au contact du filon N. 20° O., la roche verte est une serpentine stratiforme dont les couches se dirigent N. 20° O., comme le filon de porphyre. Il nous a été impossible de séparer ces porphyres des roches dures que nous appelons diorites schistoïdes. Cet ensemble de roches vertes forme le fond de la dépression de Pichmankeui, et paraît enclavé entre des filons de porphyre quartzifère traversé par les filons au S. du village. Ce dernier est à petits grains, altéré et ressemble à un grès. Il nous a rappelé cette roche que nous avions déjà comparée précédemment à un grès, et que nous avons trouvée tant de fois au contact du trachyte et du terrain de grès et argiles schisteuses (voyez les courses de Féredjik à Tchampkeui, etc.).

L'examen des environs de Pichman Keui et de Moukaté nous donne l'assurance que le bas de la vallée qui nous a conduit à Pichman Keui présente la même composition ; gneiss blanchâtre, micaschiste, diorite schistoïde, serpentine, filons de quartz et porphyre quartzifère.

33* (25). De Pichmankeui à Buyuk Dervend, ou Karabadjiak Dervend.

Pour passer de la vallée de Pichmankeui dans celle de Katrandjikeui Dèressi, qu'on nomme aussi Chéïrova Dèressi ou Tchaï, on monte par une pente douce pendant quelques minutes, et l'on se trouve sur le plateau gazonné qui forme le point de partage des eaux. Celles de Moukaté vont à Sarikaïa, celles de Chéirova vont à la Maritza et s'y jettent entre Karabounar et Okouf. Le Kodja Iaïla fournit aussi, dit-on, des affluents à ce ruisseau.

On marche sur un sol gazonné, ou cultivé, avec quelques bouquets de chênes. Les roches ne sont visibles que rarement. On s'avance sur un contre-fort (plateau) tortueux, dirigé à peu près du S. O. au N. E. Près du petit ruisseau, à quelques minutes de Pichmankeui, on trouve le porphyre quartzifère dans les roches vertes, de la diorite schistoïde avec cristaux bien déterminés d'amphibole verte, couleur claire; on trouve ensuite des micaschistes verts et blancs, dirigés N. 50° E.; pl. E. 50° S., et N. 45° E.; pl. E. 45° S.; et plus loin du porphyre blanc dans les micaschistes.

Les ravins voisins descendent de contre-forts qui paraissent de la même hauteur que celui de la route, de sorte que, abstraction faite des ravins, ils forment un plateau élevé.

A la descente du plateau, et sur les bords du Chéirova, gneiss et micaschistes gris; dir. N. O.; pl. N. E.; le changement de direction est complet.

Près de Koutouloudja, les gneiss et micaschistes sont à gros grains. Dir. N. 20 à 25° O., prise plusieurs fois.

Koutouloudja est situé sur un plateau, et près du point de séparation des eaux qui vont à Chéirova d'un côté du plateau, et de l'autre au Sétankeupri Dèressi. La vallée qui conduit les eaux du plateau à ce dernier ruisseau se dirige N. 20° O., comme les couches de gneiss et de micaschiste.

Direction observée, au delà du village, N. 20° O.

La pente opposée de la vallée est recouverte de terre rouge, comme à Pichmankeui. Or, cette dépression se trouve sur le prolongement des couches serpentineuses de ce village ; il paraît donc très-probable que les mêmes roches se prolongent dans cette vallée. En effet, à peu de distance de Koutouloudja nous avons trouvé la diorite schistoïde percée d'une grande quantité de filons de quartz.

Puis gneiss blancs. Dir. N. 20° O.

Arrivée aux cabanes de Ghirvilitza Sirti (dos de Ghirvilitza). On y reconnaît encore ce caractère de plateau dont nous avons parlé. Route peu accidentée, sauf la descente dans les ruisseaux.

Marche sur le plateau et sur un contre-fort, pour descendre dans la vallée profondément encaissée de Sétan Dèressi. Descente en zigzag très-rapide.

Le Sétan Keupri Dèressi se jette dans le Kézildéli Tchaï ou Dèressi, 1 heure avant Kuchuk Dervend. Au bas de la descente, on traverse le ruisseau sur un pont, et après ce pont s'en trouve un second sur un affluent qui descend du plateau de Buyuk Dervend ou Karabadjiak Dervend.

Dans cette vallée encaissée du Sétan Dèressi, les roches de gneiss, etc., sont horizontales, ou si peu inclinées qu'il n'est pas possible d'en relever la direction.

Sur le plateau, dir. O. 25° N.; pl. N. 25° E.

Le gneiss du plateau est blanc, et se délite en larges dalles, comme à Moukaté, Pichmankeui, et partout où la décomposition donne lieu à un sol blanchâtre, graveleux ou sableux et léger. Sa couleur claire contraste avec celle des diorites, qui forme un sol rougeâtre.

34* (25). De Buyuk Dervend au Têkê.

Les couches du gneiss blanc sont généralement presque horizontales jusqu'au Kézil Déli Tchaï. Traverser près de son origine un ravin et un ruisseau encaissé. Arrivé au sommet de la rive opposée, descendre au Kézil Déli Dèressi en zigzag, descente rapide. Vallée encaissée. Angles saillants et rentrants, comme dans les vallées du Sétan Dèressi et autres déjà traversées.

Les couches se redressent un peu, et se dirigent N. S.; pl. E. Gneiss blanc et micaschiste à petit grain. Dans les coupures les roches sont à gros grain. Micaschiste grenatifère; diorites schistoïdes; nombreux filons de quartz et d'une roche composée de quartz, de feldspath lamellaire et de mica blanc.

35* (26). Excursion au mont Kodja laïla.

Au monastère ou Têkê, gneiss, N. S. pl. E., à gros grains.

Remonter la vallée de Babalar et de Sarp Dèrè, près de la partie supérieure qui la borde, et en contournant les ravins. Se tenir assez haut pour arriver, par une pente peu sensible, au col qui sépare le Kodja Iaïla et la montagne échancrée représentée sur le dessin de Tchampkeui.

Dir. N. S.; pl. E., près de Sarp Dèrè.

Dir. N. S.; pl. E., dans le micaschiste traversé par un filon de quartz qui coupe les couches, et forme aussi des filons-couches.

Col séparant la vallée du Sarp Dèrè d'une autre vallée qui descend au Boldjibouk Dèressi. Le village de ce nom est à une demi-lieue du col, au N. 10 à 20° O.

La direction des couches change sur le col.

Dir. E. O.; pl. N.
— O. 20 à 30° N.; pl. E. 20 à 30° N.
— O. 10° N.; — N. 10° E.

Filon avec amphibole verte dans les micaschistes du col.

Calcaire trouvé en fragments dans les matériaux d'un mur : cette roche existe parmi les couches du gneiss et de la pegmatite.

Le contre-fort qui conduit aux triples sommets du Kodja Iaïla se dirige environ N. E. S. O. Son dos forme un plateau rond, surmonté de trois ou quatre protubérances composées de diorite et de serpentine schistoïdes. Dans l'intervalle, couches presque horizontales de micaschiste grenatifère, de gneiss blanc et verdâtre à petit et gros grain, de pegmatite et de talcschiste grenatifère.

De nombreux filons de quartz coupent les couches.

Au contact des roches massives dioritiques, une substance fibreuse, blanche, soyeuse coupe les micaschistes, gneiss, etc., et donne lieu à une apparence de brèche.

36* (27). Du Têkê à Démotika (ou Dimétouka).

Au Têkê et environs, gneiss à gros grain, micaschiste grenatifère. Dir. N. S.; pl. E.

Les diorites schistoïdes accompagnent ces roches et se montrent alternativement, suivant les coupures de la route ou les accidents du sol.

Filons de roche composée de feldspath, quartz et mica à grandes lamelles. Ce granite à gros grain se trouve aussi au Kodja sur plusieurs points, et ici dans les diorites schistoïdes. Calcaire grenu dans ses couches.

En parcourant cette route, on trouve toujours l'apparence de plateau dans les accidents du sol. Ainsi, du côté de Koutouloudja, le seul point qui fasse exception est cette chaîne laissée à droite en allant de Pichmankeui à Buyuk Dervend, couverte d'arbustes.

A la descente du plateau qui conduit à Kutchuk Dervend, grès sur la pente du contre-fort. C'est un grès calcarifère, composé d'éléments de roches anciennes, qui déjà font partie des grès à nummulites. Il contient des polypiers ou corps ronds allongés.

Près du village, des filons nombreux de granite à gros grain triturent les diorites schistoïdes et les gneiss. Accidents ferrugineux.

Traverser le Kizil Déli et le plateau qui le sépare du ruisseau de Mandra.

Sur le sol cristallin, grès très-micacé, gris, friable, argileux (mollasse). Dir. N. O.; pl. S. O.; incl. 45°. Plus loin, dir. O. 10° N.; pl. N. 10° E.; incl. 65°.

Sur le revers du plateau, au fond de la vallée, de gros blocs de schiste cristallin sont stratifiés dans les sables et grès conservant la direction O. 10° N.

En descendant la vallée, on voit les roches arénacées flanquer les pentes opposées, et présenter une composition très-variable. Les fragments, tantôt fins, tantôt grossiers, mais généralement grossiers, sont répandus dans une pâte argileuse, argilo-calcaire, ou calcaire. Quelquefois ils sont à peine cimentés : ciment rare, quelquefois abondant. Couches sableuses, argileuses ou marneuses.

Nous avons recueilli quelques coquilles friables à Baïadjik.

Le défilé qui se trouve entre Baïadjik et Bachkilissé met à découvert une masse de granite blanc à gros grain dans les diorites schistoïdes et les serpentines. On voit le granite se prolonger suivant le sens de la vallée, et avoir l'air de former ainsi de gros filons presque E. O. Plus tard, on verra que le granite forme lui-même le massif du plateau.

A Bachkilissé, fragments du granite et des schistes compris dans les grès. Ce village est bâti en grès de diverse texture et composition. On verra encore plus loin que les grès à nummulites ont recouvert les pentes du plateau granitique.

Du Têkê à Kutchuk Dervend, plateau. Les couches de schistes cristallins sont peu inclinées à partir d'une demi-heure du Têkê, et très-tourmentées près de Buyuk Dervend.

Arembounar. Grès argileux, friable, très-micacé, et argile sableuse. Dir. O. 10 à 20° N.; pl. N. 10 à 20° E.

Plus loin, la route quitte le bord du ruisseau, et passe entre deux monticules, dont l'un, formé de schistes cristallins, supporte un tumulus. A sa base, grès avec coquilles bivalves et univalves sur un granite à petit grain.

En face, et à la base de la colline qui regarde la première, argile micacée schistoïde calcarifère, gris noirâtre, contenant de petites coquilles bivalves striées, indéterminées, et des lits ou rognons aplatis de grès calcarifère.

A Mandra, les schistes cristallins et les filons de granite à gros grain forment le fond de la vallée.

En face de Mandra, ruines d'un monastère, à l'entrée d'un vallon S. E. N. O., qui amène les eaux du plateau situé au S. de Mandra. Dans le lit du ruisseau qui en descend, nous avons trouvé des cailloux de granite à gros grain, des schistes cristallins, des diorites imprégnées de granite à gros grain ; de plus, du calcaire grenu noir compris dans les schistes cristallins ; et du grès à nummulites, du calcaire polypier.

Ainsi le plateau se compose comme celui de la vallée, et le grès à nummulites s'est déposé sur les pentes et les contre-forts. Mais il est bon de remarquer que le calcaire à nummulites ne forme pas de protubérances isolées, soit que les eaux n'aient pas eu assez de profondeur, soit qu'elles en aient eu trop.

Grande épaisseur de terre argileuse rouge et sableuse (alluvion) sur les collines.

Grande route de Féredjik à Andrinople.

Gros rocher de gneiss massif, faisant saillie près d'une tuilerie. La direction des couches n'est pas apparente.

De Mandra à Saltik Keui.

1° Nombreux filons de quartz dans une roche blanchâtre altérée (pegmatite ou gneiss) qui recouvre la diorite schistoïde.

Direction incertaine des couches, N. 20° O.?

A côté, roche rubanée (gneiss ou diorite), dir. N. 30 à 40° E. (direction bien évidente), pénétrée de petits filons de quartz. Ces filons tordent les roches : ils sont au nombre de cinq ou six en cet endroit; la végétation doit en cacher beaucoup d'autres.

2° L'altération des roches produit une couleur rouge qui de loin ressemble à une terre alluviale déposée sur les flancs.

3° Le gneiss et la diorite schistoïde forment les accidents qui bordent la route. Ils sont percés de filons de quartz, tantôt purs, tantôt associés avec du feldspath, mais sans mica.

Direction des couches, prise diverses fois, O. 20° N.; pl. N. 20° E.

4° Calcaire en couches contournées et tourmentées, intercalé dans les schistes cristallins, et *alternant* avec eux.

Le calcaire forme des bancs qui se délitent en feuillets plus ou moins épais. Il se présente sous différents états de texture; ordinairement lamellaire, blanchâtre, zoné de gris noirâtre; quelquefois à grains tellement fins, qu'il paraît compacte; souvent micacé et formant des cipolins. Il est, par places, pénétré de filons asbestiformes, substance blanche, fibreuse, soyeuse, comme les micaschistes et gneiss du Kodja Iaïla.

5° *Petite vallée précédant Saltik Keui.* — Les gneiss, micaschite et diorite schistoïde sont grenatifères, et se dirigent O. 20° N.; pl. N. 20° E.

De Saltik Keui à Karabéilé.

1° Entre Saltik Keui et le hameau d'Assarbéilé on voit, de la route, des crêtes blanches formées par le calcaire intercalé dans les roches cristallines. Une partie de ces calcaires sont sans doute gris noirâtres, et ont probablement fourni les pavés calcaires de la route; c'est une roche noirâtre, à filets de chaux carbonatée, qui en effet forme des accidents dans le calcaire ordinairement blanc ou zoné.

2° A quelques pas de ce pavé, on trouve le calcaire grenu qui, après avoir produit les crêtes précitées, vient se montrer sur la route. Les micaschistes qui l'accompagnent sont dirigés O. 20° N.; pl. N. 20° E.

3° Plusieurs autres couches calcaires semblables se succèdent entre ce point et Karabéilé.

De Karabéilé à Démotika.

1° De Karabéilé on voit, au N. 10° O., un rocher blanc qui paraît former un banc épais de calcaire, et plonger vers le fond de la vallée qui fournit les eaux à Karabéilé (fig. 35). Ce calcaire est intercalé dans les cristallins. Il vient se prolonger sur la route; à quelques minutes, schistes du ban. Les gneiss et diorite qui l'accompagnent sont dirigés O. 20° N.; pl. N. 20° E.

Fig. 35.

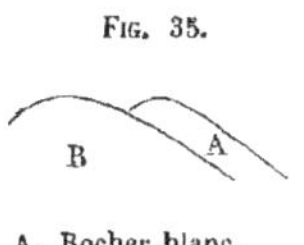

A. Rocher blanc.
B. Bois.

2° Plusieurs bandes calcaires se succèdent et prouvent que le calcaire alterne avec les schistes cristallins;

3° Il est à remarquer que depuis Mandra la direction reste partout la même, ainsi que le plongement;

4° A la sortie de Karabéilé, et avant les roches précédentes, un grès poudingiforme coquillier s'est déposé et se montre en couches horizontales.

Ce sont là les seuls faits recueillis sur la route ordinaire.

5° Voici les autres faits recueillis sur la route de montagne, dont l'embranchement se trouve au delà d'un petit pont, à trois quarts d'heures de Karabéilé.

La première partie de la montée se compose de gneiss et de diorite schistoïde, dir. N. 20° O., qui sont coupés de filons de quartz dans tous les sens : aussi trouve-t-on la direction E. 10° N. à côté de la précédente. Grand dérangement, on ne peut rien dire sur la véritable direction des couches.

Le reste de la montagne jusqu'au Kizildéli se compose de roches feldspathiques verdâtres avec cristaux d'amphibole vert-clair, très-tenace et très-difficile à casser. Cette roche nous paraît être éruptive et faire partie des diorites. Elle contient de la pyrite de fer en cristaux qui par leur décomposition colorent les surfaces en rouge. Certaines bandes sont un pétrosilex fragile comme le verre, d'une couleur vert-clair qui prend une teinte blanchâtre par son altération à l'air.

Nous avons trouvé un fragment de diorite parfait sur le sommet de la montagne.

Près de Kizildéli, au fond du ravin qui descend de la montagne, les roches ont l'aspect de la serpentine.

Des lambeaux de terrain nummulitique recouvrent en couches horizontales les pentes qui regardent Démotika. La première roche visible de ce terrain est un grès tendre avec coquilles bivalves et univalves spirées; plus bas, un grès calcarifère avec fragments dioritiques et coquilles.

Démotika.

Le château en ruines s'élève sur un rocher isolé de calcaire à nummulites, dont la base est baignée et contournée, à l'O. et au S., par le Kizildéli. On ne voit pas sur quoi il repose; mais n'étant séparé des diorites que par la rivière, il est probable qu'il repose sur ces roches, à moins qu'il n'en soit séparé par des grès, suivant la manière d'être la plus habituelle de ce terrain. La partie O. et S. O. du rocher est excessivement compacte, et forme des escarpements à pic. Des autres côtés, la roche est imprégnée d'une moins grande quantité de chaux carbonatée, et plus abordable. Aussi la ville est-elle construite sur le revers N, et elle s'étend en écharpe autour de la protubérance.

En étudiant la composition du rocher, on voit que la masse est formée de polypiers branchus et de fragments de polypiers. Des habitations ont été creusées dans sa masse, et quelques-unes sont encore occupées, la plupart sont abandonnées. On voit encore certaines parties ou pièces du château creusées dans le rocher. Quelquefois la roche se compose uniquement de polypiers réunis par un ciment calcaire; quelquefois elle renferme une grande quantité de fragments roulés de rochers de toute espèce et de sable, et forme un véritable grès ; mais on n'y reconnaît pas une délimitation certaine de couches qui soient là un calcaire, là un grès; c'est un mélange. Vu en grand, le rocher offre par places l'apparence d'une stratification, mais elle ne s'étend pas d'une extrémité du rocher à l'autre. Ainsi la couche nummulitique, qui forme à l'O. des grottes naturelles, se redresse jusque sous le premier mur d'enceinte.

Parmi les polypiers, il en est un qui nous a offert la plus grande ressemblance avec la coupe d'un tronc d'arbre ; — diamètre $0^{m},50$.

Il existe une autre butte de calcaire, probablement semblable, à l'E. de Démotika, présentant un escarpement (fig. 36). On dirait que le calcaire repose sur des grès; mais n'ayant pas eu le temps de l'examiner, nous ne pouvons en rien dire.

Fig. 36.

Quant au calcaire de Démotika, il est en tous points semblable, par ses caractères minéralogiques, ses fossiles et la disposition en butte isolée, au calcaire à polypiers et à nummulites déjà décrit tant de fois.

37* (28). De Démotika à Sirtkarakilissé.

Traversé le pont. A quelques minutes plus loin, escarpement d'une carrière à ciel ouvert exploitée comme terre à potier. Couches d'argile micacée et sableuse. Vers le haut, elles contiennent des nodules calcaires. L'argile renferme des bivalves.

Un peu plus loin s'élèvent quatre protubérances de calcaire à polypiers et à nummulites, placées en avant du plateau de schistes cristallins. Le calcaire repose sur les roches dioritiques.

On passe entre plusieurs buttes semblables pour aller à Indjès, et en arrière du calcaire on trouve des couches de poudingues, de grès et d'argiles, de sorte que le calcaire repose, tantôt sur des couches qui lui sont subordonnées, tantôt sur les schistes cristallins.

Indjès est bâti sur les grès et poudingues. Traverser le côteau formé par ces roches pour se rendre à Kiretch Arnaout Keui; longer le pied des contre-forts du plateau, qui sont encroûtés des roches précitées; traverser un plateau composé d'argile et de cailloux roulés (dépôt alluvial) ; remonter une pente argileuse; et arrivée au village, construit sur les grès et calcaires inférieurs au calcaire à nummulites.

Coupe du ruisseau Kiretch Tchaï.

Fig. 37.

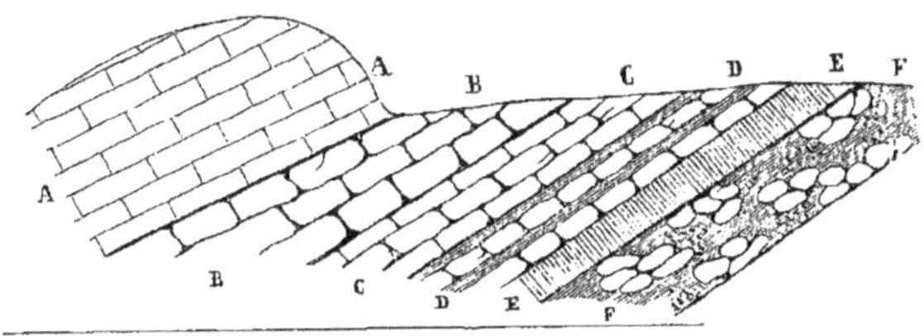

A. Protubérance de calcaire à nummulites.
B. Grès grossier, calcarifère, coquillier.
C. Grès tendre grossier, poudingiforme, grisâtre.
D. Alternance d'argile et de grès tendre.
E. Argile rouge et verte.
F. Grès tendre, argileux, micacé, grisâtre.

Plusieurs protubérances de calcaire à polypiers et à nummulites sont placées côte à côte et se touchent par la base. Elles sont rangées sur une ligne un peu courbe. Les eaux des ravins qui séparent les quatre buttes du S. O. s'écoulent dans le ruisseau de Kiretch Arnaout Keui. Les eaux des ravins qui séparent la cinquième butte de la sixième se jettent dans un affluent du ruisseau de Chaouslou.

Ces buttes se trouvent encore placées en avant des pentes du plateau,comme celles de Démotika et d'Indjès.

Cette position toujours la même, la forme particulière de ces buttes, leur juxtaposition, leur composition massive ne présentant que sur un très-petit espace l'apparence de stratification (quand elles la présentent), tout indique que des circonstances particulières les ont produites. En réfléchissant qu'elles se composent d'une masse énorme de polypiers accolés entre eux, nous sommes arrivé à conclure que ces protubérances sont des récifs de polypiers qui se sont développés sur des points favorables à leur multiplication et là où la profondeur le leur permettait. Il est curieux de voir ces récifs dessiner, pour ainsi dire, les contours de l'ancienne mer nummulitique.

Du haut de l'une de ces buttes, on apercoit, à l'E., le château ruiné de Démotika. A la descente, argile schisteuse blanchâtre; dir. E. 40° N.; pl. S. 40° E.; incl. 24°. Elle renferme des plaques siliceuses ou rognons avec polypiers.

La roche arénacée à coquilles bivalves, pétrie de calcaire, qui supporte les maisons de Kiretch Arnaout Keui, plonge avec les grès sous le calcaire à nummulites.

En suivant la route qui conduit à Sirtkarakilissé on trouve des grès, souvent poudingiformes sur des argiles rouges et vertes qui forment la base du terrain nummulitique.

Au-dessous apparaissent, dans les ravins, les schistes cristallins, gneiss et diorites schistoïdes.

Dir. N. 10° O. ; pl. O. 10° S.; incl. 20°.

Près du point culminant du plateau, schistes cristallins qui ne forment plus qu'une pellicule mince sur le granite blanc à grands cristaux, et souvent même laissent le granite à nu sur de grands espaces.

Le granite blanc à grands cristaux constitue la masse centrale du plateau de Sirtkarakilissé. De quelque côté qu'on tourne ses pas sur le plateau, on rencontre le granite. On voit sur les routes, dans les ravins ou les tranchées, la diorite ou le gneiss former à la surface une croûte de quelques pieds d'épaisseur. Le granite y pénètre en filons dirigés dans tous les sens et se coupant sous tous les angles, et il dessine une

Fig. 38.

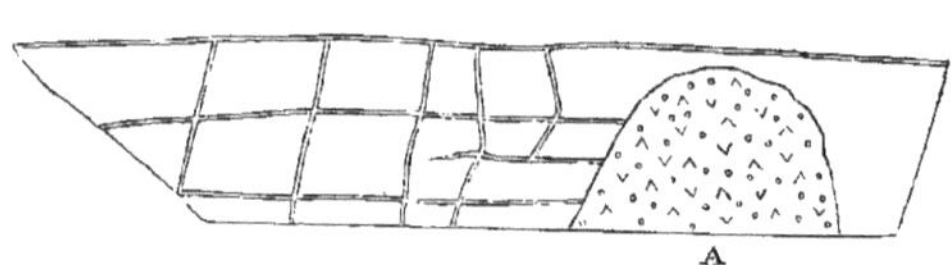

A. Granite à gros grain.

espèce de réseau dont la couleur blanche ressort sur la teinte sombre des diorites. Il forme aussi, dans les diorites, des masses arrondies en ballon.

Dans le village même, et en beaucoup d'autres points, le granite empâte des fragments de diorite, et en forme une espèce de conglomérat, tant les filons qui pénètrent la roche schistoïde sont abondants, pressés et liés entre eux. Le granite se charge alors de cristaux d'amphibole, qu'il emprunte aux diorites schistoïdes. De leur côté, les blocs de diorites enchâssés dans le granite sont imbibés par sa substance.

Le quartz, tantôt seul tantôt avec mica, forme des filons qui portent des dykes et pénètrent dans les diorites. Ces filons sont quelquefois courts, d'autres fois ils se montrent sur une certaine étendue.

38* (28). De Sirtkarakilissé à Mandra. — Retour à Démotika par la route de montagne.

Descente entre Bachkilissé et Arembounar. Le granite et les diorites présentent sur toute la surface du plateau qui domine la vallée de Mandra les faits décrits ci-dessus. Sur le flanc du plateau, les schistes cristallins prennent plus d'épaisseur, de même que du côté de Kiretch Arnaout Keui. En descendant, on trouve sur les roches dioritiques et granitiques un grès formé des débris des roches sous-jacentes qui sont cimentées par une pâte calcaire abondante. Cette roche arénacée renferme des nodules ou rognons calcaires très-compactes, ou imbibés de chaux carbonatée. Ces rognons sont formés de polypiers du terrain à nummulites. Des huîtres y sont attachées.

Sous ce grès se présentent des grès mollasses, des argiles et des marnes, dont l'ordre de superposition est caché par la végétation.

Vers le bas de la côte, couche épaisse d'argile rouge mélangée de sable et de gros cailloux roulés (alluvion).

Aspect du plateau de Sirtkarakilissé.

La forme en plateau des montagnes visitées a frappé les habitants de la contrée; le mot *sirti* veut dire *dos;* Sirtkarakilissé signifie *dos* de Karakilissé. Nous avons vu sur la route de Pichmankeui à Buyuk Dervend les cabanes Ghirvilitza Sirti, c'est-à-dire *dos* de Ghirvilitza.

Le plateau est découpé, et les ravins ou découpures produisent des vallées boisées qui portent les eaux à la vallée du Kizildéli ou de Mandra. La hauteur générale est à peu près uniforme : elle va cependant en s'abaissant légèrement vers l'E., en s'approchant de la Maritza : le sol formé par l'altération du granite est graveleux, blanchâtre, maigre; les endroits formés par l'altération des diorites sont rougeâtres et argileux. Le dos du plateau est entrecoupé de champs cultivés, de chênes isolés et de bois. Les pentes du plateau sont boisées en chêne.

Le calcaire à nummulites ne forme aucune protubérance dans la vallée de Mandra, ni dans celle de la Maritza, entre Mandra et Démotika : il faut donc que les circonstances n'aient pas permis aux polypiers d'y construire des récifs. Cependant ils ont pénétré dans toutes les vallées qui se ramifient avec celle de Mandra.

Peut-être que le plateau se prolongeait plus à l'E., entre Mandra et Démotika, et que la fente que suit la Maritza entre ces deux localités n'existait pas : sans cela les polypiers auraient construit des récifs au pied des escarpements de Saltik Keui, de Karabéilé, etc.

39* (29). De Démotika à Ortakeui.

Les coteaux ne présentent aucune roche saillante ; seulement de l'argile.

Nous sommes allé de Kadi Keui à Kouroudjik pour voir une roche exploitée, dit-on, comme pierre à bâtir ; nous avons trouvé un plateau argileux, au sommet un calcaire argileux en boule ou rognon dans une argile sablo-calcaire, et des cailloux roulés sur le sol.

Après avoir traversé le village de Kouroudjik, nous avons gravi le plateau opposé, et au sommet nous avons trouvé un sable argilo-calcaire qui se charge de calcaire et forme un grès stalactiforme ou concrétionné, tendre, et trop peu solide pour faire de bons matériaux.

Le terrain argileux se continue jusqu'aux environs d'Emlédin. Ce n'est que dix minutes avant ce village, que nous avons trouvé une coupe près du coude du Kizil-déli.

L'escarpement met à découvert un grès argileux à l'état meuble, contenant des bancs de rognons aplatis et formant un grès très-tenace. Le sable est micacé, gris jaunâtre, dépourvu de fossiles. Les rognons indiquent une stratification horizontale.

En jetant un coup d'œil sur la vallée de Kizildéli, nous avons remarqué, aux environs d'Aptoula Keui, des buttes rondes qui pourraient bien être du calcaire à polypiers, placé en avant du plateau boisé (schiste cristallin).

Entre Emlédin et Boufkeui on traverse le point de partage des eaux, qui vont d'un côté au Kizildéli, de l'autre à l'Arda. En remontant la vallée de Chadman et de Halvadji, on passe des ravins qui mettent à découvert des sables, des grès en rognons, avec des lits argileux en couches un peu inclinées. Par-dessus viennent des argiles et du calcaire argileux en rognons, comme au plateau de Kouroudjik et de Kadikeui. Au passage des eaux, les rognons sont quelquefois tendres et de craie blanche tachant les doigts et s'écrasant par la pression.

Au delà de Boufkeui, grès et sable quartzo-argileux micacé, avec petites coquilles d'eau douce (fig. 39).

Les argiles inférieures aux sables sont schistoïdes, calcarifères. Certains lits sont mêlés de sable, d'autres sont argilo-calcaires et friables.

Dir. N. O.; pl. N. E.

Pour se rendre de la vallée de Boufkeui à Ortakeui, il faut traverser un bas plateau bombé qui vient s'appuyer sur les montagnes de Lidja. Ce plateau est argileux et couvert de cailloux roulés mélangés avec de l'argile. Alluvion provenant des montagnes de schiste cristallin.

Fig. 39.

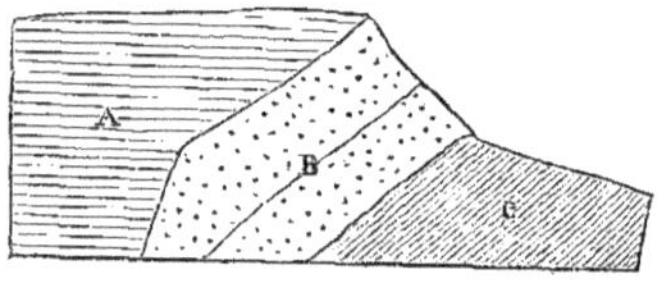

A. Alluvions. B. Sables. C. Argiles.

Avant d'arriver, on reconnaît de loin à leurs formes particulières les protubérances de calcaires à polypiers qui dominent Ortakeui et Lidja.

40* (30). Environs d'Ortakeui et de Lidja

1° *Ravin d'Ortakeui.*

En remontant le cours du ruisseau qui passe sous le pont du village, on trouve une argile grise calcarifère, formant des plaques ou couches mal déterminées, friables ou consolidées par la présence de polypiers calcaires. Les couches plongent vers le pont, de sorte qu'en remontant le cours du ruisseau on trouve les couches inférieures. Cette argile est pétrie de corps organisés et généralement de polypiers dont les restes tombent en poussière ou à l'état terreux. Cependant on peut aussi en rencontrer qui ont assez de solidité pour résister à la pression. Ces polypiers branchus ressemblent à ceux tant de fois observés, et sont accompagnés de nummulites, de coquilles bivalves, de coquilles turbinées de la grosseur d'un œuf, etc.

Cette argile calcarifère grisâtre alterne avec des couches jaunâtres, plus riches en calcaire. Cet ensemble contient aussi des lits d'argile. Au-dessus vient un calcaire présentant le caractère ordinaire du calcaire à polypiers, fortement imprégné de chaux carbonatée.

2° *Montée au col de Toufla.*

Si, abandonnant le fond du ravin, on suit la route tracée sur la protubérance qui met Ortakeui à l'abri du vent du nord, on trouve le calcaire à polypiers, non plus fortement imprégné de chaux carbonatée, mais formant des bancs épais d'une roche calcaire tendre, facile à tailler, et composée d'éléments calcaires soudés entre eux. Quelques parties sont bien encore dures et cristallines, parce qu'elles sont formées de polypiers agglutinés, mais ce n'est pas le cas général. On a creusé des carrières pour l'exploitation de cette pierre de taille sur le flanc de la montagne.

La masse de ce rocher présente une apparence de stratification horizontale. En continuant à monter jusqu'au sommet de la butte, on trouve des tas de débris, tantôt tendres, tantôt endurcis, et offrant des polypiers, des nummulites et des huîtres.

Il semblerait, à voir les choses superficiellement, que ce calcaire a une puissance énorme; mais à 30 ou 40 pieds au-dessous du sommet, du côté du N., on trouve les diorites et les gneiss. Des grès polypiers, riches en ciment calcaire, sont intercalés entre les schistes cristallins et le calcaire à polypiers.

Si, au lieu de gravir le sommet de la butte à partir des carrières, on continue à suivre la route qui mène au col, on trouve encore les grès et quelques couches d'argile sous le calcaire à polypiers. Ce grès est très-riche en fossiles : il contient des bivalves, des univalves, des pinces de crustacées, etc. Parmi les univalves, il y a le moule intérieur d'une grosse coquille enroulée en spirale, celui d'une coquille plus petite turbinée, etc.

Sous le col on trouve des argiles, des sables et des grès, qui font partie de la formation; mais on y observe aussi des terres rougeâtres alluviales et des sables micacés.

3° *D'Ortakeui à Lidja.*

A partir du pont d'Ortakeui on monte sur les argiles calcarifères et le plateau à polypiers qui supporte le moulin à vent. Plus loin, on arrive aux couches inférieures qui forment la séparation entre le ravin d'Ortakeui et celui de Lidja (fig. 40).

Les grès poudingiformes ou grossiers à ciment calcaire sont très-développés aux environs de Lidja, et entre ce village et les carrières de marbre blanc à grandes lamelles qui se trouvent dans les schistes cristallins, à une demi-heure à l'O. du village.

Ces grès reposent sur les schistes cristallins de l'affluent de l'Atiren Dèressi. Ils renferment une grande quantité de moules de coquilles univalves en spirale, une coquille rappelant la *tornatella gigantea*, des bivalves, etc. En retournant au village de Lidja, on voit les grès alterner avec des couches argilo-calcaires contenant des lits d'un calcaire formé de polypiers avec nummulites. Plus haut vient le calcaire à polypiers en récifs.

Fig. 40.

A. Grès poudingiforme coquillier.
B. Argile jaune grasse, et sables argileux jaunes.
C. Grès micacé jaunâtre, avec grains de feldspath, et calcaire.
D. Sables, grès de quartz, argile et ciment calcaire abondant, avec polypiers et nummulites.
E. Calcaire marneux friable.

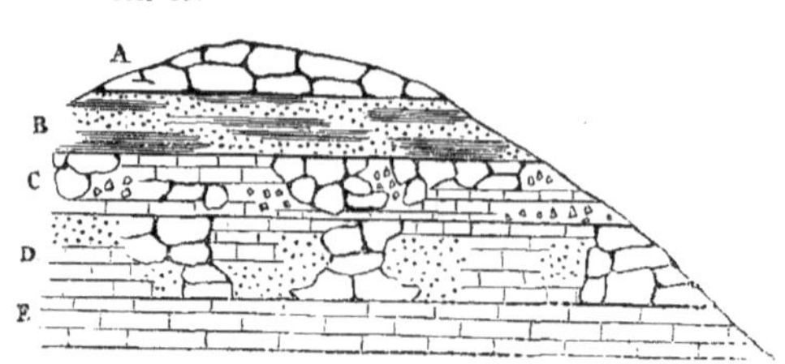

Gneiss, micaschiste et diorite schistoïde contenant des bancs de beau marbre lamellaire. Veines de cipolin et veines quartzeuses. Couches presque horizontales.

Dir. N. 10 à 20° O.; pl. E. 10 à 20° N.

41* (31). D'Ortakeui à Andrinople.

Le calcaire à polypiers, superposé aux schistes cristallins, ne forme sur ces roches qu'un dépôt mince, tandis que du côté S. il paraît très-épais. La masse de la montagne est formée de schistes cristallins qui se montrent de toutes parts du côté N. Le contre-fort qui supporte le calcaire est revêtu de grès poudingiformes sur une partie de son prolongement. Les escarpements qui encaissent les ravins débouchant à l'Arda mettent à découvert les couches de grès grossier ou poudingiforme, qui sont encore recouverts de calcaire à polypiers près de la rive droite de l'Arda.

On exploite du calcaire-marbre pour faire de la chaux, au fond d'un des ravins.

Sur la rive gauche de l'Arda on aperçoit les grès sortant de dessous les calcaires et formant les berges de la rivière.

Sable micacé alluvial, formant une plage sèche.

Au moulin qui précède le village de Tchingherli, la berge présente la coupe suivante (fig. 41) :

Fig. 41.

A. Sable micacé alluvial.
B. Cailloux roulés dans une terre argileuse rougeâtre ; grande épaisseur.
C. Grès mollasse, tendre, formant un gros banc; puissance, 2 mètres.
D. Argile schisteuse avec feuillets de grès tendre; 2 mètres.
E. Grès mollasse, tendre, formant un grès blanc; 4 mètres.
F. Argile schisteuse, avec lits subordonnés de calcaire argileux tendre, de calcaire argilo-sableux, de grès mollasse; 8 mètres.

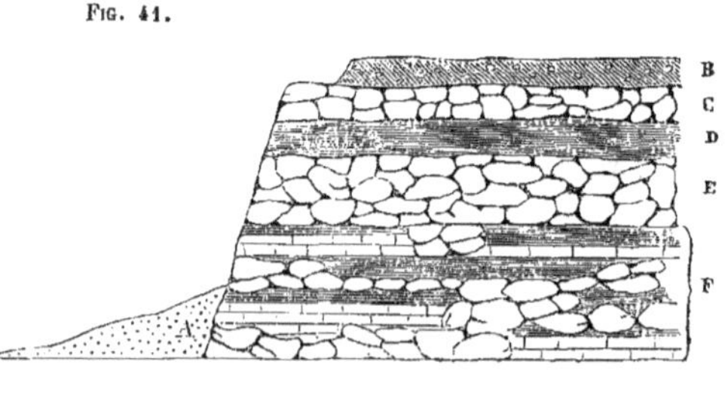

Au delà de Tchingherli, la rive droite de l'Arda présente une large plaine formée par le sable micacé alluvial. Les coteaux qui la bordent à droite se composent généralement de ces cailloux roulés mélangés avec la terre argileuse rougeâtre. Cependant, en approchant de Keurmont, on voit quelques protubérances qui pourraient bien être encore du calcaire à polypiers. Sur la rive opposée, le grès constitue les pentes et paraît reposer sur les schistes cristallins. Le calcaire à polypiers semble aussi former des protubérances.

Sur le sol nous avons trouvé des blocs de basalte et de trachyte : ces deux roches seraient à chercher dans le voisinage.

Peu à peu les hauteurs de droite s'effacent et viennent mourir aux environs d'Andrinople, tandis que celles de la rive opposée se prolongent jusqu'à la rencontre de la vallée de la Maritza. La jonction des deux rivières s'effectue en face de Karahatch, à une demi-heure d'Andrinople.

C. — Route d'Andrinople à Névrokoup. — Vallée inférieure de l'Arda, et coupe du Rhodope, de Philippopoli à Névrokoup.

42* (36). De Karahatch (arbre noir, on désigne ainsi l'orme, en turc) à Bektachli.

Entre Karahatch et Marach, sables argileux micacés, alluvions actuelles.

A Marach, collines séparant l'Arda de la Maritza. Mollasse ou grès quartzeux, micacé, à ciment calcaire, alternant avec du grès micacé à grain très-fin et argileux qui sert à faire des tuiles. Couches faiblement inclinées.

Dir. O. N. O.; pl. S. S. O.

Les collines qui accompagnent la vallée paraissent devoir offrir la même composition.

A Eptchelli commence l'alluvion à cailloux roulés, formant un plateau plus élevé que l'alluvion récente. Elle est de couleur grise, et non rougeâtre comme plus loin.

Au delà de Déliellèz, plateau de terre argileuse noirâtre sur les cailloux; probablement fond d'ancien lac.

Coupe de la vallée au delà de Koumardi.

A. Terre sablo-argileuse sans cailloux ou à très-petits cailloux.
B. De même, avec cailloux parmi lesquels beaucoup de trachyte et de basalte.
C. Grès argileux micacé et argile micacée, sableuse, fine, en petits lits, comme à Marach.
D. Grès grossier à l'état meuble, ou faiblement cimenté par de l'argile passant au poudingue non cimenté, de couleur blanchâtre.

Fig. 42.

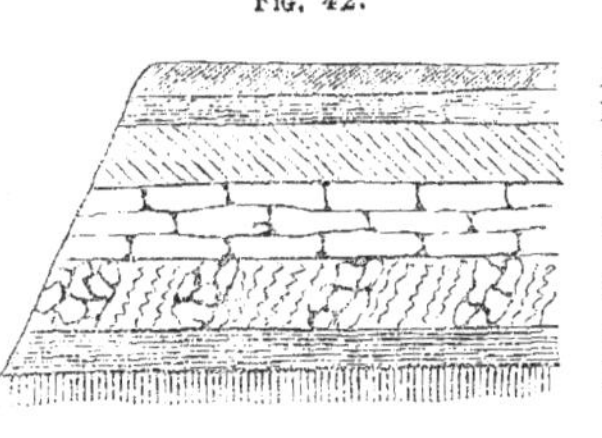

E. Grès grossier à grains de quartz, de feldspath, de mica; roche tendre, mollasse, passant souvent au poudingue. Le grès horizontal se compose quelquefois de strates inclinés.
F. Argile rougeâtre micacée.
G. Grès grossier à l'état meuble ou faiblement agglutiné; quelques cailloux donnent l'indication d'une stratification : couleur blanchâtre.

En suivant le bord de l'Arda pour se rendre à Sari Iar, on voit les mêmes grès mis à nu par l'escarpement qui borde la rivière. Là, les grès sont très-développés. Ils sont de couleur blanchâtre, et alternent avec des grès argileux rougeâtres. Des argiles rougeâtres ou diversement nuancées, mêlées de grains de quartz et micacés, sont subordonnées au grès. Les couches sont dérangées, bombées, sans présenter cependant une forte inclinaison dans aucun sens. Le dérangement peut provenir d'un changement relatif de niveau, comme aussi de troubles dans le dépôt.

Les schistes cristallins occupent le fond de la vallée entre Sari Iar et Bektachli, et contiennent des bancs de calcaire.

43*. Course aux environs de Bektachli.

Les montagnes qui dominent ce village se composent de diorite schistoïde, de gneiss et de micaschiste. Elles renferment des couches subordonnées de calcaire lamellaire et de quartzite. La roche dominante est la diorite schistoïde, qui est souvent grenatifère, ainsi que le gneiss et le micaschiste. Ces roches sont traversées par des filons de granite à gros grain et de pegmatite qui paraît être une modification du granite. La pénétration du granite cause les mêmes phénomènes que dans le plateau de Sirkarakilissé. Il imbibe les roches, et absorbe lui-même de l'amphibole.

Dir. des couches N. 10° O.; pl. E. 10° N.

Sur la pente de la colline, des grès grossiers faiblement agrégés reposent en stratification discordante sur les schistes cristallins. Ils contiennent des nummulites (fig. 43).

Dir. N. E.; pl. S. E.

Ils sont recouverts de calcaire à polypiers.

Sur le terrain à nummulites et sur les schistes cristallins repose un dépôt alluvial, composé de sable argileux rougeâtre renfermant des cailloux roulés. Ce dépôt se montre sur le haut de la colline. Cependant, en montant sur les contre-forts plus élevés, on ne trouve plus qu'une terre sablo-argileuse rougâtre provenant de la décomposition sur place des roches cristallines. Les fragments ne sont plus roulés, mais anguleux.

FIG. 43.

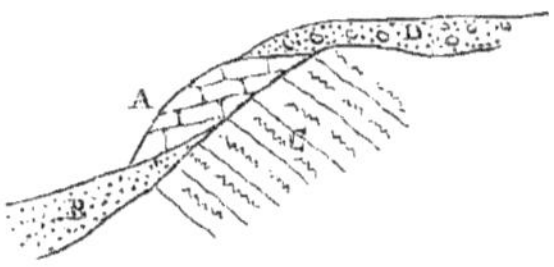

D. Dépôt alluvial.
A. Calcaire à poplypiers.
B. Grès grossier.
C. Schistes cristallins.

44* (37). De Bektachli à Adatchah.

De Bektachli jusqu'au fond de la vallée qui conduit à Sulbukun, schistes cristallins. Les diorites schistoïdes dominent et sont coupées, hachées par le trachyte à gros grains.

Les couches, après Bektachli, vont E. 20° N.; pl. S. 20° E.; incl. 18 à 20°. Sable argileux rougeâtre sur le plateau, provenant de la décomposition sur place des diorites.

Le granite domine près du sommet du plateau de Bektachli.

Direction des couches (directions prises dans le lit d'un torrent de la vallée de Dêvê Dèré) :

Dir. E. O.; pl. S.
— E. 15° S.; — S. 15° O.
— E. 10° N.; — S. 10° E.

Un peu plus loin, au deuxième ravin :

Dir. E. 20° N.; pl. S. 20° E.

Au delà d'Iaïaladjik :

Dir. N. S.; pl. O.
— N. 20° O.; — O. 20° S.
— N. 30° O.; — O. 30° S.
— N. 20° E.; — O. 20° N.
— N. 30° O.

Le quartzite, le micaschiste et le gneiss blanc se montrent surtout au point de partage des eaux qui précède Iaïladjik, dans les ravins de la vallée de Dêvê Dèré et dans les contre-forts après Iaïladjik. Le granite blanc apparaît aussi, et forme des protubérances au milieu des schistes cristallins et des filons. Plusieurs bancs de calcaire lamellaire sont subordonnés aux schistes cristallins. La diorite schistoïde est toujours très-abondante. Couches horizontales avant Iaïladjik.

Le fond du sillon est formé de roches blanches, souvent à l'état meuble, ou si faciles à se désagréger, qu'elles ont l'air d'être à l'état meuble. Les fragments trouvés sur la route sont des trachytes, du calcaire à polypiers et des grès composés d'éléments trachytiques. Par-dessus viennent des argiles rouges, jaunes, verdâtres, qui sont recouvertes de cailloux roulés et de loess.

Coupe d'un ravin à 20 minutes avant d'arriver à Sulbukun (fig. 44) :

Fig. 44.

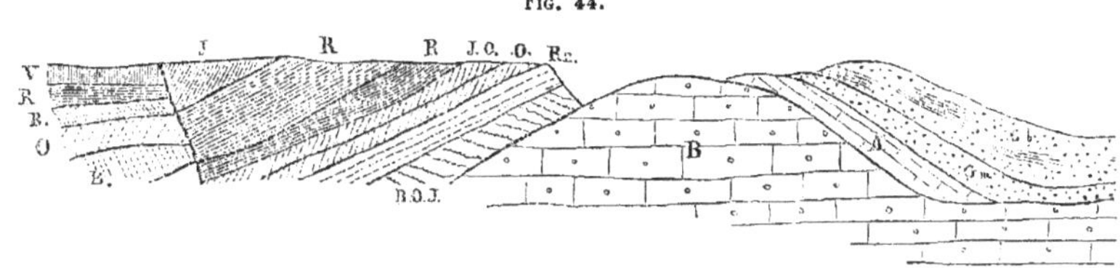

V. Grès vert.
R. Grès rouge.
RE. Grès rougeâtre.
B. Grès blanc.
O. Grès ocreux.
J. Grès jaune.
Gb. Grès blanc, avec lits subordonnés rouges.
Gm. Grès micacé rouge et vert, argileux, grossier.
A. Brèche calcaire.
B. Calcaire à nummulites.

1° A gauche de la coupe : couches argilo-sableuses ou grès friables diversement colorés, reposant sur le calcaire à polypiers et à nummulites. Les couches sableuses sont traversées de filets de gypse.

2° A droite de la coupe : brèche calcaire rougeâtre ; les fragments sont pénétrés et colorés en rose. Elle repose sur le calcaire à polypiers. Plus loin le grès, composé d'éléments trachytiques, repose sur le calcaire sans interposition de brèches. Les grès se composent généralement de grains de feldspath, de paillettes de mica, et sont quelquefois pauvres en quartz.

Le calcaire à nummulites est très-compacte, fragmentaire, coloré en rose à l'intérieur. Sa partie inférieure contient un peu d'argile stratifiée, et offre une disposition en plaques inégales à surfaces rugueuses d'un mètre au plus de longueur, formant des couches.

En suivant le ravin, on voit le calcaire former plusieurs bosses, mais l'on ne voit pas bien si les grès passent entre elles ou s'ils les recouvrent également. Ce qui ferait croire qu'il y a là plusieurs bancs de calcaire, c'est que la roche est tantôt fragmentaire sur un point, tantôt en couches sur un autre ; tantôt sur un autre point elle ressemble aux couches d'argile calcaire du fond du ravin d'Ortakeui ; seulement là elle est verdâtre ou jaunâtre, et ici rougeâtre.

En traversant le plateau pour aller du ravin à Sulbukun, on voit sur ces roches une terre argilo-sableuse rougeâtre avec cailloux roulés. En considérant les escarpements du plateau qui bordent la Maritza, on voit les couleurs des couches offrir une stratification régulière, mais qui est interrompue, par places, par des espèces de bandes verticales rougeâtres, comme s'il y avait un puits ou une pénétration locale (fig. 45).

FIG. 45.

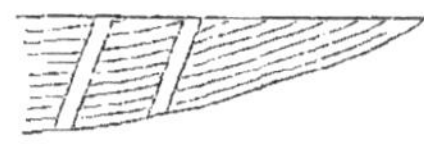

Les couches sont tantôt horizontales, tantôt faiblement inclinées dans un sens ou dans l'autre.

45* (38). Course à Kourt Keui, et ascension au mont Kourt Dagh Kalessi.

Les ravins sont trop peu profonds, quoique encaissés, pour permettre de bien juger de la superposition des couches. On peut seulement remarquer que la masse des couches offre une couleur blanche, et se compose de bancs tantôt solides, tantôt friables et presque meubles. Le loess couvre en grande partie le plateau ; quelquefois c'est l'alluvion à cailloux roulés. Le loess se trouve plus haut que Kourt Keui, jusqu'au pied des sommités ou du moins des hauts contre-forts. En montant de Kourt Keui à la montagne, on trouve des couches arénacées. On y distingue des grès composés de grains de quartz, de cristaux altérés de feldspath (kaolin), de mica noir, qui paraissent provenir en grande partie du trachyte. Les grès passent à des conglomérats. On remarque aussi des couches de brèches silicifiées qui sont en rapport avec le trachyte. Les pentes rapides de la montagne au-dessus du plateau du sillon offrent des alternances de grès qui paraissent formés aux dépens du trachyte, et de brèches. Il semble qu'il y ait mélange d'éléments tertiaires et d'éléments trachytiques; mais la végétation ne permet pas d'étudier la succession des couches ni leur superposition. Elles sont très-inclinées sur les pentes rapides, et tantôt très-inclinées, tantôt horizontales entre Kourt Keui et les fortes pentes. Il semble aussi que le trachyte perce de temps en temps; mais on ne peut pas l'assurer. Le sommet est un dyke de trachyte rosâtre, qui sert aujourd'hui de séjour aux aigles. Le calcaire à polypiers existe aussi. Nous en avons trouvé un fragment.

A juger par les formes et par la couleur blanchâtre qui se voit dans de rares déchirures, toute la chaîne paraît se composer de trachyte et de son conglomérat, tufs et roches silicifiées.

46* (39). D'Adatchali à Nébilkeui.

Le défilé de l'Arda est formé par des trachytes prismatiques divisés en plusieurs bancs superposés. Des conglomérats accompagnent ces roches, et contribuent à produire des formes aiguës et déchirées qui rappellent les montagnes de Tchampkeui et de la vallée d'Enfer en Auvergne. Des couches de conglomérats de brèches calcaires rouges à polypiers, etc., se redressent vers les trachytes du côté d'Adatchali. Du côté opposé du défilé, même effet.

En se rendant à Akpach, on rencontre les grès blancs déjà décrits, et autres roches diversement colorées. Quelquefois les grès forment des bancs énormes; ils passent à des conglomérats.

Direction variable : une fois N. E.; pl. S. E.; incl. 40°.

Quelques poudingues renferment des cailloux roulés de trachyte mêlés à des cailloux de roches cristallisées. Ils sont intercalés dans les grès blancs (mollasses) à grains de quartz kaolin et débris de roches cristallines.

Ces roches s'appuient sur le trachyte qui forme la colline d'Adatchali. Près d'Akpach, roche argileuse rougeâtre maculée de blanc, et présentant les nuances rosâtre et jaunâtre; elle provient de l'altération du trachyte. Le plateau du col est formé de couches de grès blanc qui recouvrent le loess. A la descente, on retrouve la roche argileuse rougeâtre et le trachyte; ici il est en bancs stratifiés de couleur brune. A une demi-lieue d'Adatchali il est rosâtre, porphyroïde, à grands cristaux, comme les sommets les plus élevés du Cantal.

La vallée de l'Arda en amont du défilé présente partout les mêmes formes et couleurs de montagnes. On voit le trachyte former des filons, et les roches blanches mises à nu former avec des trachytes les sommités du prolongement de la chaîne de Kourt Dagh Kalessi. Ces formations associées s'étendent encore au loin du côté du Foufla et d'Ortakeui.

L'étude du ravin de Nébilkeui est très-intéressante, parce qu'elle nous a montré jusqu'à la dernière évidence un fait que nous n'avions fait qu'entrevoir obscurément.

Nous avions bien remarqué que les roches arénacées du terrain à polypiers et à nummulites se composaient d'éléments qui semblaient provenir du trachyte; mais nous supposions que c'étaient seulement les couches supérieures recouvrant ce terrain qui se trouvaient en relation avec les éruptions trachytiques, et alors rien ne s'opposait à en faire deux terrains, l'un antérieur, l'autre postérieur aux éruptions. La coupe du ravin prouve que le calcaire à polypiers et à nummulites alterne avec les tufs et conglomérats boueux des trachytes. Le calcaire est quelquefois à l'état de conglomérat, c'est-à-dire se compose de fragments roulés de calcaire rougeâtre et de rares cailloux roulés de trachyte. On ne peut pas supposer que ces bancs de calcaire soient accidentels; ils ont une épaisseur de 2 à 6 mètres, et nous en avons compté trois qui se prolongent dans le ravin (voir la coupe, fig. 46). Les tufs blancs avec feldspath presque ponceux qui font partie de cette formation renferment des oursins et des coquilles.

La direction des couches est variable sur une petite étendue. Au ravin, E. 20° N.; pl. S. 20° E.; à Nébilkeui, O. 20° N.; pl. N. 20° E. (tufs).

Cette variation des directions se conçoit dans un terrain dont le dépôt se faisait pendant que les éruptions trachytiques avaient lieu : le dépôt était interrompu sur le point en ignition et se continuait ailleurs ; à la fin d'une éruption, il recommençait sur ce point, entourait la cheminée et la coulée, et les recouvrait lorsque leurs surfaces supérieures n'étaient pas trop élevées.

En continuant à descendre le ravin, on trouve des roches arénacées vertes, contenant des fragments de trachyte et formées elles-mêmes en presque totalité d'éléments trachytiques (espèce de conglomérat boueux). Viennent ensuite des argiles vertes qui semblent formées de cendres très-fines. Elles sont coupées par des filons d'une substance blanche qui s'est insinuée dans toutes les fentes. Viennent ensuite des brèches silicifiées et analogues à celles de la montagne de Kourt Keui Kalessi. Elles constituent une petite colline qui précède l'entrée du défilé. De ce côté le défilé est aussi composé de trachyte prismatique. Les fossiles ont été trouvés dans les tufs blancs sur la route de Nébilkeui à la fontaine, à cinq minutes de la coupe prise du ravin. Ces tufs reposent sur le conglomérat boueux (n° 6 de la coupe). Ainsi dans la coupe ils sont à la partie supérieure du n° 6 ou à la partie inférieure du n° 7.

Coupe du ravin de Nébil-Keui.

FIG. 46.

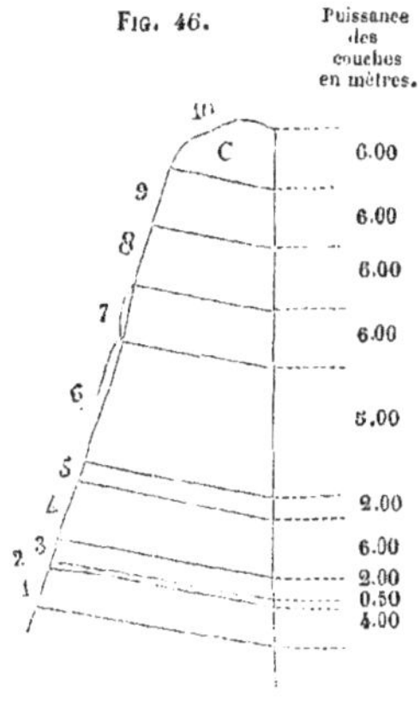

N° 1. Grès micacé avec grains de feldspath, quartz, mica de couleur grisâtre.

N° 2. Argile rougeâtre et verdâtre.

N° 3. Calcaire rougeâtre bréchiforme.

N° 4. Grès argileux blanchâtre avec mica noir, feldspath, quartz et parties argileuses; grès jaunâtre.

N° 5. Calcaire rouge bréchiforme, avec polypiers, renfermant des fragments roulés de trachyte.

N° 6. Conglomérat boueux, avec fragments de trachyte; feldspath vitreux et presque ponceux; par la diminution des grains il passe à un grès blanchâtre très-étendu et au tuf blanc fossilifère.

N° 7. Grès tendre schistoïde, ou en lits minces blanchâtres, composés d'éléments trachytiques plus résistants que le précédent (n° 4) et faisant saillie.

N° 8. Calcaire à polypiers, tendre par places, tenace dans d'autres points, et contenant une quantité plus ou moins grande d'éléments trachytiques. Ce banc a un grès contenant des fragments arrondis de calcaire, ou un conglomérat dont les rognons calcaires sont cimentés par les éléments trachytiques.

N° 9. Grès comme le n° 7.

N° 10. Calcaire à polypiers, blanc, rougeâtre par places, offrant une apparence poudingiforme, ou arénacée (grès) lorsque les éléments sont petits.

En descendant le ravin, on trouve la coupe suivante (fig. 47) :

FIG. 47.

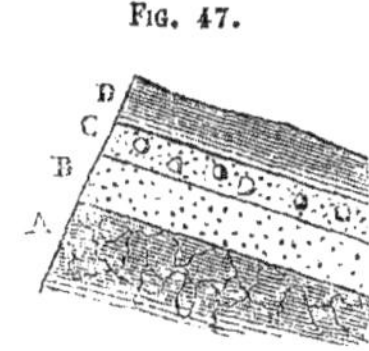

A. Marne argilo-siliceuse, ou calcaire argileux de couleur verdâtre, pénétrée dans tous les sens de filons d'une substance blanche tufacée qui tantôt coupe les couches, tantôt s'intercale dans le sens de la stratification sur une petite étendue.......... Puissance 15 à 20 m.

B. Grès blancs à éléments trachytiques.......... 6 à 8

C. Roche verte, arénacée, avec fragments de trachyte altéré, espèce de conglomérat boueux bien stratifié.......... 8 à 10

D. Couches argilo-sableuses.......... 4 à 5

Ensemble...... 33 à 43

Ces couches paraissent se prolonger sous celles de la coupe précédente, mais elles en sont séparées par un ravin, et nous n'avons pas eu le temps de nous assurer si elles viennent butter contre. Cependant, d'après ce que nous avons vu dans la vallée de l'Arda, auprès de Nébilkeui, nous croyons qu'elles sont recouvertes par celles du ravin. En effet, en revenant à Nébilkeui on retrouve les couches vertes au pied des collines, contenant des couches à calcaire à polypiers.

Sous la couche A viennent des brèches trachytiques et silicifiées dont nous avons parlé précédemment, et qui se composent de fragments de dépôt sédimentaire mélangés de produits éruptifs. Ces couches, comme la couche A, paraissent avoir été pénétrées par des eaux siliceuses ou calcarifères. Les eaux thermales ont dû contribuer à donner aux brèches et conglomérats que nous appelons trachytiques cet aspect si remarquable que nous avons signalé à Kourt Keui Kalessi, et qui se représente si souvent ailleurs.

47* (40). De Nébilkeui à Osman Bachalar.

Trois buttes de trachyte noir prismatique près d'Alembder. Celle qui précède le village, et qui se trouve entre lui et Nébilkeui, a sa base bordée de tufs et de poudingues en couches inclinées, mises à nu par le lit de l'Arda. Les deux buttes au delà d'Alembder sont accompagnées de leurs brèches.

En face, de l'autre côté de la vallée, roches diversement colorées qui paraissent être friables, et roches blanches, probablement des tufs.

La couleur blanche des escarpements en pentes rapides de la rive droite annonce l'existence du terrain de Nébilkeui. On y remarque aussi ce conglomérat vert à fragments trachytiques, signalé au-dessous de la coupe du ravin.

Du village d'Ada, on voit au N. les couches blanches et vertes supporter les villages de Keusset Keui et de Kovandjalar. Au S. 10° O., le dernier sommet visible de la vallée du Bourgas Dèressi paraît encore, par sa cime conique, appartenir au terrain trachytique.

Le bas du promontoire d'Ada se compose de tuf, de conglomérat vert signalé, etc. Entre ce village et Ménekchéler on marche sur le trachyte. Les ravins et les accidents du sol qui permettent à la route d'aller de Méneckchéler à Sououkbounar montrent des trachytes porphyroïdes noirs, gris et violets. Les escarpements qui dominent et entourent Sououkbounar se composent de coulées prismatiques de trachyte noir, et de tufs blancs alternant. Les murailles du défilé se composent de prismes verticaux ou très-faiblement inclinés, interrompus par une apparence de stratification qui leur donne l'air de bancs distincts; mais on sait que cette particularité se remarque dans des masses de trachyte prismatique, masses qui ne font qu'un seul tout.

Nous avons trouvé un gros bloc de calcaire à polypiers au bas de la descente, mais encore à une assez grande hauteur au-dessus du village.

C'est le trachyte noir prismatique qui forme les pitons si nombreux des défilés et ceux qui bordent la vallée. Il est en coulées et en dykes. Ainsi, dans le défilé de Dongourlar à Hassaraltê, il est accompagné de ses brèches solides ; de même auprès de Sououkbounar. Les surfaces plates du lit de l'Arda sont formées d'un trachyte compacte, rosâtre, contenant des accidents nombreux de silex, de calcédoine, opale, etc. Ces plaques siliceuses expliquent la présence de celles de même nature que nous avons rencontrées isolées sur le plateau du monastère Saint-Athanase, près d'Énos.

Le trachyte noir prismatique ne se montre plus sur le ravin gauche, depuis Hassaraltê jusqu'au delà de Krdjali.

Le Suutlu vient des montagnes de Gumourdjina et de Sultaniéri. La pointe comprise entre le Suutlu, l'Arda et le Bourgas appartient au kaza de Sultaniéri; l'espace compris entre la rive gauche du Suutlu et la droite de l'Arda appartient au kaza de Gumourdjina; la rive gauche de l'Arda en face du Suutlu au kaza de Kas-Keui; la rive gauche de l'Arda à Nébilkeui, et plus bas au kaza de Tchirmen. La séparation entre le kaza de Tchirmen et de Kas-Keui se trouve aux montagnes du défilé.

Fig. 48.

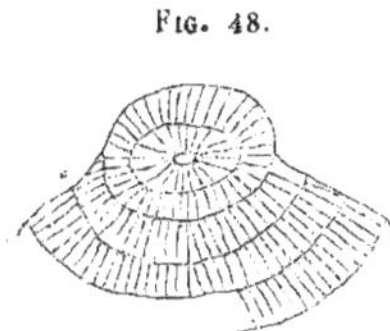

Le trachyte noir forme à Sououkbounar des prismes en rose (fig. 48). Malgré ses caractères basaltoïdes, nous rangeons cette roche parmi les trachytes, parce qu'elle alterne avec des tufs ponceux.

48* (41-42). De Krdjali à Kétenlik.

La formation du calcaire à polypiers s'étend de Krdjali à Iéni Bazar, sans interruption. Le contre-fort qui conduit à Gabrova est trop chargé par la végétation pour laisser reconnaître la nature du sol; on voit cependant quelquefois ce même terrain.

Dans les ravins qui conduisent au col de Karakaïa, on voit une succession de couches parfaitement régulières, de couleur blanche, blanc grisâtre et blanc verdâtre. Ce sont des argiles calcarifères (blanc verdâtre), des grès argileux micacés grisâtres (mollasse à grains de quartz), des calcaires, des conglomérats.

Avant Kélémenler, calcaire argileux et argile calcarifère :

Dir. N. O.; pl. S. O.

Après Kélémenler, grès quartzo-argileux micacé, grisâtre (mollasse), plus ou moins friable, plus ou moins dur.

Dir. O. 30° N.; pl. N. 30° E.

Calcaire à nummulites.

Les couches sont horizontales au col. De Krdjali au col elles changent plusieurs fois de plongement.

La butte, de 50 mètres, qui domine le col de Karakaïa à droite, est du calcaire à nummulites plongeant vers le col. Des lignes verticales que l'on voit dans la protubérance calcaire en montant au col annoncent un redressement violent qui, au surplus, se retrouve à Iénibazar.

Nummulites et débris de coquilles, formant une roche arénacée, à la descente du col de Karakaïa.

Pour passer le contre-fort d'Umetkeui, on trouve, en montant, grès schistoïdes, conglomérats avec fragment de trachyte et de calcaire à nummulites, grès quartzo-argileux micacés.

La direction des couches est N. 20° E.; pl. E. 20° S.

Plus haut, on trouve : argile calcaire schistoïde grise, grès argileux micacé.

Dir. N. O.; pl. S. O.

Plus haut, alternance de grès argileux micacé schistoïde et de calcaire argileux schistoïde.

A la descente de ce contre-fort :

Dir. N. E.; pl. S. E. (prise deux fois).

Montée de Karadémirler. Calcaire à nummulites et grès calcarifère à nummulites.

Au ruisseau d'Iénikeui, grès quartzeux micacé argileux, redressé verticalement au contact du trachyte et de ses poudingues. Les couches redressées courent environ N. 30° O. et N., et sont ondulées.

Le trachyte revêtu de ses conglomérats forme une butte arrondie à droite de la route. C'est sans doute le prolongement de cette éruption qui forme les couches redressées signalées dans la protubérance calcaire du col de Karakaïa.

Grès quartzeux micacé (mollasse) en bancs puissants dans la vallée après Iénibazar.

La surface du plateau boisé est recouverte de sables argileux rouges et de cailloux roulés.

Du partage des eaux on voit la plaine à l'E. N. E.

Plus loin, sur le contre-fort, grès mollasse, poudingue, calcaire à polypiers, en stratification discordante. Dir. N. 30° E.; pl. O. 30° N.

Les cailloux roulés sont très-volumineux avant Gabrova, et accompagnés de sable argileux rougeâtre formant ciment et produisant des poudingues à gros éléments. Les roches cristallines entrent en grande quantité parmi ces cailloux, ce qui annonce le voisinage des schistes cristallins qui forment probablement la partie centrale du contre-fort. Des pointements sur la route nous ont paru appartenir à ces roches. L'heure avancée ne nous a pas permis de vérifier le fait.

A Kouchavlar, trachyte basaltoïde noir, avec ses brèches solides ; il perce dans les grès et calcaires à nummulites.

Sur la route de Kouchavlar à Kétenlik, à cinq minutes du village, le calcaire à polypiers et à nummulites repose sur le trachyte sans intermédiaire. Il renferme des fragments de trachyte empâté dans ses parties les plus compactes. Le banc calcaire a 2 mètres environ d'épaisseur. Il est recouvert d'un conglomérat boueux, et un autre banc calcaire se trouve encore enclavé entre les couches de conglomérat boueux ; ensuite viennent des brèches (fig. 49).

Fig. 49.

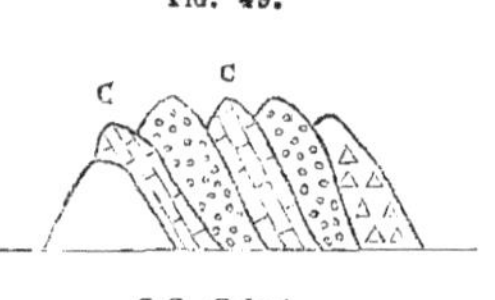

C C. Calcaire.

Les pentes de la montagne se composent d'une roche arénacée rosâtre, formée d'éléments trachytiques formant un conglomérat fin.

Trachyte porphyroïde dans ces roches ; il sera trouvé encore plus loin avec le trachyte rose très-compacte.

Le trachyte blanc, généralement altéré, constitue toute la montagne à partir du col d'Aïghir Olouk Iaïlassi jusqu'au bas de la descente.

Alluvions sur le plateau, composées de débris trachytiques. Un cône à droite, une demi-heure avant Kétenlik.

La vallée d'Arnaoutkeui forme la séparation des trachytes et des schistes cristallins. Les formes coniques et aiguës de la rive droite de cette vallée annoncent leur composition volcanique, tandis que celles de la rive gauche annoncent un changement de terrain.

49* (43, 44, 45). De Kétenlik à Philippopoli par Stanimaka, et course au monastère de Batschkova.

Le plateau se compose de cailloux roulés, répandus dans une terre argilo-sableuse. En avant des montagnes trachytiques, les cailloux sont de trachyte; devant celles de Tchaoutchkeui, et jusqu'à Stanimaka, ils sont de calcaire grenu et de schistes cristallins.

Ce terrain, probablement tertiaire, se montre dans le ravin qui descend à Papazli. Ses couches se dessinent et paraissent peu inclinées.

Les pentes des montagnes se composent de calcaire cristallin. Au ravin du monastère Svêti Petko, calcaire blanc lamellaire et calcaire grisâtre fétide. Filets de chaux carbonatée, arragonite dans le calcaire.

Dir. O. 20° N.; pl. N. 20° E.; incl. 32°.

Plus loin, conglomérat de cailloux de calcaire grenu, avec ciment coloré par le fer.

A la descente vers Stanimaka, énorme épaisseur de cailloux, les uns arrondis, les autres angulaires, répandus dans un sable argilo-sableux. Cet amas se trouve au débouché de la vallée du ruisseau de Stanimaka, dans la plaine.

Éruption de serpentine dans le calcaire lamellaire. Cette roche est accompagnée de brèches. La partie en contact avec la serpentine se compose de fragments de serpentine et de diorite, qui ensuite se mêlent avec des fragments calcaires. Le calcaire, à son tour, forme des brèches presque privées de fragments serpentineux. Le calcaire est en couches, mais il se présente aussi avec des caractères de modification. Il est ocreux et argileux, parsemé de filets de chaux carbonatée.

La vallée de Stanimaka coupe profondément les schistes cristallins et les calcaires.

DIRECTIONS OBSERVÉES :

CALCAIRE	Près de Stanimaka	N. 30° E.;	pl. O. 30° N.
	Plus loin	O. 30° N.;	— N. 30° E.
	Plus loin	O. 10° N.;	— N. 10° E.
	Plus loin	O. 20° N.;	— N. 20° E.
	Micaschiste accompagnant le calcaire	N. 30° E.;	— O. 30° N.
SCHISTES CRISTALLINS	Gneiss après les calcaires	N. 20° O.;	— E. 20° N.
	Ensuite pl. en sens inverse.		
	Plus loin	N. 20° O.;	— E. 20° N.
	Près du pont	N. 20° O.;	— E. 20° N.
	Gneiss de Batschkova	E. 30° N.;	— S. 30° E.

Il semblerait qu'il y a là deux terrains différents. Le calcaire forme des couches épaisses superposées ; ensuite il alterne avec des couches peu épaisses de talcschiste et de micaschiste ; à sa partie inférieure, les micaschistes deviennent puissants et contiennent des lits de 1 à 10 centimètres de calcaire grenu : ces lits ne se prolongent pas loin ; ce sont des espèces de lentilles très-aplaties.

Le micaschiste est grenatifère et coupé de filons de quartz.

Le gneiss offre plusieurs variétés.

Parmi les cailloux roulés de la vallée, nous avons trouvé devant le monastère des trachytes de diverses couleurs, de la serpentine et de la diorite, des conglomérats à cailloux calcaires, du travertin et des schistes cristallins.

En face du monastère, rive droite, ravin et cascade sans eau, travertin formant des stalactites.

Auprès, le gneiss est altéré et forme une déchirure blanchâtre et rougeâtre.

Les eaux sont stagnantes en hiver dans la plaine de Stanimaka à Philippopoli. La route suit les points les plus élevés, pour éviter ces marécages. En été, plateau sec, inculte excepté près des villages, rizières près de Philippopoli, arrosées par le Dermen Dèrè et par la Maritza, suivant la position des terres en culture.

La syénite s'élève en pitons de 50 à 60 mètres au-dessus du plateau, et forme un arc de cercle dont la Maritza serait la corde. Philippopoli est construit dans cette enceinte naturelle et jusque sur le dos des rochers; des faubourgs débordent en dehors vers l'est.

Exploitation de nitrate de potasse par lessivage au pied de la syénite. On lessive des terres remplies de décombres d'habitations.

50* (56, 57, 58). De Philippopoli (Filibè) à Dèrèkeui. — De Dèrèkeui au tchiflik de Kaïalitchali. — Ascension au mont Persenk. — Du tchiflik à Mihalkova. — De Mihalkova à Iacikorou.

Aux environs de Philippopoli, jardins potagers bien cultivés, ensuite rizières arrosées par des prises d'eau faites au Dermen Dèrè, et plus loin au Kritchma Dèressi. Sol alluvial.

Au pied des collines à vignobles qui précèdent Dèrèkeui, schistes cristallins recouverts de sable argileux rougeâtre. Le dos de la dernière colline qu'il faut gravir avant de descendre au village se compose de serpentine accompagnée de brèches et de conglomérat dans les schistes cristallins ; au-dessus repose un dépôt de cailloux, les uns roulés, les autres à angles vifs ou à peine émoussés, cimentés par les débris atténués des mêmes roches.

En quittant Dèrèkeui pour se rendre au tchiflik de Kaïalitchali, on trouve le même dépôt de cailloux répandus dans une terre sablo-argileuse. En continuant à monter, on voit un calcaire grenu brèchiforme reposer sur ce dépôt. Cette roche conglomérée a de l'analogie avec les brèches de la sepentine qui se trouve à l'est du ruisseau.

Plus haut, le dépôt de cailloux se compose de sable argilo-calcaire avec de petits cailloux. Ce sable, ou roche meuble, passe à un calcaire blanc, tendre, quelquefois rosâtre, qui paraît être calcaire d'eau douce ou thermale. Ce calcaire est quelquefois argileux et renferme des petits lits ou plaquettes de calcaire argileux blanc jaunâtre.

Le dépôt de cailloux prend vers le haut de la montée une apparence de stratification.

Un calcaire grenu, blanc, lamellaire, fragmentaire et bréchiforme, repose sur le calcaire blanc lacustre et sur les fragments stratifiés de schiste cristallin.

Sable argileux rouge sur le sommet du plateau.

A la descente vers le lieu dit Lechnitza, on trouve des bancs de brèches composées de fragments de calcaire lamellaire, cimentés par une pâte rougeâtre.

La végétation ne permet pas de voir leur rapport avec les roches superposées et sous-jacentes. On voit seulement qu'il y a là un gros dépôt de calcaire grenu, qui constitue la masse du contre-fort. Le lieu dit Lechnitza se compose de trachyte rose dont les surfaces s'arrondissent à l'air et forment de gros blocs.

Ils sont accompagnés d'un conglomérat boueux stratifié et dont les éléments s'élèvent et forment un grès.

En montant, trachyte gris noirâtre (perlite) à structure tubulaire, puis trachyte rouge reposant sur les schistes cristallins. Le trachyte forme encore le point culminant du contre-fort; il est gris rosâtre, s'arrondit à la surface, et forme des escarpements du côté de la vallée de droite et vers le sud. Cette vallée de droite et les ravins suivants qui portent les eaux à Périchtutza offrent aussi des escarpements semblables, d'où l'on pourrait conclure que le trachyte constitue en grande partie ces montagnes et s'avance jusqu'à Périchtutza; à gauche, quelques escarpements à formes sembables.

Le trachyte cesse au delà du piton de la montée du contre-fort. On ne le trouve plus qu'au delà de Kurien, formant des pointes aiguës à l'origine de la vallée du Dermen Dèrè et de l'affluent du Stanimaka qui passe sous le pont à moitié route de Stanimaka et du monastère de Batchkova.

Le col passe entre deux masses de ces trachytes. Du côté du tchiflik, le trachyte présente des escarpements hérissés d'aiguilles qui de loin ont une espèce d'apparence de prismes. Les escarpements qu'ils forment du côté du tchiflik vont presque E. O., mais ils s'avancent dans d'autres directions pour former la ligne de partage entre le Dermen Dèrè et le Stanimaka.

Les pointes qui précèdent le Persenk ont aussi une direction différente du dos du Persenk qui s'allonge de l'E. à l'O. Tout ce qu'on peut conclure, c'est que le trachyte forme en grande partie le faîte de la paroi du Kritchma qui paraît s'allonger du N. au S.

En effet, le trachyte forme encore les cônes au pied desquels on passe pour aller de Mihalkova à Jacikorou.

Le trachyte formant des aiguilles est quartzifère, micacé, et ressemble beaucoup plus au porphyre granitoïde qu'au trachyte. Il perce les schistes cristallins et le calcaire grenu en dykes énormes. Il est accompagné d'un conglomérat formé de blocs soudés par la pâte trachytique, mais on ne le voit pas associé avec des tufs et des conglomérats boueux. Malgré ces circonstances, il nous paraît impossible de le séparer des trachytes rosâtres qui sur d'autres points sont associés avec des brèches, des conglomérats boueux et des tufs.

Ce trachyte quartzifère renferme (comme celui qui n'est pas quartzifère et qui se trouve plus près de la plaine) des débris de roches cristallines et de trachyte; il est quelquefois cellulaire et parsemé de géodes dont l'intérieur est rempli en partie d'une substance blanc jaunâtre. Il est associé avec une roche noire résinoïde ayant une tendance à devenir amygdalaire. Les cellules sont souvent presque vides et enduites d'une substance blanchâtre qui garnit les parois à la manière des agates. Il contient aussi des parties noires résinoïdes (semblables au trachyte résinoïde) qui se fondent dans la pâte; enfin il passe à une roche bréchoïde très-compacte, à pâte fine, à cassure nette et conchoïdale, qui en s'altérant forme des débris en plaques conchoïdales et offrant une structure stratiforme (près de Vodéna). Ces roches forment des cônes, vus du tchiflik, séparés par des ravins.

Les schistes cristallins forment la plus grande partie du contre-fort suivi jusqu'au tchiflik. Ils forment encore la plus grande partie des contre-forts compris entre les sommités trachytiques qui bordent des deux côtés la vallée du Kritchma.

Ils renferment des couches de calcaire cristallin. La position des couches est quelquefois normale; mais souvent elle paraît difficile à expliquer : à côté de schistes cristallins faiblement inclinés, on trouve des escarpements de calcaire, à peu près comme dans la figure 50. Cette disposition se présente à plusieurs reprises sur le contre-fort du tchiflik à Mihalkova. Est-ce une faille? Il serait difficile d'admettre que le calcaire soit venu se déposer en couches épaisses et horizontales au pied de semblables falaises. Le calcaire offre généralement à la partie supérieure une disposition fragmentaire ou bréchoïde, ou congloméree. Il est alors imprégné de filets en réseau de chaux carbonatée ou de silice. On le voit encore former des conglomérats avec ciment ferrugineux auprès des filons de pegmatite, de quartz et de granite. Il affecte des formes en dôme. Au pied des escarpements trachytiques du tchiflik, il se montre coloré en rouge, et se redresse près du contact. Au plateau d'Iacikorou, il présente la forme en bateau.

FIG. 50.

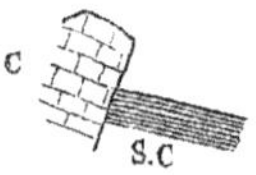

C. Calcaire.
SC. Schistes cristallins.

FIG. 51.

Il est là traversé par le trachyte et ses conglomérats.

	Direction du calcaire.	*Direction des schistes cristallins.*
Route au tchiflik. . .	E. 40° N.; pl. N. 40° O.	E. 20° N.; pl. N. 20° O.
—	E. 10° N.; — S. 10° E.	
Route de Mihalkova. .	N. O. — S. O.	N.; — E.
		N. O.; — S. O.
Route d'Iacikorou		N. 20° O.; — O. 20° S.; incl. 35°.

Énormes blocs trachytiques sur le contre-fort près de Mihalkova. En face, sur la rive opposée du ruisseau, dépôt terreux et sableux avec cailloux de gneiss, etc. Les grains conservent leur forme cristalline et produisent une argile grasse. Beaux exemples de filons ramifiés de pegmatite, de quartz, coupant les couches, notamment à Mihalkova.

51* (60). D'Iacikorou à Batak.

Le plateau calcaire d'Iacikorou est entouré de trois côtés par des montagnes dont les sommets sont ou coniques ou surbaissés. Les cônes sont placés les uns devant les autres et produisent un grand nombre de ravins. Ils sont formés de trachyte rose qui s'altère à l'air et prend des surfaces arrondies, d'où résultent de gros blocs souvent isolés : il produit aussi un sol sableux. Au village même, il perce le calcaire ; au contact, il est sous forme de blocs de toute grosseur, empâtés dans le ciment trachytique.

Le trachyte présente ici ses caractères ordinaires, et n'est pas siliceux comme au tchiflik de Kaïalitchali et sur la route de Mihalkova à Vodena.

Le calcaire est à grains plus fins que celui trouvé les jours précédents. Il est presque compacte, ce qui nous a fait chercher vainement des nummulites. Il n'occupe qu'un petit espace du plateau, et il est remplacé bientôt par le trachyte.

Le col est composé de schistes cristallins, de même que les contre-forts traversés. Il y a de beaux exemples de pegmatite en filons coupant les micaschistes et les gneiss, se ramifiant, et rarement devenant filons-couche sur un petit espace.

Le trachyte forme encore des sommités au nord de la route suivie, et se montre dans deux ou trois parties de la route.

52* (61). De Batak au han de Dospath Iaïlassi.

Aux environs de Batak, les couches sont généralement peu inclinées, 20° au plus (mesuré). Schistes cristallins.

Direction : Sortie du village, E. O. ; pl. S.
Lit du ruisseau, E. O. ; pl. S.
Route en descendant à Batak, N. 30° O. ; pl. O. 30° S.

Gneiss, micaschiste, quartzite, calcaire grenu.

Ces couches sont coupées par des dykes de granite à petit grain, et des filons nombreux de pegmatite (quartz et feldspaths) et de quartz.

Beaux exemples de ces filons qui se ramifient et laissent quelquefois des lentilles isolées dans les fentes.

Les couches observées à Batak forment la presque totalité de la route jusqu'au sommet du col. Le calcaire paraît prendre un grand développement au plateau de Béïlik et du Domous Dèressi. Filons de quartz, de pegmatite et de

FIG. 52.

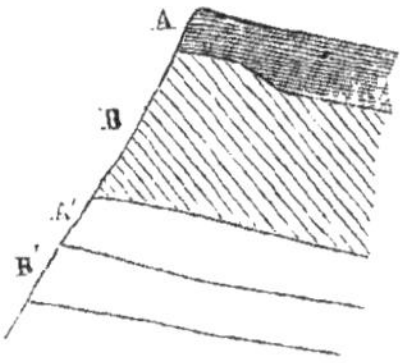

AA'. Micaschistes altérés.
BB'. Alternance de quartzite micacé, de calcaire grenu et de micaschiste.

granite blanc, comme à Batak, dans les schistes cristallins. Il y en a de gaufrés.

Minerais de fer au plateau de Béïlik. Recherches. On ne voit pas si le minerai est un dépôt alluvial, ou s'il est en rapport avec les filons de quartz.

Le trachyte forme la séparation entre le partage des eaux de Batak et du Domous-Dèrè qui se jette dans le Kritchma à Dovlen. Il forme la gorge où conflue l'Égridèrè avec le Domous-Dèrè. Enfin il constitue tout le revers de la montagne de Dospath Iaïlassi, qui sépare les affluents du Kara-Sou de ceux du Kritchma.

Les trachytes ont généralement des surfaces arrondies : plusieurs variétés, conglomérat, comme à Iacikova, mais pas de couches boueuses.

La vallée est une grande fente dans le trachyte.

53* (62). Du han de Dospat Iaïlassi à Sahatoftché.

Le trachyte se montre jusqu'au karaoul où commencent les schistes cristallins :

Direction, N. S.; pl. verticaux.

Plus bas, dir. E. 10° N.; pl. S. 10° E.

Couches presque horizontales qui changent de plongement plusieurs fois : aussi la descente est-elle douce et répartie sur une distance de 2 heures.

Calcaire grenu dans le lit du ruisseau.

Dir. O. 15° N.; pl. N. 15° E.

Cailloux roulés et conglomérat.

Les cailloux roulés sont quelquefois de 1 ou 2 mètres cubes et à 100 ou 200 mètres au-dessus du village. Le conglomérat se compose de blocs et de cailloux dans un sable argileux. Dépôt alluvial.

54* (63). De Sahatoftché à Névrokoup.

Sur toute cette route, on ne voit que des schistes cristallins. La roche dominante est un gneiss blanchâtre, comme ceux de la vallée de Stanimaka. C'est un granite feuilleté. Il s'altère à l'air et forme tantôt des blocs arrondis, tantôt des plaques à bords émoussés et arrondis, dans lesquelles l'altération fait ressortir la schistosité. Il y en a à petits, à moyens et à gros grains. Une variété à grain fin est très-tenace. Gneiss altéré, produit du sable aride. La diorite schistoïde, le micaschiste et le calcaire grenu ne se montrent que dans deux ou trois points : dir. E. 10° N.; forte inclinaison à Sahatoftché où se trouve la dépression du contre-fort. On trouve aussi de fortes inclinaisons de gneiss dans deux ou trois endroits; mais généralement elle est faible et souvent presque horizontale, et le plongement change à plusieurs reprises.

Le gneiss altéré produit des espèces de blocs qui ressemblent à de gros cailloux roulés.

Les couches sont coupées par des filons de granite, de pegmatite et de quartz. Le quartz prend souvent une nuance qui vire à l'améthyste.

Directions observées : N. O.; pl. N. E.

Autres directions : N. E., et E. 30° N.; pl. N. 30° O.

Buttes de sable et de cailloux d'alluvion au-dessus de Doubnitza. Le sable est stratifié, et de couleur ocreuse.

55* (64). Course de Névrokoup à Lidja (bains thermaux), à 1 heure et demie O. 25° N. de Névrokoup, et à 20 minutes de Photovista.

Le coteau qui domine Névrokoup se compose de grès recouvert d'alluvions (sables et petits cailloux).

Le grès se compose des éléments du granite et des schistes cristallins. Il est friable, mollasse. Le fond du bas plateau de Photovista se compose de schistes argileux que recouvrent des cailloux roulés pêle-mêle avec du sable. C'est un dépôt des ruisseaux qui débouchent dans la vallée du Karasou. La surface, très-légèrement inclinée, de ce plateau est nivelée. Culture de céréales.

Schistes cristallins à la vallée du Kraïnama.

Dir. E. O.; pl. N. } prises à la montée et à la descente.
— E. 30° N.; — N. 30° O. }
— E. 30° N.; — N. 30° O. près des bains.

Les schistes cristallins se composent de gneiss, de diorite schistoïde, etc.

Serpentine dans le voisinage, si l'on en juge par quelques cailloux de la vallée. Les couches sont ondulées, tantôt presque horizontales, tantôt approchant de 35° et même presque verticales.

D. — Route de Névrokoup à Samakov. — Vallée supérieure du Karasou, de la Maritza, de l'Iskra et du Strymon.

56* (78 à 81). De Névrokoup à Raslouk, et courses aux environs de Raslouk.

Les basses collines de Névrokoup se composent à leur base de grès, et sont recouvertes de sable argileux mélangé de cailloux, ce qui fait un dépôt tertiaire recouvert d'alluvion.

Point d'apparence de moraine.

Les collines en buttes arrondies de Banitza se composent de trachytes à structure massive, découpés en bancs presque verticaux. A leur base, conglomérat avec cailloux roulés.

Plus loin, grès composé en grande partie d'éléments granitiques empâtés à la surface du trachyte par les éléments de cette dernière roche. Il contient des fragments de granite, de schiste cristallin, etc. Il est accolé au trachyte, qui forme la presque totalité des sommités et se montre en rochers aigus.

Au han de Slopou, roche noire et feldspathique. Nous n'avons pu voir si elle est en rapport avec le trachyte ou la diorite.

A un quart d'heure du han Slopou, calcaire bréchiforme, renfermant aussi des cailloux roulés de calcaire en immense quantité. La position de ce conglomérat, qui succède au trachyte, est singulière et rappelle celle des buttes du tchiflik de Kaïalitchali.

Jusqu'alors nous avions nommé trachyte, sans hésitation, les roches que nous avions rencontrées; mais au delà du calcaire, leur association avec une roche qui a tous les caractères du porphyre quartzifère nous cause des doutes sur leur détermination. C'est la répétition des faits du tchiflik de Kaïalitchali et de Kouchavlar, où les roches ont une pâte compacte et renferment des cristaux de feldspath, tantôt altérés, tantôt sains et presque compactes, et n'ayant plus cet état vitreux du feldspath des trachytes.

Cette roche, que nous continuerons de nommer trachyte, est d'un blanc grisâtre ou rosacé, à pâte compacte, et forme des rochers semblables à des murailles ébréchées ou à des tours crénelées. Elle est tabulaire et divisée par des fissures verticales. Elle constitue le rocher de Tchoupka Kaïassi, le château de Kiz Koulessi, et borde la vallée presque sans interruption jusqu'au han de Louchin. Elle est tantôt en masses considérables, tantôt en dykes qui pointent au milieu des conglomérats.

Les conglomérats se composent de cailloux, généralement. Près du rocher de Tchoupka Kaïssi, non loin du calcaire et des schistes cristallins, ils se composent de cailloux de ces roches et de trachyte. Partout ils encroûtent la surface du trachyte et font corps avec lui. Ils sont régulièrement stratifiés et forment un dépôt fort épais en couches inclinées plongeant au N. A une heure avant Kiz Koulessi, ils se composent généralement de fragments roulés des roches voisines. Ainsi, près des trachytes les fragments de ces roches y abondent : près des calcaires, il n'y a pour ainsi dire que des calcaires, et sur les schistes cristallins que des schistes cristallins. Ils se montrent par intervalles sur la rive droite suivie, mais surtout sur la rive opposée dont ils constituent la paroi voisine. A une heure avant le château de Kiz-Koulessi, on les voit se redresser contre les dykes trachytiques : leurs écorchures sont nuancées de rouge, de jaune et de blanc. Ces dispositions rappellent les mélanges de couches nummulitiques de l'Arda, avec les conglomérats boueux.

Fig. 53.

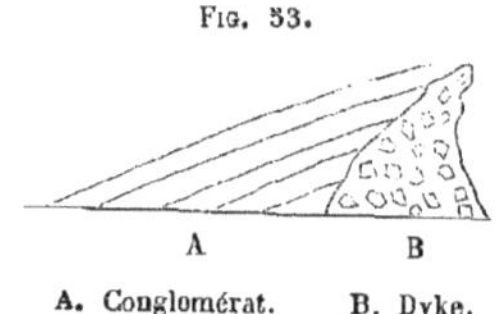

A. Conglomérat. B. Dyke.

Du haut de Krémen, à l'E., on voit un grand piton conique et pointu, présentant ses plaques ou bancs verticaux. Il est environné d'un terrain blanc, très-raviné, qui pourrait bien appartenir au granite altéré et désagrégé, comme aux approches de Razlouk.

Les trachytes cessent au han de Louchin.

Les schistes cristallins se montrent de temps en temps dans la vallée. Ils sont percés par des filons de diorite qui imbibent les roches au contact, gneiss et micaschiste.

Parmi les roches que nous comprenons dans les trachytes, il y en a qui renferment de l'amphibole et une pâte verte qui paraît provenir de la diorite schistoïde. Le porphyre ou trachyte à grands cristaux est dans ce cas. Il semble passer à une roche bréchoïde altérée, et au trachyte compacte rubané de Kiz Koulessi.

Nous avons cherché avec soin si les filons de pegmatite et de quartz qui coupent les schistes cristallins et la diorite massive coupaient aussi les trachytes quartzifères; nous n'en avons jamais vu nulle part. Nous avons trouvé la disposition suivante (fig. 54), dont voici la coupe (fig. 55):

Fig. 54.

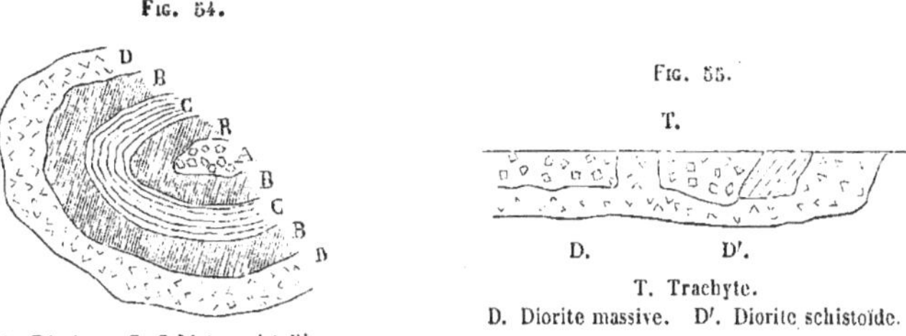

A. Diorite. C. Schistes cristallins.
B. Quartz. D. Trachyte.

Fig. 55.

T. Trachyte.
D. Diorite massive. D'. Diorite schistoïde.

Les schistes cristallins constituent la base du contre-fort de Krémen; mais ils sont percés d'une si grande quantité de filons et de buttes de diorite, de pegmatite et de granite, qu'ils n'y forment que la pellicule. La diorite schistoïde s'y trouve en abondance auprès de la diorite massive. La diorite massive est d'abord à grains fins presque homogène, vert noirâtre; mais à l'O. du village elle prend une large cristallisation où l'amphibole se détache sur les cristaux blancs de feldspath.

En remontant la vallée du ruisseau de Dobronitchta, on trouve de temps en temps le gneiss percé de diorite, et surtout de filons de granite blanc à gros grains, de pegmatite et de quartz.

Le granite altéré constitue l'ossature du bas contre-fort qui forme le partage entre les eaux de Razlouk et celles de Dobronichta. Les éléments ont été remaniés et forment un encroûtement.

Dans la plaine, à la base de la chaîne de l'Iel Têpê, tous les cristaux roulés qui descendent du grand ravin de Banitchka sont des diorites à gros grains, du porphyre pétro-siliceux, et diverses variétés de diorite.

La vallée à l'O. de Razlouk se compose de schistes cristallins, avec couches stratifiées de calcaire grenu percé de filons des roches dioritiques, et granite blanc, pegmatite et quartz.

La source d'Isvor sort d'une grotte composée d'un conglomérat à gros cailloux roulés de calcaire grenu, cimenté très-solidement et renfermant des graviers plus ou moins fins de schistes cristallins : ce conglomérat nous paraît faire partie du conglomérat précédemment décrit.

57* (82, 83). De Razlouk à Tchépina.

Les environs de Razlouk offrent des escarpements composés de couches stratifères de gravier mélangé d'argile et d'un sable argileux, ou d'argile mélangé de sable. De petits galets font saillie hors des couches ; ce dépôt se trouve en aval des collines derrière lesquelles il semble s'être formé comme dans des remous. Il recouvre indifféremment les granite, diorite, schistes cristallins, etc.

De Razlousk à Iokourout on rencontre généralement des schistes cristallins, et surtout le gneiss à gros grain, dont la direction est :

Dir. N. E.; pl. N. O., à 1 heure de Razlouk.
— N. E.; — S. E., avant Iokourout.
— N. 30° O.; — O. 30° S., trois quarts d'heure avant Iokourout.
— N. 10° O.; — E. 10° N., avant Tchépina.

Jusqu'à Iokourout de nombreux filons et des dykes ou masses de pegmatite et de quartz, de granite à grain fin, rarement accompagnés de micaschiste. Cette dernière roche se montre cependant à Krémen et sur la route d'Iokourout : nous l'avons vue presque toujours auprès des dykes de diorite.

Il nous paraît probable que le granite constitue, comme à Krémen, Bagra, etc., l'ossature des montagnes et contre-forts. D'Iokourout jusqu'à Tchépina on ne voit que le granite à grain moyen, grisâtre, et à gros grain. Il est souvent altéré et se désagrége en gravier : dans ce cas il forme un sol aride, des cimes à contours arrondis, un relief raviné et désolé. Les joints de ses divisions présentent de la solidité et forment des bandes étroites ramifiées, ou se prolongent en longues lignes droites : on dirait des filons. Les ravins qui descendent des montagnes de la vallée d'Iokourout et de Tchépina sont d'une couleur blanchâtre et paraissent formés, comme ceux que nous avons visités, de ce granite altéré.

Le granite blanc à très-gros grain semblable à celui de Sirtkarakilissé se montre en filons dans le granite gris et dans le gneiss. Il est donc plus récent que le granite qui constitue la masse des montagnes visitées en dernier lieu. Il est lui-même coupé de filons de pegmatite et de quartz, soit que ces dernières roches soient en rapport avec lui, soit qu'elles appartiennent à des injections différentes.

En approchant de Tchépina le granite gris à grain moyen présente en se désagrégeant une disposition schistoïde, comme près de Saatofché. Bientôt on arrive au gneiss percé d'une foule de filons. Certains filons offrent cette disposition curieuse que nous avons observée en 1836 près du monastère Rilo (fig. 56).

Un granite à grain fin forme souvent des filons semblables à ceux de la carrière de Rilo; toutefois nous ne l'avons pas vu dans le calcaire, mais seulement imbibant les gneiss et produisant de ces dégradations qui laissent dans l'incertitude sur le point où les deux roches commencent.

Un de ces filons contenait une masse verte, probablement de diorite schistoïde offrant la disposition suivante (fig. 57) :

FIG. 56.

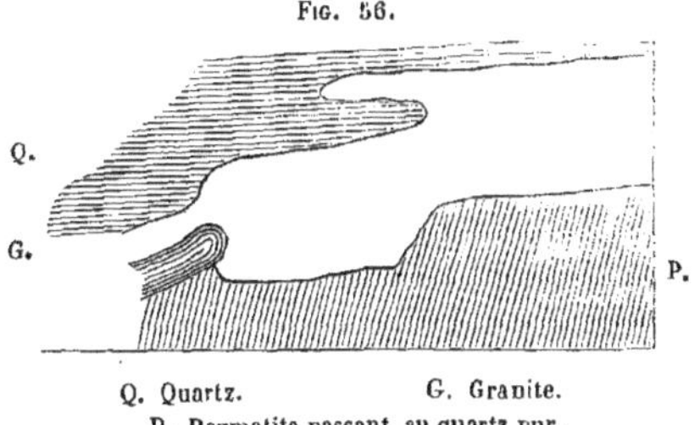

Q. Quartz. G. Granite.
P. Pegmatite passant au quartz pur.

FIG. 57.

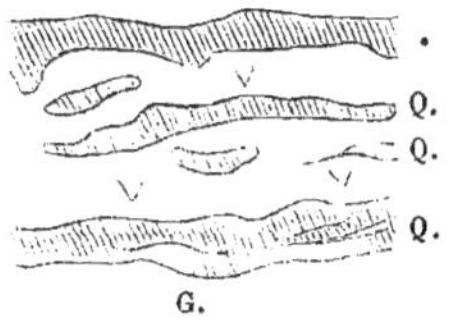

Q.
Q.
Q.
G.

G. Gneiss. Q. Quartz.
V. Substance verte.

Les conglomérats si abondants dans la vallée du Karasou se retrouvent dans la vallée d'Iokourout. Ils sont formés de cailloux roulés de schistes cristallins, de granite et de calcaire grenu. Les fragments sont réunis par un ciment très-tenace. Les couches, très-grossières, alternent avec de véritables mollasses, si ce n'est que le grès est très-tenace; mais comme la mollasse il se compose de grains de quartz ou de roches primitives et de mica en abondance. Les couches nous ont présenté les directions suivantes :

Dir. N. O.; pl. S. O., incl. 35°?
— N. E.; — N. O.

Un porphyre vert, qui paraît coloré par l'amphibole, perce le granite gris à grain moyen, et se retrouve au fond de la vallée de Tchépina.

FIG. 58.

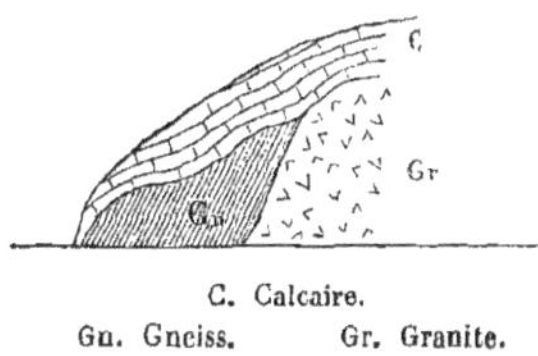

C. Calcaire.
Gn. Gneiss. Gr. Granite.

A deux heures avant Iokourout, nous avons trouvé le granite semblable à celui de la carrière de Rilo, précédemment mentionné, en contact avec le gneiss et le calcaire. Il est très-quartzeux au contact du calcaire. Le calcaire recouvre de ses masses le granite et le gneiss, en discordance de stratification (fig. 58).

58* (84 à 86). De Tchépina à Samakow, par Bélova et Bania.

De Tchépina à Bélova.

Gneiss haché par des filons de granite blanc et de pegmatite dans la gorge de Labik Boassi.

Un de ces filons se compose : au centre de granite, sur les bords de pegmatite, et cette dernière forme un autre filon qui semble couper le premier. On voit clairement que le granite a passé à la pegmatite au contact des parois.

Des bancs de calcaire, gneiss et micaschiste forment des escarpements en face du coude de l'Elli Dèrè et avant la dernière montée au col.

Dir. O. 20° N.; pl. S. 20° O.

Plus loin :

Dir. N. 10° O.; pl. E. 10° N.
— N. 20° O.; — E. 20° N. } observées sur une distance de quelques pas.
— N. 15° O.; — E. 45° N.

Ces couches de gneiss et de calcaire, dérangées par le granite blanc et la pegmatite, deviennent presque verticales, et plus loin plongent en sens inverse.

Il est assez probable que les escarpements du fond de la gorge sont formés par des bancs de même nature.

La végétation ne permet pas d'étudier les rapports des roches entre elles. Ainsi, à la descente de Bélova la route fait des contours continuels dont la direction moyenne, à partir du col, est N. 10° O., et passe continuellement sur des affaissements de calcaire grenu bréchoïde, accompagné de gneiss et de micaschiste. Le calcaire offre des accidents quartzeux. Il passe à un conglomérat cimenté par une pâte verte qui annonce la présence de la serpentine ou de la diorite. En effet, en approchant de Bélova et dans une forte descente on trouve des roches brunes très-altérées, une roche granitoïde altérée, à taches grises, qui rappelle les granites amphiboliques, et une roche qui paraît être de la syénite : l'état d'altération ne permet pas de reconnaître leur nature. Cet ensemble de roches suivrait donc à peu près la direction de la route.

A la sortie de la gorge, conglomérat bréchoïde à éléments calcaires, dominant Bélova. Cavernes.

Le plateau est formé de gravier mélangé d'une forte proportion d'argile. On y reconnaît les traces d'une stratification. A la sortie des gorges, blocs roulés, très-gros, dans ce dépôt qui paraît formé par les eaux et non par les glaciers. Aucune apparence de moraine.

Entre Bélova et Sestrima.

Les parties saillantes du plateau se composent de roches granitoïdes et de schistes cristallins qui sont entourés et presque recouverts par le dépôt alluvial.

Dans les détours d'un grand ravin, granite altéré rougeâtre au contact du calcaire grenu et de conglomérat composé de calcaire, de quartz, de feldspath compacte et de parties vertes talqueuses ou serpentineuses.

Les roches qui descendent de la gauche de Sestrima sont des gneiss, granites, etc.

De Sestrima à Gabrovitza.

Calcaire grenu dans les gneiss. Le calcaire paraît former la plus grande partie des montagnes qui bordent la Maritza.

De Gabrovitza à Bania.

Les blocs qui descendent des gorges voisines sont des gneiss et des granites. Plateau alluvial.

En résumé, la chaîne paraît se composer de granite au centre; et les contre-forts, de gneiss et de calcaire traversés par une énorme quantité de roches granitoïdes (granite, syénite, diorite, pegmatite).

De Bania à Samakov.

Le Bélova Polèna, qui sépare la Maritza de l'Iskra, se compose, savoir : Après Mahalè, granite blanc à gros grain passant à la pegmatite grain fin avec filon de granite blanc.

Plus haut, roche granitoïde tachée de gris, paraissant être une syénite à petit grain. Filons de brèches ou conglomérats en rapport avec cette roche.

Près du torrent, protubérance de syénite dans cette roche altérée.

La syénite est altérée au contact, et se trouve elle-même coupée de filons altérés.

Belle diorite au sommet.

La descente se compose de syénite altérée. A un quart d'heure de la plaine, micaschiste et gneiss altérés.

Dir. N. O.; pl. S. O.

— N. 20° O.; — O. 20° S.

La syénite altérée reparaît vers le bas de la descente.

59* (87). Courses aux environs de Samakov.

Samakov est dans une plaine, séparée d'une autre plaine par une colline basse; cette colline se compose de roches altérées, qui paraissent être des schistes cristallins, traversées ou noyées dans des masses de pegmatite et de roches granitoïdes.

Sur la rive opposée, les contre-forts du Bélova Polèna se composent, comme la descente, de syénite altérée, dans laquelle se trouvent : de la syénite non altérée, des filons syénitiques, et des bandes de roches feldspathiques et quartzeuses imprégnées de fer. Le minerai de fer, en grains et cristaux, se trouve dans la syénite, qui se désagrége en arène. Des canaux amènent des eaux prises aux ruisseaux, et lavent le minerai, qu'on reçoit dans des bassins.

Il est remarquable de ne trouver aux environs de Samakov aucune trace de dépôts d'alluvions anciennes, ni de gros cailloux comme dans la vallée de la Maritza. On n'y voit que les alluvions actuelles qui ont nivelé le fond de la plaine. A peine à l'entrée des vallons trouve-t-on au-dessus des cailloux roulés quelques lits argileux avec gravier, et par-dessus une terre de même composition. Les pentes ravinées de la syénite altérée peuvent être prises de loin pour un dépôt alluvial. Sur les contre-forts, le sol aride et à peu près inculte est sablonneux sur les routes, mais la roche à nu paraît bien vite. C'est elle qui par sa décomposition produit l'arène et le sable fin.

60* (90). De Samakov au monastère Rilo.

A l'entrée de la gorge d'où sort l'Iskra, calcaire à gauche dans des gneiss amphiboliques altérés : à droite, gneiss non altérés. Les gneiss altérés sont coupés de filons de pegmatite rose, qui s'y introduisent dans tous les sens ; filons de quartz ferrugineux et roches pétrosiliceuses. Cet ensemble est profondément altéré. Dans les ravins les différentes couleurs des roches dessinent et accusent leur présence et leurs accidents. Les couches vertes du gneiss sont coupées de bandes (et souvent de réseaux) blanc rosé (pegmatites), ocreuses (quartz ferrugineux), blanches (pegmatite et granite). Ces accidents se montrent autour du mahalè de la vallée N. S., et bordent la rive N. de la vallée E. O., jusqu'au delà du point où nous l'avons remontée.

Le gneiss non altéré est coupé par des filons ramifiés, de même nature que ceux du gneiss altéré.

Nous avons remarqué quelques blocs roulés à 10 ou 15 mètres au-dessus du lit actuel des ruisseaux dans les deux vallées, savoir : 1° vallée N. S. autour du mahalè ; 2° vallée E. O. sur la rive droite ; 3° à l'entrée de la gorge. Nous avons vu aussi une terre argileuse avec gravier sur ces cailloux. Rien, du reste, n'annonce l'existence de moraine.

Les gneiss non altérés percés de filons, dont nous venons de parler, constituent des aiguilles et des cimes dentelées de formes bizarres. Les aiguilles se montrent sur le flanc des escarpements à pic. Éboulis au pied de ces aiguilles et des escarpements.

61* (90). De Sirpkeui au monastère Rilo. — Course dans la vallée, et retour à Sirpkeui.

Le gneiss et la diorite schistoïde percée de filons, souvent en réseau de granite blanc, de pegmatite grenatifère et de quartz, se montrent dans la première partie de la vallée du Léva Rieka. En avançant, on voit le granite à mica noir et la syénite, tous deux accompagnés de filons de quartz et de pegmatite, prendre un grand développement. Ils empâtent des plaques énormes de gneiss, et forment des bancs épais divisés en parallélipipèdes à angles vifs. Ils produisent dans la montée au col des surfaces plates ou un peu bombées sur lesquelles passe la route. Le torrent tombe en cascade sur ces rochers, et se trouve quelquefois encaissé dans des coupures étroites. Le granite produit ces sommités en forme de dôme, qui entourent le col et une partie de la vallée. Dans les points où il est injecté à travers les schistes cristallins, il forme des crêtes aiguës, par exemple dans la vallée du monastère. Le granite et la syénite se montrent encore dans la vallée du monastère, mais là ordinairement injecté à travers les schistes cristallins : aussi les formes dominantes sont-elles des aiguilles et des crêtes aiguës.

Près du monastère les diorites schistoïdes prennent un développement considérable. Elles contiennent plusieurs bancs calcaires, et sont percées de pegmatite grenatifère.

Elles renferment du minerai de fer, qui paraît provenir de la décomposition du grenat.

Fig. 59.

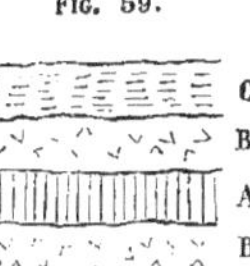

A. Quartz. B. Grenat. C. Wollastonite.

La carrière de marbre à une lieue du monastère, que nous avons explorée en 1836, est encombrée d'éboulis qui cachent le filon. Parmi les déblais nous avons vu (fig. 59) : 1° du quartz virant à l'améthyste, avec feldspath; il est entre deux bandes; 2° du grenat; 3° de la wollastonite.

Le mont Arizvanitza se compose de diorite schistoïde. Près du monastère, amas de cailloux roulés et blocs énormes. En arrière, amas de cailloux, souvent aplatis, dans un sable argileux. Le monastère est construit sur cet amas, dans lequel nous n'avons pu trouver des surfaces striées. Le rétrécissement de la vallée en cet endroit et son évasement à son origine font de ce lieu un point intéressant pour la recherche d'anciens glaciers. Nous n'avons pu trouver une seule preuve de leur existence. Les débris, qui s'élèvent très-haut au-dessus du lit actuel, nous paraissent dus aux alluvions de l'époque à laquelle s'est opéré le dépôt du conglomérat que nous avons vu en 1836, près de Novo Sélo.

E. — Route de Samakov à Kavala. — Vallée du Strymon et cavités de Drama, de Lissa. — Vallée inférieure du Karasou.

62* (91, 92, 111, 112). De Sirpkeui, près de Samakov, à Kostendil, par Iarlova et Doubnitza.

Les contre-forts du Vitocha dans la vallée de Palakaria se composent de cette formation ferrifère observée près de Samakov (syénite altérée, diorite schistoïde, etc.). Le minerai se recueille, tout le long de la vallée, par le procédé des lavages naturels. Quelques alluvions, composées de sable et gravier avec un peu d'argile, s'observent sur plusieurs points, notamment à Popovian où l'on trouve de gros cailloux roulés sur le plateau. De loin les roches altérées peuvent être prises pour de l'alluvion, mais de près on reconnaît tout de suite que la roche en s'égrénant produit cette fausse apparence.

En montant au sommet du mont Vitocha, on trouve une roche feldspathique noire très-compacte colorée par l'amphibole (diorite massive) qui constitue une partie de la montagne. Les pentes gazonnées ne permettent pas d'étudier les rapports des roches entre elles : on voit seulement des pointements de quartzite, de micaschiste, de quartzite associée avec du calcaire argileux noirâtre. Les roches altérées métallifères s'arrêtent sur la pente (tournée vers Samakov) au tiers de la hauteur de la montagne.

En retournant à Iarlova par le lit du ruisseau qui descend du sommet, on voit les couches stratifiées coupées par des filons de diorite, de quartz, de pegmatite, etc.

Les diorites schistoïdes, si développées dans le Rilodagh et dans la vallée de l'Iskra, se retrouvent dans les contre-forts du Rilo, vallée de Palakaria, avec les syénites.

Nous les avons vues au bas de la montée qui conduit dans la vallée de Djerman, dans cette vallée au bas de la descente près de Krénitza, à Doubnitza, au défilé du Strouma près de Koznitzahan. Elles forment en partie les bas contre-forts au pied du Koniavo, et s'élèvent en buttes ou sommités arrondies dans le bohgaz du Strouma entre Servéniano et Skakavitza.

Les gneiss à gros grains se montrent au fond de la vallée qui précède la vallée de Bania. Ils sont recouverts de gneiss à petit grain, de micaschiste, de quartzite, même formation que le Vitocha moins la roche noire pyroxénique.

Sur le pourtour de la vallée de Bania, terrasses alluviales composées de sable argileux calcarifère, renfermant des cailloux, et colorées en rouge, jaune d'ocre ou jaunâtres; rognons cimentés par des infiltrations calcaires; traces blanches ou tubulures formées par des racines de plantes détruites, formant des réseaux dans les couches argilo-sableuses.

La colline qui sépare le Djerman du ruisseau de Balanova se compose de sable très-argileux, souvent en grains grossiers (gravier). Au sommet de la colline, sable argileux très-micacé, avec grains de feldspath altéré et rognons cimentés par le calcaire, comme dans la vallée de Bania. Ces sables alternent avec des couches plus argileuses, vertes, rouges, jaunes; même dépôt que dans la vallée de Bania.

La vallée de Balanova est séparée de la cavité de Doubnitza par les sommités de Verbovnitza, qui se composent de talcschiste, de quartzite et de calcaire grenu. Entre ces sommités et le mont Koniavo s'étend un plateau composé à sa base des débris du terrain précédent. A Verbovnitza des buttes de conglomérat ou fragments calcaires, etc., cimentés par de la chaux carbonatée, sont recouvertes de couches argilo-sableuses, micacées, schistoïdes, sur lesquelles viennent des sables argileux, et les grès tertiaires alternant avec des argiles schistoïdes micacées (fig. 60).

Fig. 60.

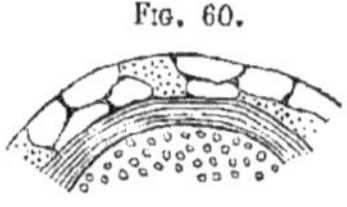

Plongement en sens inverse observé en montant la côte. Quelques buttes forment des saillies. Le plateau se compose des mêmes grès, qui acquièrent une grande épaisseur. Le grès est tantôt en couches de 10 à 20 centimètres, tantôt en bancs épais, altérables et formant des surfaces arrondies ou blocs en saillie. Les argiles, ordinairement sablo-schistoïdes, et grès argilo-schistoïdes sont très-développés et renferment de nombreuses impressions de plantes indistinctes. Les grès sont souvent congloméroïdes et associés avec des brèches ou conglomérats rougeâtres. Ces dernières roches, qui se trouvent, au mont Koniavo, associées avec le terrain secondaire, pourraient faire croire que les argiles schisteuses du plateau sont secondaires.

En montant au mont Koniavo par le ravin où se trouvent les cabanes les plus élevées de Serveniano, on passe plusieurs fois sur les mêmes couches (fig. 61).

Le calcaire blanc dont les surfaces sont chargées de fossiles en saillie (petites huîtres ou gryphées) est (minéralogiquement parlant) le même que celui du sommet. Dessous viennent des argiles schisteuses rouges, talqueuses, qui passent inférieurement à des grès calcaires. Ces derniers sont formés de petites plaques de calcaire, d'argile rouge, de fragments arénacés de roches anciennes, etc. Ils sont quelquefois talqueux ; c'est-à-dire que des surfaces talqueuses facilitent la schistosité. Ils passent à un conglomérat rougeâtre que nous avons signalé au plateau de Verbovnitza. Viennent ensuite des couches d'un calcaire noir qui s'altère à l'air par les parties talqueuses qu'il renferme. C'est ce calcaire qui contient les fossiles décrits dans notre *Journal d'un voyage dans la Turquie d'Europe*. Nous y avons trouvé une ammonite. Sous ce calcaire on observe des couches de calcaire argileux de diverses couleurs, alternant avec des grès argileux, micacés et renfermant des grains et noyaux siliceux qui *se fondent dans la pâte*, et qui reposent sur une roche composée presque uniquement de silice hydratée. On voit que le dépôt du grès s'est effectué dans une eau chargée de silice en dissolution.

FIG. 61.

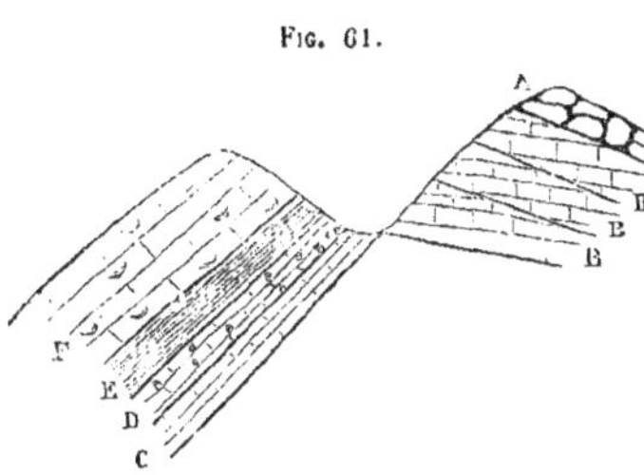

A. Grès.
B. Calcaire.
C. Calcaire argileux, blanc, rouge, vert, alternant avec des grès.
D. Calcaire et grès calcaire noir avec Ammonites.
E. Argiles schisteuses rouges.
F. Calcaire blanc très-compacte ou subgrenu, à fossiles en saillie à la surface.

Dir. des couches N. 20° O.

Par-dessus le calcaire blanc à surface chargée de fossiles reviennent des couches de calcaire argileux de diverses couleurs. Les escarpements de la montagne sont généralement formés par la tranche des couches, et indiquent par les changements de couleur que les calcaires, argiles rouges, etc., alternent ensemble. Il est vrai que des failles ou redressements de couches peuvent faire illusion sur le nombre des répétitions.

La pente de la montagne est encroûtée de conglomérats à fragments calcaires, cimentés par du travertin. Les eaux chargées de chaux carbonatée ont baigné les pentes de toutes ou presque toutes les montagnes de la cavité, et ont produit tantôt des encroûtements très-minces, tantôt des dépôts considérables, notamment à Skakavitza dans le boghaz du Strouma.

Les conglomérats à fragments calcaires, etc., sont encroûtés par la même cause : ils se montrent tout le long de la vallée, entre le han Koznitza et le pont Kadikeupressi : Là ils reposent sur le gneiss, la diorite schistoïde, la syénite, etc. Ils forment la base des grès et des argiles schistoïdes du plateau de Verbovnitza. Il y a donc répétition des mêmes faits des deux côtés du plateau. Les changements de direction et de plongement dans les couches, signalés dans notre *Journal d'un voyage*, ci-dessus rappelé, sautent aux yeux.

63* (120 à 129). De Kostendil à Sérès, par Djouma, Melnik, la cavité de Lissa et le col de Bozdagh.

Les boghaz du Strouma coupent le sol et montrent sa composition.

1° *Boghaz de Boukovo et Bobochévo.* Les diorites schistoïdes et les syénites qui s'observent à Doubnitza et dans la cavité de Kostendil se montrent généralement au fond du boghaz et en constituent même les sommités de la rive gauche aux environs de Bobochévo. Sur ces roches reposent des talcschistes (grande puissance), alternant avec des quartzites. Le talcschiste passe à du grès talqueux et renferme quelquefois des noyaux calcaires qui tendent à établir un passage avec les calcaires. La partie supérieure de la formation est formée de calcaire grenu. Généralement coupé de filons de chaux carbonatée, il constitue les sommets du passage des eaux et les cimes de Verbovnitza.

Les couches suivent la direction N. 20° O.; pl. E. 20° N. Elles offrent aussi la direction O. 30° N.; pl. N. 30° E.

C'est donc la même composition que le boghaz de Skakavitza, avec cette différence qu'en remontant ce dernier on doit arriver au terrain secondaire du Koniavo.

Le talcschiste s'altère à l'air, et présente des couleurs différentes suivant la nature des éléments qu'il renferme ; les écorchures blanches sont généralement formées de talcschiste ; le grès talqueux, ordinairement de couleur grise, offre aussi à l'intérieur les couleurs verte et rouge, et se recouvre ordinairement par l'altération à l'air d'une teinte rouge lie de vin. De loin ces diverses couleurs semblent appartenir à des roches meubles ; mais en examinant les roches de près, on voit que ces diverses nuances sont l'effet d'une altération superficielle.

Dans la vallée du Strouma, entre Bobochévo et Kotcharinhan, on voit de temps en temps les gneiss et diorite schistoïde sous les roches meubles (alluviales) qui forment le plateau de la rive droite. Les nuances rouges, vertes et blanches des montagnes de la rive droite indiquent que le talcschiste et le grès talqueux s'y trouvent.

Le *boghaz qui précède Djouma* met aussi à découvert le gneiss et la diorite schistoïde.

Le *boghaz de Djouma à Sémitli* se compose de gneiss et de diorite schistoïde, en couches tantôt horizontales, tantôt redressées et contournées. L'altération profonde des diorites schistoïdes produit des écorchures blanchâtres ou verdâtres. Les schistes cristallins sont coupés de filons de quartz, de pegmatite, de granite, de syénite.

Direction des couches N. 20° O. ; O. 20° S.

Boghaz de Sirbinhan à Tchénarlidèrèhan. —En montant après Sirbinhan, on trouve du gneiss, micaschiste, diorite schistoïde, avec bancs et petites couches subordonnées de calcaire grenu, filons de pegmatite à gros grains et granite à petits grains.

Direction des couches N. 20° O. ; pl. E. 20° N.

Ces couches se retrouvent après la descente du mont Krechna jusqu'à Tchenarlidèrèhan. Il paraît qu'elles existent dans le fond du boghaz, mais tout le plateau compris entre la montée et la descente se compose de syénite ordinaire altérée et renfermant du minerai de fer comme à Samakov. Cette roche s'étend encore plus loin le long de la chaîne.

Montagne de Singhel non loin du Boghaz de Démir-Hissar.—En suivant la route de montagne qui conduit à Démir-Hissar et abrége de deux heures, on trouve le calcaire lamellaire alternant avec le micaschiste et la diorite schistoïde.

Direction des couches N. 30 à 45° O°.; pl. O. 30° à 45° S.

Les mêmes couches constituent la montagne qui sépare le ravin de Singhel de la vallée de Kourchova. Elles s'élèvent au sommet du mont Ali Boutouch, forment en partie le mont Stragatch, le mont Bozdagh et la plupart de ses contre-forts, et les sommités qui bordent au sud la vallée de Lyssa et dominent Vroundi.

La syénite altérée se décomposant souvent en boule forme le fond de la vallée de Kourchova, la vallée et le col qui conduit à Karakeui. Les blocs du côté de Karakeui sont en place et ressemblent à des blocs transportés. Le calcaire est quelquefois saisi entre des masses de syénite, brèche au contact, roche métamorphique dans la syénite.

Col du Bozdagh et vallée du monastère Saint-Jean. — Les blocs de syénite et le minerai de fer qui se trouve dans le ruisseau de Vroundi annoncent que la syénite existe dans les montagnes de la vallée, et confirment l'opinion qu'on peut prendre d'après la forme et la couleur des roches formant les points élevés. Cependant cette roche ne constitue plus le massif de la chaîne comme au nord; le calcaire cristallin, associé avec les schistes cristallins, en forme les sommités. Dans la vallée du monastère Saint-Jean, ces couches sont tourmentées, et injectées par la syénite qui a profité de la fente pour arriver au jour; aussi elle ne pénètre pas jusqu'aux couches supérieures des parois de la vallée. Ces dernières couches, vues de la route, semblent constituer des bancs épais en stratification discordante avec les calcaires grenus associés aux schistes cristallins. Les fragments qui en descendent sont grenus. Il nous paraît naturel d'admettre que cette discordance n'est qu'apparente, et qu'elle provient de ce qu'on n'aperçoit de loin que la tranche des couches qui alors paraissent horizontales.

Aux environs du monastère Saint-Jean, conglomérat calcaire très-épais avec ciment coloré par le fer; dessus repose du calcaire travertin avec feuilles d'arbres en banc très-puissant. Ce dépôt accidentel alterne avec des grès, sables, marne, argile et conglomérat. Ces couches font partie du dépôt si puissant, généralement formé de grès plus ou moins cimenté, plus ou moins grossier, souvent avec éléments très-gros, qui se trouve dans la plus grande partie de la vallée du Strouma.

Terrain tertiaire lacustre et alluvions. —Bassin de Kostendil. — Indépendamment du terrain tertiaire arénacé que nous avons décrit, il existe un plateau bas à la jonction des ruisseaux du Strouma, du ruisseau de Stinsko et du ruisseau de Gherlena; il est quelquefois découpé en petites collines, ou plutôt en petites inégalités qui ressemblent les unes à des fortifications, les autres à des tumulus. Il se compose de cailloux roulés disséminés dans un sable argileux rougeâtre. Des écorchures offrent les couleurs vertes, blanches, rouges autour du bassin, accusant l'existence des roches qui constituent les pentes du mont Koniavo.

Les cailloux roulés s'observent de temps en temps sur le sommet du contre-fort de Skakavitza.

Boghaz de Bobochévo. — Les conglomérats et le terrain tertiaire, si abondants dans le bassin précédent, n'existent pas ici : toutefois on rencontre par-ci par-là dans un ravin un conglomérat local, et sur les pentes quelques plaques minces de travertin.

Vallée du Strouma avant Djouma. — Les cailloux roulés mêlés avec un sable argileux se présentent en couches stratifiées et constituent le plateau qui précède les contre-forts du Rilo. Ils existent jusqu'à Djouma.

Bassin de Sémitli et de Sirbinhan. — Aucun dépôt n'existe dans le boghaz de Djouma, à Sémitli ni dans celui du mont Krechna. Des cailloux roulés amenés par les torrents s'y font seulement remarquer. Le bassin de Sémitli renferme un dépôt composé de sable argileux blanchâtre, composé presque uniquement des détritus du granite. La colline de Sémitli se compose de sable argileux verdâtre, d'argile sableuse grisâtre alternant avec des couches de gravier et de sable grossier avec argile jaunâtre. Les cailloux de la partie supérieure sont très-gros et roulés.

Aucune apparence de strie sur les cailloux. A l'extrémité de la colline, blocs de granite altéré formant la partie inférieure du dépôt. Ils paraissent être en place et avoir subi leur détérioration sur place. Ce phénomène de l'altération sur place occupe souvent une grande étendue de terrain dans la vallée du Strouma, du Karasou, de Raslouk, etc. Il faut y regarder à deux fois pour reconnaître que les blocs n'ont pas été transportés. Ce phénomène s'observe en montant sur le plateau de Sirbinhan. Les détritus du granite altéré sur place ont été agglutinés de nouveau et forment la base du dépôt. Ces couches inférieures se composent des blocs de granite arrondis, se réduisant en arène, et renfermés dans le dépôt de sable argileux blanchâtre, à grains de feldspath (kaolin) et légèrement agglutiné. Des couches argileuses indiquent une stratification. Ce dépôt est raviné et recouvert de blocs roulés avec sable argileux rouge orangé.

Bassin de Tchénarlidèrèhan à Singhel.—Le dépôt arénacé tertiaire prend ici un immense développement. Il se compose généralement de couches de grès grossiers alternant avec des grès à grains fins ou moyens, et des conglomérats. On voit les couches passer latéralement à toutes les variétés résultant de la différence de grosseur du grain. A Tchénarlidèrèhan les cailloux roulés sont tantôt entassés sans ordre, tantôt en couches ; dans ce dernier cas, les cailloux sont d'un diamètre plus petit et répandus dans un sable argileux. Des couches plus argileuses, mais contenant toujours une forte proportion de sable ou de gravier, alternent avec les roches précédentes.

Ce dépôt grossier est ordinairement cimenté par une argile calcarifère; mais souvent aussi le carbonate de chaux cimente les grains et produit, soit des couches plus ou moins étendues, soit des rognons disséminés et alignés, de formes différentes. Ces couches solides sont bizarrement découpées et produisent des crêtes dentelées, séparant les nombreux ravins qui déchirent le dépôt.

Sur ce terrain reposent des alluvions anciennes composées d'une terre argilo-sableuse renfermant de petits cailloux roulés; grande épaisseur à Mikrova. Dans cette même localité, le terrain tertiaire se compose de sable et gravier ordinairement micacés, tantôt libres, tantôt agglutinés et renfermant des couches subordonnées argileuses, qui contiennent des lits ou lentilles de calcaire argileux ; les grès passent au poudingue.

Ce terrain renferme aussi des couches ligniteuses que nous avons observées dans un ravin entre Sklavkeui et l'église, à trois quarts d'heure avant Menlik. Ces couches reposent sur des argiles, marne, etc., et sable ou grès très-friable. Il semble qu'il y ait eu un temps d'arrêt dans le dépôt. Ensuite les grès reviennent par-dessus le lignite avec leur *facies* ordinaire.

Les eaux se creusent facilement un lit dans ce dépôt, et laissent subsister les parois encaissantes qui s'élèvent comme des murailles très-élevées et infranchissables. C'est dans un de ces ravins, dont le torrent occupe tout le fond, que se trouve la ville de Menlik. Nous n'avons jamais vu une ville dans une position semblable, mais quelquefois des maisons ou cabanes isolées.

Les *environs de Singhel* offrent un dépôt de conglomérat à gros fragments calcaires, cimenté par de la chaux carbonatée et coloré en rouge par du peroxyde de fer. Il repose sur des couches composées d'argile, de marne et de sable ou grès friable. Les marnes ou calcaires argileux friables s'observent principalement près de la route de Singhel à Démir-Hissar. Sur ces couches, viennent des espèces de rognons avec aspérités, mélangés avec une terre argilo-calcaire et sableuse. Ces rognons, qui paraissent provenir d'eaux thermales, varient de grosseur (noix, pomme, noisette, etc.). Quelquefois le tout est cimenté par du travertin. Ce dépôt alterne avec des bancs épais, principalement composés de cailloux roulés de calcaire grenu ancien provenant des montagnes voisines, et cimentés par du travertin. Dans la pâte du ciment on trouve des fragments de roches diverses (granite, quartz, schiste cristallin, etc.).

Tout ce dépôt offre une teinte rougeâtre. De nombreux fragments de minerai de fer existent parmi les fragments du conglomérat. Ce minerai de fer provient de diverses sources, comme nous nous en sommes assurés plus tard ; savoir :

1° Des filons de pegmatite et de quartz percent les diorites schistoïdes et le calcaire grenu des montagnes de Singhel ; ils sont souvent ferrugineux et renferment des minerais de fer.

2° Nous verrons qu'à Guredjik des filons ou magmats de fer limoneux, pyriteux, etc., s'observent dans la syénite et le granite ; les fragments de cette roche sont très-abondants dans le conglomérat de Singhel.

3° Les serpentines sont aussi accompagnées de brèches ferrugineuses, comme nous l'avons déjà dit au commencement du voyage, et comme nous l'avons vu encore plus tard.

4° Le granite et la syénite altérés fournissent du minerai de fer microscopique qui se trouve dans tous les ruisseaux de la chaîne du Périndagh.

Le travertin encroûte des débris de roche, ou forme des croûtes sur la pente des montagnes de Singhel jusqu'à une grande hauteur. Il se montre sur des points où le conglomérat n'atteint pas.

Conglomérat cimenté par le travertin au col.

Conglomérat dans la plaine, ou cavité de l'autre côté du col conduisant à Kourchova.

Conglomérat calcaire coloré en rouge et semblable à celui de Singhel au pied du mont Ali Boutouch. La descente du col, composée de syénite altérée avec minerai de fer microscopique, n'offre pas de conglomérat calcaire, mais des blocs énormes tantôt intacts, tantôt altérés. On voit clairement que ces blocs proviennent bien plus d'altération sur place que d'éboulements. Séparation complète entre ces blocs et le conglomérat.

Conglomérat calcaire rougeâtre dans les grands ravins qui conduisent de la plaine de Lissa dans celles de Drama et de Sérès. Il n'existe pas dans le couloir de 20 minutes qui sert de col pour passer dans la vallée du monastère Saint-Jean, mais on en trouve des lambeaux à chaque grand ravin de cette vallée si encaissée.

Plaine de Sérès. — Les ravins qui descendent des contre-forts du Bozdagh, du séjour d'été, etc., se composent du dépôt arénacé observé entre Tchénarlidèrèhan et Menlik. Il offre de plus des intercalations du calcaire travertin précédemment décrit et observé entre le monastère Saint-Jean et Sérès. Le travertin ne forme pas des bancs continus, mais des masses plus ou moins étendues. On voit qu'il forme des accidents et qu'il alterne avec le dépôt arénacé. Il produit tantôt un calcaire compacte avec tubulures fines de plantes, tantôt un calcaire plus ou moins cellulaire.

Cailloux roulés descendant de la chaîne du Périndagh et accusant leur composition minéralogique.

Plateau du mont Krechna. Dans les torrents, blocs de granite.

Torrent de Tchénarlidèrèhan, descendant de l'Iel Têpê.

Granite, syénite quelques gneiss très-durs (comme du côté opposé dans la vallée de Razlouk).

Torrents près de Gradeschnitzahan et de Bélitzahan.

Gneiss, calcaire grenu, grès tertiaire, rare granite.

Torrent de Svêtivratch : gros blocs de syénite.

Torrent de Menlik : granites divers, pegmatite, syénite, gneiss, diorite schistoïde, granite blanc à gros grains, etc.

Trachyte : Nous n'avons rencontré de fragments isolés de trachyte que sur le plateau raviné entre Svêtivratch et Menlik. Il existe donc dans les montagnes à l'est de ce plateau comme de l'autre côté de la chaîne.

En résumé, la grande chaîne du Périndagh offre des deux côtés la même composition.

64* (144 à 149). De Sérès à Névrokop, par Drama, Guredjik, la cavité de Lissa, celle de Bilitintza et Libéova.

Le conglomérat calcaire offrant la même composition que celui de Singhel forme un plateau au pied des contre-forts du Bozdagh. Les fragments à pointes y forment des couches alternant avec des bancs composés de fragments de calcaire grenu et de schiste cristallin cimenté par la chaux carbonatée.

Le ruisseau presque à sec de Zigné est taillé dans des sables argileux jaunâtres et rougeâtres, que recouvre le conglomérat.

Le ruisseau de Zélaovo coupe les couches horizontales composées de rognons calcaires à surfaces rugueuses, de sable et d'argile. Le conglomérat qui les recouvre renferme en général des débris roulés d'un calcaire très-compacte ou subgrenu, qui paraît être tertiaire. Le ciment du conglomérat est tantôt blanc, tantôt rose ou virant au rougeâtre, et dans ce cas il renferme des grains broyés et roulés de diverses roches.

Le conglomérat se lie avec le travertin (voyez la coupe prise entre Zélaovo et Chêlanos).

Ce terrain, en couches à peu près horizontales, s'étend entre les contre-forts du Bozdagh et le mont Bounardagh.

En montant au col de Skrdjova on trouve un calcaire très-compacte ou subgrenu, semblable à celui qui se trouve dans le conglomérat de Zélaovo, qui forme une grande épaisseur, et dont les bancs sont entamés par le ravin.

En continuant à monter, on voit le calcaire subgrenu alterner avec des couches meubles composées : 1° de calcaire très-blanc, micacé et un peu argileux; 2° de grès très-friable qui passe quelquefois au conglomérat. Il y a passage aussi entre le calcaire friable et le grès friable ou sable.

Direction des couches N. 20° O.; pl. O. 20° S.

Près du col, le calcaire est argileux, très-compacte, coloré en jaune par des infiltrations ferrugineuses qui parfois produisent un enduit noir à la surface. Il alterne avec de l'argile bleue schistoïde, coupée de filons de calcaire friable blanc.

Ce dépôt nous paraît faire partie du terrain à travertin, malgré l'immense développement du calcaire. Nous avons observé plus tard un dépôt local semblable auprès de Xanti. Ici ce terrain offre une grande épaisseur qui tourne les escarpements du côté de la vallée de Drama. Les roches solides forment des rochers au-dessus des roches meubles. Nous n'en avons pas trouvé de trace sur la pente des montagnes de cette cavité; mais nous l'avons observé dans les petits ravins qui entament le sol de cette plaine. On voit alterner les grès, les couches meubles de travertin et les conglomérats à fragments calcaires. Les fragments sont ordinairement de calcaire grenu, ou de schiste cristallin, ou bien des rognons à surface rugueuse. Dans les bas-fonds, terre argilo-sableuse (espèce de dépôt lacustre) de couleur grisâtre ; lorsqu'elle repose sur le conglomérat, elle est rougeâtre.

Le conglomérat remonte dans le Boghaz de Guredjik; mais à une heure de l'entrée, il ne s'y montre plus qu'en lambeau. A la descente du col de Guredjik, on le rencontre encore. Il repose sur le calcaire lamellaire ou saccharoïde, qui est perforé de trous ronds provenant de l'érosion des eaux infiltrées.

Il est cimenté par une pâte rougeâtre calcarifère.

La cavité de Bélitintza ne contient pas de conglomérat rougeâtre à fragments calcaires cimentés par le travertin ou chaux carbonatée déposée par les eaux thermales. Elle contient des couches meubles ou friables, des grès argileux, calcarifères, blanchâtres, associés avec des marnes et des argiles contenant une forte proportion de grains de quartz. Ce dépôt tertiaire est recouvert de petits cailloux roulés répandus dans une terre argilo-sableuse rougeâtre.

En résumé le *terrain tertiaire* varie dans sa composition, d'une localité à l'autre. Les dépôts de sources sont venus mêler leurs produits pendant que des sables et des cailloux roulés se déposaient aux environs. Le travertin a produit sur quelques points d'énormes dépôts (Skrdjova) qui se lient par leur partie supérieure avec les grès : mais le dépôt arénacé est très-grossier dans la vallée du Strouma, tandis qu'il se compose bien plus généralement de roches à grain fin et même très-ténu (farine calcaire et argile de Skrdjova).

Il est à remarquer que le conglomérat à travertin remonte jusqu'auprès des cols et des sommités, et qu'il s'est formé sur des points où le terrain tertiaire ne pouvait atteindre. De plus, en n'en observe pas de trace dans les montagnes qui ne sont pas calcaires, ou du moins dans celles qui sont complétement dépourvues de roches calcaires : C'est donc un dépôt indépendant et local. Il recouvre le terrain tertiaire, mais il se lie aussi avec lui. Il y a donc des conglomérats de diverses époques. Par exemple le conglomérat de Chélanos et de Zélaovo renferme les débris du calcaire très-compacte ou subgrenu qui s'observe à la base du terrain tertiaire et qui alterne avec les couches meubles et arénacées. Il y a le conglomérat tertiaire et le conglomérat alluvial ; tous deux offrent la même composition (1).

Schistes cristallins. — Le calcaire grenu et lamellaire constitue la masse des montagnes qui bordent la vallée de Drama. De Prsotchan à Guredjik on observe les directions suivantes :

Dir. N. O.; pl. S. O., incl. 10 à 15°.
— N. 20° O.; — E. 20° N., incl. 10 à 15°.
— N. E. — incl. presque verticale.

Couches contournées verticales de Guredjik à Lissa, dir. E. 20° N.

Les couches inclinées de 10 à 15°, et souvent horizontales ou ondulées, expliquent

(1) Il est bon de faire observer que le dépôt tertiaire participe toujours de la nature des montagnes dont il recouvre la base. Ce sont des grès le long des sommités granitiques du Périn Balkan ; des grès ou sables alternant avec des calcaires à rognons anguleux, des marnes, etc., à la base des sommités calcaires.

la grandeur de la surface qu'occupe le calcaire. Les mêmes couches plongeant en sens inverse, reparaissent et se prolongent; quelquefois elles sont brisées, par exemple après la rude montée à la rencontre de deux vallées.

Les ruptures ont produit des cavernes ou *hiatus* qui sont remplies par les fragments brisés du calcaire. Ces fragments angulaires sont ressoudés par la chaux carbonatée qui se produit encore journellement par les infiltrations, comme nous l'avons observé dans les galeries de mines de la contrée.

Le mont Stragatch se compose de gneiss, micaschiste et diorite schistoïde, que percent des filons de pegmatite et de quartz. Ce terrain constitue les contre-forts qui entourent la cavité de Bélitintza. Il contient des couches subordonnées de calcaire grenu. On le rencontre depuis le point de partage des eaux jusqu'à Libéova.

Granite. — Le granite à mica noir et minerai de fer microscopique se trouve à Guredjik, remplit le fond de la vallée, et se prolonge jusque au delà du boghaz de Kalapot : il est bien probablement en rapport avec la syénite de la vallée du monastère Saint-Jean. Ce prolongement se déduit : 1° de l'observation de cette roche, que nous avons trouvée en blocs roulés dans la vallée de Vroundi; 2° du rapport d'un *prêtre mineur* qui dit avoir vu les roches à minerai de fer microscopique (et le granite altéré) dans le boghaz de Kalapot.

Filons métallifères. — Des filons métallifères existent en grand nombre dans le calcaire. Nous avons observé auprès du village, dans une roche altérée formant filon, une roche composée de silice et de fer limoneux. Ce minerai est entouré de toutes parts au milieu de la roche éruptive. Le granite altéré est coupé d'une multitude de filons d'une roche feldspathique, dont l'altération ne permet pas de reconnaître la nature. Entre le filon et le granite on trouve de la pyrite de fer jaune et blanche, en feuillets minces. Au dire du mineur arrivé depuis quelques jours, ces feuillets servent de toit à la galène. La roche qui remplit la fente ou galerie de mine, que nous avons visitée, est feldspathique, et contient du quartz et du minerai de fer limoneux. Nous avons trouvé des fragments qui se composaient de cristaux groupés de fer oxydulé. Ce dernier minerai, et surtout la pyrite de protoxyde de fer, ont probablement produit, en s'altérant, le fer limoneux précité.

65* (149 à 153). De Libéova à Borova.

Vallée de Libéova. — Schistes cristallins.

Dir. N. 10° E.; pl. E. 10° S.

Sur les schistes, grès friable ou sable, légèrement cimentés par de l'argile, recouverts d'alluvions à petits cailloux.

Le revers des collines de la vallée, c'est-à-dire leurs contre-forts, sont formés jusqu'au sommet des mêmes grès, qui là se présentent souvent en couches horizontales et rarement dérangées. Ces grès ressemblent à ceux de Névrokoup. Ils contiennent des cristaux de felspath altéré (kaolin), quartz, mica, et sont cimentés par de l'argile ou du calcaire. Ils passent quelquefois au poudingue. Ils contiennent des couches subordonnées de calcaire d'eau douce, de marne, d'argile sableuse et de calcaire blanc pulvérulent.

Cette formation lacustre a rempli la cavité de Névrokoup et a pénétré dans les vallées ou ravins qui y débouchent.

Les schistes cristallins associés au calcaire grenu forment sur toute la route le fond du terrain jusqu'à Borova. Les directions et plongements changent fréquemment, et les couches sont tantôt presque horizontales, tantôt presque verticales; à l'entrée du ravin de Gouchtérek, elles sont gaufrées et contournées sur elles-mêmes. Le micaschiste et le quartzite y sont rares; ce sont généralement des gneiss et des diorites schistoïdes associées avec du calcaire grenu. En approchant de Borova, le calcaire prédomine. Il forme le petit boghaz E. O. de Vlakavitza, et l'entrée du boghaz du Karasou et de la rivière de Dozpat.

Direction des couches :

Dir. N. 10° E.; pl. E. 10° S.
— N. E.; — N. O.
— E. 20° N.; — S. 20° E.
— O. 10° N.; — S. 10° O.
— N. 20° O.; — E. 20° O.

Alluvion composée de sables, graviers et cailloux, et couches argileuses dans les petites vallées.

Entre les deux rivières, au pied des escarpements calcaires, près de Borova, conglomérat composé de schistes cristallins, dont la surface altérée se colore en rouge comme dans le défilé de Kiz Derbend.

66* (154). De Borova à Touhal.

Les collines voisines de Borova sont formées d'alluvions qui se composent, comme à Vlakavitza, de sables argileux et gravier et de couches d'argile sableuse. Ce dépôt en couches horizontales recouvre les couches redressées d'un grès micacé (molasse) avec couches subordonnées d'argile schisteuse. Près du granite altéré et de la syénite, un conglomérat formé des fragments altérés de ces roches alterne avec le grès molasse et a été redressé avec lui.

Le granite altéré forme un plateau au bas du sommet du contre-fort de Papaskeui; ses surfaces altérées produisent des blocs arrondis, et une arène qui pourrait se prendre pour un dépôt sableux. Néanmoins, le sable argileux existe au sommet, avec des cailloux, les uns roulés et provenant d'alluvions, les autres en plaques à angles tranchants provenant du sous-sol.

Syénite au contact du granite altéré et des schistes cristallins qui forment le sommet du contre-fort de Papaskeui. Les schistes se composent de gneiss, diorite schistoïde, et quelquefois de micaschiste avec couches subordonnées de calcaire grenu. Au contact de la syénite, le calcaire forme une brèche dont tous les fragments sont soudés par de la chaux carbonatée. Les couches sont brisées, la diorite schistoïde et le calcaire se redressent verticalement et se contournent autour des plissements ou des brisures d'un gneiss profondément altéré.

Le gneiss est souvent coupé par des filons de pegmatite, qui suivent aussi quelquefois la stratification. Le calcaire recouvert par la diorite schistoïde et le micaschiste se montre encore au confluent du Karasou et du ruisseau de Mouchdel. Il est là en couches presque horizontales, au pied d'un escarpement de gneiss incliné de 25 à 30 degrés.

Les couches suivent la direction O. 30° N. : aussi, depuis Hidhir jusqu'à Touhal, nous avons presque continuellement marché sur cette roche.

Le Seïmen que nous avons pris à Guredjik a refusé de nous conduire par la route de la rive gauche du Karasou. Jusqu'à Bouk qui est sur le bord de la rivière, la route est tellement escarpée que, suivant l'expression du pays, les chevaux ont un pied sur la route et trois en dehors. Il suffit aux malfaiteurs de se montrer inopinément, pour effrayer les chevaux et les faire tomber avec leurs cavaliers d'une hauteur de plusieurs milliers de pieds.

67* (155, 156). De Touhal à Doxat.

A l'exception de quelques filons, aucune roche éruptive ne se montre dans le trajet de Touhal à Doxat. Ce sont les mêmes roches que celles de la route précédente. Leur direction prise plusieurs fois est O. 30° N., pl. N. 30° E.

Les gneiss altérés constituent la ligne de partage, qui se trouve moins élevée que les sommités calcaires des contre-forts formant la paroi occidentale de la vallée.

Le calcaire ne se montre pas sur la route avant Dobrosélo, et il est précédé de diorite schistoïde. Cette roche semble toujours annoncer le voisinage du calcaire.

Les conglomérats calcaires cimentés par le travertin se montrent au fond de la vallée. Ils contiennent des couches de calcaire lacustre ou travertin, et sont recouverts d'alluvions composées de cailloux roulés non cimentés.

Les bords de la vallée sont flanqués d'un dépôt en couches horizontales, composé de cailloux et de couches argilo-sableuses souvent très-épaisses. Même faits que sur la route de Sérès à Drama.

Près de Rahvika, grès blanchâtre comme à la descente de Libéova à Pétralik.

68* (156). De Doxat à Kavala.

Le calcaire lamellaire forme les contre-forts de gauche. A sa base, conglomérat calcaire avec ciment rougeâtre, si répandu dans ce bassin.

La basse chaîne maritime se compose de gneiss altéré et de syénite offrant une apparence de stratification. Ce serait un gneiss amphibolifère éruptif, car cette dernière roche empâte des fragments de gneiss. Des filons de diverse nature coupent ces roches et suivent quelquefois la stratification. Ce sont : 1° roches feldspathiques altérées, probablement pegmatites; 2° syénite; 3° roche porphyrique; 4° granite; 5° quartz.

La syénite altérée forme par sa décomposition des blocs arrondis. Sa présence est annoncée à l'avance par le minerai de fer microscopique répandu dans le sable lavé de la plaine.

F. — Route de Kavala à Andrinople. — Littoral de la mer Égée, et coupes à travers le massif du Rhodope.

69* (170). De Kavala à Hanlar.

Kavala est construit sur un petit promontoire, composé de syénite stratiforme et de gneiss. Filons divers. Les mêmes roches, percées de filons ramifiés, constituent les contre-forts coupés par la route de Kavala à Sari-Chaban. Leur couleur blanchâtre les ferait prendre de loin pour du calcaire.

Auprès du karaoul, à une heure de Kavala, le calcaire recouvre ces roches. Petite plaine bordée à gauche par les contre-forts calcaires; quelques monticules calcaires à droite, formant des promontoires.

Au delà de Tcherpenti-Tchiflik, la route reste à quelques minutes du pied des montagnes. Les cailloux roulés qui en descendent sont du calcaire, du gneiss et des roches de filon. Elles offrent donc la même composition que les montagnes de Drama.

Le conglomérat calcaire, cimenté par le travertin, forme un encroûtement à leur base.

La plaine est sablonneuse, et l'argile mélangée avec le sable forme un sol rougeâtre, à partir de Kaïabounar.

70* (170, 171). De Hanlar à Iénidjéi et d'Iénidjéi à Skiedjé.

Loess, ou dépôt alluvial, sur tout le plateau. A Kara Ghuezlé, les buttes arrondies sont formées de calcaires cristallins souvent fendillés et ressoudés. Les abords sont caillouteux. Ces cailloux proviennent de grès altérés qu'on trouve en couches inclinées à une heure du village. Quelques rochers (saillants sur la route) se composent d'éléments trachytiques, et font partie des grès qui passent quelquefois au poudingue.

Les collines de Tachlik se composent de couches inclinées qui paraissent être le prolongement des grès observés sur la route. Son terroir caillouteux vient à l'appui de cette présomption, que nous n'avons pas eu le temps d'aller vérifier.

De nombreux cailloux roulés s'observent à la surface du sol alluvial, entre Iénidjéi et Skiedjé : ce sont des fragments de syénite, de diverses roches feldspathiques, de schistes cristallins, de marbre, etc.

Les montagnes qui bordent la plaine offrent le même aspect que celles des environs de Kavala; elles paraissent se composer de calcaire grenu, associé aux schistes cristallins, et percé de filons. A Skiedjé, la syénite forme les pentes de la montagne qui supporte le monastère Panaghia. Rochers hérissés.

Les maisons de Hanlar sont construites en pierres de calcaire travertin ou lacustre et de conglomérat calcaire. Celles de Kara Ghuezlé sont construites en calcaire grenu, et renferment quelques fragments d'un calcaire noir avec nummulites et polypiers. Les maisons d'Iénidjéi renferment du calcaire à nummulites, du calcaire travertin, des grès avec éléments trachytiques, et des roches syénitiques.

71* (171). Course à l'ouest de Skiedjé.

Nous avons suivi le pied des contre-forts qui bordent la plaine. Ces montagnes se composent de calcaire lamellaire associé aux schistes cristallins. Le calcaire forme les pentes voisines de la ville. Les ravins mettent à découvert les schistes cristallins, qui sont généralement altérés et bouleversés par la syénite et par des filons de pegmatite et de quartz. Dans le ravin de Kiretchiler, un filon ferrugineux bréchoïde, empâtant des fragments de diorite schistoïde, dérange les couches. Dans le voisinage, on trouve de la syénite avec des amas ou fragments de cristaux d'amphibole et des grenats. Les gneiss et amphibolites sont grenatifères. Les schistes cristallins non altérés paraissent aussi produire quelques-unes des pentes entre Kiretchiler et Moussarle; du moins leurs débris à angles vifs se trouvent presque sans mélange à leur base.

A la base des montagnes, on trouve :

1° A Kiretchiler, du calcaire qui paraît un produit thermal. Sa pâte est subgrenue, parsemée de veinules, les unes arrondies provenant de la destruction de plantes incrustées, les autres aplaties ou en lancettes provenant de la destruction de roseaux ou autres corps; d'autres enfin sont disposées circulairement autour d'un trou, comme les éponges ou polypiers. Outre cela, on y remarque des cavités creusées par les eaux. Ce dépôt, entamé par le ravin, offre une épaisseur visible de 30 à 40 mètres. Sa partie inférieure se compose de rochers arrondis, et sa surface est empâtée de travertin et de conglomérat. Cette dernière roche paraît se lier avec le calcaire. Le calcaire forme un vaste dépôt local, que nous n'avons pas trouvé ailleurs.

2° Des amas de blocs, souvent à angles vifs, mélangés avec de la terre argilo-sableuse rougeâtre, paraissant provenir de l'altération des schistes cristallins. Ces amas sont tantôt de calcaire grenu, tantôt de schistes cristallins et de roches éruptives.

3° Des calcaires à nummulites offrant au ravin de Moussarle la coupe suivante (fig. 62):

Fig. 62.

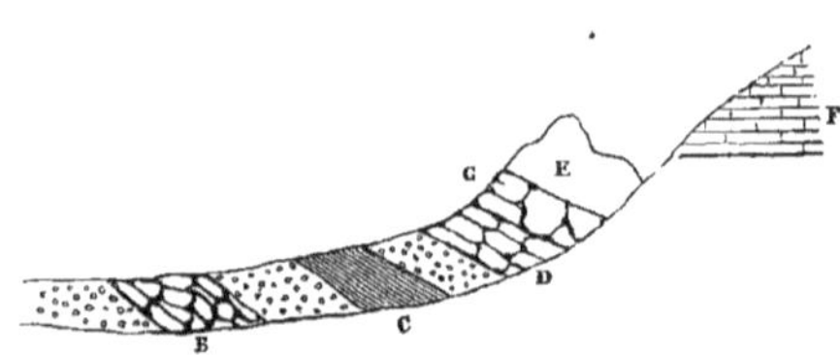

Conglomérat formé de blocs de schistes cristallins, de granite, etc., alternant avec des calcaires argileux (B et D) offrant l'apparence de grès (G) et renfermant des nummulites et des veines de calcaire rappelant la disposition de polypiers. Des bancs de grès siliceux (C) sont intercalés dans les conglomérats. Le calcaire à nummulites grisâtre forme des rochers (E) au pied du calcaire grenu (F). L'altération de ces roches produit un sable rougeâtre.

72* (171). Course à l'est de Skiedjé et à Tachlik.

Le calcaire cesse à Skiedjé. La syénite et le granite constituent les pentes qui bordent la plaine à l'est de Skiedjé. Les blocs qui descendent du ravin qui produit le ruisseau de Skiedjé se composent de plusieurs variétés de granite, de syénite, de porphyre pétro-siliceux, de porphyre quartzifère avec amphibole, etc. Le granite et la syénite à gros grains forment des montagnes dont les flancs sont chargés de gros rochers arrondis, et donnent par leur altération un sable tantôt rougeâtre, tantôt grisâtre. La syénite à grains fins empâtant des blocs à angles vifs de diorite composée presque uniquement d'amphibole produit des rochers aigus.

La base des montagnes n'est précédée d'un dépôt qu'à Sakarkaïa ; ce sont des grès siliceux, des grès argileux et feldspathiques et très-altérés. On y remarque cette roche argileuse diversement nuancée, qui ressemble à un trachyte altéré, et que nous avons trouvée à moitié route de Kara Ghuezlé et d'Iénidjéi.

Les collines de Tachlik renferment la même roche, associée avec des grès mollasses grisâtres micacés, des grès rouge-lie-de-vin avec fragments blanchâtres argileux, des grès à grains de quartz cimentés par l'argile, des grès passant au conglomérat, etc. Ces roches nous paraissent faire partie du calcaire à nummulites. Elles forment par leur altération un sable légèrement argileux, coloré en rouge, et renfermant du minerai de fer microscopique.

73* (172). De Xanti (Skiedjé) à Ghieuktchêbounar.

La syénite forme l'entrée de la vallée du ruisseau de Pachavik et l'encaisse. Elle constitue la montagne qui domine la ville, et se trouve en contact avec le calcaire lamellaire à un quart d'heure de la ville. Un monastère est construit sur la montagne calcaire opposée, près du contact.

Direction O. 30° N.; pl. N. 30° E. Grande puissance.

Plus loin, le calcaire se subordonne au gneiss, et offre encore la même direction, qui se maintient dans toute la vallée avec une constance remarquable, malgré les roches éruptives qui les coupent, les percent et les soulèvent.

Les schistes cristallins se composent de gneiss, de diorites schistoïdes et de micaschistes (rares). Les diorites schistoïdes sont très-développées. Dans la première partie de la route, ces roches sont saines. Le micaschiste et l'amphibolite sont coupés profondément par le ruisseau, et l'encaissent entre le premier et le second pont. Les couches sont verticales en cet endroit. Entre le second et le troisième pont, les gneiss à gros grains et amphibolites à gros grains se montrent très-développés. Le retour du calcaire est annoncé (précédé et suivi) par l'amphibolite. Le gneiss altéré ne forme qu'une faible bande à deux heures de Xanti, et n'est pas développé comme sur la route de Borova à Touhal.

Le troisième pont est jeté sur le ruisseau principal; la branche de Pachavik est moins forte. Les cailloux roulés en gros blocs s'observent à tous les ravins ou élargissements de la vallée, depuis la syénite jusqu'au deuxième pont. Au delà, ils sont rares; ce sont les roches précitées, mêlées avec des porphyres amphibolifères et quartzifères, qui paraissent descendre d'un prolongement du Koula-Balkan. Une autre montagne, qui s'élève à l'est (probablement le Kara Ollan), offre aussi des apparences de prismes.

Des filons de quartz et de pegmatite coupent de temps en temps ces roches; mais à 2 heures et un quart de Xanti, elles commencent à s'introduire en filons-couches qui se ramifient, se renflent, etc. (fig. 63); ces filons dérivent du granite blanc à gros grains avec mica blanc. Ils imbibent les couches, et se chargent des éléments colorés provenant de la diorite schistoïde, du gneiss et du micaschiste.

Fig. 63.

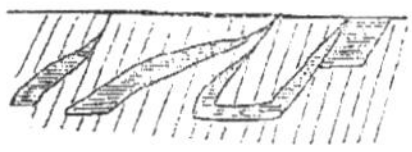

Les détours de la vallée jusqu'au moulin de Mouchtachtchova ramènent plusieurs fois les mêmes couches, dont on suit souvent la direction.

La montée depuis le moulin jusqu'à Ghieuktchêbounar est très-intéressante. Elle est rude pendant 25 minutes, et offre à plusieurs reprises l'alternance du calcaire grenu avec la diorite schistoïde à grain fin et le gneiss. Ces deux dernières roches sont très-altérées et presque à l'état argileux ou sableux. Des filons de granite blanc, de pegmatite et de quartz, et de gros dykes de ces roches, coupent les schistes cristallins et le calcaire et s'y introduisent quelquefois en filons-couches. Il résulte de là que le calcaire, entouré de deux ou trois côtés par les roches éruptives, semble former un manteau sur les buttes des contre-forts, tandis qu'il se trouve enchâssé dans le granite dont les pentes sont jonchées de ses débris (fig. 64).

Fig. 64.

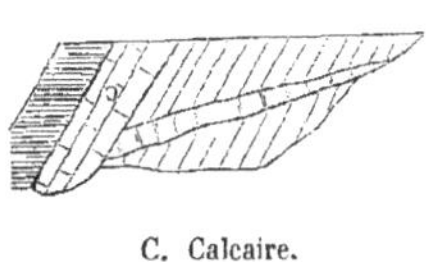

C. Calcaire.

A la fin de la rude montée, le granite blanc et ses dérivés constituent la masse de la montagne. Les schistes cristallins s'y trouvent comme noyés.

74* (172). Course de Ghieuktchêbounar à Pachavik.

Ghieuktchêbounar est situé à quelques mètres au-dessous du partage des eaux entre deux affluents du ruisseau de Skiedjé. L'arête de séparation se prolonge jusqu'à Pachavik dans la direction du N. 20° O. Il se compose presque uniquement de granite blanc et de ses dérivés. Les schistes cristallins altérés ne s'y montrent que par places, et sur une faible épaisseur, comme nous l'avons signalé avant le village. Le granite est souvent altéré et coloré en rouge ou en rose à la surface.

Près de Pachavik, la pegmatite forme de véritables brèches qui jouent le rôle de roche éruptive. Elle coupe la diorite schistoïde et le gneiss, et empâte leurs fragments.

On y observe aussi des brèches de schistes cristallins, qui paraissent résulter du broiement occasionné par la sortie du granite ou de ses dérivés. Il est vrai que les pointes prismatiques du porphyre qui dominent Pachavik pourraient bien être la cause de cet effet; cependant c'est au contact du granite et non du porphyre que ces brèches existent. Il faut encore observer qu'indépendamment de blocs de calcaire grenu qu'on trouve sur le granite altéré, il y a un calcaire argileux gris-noirâtre, empâtant des fragments de calcaire grenu. Cette roche est une véritable brèche qui ressemble au calcaire à nummulites de Moussarle.

Le granite altéré forme la base des pointes porphyriques qui dominent Pachavik et qui font partie du Koula-Balkan. Il offre une apparence de stratification, comme si les éléments avaient été remaniés.

Nota. — Cette roche, examinée une seconde fois, est définitivement un grès qui fait partie du dépôt lacustre de la vallée de Chaïn.

Le porphyre des sommets forme des prismes carrés, de 4 mètres de hauteur sur 80 centimètres de largeur : c'est la même roche observée au Tchiflik de Kaïnlitchali et sur la route de Mihalkova à Batak. Certaines variétés sont tabulaires et servent à couvrir les maisons : elles sont grisâtres, ou gris rosacé, etc.

75* (173). De Ghieuktchêbounar à Démirdjik.

En passant par Pachavik, nous avons examiné de plus près la brèche de schistes et de calcaire : ce sont des dépôts superficiels, qui recouvrent et encroûtent la tête et les flancs des couches.

La roche altérée qui entoure la base des pitons porphyriques du Koula-Balkan est un grès quelquefois poudingiforme, en bancs horizontaux, déposé sur le granite et formé à ses dépens. Ce dépôt est très-développé dans la vallée de Chaïn, s'élève sur le sommet du contre-fort qui sépare Kozloudja et Démirdjik, et monte, près des sommets des pitons porphyriques du Koula-Balkan, dans cette dernière vallée. Les couches offrent une inclinaison de 10 à 12 degrés. Elles se dirigent du N. O. au S. E., pl. N. E. à Valkanova; du N. E., pl. N. O. à Démirdjik.

Coupe de Valkanova (fig. 65).

Fig. 65.

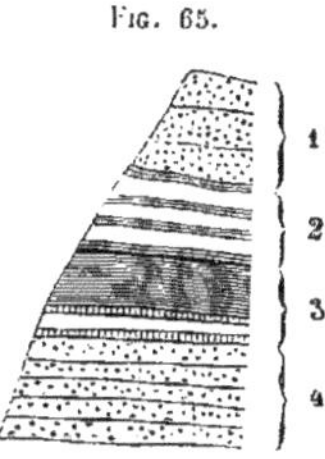

1. Grès micacé à gneiss de feldspath et de quartz (mollasse), renfermant de nombreuses impressions de feuilles dicotylédonées qui ressemblent à la flore actuelle. Les bancs, puissants, sont souvent séparés par des feuillets d'argile schistoïde grisâtre.
2. Alternance des grès précédents avec un autre grès en dalles de 10 à 30 centimètres, de couleur ocreuse (mollasse), micacé, dont les tranches s'altèrent en boules ; il contient aussi beaucoup d'impressions. Ces couches admettent quelques feuillets de grès schistoïde argileux, calcarifère, noirâtre, et de calcaire argileux noir schistoïde.
3. Alternance d'argile schisteuse noire calcarifère, de grès argileux micacé noir, de calcaire argileux noir. Ces couches contiennent quelques couches d'argile grise schistoïde et de grès mollasse. A leur base, deux couches de lignite brûlant avec flamme.
4. Grès grisâtre et bleuâtre qu'on prendrait pour un trachyte altéré. Il offre des colorations ferrugineuses : il renferme des lits subordonnés, et vers le haut une couche d'un mètre de grès très-micacé schistoïde, de calcaire argileux noirâtre, etc.

Ce dépôt s'observe dans toute la vallée. Le calcaire grenu et le granite paraissent à découvert dans la descente de Pachavik à Valkanova, et sur la route de Valkanova à Démirdjik. Entre ces deux villages, c'est le granite qui constitue les flancs de la montagne : ses pentes sont encroûtées et recouvertes de brèche et de conglomérat granitiques, qui forment une grande épaisseur sur le grès supérieur mollasse.

Nous ne devons pas oublier de rappeler que les grès micacés et ces roches argileuses rubéfiées de la plaine d'Iénidjéi ont les plus grands rapports avec les grès de la vallée de Chaïn; les couches argileuses noirâtres ressemblent aux couches noirâtres de Valkanova. C'est probablement le même dépôt.

Les flancs du calcaire sont encroûtés de brèches et conglomérat calcaire. Le ciment est un travertin.

Ainsi, le dépôt supérieur congloméré qui recouvre les grès tient de la nature de la roche sous-jacente.

En montant à Démirdjik, même composition du terrain arénacé qu'à Valkanova. Quelques argiles noires ou grès argileux sont pyriteux.

En allant de Skiedjé à Ghieuktchêbounar, nous avons remarqué, à droite, des couches presque horizontales qui entouraient une cime élevée : c'était peut-être un des pitons du Koula-Balkan, dont la position a varié pendant le cours de cette route, à cause des différentes directions que suit la vallée.

Nota. — On dit qu'à Lidja, en creusant les fondations d'une maison, on a trouvé du plomb, et qu'il en existe dans les rues du village à la surface du sol. Nous avons remarqué une grotte près du pont de Kozloudja ; serait-ce une galerie de mine ?

76* (174). De Démirdjik à Ismilan Kaza d'Akhi Tchélébi (ou Ahar Tchélébi).

Le porphyre constitue les pitons qui bordent la vallée à gauche, et qui sont enveloppés par le grès décrit ci-dessus. Les grès feldspathiques passent souvent à l'état de brèche, par la quantité de fragments altérés porphyriques qu'ils renferment. Ils sont remplacés au premier col par le granite, mais on retrouve les porphyres en descendant dans la vallée de Buyuk Dèrè par un ravin qui met à découvert le pied de la masse porphyrique. Cette roche se présente en masse et à l'état schistoïde.

Le granite et les gneiss constituent les bords de la vallée du Buyuk Dèrè, d'Énos Dèrè, et tout le massif qui sépare cette vallée de celle d'Ismilan, située sur l'Arda.

Les blocs roulés de l'Énos Dèrè et de son affluent le Buyuk Dèrè renferment toutes les variétés de porphyre du Koula Balkan, et annoncent l'existence de cette roche aux sources des deux ruisseaux.

Les couches stratifiées blanchâtres, formées par le dépôt arénacé, constituent les sommités de la vallée qui débouche à Palaza. On voit le grès se découper en rochers en forme de tours, et présenter la tranche de ses couches faiblement inclinées vers le nord. Il n'existe pas au fond de la vallée d'Énos Dèrè.

77* (179). D'Ismilan à Tchatak.

Le calcaire grenu forme des bancs épais presque horizontaux, qui dessinent une ligne sinueuse ; on le voit, à 50 ou 100 mètres au-dessus de la rivière, s'abaisser, se relever, puis s'abaisser de nouveau. Il est baigné par l'Arda un peu en aval du Konak de Moustapha, qui est à un quart d'heure de la Djami. Il repose sur une brèche granitique, analogue à celle de Guredjik et à ces roches si singulières en contact avec le calcaire, que nous avons observées à plusieurs reprises, notamment sur la route du Tchiflik à Mihalkova. Les calcaires alternent avec les diorites schistoïdeset des talcschistes. Sous les brèches se trouvent le granite et la pegmatite.

Les brèches paraissent avoir été formées par le broiement opéré par la sortie du granite. Elles sont souvent altérées, ferrugineuses ou siliceuses.

Les pentes du calcaire sont recouvertes de brèches et conglomérat calcaire cimenté par le travertin.

Le calcaire constitue des sommités au-dessus du village de Tcheukman, la plus grande partie de la descente de Raïkova et les escarpements à pic qui bordent la vallée de Raïkova à Tchatak.

Nous n'avons pas eu le temps d'examiner à loisir la composition du terrain arénacé, qui est très-développé à partir du village de Tcheukman jusqu'à Raïkova. Nous avons cru remarquer qu'il se lie, comme à Valkanova et Démirdjik, avec une brèche trachytique, et qu'il renferme des lits de calcaire noirâtre subordonnés. Des conglomérats calcaires avec ciment rougeâtre et des brèches siliceuses paraissent faire partie de ce terrain. La composition du dépôt est très-variée. L'idée très-incomplète que nous avons pu prendre de ce terrain s'accorde du reste avec tout ce que nous avons vu déjà dans la vallée de l'Arda et du Kritchma. Nous aurons certainement plus d'une fois encore l'occasion d'étudier les mêmes faits.

La rive gauche du ruisseau Aksou, qui se réunit, à Tchatak, au Kara Dèrè, est bordée par le même terrain ; la rive droite par le calcaire. Les sommités du Karlik et du Kara Mandjia offrent des aiguilles, et leurs flancs sont escarpés et découpés. Les blocs qui en descendent présentent toutes les variétés du porphyre, surtout du porphyre rouge. Mêmes faits qu'au Tchiflik.

A Ismilan, les cailloux roulés qui viennent du fond de la vallée de l'Arda sont surtout porphyriques : d'ailleurs, leurs formes hardies annoncent cette composition.

Ainsi la vallée de l'Arda serait séparée du Karasou, du Kritchma et du Stanimaka par le porphyre trachytique (voyez les courses faites dans ces vallées).

78* (180). De Tchatak à Seuudjuk.

Le dépôt arénacé cesse à un quart d'heure ou une demi-heure de Tchatak. Près du calcaire grenu, il renferme des brèches calcaires ; il se compose de grès gris-blanchâtre passant au poudingue, et il renferme des couches subordonnées de grès argileux calcarifère noirâtre et du calcaire argileux noirâtre, ainsi que des autres variétés déjà décrites ailleurs.

Les calcaires grenus intercalés dans les diorites schistoïdes reparaissent et forment le prolongement de ceux vus la veille. Ils cessent à une heure de Tchatak. Dans ces intervalles, les couches sont très-tourmentées; elles sont tantôt horizontales, tantôt plus ou moins inclinées dans un sens ou dans un autre; elles changent aussi de direction. Au delà, les gneiss forment seuls la composition de la montagne, du bas au sommet. Ils sont à gros grains vers la base et à petits grains vers le haut. Ils sont rarement inclinés, et ordinairement presque horizontaux. Ils ne renferment pas de couches calcaires, et se dirigent au N. E., pl. S. O. Ce seul fait semblerait indiquer qu'ils sont plus anciens que le gneiss et l'amphibolite contenant des couches subordonnées calcaires. Nous l'avons déjà observé bien des fois, sans oser établir une séparation. Ainsi, la veille, nous avions vu la base du calcaire formée par une roche remaniée, quelquefois ferrugineuse ou siliceuse. De même, dans la vallée du Kritchma. Nous avons toujours attribué la présence de cette roche à la présence du granite ou d'une roche éruptive; mais il nous paraît nécessaire d'admettre que les injections n'ont produit que des effets locaux, et qu'en général cette roche est le résultat d'un dépôt.

Vers les sommets, le gneiss est très-altéré ; il se désagrége, et forme des sommets arrondis, d'une teinte blanchâtre. Or, toutes les montagnes comprises dans l'intérieur du bassin présentent cette forme et cette teinte. Il faut en excepter les sommités découpées, formées de grès de la vallée qui descend du Koula Balkan et des environs de Tchatak.

Un autre fait très-remarquable est l'absence du dépôt arénacé dans les vallées éloignées des porphyres trachytiques. Cependant ces roches forment l'enceinte de la vallée de l'Arda, etc. Leurs débris, mêlés aux grès, prouvent que leur sortie s'est faite pendant le dépôt. Il semblerait naturel de supposer que les grès ont pénétré dans tous les bas-fonds : cependant il n'en est rien; l'absence de fossiles dans le bassin supérieur de l'Arda et la présence de feuilles semblent indiquer que le dépôt s'est opéré dans un lac. Le bassin inférieur, au contraire, communiquait avec la mer, puisqu'il renferme des nummulites, des polypiers, etc.

En généralisant cette observation, on pourrait admettre que l'absence du dépôt arénacé dans une grande vallée (par exemple celle de Monastir) annonce qu'il n'y a pas de trachyte dans cette vallée; au contraire, que sa présence annonce le voisinage de cette roche éruptive. Il suffit de considérer toutes les vallées de la Turquie pour reconnaître que cette hypothèse peut être soutenue avec quelque fondement. On peut cependant objecter qu'il n'existe pas de dépôt tertiaire dans le haut de la vallée de l'Ibar où le porphyre trachytique a fait éruption, si ce n'est quelques conglomérats et marnes près de Pristina.

Une autre hypothèse donnerait une explication plus satisfaisante. On peut concevoir 1° que les éruptions ont eu lieu, soit dans des lacs, soit dans des bassins en communication avec la mer; 2° que postérieurement à ces phénomènes géologiques, le sol qui constitue actuellement les parties de la vallée de l'Arda où le dépôt arénacé n'existe pas a été fracturé et s'est abaissé. Autrefois ce sol faisait saillie, les éruptions ont eu lieu à sa base; plus tard, le même mouvement avait pu faire basculer le terrain de manière à abaisser ce qui était élevé et élever ce qui était bas.

79* (181). De Seuudjuk à Iri Dèrè.

Le gneiss (direction N. E., pl. S. O.) constitue la montagne de Seuudjuk (fig. 66). Il est percé de filons de granite à grandes lames, de mica blanc et de pegmatite. Filons métallifères. Le nom de Maden (mine) que porte un village situé à quelques lieues semblerait annoncer une ancienne exploitation.

Le trachyte blanc micacé a poussé un filon que nous avons vu à deux reprises au sommet du contre-fort.

Après le gué de l'Arda, le gneiss alterne avec l'amphibolite, comme dans la vallée de Ghieuktchê Bounar.

Fig. 66.

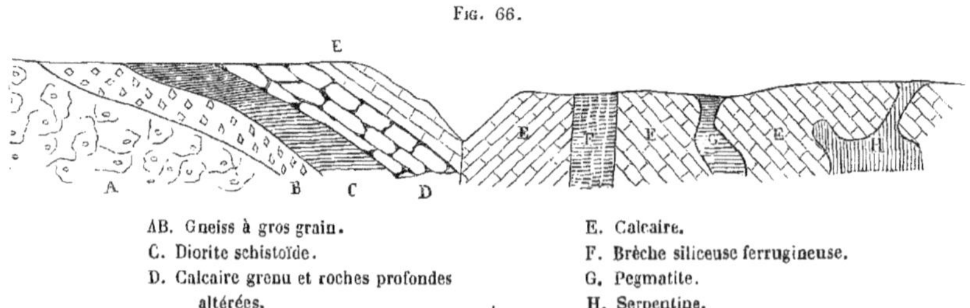

AB. Gneiss à gros grain.
C. Diorite schistoïde.
D. Calcaire grenu et roches profondes altérées.
E. Calcaire.
F. Brèche siliceuse ferrugineuse.
G. Pegmatite.
H. Serpentine.

Les couches de la coupe précédente vont N. E., pl. S. E. Au delà et à quelques pas, elles se dirigent N. O., pl. S. O. A la descente, elles reprennent la direction N. E., pl. S. E.

Le filon de pegmatite ou de granite est profondément altéré et blanc (kaolin).

La brèche silicéo-ferrugineuse paraît être en relation avec la pegmatite, qui a formé les éléments dont elle se compose; les fragments auraient été cimentés par des imprégnations probablement thermales, ou par des imprégnations ignées, ou peut-être par les deux causes à la fois. On l'observe à plusieurs reprises en remontant le lit du ruisseau; elle semble remplir les roches et pénétrer dans les cassures et entre les couches.

Les accidents de ce genre sont fréquents dans les calcaires, mais nous ne les avions pas encore observés comme ici. C'est problablement la même cause qui a revêtu d'une terre argileuse rougeâtre les parties calcaires de tant de montagnes (bassin de Drama, Lissa, etc.) : cependant il serait difficile de les rapporter tous à la même époque (voyez les courses précédentes). Quoi qu'il en soit, on voit ici que les filons se logent entre les couches calcaires, ou les coupent. Ainsi se trouve expliquée la position qui paraît souvent problématique ailleurs.

Le calcaire alterne avec des lits minces de chlorite, d'amphibolite, de micaschiste, de gneiss, le tout très-altéré et souvent grenatifère. On voit la serpentine les pénétrer et se mêler avec eux. Il en résulte que lorsque le terrain est déchiré ailleurs, on ne sait comment expliquer la position du calcaire, dont la direction des couches est souvent très-difficile à reconnaître. Ici les couches sont parfaitement stratifiées, et permettent d'étudier le terrain avec certitude.

Le gneiss à gros grains ferait la partie inférieure du terrain; les alternances de gneiss et d'amphibolite, la partie médiane; et le calcaire avec amphibolite, micaschiste, quelques couches de gneiss et chlorite et de talcschiste, la partie supérieure.

Le granite, la syénite et leurs dérivés, et la serpentine ont produit des dérangements de couches analogues. On ne peut pas les attribuer tous à la même roche.

Il n'y a donc pas deux terrains, comme nous l'admettions hier.

A la descente dans la vallée d'Iri Dèrè, gros filons de granite à grands cristaux de mica blanc, et pegmatite.

80* (182). D'Iri Dèrè à Gheuldjik (route de Montagne).

Les schistes cristallins règnent jusqu'auprès de Gheuldjik (un quart d'heure avant d'arriver). Le granite blanc à larges lames de mica d'argent et la pegmatite coupent et hachent les couches d'amphibole et de gneiss. On reconnaît encore la disposition en couches, mais la roche injectée forme plus de la moitié de l'épaisseur totale. Ce phénomène s'observe sur une grande échelle en montant au col. Les couleurs verte et jaune rougeâtre des ravins à de grandes distances offrent le même *facies*.

A la descente du col et en suivant les contre-forts, on trouve des masses de granite blanc, et surtout de la syénite, avec minerai de fer microscopique.

A un quart d'heure de Gheuldjik, commencent les produits volcaniques. Ce sont des roches bréchoïdes, des cendres remaniées de diverses couleurs et passées à l'état résinoïde.

81* (183). De Gheuldjik à Iéni Han.

Le têpê qui domine Gheuldjik est trachytique. Aiguilles. Cette roche constitue plusieurs rochers aigus, qu'on aperçoit en suivant la route; mais elle paraît s'arrêter là, car nous ne l'avons pas rencontrée dans l'intérieur du massif. Elle a fourni ces produits cinériformes, souvent silicifiés, observés à Kourt Keui Kalessi. On les voit se lier de la manière la plus évidente avec les grès coquilliers renfermant les fossiles d'Ortakeui et Lidja, dont nous avons pris tant d'échantillons, comme on le verra plus loin. On marche pendant une heure sur l'alternance faiblement inclinée de ces roches; de sorte que le fait se représente à tout moment.

Le ravin d'Euren Dèressi montre les schistes cristallins qui formaient le rivage. Les débris anguleux de l'amphibolite entrent dans la composition de deux couches avec les produits volcaniques. Par-dessus vient l'alternance de grès massif à éléments trachytiques et de grès argileux, et par-dessus le calcaire à nummulites.

Roche noire trachytique formant des filons dans les cendres et brèches trachytiques. Elle se décompose en boules, et produit une roche terreuse argileuse.

Sur le reste de la route, les grès occupent presque tout l'espace. Alternance répétée de grès massif et de grès schistoïde. Les couches sont souvent inclinées de 10 à 15 degrés; mais (surtout entre Suutlu et Iéni Han) elles se redressent aussi de 45 à 60 degrés.

C'est la répétition des faits observés sur la route de Krdjali à Kétenlik.

La serpentine, accompagnée de brèches et de conglomérat, perce les schistes cristallins du contre-fort de Kirli. Ces roches constituent le défilé de Suutlu.

82* (184). D'Iéni Han à Gumourdjina.

Le gneiss (diverses variétés), accompagné de diorite schistoïde et quelquefois de micaschiste, constitue les parois des vallées traversées. Le calcaire grenu forme l'entrée de la vallée près du han, et se trouve de l'autre côté des montagnes.

Les roches sont percées de tous côtés par des filons de pegmatite : quelques-uns de ces filons, entre Arapdjildan et le karaoul de la descente sont altérés, et le feldspath, réduit à l'état de kaolin, a la saveur astringente de l'alun. Les gneiss sont revêtus d'un enduit mince blanc.

La syénite s'observe près du calcaire, à quelques minutes du han.

La serpentine se trouve aussi près du han et avant le karaoul de la descente. Les roches sont très-altérées au voisinage. Le calcaire offre cette brèche ferrugineuse qui accompagne ordinairement la serpentine.

Les couches se présentent aussi sur plusieurs points avec des filons de pegmatite qui s'insinuent entre elles et doublent ou triplent leur épaisseur.

Les couches offrent dans ce trajet de fréquents changements de direction :

Dir.	pl.	
Dir. N. 15° O.;	pl. O. 15° S.	
— N. 30° O.;	— O. 30° S.	entre le han et le pont.
Id.	*Id.*	
— N. E.;	— S. E.	après Karahatch.
— N. O.;	— N. E.	montée au col.
— N. E.;	— S. E.	descente du col.
— O. 30° N.;	— S. 30° O.	
— N. E.;		entre Arapdji Han et le karaoul.
— N. O.;		
— N. E.;		

Un quart d'heure avant le karaoul, les couches sont tellement contournées, plissées et ondulées verticalement, que nous n'avons pas pu en relever la direction. Il y a un tel désordre qu'il ne nous a pas été possible de reconnaître si les micaschistes et le calcaire qui l'accompagnent faisaient partie d'un autre terrain. Après le karaoul, grès et sables argileux avec cailloux roulés qui nous ont paru inférieurs au calcaire à nummulites dont les débris jonchent la descente à partir du karaoul. Ce dépôt forme des collines au pied et sur la pente des contre-forts du mont Karlik. Le grès et le sable argileux avec cailloux alternent et sont inclinés sur la pente de la descente, plongeant tantôt vers la plaine, tantôt vers la montagne. Dans la plaine, ce dépôt arénacé forme un plateau bas et raviné.

83e (185). Course aux environs de Gumourdjina.

Il nous était important de savoir si le trachyte et le terrain tertiaire qui se lie partout avec ses conglomérats existent dans la chaîne du Karlik. Nous n'avions pas rencontré ces roches en traversant le col qui conduit de la vallée du Suutlu dans la plaine de Gumourdjina. Nous sommes allé examiner la nature des blocs et cailloux qui descendent par les ravins, à partir d'Aïazma jusqu'à la vallée du Kourou Tchaï dont une des sources se trouve à Démirdjik (voyez les courses précédentes). Nous avons traversé en une heure la plaine, qui est (près de Gumourdjina) jonchée des cailloux provenant des ravins entre Aïazma et la descente des cols. Ensuite, à partir d'Aïazma, nous avons longé le pied des montagnes et pénétré, à un quart-d'heure de distance, dans le boghaz du Kourou Tchaï, jusqu'à un pont situé à vingt-cinq minutes de Narli Keui. Les différents ravins examinés pénètrent jusqu'au centre de la chaîne. Ils sont excessivement resserrés et ont une très-courte étendue, l'axe étant très-rapproché de la plaine. La cime la plus élevée du Karlik forme un cirque à arête dentelée, dont les débris descendent à Bolat-Keui.

Les blocs des ravins de cette chaîne sont du gneiss de diverses variétés, du calcaire grenu, des syénites, granites et roches serpentineuses.

Les blocs de trachyte et de grès tertiaire ne se trouvent que dans le lit du Kourou Tchaï qui part, à Démirdjik, d'une chaîne trachytique.

Point d'apparence de terrain tertiaire au pied de la chaîne. Ce terrain, nous l'avons vu en descendant du col former un dépôt dans la plaine comprise entre la chaîne du Karlik et celle des montagnes de Maronia. Il forme probablement les bas coteaux qui bordent la mer du côté de Maronia.

Ravin d'Aïazma (Fig. 67 et 68).

Côté droit du ravin (Fig. 67).

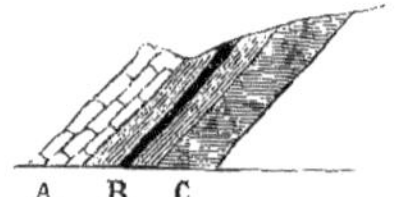

Côté gauche du ravin (Fig. 68).

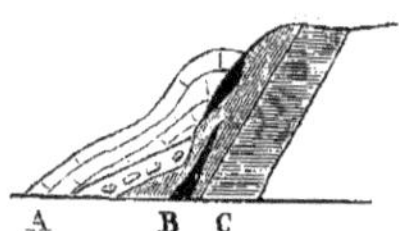

(Couches très-dérangées et paraissant contournées à l'entrée du ravin).

A. Calcaire blanc très-compacte ou subgrenu, brisé et fracturé. A l'entrée du ravin (rive gauche) il paraît avoir glissé. Le prolongement du banc repose sur un conglomérat de blocs roulés de diverse nature. Les fragments de la partie inférieure formant passage aux schistes cristallins sont encroûtés de chaux carbonatée. Il a été gaufré en petit.

B. Alternance de lits minces de gneiss talqueux avec des plaques ou lits minces de calcaire schistoïde gris plus ou moins foncé. La rive droite du ravin offre des noyaux de serpentine, intercalés entre les feuillets.

C. Gneiss talqueux, alternant avec des micaschistes talqueux.

Vallée du Kourou Tchaï.

Alternance de gneiss et de calcaire grenu. Des gneiss très-durs forment des rochers aigus à l'entrée, semblables à ceux de la crête du Karlik. Les dérangements du calcaire rappellent ceux de la vallée de Tchandir.

Le plateau qui sépare les deux ruisseaux d'Iardimli Dèressi et de Gumourdjina est formé de couches d'argile verte mélangée de sable et de sable argileux jaunâtre. Il est recouvert, dans certaines parties, d'une terre argileuse rougeâtre, ou gris foncé, ou gris clair.

L'Iciklik Têpessi se compose d'une roche verte feldspathique, offrant une sorte de texture lamellaire rappelant celle du talc. Elle est parfois imbibée de quartz, coupée de filons ou de veines quartzeuses qui se fondent dans la pâte de la roche. Elle est à cristaux de quartz enfumé, et renferme aussi des noyaux isolés de quartz qui lui donnent l'aspect d'une variolite. Sa structure en grand offre une apparence de bancs dirigés N. E. S. O. Cette roche paraît constituer la masse de la montagne à droite et à gauche du ravin de Moratli, et former le sommet de l'Icilik Têpessi.

Le terrain tertiaire a pénétré au commencement de l'entrée du ravin. Il se compose de grès passant au poudingue, de grès argileux, de calcaire, etc. Ces roches renferment des fragments de la roche sous-jacente. Dir. E. O.; pl. N.

La roche verte est analogue à celle que nous avons trouvée près de Démotika, lorsque nous sommes retourné à cette ville par la route de montagne. Nous en avons trouvé aussi dans les murs du bain antique de Trajanopolis.

84* (204). De Gumourdjina à Maronia (Maroulia des Turcs).

Les abords de la montagne sont formés de collines calcaires, dont les parties inférieures offrent des grès passant au poudingue; plongement des couches vers la plaine.

La totalité de la montagne se compose de calcaire à nummulites. La roche offre peu de différence du haut en bas; ainsi, après avoir dépassé les collines, on trouve :

1° Vers le bas, des couches bien stratifiées, dont l'altération extérieure annonce une sorte de disposition à la schistosité grossière : en effet, le choc du marteau brise la roche en plaquettes dont les surfaces sont salies d'un léger enduit argileux.

2° Plus haut, les couches sont massives, percées de trous ronds ou à parois arrondies par des érosions aqueuses. La pâte est très-compacte ou subgrenue. On y distingue généralement des changements de tons qui lui donnent l'apparence d'une brèche. Ce caractère est encore, comme le premier, presque général.

3° Vers les deux tiers de la hauteur, un banc massif de 4 à 5 mètres, coupé littéralement à pic, et offrant de loin l'aspect de larges prismes ou de murailles garnies de tours carrées. Il présente suivant son état d'altération les deux caractères, et il est pétri de nummulites.

4° Plus haut, on trouve des couches renfermant souvent des myriades de petites nummulites.

5° Le sommet est formé d'un banc massif assez semblable au n° 3, percé de trous ronds, se dilatant en plaquettes, à parois escarpées, et pétri de larges nummulites.

Les couches ont été brisées; on les voit souvent plonger en sens inverse et prendre des directions différentes. Elles reposent, au col, sur le porphyre vert quartzifère de l'Iardimli Têpessi, roche qui paraît ainsi s'étendre à peu près de l'est à l'ouest.

Les collines qui précèdent la montagne sont formées de calcaire à nummulites à leur sommet. Dessous on voit des grès dont la composition est très-variée. Certaines couches sont de véritables brèches très-compactes à petits fragments calcaires, et renferment beaucoup de nummulites passées à l'état spathique. Quelques-unes conservent encore les traces évidentes de leur organisation intérieure.

Au delà du col, une terre argileuse rougeâtre repose sur la roche verte. Elle paraît formée de petits fragments altérés de cette roche, mélangés avec quelques fragments de calcaire.

Plus loin viennent des grès de diverse nature; puis le calcaire à nummulites, alternant avec des couches calcaires plus ou moins argileuses, plus ou moins sableuses.

Les dérangements du sol, qui d'ailleurs est raviné, mettent à découvert les mêmes faits à plusieurs reprises; mais les changements de direction et de plongement permettent difficilement de raccorder les diverses couches.

Dans tous les terrains à nummulites que nous avons vus dans ce voyage, nous n'avons jamais rencontré de térébratules, de bélemnites, d'ammonites, ni aucun fossile caractéristique de la craie.

Le Frenk-Bounar, montagne de Maronia, se compose de calcaire noirâtre alternant avec des talcschistes ; des couches subordonnées de schiste argileux offrent trop de cohésion pour former des ardoises.

85* (205). De Maronia à Miri (le Makri des Grecs).

Le terrain de talcschiste et calcaire constitue la partie inférieure de la chaîne de Frenk Bounar. On le voit former les sommités, et paraître à plusieurs reprises sous le terrain à nummulites entre la vallée de Tachlik et celle de Chaïnlar. Il forme aussi le contre-fort qui supporte la ville de Miri. Les couches sont presque horizontales au sommet des cimes, et présentent à la mer leur tranchant. Sur les pentes, elles sont fréquemment dérangées, contournées, gaufrées. Des filons de quartz pénètrent ces roches en tous sens, et donnent aux couches du sommet une solidité extrême. Les couches deviennent verticales au col, et forment les deux sommets du contre-fort faisant promontoire. Sur le reste de la route où se montre le terrain, il présente les mêmes accidents, tantôt peu inclinés, tantôt redressés, et pénétrés de filons de quartz.

Une roche composée de feldspath et de grains de quartz forme des bancs stratifiés et présente une grande puissance. Ils sont quelquefois imbibés de silice et passent à une brèche molaire poreuse qui sert à faire des meules. La roche est tantôt d'un blanc pur, tantôt coloré en jaune par le fer. Les taches pénètrent la roche et entourent quelquefois les parties blanches. Des fentes coupent la roche et sont imbibées de minerai de fer. Les parties ferrugineuses et siliceuses constituent des escarpements, et couronnent des sommets à droite et à gauche de la descente du col. Ces escarpements portent le nom de Tachlik Dagh, du nom d'un village voisin. Cette roche se lie avec des conglomérats contenant des fragments de talcschiste, de calcaire noir, etc.

Nous l'avons vue bien des fois aux environs de Fèrè (Vira), associée aux trachytes et aux couches tertiaires.

Sur la pente du terrain de talcschiste, conglomérat formé de ses débris, avec ciment rougeâtre calcarifère.

Sur le bord de la mer, conglomérat composé des mêmes éléments, mais non cimenté par la chaux carbonatée, ou du moins très-peu cimenté. Elle est plus récente, et forme des couches alternant avec des parties sableuses et argileuses (alluvions). Les couches sont sapées par la mer.

86* (206). De Miri à Chaïnlar.

Le terrain de talcschiste et de calcaire se montre jusqu'à une petite distance de Miri. Il est recouvert d'un conglomérat à ciment rougeâtre. Protogines schistoïdes dans les talcschistes.

Le sol de la plaine se compose de cailloux roulés, avec une terre argilo-sableuse rougeâtre. A une heure de la ville, ces cailloux sont presque uniquement composés de grès et de calcaire à nummulites. Plus loin, ce sont des porphyres trachytiques. Ces cailloux tertiaires et trachytiques sont associés tout le long de la route, et indiquent que les montagnes voisines sont en grande partie de ces deux terrains.

87* (208). De Chaïnlar à Dohan-Hassar.

En approchant de Dourali, on voit les grès tertiaires et les conglomérats en couches inclinées reposer sur les brèches trachytiques. Le trachyte constitue la colline au nord-est de Dourali et la masse de la montagne. Il est cellulaire auprès de Dourali, d'un gris rosâtre; et les cellules sont tapissées d'une substance blanche qui lui donne l'apparence d'une brèche.

Plus haut, la roche est serrée, très-compacte, et présente plusieurs variétés. Le trachyte gris est le plus abondant; il prend souvent la teinte gris-rosâtre : il se présente aussi sous la forme d'une roche noirâtre très-compacte, très-serrée, fragile comme le silex. Ces roches sont en blocs isolés, sur ou dans une roche altérée, blanchâtre par places, colorée en jaune ailleurs, et coupée de fentes tapissées de minerai de fer. Elle offre donc les mêmes caractères que la roche altérée observée sur la route de Maronia à Miri; mais ici elle ne renferme pas de quartz, ou du moins elle n'en contient pas une forte proportion. Elle ressemble au trachyte gris qui aurait été altéré.

Le plateau entre le contre-fort et la colline de Domous Dèrè se compose aussi en partie de roche trachytique altérée : en avançant, on rencontre les brèches trachytiques, puis les grès et le calcaire à nummulites. Le calcaire constitue le sommet de la colline, et affecte la forme de buttes mamelonnées, comme auprès de Balouk Keui, etc.

Le calcaire est tantôt en bancs épais et compactes, tantôt il se divise en plaquettes à surface argileuse. Il est de couleur blanchâtre, ou blanc grisâtre. Il est souvent mélangé de grains de quartz et de fragments de roches anciennes, et par conséquent à l'état de grès à ciment calcaire.

En contournant la colline et en suivant la route qui conduit à Domous Dèrè, on voit des bancs de grès contenant un système de couches schistoïdes qui passe sous le calcaire; ces couches sont des grès argileux d'un gris noirâtre, micacé, alternant avec des calcaires argileux de même couleur. Les grès, en bancs puissants, se composent de grains de quartz et de feldspath et sont micacés et tendres (mollasses). Ils passent latéralement au conglomérat plus ou moins grossier.

En traversant le ravin de Domous Dèrè, on voit les couches schistoïdes minces, souvent très-micacées, reposer sur des bancs épais de grès à conglomérat. Ces bancs, inclinés de 25 à 30 degrés au ravin, deviennent quelquefois horizontaux.

Dans le prolongement de la vallée conduisant au col, changement de plongement. Au col même, les fragments des conglomérats sont très-gros : nous avons trouvé de gros blocs de calcaire à nummulites.

De l'autre côté du col, sont des couches argileuses, des grès micacés noirâtres à nummulites et des brèches dans lesquelles existent des dykes de trachyte. Les ravins des ruisseaux qui coupent le plateau mettent les couches en évidence. On les voit tantôt horizontales, tantôt inclinées, contournées, brisées et plongeant dans différents sens. Malgré ces bouleversements, les directions prises en différents endroits sont N. 30 à 45° E.

En approchant de Doan-Hassar, le trachyte prend un grand développement, et constitue le plateau. Il est altéré, très-riche en fer titané qui se réunit dans les sillons creusés par la pluie. Les écorchures du sol mettent à nu les progrès de son altération, et prouvent de la manière la plus évidente sa tendance à se décomposer comme le granite en gros blocs arrondis, qui sont encore enveloppés dans certains endroits de couches concentriques à divers états d'altération. Une variété de ce trachyte gris se montre dans la même position, mais conserve ses angles tranchants. Elle est d'un vert bleuâtre avec cristaux blancs de feldspath, et ressemble à une diorite à petits grains.

En résumé, le sol, comme sur la route de Fêrê à Balouk Keui, a été percé de roches trachytiques dont les accidents alternent avec le terrain à nummulites. Ces deux formations constituent, à droite et à gauche, des sommets reconnaissables à leurs formes particulières : buttes mamelonnées, calcaires, sommets coniques, trachytes, escarpements, grès et brèches siliceuses.

Les cimes les plus élevées ne paraissent pas dépasser (à juger d'après la hauteur du col et des plateaux) 4 à 500 mètres au-dessus du niveau de la mer.

88* (209). De Doan-Hassar à Chap-Hana, ou Chapsi.

Sur la route précédente, nous avons bien étudié la manière dont le trachyte se comporte; mais ses rapports avec le terrain tertiaire se laissaient deviner : sur cette route, nous avons revu les mêmes faits, et, de plus, nous avons bien étudié ses rapports.

A plusieurs reprises, on voit dans les ravins, les ruisseaux et sur la route, le trachyte en contact immédiat avec les grès et argiles schistoïdes redressées et recourbées, ou pénétrer en filons (fig. 69, 70 et 71).

Coupe à 3/4 d'heure de Doanhassar (Fig. 69).

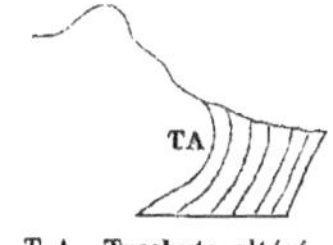

T A. Trachyte altéré.

Même localité (Fig. 70).

T. Trachyte.

Autre coupe entre Kodjakeui et Karakaïa (Fig. 71).

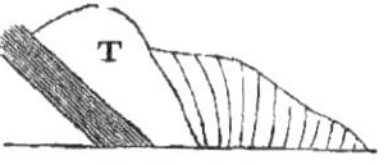

T. Trachyte.

L'âge relatif du terrain tertiaire et du trachyte de ces localités est incontestable ; la dernière roche a fait éruption postérieurement au dépôt du terrain stratifié. D'un autre côté, les grès et argiles schistoïdes qui contiennent le grès calcarifère à nummulites tantôt sont micacés, tantôt ne le sont pas; dans ce dernier cas, le grès est feldspathique et forme des éléments constitutifs du trachyte ou de ses brèches. Il y a donc eu des éruptions antérieures à son dépôt.

Les dykes de trachyte observés dans le cours de cette route produisent ordinairement des changements de direction des couches.

N. 45° E. }
N. 20° E. } Grès avec plantes charbonneuses.

E. O.; pl. S.
N. O.; — S. O.
N. S. — vertical.
N. 20° O.; — O. 20° S.
O. 10° N.; pl. S. 10° O.

} On voit ces changements s'opérer brusquement et à peu de distance : en comparant la nature des roches, on voit que ce sont les mêmes couches qui ont subi ces dérangements.

Outre les couches de grès micacés avec nummulites qui présentent les faits précités, il faut mentionner les alternances souvent répétées d'argiles fines (paraissant provenir de cendres volcaniques) et de grès à grain blanc de feldspath altéré, qui subissent les mêmes changements et qui entourent le pied des gros dykes. Certains lits argileux sont imbibés de silice, renfermant de la calcédoine, soit en noyaux allongés dans le sens de la stratification, soit disposée en couches. On voit que c'est un dépôt contemporain de la roche. Avant d'arriver à Hirha, on trouve la coupe suivante (fig. 72) :

Fig. 72.

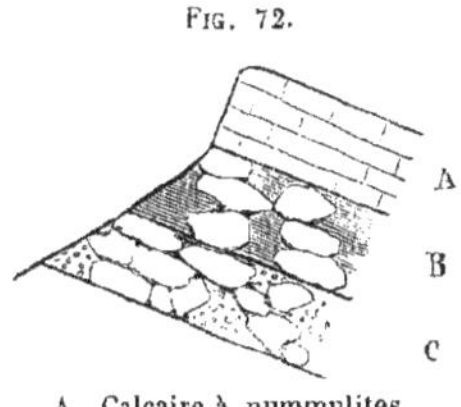

A. Calcaire à nummulites.
B. Grès et argiles.
C. Grès et conglomérat.

Le calcaire forme des escarpements à pic, comme à l'Iardimli Tépessi. Il est tantôt très-compacte et résistant au choc du marteau, tantôt altéré et se délitant en plaquettes. Les grès et argiles intermédiaires sont schistoïdes; les grès et conglomérats inférieurs visibles contiennent des débris du sol ancien (quartz, calcaire noirâtre argileux, talcschiste, micaschiste, gneiss, etc.).

En approchant du point de partage des eaux entre l'Iardimli et le Bodama, les conglomérats contiennent des éléments très-gros annonçant la proximité du rivage; en effet, les micaschistes, talcschistes et calcaire noir constituent le fond des ravins du karaoul et se montrent entre ce point et Kaladji Dèrè. Dans la plus grande partie de cet espace, les roches sont altérées, de couleur blanche, et par places maculées de taches ferrugineuses, ou imbibées de silice.

Trachyte noir à Kaladji Dèrè. Entre ce village et Chapsi, terrain trachytique offrant toutes les nuances de rouge, vert, jaune et blanc. C'est dans les collines, à une demi-heure de Chapsi ou Chap-Hana et près de la route de Kaladji Dèrè, qu'on exploite une roche à pâte compacte, blanche, généralement vacuolaire, semblable à celle du Tachlik Dagh, sur la route de Maronia à Miri. Au-dessus sont des brèches composées de fragments argileux cimentés par le fer. La roche est fendillée; des infiltrations ferrugineuses colorent en rouge les parois des fentes, et forment des croûtes et des stalactites dans les vides.

En résumé, le trachyte paraît former les parois de la vallée générale du Bodama Tchaï, former le fond du sol, et pousser des dykes accompagnés de leur conglomérat. Ces dykes, tantôt sont à fleur de terre, tantôt s'élèvent en pointes aiguës séparant les affluents du Bodama. Leurs conglomérats se composent de fragments arrondis par le frottement. Leurs éruptions ont été sous-marines, car nous n'avons jamais observé, à l'entour des dykes, de fragments incohérents ni de scories. Les dykes, comme en Auvergne, poussent des dykes secondaires autour de leurs bases : la différence entre la manière d'être des roches trachytiques en Auvergne et en Turquie, c'est que chez nous le trachyte pénètre souvent en filons minces dans les conglomérats; en Turquie, au contraire, la roche était probablement plus visqueuse et n'affecte pas cette position; elle semble produire des dykes hérissés d'appendices, comme dans une des coupes précédentes (fig. 73).

Fig. 73.

Lorsqu'on cherche à raccorder les différentes couches que présente le terrain à nummulites, on arrive à la conclusion suivante :

1° A la base du terrain, alternance de grès et de poudingues, dont les éléments sont d'autant plus grossiers que le bord du rivage de la mer tertiaire est plus rapproché. Dans ce système inférieur, il y a des couches argileuses, probablement d'autant plus épaisses qu'elles se déposaient dans des endroits à l'abri de l'agitation des flots. Parmi les éléments de conglomérats et de grès existent des fragments trachytiques.

2° Vers le milieu du terrain, alternance de grès (mollasse), d'argiles schistoïdes et de grès schistoïdes. Les grès schistoïdes sont souvent calcarifères et contiennent des nummulites. Vers le haut de ce système intermédiaire, les grès deviennent grossiers, souvent calcaires, et constituent (par la présence du calcaire en excès) les couches et bancs de calcaire à nummulites.

3° A la partie supérieure du terrain, alternance de conglomérat et de grès trachytiques offrant des couches plus ou moins nombreuses d'argiles ou cendres.

Le calcaire à nummulites en bancs épais forme quelques sommités et couronne des escarpements de la vallée générale de Bodama. Il nous paraît prendre de l'importance en s'avançant vers le sud, c'est-à-dire vers la mer tertiaire, dont les rivages étaient à peu de chose près ce qu'ils sont aujourd'hui, sauf (bien entendu) les différences qui doivent résulter des exceptions.

Enfin nous terminerons ce petit résumé en faisant observer que le terrain de talcschiste et de calcaire noir (transition) et celui de gneiss, micaschiste, diorite schistoïde offrent des altérations profondes dans les lieux voisins des éruptions. Les conglomérats et brèches tertiaires des rivages contiennent les fragments altérés de ces terrains et sont ferrugineux. Il s'est passé des réactions chimiques qui ont mis le fer en liberté et coloré en rouge : 1° la surface de beaucoup de roches ; 2° la terre argileuse qui s'est déposée dans les bassins ou sur les pentes ; 3° la pâte du conglomérat à travertin.

Les grès feldspathiques diversement colorés d'Iénidjéi nous paraissent prouver le prolongement du terrain à nummulites de l'Iardimli Dèressi ; les éléments ont été fournis par les éruptions trachytiques.

89* (210). De Chapsi à Baldiran.

Le terrain trachytique constitue la montée de Tachkennar et se mêle au terrain tertiaire, comme sur le côté qui borde la plaine au S. E. Trachyte noir avec ses conglomérats déjà décrits. Mêmes faits que sur la route précédente. Entre Tachkennar et Baldiran, gros piton composé presque uniquement de brèches trachytiques, siliceuses, blanches, vertes, jaunes, etc.; mêmes faits qu'à la montagne de Kourtkeui Kalessi. Elles alternent avec des grès passant au conglomérat, et avec des argiles. Le grès à nummulites s'appuie sur ces brèches, et contient des couches calcaires bréchiformes avec nummulites et fragments verts de brèches volcaniques siliceuses. Pardessus viennent des couches de grès, de conglomérats et d'argiles ou cendres volcaniques. Les argiles offrent des lits subordonnés calcédonieux. Les brèches offrent aussi des couches vacuolaires, comme dans tant de localités.

Au delà du piton commence le terrain de gneiss et de micaschiste. Le terrain de calcaire noir associé au talcschiste ne se montre pas. Les roches sont altérées près du piton. Elles sont blanches et tachées de fer, comme entre Hirba et Kaladji Dèrè.

90* (210). De Baldiran à Merkoz.

Ce n'est qu'en approchant de Merkoz que les schistes cristallins offrent des diorites schistoïdes intercalées : jusque-là ce sont des roches à mica blanc. A Merkoz, on reconnaît déjà la composition du Kodja Iaïla, qui se voit à 3 heures de distance, à la base duquel se rattache le Sarikhiz Dagh.

91* (211). De Merkoz à Tchalabou.

Les gneiss à petits et à gros grains règnent dans les environs de Merkoz. Ils contiennent des diorites schistoïdes et des gneiss talqueux près de l'Iardimli. Les lits des trois premiers ruisseaux mettent à découvert la serpentine et de la diorite. La serpentine est stratiforme, comme au Kodja Iaïla et à Pichmankeui. Cette roche constitue des sommets coniques dans les contre-forts qui séparent le cours des trois ruisseaux. Elle forme aussi une masse énorme dans laquelle est creusé le ruisseau qui se trouve entre Moussardjik et Tchalabou. Elle s'étend donc loin du mont Kodja. A son contact, les gneiss sont redressés verticalement, tandis qu'à une certaine distance ils sont peu inclinés.

92* (212). De Tchalabou à Avren.

La neige qui tomba pendant la nuit nous empêcha de continuer notre route vers l'ouest et d'aller vérifier si les trachytes de la vallée de l'Arda se lient à ceux de Chapsi par les montagnes qui séparent le bourgas de l'Iardimli Dèressi. En nous rendant de Gumourdjina à Ismilan, nous avons reconnu que l'arête de séparation de Ghieuktchébounar est granitique ou de schiste cristallin. Le mont Ala Dagh, près d'Iridèrè, et la vallée d'Iénihan qui conduit au col sur la route de Gumourdjina se composent de schistes cristallins. Les parties du Karlik que nous avons visitées, aux environs de Gumourdjina, offrent la même composition : enfin nous n'avons trouvé que des schistes cristallins depuis Baldiran jusqu'à Tchalabou ; par conséquent, si la liaison existe, elle ne peut avoir lieu que par les montagnes situées entre le col d'Iéni-Han et Tchalabou.

La crainte d'être enfermé dans les montagnes sans pouvoir en sortir nous détermina à nous diriger vers le nord et à descendre dans la vallée du bourgas par une route facile. Frappé au visage par le grésil que le vent chassait avec force, nous n'avons pu faire aucune observation géologique ni géographique : nous avons seulement remarqué que les accidents du sol constituaient des protubérances à formes arrondies ; que nous avons traversé plusieurs petits ruisseaux près des sommets où ils prennent naissance ; et que les roches offrent le même aspect extérieur que celles des routes précédentes (schistes cristallins et serpentine). D'après les renseignements obtenus, les eaux, jusqu'à trois quarts d'heure ou une demi-heure de Tchalabou, vont à l'Iardimli ; de ce point jusqu'à Avren, au Bourgas.

93* (213. D'Avren à Iamour Baba Tèkessi.

L'abaissement du sol, qui rend cette partie moins froide, n'a pas permis à la neige de persister ; nous avons donc pu reprendre le cours de nos observations.

Les constructions d'Avren consistent en calcaire lamellaire (subordonné aux diorites schistoïdes et aux gneiss), en schistes cristallins et en serpentine. Cette dernière roche perce les schistes et forme des dykes que les ravins et les ruisseaux mettent en évidence. De nombreux filons, et même des dykes de quartz et de pegmatite, affectent la même position et bouleversent les couches.

Les mêmes faits se reproduisent dans le Tachlik Dagh.

94* (214). Du Têkê Iamour Baba à Mastanle, chef-lieu du kaza de Sultanièri.

L'arête de séparation entre le Bourgas et l'Iabassan Dèressi est généralement formée de calcaire grenu, de diorite schistoïde, etc., que perce la serpentine. Le terrain tertiaire s'est déposé sur ce terrain dans les deux vallées. Il se compose de grès en couches minces, alternant avec des bancs épais au confluent du Buyuk Dèrè. En montant à Saarnitch, on traverse une belle coupe d'alternance de grès et de calcaire à nummulites. Ce dernier est généralement à l'état de grès très-riche en nummulites et en polypiers; il renferme des fragments de brèche volcanique siliceuse. L'antériorité du trachyte est donc ici bien évidente, comme à Nébilkeui, etc. Il forme des couches bien régulières au pied des sommets trachytiques dont il embrasse les bases, remplit le fond des vallées, et recouvre en partie seulement quelques-uns des points culminants du plateau de séparation entre le Bourgas et l'Iabassan.

L'arête de séparation entre l'Iabassan et le Suutlu est formée d'un trachyte noir dans lequel les cristaux sont distincts; cependant une variété de cette roche compacte est résinoïde. Il forme des cônes qui s'élèvent au milieu des conglomérats et des cendres qui les environnent. Le trachyte est prismatique ou tabulaire. Les parties extérieures sont quelquefois altérées, et semblent passer au conglomérat boueux : dans ce cas, le trachyte offre une couleur gris verdâtre, et tend à se déliter en grosses boules.

Les conglomérats forment souvent la partie extérieure des dykes, et se sont répandus en coulées. On en voit, à la descente vers Mastanle (fig. 74), recouvrir les tranches des couches redressées des cendres ou argiles volcaniques. Nulle part on ne reconnaît la disposition en grandes coulées, ce qui ne veut pas dire qu'il n'en existe pas (voyez les routes dans la vallée de l'Arda en sortant d'Andrinople). Le trachyte paraît être sorti à l'état pâteux et avoir rempli des fentes : nous n'avons jamais trouvé de parties scoriacées comme les surfaces inférieures et supérieures des coulées d'Auvergne.

FIG. 74.

Les conglomérats siliceux, analogues à ceux de Kourtkeui, se trouvent ici. Ils encroûtent le trachyte et renferment des fragments de trachyte et de cendres silicifiées verdâtres, rougeâtres et noirâtres. Ils sont associés à des cendres stratifiées et passées à l'état siliceux, de couleur verdâtre, renfermant des rognons siliceux (quartz résinite) blonds.

La silice, presque pure, forme des accidents en rapport avec ces brèches et conglomérats; elle constitue des rochers qui couronnent quelques points culminants. Elle empâte les fragments des roches qu'elle recouvre; ainsi à Saarnitch elle cimente des fragments de talcschiste qui tantôt conservent leur couleur verte, tantôt sont altérés. La silice paraît être sortie en dissolution dans des eaux thermales, et avoir rempli les cavités ou fentes qui existaient.

Le terrain volcanique constitue le mont Ala Dagh (rive droite du Buyuk Dèrè); mais il ne paraît pas s'étendre vers le haut de la vallée; nous ne l'avons pas rencontré sur la route de Tchalabou au Tèpê, mais seulement de la serpentine. Il s'élève en cimes qui paraissent avoir 3 à 400 mètres de plus que Tchakmaklar. La largeur du dépôt volcanique entre l'Iabassan et le Suutlu est de 3 heures environ.

95* (215). De Mastanli à Buyuk Ierdjili.

Le terrain volcanique couvre presque tout l'espace de la route ci-dessus. Près de Mastanli, ce sont des prismes trachytiques, recouverts plus loin de trass et conglomérats stratifiés en couches inclinées. La serpentine est à découvert, comme nous l'avons dit, sur les bords du ruisseau, avant Saarlar; mais elle est recouverte à peu de distance à droite et à gauche par les produits volcaniques. Des conglomérats boueux et des cendres forment l'arête qui sépare le Suutlu et l'Arda. Son extrémité orientale, qui borde le défilé, se compose à la base de trass que recouvre une coulée prismatique.

Le lit de l'Arda met à découvert les couches légèrement inclinées de cendre et de conglomérat siliceux.

L'escarpement de Buyuk et Kutchuk Ierdjili se relie au piton trachytique de Hassar Altè, et présente la composition suivante (fig. 75) :

1° A la base des collines, pentes douces composées de trass d'un gris jaunâtre, espèce de boue argileuse stratifiée en couches minces. Sur ce système viennent des trass d'un blanc verdâtre, imprégnés de silice, laquelle forme des accidents divers : bandes très-siliceuses, tantôt horizontales, tantôt contournées; cavernosités qui rendent la roche cellulaire; mamelons et rognons, etc. Les cendres passent à la brèche, et contiennent des fragments à angles vifs de diverse nature. Cette roche contient aussi de petites coquilles bivalves.

Fig. 75.

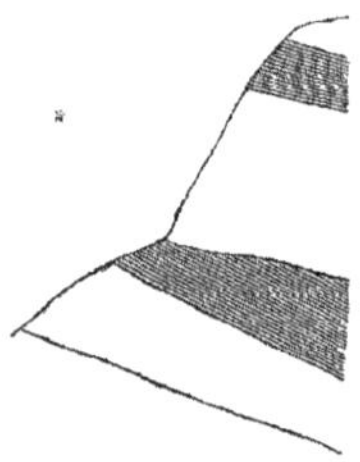

Les couches sont inclinées, quelquefois redressées, et sont recouvertes en stratification discordante par le système suivant.

2° Trass d'un blanc parfait, contenant quelquefois des parties plus grossières qui forment un grès trachytique.

Lit de trass grossier ou grès volcanique grossier, rougeâtre et bigarré de zones blanches et rouges.

Tuf presque ponceux, contenant des fragments de trachyte couleur marron et de feldspath blanc altéré, fibreux et presque ponceux. Il forme un banc très-épais, de 7 à 10 mètres.

Alternance de trass ou tuf bigarré de zones blanches et rouges.

Trass d'un blanc parfait.

Sur la pente de la colline, accident formé par un pointement de grès volcanique, coloré en gris ocreux par le fer.

Du haut de la colline on voit ce dépôt blanc former de basses collines jusqu'au pied de l'arête qui sépare la vallée de l'Arda de celle de Khas-Keui.

96* (216). De Buyuk Ierdjili à Moussouratlé.

Le terrain composé de produits volcaniques, qui constitue l'escarpement et la colline de Buyuk Ierdjili, s'étend jusqu'à Mandra et forme même le fond du plateau de Mandra à Moussaratlé. Malgré les dérangements qu'il a soufferts, il présente la même disposition. Le tuf ponceux qui constitue l'escarpement forme sur cette route en général le couronnement des montagnes. Ces montagnes offrent des formes arrondies ou aplaties au sommet, et leurs pentes supérieures sont escarpées, déchirées et découpées. Ces accidents sont surtout très-prononcés au nord-ouest de Kaïadjik et dans toute la vallée de Tchiflikler. Ce n'est qu'un quart d'heure avant Kirezli que le terrain s'adoucit. Vers le nord-est de ce village, les vallées sont encaissées entre des sillons, quelquefois à parois tranchées ; mais en général les pentes sont arrondies.

La petite vallée entre Kutchuk Ierdjili et Kaïadjik est creusée dans le tuf ponceux grossier et le tuf bigarré de rouge et de blanc. Ici les couleurs se mêlent et ne sont pas disposées en zones.

Des fragments de gneiss roulés par les ruisseaux de Kaïadjik et de Tchiflikler annoncent l'existence de ce terrain aux sources des vallées. Sables argileux jaunâtres avec cailloux roulés, à la descente de Tchiflikler (alluvion) : grande épaisseur.

Les argiles ou trass dominent dans le terrain tertiaire de cette route. Couleur dominante, blanc et vert clair. Elles passent au grès calcarifère et au grès grossier trachytique, et renferment des couches ou des bancs de calcaire à polypiers et à nummulites. Cette roche est en bancs minces dans la vallée d'Aïvadjik et de Tchiflikler ; mais à la descente de Kirezli à Mandra, on trouve deux bancs épais de cette roche.

Bien que le sol soit généralement raviné peu profondément, il permet cependant de reconnaître l'évidence de l'intercalation du calcaire à nummulites dans les trass et conglomérats volcaniques. Mais les environs de Nebilkeui et la route de Krdjali à Kouchavlar sont bien plus favorables pour l'étude de ce terrain.

A la descente d'Assenmar, et non loin du village, on trouve des coquilles d'eau douce dans les trass silicifiés. Elles sont associées aux polypiers.

Nous n'avons pas vu sur cette route le calcaire à nummulites former le couronnement des montagnes, comme sur la route de Krdjali à Kouchavlar, ni des couches de grès tendres micacés (mollasse) alterner avec le calcaire.

97* (217). De Moussouratlé à Khas-Keui.

Le terrain tertiaire est caché par le sol végétal sur la presque totalité du plateau. On aperçoit des couches inclinées de grès micacé, argileux, grisâtre, ou grès ocreux auprès de Moussouratlé. En approchant de Khas-Keui, le calcaire à nummulites et à polypiers en couches presque horizontales forme le haut du plateau. Il offre une grande épaisseur, qu'un ravin met en évidence. Il est comme à l'ordinaire, ou en parties mal cimentées entre elles, qui se séparent en plaquettes ou en rognons. Lorsqu'il n'est pas altéré, il forme des bancs très-solides, quelquefois percés de trous ou cariés à la surface. Les trois têpês d'Ouzounjova semblent être des témoins du même calcaire, si l'on en juge par leur forme.

98* (218). De Khas-Keui au premier mahalè de Sivrikaïa.

Quelques pierres de calcaire extraites du sol prouvent que le calcaire à nummulites existe dans la vallée de l'Oglou Tchaï jusqu'au Dourali Mahalessi, sous les roches meubles qui le recouvrent. Ces roches meubles sont : mélange de sable, de graviers, de petits cailloux et d'argile. Des blocs gros comme la tête s'observent rarement dans ce dépôt alluvial, que coupent les ravins de la rive droite. Les collines de cette même rive se composent, dans la vallée de l'Oglou Tchaï, de gneiss à gros grains traversé par des filons de quartz. C'est cette roche qui forme les rochers saillants des sommets et des pentes. Formes bizarres de ces rochers.

99* (219). De Sivrikaïa à Dèinêkli.

Les schistes cristallins constituent le fond du plateau et le cône pointu à 3 quarts d'heure de Sivrikaïa. On le voit former aussi des roches en saillie à fleur de terre, près des grands mahalès de Sivrikaïa, à 1 heure de l'Oda où nous avons couché. Il est coupé par le ruisseau de Foundêkli Dèressi et par les ravins qui s'y rendent.

Dir. O. 10° N.; pl. N. 10° E.

Le plateau des Iuruk Mahalessi est recouvert d'un sable argileux contenant des cailloux; sur quelques points du plateau de Sivrikaïa on le trouve aussi.

Des grès et des conglomérats rougeâtres, en couches inclinées, forment une basse colline sur la rive droite du ruisseau de Foundêkli Dèressi et paraissent exister aussi sur la rive opposée, à une petite distance de la route. Il est donc probable que le terrain tertiaire à polypiers et à nummulites forme les ondulations du sol qui bordent le plateau.

Déjà en descendant du dernier mahalè d'Iuruk, on remarque que les schistes cristallins sont altérés et offrent des nuances verdâtres et jaunâtres, colorations qui précèdent ordinairement le dépôt tertiaire au voisinage du trachyte; les grès et conglomérats sont formés aux dépens de ces roches. En montant au sommet du contre-fort du mont Utch-Hassarlar, on trouve, comme sur les plateaux précédents, des cailloux roulés et le sol sablo-argileux rougeâtre ; et dessous on voit de temps en temps apparaître le gneiss. Ces déchirements paraissent faire partie des conglomérats très-grossiers formant la base du terrain tertiaire.

Le mont Utch-Hassarlar, son contre-fort supérieur et les pentes qui descendent à Sirpkeui, sont formés de trachyte gris à mica noir. Des débris de conglomérats siliceux, de cendres ou argiles verdâtres, répandus sur le sol, annoncent que le trachyte fournit des produits pulvérulents. Cette protubérance volcanique est placée en dehors de la ligne trachytique formée par la chaîne de Kourtkeui Kalessi.

100* (220). De Dêinèkli à Tchirmen.

On ne voit aucune roche solide sur cette route ; le sol est partout recouvert de sable, de gravier et de petits cailloux, parmi lesquels dominent les fragments de brèches, conglomérats et autres produits volcaniques. La végétation qui recouvre les collines voisines ne laisse à découvert aucun ravin où l'on ait quelque chance de voir le terrain qui les constitue. Les collines des environs de Tchirmen se composent de sable et de grès quartzeux. Les maisons de ce chef-lieu de district (kaza) sont construites en brèches, conglomérat et autres produits volcaniques ; grès et conglomérat qui probablement alternent avec les brèches, comme à Kourtkeui. Il est donc probable que le terrain de la chaîne de Kourtkeui compose les collines qui sont à sa base.

101* (221). De Tchirmen à Andrinople.

Les collines mamelonnées entre Kadikaïa et Uréis Tchiflik paraissent être composées de roches en rapport avec les produits volcaniques. Les pierres employées aux constructions sont formées de ces brèches, conglomérats, etc., volcaniques.

Les collines entre Uréïs et Marach se composent de sable argileux micacé grisâtre, d'argile sableuse gris foncé, jaune, et quelquefois rougeâtre. Les sables sont quelquefois agrégés, schistoïdes, à grains fins ; quelquefois à grains grossiers. Les grès et les argiles alternent. Des lits subordonnés argileux, ressemblant à des trass, se montrent dans les grès argileux. Les argiles ont des lits subordonnés de calcaire argileux à impression de plantes. L'alternance avec des roches presque meubles se répète plusieurs fois, et forme une grande épaisseur. Elles reposent sur un calcaire grossier presque uniquement composé de *mytilus* (congéries) en bancs tantôt très-solides, tantôt altérables à l'air, et à l'état de grès calcarifère. A Marach, le grès est grossier, en bancs épais, avec de petits *mytilus* peu nombreux.

Dir. O. 22° N. ; pl. S. 20° O. Ces couches accompagnent la Tondja et la Maritza, près d'Andrinople.

Le calcaire à congéries forme de belles dalles épaisses, des auges, et est trèsemployé dans les constructions d'Andrinople, de Karahatch, etc. Il paraît former des bandes étendues, car il est employé à Démotika, etc.

Son dépôt est certainement postérieur au terrain à nummulites, et séparé par un cataclysme.

G. Retour d'Andrinople à Constantinople. — Tékir Dagh et chaîne côtière.

102* (222). D'Andrinople à Karakachim.

Les collines d'Andrinople s'éloignent de la route, et laissent entre elles et la Maritza une grande plaine basse, marécageuse sur quelques points, d'une lieue de largeur environ, dont le sol est sablo-argileux. Aucune roche n'apparaît à découvert dans le bas plateau, après Pacha-Tchaï-Han ; seulement du sable argileux, et au sommet, de l'argile rouge mélangée de sable et quelques cailloux roulés de la grosseur du poing. Les collines de la vallée du Sazloudèrè sont entamées par des ravins : l'un d'eux, près de Karakachim, nous a offert la coupe suivante (fig. 76) :

Fig. 76.

A. Sable, gravier et petits cailloux couleur jaunâtre, comme les rivières en déposent au fond de leur lit.	5 à 6 mètres.
B. Lit argileux gris	0,10
C. Sable fin micacé, blanc grisâtre	4 à 5 mètres.
B. Lit argileux gris	0,20
C. Sable fin micacé, blanc grisâtre	4 à 5 mètres.
D. Le reste de la coupe est caché, et paraît se composer de sable, comme le haut de la colline.	

A
B
C
B
C
D

Derrière la maison où nous avons logé, à Karakachim, deux ou trois ravins très-rapprochés les uns des autres coupaient le pied de la colline et faisaient voir que le bas offre la même composition (sable avec quelques lits argileux).

Ce dépôt arénacé repose sur une couche argileuse qui retient les eaux et donne naissance à une foule de sources répandues tout le long de la vallée.

103* (223). De Karakachim à Ouzounkeupri.

Les coteaux entre Karakachim et le han se composent de sable avec lits argileux, comme auprès de Karakachim.

Après le han, la pente de la colline de Tchakmak se compose de calcaire grossier coquillier. Tantôt le calcaire est cimenté par la chaux carbonatée lamellaire, dont la large cristallisation offre des facettes miroitantes ; tantôt la pente calcaire est compacte et réunit ensemble des grains de diverse nature, parmi lesquels le calcaire domine, et par cette variété d'éléments ressemble à un grès ; tantôt c'est un calcaire grossier ordinaire; tantôt enfin la roche contient une très-forte proportion d'argile, et passe même à l'argile calcarifère. Ces diverses variétés de calcaire sont pétries de bivalves aplaties dont le test a disparu et dont il ne reste que le moule. Ces couches calcaires n'offrent pas une résistance égale aux agents atmosphériques sur toute leur étendue, car la pente de la colline est argileuse et laisse voir généralement des roches altérées et quelques parties de ces mêmes roches qui sont saines et dont les débris jonchent le sol. Un bloc de 2 mètres de long sur 0,30 d'épaisseur repose aussi sur la pente. Toutes les fontaines sur la route sont construites avec le calcaire grossier coquillier. Il s'exploite donc dans presque toutes les collines voisines de la route. Il rappelle parfaitement le calcaire horizontal de Fakirma, etc.

La colline qui sépare les vallées de la Maritza et de l'Erghéné se compose de couches argilo-sableuses calcarifères, et de grès calcarifère argileux au sommet; quelques lits de calcaire argileux au plus haut de la route ressemblent au calcaire argileux qui se voit au-dessus du calcaire grossier de la colline de Tchakmak. Il semblerait que ce calcaire se trouve, à Tchakmak, beaucoup plus bas par suite d'une faille dont la place serait indiquée par ce sillon sans cours d'eau qui sépare les deux collines. Il se pourrait cependant qu'il appartînt à une couche différente; car entre ce sillon et Ouzounkeupri le calcaire argileux est représenté par les débris d'une couche de $0^{m},20$ qui recouvre le dépôt arénacé et argileux.

104* (224). D'Ouzounkeupri à Maltêpé.

La faible profondeur des vallons ne fournit aucune coupe, et la végétation ne permet pas d'étudier la superposition des couches dans les nombreuses montées et descentes.

Les écorchures ou le tracé des routes permettent cependant de voir que :

1° Une terre argileuse rougeâtre recouvre quelques points du plateau, et qu'elle repose sur un sable argileux rougeâtre contenant un grand nombre de cailloux roulés.

2° Soit sur le plateau, soit dans les fonds, une terre argileuse noirâtre, semblable à celle des tourbières, recouvre l'alluvion précédente.

3° Sous les dépôts précédents viennent des sables argileux calcarifères, passant, soit au grès calcaire, soit à la marne ou au calcaire argileux gris clair virant à un blanc verdâtre très-clair. Des couches de calcaire grossier avec bivalves sont intercalées dans ce dépôt. Les grès sont quelquefois solides; on y trouve aussi des couches minces fournissant des dalles de calcaire argileux jaunâtre. En un mot, c'est le même dépôt que celui de la descente qui conduit à Ouzounkeupri. Dans cette descente, on observe les mêmes caractères minéralogiques; seulement, vers le haut de cette dernière colline, les sables supérieurs sont moins calcarifères, et contiennent une moindre épaisseur de couches de calcaire argileux friable. La partie inférieure de cette dernière colline se compose en presque totalité d'une succession d'argiles sableuses calcarifères, grossièrement schistoïdes, offrant une résistance inégale à l'altération.

Depuis le ruisseau de Karabounar jusqu'aux environs de Maltêpê, on marche dans le fond du vallon, de sorte qu'on ne rencontre aucune roche à découvert, et seulement le sol argileux noirâtre. Les écorchures à droite de la route laissent voir les couches argilo-calcaires mélangées de sable. Un sillon de route fait voir aussi que les couches, jusqu'alors horizontales, sont redressées sur ce point, et inclinées de 45 degrés.

Avant de monter à Maltêpê, on a deux lits de ruisseaux à sec à traverser. Ces deux ruisseaux se réunissent et se mêlent à l'Ergbéné, à 5 ou 6 heures de distance. En montant, on trouve des couches de grès argileux très-micacé (mollasse), de couleur gris jaunâtre, contenant de petites coquilles bivalves. Les grès sont disposés à devenir grossièrement schistoïdes, et forment des dalles de mauvaise qualité. Ils se présentent aussi avec la structure massive. Ils contiennent des couches subordonnées d'un calcaire grossier, presque uniquement composé de coquilles bivalves dont l'intérieur est rempli de grès argileux micacé. Au village même, un puits traverse un grès argileux d'un gris verdâtre, associé à de l'argile de même couleur, laquelle renferme un lit mince de lignite jayet.

Les directions observées sont :

N. E.; pl. S. E.; incl. 45°.
et N. O.; pl. N. E.; incl. 45° à 70°.

Parmi les grès, les couches offrent plus ou moins de résistance aux actions des agents atmosphériques ; les unes sont facilement dégradées, les autres forment saillie et cependant s'écrasent sous le marteau. Dans les constructions du village, on observe de grandes dalles d'un grès jaunâtre semblable à celui qu'on emploie au même usage à Ouzounkeupri, et qui dans cette dernière localité est associé à des argiles marneuses. Il y a aussi une variété de dalles dont la surface offre des inégalités comparables à celles que cause le mouvement de l'eau sur les rivages de la mer.

Ici on ne trouve plus ces masses de couches mélangées de sable, d'argile et de calcaire, qui constituent une partie des sommets des plateaux entre Ouzounkeupri et Karabounar.

105* (225). De Maltêpê à Kéchan.

Les roches observées au village de Maltêpê constituent le mont Aïla. Le sommet est formé de cette variété de grès jaunâtre qui donne de belles dalles, et qui est associé à des couches minces de grès très-argileux, d'argile mélangée de sable et de calcaire. Auprès du village de Bachaït on retrouve les diverses variétés de grès à petites coquilles de Maltêpê, et là elles sont aussi tantôt grossièrement schistoïdes, tantôt massives. La dépression qui précède la descente est recouverte d'une couche d'argile rougeâtre alluviale, mélangée de sable et de petits cailloux ferrugineux.

La coupure de la descente entame des grès argileux faiblement inclinés, alternant avec des couches à petits cailloux souvent ferrugineux, ce qui semble indiquer le voisinage d'un rivage. Les mêmes roches constituent toute la descente jusqu'au bas; mais l'aspect, la couleur et la durée des roches changent à la montée de Kéchan.

Cette petite ville est précédée d'un rideau de monticules coniques, alignés O. 30° N. à E. 30° S., dont la hauteur décroît en approchant de la plaine, et décroît comme la colline sur l'extrémité de laquelle la ville est construite. Ces cônes sont formés par des couches redressées, dir. O. 30° N.; pl. N. 30° E., et composées de grès argileux fins ou graviers, gris verdâtre foncé, alternant avec des couches argileuses schistoïdes de même couleur. Elles sont recouvertes en stratification concordante d'un conglomérat composé de fragments siliceux et de débris de trachyte. En montant, on marche sur la pente inclinée de ces grès, qui tantôt se décomposent en boules, tantôt résistent aux influences atmosphériques. Les grès sur lesquels repose le conglomérat renferment de petites bivalves qui paraissent être les mêmes que celles de Maltêpê, de mont Aïla et de Bachaït. Sauf cette petite coquille, nous n'avons trouvé aucun fossile. En revanche, nous avons trouvé une quantité immense d'impressions de plantes à l'état charbonneux. Elles sont en si grande abondance, que nous n'avons pas, pour ainsi dire, passé un seul bloc de grès sans y rencontrer ces restes de végétaux.

L'inclinaison des couches varie : elle est tantôt de 10° à 15°, tantôt de 25° à 30° et même 45°. Cette différence paraît résulter d'ondulations subies par le terrain, à l'époque où elles ont été dérangées (fig. 77).

Fig. 77.

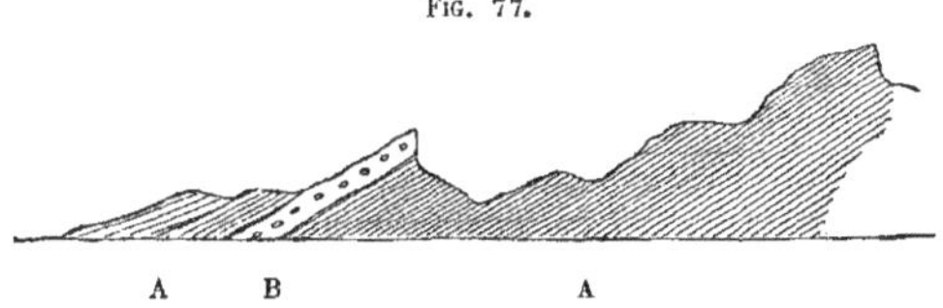

A. Couches argileuses schistoïdes.
B. Grès argileux, fins ou grossiers, verdâtre foncé.

106* (226). De Kéchan à Malgara (corruption de Mégali Agora, Grand-Marché : les Turcs, les Grecs et les Bulgares disent Malgara).

En traversant la pente composée de grès de Kéchan, nous avons examiné de nouveau les couches que nous avions vues la veille sur un autre point; nous n'avons pu y découvrir de fossiles autres que ceux mentionnés, si ce n'est une plaque de calcaire avec bivalves et univalves qui rappellent celui de Maltêpê; mais ce fragment était dans le lit du ruisseau, nous ne l'avons pas trouvé en place. Nous ajouterons encore que la pointe des protubérances coniques qui forment un rideau est composée du conglomérat ou brèche volcanique mentionnée. Sur la route de ce jour, les bancs de cette roche remaniée offrent une épaisseur variable, et rappellent ceux observés à la descente du monastère Saint-Athanase, vers Amygdalia, et sont à pâte siliceuse. Nous ne pensons pas que cette roche forme un filon-couche, mais nous la considérons comme déposée sur le grès, qui a continué à se déposer sur ce point. Après avoir dépassé le ruisseau, on trouve, à la base des protubérances, des couches alternées de grès et d'argile schisteuse micacée, qui conservent les mêmes caractères que les couches recouvertes par le conglomérat. Nous attribuons la saillie que forme cette roche à la résistance plus grande qu'elle oppose à l'action des agents atmosphériques.

Nous avons trouvé dans le lit du ruisseau ou dans les environs plusieurs blocs de trachyte parfaitement déterminé. Le trachyte existe-t-il parmi ces protubérances coniques, ou ses débris ont-ils été simplement empâtés dans le conglomérat? C'est ce que nous n'avons pas eu le temps de vérifier.

En avançant vers Bulgarkeui, on coupe les couches diagonalement et à plusieurs reprises, à cause des zigzags de la route. On voit les grès supérieurs aux brèches volcaniques devenir peu à peu de plus en plus argileux, et quelquefois même calcarifères. Sous le conglomérat, les couches sont grossièrement schistoïdes, forment des dalles de 10, 20 ou 30 centimètres, et alternent avec des lits minces d'argile schisteuse, tantôt micacée, tantôt micacée et sableuse. Ces lits constituent entre les grès des épaisseurs variables. Au-dessus du conglomérat, l'épaisseur des lits argileux schistoïdes augmente et celle des grès diminue. Ensuite les couches deviennent calcarifères, prennent la teinte jaunâtre, et finissent par offrir tous les caractères des couches minces du mont Aïla. Elles s'altèrent à l'air, forment un terrain gras, et renferment des nodules de calcaire blanc, friable, ou farine calcaire. Elles sont aussi associées avec des couches sablo-argileuses ou sableuses. Alors le sol est recouvert de leurs débris, ce qui pourrait faire croire à un dépôt superficiel. C'est ce terrain qui règne généralement depuis le sommet du plateau d'Alitchkeui jusqu'à Malgara. Les couches sont inclinées de quelques degrés.

Le loess recouvre quelques parties des pentes et du sommet du plateau.

Aux moulins à vent qui dominent Malgara, on trouve une couche mince de calcaire argileux altéré, composé de moules intérieurs de coquilles bivalves qui se désagrégent. Elle est subordonnée à des grès argileux gris clair, en couches épaisses. Parmi ces grès tendres, et plus bas que les fossiles désagrégés, viennent des bancs de 10, 15 à 30 centimètres de calcaire grossier très-coquillier, avec bivalves. On voit que ces couches sont composées des éléments constitutifs du grès, et de coquilles que réunit un ciment calcaire.

107* (227). De Malgara à Lufedji.

Les calcaires coquilliers de Malgara s'observent sur la route de Kalivia, à partir des moulins à vent jusqu'auprès de Kalivia. Ils occupent la partie supérieure des grès argileux friables, et sont en couches inclinées de quelques degrés, dirigées E. 20° N., plongeant au N. 20° O.

On trouve les mêmes couches de calcaire coquillier en montant le plateau qui sépare les ruisseaux de Podja et de Koziuruk. Un sol noirâtre argileux couvre la presque totalité de ce plateau et des suivants : sa couleur et sa nature rappellent les dépôts terreux qui recouvrent certains basaltes en Auvergne, et qui entourent la base du basalte de Tchorlou. Nous nous attendions à rencontrer cette roche dans quelque ravin ou quelque autre accident du sol, mais nous n'avons trouvé sur la route que de gros blocs à angles vifs de basalte à Koziuruk, et des cailloux roulés de cette roche parmi les cailloux généralement quartzeux qui jonchent la surface gazonnée du plateau.

A la descente vers Koziuruk, on observe une certaine épaisseur de cailloux roulés et de graviers, et l'on retrouve ce dépôt sous le sol noir, sur certaines parties des plateaux ou dans les descentes.

Entre Kolivia et Koziuruk, on observe aussi quelquefois le calcaire compacte, concrétionné, ressemblant à de la marne desséchée et infiltrée d'un ciment calcaire, que nous avons remarquée entre Kavadjik et Maltêpê, et qui nous paraît faire partie du terrain tertiaire le plus supérieur.

A la descente de Karadjaguru, écorchures blanches sous le sol noir, semblant indiquer la présence de ce terrain.

A Lufedji, nous avons trouvé (parmi les matériaux de construction provenant de la démolition d'un vieux mur) de gros blocs de conglomérat boueux trachytique et des grès très-légers composés de cendres et d'éléments trachytiques remaniés. Ces derniers surtout étaient presque aussi nombreux que les grandes pierres de taille de calcaire coquillier. Nous n'avons pas pu savoir d'où proviennent ces matériaux anciennement employés; mais il nous paraît très-certain qu'ils ont été pris dans le voisinage.

Ainsi leur présence indique que les trachytes et le calcaire coquillier se trouvent dans quelques points des plateaux. La saison ne nous permit pas de les chercher ; il y aurait là une étude intéressante à faire pour déterminer les limites de ces diverses roches. Tout ce qu'il nous est permis de faire en ce moment, c'est de rechercher les superpositions et l'âge relatif des dépôts tertiaires.

108* (228). De Lufedji à Lahana, par Aïrobol.

La végétation et la terre végétale ne laissent apercevoir aucune coupe. Des sables, graviers et cailloux roulés paraissent de temps en temps, notamment dans la vallée d'Uréi et celle d'Aïrobol, sur les côteaux qui les bordent. Entre Lufedji et Uréi, de petits fragments de calcaire coquillier, de calcaire blanc compacte marneux et de grès, répandus sur la terre végétale, sont les seuls indices de l'existence de ces roches sous la terre végétale et sous les sables et cailloux roulés. Des blocs de basalte se trouvent à Aïrobol et à Lahana. Ils sont nombreux. Le calcaire coquillier et les grès sont employés dans les constructions d'Aïrobol et de Lahana. Ils existent donc dans le voisinage.

109* (229). De Lahana à Lulé Bourgas.

Pâturages secs et cultures; aucune roche à découvert; sol argilo-calcaire.

Les calcaires à *Mytilus* d'eau douce et à coquilles marines de Lulé Bourgas viennent, dit-on, de Bounar-Hissar et lieux circonvoisins. Il est probable que les mêmes roches, employées aux constructions de Lahana et de Kutchuk-Karakarli, viennent des mêmes localités. Quant aux basaltes des mêmes villages, nous ignorons d'où ils viennent.

110* (230). De Lulé Bourgas à Bounar-Hissar (Vrissis des Grecs).

Le même terrain couvert de végétation que nous avons trouvé sur la route précédente règne jusqu'à Bounar-Hissar. Il se compose de sable argileux ou d'argile mélangée de sable, de concrétions calcaires, de noyaux de calcaire blanc pulvérulent, de calcaire mamelonné et de calcaire siliceux poreux comme les meulières, qui forment des lits accidentels ou subordonnés; mais ces roches ne sont pas liées de manière à former des couches régulières; elles sont répandues avec plus ou moins d'abondance dans l'argile mélangée de sable. A Iandjiklar, on voit de l'argile jaunâtre contenant des noyaux de calcaire blanc pulvérulent; plus haut, elle renferme des noyaux d'un grès calcarifère très-grossier. Les noyaux ne sont séparés que par une très-petite quantité d'argile; c'est donc un grès nodulaire dont les rognons sont liés par un ciment argileux. Cette sorte de roche forme les collines qui séparent les affluents du ruisseau et s'étend jusqu'auprès de Bounar-Hissar.

Un dépôt alluvial, composé de cailloux roulés répandus dans de l'argile mélangée de sable, couvre quelques parties des plateaux et surtout les bords des vallées entre Lulé Bourgas et Kolibalar.

Nous n'avons plus remarqué sur cette route les blocs de basalte qui se trouvent encore en si grande abondance à Lulé-Bourgas.

111* (231). De Bounar-Hissar (Vrissis des Grecs) à Iénidjèkeui.

Le calcaire à nummulites constitue les collines au nord de Bounar-Hissar, et celles qui bordent la vallée du Buyukdèrè. Il repose à Ouroumbéilè sur les schistes cristallins qui se dirigent E. 10° N.; pl. S. 10° E.; incl. 25 à 30°. Lui-même se dirige O. 25° N., avec pl. S. 25° O., et incl. 15°.

Un dépôt alluvial, composé de sable argileux jaune ocreux mélangé de cailloux, recouvre le plateau qui sépare deux affluents du ruisseau, et sur lequel passe la route (fig. 78).

Les couches supérieures du calcaire à nummulites A se composent (entre Bounar-Hissar et le tèkè) d'un grès calcaire mélangé de grains de quartz, dont quelques-uns ont la grosseur d'une noisette. Ces grès contiennent des couches subordonnées B d'un calcaire coquillier (bivalves). Le têt des coquilles a disparu et a produit une roche poreuse : on dirait que la roche se compose de petites oolites ou de parties vermiculaires se touchant par les bords et séparées par des vides. La roche est légère, mais dans quelques points elle est compacte et contient des nummulites. Dans sa partie inférieure C, le grès calcaire ou calcaire grossier alterne avec des couches de couleur blanche, tachant les doigts, légères, offrant la texture du grès.

Fig. 78.

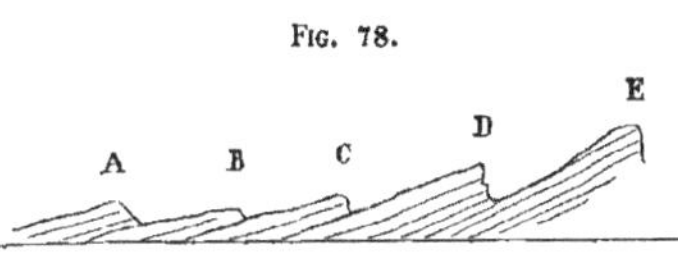

Sous ce système viennent les couches à polypiers et nummulites D, formant une grande épaisseur; roche légère et analogue au B.

Elles reposent sur des couches à très-grandes huîtres (20 à 25 centimètres) E, huîtres semblables à celles d'Ortakeui, peignes, échinides; elles ont de la tendance à se désagréger et à produire un sable calcaire.

Marco dit avoir trouvé une très-grande huître (semblable à celle que nous avons recueillie) entre Buyuk Ierdjili et Tchiflikler. M. Caliga en a trouvé une à Lidja, près d'Ortakeui.

Nous n'avons pas rencontré le calcaire à *Mytilus* (congérie) que nous avons remarqué en très-grandes dalles à Lulé Bourgas et ailleurs (voyez les routes précédentes).

112* (232). D'Iénidjékeui, ou Sképasto, à Samakov.

La montagne d'Iénidjékeui se compose de talcschiste et de micaschiste contenant quelques couches subordonnées de schiste argileux. De nombreux filons de quartz coupent les couches.

Dir. O. 20 à 30° N.; pl. S. 20 à 30° O.

Quelques filons de syénite ou de diorite se montrent quelquefois.

Les talcschistes, entre le ruisseau de Vélika et le ruisseau de Samakov, alternent avec des couches de calcaire noir. Sur les bords de ce dernier ruisseau vient un calcaire très-compacte, blanc grisâtre, en bancs nombreux. Il est à cassure esquilleuse, très-fragile, et passe vers le bas au talcschiste par des alternatives.

Dir. E. O.; pl. S.

La syénite à minerai de fer cristallisé perce les roches précédentes. On voit ses filons pénétrer dans les couches, modifier le calcaire et les passages des schistes aux calcaires. Il en résulte ces roches verdâtre clair citées dans plusieurs courses précédentes. La syénite s'altère et produit une roche pourrie comme celle de Samakov, près de Doubnitza. On voit les roches précédentes reposer sur la syénite. De gros blocs arrondis s'observent au milieu de cette roche altérée. Ce sont les mêmes faits que ceux que nous avons eu tant de fois l'occasion d'observer dans le Rhodope, et sur lesquels nous ne reviendrons pas aujourd'hui.

La syénite forme les montagnes qui précèdent la descente à une usine, et paraît occuper une grande surface.

113 (233). De Samakov à Hassana Tchiflik, sur la route d'Inada (mer Noire).

La syénite s'étend sur cette route jusqu'à 1 heure et demie de Samakov. Elle est percée de filons d'une roche feldspathique qui rappelle ceux de Samakov sur l'Iskra : on y observe aussi des filons de quartz.

Le calcaire blanc grisâtre, très-compacte, subordonné à des schistes argileux, des schistes talqueux et des grès feldspathiques, succède à la syénite; ces roches stratifiées sont tantôt inclinées, tantôt verticales : elles sont percées par la syénite et par des filons très-nombreux de quartz passant quelquefois à la pegmatite. Bientôt on ne trouve plus que du gneiss talqueux, d'un blanc légèrement verdâtre, altéré à la surface et percé d'une quantité de filons de quartz. Avant la descente, on trouve des bancs de protogine dans le gneiss talqueux. Cette dernière roche (gneiss talqueux) contient non-seulement des grains de quartz, mais encore des cailloux de quartz de diverse grosseur. Ces schistes cristallins règnent jusqu'au bas de la descente. Les pentes de cette descente sont couvertes d'un sable argileux d'un jaune un peu rougeâtre, qui paraît provenir de l'altération du gneiss talqueux. Du reste, on ne voit aucune roche au jour. Les filons de quartz dans le gneiss talqueux sont tellement nombreux, que leurs débris jonchent la plus grande partie du sommet de l'arête que parcourt la route. Lorsque les roches sont à découvert, on voit ces filons s'injecter, tantôt en réseaux, tantôt suivant le sens des couches, et quelquefois former des poches ou renflements.

114* (234). De Hassana Tchiflik à Kosti, par Inada, Limnio, Saint-Stephano ou Aghio Stefano et Agathopolis ou Aktobol.

Un dépôt de sable argileux, mélangé quelquefois de cailloux roulés, recouvre l'extrémité inférieure des collines qui bordent la vallée du Korkokoliba Dèressi. Des grès coquilliers micacés, calcarifères, employés à la construction des ponts jetés sur les endroits marécageux, semblent provenir du dépôt arénacé, ou du moins semblent indiquer dans le voisinage l'existence d'un dépôt tertiaire récent.

Le même dépôt de sable argileux avec cailloux roulés se montre dans toutes les vallées des ruisseaux qui découpent le bas plateau existant entre Limnio et Aktobol. Il s'élève jusque sur ce bas plateau, mais seulement au voisinage des vallées.

L'escarpement de la côte du port d'Inada offre à Limnio une coupe naturelle très-intéressante.

Le gneiss talqueux en couches inclinées, gaufrées, tourmentées, est percé et coupé d'une multitude de filons de quartz, comme sur la route précédente. Un rocher séparé de la côte semble plonger sous un terrain à nummulites. Nous avons cherché inutilement le contact des deux terrains; il est caché, à terre par des éboulements chargés de végétation, et en mer par l'eau. La roche nummulitique la plus inférieure visible est un grès calcaire dont le ciment calcaire est presque grenu. Il renferme des cailloux de quartz de la grosseur du pouce ou d'un œuf, qui semblent provenir du gneiss talqueux sous-jacent. Dans cette localité, les couches qui forment la partie supérieure du dépôt sont argileuses, schistoïdes, altérées, décolorées, ordinairement blanches et quelquefois en partie de couleur blanc jaunâtre ou grisâtre. Quelques couches semblent être silicifiées. Elles sont adossées à une masse de diorite qui paraît avoir occasionné l'altération des couches.

Au delà du ravin de la Quarantaine, à environ cent pas de la coupe précédente, l'escarpement met à découvert d'autres couches qui paraissent recouvrir les couches altérées précitées. Ce sont des couches argileuses durcies, des grès argileux micacés à grain très-fin et des calcaires schistoïdes très-compactes. Elles sont coupées par une roche composée de feldspath et d'amphibole, que nous considérons comme une diorite. Cette roche offre plusieurs variétés :

1° Roche composée de cristaux blancs de feldspath et de cristaux noirs d'amphibole, tous deux bien distincts ;

2° Roche homogène verdâtre, dans la pâte de laquelle on distingue de petits cristaux d'amphibole à structure stratiforme, et ressemblant à un grès feldspathique : elle coupe les couches sur un point, et elle en est séparée par un conglomérat dioritique renfermant des fragments des couches traversées ;

3° Conglomérat composé de fragments de plusieurs variétés de diorite et de fragments des roches stratifiées. La pâte qui réunit les éléments est homogène et présente une coloration disposée en zones plus ou moins foncées. Ce conglomérat joue le rôle de roche éruptive; mais lorsqu'il suit le sens de la stratification, il semble faire partie du dépôt.

La diorite forme un vaste dépôt que nous avons suivi depuis Limnio jusqu'à Aktobol, et qui se montre sur le plateau dans toutes les falaises de la mer. Dans les escarpements maritimes on trouve, outre les variétés précitées, une eurite dioritique ou porphyre à pâte compacte, renfermant des cristaux de feldspath blancs ou rougeâtres et des cristaux d'amphibole. Cette variété forme des filons ; lorsqu'elle se décompose, elle produit une roche jaunâtre, ferrugineuse, qui rappelle les filons porphyriques observés dans la syénite des deux Samakov.

Les diverses variétés de diorite sont accompagnées de leur conglomérat, et quelquefois fendillées. Les fissures sont tapissées de filets de chaux carbonatée. Les falaises font voir que les éruptions dioritiques ont eu lieu à diverses époques, et que les produits forment des dykes dans des produits plus anciens.

Entre Saint-Stephano et Aktobol, on voit des roches argileuses gris verdâtre altérées, se décomposant ordinairement en boules ou en petits fragments cubiques. Elles sont si parfaitement stratifiées, qu'on est porté à les considérer comme des roches sédimentaires : cependant, les petits cristaux d'amphibole qu'elles renferment semblent prouver qu'elles appartiennent à la diorite. Deux hypothèses peuvent rendre compte de leur nature :

1° Si elles sont sédimentaires, elles ont été formées aux dépens des produits dioritiques remaniés, ou bien elles ont subi un métamorphisme qui a développé les cristaux d'amphibole;

2° Si elles sont éruptives, elles appartiennent à la diorite homogène.

A chaque instant, on voit la diorite poindre en dykes dans ces roches, et il est rare de ne pas la trouver au fond de chaque ravin.

Si l'on est incertain sur la classification des roches précitées, il n'en est pas de même sur la route d'Aktobol à Kosti : aux roches argileuses stratifiées problématiques succède un dépôt sédimentaire composé de grès argileux à grain fin; de calcaire très-compacte, plus ou moins pur, plus ou moins argileux; d'argile schistoïde. Ce dépôt est, comme les roches problématiques, ordinairement divisé en strates minces. Rarement il présente des bancs de 30 à 40 centimètres. Ses détritus forment un sol argilo-sableux, de couleur jaunâtre ou jaune ocreux. Les roches problématiques forment, en s'altérant, un sol argileux ou argilo-sableux beaucoup plus gras, de couleur gris foncé. La couleur et la nature de la couche de terre superficielle qui recouvre les roches sous-jacentes avertissent qu'on change de terrain.

A la descente dans la vallée du Vélika Dèressi, on observe à plusieurs reprises les roches évidemment sédimentaires, puis les roches problématiques, et enfin les diverses variétés de diorites accompagnées de leur conglomérat. Les couches sédimentaires renferment des masses ou bancs très-puissants d'un conglomérat siliceux qui est altéré et ferrugineux au voisinage de la diorite. La désagrégation de cette roche jonche le sol d'un sable grossier ou de gravier, qui tranche sur les détritus provenant des autres roches. Certaines couches calcaires se composent de feuillets d'un calcaire à pâte fine, très-compacte, de couleur rosée et séparés par des feuillets argileux très-minces. Cette variété de calcaire se brise en larges écailles sous le choc du marteau, et rappelle que le calcaire à nummulites compacte offre ordinairement la même disposition dans le Rhodope.

Les roches sédimentaires précédentes nous paraissent faire partie du terrain à nummulites d'Inada, lequel est très-probablement différent du calcaire à nummulites de la plaine de Thrace. Les échantillons recueillis par M. Hommaire de Hell, dans son voyage le long de la chaîne côtière, permettront probablement de trancher cette question, que le mauvais temps nous a empêché d'étudier à fond.

Dans la vallée du Vélika jusqu'à Kosti, on trouve tantôt la diorite, tantôt les roches sédimentaires. On voit que ces dernières forment ordinairement une faible épaisseur sur la diorite, qui les a percées en mille points différents.

Si les couches problématiques pouvaient être considérées comme faisant partie du dépôt sédimentaire, il en résulterait que la diorite jouerait, à l'égard de ce terrain, le même rôle que le trachyte à l'égard du terrain à nummulites de la Thrace et du Rhodope; c'est-à-dire que les éléments de ces roches éruptives auraient été stratifiés parmi les couches de ces terrains.

115* (235). De Kosti à Grammatico.

Malgré le manteau de neige qui couvrait le sol, nous avons vu dans quelques endroits les couches en dalles minces dans la plus grande partie de la route jusqu'à la montée. Elles sont tantôt verticales, tantôt plus ou moins inclinées. Près de Kosti, elles se contournent, au voisinage de la diorite, comme une draperie soulevée par un piquet, ou bien elles sont brisées lorsque le plateau est trop grand (fig. 79).

Fig. 79.

Si l'on doit juger de la nature de ces roches par celles qui entrent dans la construction des maisons de Kosti et de Grammatico, ce sont des calcaires très-compactes, des grès fins argileux, c'est-à-dire les mêmes que celles de la route précédente.

Ce terrain semble constituer les accidents du sol que nous avons traversé aujourd'hui : cependant il y a des roches d'argile schisteuse altérée, se dilatant en écailles, qui ressemblent au schiste argileux, au talcschiste ou au micaschiste. Il est vrai que des roches offrant le même phénomène d'altération existent dans le même terrain auprès de la diorite.

La diorite se reconnaît à ses cristaux, sous ou dans le terrain schistoïde, dans la vallée, et pendant une partie de la route.

116* (236). De Grammatico à Tirnovo.

Le terrain de calcaire compacte, grès, etc., en couches minces, précédemment signalé, paraît s'étendre jusqu'à une demi-heure de la ligne de partage des eaux entre le Vélika Dèressi et le ruisseau de Tirnovo. A partir de ce point, il est remplacé par le micaschiste et le gneiss. A la descente dans la vallée de Tirnovo, on trouve un calcaire grenu subordonné au micaschiste, de couleur blanche, quelquefois grisâtre ou gris bleuâtre. Les couches redressées de ce calcaire sont percées de trous d'érosion, et recouvertes d'un gravier quartzo-argileux rougeâtre.

Ce gravier argileux rougeâtre rappelle celui qui se trouve dans une position semblable au voisinage de la serpentine ou de la diorite dans les environs de Xanti et dans tant d'autres localités, où la roche éruptive a disloqué le calcaire et a pénétré dans les couches, de manière à enchâsser, pour ainsi dire, les blocs calcaires. La substance injectée s'est altérée, et ses détritus produisent ce gravier rougeâtre qu'on remarque entre les blocs.

117* (237). De Tirnovo à Kourou Keui, ou Khoropoulo.

Au calcaire grenu de Tirnovo succède la diorite, qui se trouve profondément entamée par le grand ravin qu'on remonte en sortant du village. Cette roche est altérée et présente l'aspect que nous avons décrit aux environs d'Inada et sur les bords de la mer Noire : ce sont les mêmes phénomènes que ceux que produit la syénite à Samakov. C'est cette roche qui s'introduit dans le calcaire grenu (voyez la route précédente). Dans le cours de la route de Tirnovo à Dèrè Keui, on voit à chaque instant le calcaire grenu associé au schiste argileux percé par la diorite et quelquefois par des filons de quartz.

En approchant de Dèrè Keui, les roches deviennent plus cristallines : ce sont des micaschistes, des gneiss, des quartzites, qui s'associent au schiste argileux et au calcaire. La descente de Dèrè Keui est formée par des roches schisteuses altérées, qui paraissent se composer en grande partie de talcschiste, de gneiss talqueux et de schiste argileux. Ces roches sont percées de filons de quartz et de diorite. Elles sont colorées en jaune et en rouge par suite des différents états d'oxydation du fer. Dans quelques pointes les roches altérées contiennent du fer limoneux en assez grande abondance. Au delà de Dèrè Keui l'altération cesse; on trouve du schiste argileux, plus loin du talcschiste, du calcaire, tantôt en couches grenues, tantôt en masses très-compactes.

La neige qui couvrait encore le sol ne nous a pas permis d'étudier ce terrain.

118* (238). De Kourou Keui, ou Khoropoulo, à Kirk-Kilissé.

Le gneiss talqueux que nous avons trouvé sur la route précédente associé au calcaire se montre seul à Kourou Keui. Il constitue des crêtes dentelées qui dominent ce village. A un quart d'heure ou une demi-heure, il est remplacé par la protogine. C'est cette roche qui forme les rochers qui encaissent les vallées et les ravins, et qui hérissent la surface du plateau. De temps en temps les couches de gneiss talqueux traversées par la protogine reparaissent. Le dépôt granitoïde se continue jusqu'à Kirk-Kilissé; mais là il est recouvert par le terrain tertiaire à nummulites, que nous nous proposons d'étudier.

119* (238). Course autour de la ville de Kirk-Kilissé.

La ville est située à l'entrée d'un petit vallon N.S., qui débouche dans la plaine. Elle remplit tout le vallon, et s'élève en amphithéâtre sur les deux penchants opposés jusqu'au sommet du plateau composé de terrain tertiaire à nummulites (fig. 80).

A. Les couches inférieures du terrain nummulitique se composent de sables fins, formés principalement des éléments atténués du gneiss talqueux; il est doux au tou-

Fig. 80.

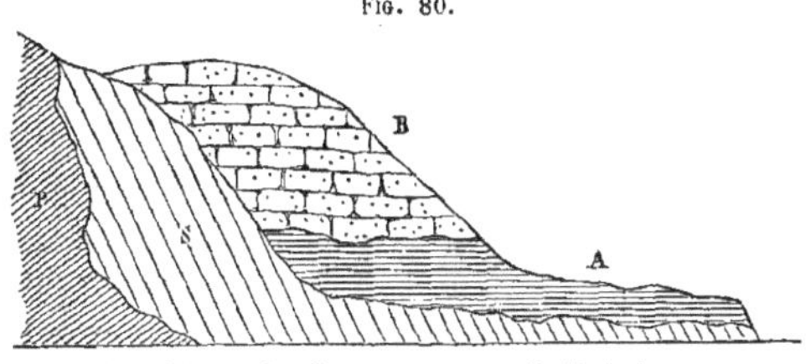

S. Schistes cristallins. P. Protogine.

cher, de couleur blanc verdâtre, calcarifère; il contient des grains ou graviers de feldspath rosâtre, provenant de la protogine. Il est quelquefois assez argileux ou calcarifère pour former un grès tendre, dans lequel sont répandus des rognons de grès plus durs contenant des nummulites, des oursins, des baguettes d'oursin, etc.

Les grès tendres et sables contiennent des lits subordonnés d'argile.

B. Le calcaire à nummulites qui recouvre les couches précédentes présente la composition variée ordinaire de ce terrain :

1° Tantôt la roche se compose de grains enduits d'une couche de chaux carbonatée, de débris de polypiers, de nummulites, d'animaux multiloculaires, de bivalves, etc.; et il semble que le têt des coquilles ait été dissous, et qu'il ne reste plus que leur empreinte vide, en creux et en relief, d'où résulte une roche poreuse, légère, et cependant résistant à l'altération des agents atmosphériques : cette même variété poreuse et légère présente des parties très-compactes qui paraissent formées par des polypiers branchus, et dont les intervalles sont remplis de chaux carbonatée;

2° Tantôt la roche offre l'aspect d'un grès calcaire, disposé en couches régulières et peu épaisses, très-tendres, tachant les doigts en blanc comme la craie;

3° Quelques couches se composent d'un calcaire grossier qui renferme des coquilles univalves répandues dans une bande qui occupe la partie centrale de la couche; d'autres couches se composent en presque totalité de coquilles brisées ou entières, dont le têt a disparu, d'où résulte une variété qui ressemble au n° 1;

4° Dans quelques points de la colline, des surfaces bombées offrent une grande dureté qui paraît résulter de l'imbibition de la roche par un sel de chaux carbonatée : ce sont de gros rognons qui passent d'une couche à l'autre.

La composition du calcaire à nummulites de Kirk-Kilissé rappelle celle du gros rocher de Démotika qui se présente à nu et permet de reconnaître que le même banc, très-tendre sur un point, est très-dur sur un autre.

En résumé, ici comme sur la route de Bounar-Hissar à Sképasto, la partie inférieure du calcaire à nummulites se compose de sables ou grès fins et marneux, tandis que dans le Rhodope la partie inférieure se compose toujours de conglomérat, souvent à très-gros éléments, et de grès grossiers. En second lieu, aucun dépôt ne recouvre la partie supérieure du calcaire à nummulites : ici il forme un plateau découpé ; dans le Rhodope il forme des protubérances sur le pourtour du bassin, ou des couches régulières au fond des affluents de l'Arda. Nous n'avons encore vu nulle part les couches à congéries se lier avec ce dépôt.

120* (239). De Kirk-Kilissé à Uskiup (Skopo des Grecs).

Le terrain tertiaire recouvre les schistes cristallins jusqu'au ruisseau de Buyuk Dèrè, à l'est de Kirk-Kilissé, et s'arrête à une petite distance au nord de la route. Le rivage de la mer tertiaire s'arrêtait en mourant sur les schistes cristallins. Au delà du ruisseau, ce rivage est rejeté au sud de la route, et ne se retrouve pas à Uskiup, comme nous nous y attendions. Les schistes cristallins (gneiss et micaschistes) traversés de longs filons de quartz, de protogine et plusieurs variétés de roches granitoïdes, constituent le plateau. Les couches suivent la direction O. 30° N., pl. S. 30° O. C'est la même direction que nous avons trouvée généralement dans toute la largeur de la chaîne entière, depuis la mer Noire jusqu'à Kirk-Kilissé. Nous avons pris bien des fois la direction, bien que nous ne l'ayons pas notée, et nous l'avons toujours trouvée O. 25° à 30° N.

La couche du calcaire à nummulites exploitée au S. de Kirk-Kilissé pour faire des auges est oolitique et renferme des polypiers. Les grains qui la composent se touchent par quelques points, et sont sur le reste des pourtours séparés par des intervalles inégaux (cette variété existe à Kirk-Kilissé). Cette couche est horizontale ; elle est intercalée dans des couches pétries de nummulites, qui se lèvent en dalles épaisses.

A la descente dans la vallée du Buyuk Dèrè, on trouve une couche épaisse, argileuse, mêlée de sables, de gravier et de cailloux roulés quartzeux, de schistes cristallins, et quelquefois de calcaires à nummulites. Ce dépôt alluvial repose sur des couches de grès calcaire tendre, renfermant des nummulites, des grains de quartz plus ou moins grossiers, des plaques de calcaire à *Mytilus*, et des rognons calcaires qui paraissent être des fragments remaniés du calcaire à nummulites. Ce grès passe, vers le bas de la descente, à un conglomérat à cailloux quartzeux, de grosseur moyenne. Ces couches arénacées semblent recouvrir des couches ou des rochers de calcaire à polypiers, qui font saillie au fond de la vallée.

Cependant, il nous paraît probable que le grès passant au conglomérat est un de ces accidents qui se produisent pendant le dépôt d'un terrain, à la rencontre d'une vallée qui débouche dans le bassin. Nous nous rappelons avoir observé et décrit des perturbations analogues dans le bassin tertiaire de l'Auvergne; les couches déposées sont ravinées par les cours d'eau, et leurs débris remaniés entrent de nouveau dans la composition du même terrain.

Le terrain à nummulites existe sur la rive opposée du Buyuk Dèrè. Sa surface ravinée est recouverte par le dépôt alluvial qui s'étend aussi sur les schistes cristallins, mais qui cesse bientôt lui-même pour ne reparaître que dans la vallée d'Uskiup et sur quelques points du plateau qui n'atteignent pas sa hauteur générale.

121* (240). D'Uskiup à Bounar-Hissar.

Les schistes cristallins (gneiss, micaschiste et talcschiste) constituent le plateau entre ces deux points jusqu'à trois quarts d'heure d'Uskiup. Ils sont percés de plusieurs roches granitoïdes à petit et à gros grain, et par des filons de pegmatite et de quartz. Les injections sont très-nombreuses aux environs d'Uskiup. Les schistes cristallins forment un éperon qui rejette au sud le terrain tertiaire qui ne commence qu'à trois quarts d'heure d'Uskiup, avant la descente dans la vallée du Kourt Dèrè.

Ce dépôt se continue depuis ce point jusqu'à Bounar-Hissar. Il couvre le plateau, et à partir d'Iéna il s'élève en collines qui dominent la vallée de Bounar-Hissar. Dans ce trajet, le terrain se compose de couches ou de bancs plus ou moins puissants de calcaire blanc, tendre, léger, tachant généralement les doigts. Les couches sont inclinées. Dans la vallée du Kourt Dèrè, près du pont, elles se dirigent N. 30° O., pl. E. 30°, N. Là, sur un calcaire ressemblant à la craie reposent en stratification concordante : 1° un grès à grains de quartz, avec ciment calcaire abondant renfermant des coquilles turriculées ; 2° sur ce grès des couches calcaires à *Mytilus*, etc., dont les têts ont disparu et sont, vers le bas, remplacés par de la silice : 3° au-dessus viennent d'autres couches dont nous n'avons pas eu le temps de chercher les fossiles.

Les couches à *Mytilus* prennent un grand développement à Iéna, et présentent les traces les plus évidentes d'une dislocation violente (fig. 81).

Fig. 81.

Elles se dirigent d'abord E. 20° N., pl. S. 20° E.; puis elles deviennent horizontales; et cent pas plus loin se dirigent N. 20° O., pl. O. 20° S. Ces couches paraissent se prolonger sous le dépôt alluvial de la plaine; nous les avons cherchées dans les collines au N. E. de la route, sans les trouver. Si le fait se vérifie, elles recouvriraient le grès passant au conglomérat, que nous avons observé.

Ce grès passant au conglomérat est fissuré en réseau, et les fentes qui se croisent sont remplies d'une substance noirâtre cristalline renfermant des grains de quartz. Près des murs de Bounar-Hissar il est recouvert de couches schistoïdes.

Le dépôt alluvial, composé d'argile et de sable mélangé d'argile, recouvre les parties basses du plateau et la plaine de Bounar-Hissar ; on y observe aussi des graviers quartzeux et des cailloux roulés de la grosseur des deux poings.

Il existe dans le pays une croyance assez singulière sur l'origine des grosses sources qui sortent (dans le village d'Iéna) de conduits recouverts en maçonnerie. On prétend qu'elles sont alimentées par le Danube, et l'on appuie cette opinion sur le conte suivant : Un berger avait jeté son bâton pour ramener ses moutons qui étaient entrés dans un pré ; le bâton tomba dans le Danube, disparut, et fut trouvé par le cafedji d'Iéna dans la plus grande source du village. Deux ans après la perte de son bâton le berger le reconnut dans la boutique du cafedji, et prouva qu'il en était propriétaire en le dévissant et faisant tomber l'or provenant de ses épargnes, qu'il y avait caché. Or, la hauteur de la source d'Iéna au-dessus du niveau de la mer est d'environ 300 mètres; celle du terrain tertiaire, à trois quarts d'heure d'Uskiup, est de 380 mètres environ.

122* (240). Course aux environs de Bounar-Hissar.

Le désir de dissiper nos doutes sur la position du calcaire à *Mytilus* nous détermina à parcourir les environs de Bounar-Hissar. Voici le résultat de nos observations (fig. 82).

Coupe de la colline d'Iéna (citée dans la route précédente).

Fig. 82.

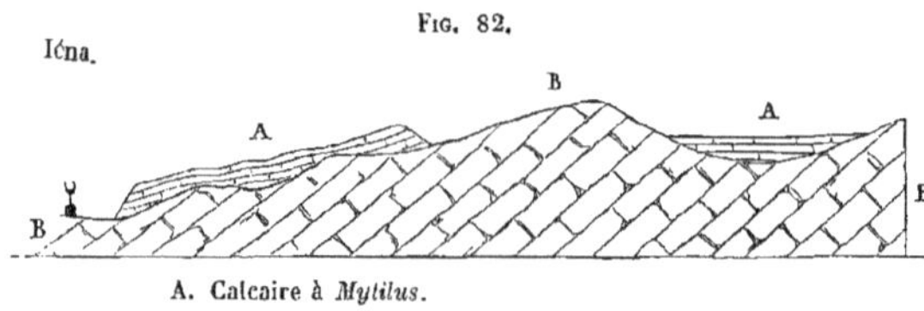

A. Calcaire à *Mytilus*.
B. Calcaire à polypiers et à nummulites.

Le calcaire à polypiers et à nummulites forme le sommet de la colline d'Iéna, et se prolonge jusque dans les rues du village. Ses aspérités sont recouvertes par des couches calcaires, contenant les unes des grains de quartz, les autres des cailloux roulés de quartz de la grosseur du pouce. Ces couches arénacées contiennent une si forte proportion de calcaire, qu'on doit les désigner comme des calcaires à grains de quartz. Elles sont blanches, un peu argileuses, et renferment des coquilles spirées et des grains d'une substance noire : elles sont généralement tendres, ou au moins elles cèdent sous le choc du marteau et ne se brisent pas avec netteté. Cependant quelques lits sont compactes et offrent la cassure d'une roche imbibée de chaux carbonatée. Le calcaire à *Mytilus* forme la partie supérieure du dépôt : il se présente en bancs de 30 à 60 centimètres; il offre une résistance moyenne au choc du marteau; il est souvent percé de trous à la surface, par suite de la disparition des coquilles dont il ne reste que les moules intérieurs. Il est rare que le têt existe dans la roche; il a été ordinairement dissous, et sa place reste vide; il est quelquefois remplacé par la silice.

Sur la route d'Iéna à Uskiup, les couches sont, à quelques minutes d'Iéna, tantôt horizontales, tantôt ondulées, et souvent brisées et fortement redressées (fig. 83). Si l'on passe du côté opposé de la colline, on arrive dans un vallon évasé dont le ravin coupe les couches horizontales du calcaire à *Mytilus*. En contournant la colline pour rejoindre la route d'Iéna à Uskiup on trouve, sur la route même, le calcaire à

Mytilus en couches inclinées (vues la veille); puis sur le revers opposé de la colline dont il vient d'être question, le même calcaire en couches horizontales; puis au pied de la colline en couches brisées.

Fig. 83.

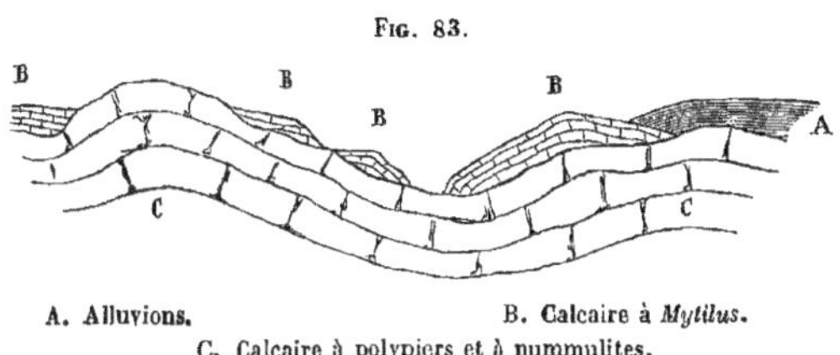

A. Alluvions. B. Calcaire à *Mytilus*.
C. Calcaire à polypiers et à nummulites.

Dans cette localité, la discordance de stratification est évidente.

Ravin près de Bounar-Hissar (Fig. 84).

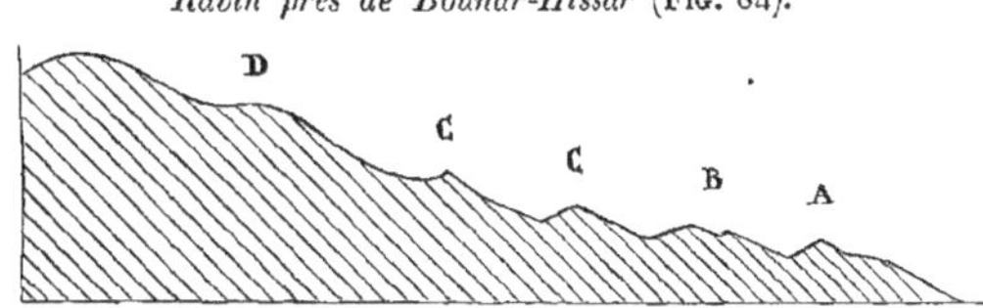

A. Calcaire avec quelques *Mytilus;* les couches renfermant les grands *Mytilus* paraissent avoir été recouvertes par le dépôt alluvial de la plaine.

B. Grès calcaire avec coquilles turriculées; grains de quartz ; il contient des parties métalliques de forme sphérique. C'est le même qui a été décrit la veille, et dont les fissures sont remplies de filons.

C. Grès et calcaires avec coquilles bivalves.

D. Calcaire à polypiers et à nummulites.

Nous n'avons pas pu trouver cette coupe au delà, par suite de la disposition du terrain et des épines qui rendaient le passage très-difficile. Direction des couches N. O., ou O. 30° N.

Cette coupe offre la même succession de couches que celle observée la veille près du pont du Kourt Dèrè.

RÉSUMÉ.

Le calcaire à *Mytilus* forme la partie supérieure d'un dépôt tertiaire plus récent que le calcaire à nummulites, et dont il se trouve séparé par une dislocation qui a changé le relief du bassin. Il nous paraît que cette dislocation est celle qui a mis fin, dans le Rhodope, au dépôt du calcaire à nummulites, et qui a précédé le dépôt des sables, grès et argiles renfermant des bancs de grès et de calcaire à *Mytilus* (environs d'Andrinople, bords de la Maritza). Là, le caractère minéralogique des roches a complétement changé ; ici l'éloignement du théâtre de la catastrophe a permis au dépôt de conserver son caractère minéralogique. Sur les deux bords opposés du bassin, les couches du dépôt à *Mytilus* sont inclinées.

Dans la vallée du Kourt Dèrè, le calcaire à *Mytilus* se réduit à quelques plaques minces subordonnées à des grès calcaires. A Iéna il est très-développé. Nous avons trouvé des nummulites dans le grès de la vallée de Kourt Dèrè ; nous en avons cherché vainement dans celui d'Iéna et de Bounar-Hissar. Il est donc probable que les nummulites ont été détruites par la catastrophe précitée, et que les fossiles de ce genre qu'on peut y rencontrer proviennent des éléments remaniés du calcaire à nummulites.

123* (241). De Bounar-Hissar à Viza.

Nous avons déjà décrit le terrain tertiaire qui s'étend entre Bounar-Hissar et le ruisseau qui vient de Sképasto. Depuis ce ruisseau jusqu'à la vallée de Viza, il est caché par une couche argileuse, mélangée de sables et de cailloux roulés ; de temps en temps sa présence sous le dépôt alluvial se trahit par les fragments calcaires qui jonchent le sol, ou par les roches qui paraissent sous la couche quelquefois très-mince du dépôt alluvial.

Le calcaire à polypiers, en couches plus ou moins inclinées, se montre dans les ravins ou vallées encaissées qui débouchent dans la vallée du ruisseau de Viza. C'est lui qui constitue les accidents du sol de cette vallée.

124* (242). De Viza à Saraï.

Le terrain tertiaire forme les collines et paraît dans tous les accidents du sol ; on y remarque le calcaire à polypiers et à nummulites. Le calcaire à *Mytilus* s'y trouve aussi, et se reconnaît dans les constructions de Saraï. La plaine est recouverte d'un terrain argilo-sableux à cailloux roulés de quartz, etc., qui est coloré en jaunâtre et en jaune rougeâtre.

Le mauvais temps et surtout le mauvais état des routes nous a empêché d'aller voir près de Minghiret la localité d'où l'on tire l'argile (dite de Viza) employée à la fabrication des poteries de Lulé-Bourgas. Il est très-probable que cette terre fait partie du dépôt alluvial.

125* (243). De Saraï au point de partage des eaux entre l'Erghéné et la mer Noire, sur la route de Saraï à Midia.

Le dépôt alluvial couvre les parties basses du plateau, et s'élève même sur les collines qui bordent l'Erghéné. Il se compose de sables argileux et de cailloux de quartz.

Le terrain tertiaire existe sous le dépôt alluvial de Saraï; il perce sous le dépôt à la montée du plateau, à une demi-heure de Saraï, et cesse avant d'atteindre le point de partage entre l'Erghéné et son affluent. Ce terrain forme la colline qui borde ce dernier ruisseau. On le voit de loin en couches inclinées, s'avancer jusqu'à la base du Karatêpê.

Les schistes cristallins forment une bande étroite qui constitue le sommet du plateau séparant l'Erghéné et son affluent.

Au delà commence le granit, qui paraît être une protogine percée de filons de quartz. Son état d'altération ne permet pas de prendre d'échantillons. C'est une roche composée de feldspath, de quartz et de parties verdâtres claires qui paraissent indiquer le talc plutôt que le mica. Le sol est jonché de l'arène résultant de l'altération sur place de la roche. Cette arène, mêlée avec les fragments du quartz provenant des filons, peut être prise au premier coup d'œil pour de l'alluvion.

Le terrain tertiaire renferme des polypiers, des nummulites très-larges, des peignes et des moules intérieurs d'une grande coquille rappelant le *Cerithium giganteum*. M. Caliga a recueilli un de ces moules qui avait environ 25 centimètres de longueur; Le séimen qui nous a aidé à détacher ce moule dit qu'il y en a de bien plus grands à Kirk-Kilissé. Nous y avons trouvé aussi ce fossile plat comme une nummulite, qui offre la disposition en étoile des oursins, clypéasters, etc.

Le calcaire à *Mytilus* existe aussi aux environs de Saraï, si l'on en juge par les fragments isolés trouvés sur le sol.

126* (244). De Saraï à Buyuk Han.

Aucune roche ne fait saillie ; le sol est partout gazonné; quelques ravins creusés par la pluie mettent à découvert un sable argileux qui paraît recouvrir la totalité de l'espace que nous avons parcouru. Nous n'avons pas même recueilli de cailloux roulés qui, malgré une couche de neige qui jonchait la terre, auraient été en évidence s'ils existaient sur le plateau. Tout semble annoncer que l'on marche sur le même terrain qui constitue le plateau de Tchorlou (voyez le commencement du voyage).

Les briques de terre sèche mêlée de paille hachée, qui entrent dans la construction du han, renferment des fragments de basalte qui semblent provenir de conglomérats boueux. Des blocs de basalte se remarquent aussi dans les murailles : il est donc probable que cette dernière roche existe dans les environs. Ni le handji, ni les bergers de la montagne n'ont pu nous dire d'où provenaient ces matériaux, mis en œuvre depuis bien des années.

127* (245). De Buyuk Han à Silivri.

Le sommet du plateau entamé par le ruisseau de Kuchtémir se compose de sable argileux mélangé de cailloux roulés de toute espèce ; dessous viennent des grès argileux, et plus bas des argiles micacées mélangées de grains quartzeux, qui font de cette argile un grès très-argileux (1).

Le plateau de Kuchtémir est couvert d'une terre argileuse gris foncé ou noirâtre, qui semble annoncer le voisinage du basalte.

Sauf les couches coupées par le ravin, la végétation et le sol végétal ne laissent voir aucune roche.

Les constructions de Kuchtémir sont d'un calcaire à nummulites, de grès et calcaire à *Mytilus*, etc. Le calcaire à nummulites existe donc dans le voisinage.

128* (246). De Silivri à Buyuk-Tchekmedjé.

Les grès à *Mytilus* de Silivri s'étendent jusqu'aux environs de Buyuk-Tchekmedjé. Ils sont quelquefois très-grossiers et passent au conglomérat. Ces roches arénacées passent à des grès plus fins, contenant des parties tuberculeuses, souvent considérables, qui par l'altération des parties plus tendres offrent à la surface du sol de gros mamelons. Ces couches renferment aussi des coquilles univalves, et dans ce cas elles sont ordinairement tendres et à l'état de grès argileux.

Ce système de couches nous paraît représenter le calcaire à *Mytilus* de Kirk-Kilissé, Viza, Saraï, etc.

Un fait que nous ne pouvons expliquer, c'est l'extrême abondance du calcaire à polypiers et à nummulites dans les constructions de Kuchtémir, de Silivri et de toutes les fontaines et ponts qu'on rencontre sur la route ; de plus, des fragments de même nature jonchent la route de distance en distance : d'où proviennent ces matériaux ? viennent-ils de loin ? existent-ils dans le voisinage, sous les couches à *Mytilus ?* Personne n'a pu répondre à cette question.

(1) Sous ce grès argileux, un banc très-puissant de calcaire très-argileux ou de marne argilo-calcaire se montre à Kuchtémir.

Cette coupe rappelle la descente de Buyuk-Tchekmedjé, où nous avons observé la même succession de couches, offrant les mêmes caractères pétrographiques. Un trait de ressemblance de plus se trouve dans la disposition du sol : à la suite du calcaire très-argileux, la descente précitée s'adoucit et s'allonge en un plateau composé de grès, etc.; à Kuchtémir, le plateau se trouve à 100 mètres environ plus bas qu'à Buyuk Han, et la nature du sol donne à penser que des grès argileux composent en grande partie les accidents de terrain qui s'abaissent vers la mer.

129* (246). De Buyuk-Tchekmedjé à Constantinople.

En montant la côte de Buyuk-Tchekmedjé, on trouve des grès argileux et des argiles colorées en vert clair et en rouge alternant ensemble. Cet ensemble de couches renferme, vers le haut, des plaquettes de calcaire argileux tendre, ou de marne calcaire. La plus grande partie de la coupe est cachée par la terre végétale; vient ensuite la coupe de la partie supérieure de la montagne, dont nous avons donné le détail au commencement du voyage. En avançant sur le plateau, les ondulations du sol mettent en évidence la succession des couches suivantes du haut en bas :

1° Calcaire marneux et calcaire argileux, tous deux tendres, blanchâtres et presque pâteux lorsqu'ils sont imbibés par les eaux pluviales; lorsqu'ils sont desséchés, ils sont fendillés et presque nodulaires. Ils contiennent des coquilles bivalves à l'état de moule intérieur;

2° Argile calcarifère;

3° Calcaire marneux et calcaire argileux, semblables aux précédents;

4° Calcaire coquillier à moules intérieurs de coquilles bivalves;

5° Alternance des couches précédentes; vers la partie médiane de ce dépôt, certaines couches renferment des polypiers;

6° Argile rouge et verte mélangée de sable et formant un grès très-argileux.

Ces dernières couches paraissent former la base du dépôt, et reposer sur les grès à *Mytilus*.

En avançant vers Constantinople, les calcaires prennent du développement et une plus grande solidité. Les calcaires observés au commencement du voyage, à Kutchuk-Tchekmedjé se retrouvent des deux côtés de la lagune. De là jusqu'à Constantinople on reconnaît le même terrain, la même succession de couches. Il fournit des matériaux de construction pour les maisons, les ponts et les routes. Nous avons vainement cherché le calcaire à nummulites parmi ces matériaux. De nombreuses carrières ont bouleversé le sol aux approches de la capitale (Saint-Stephano, caserne de Daoud-Pacha et autres localités jusqu'aux portes de Constantinople).

130* (247). De Péra à Belgrad.

Le terrain de transition s'étend de Péra à Belgrad, et se compose des roches que nous avons décrites dans nos courses aux environs de Péra, avant de partir pour exécuter notre voyage en Roumélie.

Aux environs de Constantinople, il présente dans quelques endroits, à sa surface, une terre rougeâtre argileuse qui provient quelquefois évidemment de l'altération sur place des schistes argileux; sur d'autres points, cette terre argileuse est très-épaisse, et semble avoir été remaniée par les eaux ou avoir été divisée par la végétation qui a dû s'y établir.

A une heure et demie de l'École militaire, aux environs de Maslaki, les schistes tantôt conservent leur schistosité et sont colorés en rouge, en jaune ocreux, et parsemés de lignes blanches, tantôt perdent leur schistosité et forment une roche argileuse bigarrée de rouge et quelquefois de jaune ocreux : ces nuances sont coupées de réseaux blancs : ailleurs la masse argileuse renferme des grains de quartz et présente des taches rouges très-nombreuses qui cachent en grande partie le fond blanchâtre sur lequel elles sont répandues. Ces roches altérées alternent avec des couches qui conservent leur couleur noirâtre, ou gris verdâtre, ou noir bleuâtre. Elles renferment, à une demi-heure ou trois quarts d'heure de Maslaki, des grès lustrés composés de grains quartzeux plus ou moins grossiers. Ces grès forment des rognons, des plaques ou des couches irrégulières et discontinues. Lorsque les couches sont peu inclinées, le sol est couvert des débris de ces grès, qui fournissent ainsi quelquefois de grandes et épaisses pierres qu'on pourrait, au premier abord, confondre avec des blocs erratiques.

Les roches argileuses altérées occupent une surface considérable, mais interrompue, depuis Maslaki jusqu'à Belgrad.

Dans la vallée de Belgrad, la superficie de l'argile rouge a été évidemment remaniée par les eaux ou par la végétation ; elle renferme de petits cailloux roulés.

131* (248). De Belgrad à Agatchili.

Les schistes de transition ne paraissent, pour ainsi dire, sur aucun point de cette route. Leur présence s'annonce par quelques débris de schiste épars sur le sol de la forêt.

Quelques écorchures mettent à nu les roches argileuses altérées, bigarrées de rouge et de blanc, et quelquefois de jaune ocreux. La pluie qui les a pénétrées ne permet pas de les toucher sans qu'on en ait les doigts souillés. La pâte qui en résulte ne peut donc pas être étudiée à la loupe. A l'exception des grains de quartz qui s'y trouvent souvent répandus en très-grande abondance et en forment un grès argileux, les éléments qui la composent ne conservent pas leur forme. Toute trace de stratification est effacée. Il est difficile de dire si ces roches résultent d'une altération sur place ou d'un remaniement. On serait tenté d'y voir quelque chose d'analogue à un dépôt d'arkose. Ce n'est plus comme sur une partie de la route de Péra à Belgrad, où les schistes conservent quelquefois leur structure en s'altérant.

Ces roches problématiques, coupées quelquefois de petits filons de quartz, rappellent les altérations des terrains de transition ou des schistes cristallins sur la route de Chaïnlar à Chapsi, au voisinage du trachyte, et sur tant d'autres routes aux environs de la serpentine et de la diorite. Ces vallées auraient-elles été submergées à l'époque des éruptions trachytiques ? Quoi qu'il en soit, ces roches altérées se trouvent jusqu'au sommet de la chaîne.

En descendant, on trouve à une demi-heure avant Tchiftalan une abondance extrême de cailloux roulés répandus sur le sol : on dirait un ancien rivage. Il est vrai que les conglomérats subordonnés aux grauwakes sont quelquefois très-grossiers; mais voici un fait qui semblerait venir à l'appui de la première hypothèse :

Un peu plus bas que ces cailloux roulés, des sables fins, légèrement argileux, forment des collines qui garnissent la base de la chaîne, et qui s'étendent jusqu'à la mer; on dirait une ancienne plage qui a été exhaussée et ensuite ravinée. Nous n'avons remarqué, répandues à la surface de ces sables, que des coquilles terrestres vivantes, mais aucune coquille marine.

On trouve aussi quelques blocs de grès grossiers à grains de quartz, cimentés par une pâte argilo-ferrugineuse. Ces débris paraissent subordonnés aux roches argileuses bigarrées, et rappellent les grès lustrés de la course précédente.

132* (249). D'Agatchili à Karabouroun.

Les sables dont nous avions signalé la présence la veille recouvrent, à la sortie de la vallée d'Agatchili, à un quart d'heure du village, des couches composées de grès argileux gris verdâtre à grain fin, schistoïdes, alternant avec des grès argileux à grain moyen. Ces couches renferment des lits subordonnés d'argiles qui paraissent provenir de cendres trachytiques remaniées, et une couche de lignite qui se montre au jour sur une partie de la route. En avançant, les grès qui accompagnent la couche de lignite deviennent plus argileux, passent quelquefois à l'argile avec grains de quartz et rognons de grès, ou passent au grès meuble ou au sable. Ce dépôt prend une grande épaisseur, constitue des collines, et offre souvent des pentes couvertes de sable comme dans la vallée d'Agatchili. On voit que les sables font partie d'un dépôt et en occupent généralement la partie supérieure. Près d'Iénikeui, la montée se compose de grès friables à gros grains de quartz et petits cailloux roulés, mélangés avec une proportion plus ou moins grande d'argile.

Le jour nous ayant manqué pour explorer en totalité la coupe du cap de Karabournou, nous y sommes retourné le lendemain. Les détails ci-après sont le résultat de nos deux courses à cette localité (fig. 85) :

7. Calcaire à polypiers très-compacte;

6. Grès à nummulites et grains fins et grossiers de quartz;

5. Conglomérats grossiers et conglomérats fins à cailloux roulés de diorites, serpentines, etc. ;

4. Calcaire à polypiers, renfermant des noyaux de diorites et passant au conglomérat;

3. Calcaire blanchâtre un peu argileux, tendre, contenant des nummulites et des térébratules lisses (?), etc., avec lits irréguliers intercalés de grès calcaire à nummulites : sa partie inférieure est un calcaire marneux blanchâtre passant à la marne;

2. Grès argileux calcarifère grisâtre, ou gris verdâtre, alternant avec des argiles marneuses grises. Grande épaisseur; couches meubles, ou du moins couches tendres;

1. Grès à ciment calcaire, renfermant des polypiers, etc., des fragments de dio-

Coupe de la falaise occidentale à la pointe du cap Karabournou (Fig. 85).

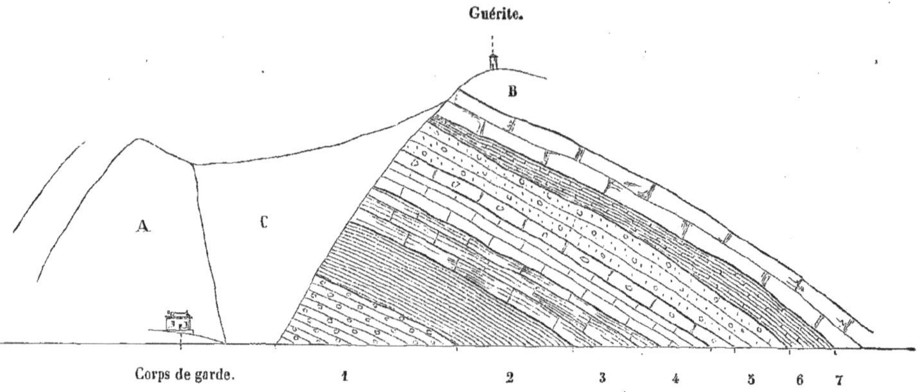

A. Calcaire à polypiers et à nummulites. B. Sables argileux.
C. Pente rapide (ou ravin) couverte de gazon, lequel cache la superficie.

rites, etc., alternant avec un conglomérat à gros cailloux roulés de diorite, de serpentine, etc., mélangés avec de petits graviers de diverse nature (quartz, calcaire, etc.). C'est la même roche que le grès avec lequel il alterne, sauf la grosseur des cailloux qu'il renferme.

Dans ce calcaire à polypiers et à nummulites, on dirait qu'il y a une faille. Il est difficile de se rendre compte pourquoi tout l'escarpement est calcaire, tandis qu'à côté la coupe est différente (fig. 86).

Coupe du cap Karabournou (coupe précédente prolongée) (Fig. 86).

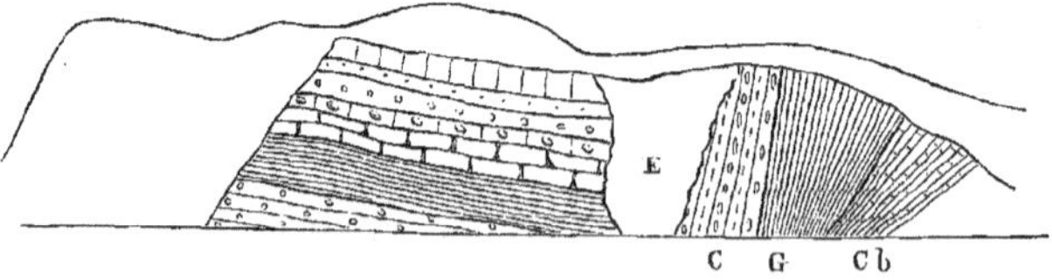

Cb. Calcaire blanchâtre. G. Grès argileux et argile grisâtre.
C. Conglomérat. É. Éboulement.

Coupe de la côte se prolongeant vers l'ouest au delà du cap (Fig. 87).

1. Calcaire blanchâtre.
2. Grès argileux et argile grisâtre.
3. Conglomérat à cailloux roulés de serpentine et de diorite, alternant avec un grès à grains de quartz, gravier de serpentine et de diorite, polypiers, nummulites, etc.

Si ce conglomérat est le même que le n° 1, il y aurait renversement de couches au coude que la côte fait avec le cap.

La falaise est formée, à sa partie inférieure, de calcaire argileux et de grès argileux de couleur grise.

Sa partie supérieure est formée d'un conglomérat à cailloux de diorite et de serpentine, empâtés dans un ciment calcaire blanchâtre ou blanc jaunâtre.

La couleur tranchée de ces deux systèmes se dessine nettement à l'œil, et permet de reconnaître de loin l'existence de deux failles.

La chute du jour nous a empêché de vérifier si ce système supérieur blanchâtre passe sous les couches faisant éventail, ou passe par-dessus.

A l'est du village de Karabournou, les rochers escarpés sur le bord de la mer semblent plonger au S. E. et se diriger au N. E. Au pied du fort, le calcaire est compacte, et renferme une multitude de polypiers, de nummulites et de coquilles univalves spirées.

En montant au delà du fort, tout à fait à la pointe du cap, les couches semblent se diriger O. 30° N.; pl. S. 30° O.

En descendant sur le bord de la mer, à l'ouest de la pointe, on voit le calcaire former l'escarpement; et à moins d'admettre l'existence d'une faille, nous ne nous expliquons pas les rapports de ces calcaires avec la coupe de la falaise qui supporte la guérite.

Cette coupe démontre de la manière la plus positive le retour d'un conglomérat à gros cailloux roulés de diorite et de serpentine. La présence de ces roches éruptives semble prouver que des éruptions dioritiques avaient lieu pendant le dépôt de ce terrain à nummulites. Ce serait la confirmation du fait que nous avons observé à Limnio, entre Inada et Aktobol. De ce côté de la chaîne, la diorite se mêle avec le terrain à nummulites : dans le Rhodope, c'est le trachyte qui joue ce rôle. L'examen des fossiles fera-t-il reconnaître : 1° si ces roches à nummulites des deux côtés opposés de la chaîne sont d'âge différent? 2° si le calcaire à nummulites de la mer Noire appartient à une seule époque, ou à deux époques? Ce qu'il y de positif, c'est que les roches ont un aspect très-différent dans les deux bassins : nous croyons reconnaître les mêmes polypiers et quelquefois le même calcaire, mais les grès sont très-différents, et surtout nous n'avons vu nulle part dans la Thrace ces grandes épaisseurs d'argile marneuse et d'argile calcaréo-sableuse qui existent ici.

Sur le calcaire on trouve du sable et des couches de gravier ou petits cailloux de quartz mêlés de sable, comme à la montée d'Iéni Keui. Ce dépôt est évidemment très-récent.

133* (250). Course à Derkoz et à Aïakadin (Fig. 88).

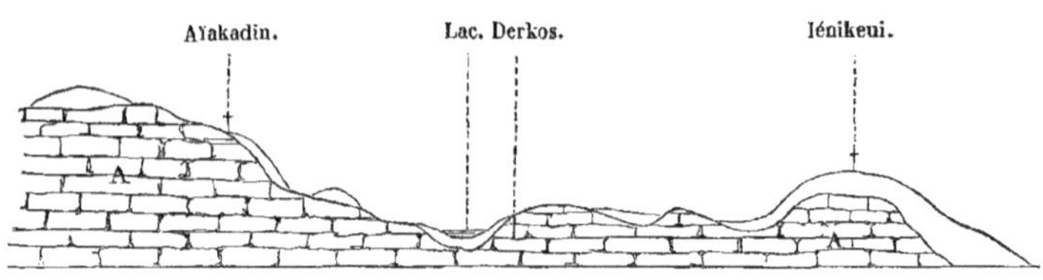

A. Calcaire à nummulites.

Le calcaire à nummulites se montre dans tous les points saillants de la route, et constitue le sommet du point de partage des eaux. Il nous est impossible de dire quelle partie de la coupe précédente forme ces divers accidents du sol.

Il est recouvert d'un dépôt argilo-sableux et de sables. A quelques minutes d'Iéni-keui, près de Derkoz et sur la route de ce village à Karabournou, on trouve cette roche argileuse, à fond blanc grisâtre maculé de rouge, avec grains de sable et rognons de grès, qui forme le sol de la forêt de Belgrad. Sa position sur le terrain à nummulites prouve que c'est un dépôt récent. Par-dessus vient un sable argileux rougeâtre, qui est plus récent que les sables à gravier ou petits cailloux de quartz.

134* (251). D'Iénikeui à Ormanli.

La partie orientale de la langue de terre présente à la mer une falaise qui met à découvert le terrain à nummulites. Son sommet est recouvert de sable blanc jaunâtre et de sable argileux rougeâtre. En descendant au niveau de la mer pour traverser la décharge du lac, on voit la falaise offrir la coupe suivante (fig. 89) :

Fig. 89.

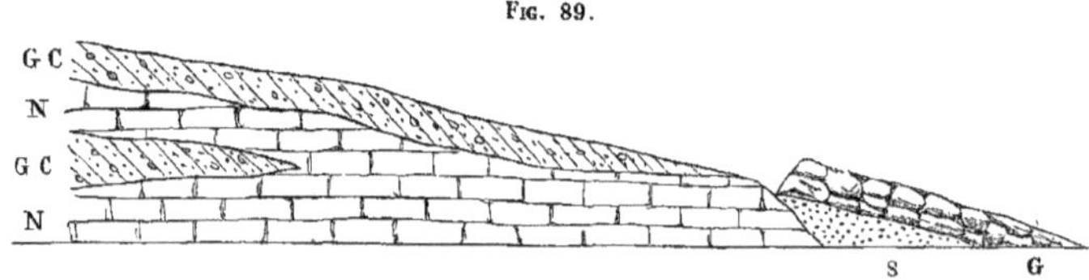

N. Système de calcaire argileux, tendre, blanchâtre, de grès gris argileux à nummulites et de marnes grises.

G. et C. Grès et conglomérats à cailloux roulés de diorite, dont les couches sont subordonnées à la partie supérieure et forment des couches se terminant en amandes à bords effilés.

S. Sable argileux rougeâtre, faisant partie de ce dépôt qui recouvre ordinairement les schistes cristallins et qui semble indiquer la place d'un rivage près des éruptions trachytiques.

G. Grès carié, formé de feuillets minces, solidement cimenté par des infiltrations calcaires alternant avec des feuillets inégalement cimentés. Les grains de sable à l'état meuble sont enlevés, et les vides produisent des espèces de vermicelles diversement figurés, qui joignent les couches solides.

La partie occidentale de cette langue de terre se compose du dépôt argilo-sableux rougeâtre, et contient des couches subordonnées de grès carié.

L'ouverture servant d'issue au lac est couverte de sable blanc jaunâtre formant de petites buttes, des espèces de dunes. Les sables recouvrent quelques points de cette partie. Ils semblent indiquer que la mer a changé de niveau.

135* (252). D'Ormanli au sommet du mont Kouchkaïa.

Les contre-forts du Kouchkaïa n'ont de pentes rapides qu'auprès de la ligne de faîte : leurs bases, s'abaissant doucement vers la plaine, forment le fond de la vallée. Ces basses collines se composent de sable rougeâtre argileux, renfermant des couches subordonnées de grès carié. Plus haut, le dépôt est plus argileux, blanc jaunâtre, et plus haut encore il offre ces bigarrures de rouge et de blanc qui s'observent dans la forêt de Belgrad. Ces roches recouvrent les schistes cristallins qui constituent la masse de la montagne, et dont les couches sont presque horizontales. Au sommet, gros rochers de gneiss. Les schistes cristallins forment les montagnes voisines faisant partie du Kouchkaïa.

Nota. — Le terrain à nummulites forme bien la séparation entre la mer Noire et la mer de Marmara à Aïakadin ; mais il serait possible qu'il ne passât point par-dessus les schistes cristallins pour se lier au dépôt à nummulites de la Thrace. Dans ce cas, l'axe minéralogique serait différent de l'axe géographique de la chaîne. Pour vérifier ce point, il faudrait suivre l'arête qui sépare la vallée des eaux douces de celle qui existe sur le revers opposé. Il reste à savoir si la végétation permettrait de voir les roches. Arrivé à l'origine de la vallée, il faudrait suivre le revers sud du Strandja : ou mieux encore on pourrait aller d'Aïakadin au village de Strandja par Iénidjékeui, situé près de Kalfakeui.

136*. Retour d'Ormanli à Iénikeui.

Ayant déjà fait cette route, nous avons peu de chose à dire ; nous ajouterons seulement les observations suivantes :

1° Les grès cariés sont à la partie inférieure des sables de la barre, et forment quelques bosses sur lesquelles le vent n'a pas de prise, tandis qu'il chasse le sable et change la forme de la surface (petites dunes). Ils reposent sur le sable argileux rouge (voyez la coupe, page 439).

2° Nous nous sommes arrêté à l'endroit où la barre se rattache à la colline qui sépare le lac de la mer, et nous avons cherché les fossiles dans les couches coupées par la falaise qui borde la mer. Nous avons trouvé, dans les argiles grises, des huîtres et une dent de squale; dans le conglomérat et les grès, des polypiers et de grosses huîtres.

137* (253). D'Ténikeui à Domous Dèrè.

Le terrain composé de grès et d'argile avec lignite subordonné, que nous avons décrit dans la route d'Agatchili à Karabournou, s'étend avec les sables jusqu'à Domous Dèrè (fig. 90).

Coupe de la petite falaise à l'O. de la vallée d'Agatchili.

(Fig. 90).

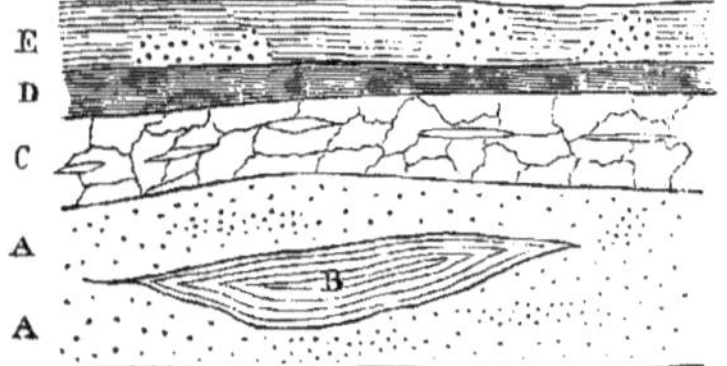

A. Sable argileux grisâtre, offrant des zones plus ou moins jaunâtres ou gris verdâtres qui lui donnent l'apparence de feuillets très-minces. Il contient des feuillets très-minces ligniteux.

B. Argile en feuillets de 4 à 5 centimètres, revêtus à leur surface d'un enduit ocreux qui pénètre à quelques millimètres dans les feuillets. Sa couleur, lorsqu'elle n'est pas masquée par les infiltrations ocreuses, est grisâtre comme les sables argileux.

C. Alternance des deux roches. Ses feuillets prennent souvent une épaisseur de 10 à 15 centimètres, ou bien ils forment quelquefois des amandes aplaties.

D. Couche de lignite, subordonnée à des sables argileux et à des argiles. Souvent il repose sur des feuillets d'une roche semblable à de l'argile durcie au feu, ocreuse à la surface, ou blanchâtre. Il y a plusieurs couches ligniteuses, l'une reposant sur la roche précédente, l'autre sur des argiles mélangées de sables ou sur des sables plus ou moins argileux.

E. Argiles de diverses couleurs et sables. Ces derniers forment la partie supérieure du dépôt.

Tel est l'ordre de superposition que nous avons cru reconnaître sur la route. Les sables argileux inférieurs au lignite passent à des grès tendres micacés, gris verdâtres, qui alternent avec des argiles de même couleur renfermant des noyaux ou rognons plus ou moins gros.

Ces grès se montrent surtout très-développés à l'est de la vallée d'Agatchili.

Un peu plus loin apparaissent les grès cariés subordonnés au sable supérieur.

Un fait à signaler, c'est que le système ligniteux se montre sur cette route principalement aux environs de la vallée d'Agatchili, et forme le prolongement des contreforts qui se rattachent à la chaîne. Entre le contre-fort occidental et Iénikeui, on ne trouve que les sables bordant le rivage ; on les retrouve au delà du contre-fort occidental.

En allant de la mer à Domous Dèrè, on marche d'abord sur les sables ; au sommet de la colline, et en descendant au village, on voit le sable argileux rougeâtre recouvrant des argiles ou sables argileux bigarrés de taches rouges ou blanchâtres : cette dernière roche semble indiquer qu'on se rapproche des schistes cristallins, ou du moins du terrain de transition.

138* (254). De Domous Dèrè à Fanaraki.

Les rochers qui bordent la mer depuis Kila jusqu'à Fanaraki sont formés d'une roche verdâtre à cristaux de feldspath qu'on distingue à la loupe, et avec cristaux d'amphibole. Cette roche, considérée comme du trachyte, offre un caractère douteux qui fait hésiter si l'on doit en faire du trachyte ou de la diorite. Elle est accompagnée de conglomérats qui tantôt enveloppent ses parois extérieures, tantôt sont recouverts par des masses de la roche éruptive. La roche est massive, ou bien se divise en fragments prismatiques. Elle est tantôt intacte et saine, tantôt altérée et à l'état argileux. Les parties intactes, offrant plus de résistance, forment des buttes arrondies ; et l'intervalle qui les sépare est rempli par la même roche altérée. Près de Fanaraki, elle est recouverte d'une couche de cailloux roulés sur laquelle viennent des argiles mélangées de sable et de sables argileux, colorés en jaune ocreux, en jaunâtre. Ce dépôt argilo-sableux est le même que celui qui contient le lignite.

En résumé, les cailloux roulés du calcaire à nummulites de Karabournou que nous avions désignés comme de la diorite, proviennent de la roche de Kila et de Fanaraki ; ceux du calcaire à nummulites de Limnio, près d'Inada, sont les uns dioritiques, les autres de la roche de Kila et de Fanaraki.

Nous devons mentionner aussi une couche de cailloux roulés que nous avons remarquée au-dessus des lignites avant d'arriver à Domous Dèrè.

D'après ce que nous avons vu aujourd'hui, nous avons dû rencontrer du trachyte entre Belgrad et Agatchili ; la pluie ne nous a pas permis de bien examiner les roches.

139* (255). De Fanaraki à Constantinople.

La roche trachytique de Fanaraki constitue les accidents du sol jusqu'à Buyuk Dèrè. De temps en temps elle est recouverte d'une terre argileuse reposant sur des cailloux roulés. Cette roche argileuse est généralement rougeâtre ou jaunâtre, mélangée de sable et de graviers, et forme quelquefois un grès à ciment argilo-ferrugineux.

Le trachyte forme des mamelons dont la roche est tantôt saine, disposée en masses, en plaques, etc., ou bien fissurée en fragments prismatiques; tantôt altérée et passant à une roche argilo-sableuse dont les éléments conservent leur forme cristalline, mais s'écrasent sous les doigts.

Le schiste argileux de transition apparaît aux environs de Buyukdèrè, et s'y trouve lardé de filons ou dykes en dômes de trachyte.

Après avoir traversé la vallée du ruisseau de Buyukdèrè, on rencontre jusqu'à Constantinople le terrain de transition, percé de temps en temps par des dykes de trachyte. La route qui conduit au sommet de la côte coupe à plusieurs reprises des dykes et le terrain de transition. Ce dernier terrain se compose de schistes argileux et de bancs calcaires subordonnés. Le calcaire est noirâtre; quelquefois il présente des zones alternativement blanches et noires. Il est généralement coupé de filets de chaux carbonatée blanche. Quelquefois les zones ont moins d'un centimètre d'épaisseur : quelquefois encore le calcaire offre l'apparence d'un conglomérat dont les fragments un peu aplatis rappellent la disposition du marbre à goniatites de Campan. Nous n'avons pu y découvrir la présence bien constatée de fossiles; mais nous avons vu dans un des pavés, près de la tour de Galata, un corps qui semble appartenir à un polypier. Nous avons fait enlever ce pavé, qui malheureusement a été brisé.

Au delà des carrières ouvertes sur la route, en haut de la côte, dans les calcaires noirâtres, nous avons revu les couches observées sur la route de Péra à Belgrad. Le dépôt argilo-sableux qui repose sur le terrain de transition se confond souvent, à la vue, avec ce dernier terrain, dont les couches ont été quelquefois profondément altérées et présentent les nuances rougeâtre, jaunâtre ou blanchâtre. M. Cherchill, que nous avons rencontré chez M. Alléon la veille de notre départ, dit avoir trouvé du bois pétrifié dans le dépôt argilo-sableux, près de Massalaki, à deux heures de Péra.

Comme complément des documents qui précèdent, nous croyons devoir reproduire l'extrait d'une lettre qui fut adressée par M. Viquesnel à M. Degousée, sur la géologie des environs de Constantinople, et qui fut communiquée à la Société géologique de France, le 16 juin 1851 (voyez *Bullet.*, 2e sér., t. VIII, p. 508).

(*Note de l'éditeur.*)

Monsieur et cher confrère,

Avant de partir pour Constantinople, où vous êtes appelé par le gouvernement ottoman pour étudier la question des puits artésiens, vous désirez avoir des renseignements sur la constitution géologique du sol qui avoisine la capitale de l'empire. Je m'empresse de satisfaire à votre demande; mais, avant d'entrer en matière, permettez-moi de vous rappeler que vous trouverez sur ce sujet d'excellentes indications dans les publications faites à diverses époques par MM. Boué, de Verneuil, Strickland et Hamilton, etc. (voyez les titres de ces écrits dans le tome II et le tome III de l'*Histoire des progrès de la géologie*). Il est à regretter que l'absence momentanée de M. de Tchihatcheff vous prive de l'avantage de recevoir de lui-même les détails étendus et très-intéressants que cet intrépide explorateur de l'Orient a communiqués à notre Société, le 19 mai dernier, dans un mémoire qui sera prochainement livré à l'impression (1), et qui traite spécialement du cercle de vos prochaines explorations.

Je suppose que vos recherches s'étendront fort peu au delà du bassin hydrographique dont les eaux alimentent la rivière qui forme, à son embouchure dans le Bosphore, le magnifique port de Constantinople; je me contenterai donc, dans cette lettre, de décrire la surface du sol comprise dans ces limites naturelles. La rivière qui l'arrose (le Cydaris) se compose de deux branches principales : l'une prend d'un village situé sur sa rive droite le nom de Ali-Bey-Sou, l'autre celui de Kiahat-Hanê-Sou; la *Corne d'or* commence au point où s'opère leur jonction. Les Francs appellent ordinairement cette petite rivière : les *Eaux douces d'Europe;* c'est sous ce dernier nom que je la désignerai dans cette lettre.

Terrain de transition. — Le terrain paléozoïque occupe à lui seul la plus grande partie du bassin : à l'E., il est profondément coupé par le Bosphore, et reparaît de l'autre côté du canal sur la rive asiatique; au N., il constitue en presque totalité l'axe des basses collines formant le prolongement oriental de la chaîne côtière de la mer Noire; à l'O., il est recouvert par le dépôt nummulitique, dont les assises composent le bourrelet de collines placé à la limite occidentale du bassin hydrographique; enfin au S., le terrain paléozoïque forme le versant septentrional de la colline de Constantinople, et se prolonge plusieurs lieues à l'O.-N.-O. de cette ville. Ainsi la rivière des Eaux douces d'Europe coule sur le terrain de transition; les petits affluents qui prennent leur source dans le terrain nummulitique font seuls exception à cette règle.

La roche dominante aux environs de Péra est le schiste argileux ordinaire, de couleur grisâtre, qui ne renferme aucune assise de qualité convenable pour être taillée en ardoises. On l'a exploité dans une carrière à ciel ouvert, à deux lieues de Péra, dans la vallée des Eaux douces; les matériaux de construction qu'on en tire, imprégnés de pyrite, s'altèrent rapidement à l'air. Le schiste argileux passe à la grauwacke et à des grès (traumate de M. Cordier) composés de grains de feldspath et de quartz, de paillettes de mica, et plus ou moins cimentés de schiste argileux. Le grès devient souvent très-grossier, et ses éléments prennent un développement assez volumineux pour lui mériter le nom de conglomérat. On le voit, sous ce dernier aspect, former entre la vallée des Eaux douces et Péra plusieurs bancs qui alternent avec des variétés de grès plus ou moins fins et des schistes argileux.

On observe dans ces roches des filets accidentels de quartz et de chaux carbonatée; elles sont aussi quelquefois pénétrées d'infiltrations siliceuses, calcaires ou ferrugineuses. Les filets accidentels de quartz et les pénétrations siliceuses se montrent principalement au contact ou dans le voisinage des roches pyroxéniques injectées dans le terrain (vallon situé entre Péra et l'école de la marine, Béchiktach, sur le Bosphore); les infiltrations ferrugineuses, assez fréquentes dans la colline de Haskeui et ailleurs, résultent de la décomposition des pyrites disséminées dans les couches; enfin, comme exemple d'infiltration calcaire, je citerai une variété de grès à grain fin (traumate de M. Cordier) chargé d'une grande quantité de schiste argileux, micacé, pyritifère, calcarifère, et parsemé de filets irréguliers de chaux carbonatée, qu'on exploite au fond d'une petite vallée, à une lieue au N. de Péra.

Les autres roches subordonnées sont le calcaire et le quartzite. Cette dernière ne forme que des couches rares et d'une faible importance. Le calcaire se montre rarement dans les environs de Péra; mais il se présente en couches nombreuses dans les collines de Térapia, de Buyukdèrè et de Iéni-Mahalè. Il est ordinairement compacte, solidement agrégé, et d'un gris noirâtre; plus rarement d'un gris clair ou blanchâtre. Certaines couches se composent de lits alternatifs de 1 à 10 centimètres d'épaisseur, diversement colorés, et offrant les nuances précédentes. On remarque souvent dans ce calcaire rubané une singulière disposition : des zones d'une épaisseur parfaitement régulière se

(1) Voyez *Bullet.*, p. 297, t. VIII, 2e série.

composent de noyaux ovoïdes ou sphériques, reliés entre eux par un ciment d'un calcaire moins pur que celui des parties ovoïdes. Ces zones, séparées par des lits d'un calcaire à grain fin, se répètent un grand nombre de fois. Cette variété de calcaire est assez répandue; on l'exploite dans plusieurs localités (colline de Térapia, route de Péra à Buyukdèrè, etc.).

M. Hamilton a trouvé, à 4 milles de Péra, dans un ravin au-dessus d'Arnaout-Keui, des fossiles à l'état de moules et d'empreintes qui avaient été déjà signalés par Fontanier (*Voyage en Asie mineure*) et par le général Andréossy (1). MM. de Verneuil, Boué, Hommaire de Hell, de Tchihatcheff et moi nous en avons cherché vainement aux environs de Péra, de Térapia et de Buyukdèrè. Bien des fois j'ai cru reconnaître des formes d'êtres organisés dans le calcaire zonaire; mais un examen attentif détruisait aussitôt mes espérances. Malgré mes recherches, je n'ai vu qu'un seul fossile; il se trouvait dans un moellon de calcaire noirâtre, engagé dans le pavage d'une ruelle, près de la tour de Galata. Il est donc probable que les fossiles cités par M. Hamilton sont beaucoup moins abondants dans le terrain paléozoïque que ne semble le faire croire la description du géologue anglais, ou du moins qu'ils se trouvent concentrés dans certaines couches privilégiées que je n'ai pas eu l'occasion d'observer.

Les couches du terrain de transition, fortement redressées et disloquées, offrent ordinairement un plongement compris entre la verticale et 45°, et descendent rarement au-dessous de 30°; elles présentent plusieurs directions. Cette question doit avoir pour vous un grand intérêt; en conséquence, je vous donne ici le relevé de mes observations en mai 1847, que je transcris sans tenir compte de la déviation de l'aiguille aimantée; il vous sera facile de faire la correction :

1° Une direction E.-O. = N. 90° E. — Vallon de l'Ecole de la marine.

2° Trois directions N. 80° E. — Même localité; vallée des Eaux douces, au bas de la colline de Haskeui; sommet de la colline de la même vallée, à une lieue au N.-E. de Haskeui.

3° Une direction N. 60° E. — Vallon de l'Ecole de la marine.

4° Cinq directions N. 45° E. — Caserne du grand Champ-des-Morts, près de Bektachli; escarpement à 1/4 de lieue de cette caserne à Bektachli; vallée des Eaux douces, au bas de la colline de Haskeui; même vallée, en la remontant; colline de la même vallée, à une lieue au N.-E. de Haskeui.

5° Deux directions N. 30° E. — Vallon de l'École de la marine, au contact d'un filon d'une variété de porphyre pyroxénique (2); même vallon et au contact d'un bouton de porphyre pyroxénique.

6° Une direction N. 25° E. — Versant septentrional de la vallée des Eaux douces, à une lieue au N.-E. de Haskeui, au contact d'un filon de quartz qui partage cette direction.

7° Une direction N. 10° E. — Colline d'Eyoub, près de Constantinople.

8° Deux directions N. 45° O. — Escarpement à Béchiktach, au contact du porphyre pyroxénique; vallée des Eaux douces, au bas de la colline de Haskeui.

9° Une direction N. 80° O. — Un quart de lieue au S. de Haskeui.

Ces neuf directions différentes, observées dans les couches du terrain de transition, peuvent être ramenées à deux lignes principales : l'une dirigée, en moyenne, N. 80° E.; et l'autre, en moyenne, N. 37° 1/2 E. En tenant compte de la déviation de l'aiguille aimantée, on arrive, pour le premier cas, à une ligne très-voisine de l'E.-N.-E.; et, pour le second, à une ligne très-voisine du N.-N.-E. Excepté la direction N.-O., toutes les autres ne sont que des écarts des deux lignes principales. Quant à la direction N.-O., elle est tout à fait anormale; elle se montre, en premier lieu, dans la nouvelle tranchée formant escarpement à Béchiktach, et au contact immédiat d'un bouton de porphyre pyroxénique; à quelques pas de distance, les couches reprennent la direction N. 45° E., qu'elles suivent dans le voisinage; en second lieu, elle résulte d'un plissement que j'ai remarqué dans la vallée des Eaux douces, et dont je parlerai tout à l'heure. Si l'on compare les deux directions dominantes observées dans les couches avec celles que présente le relief du sol, on reconnaît que la ligne E.-N.-E. est bien accusée dans quelques points des rives du Bosphore et de la côte de la

(1) Strickland, *Transact. geol. Soc. of London*, 2e sér., vol. V, p. 385. M. Hamilton a trouvé les mêmes fossiles, sur la côte d'Asie, à la montagne du Géant.

(2) Cette variété est la mimosite de M. Cordier.

mer de Marmara, à l'O. de Constantinople, tandis que la ligne N.-N.-E. se reproduit dans les parties méridionale et septentrionale du Bosphore, reliées entre elles, près de Térapia, par un coude infléchi environ du N.-O. au S.-E.

Le plongement des couches dont je viens de donner les diverses directions a lieu dans plusieurs sens. Le tableau suivant met en regard de chaque direction les pendages qui s'y rattachent, et vous permet d'embrasser l'ensemble du phénomène que présente le dérangement des couches :

1° Une direction E.-O. =	N. 90° E.	Un plongement..........	vertical.
2° Trois directions.......	N. 80° E.	Un plongement..........	N. 10° O.
		Un plongement..........	S. 10° E.
		Un plongement..........	vertical.
3° Une direction........	N. 60° E.	Un plongement..........	N. 30° O.
4° Cinq directions.......	N. 45° E.	Deux plongements........	verticaux.
		Deux plongements	S. 45° E.
		Un plongement..........	non observé.
5° Deux directions	N. 30° E.	Deux plongements........	O. 30° N.
6° Une direction	N. 25° E.	Un plongement..........	non observé.
7° Une direction.........	N. 10° E.	Un plongement..........	O. 10° N.
8° Deux directions.......	N. 45° O.	Deux plongements.......	S. 45° O.
9° Une direction.........	N. 80° O.	Un plongement..........	S. 10° O.

Les plongements en sens inverses, qui accompagnent les deux principales directions, peuvent conduire à penser que les couches ont éprouvé un plissement latéral ; et en effet, en parcourant la surface du sol comprise entre Péra et la vallée des Eaux douces, on reconnaît sur plusieurs points l'existence évidente de cet accident, qui s'est produit dans le sens horizontal, et qui a quelquefois été accompagné d'une faille. Des effets de perturbation plus compliqués paraissent également avoir eu lieu ; ainsi, dans la vallée des Eaux douces, au pied méridional de la colline de Haskeui, et non loin du schiste argileux autrefois exploité, les couches offrent, sur un point, les deux directions N. 80° E., et N. 45° E., et à quelques pas de là la direction N. 45° O. On dirait que, par suite d'un plissement opéré dans le sens vertical, les strates relevés suivant la perpendiculaire viennent buter contre le plan des mêmes strates également très-redressés.

Les roches du terrain de transition éprouvent à leur surface une altération qui pénètre à une profondeur plus ou moins grande, et qui paraît tenir quelquefois à d'autres circonstances qu'à l'action des agents atmosphériques ou à la décomposition des éléments constituants ou accidentels qu'elles renferment. On observe dans maintes localités des couches de schiste, de grauwacke et de grès (traumate de M. Cordier) colorées en rouge, en jaune, en vert, ou complétement décolorées, et d'un blanc plus ou moins pur ; elles se trouvent enclavées au milieu de couches de même nature, qui ont conservé leur teinte habituelle. Ces changements de couleur se montrent souvent au contact des lambeaux argileux de terrain diluvien ou quaternaire qui recouvrent par places le terrain de transition ; mais ce fait ne peut pas être généralisé, car très-souvent les couches n'ont subi, sous leur manteau diluvien, d'autre altération que celles qui s'en trouvent dépourvues.

Terrain à nummulites. — Les détails que je pourrais ajouter à ceux que j'ai consignés dans ma *Note sur l'emplacement du Bosphore*, etc. (voyez *Bull.*, 2e série, t. VIII, p. 514), concernent des localités placées en dehors du bassin qui vous intéresse. S'il vous était possible de prendre communication du dernier mémoire de M. de Tchihatcheff, vous y trouveriez des renseignements qui vous feraient connaître des points plus rapprochés de Constantinople.

Terrain tertiaire pliocène. — Voyez le dernier mémoire de M. de Tchihatcheff, et les publications de MM. Boué et de Verneuil.

Terrain diluvien ou quaternaire. — M. de Tchihatcheff donne des détails très-étendus sur ce dépôt (voyez son dernier mémoire ; voyez aussi *la Turquie d'Europe*, de M. Boué). Dans l'intérieur du bassin hydrographique dont je m'occupe, le terrain diluvien forme plusieurs lambeaux à la surface du terrain paléozoïque (voyez ma *Note sur l'emplacement du Bosphore*, etc.). La roche dominante est une argile impure contenant des grains de quartz et de feldspath plus ou moins kaolinisés, ordinairement colorée en rouge sombre ou brunâtre; elle passe à la mollasse, et paraît formée des détritus des roches sous-jacentes. Quelquefois elle est bariolée de teintes jaunâtres, verdâtres ou blanchâtres. Elle prend surtout cette bigarrure dans les localités où le terrain de transition présente le même phénomène de coloration. Dans ce cas, il est difficile de préciser le point exact de séparation entre les deux dépôts d'un âge si différent.

L'argile acquiert quelquefois une grande ténacité; elle passe à un grès tantôt fin, tantôt grossier, à cailloux roulés de quartz, de couleur rougeâtre ou grisâtre; les cailloux roulés deviennent quelquefois assez gros pour former un conglomérat (route de Péra à Buyukdèrè).

Roches pyrogènes. — Des roches éruptives recouvrent, à l'entrée septentrionale du Bosphore et des deux côtés du canal, une surface irrégulière qui, sur le littoral européen, peut être évaluée environ à 2 lieues de longueur, sur une largeur à peu près égale. Lorsqu'on suit la route de Fanaraki à Iéni-Mahalè, on marche sur les roches pyrogènes et sur leurs conglomérats depuis le premier village jusqu'à la descente qui précède le second: elles forment donc, sur ce point, l'extrémité orientale de la chaîne côtière. Le terrain paléozoïque commence à cette descente; entre Iéni-Mahalè et Buyukdèrè il est percé de plusieurs dykes et filons de roches éruptives. Mais sur les collines placées entre Buyukdèrè et Péra, les injections cessent d'être apparentes; pour en trouver les traces, il faut descendre au fond des ravins qui découpent le petit bassin hydrographique de la rivière des Eaux douces, ou suivre le littoral du Bosphore. Il est probable que des recherches minutieuses en feraient découvrir un grand nombre.

M. de Verneuil a donné la description de plusieurs variétés de roches éruptives et de leurs conglomérats, qu'il a observés en côtoyant en barque les rives du Bosphore, depuis son entrée dans la mer Noire jusqu'à Buyukdèrè; je ne m'occuperai ici que de celle qui pénètre, sous forme de filons ou de boutons, dans les environs de Péra et de Buyukdèrè, et qui, prenant un grand développement sur le rivage de la mer Noire, forme les rochers des îles Cyanées, de Kila, de Fanaraki, etc. Dans ces dernières localités, la roche, ordinairement à pâte finement celluleuse, contient des cristaux de feldspath à éclat vitreux paraissant se rapporter au labrador, des cristaux de pyroxène augite d'un vert noirâtre, et du fer oxydulé. Elle prend quelquefois l'éclat smalloïde de la rétinite. M. Cordier lui donne, ainsi que M. Boué, le nom de porphyre pyroxénique; d'après la nomenclature de Brongniart et de MM. les professeurs de l'École des mines, elle rentre dans le mélaphyre, et pour M. Abich c'est une variété de ses dolérites.

La couleur normale du porphyre pyroxénique est le vert noirâtre ou le gris foncé; en passant à l'état de wacke, la roche prend une teinte verdâtre plus ou moins claire; elle renferme accidentellement des plaquettes brunâtres d'argile calcarifère qui ont été fortement chauffées, des noyaux aplatis de silex argilifère jaspoïde vert clair, des traces de terre verte, des nodules et des filets de calcédoine translucide. Les conglomérats sont beaucoup plus développés que le porphyre pyroxénique; c'est dans leurs masses qu'on observe la plus grande partie des variétés les plus remarquables par leur coloration. Les fragments empâtés contiennent souvent des parcelles terreuses vertes semblables à la terre de Vérone. Cette dernière substance se montre surtout aux surfaces extérieures des fragments, et les enveloppe d'un enduit continu, d'épaisseur variable : beaucoup de noyaux en sont uniquement composés.

Les boutons de porphyre pyroxénique des environs de Péra passent à une wacke plus ou moins imparfaite, à pâte grossière, d'un gris verdâtre, contenant en abondance de petits cristaux de pyroxène augite d'un vert noirâtre, et de très-rares cristaux de feldspath. Le filon observé près de l'École de la marine est une variété de la même roche que M. Cordier désigne sous le nom de mimosite.

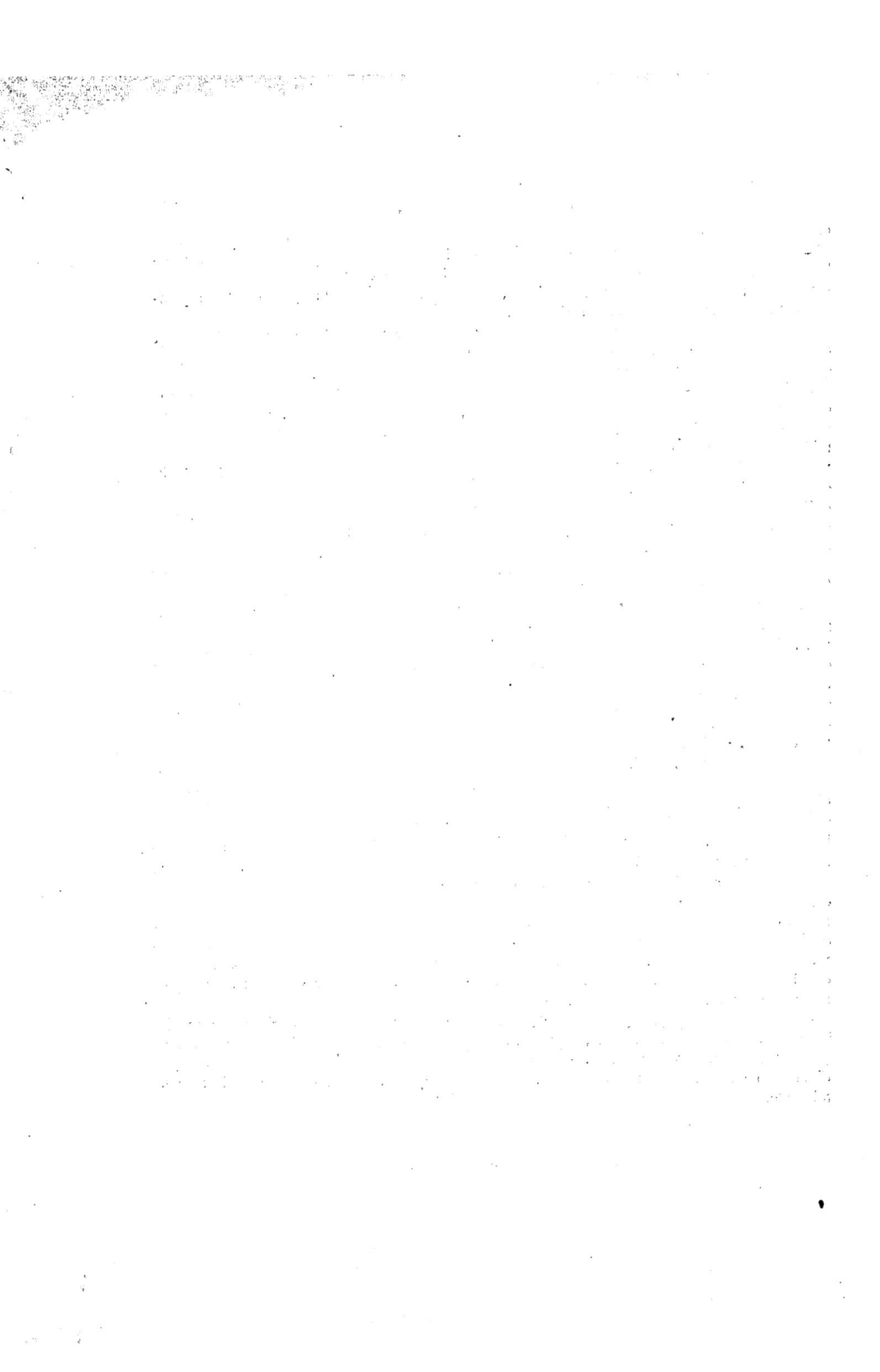

CHAPITRE II.

PALÉONTOLOGIE

PAR M. LE VICOMTE D'ARCHIAC

Cette dernière partie du *Voyage dans la Turquie d'Europe* se ressentira peut-être encore plus que les précédentes de l'absence de celui qui en avait recueilli les matériaux avec tant de soin. Tous les échantillons de fossiles qui sont actuellement dans la collection de géologie du Muséum d'histoire naturelle, sont fort exactement numérotés, et la mention des localités y est scrupuleusement indiquée. Mais on n'y trouve aucun renseignement géologique ou stratigraphique, et dans une même coupe, où peuvent se rencontrer des couches d'âge très-divers, rien ne fait connaître la position relative des fossiles qui en proviennent.

Nous sommes donc réduit, dans beaucoup de cas, à de simples présomptions, et les fossiles, souvent incomplets ou spathifiés et plus ou moins altérés lorsque le test est conservé, ou bien à l'état de moules ou d'empreintes lorsque celui-ci a disparu, ce qui est très-fréquent, nous offrent par eux-mêmes d'autres motifs d'incertitude. En les rangeant, pour les décrire, dans trois sections différentes, sous les titres de : *Faune secondaire*, *faune tertiaire inférieure*, *faunes tertiaires moyenne*, *supérieure et plus récentes*, nous sommes loin de prétendre à une exactitude, même relative, surtout en ce qui concerne les dernières faunes marines, d'eau saumâtre ou d'eau douce.

La comparaison attentive des étiquettes avec le texte de la *géologie descriptive* et avec les *itinéraires* eût sans doute jeté quelque lumière sur un certain nombre de points, mais sans qu'elle pût répondre à toutes les questions. Nous avons d'ailleurs employé souvent ce moyen de contrôle et pu coordonner ainsi certains détails qui sans cela fussent restés fort obscurs.

Une autre source de confusion vient de ce que le tirage des planches avec la lettre était exécuté depuis dix ou douze ans, lorsque nous avons eu récemment à nous occuper de ce travail. La lettre n'avait pas été mise par nous, au moins en partie, et aujourd'hui plusieurs des dénominations génériques ou spécifiques placées au bas des planches se trouvent erronées et en désaccord avec notre texte, qui seul devra guider le lecteur.

Il n'y a aussi que deux planches de fossiles, les n°s XXIV et XXV de l'*Atlas* in-f°; mais si l'on y fait attention, on voit qu'en réalité il y en a quatre in-4°, chaque planche étant double et se divisant en deux moitiés dont chacune a son numérotage particulier des figures. Pour indiquer cette disposition dans le texte, nous ajouterons aux numéros des planches les lettres *a* et *b*; la première se rapportant à la planche de gauche, la seconde à celle de droite, de sorte qu'on aura : pl. XXIV^a, XXIV^b, XXV^a, XXV^b.

Nous avons pensé, de plus, qu'il pourrait être utile de mettre, devant chaque fossile décrit ou mentionné, le numéro du catalogue général de la collection, porté soit sur l'échantillon, soit sur une étiquette, et qui se trouve répété sur celles qu'avait écrites Viquesnel lui-même. Enfin nous avons fait précéder le nom de la localité par l'indication des caractères de la roche d'où provient chaque fossile, ce qui sera encore un moyen de repère, et nous l'avons souvent fait suivre d'un renvoi à la page de la *géologie descriptive*.

Par ces divers motifs, on voit que ce travail est plutôt un catalogue raisonné et explicatif qu'une description régulière. C'est tout ce que nous avons pu faire pour répondre à un engagement de longue date envers notre bien regretté confrère et ami, dont les explications particulières eussent certainement contribué beaucoup à rendre cette étude moins imparfaite et par conséquent plus utile.

§ Ier. — Faune secondaire.

Nous n'avons trouvé, dans la collection des fossiles de la Thrace recueillis par Viquesnel, aucun échantillon se rapportant à une faune de transition, ni même à une faune secondaire ancienne. Les seuls qui dénotent l'existence de roches secondaires récentes sont en fort petit nombre et proviennent de deux localités différentes.

N° 436. Ammonites; pl. XXIV^a, fig. 13, 13^a.

Cette espèce, indiquée avec un point de doute, sous le nom d'*A. Guettardi*, Rasp., pourrait peut-être, avec plus de raison, se rapporter à l'*A. tatricus*, Pusch, qui est loin elle-même d'être bien connue encore, quant à son gisement ou à ses gisements, soit à la base de la formation crétacée, soit dans certaines couches de l'étage d'Oxford des régions alpines, sub-alpines et carpathiques. L'*A. berriasensis*, Pict., en est également très-voisine, sauf ses sillons droits et l'absence des plis sur le moule. Dans le seul fragment de la coquille de Thrace que nous avons sous les yeux, ces sillons, légèrement flexueux, sont plus espacés et les sutures des cloisons sont indiscernables. C'est d'ailleurs le seul échantillon de coquille de céphalopode secondaire jusqu'à présent connu dans toute la Roumélie.

Localité. — Calcaire noir, compacte, à cassure anguleuse et céroïde, dont les surfaces altérées montrent des traces de fossiles indéterminables, provenant du mont Koniavo, à 3 lieues au nord-est de Keustendil, dans la vallée supérieure du Strouma (*antè*, p. 376).

N° 444. Acteonella?

A la surface altérée d'un calcaire compacte, gris de fumée, à cassure esquilleuse, on observe, se détachant en relief, une multitude de linéaments dus au test de coquilles rappelant particulièrement des coupes d'Actéonelles, si fréquentes dans le groupe de la craie tuffeau.

Même localité, mais provenant sans doute d'une assise plus récente que l'Ammonite précédente.

N° 749. Orbitolina concava, Lam. (*Orbitolites*, *id.*; *Bull. Soc. géol. de France*, 2ᵉ sér., vol. VIII, p. 517, 1851).

De nombreux échantillons de ce fossile constituent la moitié de la masse d'un calcaire gris foncé, micacé, sableux, solide, provenant de Limnio, près d'Inada, sur les bords de la mer Noire. Un grès micacé, ferrugineux, brunâtre, portant le n° 751 et de la même localité, en est également pétri, ainsi qu'un troisième échantillon de sable micacé un peu ferrugineux, placé sous le même numéro, et qui rappelle singulièrement la couche à *Orbitolina concava*, de Ballon (Sarthe).

Cette espèce, lorsqu'elle est jeune, peut être facilement prise pour l'*O. conoidea* Alb. Gras, des argiles à Plicatules du midi de la France ; mais elle atteint une beaucoup plus grande taille, et, quelles que soient ses dimensions, sa forme générale est toujours parfaitement régulière, tandis que, dès que le diamètre de l'*O. conoidea* dépasse 5 millimètres, celle-ci devient irrégulière, son bord est ondulé, plus ou moins relevé, tranchant, et elle ne dépasse pas 12 à 14 millimètres de diamètre. C'est alors l'*O. discoidea* du même auteur (*Catalogue des corps organisés fossiles du départ. de l'Isère*, p. 51, pl. I, fig. 4-6 et 7-8, 1852). Les détails donnés (*antè*, p. 522) ne font point mention de ces roches bien décrites dans la note précitée, du 16 juin 1851, mais ils indiquent en ce lieu des roches nummulitiques rappelées encore page 442.

§ II. — Faune tertiaire inférieure.

CRUSTACÉS.

N° 797. Titanocarcinus Viquesneli, Alph. Milne Edw., 1868 (1).

La carapace est faiblement bombée et, autant qu'on peut en juger, elle devait porter de fines granulations. Les régions sont indiquées par des sillons peu profonds; les lobes épigastriques et protogastriques sont à peine distincts; le mésogastrique s'avance seul jusqu'auprès du front. La région cardiaque se confond latéralement avec les lobes métabranchiaux. Les régions hépatiques sont peu saillantes et imparfaitement circonscrites en arrière. Le front est large, peu déclive, peu avancé; il se termine par un bord droit et à peine échancré sur la ligne médiane. Les bords latéro-antérieurs sont découpés en quatre dents dont la troisième est la plus développée. Les régions ptérygostomiennes sont lisses.

On connaît plusieurs espèces du genre *Titanocarcinus*, mais aucune d'elles ne peut être confondue avec celle de Roumélie. En effet, chez le *T. serratifrons*, de

(1) Nous devons la description suivante à l'obligeance de M. Alph. Milne Edwards.

l'étage crétacé de Ciply, chez le *T. Raulinianus* du groupe nummulitique de Hastingues (Basses-Pyrénées), et chez le *T. pulchellus* des faluns tertiaires moyens de Thouarcé, la carapace est couverte de tubercules ou de grosses granulations qui manquent dans notre espèce. Sous ce rapport, le *T. Sismondæ* et le *T. Edwardsi* (Sismonda), qui proviennent des marnes tertiaires du nord de l'Italie, paraissent se rapprocher du *T. Viquesneli*, mais ils en diffèrent encore par la profondeur des sillons qui séparent les diverses régions et par le nombre des lobes dont celles-ci se composent.

Largeur de la carapace du *T. Viquesneli*	$0^m,014$
Longueur	$0^m,010$

Localité. — Calcaire compacte, rosâtre, à cassure esquilleuse avec *Lithodendron*, *Pecten*, voisin du *P. Hopkinsi*, quelques rhizopodes, etc.; une demi-lieue au nord-ouest de Iénikeui, littoral de la mer Noire, route de Constantinople au lac de Derkos.

MOLLUSQUES.

N° 168. Cerithium Viquesneli, d'Arch., pl. XXV^b, fig. 1.

Cerithium Viquesneli, d'Arch., *Hist. des progrès de la géologie*, vol. III, p. 289, 1850. — *Bull. Soc. géol. de France*, 2e sér., vol. VII, p. 519, 1850.

Coquille (moule) conoïde, composée de 12 à 15 tours, très-convexes, détachés, séparés par une suture profonde, et portant sur leur milieu une carène obtuse, garnie de 7 ou 8 tubercules. Ceux-ci, pointus sur le dernier tour, mousses et de moins en moins prononcés sur les suivants, comme la carène elle-même à mesure qu'on s'élève. Tours supérieurs probablement arrondis, tandis que les inférieurs étaient excavés en dessus, entre la carène et la suture. La base du dernier tour se prolongeait par un canal assez court; la columelle, unie et dépourvue de plis. Bord droit inconnu, mais probablement simple et peu dilaté.

Hauteur totale d'environ 25 centimètres; diamètre de la base du dernier tour, 6 1/2.

Observations. — Ce Cérite, d'une assez grande taille, se distingue bien, par son moule, de tous ceux que nous connaissons. De la dimension du *C. parisiense*, Desh. (*Descript. des animaux sans vertèbres*, etc., pl. LXXVI, fig. 1), il s'en éloigne par ses tours moins nombreux, plus élevés, plus concaves, plus profondément séparés; par ses tubercules de forme différente, moins multipliés, moins constants; ceux du dernier tour, moins arrondis que sur le dessin, rappellent les pointes du *C. spinosum*, Desh. La carène de ce tour est, en outre, plus prononcée, plus éloignée de la suture que dans la coquille des environs de Paris; le canal est plus court et la columelle est simple, la base du dernier tour étant dépourvue de plis. Cette espèce s'éloigne encore davantage des *C. Leymeriei*, d'Arch. et *cornucopiæ*, Sow.

Localité. — Calcaire grossier, grisâtre, dur, avec Nummulites, Rotalines, fragments d'échinides, etc., que nous supposons provenir du cap Kara-Bournou, ou peut-être des environs de Saraï, l'étiquette ne portant point de nom de localité.

N° 798. Cerithium Paresi, d'Arch., pl. XXV^{b}, fig. 2, 3, 4.

Cerithium, voisin du *C. bicalcaratum*; *Hist. des progrès de la géologie*, vol. III, p. 289, 1850. — *Bull. Soc. géol.*, 2e sér., vol. VII, p. 519, 1850.

Coquille (empreinte) turriculée, composée d'environ 20 tours plats, séparés par une suture à peine visible, ornés de quatre bandelettes décurrentes, continues, très-prononcées. La plus élevée, qui borde la suture et la plus large, porte 12 tubercules, margaritiformes vers la partie moyenne et supérieure de la spire, plus accusés, plus espacés, gros et pointus sur les tours inférieurs. La troisième bandelette ou médiane est aussi granuleuse, et les granulations, plus rapprochées que celles de la première, sont en nombre double ou de 24 sur chaque tour. Les deux autres bandelettes placées au-dessus et au-dessous de celle-ci sont moins prononcées, simples ou légèrement ondulées. La base du dernier tour, arrondie ou convexe, présente 8 ou 9 sillons très-réguliers, à fond plat, séparés par autant de bandelettes, à surface plane comme les sillons. Canal probablement court; columelle tordue; bord droit inconnu.

Hauteur, 14 à 15 centimètres; diamètre de la base, 4 1/2.

Le moule (fig. 4) montre 2 plis profonds sur la columelle, 3 autres à la base des tours également continus, comme les sillons qui les séparent, et 4 moins prononcés sur le pourtour, inégaux, inégalement espacés et présentant, de distance en distance, des enfoncements qui se correspondent de bas en haut, ainsi qu'à des dents en même nombre qui garnissaient l'intérieur de la coquille, de sorte que celui-ci, comme le montre la coupe de la figure 4, présentait 9 sillons et autant de cordelettes dont les plus prononcées se trouvaient sur la columelle et à la base des tours.

Observations. — Les moules intérieurs nombreux, de même que les empreintes de la surface extérieure que nous avons fait mouler pour mieux nous rendre compte de tous les caractères de la spire, ne peuvent laisser de doute sur ceux de cette remarquable espèce, dont le bord droit nous est cependant inconnu, mais qui devait présenter des dents correspondant aux enfoncements allongés qui s'observent dans les sillons, de distance en distance. Ce dernier caractère rapprocherait ce Cérite du *C. Tchihatcheffi* (*Paléontologie de l'Asie Mineure*, pl. I, fig. 1, 2, et pl. IX, fig. 2, 3), mais indépendamment de la forme générale et de la taille très-différentes de ces deux coquilles, rien n'est plus frappant que leur dissemblance, lorsque l'on compare des moules de même dimension. Néanmoins quand elles seront l'une et l'autre mieux connues, ces espèces pourront constituer un groupe particulier dans le grand genre Cérite, et dont les types sont jusqu'à présent propres aux couches nummulitiques de l'Europe et de l'Asie. Les grandes espèces du bassin de la Seine (*C. parisiense, paratum, auversiacum*) n'offrent qu'une partie de ces caractères.

La forme générale et les dimensions du *C. Paresi* rappellent à la vérité celles du *C. paratum*, Desh. (*Descript. des anim. sans vertèbres*, pl. LXXXI, fig. 1) que nous venons de citer; mais quoique incomplets encore l'un et l'autre, on peut juger que leur système de granulation est sensiblement différent. Dans la coquille des sables moyens, les ornements s'atténuent du haut en bas de la spire; dans celle de Roumélie, c'est précisément l'inverse; les granulations, petites et rapprochées sur les premiers tours, deviennent des dentelures très-fortes et très-espacées sur les derniers. Le *C. Lejeuni*, Alex. Rou. (pl. XVI, fig. 4) de Bos-d'Arros, s'en rapprocherait à d'autres égards, mais sa base est tout à fait différente; il n'y a pas de plis à la columelle ni au bord droit, et son ornementation présente deux cordons granuleux au lieu d'un seul entre deux simples.

Localité. — Très-abondant dans un calcaire grossier blanchâtre, assez dur, celluleux, à cassure inégale avec Milliolites et autres rhizopodes, *Orbitolites complanata*, des *Lithodendron*, mais point de Nummulites ni d'Orbitoïdes, provenant de Kara-Bournou, sur la côte de la mer Noire (route de Constantinople au lac de Derkos).

N° 167. *Cerithium variabile*, var. *e*? Desh. (*Coq. foss. des env. de Paris*, pl. LXI, fig. 21).

Coquille turriculée, ornée de trois rangées de granulations régulières, sub-égales, celle de la partie supérieure des tours étant la plus forte. Base du dernier tour et ouverture inconnues.

Assez fréquente dans une roche calcaréo-marneuse, brunâtre, ferrugineuse, avec calcaire spathique, grain de quartz et mica, de Balouk Keui. Elle renferme en outre la *Nummulites Ramondi* et des bivalves spathifiées, *Corbula gallica*, Lam., etc. (*antè*, p. 331).

N° 167. *Natica baloukeuiensis*, nov. sp., pl. XXV^{b}, fig. 8.

Coquille ovoïde, très-épaisse, composée de 4 tours; spire courte, à tours arrondis, couverts de stries d'accroissement irrégulières plus ou moins prononcées; le dernier, très-grand, forme à lui seul les trois quarts de la hauteur et se prolonge fortement en avant. Ouverture fort petite, allongée, arrondie à la base, rétrécie au sommet; bord gauche revêtu, dans toute son étendue, d'une large callosité recouvrant entièrement l'ombilic, se prolongeant sur la base de la coquille pour se relever avec elle et rejoindre le bord droit. Ce dernier, complétement brisé dans le seul échantillon que nous connaissions, est cependant bien indiqué, quant à sa forme, par les stries d'accroissement. Il était légèrement oblique à l'axe, peu avancé et se recourbait en arrière vers la base, pour se rénir au bord gauche.

Hauteur, 47 millimètres; diamètre du dernier tour supposé complet, 40 millimètres.

Observations. — Cette coquille, remarquable par l'épaisseur de son test et la petitesse de son ouverture, n'est pas sans analogie avec la *N. rustica*, Desh. (*Descript. des anim. sans vertèbres*, etc., p. 65, pl. LXXII, fig. 16, 17), mais elle est moins globuleuse, l'ouverture est beaucoup plus étroite, elle manque complétement de toute trace d'ombilic; la spire est plus courte, relativement au dernier tour; différences qui nous la font distinguer jusqu'à ce que nous connaissions des individus plus complets. La *N. rustica* elle-même n'a d'ailleurs été établie que d'après deux échantillons.

Localité. — Dans la même localité que le *Cerithium variabile*, mais dans une roche un peu différente.

N° 167. NATICA ALBASIENSIS, Leym. (*Mém. Soc. géol. de France*, 2ᵉ sér., vol. I, pl. XV, fig. 17, 1846).

Un seul individu peu complet semble appartenir à cette espèce.

Même localité.

N° 167. NATICA, indét.

Espèce plus grande que la précédente, plus globuleuse, mais tout à fait indéterminable. Peut-être se rapporterait-elle à la *N. baloukeuiensis?*

Même localité, avec *Nummulites Ramondi.*

N° 795. NATICA PATULA, Lam., Desh., pl. XXI, fig. 3, 4.

Moule incomplet se rapportant probablement à cette espèce.

Calcaire grossier blanchâtre avec *Nummulites Ramondi;* une demi-lieue au nord-nord-est de Saraï, route de Midia (chaîne du Strandja).

N° 702. NATICA ACUTELLA, Leym. (*Mém. Soc. géol. de France*, 2ᵉ sér., vol. I, p. 363, pl. XV, fig. 16, 1846).

Moule très-imparfait dans un calcaire jaune sub-compacte, à cassure raboteuse avec Nummulites, probablement la *N. planulata*, d'Hass-Keui.

N° 243. *Delphinula Beaumonti*, nov. sp. pl. XXV*b*, fig. 6, 7.

Coquille trochiforme, composée de 4 tours arrondis, détachés, à suture profonde, ornés de 4 carènes décurrentes, tranchantes, séparées par des sillons larges, évasés; des stries fines, égales, serrées, les traversent un peu obliquement. D'autres cordons se développent sur la base du dernier tour, qui est arrondie et montre un ombilic largement ouvert. Bouche imparfaitement connue, un peu déprimée; bord droit dilaté, un peu renversé en dehors et accompagné de bourrelets qui, terminant les carènes des tours, rendent son contour ondulé.

Hauteur, 4 centimètres; diamètre du dernier tour et de la base, 3 1/2.

Observations. — Cette coquille, qui nous est encore incomplétement connue et que le dessinateur a peut-être trop restaurée, à l'aide de diverses portions de moules et de test conservées, ressemble au *D. Warnii*, Defr. (Desh., pl. XXIV, fig. 12, 13), dans la partie inférieure du dernier tour, mais il faudrait avoir des échantillons mieux conservés pour savoir si les premiers sont ornés de côtes transverses, ce que rien de ce que nous avons sous les yeux ne laisse soupçonner. Les moules ne permettent pas de croire à l'existence d'une ouverture arrondie, aussi petite que dans la coquille du Cotentin et du calcaire grossier, ni à l'extrême épaississement du péristome. D'un autre côté, la disposition des stries par rapport à la carène médiane du dernier tour pourrait faire soupçonner l'existence d'un sinus au bord droit, si les moules très-complets en traduisaient quelques traces que nous n'avons pu y découvrir.

Localité. — Calcaire marneux, gris, tendre d'Ortakeui (*antè*, p. 347).

N° 243. FISSURELLA, indét.

Très-petite coquille patelliforme, ovalaire, à test mince, à limbe continu, à sommet excentrique, mais dont l'ouverture est peu visible dans le seul échantillon dont nous ayons le test. Le moule montre quelques stries divergentes, obtuses, sub-égales.

Hauteur, 5 millimètres; longueur, 7; largeur, 5.

Localité. — Avec le précédent, dans un calcaire gris marneux, pétri de petites coquilles univalves à l'état pulvérulent. Le moule est d'un calcaire gris jaunâtre.

N° 165. PALUDINA, indét., pl. XXIV*b*, fig. 9.

Petite espèce se rapprochant beaucoup de la *P. phrygia*, P. Fisch. (*Paléont. de l'Asie Mineure*, p. 342, pl. VI, fig. 6) des calcaires lacustres de diverses localités de l'Asie Mineure.

Fréquente dans les psammites bruns, micacés, à *Viquesnelia*, de Balouk-Keui, *antè*, p. 331).

N° 693. LIMNEA LONGISCATA, Alex. Brongn., Desh., pl. XI, fig. 3, 4.

L'intérieur de la coquille est tapissé de silice cristallisée.

Calcaire siliceux compacte, gris ou noirâtre, parfaitement semblable à certains bancs de calcaire siliceux du bassin de la Seine. Assemnar, sur la route de Chapsi à Khas Keui (*antè*, p. 410).

N° 693. PLANORBIS ROTUNDATUS, Alex. Brongn., Desh., pl. IX, fig. 5, 6.

Le test de cette espèce, tapissé à l'intérieur de petits cristaux de quartz et les moules entièrement siliceux, abondent avec la *Limnea longistata* dans les calcaires d'Assemnar. On trouve des individus de toutes les dimensions, depuis l'état embryonnaire jusqu'au diamètre de 25 millimètres, et il en est de même des Limnées.

N° 165. VIQUESNELIA LENTICULARIS, Desh. (*Magaz. de Zool.*, 1856, pl. VII, fig. 14, 17), pl. XXIV*b*, fig. 9.

Nous reproduirons ici les caractères du genre établi par M. Deshayes et ceux de l'espèce qu'il a décrite et figurée.

« Animal inconnu. Rudiment testacé, ovale, orbiculaire, noirâtre, aplati, légère-
» ment convexe en dessus, plat ou un peu concave en dessous, limité à la circonfé-
» rence par un bord assez épais, coupé perpendiculairement. Sommet sub-ventral
» tourné en spire de près de deux tours; tours convexes, médiocrement saillants.
» Face inférieure calleuse, sans aucune apparence de spire ».

C'est donc, continue l'auteur, un osselet de limacien, et il ajoute à la caractéristique du genre, que le milieu de la spire est lisse et obtus, que les tours, peu convexes, s'élargissent rapidement, et que le dernier étalé, aplati, porte deux ou trois sillons vers le bord.

Nous avons, dans le même temps, signalé la présence du genre *Viquesnelia* dans les assises nummulitiques inférieures des Corbières, et M. P. Fischer, qui a fait aussi connaître, sous le nom de *V. Dussumieri*, des osselets de limaciens rapportés de

Mahé par M. Dussumier et étiquetés dans les galeries du Muséum, sous celui de *Clypeicella Dussumieri*, Valenciennes, resté inédit, nous a communiqué à ce sujet quelques remarques intéressantes que nous reproduirons ci-dessous (1).

Localité. — Balouk Keui (*antè*, p. 331).

N° 741. Ostrea Archiaci, Bell.

Voyez, pour la synonymie de cette espèce : *Paléontologie de l'Asie Mineure*, p. 141, 1866.

Un seul échantillon assez semblable à celui que nous avons figuré (*Mém. Soc. géol. de France*, 2° sér., vol. III, pl. 13, fig. 24) dans un calcaire blanc, à cassure terreuse avec Operculines, *Bourgueticrinus*, *Pecten*, etc., de la vallée du Buyuk-Déré, une lieue à l'est de Bounar-Hissar (*antè*, p. 419).

N° 99. Ostrea subcrepidula, d'Arch.; *Les Corbières*, p. 298, et *passim*, 1859.

Cette espèce, non décrite encore, ne nous a présenté qu'un échantillon assez incomplet provenant du mont Saint-Élie, près de Stern.

N°s 741 et 138. Pecten, indét.

Intérieur d'une valve de la forme et des dimensions des *P. tripartitus* et *multicarinatus*, Desh.

Calcaire blanc terreux, avec Operculines, osselets d'Astéries, bryozoaires, etc., de la vallée à l'est du Buyuk-Déré, une lieue à l'est de Bounar-Hissar.

N° 741. Pecten, indét.

Portion d'une valve d'une taille double du précédent, mais indéterminable.

Même localité et même roche.

N° 98. Pecten, indét.

Empreinte d'une espèce voisine du *P. Hopkinsi*, d'Arch. (*Descript. des foss. de l'Inde*, pl. XXIV, fig. 3), mais dont les côtes étaient un peu plus larges, et semblent avoir été divisées par une strie médiane.

Calcaire gris jaunâtre, compacte, à cassure céroïde avec *Nummulites Ramondi* du

(1) Dès 1855, M. Gray (*Catal. of pulmonata in the collection of the British Museum*, part. 1, p. 62) avait décrit un nouveau limacien, *Mariælla Dussumieri*, d'après des échantillons étiquetés *Clypeicella Dussumieri*, et achetés Londres. Ce genre *Mariælla* doit être considéré comme distinct des *Viquesnelia* dont il diffère par quelques caractères de l'animal. Suivant M. Humbert (*Revue et Mag. de Zool.*, novembre 1862), l'animal est pourvu d'un pore muqueux et se rapproche des genres *Tennentia*, Humbert, *Parmarion*, Fischer, etc.

En 1860, M. Morelet (*Hist. nat. des Açores*, p. 139) donna la figure et la description d'un limacien trouvé par lui à l'île San Miguel, et qu'il rapprocha des *Viquesnelia*. La limacelle a été malheureusement perdue, et nous ne possédons que le dessin de l'animal de la nouvelle espèce appelée *Viquesnelia atlantica*. Il n'existe pas de pore muqueux, et les caractères extérieurs de l'animal me paraissent très-remarquables. M. Morelet se demande « si l'espèce ancienne dont on a retrouvé les traces dans le terrain nummulitique des Pyrénées ne se serait point » perpétuée jusqu'à nos jours au sein de l'archipel des Açores ».

En résumé, sur les trois coquilles décrites comme *Viquesnelia*, une seule est authentique : c'est la *Viquesnelia lenticularis*, Deshayes ; la deuxième, *Viquesnelia atlantica*, Morelet, reste douteuse jusqu'à ce que sa limacelle ait été étudiée, et la troisième forme un genre spécial qui doit porter le nom de *Mariælla Dussumieri*, Gray.

mont Saint-Élie, près de Stern, à 4 lieues de Charkeuï et de Ganos ; littoral de la mer de Marmara.

Pecten, indét.

Probablement le même que le précédent. Fragment dans un calcaire grossier gris jaunâtre, avec *Nummulites Guettardi, ?* de Karadémirler, 2 lieues et demie au nord de Krdjali, sur la route de ce point à Philippopoli (*antè*, p. 359).

N° 274. Pecten Augusti, nov. sp.

Coquille (valve gauche) inéquilatérale, déprimée, arrondie en arrière, un peu dilatée en avant, ornée de 18 côtes rayonnantes, s'atténuant sur les côtés, moins larges que les sillons qui les séparent, surmontées d'écailles assez élevées, espacées à partir du milieu du disque jusqu'au bord. Les sillons profonds sont divisés, dans leur longueur, par 5 ou 6 stries, traversées par des stries concentriques qui les rendent écailleuses. Vers les bords antérieur et postérieur, les stries longitudinales et transverses déterminent un réseau quadrillé, écailleux, à mailles allongées. Bords antérieur et postérieur un peu concaves ; oreillettes sub-égales à peine striées. Angle au sommet de 70° ; hauteur, 28 millimètres ; largeur, 26 ; épaisseur, 4.

Observations. — Au premier aspect, cette petite coquille semble être un individu jeune du *P. Cordieri*, ci-après (pl. XXV^b^, fig. 14) ; mais sa forme oblique, la différence du nombre des côtes plus étroites et plus espacées, toutes proportions gardées, leur atténuation vers les bords, qu'on n'observe à aucun âge dans le *P. Cordieri*, ne permettent pas de douter qu'elle n'appartienne à une espèce réellement distincte.

Localité. — Calcaire marneux, blanchâtre, avec points vert foncé de Nébilkeui ?

N° 254. Pecten Cordieri, nov. sp., pl. XXV^b^, fig. 14^a^.

Coquille (valve droite) orbiculaire, équilatérale, régulièrement bombée, couverte d'environ 25 côtes rayonnantes, sensiblement égales, élevées, et dont la largeur est la même que celle des intervalles qui les séparent. Elles sont légèrement arrondies et présentent, de distance en distance, des écailles assez relevées dues au passage des stries d'accroissement un peu lamelleuses. Dans les sillons, on observe 5 ou 6 stries longitudinales, coupées par des stries transverses finement écailleuses. L'oreillette antérieure est fortement échancrée à la base (détail mal rendu dans le dessin) et présente des côtes moindres, mais semblables à celles du disque. Oreillette postérieure et charnière inconnues. Hauteur, 5 centimètres ; largeur, 5 ; épaisseur de la valve, 1.

Observations. — Cette coquille, quoique imparfaitement connue encore, nous a paru assez différente de ses congénères pour être décrite et figurée ; mais le dessin en donne une idée peu exacte à plusieurs égards, la forme générale circulaire, le bombement régulier du disque, l'échancrure de l'oreillette ont été mal rendus.

Localité. — Calcaire marneux rouge brique, tacheté de verdâtre et de jaunâtre, ou sorte de conglomérat avec une tige de polypier (*Lithodendron ?*) de Sulbukun, vallée de l'Arda. Nous plaçons ici cette espèce d'après les indications géologiques de l'*itinéraire* de la pl. IV, fig. 1. Voyez aussi, *antè*, p. 352.

N° 165. Unio, indét.

Nous rapportons au genre *Unio* des moules transverses très-allongés, à charnière presque droite, dont les impressions musculaires, surtout l'antérieure, sont très-prononcées. La coquille devait être encore plus étroite que celle de l'*Unio* représenté, pl. XXIV^b, fig. 1^b, mais les dimensions générales étaient à peu près les mêmes. Les crochets sont situés vers le tiers antérieur de la coquille.

Longueur, 4 centimètres 1/2 ; hauteur, 2.

Psammite micacé gris noirâtre ou jaunâtre, rempli de *Viquesnelia lenticularis*. La présence de ces moules et d'une petite Paludine, à l'exclusion de fossiles marins, prouve que cette roche est un dépôt lacustre qui doit être subordonné aux couches marines nummulitiques de la localité de Balouk Keui, *antè*, p. 331.

N° 174. Corbis subpectunculus, d'Arch. (*Hist. des progrès de la géol.*, vol. III, p. 259, 1850).

Non *id.* d'Orb. (*Prodrome de paléontologie*, vol. II, p. 387, 1850; non *Fimbria, id.*, Desh., *Descript. des anim. sans vertèbres*, etc., vol. I, p. 607, 1860).

Moule d'une très-grande espèce, plus renflée et à crochets plus proéminents que toutes celles que l'on a jusqu'à présent décrites. Largeur, 15 centimètres; hauteur, 11; épaisseur, 7 1/2.

Alc. d'Orbigny ayant donné, la même année, le nom de *subpectunculus* à la grande espèce du bassin de la Seine, pour la distinguer de celle du Cotentin, et M. Deshayes ayant abandonné le nom générique si connu de *Corbis* pour celui de *Fimbria* qui l'était si peu, nous n'avons pas plus de raison pour adopter le nom spécifique de l'un de ces auteurs que le nom générique de l'autre.

Calcaire gris très-dur de Sarikaïa.

N° 737. Cardita, indét.

Moule d'une petite espèce déprimée, sub-carrée, de la forme de la *C. mitis*, Desh. Dans un calcaire blanc terreux, à trois quarts de lieue à l'est de Bounar-Hissar.

N° 167. Cytherea saincenyensis, Desh. (*Descript. des anim. sans vertèbres*, vol. I, p. 459, pl. XXXI, fig. 29, 30, 1860).

Un échantillon incomplet empâté dans la roche brune de Balouk-Keui se rapproche de la coquille des environs de Chauny plus que de toute autre. Elle est seulement un peu moins grande. On pourrait aussi la comparer à la *C. Verneuili* de Biaritz.

N° 167. Corbula gallica, Lam., Desh., pl. VII, fig. 1, 2, 3.

Une grande valve de cette espèce se trouve dans la même roche que la précédente.

N° 167. Corbula, indét.

Une portion de valve d'une espèce de taille moindre se trouve avec la Cythérée précédente.

N° 799. Terebratula, indét.

Portion de grande valve d'une Térébratule lisse, à test ponctué, à crochet plus grand, allongé et recourbé que celui de la *T. montolearensis*, Leym., avec laquelle cette coquille a quelque analogie.

Calcaire gris blanchâtre avec Milliolites de Kara-Bournou.

N° 168. Septaria.

Fragment qui diffère du *S. tarbelliana*, de Biaritz, d'Arch. (*Descrip. des foss. des environs de Bayonne*, pl. VIII, fig. 11), en ce que les deux tubes, séparés par une cloison très-mince et dont la coupe transverse est elliptique, sont beaucoup plus grands et ne sont pas compris dans un cylindre commun intérieur à paroi épaisse. Ils sont à peine séparés de l'extérieur par une lame mince continue. Des lames accessoires remplissent l'espace compris entre l'enveloppe externe et les parois propres des tubes, particulièrement aux extrémités du grand axe de l'ellipse ou de la cloison médiane qui les sépare.

Calcaire gris terreux, à parties spathiques, avec empreinte de Turritelle, rhizopodes, petit *Pecten*, etc., de Balouk-Keui (*antè*, p. 331).

RADIAIRES.

N° 741. Spatangus Viquesneli, d'Arch., 1850 (1), pl. XXIV^b, fig. 12 *a, b, c, d*.

Test elliptique, déprimé en dessus, relevé et sub-caréné en arrière, régulièrement abaissé en avant, presque plan en dessous. Sommet sub-central, d'où rayonnent quatre ambulacres droits, peu profonds, les antérieurs presque à angle droit des postérieurs, sub-égaux, les premiers étant un peu plus courts que les seconds, et comprenant 32 rangées de doubles pores au lieu de 28. Ceux des extrémités sont plus rapprochés et presque contigus, là où disparaît la dépression de l'ambulacre. Ambulacre impair superficiel, formé de deux lignes de pores géminés, placés très-obliquement, l'un par rapport à l'autre, et même presque l'un sous l'autre, ce qui n'a pas été suffisamment rendu dans le dessin, et visibles seulement à la loupe. Appareil apicial imparfaitement connu, par suite de l'altération du test. Tubercules inégaux, inégalement disséminés (ce qui a été aussi mal exprimé dans le dessin), plus nombreux dans les espaces interambulacraires antérieurs que dans les postérieurs où les gros sont très-rares. Ceux-ci sont perforés et simples; les moyens sont imperforés, et les petites granulations éparses forment rarement un cercle régulier autour des premiers. Anus de forme inconnue, situé vers le haut de la face postérieure relevée.

La face inférieure présente deux zones latérales lisses, ou dépourvues de granulations apparentes, aboutissant à la lèvre postérieure de l'ouverture buccale, et en

(1) Par une erreur de copiste et qui n'avait pas été corrigée à l'impression, on avait écrit *Eupatagus* au lieu de *Spatangus* (*Hist. des progrès de la géologie*, vol. III, p. 251, 1850; *Bull. Soc. géol.*, 2e sér., vol. VII, p. 519, 1850).

arrière contiguë au fasciole sous-anal. Bouche transverse arquée, semi-lunaire, à laquelle aboutissent trois sillons : un antérieur plus large, deux latéraux moins prononcés. Fasciole sous-anal nettement limité, formant une bandelette lisse en apparence, mais très-finement granuleuse par un système de granulations quadrillées, fort élégant, visible seulement à la loupe. Les régions médiane, latérales et du périprocte, offrent des tubercules égaux, également disséminés partout. Dans le voisinage de l'axe et du fasciole, ils sont d'autant plus petits et plus serrés, qu'ils en sont plus rapprochés. Les tubercules perforés, crénelés à leur base (fig. 12^{d}), reposent sur un demi-plateau dont le bord postérieur manque. De fines granulations sont éparses dans les intervalles.

Grand diamètre antéro-postérieur, 67 millimètres; petit diamètre, 64; hauteur au-dessous du sommet, 31. Il y a des individus plus renflés, surtout en arrière, mais qui, d'après ce que nous en connaissons, ne diffèrent pas spécifiquement du type que nous venons de décrire.

Observations. — Nous croyons devoir maintenir ce fossile dans le genre Spatangue, tel qu'il est limité par M. Desor; les caractères intérieurs qui le différencieraient des *Macropneustes* nous sont d'ailleurs inconnus ici comme dans tous les autres fossiles. Le fasciole sous-anal et l'absence de tout autre fasciole est un caractère des Spatangues. Mais, d'un autre côté, la rareté des gros tubercules dans les espaces interambulacraires postérieurs, l'absence de granules et de scrobicules sur ceux des autres pourraient infirmer ce classement. Quant à l'ornementation particulière de la bandelette du fasciole, nous ne sachions pas qu'elle ait encore été signalée par les auteurs. Enfin l'absence jusqu'à présent de vrais Spatangues dans la formation tertiaire inférieure est un caractère négatif d'une faible valeur lorsqu'on voit le peu d'importance des caractères génériques, même de certains types de spatangidés.

Localité. — Le *S. Viquesneli* est très-répandu dans les calcaires grossiers marneux, blanchâtre ou blanc grisâtre, à cassure terreuse, de la vallée du Buyukdèrè, à une lieue à l'est de Bounar-Hissar, et rempli de bryozoaires, d'Operculines avec des Huîtres, des Peignes, des Cardites, des Cérites, etc., d'ailleurs indéterminables.

N° 741. Schizaster rimosus, Desh., d'Arch. (*Mém. Soc. géol. de France*, 2e sér., vol. III, p. 425, pl. XI, fig. 5, 1850).

Nous rapportons à l'espèce de Biaritz un échantillon provenant du calcaire blanc grisâtre de la vallée du Buyukdèrè, qui en a tous les caractères généraux, mais dont les ambulacres, masqués par la roche et un peu déformés par la compression, ce qui est d'ailleurs fréquent dans cette espèce à cause de la minceur de son test, ne permettent pas une détermination bien rigoureuse. La roche est comme celle des autres échantillons de cette localité, remplie de bryozoaires, d'Operculines, d'*Ostrea*, etc. Une lieue à l'est de Bounar-Hissar.

N° 741 (121 F). Schizaster, indét.

Une seconde espèce, de moitié plus petite que la précédente, plus globuleuse et régulièrement elliptique, mais trop incomplète pour être décrite d'après le seul échantillon que nous avons sous les yeux, est néanmoins remarquable par la grosseur des tubercules de la base qui, lorsqu'on les suit vers les bords et en remontant sur la face supérieure, diminuent graduellement de volume, comme dans le *S. rimosus.*

Même roche et même localité.

N° 278, Schizaster Ubicini, nov. sp., pl. XXIV^b, fig. 10, *a*, *b*, *c*.

Test cordiforme, déprimé en avant, relevé brusquement en arrière et caréné, légèrement et régulièrement bombé en dessous. Sommet sub-central ; ambulacres profondément excavés ; les postérieurs très-courts, ovalaires, formés de deux rangs de doubles pores, au nombre de 15 ou 16 et dont la largeur est plus grande que l'espace ambulacraire qui les sépare ; ambulacres antérieurs grands, un peu flexueux et claviformes à leur extrémité inférieure, composés de deux rangées de doubles pores, au nombre de 26 ou 28, séparés par un intervalle ambulacraire un peu plus large que dans les précédents. Ambulacre impair grand, offrant dans chaque branche 23 ou 24 doubles pores, disposés obliquement, séparés par un espace ambulacraire plus large que dans les autres. Sommet imparfaitement connu. Fasciole péripétale bien accusé, dont la surface présente l'aspect régulièrement quadrillé habituel, et qui est très-rapproché des ambulacres; fasciole latéro-anal également apparent. Toute la face supérieure couverte de fines granulations régulièrement espacées, plus petites et plus serrées dans le voisinage des fascioles. D'autres, beaucoup plus délicates, visibles seulement à la loupe, et que le dessin n'a pu rendre, se trouvent disséminées entre les précédentes.

Bouche située au quart antérieur de la base, arquée, bordée d'un limbe continu ; lèvre relevée et saillante. Les quatre zones lisses qui y aboutissent deux à deux, offrent deux rangées de 5 pores ; il ne paraît pas y en avoir dans le sillon antérieur. Les 5 régions granuleuses, 2 antérieures, 2 latérales et 1 médiane, sont couvertes de nombreux tubercules, plus gros dans le voisinage de la bouche et diminuant dans chaque région, à mesure qu'ils se rapprochent du pourtour. Ils sont mamelonnés, perforés, supportés par un plateau écailleux à demi détaché. Des granulations beaucoup plus fines en occupent les intervalles.

Diamètre antéro-postérieur, 38 millimètres ; diamètre transverse, 35 ; hauteur en arrière du sommet, 21.

Observations. — Cette espèce se distingue du *S. Archiaci*, Cott. (*Échinides fossiles des Pyrénées*, p. 130, *S. vicinalis*, d'Arch.) par sa forme générale moins allongée, ses ambulacres plus ovalaires et claviformes. Les fascioles de l'espèce de Saint-Palais nous sont d'ailleurs inconnus. Elle se distingue également du *S. rimosus* par sa forme beaucoup moins élevée, mais ses caractères généraux la rapprocheraient plutôt du *S. canaliferus* vivant de la Méditerranée. La face supérieure nous a été donnée par un moulage et une contre-empreinte d'une grande perfection, l'inférieure par un échantillon dont le test était bien conservé.

Localité. — Tuf blanchâtre, à cassure terreuse, avec quelques points verts et des bryozoaires, du plateau de Nébilkeui, vallée de l'Arda (*antè*, p. 355).

N° 801. Schizaster, indét.

Espèce de la taille du *S. rimosus*, mais plus large, moins élevée, et dont le seul échantillon que nous avons sous les yeux ne permet pas, à cause de son mauvais état, une détermination suffisante.

Calcaire grossier, peu solide, avec grains verts de Kara-Bournou.

N° 287. Hemiaster digonus, d'Arch., pl. XXIV^b, fig. 11, *a*, *b*, *c*.

Hist. des progrès de la géol., vol. III, p. 252, 1850. — *Descript. des foss. numm. de l'Inde*, p. 220, pl. XV, fig. 10, *a*, *b*, *c*, 1853.

Nous ne possédons que l'individu figuré et qui provient d'un calcaire grisâtre de la descente du col de Karakaïa, une lieue et demie au nord de Krdjali.

N° 278. Periaster biaritzensis, Cott. *Échinides des Pyrénées*, p. 128, pl. VI, fig. 14-17, 1863.

La trace des fascioles péripétale et périanal s'observe assez bien pour ne pas laisser de doute sur le rapprochement que nous faisons avec le fossile de Biaritz d'une contre-empreinte que présente un échantillon de tuf grossier blanchâtre, tendre, du plateau de Nébilkeui, vallée de l'Arda.

POLYPIERS.

N° 168. Échantillon poli de calcaire gris empâtant un polypier indéterminable qui rappelle en petit l'*Astræa polygonalis*, Mich.; Catullo, pl. III, fig. 15. — Un échantillon de calcaire gris, à cassure terreuse, de Balouk-Keui, portant le même numéro, et en partie spathique, renferme divers bryozoaires indéterminables.

N° 221. Échantillon poli de calcaire blanc cristallin, évidemment roulé, et montrant, dans la coupe, une disposition d'étoiles rappelant l'*Astræa pulchella*, Cat., pl. VII, fig. 2, du Vicentin.

N° 221. Échantillon poli de calcaire blanc jaunâtre, compacte empâtant de nombreux types de polypiers ressemblant aux *Dendrophyllia inæqualis* et *Maraschini*, Cat., à l'*Astræa radiata*, id. (*Phyllocœnia irradians*, Milne Edw. et J. H.), recueilli, non en place.

N° 221. Petit polypier astréen un peu altéré, dont les étoiles ont la forme et les dimensions de l'*Astræopora panicea* (*Astræa*, *id. auct.*) et sont bordées de même par un limbe saillant, mais dont la forme générale, au lieu d'être étalée, encroûtante, est bacillaire comme le *Dendracis Gervillei* et le *Stephanocœnia sigillaroides*, d'Achi.

Calcaire blanc-grisâtre, de Kiretch Arnaout-Keui.

N° 243. TROCHOSMILIA ? Comme *suprà.*

Nous rapportons à ce genre, en le rapprochant du *T. Cocchii*, d'Achi. (*Corallarj fossili del terreno nummulitico*, pl. III, fig. 1, 1866) des polypiers turbinoïdes fréquents dans le calcaire gris marneux d'Ortakeui. Les lamelles sub-égales sont très-fines et très-nombreuses; la base, assez prolongée, est légèrement contournée et même un peu tordue, le disque est beaucoup plus étalé et élargi que dans le *T. Cocchii*, et tout le polypier est moins régulier. La roche enveloppe aussi des tiges de *Lithodendron* qui paraît voisin du *Lithodendron Fusinieri*, Catullo, pl. V, fig. 2 (*Dei terreni di sed. super.*, p. 39, 1856).

N° 243. TROCHOSMILIA ?

On trouve, dans un calcaire gris marneux de la même localité, un polypier beaucoup plus surbaissé que le précédent, extrêmement évasé à sa partie supérieure et dont les lamelles, toutes égales, un peu flexueuses, extrêmement minces, sont représentées sur le pourtour ou la surface du cône par d'innombrables filets déliés, contigus, sinueux. Le diamètre du calice n'était pas moindre de 5 centimètres, et la hauteur totale ne dépassait pas 1 centimètre 1/2. Les parois des lames étaient finement rugueuses ou granuleuses.

N° 779. *Cyclosmilia ?*

Si, comme cela est très-probable, les moules nombreux qu'on observe dans les calcaires blanc jaunâtre, avec Nummulites de Kirk-Kilissé, proviennent du polypier précédent, ils montrent, dans certains échantillons, une columelle spongieuse, comme celle du genre *Cyclosmilia*, tandis que dans d'autres les lamelles semblent contiguës à un petit axe médian linéaire.

Quoi qu'il en soit, ces polypiers méritent une étude toute spéciale qui conduira peut-être à y reconnaître les caractères d'un nouveau genre.

N° 243. PARASMILIA CINCULATA ? d'Achi. *Caryophyllia*, *id.* Cat. pl. VI, fig. 5.

Fragment paraissant se rapporter à un individu jeune de cette espèce du Vicentin. Calcaire gris marneux d'Ortakeui.

N° 669. LITHODENDRON.

Espèce qui rappelle le *L. irregulare*, Mich. (*Icon. zooph.*, pl. XLIII, fig. 14) des sables moyens, et le *L. Fusinieri*, Cat. (*Dei terr. di sedim super.*, 1846, p. 39, pl. V, fig. 2). Dans un calcaire grisâtre de Djélépli, route de Chapsi à Khas-Keui.

N° 669. LITHODENDRON.

Espèce moindre que la précédente, ramifiée, flexueuse, rappelant le *L. gracile*, Gold., pl. XIII, fig. 2; mais les côtes sont plus prononcées, moins rapprochées et inégales.

Ibid., vallée d'Ibassan, à 2 lieues trois quarts au sud-ouest du Tékétamour-Baba, et à 5 lieues et demie au sud-est de Mastanle. Cette indication complète la précédente.

N° 791. Lithodendron, indét.

Formant une masse calcaire d'un blanc pur, solide, rendue tubulaire par la disparition de la plupart des axes lamellaires, mais dont quelques-uns, restés en place, peuvent encore être suffisamment étudiés.

Une lieue et demie au sud-est d'Uskiup (chaîne du Strandja).

N° 797. Lithodendron, indét.

Probablement la même espèce que la précédente, mais tellement spathifiée, que, sans la surface de la roche altérée à l'air, on aurait de la peine à reconnaître le polypier dans la cassure. Il se distingue seulement du calcaire rosâtre compacte qui empâte ses rameaux par l'état spathique de ces derniers et leur teinte grisâtre.

Une demi-lieue au nord-ouest d'Iénikeui, littoral de la mer Noire, route de Constantinople au lac de Derkos.

N° 798. Polypier astréen, dont les étoiles devaient être extrêmement petites, de moins d'un millimètre, comme dans l'*Astrocœnia minima*, de Fromentel, mais dont la fossilisation aurait complétement fait disparaître toute trace de cloison. Les tubes, libres dans toute leur étendue, ne laissent voir que des stries longitudinales séparant des rangées de granulations allongées très-délicates.

Masse calcaire du polypier, complétement cristalline, blanche, de Kara-Bournou, littoral de la mer Noire.

N° 700. *Agaricia*, ou *Cyathoseris?*

Polypier très-fruste, paraissant rentrer dans ce type, et ayant dû atteindre les dimensions de l'espèce figurée par M. Catullo sous le nom d'*Agaricia falcifera* (*Cyathoseris, id.*, d'Achiardi). Calcaire blanc rosâtre compacte, subcristallin, de la descente de Kirezli à Mandra, 3 lieues et demi au nord de Buyuk Ierdjili, route de Chapsi à Khas-Keui.

N° 207. Astrocœnia septemdigitata, Cat., d'Achi. *Corallarj fossili*, etc., pl. IV, fig. 4, 1866.

Astræa, id. Cat., *A. tuberosa*, id. *A. palmata*, id. (*Dei terreni di sed. super.*, pl. XIV, fig. 2, 3; pl. VII, fig. 3, 1856). Calcaire gris jaunâtre cristallin, de la descente du plateau d'Arembounar, route du mont Kodja-Iaïla à Démotika.

N° 207. Phyllocoenia monsvialensis, Cat., d'Achi., pl. V, fig. 3, 1866.

M. d'Achiardi réunit sous ce nom l'*Astræa Castellini*, Catullo, plus les *Sarcinula conversa* et *crispa* de ce dernier auteur.

Dans la même localité et la même roche que l'espèce précédente.

N° 214. Porites.

Espèce voisine du *Porites rotundata*, d'Achiardi. *Astræa, id.*, Cat., pl. XIV, fig. 1. Calcaire dur, subcristallin, gris jaunâtre, de Démotika.

N° 214. ASTRÆA DISTANS? Leym. Mich., pl. LXIII, fig. 7. *Stylophora*, *id.*, d'Achi. (*Corallarj fossili del terreno numm. dell' Alpi venete catalogo*, etc., 1867).

Les étoiles sont ici plus petites que dans le type de l'espèce. Calcaire grossier, blanc, poreux, de Démotika.

OBSERVATIONS GÉNÉRALES.

Sans prétendre donner à cet aperçu des polypiers recueillis par Viquesnel dans diverses localités de la Thrace une valeur que ne comporte pas l'état de la plupart des échantillons, et en l'absence de données stratigraphiques plus précises que celles qui s'y rapportent dans la *Géologie descriptive* précédente, on peut néanmoins reconnaître, dans l'ensemble de ces corps, une grande analogie de formes avec ceux des dépôts tertiaires inférieurs ou nummulitiques des Alpes du Vicentin et du Véronais.

RHIZOPODES.

N° 702. NUMMULITES RAMONDI, Defr., d'Arch. et J. H., *Monogr. des Numm.*, pl. VII, fig. 13.

Calcaire grossier blanc, à cassure terreuse, avec débris d'Échinides, du vallon d'Ass-Keui, à six lieues au nord de Buyuk Iéredjéli, route de Chapsi à Khas-Keui.

N° 615. NUMMULITES RAMONDI, Defr., id., id., ibid.

Calcaire compacte subcristallin, gris rosâtre avec Orbitoïdes, Operculines, etc., de la base du mont Jardimli-Tepessi, 4 lieues au sud-sud-est de Gumourdjina.

N° 131. NUMMULITES RAMONDI, Defr., var., *a*, id., id., ib., pl. VII, fig. 14, *a*.

Calcaire grossier rosâtre, friable, avec grains verts, de Kara-Bournou.

N° 93. NUMMULITES BIARITZENSIS, d'Arch., *loc. cit.*, pl. VIII, fig. 4.

Calcaire gris brunâtre avec *Pecten*, *Nummulites Ramondi*, Orbitoïdes, etc., du mont Sérian-Têpê, 2 lieues au nord-est de Kavak.

N° 804. Calcaire compacte, grisâtre, à cassure esquilleuse, passant à un calcaire grossier sableux, avec points verts, un Madrépore fruste et *Nummulites Ramondi*, var. *a*, du barrage du lac de Derkos, littoral de la mer Noire.

N° 779. NUMMULITES PLANULATA, d'Orb., d'Arch. et J. H., *Monogr. des Nummulites*, pl. IX, fig. 7.

Grès calcaire blanchâtre, à grain fin, avec points verts, de Kirk-Kilissé, chaîne du Strandja.

N° 594. NUMMULITES GARANSENSIS, Jol. et Leym., d'Arch. et J. H., *loc. cit.*, pl. III, fig. 6.

Calcaire gris marneux d'Euren, une demi-lieue au sud-est de Ghueldjik, route de Stouianova à Iéni-Han.

N° 245. NUMMULITES, indét.

Espèce voisine de la *N. planulata*, mais à cloisons moins rapprochées ; filets cloisonnaires non apparents à la surface, par suite de l'épaisseur de la lame spirale ; surface plus régulièrement bombée, sans mamelon médian ; bord arrondi. C'est probablement une espèce nouvelle qui ne pourra être déterminée qu'avec de nombreux individus dégagés avec soin de la roche.

Calcaire d'un blanc pur, à cassure terreuse d'Ortakeui.

N° 78. Calcaire jaunâtre, compacte, subcristallin, à cassure esquilleuse, rempli de *N. Ramondi* et d'*Orbitoides submedia*, de Bournéri-Tchiflik ou Bouroun Oren, route de Charkeui à Kavak. Golfe de Saros.

N° 670. Calcaire concrétionné, cristallin oolithique, gris blanchâtre, avec quelques petites Nummulites voisines mais distinctes de la *N. planulata*.

N° 131. OPERCULINA THRACICA, d'Arch., *Paléontologie de l'Asie Mineure*, pl. IX, fig. 6.

Un seul échantillon brisé, trouvé parmi les *Nummulites Ramondi*, var. *a*, de Kara-Bournou.

N° 795. ORBITOLITES COMPLANATA, Lam., var. *major*.

Nous avons signalé cette variété dans les calcaires à Nummulites de la Paphlagonie et de la Bithynie (*Paléontologie de l'Asie Mineure*, p. 227), mais nous ne l'avions pas encore distinguée du type de l'espèce, tel qu'il a été établi pour les petits individus si communs dans le calcaire grossier de Paris et du Cotentin. Nous pensons que ceux du calcaire de Blaye, comme ceux de l'Asie Mineure et de la Roumélie, constituent une variété suffisamment caractérisée, au moins par le diamètre qu'elle atteint dans ces diverses localités. Ce diamètre est de 33 millimètres ou double de celui du type, et néanmoins son épaisseur est sensiblement la même, ou de 3/4 de millimètre.

Cette espèce, comme sa variété, appartient au type *simple* de M. Carpenter (*Introduction to the Study of Foraminifera*, p. 105, 1862), c'est-à-dire que le corps de ce Rhizopode n'est composé que de tubes verticaux formant une seule couche. Ces tubes, disposés suivant des courbes circulaires concentriques, à parois contiguës ou communes, sont mis en communication par des pores formant 4 rangées verticales opposées à angle droit. Les tubes de chaque courbe concentrique correspondant aux intervalles des zones ou cercles adjacents, il en résulte, sur les deux faces planes du corps, une disposition des ouvertures des tubes en quinconces curvilignes.

M. Carpenter a signalé la manière dont le disque continue à s'accroître lorsque certaines parties ont été brisées par accident. Il a de plus fait connaître quelques anomalies ou monstruosités dues, suivant lui, à un excès de puissance vitale dans le sarcode du disque normal ; mais nous décrirons ici un exemple de ce qu'on pourrait appeler un cas pathologique ou de réparation du test beaucoup plus extraordinaire que tout ce dont a parlé le savant micrographe anglais.

Les calcaires blancs à Nummulites de Saraï présentent, à côté d'échantillons complets de cette grande variété, un individu comprenant un peu plus de la moitié d'un disque, de 33 millimètres de diamètre sur 1/2 millimètre d'épaisseur. Sa structure est celle du type simple, comme dans les autres individus complets. Ce demi-cercle à zones concentriques est interrompu, un peu au delà de la ligne passant exactement par le centre de figure, par une bandelette transverse, de 1 millimètre 1/2 de largeur, s'étendant d'un bord à l'autre du disque tronqué et s'infléchissant régulièrement vers son milieu, pour y former une pointe qui recouvre le centre du disque normal. La structure de la bandelette est semblable à celle du disque, sauf que les lignes de pores ou les orifices des tubes sont disposés suivant des lignes droites parallèles, au lieu de l'être suivant des courbes concentriques. L'appendice en pointe du milieu offre encore une structure analogue. A l'extrémité demeurée intacte de la bandelette on voit qu'elle fait suite aux dernières rangées concentriques du disque qui se recourbent pour s'y rattacher, et l'on ne peut douter qu'il n'en fût de même à l'extrémité opposée de la truncature.

Cette disposition remarquable qui, à cause de sa parfaite symétrie, pourrait induire en erreur sur son origine et son importance réelle, n'est suivant nous qu'un cas particulier de ce qu'a montré M. Carpenter. Lorsque le disque d'une Orbitolite vivante a été brisé sur quelque point de son pourtour, ce sont les portions restées intactes de ce pourtour qui étendent leur action vitale réparatrice sur celles qui ont été interrompues par accident, et y développent de nouvelles rangées de tubes, dont la séparation d'avec les anciennes, auxquelles elles sont superposées, est toujours rendue visible par le manque de continuité des lignes ainsi juxtaposées transgressivement. Ce résultat est dû sans doute à ce que la portion extérieure du sarcode est la seule qui soit vivante et douée de faculté réparatrice; à une certaine distance vers l'intérieur du disque, les parties anciennes sont mortes ou dépourvues de vitalité. Chacun de ces petits corps nous représenterait donc à lui seul ce que l'on observe dans les plus grandes masses de polypiers dont la partie extérieure seulement est vivante, l'intérieure et sa base étant depuis longtemps privées de vie. Or, dans l'échantillon de Saraï, il faut supposer une brisure symétrique et complète du disque, un peu au delà du centre, et les seize ou dix-huit rangées de tubes concentriques qui ont continué à se développer après l'accident, sur le pourtour resté intact du disque, se sont étendues le long de sa partie brisée, transverse, pendant tout le temps qu'a duré l'accroissement normal de l'ensemble, qui a pu atteindre ainsi la plus grande dimension que nous connaissions à cette sorte de corps.

Calcaire blanc grossier à cassure terreuse avec *Nummulites Ramondi* et probablement *Tchihatcheffi*, une demi-lieue au nord-nord-est de Saraï, sur la route de Midia (chaîne du Strandja). Ces Orbitolites sont sans doute les Nummulites *très-larges* mentionnées ci-dessus, p. 432.

N° 287. Orbitoides dispansa, d'Arch., 1850. *O. karakaiensis*, id., pl. XXIV*b*, fig. 13, *a*, *b*, 14. *Lycophris dispansus*, J. de C. Sow.; *Transac. geol. Soc. of London*, 2e sér., vol. V, pl. XXIV, fig. 16, 1840; *Orbitolites karakaiensis*, d'Arch., *Bull. Soc. géol.*, 2e sér., vol. VII, p. 519, 1850; *Hist. des progrès de la géol.*, vol. III, p. 231, 1850.

Nous croyons devoir rapporter à l'espèce de l'Inde l'Orbitoïde de Roumélie que nous en avions d'abord distinguée.

Calcaire marneux gris jaunâtre de Karakaïa, route de Gumourdjina à Féredjik.

N° 287. Orbitoides submedia, d'Arch., *Mém. Soc. géol. de France*, 2e sér., vol. II, pl. VI, fig. 6, 1846.

Avec la précédente.

N° 612. Orbitoides, indét.

Calcaire gris jaunâtre, compacte, à cassure inégale et raboteuse, pétrie d'Orbitoïdes peu déterminables, malgré leur abondance; mont Iardimli-Tépessi, près de Gumourdjina.

N° 778. Orbitoides radians, d'Arch., *Mém. Soc. géol. de France*, 2e sér., vol. III, pl. VIII, fig. 15, 1850.

Échantillon très-remarquable en ce qu'il fait voir qu'à partir du diamètre de 10 millimètres jusqu'à 40, les rayons ont disparu et toute la surface, d'abord rugueuse par des plis discontinus, concentriques, devient tout à fait plane et unie vers le bord.

Calcaire sableux ou grès calcarifère, micacé, blanchâtre, solide, à grain fin, à cassure inégale, avec *N. planulata*, de Kirk-Kilissé.

OBSERVATIONS.

Malgré la fréquence des Nummulites dans les dépôts tertiaires inférieurs des parties de la Thrace explorées par Viquesnel, on voit que les espèces sont très-peu variées et que les grandes, si répandues dans les couches contemporaines de la Crimée et de l'Asie Mineure, ne s'y montrent pas. Les Operculines ne sont pas non plus très-fréquentes et les Alvéolines y manquent complétement. Sous d'autres rapports, cette faune est comparativement assez pauvre, et il est bien digne de remarque qu'elle diffère presque tout à fait, au moins dans l'état actuel de nos connaissances, de celle de cette petite région voisine de Constantinople qu'a visitée M. P. de Tchihatcheff. Nous voulons parler des environs de Saint-Georges et de Kadin-Kevi dont les calcaires blancs nous ont offert de si remarquables échantillons de Ranine, de Peignes, de Spondyles, d'Huîtres, de Nummulites, de Bryozoaires, etc. (1). C'est seulement dans les polypiers du bord méridional du lac de Derkos et entre ce point et Kadin-

(1) Voyez d'Archiac, *Paléontologie de l'Asie Mineure*; *Faune tertiaire inférieure*, p. 105-234, 1866.

Kevi, lesquels ne semblent pas se trouver dans leur couche originaire, que nous remarquons une certaine analogie avec ceux qu'a recueillis Viquesnel, soit dans cette dernière région, soit dans d'autres localités de la chaîne côtière. Quoi qu'il en soit, si l'on réunit ces résultats à ceux que d'autres géologues ont obtenus par des recherches faites au nord-ouest, en remontant le bassin du Danube, au nord-est en Crimée, à l'est dans l'Asie Mineure, et au sud dans le Péloponèse, on voit quel important jalon les études de Viquesnel ont aussi posé pour une connaissance à venir plus complète de la faune tertiaire inférieure de l'Europe orientale.

§ III. — Faunes tertiaires moyenne, supérieure et plus récentes.

Dans ce qui suit, nous énumérerons souvent les fossiles par localités, sans rien affirmer de leur âge absolu, mais néanmoins, dans son ensemble, cette énumération procédera encore de bas en haut ou des plus anciens aux plus récents. Nous y avons mentionné les fossiles de quelques localités qui pourraient appartenir à la formation tertiaire inférieure, si l'on se reportait aux itinéraires de Viquesnel; mais l'absence de rhizopodes caractéristiques dans la roche, ou les caractères des fossiles eux-mêmes trop peu significatifs nous les ont fait placer ici, sans rien présumer de définitif à leur égard, les données stratigraphiques étant insuffisantes.

N° 2375. Rhinocéros, indét.? pl. XXV^a, fig. 1 à 8 (1).

Ce pied appartient à un membre postérieur gauche; on voit en place l'astragale (1, 1^a et 1^b), le scaphoïde (2 et 2^a), le second cunéiforme (4), le grand cunéiforme (3), le métatarsien latéral interne (6 et 6^a), le métatarsien médian (5 et 5^a) et le métatarsien latéral externe (7 et 7^a); le premier de ces métatarsiens serait le deuxième chez un animal dont le pied aurait 5 doigts, le deuxième serait le troisième et le troisième serait le quatrième. Le cuboïde manque, il devait être assez fort, à en juger par la largeur du métatarsien latéral externe. L'existence d'un premier cunéiforme est indiquée par une facette du bord interne du scaphoïde et une facette du métatarsien latéral externe.

Il est difficile de décider si la pièce recueillie par Viquesnel provient d'un petit Rhinocéros ou d'un *Palæotherium*, car il n'y a pas de différences constantes entre les pieds de ces deux genres; les découvertes des paléontologistes révèlent chaque jour davantage le peu de fixité des caractères génériques. Les os des pieds ne diffèrent pas selon qu'ils proviennent d'un Rhinocéros ou d'un *Palæotherium*, mais selon qu'ils appartiennent à un animal de forme trapue ou de forme élancée. Comme on peut le supposer, d'après l'harmonie qui apparaît dans toutes les transformations des êtres, il existe un accord parfait entre la diminution des doigts et la disposition des os du tarse. Quand le quatrième métatarsien s'élargit (*Anoplotherium*), ou quand le

(1) La note suivante a été rédigée par M. Alb. Gaudry, après un examen attentif et comparé de ces diverses pièces, mais nous ne savons pas qui les avait fait dessiner et mises en connexion.

cinquième métatarsien subsiste (Hippopotame), le cuboïde s'agrandit; si le cinquième métatarsien disparaît (*Paloplotherium*), et si en même temps le quatrième métatarsien se rétrécit (*Hipparion*), le cuboïde diminue en proportion. La dégradation des doigts internes amène, pour l'astragale, les mêmes modifications que celle des doigts du côté externe produit pour le cuboïde : lorsque le deuxième métatarsien se rétrécit (*Hipparion*), ou passe à l'état rudimentaire (*Dremotherium*), le deuxième cunéiforme se place en arrière; alors le scaphoïde et l'astragale qui lui correspond deviennent moins larges. Le pied de Balouk-Keui a son deuxième métatarsien et surtout son troisième métatarsien bien développés, et par conséquent ressemble au pied d'un rhinocéridé; on peut ajouter qu'il indique un animal de la taille d'un très-petit Rhinocéros et de forme assez trapue.

Voici quelques mesures de cette pièce; on a mis en regard celles d'un Rhinocéros fossile de grandeur ordinaire :

	Échantillon de Balouk-Keui.	Rhinoceros pachygnathus.
	m	m
Astragale. Largeur	0,063	0,092
Scaphoïde. Largeur	0,034	0,055
Second cunéiforme. Profondeur d'avant en arrière	0,022	0,029
Troisième cunéiforme. Largeur	0,029	0,055
Métatarsien latéral interne. Longueur	0,095	0,148
Largeur de sa face tarsienne	0,015	0,020
Métatarsien médian. Longueur	0,090 (1)	0,150
Largeur de sa face tarsienne	0,030	0,054
Métatarsien latéral externe. Longueur	0,100	0,135
Largeur de sa face tarsienne	0,030	0,045
Première phalange du doigt externe. Longueur	0,035	0,035

Ce fossile, recueilli dans une marne grise micacée de la colline de Balouk-Keui, sur la route de ce village à Féredjik, massif du Rhodope, appartient à la collection des animaux vertébrés fossiles de la grande galerie du Muséum. D'après la coupe donnée ci-dessus, p. 331, la couche qui renfermait ces ossements serait plus ancienne que le psammite brun micacé à *Viquesnelia*, Paludines, etc., et par conséquent bien inférieure aux couches à Nummulites. Il est donc plus que probable que ces os sont d'un *Palæotherium*, si ce n'est même d'un genre plus ancien encore. Les 6 ou 7 assises inférieures de la coupe pourraient alors être d'eau douce, comme sur beaucoup d'autres points.

N° 736. LIMA SUBAURICULATA, Mont., pl. XXIV, fig. 11, *a*, *b*, *c*.

Coquille (contre-empreinte) régulièrement ovalaire subéquilatérale, régulièrement bombée; ligne cardinale droite; oreillettes subégales, crochet bombé, un peu avancé. Surface médiane ornée de 11 ou 12 côtes rayonnantes, aplaties, auxquelles succèdent, de chaque côté, quelques autres de moins en moins prononcées, de manière que la surface est unie vers les bords antérieur et postérieur. (Ces carac-

(1) L'épiphyse inférieure manque.

tères ont été mal rendus dans les figures 11, *a*, *b*, où les côtes ont été continuées de part et d'autre du disque médian d'une manière uniforme.) Hauteur, 9 millimètres; largeur, 6; épaisseur, 2 1/2.

Observations. — Cette petite coquille appartient à un type qui s'est perpétué à travers les périodes secondaires, tertiaires, et qui a encore des représentants dans les mers actuelles. Le rapprochement que nous faisons ici, s'il est exact, pourrait faire regarder comme assez récent le calcaire blanc celluleux de Bounar-Hissar, qui nous a présenté cette contre-empreinte; mais ce n'est ni sur un seul échantillon ni sur une forme aussi peu caractéristique que l'on peut hasarder une conclusion de cette nature.

N° 735.

Calcaire blanc, oolithique, concrétionné, subcristallin, pétri d'une multitude de petites coquilles bivalves (*Corbula nucleus*, Lam.), de *Cardium claudiense?* Eichw., de *Mytilus acutirostris*. Gold., provenant d'un ravin de Bounar-Hissar. Comme la précédente, cette roche est probablement de la période tertiaire supérieure.

N° 779. Ostrea cochlear? Poli.

Deux valves supérieures d'une petite espèce d'Huître, insuffisantes pour la déterminer rigoureusement, mais qui ont la plus grande ressemblance avec l'*O. cochlear* de Poli ou l'*O. navicularis*, Gold., pl. LXXXVI, fig. 8. Le caractère remarquable du plan du talon, perpendiculaire en dessous à celui de la valve elle-même, est peu fréquent dans les formes tertiaires.

Calcaire blanc de Kirk-Kilissé.

N° 787. Pectunculus cor? de Bast.

Calcaire blanc grisâtre, solide, dur, subcristallin, pétri de moules et d'empreintes d'un *Pectoncle* paraissant se rapporter à celui des faluns de Bordeaux, de Phasianelles? rappelant la *P. scalaroides*, d'Arch. (*Descript. des foss. nummulitiques de l'Inde*, pl. XXVII, fig. 5), mais plus petite, de *Trochus*, de polypiers (*Stylophora*) et de nombreux Rhizopodes.

Plateau à une lieue au sud-est d'Uskiup, route de Kirk-Kilissé à Bounar-Hissar (chaîne du Strandja).

N° 788. Murex, indét.

Empreinte d'une partie du dernier tour d'une espèce rappelant le *M. decussatus*, Linn., avec des traces de coquilles bivalves peu déterminables, dans un calcaire d'un blanc pur, à cassure terreuse, du plateau situé à une lieue au sud-est d'Uskiup (chaîne du Strandja).

N° 793. Congeria, indét.

Espèce se rapprochant du *C. balatonica*, Partsh. (*Ann. des Vienn. Mus.*, vol. I, p. 100, pl. XII, fig. 13-16; *Mytilus, id.*, Gold., p. 173, pl. CXXX, fig. 2, *a*, *b*, *c*), mais de taille moindre, à crochets plus proéminents, plus avancés, le côté antérieur moins excavé, l'expansion postérieure plus basse, la ligne cardinale étant plus oblique et la coquille plus gibbeuse aussi.

Le test est toujours spathifié, dans un calcaire granuleux, blanc jaunâtre d'Iéna, une lieue au nord-ouest de Bounar-Hissar.

N° 590.

Calcaire celluleux grisâtre, mélangé de grains de quartz avec mica blanc et pétri de moules et d'empreintes de Lucines, de Cythérées, de Mactres, de Corbules, de Tellines, de Cérites, etc., le tout indéterminable spécifiquement, recouvert d'un enduit ferrugineux brun jaunâtre qui a pénétré dans une partie des vides de la roche et lui donne un aspect tacheté ou piqueté particulier. Il est douteux que le moule représenté pl. XXV[b], fig. 9, *a*, sous le nom de *Vénus? gheuldjikensis*, et qui provient de la même localité, appartienne à ce genre, malgré sa forme générale. L'échancrure palléale ne se distingue pas, et ce serait encore une Mactre voisine des formes désignées plus loin sous le nom de *M. podolica*.

Descente à une lieue au sud de Gheuldjik, route de Stonianova à Ienihan.

N° 238. Natica, indét.

Moules nombreux d'une espèce assez globuleuse rappelant l'*Ampullaria Willemeti*, Desh., la *Natica angulata*, var. *globosa*, Gratl., pl. III, fig. 2, la *N. Brongniarti*, Desh. (*Descript. des animaux sans vertèbres*, etc., pl. LXXI, fig. 6, 7), mais ne pouvant être rapportée à aucune d'elles avec certitude. Une partie du test a cristallisé sur place et revêt encore partiellement les moules.

Grès grisâtre, micacé, calcarifère, avec amphibole, peu solide, de Lidja et ayant parfois le faux aspect d'un granite à grain fin.

N° 238. Melania Polita, Desh., p. 116, pl. XIV, fig. 20, 21.

Un échantillon assez bien conservé provenant de Lidja, paraît se rapporter à cette petite espèce du calcaire grossier.

N° 238. Trochus, indét.

De la forme et des dimensions du *T. ornatus*, Lam., Desh. (pl. XXVII, fig. 1, 2, et XXVIII, fig. 10, 11, 12); mais les ornements de la surface sont trop altérés pour qu'on puisse l'y rapporter avec certitude.

Même roche et même localité.

N° 238. Cerithium, indét.

Moules avec quelques portions de test rappelant les *C. calculosum*, Bast., *gibberosum*, Gratl., etc.

Même roche et même localité.

N° 238. CERITHIUM, indét.

Moule voisin de ceux du *C. convolutum*, Desh., mais montrant un large sillon discontinu sur le milieu du dernier tour. Le canal court, était très-recourbé en arrière et le bord droit très-dilaté.

Un échantillon, plus petit et plus piriforme, montre que le nombre des tours devait être très-considérable.

Même roche et même localité.

N° 238. OSTREA, indét.

Valve d'une petite espèce voisine de l'*O. planicosta*, Desh., ou peut-être de l'*O. cymbula*, id.? pl. LIII, fig. 2-5.

N° 238. ANOMIA, indét.

Espèce paraissant se rapporter à l'*A. orbiculata*, Brocc. in Nyst, pl. XXV, fig. 6.

Ces deux derniers fossiles proviennent de la même localité que les précédents, et il se pourrait que tous ceux compris sous le même numéro 238, et recueillis aux environs de Lidja, appartinssent à une faune plus ancienne; mais nous n'avons trouvé dans ces nombreux échantillons aucune trace de rhizopodes qui justifiât la dénomination de roches *nummulitiques* que leur donne Viquesnel, *antè*, p. 349.

N° 208. CALLIANASSA. Portion de main incomplète d'un crustacé de ce genre et d'assez grande taille. Psammite brun verdâtre de Madra.

N° 208. CERITHIUM.

On trouve fréquemment, dans les psammites brun verdâtre foncé, micacés, à un quart de lieue à l'ouest de Madra, des empreintes d'un Cérite voisin des *C. calculosum*, Bast., et *Bonelli*, Desh., dont le bord gauche devait être extrêmement dilaté. Indépendamment des cordelettes et des tubercules doubles de la partie moyenne des tours, toute la surface était couverte de stries filiformes extrêmement délicates qui, sur les cordelettes et les sillons du dernier tour, deviennent de plus en plus régurières et serrées, de manière à donner à cette partie de la base de la coquille un aspect tout particulier.

N° 208. VENUS, indét.

Moule très-déprimé, ovalaire, transverse, très-équilatéral, rappelant la *V. texta*, Lam., Desh., pl. XXII, fig. 16, 18.

Même roche et même localité.

N° 208. CYPRICARDIA? pl. XXIV^{a}, fig. 4.

Nous rapportons à ce genre, quoique bien insuffisant encore, le moule qui a été représenté. Même localité.

N° 208. Astarte, pl. XXIV^a, fig. 3.

Ce moule, désigné par erreur sur la planche comme une Vénus, est d'ailleurs fort exact et complet, et il rappelle l'*A. obliqua*, Nyst (p. 160, pl. VII, fig. 7), du crag ; mais il est dépourvu de crénelures au bord. La charnière, d'ailleurs, semble être un peu plus compliquée et se rapprocherait de celle des conchacées : d'un autre côté, on n'aperçoit aucune trace d'échancrure palléale. Même localité.

N° 208. Cardium, indét.

Moule d'une très-petite espèce qui paraît avoir été presque lisse. Même localité.

N° 208. Lucina ?

Moule peu déterminable, le crochet ayant été enlevé, d'une bivalve plus haute que large, assez renflée, dont la charnière représenterait plutôt celle d'un *Cardium*, mais l'absence de toute trace de côtes et l'existence, autant qu'on en peut juger, de l'impression musculaire prolongée en languette, doivent faire suspendre tout jugement définitif sur les caractères même génériques de ce fossile. Même localité.

N° 246. Melania ortakieuiensis, nov. sp.

Coquille fusiforme allongée, composée de 8 tours, un peu scalariformes, aplatis, finement et régulièrement striés (on compte 20 stries sur l'avant-dernier tour). Ouverture étroite, fort petite, allongée, anguleuse à son extrémité supérieure, se prolongeant un peu à sa base, qui est versante et légèrement tronquée. Bord droit probablement simple et s'appliquant sur l'avant-dernier tour, un peu sinueux à son extrémité inférieure. Bord gauche revêtu d'une large callosité dans toute son étendue, mais s'atténuant vers la base en se confondant avec le prolongement de la columelle. Hauteur, 25 millimètres ; largeur du dernier tour, 5.

Observations.— Cette élégante petite coquille, que l'on n'aurait pas autrefois hésité à placer avec les Mélanies, est aujourd'hui très-difficile à classer parmi les genres nombreux créés aux dépens de ces dernières, car les caractéristiques des *Eulima*, des *Turbonilla* ou *Chemnitzia*, des *Keilostoma*, des *Diastoma*, ne lui conviennent pas absolument, aussi la laisserons-nous provisoirement avec les Mélanies de la section B. de M. Deshayes.

Calcaire grisâtre, à grains de quartz, mica et amphibole d'Ortakeui.

N° . Melania Verrolloti, nov. sp., pl. XXIV^b, fig. 6, 7, 8.

Cette coquille figurée n'a pas été retrouvée dans la collection.

N° 246. Callianassa, indét.

Portions de mains et doigts d'une espèce de ce genre de crustacé, mais insuffisantes pour la déterminer. Montagne d'Ortakeui, près du col, dans la même roche que la coquille précédente. Viquesnel signale sur ce point des grès et des calcaires nummulitiques ; il serait donc possible que ces fossiles en provinssent, mais la roche ne nous a offert aucune trace de rhizopodes.

N° 40. MELANOPSIS INCERTA, Féruss. (*M. buccinoides*) var., pl. XXIV*b*, fig. 5, *a*.

Cette coquille nous paraît différer seulement du *M. incerta*, Féruss. (*Mém. Soc. d'hist. nat. de Paris*, vol. I, p. 156, pl. I, fig. 12, et pl. II, fig. 6, 18), en ce que la base de la columelle, brisée dans nos individus, ne se relève pas comme dans les figures données par de Férussac.

Sables ferrugineux coquillier de Buyuk-Tchekmedjé.

N° 40. MELANOPSIS INCERTA, Féruss., var. (*M. buccinoides*), pl. XXIV*b*, fig. 4, *a*.

Nous regardons provisoirement cette coquille comme une var. *major* de la précédente, n'en possédant qu'un seul individu. Sa forme est moins ovoïde, le dernier tour est plus dilaté à la base et vers sa partie moyenne. — Avec la précédente.

N°s 40 et 50. MELANOPSIS INCERTA, Féruss., var.

Nous rapportons à une troisième variété une coquille, de taille intermédiaire entre les précédentes, mais plus fusiforme, son sommet étant un peu plus acuminé, et la base du dernier tour ou du bord droit étant moins dilatée.

Un individu se trouve aussi dans les sables ferrugineux de Buyuk-Tchekmedjé, et d'autres proviennent des marnes grises sableuses de Rodosto.

Ces diverses formes sont sans doute voisines des *M. buccinoidea*, Féruss., et *prerosa*, Linn.; mais elles en diffèrent par la spire toujours plus courte, moins acuminée et leurs contours plus arrondis. Elles sont d'ailleurs elles-mêmes très-variables, et peut-être une série plus complète d'individus pourra-t-elle modifier ces distinctions provisoires.

N° 716. MELANOPSIS INCERTA, Féruss.; type, *loc. cit.*, p. 156, pl. I, fig. 12; pl. II, fig. 6.

Les échantillons de la mollasse grise micacée de Maltêpê répondent parfaitement à cette espèce signalée par de Férussac, avec le *M. costata*, dans les collines de Sestos et d'Abydos.

N° 27. MELANOPSIS COSTATA, Féruss. (*Mém. Soc. d'hist. natur. de Paris*, vol. I, pl. VII, fig. 14, 15.)

Moules et empreintes nombreuses, avec *Cypris*, dans un calcaire marneux, blanchâtre, du Takir-Dagh.

N° 32. NERITINA DANUBIALIS, Desh., *Mém. Soc. géol.*, 1re sér., vol. III, p. 65, pl. V, fig. 4, 5.

Calcaire marneux rempli de cette petite coquille, encore revêtue de linéoles brunes violacées, avec *Melanopsis costata*, *Melania curvicosta* (moule)? Desh., *Cardium gracile*, Pusch, etc.

Takir-Dagh, une lieue à l'ouest de Kutchuk-Tchekmedjé.

N° 87.

Roche gris-verdâtre, à grain fin, presque exclusivement composée de petits cristaux de feldspath, d'amphibole et de mica noir, que l'on prendrait à la première vue pour un produit igné et renfermant un moule brunâtre incomplet d'une coquille ayant l'aspect d'un assez gros Bulime.

Ravin à trois quarts de lieue à l'est-nord-est de Kavak, golfe de Saros.

N° 80. Murex trunculus, Linn., pl. XXIV^a, fig. 3, *a*.

Espèce vivante, trouvée dans un dépôt du ravin à l'est de Kavak, golfe de Saros. D'après l'état des échantillons, ce doit être un dépôt moderne.

N° 3. Mactra, pl. XXIV^a, fig. 5, *a*.

Coquille (moule) transversalement elliptique, inéquilatérale; sommets proéminents, au tiers antérieur du disque. Impression musculaire antérieure petite, peu apparente; la postérieure plus prononcée, limitée par un pli qui, remontant vers le crochet, rejoint vers le bas l'impression palléale, en formant un sinus. Les plis qui accompagnent le bord supérieur de l'impression palléale dans toute son étendue, remontaient à l'intérieur du disque sous formes de hachures, qui s'affaiblissaient vers les crochets où elles disparaissaient complétement. Côté antérieur arrondi, côté postérieur un peu prolongé, se reliant au côté supérieur ou ligne cardinale par une courbe continue. Diamètre transverse, 33 millimètres; hauteur, 23; épaisseur, 14.

Calcaire jaunâtre, très-finement oolitique ou concrétionné du Pyrée, près d'Athènes.

N°s 3 et 75. Mactra, pl. XXIV^a, fig. 6, *a*.

Coquille (moule) plus allongée transversalement que la précédente, et plus régulièrement arrondie à ses extrémités; crochets petits, surbaissés, un peu moins avancés que dans l'autre coquille. Impressions musculaires et palléale peu distinctes, mais probablement différentes aussi.

Même roche et calcaire dur jaunâtre, compacte avec de petits *Rissoa* de la même localité, et aussi dans les calcaires bruns de Nébilkeui.

N°s 54, 75. Mactra podolica, Eichw., pl. XXIV^a, fig. 1, 2 (*M. Renieri*), 8, *a* (*Crassatella Guignauti*, var.) XXV^b, fig. 10, *a* (id.), *M. deltoidea*, Lam., Dub. de Montpér., pl. IV, fig. 5-6; *M. cuneata*, Sow. in Pusch et *biangulata*, id., pl. VIII, fig. 4; Hörnes, *Die foss. Mollusk. des tertiar Beckens von Wien.*, vol. II, p. 62, pl. VII, fig. 1-8; *M. Renieri*, Brocc. ?

Nous rapportons aux figures données par le savant paléontologiste de Vienne une coquille (fig. 2) fréquente dans un grès calcarifère, argileux ou psammite d'Achiklar, à 4 lieues de Rodosto, dont le test de tous les fossiles est à l'état spathique, puis des moules un peu plus transverses (fig. 1) du calcaire brun de Nébilkeui.

N° 143, fig. 8, *a*, sous le nom de *C. Guignauti*, var. *e'*, est une des variétés de Mactre représentées par M. Hörnes, fig. 7, *a*, *b*, comme les fig. 5, *a*, *b*. Ces deux dernières sont très-répandues dans les calcaires sableux et micacés ou mollasses de Tonilektchi, route de Tchampkeui à Féré. Une autre variété (pl. XXV^b, fig. 10, *a*) comprend des moules de la même localité, plus petits, plus trigones, à crochets plus proéminents, mais qui, dans le doute où nous laissent les nombreuses formes que M. Hörnes a reunies sous le nom imposé par M. Eichwald, doivent au moins être rapprochées.

La figure 11, sous le nom de *C. Prevosti*, est un moule de la même localité, beaucoup mieux accusé par ses caractères, mais trop renflé pour être attribué à une Crassatelle aussi petite.

N° 52. Psammite micacé, gris, du Takir-Dagh, avec la même forme de bivalve que le n° 75.

N° 215. Calcaire jaune terreux à points verts; une demi-lieue au nord de Démotika, descente du plateau septentrional avec les formes pl. XXV^b, fig. 10, et *deltoidea*, type.

N° 716. CORBULA SAULCYI, nov. sp., pl. XXV^b, fig. 13, *a*.

Coquille subéquivalve, inéquilatérale, subtrigone, assez renflée, arrondie en avant, prolongée et subrostrée en arrière. Crochets médiocres, d'où part une carène qui se dirige en arrière jusqu'au bord et limite, plus ou moins nettement, le corselet grand et excavé. Fossette cardinale grande, triangulaire ; dent postérieure petite. Toute la surface est couverte de stries concentriques inégales, plus ou moins prononcées. Diamètre transverse, 22 millimètres ; hauteur, 16 ; épaisseur, 14.

Observations. — Avec les individus figurés et que nous venons de décrire, on en trouve d'autres de même taille, mais plus régulièrement trigones, moins renflés, dont le prolongement postérieur est moins prononcé, ainsi que la carène, mais dont nous ne connaissons pas la charnière.

Localité. — Grès grisâtre ou mollasse calcarifère, à points verts, de Maltêpê.

N° 246. DIPLODONTA APICIALIS? Philippi, pl. XXIV^a, fig. 10, *a*, *b* (*Cytherea Vernassi*).
Diplodonta apicialis, Phil., *Enumeratio mollusc. Siciliæ*, p. 30, pl. 4, fig. 6.

Moules et empreintes qui semblent plutôt se rapporter à cette petite coquille que constituer réellement une espèce nouvelle et surtout appartenir au genre Cythérée. La *D. trigonula*, Bronn, qui en a été distinguée, serait aussi voisine de la nôtre et la même pour M. Hörnes, tandis que M. Nyst y réunirait la coquille du crag, désignée par Bronn sous le nom de *D. parvula* (*Lucina*, *id.*, Munst.). Nos empreintes montrent d'ailleurs un système de stries concentriques plus prononcées et plus symétriques que les coquilles que nous venons de rappeler.

Calcaire gris très-finement oolithique, avec des moules et des empreintes peut-être de *Paludestrina acuta*, Drap.

N° 716. CARDIUM PAULINI, nov. sp., pl. XXV^b, fig. 12, *a*.

Coquille gibbeuse, irrégulière, transverse, à crochets obtus ; très-recourbée, couverte de côtes rayonnantes, inégales, plus prononcées vers le bord postérieur, plus nombreuses et plus délicates sur les parties moyenne et antérieure ; charnière imparfaitement connue. Une dent latérale antérieure, une première dent oblique sous le crochet, et probablement une seconde dent latérale postérieure.

Grès calcarifère grisâtre à points verts, de Maltêpê.

N° 215. Cardium edule, Linn., var.?

Moules dans un calcaire jaune terreux, à grains verts, de la descente du plateau septentrional de Démotika, une demi-lieue au nord de la ville. Cette forme se rapproche aussi de certains types du calcaire des steppes.

N° 143. Cardium edule, Linn., pl. XXIV^{a}, fig. 7, *a*.

Calcaire gris sableux, à points verts, de Tamlektchi, route de Tchampkeui à Féré.

N° 712. Cardium protractum, Eichw.

Marne grise avec *Rissoa ventricosa*, Philippi, vol. II, p. 124.

N° 43. Unio Delesserti, Bourg., pl. XXIV^{b}, fig. 1, *a*, 2, *a*.

Unio Delesserti, Bourguignat, *Voyage autour de la mer Morte*, par M. de Saulcy; *Mollusques*. In-4°, 1853, p. 37, pl. III, fig. 7.

Cette coquille nous paraît identique avec celle de la Palestine, et nous avons fait représenter, fig. 2, *a*, une coquille plus petite, plus renflée ou gibbeuse, dont le côté antérieur est plus étroit et qui semble n'en être qu'une variété. Toutes deux proviennent d'un sable grossier ferrugineux à points verts, du Takir-Dagh; d'autres individus sont plus courts et plus hauts.

N° 43. Unio, indét., pl. XXIV^{b}, fig. 1, *b*.

Nous croyons devoir distinguer provisoirement des précédentes une coquille du même gisement, mais sensiblement plus étroite, déprimée, à crochets plus proéminents. Ses contours sont aussi moins arrondis, subquadrilatères ; la charnière est droite; les angles antérieur et postérieur sont beaucoup plus prononcés. Nous n'avons sous les yeux qu'un individu complet, ce qui nous a fait hésiter à lui imposer définitivement un nouveau nom.

Ces mêmes sables, de Takir-Dagh, renferment en outre de petites coquilles voisines des *Rissoa* ou *Hydrobia*, mais dont l'ouverture, allongée et étroite, est un peu versante à sa base et le bord droit remonte sans inflexion jusqu'à sa jonction avec le dernier tour. Un seul individu ayant cette partie assez bien conservée ne nous a pas permis de conclusions précises relativement au genre où ces petits gastéropodes doivent être placés. Il ressemble d'ailleurs beaucoup à la coquille représentée pl. XXIV^{b}, fig. 6, sous le nom de *Melania Verrolloti*.

N°s 708 et 43. Congeria, indét.

Moules de *Congeria*, dans un calcaire gris celluleux. Ils sont plus fortement carénés que ceux de Crimée, et quoique se rapprochant du *C. balatonica*, Partsh. (*Ann. des Wienn. Mus.*, vol. I, 1836, p. 100, pl. XII, fig. 13-16; *Mytilus*, *id.*, Gold., p. 173, pl. CXXX, fig. 2, *a*, *b*, *c*; Pictet., *Traité de paléont.*, pl. LXXXI, fig. 10), plus que tout autre, ces moules paraissent en différer par leurs crochets plus proéminents et plus avancés, par le côté antérieur moins excavé, par l'expansion postérieure plus basse, la ligne cardinale étant plus oblique, la coquille plus gibbeuse aussi, comme nous l'avons fait remarquer pour les *Congeria* du n° 793. En comparant ces fossiles au *C. sub-globosa*, Partsch., pl. XI, fig. 6, on reconnaît qu'ils sont beaucoup plus étroits, que la carène est plus détachée et que leur taille est beaucoup moindre. Le n° 43, provient d'un grès grossier ou sable trappéen de Silivri.

N° 217. Calcaire blanchâtre rempli de *Congeria*, paraissant se rapporter au n° 793. Environs de Démotika.

N° 28. Calcaire blanc, subcristallin, rempli de moules, probablement de Cyrènes, subtrigones, très-globuleuses, rappelant la *C. Gemellari*, Phil., vol. I, p. 29, pl. IV, fig. 3, et la *Corbicula trigonata* ou *consobrina*. La même roche paraît renfermer une seconde espèce plus transverse.

Descente à Kutchuk Tchekmedjé, 3 lieues à l'ouest de Constantinople, littoral de la mer de Marmara.

N° 41. PECTEN GLABER, Lam. var., pl. XXIV^{a}, fig. 12, *a*, *b*, *c*, *d*.

Espèce vivante, recueillie sans doute dans un dépôt récent de la colline à l'ouest de Buyuk-Tchekmedjé, 6 lieues 1/4 à l'ouest de Constantinople.

N° 802. OSTREA, indét.

Valve supérieure d'une petite espèce allongée, à talon renversé, assez grand, comme dans l'*O. cochlear;* bords supérieurs crénelés. Marne grise du barrage du lac de Derkos, probablement plus ancienne que les gisements précédents.

N°s 72 et 44. OSTREA EDULIS, Linn.

Érégli et Ganos; dépôts récents du littoral de la mer de Marmara.

N° 73. Conglomérat coquillier avec *Congeria* (*Mytilus rostriformis*, Desh.), *Cardium ovatum*, Desh., *C. protractum*, Eichw., *Paludestrina*, *Neritina danubialis*, Desh.

Kora, une lieue au sud de Ganos; mer de Marmara.

N° 110. Calcaire blanc, celluleux, rempli de moules du *Mytilus acutirostris*, Gold., *Cardium protractum*, Eichw., *C. gracile*, Pusch. Ces deux dernières coquilles se trouvent aussi dans les dépôts tertiaires supérieurs de l'Asie Mineure et de la Grèce, et la première dans beaucoup d'autres localités et gisements du même âge.

Fakirma (Souloudja des Turcs), route de Kavac à Énos; Takir-Dagh.

N° 144. Calcaire gris marneux ou mollasse sableuse avec une multitude d'empreintes et de moules de *Corbula nucleus*, Lam., espèce vivante.

Environs de Tomlektchi, retour de Tchampkeui à Féré.

N° 148. Grès mollasse, avec *Corbula nucleus*, de Féré, vallée de la Maritza.

N° 122. Calcaire lumachelle récent de Maestra, une lieue à l'est d'Énos, exclusivement composé de *Cardium*, de Cyclades, de Néritines, avec un moule d'*Helix* voisine des *H. strigella* et *carthusiana.*

N° 63. Roche noire avec feldspath et grains de quartz, portant une empreinte de bivalve (*Potamomya?*). Entre Kanos et Avdin.

N° 73. Calcaire gris sableux coquillier, avec *Neritina danubialis*, Desh., *Mytilus spathulatus*, Gold., pl. CXXIX, fig. 12 (*Congeria*, id., Partsch), *Melanopsis*, peut-être un jeune du *M. prerosa*, Linn. ou *buccinoidea*, Féruss.

Kosa, une lieue au sud de Ganos; mer de Marmara.

N° 44. Conglomérat coquillier récent d'Érégli, sur le littoral de la mer de Marmara : *Cardium tuberculatum*, Linn., *C. edule*, id.; *Lucina lactea*, id.; *Mactra subtruncata*, Mont.; *Donax semistriata*, Poli; *Venus gallina*, Linn.; *Ostrea edulis*, id.

APPENDICE DEUXIÈME

RAPPORT

A MONSIEUR LE DIRECTEUR GÉNÉRAL DE L'ADMINISTRATION DES TABACS, A PARIS,

SUR LA PRODUCTION, L'EXPORTATION, LA CONSOMMATION LOCALE,
LES PROCÉDÉS DE CULTURE ET LE COMMERCE DES TABACS DANS LES PROVINCES DE LA TURQUIE D'EUROPE
SITUÉES AUTOUR DES MONTAGNES DU RHODOPE ET DANS L'INTÉRIEUR DE CE MASSIF.

Les précédents rapports que j'ai eu l'honneur d'adresser à l'Administration générale des tabacs renferment les renseignements que j'ai pu obtenir pendant le cours de la première partie de mon voyage; il me reste à fournir ceux que j'ai recueillis pendant le cours de la dernière partie. Ces dernières données concernent la presque totalité des provinces qui constituent le massif du Rhodope.

J'ai pensé qu'il serait intéressant de comprendre dans un seul rapport l'ensemble des connaissances acquises sur cette vaste contrée qui produit les meilleurs tabacs de la Turquie d'Europe. J'ai donc inséré dans cette notice les renseignements sur le Kizildéli, dont j'ai fait mention dans le rapport du 16 juillet 1847.

PLAN DU RAPPORT.

L'Administration générale des tabacs, dans sa lettre du 17 novembre 1846, m'a posé une série de questions sur les tabacs. Je divise en deux chapitres les renseignements que j'ai obtenus sur ces différents sujets, sans m'astreindre à suivre l'ordre dans lequel les questions ont été posées.

Le premier chapitre traite de la production, de l'exportation et de la consommation locale; le second considère les procédés de culture et le commerce des tabacs. Les détails que je vais donner sur le contenu des paragraphes dont les chapitres se composent serviront de table des matières au présent rapport.

CHAPITRE PREMIER

PRODUCTION, EXPORTATION ET CONSOMMATION LOCALE.

Cette première partie se subdivise en quatre paragraphes, savoir :

§ Ier. Position géographique des districts du Rhodope qui produisent le tabac à fumer (page 486).

J'indique les limites de ces districts, la configuration du sol, les hauteurs des plaines et des montagnes au-dessus du niveau de la mer, les bassins orographiques et hydrographiques.

§ II. Nature des terrains employés à la culture des tabacs (page 494).

Ce paragraphe fait connaître la constitution géologique des districts, la composition minéralogique des terrains considérés comme les plus favorables à la production, les cantons qui produisent les qualités les plus estimées; l'influence de l'exposition, de la hauteur absolue, de la distance à la mer et de la latitude. J'établis ensuite une comparaison entre le sol du Rhodope et celui de la France, et donne l'indication des circonstances dans lesquelles on devrait se placer pour obtenir en France des qualités analogues à celles de la Turquie.

Enfin, le paragraphe se termine par un coup d'œil sur les propriétés que possèdent les tabacs récoltés dans les différents districts énumérés.

§ III. Importance des districts du Rhodope sous le rapport de la production du tabac destiné à l'exportation et à la consommation locale (page 500).

L'évaluation des quantités de tabacs destinées à l'exportation résultent de renseignements fournis notamment par M. Badetti, négociant à Andrinople, et par M. Clerissi, négociant et agent consulaire de France à Kavala. Ce dernier a bien voulu me donner copie des renseignements qu'il a recueillis, pour ses affaires personnelles, sur le montant des récoltes de 1844, 1845, 1846 et 1847, obtenues dans les différents villages qui composent les districts méridionaux du Rhodope. Je renvoie cet intéressant relevé à la fin du rapport, à titre de pièces justificatives.

Après avoir donné l'évaluation des quantités de tabac exportées, j'indique les contrées auxquelles elles sont destinées; ensuite j'évalue approximativement la consommation locale d'après la population du pays.

Enfin, j'expose les circonstances qui ont amené la réduction progressive de la production du tabac.

§ IV. Quantités de terres plantées en tabacs, et produits moyens par mesure de terre cultivée en tabac dans les différents districts du Rhodope (page 505).

Ce paragraphe comprend :

1° Le rapport qui existe entre les mesures de terre turques et françaises;

2° La détermination du nombre de tiges de tabac plantées dans un hectare carré;

3° L'évaluation du produit moyen d'un hectare cultivé en tabac;

4° De la solution des questions précédentes ressort la connaissance du nombre d'hectares plantés en tabac.

J'ai eu soin de comparer, chemin faisant, les résultats correspondants obtenus en France.

CHAPITRE II

CULTURE ET COMMERCE.

Ce chapitre se subdivise en six paragraphes, savoir :

§ Ier. Procédés de culture en usage (page 512), comprenant les opérations du semis, de la préparation des terres destinées à recevoir les plants de tabac, de la coupe des tiges à leur sommet, de la récolte, du séchage des feuilles, de l'emballage, de la vérification du tabac avant la livraison.

§ II. Opérations postérieures à la livraison jusqu'au moment de l'embarquement (page 516).

Ce paragraphe décrit l'estive en magasin, la préparation du tabac à fumer en usage, les frais de transport, frais divers jusqu'à l'embarquement et frais de nolis.

§ III. Prix moyen des tabacs récoltés dans les divers districts du Rhodope (page 519).

§ IV. Droits divers dont la production et le commerce du tabac sont frappés en Turquie (page 521).

Je considère :

1° Les impôts actuellement en vigueur frappant toute espèce de propriété et de produits;

2° Les impôts concernant le tabac en feuilles;

3° Les impôts actuellement supprimés.

A l'occasion de ces derniers, j'explique les causes de l'inégalité du droit exigé, en 1846, à la sortie des tabacs, suivant le port d'embarquement, inégalité qui m'a été signalée par la lettre en date du 17 novembre 1846, de M. le directeur général de l'Administration des tabacs.

§ V. **Mode d'achat en usage en Turquie (page 525).**

§ VI. **Observations relatives aux achats faits pour le compte des soumissionnaires français chargés d'approvisionner l'Administration des tabacs (page 526).**

J'indique les inconvénients de la méthode adoptée par les soumissionnaires dans leurs achats, les modifications qu'ils devraient apporter dans leur manière d'opérer, les époques les plus favorables pour l'expédition des ordres d'achats, etc.

PIÈCES JUSTIFICATIVES.

Tableaux des récoltes obtenues en 1844, 1845, 1846, 1847, et destinées à l'exportation, d'après M. Clerissi, agent consulaire de France à Kavala.

CHAPITRE PREMIER.

PRODUCTION DU TABAC DANS LE MASSIF DU RHODOPE, EXPORTATION ET CONSOMMATION LOCALE.

Ce chapitre se partage en quatre paragraphes. (Voyez, dans le plan du rapport qui précède, le détail des matières traitées dans chacun de ces paragraphes.)

§ Ier. — Position géographique des districts du Rhodope qui produisent le tabac à fumer.

Le massif du Rhodope comprend les accidents du sol qui sont limités, savoir :

A l'O., par la rive gauche du Strouma ou Karasou (l'ancien Strymon).

Au N. et à l'E., par la rive droite de la Maritza ou Meretz (l'ancien Hebrus).

Au S., par la mer de l'Archipel.

La contrée renfermée dans ces limites naturelles représente à peu près un parallélogramme régulier dont les grands côtés, orientés environ de l'E. à l'O., sont formés par le rivage de la mer et par la vallée de la Maritza, depuis son origine près de Samakov jusqu'à Andrinople, tandis que les petits côtés, orientés environ du N. au S., sont tracés par la vallée du Strouma, d'une part, et de l'autre par le cours inférieur de la Maritza, depuis Andrinople jusqu'à son embouchure dans le golfe d'Enos. Ce grand quadrilatère se trouve à peu de chose près entre les 41e et 42e degrés de latitude N. et les 21e et 24e degrés de longitude à l'E. du méridien de Paris. Sa surface présente donc environ une longueur de cinquante-huit lieues communes de France (de 25 au degré) sur vingt-cinq à trente lieues de largeur.

Les différents districts de la Turquie d'Europe qui produisent les meilleures qualités de tabac sont groupés autour de ce vaste massif de montagnes, sur ses contre-forts et dans quelques-unes de ses vallées. Ces districts sont :

Dans la partie orientale, Dimotika (comprenant le Kizildéli), Fêrè et Makri.

Au N., Andrinople (comprenant Tchirmen), Hazkeui.

Au N.-O., Kostendil, Doubnitza et Djoumaa.

Dans la partie méridionale, Drama, Pravista, Kavala, Sarichaban, Iénidjé et Gumourdjina.

Dans la partie centrale du massif, Nevrokop et Raslouk, d'une part; de l'autre, l'Aartchélébi et le Sultaniéré.

Je laisse de côté le district de Salonique, que je n'ai pas visité pendant le cours de mon dernier voyage et qui se trouve en dehors des limites naturelles du Rhodope.

Jetons un coup d'œil rapide sur ces cantons producteurs.

1° Dimotika, comprenant le Kizildéli.

Le district de Dimotika est limité à l'E. par le cours de la Maritza, au N. par le district d'Andrinople, à l'O. par le cours du Bourgas, affluent de l'Arda, au S. par le district de Fêré.

Les montagnes à l'O. de Dimotika, qui forment la partie orientale du massif du Rhodope, présentent un axe principal dirigé du N. au S., dont l'extrémité septentrionale prend naissance à la vallée de l'Arda et dont l'extrémité opposée se termine aux environs de Makri. Les plus hautes sommités donnant naissance aux trois branches qui composent le ruisseau torrentueux du Kizildéli dépassent, à l'O. de Dimotika, la hauteur de 1000 mètres au-dessus de la mer. Les contre-forts orientaux de cette chaîne constituent des plateaux étendus dont l'altitude est d'environ 400 mètres au Têkê et de 200 à 250 à Sirtkarakilissé, celle de la Maritza, auprès de Dimotika, étant d'environ 100 mètres. Les vallées profondément encaissées qui sillonnent les plateaux commencent à s'évaser à des distances variables de la Maritza, dont elles sont tributaires.

Le versant occidental de la chaîne envoie le produit de ses eaux au Bourgas, affluent de l'Arda. Il se compose de plateaux beaucoup moins étendus que ceux du revers opposé, étagés les uns au-dessus des autres, surmontés de gros mamelons ou de rochers escarpés et couverts de forêts et de pâturages entremêlés de cultures. Les vallées y sont encaissées jusqu'à leur réunion avec le Bourgas. Le lit de cette rivière torrentueuse, à son confluent avec l'Arda, se trouve à une hauteur absolue d'environ 150 mètres; celle des villages est généralement comprise entre 160 et 300 mètres; elle est pour quelques-uns de 400 et même de 500 mètres.

Le tabac s'y cultive avec succès, mais en moins grande quantité que sur le versant opposé. Il croît principalement dans la vallée du Kizildéli, sur les plateaux qui séparent les branches dont ce torrent se compose, et dans la vallée de la Maritza.

2° Fêrè et Makri.

L'axe de la chaîne dirigée du N. au S., dont je viens de parler, décroît de hauteur dans son prolongement méridional. Sa partie médiane, appartenant au district de Fêrè, comprend des cimes de 500, 600 et même 700 mètres. L'extrémité de la chaîne appartenant au district de Makri se compose de protubérances dont la plus grande hauteur s'élève à 200 ou 300 mètres. Ces deux districts sont limités à l'E. par la Maritza, à l'O. par le Gumourdjina. On cultive le tabac en petite quantité dans le territoire de Fêrè, sur des plateaux de 100 à 180 mètres, mais surtout dans les vallées à quelques mètres au-dessus du niveau de la mer. Cette culture est nulle dans le territoire de Makri.

3° Andrinople.

Les collines qui séparent le cours inférieur du Kizildéli et de l'Arda, et plus à l'O. la rive septentrionale de l'Arda, servent de limite méridionale au district d'Andrinople. Cette limite s'arrête à quinze lieues à l'O. de la ville d'Andrinople, au défilé de Sooukbounar, placé à une lieue à l'O. du confluent du Bourgas et de l'Arda. A partir des rochers qui obstruent dans cet endroit le cours de l'Arda, la ligne de démarcation traverse du S. au N. les montagnes, aboutit à la Maritza, et forme la base d'un triangle dont les côtés sont tracés par l'Arda et la Maritza et dont le sommet se termine à Marach, village situé à la jonction des deux rivières, à une heure à l'O. d'Andrinople.

Ce triangle constitue la partie montagneuse du district. L'axe central du triangle, allongé de l'O. à l'E., se compose dans sa partie occidentale de sommités coniques reliées entre elles par des arêtes moins élevées. La plus grande hauteur des points culminants varie de 500 à 600 mètres. Les pentes opposées de la ligne de faîte présentent des plateaux généralement boisés, hérissés de cônes et entrecoupés de profondes vallées. La partie orientale de l'axe se compose de collines qui parviennent, comme celles de la rive septentrionale du Kizildéli, à une altitude de 150 à 200 mètres, et vont mourir auprès de Marach. La hauteur absolue du fond des vallées de l'Arda et de la Maritza est environ de 150 mètres à l'extrémité occidentale du district, et de 110 à 120 mètres à Andrinople.

Un très-petit nombre de villages sont construits, dans la partie occidentale du district, à une hauteur comprise entre 400 et 500 mètres; la plupart existent soit au fond des vallées, soit sur des plates-formes ou des pentes faiblement inclinées qui atteignent 200 ou 250 mètres. Ces villages produisent une quantité de tabac peu importante, destinée à l'exportation. La partie orientale, composée de basses collines, de la plaine de la Maritza et de l'extrémité inférieure de l'Arda, qui prend une grande largeur à cinq lieues à l'O. d'Andrinople, renferme les principales localités de production du district.

4° Hazkeui.

Le district de Hazkeui est limité à l'E. par celui d'Andrinople, au S. par la rive septentrionale de l'Arda, au N. par le cours de la Maritza, et à l'E. par les hautes montagnes (1800 à 1900 mètres de l'Aartchélébi. Le relief de cette contrée présente des caractères semblables à ceux de la partie occidentale du district d'Andrinople; seulement les accidents du sol atteignent à une plus grande hauteur par suite du relèvement général qui se prononce de plus en plus à mesure qu'on avance vers l'O. Les plus hautes sommités du district, comprises entre l'Arda et la Maritza, parviennent entre 600 et 700 mètres. Les parties basses les plus remarquables sont : 1° la plaine de la Maritza, dont la hauteur moyenne est environ de 160 mètres; 2° la petite plaine de Krdjali, sur le bord de l'Arda, dont la hauteur moyenne est environ de 200 mètres; 3° enfin, la vallée de l'Oglou Tchaï, ruisseau qui se jette dans la Maritza auprès d'Armanli. Les villages, comme dans la partie occidentale du district voisin, se trouvent principalement répandus, soit dans le fond des vallées, soit à 50 ou 100 mètres plus haut sur les plateaux qui les dominent.

5° Vallée supérieure de la Maritza et bassin de Samakov.

La partie supérieure ou orientale de la vallée de la Maritza, bordée par les escarpements des hautes montagnes du Rhodope, ne produit que des quantités de tabac à peine suffisantes pour les besoins de la consommation locale. Il en est de même de la plaine de Samakov, située à la hauteur absolue de plus de 700 mètres, au pied oriental du Rilodagh, dont les cimes dentelées dépassent 2500 mètres.

6° Vallée du Strouma.

Bassin de Doubnitza. — Le bassin de Doubnitza se trouve à la base septentrionale de cette dernière chaîne, si remarquable par la hardiesse de ses formes et par ses pentes escarpées.

Bassin de Kostendil. — Le bassin de Kostendil s'ouvre à quelques lieues plus loin au N.-O., et, comme le premier, se tient à une altitude d'environ 450 mètres. Ces deux cavités renferment une partie des sources du Strouma. Elles sont très-fertiles en fruits de toute espèce, mais ne produisent que des tabacs de qualité inférieure.

Bassin de Djoumaa. — En descendant le cours du Strouma, on rencontre plusieurs défilés d'une longueur variable (une à trois lieues) qui resserrent son lit et le partagent en plusieurs bassins successifs. Celui de Djoumaa, placé à la hauteur absolue d'environ 300 mètres, au pied occidental du Rilodagh, fournit le meilleur tabac qui croît dans la vallée du Strouma. C'est là que vont s'approvisionner les villes et villages à vingt lieues à la ronde. Malheureusement, ce canton, entouré de toutes parts de montagnes, est d'un abord difficile; tous les transports s'y font à dos de cheval. Le cours du Strouma, obstrué par les nombreux défilés qui l'encaissent, est torrentueux et oppose à la navigation des obstacles insurmontables.

Le tabac de Djoumaa croît au fond de la vallée, sur les plateaux qui la dominent de 30 à 100 mètres, et dans les vallons qui interrompent leur continuité.

Bassins intermédiaires entre Djoumaa et Sérès. — Les bassins intermédiaires entre celui de Djoumaa et celui de Sérès côtoient le pied occidental de la haute chaîne du Périndagh, dont les points culminants s'élèvent en moyenne à 2000 mètres au-dessus du niveau de la mer. Ils nourrissent une population clair-semée et peu adonnée à la culture du tabac.

Bassin de Sérès. — Le magnifique et fertile bassin de Sérès est bordé à l'E. par l'extrémité méridionale de la chaîne du Périndagh, qui conserve encore dans ses points les plus élevés, au N.-E. de Sérès, une altitude de 1800 à 2000 mètres. Il produit à peine les quantités de tabac nécessaires à la consommation locale.

7° Drama.

Le district de Drama, placé à l'extrémité méridionale de la grande chaîne du Périndagh que nous avons vue accompagner le cours du Strouma, produit des tabacs connus dans le commerce sous les noms de tabac de la plaine et tabac de la montagne. J'indiquerai, en premier lieu, les conditions physiques dans lesquelles croît le premier.

Plaine de Drama. — La grande plaine de Drama présente, dans sa partie septentrionale, une surface de six lieues de long sur une lieue de large à son extrémité, et de deux lieues de large en face de la ville. Cette surface, légèrement accidentée, allongée de l'O.-N.-O. à l'E.-S.-E., est placée à une hauteur absolue de 60 à 80 mètres aux environs de Drama, et de 150 mètres à l'extrémité opposée. Elle est dominée : au N., par le Bozdagh, dont la cime dénudée dépasse 2000 mètres; à l'O.-N.-O., par le mont Menikien, qui s'élève à 1800 ou 1900 mètres; et à l'O. par les contre-forts de cette dernière montagne. Le territoire compris dans ces limites, arrosé par une rivière qui sort d'une caverne et par quelques sources, produit le tabac de la plaine de Drama.

La partie septentrionale de ce bassin, dirigée à peu près du S.-E. au N.-O., peut avoir cinq lieues de long sur une lieue et demie de large. Sa hauteur est généralement de 50 à 60 mètres au-dessus du niveau de la mer. Elle est bordée : au N.-E. et à l'E., par les contre-forts du Bozdagh, qui paraissent avoir 500 à 600 mètres dans les points les plus élevés, et s'abaissent à 250 ou 300 mètres en approchant de la mer; au S., par des collines de 150 à 200 mètres; au S.-O., par le Bounardagh, dont la cime, au-dessus de Pravista, semble atteindre 1100 à 1200 mètres. La surface circonscrite dans cette ceinture rocheuse est en très-grande partie transformée en marécages qu'entretiennent les sources nombreuses et abondantes qui sourdent à la base des escarpements, et vont grossir la rivière qui, après avoir arrosé la partie septentrionale de la vallée, va se jeter dans le lac de Takinos, formé par le Strouma. On n'y cultive le tabac qu'au pourtour de la cavité et au pied des escarpements. La partie tout à fait méridionale de cette cavité dépend des districts de Pravista et de Kavala, ainsi que je l'exposais tout à l'heure.

Disons maintenant quelques mots sur la partie montagneuse du district de Drama.

Montagnes de Drama. — Le Bozdagh et ses contre-forts, dont le prolongement s'étend jusqu'à la mer, séparent la cavité de Drama de la vallée encaissée du Karasou. Le versant qui regarde cette dernière vallée fait partie du district. Au N.-O. de Drama, on trouve à une hauteur absolue de 500 mètres le bassin de deux lieues carrées de Lissa, environné de toutes parts de montagnes; les villages construits au pourtour de cette plaine élevée cultivent le tabac dans la partie de la vallée du Karasou qui dépend de Drama. Les villages de Borova et de Buk sont les seuls qu'on rencontre sur le bord du fleuve. Partout ailleurs les deux rives sont tellement rapprochées, qu'elles ne laissent pas de place suffisante pour l'établissement d'une route. Les habitations sont placées sur de petites plates-formes que présente la pente ravinée des montagnes ou dans l'élargissement accidentel des ravins. La hauteur de ces villages au-dessus du niveau de la mer est de 400 à 500 mètres au pied septentrional du Bozdagh, de 350 à 400 mètres sur la pente de ses contre-forts les plus rapprochés de cette montagne, et à des hauteurs moins élevées sur les contre-forts méridionaux. Le tabac est cultivé dans toutes ces localités.

Parlons actuellement des districts de Raslouk et de Névrokop, situés dans la partie supérieure de la vallée du Karasou et qui relèvent de Drama.

8° Vallée de Karasou.

Bassin de Raslouk. — Le Karasou prend ses principales sources dans un bassin de quatre lieues de long sur une lieue et demie de large, allongé de l'O. à l'E., qui se déploie à la base méridionale du Iel Tèpê, dont les contre-forts se relient au N. avec le Rilodagh, au S. avec le Périndagh. Le fond de cette plaine élevée, dans laquelle est situé le village de Raslouk, se trouve à environ 700 mètres au-dessus du niveau de la mer. Elle est dominée au S. par le Iel Tèpê, dont les plus hautes sommités paraissent atteindre à 2500 mètres, et au N. par les cimes de 2000 mètres qui s'élèvent à trois ou quatre lieues de Raslouk et bordent au S. l'extrémité supérieure de la vallée de la Maritza. Ce bassin communique avec celui de Névrokop par une série de défilés de dix lieues de longueur, célèbres dans les chants slaves sous le nom de Kiz Derbend (défilé de la Fille). La production du tabac est insignifiante dans un pays aussi montueux.

Bassin de Névrokop.—Le Karasou sort du défilé de la Fille à une lieue au N. de Névrokop, et coule à une hauteur absolue de plus de 400 mètres dans une plaine de trois lieues de long sur une largeur variable de 2000 à 5000 mètres. Le fleuve pénètre, au S.-E. de la ville, dans les défilés, qui le conduisent à Borova, village précédemment cité et construit à huit heures de marche de Névrokop.

Principal affluent du Karasou. — Le seul tributaire considérable du Karasou prend naissance sur la pente occidentale de la chaîne du Dospat Iaïlassi. Cette chaîne, composée de cimes de 1800 à 1900 mètres, commence à quelques lieues au S. de Tatar Bazardchik et se prolonge jusqu'aux environs de Xanti. Son versant oriental renferme les sources de l'Arda, qui se trouve dans le district d'Aartchélébi, dont il sera question tout à l'heure. Notre tributaire parcourt une vallée boisée en arbres verts et presque déserte, fortement encaissée, et va confluer à Borava.

L'intervalle qui sépare le Karasou de son principal tributaire est occupé par des montagnes boisées dont la plus grande élévation varie de 1000 à 1500 mètres. Cette contrée montueuse s'abaisse dans le voisinage de la plaine de Névrokop, et présente des plateaux entrecoupés de vallons.

Le bassin de Névrokop et les parties les plus basses qui l'avoisinent à l'E. produisent des quantités assez importantes de tabac à larges feuilles, qui se vendent dans le commerce, comme celui de toute la vallée de Karasou, sous le nom de tabac de la montagne de Drama.

En résumé, le bassin hydrographique du Karasou est limité à l'E. par la chaîne du Dospat Iaïlassi, à l'O. par celle du Périndagh, dont le Iel Tèpê constitue la sommité la plus élevée.

9° Pravista.

Le bourg de Pravista, comme je viens de le dire, est situé dans la partie méridionale de la cavité de Drama, au pied oriental de la plus haute cime du Bounardagh. Quelques-uns des villages qui produisent le tabac dit de Demerli sont construits dans le voisinage de Pravista, à environ 80 mètres au-dessus du niveau de la mer; mais le plus grand nombre s'élève le long de la base méridionale de la montagne, sur la route de Pravista à Orfano et au pied des montagnes qui bordent le rivage de la mer (Leftèrè ou l'ancien Kavala, etc.). N'ayant pas visité ce district, je ne puis pas donner de détails plus étendus sur leur position géographique.

10° Kavala.

La ville de Kavala est construite sur un rocher qui s'avance dans la mer et forme un petit port où quelques bâtiments peuvent trouver un refuge. La côte de la grande baie de Kavala est bordée (excepté à l'E.) par une ceinture de rochers escarpés et dépourvus de végétation. La partie septentrionale de la baie est formée par l'extrémité méridionale des contre-forts du Bozdagh; la partie occidentale, par la basse crête qui lie ces contre-forts au Bounardagh, et s'élève comme une cloison entre la mer et la plaine de Pravista. La partie orientale de la baie, formée par le delta du Karasou, fait partie du district de Sarichaban; la partie occidentale fait partie du district de Pravista.

Le tabac dit de Kavala se récolte, savoir :

1° A quelques mètres au-dessus du niveau de la mer, sur les surfaces planes et morcelées qui existent de distance en distance entre le rivage et les rochers, ou bien dans les ravins évasés qui viennent déboucher dans la mer.

2° A environ 80 mètres, en face et à l'E. de Pravista, à l'extrémité méridionale de la cavité de Drama et au pied des contre-forts du Bozdagh et de la basse crête qui surgissent entre la mer et la grande plaine de Drama.

11° Sarichaban.

Le petit territoire de Sarichaban commence à deux lieues à l'E. de Kavala; la limite entre les deux districts est tracée par le cours du ruisseau de Hadjisou. Il est séparé du district du Iénidjé par le Karasou. Les dernières crêtes des contre-forts méridionaux du Bozdagh dessinent sa limite septentrionale.

Les villages qui cultivent le tabac dit de Karchiaka ou de Sarichaban sont distribués au pied des montagnes dénudées qui s'étendent jusqu'à l'étroit défilé dont le Karasou profite pour se jeter dans la mer. Leur élévation varie de 10 à 50 mètres. La plaine du Delta est en partie inculte, marécageuse, en partie cultivée en céréales ou couverte de bouquets de bois.

12° Aartchélébi, Sultaniéré, et parties montagneuses des districts de Gumourdjina et de Iénidjé.

La difficulté de tracer séparément le relief du sol distinctif de ces quatre districts m'engage à réunir dans un seul paragraphe la description des montagnes qui les renferment. Cette marche aura l'avantage de donner plus de clarté à mon exposition et de la débarrasser de répétitions fatigantes.

Il ne sera question ici que des parties montagneuses qui appartiennent aux deux districts de Gumourdjina et de Iénidjé. Je consacrerai un paragraphe particulier à la plaine maritime où ces deux petites villes sont situées.

J'ai cru devoir, avant d'entrer en matière, donner ce court préambule et fixer à l'avance le but que je me propose.

Chaîne du Karlik. — Une chaîne que je désignerai sous le nom de chaîne du Karlik s'étend de l'E. à l'O., et se rattache, d'un côté aux montagnes du Kizildéli, de l'autre à celles qui bordent la rive orientale du Karasou. L'axe central de cette chaîne parvient généralement à une hauteur moyenne de 1000 à 1200 mètres; la partie médiane de cet axe, située au N.-O. de la ville de Gumourdjina, surgit à une altitude de 1800 à 1900 mètres. Sa distance moyenne du rivage de la mer varie de quatre à sept lieues. Le versant septentrional renferme les sources des trois principaux affluents de l'Arda, savoir :

1° L'Enosdèrè, le plus occidental de tous, qui opère sa jonction à trois lieues à l'E. d'Ismilan, chef-lieu du district de l'Aartchélébi.

2° Le Suutlu, qui débouche dans la petite plaine de Krdjali, précédemment citée et appartenant au district de Hazkeui.

3° Le Bourgas, qui conflue à 12 lieues plus à l'E. dans l'élargissement du fond de la vallée, un peu au-dessous du défilé de Sooukbounar, près de l'Ada, entre les limites des districts d'Andrinople, du Sultaniéré et du Kizildéli.

D'après la division territoriale actuelle, ces trois vallées sont réparties entre quatre districts, savoir :

1° L'Enosdèrè et la partie supérieure et tout à fait occidentale de la vallée de l'Arda composent l'Aartchélébi, limité à l'E. par le canton de Hazkeui, au S. par celui de Gumourdjina, à l'O. par les hautes montagnes du Dospat Iaïlassi qui dominent la vallée du Karasou.

2° Le cours supérieur du Suutlu et les montagnes de la rive droite ou méridionale de l'Arda forment la partie septentrionale du Gumourdjina.

3° Le quadrilatère compris entre le cours inférieur du Suutlu et la vallée du Bourgas, constitue le district de Sultaniéré, limité à l'E. par le Dimotika, à l'O. par le Gumourdjina septentrional, au N. par les cantons d'Andrinople et de Hazkeui, au S. par la chaîne du Karlik, qui le sépare de la partie méridionale du Gumourdjina.

4° La rive droite ou orientale de Bourgas appartient au Dimotika.

Aspect physique de la vallée de l'Arda. — L'Arda, resserrée depuis son origine jusqu'à 6 lieues à l'O. d'Andrinople, entre des escarpements ou des parois à pente rapide, coule au fond d'une gaîne dont la largeur est souvent insuffisante pour permettre de côtoyer les bords de la rivière. Dans ce parcours, la seule plaine à citer, celle de Krdjali, a une lieue de large sur deux de longueur.

Aartchélébi. — A Ismilan, chef-lieu du district de l'Aartchélébi, la hauteur absolue du lit de l'Arda est environ de 650 mètres; aussi ce canton comprend-il un territoire hérissé de montagnes élevées, couvertes de forêts ou de pâturages alpins, et dont les cimes se terminent par des pitons ou des cônes rocheux. Dans un tel pays, le tabac ne peut être cultivé qu'en petite quantité dans les parties les moins resserrées des vallées ou sur les petits plateaux qui les avoisinent.

Gumourdjina septentrional. — La vallée supérieure du Suutlu dépendant du Gumourdjina, allongée de l'O. à l'E. parallèlement au cours de l'Arda, est bordée de tous côtés par des cimes qui, à l'exception des hautes sommités du Karlik, offrent généralement une hauteur de 1000 à 1200 mètres. Elle est formée par la rencontre de deux plans inclinés en sens inverse qui descendent des deux chaînes placées en regard, dessinant l'enceinte de son bassin hydrographique. Ces deux plans inclinés, couverts de forêts et coupés de ravins profonds, constituent des solitudes qu'interrompent de loin en loin quelques rares villages. La production du tabac est à peu près nulle dans cette contrée.

Sultaniéré. — A dix lieues du confluent avec l'Arda, le fond de la vallée se trouve à l'altitude d'environ 300 mètres. A partir de ce point, la rivière change la direction de son cours, se porte du S. au N., et pénètre bientôt dans le district de Sultaniéré. Dans ce parcours, ses bords offrent de petites plaines de 1000 à 1500 mètres de large, séparées l'une de l'autre par d'énormes rochers coniques qui viennent encaisser le cours de la rivière. C'est dans ces élargissements et sur les plates-formes voisines que se trouvent les villages et les plantations de tabac. Le bourg de Mastanlé, chef-lieu du district de Sultaniéré, est construit dans une de ces petites plaines, à trois lieues de l'Arda et du petit bassin de Krdjali.

Le quadrilatère compris entre le cours inférieur du Suutlu et la rive gauche ou occidentale du Bourgas se compose généralement de montagnes terminées à leur sommet par des cônes aigus, des dômes plus ou moins arrondis ou des arêtes ébréchées par de nombreuses et profondes échancrures. De temps en temps quelques plateaux s'étendent en contre-forts et font mieux ressortir les formes hardies et pittoresques des masses qui les dominent. En un mot, la contrée présente l'aspect particulier aux pays volcaniques.

Ces montagnes, fréquemment coupées à pic dans leur partie septentrionale par le cours de l'Arda, donnent naissance à ces défilés profonds, resserrés et sauvages qui encaissent à plusieurs reprises la vallée, entre le confluent du Suutlu et celui du Bourgas. Leur hauteur maximum au-dessus du niveau de la mer est de 600 à 700 mètres. Dans la partie méridionale, à leur point de jonction avec la chaîne du Karlik, les cônes les plus élevés parviennent à 1200 mètres.

Les villages les moins élevés, placés dans le fond des vallées et sur les pentes voisines, sont à une altitude de 200 à 300 mètres. Il en existe un assez grand nombre à 600 et 800 mètres. Ils produisent du tabac en quantité peu importante pour le commerce.

Versant septentrional de la chaîne du Karlik. — Je viens d'exposer les caractères géographiques que présente le versant septentrional de la chaîne du Karlik, je vais actuellement tracer ceux du versant opposé.

Montagnes méridionales du Gumourdjina. — Les torrents qui descendent de l'axe central ont généralement, jusqu'à la plaine maritime, un cours de trois à sept lieues de longueur resserré entre des parois verticales ou des pentes abruptes et couvertes de forêts. Les deux cours d'eau les plus considérables de ces montagnes font partie du Gumourdjina. L'un, le Kouroutchaï, dont les sources les plus éloignées se trouvent au N.-O. de Iénidjé, vient baigner la base occidentale des hautes montagnes plus particulièrement connues sous le nom de Karlik, débouche dans la plaine à moitié route des villes de Iénidjé et de Gumourdjina, et forme la limite entre les deux districts. Le second cours d'eau, le Iardimli Dèressi, prend naissance à la rencontre des montagnes du Kizildéli et de la chaîne du Karlik, arrose la partie orientale de la plaine du Gumourdjina, et se jette dans la mer entre cette ville et Maronia.

La surface du versant méridional du Karlik appartenant au district de Gumourdjina est de douze à quinze lieues de long sur trois à six lieues de large. L'axe central de la chaîne la sépare du Sultaniéré et de la partie du district que j'ai désignée sous le nom de Gumourdjina septentrional.

Les contre-forts qui partent de cet axe comme des ramifications présentent généralement dans leur prolongement méridional des sommités de 1200, 1500 et 1800 mètres, qui, par conséquent, dépassent la hauteur moyenne de l'axe de la chaîne. Ces cimes élevées se terminent brusquement par des escarpements ou des pentes rapides dépourvues de végétation, et orientées de l'E. à l'O. comme la chaîne elle-même et le rivage de la mer. C'est à la base de ces escarpements que s'étendent les plaines de Iénidjé et de Gumourdjina, dont je vais m'occuper tout à l'heure.

Les villages construits dans ces montagnes sauvages sont clair-semés et se trouvent tantôt au fond d'un élargissement momentané d'une vallée ou d'un ravin, tantôt, et plus généralement, sur un petit plateau qui couronne un contre-fort ou se déploie sur ses versants. Les plus élevés se rencontrent à une hauteur de 500 à 600 et même de 700 mètres, le plus grand nombre à une altitude de 150 à 300 mètres.

Montagnes du district de Iénidjé. — Il ne me reste plus, pour terminer la description du versant qui nous occupe, qu'à dire un mot de la partie occidentale formant les montagnes du district de Iénidjé. Ces montagnes couvrent une surface de sept lieues de long sur quatre de large. Elles présentent le même aspect physique que celles du même versant qui dépendent du Gumourdjina.

Les villages qui produisent le bon tabac de montagne sont situés dans l'élargissement momentané des vallées, sur les petits plateaux et les pentes douces, à une hauteur absolue dont le maximum est inférieur à 150 mètres. Ceux qui produisent le tabac commun se trouvent à une altitude plus élevée.

Position relative des quatre districts. — On voit, en résumé, que trois districts se partagent, à peu de chose près, les deux versants de la chaîne du Karlik. Le Gumourdjina en possède la plus grande surface, et s'étend sur les deux revers opposés entre le Sultaniéré et le Iénidjé, qui se trouvent, savoir :

Le Sultaniéré, dans la partie orientale du versant septentrional; les montagnes de Iénidjé, dans la partie occidentale du versant méridional; quant à l'Aartchélébi, relégué à l'origine de la vallée de l'Arda, il possède une partie insignifiante du versant septentrional située au N. des montagnes de Iénidjé.

Après avoir jeté un coup d'œil général sur l'aspect physique que présente l'intérieur du Rhodope, et plus particulièrement la chaîne du Karlik, je donnerai une courte description des petites plaines qui longent les escarpements méridionaux de cette dernière chaîne.

13° Plaine de Iénidjé.

La plaine de Iénidjé, comprise entre la mer et les escarpements qui la limitent au N., présente une longueur de sept lieues sur une largeur très-variable. Ainsi, dans sa partie occidentale, la largeur est de quatre à cinq lieues près de l'embouchure du Karasou; elle n'est plus que de 2000 à 3000 mètres à son extrémité opposée, près du golfe de Lagos. Le tiers au plus de cette plaine légèrement ondulée est livré à la culture du tabac et des céréales; le reste, couvert de mauvaises herbes ou de roseaux, est abandonné à la vaine pâture des bestiaux. Aucune tranchée n'est ouverte pour faciliter l'écoulement des eaux; aussi, lorsqu'une pluie un peu forte vient à tomber, elle donne naissance à des ruisseaux dont les eaux suivent les pentes naturelles du terrain, s'accumulent dans les parties les plus basses, où elles sont retenues par la nature un peu argileuse du sol et y forment de grands marécages. C'est à ces circonstances que la petite ville de Iénidjé doit attribuer les fièvres qui déciment sa population pendant les chaleurs de l'été. Les familles aisées du pays vont chercher un refuge contre les maladies annuelles dans la ville de Skiedjé (Xanti des Grecs), construite en amphithéâtre à deux lieues au N.-O. de Iénidjé, au pied des montagnes et sur le cours d'un torrent. Les propriétaires, au lieu de s'entendre sur la direction à donner à l'écoulement des eaux, se contentent d'entourer leur champ de tabac d'un fossé et d'un mur de terre, précautions que l'abondance des pluies rend souvent inutile.

Les villages de la plaine de Iénidjé sont distribués en quatre cantons qui produisent les qualités de tabac connues dans le commerce sous les noms de :

Oktchiklar Iakassé (pays des tireurs de flèches);

Ortakeuiler (villages du milieu);

Baïria (villages des collines);

Ovadès (villages de la plaine).

Les villages de l'*Oktchiklar Iakassé* s'élèvent dans la partie N.-O. de la plaine, sur un plateau incliné, élevé de 40 à 60 mètres au-dessus de la mer, raviné par les eaux pluviales, et qui règne au pied des escarpements depuis le défilé de Karasou jusqu'auprès de la ville de Skiedjé.

Le plateau de *Karagheuzler* forme un bourrelet de 30 à 40 mètres qui s'unit aux collines de l'*Oktchiklar*, s'étend vers Iénidjé, et va se rattacher aux collines de Tachlik, dans le *Baïria*. Les villages de l'*Ortakeuiler* sont groupés de distance en distance sur la déclivité septentrionale du bourrelet et dans le vallon qui le sépare de l'Oktchiklar. Iénidjé et ses alentours font partie de ce canton.

Dans la partie S.-E. de la plaine et à deux lieues S.-E. de Iénidjé, surgissent les collines du *Baïria*, à une hauteur de moins de 100 mètres. Tachlik et cinq ou six autres villages sont répandus dans des vallons autour de ces faibles accidents du sol.

L'Ovadès comprend la petite plaine à l'E. de Skiedjé qui se prolonge vers le Gumourdjina, au pied des escarpements de la chaîne du Karlik.

14° Gumourdjina.

J'ai tracé précédemment les limites des montagnes du Gumourdjina; il ne me reste plus à faire connaître que celles de la plaine de ce district et ses caractères physiques.

La plaine de Gumourdjina est bordée au N. par les escarpements de la chaîne du Karlik; à l'E., par l'extrémité méridionale de la chaîne du Kizildéli, de Fêrê et de Makri; au S., en partie par la mer, en partie par les montagnes de Maronia. Elle présente une surface de dix lieues de long sur une largeur de 2000 mètres vers son extrémité orientale, largeur qui va en augmentant dans son prolongement occidental et parvient à près de quatre lieues à la hauteur de Gumourdjina. Cette large plaine se trouve partagée en deux bassins par un rideau de collines de 70 à 100 mètres de hauteur qui servent de séparation entre le cours du ruisseau de Gumourdjina et celui du Iardimli Déressi.

La plus grande partie de cette belle plaine est inculte et désolée par les fièvres comme celle de Iénidjé; le reste est cultivé en céréales. Deux cantons seulement, le Ghrdjan et le Gloyan Naïassi, produisent du tabac.

Le Gloyan Naïassi comprend plusieurs villages situés à une hauteur de 20 à 50 mètres, au pied des escarpements du Karlik, et répartis sur une étendue de deux lieues de longueur au N.-O. de la ville de Gumourdjina.

Le Ghrdjan Naïassi commence à deux lieues et demie à l'E. de la ville de Gumourdjina, et se compose des villages qui sont construits sur une étendue de deux lieues et demie de longueur et garnissent les flancs et la base de la colline interposée entre le bassin du ruisseau de Gumourdjina et celui du Iardimli Déressi.

§ II. — Nature des terrains employés à la culture du tabac.

1° Kizildéli.

Les plateaux du Kizildéli, composés de schistes cristallins, offrent trois sortes de terrains, savoir :

Un *terrain blanc* formé par la désagrégation du gneiss, du micaschiste et de la pegmatite. Ces roches, en s'altérant à l'air, produisent un sol graveleux, maigre, composé de grains de feldspath, de quartz, de paillettes de mica et d'une petite quantité d'argile.

Un *terrain noir*, plus gras, plus argileux, plus humide, généralement formé par la désagrégation de la serpentine, des amphibolites et des diorites schistoïdes. Dans quelques bas-fonds, il doit son origine à des tourbières, et dans ce cas il est riche en humus. Ce sol produit des récoltes plus abondantes, mais peu estimées.

Un *terrain rouge* formé par la désagrégation des roches amphibolifères et diallagiques sur les points où, par suite de circonstances particulières, le fer qu'elles contiennent passe à l'état de peroxydation et colore le sol en rouge. Ce terrain, moins maigre que le premier et moins argileux que le second, passe pour donner les qualités de tabacs les plus estimées.

Les vallées du Kizildéli, près de leur confluent avec la Maritza, contiennent des dépôts tertiaires composés de grès tendres, de marne et de calcaire, et des alluvions composées de sables et de graviers mélangés avec de la marne. Généralement les schistes cristallins sont colorés en rouge au contact de ces deux dépôts. Les alluvions présentent souvent la même coloration, et dans ce dernier cas elles fournissent d'excellentes qualités de tabacs.

Les alluvions de la Maritza sont un peu plus argileuses et de couleur gris noirâtre; elles sont riches en humus à Karabéili, et produisent des tabacs estimés.

2° Fèrè et Makri.

Les localités où j'ai vu cultiver le tabac avec succès (environs de Fêrè, Chaïnlar, etc.) sont généralement en plaine, et leur sol, pourvu d'humus en proportion convenable, est formé par la désagrégation des roches volcaniques et des terrains tertiaires. Le tabac de Chaïnlar, entre Makri et Fêrè, se vend de 5 à 6 piastres l'oque.

3° Andrinople.

Les collines qui avoisinent Andrinople, composées de terrain tertiaire (grès tendres, marne, argile et calcaire), vont s'adosser, à six lieues de la ville, aux schistes cristallins; la partie montueuse et occidentale du district est formée de roches volcaniques et de terrain tertiaire. Les éruptions sous-marines ont donné naissance à un dépôt formé de ponce broyée et de grès feldspathique renfermant les éléments constitutifs des roches volcaniques. Ces produits, d'origine ignée, se sont mélangés sur beaucoup de points avec les couches du terrain tertiaire, qui se déposaient à l'époque des éruptions. Ces diverses roches offrent des colorations diverses, mais la teinte la plus générale est la couleur blanche. Aussi le pays, vu de loin, paraît être recouvert d'un terrain crayeux.

Les petites plaines enclavées dans les montagnes renferment des alluvions qui participent de la nature de ces deux dépôts; à six lieues à l'O. d'Andrinople, elles deviennent sablonneuses. A partir de cet endroit, le fond de la vallée, nivelé par les alluvions actuelles, est couvert d'une couche épaisse de sable micacé légèrement argileux, de couleur grise ou blanc sale. Un dépôt alluvial plus ancien constitue dans la vallée un plateau et des coteaux. Ce dernier, renfermant une quantité prodigieuse de cailloux roulés de toute nature, se compose d'un sable marneux coloré en rouge par le fer. De loin en loin on trouve une certaine étendue de terrain alluvial noirâtre plus argileux et chargé d'humus.

Parmi ces divers terrains, le plus favorable à la culture du tabac est sans contredit le dépôt alluvial rougeâtre; en seconde ligne arrivent les alluvions blanchâtres, composées de cendres volcaniques mélangées aux détritus du terrain tertiaire.

4° Haskeui.

Les schistes cristallins de ce district sont couverts de forêts; le sol cultivé offre généralement les caractères de la partie occidentale du district précédent. C'est encore, du côté de l'Arda, l'association des roches volcaniques et tertiaires; mais en se rapprochant de la Maritza, le terrain tertiaire constitue les bas plateaux. Les alluvions des vallées se composent d'un sable marneux assez productif.

5° Vallée du Strouma.

La partie supérieure de la Maritza, la plaine de Samakov et les bassins de Doubnitza et de Kostendil ne produisant que des qualités inférieures de tabac, je me contenterai d'indiquer ici que le terrain consacré à ce genre de culture, composé des détritus provenant des schistes cristallins et de roches calcaires, paraîtrait devoir offrir des circonstances physiques aussi favorables que le Kizildéli.

Le bassin de Djoumaa, placé à une moins grande élévation au-dessus de la mer, devrait-il ses bonnes qualités de tabac à cette différence de niveau et à sa position plus méridionale, ou bien faudrait-il en chercher la cause dans l'abondance des roches amphibolifères qui entrent dans la constitution du Rilodagh, et dont les éléments désagrégés forment les plateaux qui bordent la rivière?

6° Drama, Névrokop et Raslouk.

Plaine de Drama. — La cavité de Drama était, avant les temps historiques, un lac d'eau douce dont l'existence a pour témoins des couches de grès tendres calcarifères, de marne et de calcaire travertin. Cette dernière roche, ordinairement plus ou moins colorée par le fer, renferme des proportions variables d'argile. Elle passe à des conglomérats composés de fragments de diverse nature et reliés entre eux par un ciment calcaire généralement coloré en rouge par le fer. La désagrégation de ces roches produit un sol composé des éléments des couches sous-jacentes, plus ou moins riche en calcaire et en oxyde de fer. Leur lavage par les eaux courantes ou pluviales entraîne dans les parties basses des alluvions rougeâtres légèrement argileuses.

Les villages du district de Drama placés dans la partie septentrionale de la cavité sont construits sur ce terrain lacustre que je viens de décrire et sur les alluvions formées à ses dépens. Ils récoltent des tabacs estimés : le tabac de Prsotchan, entre autres, est aussi recherché à Constantinople que celui de Iénidjé.

Montagnes de Drama. — Les montagnes du district de Drama se composent de schistes cristallins que traversent des granites sous forme de filons et de dômes. Les calcaires grenus (marbre statuaire) subordonnés aux schistes cristallins y prennent un énorme développement. Ils constituent les cimes les plus élevées du Bozdag, du Ménikien et du Bounardagh, et la plus grande partie des pentes escarpées qui entourent la cavité de Drama. Sauf l'abondance des couches calcaires, la composition géologique de ces montagnes et de leurs contre-forts est à peu près la même que celle de Kizildéli. Je mentionnerai cependant la présence d'un dépôt tertiaire arénacé, avec couches subordonnées de marne et de calcaire argileux, qui couronne quelques plateaux le long du Karasou, et notamment dans la plaine élevée de Lissa et dans celle de Névrokop, et dans le petit bassin de Borova.

Vallée du Karasou.— Les éruptions volcaniques, qui ont pris un immense développement dans le défilé de la Fille (Kiz Derbend), entre Névrokop et Raslouk, fournissent au Karasou des matériaux de transport dont l'accumulation dans quelques points de la plaine de Névrokop produit des champs fertiles. Mais, en général, le sol de toute la vallée est maigre, à peine fumé, et placé, comme je l'ai dit, à peu près dans les mêmes circonstances que le territoire du Kizildéli.

7° Pravista.

Je ne puis donner aucun renseignement sur la nature du terrain de ce district employé à la culture du tabac; mais autant qu'il est possible d'en juger de la distance où je l'ai aperçu, je crois pouvoir conclure, par analogie, que le sol de la plaine et du rivage de la mer présente la même composition que celui du district de Kavala dont je vais parler.

8° Kavala.

La partie méridionale de la cavité de Drama dépendant des districts de Pravista et de Kavala ne conserve pas de traces visibles du dépôt lacustre qui recouvre le fond de la partie septentrionale de la même cavité. Le pourtour de l'enceinte inaccessible aux eaux marécageuses qui occupent la partie la plus basse de la dépression, est recouvert d'un sable fin, un peu argileux, calcarifère, rougeâtre et renfermant de petits cristaux de fer oxydulé. Ce dépôt alluvial, entraîné par les eaux courantes et pluviales actuelles, se forme aux dépens de la désagrégation des granites et des schistes cristallins qui constituent les montagnes voisines. Sur le bord de la mer, le sol cultivé participe de la nature de la roche sous-jacente, et présente une composition très-variée.

9° Saribaban.

Les champs de tabac de ce district, que j'ai tous aperçus à une distance de 1000 à 2000 mètres, ont une teinte rougeâtre. D'après leur position géographique, j'ai la conviction la plus intime qu'ils offrent la même composition que ceux du canton d'Oktchiklar Iakassé, dont il sera question lorsque je parlerai de la plaine de Iénidjé.

10° Aartchélébi, Sultaniéré, et parties montagneuses des districts de Gumourdjina et de Iénidjé.

Je réunirai dans cet article, comme je l'ai fait pour la partie géographique, les renseignements qui concernent l'intérieur du Rhodope et plus particulièrement la chaîne du Karlik.

La masse de ces montagnes se compose de schistes cristallins dans lesquels se développent des bancs et des couches nombreuses de calcaire grenu. Ces dernières roches dominent de leurs escarpements la partie de la plaine comprise entre Xanti (Skiedjé des Turcs) et le Karasou, et au delà du fleuve, la plaine de Sarichaban. Des granites, des serpentines, se sont injectés dans les schistes cristallins ; les premiers percent dans la vallée du Karasou et à l'E. de Xanti (district de Iénidjé) ; dans la vallée supérieure de l'Arda (Aartchélébi) ; dans les environs de Gumourdjina et dans les montagnes qui en dépendent. Les serpentines constituent, dans les parties élevées du Suutlu, des plateaux bossués et se montrent au fond de quelques vallées et aux environs de Gumourdjina. Enfin des éruptions volcaniques ont produit des crêtes dentelées aux sources de l'Arda, du Karasou, du Kouroutchaï, du Suutlu et du Bourgas. Dans ces deux dernières vallées, les produits incohérents volcaniques ont contribué, comme dans les districts d'Andrinople et de Hazkeui, à la formation des couches sédimentaires de l'époque tertiaire.

La faible importance de ces contrées sous le rapport de la production du tabac me dispense d'entrer dans de plus grands détails sur la nature du sol. Il suffit d'ajouter que les trois quarts de la surface du pays se composent à peu près des mêmes roches que le Kizildéli ; mais les parties cultivables ont la plus grande analogie avec le district de Hazkeui et l'extrémité occidentale du district d'Andrinople.

11° Plaine de Iénidjé.

Le tabac de l'*Oktchiklar* croît à l'O. de Skiedjé, à Kiretchiler, sur un sol sablonneux, rougeâtre, contenant de la marne et des fragments calcaires. Ce dépôt recouvre et accompagne des bancs puissants de conglomérats calcaires. En avançant vers l'O., depuis Moussarlé jusqu'au Karasou, on trouve des couches de grès et de calcaire dont la désagrégation produit un sol rougeâtre semblable à celui de Kiretchiler. Le même terrain se prolonge au delà du Karasou, dans le district de Sarichaban.

Les collines du canton de *Baïria* se composent généralement d'un grès feldspathique à ciment calcaire et dont les éléments proviennent de produits incohérents volcaniques stratifiés par les eaux. Ces roches, colorées en jaune, en gris et en rouge, présentent les teintes variées de l'oxydation du fer à divers degrés. Leur désagrégation produit un sol sablonneux rougeâtre composé en grande partie de grains de feldspath qui, s'altérant à l'air, passent peu à peu à l'état argileux. Les champs qui produisent le meilleur tabac s'étendent sur les pentes faiblement inclinées des coteaux. Les parties basses comprises entre les deux pentes opposées des vallons donnent une qualité moins estimée. Cette différence dans la nature des produits paraît tenir à l'entraînement dans les fonds des particules argileuses par les eaux pluviales. Sur les pentes, le terrain conserve toujours une légèreté suffisante, tandis qu'il devient de plus en plus argileux dans les parties basses.

L'*Ortakeuiler* offre généralement la même composition géologique que le Baïria, aussi produit-il des qualités aussi estimées ; mais le pays n'est pas entrecoupé de vallons, l'inclinaison du sol est moins accidentée, et l'écoulement des eaux pluviales ne s'y produit pas partout avec facilité. Il résulte de là des différences notables dans la qualité des produits. Certains champs bien placés fournissent des récoltes aussi estimées que celles du *Baïria ;* d'autres champs très-étendus, et notamment les environs de la ville de Iénidjé, offrant une surface presque horizontale, donnent des tabacs médiocres qui se vendent à bas prix. Il n'en est pas de même dans le *Baïria*. Les tabacs qui croissent dans le fond des vallées de ce dernier district sont en petite quantité relativement à la récolte totale; ils sont mélangés avec les produits voisins et vendus au même prix.

L'influence du sol sur la qualité du tabac devient bien sensible si, après avoir tenu compte de l'exposition et de l'inclinaison du terrain, on se porte dans l'*Ovadès*, à l'E. de Xanti. Les plantations disposées au pied des escarpements de la chaîne croissent, à l'E. de Xanti, sur un terrain sablonneux grisâtre, formé par la désagrégation des granites et des schistes cristallins, et composé de grains de feldspath, de quartz, de mica et de cristaux microscopiques de fer oxydulé titanifère. Ce terrain est légèrement argileux et calcarifère. Il contient donc les mêmes principes chimiques que celui du *Baïria*, et cependant il ne donne que des produits communs. La conclusion qu'il me paraît naturel de tirer de ce fait, c'est que les principes chimiques ne s'y trouvent pas combinés de la même manière.

Pour terminer ce qui me reste à dire sur l'*Ovadès*, j'ajouterai que les bons terrains de ce canton participent tout à la fois de la nature de ceux du *Baïria* et de l'*Oktchiklar Iakassé*.

12° Gumourdjina.

Le sol cultivé du Gloyan Naïassi se compose des détritus des granites et des schistes cristallins; il offre donc beaucoup d'analogie avec celui des villages situés à l'E. de Xanti dont il vient d'être question.

Les plantations du Grdjan Naïassi se trouvent sur un dépôt tertiaire composé de grès tendre, d'argile, de marne et de calcaire, et coloré en gris, en vert et en jaune pâle ou foncé. Ce dépôt offre donc une très-grande variété de composition. Il trouve son analogue dans les basses collines qui se trouvent au confluent de l'Arda et de la Maritza, à une ou deux lieues à l'O. d'Andrinople.

13° Comparaison entre la nature des terrains du Rhodope et de la France.

Le massif intérieur du Rhodope se compose en presque totalité de schistes cristallins que traversent plusieurs roches d'origine ignée telles que granites, serpentine et trachyte. Ces dernières roches volcaniques ont fourni des produits incohérents qui se sont stratifiés dans beaucoup de vallées intérieures, tantôt séparément, tantôt pêle-mêle avec les couches de l'époque tertiaire.

Les schistes cristallins offrent une composition très-variée. Il serait impossible, dans le cours d'un voyage géologique, de faire la part de l'influence qu'exercent sur les produits de l'industrie agricole l'exposition, la pente, la hauteur au-dessus du niveau de la mer et toutes les autres causes climatologiques, et d'arriver finalement à reconnaître l'influence propre à la nature du sol formé par la désagrégation de chaque roche. Tout ce qu'il est permis de dire, c'est que l'expérience a démontré que le sol rougeâtre, légèrement argileux et composé de petits grains arénacés, fournit les récoltes de meilleure qualité.

Les alluvions, qui sont le résultat de l'entraînement par les eaux courantes des détritus des parties élevées d'une contrée, offrent encore la même particularité. Celles qui sont peu argileuses et colorées en rouge donnent les meilleurs produits.

Le dépôt lacustre de la vallée de Drama et le dépôt arénacé de la plaine de Iénidjé offrent une très-grande différence dans leur composition; le premier est très-riche en calcaire; le second en contient de très-faibles proportions, mais tous deux sont légers et colorés en rouge par le fer.

En résumé, quelle que soit la position des terrains cultivés en tabacs dans le Rhodope, ceux qui donnent les meilleures qualités sont légers, peu argileux et colorés en rouge.

Avant de terminer ce sujet, examinons quelle est la nature du sol employé à la culture du tabac dans les départements de la France. D'après les renseignements qui m'ont été fournis par M. Le Bechu, ces terrains sont, savoir :

1° Dans le département du Nord	Argileux.
2° Dans le département de Lot-et-Garonne	Argileux.
3° Dans le département d'Ille-et-Vilaine	Argileux, sable et humus.
4° Dans le département du Bas-Rhin	Argileux, sable et humus.
5° Dans le département du Lot	Calcaire et argileux.
6° Dans le département du Pas-de-Calais :	
1° Arrond. de Béthune	Argileux.
2° Arrond. de Saint-Pol	Argileux, marneux.
3° Arrond. de Montreuil	Argileux et sablonneux, sans être dépourvu d'humus.
4° Arrond. de Saint-Omer	Très-meuble, argileux, légèrement sablonneux, mais renfermant beaucoup d'humus.

En jetant un coup d'œil sur la belle carte géologique de la France, coloriée par MM. Élie de Beaumont et Dufresnoy, on reconnaît que la culture du tabac dans nos six départements a lieu généralement sur d'autres terrains que ceux dont le Rhodope est formé.

Les roches cristallines qui constituent les trois quarts de ce dernier massif forment un cinquième ou un quart du territoire français, savoir : le plateau central dont l'Auvergne dépend, une partie de la Bretagne, des Vosges, des Pyrénées, les montagnes des Maures, en Provence, une partie de l'Isère et des Hautes-Alpes. Or, on ne cultive le tabac dans aucune de ces localités. Les produits obtenus en Turquie sur ce terrain sont généralement forts et employés avec succès dans la fabrication du tabac en poudre. L'essai de la mise en culture des roches cristallines ne serait pas urgent à tenter en France, où l'on obtient des quantités importantes de produits destinés au même usage.

En second lieu, l'association des produits volcaniques et des dépôts tertiaires qui se trouve au S., au N. et à l'E., et jusque dans l'intérieur du Rhodope, n'existe en France que sur quelques points du territoire, savoir : En Auvergne, au pourtour du mont Dore et du Cantal; dans le Velay, autour de Mezenc et des Coyrons. Des essais devraient être faits dans ces localités. Cependant je reconnais à l'avance que les circonstances climatologiques ne sont pas les mêmes et qu'elles doivent avoir une grande influence sur la nature des produits. Ainsi le tabac de Hazkeui et d'Andrinople qui croît sur ce terrain loin de la mer, à une hauteur absolue de 150 à 300 mètres, se vend moitié moins que celui de Iénidjé. Ce dernier, protégé contre les vents du nord par la chaîne du Karlik, croît sous le 41e degré de latitude, presque au niveau et dans le voisinage de la mer. Il est vrai que le sol n'offre pas la même composition : l'un, riche en calcaire, a la blancheur de la craie; l'autre, presque dépourvu de calcaire, est coloré en rouge. On trouverait facilement, surtout dans le Velay, des terrains rouges, analogues à ceux de Iénidjé; mais malheureusement l'Auvergne et le Velay sont dans l'intérieur des terres, à une assez grande hauteur au-dessus du niveau de la mer, et sous le 45e degré de latitude.

Troisièmement, le terrain lacustre de Drama donne à Prsotchan des produits presque aussi estimés que ceux de Iénidjé. Il a un trop grand nombre d'analogues en France pour que les citations soient nécessaires. D'ailleurs l'origine lacustre ou marine des terrains et l'âge de leur dépôt sont indifférents à la question. Sans connaître les localités du territoire français cultivées en tabac, j'admets comme probable que quelques-unes possèdent un sol comparable, sous le rapport de la composition minéralogique, au sol de la cavité de Drama; mais elles ne sont pas placées dans les mêmes conditions de latitude, d'exposition, de voisinage et de hauteur au-dessus du niveau de la mer.

Enfin les alluvions produisent d'abondantes récoltes en Turquie, surtout aux environs d'Andrinople. Cette nature de terrain est très-répandue en France. Il me paraît presque impossible qu'une certaine partie des tabacs de nos départements ne croisse pas sur le dépôt alluvial.

En résumé, les procédés de culture qui sont à peu de chose près les mêmes dans toute la Turquie d'Europe, comme nous le verrons plus tard, ne peuvent pas rendre compte des différences si tranchées qu'on observe dans les tabacs que produisent les divers districts du Rhodope. Pour obtenir en France des qualités qui se rapprochent de celles qui sont le plus estimées, je pense que l'administration générale de Paris devrait encourager des essais sur les bords de la Méditerranée, dans les localités qui présentent des conditions à peu près semblables de latitude, d'exposition, d'altitude et de composition minéralogique. Certaines parties de la Corse seraient peut-être encore plus convenablement placées.

14° Propriétés dont jouissent les tabacs récoltés dans les districts précédemment décrits.

La description géographique et minéralogique du sol et l'examen des meilleurs terrains employés à la culture du tabac ont déjà fait connaître les districts du Rhodope qui produisent les récoltes les plus estimées en Turquie. Les prix d'achats mentionnés plus loin (voyez § III du chapitre II, pages 74 à 77) donneront le degré d'estime dont jouissent les différents produits. Je complète ces renseignements par quelques considérations sur les propriétés qu'ils possèdent.

Le tabac le plus estimé croît dans la plaine de Iénidjé et principalement dans le Baïria, autour du village de Tachlik. Le Tachlik, premier choix, vendu sous le nom de *tabac des écrivains* (1) possède un arome qui a de l'analogie avec celui de Latakieh (2). Il a, dit-on, la propriété de ne pas imprégner les vêtements et les tentures d'une odeur persistante comme les autres tabacs dont la fumée communique une odeur qui se dénature et devient fort désagréable. Emin Bey ne consomme que de l'*orta* (du milieu); mais il offre, aux visiteurs, du *sert* (fort) qui passe pour dissiper les effets des liqueurs spiritueuses auxquelles ses coreligionnaires sont adonnés.

Les autres tabacs de la plaine de Iénidjé sont d'autant plus estimés qu'ils se rapprochent davantage du Tachlik.

Le cru de Prsotchan, dans la plaine de Drama, fournit un produit que certains amateurs préfèrent au Iénidjé; mais c'est une affaire de goût que je suis loin de partager. Il petille en brûlant; son arome, moins délicat, est plus pénétrant. La combinaison des sels ammoniacaux avec les autres principes donne un résultat moins agréable.

Les districts de Kavala, Pravista et Sarichaban fournissent des produits dont l'arome se rapproche plus ou moins de ceux de Iénidjé ou de Drama.

Les tabacs récoltés dans les montagnes des précédents districts manquent généralement de séve, faute d'engrais. On peut cependant citer d'honorables exceptions, notamment quelques crus des montagnes de Iénidjé, qui donnent des produits presque comparables à ceux de la plaine.

Les bons tabacs d'Andrinople, de Hazkeui, de la basse vallée du Kizildéli et de Djouma ont de la force et un arome agréable. Lorsque la terre a été convenablement fumée, ils deviennent assez riches en sels ammoniacaux pour être employés avec succès à la fabrication du tabac en poudre. Autrefois, les montagnes de Kizildéli, de Fèrè, de Makri, du Gumourdjina, de Sultaniéré, etc., donnaient d'excellents produits très-propres à cet usage. Actuellement, les tabacs de ces contrées ont beaucoup perdu de leur force, par suite de la rareté des engrais (voyez, à la fin du paragraphe suivant, l'examen des causes qui ont amené cette rareté).

§ III. — Importance des districts du Rhodope, sous le rapport de la production du tabac destiné à l'exportation et à la consommation locale.

Commençons par nous occuper des tabacs destinés à l'exportation.

1° Kizidéli, Andrinople et Hazkeui.

M. Clerissi, négociant et agent consulaire de France à Kavala, a bien voulu me communiquer le relevé des récoltes obtenues dans les divers districts du Rhodope pendant les années 1844, 1845, 1846 et 1847. Ce travail (3), fait en partie sur les lieux par lui-même et complété par les renseignements de ses agents, mérite à mon avis toute confiance pour les parties méridionales du massif voisines et de sa résidence; mais je pense que M. Badetti, en rapports continuels avec le Kizildéli, est mieux placé pour en connaître avec exactitude les produits. D'après M. Clerissi, la production moyenne du Kizildéli, établie sur les récoltes des quatre dernières années, serait de 1475 balles, qui, au poids de 50 l'une, formeraient un total de 73,750 oques, ou bien au poids de 45 oques un chiffre de 66,375 oques.

(1) Le tachlik se consume sans s'éteindre. Les personnes occupées peuvent négliger leur pipe qu'ils trouvent encore allumée après une longue interruption.

(2) Emin Bey, à qui j'en fis l'observation, me dit qu'il partageait cette opinion, et que la graine pourrait bien provenir de Syrie. Il fondait cette idée sur la forme de la graine qui, disait-il, était allongée il y a plus de vingt ans et qui actuellement est arrondie comme celle du pays. Il en concluait qu'elle aurait besoin d'être renouvelée. Du reste, il ne savait rien de précis à ce sujet.

(3) Voyez, à la fin de ce rapport, parmi les pièces justificatives.

M. Badetti, fixé à Andrinople depuis plus de vingt ans, affirme que le Kizildéli produisait encore, il y a dix ans, 800,000 oques de tabac et qu'il ne peut plus en livrer au commerce que 40,000 à 50,000 .... au plus. La moyenne serait de 45,000. En prenant le chiffre de 50,000, c'est donc, à mon avis, l'évaluation maximum qu'on peut admettre.

Le même négociant fixe à 50,000 ou 60,000 oques la production actuelle des districts d'Andrinople et de Hazkeui réunis, sur lesquels M. Clerissi ne possède aucun renseignement. Le dernier chiffre est encore le maximum qu'on puisse admettre, et cependant ces deux contrées fournissaient aussi au commerce des quantités beaucoup plus considérables (1).

Il me serait difficile de déterminer dans quelles proportions figurent le tabac de plaine et le tabac de montagne; mais si j'en dois juger par l'importance des cultures que j'ai eu l'occasion de voir dans les trois districts, je suis porté à admettre : 1° que le tabac de montagne du Kizildéli forme les deux tiers de la production, soit en nombre rond 33,000 oques, et que le tabac de la plaine forme le dernier tiers, soit 17,000 oques.

2° Que le contraire a lieu dans les districts d'Andrinople et de Hazkeui, et que le tabac de montagne forme un tiers de la production, soit 20,000 oques, et le tabac de la plaine les deux autres tiers, soit 40 000 oques.

2° Iénidjé, Drama, Pravista, Kavala et Sarichaban.

La production moyenne, calculée d'après les quatre dernières années (2), donne les chiffres suivants :

NOMS DES DISTRICTS.	TABACS DE LA MONTAGNE.	TABACS DE LA PLAINE.	TOTAUX.
Iénidjé................	582,250	955,750	1,538,000
Drama................	561,425	392,487	953,912
Pravista...............	....	374,062	374,062
Sarichaban............	....	217,919	217,919
Kavala................	....	147,606	147,606
TOTAUX.......	1,143,675	2,087,824	3,231,499

3° Gumourdjina, Sultaniéré, Fèrè et Makri.

Les renseignements que j'ai obtenus auprès des négociants de cette ville établissent que la production de la plaine s'élevait, il y a huit ans, de 16,000 à 20,000 oques; actuellement elle se réduit à moitié, soit 8,000 à 10,000 oques. Celle des montagnes voisines serait de 14,000 à 16,000 oques. Total de la production, 22,000 à 26,000 oques; soit, en moyenne, 24,000 oques.

Sur cette quantité un tiers se consomme dans le pays; reste pour l'exportation 16,000 oques.

Les tableaux de M. Clerissi établissent pour les quatre dernières années la production moyenne des tabacs des montagnes du Kizildéli, à raison de 475 balles, qui, calculées au poids de 50 oques l'une, donnent une quantité de 23,750 oques, et au poids de 45 oques une quantité de 21,275 oques; soit, en chiffre rond, 21,000.

Les mêmes négociants de Gumourdjina précédemment cités évaluent à 100,000 oques la production totale des montagnes du Kizildéli, de Féré, de Makri, du Sultaniéré et du Gumourdjina. A l'appui de leur calcul et comme preuve que leur évaluation n'est pas exagérée, ils citent les ordres de

(1) Voyez, à la fin du présent paragraphe, les causes qui ont amené la décadence de la production du tabac dans la Turquie d'Europe.

(2) Voyez les tableaux de M. Clerissi, placés à la fin de ce rapport, comme pièces justificatives.

deux individus actuellement fixés à Enos et chargés d'acheter pour l'étranger 76,000 oques de tabac des montagnes précitées. Essayons de trouver les chiffres partiels dont le chiffre total de 100,000 oques peut se composer :

1° Kizildéli	50,000
2° Gumourdjina	16,000
3° Sultaniéré	21,000
Total	87,000

La différence entre ce résultat et la somme cherchée est de 13,000 oques. Elle peut représenter la production des districts de Fèrè et de Makri. Faute de documents, nous supposons que ces pays peuvent effectivement fournir cette quantité au commerce, et que 6000 oques croissent dans les montagnes et 7000 dans les vallées basses ou la plaine.

4° Récapitulation de la production des tabacs destinés à l'exportation.

Les détails précédents permettent de dresser le tableau suivant, dans lequel figurent des colonnes additionnelles représentant les produits évalués en kilogrammes. On sait que l'oque turque équivaut à environ 1^{kil},250. Le rapport est donc très-facile à établir.

TABLEAU SYNOPTIQUE

DE LA PRODUCTION DES TABACS DESTINÉS A L'EXPORTATION.

N^os D'ORDRE.	NOMS DES DISTRICTS.	Poids turcs (oques).			Poids français (kilogrammes).		
		TABACS		TOTAUX.	TABACS		TOTAUX.
		DE MONTAGNE.	DE PLAINE.		DE MONTAGNE.	DE PLAINE.	
1.	Kizildéli	33,000	17,000	50,000	41,250 »	21,250 »	62,500 »
2.	Andrinople et Haz-Keui	20,000	40,000	60,000	25,000 »	50,000 »	75,000 »
3.	Fèrè et Makri	6,000	7,000	13,000	7,500 »	8,750 »	16,250 »
4.	Drama	561,425	392,487	953,912	701,781 25	490,608 75	1,192,390 »
5.	Kavala	....	147,606	147,606	....	184,507 50	184,507 50
6.	Pravista	....	374,062	374,062	....	467,577 50	467,577 50
7.	Sarichaban	....	217,919	217,919	....	272,398 75	272,398 75
8.	Iénidjé	582,250	955,750	1,538,000	727,812 50	1,194,687 50	1,922,500 »
9.	Gumourdjina	8,000	8,000	16,000	10,000 »	10,000 »	20,000 »
10.	Sultaniéré	11,00	10,000	21,000	13,750 »	12,500 »	26,250 »
	Totaux	1,221,675	2,169,824	3,391,499	1,527,093 75	2,712,280 00	4,239,373 75

Sur cette production totale de 3,391,499 oques, destinée à l'exportation, plus des trois quarts sont fournis par les deux territoires réunis de Iénidjé et de Drama. Ces deux districts doivent donc plus particulièrement fixer l'attention.

5° Destination des tabacs exportés.

Le tabac de Kizildéli et de Dimotika s'expédie en Egypte, en Grèce, à Smyrne, à Livourne et à Trieste.

Celui de Hazkeui, estimé en Valachie, est transporté dans ce pays, d'où probablement une partie pénètre en Hongrie.

Excepté le bon tabac de Chaïnlar, près de Fèrè, qui se vend dans l'intérieur de la Turquie, le tabac des districts de Fèrè, de Makri et de Gumourdjina reçoit la même destination que celui du Kizildéli.

Il en est de même du tabac de montagne de Drama et de Iénidjé.

La plus grande partie du tabac récolté dans les plaines de Drama, de Iénidjé et dans le district de Kavala est expédié à Constantinople, le reste pénètre dans l'intérieur de la Turquie. Aucune puissance de l'Europe ne consomme ces tabacs de première qualité. Cependant la Russie a fait venir de Constantinople, en 1847, quelques balles de Iénidjé. Les droits d'importation y sont trop élevés pour permettre l'introduction de qualités inférieures.

La Hongrie prend à Démerli, près de Pravista, les quantités qui lui sont nécessaires pour compléter ce qui manque aux besoins de sa consommation. Autrefois elle faisait de grandes acquisitions dans le pays; elle produit actuellement la plus grande partie du tabac qu'elle consomme. Elle a pris ses graines à Salonique. La culture en usage en Hongrie a beaucoup amélioré la qualité des produits qui sont bien supérieurs à ceux de Salonique, connus dans le commerce sous le nom de *Karadagh* et *Djardino*.

Les tabacs achetés pour la France proviennent : 1° de la plaine et de la montagne de Drama; 2° de Sarichaban. Ce dernier, qui passe pour du Iénidjé, a la feuille verdâtre et ne vaut pas le Iénidjé. Au reste, les qualités transportées en France sont les plus communes. Aucun particulier, un peu à l'aise, habitant la Turquie, ne voudrait en faire usage.

En résumé, les meilleures qualités de tabac récoltées dans les districts du Rhodope sont expédiées à Constantinople et dans l'intérieur de la Turquie; les autres qualités sont expédiées à l'étranger.

6° Consommation locale.

La consommation locale est uniquement alimentée par les produits du pays. La simplicité des procédés employés dans la préparation du tabac à fumer rend inutile la construction de fabriques destinées à cet usage. Le cigare est inconnu en Turquie; on n'y fume que la pipe.

La population du Rhodope et des plaines et vallées adjacentes considérées dans ce rapport peut être évaluée à plus de 1,000,000 d'habitants. Dans mes précédents rapports, j'ai établi que la consommation moyenne doit s'élever à une oque au moins par tête, soit 1,000,000 d'oques pour la consommation locale.

A ce chiffre il faut ajouter les acquisitions que les colporteurs, les voyageurs et les habitants des districts voisins viennent faire par petits lots et qui ne sont pas comprises dans les exportations. Il est difficile d'évaluer le montant de ces approvisionnements à moins de 600,000 oques. Soit en tout environ 1,600,000 oques équivalents à 2,000,000 de kilogrammes.

Il serait difficile de fixer la quotité pour laquelle chaque district contribue dans cette évaluation. Plutôt que de se livrer à des appréciations hasardées, il vaut mieux rester dans les généralités. Je ferai seulement observer que le bassin de Djoumaa doit fournir une quantité de produits importants (voyez précédemment, la description de ce bassin).

En résumé, les tabacs que produit le Rhodope s'élèvent, savoir :

1° Exportations	3,391,499 oques.
2° Consommation locale	1,600,000 —
Total	4,991,499 oques.

Représentant 6,239,374 kilogrammes.

7° Causes qui ont amené la réduction progressive de la production du tabac dans les montagnes du Rhodope.

Au commencement du présent paragraphe, j'ai eu l'occasion de signaler l'énorme réduction qu'a subie la production du tabac dans certains districts du Rhodope. Je vais passer en revue les causes diverses qui l'ont progressivement amenée.

Cette décadence remonte à l'époque de la destruction des janissaires.

Les montagnes du Rhodope, habitées en très-grande partie par une population musulmane fanatique, et favorable à la cause des janissaires, servit de refuge aux débris de cette milice formidable. Une résistance armée s'organisa. Il fallut la dompter par la force. La guerre civile, les confiscations et les dévastations qui en furent les tristes conséquences ruinèrent les riches propriétaires et entraînèrent la destruction d'une quantité considérable de bestiaux qui formaient la principale richesse du pays. La rareté des engrais s'est fait sentir depuis cette époque; cependant la tranquillité paraît avoir réparé, du moins en partie, les désastres de la contrée, puisque, d'après M. Badetti, le Kizil-déli produisait encore, il y a dix ans, 800,000 oques de tabac. Ce district n'en fournit plus actuellement au commerce qu'une cinquantaine de mille. Sa décadence réelle et celle des pays de montagnes remontent donc à l'époque du *tanzimat* ou réforme.

On sait qu'en 1839 le sultan Abdul Medjid a publié le *hat* ou décret de Gulhané par lequel il a introduit dans l'administration intérieure de l'empire des changements copiés sur l'organisation des puissances européennes. Dans l'intention de détruire les abus relatifs à la perception des impôts, il a ordonné une enquête pour connaître le montant de tous les droits supportés par chaque province sur toutes les natures de propriété et de produits.

Les habitants de la plaine, éclairés par les Francs sur les projets réformateurs du souverain, firent la déclaration exacte et souvent même atténuée de la quotité imposée à leurs districts, sous toute espèce de formes; les montagnards, aveuglés par la défiance et craignant une augmentation d'impôts, eurent la malheureuse idée d'enfler le chiffre de cette quotité. Ces déclarations servirent de base au travail général. Plusieurs petits droits furent supprimés et remplacés par les impôts actuellement en vigueur, et dont il est question au paragraphe 4 du chapitre II (voyez pages 77 à 87). Il en est résulté un soulagement pour les habitants de la plaine, une aggravation à la condition des habitants des montagnes. Ces derniers, écrasés par les charges qui pèsent sur eux, se voient forcés, pour satisfaire aux exigences des collecteurs, de vendre bestiaux, chevaux et jusqu'aux rares instruments en cuivre qui meublent leur ménage.

A ce triste état normal il faut ajouter bien des abus dont je me contente de signaler les suivants:

1° Partialité dans la répartition :

Tout homme choisi par ses concitoyens ou nommé par l'autorité, profite de sa position pour se décharger au détriment des autres ou pour s'enrichir à leurs dépens;

2° Abus dans la perception des impôts :

La dîme, par exemple, devrait se payer en nature. Les collecteurs refusent de recevoir les fruits et les légumes; ils exigent en argent la représentation calculée sur un prix deux, quatre et même dix fois plus élevé que le cours du marché (voyez au § IV du chapitre II les détails relatifs à la perception de la dîme dans la montagne).

3° Exactions :

La moindre circonstance fournit aux fonctionnaires de tous grades une occasion de malversation révoltante. Entre mille faits avérés et dont j'ai presque été le témoin, je me contenterai d'en citer quelques-uns.

Un montagnard se présente chez le kaïmacan de Drama (1) et demande l'autorisation de construire une chambre pour les voyageurs (2). Il verse entre les mains du kaïmacan lui-même la somme de 1000 piastres qui est exigée. Ce fonctionnaire prétend n'avoir pas le temps de délivrer le teskèrè et prie le solliciteur de venir le prendre plus tard. Le lendemain, le montagnard est renvoyé par le kaïmacan à son caissier qui réclame 1000 piastres en échange du permis de bâtir. Malgré toutes ses allégations, la pauvre dupe fut obligée de payer une seconde fois.

Le successeur du fonctionnaire dont je viens de parler a fait, en 1847, une tournée dans les montagnes du Gumourdjina : il se faisait donner dans chaque résidence un teskèrè certifiant qu'il avait acquitté ses dépenses personnelles et celles de sa suite, qui se composait de plus de cent estafiers,

(1) Pacha à une queue.

(2) Il n'existe pas de kan dans les villages purement musulmans. On les remplace par une habitation où les voyageurs et leurs chevaux trouvent un abri. Un habitant du village est chargé de veiller à leurs besoins.

palefreniers, domestiques, etc. J'ai parcouru le pays peu de temps après le pacha, et j'ai trouvé la population consternée de la réclamation faite par ce personnage d'une somme considérable à titre de dédommagement de la dépense occasionnée par son déplacement. En cas de plainte, le certificat servirait au pacha à faire condamner les réclamants comme calomniateurs.

A l'occasion d'une exaction aussi infâme, trois vieillards d'un canton sont envoyés par leurs concitoyens en députation auprès du pacha de Salonique dont relève la province de Drama. Ils sont bâtonnés et emprisonnés comme faux témoins. A cette nouvelle, les villages du canton se réunissent et nomment parmi les plus considérables du pays cent cinquante députés chargés de présenter leurs doléances et de certifier le dire des premiers. Cette seconde ambassade n'est pas plus heureuse. Les uns sont bâtonnés, les autres emprisonnés, et d'autres reçoivent les deux châtiments.

Veut-on aller se plaindre à Constantinople? les passe-ports sont refusés.

Je pourrais multiplier les citations à l'infini. Je terminerai par un exemple qui donnera une idée de la démoralisation profonde des fonctionnaires. Il se commet journellement des meurtres et des vols dont personne ne recherche les auteurs, bien connus cependant par la notoriété publique. Les brigands que les circonstances amènent entre les mains de la justice obtiennent généralement leur liberté, toutes les fois qu'ils peuvent disposer d'une somme un peu ronde. Cette connivence entre les voleurs et les fonctionnaires est tellement patente, qu'un aga chargé d'une grande étendue de montagnes, chez lequel j'ai reçu l'hospitalité, me disait qu'il avait pris le parti de garder ses prisonniers et de se rendre justice lui-même. Aussi jouit-on de toute sécurité dans la circonscription soumise à sa surveillance. Parmi les hommes de confiance qui m'ont été donnés pour escorte par les pachas, quelques-uns m'avouaient qu'ils avaient été brigands, d'autres le sont devenus peu de temps après. J'ai eu la preuve au monastère Rilo, situé dans une gorge du Rilodagh, que certains kavas chargés de donner la chasse aux voleurs exerçaient à l'occasion le brigandage. Deux de ces individus ont été tués dans une rencontre porteurs du teskérè qui certifiait l'autorité dont ils étaient revêtus.

8° Développement de la culture des céréales.

Autrefois l'exportation des céréales était défendue. La liberté de commerce sur ce genre de produits a fait entrer depuis quelques années dans le pays des sommes d'argent assez importantes (1). Les cours élevés de 1846, conséquence de la disette qui a désolé une partie de l'Europe, ont exalté les esprits. Beaucoup de producteurs de la plaine, dans les districts de Kizildéli, d'Andrinople et de Hazkeui, ont suivi l'exemple de leurs voisins. Cet engouement progressif entraîne dans le N. et le N.-E. du Rhodope la décadence de la culture du tabac, dont la récolte est moins assurée que celle des céréales.

Telles sont les causes qui ont amené la réduction des quantités de tabac dont la contrée peut disposer pour l'exportation.

§ IV. — Quantités de terres plantées en tabac, et produits moyens par mesure de terre cultivée dans les différents districts du Rhodope.

Pour arriver à résoudre ces questions, je n'ai trouvé d'autre moyen que de recourir aux recherches suivantes :

1° Établir le rapport qui existe entre les mesures de terre turques et françaises ;
2° Déterminer le nombre de tiges de tabac plantées dans un hectare carré ;
3° Évaluer le produit moyen d'un hectare cultivé en tabac;
4° Ces diverses questions étant résolues, trouver le nombre d'hectares plantés en tabac.

(1) Cet argent est immédiatement enfoui et ne circule pas dans le pays.

1° Rapport entre les mesures turques et françaises.

Le dénume, mesure en usage dans toute la Turquie d'Europe, représente une superficie de 40 pas carrés. La longueur d'un pas ordinaire se tient entre $0^{m},75$ et $0^{m},80$; mais plus près de 80 centimètres que de la première évaluation. Si l'on compte $0^{m},75$ par pas, le dénume serait une superficie de 900 mètres; à compter $0^{m},80$, sa superficie serait de 1,024 mètres. Réduisons ces chiffres en nombres ronds à 1,000 mètres superficiels, nous considérerons alors que le dénume équivaut à 10 ares et que, par conséquent, l'hectare français équivaut à 10 dénumes.

Cette évaluation approche assez de la vérité pour être admise comme exacte dans l'emploi que nous allons en faire.

2° Nombre de tiges de tabac plantées dans un hectare carré et dans un dénume.

Le rapport entre les mesures turques et françaises étant trouvé, je passe au calcul du nombre des tiges contenues dans un dénume.

A Karabéilé, dans la vallée de la Maritza, j'ai remarqué que les tiges de tabac étaient plantées en ligne droite et qu'il existait une longueur de 1 mètre entre la première et la cinquième tige de chaque rangée. Ainsi chaque pied se trouvait à la distance de $0^{m},25$ l'un de l'autre. En second lieu, j'ai compté un espace de $1^{m},05$ entre la première et la troisième rangée ; par conséquent, l'écartement des rangées était $0^{m},525$. Le plan de tabac offrait donc la figure suivante

O—O—O—O—O
O—O—O—O—O
O—O—O—O—O

Cela posé, j'exécute le calcul. Les plantations ne commençaient pas aux dernières limites du champ. Je ne donnerai donc que 99 mètres aux côtés de l'hectare. Divisant la longueur 99 mètres par $0^{m},25$, distance entre les tiges d'une rangée, je trouve 396 espaces, et par conséquent 397 tiges pour une rangée.

Divisant aussi 99 par $0^{m},525$, distance d'une rangée à l'autre, je trouve 188 1/2 espaces, et par conséquent 189 1/2 rangées. Multipliant donc 397 par 189,5, je trouve pour produit 75,231 tiges par hectare, soit 7,523 par dénume.

Citons un autre exemple : à Bektachli, village situé à 27 kilomètres à l'ouest d'Andrinople, dans la vallée de l'Arda, j'ai compté 32 tiges sur une rangée de 7 mètres de longueur et 43 tiges sur une rangée de $10^{m},25$. L'espace moyen entre chaque tige était donc de $0^{m},2352$. En outre, l'écartement moyen d'une rangée à l'autre, pris sur huit mesures différentes, était de $0^{m},6625$. En opérant comme je l'ai fait dans l'exemple précédent, je trouve pour résultat 61,987 tiges par hectare carré ; soit 6,198 tiges par dénume.

Les autres mesures que j'ai prises dans les montagnes donnent un produit un peu moindre que le dernier ; celles des plaines de Drama, de Sarichaban, de Iénidjé tiennent le milieu entre les chiffres de Karabéilé et ceux des montagnes.

En résumé, le chiffre de 75,000 tiges par hectare, qui résulte des observations faites à Karabéilé, serait exceptionnel ; celui de 61 à 62,000 serait généralement adopté dans les plaines, tandis que, dans les montagnes, le nombre de tiges serait seulement de 55 à 56,000 par hectare.

Si l'on compare ces résultats avec ceux qu'on observe en France, on a lieu d'être étonné de la différence. D'après les renseignements qui m'ont été fournis par M. Le Béchu, le nombre de tiges par hectare serait, savoir :

Lot et Lot-et-Garonne	10,000
Ille-et-Vilaine	12,000 à 15,000
Bas-Rhin	30,000
Pas-de-Calais	40,000
Nord	40,000 à 45,000

D'où peut provenir une si grande disproportion dans le nombre de tiges plantées sur une même surface en France et en Turquie? Ne serait-elle pas une conséquence de la manière rigoureuse dont j'ai appliqué les calculs, en prenant pour base l'écartement des pieds d'une même rangée et l'écartement d'une rangée à l'autre, tandis qu'en France on ferait entrer en ligne de compte le terrain perdu par les clôtures de chaque petit terrain cultivé et par les sentiers nécessaires à l'exploitation? Je laisse cette difficulté à résoudre aux personnes compétentes. Quoi qu'il en soit, je considère ici la culture du tabac comme si elle avait lieu partout en Turquie sur une grande échelle, et je donne les chiffres tels qu'ils résultent d'observations positives. Cependant je reconnais volontiers que ces observations n'ont pas été assez fréquemment répétées pour prétendre que les résultats ne puissent subir une réduction. En effet, une faible différence dans l'écartement des tiges d'une même rangée et dans l'écartement d'une rangée à l'autre peut amener une réduction importante. Admettons, par exemple, 0^{m},27 pour le premier espace et 0^{m},70 pour le second, nous trouverons 46,389 tiges par hectare. Telle est la plus grande concession que je croie pouvoir admettre pour certains terrains. En définitive, la moyenne me paraît devoir rester, savoir : entre 46,000 et 51,000 dans les montagnes, et entre 54,000 et 60,000 dans les plaines.

Ces résultats, ainsi modifiés, sont encore assez éloignés de ceux qu'on observe en France pour démontrer qu'il existe une grande différence dans les procédés de culture en usage dans les deux pays.

3° Évaluation du produit moyen par dénume cultivé en tabac.

Je n'ai jamais pu obtenir sur ce sujet des données exactes de la part des producteurs. M. Clerissi, notre agent consulaire de France à Kavala, croit pouvoir déduire de ses renseignements que, dans les plaines de Drama, Kavala, Sarichaban et Iénidjé, le produit moyen d'un dénume peut être évalué à 150 ou 200 oques.

Un producteur de Prsotchan, dans la plaine de Drama, admettait, me disait-il, de préférence le chiffre de 150 oques pour son village et les alentours.

Les négociants de Gumourdjina objectent que le dénume qui produit 200 oques une année, peut n'en rapporter que 10 l'année suivante.

Emin Bey, qui récolte 50,000 oques de tabac, dans le Bairia et l'Ortakeuiler, ne connaît ni l'étendue de ses terres ni leur produit moyen. Ses agents eux-mêmes ne sont pas plus instruits que leur maître. En présence d'une telle insouciance de la part d'un homme aussi éminemment instruit (pour un Turc) et qui aime à s'éclairer, doit-on s'étonner de l'ignorance des pauvres producteurs.

Mon peu de succès dans la plaine, où la population est toujours plus avancée que dans les montagnes, doit faire présager que je n'ai pas été plus heureux dans l'intérieur du Rhodope.

Un des principaux producteurs du Kizildéli m'a affirmé que la même quantité de terrain qui produisait autrefois 1000 oques est tombée graduellement à ne plus produire que 100 oques et quelquefois même que 50 oques. J'ai exposé à la fin du paragraphe précédent les causes qui ont réduit le nombre des bestiaux élevés autrefois dans les montagnes. Un seul exemple suffira pour donner une idée de cette énorme réduction : le propriétaire du Teke, l'un des plus riches habitants du Kizildéli, possède 120 bêtes dans une étendue qui en nourrissait plus d'un millier. Les nombreux troupeaux de moutons et de chèvres qui peuplaient les plateaux fournissaient un engrais abondant et donnaient le moyen d'obtenir de bonnes récoltes d'un tabac fort, riche en sels ammoniacaux et très-propre à la fabrication du tabac en poudre. Privés de ces ressources précieuses, les producteurs n'obtiennent plus que des qualités trop maigres pour servir avec avantage au même usage. Ils cherchent à remplacer l'engrais qui leur manque par le choix du terrain. L'expérience a démontré que pour obtenir les meilleurs résultats possibles, il faut planter le tabac sur un sol rouge nouvellement défriché et transporter ailleurs la culture au bout de huit à dix ans.

Je viens de dire que la rareté de l'engrais a pu réduire les récoltes des neuf dixièmes dans les champs autrefois cultivés. En employant le système des défrichements de dix ans en dix ans, on peut admettre que la diminution des produits est de un dixième par année. Si l'on prend pour maximum de la production par dénume le chiffre de 200 oques, on trouve que les récoltes annuelles seront, savoir :

1re année	200 oques.	Report	800 oques.
2e année	180 —	6e année	100 —
3e année	160 —	7e année	80 —
4e année	140 —	8e année	60 —
5e année	120 —	9e année	40 —
	800 —	10e année	20 —

Total des récoltes de dix années......... 1,100 oques.

Soit, pour la production moyenne annuelle, 110 oques par dénume ou 1,100 oques par hectare, qu'on peut encore réduire au chiffre rond de 1,000 oques, soit 1,250 kilogrammes.

Ce chiffre me paraît devoir représenter assez approximativement le produit moyen des terres cultivées en tabac dans toutes les montagnes du Rhodope, où l'on observe, comme au Kizildéli, la même diminution des bestiaux et des engrais, signalée dans ce district. Cependant, pour nous mettre à l'abri de toute exagération, nous réduirons la moyenne à 1,200 kilogrammes.

La fixation de la production moyenne du tabac récolté dans les plaines me paraît, d'après les conditions précédentes, devoir varier entre 150 et 200 oques par dénume. Les populations plus rapprochées des résidences consulaires sont plus éclairées, connaissent mieux leurs droits et savent mieux se défendre contre les vexations des autorités locales. D'ailleurs leurs produits, d'une qualité supérieure et plus facilement transportables, se vendent à des conditions plus favorables. Ils croissent à une faible élévation au-dessus du niveau de la mer et sont moins exposés aux intempéries des saisons. Les producteurs, plus heureux que les montagnards, ont l'avantage de se procurer des engrais. Il est donc naturel qu'ils obtiennent des récoltes plus abondantes.

Dans l'impossibilité où je me trouve de faire un partage judicieux entre les districts qui produisent 150 oques par dénume et ceux qui en produisent 200, je prends le parti d'adopter la moyenne de 175 oques, soit 1,750 oques ou 2,187 kilogrammes par hectare. Ce chiffre sera trop élevé pour certains cantons et trop faibles pour certains autres, notamment pour la plaine de Iénidjé. Cependant je réduirai la moyenne au chiffre rond de 2,100 kilogrammes. Si l'on fait attention que la production totale de la plaine s'élève à 2,712,000 kilogrammes et que la plaine de Iénidjé en fournit à elle seule près de 1,200,000, on reconnaîtra que la moyenne proposée de 2,100 kilogrammes n'est pas exagérée.

Quant aux tabacs employés à la consommation locale, les uns croissent dans les montagnes, les autres dans le fond des vallées et dans les plaines. Il semblerait assez naturel de fixer la moyenne à 150 oques par dénume, chiffre intermédiaire entre les deux extrêmes ; mais si l'on réfléchit que la consommation locale est principalement alimentée par les tabacs de montagne, on concevra que la moyenne devra se rapprocher beaucoup plus de 100 oques que de 150. Par cette considération, j'admettrai pour cette moyenne 112 oques par dénume, soit 1,120 oques ou 1,400 kilogrammes par hectare.

En résumé, cinq moyennes me paraissent représenter la production du tabac dans les divers districts du Rhodope, savoir :

		kilogrammes.
1° 1000	oques par hectare, soit	= 1,250
2° 1120	—	= 1,400
3° 1500	—	= 1,875
4° 1750	—	= 2,187,50
5° 2000	—	= 2,500

Faute de renseignements suffisants pour appliquer judicieusement l'emploi de ces divers chiffres, il me paraît indispensable de faire usage seulement de trois moyennes, savoir :

	kilogrammes.
1° Production des tabacs de montagne	1,200
2° — — de plaine	2,100
3° — — de plaine et de montagne destinés à la consommation locale.	1,400

Jetons, avant de terminer ce sujet, un regard sur les résultats obtenus en France.

Moyennes des récoltes en France.

D'après les renseignements qui m'ont été fournis par M. Le Béchu, les six départements de la France qui se livrent à la culture du tabac donnent en moyenne, par hectare, les produits suivants :

			Kilogrammes.
1° Département du Nord			2,400 à 3,000
2°	—	du Pas-de-Calais { Béthune	2,100 à 2,300
		Montreuil et Saint-Omer	1,200 à 1,300
3°	—	d'Ille-et-Vilaine	1,200 à 1,500
4°	—	de Lot-et-Garonne	500 à 700
5°	—	du Lot	750 à 900
6°	—	du Bas-Rhin	1,800 à 2,000

En comparant ces produits moyens de nos départements avec ceux des districts du Rhodope, on voit que la plaine de Iénidjé, où les engrais ne manquent pas, donne des récoltes presque comparables, sous le rapport de la quantité, à celles du département du Nord ; les plaines et vallées peuvent être assimilées, sous le même rapport, au département du Bas-Rhin et à l'arrondissement de Béthune, dans le Pas-de-Calais; enfin les montagnes du Rhodope produiraient environ dans les mêmes proportions que le département d'Ille-et-Vilaine ou que les arrondissements de Montreuil et Saint-Omer dans le Pas-de-Calais.

4° Nombre d'hectares plantés en tabac.

La solution des questions précédentes nous permet de procéder à la recherche du nombre d'hectares actuellement consacrés à la culture du tabac dans les différents districts du Rhodope. Les résultats se trouvent résumés dans le tableau suivant.

Évaluation du nombre d'hectares cultivés en tabac dans les différents districts qui composent le Rhodope.

NOMS DES DISTRICTS.	EXPORTATION. TABAC DE MONTAGNE. (Moyenne, 1200 kilog. par hect.)		TABAC DE LA PLAINE. (Moyenne, 2100 kilog. par hect.)		TOTAUX POUR LA PLAINE ET LA MONTAGNE.		RÉSUMÉ DU TABLEAU. EXPORTATION ET CONSOMMATION LOCALE. PLAINE ET MONTAGNE.	
	KILOGRAMMES.	HECTARES.	KILOGRAMMES.	HECTARES.	KILOGRAMMES.	HECTARES.	KILOG. RÉCOLTÉS.	HECT. EN CULTURE.
Kizildéli	41,000	34h. 16c.	21,500	10h. 24c.	62,500	44h. 40c.		
Andrinople et Haz Keui	25,000	20 85	50,000	23 80	75,000	44 65		
Fèrè et Makri	7,500	6 25	9,000	4 29	16,500	10 54		
Drama	702,000	585 »	490,000	233 34	1,192,000	818 34		
Kavala	....	.....	184,000	87 61	184,000	87 61		
Pravista	....	.....	468,000	222 86	468,000	222 86		
Sarichaban	....	.....	272,000	129 52	272,000	129 52		
Iénidjé	728,000	606 66	1,195,000	569 05	1,923,000	1,175 71		
Gumourdjina	10,000	8 34	10,000	4 76	20,000	13 10		
Sultaniéré	14,000	11 67	12,500	5 95	26,500	17 62		
	1,527,500	1,272 93	2,712,000	1,291 42	4,239,500	2,564 35	4,239,500	2,564 35

CONSOMMATION LOCALE

	TABAC DE PLAINE ET DE MONTAGNE. (Moyenne, 1400 kilog. par hect.)			
	KILOGRAMMES.	HECTARES.		
Divers districts du Rhodope.	2,000,000	1,428 57	2,000,000	1,428 57
			6,239,500	3,992 92

Comparons ces résultats avec les faits observés en France.

Le nombre d'hectares cultivés en tabac dans nos six départements s'élève, d'après M. Le Béchu, aux chiffres suivants :

	Hectares.
1° Nord	1,114
2° Pas-de-Calais	578
3° Ille-et-Vilaine	540
4° Lot-et-Garonne	2,800
5° Lot	790
6° Bas-Rhin	1,600
Total	7,422

Les districts du Rhodope que nous considérons dans ce rapport forment environ la quatorzième partie de la Turquie d'Europe. Leur population, inférieure à un million d'habitants, cultive en tabac, d'après les recherches précédentes, environ 4,000 hectares de terre, c'est-à-dire une quantité moindre que nos deux départements réunis du Bas-Rhin et du Lot-et-Garonne dont les populations montent à plus d'un million d'âmes. Ils occupent une surface territoriale deux fois plus grande que nos deux départements précités. Je présente ces derniers aperçus à titre de renseignement, et sans vouloir en tirer aucune conséquence.

CHAPITRE II.

CULTURE ET COMMERCE.

Ce chapitre se subdivise en six paragraphes (voyez, dans le plan du rapport, le détail des matières traitées dans chaque paragraphe).

§ Ier. — Procédés de culture en usage.

La culture en tabac de 8 à 10 dénumes (80 à 100 ares) au plus, exige les soins d'une famille entière, c'est-à-dire composée de quatre ou cinq individus, enfants compris. Les grands propriétaires n'exploitent pas eux-mêmes ; ils confient des parcelles de leur terrain à un nombre de familles assez grand pour que la totalité de ce terrain soit mis en culture. Ils disposent de la récolte.

1° Semis.

Dans le Kizildéli, où la culture du tabac se fait généralement sur une petite échelle, on prépare, à proximité des habitations, un petit coin de terre qu'on bêche et retourne avec le plus grand soin. On n'y laisse pas une seule pierre; ensuite on fume avec le fumier de mouton auquel on n'ajoute aucune autre substance.

Avant d'être confiée à la terre, la semence subit la préparation suivante : on mouille la graine de tabac et on l'introduit dans un sac qu'on dépose dans un endroit chaud où commence la germination. Lorsque le germe est sorti, on mêle avec de la terre sèche la semence qui, trop légère par elle-même, serait inégalement disséminée; on sème le mélange et l'on remue la surface du sol avec la main, afin que la graine soit recouverte sans être profondément enterrée. On arrose chaque jour, excepté les jours de pluie.

Dans toute la Turquie d'Europe, les petits producteurs emploient des procédés semblables ou analogues. La terre est retournée deux, trois ou quatre fois et fumée avec l'engrais produit par la localité. Les habitants des montagnes n'ont guère à leur disposition que le fumier de chèvre et de mouton en quantités insuffisantes. Les mieux partagés ajoutent le fumier de leur cheval. Les habitants de la plaine, moins malheureux, emploient le fumier de mouton, de buffle, de vache, de cheval. On se sert rarement des excréments humains. Mais, dans un pays où l'aisance est une très-faible exception et la misère la règle générale, il est impossible de préciser les quantités d'engrais employées. Chacun fume en raison de ses ressources. La bêche et la pioche sont les instruments généralement en usage. La charrue n'est mise en usage que par quelques producteurs aisés des pays de plaine (Andrinople, Drama, Iénidjé, etc.).

Un exemple fera connaître les procédés de semis appliqués à la grande culture du tabac. Je dois ces renseignements aux agents d'Emin Bey, le plus riche propriétaire du district de Iénidjé, descendant d'une ancienne et puissante famille. Ce respectable vieillard récolte en moyenne 50,000 oques de tabac chaque année sur une propriété dont on fait le tour en six heures de marche.

On fait parquer les moutons sur le champ qui doit être labouré ; on donne de deux à cinq façons avec la charrue. On fume encore, soit en ramenant les moutons sur le champ, soit en y répandant des excréments humains, du fumier de vache et de cheval. Au moment de semer, on trace des sillons avec la charrue et l'on jette à la main la graine de tabac mêlée avec du crotin de cheval et de la terre. Ensuite on piétine la terre ensemencée pour la presser, à la manière des jardiniers qui veulent tracer un sentier dans un carré nouvellement bêché. Cette dernière méthode de presser la terre est généralement en usage. On arrose après les semailles.

Je terminerai ce que j'ai à dire sur le semis par la méthode en usage à Prsotchan, l'un des villages du canton de Drama. La terre est retournée à la bêche; lorsqu'elle est bien préparée, on sème la graine préalablement mélangée avec de la cendre de bois. On presse la terre en piétinant ; enfin on recouvre la semence avec un lit de fumier d'agneau de deux doigts d'épaisseur. Excepté les jours de pluie on arrose, même lorsque la plante est sortie de terre.

Dans la plaine et dans la montagne on commence à semer en mars. Suivant les années et les localités, les tiges sont assez fortes pour être repiquées dans les mois d'avril et de mai. Cependant ces époques ne sont pas invariables ; car j'ai vu repiquer le 27 juin dans le Kizildéli, à côté d'un champ dont les tiges avaient été confiées à la terre vers la fin de mai. Je crois donc que si en plaine la plantation est achevée vers la fin de mai, ce n'est que vers la fin de juin qu'elle est terminée dans les montagnes.

2° Préparation des terres destinées à recevoir les plants de tabac.

Dans les montagnes du Kizildéli, la première opération consiste à épierrer le sol avec soin ; cet usage est plus ou moins suivi dans les contrées montagneuses où la culture se fait sur une petite échelle et dans un terrain généralement pauvre ; mais dans la plaine on n'enlève que les grosses pierres qui pourraient gêner la marche de la charrue.

Dans les montagnes du Kizildéli, on donne deux façons à la terre ; la première façon s'opère avec la charrue à bœufs toutes les fois que le champ a une certaine étendue. Les petits producteurs dont la récolte ne fournit que quelques oques de tabac se servent de la pioche. Un ou deux jours avant de repiquer, on retourne avec la bêche la terre à une profondeur de 8 à 10 pouces ; on fume avec l'engrais de chèvre ou de mouton ; ensuite on repique, et l'on n'arrose qu'une seule fois.

Le nombre des façons varie dans chaque province à la volonté du producteur. Il est généralement de deux lorsque ce dernier est obligé de retourner la terre à la pioche et à la bêche, surtout dans les montagnes. Mais dans la plaine il varie de deux à cinq, lorsqu'on fait uniquement emploi de la charrue. Ainsi, à Prsotchan, village situé dans la plaine de Drama, et qui passe pour récolter le meilleur tabac du canton, un producteur chez lequel j'ai reçu l'hospitalité, m'a affirmé qu'il ne donnait que deux façons à la charrue, et que chaque fois il fumait autant que possible.

Ce que j'ai dit précédemment des engrais s'applique à plus forte raison à la préparation des champs destinés à produire le tabac. Je ne reviendrai pas sur cette question.

Je terminerai ce sujet par l'indication des procédés employés par les agents d'Emin Bey. On répand le fumier sur la terre, ensuite on laboure. On recommence la même opération quatre fois de suite. Après la cinquième façon, on repique la tige qui est parvenue à une hauteur de 6 pouces, puis on arrose une seule fois. La quantité de fumier employée tous les trois ans est évaluée à la contenance de 20 arabas (1) par dénume, soit 200 arabas par hectare. Dans les deux années intermédiaires, la quantité se réduit au tiers environ.

Lorsque la plante confiée à la terre est parvenue à une hauteur de 8 à 9 pouces, on retourne la terre à la bêche, et l'on arrache les mauvaises herbes. Cette opération ne se répète nulle part une seconde fois. On se contente de passer de temps en temps dans la plantation et d'enlever les mauvaises herbes qui peuvent y pousser.

J'avais remarqué dans le Kizildéli que chaque rangée de tiges de tabac était séparée par un sillon de la rangée suivante, et j'avais supposé que le sillon résultait du butage ; je ne suis pas assez versé en agriculture pour décider si l'opération qui donne lieu à cette inégalité du sol mérite réellement ce nom. Voici comment elle s'accomplit. Le planteur rapproche la terre autour de la tige qu'il vient de repiquer. Lorsque la plante a pris de la force et s'élève de 8 à 9 pouces au-dessus du sol, on bêche une dernière fois en rejetant la terre autour des pieds de tabac, et l'on ôte les mauvaises herbes. De là l'origine de ce sillon qui est bien prononcé dans le Kizildéli et dans les environs d'Andrinople ; mais qui est à peine indiqué dans le reste du pays.

Cette différence ne serait-elle pas une question de temps ? J'étais dans le Kizildéli et à Andrinople en juin et juillet, à l'époque où la terre venait d'être retournée et n'avait pas encore été dérangée par les pluies. J'ai vu les montagnes et les plaines de Drama, Iénidjé, etc., en août, septembre et

(1) L'araba est un chariot traîné par deux bœufs.

octobre ; par conséquent, les pluies avaient eu le temps d'entraîner les terres et d'effacer le sillon en tout ou partie, vu que nulle part on ne renouvelle la façon donnée quelque temps après le repiquage.

3° Floraison du tabac et coupe des fleurs.

On m'a dit au Kizildéli qu'à l'époque de la floraison on coupait la fleur avant qu'elle ne s'ouvrît. J'ai pu m'assurer que cette indication n'était pas rigoureuse. J'ai remarqué, dans les environs d'Andrinople et dans les montagnes, qu'on ne commençait guère à couper la fleur que lorsqu'elle était généralement épanouie. On enlève également les branches ou bourgeons qui poussent à l'aisselle des feuilles.

Ces deux opérations ont pour but de contraindre la végétation à se porter sur les feuilles. La force du tabac dépend de la hauteur à laquelle on coupe les fleurs. On obtient un tabac doux lorsque la coupure se fait près du sommet de la plante ; on obtient un tabac fort, lorsque la coupure se fait plus bas. Dans ce dernier cas, la récolte est plus riche en principes gras, plus pesante et plus abondante sous le rapport de la quantité.

Dans le Kizildéli, la coupe des fleurs précède, dit-on, la récolte ; dans la plaine de Iénidjé, au contraire, les feuilles de première qualité sont recueillies avant cette opération ; les feuilles de qualité inférieure sont recueilles après la coupe.

4° Récolte.

La récolte commence à la fin de juillet ou au commencement du mois d'août, suivant les années. Les feuilles radicales jaunissent les premières. Lorsqu'elles sont presque desséchées, celles qui poussent au-dessus se couvrent, non pas toutes à la fois, mais successivement, de taches rondes et jaunâtres qui annoncent le point de maturité convenable. A partir de ce moment, on recueille chaque jour les feuilles mûres. Il faut donc tous les jours passer en revue le champ de tabac, enlever une ou deux feuilles à une tige, trois ou quatre à l'autre. Jamais, dit-on, le même pied ne fournit au delà de ce dernier nombre dans la même journée.

Dans la plaine de Iénidjé, les bonnes terres produisent de 12 à 15 feuilles de bon tabac ; les terres moins fertiles, de 9 à 12. Ces feuilles de premier choix sont désignées deux par deux par un nom particulier, suivant la hauteur où elles poussent sur la plante. Les ouvriers et les connaisseurs ne s'y trompent jamais et savent les reconnaître dans une balle et leur appliquer leur nom.

Les feuilles radicales salies par la terre que la chute des pluies fait jaillir donnent une qualité inférieure qu'on désigne sous le nom de *iavach* (tranquille). Celles qui poussent immédiatement au-dessus composent l'*orta* (tabac du milieu). Le *sert* (tabac fort) croît plus haut. J'ai déjà fait observer que si, dans le Kizildéli, l'*orta* et le *sert* se recueillent, comme on le prétend, après la coupe de la fleur, le contraire a lieu dans la plaine de Iénidjé. Lorsque les feuilles de choix sont enlevées, la plante produit encore des feuilles d'une qualité inférieure, qu'on désigne sous le nom de *filis ;* une partie arrive au point de maturité, le reste périt aux premières gelées.

Il est essentiel de faire la récolte journalière avant le lever du soleil et lorsque les feuilles conservent encore l'humidité de la nuit.

5° Séchage des feuilles.

Le séchage est une opération qui exige la plus grande surveillance, et qui s'exécute partout de la même manière.

On perce le pétiole des feuilles ; on introduit une ficelle dans le trou pratiqué et l'on forme des chapelets de feuilles de 3 à 4 mètres de long que l'on fixe à une perche, afin de pouvoir les transporter avec plus de facilité. Il faut avoir un nombre d'ouvriers suffisant pour enfiler la totalité de la récolte du jour. Les feuilles qui restent trop longtemps amoncelées se gâtent.

On expose les chapelets au soleil et à l'humidité de la nuit, mais protégés par un abri qui les empêche de recevoir la pluie ou la rosée. L'influence de ces alternatives de chaleur et d'humidité font développer une couleur d'un jaune rougeâtre. On connaît que le desséchement est parfait lorsque la côte médiane de la feuille est desséchée.

Le tabac du Kizildéli a besoin de quinze à vingt jours de beau temps continuel pour arriver au point convenable; celui de la plaine de Iénidjé a besoin de huit à douze jours, suivant l'épaisseur et la qualité de la feuille.

Le vent et la pluie exercent la plus fâcheuse influence sur l'opération du séchage. Le tabac est perdu s'il reçoit une seule goutte d'eau; le vent le dessèche trop rapidement et lui laisse une couleur verte. Les vallées abritées contre le vent, ouvertes au soleil et exposées à une rosée abondante réunissent les conditions les plus favorables pour obtenir un bon résultat. Le vent du nord faible sèche bien le tabac; le vent du sud, généralement chargé d'humidité, l'assouplit. C'est lorsque règne ce dernier qu'on procède à l'emballage.

6° Emballage du tabac.

Les feuilles parvenues au point de sécheresse convenable sont réunies une à une, appliquées l'une sur l'autre et en petits paquets. Les paquets peuvent être placés dans une balle (denk) de deux manières :

Lorsqu'ils chevauchent l'un sur l'autre comme les tuiles d'un toit et sans être liés, on désigne le tabac sous le nom de *basma* (pressé). Lorsque les paquets sont réunis par une ligature faite à l'endroit où le pétiole s'attache à la feuille, on désigne le tabac sous le nom de *bachi bahalé* (tête liée). Ordinairement les *denks* (balles) *bachi bahalé* renferment des qualités plus fortes et d'un prix plus élevé que les *denks basma* (1). Ces deux sortes de balles sont enveloppées d'une bande d'étoffe de crin dont les lisières sont lacées à l'aide d'une ficelle de crin. Au moment du transport et de l'embarquement, elles sont protégées par des nattes de jonc. Les étoffes de crin sont en usage dans toute la Turquie d'Europe. Les balles pèsent de 40 à 50 oques, suivant les localités. Deux balles forment la charge d'un cheval.

Une autre espèce d'emballage, connue sous le nom de *boktcha*, consiste en une toile de coton ou de lin dont on enveloppe des ballots de 5 à 15 oques. Les ballots revêtus d'une toile de coton (kieupek ou gheubek boktcha) renferment la première qualité du tabac de la plaine de Iénidjé et de Sarichaban; les ballots revêtus d'une toile de lin (kénévir boktcha) renferment la seconde qualité du tabac de la plaine de Iénidjé, le meilleur tabac de montagne de Iénidjé, la seconde qualité du tabac de Sarichaban et le meilleur tabac de Kavala.

Les toiles de coton et de lin n'enveloppent que quatre côtés des boktchas. Elles sont assujetties au moyen de ficelles en crin qui se lacent dans les lisières de la toile et se croisent sur les deux faces du ballot qui sont dépourvues de toile. Les boktchas sont donc emballés suivant les mêmes principes que les denks, dont ils diffèrent seulement par le poids et la nature de l'enveloppe.

7° Vérification du tabac avant la livraison.

Lorsque les feuilles sont emballées, l'acheteur envoie ses agents chez le producteur pour reconnaître la marchandise. Le vérificateur délace une des faces de la balle qui n'est pas recouverte de toile, écarte les paquets appliqués les uns contre les autres, en retire quelques-uns, les replace s'ils sont en bon état, passe à une autre rangée, et parcourt successivement les diverses rangées dont la balle se compose, comme on peut feuilleter un registre entrebâillé et placé sur le dos. Après avoir passé en revue une des faces de la balle, il resserre les lacets, procède à la vérification de la seconde face qui n'est pas recouverte de toile, et opère comme il vient d'être indiqué. En se livrant à ce travail, le vérificateur enlève les feuilles gâtées; il refuse les balles qui contiennent, soit une partie notable de marchandise avariée, soit une quantité inférieure à celle qui a été stipulée dans le marché.

Le producteur fait charger à dos de cheval les balles acceptées et les expédie à l'acheteur.

(1) L'administration générale des tabacs paye le *basma* plus cher que le bachi bahalé. C'est une erreur qu'elle fera bien de rectifier dans ses prochains marchés.

§ II. — Opérations postérieures à la livraison des tabacs jusqu'au moment de l'embarquement.

1° Estive.

A leur entrée en magasin, les balles sont placées côte à côte, sans être empilées, et couchées de manière que les feuilles reposent sur le tranchant et que la toile qui les enveloppe soit en haut et en bas. On laisse reposer le tabac pendant deux ou trois jours, afin qu'il pompe l'humidité et ne se brise pas. Ensuite on passe à la vérification.

Cette opération se fait comme je l'ai dit dans le paragraphe précédent. On enlève les mauvaises feuilles qui ont échappé à la première vérification, les feuilles gâtées pendant le transport et le kapak refusé par la régie (1). Après vérification faite, on referme la balle, on la met à la presse et l'on procède à l'estive.

Lorsqu'il y a trop de gâté dans les balles, on en recompose de nouvelles avec les bons paquets provenant des balles qui ont été défaites.

L'estive consiste :

1° A placer les balles droites, sur quatre ou cinq rangs de profondeur à partir de la muraille et sur deux de hauteur, c'est-à-dire que les balles reposent sur leur plus petite face et que la balle placée sur le plancher ou sur des traverses de bois en supporte une autre et jamais davantage. Les balles sont calées de manière qu'elles restent droites et ne puissent ni tomber ni se déformer.

2° Au bout de trois jours, déplacer l'estive. Les balles du premier rang passent au dernier contre la muraille; celles qui étaient dessus sont placées dessous. Les balles de chaque rangée subissent un déplacement analogue. Cette opération se renouvelle sept fois au moins et davantage lorsque les feuilles sont grosses. Il résulte de là que chaque rangée passe à son tour de rôle sur tous les plans dont l'estive se compose. Les trois premières opérations se font à une distance de trois jours; les suivantes, à une distance de quatre, de cinq et de six jours.

3° Chaque fois qu'on refait l'estive, on ouvre une balle de chaque rangée pour s'assurer que la fermentation ne se développe pas avec trop d'activité. Lorsque la fermentation est arrêtée, on vérifie toutes les balles avec le plus grand soin; on enlève le gâté et les mauvaises feuilles, puis on serre les lacets, on presse les balles, on les enveloppe d'une natte, on les marque, on les pèse et on les empile dans le magasin.

Après cette série d'opérations, le tabac peut être expédié. S'il reste en magasin, on examine de temps en temps s'il ne s'échauffe pas.

Le kapak, le gâté et les mauvaises feuilles retirées par suite de diverses vérifications, sont mis de côté tous ensemble, puis emballés à mesure que le magasin s'encombre. Ces rebuts des magasins de Drama et de Kavala sont expédiés à Salonique, où ils se vendent à raison de 50 à 60 paras l'oque ou davantage, s'ils ont été faits largement et s'ils comprennent une certaine quantité de bonnes feuilles.

2° Préparation du tabac à fumer en usage dans la Turquie.

Le tabac de bonne qualité conserve facilement en magasin une souplesse suffisante pour être coupé sans être mouillé. Le tabac de qualité inférieure étant moins gras devient cassant en se desséchant. Il est facile de lui rendre l'humidité dont il a besoin pour être coupé en l'exposant pendant vingt-quatre ou quarante-huit heures dans un endroit frais. Les amateurs n'emploient jamais d'autre procédé; mais les marchands préfèrent mouiller le tabac afin de lui donner plus de poids. Ces derniers prennent les feuilles par petits paquets et trempent leur extrémité sur une longueur de 3 à 5 centimètres. Si le tabac est très-sec, ils placent les paquets debout contre un point d'appui, l'ex-

(1) Les feuilles de qualité inférieure qu'on désigne sous le nom de *filis* sont rangées tout autour de la balle, afin de préserver contre toute espèce d'avarie les feuilles de bonne qualité qui sont placées au centre. Cette ceinture de mauvaise qualité porte le nom de *kapak*.

trémité des feuilles tournée en haut, afin que l'humidité descende entre les fibres ; si le tabac est déjà presqu'à l'état d'humidité convenable, ils posent sur le sol l'extrémité des feuilles mouillées, afin de faciliter l'écoulement de la plus grande partie de l'eau absorbée. Au bout de quelques heures, l'humidité est répartie également dans tous les paquets, et l'on peut procéder à couper le tabac.

L'instrument en usage dans toute la Turquie et servant à couper le tabac ressemble à un hache-paille. L'administration générale des tabacs a fait l'acquisition d'un de ces instruments ; il est donc inutile d'en donner une description. Un ouvrier intelligent peut, dans l'espace de deux mois, acquérir assez d'expérience pour le manœuvrer avec habileté, et couper le tabac en lanières excessivement fines et frisées.

Les marchands ayant l'habitude de mouiller le tabac ne font couper que la quantité nécessaire pour alimenter leur vente courante. S'ils en faisaient des provisions, ils auraient à craindre que l'excès d'humidité ne développât la moisissure ou la fermentation. Les amateurs qui exposent simplement le tabac à un degré d'humidité suffisant pour qu'il puisse être coupé sans se réduire en poussière, laissent toujours écouler quinze jours ou un mois avant de le fumer, prétendant qu'un tabac récemment coupé a toujours une âcreté qu'il perd petit à petit. Enfin ils ont encore la précaution de choisir un temps frais ou du moins le moment le plus frais de la journée pour hacher le tabac. Ils ont cru remarquer que par un temps chaud la pression du couteau fait sortir l'huile aromatique dont le tabac est chargé, tandis que par un temps froid les feuilles retiennent cette huile, et dans ce dernier cas, le tabac qui sert à la consommation de la journée peut se sécher dans le sac du fumeur sans perdre l'huile qui le parfume. En humectant légèrement ce tabac desséché, ou mieux en l'exposant à l'humidité de la nuit, on lui rend toute sa qualité première.

L'administration pourrait avec avantage substituer ces procédés si simples à ceux qu'elle emploie. En évitant de mouiller le tabac, elle s'épargnerait les frais du séchage au four qui altère la délicatesse de l'arome dont le tabac de Turquie se trouve parfumé. La seule chose à conserver serait la machine à hacher le tabac dont elle fait usage, mais il faudrait la monter de manière à obtenir des lanières aussi déliées qu'avec la machine à la main. Le tabac très-fin brûle mieux et développe tout son parfum ; s'il est coupé gros, il brûle mal et son parfum subit une décomposition.

3° Transports des tabacs et frais divers jusqu'au lieu de l'embarquement.

Dans toute la Turquie d'Europe les transports se font à dos de cheval. Il faut cependant excepter de cette règle générale la vallée de la Maritza qu'arrose une rivière pouvant porter de petits bateaux, à partir d'Andrinople jusqu'à Enos.

Les lieux d'embarquement sont :

1° Enos, où se rendent les tabacs de Kizildéli, d'Andrinople et de Haskeui ;

2° Salonique, où se transportent les provenances des districts voisins de cette ville ;

3° Kavala, où s'embarquent les tabacs de Drama, de Kavala et une partie de ceux de Iénidjé ;

4° Il existe des échelles dans le voisinage de Sarichaban, de Iénidjé et de Gumourdjina ; mais elles ne sont fréquentées que par de petits navires grecs et turcs. Les puissances étrangères évitent ces parages que désolent des fièvres intermittentes, et qui sont inabordables aux gros bâtiments. D'ailleurs il serait bien difficile d'y surveiller le travail en magasin (1).

Je citerai deux exemples qui donneront une idée des frais de transports en Turquie.

1° La petite ville de Djoumaha, située dans la vallée du Strouma, à trente-cinq heures de marche de l'embouchure de cette rivière, et à quarante-cinq heures de Kavala, récolte dans les environs du tabac assez estimé, coûtant de 3 à 4 piastres l'oque et qui se consomme sur place à cause de son

(1) Ces échelles sont :

1° Le port de Lagos, dit Karahatch, à 1 lieue de Tachlik et à 2 lieues de Iénidjé.

2° Le port de Lagos, dit Mumbaya, en face du précédent, à 3 lieues à l'O. de Gumourdjina.

3° Le port très-sûr de Kéramuti, et celui de Koumbournou, situés tous deux dans le delta du Karasou, en face de l'île de Tassos, et qui servent de débouchés aux produits de Sarichaban et même de Iénidjé.

4° Tchiaïaghese, placé près de l'embouchure du Strouma, dans le golfe d'Orfano, et qui sert d'échelle aux districts de Sérès et de Drama.

éloignement des négociants européens. Un loueur de chevaux de cette ville, que j'ai pris à mon service, me disait qu'il s'engagerait à transporter à Kavala ou à Salonique avec ses cinq chevaux dix balles de tabac pesant 50 ou 60 oques chacune, moyennant 80 piastres, soit, en moyenne, 550 oques pour 80 piastres, ou 5 paras et 82 centièmes de paras par oque.

2° Le transport du tabac du Kizildéli à Enos se fait partie à dos de cheval, partie en bateau. On compte dix heures de marche du Téke à Sofolou, situé sur la Maritza, et onze heures de marche de Sofolou à Enos. Les frais de transport de deux balles pesant ensemble 100 oques coûtent 8 piastres pour la première partie de la route et 6 piastres pour la seconde, en tout 14 piastres; soit 5 paras et 60 centièmes de paras par oque.

Ces deux exemples prouvent que, en tenant compte de la différence des distances, les transports dans la vallée de la Maritza coûtent plus du double que dans la vallée du Strouma. C'est un fait que j'ai vérifié par mon expérience. Aussi j'admets volontiers, avec M. Badetti, négociant à Andrinople, que les tabacs qu'il expédie à Enos, distant de vingt-quatre heures de marche, lui occasionnent un déboursé de 8 à 10 paras par oque; mais dans cette somme il comprend le transport de chez le producteur dans les magasins, et il suppose le transport effectué par terre. J'ai la conviction qu'en se servant de bateaux il peut réduire ces frais à 7 ou 8 paras.

Les transports à Iénidjé, Kavala et Drama sont plus élevés que dans la vallée de la Maritza. Deux balles pesant ensemble 90 oques, expédiées de Drama à Kavala (six heures de marche), coûtent de 10 à 20 piastres, suivant la saison; soit 4 paras et 44 centièmes à 8 paras et 88 centièmes.

Le transport de Iénidjé à Kavala (sept heures de marche) revient de 6 à 8 paras.

J'ai rencontré, vers le milieu de novembre, dans la vallée de l'Arda, sur la route de Haskeui, des Valaques qui transportaient avec leurs mules le tabac acheté par eux dans les environs de Krdjali.

Je ne suis entré dans ces détails que pour satisfaire aux désirs de l'administration générale. Je crois lui fournir des données plus utiles en lui faisant connaître la nature et le prix des frais divers que supportent les tabacs en magasin avant leur embarquement.

Relevé des frais jusqu'à bord :

1° Transport du tabac dans les magasins de l'acheteur ;

2° Déchet sur le poids depuis le moment de la pesée faite chez le producteur jusqu'au moment où la balle est sortie de l'estive et numérotée.

3° Perte à la revente des feuilles gâtées ou de mauvaise qualité et du kapak ;

4° Frais des facteurs et ouvriers envoyés dans les villages pour confectionner, peser et vérifier les balles ;

5° Frais des ouvriers employés aux différents travaux qui s'accomplissent dans le magasin, et dont j'ai donné précédemment le détail ;

6° Remplacement des emballages gâtés dans la route ou dans le travail en magasin, fourniture des nattes, numérotage, etc.;

7° Magasinage ;

8° Portefaix à l'embarquement.

La maison Delli et Comp., de Sérès, bien placée pour acheter le tabac de Drama, se charge de la totalité de ces frais, moyennant une prime fixe de 35 paras ; elle prélève en outre la commission d'usage de 2 pour 100 sur le montant du coût et des frais.

M. Clerissi, négociant et agent consulaire de France à Kavala, se trouve dans une excellente position pour acheter les tabacs dont la régie fait emploi. Sa résidence se trouve à six lieues de Drama, à trois lieues de Pravista, à quatre lieues de Sarichaban et à sept lieues de Iénidjé. Il est donc au centre des principales localités de production. Il évalue les frais ci-dessus de 30 paras au moins à 35 paras au plus pour les provenances autres que celles de Iénidjé. Les frais relatifs au tabac de Iénidjé monteraient probablement à quelques paras de plus en raison du transport et du confectionnement des balles qui coûtent plus cher dans ce village. Les facteurs envoyés à Drama par les négociants comptent le confectionnement des balles à raison de 20 paras. A Iénidjé, le confectionnement se fait à la journée et non à forfait, dans des magasins qu'il faut louer ou emprunter.

Si l'administration voulait se procurer du tabac du Kizildéli, elle pourrait s'adresser à M. André Vernazza, vice-consul de France à Andrinople, homme d'une probité sans tache, né dans le pays de parents français. Je ne doute pas qu'il ne soit en mesure de faire aussi bien que son beau-frère, M. Badetti, qui est chargé des acquisitions pour l'Autriche. Ces messieurs ne m'ont pas remis le prix courant des frais jusqu'à bord ; mais je suppose qu'ils doivent être à peu près les mêmes que ceux de MM. Delli et Clerissi.

4° Nolis.

A Kavala, on trouve à noliser pour Marseille à raison de 7 à 8 francs les 100 kilogrammes. Il est probable que les conditions ne sont pas plus défavorables à Enos.

Si les navires français qui font le commerce de l'Orient connaissaient les époques d'embarquement du tabac, ils préféreraient venir prendre un chargement à Kavala, à raison de 6 francs les 100 kilogrammes, plutôt que de perdre leur temps en attendant un frêt de retour, les uns dans le port de Constantinople, les autres à l'entrée des Dardanelles, où les vents contraires les retiennent quelquefois cinq ou six semaines.

Le pavillon français est traité, dans les ports turcs, comme les pavillons des autres puissances étrangères. Le prix du nolis est donc la seule considération à consulter dans la question du transport du tabac macédonien.

§ III. — Prix moyen des tabacs récoltés dans les districts du Rhodope.

Pendant les dernières années, le tabac s'est vendu aux prix suivants dans les districts ci-après :

1° Kizildéli et Dimotika.......... De 70 à 100 paras ; soit de 1 3/4 à 2 1/2 piastres.
2° Andrinople.................... De 70 à 120 paras ; soit de 1 3/4 à 3 piastres.
3° Hazkeui....................... De 3 1/2 à 4 piastres.
4° Fèrè et Makri.

Le tabac de Chaïnlar entre Fèrè et Makri s'est vendu 6 piastres, en 1847.

5° Kostendil, Doubnitza et Djoumaa.

Le tabac de Djoumaa se vendait, en 1847, de 2 1/2 à 4 piastres, suivant la qualité ; celui des autres localités, de 1 1/2 à 2 piastres.

Nota. — Les tabacs de ces divers districts se mettent en balles façon bachi bahalé, de 45 à 60 oques.

6° Drama.

A. *Tabac de la plaine.*

Toute la récolte se met en balles façon *bachi bahalé,* de 40 à 45 oques. Elle s'est vendue :

En 1845.......................... De 3 à 5 piastres.
En 1846.......................... De 4 à 5 1/2.

B. *Tabac de montagne.*

La récolte se met partie en balles façon *bachi bahalé*, partie en balles façon *basma*, à peu près par égale portion. Le bachi bahalé se compose ordinairement des qualités les plus fortes et se vend plus cher que le basma (1).

Prix de 1845...................... De 1 1/2 à 2 1/2 piastres.
Prix de 1846...................... De 2 à 3 1/2.
7° Pravista....................... De 1 1/4 à 2 1/4.

(1) Je réitère l'observation que j'ai déjà faite. L'administration générale, dans ses marchés avec les soumissionnaires, établit des prix plus élevés pour le basma que pour le bachi bahalé. Le contraire devrait avoir lieu.

A l'exception du tabac de Leftèrè qui se met en balles façon *basma*, ces produits sont de *bachi bahalé*.

Prix de 1845.................................... De 1 1/4 à 2 piastres.
Prix de 1846.................................... De 1 1/4 à 2 1/4.

8° Kavala.

Les meilleures qualités se mettent en boktcha, le reste est emballé, savoir : 1/7e façon bachi bahalé; 6/7es façon basma.

Prix de 1845.................................... De 3 1/2 à 4 piastres.
Prix de 1846.................................... De 3 1/2 à 4 1/4.

9° Sarichaban.

Tabac en boktcha *kieubek* et *kénévir*, de 5 à 15 oques (1re et 2e qualités), de 3 à 4 1/2 piastres.

Le kieubek de Sarichaban ne vaut pas celui de Iénidjé, et cependant on le vend quelquefois pour du Iénidjé. On peut le reconnaître à la couleur de sa feuille, qui est plus verdâtre.

Le reste de la récolte se met en balles basma, de 40 à 45 oques, et se vend de 2 à 2 1/2 piastres.

10° Iénidjé.

A. *Tabac de la plaine.*

Toute la récolte se met en boktcha *kieubek* et *kénévir*, de 5 à 15 oques.

Prix de 1845.................................... De 3 à 7 piastres.
Prix de 1846.................................... De 4 à 8 1/2.

Parmi les tabacs de la plaine, ceux de Baïria, qui sont les plus estimés, se vendent toujours plus cher. Les prix de 1845 donneront une idée de leur degré de valeur.

Baïria et Ortakeui.................................... De 3 1/2 à 7 piastres.
Ovadès.................................... De 3 à 5.
Oktchiklar.................................... De 4 à 6.

B. *Tabac de montagne.*

Le cru de Ada donne des produits comparables à ceux de la plaine et sont préparés en boktcha *kieubek* et *kénévir*, de 5 à 15 oques.

Dans les autres villages, on choisit le meilleur dont on forme des boktcha *kénévir* (2e qualité), de 5 à 15 oques, et qui sont vendus comme la seconde qualité de la plaine, de 3 1/2 à 4 piastres.

Le reste de la récolte se met en balles façon basma, de 40 à 45 oques et se vend souvent dans le commerce comme basma drama, quoi que ce dernier soit préférable. Son prix est de 1 1/2 à 1 7/8es piastres.

Ainsi le tabac de la plaine de Iénidjé est plus estimé que celui de la plaine de Drama, tandis que le basma drama (montagne) est supérieur en qualité au basma Iénidjé (montagne).

11° Gumourdjina.

La récolte de la plaine et de la montagne se met en balle façon bachi bahalé, de 45 à 50 oques et se vend, savoir :

Première qualité.................................... De 2 3/4 à 3 1/4 piastres.
Deuxième qualité.................................... De 1 1/2 à 2.

§ IV. — Droits divers dont la production et le commerce du tabac sont frappés en Turquie.

Le recouvrement des impôts s'opère généralement en Roumélie par des fermiers qui achètent au gouvernement, moyennant une contribution calculée d'après le produit probable de la recette, le privilége qu'ils doivent exercer dans un district déterminé. Les exceptions à cette règle sont rares : le gouvernement n'exerce les recouvrements par ses propres agents que lorsqu'il ne trouve pas d'offre en rapport avec le produit présumable de certains districts.

Il faut distinguer d'abord les impôts qui frappent toute espèce de propriétés et de produits ; ensuite ceux qui frappent spécialement le tabac.

A. *Impôts actuellement en vigueur frappant toute espèce de propriété et de produits.*

1° *Impôt de bin lêmê* (bin = mille, perception sur mille). — Il se perçoit sur le revenu net des propriétés, c'est-à-dire déduction faite des frais d'exploitation, tandis que la dîme se prélève sur le produit brut. Il est de 10 pour 100, par conséquent une propriété dont le revenu net est évalué à 1000 piastres est imposée à 100 piastres.

Le *bin lêmê* se perçoit quand même la terre reste inculte. Il se paye au mois de mars et à l'avance, par conséquent avant que le propriétaire ait touché le produit de ses propriétés. Or, si l'on réfléchit que, faute d'engrais, les champs cultivés en céréales restent généralement en jachère deux années de suite et ne sont ensemencés que la troisième année, on comprendra que cet impôt devient écrasant (voyez le *Développement récent de l'agriculture en Turquie*, § 4, chap. I, p. 46 à 56).

D'après M. Badetti, négociant à Andrinople, cet impôt se perçoit dans toute l'étendue de la Roumélie, et c'est pour ce motif que j'en fais mention ; cependant je dois faire observer qu'aucun producteur de tabac, soit dans les montagnes du Rhodope, soit dans les plaines de Drama et de Iénidjé, ne m'en a parlé, et que ceux dont j'ai attiré l'attention sur ce sujet m'ont affirmé qu'ils ne payaient pas cet impôt.

Il me paraît donc très-probable que les terres plantées en tabac ne sont pas soumises à sa perception.

2° *Zabit hakeu ou behzi haki.* — Cet impôt ne passe pas entre les mains du gouvernement. C'est une légère contribution que les propriétaires mettent en commun pour payer la surveillance d'un gardien choisi par eux et remplissant à peu près les fonctions de nos gardes champêtres. Cette contribution est trop faible pour influer sur le prix du tabac.

3° *Uchur ou droit de dîme.* — Cet impôt est de 10 pour 100 sur le produit brut. Dans les localités voisines des résidences consulaires, la dîme se prélève sur la récolte effective ; mais dans les montagnes elle donne lieu à des abus qui peuvent doubler ou tripler le montant de l'impôt. Les agents du fermier de la dîme font pendant le cours de l'été le recensement des terres cultivées en tabac. Ils choisissent le moment où la récolte sur pied présente l'apparence la plus favorable, et font l'évaluation du produit probable. Cette évaluation, qui leur sert de contrôle au moment de percevoir la dîme, est imposée par eux toutes les fois qu'ils ont la force en main, comme base réelle de la somme à toucher, quand même la récolte aurait été en grande partie perdue par l'inclémence de la saison. Pour dissimuler l'injustice de leur exaction, ils ont soin de ne réclamer le droit que lorsque le producteur a déjà disposé d'une partie de sa récolte et qu'il s'est ainsi privé des moyens de prouver que l'évaluation est exagérée. Dans les localités où le producteur peut se faire rendre justice, l'évaluation n'est consultée qu'à titre de renseignement. Le fermier ou son agent pèse les feuilles récoltées, en prend la dixième partie ou reçoit la valeur en argent, suivant la convenance réciproque des parties.

Les négociants de Gumourdjina m'ont affirmé que, dans leur district, la dîme était remplacée depuis quelques années par un droit fixe de 20 piastres par dénume, et qu'ils nomment *nadiê* ou *dénume parassi* (1). Ce droit, disent-ils, est très-onéreux, parce qu'il est perçu lors même que la récolte est perdue. Cependant si l'on compare le produit de cet impôt au produit probable de la dîme, on arrive à une conclusion contraire à cette opinion. En effet, j'ai établi précédemment que le rapport moyen par dénume pouvait être évalué à 110 oques dans les montagnes et à 150 dans la plaine. Or, le tabac de ce district varie, suivant la qualité, de 1 1/2 à 3 1/4 piastres. Par conséquent, la dîme rapporterait de 11 à 15 oques qui, calculées à raison des prix ci-dessus, représenteraient une valeur de 16 1/2 à 48 3/4 piastres par dénume. On voit que les propriétaires de mauvais terrains seraient lésés, tandis que les propriétaires de bons terrains y trouveraient un avantage. Or, quand bien même les bonnes terres ne formeraient que le quart de la superficie cultivée en tabac, le produit moyen de la dîme serait encore de 24 1/2 piastres par dénume.

Quoi qu'il en soit, ces négociants attribuent à la substitution du nadiè à la dîme l'abandon progressif de la culture du tabac dans leur district. Cet abandon tient, à mon avis, à d'autres causes que j'ai exposées à la fin du paragraphe III, chapitre I (voyez pages 35 à 46).

B. *Impôts concernant le tabac en feuille.*

Le tabac à fumer est soumis dans les grandes villes à un droit de consommation qui varie suivant les localités, et dont je n'ai pas à m'occuper. Il supporte encore, comme les autres produits importants, un droit de douane nommé *gumruk*, qui est à la charge de l'acquéreur, et qui s'acquitte, soit à la douane de Constantinople, soit au port d'embarquement. Le tabac destiné à la consommation intérieure est imposé lorsqu'il traverse un village où séjournent les agents du fermier du district dans lequel le produit a été récolté. Ces derniers délivrent un teskèrè (récépissé) attestant que le tabac a payé le droit, et dont la représentation suffit pour assurer à la marchandise la libre circulation dans tout l'empire.

Le droit de *gumruk* par oque sur le tabac en boktcha kieubek (1re qualité) de Iénidjé (plaine et montagne) et de Sarichaban, est, pour la Turquie, de .... 96 paras.
et pour l'Europe, de .... 40 —

Le droit par oque sur le tabac en boktcha kénévir (2e qualité), de Iénidjé (plaine et montagne), de Sarichaban et de Kavala, est, pour la Turquie, de .... 60 —
et pour l'Europe, de .... 30 —

Le droit par oque en balles façon basma et façon bachi bahalé, de Iénidjé (montagne), de Sarichaban, de Drama (plaine et montagne), de Pravista, Kavala et Gumourdjina est, pour la Turquie, de .... 55 —
et pour l'Europe, de .... 25 —

Sur le tabac en balles du Kizildéli, de Haskeui et d'Andrinople, il est seulement, pour la Turquie, de .... 50 —
et pour l'Europe, de .... 25 —

Dans ces districts, les fermiers ont cru devoir, dans leur intérêt, réduire le droit sur le filis (tabac le plus commun) à 25 ou 30 paras. Ils encouragent par cette tolérance la consommation locale des feuilles de seconde pousse qui resteraient sans emploi si le prix de revient en était trop élevé.

Il est difficile de concevoir pourquoi le tabac des trois derniers districts précités supporte un droit de douane moindre que celui des districts méridionaux du Rhodope. Cependant le fait est certain et résulte de renseignements concordants entre eux et obtenus auprès des producteurs, des négociants et de nos agents consulaires. Ainsi, le tabac commun des montagnes de Iénidjé et autres localités qui se vend de 1 1/2 à 2 piastres est plus imposé que la bonne qualité de Haskeui et d'Andrinople, qui se vend de 3 1/2 à 4 piastres ; il supporte un droit égal à la première qualité de Drama, qui vaut de 5 à 5 1/2 piastres.

Je ferai encore observer que la première qualité de drama s'expédie en balles, mais qu'arrivée à Constantinople elle est mise en boktcha kieubek et vendue à peu près au même prix que le Iénidjé. Les tabacs de Iénidjé ne jouissent pas du même avantage. Les bonnes qualités expédiées en balles

(1) Il y a plusieurs années, ce droit était de 40, 50 et 60 piastres par dénume.

supportent le droit de 96 ou de 60 paras, suivant leur mérite, comme si elles étaient mises en boktcha. Je puis certifier ce fait dont j'ai été le témoin.

Le grand douanier des tabacs, résidant à Constantinople, chargé de l'administration des tabacs, perçoit le droit de marchandises expédiées à la capitale de l'empire et le montant des priviléges accordés aux fermiers. Pendant ces dernières années, il s'est réservé le droit sur 18,000 quintaux de tabac Iénidjé (1re et 2e qualité) et sur 17,000 quintaux de tabac de Drama, de Pravista, de Kavala et de Sarichaban. Je ne saurais dire si cette réserve, imposée aux fermiers de ces différents districts, profite à l'État ou au grand douanier, à titre de pot-de-vin.

Les droits de 40, de 30 et de 25 paras par oque exigés à la sortie des tabacs expédiés en Europe, résultent du tarif signé entre la Porte et les puissances européennes, le 28 novembre 1838. Ce tarif, dont la durée a été fixée à sept années, est expiré depuis le 28 novembre 1845. On s'occupe de nouvelles conditions commerciales à établir. En attendant que les puissances contractantes soient d'accord, la Porte a consenti à percevoir les droits de douane à titre d'à-compte, sauf à toucher plus tard ou à rembourser les différences qui pourront résulter entre les versements effectués et les prix du nouveau tarif à intervenir.

Dans sa lettre du 17 novembre 1846, M. le directeur général de l'administration des tabacs m'a signalé l'inégalité du droit exigé en 1846, à la sortie des tabacs, suivant les ports d'embarquement de la Turquie. Je donnerai un peu plus loin l'explication de ce fait en parlant de l'impôt de *messah bédély*, depuis longtemps supprimé.

C. *Impôts actuellement supprimés.*

Les impôts actuellement supprimés sont : l'*intissap* et le *messah bédély*.

1° L'*intissap* était un droit fixe de 2 paras par oque, par conséquent plus onéreux sur les qualités inférieures que sur les premières qualités. Il se payait au moment où le produit changeait de main pour la première fois. La représentation du teskèrè constatant que le droit avait été acquitté dispensait les acquéreurs de seconde et de troisième main de le payer de nouveau.

A l'époque de son voyage en Roumélie, dans le cours de 1846, le sultan actuel, Abd-ul-Medjid, a décidé que l'impôt de l'intissap serait supprimé à partir de la récolte de 1847.

2° Le *messah bédély* existait avant le *tanzimat* ou réforme; il a été supprimé à l'époque du hat ou décret de Gulhané, en 1839, et n'a jamais été rétabli. Ce droit était de 110 paras par dénume (soit 1100 paras ou 27 1/2 piastres par hectare), plus 2 paras pour *ressid paruffi* ou payement des écritures. Or, nous avons vu précédemment que la production moyenne par dénume pouvait varier de 110 à 200 oques; par conséquent, l'ancien droit pouvait tout au plus élever d'un para par oque le prix de revient du tabac.

Le gouvernement ottoman avait fixé le droit de douane intérieure à 50 paras pour les tabacs d'Andrinople, de Haskeui, etc.; à 55 paras pour ceux de la partie méridionale du Rhodope, plus 2 paras pour droit d'*intissap;* total, 57 paras. Le droit de douane pour les quantités livrées aux puissances étrangères était fixé par le tarif de 1838 à 25 paras. La différence de 32 paras qui existe entre ces deux chiffres fut réclamée par les fermiers de Drama, de Salonique, etc., sous le titre de *messah bédély* aux négociants européens ou à leur défaut aux producteurs.

Ce fait ne détruit pas ce que j'ai avancé sur le non-rétablissement de cet ancien droit, car on ne peut pas identifier un impôt direct (équivalent à 1 para par oque) qui frappait la mesure de terre cultivée à un impôt indirect (de 32 paras) qui frappe le produit de cette terre.

Les fermiers de la douane exigeaient leur payement en vertu d'une lettre adressée par le ministre des finances à son beau-frère le kaïmakan de Drama, Hadji, chérif aga. La lettre disait que les fermiers percevraient d'après le tarif, *pourvu que le droit équivalût aux droits anciens.*

La clameur publique fut tellement vive, qu'elle fit consentir le fermier de la douane de Drama et de Iénidjé à réduire le droit supplémentaire de 32 paras à 20 paras sur le tabac de la plaine et à 15 paras sur le tabac de montagne. Partout ailleurs il fut perçu à raison de 32 paras. Ainsi se trouve expliquée la différence entre les droits exigés dans les ports de Kavala, de Salonique, sur laquelle M. le directeur général attirait mon attention par sa lettre du 17 novembre 1846.

C'est à M. Clerissi, agent consulaire de France à Kavala, que les puissances étrangères doivent la découverte et la direction des moyens qui ont servi à faire admettre par le divan le remboursement des droits payés en sus du tarif de 1838 par les négociants européens. Voici comment les faits se sont passés.

Notre agent reçut en arrivant dans sa résidence les plaintes des producteurs. Ces derniers, encouragés par ses conseils, et forts de leur nombre qui assurait leur impunité, lui remirent une déclaration revêtue de leur cachet et attestant qu'ils avaient payé un droit de 15 et de 20 paras en sus de la dîme. Muni de cette pièce, M. Clerissi se transporta chez le mollah et lui demanda s'il avait connaissance du payement effectué par les producteurs. Le magistrat ottoman répondit affirmativement, mais, prié d'attester que la déclaration était conforme à la vérité, il refusa, prétendant qu'il se ferait des ennemis puissants. Alors M. Clerissi le somma de lui donner publiquement une réponse authentique et de jurer sur le Coran la vérité de ses paroles. Le mollah n'osa pas prêter le serment dont la fausseté, certifiée par l'agent consulaire de France, pouvait avoir les plus graves conséquences; il se détermina à confirmer par un *ilam* la déclaration des producteurs.

Cette pièce, transmise à l'ambassade de Constantinople par le consul de Salonique, ne put être révoquée en doute par le divan, qui jusqu'alors avait repoussé toutes les réclamations comme étant dénuées de fondement.

M. Clerissi a fait preuve dans cette affaire d'une grande habileté et d'une connaissance profonde des hommes et des mœurs du pays. Le commerce étranger lui doit le redressement d'un grief qu'il n'aurait pas obtenu sans son intelligente intervention.

D'après M. Clerissi, la surtaxe de 15 et de 20 paras, suivant la qualité, n'aurait pas été exigée sur la récolte de 1846. Mais, dans la crainte d'être forcés de la payer plus tard, les producteurs ont vendu à des prix plus élevés. Le cours une fois fixé, s'est maintenu au-dessus des cours des années précédentes (voyez précédemment). Il est vrai de dire que la récolte était peu abondante et que la rareté de la marchandise en a fait monter le prix, indépendamment de la circonstance indiquée.

Le remboursement de la surtaxe aux ayants droit restera-t-il à la charge des fermiers ou du trésor? C'est une question dont je n'ai pas à m'occuper.

Je viens de dire comment les faits se sont passés dans les districts au sud du Rhodope; voyons quelle marche a suivi la même affaire dans les districts situés au nord du même massif.

Forts du tarif de 1838, les Francs obtinrent de payer les droits à raison de 25 paras; mais les fermiers de la douane forcèrent les malheureux vendeurs de solder la différence entre ce chiffre et le montant du droit de douane intérieure (1). Dès lors s'introduisit l'habitude de dresser un contrat par lequel le producteur s'engageait à payer les droits du *bin lêmê* et de *uchur*, et l'acheteur d'autre part prenait à sa charge tous les autres droits *connus* ou *inconnus*. Les négociants dont la réputation n'était pas suffisamment établie, étaient forcés de trouver des garants de la religion musulmane qui seuls inspiraient de la sécurité aux vendeurs.

M. Badetti, de qui je tiens ces détails, une fois substitué à la place du producteur, se voyant exposé à des procès sans fin avec les fermiers de la douane, a pris le parti de transiger avec eux. Ses relations amicales avec toutes les personnes influentes de la province, l'ont mis en mesure d'amener les différents fermiers à signer un contrat par lequel le droit était réduit d'un commun accord à 20, 25 ou 30 paras, suivant les années, la qualité et l'importance de la récolte et des acquisitions. Le fermier qui possédait le privilége en 1846 et 1847 est le seul qui se soit refusé à consentir à une réduction. M. Badetti a soumis l'affaire à la décision des autorités compétentes à Constantinople. Malgré l'appui de l'internonce d'Autriche, il a été condamné à payer la totalité du droit par la raison qu'il s'était substitué au lieu et place du producteur, et qu'il avait ainsi renoncé à jouir du bénéfice du traité (2).

(1) Antérieurement au tanzimat (réforme), le tabac de Kizildéli, Sultaniéré, Haskeui, Andrinople et Kavala supportait, d'après M. Badetti, un droit de 20 paras par oque. A dater du hat de Gulhané, le droit a été doublé et porté à 40 paras; enfin, en 1844, il a été fixé à 50 paras. Nous avons vu que ce droit est de 55 paras dans les districts méridionaux du Rhodope.

(2) Voici quelle était sommairement l'argumentation que le fermier faisait au ministre : Vous avez fixé le droit de

§ V. — Mode d'achats en usage en Turquie.

1° Arrhes et avances de capitaux.

L'habitude de faire des avances aux producteurs est généralement établie en Turquie. Il n'existe donc pas de marchés où les tabacs seraient transportés pour être vendus par commissionnaires. Les arrhes se donnent au moment de traiter de la récolte à venir; les emprunts commencent ordinairement en juillet à Andrinople et à l'époque du semis dans les districts méridionaux du Rhodope ; ce n'est guère qu'en décembre ou janvier que l'acheteur se trouve couvert par la marchandise.

2° Achats dans le N. E. du Rhodope.

Voici comment opère la maison Badetti d'Andrinople : les producteurs ont-ils besoin d'argent? ont-ils une difficulté avec un voisin, une réclamation à faire à l'autorité? M. Badetti leur fait des avances, concilie leurs procès et fait valoir leurs droits. Lorsqu'un acheteur se présente chez ces producteurs, ces derniers terminent bien rarement le marché sans consulter M. Badetti et lui donner la préférence à prix égal. Malgré tout le soin que ce négociant apporte dans le choix de ses clients, il ne peut pas s'en rapporter à leur ponctualité dans la livraison des objets qui doivent le couvrir de ses avances; ses agents parcourent les villages, surveillent le séchage des feuilles, et enlèvent les quantités disponibles par une, deux, trois, etc., oques. Cette active surveillance n'empêche pas les producteurs de profiter des occasions favorables et de frustrer quelquefois le bailleur de fonds des 2/3 ou des 3/4 de la récolte. Ils vendent, par exemple, le quart aux voisins ou aux spéculateurs que le hasard leur adresse; ils portent le reste à la ville et le donnent à des conditions favorables en échange des marchandises dont ils ont besoin. Les clients à leur aise couvrent M. Badetti de l'excédent de ses avances avec des céréales, de la soie et autres produits du sol; les plus génés payent l'intérêt des capitaux et s'acquittent l'année suivante, s'ils sont de bonne foi.

Un agent expédié sur les lieux pour agir uniquement sur les tabacs et forcé de s'adresser à un grand nombre de producteurs pour compléter un lot de plusieurs milliers d'oques ne pourrait pas, avec la même facilité que M. Badetti, rentrer dans ses avances de fonds. Il serait nécessairement obligé d'attendre la récolte suivante, s'il n'était pas couvert par la récolte de l'année courante.

3° Achats dans l'intérieur et dans le midi du Rhodope.

Les détails qui précèdent font connaître la manière d'opérer d'une maison particulière plutôt que le mode d'achat généralement adopté. Je vais indiquer ce mode en usage dont j'ai connu le mécanisme par les renseignements que j'ai obtenus auprès de plusieurs producteurs, des marchands de Gumourdjina, de la maison Delli et comp. de Sérès, et qui ont été complétés par M. Clerissi, notre agent consulaire à Kavala.

Parmi les négociants de Constantinople qui font le commerce du tabac en feuilles, les uns se rendent en novembre et décembre à Iénidjé, Xanti, Drama, etc., et s'adressent directement aux producteurs ; les autres chargent d'agir en leur nom des facteurs auxquels ils payent une commission de 10 paras par oque sur le tabac de Drama et de 20 paras sur celui de Iénidjé.

Les acheteurs ou leurs facteurs s'engagent à prendre la totalité de la récolte prochaine, à l'exception du gâté. Le marché qui intervient entre les parties n'est définitivement conclu que lorsque des arrhes ont été données et reçues. Dans ce marché, le prix des produits n'est jamais fixé à l'avance. Après la récolte et le séchage des feuilles, l'acheteur va vérifier la qualité de la marchandise. S'il ne

douane à 50 paras. J'ai fait mes calculs en prenant ce chiffre pour base et j'ai acheté mon privilége en conséquence. Si vous déchargez M. Badetti de la moitié du droit par la raison qu'il est étranger et qu'il doit jouir du bénéfice du tarif de 1838, payez-moi cette portion du droit qui m'est due ou bien remboursez-moi une partie équivalente du prix de mon privilége.

trouve pas à sa convenance ou en bon état de conservation tout ou partie de la livraison, il donne par écrit au producteur l'autorisation de disposer de la marchandise. Il n'a pas la faculté de rejeter une partie défectueuse de quelque importance et de conserver le reste. Muni de cet écrit sans lequel il ne trouverait pas à se défaire de sa récolte, le cultivateur cherche un autre acheteur qui rembourse au premier, en outre des arrhes et des sommes avancées pendant le courant de l'année, la commission accordée aux facteurs (1). Cette commission dédommage le négociant de Constantinople de celle qu'il a lui-même à payer pour remplacer la marchandise dont il n'a pas pris livraison.

4° Fixation des cours.

Le cours des tabacs récoltés dans les différents villages d'un district se base chaque année sur le prix des produits du principal cru du district. La différence de qualité étant généralement admise entre les récoltes de chaque village et celles du village qui sert d'étalon, il en résulte que la fixation du cours sur les produits de ce dernier détermine le cours des produits de tous les autres villages.

Voici la manière dont on procède pour fixer le cours du tabac récolté dans la principale localité. Parmi les négociants de Constantinople et les producteurs de village, ceux qui veulent prendre part au débat se réunissent à un jour fixé à l'avance. On prend en considération la qualité de la récolte, son abondance ou sa rareté. De cet examen résultent des motifs pour abaisser, élever ou maintenir les prix de l'année précédente. Les négociants s'efforcent d'obtenir un cours plus bas; les producteurs un cours plus élevé. Les besoins réels du commerce une fois bien établis, finissent par rapprocher les parties et les faire tomber d'accord. Les cours ainsi fixés sont obligatoires pour les acheteurs absents au moment des débats. Ceux qui ne veulent pas prendre livraison sont forcés de donner permission de vendre les marchandises qu'ils ont arrhées, conformément à l'usage précédemment décrit.

§ VI. — Observations relatives aux achats faits pour le compte des soumissionnaires français chargés d'approvisionner l'administration générale des tabacs.

Les achats ne peuvent se faire par grandes parties.

Les achats ne peuvent se faire par grandes parties. Dans les contrées méridionales du Rhodope, on ne cite qu'un seul grand propriétaire, Émin Bey, de Xanti, qui possède les meilleurs crus de Tachlik et de l'Ortakeuiler, et qui récolte de 40 à 50,000 oques de première qualité; les autres grands producteurs recueillent en moyenne de 12 à 30 balles de 40 à 45 oques l'une et un plus grand nombre de petits propriétaires ne peuvent fournir que de 2 à 5 balles. Dans les contrées septentrionales du Rhodope, plusieurs producteurs récoltent aux environs d'Andrinople de 20 à 60 balles de 50 oques l'une; mais dans les montagnes, les plus riches propriétaires ont de la peine à produire une balle complète. Les achats se font plus généralement par quantités de 2 à 10 ou 15 oques. Il n'y a donc pas possibilité pour les soumissionnaires français d'obtenir des réductions de prix en raison de l'importance de leurs acquisitions. Ils sont obligés de subir le cours fixé comme les autres acquéreurs et de payer aussi cher que s'ils achetaient par petits lots de 8 à 10 oques.

Inconvénients des bas prix alloués par l'administration.

Le bas prix alloué par l'administration générale de Paris interdit aux soumissionnaires de porter leurs choix sur les premières qualités des plaines de Iénidjé, de Drama, etc. Il ne leur permet de

(1) 10 paras sur le tabac de Drama.
20 paras sur le tabac de Iénidjé.
Si l'on considère que le négociant se trouve ainsi privé d'une marchandise sur laquelle il comptait pour les besoins de son commerce, on concevra que le dédommagement est bien faible.

l'approvisionner que de qualités communes destinées à l'exportation ou consommées dans le pays par la classe la plus pauvre. De là résulte la défaveur dont sont frappés les tabacs du Levant que l'administration générale livre au public. Les amateurs qui ont contracté en Turquie l'habitude de fumer le bon tabac de Iénidjé et de Drama ne reconnaissent plus dans les produits vendus par la régie, l'arome, la saveur et les excellentes qualités de leur tabac de prédilection. Aussi les voit-on renoncer plus ou moins vite à l'usage de la pipe, à moins qu'ils ne trouvent le moyen de tirer directement leurs provisions de l'un des ports de la Turquie.

Qualités de tabac dont l'administration devrait faire acquisition.

Je pense que, dans son intérêt bien entendu, l'administration devrait comprendre dans ses acquisitions les bons tabacs de la plaine pour une proportion relativement importante. Cependant je crois devoir lui signaler à l'avance les inconvénients qui résulteraient dans le cas où ses achats prendraient une trop grande extension.

Les bons tabacs des plaines de Iénidjé, de Drama, etc., sont très-estimés à Constantinople. Les grands de l'empire n'en fument pas d'autre et en font une énorme consommation. Les habitants les plus aisés de la Turquie partagent cette prédilection. Aussi les fournisseurs de la capitale se font concurrence pour enlever les premières qualités. Si les soumissionnaires français voulaient en acquérir des quantités considérables, ils amèneraient dans les cours une hausse qui dépasserait les conditions de leur marché. Les négociants de Constantinople achèteraient à tout prix un produit qu'ils ne sauraient remplacer ailleurs. Pour éviter cet inconvénient, l'administration générale de Paris devrait répartir ses choix sur les divers crus du pays. Ensuite, au lieu de mélanger des produits qui tous ont leur arome particulier, elle devrait les vendre séparément sous le nom du district où ils ont été récoltés, de même que les négociants en vins vendent séparément et sans les mélanger le bordeaux, le bourgogne, le champagne, etc. Grâce à ces précautions, le public français pourrait apprécier à leur juste valeur et sans augmentation de prix les tabacs de la Turquie.

Prix du premier choix, à Constantinople.

J'ai dit précédemment qu'aux termes des marchés en usage, les acheteurs sont obligés de prendre livraison de la totalité de la récolte de ses vendeurs. Le débitant de Constantinople, qui veut obtenir un tabac supérieur achète, de seconde main, la première qualité des meilleurs crus, puis il met à part les meilleures feuilles prises dans les diverses balles, et il en compose le premier choix qui se vend à un prix fort élevé (24 à 30 piastres à Constantinople). Avec le reste des balles, il forme des lots d'un prix inférieur.

Proportion des feuilles de premier choix dans une balle.

Les boktchas kieubek (1re qualité) de la plaine de Iénidjé, achetés de première main, se composent d'un tabac assez bon pour être livré à la consommation sans subir cette épuration. Cependant il arrive quelquefois aux négociants d'aller sur les brisées du détaillant et d'extraire d'une partie les meilleures feuilles pour en composer des boktchas de premier choix. Pour se mettre à l'abri de cette fraude commerciale, l'administration générale doit savoir que la récolte d'un même champ se compose, savoir :

De 2/10es à 3/10es de feuilles de 1er choix, et
De 7/10es à 8/10es de feuilles de 2e choix.

Elle pourrait donner l'ordre de faire le triage avant l'expédition et de composer des balles de premier et de deuxième choix. Sa vérification en serait plus facile ; mais c'est là le seul avantage qu'elle tirerait de cette mesure.

Époques les plus favorables pour l'expédition des ordres d'achat.

J'ai dit que les négociants de Constantinople arrivent en novembre et en décembre pour arrher les tabacs de la plaine et qu'ils arrivent en mars pour arrher les tabacs de montagne. Lorsque l'administration générale de Paris a pris la résolution de faire des acquisitions, elle trouverait un avantage à devancer cette époque et à faire parvenir ses ordres assez tôt pour qu'ils soient exécutés en octobre et en janvier. Plus tard, elle se trouverait en concurrence avec les négociants et serait forcée d'acheter de seconde main, c'est-à-dire de payer en sus du cours, une et peut-être même deux commissions de 20 paras par oque pour le Iénidjé et de 10 paras pour le Drama. Faute de s'être conformée à cette précaution, l'administration de Paris a subi cette augmentation de prix dans un de ses derniers achats. Elle n'en a rien su, parce que son fondé de pouvoir, sans entrer dans les détails, a compris la commission double dans le prix d'achats.

Manière d'opérer des soumissionnaires.

Les soumissionnaires français ont adopté une méthode d'opérer préjudiciable à leurs intérêts. Leurs agents, adressés à une maison de commerce de Salonique, se rendent à Kavala avec un représentant de cette maison qui dirige les achats. Leur arrivée dans le pays amène immédiatement la hausse des cours. Leur principal facteur est un nommé Hadji Ibram, musulman, résidant à Drama. Le rôle que cet homme joue dans le commerce des tabacs depuis quelques années mérite de fixer un moment notre attention.

Leur principal facteur Hadji Ibram.

Hadji Ibram, il y a quatre ou cinq ans, s'est trouvé en rapport avec un agent de l'administration de Paris. En exécution des ordres qui lui ont été donnés, il a acheté des quantités importantes de marchandise. Il a sans doute été signalé aux soumissionnaires de la régie qui s'en servent depuis cette époque en qualité de facteur. En prévision des demandes qui lui sont ordinairement adressées, Hadji Ibram passe des marchés avec un certain nombre de producteurs, leur fait des avances et se trouve en mesure de fournir une partie importante des marchandises nécessaires aux besoins des soumissionnaires. Contrairement aux renseignements recueillis à Constantinople, c'est le seul accapareur qui existe dans le pays, et l'on voit, par ces détails, qu'il a été amené par les circonstances à exercer sur une grande échelle ce genre d'industrie.

Ses frais dépassent la commission qui lui est allouée.

Hadji Ibram a la prétention de faire ses livraisons au prix de facture et de se contenter d'une commission de 8 paras. Un simple aperçu des frais qui sont à sa charge prouvera jusqu'à l'évidence que cette commission est insuffisante pour les couvrir et qu'il est obligé d'enfler le prix d'achat. Sans cela son industrie, loin de donner des bénéfices, ne réaliserait que des pertes. En effet, il ne peut pas faire par lui-même les achats, il est obligé d'avoir des facteurs auxquels il paye une commission de 4 paras; ensuite il est propriétaire d'un khan dont le kéradji bachi (postillon en chef) entretient toujours 30 ou 40 chevaux qui servent aux facteurs en tournées et qui sont envoyés de tous côtés pour pourvoir aux besoins d'un commerce aussi étendu; enfin ses nombreuses relations lui amènent chaque jour une foule de visiteurs auxquels il ne peut se dispenser d'offrir la pipe et le café et qui lui consomment, chaque année, au moins 1000 oques de cette dernière denrée. Il est impossible, dis-je, que la récapitulation de ces différents frais n'absorbe pas sa commission de 8 paras, et je n'ai pas compté la perte d'intérêts qu'il subit sur les avances faites aux producteurs; or, cet article n'est pas sans importance dans un pays où l'argent rapporte de 12 à 25 pour 100 l'an.

Modifications à apporter dans la manière d'opérer.

Je viens de citer les inconvénients du mode d'achats adopté par les soumissionnaires français. Les détails dans lesquels je suis entré vont me permettre d'indiquer très-brièvement le mode qu'ils devraient y substituer.

1° Adresser aux époques convenables les ordres, soit à Hadji Ibram, soit à MM. Delli et comp. de Drama, soit enfin à M. Clerissi, notre agent consulaire à Kavala (1). On éviterait ainsi de supporter les frais de déplacement et les honoraires d'un chef de maison de Salonique, qui ne peut pas donner gratuitement son temps et sa peine. Le fondé de pouvoir des soumissionnaires ferait son affaire sans bruit, enverrait tantôt un facteur, tantôt un autre, et se garderait bien de faire connaître le chiffre de ses demandes.

2° Envoyer, à l'époque des livraisons, les agents chargés de vérifier la qualité des marchandises. Dans le cas où certaines quantités viendraient à être refusées, elles seraient trop peu considérables pour amener une hausse dans les cours et pourraient être facilement remplacées. Leur séjour dans le pays serait moins long et moins dispendieux.

En résumé, les agents ne devraient jamais être porteurs des ordres d'achat. Leur arrivée a toujours eu pour effet d'élever les cours. En les adressant à l'avance à une maison honorable, les soumissionnaires obtiendraient à des prix plus faibles de meilleures qualités.

(1) De ces trois maisons, la dernière, celle de M. Clerissi, se trouve au centre des districts producteurs, et par conséquent mieux placée que les deux autres pour remplir les ordres.

PIÈCES JUSTIFICATIVES

TABLEAUX

DES RÉCOLTES OBTENUES EN 1844, 1845, 1846 ET 1847

ET DESTINÉES A L'EXPORTATION

D'APRÈS M. CLERISSI

AGENT CONSULAIRE DE FRANCE A KAVALA

Le produit des récoltes est évalué en oques pour le district de Iénidjé ; en balles pour tous les autres districts. Le poids des balles n'est pas le même partout. Dans les districts de :

DRAMA . . . . }
SARICHABAN . } les balles pèsent de 40 à 45 oques.

J'ai adopté la moyenne de 42oques,5.
Dans les districts de :

PRAVISTA. . . }
KAVALA. . . . } les balles pèsent de 45 à 50 oques.

J'ai pris pour moyenne 47oques,5.
Dans les districts de :

KIZILDÉLI. . . }
SULTANIÉRÉ. . } les balles pèsent de 45 à 55 oques.

Soit, pour moyenne, 50 oques.
Les moyennes précédentes m'ont servi à faire l'évaluation en oques des produits de la récolte.

N° 1.

Récolte de tabac de la plaine de Iénidjé, en	1844	1845	1846	1847
BAÏRIA (des hauteurs) EN BOKTCHA.	Oques.	Oques.	Oques.	Oques.
De Tachlik (à 1 lieue 1/2 S. ou S.-E. de Iénidjé)	14,000	10,000	11,000	15,000
De Ienélè (à 1 lieue 1/2 S. ou S.-E. de Iénidjé)	16,000	12,000	13,000	18,000
De Bùlùstrù (à 1 lieue 1/2 S. ou S.-E. de Iénidjé)	60,000	45,000	60,000	65,000
De Calfalar (à 1 lieue 1/2 S. ou S.-E. de Iénidjé)	35,000	30,000	20,000	25,000
De Guneler (à 1 lieue 1/2 S. ou S.-E. de Iénidjé)	30,000	20,000	15,000	20,000
De Tchiflikia (à 1 lieue 1/2 S. ou S.-E. de Iénidjé)	32,000	25,000	30,000	35,000
ORTA KEUI (du centre).				
De Cara Keui	100,000	80,000	90,000	120,000
De Kimitli	60,000	45,000	50,000	60,000
De Khoroslù	50,000	40,000	45,000	55,000
De Hodgia Mahmatli	25,000	20,000	25,000	30,000
De Caldgilar	40,000	30,000	30,000	40,000
De Mizanlé ... à 3/4 lieue au S. de Xanti	90,000	70,000	75,000	93,000
De Cabutchilar	30,000	25,000	30,000	35,000
De Iénidjé	85,000	70,000	75,000	90,000
De Caragueuslé ... à 2 lieues au S.-O. de Iénidjé	80,000	60,000	63,000	80,000
OVADÈS (de la plaine).				
De Nuhuslé	35,000	25,000	35,000	40,000
De Tikislé	50,000	40,000	40,000	50,000
De Balabanlé	25,000	20,000	20,000	25,000
De Tchimenlé	30,000	25,000	25,000	30,000
De Osmanlé	12,000	10,000	20,000	25,000
De Hordassanlé	10,000	10,000	30,000	35,000
De Tchiobau Mahaléssé	25,000	20,000	22,000	24,000
OKTCHILAR YACASSÉ (du bas de la montagne).				
De Daoutlé (à l'O. de Xanti)	18,000	15,000	14,000	17,000
De Oktchilar (à l'O. de Xanti)	20,000	15,000	14,000	19,000
De Dgéléplé (à l'O. de Xanti)	20,000	17,000	17,000	20,000
De Murssal (à l'O. de Xanti)	12,000	10,000	11,000	12,000
De Kiretchiler (à l'O. de Xanti)	20,000	15,000	16,000	19,000
OQUES	1,024,000	804,000	896,000	1,099,000

N° 2.

Récolte de tabac de la montagne de Iénidjé, en	1844	1845	1846	1847
MISSÉCOLÚ.	Oques.	Oques.	Oques.	Oques.
De Sarnivitsch	25,000	22,000	25,000	30,000
De Dèrè Keui	15,000	13,000	15,000	20,000
De Mustaf Tchiova	20,000	18,000	19,000	21,000
De Imirlé	15,000	13,000	14,000	16,000
De Curdalar	15,000	13,000	14,000	16,000
De Khoroslè	25,000	22,000	24,000	26,000
De Kholivan	20,000	18,000	19,000	22,000
SÚ YALÉSSÉ.				
De Ada	20,000	18,000	19,000	21,000
De Zagritsch	25,000	22,000	24,000	26,000
De Khurlar	40,000	36,000	37,000	50,000
De Yénikeui	70,000	60,000	75,000	78,000
De Mahmutlé	60,000	55,000	57,000	62,000
De Ussein Keui	110,000	90,000	92,000	112,000
De Arpadgik	25,000	22,000	23,000	27,000
De Hodgialar	20,000	18,000	19,000	21,000
De Cosludgia	40,000	36,000	38,000	45,000
De Gambrova	55,000	44,000	45,000	57,000
OQUES	600,000	520,000	559,000	650,000

N° 3.

Récolte de tabac de la plaine de Sarichaban, en Basma.		1844	1845	1846	1847
		Balles.	Balles.	Balles.	Balles.
De Karadgia Koyun	1 heure de Hanlar	900	1,000	1,000	1,200
De Karadgialar	1 heure de Hanlar	700	600	700	800
De Kaya Bùnar	2 heures de Hanlar	600	500	550	650
De Buyùnù Khèzer	1 heure 1/2 de Hanlar	350	300	200	250
De Bairaklé		250	300	250	300
De Uzùn Kuyù		250	300	300	350
De Dérenlé	1 heure de Hanlar (en plaine)	250	200	300	350
De Dogran		400	500	450	550
De Kùrù Dèrè	1 heure 1/2 de Hanlar	500	400	300	400
De Bektémich	1 heure de Hanlar	300	250	300	350
De Kara Khétérlé		180	150	190	200
De Tchiobanlé	1 heure de Hanlar	180	200	190	200
De Indgies	1 heure de Hanlar	130	150	160	180
Balles		4,990	4,850	4,890	5,780

Les balles pèsent de 40 à 45 oques (moyenne, 42,5).

4,990 balles à 42,5 oques .... 212,075 oques.
4,850 — — — .... 206,125 —
4,890 — — — .... 207,825 —
5,780 — — — .... 245,650 —

N° 4.

Récolte de tabac Drama Basma, en De la montagne.	1844	1845	1846	1847
	Balles.	Balles.	Balles.	Balles.
De Zaritsch	120	100	100	120
De Berista	900	1,000	900	1,000
De Libotun	250	300	100	150
De Lissan	150	150	100	150
De Pastrova	250	200	200	250
De Karagueus-Keui	250	200	120	150
De Dradgista	120	100	80	100
De Kutchiuk-Keui	100	120	100	120
De Bukès	350	300	250	300
De Karadgia-Keui	280	250	200	250
De Granova	350	300	300	350
De Dgiura	180	200	150	200
De Bellan	70	60	60	80
De Sgranova	50	50	50	60
De Katun	340	300	300	350
De Balaban	350	300	300	350
De Kholivan	220	250	250	300
De Kalova	200	180	200	250
De Kurtchéler	250	200	180	200
De Hassan Bahalar	180	150	80	100
De Dovalar	50	50	50	60
De Kavaklé Dèrè	50	50	50	60
De Demerdgi Ouren	50	50	50	60
De Vola	60	70	50	60
De Karamanlé	80	70	50	60
De Arpadgik	60	50	50	60
De Atchiklar	170	150	100	120
De Kher Bukiù	350	300	80	100
De Kalep	120	100	50	60
De Kranè Mahalèssè	100	100	80	100
De Bairamlè Keui	600	500	500	600
De Der Ovassè	1,100	1,000	500	600
Balles	7,750	7,200	5,630	6,770

7,750 balles à 42 1/2 oques .... 329,375 oques.
7,200 — — — .... 306,000 —
5,630 — — — .... 239,275 —
6,770 — — — .... 287,725 —

N° 5.

Récolte de tabac de Drama, Bachi Bahalé, en	1844	1845	1846	1847
DE LA MONTAGNE.	Balles.	Balles.	Balles.	Balles.
De Kheria	500	400	400	500
De Mustratlè	400	350	600	700
De Chimchiler	360	300	500	600
De Zaritsch	1,000	800	700	800
De Kurlù Keui	850	900	700	800
De Bérista	250	200	150	200
De Libotun	60	50	100	120
De Karagueus Keui	80	70	60	80
De Dratchista	60	50	100	120
De Kutchiuk Keui	180	200	150	200
De Bùkès	650	700	600	700
De Karadgia Keui	50	50	60	80
De Granova	50	50	50	60
De Kara-Budgiak	100	80	100	150
De Dovolar	100	100	80	100
De Kavaklè Dèrè	110	100	150	200
De Demerdgi Ouren	180	200	200	250
De Vola	270	300	150	200
De Karamanlé	550	600	100	150
De Mundguinù	110	130	50	60
De Arpadgik	110	100	100	110
De Muradgik	270	200	80	100
De Drénova	180	200	100	150
De Borova	150	130	100	150
De Kher Bukiù	100	100	50	60
De Kalep	100	100	60	80
BALLES	6,820	6,460	5,490	6,720

6,820 balles à 42,5 oques .... 289,850 oques.
6,460 — — — .... 274,550 —
5,490 — — — .... 233,325 —
6,720 — — — .... 285,600 —

N° 6.

Récolte de tabac de Drama, Bachi Bahalé, en		1844	1845	1846	1847
DE LA PLAINE.		Balles.	Balles.	Balles.	Balles.
De Drama		1,200	1,500	1,000	1,200
De Dranova		250	300	250	300
De Vissotschian	1/2 heure de Drama	250	300	250	300
De Plavona	2 h. de Drama, et 1 h. de Rohvik et Prsotchan	300	250	250	300
De Cumbalista	4 h. de Drama et 1 h. de Prsotchan	600	450	500	600
De Prissotschian	3 lieues de Drama	2,500	3,000	2,000	2,500
De Tchiflikia		2,000	1,500	1,500	2,000
De Turco Khoré	1/2 h. de Drama	150	200	250	300
De Bavica	1 h. de Drama	200	250	300	350
De Idriuedgik		400	500	400	500
De Doxat	1 h. de Drama	800	600	700	800
De Borian	1 h. 1/4 de Drama, près de Doxat	200	250	250	300
De Columbak	2 h. de Drama et 1 h. de Doxat	80	60	100	150
De Odovista	2 h. de Drama et 1 h. de Doxat	80	70	100	150
De Tchataldgia	1 h. 1/2 de Drama, près de Doxat	250	300	250	300
BALLES		9,260	9,530	8,100	10,050

9,260 balles à 42,5 oques .... 393,550 oques.
9,530 — — — .... 405,025 —
8,100 — — — .... 344,250 —
10,050 — — — .... 427,125 —

N° 7.

Récolte de tabac Demerli, Bachi Bahalé, en		1844	1845	1846	1847
De Pravista.		Balles.	Balles.	Balles.	Balles.
De Bostandgilé.	à 3 kil. à l'O. de Pravista	700	800	700	800
De Osmanlé...	à 4 kil. à l'O	400	500	400	500
De Elidgik....	à 5 kil. à l'O	350	400	250	300
De Tchitaklé...	Tchikakès ou Tachikakès de M. Daux, à 8 kil. au S.-O	500	600	500	600
De Arli Keui...	Saroli de M. Daux, à 20 kil. au S.-O	250	300	200	250
De Kutali.....	Guidèbali de M. Daux	350	400	400	500
De Uremli.....	Grèemli de M. Daux, à 7 kil. au S.-O	300	400	300	400
De Samakof		1,000	1,200	1,000	1,200
De Mustegna...	Mousdénia, à 11 kil. au S.-O	700	800	700	800
De Kotchiau...	Kachiek de M. Daux, à 8 kil. au S.-O	200	250	200	250
De Demerlé....		500	600	500	600
De Vildgélér		350	400	250	300
De Dubéklér...	Guidébékli de M. Daux, à 5 kil. au S.-O	350	400	300	350
De Mursalé		350	400	300	350
De Dévé Kéran		600	700	700	800
De Pravista		50	50	250	300
De Lefteré....	(Basma) vieux Kavala (Elephteropoli), à 9 kil. au S.	200	250	300	350
	Balles	7,150	8,450	7,250	8,650

Bachi Bahalé .... 1844. 6,950 balles à 47,5 oques. 330,125 oques.
— .... 1845. 8,200 — — 389,500 —
— .... 1846. 6,950 — — 330,125 —
— .... 1847. 8,300 — — 394,250 —

Leftéré.

Basma..................... 1844. 200 balles à 47,5 oques. 9,500 oques.
— .... 1845. 250 — — 11,875 —
— .... 1846. 300 — — 14,250 —
— .... 1847. 350 — — 16,625 —

N° 8.

Récolte de tabac Basma de Kavala, en		1844	1845	1846	1847
		Balles.	Balles.	Balles.	Balles.
De Kavala		700	600	800	1,000
De Selen.........	3 lieues N.-O. de Kavala	500	600	550	650
	Balles	1,200	1,200	1,350	1,650

1,200 balles à 47,5 oques. 57,000 oques.
1,200 — — — 57,000 —
1,350 — — — 64,125 —
1,650 — — — 79,375 —

N° 9.

Récolte de tabac Bachi Bahalé, de Kavala, en		1844	1845	1846	1847
		Balles.	Balles.	Balles.	Balles.
De Rakhtché.........	3 lieues au N.-O. de Kavala	500	600	450	500
De Kénalé		600	700	650	750
De Brentchova		400	500	450	550
De Vassilika..........	2 lieues à l'O. de Kavala	80	100	90	110
	Balles	1,580	1,900	1,640	1,910

1,580 balles à 47,5 oques. 75,050 oques.
1,900 — — — 90,250 —
1,640 — — — 77,900 —
1,910 — — — 90,725 —

Nos 10 ET 11.

Récolte de tabac, Bachi Babalé, d'Enos, en	1844	1845	1846	1847
	Balles.	Balles.	Balles.	Balles.
De Kizildéli de divers villages	1,200	900	1,800	2,000
De Sultaniéré de divers villages	500	400	450	550
BALLES	1,700	1,300	2,250	2,550

Kizildéli.	balles	oques	Sultaniéré.	balles	oques
	1,200 balles à 50 oques.	60,000 oques.		500 balles à 50 oques.	25,000 oques.
—	900 — —	45,000 —	—	400 — —	20,000 —
—	1,800 — —	90,000 —	—	450 — —	22,500 —
—	2,000 — —	100,000 —	—	550 — —	27,500 —

				Moyennes.	
N° 1. YÉNIDJÉ. (Plaine) Boktcha.	1844	1,024,000	3,823,000 oques (1)	955,750	1,538,000
	1845	804,000			
	1846	896,000			
	1847	1,099,000			
N° 2. YÉNIDJÉ. (Montagne) Basma.	1844	600,000	2,329,000 oques	582,250	
	1845	520,000			
	1846	539,000			
	1847	650,000			

	ANNÉES.	BALLES.	TOTAUX.	MOYENNES des 4 ANNÉES.	NOMBRE MOYEN des oques par balle.	MOYENNES en OQUES.	
N° 3. SARICHABAN. (Basma.)	1844	4,990	20,510	5,127,5	42,5		217,919
	1845	4,850					
	1846	4.890					
	1847	5,780					
N° 4. DRAMA. (Basma de la montagne.)	1844	7,750	27,350	6,837,5	42,5	290,594	
	1845	7,200					
	1846	5,630					
	1847	6,770					
N° 5. DRAMA. (Bachi Babalé de la montagne.)	1844	6,820	25,490	6,372,5	42,5	270,831	
	1845	6,460					
	1846	5,490					
	1847	6,720					
				13,210,		561,425	
N° 6. DRAMA. (Bachi bahalé de la plaine.)	1844	9,260	36,940	9,235,	42,5	392,487	
	1845	9,530					
	1846	8,100					
	1847	10,050					
				22,445,		953,912	953,912

(1) Il y a une erreur de 2,000 oques dans cette addition, dont la somme exacte s'élève seulement à 1,097,000. Cette erreur résulte, soit du calcul fait par M. Clerissi, soit de la substitution d'un chiffre pour un autre dans la récolte d'un des villages. Quoi qu'il en soit, je laisse subsister le total de 1,099,000 donné par M. Clerissi, et je le fais figurer dans la récapitulation générale placée à la fin des tableaux. Une différence de 2,000 oques est insignifiante dans la fixation des moyennes, et, à plus forte raison, dans les considérations que je déduis des moyennes dans le cours du rapport.

	ANNÉES.	BALLES.	TOTAUX.	MOYENNES des 4 ANNÉES.	NOMBRE MOYEN des oques par balle.	MOYENNES en OQUES.	
N° 7. PRAVISTA. (Basma de Leftèrè.)	1844	200					
	1845	250	1,100	275	47,5	13,062	
	1846	300					
	1847	350					
PRAVISTA. (Bachi Bahalé.)	1844	6,950					
	1845	8,200	30,400	7,600	47,5	361,000	
	1846	6,950					
	1847	8,300					
				7,875		374,062	374,062
N° 8. KAVALA. (Basma.)	1844	1.200					
	1845	1,200	5,400	1,350	47,5	64,125	
	1846	1,350					
	1847	1,650					
N° 9. KAVALA. (Bachi Bahalé.)	1844	1,580					
	1845	1,900	7,030	1,757,5	47,5	83,481	
	1846	1,640					
	1847	1,910					
				3,107,5		147,606	147,606
N° 10. KIZILDÉLI.	1844	1,200					
	1845	900	5,900	1,475	50		73,750
	1846	1,800					
	1847	2,000					
N° 11. SULTANIÉRÉ.	1844	500					
	1845	400	1,900	475	50		23,750
	1846	450					
	1847	550					

Récapitulation des moyennes.

Nos D'ORDRE.	NOMS DES DISTRICTS.	MONTAGNE.		PLAINE.		TOTAUX.
		BALLES.	OQUES.	BALLES.	OQUES.	
1	Yénidjé	......	582,250	....	955,750	1,538,000
2	Sarichaban	......	....	5,127,5	217,919	217,919
3	Drama	13,210	561,425	9,235	392,487	953,912
4	Kavala	......	....	3,107,5	147,606	147,606
5	Pravista	......	....	7,875	374,062	374,062
6	Kizildéli	1,475	73,750	....	....	73,750
7	Sultaniéré	475	23,750	....	....	23,750
		15,160	1,241,175	25,345,0	2,087,824	2,328,999

FIN DU TOME SECOND ET DERNIER.

TABLE DES MATIÈRES DU TOME SECOND

SECONDE PARTIE.

MÉTÉOROLOGIE.

CHAPITRE PREMIER.

TABLEAUX DES OBSERVATIONS MÉTÉOROLOGIQUES FAITES DANS LE BASSIN DU BOSPHORE.

CHAPITRE II.

SUR LE NIVELLEMENT BAROMÉTRIQUE DE LA THRACE (ROUMÉLIE), DE M. VIQUESNEL.

TROISIÈME PARTIE.

GÉOGRAPHIE.

CHAPITRE PREMIER.

EXPLICATION DE LA CARTE DE LA THRACE.

CHAPITRE II.

ITINÉRAIRE SUIVI PAR L'AUTEUR, DEPUIS LE 20 MAI 1847 JUSQU'AU 2 JANVIER 1848.

QUATRIÈME PARTIE.

GÉOLOGIE.

CHAPITRE PREMIER.

GÉOLOGIE DESCRIPTIVE.

CHAPITRE II.

PALÉONTOLOGIE.

APPENDICE DEUXIÈME.

RAPPORT

A MONSIEUR LE DIRECTEUR GÉNÉRAL DE L'ADMINISTRATION DES TABACS, A PARIS,

SUR LA PRODUCTION, L'EXPORTATION, LA CONSOMMATION LOCALE, LES PROCÉDÉS DE CULTURE ET LE COMMERCE DES TABACS DANS LES PROVINCES DE LA TURQUIE D'EUROPE SITUÉES AUTOUR DES MONTAGNES DU RHODOPE ET DANS L'INTÉRIEUR DE CE MASSIF.

PLAN DU RAPPORT.

CHAPITRE PREMIER.

PRODUCTION DU TABAC DANS LE MASSIF DU RHODOPE, EXPORTATION ET CONSOMMATION LOCALE.

CHAPITRE II.

CULTURE ET COMMERCE.

FIN DE LA TABLE DES MATIÈRES.

ERRATA.

TOME Ier.

Pages.	Lignes.	
XVII	39	*Au lieu de* 1833 *lisez* 1853
3	36	— Fahreinheith *lisez* Fahrenheit
21	17	*Après* Iourouks *ajoutez* ou Iuruks
30	12	*Au lieu de* 1383 *lisez* 1833
91	30	— Buyuk-Dèré *lisez* Buyuk-Dèrè
109	13	*Après* d'Erégly *ajoutez* ou Erékli
109	22	— Keupru — ou Keupri
272	16	*Au lieu de* à la première partie *lisez* au tome II
281	dernière	— de la première partie *lisez* du tome II
315	37	*Après* San-Stéfano *ajoutez* ou Saint-Stéphano

TOME II.

117	25	Remplacer la ligne par α et ϐ, ou entre ϐ et γ, selon la place qu'il occupe : l'altitude serait alors comprise entre 2000 et 1960 mètres, ou entre 1960 et 1930
126	6	*Au lieu de* 12[m],5 *lisez* 7[m],50
129	n° 101	— Jokourout *lisez* Iokourout
129	n° 123	— Aléno — Haléno
130	n° 125	— Jarlova — Iarlova
134	7	— Ibidgè — Ibrigè
135	7	— Xéuiji — Yéniji
138	15	— d'Oskiup — d'Uskiup
141	25	— Arizvauitzna — Arizvanitza
141	31	— portés — porté
143	27	— Sartchitza — Startchizta
164	26	— Buyck — Buyuk
164	35	— Iaïalassi — Iaïlassi
181	3	— Kètenlik — Kétenlik
187	35	— Deressi — Dèressi
199	titre	— Philippopoli à Névrokoup *lisez* Névrokoup à Sofia
220	11	*Après* Bohaz ajoutez (Boghaz ou Boghas)
233	38	*Au lieu de* Bobochevo *lisez* Bobochévo
244	9 et 14	— Kuei — Keui
253	31	— Guezlé — Gheuzlé
299	7 et 16	— Iénidjé — Iénidjéi
305	12 et 20	— Enos — Énos
316	34	— Ereklitza — Eréklitza
324	39	— Ibridgé — Ibridgè
325	5	*Après* se composer *ajoutez* d'argile : il est formé
325	6	*Au lieu de* évidente *lisez* évidents

Pages.	Lignes.	
327	6	Au haut de la page, avant le titre du n° 24*, *ajoutez* B. Route d'Énos à Andrinople. — Vallée inférieure de la Maritza, et montagnes orientales du Rhodope qui bordent la rive occidentale de la Maritza.
392	37	*Après* Ismilan, placez une virgule.
409	9 et 11	*Au lieu de* Mastanli *lisez* Mastanle
436	12	— Karabouroun *lisez* Karabournou
439	7 et 14	— Derkoz — Derkos
477	37	*Après* Férê *ajoutez* (Féredjik)
480	32	*Au lieu de* Kavac *lisez* Kavak
489	35	— de *lisez* du

Paris. — Imprimerie de E. MARTINET, rue Mignon, 2.

www.ingramcontent.com/pod-product-compliance
Lightning Source LLC
Chambersburg PA
CBHW071403230426
43669CB00010B/1426

* 9 7 8 2 0 1 2 6 3 2 1 1 0 *